MICHAELIS

MINIDICIONÁRIO

ALEMÃO

alemão – português
português – alemão

Alfred J. Keller

MICHAELIS

MINIDICIONÁRIO

ALEMÃO

alemão – português
português – alemão

Nova Ortografia conforme o
Acordo Ortográfico da Língua Portuguesa

MELHORAMENTOS

Editora Melhoramentos

Keller, Alfred J.

MICHAELIS : minidicionário alemão : alemão-português, português-alemão / Alfred J. Keller. 2.ª edição - São Paulo : Editora Melhoramentos, 2010 (Michaelis Minidicionário)

Edição conforme o Acordo Ortográfico da Língua Portuguesa, 1990.

ISBN 978-85-06-06262-3

1. Alemão - Dicionários - Português 2. Português - Dicionários - Alemão I. Título. II. Série.

CDD-433.69

Índices para catálogo sistemático:

1. Alemão : Dicionários : Português 433.69
2. Português : Dicionários : Alemão 469.33

Design original da capa: Jean E. Udry
Revisão da ortografia do alemão: Glória Paschoal de Camargo e o autor

3.ª edição, agosto de 2016
ISBN: 978-85-06-06262-3
978-85-06-07856-3

Atendimento ao consumidor:
Caixa Postal 11541 – CEP 05049-970
São Paulo – SP – Brasil
Tel.: (11) 3874-0880
www.editoramelhoramentos.com.br
sac@melhoramentos.com.br

Impresso no Brasil

Sumário

Prefácio

Com mais de 18.000 verbetes, o **Michaelis Minidicionário Alemão** foi especialmente elaborado para os brasileiros que estudam a língua alemã.

Nesta obra, adotamos as novas regras oficiais da ortografia do alemão (veja explicações detalhadas na página seguinte) e contamos, para sua elaboração, com uma equipe especializada de dicionaristas, professores de alemão e de português, foneticistas e revisores, entre outros profissionais.

A grafia das palavras em português segue o Vocabulário Ortográfico da Língua Portuguesa (VOLP, 5.ª ed., março de 2009), respeitando as modificações introduzidas pelo Acordo Ortográfico da Língua Portuguesa (veja explicações sobre o Acordo a seguir).

Este dicionário segue rigorosas normas de lexicografia que padronizam a estrutura dos verbetes a fim de facilitar a leitura e dar acesso imediato à informação. Além disso, os verbetes em alemão e em português apresentam divisão silábica, transcrição fonética, classe gramatical, área de conhecimento e acepções numeradas (totalizando mais de 35.000). Há também um apêndice para atender a consultas complementares de assuntos não tratados no corpo do dicionário.

O **Michaelis Minidicionário Alemão** é um instrumento essencial para o estudo da língua alemã, de grande utilidade, portanto, para quem deseja falar e escrever corretamente esse idioma.

A nova ortografia do português

Para este dicionário foram adotadas as alterações na ortografia do português conforme o Acordo Ortográfico da Língua Portuguesa de 1990.

A implantação das regras desse Acordo é um passo importante em direção à criação de uma ortografia unificada para o português, a ser usada por todos os países de língua oficial portuguesa: Portugal, Brasil, Angola, São Tomé e Príncipe, Cabo Verde, Guiné-Bissau, Moçambique e Timor Leste.

A Editora

A nova ortografia alemã

Uma resolução dos ministros de educação dos estados alemães e dos demais países em que a língua alemã é língua oficial introduziu a partir de agosto de 1998 uma série de novas regras na ortografia oficial da língua alemã. Depois de uma fase de transição, em que se admitia o uso das regras antigas ao lado da ortografia reformada, entrou em vigor em março de 2006 a regulamentação definitiva da nova ortografia que desde então deve servir de base para a maneira correta e atualizada de escrever as palavras dessa língua.

As principais novidades podem ser resumidas nos seguintes itens:

1. A primeira alteração diz respeito ao uso do **ß** (Eszett), letra cujo som corresponde a **ss**. O **ß** deve ser usado após vogais longas ou ditongos, enquanto **ss** é usado após vogais breves. Antes da reforma, havia exceções a essa regra, e o **ß** era usado após vogais breves quando a palavra era monossílaba e terminava com esse som ou com t. O que ocorreu, portanto, foi a eliminação das exceções. Vale a pena ainda lembrar que na Suíça o **ß** já não é mais usado há anos.

Alguns exemplos:

antiga ortografia: *muß* (e outras formas do modal *müssen*), *daß* (a conjunção integrante), *ißt* (verbo *essen*), *der Fluß* (o rio)

como devemos escrever: *muss, dass, isst, Fluss.*

2. Na formação de um substantivo composto, quando ocorria a junção de três consoantes iguais, uma delas desaparecia. Segundo a nova ortografia, devemos manter as três.

Exemplo: *die Schifffahrt* (a viagem de navio), junção de *das Schiff* + *die Fahrt*. Neste caso, podemos usar o traço de união para evitar essa forma: *die Schiff-Fahrt*. (A forma antiga era *die Schiffahrt*.)

3. Quando se trata de palavras derivadas, essas devem manter a forma da palavra primitiva. Exemplo: *die Nummer* (o algarismo, o número), *nummerieren* (numerar). A grafia antiga era *numerieren.*

4. Palavras de origem estrangeira podem ser adaptadas à escrita alemã, mas as duas formas coexistem. Exemplos: *fantastisch* (*phantastisch*), *Delfin* (*Delphin*).

5. Substantivos que fazem parte de locuções adverbiais ou verbais devem ser escritos com letra maiúscula. Exemplos: *Rad fahren* (andar de bicicleta). Forma anterior: *radfahren; in Bezug auf* (com referência a). Forma anterior: *in bezug auf.* O mesmo ocorre com *heute Morgen* (hoje de manhã), que antes da reforma era escrito com letra minúscula (*heute morgen*).

6. Os pronomes referentes à segunda pessoa, que eram escritos com letra maiúscula em cartas, devem sempre ser escritos com letra minúscula: *du, dir, dein...*

7. Verbos formados pela junção de outro verbo ou de um substantivo devem ser escritos separadamente. Exemplos: *kennen lernen* (conhecer). Antes se escrevia *kennenlernen.* E também *Ski fahren* (esquiar), *Rad fahren* (andar de bicicleta), *spazieren gehen* (passear).

8. Uma palavra formada pela junção com algarismos deve sempre usar o traço de união.

Exemplo: *ein 9-jähriger Junge* (um garoto de nove anos). Antes: *ein 9jähriger Junge.*

9. Quanto à divisão silábica, atente para as seguintes modificações: até agora, ***st*** era inseparável. Assim, deveríamos separar *We-ste* (colete). Atualmente separa-se assim: *Wes-te*. Quanto ao conjunto consonantal ***ck***, ao ser separado transformava-se em ***k-k***. Não devemos mais separá-lo. Assim, *der Bäcker* (o padeiro) deve ser separado *Bä-cker* (antes: *Bäk-ker*).

10. No que diz respeito à utilização de vírgulas, a nova ortografia torna facultativo o seu uso entre orações coordenadas com *und* e *oder* e nas orações infinitivas com *zu*. A vírgula passa a ser usada apenas quando achamos que ela facilitará o entendimento, evitando falsas interpretações. Exemplos: *Du machst das Bett (,) und ich bereite das Frühstück vor.* (Você arruma a cama, e eu preparo o café); *Ich hoffe (,) morgen früh zu Hause zu sein* (Espero estar em casa amanhã cedo).

Organização do dicionário

1. Entrada

a) A entrada do verbete está em negrito e com indicação da divisão silábica.

Ex.: **ab.än.dern** [ˈapɛndern] *Vtr* modificar, alterar...
a.ba.ca.xi [abakaˈʃi] *sm* die Ananas.

b) As remissões, introduzidas pelo sinal =, indicam uma forma vocabular mais usual.

Ex.: **Ar.beits.ge.neh.mi.gung** [ˈarbaitsgəne:miguŋ] *Sf*, **-en** = *Arbeitserlaubnis.*

2. Transcrição fonética

A pronúncia figurada aparece representada entre colchetes. A transcrição obedeceu às normas do Alfabeto Fonético Internacional (veja explicações detalhadas nas páginas XIII a XIX).

Ex.: **A.po.the.ker** [apoˈte:kar] *Sm* - farmacêutico, boticário.
a.ba.ter [abatˈer] *vtd* **1** fallen, umhauen. **2** schlachten...

3. Classe gramatical

a) É indicada por abreviatura em itálico, conforme a lista na página XX.

Ex.: **Al.te** [ˈaltə] *Sm+f*, **-n** **1** velho(a), idoso(a). **2** *Ugs* pai (mãe)...
a.ba.lar [abalˈar] *vtd* **1** erschüttern. *vint* **2** fliehen, abhauen.

b) Quando o verbete tem mais de uma categoria gramatical, elas são separadas por uma bola preta.

Ex.: **ab.sicht.lich** [ˈapziçtliç] *Adj* intencional, deliberado. • *Adv* de propósito.
á.ci.do [ˈasidu] *adj* sauer. • *sm* die Säure.

c) Os verbos que formam o pretérito perfeito com o verbo auxiliar *sein* receberam o acréscimo **(sein)**. Para as formas básicas dos verbos irregulares, deve-se recorrer à lista do apêndice (página 437).

Ex.: **ab.flie.gen** [ˈapfli:gən] *Vint unreg* **(sein)** viajar, partir (de avião), decolar, levantar voo, sair voando.

d) Quando existem duas formas do pretérito perfeito, indica-se o verbo auxiliar na respectiva acepção.

Ex.: **tre.ten** [ˈtretən] *Vint unreg* (**sein**) **1** andar, pisar, entrar. (**haben**) **2** chutar.

e) Quando a entrada do verbete estiver em português, indica-se o gênero do substantivo em alemão por meio do artigo que o acompanha.
Ex.: **a.be.lha** [abˈeλə] *Sf* die Biene.

4. Plural

Após a classe gramatical, é apresentada a terminação do plural dos substantivos em alemão.

Ex.: **A.ben.teu.er** [ˈa:bəntɔiər] *Sn*, - **1** aventura... (neste caso, o plural é o mesmo do singular **Abenteuer**)

Aal [a:l] *Sm*, **-e** enguia. (neste caso, o plural é **Aale**)

A.bend.kleid [ˈa:bəntklaid] *Sn*, **-er** **1** traje a rigor... (neste caso, o plural é **A.bend.kleider**)

Ab.bil.dung [ˈapbilduŋ] *Sf*, **-en** **1** retrato, ilustração, gravura, estampa, foto. **2** gráfico. (neste caso, o plural é **Abbildungen**)

Ab.fall [ˈapfal] *Sm*, **Abfälle** **1** lixo, detrito. **2** refugo, resíduo(s). **3** entulho, restos. (neste caso, o plural está escrito por inteiro, pois há diferença de grafia da entrada do verbete: **Abfälle**)

Ad.mi.ral [atmiˈra:l] *Sm*, **-e**, **Admiräle** almirante (de esquadra). (neste caso, o plural pode ser **Admirale** ou **Admiräle**)

Ab.bruch [ˈapbrux] *Sm* (*o. Pl*) **1** demolição... (neste caso, o verbete não tem plural)

5. Área de conhecimento

É indicada por abreviatura em itálico, conforme a lista na página XX.

Ex.: **Ab.seits** [ˈapzaits] *Sn*, - *Sport* impedimento.

com.pe.ti.ção [kõpetisˈãw] *sf* **1** der Wettbewerb, die Konkurenz. **2** *Esp* das Turnier, die Begegnung.

6. Tradução

Os diferentes sentidos de uma mesma palavra estão separados por algarismos em negrito. Os sinônimos reunidos num algarismo são separados por vírgulas.

Ex.: **ab.bil.den** [ˈapbildən] *Vtr* **1** copiar, reproduzir. **2** retratar...
a.bor.dar [abordˈar] *vtd* **1** anfangen. **2** anfassen...

7. Reticências

Uma série de adjetivos da língua portuguesa aparece em alemão como substantivos com reticências (...) porque formam o primeiro elemento de palavras compostas.

Ex.: **aus.tral** [awstrˈaw] *adj* südlich, Süd...
e.lei.to.ral [elejtorˈaw] *adj* die Wahl...

8. Expressões

Após a tradução do vocábulo, expressões usuais são apresentadas em ordem alfabética e destacadas em negrito.

Ex.: **ab** [ap] *Präp* a partir de, desde. **ab und zu** de vez em quando.
a.fi.nal [afinˈaw] *adv* **1** schließlich. **2** überhaupt. **afinal de contas** letzten Endes.

9. Apêndice

No final do dicionário estão incluídos alguns assuntos frequente-mente procurados para consultas complementares:

- verbos fortes e irregulares em alemão;
- conjugação dos verbos auxiliares e regulares, em português;
- relação dos verbos irregulares, defectivos ou difíceis em português;
- numerais cardinais e ordinais.

Transcrição fonética do alemão

I. O alfabeto alemão

a (a)
b (be:)
c (tse:)
d (de:)
e (e:)
f (εf)
g (ge:)
h (ha:)
i (i:)
j (iɔt)
k (ka:)
l (εl)
m (εm)
n (εn)
o (o:)
p (pe:)
q (ku:)
r (εr)
s (εs)
t (te:)
u (u:)
v (fau)
w (ve:)
x (iks)
y (΄ypsilon)
z (tsεt)

As letras com trema **ä**, **ö**, **ü** entram na ordem alfabética como se fossem simples **a**, **o**, **u**.

II. Símbolos fonéticos

A pronúncia figurada do alemão é representada entre colchetes, usando os símbolos fonéticos do Alfabeto Fonético Internacional. O acento tônico é indicado pelo sinal ΄, que precede a sílaba tônica. Em palavras monossilábicas não há marca de acento tônico. Na grande maioria das palavras alemãs, o acento tônico cai na primeira sílaba da palavra.

Observação: deve-se atentar sempre para a divisão silábica da palavra na hora de pronunciá-la, para que a transcrição seja lida com mais facilidade.
Exemplo: **Brech.boh.ne** [΄brεçbo:nə]. Leia [΄brεç.bo:.nə].

Valor dos símbolos fonéticos:

Vogais

letra	**símbolo fonético**	**exemplo**
a	[a:]	fahren [΄fa:ren]
	[a]	Markt [markt]
ä	[ε:]	Käse [΄kε:ze]
e	[ε]	Herr [hεr]
	[e:]	leben [le:bən]
	[e]	Keramik [ke΄ra:mik]
	[ə]	Rose [΄ro:zə]
ie, i	[i:]	Kilo [΄ki:lo], **tief** [ti:f]

i	[i]	W**i**nd [vint]
o	[o:]	T**o**n [to:n]
	[o]	m**o**bil [mo´bil]
	[ɔ]	Rek**o**rd [re´kɔrt]
ö	[ø:]	(lábios de quem fala [o:], mas som de [e:]) M**ö**bel [´mø:bəl]
	[ø]	(lábios de quem fala [o], mas som de [ɛ]) k**ö**nnen [kønən]
u	[u:]	Gl**u**t [glu:t]
	[u]	L**u**ft [luft]
ü	[y:]	(lábios de quem fala [u:], mas som de [i:]) Manik**ü**re [mani´ky:rə]
	[y]	(lábios de quem fala [u], mas som de [i]) M**ü**ndung [myndυŋ]

Ditongos

letra	símbolo fonético	exemplo
ai, ei, ey	[ai]	fr**ei** [frai], M**ai** [mai]
au	[au]	gr**au** [grau]
äu, eu	[ɔi]	d**eu**tsch [dɔitʃ], s**äu**gen [´zɔigən]

Consoantes

letra	símbolo fonético	exemplo
b	[b]	**B**inde [´bində]
	[p]	a**b**geben [ap´ge:bən]
c	[ts]	**C**elsius [tselzius]
ck	[k]	Spe**ck** [ʃpɛk]
ch	[ç]	(língua próxima do palato, ponta da língua encostada nos dentes inferiores) Ar**ch**äologie [arçeolo´gi:]
	[x]	(som gutural semelhante ao j ou x espanhol; r gutural pronunciado com a ponta da língua encostada na gengiva inferior) Fa**ch** [fax]

	[k]	**Ch**or [ko:r], Fu**chs** [fuks]
d	[d]	**D**ampf [dampf]
	[t]	Mun**d** [munt]
f	[f]	**f**ahren [ˈfa:rən]
g	[g]	lie**g**en [ˈli:gən]
	[ʒ]	Gara**g**e [gaˈra:ʒə]
h	[h]	(aspirado) **H**aus [haus]
j	[j]	**j**ung [juŋ]
k	[k]	Mar**k**t [ˈmarkt]
l, ll	[l]	Fe**l**s [fɛls], Fa**ll** [fal]
m	[m]	Be**m**erkung [bəˈmɛrkuŋ]
n, nn	[n]	**N**ase [na:zə], Ma**nn** [man]
ng, n(k)	[ŋ]	Ju**ng** [juŋ], Ta**nk** [taŋk]
p	[p]	**P**raxis [ˈpraksis]
ph	[f]	**Ph**iloso**ph**ie [filozoˈfi:]
qu	[kv]	**Qu**adrat [kvaˈdra:t]
r	[r]	**R**ose [ro:zə]
s	[z]	**S**ommer [ˈzɔmər]
	[s]	Fri**s**t [frist]
sch	[ʃ]	**Sch**merz [ʃmɛrts]
sp	[ʃp]	**Sp**eck [ʃpɛk]
st	[ʃt]	**St**ern [ʃtɛrn]
t	[t]	Gestal**t** [geˈʃtalt], **T**ak**t** [takt]
v	[f]	**V**olk [fɔlk]
	[v]	Kla**v**ier [klaˈvi:r], **V**ase [va:zə]
w	[v]	**W**and [vant]
x	[ks]	**X**ylophon [ksyloˈfo:n], Ju**x** [juks]
z	[ts]	**Z**ahn [tsa:n], Pista**z**ie [pisˈta:tsiə]

Observação: eventualmente foram usados alguns símbolos fonéticos que não pertencem à língua alemã, em casos de vocábulos de origem estrangeira. Exemplo: [ã], vogal nasal, como em **Engagement** [ãgaʒ(ə)ˈmã].

Transcrição fonética do português

I. O alfabeto português

a (a)
b (be)
c (se)
d (de)
e (ɛ)
f (´ɛfi)
g (ʒe, ge)
h (a´ga)
i (i)
j (ʒótə)
k (k´a)
l (ɛli)
m (´ɛmi)
n (´ɛni)
o (ɔ)
p (pe)
q (ke)
r (´ɛri, rə)
s (´ɛsi)
t (te)
u (u)
v (ve)
w (d'abliu)
x (ʃis)
y ('ipsilõw)
z (ze)

II. Símbolos fonéticos

Vogais simples

símbolo fonético	exemplo
[a]	caro [k´aru]
[ɛ]	**fé** [f´ɛ]
[e]	dedo [d´edu]
[i]	vida [v´idə], dente [d´ẽti]
[ɔ]	**nó** [n´ɔ]
[o]	nome [n´omi]
[u]	**u**va [´uva], livr**o** [l´ivru]
[ə]	mes**a** [m´esə]
[Λ]	cama [k´Λma], cana [k´Λna]

Vogais nasalizadas

símbolo fonético	exemplo
[ã]	canto [k´ãtu]
[ẽ]	dente [d´ẽti]
[ĩ]	**fim** [f´ĩ]
[õ]	**on**ça [´õsə]

[ũ]	bumbo [b´ũbu]

Semivogais

símbolo fonético	**exemplo**
[j]	pe**i**xe [p´ejʃi]
[w]	para **u** fraco ou **l** final: ma**u** [m´aw], ma**l** [m´aw]

Consoantes

símbolo fonético	**exemplo**
[b]	**b**ê**b**ado [b´ebadu]
[d]	**d**a**d**o [d´adu]
[f]	**f**aca [f´aka]
[g]	para **g** antes de **a**, **o**, **u**: **g**ato [g´atu], **g**oma [g´oma], **gu**erra [g´ɛr̄a]
[ʒ]	para **g** antes de **e**, **i**: **g**elo [ʒ´elu], **g**i**g**ante [ʒig´ãti]; para **j**: **j**ato [ʒ´atu]
[k]	para **c** antes de **a**, **o**, **u** ou antes de consoante: **c**asa [k´azə], ca**qu**i [kak´i], **c**omida [kom´ida], **c**ubo [k´ubu], pa**c**to [p´aktu], fi**c**ção [fiks´ãw]; para **qu**: **qu**eijo [k´ejʒu]
[l]	**l**ago [l´agu]
[λ]	para **lh**: **lh**ama [λ´ãmə], ca**lh**a [k´aλə], mais ou menos como **ll** em espanhol
[m]	**m**açã [mas´ã]
[n]	**n**ada [n´ada]
[ñ]	para **nh**: li**nh**o [l´iñu], mais ou menos como **ñ** em espanhol
[p]	**p**ato [p´atu]
[r]	para **r** brando: a**r**ma [´arma], acha**r** [aʃ´ar]
[r̄]	para **r** inicial ou **rr**: **r**ato [r̄´atu], co**rr**er [kor̄´er]; para **h** no início de certas palavras estrangeiras: **h**obby [r̄´ɔbi]

[s]	para **s** no início das palavras ou antes de consoantes e para **ss**: **s**eda [s´eda], fra**s**co [fr´asku], so**ss**ego [sos′egu]; para **c** antes de **e**, **i** e para **ç**: **c**ego [s´ɛgu], **c**inema [sin´ema], ca**ç**a [k´asə]; para **x** antes de consoantes: [esploz´ivu]
[ʃ]	para **ch** ou **x**: **ch**eiro [ʃ´ejru], en**x**ame [ẽʃ´Λmi], **x**arope [ʃar´ɔpi]
[t]	**t**udo [t´udu]
[v]	**v**ista [v´istə]
[z]	para **s** entre vogais, **z** ou **x** antes de vogais: ro**s**a [r̄´ɔzə], **z**ebra [z´ebrə], e**x**emplo [ez´emplu]

Abreviaturas usadas neste dicionário

Abk	Abkürzung
abrev	abreviatura
abw	abwertend
Adj / adj	Adjektiv / adjetivo
Adv / adv	Adverb / advérbio
Agric	Agricultura
Akk	Akkusativ
Anat	Anatomie / Anatomia
arc	arcaico
Archit	Architektur
Arquit	Arquitetura
Art / art	Artikel / artigo
art def	artigo definido
art indef	artigo indefinido
Astrol	Astrologie / Astrologia
best Art	bestimmter Artikel
Biol	Biologie / Biologia
Bot	Botanik / Botânica
Buchh	Buchhaltung
Buchw	Buchwesen
Chem	Chemie
Cin	Cinema
coloq	coloquial
Com	Comercial
comp	Comparativo
conj	conjunção
Contab	Contabilidade
Culin	Culinária
Dat	Dativ
Demonstrativpron	Demonstra-tivpronomen
deprec	depreciativo
desus	desusado
Dir	Direito
Druckw	Druckwesen
Econ	Economia
Edit	Editoração
Elektro	Elektrotechnik
Eletr	Eletrotécnica
elipt	elíptico
ellipt	elliptisch
Enol	Enologia
Esp	Esporte
fam	familiär / familiar
Fem / fem	Femininum / feminino
fig	figurativ / figurado
Filat	Filatelia
Filmw	Filmwesen
Filos	Filosofia
Fís	Física
Fisiol	Fisiologia
Fot	Fotografie / Fotografia
Fragepron	Fragepronomen
fut	Futuro
Genit	Genitiv
Geogr	Geographie / Geografia
Geol	Geologie / Geologia
Gin	Ginástica
gír	gíria
Gram	Grammatik / Gramática
Gymn	Gymnastik
Hilfsv	Hilfsverb
Hist	Geschichte / História
indef	numeral indefinido
Indefinitpron	Indefinit-pronomen
indef Zahlw	indefiniertes Zahlwort
Inform	Informatik / Informática
Interj / interj	Interjektion /interjeição
irreg	irregular
Jarg	Jargon
Jorn	Jornalismo
Journ	Journalismus
Jur	Rechtswissenschaft /Jurídico

Kochk	Kochkunst
Kompar	Komparativ
Konj	Konjunktion
Konj II	Konjunktiv II (pretérito imperfeito do subjuntivo)
Landw	Landwirtschaft
Ling	Linguística
masc	masculino
Mask	Maskulin
Mat	Mathematik / Matemática
Med	Medizin / Medicina
Meteor	Meteorologie / Meteorologia
Mil	Militärwesen / Militar
Modalv	Modalverb
Mús	Música
Mus	Musik
Náut	Náutica
Naut	Nautik
Nomin	Nominativ / Nominativo
num	numeral
o. Art	ohne Artikel
o. Pl	ohne Plural
Ópt	Óptica
Opt	Optik
Part / part	Partizip / particípio
Part I	Partizip I (particípio do presente)
Part II	Partizip II (particípio do passado)
pers	persönlich
Personalpron	Personal-pronomen
pess	pessoa, pessoal
Philat	Philatelie
Philos	Philosophie
Phys	Physik
Physiol	Physiologie
Pl / pl	Plural / plural
pl desus	plural desusado
Pl ungebr	Plural ungebräuchlich
Poét	Poética
poet	poetisch
Pol	Politik / Política
pop	populär / popular
Possessivpron	Possessiv-pronomen
Präp	Präposition
Präs	Präsens
Prät	Präteritum
prep	preposição
pres	presente
pret	pretérito
Pron / pron	Pronomen /pronome
pron dem	pronome demonstrativo
pron indef	pronome indefinido
pron pess	pronome pessoal
pron poss	pronome possessivo
pron refl	pronome reflexivo
pron relat	pronome relativo
Quím	Química
Reflexivpron	Reflexiv-pronomen
reg	regelmäßig / regular
Reg	Regionalismus / Regionalismo
Rel	Religion / Religião
Relativpron	Relativ-pronomen
S Pl	Substantiv Plural
Sf / sf	feminines Substantiv / substantivo feminino
Sg	Singular
sing	singular
Sm / sm	maskulines Substantiv / substantivo masculino
Sm+f / sm+f	maskulines und feminines Substantiv / substantivo masculino e feminino
Sn / sn	neutrales Substantiv / substantivo neutro
Sn+m / sn+m	neutrales und maskulines Substantiv / substantivo neutro e masculino
Sociol	Sociologia
Soziol	Soziologie

Sprachw	Sprachwissenschaft
Teat	Teatro
Techn	Technik
Tecn	Tecnologia
Thea	Theater
Tip	Tipografia
TV	Fernsehen / Televisão
Ugs	Umgangssprache
unbest Art	unbestimmter Artikel
undekl	undeklinierbar
unreg	unregelmäßig
v aux	verbo auxiliar
Var	Variante
ver	veraltet
Vint / vint	intransitives Verb / verbo intransitivo
vmodal	verbo modal
Vpron /vpron	Pronominal Verb / verbo pronominal
Vrefl / vrefl	reflexives Verb / verbo reflexivo
Vreg / vreg	regelmäßiges Verb / verbo regular
Vtd / vtd	direktes transitives Verb / verbo transitivo direto
Vtdi / vtdi	direktes und indirektes transitives Verb / verbo transitivo direto e indireto
Vti / vti	indirektes transitives Verb / verbo transitivo indireto
Vtr / vtr	transitives Verb / verbo transitivo
vulg	vulgär / vulgar
Vunreg	unregelmäßiges Verb
Weink	Weinkunde
Wirtsch	Wirtschaft
Zahlw	Zahlwort
Zool	Zoologie / Zoologia

DEUTSCH-PORTUGIESISCH
ALEMÃO-PORTUGUÊS

a

a, A [a:] *Sn*, - **1** letra a, A. **2** *Mus* lá.
Aal [a:l] *Sm*, **-e** enguia.
ab [ap] *Präp* a partir de, desde. **ab und zu** de vez em quando.
ab.än.dern ['apɛndərn] *Vtr* modificar, alterar, emendar, mudar.
ab.be.stel.len ['apbəʃtɛlən] *Vtr* cancelar pedido, anular, desistir de.
ab.bie.gen ['apbi:gən] *Vint unreg* **(sein)** sair (da trajetória, da estrada), dobrar, virar (à esquerda, à direita), fazer a conversão.
ab.bil.den ['apbildən] *Vtr* **1** copiar, reproduzir. **2** retratar. **3** estampar.
Ab.bil.dung ['apbilduŋ] *Sf*, **-en 1** retrato, ilustração, gravura, estampa, foto. **2** gráfico.
ab.bre.chen ['apbrɛçən] *Vtr unreg* **1** (fazer) parar, interromper, suspender. **2** cortar, quebrar, partir. **3** demolir, desmanchar.
Ab.bruch ['apbrux] *Sm* (*o. Pl*) **1** demolição. **2** interrupção, suspensão, ruptura.
Abc [a:be:'tse:] *Sn*, - abecê, abecedário, alfabeto.
ab.dan.ken ['apdaŋkən] *Vint* renunciar, demitir-se.
ab.de.cken ['apdɛkən] *Vtr* **1** destampar, destapar, descobrir. **2** proteger, cobrir, tapar.
A.bend ['a:bənt] *Sm*, **-e** tardinha, fim da tarde, entardecer, noite. **Guten Abend** boa noite! **heute Abend** hoje à noite. **zu Abend essen** jantar.
A.bend.brot ['a:bəntbro:t] *Sn*, **-e** jantar.
A.bend.es.sen ['a:bəntɛsən] *Sn*, - jantar, ceia.
A.bend.kleid ['a:bəntklaid] *Sn*, **-er** traje a rigor, vestido longo, de baile.
a.bends ['a:bənts] *Adv* ao anoitecer, à tardinha, à noite.
A.bend.schu.le ['a:bəntʃu:lə] *Sf*, **-n** curso noturno, supletivo.
A.ben.teu.er ['a:bəntɔiər] *Sn*, - **1** aventura. **2** risco, perigo. **3** romance, caso.
a.ben.teu.er.lich ['a:bəntɔiərliç] *Adj* aventureiro, arriscado, audacioso, ousado.
a.ber ['a:bər] *Konj* mas, porém, no entanto.
A.ber.glau.be(n) ['a:bər'glaubə] *Sm* (*o. Pl*) superstição, crendice.
a.ber.gläu.bisch ['a:bərglɔibiʃ] *Adj* supersticioso; crédulo.
a.ber.mals ['a:bərma:ls] *Adv* outra vez, de novo.
Abf. *Abk* **Abfahrt**.
ab.fah.ren ['apfa:rən] *Vint unreg* **(sein)** partir, sair, viajar, ir embora.
Ab.fahrt ['apfa:rt] *Sf*, **-en 1** partida. **2** saída.
Ab.fahrts.zeit ['apfa:rtstsait] *Sf*, **-en** horário de partida.
Ab.fall ['apfal] *Sm*, **Abfälle 1** lixo, detrito. **2** refugo, resíduo(s). **3** entulho, restos.
Ab.fall.ei.mer ['apfalaimər] *Sm*, - lata de lixo, lixeira.

ab.fer.ti.gen ['apfɛrtigən] *Vtr* **1** despachar, expedir. **2** atender.

Ab.fer.ti.gung ['apfɛrtiguŋ] *Sf*, **-en 1** expedição, despacho, vistoria. **2** *check-in* (aeroporto).

ab.fin.den ['apfindən] *Vtr unreg* **1** indenizar, compensar, ressarcir. *Vrefl unreg* **2** contentar-se, resignar-se, conformar-se.

Ab.fin.dung ['apfinduŋ] *Sf*, **-en** indenização, reparação, ressarcimento.

ab.flie.gen ['apfli:gən] *Vint unreg* **(sein)** viajar, partir (de avião), decolar, levantar voo, sair voando.

ab.flie.ßen ['apfli:sən] *Vint unreg* **(sein)** escorrer, escoar(-se), drenar.

Ab.flug ['apflu:k] *Sm*, **Abflüge** partida (de avião), decolagem.

Ab.führ.mit.tel ['apfy:rmitəl] *Sn*, - purgante, laxante, laxativo.

Ab.ga.be ['apga:bə] *Sf*, **-n 1** entrega, liberação. **2** *Wirtsch* imposto, tributo, taxa.

ab.ga.be.pflich.tig ['apga:bəfliçtiç] *Adj* sujeito a tributação.

Ab.gas ['apga:s] *Sn*, **-e** gás de exaustão, de escapamento, de descarga.

ab.ge.ben ['apge:bən] *Vtr unreg* **1** entregar, dar, distribuir. **2** vender.

ab.ge.här.tet ['apgəhɛrtət] *Adj* **1** calejado. **2** robusto, duro, forte, resistente.

ab.ge.kürzt ['apgəkyrtst] *Adj* abreviado.

ab.ge.nutzt ['apgənutst] *Adj* gasto, usado, desgastado.

Ab.ge.ord.ne.te ['apgəɔrdnɛtə] *Sm+f*, **-n** deputado(a), representante.

ab.ge.schlos.sen ['apgeʃlɔsən] *Adj* **1** recolhido, isolado. **2** fechado, chaveado, trancado. **3** acabado, concluído, completo.

ab.ge.wöh.nen ['apgəvø:nən] *Vtr* desacostumar, fazer desistir.

Ab.grund ['apgrunt] *Sm*, **Abgründe** abismo, precipício, despenhadeiro, garganta.

ab.hal.ten ['aphaltən] *Vtr unreg* **1** deter, impedir. **2** afastar. **3** realizar, organizar.

Ab.hang ['aphaŋ] *Sm*, **Abhänge 1** barranco, encosta, declive. **2** ladeira.

ab.hän.gig ['aphɛŋiç] *Adj* **1** dependente. **2** viciado. **3** subordinado.

Ab.hän.gig.keit ['aphɛnŋiçkait] *Sf*, **-en 1** dependência. **2** vício. **3** subordinação.

ab.här.ten ['aphɛrtən] *Vtr* tornar resistente, insensível, robustecer, endurecer, fortalecer.

ab.hau.en ['aphauən] *Vtr unreg* **1** cortar. *Vint unreg* **(sein) 2** *Ugs* ir embora, sumir, fugir.

ab.ho.len ['apho:lən] *Vtr* retirar, ir (vir) buscar, apanhar, pegar, recolher.

A.bi ['abi] *Sn*, **-s** *Abk* **Abitur.**

A.bi.tur [abi'tu:r] *Sn*, **-e** exame final do curso médio.

ab.ko.chen ['apkɔxən] *Vtr* ferver, cozer.

Ab.kom.men ['apkɔmən] *Sn*, - acordo, tratado, convenção, convênio, pacto.

ab.küh.len ['apky:lən] *Vtr* **1** esfriar, refrigerar, refrescar. **2** arrefecer, moderar.

ab.kür.zen ['apkyrtsən] *Vtr+Vint* **1** abreviar. **2** encurtar, reduzir.

Ab.kür.zung ['apkyrtsuŋ] *Sf*, **-en 1** abreviação, abreviatura. **2** encurtamento, redução.

ab.la.den ['apladən] *Vtr unreg* **1** descarregar. *Vint* **2** aliviar. **3** desabafar.

ab.lau.fen ['aplaufən] *Vtr unreg* **(sein) 1** partir. **2** escoar, escorrer. **3** expirar, terminar, vencer, acabar.

ab.le.gen ['aple:gən] *Vtr* **1** tirar (paletó, capa). **2** depor, despojar, colocar de lado. **3** arquivar. **4** prestar (exame, contas), testemunhar, confessar.

ab.leh.nen ['aple:nən] *Vtr* recusar, desaprovar, rejeitar, negar.

Ab.leh.nung ['aple:nuŋ] *Sf*, **-en 1** recusa, negativa, rejeição.

ab.lei.ten ['aplaitən] *Vtr* **1** desviar. **2** deduzir, derivar.

ab.len.ken ['aplɛnkən] *Vtr* **1** desviar. **2** distrair. *Vint* **3** mudar de assunto.

Ab.len.kung ['aplɛnkuŋ] *Sf*, **-en 1** desvio. **2** diversão, divertimento. **3** distração.

ab.lie.fern [ˈapli:fərn] *Vtr* entregar.
ab.lö.sen [ˈaplø:zən] *Vtr* **1** descolar, remover, soltar. **2** substituir, render.
Ab.lö.sung [ˈaplø:zuŋ] *Sf*, **-en** **1** troca, substituição, reposição. **2** substituto.
ab.ma.chen [ˈapmaxən] *Vtr* **1** combinar, acertar, ajustar, estipular, pactuar. **2** *Ugs* tirar, desprender, soltar.
Ab.ma.chung [ˈapmaxuŋ] *Sf*, **-en** acordo, pacto, convênio, arranjo, combinação.
ab.ma.gern [ˈapma:gərn] *Vint* **(sein)** emagrecer.
Ab.ma.ge.rungs.kur [ˈapma:gəruŋskur] *Sf*, **-en** dieta.
ab.mel.den [ˈapmɛldən] *Vtr+Vrefl* desligar(-se), cancelar (registro, matrícula).
Ab.nah.me [ˈapna:mə] *Sf*, **-en** **1** redução, diminuição. **2** perda de peso. **3** encolhimento.
ab.neh.men [ˈapne:mən] *Vtr unreg* **1** tirar das mãos, retirar. **2** aceitar, atender. **3** acreditar. **4** remover. **5** amputar. **6** cortar (jogo de cartas). **7** passar em revista. *Vint unreg* **8** atender ao telefone. **11** emagrecer.
Ab.nei.gung [ˈapnaiguŋ] *Sf*, **-en** aversão, antipatia, repugnância.
ab.nut.zen [ˈapnutsən], **ab.nüt.zen** [ˈapnytsən] *Vtr+Vrefl* gastar, usar, desgastar.
A.bo [ˈabo] *Sn*, **-s** *Abk* **Abonnement**.
A.bon.ne.ment [abonəˈmã] *Sn*, **-s** assinatura (de revista, jornal), subscrição.
ab.put.zen [ˈapputsən] *Vtr* **1** esfregar, limpar. **2** *Ugs* repreender.
ab.ra.ten [ˈapra:tən] *Vtr+Vint unreg* desaconselhar, dissuadir.
ab.räu.men [ˈaprɔimən] *Vtr* **1** tirar. **2** arrumar.
ab.rech.nen [ˈaprɛçnən] *Vint* **1** prestar contas. **2** acertar as contas.
Ab.rech.nung [ˈaprɛçnuŋ] *Sf*, **-en** **1** conta. **2** prestação de contas. **3** acerto de contas.
ab.rei.ben [ˈapraibən] *Vtr unreg* **1** esfregar, friccionar. **2** secar.
Ab.rei.se [ˈapraizə] *Sf*, **-n** partida, saída, viagem.
ab.rei.sen [ˈapraizən] *Vint* **(sein)** partir, viajar.
ab.rei.ßen [ˈapraisən] *Vtr unreg* **1** arrancar. **2** demolir. *Vint unreg* **(sein)** **3** romper-se, partir-se, soltar-se.
ab.run.den [ˈaprundən] *Vtr* **1** arredondar. **2** rematar. **3** completar.
Abs. *Abk* **Absatz**, **Absender**.
Ab.sa.ge [ˈapza:gə] *Sf*, **-en** **1** cancelamento, desistência. **2** recusa, resposta negativa.
ab.sa.gen [ˈapza:gən] *Vtr* **1** cancelar, desistir. **2** recusar, declinar.
Ab.satz [ˈapzats] *Sm*, **Absätze** **1** salto, tacão (de calçado). **2** parágrafo (de texto), alínea. **3** intervalo, pausa. **4** *Wirtsch* vendas. **5** patamar (de escada).
ab.schaf.fen [ˈapʃafən] *Vtr* **1** abolir, extinguir, suprimir. **2** acabar com. *Vrefl* **3** dar duro, extenuar-se.
ab.schal.ten [ˈapʃaltən] *Vtr+Vint* **1** desligar. **2** interromper. **3** cortar.
Ab.scheu [ˈapʃɔi] *Sm+f* (*o. Pl*) aversão, horror, repulsa.
ab.scheu.lich [ˈapʃɔiliç] *Adj* **1** repulsivo, repugnante. **2** detestável, abominável, horroroso.
ab.schi.cken [ˈapʃikən] *Vtr* despachar, remeter, enviar, mandar.
ab.schie.ben [ˈapʃi:bən] *Vtr unreg* **1** afastar, empurrar. **2** expulsar, deportar.
Ab.schie.bung [ˈapʃi:buŋ] *Sf*, **-en** deportação.
Ab.schied [ˈapʃi:d] *Sm*, **-e** **1** despedida, adeus. **2** demissão, reforma, baixa.
ab.schie.ßen [ˈapʃi:sən] *Vtr unreg* **1** disparar (arma), lançar (míssil). **2** abater, derrubar (avião).
Ab.schlag [ˈapʃla:k] *Sm*, **Abschläge** **1** desconto, abatimento. **2** deságio. **3** prestação. **4** adiantamento. **5** *Sport* arremesso do goleiro (repondo a bola em jogo).

ab.schla.gen [ˈapʃla:gən] *Vtr unreg* **1** cortar (por meio de golpes). **2** repelir, recusar, negar. **3** *Sport* repor a bola em jogo (goleiro).
ab.schlep.pen [ˈapʃlɛpən] *Vtr* rebocar.
Ab.schlepp.wa.gen [ˈapʃlɛpva:gən] *Sm*, - guincho, reboque, rebocador.
ab.schlie.ßen [ˈapʃli:sən] *Vtr unreg* **1** fechar, trancar, chavear. **2** isolar. **3** concluir, terminar, encerrar. **4** fechar negócios, contratos.
Ab.schluss [ˈapʃlus] *Sm*, **Abschlüsse** **1** término, conclusão, encerramento. **2** remate. **3** fechamento. **4** balanço.
Ab.schluss.prü.fung [ˈapʃluspry:fuŋ] *Sf*, **-en** exame final.
Ab.schluss.zeug.nis [ˈapʃlustsɔiknis] *Sn*, **-se** certificado de conclusão, diploma.
ab.schnei.den [ˈapʃnaidən] *Vtr unreg* **1** cortar. **2** encurtar. **3** amputar. **gut/schlecht abschneiden** sair-se bem/mal.
Ab.schnitt [ˈapʃnit] *Sm*, **-e** **1** trecho, parágrafo, passagem (de um texto). **2** período, fase, etapa. **3** porção, parcela. **4** canhoto.
ab.schre.cken [ˈapʃrɛkən] *Vtr* **1** dissuadir, deter. **2** intimidar, espantar, desencorajar, atemorizar. **3** *Techn* esfriar (bruscamente), temperar.
ab.schrei.ben [ˈapʃraibən] *Vtr unreg* **1** copiar, transcrever. **2** plagiar. **3** cancelar, recusar. **4** colar (na prova).
Ab.schrift [ˈapʃrift] *Sf*, **-en** cópia, transcrição.
ab.seh.bar [ˈapze:bar] *Adj* previsível.
ab.seits [ˈapzaits] *Adv+Präp* à parte, distante, afastado, retirado.
Ab.seits [ˈapzaits] *Sn*, - *Sport* impedimento.
ab.sen.den [ˈapzɛndən] *Vtr reg+Vtr unreg* mandar, enviar, despachar, expedir, remeter.
Ab.sen.der [ˈapzɛndər] *Sm*, - remetente.
ab.set.zen [ˈapzɛtsən] *Vtr* **1** tirar, depor, colocar no chão. **2** deixar (alguém em algum lugar). **3** demitir, destituir. **4** depositar. **5** cancelar (greve, jogo). **6** interromper (terapia). **7** *Wirtsch* vender.
Ab.sicht [ˈapziçt] *Sf*, **-en** intenção, propósito, objetivo, intuito.
ab.sicht.lich [ˈapziçtliç] *Adj* intencional, deliberado. • *Adv* de propósito.
ab.so.lut [apzoˈlu:t] *Adj* absoluto. **absolut nicht** absolutamente não, de maneira alguma.
ab.son.dern [ˈapzɔndərn] *Vtr* **1** isolar, separar, segregar. **2** *Med* secretar (pus). *Vrefl* **3** afastar-se, isolar-se.
ab.sper.ren [ˈapʃpɛrən] *Vtr* **1** fechar, chavear, trancar. **2** cortar (água, luz). **3** isolar, bloquear, interditar.
Ab.spra.che [ˈapʃpra:xə] *Sf*, **-n** entendimento, acordo.
ab.spre.chen [ˈapʃprɛçən] *Vtr unreg* **1** negar algo. **2** privar de. *Vrefl unreg* **3** combinar, acertar.
ab.sprin.gen [ˈapʃpriŋən] *Vint unreg* **(sein)** **1** saltar, pular de. **2** soltar-se. **3** *Ugs* abandonar, cair fora.
ab.stam.men [ˈapʃtamən] *Vint* descender.
Ab.stam.mung [ˈapʃtamuŋ] *Sf*, **-en** ascendência, origem.
Ab.stand [ˈapʃtant] *Sm*, **Abstände** **1** distância. **2** intervalo. **3** margem, diferença.
ab.stau.ben [ˈapʃtaubən] *Vtr+Vint* **1** espanar, tirar o pó. **2** *Ugs* surrupiar, furtar. **3** *Sport* fazer um gol oportunista.
ab.stel.len [ˈapʃtɛlən] *Vtr* **1** pôr no chão, depor. **2** guardar, estacionar. **3** desligar.
Ab.stell.raum [ˈapʃtɛlraum] *Sm*, **Abstellräume** quarto de despejo, depósito.
ab.stim.men [ˈapʃtimən] *Vint* **1** votar. *Vtr* **2** coordenar. **3** adaptar, harmonizar, conciliar. **4** *Techn* sincronizar, ajustar, regular.
Ab.stim.mung [ˈapʃtimuŋ] *Sf*, **-en** **1** votação. **2** entendimento. **3** coordenação, adaptação, harmonização, con-

ciliação. **4** *Techn* sincronização, regulagem.
ab.sto.ßen [ˈapʃto:sən] *Vtr unreg* **1** afastar, repelir, rejeitar. **2** empurrar. **3** alienar, vender. **4** repugnar, causar asco, nojo.
ab.sto.ßend [ˈapʃto:sənt] *Adj* repugnante, asqueroso, repelente.
abs.trakt [apˈstrakt] *Adj* abstrato.
ab.strei.ten [ˈapʃtraitən] *Vtr unreg* negar, contestar, desmentir.
Ab.sturz [ˈapʃturts] *Sm*, **Abstürze** queda (de avião).
ab.stür.zen [ˈapʃtyrtsən] *Vint* **(sein) 1** cair, despencar. **2** precipitar-se.
ab.surd [apˈsurt] *Adj* absurdo.
Ab.teil [ˈaptail] *Sn*, **-e** compartimento, divisão.
Ab.tei.lung [ˈaptailuŋ] *Sf*, **-en** seção, departamento, setor, repartição.
Ab.tei.lungs.lei.ter [ˈaptailuŋslaitər] *Sm*, - chefe de departamento, gerente.
Ab.trei.bung [ˈaptraibuŋ] *Sf*, **-en** aborto.
ab.trock.nen [ˈaptrɔknən] *Vtr* enxugar, secar.
ab.wä.gen [ˈapvɛ:gən] *Vtr reg+Vtr unreg* ponderar, refletir, considerar.
ab.war.ten [ˈapvartən] *Vtr+Vint* esperar, aguardar.
ab.wärts [ˈapvɛrts] *Adv* para baixo.
ab.wa.schen [ˈapvaʃən] *Vtr+int* lavar.
Ab.was.ser [ˈapvasər] *Sn*, **Abwässer** esgoto, águas residuais ou servidas.
ab.wech.seln [ˈapvɛksəln] *Vint+refl* alternar, mudar, variar, revezar.
ab.wech.selnd [ˈapvɛksəlnt] *Adv* alternadamente.
Ab.wechs.lung [ˈapvɛksluŋ] *Sf*, **-en 1** variedade, variação. **2** distração, diversão.
Ab.wehr [ˈapve:r] *Sf* (*o. Pl*) **1** defesa, rejeição. **2** resistência, hostilidade.
ab.weh.ren [ˈapve:rən] *Vtr* **1** repelir, afastar, rechaçar. **2** defender.
Ab.wei.chung [ˈapvaiçuŋ] *Sf*, **-en 1** desvio, anomalia, variação, variante. **2** digressão. **3** divergência, discrepância.
ab.wei.sen [ˈapvaizən] *Vtr unreg* rejeitar, recusar, repelir, mandar embora.
ab.wen.den [ˈapvɛndən] *Vtr reg+Vtr unreg* **1** virar as costas, abandonar. **2** desviar, apartar, afastar. *Vtr unreg* **3** evitar.
ab.wer.tend [ˈapvɛrtənt] *Adj* depreciativo, negativo.
ab.we.send [ˈapve:zənt] *Adj* **1** ausente. **2** distraído, distante, longe.
Ab.we.sen.heit [ˈapve:zənhait] *Sf*, **-en** ausência.
Ab.wick.lung [ˈapvikəluŋ] *Sf*, **-en 1** desdobramento, desenvolvimento, procedimento. **2** realização, condução, organização, gerenciamento.
ab.wi.schen [ˈapviʃən] *Vtr* **1** enxugar, passar pano, secar. **2** limpar.
ab.zah.len [ˈaptsa:lən] *Vtr* pagar em prestações, amortizar, reembolsar parceladamente.
Ab.zei.chen [ˈaptsaiçən] *Sn*, - **1** emblema, distintivo, insígnia. **2** símbolo.
ab.zie.hen [ˈaptsi:ən] *Vtr unreg* **1** subtrair, descontar, deduzir. **2** tirar, retirar (chave, anel, chapéu). **3** esfolar, descascar.
Ab.zug [ˈaptsu:k] *Sm*, **Abzüge 1** disparador, gatilho. **2** cópia. **3** *Druckw* prova. **4** *Wirtsch* desconto, dedução. **5** *Mil* retirada.
ab.züg.lich [ˈaptsy:kliç] *Präp* **1** a deduzir. **2** menos, afora.
Ab.zwei.gung [ˈaptsvaiguŋ] *Sf*, **-en** ramificação, entroncamento, bifurcação, desvio, ramal, derivação.
ach! [ax] *Interj* ah! (pode exprimir surpresa, desejo, compreensão).
Ach.se [ˈaksə] *Sf*, **-n 1** eixo. **2** *Techn* árvore.
Ach.sel [ˈaksəl] *Sf*, **-n 1** ombro. **2** axila, sovaco.
acht [axt] *Zahlw* oito. **zu acht** em número de oito.
Acht [axt] *Sf* (*o. Pl*) atenção. **Acht geben** a) prestar atenção em. b) tomar cuidado, zelar por.

Ach.tel.fi.na.le [ˈaxtəlfinalə] *Sn*, - oitavas de final.
ach.ten [ˈaxtən] *Vtr* respeitar, estimar. **achten auf 1** prestar atenção, vigiar. **2** reparar em.
Ach.ter.bahn [ˈaxtərba:n] *Sf*, **-en** montanha-russa.
acht.los [ˈaxtlo:s] *Adj* descuidado, desatento, distraído, inadvertido.
acht.sam [ˈaxtza:m] *Adj* atento, cuidadoso, aplicado.
Ach.tung [ˈaxtuŋ] *Sf* (*o. Pl*) **1** estima, respeito. **2** atenção. **alle Achtung!** muito bem!, bravo!
acht.zehn [ˈaxtse:n] *Zahlw* dezoito.
acht.zig [ˈaxtsiç] *Zahlw* oitenta.
A.cker [ˈakər] *Sm*, **Äcker** campo, plantação, lavoura, roça.
a.D. *Abk* **außer Dienst** aposentado, reformado.
ADAC [a:-de:-a:tse:] *Abk* **Allgemeiner Deutscher Automobil-Club** Automóvel Clube Alemão.
a.dä.quat [adɛˈkva:t] *Adj* apropriado, adequado, conveniente.
ad.die.ren [aˈdi:rən] *Vtr+Vint* adicionar, somar.
A.del [ˈa:dəl] *Sm* (*o. Pl*) nobreza, aristocracia.
A.der [ˈa:dər] *Sf*, **-n 1** veia, vaso sanguíneo, artéria. **2** *Geol* veio, filão.
Ad.jek.tiv [ˈatjɛkti:f] *Sn*, **-e** adjetivo.
Ad.ler [ˈa:dlər] *Sm*, - águia.
ad.lig [ˈa:dliç] *Adj* **1** nobre, fidalgo, aristocrático. **2** distinto.
Ad.li.ge [ˈa:dligə] *Sm+f*, **-n** nobre, fidalgo, aristocrata.
Ad.mi.ral [atmiˈra:l] *Sm*, **-e, Admiräle** almirante (de esquadra).
a.dop.tie.ren [adɔpˈti:rən] *Vtr* adotar.
A.dop.ti.on [adɔptsiˈo:n] *Sf*, **-en** adoção.
A.dop.tiv.kind [adɔpˈti:fkint] *Sn*, **-er** filho adotivo.
Ad.res.sat [adrɛˈsa:t] *Sm*, **-en** destinatário.
Ad.res.se [aˈdrɛsə] *Sf*, **-n 1** endereço, destino. **2** petição.
A-Dur [ˈa:-du:r] *Sn* (o. *Pl*) *Mus* lá maior.
Ad.verb [atˈvɛrp] *Sn*, **-ien** advérbio.
Ad.vo.kat [atvoˈka:t] *Sm*, **-en** advogado.
A.e.ro.sol [aɛ:roˈzɔl] *Sn*, **-e** aerossol.
Af.fä.re [aˈfɛ:rə] *Sf*, **-n 1** caso, escândalo. **2** incidente. **3** questão.
Af.fe [ˈafə] *Sm*, **-n** macaco, símio.
Af.ri.ka [ˈa:frika] *Sn* (*o. Art*) África.
Af.ri.ka.ner [afriˈka:nər] *Sm*, - africano.
af.ri.ka.nisch [afriˈka:niʃ] *Adj* africano.
AG [a:-ge:] *Abk* **Aktiengesellschaft**.
A.gent [aˈgɛnt] *Sm*, **-en 1** agente, espião. **2** empresário (de artistas).
A.gen.tur [agɛnˈtu:r] *Sf*, **-en** agência.
ag.gres.siv [agrɛˈsi:f] *Adj* agressivo, hostil.
aha! [aha] *Interj* expressão de compreensão.
ah.nen [ˈa:nən] *Vtr* **1** adivinhar, pressentir, prever. **2** suspeitar, imaginar, presumir.
äh.nlich [ˈɛ:nliç] *Adj* **1** parecido, semelhante, similar. **2** análogo. **ähnlich sehen** parecer-se com.
Äh.nlich.keit [ˈɛ:nliçkait] *Sf*, **-en** semelhança.
Ah.nung [ˈa:nuŋ] *Sf*, **-en 1** intuição, pressentimento. **2** suspeita. **3** noção. **(keine) Ahnung haben** (não) fazer ideia, estar por dentro (fora).
ah.nungs.los [ˈa:nuŋslo:s] *Adj* **1** desprevenido, despreocupado. **2** ingênuo. **3** desinformado.
Aids [e:ts] *Sn* (o. *Pl*) Aids (síndrome de deficiência imunológica adquirida).
aids.krank [e:tskraŋk] *Adj* aidético.
Aids.test [e:tstɛst] *Sm*, **-s, -e** teste de Aids.
A.ka.de.mi.ker [akaˈde:mikər] *Sm*, - diplomado (em curso superior), bacharel.
a.ka.de.misch [akaˈde:miʃ] *Adj* universitário, acadêmico.
Ak.ku [ˈaku] *Sm*, -s *Abk* **Akkumulator.**
Ak.ku.mu.la.tor [akumuˈla:tor] *Sm*, **-en 1** bateria de acumulador. **2** *Inform* acumulador.

Ak.ku.sa.tiv [ˈakuzati:f] *Sm*, **-e** *Gram* acusativo.
Ak.ne [ˈaknə] *Sf*, **-n** acne.
Ak.ro.bat [akroˈba:t] *Sm*, **-en** acrobata, malabarista, equilibrista.
Akt [akt] *Sm*, **-e** **1** ato, ação. **2** cerimônia. **3** *Kunst* nu artístico.
Ak.te [ˈaktə] *Sf*, **-n** **1** dossiê, documentação, processo, auto. **2** arquivo.
Ak.ten.map.pe [ˈaktənmapə] *Sf*, **-n** pasta.
Ak.ten.no.tiz [ˈaktənnoti:ts] *Sf*, **-en** memorando.
Ak.tie [ˈaktsiə] *Sf*, **-n** ação, título, cota-parte.
Ak.ti.en.ge.sell.schaft [ˈaktsiəngəzɛlʃaft] *Sf*, **-en** Sociedade Anônima.
Ak.ti.on [aktsiˈo:n] *Sf*, **-en** **1** ação, atividade. **2** procedimento. **3** medida. **4** campanha, operação.
ak.tiv [akˈti:f] *Adj* **1** ativo, diligente, aplicado. **2** da ativa.
Ak.tiv [akˈti:f] *Sn* (*o. Pl*) ativo, voz ativa.
ak.tu.a.li.sie.ren [aktualiˈzi:rən] *Vtr* atualizar, pôr em dia.
Ak.tu.a.li.tät [aktualiˈtɛ:t] *Sf*, **-en** **1** atualidade, presente. **2** relevância.
ak.tu.ell [aktuˈɛl] *Adj* **1** atual. **2** relevante.
a.kut [aˈku:t] *Adj* **1** premente, urgente, crítico, grave. **2** *Med* agudo.
Ak.zent [akˈtsɛnt] *Sm*, **-e** **1** sotaque. **2** acento. **3** ênfase, destaque.
A.larm [aˈlarm] *Sm*, **-e** **1** alarme, sinal. **2** alerta. **blinder/falscher Alarm** alarme falso.
a.lar.mie.ren [alarˈmi:rən] *Vtr* **1** alarmar. **2** agitar, alvoroçar.
al.bern [ˈalbərn] *Adj* **1** bobo, tolo. **2** simplório, ingênuo, infantil.
Al.bum [ˈalbum] *Sn*, **Alben** álbum.
Al.ge [ˈalgə] *Sf*, **-n** alga.
A.li.bi [ˈa:libi] *Sn*, **-s** **1** álibi. **2** desculpa, pretexto.
Al.ko.hol [ˈalkoho:l, alkoˈho:l] *Sm*, **-e** álcool.
al.ko.hol.frei [alkoˈho:lfrai] *Adj* sem álcool.
Al.ko.ho.li.ker [alkoˈho:likər] *Sm*, - alcoólatra.
all[1] [al] *Indefinitpron+Adj* todo, toda, cada, qualquer.
All[2] [al] *Sn* (*o. Pl*) universo, espaço.
al.le [ˈalə] *Pron Pl* todos, todas. • *Adv* **1** *Ugs* acabado, terminado. **2** esgotado.
Al.lee [aˈle:] *Sf*, **-n** alameda.
al.lein [aˈlain] *Adj+Adv* **1** só, sozinho, solitário. **2** apenas. **allein stehend** a) solteiro, descolado, separado. b) sem dependentes. c) isolado.
al.len.falls [alənˈfals] *Adv* **1** no máximo. **2** eventualmente.
al.ler.dings [alərˈdiŋs] *Adv* **1** entretanto. **2** certamente.
Al.ler.gie [alerˈgi:] *Sf*, **-n** alergia.
al.ler.gisch [aˈlɛrgiʃ] *Adj* alérgico.
al.ler.hand [ˈalərˈhant] *Adj* **1** bastante. **2** diversos, um bocado, uma porção.
Al.ler.hei.li.gen [ˈalərˈhailigən] *Sn* (*o. Art*) Todos os Santos (festa religiosa).
al.ler.lei [alərˈlai] *Adj* toda espécie, todo tipo, os mais diversos, variados.
Al.ler.see.len [ˈalərˈze:lən] *Sn* (*o. Art*) *Rel* (dia de) Finados.
al.les [ˈaləs] *Pron* tudo.
al.le.samt [ˈaləsamt] *Adv* todos juntos (indistintamente).
Al.les.kle.ber [ˈaləskle:bər] *Sm*, - cola-tudo.
all.ge.gen.wär.tig [alˈge:genvɛrtiç] *Adj* onipresente.
all.ge.mein [algeˈmain] *Adj* geral, genérico, comum. **allgemein verbindlich** obrigatório para todos. **im Allgemeinen** em geral.
All.ge.mein.bil.dung [algeˈmainbilduŋ] *Sf* (*o. Pl*) cultura geral, formação básica.
All.ge.mein.gut [algeˈmaingu:t] *Sn* (*o. Pl*) **1** conhecimento geral (de todos). **2** domínio público.
All.ge.mein.wis.sen [algeˈmainvisən] *Sn* (*o. Pl*) conhecimentos gerais.
All.ge.mein.wohl [algeˈmainvo:l] *Sn* (*o. Pl*) bem comum, bem-estar público.

Al.li.anz [ali'ants] *Sf*, **-en** aliança.

all.mäch.tig ['almɛçtiç] *Adj* todo--poderoso, onipotente.

all.mäh.lich ['almɛ:liç] *Adj+Adv* **1** gradativo, gradual, progressivo. **2** aos poucos.

All.tag ['alta:k] *Sm*, **-e 1** dia a dia, rotina, monotonia. **2** dia útil.

all.täg.lich ['altɛ:kliç] *Adj* **1** comum, banal, corriqueiro, trivial. **2** diário.

all.zeit ['altsait] *Adv* sempre. **allzeit bereit!** sempre alerta!

all.zu ['altsu:] *Adv* demasiadamente, extremamente.

Al.mo.sen ['almozən] *Sn*, **-** esmola.

Al.pha.bet [alfa'be:t] *Sn*, **-e** alfabeto.

al.pha.be.tisch [alfa'be:tiʃ] *Adj* alfabético.

Alp.traum ['alptraum] *Sm*, **Alpträume** pesadelo.

als [als] *Konj* **1** quando. **2** que. **3** do que. **4** como, na qualidade de. **als ob** como se.

al.so ['alzo:] *Adv+Konj* **1** portanto. **2** então. **3** logo. **4** assim.

alt [alt] *Adj* **1** velho, antigo, idoso. **2** usado.

Alt [alt] *Sm*, **-e** *Mus* contralto.

Al.tar [al'ta:r] *Sm*, **Altäre** altar.

Alt.bau ['altbau] *Sm*, **-ten** construção antiga.

Al.te ['altə] *Sm+f*, **-n 1** velho(a), idoso(a). **2** *Ugs* pai (mãe). **3** chefe.

Al.ten.heim ['altənhaim] *Sn*, **-e** asilo (de velhos).

Al.ter ['altər] *Sn*, **- 1** idade. **2** velhice.

al.tern ['altərn] *Vint* **(sein)** envelhecer.

Al.ter.na.ti.ve [alterna'ti:və] *Sf*, **-n** alternativa, opção.

Al.ters.heim ['altərshaim] *Sn*, **-e** asilo (de velhos).

Al.ters.ren.te ['altərsrɛntə] *Sf*, **-n** aposentadoria (por velhice).

Al.ter.tum ['altərtu:m] *Sn* (*o. Pl*) Antiguidade.

al.ter.tüm.lich ['altərty:mliç] *Adj* arcaico, antiquado.

Alt.las.ten ['altlastən] *S Pl* **1** depósitos de lixo desativados que constituem uma ameaça ao ambiente. **2** *fig* problemas herdados de antecessores.

alt.mo.disch ['altmo:diʃ] *Adj* antiquado, obsoleto, fora de moda.

Alt.stadt ['altʃtat] *Sf* (*o. Pl*) centro histórico (de uma cidade).

A.lu ['a:lu] *Sn* (*o. Pl*) *Abk Ugs* **Aluminium.**

A.lu.fo.lie ['a:lufo:liə] *Sn*, **-n** folha de alumínio.

A.lu.mi.ni.um [alu'mi:nium] *Sn* (*o. Pl*) alumínio.

am ['am] **an+dem** *Präp+Art* **1** no, na. **2** às margens de. **am Boden** no chão. **am Meer** no litoral, na praia. **am Montag** na segunda-feira. **am schönsten** o mais bonito. **am Wachsen** crescendo. **Frankfurt am Main** Frankfurt às margens do rio Meno.

A.ma.teur [ama'tø:r] *Sm*, **-e** amador, diletante.

A.ma.zo.ni.en [ama'tso:niən] *Sn* (*o. Pl, o. Art*) Amazônia.

am.bu.lant [ambu'lant] *Adj* ambulatorial (tratamento).

Am.bu.lanz [ambu'lants] *Sf*, **-en 1** ambulância. **2** ambulatório.

A.mei.se ['a:maizə] *Sf*, **-n** formiga.

A.men ['a:men] *Sn*, **- 1** amém. **2** *fig* aprovação, consentimento.

A.me.ri.ka [a'me:rika] *Sn* (*o. Art*) **1** América. **2** Estados Unidos da América.

A.me.ri.ka.ner [ameri'ka:nər] *Sm*, **-** americano.

a.me.ri.ka.nisch [ameri'ka:niʃ] *Adj* americano.

Am.nes.tie [amnɛs'ti:] *Sf*, **-n** anistia.

a-Moll [a:-mɔl] *Sn* (*o. Pl*) *Mus* lá menor.

Am.pel ['ampəl] *Sf*, **-n** semáforo, farol, sinal de trânsito.

am.pu.tie.ren [ampu'ti:rən] *Vtr* amputar.

Amt [amt] *Sn*, **Ämter 1** função, cargo, ofício. **2** magistratura. **3** repartição, seção, secretaria. **4** autoridade. **5** central telefônica. **6** *Rel* missa solene.

amt.lich ['amtliç] *Adj* **1** oficial. **2** solene.

Amts.ge.richt ['amtsgəriçt] *Sn*, **-e 1** tribunal de primeira instância. **2** fórum municipal.

a.mü.sant [amy:'zant] *Adj* divertido.

a.mü.sie.ren [amy'si:rən] *Vtr* **1** divertir, entreter. *Vrefl* **2** divertir-se. **3** achar engraçado, caçoar.

an [an] *Präp* **1** (local) ao, à, no, na, junto a, para. **2** (temporal) em, no, na.

A.na.lo.gie [analo'gi:] *Sf*, **-n** analogia.

An.al.pha.bet [analfa'be:t] *Sm*, **-en** analfabeto.

A.na.ly.se [ana'ly:zə] *Sf*, **-n** análise.

a.na.ly.sie.ren [analy'zi:rən] *Vtr* analisar.

A.na.nas ['ananas] *Sf*, -, **-se** abacaxi.

A.nar.chie [anar'çi:] *Sf*, **-n 1** anarquia. **2** caos.

A.nar.chist [anar'çist] *Sm*, **-en** anarquista.

An.äs.the.sie [anεste'zi:] *Sf*, **-n** anestesia.

A.na.to.mie [anato'mi:] *Sf*, **-n** anatomia.

An.bau ['anbau] *Sm*, **-ten 1** edificação anexa, anexo, dependência. **2** ampliação. **3** *Landw* (*o. Pl*) cultura, cultivo.

an.bau.en ['anbauən] *Vint* **1** ampliar (construção). *Vtr* **2** construir anexo. **3** plantar, cultivar.

an.bei [an'bai] *Adj* anexo.

an.bei.ßen ['anbaisən] *Vtr unreg* **1** começar a comer, comer um pedacinho. **2** morder a isca.

an.be.lan.gen ['anbəlaŋən] *Vtr* **1** referir-se. **2** dizer respeito.

an.be.ten ['anbe:tən] *Vtr* adorar, venerar.

an.bie.ten ['anbi:tən] *Vtr unreg* **1** oferecer. *Vrefl* **2** apresentar-se, oferecer-se.

an.bin.den ['anbindən] *Vtdi un reg* amarrar, atar.

An.blick ['anblik] *Sm*, **-e 1** vista, panorama. **2** espetáculo. **3** visão.

an.bli.cken ['anblikən] *Vtr* olhar, fitar, observar, contemplar.

an.bre.chen ['anbrεçən] *Vtr unreg* **1** abrir, começar a usar. *Vint unreg* **(sein) 2** começar, ter início.

an.dau.ern ['andauərn] *Vint* durar, continuar, persistir.

an.dau.ernd ['andauərnt] *Adj* constante, contínuo, ininterrupto, permanente.

An.den.ken ['andεŋkən] *Sn*, - **1** lembrança, recordação. **2** memória. **3** suvenir.

an.der ['andər] *Indefinitpron* **1** outro, novo. **2** próximo. **3** diferente.

an.de.ren.falls ['andərənfals] *Adv* senão, do contrário.

an.de.rer.seits ['andərərzaits] *Adv* por outro lado.

an.der.mal ['andərma:l] *Adv* **ein andermal** em outra oportunidade.

än.dern ['εndərn] *Vtr* modificar, mudar, alterar, emendar.

an.ders ['andərs] *Adv* de outra maneira, diferente. **jemand anders** uma outra pessoa.

an.ders.wo ['andərsvo:] *Adv* em outro lugar, alhures.

an.dert.halb ['andərthalp] *Zahlw* um e meio.

Än.de.rung ['εndəruŋ] *Sf*, **-en** alteração, mudança, modificação, emenda.

an.deu.ten ['andɔitən] *Vtr* insinuar, sugerir, dar a entender.

An.deu.tung ['andɔituŋ] *Sf*, **-en 1** insinuação, alusão, indício. **2** sombra, vislumbre.

An.drang ['andraŋ] *Sm* (*o. Pl*) **1** multidão, aglomeração. **2** aperto. **3** afluência, congestionamento, movimento.

an.dro.hen ['andro:ən] *Vtr* ameaçar, intimidar.

an.ein.an.der [anain'andər] *Adv* um no outro, um pelo outro. **aneinander geraten** brigar, pegar-se, lutar.
A.nek.do.te [anɛk'do:tə] *Sf*, **-en** anedota.
an.er.kannt ['anɛrkant] *Adj* reconhecido, aceito, admitido.
an.er.ken.nen ['anɛrkɛnən] *Vtr unreg* **1** reconhecer, aceitar. **2** elogiar, apreciar. **3** aprovar.
An.er.ken.nung ['anɛrkɛnuŋ] *Sf*, **-en 1** reconhecimento, aceitação, aprovação. **2** respeito.
an.fah.ren ['anfa:rən] *Vtr unreg* **1** acarrear, trazer. **2** passar por, entrar (em cidade, porto). **3** atropelar, colidir. **4** partir, arrancar.
An.fahrt ['anfa:rt] *Sf*, **-en 1** partida. **2** trajeto, viagem, caminho. **3** acesso.
An.fall ['anfal] *Sm*, **Anfälle** ataque, acesso.
An.fang ['anfaŋ] *Sm*, **Anfänge 1** início, começo, princípio, ponto de partida, origem. **2** introdução.
an.fan.gen ['anfaŋən] *Vint unreg* **1** começar, iniciar, principiar. **2** *Ugs* abordar, vir com. *Vtr unreg* **3** começar a fazer.
An.fän.ger ['anfɛŋər] *Sm*, - principiante.
an.fangs ['anfaŋs] *Adv* inicialmente, primeiro.
An.fangs.zeit ['anfaŋstsait] *Sf*, **-en** início (de um evento), horário.
an.fas.sen ['anfasən] *Vtr* **1** tocar, pegar. **2** tratar. **3** começar, abordar. *Vint* **4** ajudar.
an.fer.ti.gen ['anfɛrtigən] *Vtr* **1** produzir, fabricar. **2** executar, fazer.
an.feu.ern ['anfɔiərn] *Vtr* **1** incentivar, animar, estimular, incitar. **2** torcer.
an.for.dern ['anfɔrdərn] *Vtr* requerer, solicitar, requisitar.
An.for.de.rung ['anfɔrdəruŋ] *Sf*, **-en 1** requisito, exigência. **2** requisição. **3** requerimento.
An.fra.ge ['anfra:gə] *Sf*, **-n 1** consulta. **2** interpelação.
an.freun.den ['anfrɔindən] *Vrefl* **1** fazer amizade. **2** familiarizar-se.
An.füh.rer ['anfy:rər] *Sm*, - **1** chefe, líder. **2** *fig* cabeça.
An.füh.rungs.zei.chen ['anfy:ruŋs tsaiçən] *Sn*, - aspas.
An.ga.be ['anga:bə] *Sf*, **-n 1** informação, menção, declaração, indicação. **2** *Ugs* fanfarronice. **3** *Sport* saque, serviço.
an.ge.ben ['ange:bən] *Vtr unreg* **1** informar, indicar, declarar, dizer, alegar, assinalar, dar. **2** denunciar. **3** *Vint unreg Ugs* gabar-se. **4** *Sport* sacar, servir.
An.ge.ber ['ange:bər] *Sm*, - **1** fanfarrão. **2** denunciante.
an.geb.lich ['ange:pliç] *Adj* pretenso, suposto, alegado.
an.ge.bo.ren ['angəbo:rən] *Adj* inato, congênito.
An.ge.bot ['angəbo:t] *Sn*, **-e 1** proposta, oferta. **2** cotação. **3** sortimento, estoque, provisão.
an.ge.bracht ['angəbraxt] *Adj* oportuno, conveniente, apropriado.
An.ge.hö.ri.ge ['angəhø:rigə] *Sm+f*, **-n 1** parente próximo, familiar. **2** membro, integrante, afiliado.
An.ge.klag.te ['angəklaktə] *Sm+f*, **-n** acusado, réu.
An.gel ['aŋəl] *Sf*, **-n 1** caniço com linha e anzol. **2** gonzo, dobradiça.
An.ge.le.gen.heit ['angəle:gənhait] *Sf*, **-en 1** assunto, tópico. **2** negócio.
An.gel.ha.ken ['aŋəlha:kən] *Sm*, - anzol.
an.geln ['aŋəln] *Vtr* **1** pescar (com anzol), fisgar. **2** alcançar, segurar.
an.ge.mes.sen ['angəmɛsən] *Adj* apropriado, adequado, conveniente.
an.ge.nehm ['angəne:m] *Adj* agradável.
an.ge.se.hen ['angəze:ən] *Adj* conceituado, estimado, respeitado.
an.ge.sichts ['angəziçts] *Präp* face a, em vista de.
An.ge.stell.te ['angəʃtɛltə] *Sm+f*, **-n** empregado, funcionário administrativo.

an.ge.strengt [ˈangəʃtrɛŋt] *Adj* concentrado, atento.
an.ge.wie.sen [ˈangəvi:zən] *Adj* **angewiesen sein auf** depender de, precisar.
an.ge.wöh.nen [ˈangəvø:nən] *Vtr* **1** acostumar. *Vrefl* **2** habituar-se.
An.ge.wohn.heit [ˈangəvo:nhait] *Sf*, **-en** costume, hábito.
an.glei.chen [ˈanglaiçən] *Vtr unreg* equiparar, alinhar, adequar, adaptar, ajustar.
Ang.ler [ˈaŋlər] *Sm*, - pescador (com anzol).
An.go.la [anˈgo:la] *Sn* (*o. Art*) Angola.
An.go.la.ner [angoˈla:nər] *Sm*, - angolano, angolense.
an.go.la.nisch [angoˈla:niʃ] *Adj* angolano.
an.grei.fen [ˈangraifən] *Vtr unreg* **1** atacar, agredir. **2** afetar, enfraquecer, prejudicar, danificar.
An.grei.fer [ˈangraifər] *Sm*, - agressor, atacante.
an.gren.zen [ˈangrɛntsən] *Vint* confinar com, fazer limite com.
An.griff [ˈangrif] *Sm*, **-e** **1** ataque, agressão. **2** ofensiva.
Angst [aŋst] *Sf*, **Ängste** **1** medo, temor, receio. **2** angústia.
ängs.ti.gen [ˈɛŋstigən] *Vtr* **1** amedrontar, inquietar, assustar. *Vrefl* **2** afligir-se, angustiar-se, intimidar-se.
ängst.lich [ˈɛŋstliç] *Adj* **1** medroso, receoso, tímido. **2** apreensivo.
an.gu.cken [ˈangukən] *Vtr Ugs* **1** olhar para. **2** examinar, estudar.
an.ha.ben [ˈanha:bən] *Vtr unreg* vestir, usar, calçar.
an.hal.ten [ˈanhaltən] *Vtr unreg* **1** deter, reter, segurar, parar. **2** admoestar, aconselhar, exortar. *Vint unreg* **3** parar. **4** durar, continuar.
An.hal.ter [ˈanhaltər] *Sm*, - carona, caroneiro. **per Anhalter fahren** viajar pedindo carona.
an.hand [anˈhant] *Präp+Adv* com o auxílio de.
An.hang [ˈanhaŋ] *Sm*, **Anhänge** **1** anexo, apêndice. **2** comitiva. **3** dependentes, família.
An.hän.ger [ˈanhɛŋər] *Sm*, - **1** adepto, partidário, seguidor. **2** fã, torcedor. **3** reboque (em veículo), jamanta, carreta. **4** penduricalho. **5** etiqueta, plaqueta, crachá.
an.häng.lich [ˈanhɛŋliç] *Adj* fiel, afeiçoado, devotado, amigo.
an.häu.fen [ˈanhɔifən] *Vtr* juntar, acumular, amontoar.
An.hieb [ˈanhi:p] **auf Anhieb** na primeira tentativa, de imediato.
An.hö.he [ˈanhø:ə] *Sf*, **-n** elevação, colina.
an.hö.ren [ˈanhø:rən] *Vtr* **1** escutar, ouvir. *Vrefl* **2** soar (bem, mal).
a.ni.mie.ren [aniˈmi:rən] *Vtr* **1** animar, agitar. **2** encorajar.
An.ker [ˈaŋkər] *Sm*, - **1** âncora. **2** *Elektro* induzido. **Anker werfen** lançar âncoras.
an.kern [ˈaŋkərn] *Vint* ancorar, fundear.
An.kla.ge [ˈankla:gə] *Sf*, **-n** acusação, queixa.
an.kla.gen [ˈankla:gən] *Vtr* acusar, apresentar queixa contra.
An.klä.ger [ˈanklɛ:gər] *Sm*, - **1** promotor. **2** acusador, queixoso, querelante.
An.klang [ˈanklaŋ] *Sm*, **Anklänge** **1** lembrança vaga, reminiscência. **2** ressonância, eco. **Anklang finden** agradar, encontrar boa aceitação.
An.klei.de.ka.bi.ne [ˈanklaidəkabi:nə] *Sf*, **-n** vestiário.
an.klei.den [ˈanklaidən] *Vtr* vestir.
An.klei.de.raum [ˈanklaidəraum] *Sm*, **Ankleideräume** vestiário.
an.klop.fen [ˈanklɔpfən] *Vint* bater (à porta).
an.kom.men [ˈankɔmən] *Vint unreg* **(sein)** **1** chegar. **2** ser (bem) aceito. **ankommen auf** depender. **ankommen gegen** impor-se. **es kommt darauf an** depende.

An.kömm.ling [ˈankømliŋ] *Sm*, **-e** recém-chegado.
an.kreu.zen [ˈankrɔitsən] *Vtr* marcar com cruzinha, assinalar.
an.kün.di.gen [ˈankyndigən] *Vtr* **1** anunciar, avisar. *Vrefl* **2** prenunciar-se.
An.kün.di.gung [ˈankyndiguŋ] *Sf*, **-en 1** aviso, anúncio. **2** prenúncio.
An.kunft [ˈankunft] *Sf*, **Ankünfte** chegada.
An.kunfts.zeit [ˈankunftstsait] *Sf*, **-en** horário de chegada.
an.lä.cheln [ˈanlɛçəln] *Vtr* sorrir para.
An.la.ge [ˈanla:gə] *Sf*, **-en 1** aplicação (financeira), investimento. **2** predisposição, inclinação, jeito, aptidão. **3** instalação, equipamento. **4** parque, jardim. **5** conjunto (arquitetônico). **6** anexo (a uma carta).
An.lass [ˈanlas] *Sm*, **Anlässe 1** causa, motivo. **2** ocasião, oportunidade, ensejo.
an.las.sen [ˈanlasən] *Vtr unreg* **1** dar partida. **2** deixar ligado. **3** não tirar do corpo, continuar com (roupa).
an.läss.lich [ˈanlɛsliç] *Präp* por ocasião de.
an.le.gen [ˈanle:gən] *Vtr* **1** encostar. **2** aplicar. **3** investir. **4** vestir. **5** adotar (critérios). **6** compilar, confeccionar, elaborar, preparar.
An.le.ger [ˈanle:gər] *Sm*, - investidor.
An.le.ge.stel.le [ˈanle:gəʃtɛlə] *Sf*, **-n 1** atracadouro, cais. **2** marina.
an.leh.nen [ˈanle:nən] *Vtr* **1** encostar, deixar encostado (porta, janela). *Vrefl* **2** apoiar-se.
An.lei.he [ˈanlaiə] *Sf*, **-n** empréstimo.
an.lei.ten [ˈanlaitən] *Vtr* **1** instruir, ensinar. **2** orientar.
An.lie.gen [ˈanli:gən] *Sn*, - **1** desejo, pedido. **2** reclamo. **3** interesse, objetivo.
An.lie.ger [ˈanli:gər] *Sm*, - **1** vizinho, proprietário de terreno limítrofe. **2** residente.
an.lo.cken [ˈanlɔkən] *Vtr* atrair, engodar, engabelar.
an.lü.gen [ˈanly:gən] *Vtr unreg* mentir para.
an.ma.chen [ˈanmaxən] *Vtr* **1** colocar, fixar. **2** amassar, preparar. **3** acender, ligar. **4** *Ugs* dar uma cantada. **5** entusiasmar, deixar feliz.
an.ma.len [ˈanma:lən] *Vtr* **1** pintar, colorir. **2** maquiar.
an.ma.ßend [ˈanma:sənt] *Adj* arrogante, presunçoso.
an.mel.den [ˈanmɛldən] *Vtr+Vrefl* anunciar, comunicar a chegada, marcar hora; registrar, inscrever, matricular; apresentar (dúvidas).
An.mel.dung [ˈanmɛlduŋ] *Sf*, **-en 1** registro (de domicílio). **2** declaração. **3** hora marcada. **4** matrícula, inscrição. **5** *Ugs* recepção.
an.mer.ken [ˈanmɛrkən] *Vtr* **1** perceber, notar, observar, reparar. **2** marcar.
An.mer.kung [ˈanmɛrkuŋ] *Sf*, **-en 1** nota, observação. **2** comentário. **3** reparo.
an.mu.tig [ˈanmu:tiç] *Adj* formoso, lindo, gracioso, encantador, charmoso.
an.nä.hen [ˈanɛ:ən] *Vtr* costurar, pregar.
an.nä.hernd [ˈanɛ:ərnt] *Adj+Adv* aproximado, mais ou menos, quase.
An.nah.me [ˈana:mə] *Sf*, **-n 1** recebimento, recepção. **2** aceitação, admissão. **2** suposição, hipótese.
an.nehm.bar [ˈane:mba:r] *Adj* **1** aceitável, admissível. **2** razoável.
an.neh.men [ˈane:mən] *Vtr unreg* **1** aceitar. **2** receber. **3** aprovar. **4** adotar (outro nome, atitudes). **5** assumir (feições de). **6** supor, admitir, crer.
An.non.ce [aˈnɔnsə] *Sf*, **-n** anúncio.
a.no.nym [anoˈny:m] *Adj* anônimo.
A.no.rak [ˈanorak] *Sm*, **-s** agasalho (com capuz), japona.
an.ord.nen [ˈanɔrtnən] *Vtr* **1** arranjar, dispor. **2** ordenar, mandar.
An.ord.nung [ˈanɔrtnuŋ] *Sf*, **-en 1** ordem, disposição. **2** determinação, preceito.
an.pa.cken [ˈanpakən] *Vtr* **1** pegar, agarrar. **2** encarar (um problema). *Vint* **3** colaborar, ajudar.

an.pas.sen [ˈanpasən] *Vtr* **1** ajustar, adaptar. *Vrefl* **2** adaptar-se, conformar-se.

An.pas.sung [ˈanpasuŋ] *Sf*, **-en 1** adaptação, adequação, ajuste, reajuste. **2** assimilação.

an.pran.gern [ˈanpraŋərn] *Vtr* denunciar, acusar, revelar.

an.pro.bie.ren [ˈanprobi:rən] *Vtr* provar, experimentar (roupa, calçado).

an.ra.ten [ˈanra:tən] *Vtr unreg* recomendar, aconselhar.

An.recht [ˈanrɛçt] *Sn*, **-e** direito adquirido, título.

An.re.de [ˈanre:də] *Sf*, **-n** invocação (carta), tratamento.

an.re.den [ˈanre:dən] *Vtr* **1** dirigir-se a, abordar. **2** tratar por.

an.re.gen [ˈanre:gən] *Vtr* **1** inspirar. **2** estimular, animar. **3** sugerir.

an.re.gend [ˈanre:gənt] *Adj* estimulante.

An.re.gung [ˈanre:guŋ] *Sf*, **-en 1** inspiração, sugestão, ideia. **2** estímulo.

An.rei.se [ˈanraizə] *Sf*, **-n 1** viagem (de ida). **2** chegada, vinda.

an.rich.ten [ˈanriçtən] *Vtr* **1** preparar, servir (comidas). **2** causar, provocar, cometer.

An.ruf [ˈanru:f] *Sm*, **-e 1** chamada, telefonema. **2** grito, chamado.

An.ruf.be.ant.wor.ter [ˈanru:fbə antvɔrtər] *Sm*, - secretária eletrônica.

an.ru.fen [ˈanru:fən] *Vtr unreg* **1** chamar, telefonar. **2** apelar, invocar.

an.rüh.ren [ˈanry:rən] *Vtr* **1** tocar em (com a mão). **2** misturar, preparar.

ans [ans] *Präp+Art* (**= an das**) ao, à, para junto de.

An.sa.ge [ˈanza:gə] *Sf*, **-n** anúncio, aviso, notícia.

an.säs.sig [ˈanzɛsiç] *Adj* residente, domiciliado, estabelecido.

An.satz [ˈanzats] *Sm*, **Ansätze 1** abordagem, tentativa. **2** rudimento, princípio. **3** base. **4** depósito, sedimento.

an.schaf.fen [ˈanʃafən] *Vtr* **1** comprar, adquirir (bens duráveis). **2** *Ugs* prostituir-se. **3** roubar.

an.schal.ten [ˈanʃaltən] *Vtr* ligar, pôr em funcionamento.

an.schau.en [ˈanʃauən] *Vtr* olhar, examinar, contemplar, mirar.

an.schau.lich [ˈanʃauliç] *Adj* **1** claro. **2** explícito, vivo, plástico.

An.schau.ung [ˈanʃauuŋ] *Sf*, **-en 1** convicção. **2** ponto de vista, opinião. **3** impressão. **4** ideia, noção, conceito.

An.schein [ˈanʃain] *Sm* (*o. Pl*) aparência. **allem Anschein nach** ao que tudo indica.

an.schei.nend [ˈanʃainənt] *Adv* aparentemente.

An.schlag [ˈanʃla:k] *Sm*, **Anschläge 1** aviso, cartaz. **2** ataque, atentado. **3** toque (de tecla). **4** batente. **5** *Sport* saque.

An.schlag.brett [ˈanʃla:kbrɛt] *Sn*, **-er** quadro de avisos.

an.schla.gen [ˈanʃla:gən] *Vtr unreg* **1** afixar, pregar. **2** tocar (na baliza). **3** apertar, bater (teclado). **4** assimilar, pegar. **5** *Sport* sacar.

an.schlie.ßen [ˈanʃli:sən] *Vtr unreg* **1** ligar a, conectar, integrar. **2** acrescentar. *Vrefl unreg* **3** juntar-se a, aderir. **4** endossar.

an.schlie.ßend [ˈanʃli:sənt] *Adv* em seguida, depois. • *Adj* **1** contíguo, adjacente. **2** subsequente.

An.schluss [ˈanʃlus] *Sm*, **Anschlüsse 1** conexão, ligação. **2** telefone. **3** união, adesão. **4** anexação, integração. **5** contato, relação. **im Anschluss an** logo em seguida, com referência a.

an.schnal.len [ˈanʃnalən] *Vtr* afivelar, amarrar, prender (com fivela, com cinto).

An.schnall.gurt [ˈanʃnalgurt] *Sm*, **-e** cinto de segurança.

an.schnei.den [ˈanʃnaidən] *Vtr unreg* cortar (o primeiro pedaço, a primeira fatia).

An.schrift ['anʃrift] *Sf*, **-en** endereço.
an.schul.di.gen ['anʃuldigən] *Vtr* acusar, culpar.
an.schwel.len ['anʃvɛlən] *Vint unreg* **(sein) 1** inchar, intumescer. **2** aumentar (som). **3** subir, crescer, encher (rio).
an.schwin.deln ['anʃvindəln] *Vtr Ugs* enganar, iludir.
an.se.hen[1] ['anze:ən] *Vtr unreg* **1** olhar, ver, observar, examinar, analisar. **2** perceber. **ansehen als** (ou **für**) considerar, tomar por, confundir com. **sich etwas ansehen** assistir, dar uma olhada.
An.se.hen[2] ['anze:ən] *Sn* (*o. Pl*) **1** renome, reputação, prestígio, consideração. **2** aparência.
An.sicht ['anziçt] *Sf*, **-en 1** ponto de vista, opinião. **2** vista, panorama. **zur Ansicht** como amostra para exame.
An.sichts.kar.te ['anziçtskartə] *Sf*, **-n** cartão-postal.
an.sie.deln ['anzi:dəln] *Vrefl* **1** estabelecer-se, instalar-se, fixar-se. *Vtr* **2** colonizar.
an.sons.ten [an'zɔnstən] *Adv* **1** à parte disso. **2** do contrário.
An.spie.lung ['anʃpi:luŋ] *Sf*, **-en** insinuação, alusão.
An.sporn ['anʃpɔrn] *Sm* (*o. Pl*) incentivo, estímulo.
an.spor.nen ['anʃpɔrnən] *Vtr* **1** esporear. **2** incentivar, estimular, incitar.
An.spra.che ['anʃpraxə] *Sf*, **-n 1** pequeno discurso, alocução. **2** forma de tratamento.
an.spre.chen ['anʃprɛçən] *Vtr unreg* **1** dirigir a palavra a, abordar. **2** tratar de. **3** mencionar. **4** agradar, despertar interesse.
an.spre.chend ['anʃprɛçənt] *Adj* **1** atraente, atrativo. **2** agradável, simpático.
an.sprin.gen ['anʃpriŋən] *Vint unreg* **(sein) 1** pegar (motor). *Vtr unreg* **2** pular sobre, atacar.
An.spruch ['anʃprux] *Sm*, **Ansprüche 1** título, direito. **2** reivindicação, exigência, reclamação. **3** pretensão.
an.spruchs.los ['anʃpruxslo:s] *Adj* despretensioso, modesto, simples, trivial.
an.spruchs.voll ['anʃpruxsfɔl] *Adj* exigente, pretensioso, sofisticado.
an.spu.cken ['anʃpukən] *Vtr* cuspir em.
An.stalt ['anʃtalt] *Sf*, **-en** estabelecimento, instituto, instituição, organização.
An.stand ['anʃtant] *Sm* (*o. Pl*) **1** compostura, modos, recato, boas maneiras, cortesia. **2** decência.
an.stän.dig ['anʃtɛndiç] *Adj* **1** decente. **2** honesto, digno.
an.star.ren ['anʃtarən] *Vtr* fitar, olhar fixamente, cravar os olhos em.
an.statt [an'ʃtat] *Konj* em vez de, em lugar de.
an.ste.cken ['anʃtɛkən] *Vtr* **1** colocar, pregar, prender. **2** acender, incendiar. **3** contagiar, contaminar, infectar.
an.ste.ckend ['anʃtɛkənt] *Adj* contagioso, infeccioso.
An.ste.ckung ['anʃtɛkuŋ] *Sf*, **-en** contágio, infecção.
an.stel.le [an'ʃtɛlə] *Präp+Adv* em lugar de.
an.stel.len ['anʃtɛlən] *Vtr* **1** encostar. **2** ligar (rádio, máquina). **3** contratar, empregar. **4** empreender. *Vrefl* **5** comportar-se como, fazer-se de. **6** entrar na fila. **etwas anstellen** fazer uma arte.
An.stoß ['anʃto:s] *Sm*, **Anstöße 1** estímulo, impulso, iniciativa. **2** choque. **3** *Sport* pontapé inicial. **Anstoß erregen** causar escândalo.
an.sto.ßen ['anʃto:sən] *Vtr unreg* **1** empurrar, dar impulso, cutucar. *Vint unreg* **(sein) 2** esbarrar, bater, tropeçar. **3** brindar.
an.stö.ßig ['anʃtø:siç] *Adj* chocante, ofensivo, escandaloso, indecente.
an.strei.chen ['anʃtraiçən] *Vtr unreg* **1** pintar, caiar. **2** marcar.
an.stren.gend ['anʃtrɛŋənt] *Adj* extenuante, cansativo.

An.stren.gung [ˈanʃtrɛŋuŋ] *Sf*, **-en** esforço, empenho.
An.strich [ˈanʃtriç] *Sm*, **-e** **1** pintura, demão. **2** aparência.
An.sturm [ˈanʃturm] *Sm*, **Anstürme** **1** ataque, investida. **2** afluxo, corrida. **3** fúria.
Ant.ark.tis [antˈarktis] *Sf* (*o. Pl*) Antártida.
an.tas.ten [ˈantastən] *Vtr* **1** tocar em. **2** lesar, ferir, infringir, violar (direitos).
An.teil [ˈantail] *Sm*, **-e** **1** parte, porção, cota, quinhão. **2** interesse.
An.teil.nah.me [ˈantailna:mə] *Sf* (*o. Pl*) participação, interesse, simpatia.
An.ten.ne [anˈtɛnə] *Sf*, **-n** *Tech* antena.
An.ti.ba.by.pil.le [antiˈbe:bipilə] *Sf*, **-n** pílula anticoncepcional.
An.ti.bi.o.ti.kum [antibiˈo:tikum] *Sn*, **-ka** antibiótico.
an.tik [anˈti:k] *Adj* antigo (da Antiguidade clássica), clássico.
An.ti.ke [anˈti:kə] *Sf*, **-n** Antiguidade clássica.
An.ti.kör.per [ˈantikørpər] *Sm*, - anticorpo.
An.ti.qua.ri.at [antikvariˈa:t] *Sn*, **-e** **1** antiquário (loja de artigos de segunda-mão, usados). **2** sebo.
An.ti.qui.tät [antikviˈtɛ:t] *Sf*, **-en** objeto de artesanato antigo, antiguidade(s).
An.trag [ˈantra:k] *Sm*, **Anträge** **1** requerimento. **2** proposta.
An.trags.for.mu.lar [ˈantra:ksformula:r] *Sn*, **-e** formulário de requerimento, requisição.
an.tref.fen [ˈantrɛfən] *Vtr unreg* encontrar.
An.trieb [ˈantri:p] *Sm*, **-e** **1** acionamento, motor, propulsão. **2** impulso. **3** iniciativa. **4** motivação.
An.tritt [ˈantrit] *Sm* (*o. Pl*) **1** início, começo. **2** tomada de posse. **3** partida.
an.tun [ˈantu:n] *Vtr unreg* **1** fazer, causar. **2** vestir. **3** atrair, encantar. **etwas antun** fazer mal. **sich etwas antun** suicidar-se.
Ant.wort [ˈantvɔrt] *Sf*, **-en** **1** resposta, réplica. **2** reação.
ant.wor.ten [ˈantvɔrtən] *Vint* **1** responder, replicar. **2** reagir.
an.ver.trau.en [ˈanfɛrtrauən] *Vtr* confiar a, entregar.
An.walt [ˈanvalt] *Sm*, **Anwälte** advogado.
An.wäl.tin [ˈanvɛltin] *Sf*, **-nen** advogada.
An.walts.bü.ro [ˈanvaltsbyro:] *Sn*, **-s** escritório de advocacia.
An.wär.ter [ˈanvɛrtər] *Sm*, - candidato, aspirante.
an.wei.sen [ˈanvaizən] *Vtr unreg* **1** instruir, ensinar. **2** indicar, designar. **3** ordenar, mandar, encarregar.
An.wei.sung [ˈanvaizuŋ] *Sf*, **-en** **1** instrução, ordem. **2** *Wirtsch* ordem de pagamento.
an.wen.den [ˈanvɛndən] *Vtr unreg* usar, utilizar, empregar, aplicar.
An.wen.der [ˈanvɛndər] *Sm*, - *Inform* usuário.
An.wen.dung [ˈanvɛnduŋ] *Sf*, **-en** uso, utilização, emprego, aplicação.
an.we.send [ˈanve:zənt] *Adj* presente.
An.we.sen.heit [ˈanve:zənhait] *Sf* (*o. Pl*) presença.
an.wi.dern [ˈanvi:dərn] *Vtr* causar repugnância, nojo, aversão.
An.zahl [ˈantsa:l] *Sf* (*o. Pl*) número, quantidade.
an.zah.len [ˈantsa:lən] *Vtr* pagar entrada, sinal.
An.zah.lung [ˈantsa:luŋ] *Sf*, **-en** sinal, entrada (pagamento).
An.zei.chen [ˈantsaiçən] *Sn*, - **1** indício. **2** sintoma.
An.zei.ge [ˈantsaigə] *Sf*, **-n** **1** denúncia. **2** anúncio, aviso.
an.zei.gen [ˈantsaigən] *Vtr* **1** denunciar. **2** mostrar, indicar, marcar.
An.zei.ger [ˈantsaigər] *Sm*, - **1** indicador, marcador. **2** diário (jornal).
An.zei.ge.ta.fel [ˈantsaigəta:fəl] *Sf*, **-n** **1** placar. **2** monitor.

an.zet.teln [ˈantsɛtəln] *Vtr* **1** tramar, maquinar. **2** instigar, fomentar.

an.zie.hen [ˈantsi:ən] *Vtr unreg* **1** encolher, contrair (pernas, braços). **2** absorver. **3** atrair. **4** apertar (parafuso). **5** esticar. **6** puxar (freio). **7** vestir, calçar.

an.zie.hend [ˈantsi:ənt] *Adj* atraente, simpático.

An.zie.hungs.kraft [ˈantsi:uŋskraft] *Sf* (*o. Pl*) **1** força de atração. **2** gravidade. **3** magnetismo.

An.zug [ˈantsu:k] *Sm*, **Anzüge** **1** terno, costume, traje. (*o. Pl*) **2** iminência. **3** avanço, aproximação.

an.zün.den [ˈantsyndən] *Vtr* pôr fogo, acender, incendiar, inflamar.

AOK [a:-o:-ka:] *Abk* **Allgemeine Ortskrankenkasse** seguro de saúde oficial.

A.part.ment.haus [aˈpartmənthaus] *Sn*, **-häuser** prédio, edifício (de apartamentos).

a.pa.thisch [aˈpa:tiʃ] *Adj* apático.

A.pe.ri.tif [aperiˈti:f] *Sm*, **-s** aperitivo (bebida).

Ap.fel [ˈapfəl] *Sm*, **Äpfel** maçã.

Ap.fel.baum [ˈapfəlbaum] *Sm*, **Apfelbäume** macieira.

Ap.fel.mus [ˈapfəlmu:s] *Sn*, **-e** purê, polpa de maçã.

Ap.fel.si.ne [ˈapfəlzi:nə] *Sf*, **-n** laranja.

Ap.fel.stru.del [ˈapfəlʃtru:dəl] *Sm*, - folhado de maçã.

Ap.fel.wein [ˈapfəlvain] *Sm*, **-e** sidra.

A.pos.tel [aˈpɔstəl] *Sm*, - apóstolo.

A.po.stroph [apoˈstro:f] *Sm*, **-e** apóstrofo.

A.po.the.ke [apoˈte:kə] *Sf*, **-n** farmácia, botica.

A.po.the.ker [apoˈte:kər] *Sm*, - farmacêutico, boticário.

Ap.pa.rat [apaˈra:t] *Sm*, **-e** **1** aparelho. **2** telefone. **3** ramal (de telefone). **4** aparato, sistema, organização.

Ap.par.te.ment [apart(ə)ˈmã] *Sn*, **-s** **1** quitinete. **2** suíte (de hotel).

Ap.pell [aˈpɛl] *Sm*, **-e** **1** apelo. **2** chamada, inspeção militar, revista.

ap.pel.lie.ren [apɛˈli:rən] *Vint* **1** apelar. **2** recorrer.

Ap.pe.tit [apeˈti:t] *Sm*, **-e** apetite. **Guten Appetit!** bom apetite!

ap.pe.tit.lich [apeˈti:tliç] *Adj* **1** apetitoso. **2** higiênico.

ap.plau.die.ren [aplauˈdi:rən] *Vint* aplaudir, bater palmas.

Ap.plaus [aˈplaus] *Sm*, **-e** aplauso.

Ap.ri.ko.se [apriˈko:zə] *Sf*, **-n** abricó, damasco.

Ap.ril [aˈpril] *Sm*, **-e** abril.

ap.ro.pos [aproˈpo:] *Adv* aliás, a propósito.

A.qua.rell.far.be [akvaˈrɛlfarbə] *Sf*, **-n** aquarela (tinta).

A.qua.ri.um [aˈkva:rium] *Sn*, **Aquarien** aquário.

Ä.qua.tor [ɛˈkva:tɔ:r] *Sm*, **-en** equador.

Ä.ra [ˈɛ:ra] *Sf*, **Ären** era.

A.ra.ber [ˈa:rabər; aˈra:bər] *Sm*, - **1** árabe. **2** cavalo árabe.

a.ra.bisch [aˈra:biʃ] *Adj* árabe, arábico.

Ar.beit [ˈarbait] *Sf*, **-en** **1** trabalho, obra, serviço. **2** emprego. **3** tarefa.

ar.bei.ten [ˈarbaitən] *Vint* **1** trabalhar. **2** funcionar (máquina).

Ar.bei.ter [ˈarbaitər] *Sm*, - trabalhador, operário.

Ar.beit.ge.ber [ˈarbaitge:bər] *Sm*, - patrão, empregador.

Ar.beit.neh.mer [ˈarbaitne:mər] *Sm*, - empregado.

Ar.beits.amt [ˈarbaitsamt] *Sn*, **Arbeitsämter** agência de trabalho, Instituto do Trabalho.

Ar.beits.buch [ˈarbaitsbu:x] *Sn*, **Arbeitsbücher** livro de exercícios.

Ar.beits.er.laub.nis [ˈarbaitsɛrlaupnis] *Sf*, **-se** permissão de trabalho.

ar.beits.fä.hig [ˈarbaitsfɛ:iç] *Adj* capacitado para o trabalho.

Ar.beits.ge.neh.mi.gung [ˈarbaitsgəne:miguŋ] *Sf*, **-en** =*Arbeitserlaubnis.*

ar.beits.los ['arbaitslo:s] *Adj* desempregado.
Ar.beits.lose ['arbaitslo:zə] *Sm+f*, **-n** desempregado.
Ar.beits.lo.sen.geld ['arbaitslo:zəngɛlt] *Sn* (*o. Pl*) auxílio-desemprego.
Ar.beits.lo.sen.ver.si.che.rung ['arbaitslo:zənfɛrziçəruŋ] *Sf* (*o. Pl*) seguro-desemprego.
Ar.beits.lo.sig.keit ['arbaitslo:ziçkait] *Sf* (*o. Pl*) desemprego.
Ar.beits.platz ['arbaitsplats] *Sm*, **Arbeitsplätze 1** emprego. **2** vaga.
Ar.beits.schutz ['arbaitsʃuts] *Sm* (*o. Pl*) segurança do trabalho.
Ar.beits.stel.le ['arbaitsʃtɛlə] *Sf*, **-n 1** local de trabalho. **2** emprego. **3** vaga.
Ar.beits.tag ['arbaitsta:k] *Sm*, **-e 1** dia útil. **2** jornada de trabalho.
ar.beits.un.fä.hig ['arbaitsunfɛ:iç] *Adj* inválido.
Ar.beits.un.fä.hig.keit ['arbaitsunfɛ:içkait] *Sf* (*o. Pl*) invalidez.
Ar.beits.ver.mitt.lung ['arbaitsfɛrmitluŋ] *Sf*, **-en** agência de empregos.
Ar.beits.zeit ['arbaitstsait] *Sf*, **-en** horário, período de trabalho, jornada. **gleitende Arbeitszeit** horário móvel (flexível).
Ar.beits.zeug.nis ['arbaitstsɔiknis] *Sn*, **-se** carta de referência.
Ar.beits.zim.mer ['arbaitstsimər] *Sn*, - escritório, gabinete.
Ar.chäo.lo.gie [arçɛolo'gi:] *Sf* (*o. Pl*) arqueologia.
Ar.chi.tekt [arçi'tɛkt] *Sm*, **-en** arquiteto.
Ar.chi.tek.tur [arçitɛk'tu:r] *Sf*, **-en** arquitetura.
Ar.chiv [ar'çi:f] *Sn*, **-e** arquivo.
ar.chi.vie.ren [arçi'vi:rən] *Vtr* arquivar.
ARD [a:-ɛr-de:] *Abk* **Arbeitsgemeinschaft der öffentlich-rechtlichen Rundfunkanstalten der Bundesrepublik Deutschland** Rede Nacional das Emissoras Públicas de Rádio e Televisão.
Ar.gen.ti.ni.en [argɛn'ti:niən] *Sn* (*o. Art*) Argentina.
Ar.gen.ti.ni.er [argɛn'ti:niər] *Sm*, - argentino.
ar.gen.ti.nisch [argɛn'ti:niʃ] *Adj* argentino.
Är.ger ['ɛrgər] *Sm* (*o. Pl*) desgosto, contrariedade, aborrecimento.
är.ger.lich ['ɛrgərliç] *Adj* **1** aborrecido. **2** desagradável. **3** irritante, chato, maçante.
är.gern ['ɛrgərn] *Vtr* **1** aborrecer, irritar. **2** provocar. *Vrefl* **3** aborrecer-se, irritar-se.
Är.ger.nis ['ɛrgərnis] *Sn*, **-se** escândalo, aborrecimento, estorvo.
arg.los ['arklo:s] *Adj* ingênuo, inocente, singelo, crédulo.
Ar.gu.ment [argu'mɛnt] *Sn*, **-e** argumento.
ar.gu.men.tie.ren [argumɛn'ti:rən] *Vint* argumentar.
Arg.wohn ['arkvo:n] *Sm* (*o. Pl*) desconfiança, suspeita.
arg.wöh.nisch ['arkvø:niʃ] *Adj* desconfiado.
A.ris.to.krat [aristo'kra:t] *Sm*, **-en** aristocrata.
A.ris.to.kra.tie [aristokra'ti:] *Sf*, **-n** aristocracia.
a.ris.to.kra.tisch [aristo'kra:tiʃ] *Adj* aristocrático.
Ark.tis ['arktis] *Sf* (*o. Pl*) ártico, regiões árticas.
ark.tisch ['arktiʃ] *Adj* ártico.
arm [arm] *Adj* **1** pobre, indigente. **2** coitado, infeliz.
Arm [arm] *Sm*, **-e** braço.
Arm.band ['armbant] *Sn*, **Armbänder** pulseira, bracelete.
Arm.band.uhr ['armbantu:r] *Sf*, **-en** relógio de pulso.
Ar.me ['armə] *Sm+f*, **-n** pobre.
Ar.mee [ar'me:] *Sf*, **-n 1** forças armadas. **2** exército.
Är.mel ['ɛrməl] *Sm*, - manga.
är.mel.los ['ɛrməllo:s] *Adj* sem mangas.

Ar.men.vier.tel ['armənfi:rtəl] *Sn*, - bairro pobre.
Arm.leh.ne ['armle:nə] *Sf*, **-n** braço de cadeira.
ärm.lich ['ɛrmliç] *Adj* roto, surrado, maltrapilho, pobre, modesto.
arm.se.lig ['armze:liç] *Adj* **1** miserável, pobre, parco. **2** desgraçado. **3** patético.
Ar.mut ['armut] *Sf* (*o. Pl*) pobreza, indigência.
a.ro.ma.tisch [aro'ma:tiʃ] *Adj* aromático.
ar.ran.gie.ren [aran'ʒi:rən] *Vint* **1** arranjar, arrumar. *Vtr* **2** fazer o arranjo de músicas.
ar.ro.gant [aro'gant] *Adj* arrogante, insolente, petulante.
Arsch [arʃ] *Sm*, **Ärsche** *Vulg* nádegas, bunda, traseiro.
Art [*Art*] *Sf*, **-en 1** maneira, modo, jeito, índole. **2** tipo. **3** modos, compostura. **4** *Biol* espécie.
Ar.te.rie [ar'te:riə] *Sf*, **-n** artéria.
ar.tig ['artiç] *Adj* **1** obediente, bem-comportado. **2** gentil, educado.
Ar.ti.kel [ar'ti:kəl] *Sm*, - **1** artigo. **2** item.
Ar.ti.scho.cke [arti'ʃɔkə] *Sf*, **-n** alcachofra.
Arz.nei ['artsnai] *Sf*, **-en** remédio, medicamento.
Arz.nei.mit.tel ['artsnaimitəl] *Sn*, - medicamento, remédio.
Arzt [artst] *Sm*, **Ärzte** médico. **praktischer Arzt** clínico-geral.
Arzt.hel.fe.rin ['artsthɛlfərin] *Sf*, **-nen** recepcionista, auxiliar médica.
Ärz.tin ['ɛrtstin] *Sf*, **-nen** médica.
ärzt.lich ['ɛrtsliç] *Adj* médico.
Arzt.pra.xis ['artstpraksis] *Sf*, **Arztpraxen** consultório médico, clínica médica.
A.sche [aʃe] *Sf*, **-n** cinza.
A.schen.be.cher ['aʃenbɛçər] *Sm*, - cinzeiro.
A.scher.mitt.woch [aʃər'mitvɔx] *Sm* (*o. Pl*) quarta-feira de cinzas.
A.si.at [azi'a:t] *Sm*, **-en** asiático, oriental.
a.si.a.tisch [azi'a:tiʃ] *Adj* asiático.
A.si.en ['azien] *Sn* (*o. Art*) Ásia.
As.pekt [as'pɛkt] *Sm*, **-e** aspecto.
As.phalt [as'falt] *Sm*, **-e** asfalto.
As.sis.tent [asi'stɛnt] *Sm*, **-en** assistente, adjunto, auxiliar.
Ast [ast] *Sm*, **Äste** galho, ramo, ramificação.
Äs.the.tik [ɛ'ste:tik] *Sf*, **-en** estética.
äs.the.tisch [ɛ'ste:tiʃ] *Adj* estético.
Asth.ma ['astma:] *Sn* (*o. Pl*) asma.
As.tro.lo.gie [astro:lo:'gi:] *Sf* (*o. Pl*) astrologia.
As.tro.naut [astro:'naut] *Sm*, **-en** astronauta.
As.tro.no.mie [astro:no:'mi:] *Sf* (*o. Pl*) astronomia.
A.syl [a'zy:l] *Sn*, **-e** asilo (político).
A.sy.lant [azy:'lant] *Sm*, **-en 1** aspirante a asilo. **2** asilado.
A.te.li.er [atɛl'je:] *Sn*, **-s** ateliê, estúdio.
A.tem ['a:təm] *Sm* (*o. Pl*) **1** respiração, fôlego, hálito. **2** alento.
a.tem.los ['a:təmlo:s] *Adj* **1** ofegante, esbaforido. **2** ininterrupto.
Ath.let [at'le:t] *Sm*, **-en** atleta.
At.lan.tik [at'lantik] *Sm* (*o. Art*) Atlântico.
at.lan.tisch [at'lantiʃ] *Adj* atlântico. **der Atlantische Ozean** Oceano Atlântico.
At.las ['atlas] *Sm*, **Atlanten 1** atlas. **2** cetim.
at.men ['a:tmən] *Vtr+Vint* respirar.
At.mung ['a:tmuŋ] *Sf* (*o. Pl*) respiração.
A.tom [a'to:m] *Sn*, **-e** átomo.
A.tom.kraft [a'to:mkraft] *Sf* (*o. Pl*) energia nuclear.
A.tom.kraft.werk [a'to:mkraftvɛrk] *Sn*, **-e** usina nuclear.
At.ten.tat [atən'ta:t] *Sm*, **-e** atentado.
At.ten.tä.ter [atən'tɛtər] *Sm*, - autor de um atentado.
At.tri.but [atri:'bu:t] *Sn*, **-e** atributo.
au! [au] *Interj* ai!

auch [aux] *Adv* **1** também, bem como, além disso. **2** mesmo. **auch nicht** tampouco, nem. **auch wenn** mesmo que.

auf [auf] *Präp* **1** sobre, em cima, em. **2** para. **3** por. • *Adv* **1** aberto. **2** desde. **auf!** vamos! **auf einmal** de repente.

auf.at.men [ˈaufa:tmən] *Vint* respirar aliviado.

Auf.bau [ˈaufbau] *Sm*, **-ten 1** superestrutura. **2** carroceria. (*o. Pl*) **3** construção, levantamento, estrutura.

auf.bau.en [ˈaufbauən] *Vtr* erguer, construir, edificar, montar.

Auf.bau.stu.di.um [ˈaufbauʃtu:dium] *Sn*, **Aufbaustudien** pós-graduação.

auf.be.wah.ren [ˈaufbəva:rən] *Vtr* guardar, conservar, manter.

auf.blei.ben [ˈaufblaibən] *Vint unreg* **(sein) 1** ficar acordado, de pé. **2** ficar aberto (comércio, janela).

auf.bre.chen [ˈaufbrɛçən] *Vint unreg* **(sein) 1** partir. **2** desabrochar. **3** romper-se. *Vtr unreg* **4** abrir, arrebentar, arrombar, forçar.

Auf.bruch [ˈaufbrux] *Sm*, **Aufbrüche 1** partida. **2** surgimento. **3** despertar. **4** recomeço.

auf.de.cken [ˈaufdɛkən] *Vtr* **1** descobrir, destapar. **2** desvendar, revelar.

auf.drän.gen [ˈaufdrɛŋən] *Vtr* **1** impingir. **2** impor. *Vrefl* **3** insistir. **4** teimar em fazer-se ouvir.

auf.dre.hen [ˈaufdre:ən] *Vtr* **1** abrir (torneira), desparafusar. **2** aumentar o som. **3** dar corda.

auf.dring.lich [ˈaufdriŋliç] *Adj* **1** importuno, inconveniente. **2** insistente. **3** penetrante. **4** berrante (cor).

auf.ein.an.der [aufainˈandər] *Adv* **1** um sobre o outro, um contra o outro. **2** sucessivamente. **aufeinander folgen** seguir-se, suceder-se. **aufeinander prallen** chocar-se (um contra o outro). **aufeinander stoßen** a) chocar--se, colidir. b) encontrar-se, cruzar-se.

Auf.ent.halt [ˈaufɛnthalt] *Sm*, **-e 1** estadia, permanência. **2** parada, demora.

Auf.ent.halts.er.laub.nis [ˈaufɛnthaltsɛrlaupnis] *Sf*, **-se 1** visto de permanência. **2** permissão de residência.

Auf.ent.halts.ge.neh.mi.gung [ˈaufɛnthaltsgəne:miguŋ] *Sf*, **-en** = *Aufenthaltserlaubnis*.

auf.er.le.gen [ˈaufɛrle:gən] *Vtr* impor.

Auf.er.ste.hung [ˈaufɛrʃte:uŋ] *Sf*, **-en 1** ressurreição. **2** ressurgimento.

auf.es.sen [ˈaufɛsən] *Vtr unreg* comer tudo, limpar o prato.

auf.fal.len [ˈauffalən] *Vint unreg* **(sein)** chamar a atenção, dar na vista, impressionar.

auf.fäl.lig [ˈauffɛlik] *Adj* **1** chamativo. **2** extraordinário, chocante, incomum, estranho.

auf.fan.gen [ˈauffaŋən] *Vtr unreg* **1** apanhar. **2** recolher, captar. **3** aparar (golpe), segurar, suster. **4** amortecer.

Auf.fas.sung [ˈauffasuŋ] *Sf*, **-en** opinião, visão, entendimento.

auf.fin.den [ˈauffindən] *Vtr unreg* achar, encontrar, descobrir.

auf.for.dern [ˈauffɔrdərn] *Vtr* **1** pedir, solicitar. **2** convidar.

Auf.for.de.rung [ˈauffɔrdəruŋ] *Sf*, **-en 1** pedido, solicitação, apelo. **2** convite.

auf.füh.ren [ˈauffy:rən] *Vtr* **1** representar, exibir, encenar. **2** citar. *Vrefl* **3** comportar-se.

Auf.füh.rung [ˈauffy:ruŋ] *Sf*, **-en 1** representação, encenação, execução, apresentação. **2** comportamento, conduta.

Auf.ga.be [ˈaufga:bə] *Sf*, **-n 1** tarefa. **2** exercício, dever, problema. **3** missão, função, atribuição. **4** expedição, despacho, entrega. **5** abandono, renúncia, desistência.

Auf.gang [ˈaufgaŋ] *Sm*, **Aufgänge 1** escadaria. **2** subida, acesso. **3** nascer (de um corpo celeste).

auf.ge.ben [ˈaufge:bən] *Vtr unreg* **1** desistir, renunciar, abandonar, parar. **2** despachar, pôr no correio, expedir. **3** determinar, atribuir, encarregar.
auf.ge.bracht [ˈaufgəbraxt] *Adj* furioso, zangado, indignado.
auf.ge.legt [ˈaufgəle:kt] *Adj* humorado (bem ou mal), disposto.
auf.ge.regt [ˈaufgəre:kt] *Adj* nervoso, agitado, excitado.
auf.ge.schlos.sen [ˈaufgəʃlɔsən] *Adj* **1** aberto, receptivo, liberal. **2** extrovertido.
auf.grund [aufˈgrunt] *Präp* **1** por causa, em vista de. **2** por força de.
auf.ha.ben [ˈaufha:bən] *Vtr unreg* **1** usar (chapéu, óculos). **2** ter para fazer como tarefa. **3** estar com alguma coisa aberta. *Vint unreg* **4** estar funcionando, estar aberto (loja).
auf.hal.ten [ˈaufhaltən] *Vtr unreg* **1** deter, atrasar, reter. **2** atrapalhar, perturbar. **3** manter aberto. *Vrefl unreg* **4** deter-se. **5** permanecer, demorar, ficar.
auf.hän.gen [ˈaufhɛŋən] *Vtr* **1** pendurar, suspender. **2** colocar (telefone) no gancho. **3** enforcar. **4** impingir, empurrar para. *Vrefl* **5** enforcar-se.
auf.he.ben [ˈaufhe:bən] *Vtr unreg* **1** apanhar, levantar, erguer. **2** guardar, conservar. **3** terminar, abolir, revogar, suspender, anular, cancelar.
auf.het.zen [ˈaufhɛtsən] *Vtr* incitar, instigar, amotinar, sublevar.
auf.ho.len [ˈaufho:lən] *Vtr* **1** recuperar, recobrar. *Vint* **2** diminuir a distância.
auf.hö.ren [ˈaufhø:rən] *Vint* parar, deixar de, cessar.
auf.klä.ren [ˈaufklɛ:rən] *Vtr* **1** esclarecer, explicar, elucidar, informar. **2** dar educação sexual.
Auf.klä.rung [ˈaufklɛ:ruŋ] *Sf* (*o. Pl*) **1** esclarecimento, explicação. **2** educação sexual. **3** *Mil* reconhecimento. **4** *Philos* Iluminismo.
Auf.kle.ber [ˈaufkle:bər] *Sm*, - adesivo.
Aufl. *Abk* **Auflage**.
auf.la.den [ˈaufla:dən] *Vtr unreg* carregar.
Auf.la.ge [ˈaufla:gə] *Sf*, **-n** **1** tiragem, edição, número de exemplares. **2** condição.
auf.lau.ern [ˈauflauərn] *Vint* espreitar, emboscar, preparar uma cilada.
auf.le.gen [ˈaufle:gən] *Vtr* **1** colocar, pôr. **2** desligar (telefone). **3** imprimir, publicar.
auf.leh.nen [ˈaufle:nən] *Vrefl* revoltar-se, insubordinar-se, sublevar-se, insurgir-se.
auf.le.sen [ˈaufle:zən] *Vtr unreg* **1** recolher, apanhar. **2** levantar.
auf.lis.ten [ˈauflistən] *Vtr* listar, discriminar, relacionar, arrolar.
auf.lö.sen [ˈauflɔ:zən] *Vtr* **1** dissolver, desfazer. **2** resolver. **3** soltar (cabelo). **4** liquidar, cancelar (negócio, contrato).
auf.ma.chen [ˈaufmaxən] *Vtr* **1** abrir. **2** apresentar. *Vint* **3** abrir as portas. *Vrefl* **4** pôr-se a caminho, partir.
auf.merk.sam [ˈaufmɛrkzam] *Adj* **1** atento, concentrado. **2** gentil.
Auf.merk.sam.keit [ˈaufmɛrkzamkait] *Sf*, **-en** **1** atenção, gentileza. **2** pequeno presente.
auf.mun.tern [ˈaufmuntərn] *Vtr* **1** animar, alegrar, divertir. **2** encorajar.
Auf.nah.me [ˈaufna:mə] *Sf*, **-n** **1** início. **2** admissão, recepção, acolhimento. **3** foto, tomada. **4** registro, gravação, filmagem.
Auf.nah.me.ge.bühr [ˈaufna: məgəby:r] *Sf*, **-en** taxa de inscrição, matrícula.
Auf.nah.me.prü.fung [ˈaufna: məpry:fuŋ] *Sf*, **-en** exame de admissão, vestibular.
auf.neh.men [ˈaufne:mən] *Vtr unreg* **1** pegar, apanhar, levantar. **2** iniciar, começar. **3** acolher, hospedar, receber, admitir. **4** gravar, filmar.
auf.pas.sen [ˈaufpasən] *Vint* **1** prestar atenção. **2** cuidar, tomar conta de.
Auf.prall [ˈaufpral] *Sm*, **-e** impacto, choque, baque.

auf.pral.len [ˈaufpralən] *Vint* **(sein) 1** chocar-se com, bater contra. **2** estatelar-se.
Auf.putsch.mit.tel [ˈaufputʃmitəl] *Sn*, - estimulante.
auf.räu.men [ˈaufrɔimən] *Vtr* **1** arrumar, pôr em ordem. *Vint* **2** acabar com, eliminar, dizimar.
auf.recht [ˈaufrɛçt] *Adj* **1** ereto, erguido. **2** honesto.
auf.re.gen [ˈaufre:gən] *Vtr* **1** excitar, agitar, alarmar, perturbar. *Vrefl* **2** irritar-se.
auf.re.gend [ˈaufre:gənt] *Adj* excitante, emocionante.
Auf.re.gung [ˈaufre:guŋ] *Sf*, **-en** excitação, agitação, alvoroço, nervosismo.
auf.rich.ten [ˈaufriçtən] *Vtr* **1** erguer, levantar, erigir. **2** construir. **3** animar, confortar.
auf.rich.tig [ˈaufriçtiç] *Adj* sincero, franco, honesto.
Auf.ruhr [ˈaufru:r] *Sm*, **-e 1** revolta, levante, insurreição, rebelião, motim. **2** tumulto, comoção.
auf.run.den [ˈaufrundən] *Vtr* arredondar.
Auf.satz [ˈaufzats] *Sm*, **Aufsätze 1** redação. **2** composição, ensaio, artigo (jornal).
auf.schie.ben [ˈaufʃi:bən] *Vtr unreg* adiar, transferir.
auf.schla.gen [ˈaufʃla:gən] *Vtr unreg* **1** machucar. **2** abrir a golpes. **3** abrir (livro). **4** dobrar (barra). **5** montar (barraca). **6** fixar residência. **7** aumentar (preços). **8** *Sport* sacar. *Vint unreg* **(sein) 9** chocar-se, bater contra.
auf.schlie.ßen [ˈaufʃli:sən] *Vtr+Vint unreg* **1** abrir (a chave), descerrar.
auf.schluss.reich [ˈaufʃlusraiç] *Adj* informativo, instrutivo, revelador.
Auf.schnitt [ˈaufʃnit] *Sm* (*o. Pl*) frios sortidos fatiados.
auf.schrei.ben [ˈaufʃraibən] *Vtr unreg* **1** anotar, escrever, registrar. **2** *Med* prescrever, receitar.
Auf.schrift [ˈaufʃrift] *Sf*, **-en 1** inscrição, letreiro, rótulo, legenda. **2** sobrescrito, endereço.
Auf.schub [ˈaufʃu:p] *Sm*, **Aufschübe 1** adiamento, protelação, prorrogação. **2** demora. **3** moratória.
Auf.se.her [ˈaufze:ər] *Sm*, - **1** guarda, vigia. **2** capataz. **3** inspetor.
Auf.sicht [ˈaufziçt] *Sf* (*o. Pl*) vigilância, supervisão, inspeção, fiscalização.
Auf.sichts.rat [ˈaufziçtsra:t] *Sm* conselho administrativo.
Auf.stand [ˈaufʃtant] *Sm*, **Aufstände** revolta, levante, rebelião, insurreição, motim.
auf.ste.hen [ˈaufʃte:ən] *Vint unreg* **(sein) 1** levantar-se, ficar de pé. **2** estar aberto.
auf.stei.gen [ˈaufʃtaigən] *Vint unreg* **(sein) 1** subir, alçar, ascender. **2** montar. **3** escalar. **4** levantar voo, decolar.
auf.stel.len [ˈaufʃtɛlən] *Vtr* **1** colocar, pôr, postar. **2** erguer, levantar. **3** escalar (time). **4** elaborar (listas, regras).
Auf.stel.lung [ˈaufʃtɛluŋ] *Sf*, **-en 1** colocação. **2** apresentação. **3** relação, lista. **4** elaboração, organização. **5** *Sport* escalação.
Auf.stieg [ˈaufʃti:k] *Sm*, **-e 1** ascensão, subida, escalada. **2** crescimento, progresso.
auf.sto.ßen [ˈaufʃto:sən] *Vtr unreg* **1** abrir com um empurrão. **2** bater contra, machucar. *Vint unreg* **3** arrotar.
auf.su.chen [ˈaufzu:xən] *Vtr* **1** visitar, frequentar, ir para. **2** procurar.
auf.tau.chen [ˈauftauxən] *Vint* **(sein) 1** emergir. **2** surgir, aparecer.
Auf.trag [ˈauftra:k] *Sm*, **Aufträge 1** missão, encargo, tarefa. **2** ordem, pedido, encomenda.
Auf.trag.ge.ber [ˈauftra:kge:bər] *Sm*, - **1** comitente. **2** freguês, cliente, mandante.
auf.trei.ben [ˈauftraibən] *Vtr unreg* **1** inchar. **2** *Ugs* conseguir achar, arranjar, arrumar.

auf.tre.ten ['auftre:tən] *Vint unreg* **(sein) 1** pisar. **2** comportar-se. **3** apresentar-se (no palco), representar. **4** aparecer, surgir.
auf.wa.chen ['aufvaxən] *Vint* **(sein)** acordar, despertar.
Auf.wand ['aufvant] *Sm* (*o. Pl*) **1** custo, despesas, gastos, consumo. **2** pompa, luxo. **3** esforço.
auf.wär.men ['aufvɛrmən] *Vtr* **1** requentar. **2** aquecer. **3** trazer novamente à baila.
auf.wärts ['aufvɛrts] *Adv* para cima, acima.
auf.wen.dig ['aufvɛndiç] *Adj* dispendioso, pródigo.
auf.wer.ten ['aufve:rtən] *Vtr* **1** valorizar, revalorizar. **2** aumentar.
Auf.wer.tung ['aufve:rtuŋ] *Sf*, **-en** valorização, revalorização.
auf.zäh.len ['auftsɛ:lən] *Vtr* **1** enumerar, listar. **2** citar um por um. **3** especificar.
auf.zeich.nen ['auftsaiçnən] *Vtr* **1** anotar, registrar. **2** esboçar. **3** gravar (filme, fita, vídeo).
Auf.zeich.nung ['auftsaiçnuŋ] *Sf*, **-en** **1** registro, anotação. **2** esboço. **3** gravação, videoteipe.
auf.zie.hen ['auftsi:ən] *Vtr unreg* **1** içar. **2** abrir puxando. **3** dar corda (a relógio). **4** criar, educar.
Auf.zug ['auftsu:k] *Sm*, **Aufzüge 1** desfile. **2** aproximação. **3** elevador. **4** teatro, apresentação. **5** ato de uma peça de teatro.
auf.zwin.gen ['auftsviŋən] *Vtr unreg* impor, forçar a aceitar.
Au.ge ['augə] *Sn*, **-n 1** olho, vista. **2** ponto (cartas, dado). **3** *Bot* broto, botão. **unter vier Augen** a sós, em particular.
Au.gen.arzt ['augənartst] *Sm*, **Augenärzte** oftalmologista, oculista.
Au.gen.blick ['augənblik] *Sm*, **-e** momento, instante.
Au.gen.braue ['augənbrauə] *Sf*, **-n** sobrancelha.
Au.gen.de.ckel ['augəndɛkəl] *Sm*, - *Ugs* pálpebra.
Au.gen.trop.fen ['augəntrɔpfən] *S Pl* colírio.
Au.gen.zeu.ge ['augəntsɔigə] *Sm*, **-n** testemunha ocular.
Au.gust [au'gust] *Sm*, **-e** agosto.
Auk.ti.on [auktsi'o:n] *Sf*, **-en** leilão.
Au-pair-Mäd.chen [o'pɛ:rmɛ:tçən] *Sn*, - moça que, para aprender língua estrangeira, passa algum tempo em casa de família onde ajuda nos afazeres domésticos em troca de casa, comida e pequena mesada.
aus [aus] *Präp* **1** de (origem, proveniência, feito de). **2** por (causa, motivo). • *Adv* **1** fora. **2** terminado. **3** desligado.
aus.bau.en ['ausbauən] *Vtr* **1** ampliar, expandir, aumentar. **2** cultivar, melhorar. **3** consolidar. **4** remover, desmontar (motor).
aus.bes.sern ['ausbɛsərn] *Vtr* **1** consertar, remendar, corrigir. **2** restaurar.
aus.beu.ten ['ausbɔitən] *Vtr* explorar, tirar vantagem.
Aus.beu.tung ['ausbɔituŋ] *Sf*, **-en** exploração.
aus.bil.den ['ausbildən] *Vtr* **1** treinar, ensinar, instruir. **2** cultivar, desenvolver.
Aus.bil.der ['ausbildər] *Sm*, - instrutor.
Aus.bil.dung ['ausbilduŋ] *Sf*, **-en** treinamento, instrução.
Aus.blick ['ausblik] *Sm*, **-e 1** vista, panorama. **2** perspectiva.
aus.bre.chen ['ausbrɛçən] *Vint unreg* **(sein) 1** fugir, evadir-se. **2** sair da pista. **3** surgir, haver surto.
aus.brei.ten ['ausbraitən] *Vtr* **1** estender, espalhar, divulgar, irradiar, alastrar, propagar. *Vrefl* **2** expandir-se.
Aus.dau.er ['ausdauər] *Sf* (*o. Pl*) **1** persistência, perseverança, resistência. **2** fôlego.
aus.deh.nen ['ausde:nən] *Vtr* **1** dilatar, alargar, estender, ampliar. **2** prolongar. *Vrefl* **3** expandir-se, espalhar-se.

Aus.deh.nung [ˈausde:nuŋ] *Sf*, **-en 1** extensão, dimensão, tamanho. **2** dilatação. **3** expansão.
aus.den.ken [ˈausdɛŋkən] *Vtr unreg* **1** imaginar, inventar, bolar. **2** planejar.
Aus.druck [ˈausdruk] *Sm*, **Ausdrücke 1** expressão, termo. **2** sinal.
aus.drü.cken [ˈausdrykən] *Vtr* **1** espremer, apertar, comprimir. **2** apagar (cigarro). **3** exprimir, expressar, manifestar.
aus.drück.lich [ˈausdrykliç] *Adj* expresso, explícito, formal.
aus.ein.an.der [ausainˈandər] *Adv* afastado, separado. **auseinander gehen (sein)** separar-se; divergir.
Aus.ein.an.der.set.zung [ausainˈandər zɛtsuŋ] *Sf*, **-en 1** confronto, conflito, polêmica, debate, disputa, discussão. **2** estudo, análise.
Aus.fahrt [ˈausfa:rt] *Sf*, **-en 1** saída. **2** passeio (em veículo).
aus.fal.len [ˈausfalən] *Vint unreg* **(sein) 1** cair. **2** ser cancelado, não se realizar. **3** falhar, faltar. **4** parar (de funcionar).
Aus.flucht [ˈausfluxt] *Sf*, **Ausflüchte** evasiva, pretexto, desculpa.
Aus.flug [ˈausflu:k] *Sm*, **Ausflüge 1** excursão, passeio. **2** revoada.
aus.fra.gen [ˈausfra:gən] *Vtr* **1** perguntar, indagar, bisbilhotar. **2** interrogar.
Aus.fuhr [ˈausfu:r] *Sf*, **-en** exportação.
aus.füh.ren [ˈausfy:rən] *Vtr* **1** levar para passear, desfilar. **2** exportar. **3** realizar, executar, levar a termo, cumprir, implementar. **4** explanar, explicar, expor.
aus.führ.lich [ˈausfy:rliç] *Adj* detalhado, minucioso, pormenorizado.
Aus.füh.rung [ˈausfy:ruŋ] *Sf*, **-en 1** realização, execução. **2** cumprimento, elaboração, implementação. **3** gerenciamento. **4** acabamento. **5** explicação, observação.
aus.fül.len [ˈausfylən] *Vtr* **1** preencher. **2** encher.
Aus.ga.be [ˈausga:bə] *Sf*, **-n 1** distribuição, entrega. **2** edição, emissão, lançamento. **3** versão. **4** despesa, gasto. **5** guichê de entrega. **6** *Inform* saída.
Aus.gang [ˈausgaŋ] *Sm*, **Ausgänge 1** saída. **2** final, fim. **3** desfecho, resultado. **4** folga, passeio.
aus.ge.ben [ˈausge:bən] *Vtr unreg* **1** distribuir, entregar. **2** emitir (moeda). **3** gastar, despender.
aus.ge.bucht [ˈausgəbu:xt] *Adj* **1** esgotado. **2** lotado.
aus.ge.hen [ˈausge:ən] *Vint unreg* **(sein) 1** sair, passear. **2** partir de. **3** acabar, terminar, estar no fim.
aus.ge.las.sen [ˈausgəlasən] *Adj* alegre, jovial, travesso, barulhento, turbulento.
aus.ge.nom.men [ˈausgənɔmən] *Konj* **1** a não ser. **2** exceto, salvo.
aus.ge.prägt [ˈausgəprɛ:kt] *Adj* acentuado, pronunciado, marcante.
aus.ge.rech.net [ˈausgərɛçnət] *Adv* justamente, precisamente.
aus.ge.schlos.sen [ˈausgəʃlɔsən] *Adj* **1** excluído. **2** impossível. • *Adv* **1** de maneira alguma. **2** jamais.
aus.ge.stor.ben [ˈausgəʃtɔrbən] *Adj* **1** extinto. **2** deserto, morto.
aus.ge.zeich.net [ˈausgətsaiçnət] *Adj* excelente, ótimo, primoroso.
aus.gie.big [ˈausgi:biç] *Adj* **1** abundante, amplo, abrangente, rico. **2** exaustivo. • *Adv* longamente.
Aus.gleich [ˈausglaiç] *Sm*, **-e 1** equilíbrio. **2** ajuste, acordo, compromisso, conciliação. *Sport* empate.
aus.glei.chen [ˈausglaiçən] *Vtr unreg* **1** nivelar, igualar. **2** conciliar, harmonizar, apaziguar. **3** equilibrar, ajustar, compensar. **4** saldar, pagar. *Vint unreg* **5** empatar.
aus.glei.ten [ˈausglaitən] *Vint unreg* **(sein)** escorregar.
aus.hal.ten [ˈaushaltən] *Vtr unreg* **1** aguentar, suportar, aturar, resistir. **2** sustentar.
aus.hän.di.gen [ˈaushɛndigən] *Vtr* entregar.

Aus.hang [ˈaushaŋ] *Sm*, **Aushänge 1** edital, aviso, comunicação. **2** cartaz.
Aus.hän.ge.schild [ˈaushɛŋəʃilt] *Sn*, **-er** letreiro, tabuleta.
aus.hel.fen [ˈaushɛlfən] *Vint unreg* socorrer, auxiliar, ajudar.
Aus.hil.fe [ˈaushilfə] *Sf*, **-n 1** ajuda, socorro. **2** auxiliar, substituto temporário.
Aus.hilfs.kraft [ˈaushilfskraft] *Sf*, **Aushilfskräfte** (funcionário) temporário.
aus.ho.len [ˈausho:lən] *Vint* **1** esticar, levantar (braço, perna). **2** preparar ataque.
aus.ken.nen [ˈauskɛnən] *Vrefl unreg* conhecer, estar a par, ser versado em, ser perito, especialista em.
aus.kom.men [ˈauskɔmən] *Vint unreg* **(sein) 1** ter o suficiente de, sobreviver com. **2** conseguir conviver com.
Aus.kunft [ˈauskunft] *Sf*, **Auskünfte** informação.
aus.la.chen [ˈauslaxən] *Vtr* zombar, rir de.
Aus.land [ˈauslant] *Sn* (*o. Pl*) exterior, países estrangeiros.
Aus.län.der [ˈauslɛndər] *Sm*, - estrangeiro, forasteiro.
aus.lee.ren [ˈausle:rən] *Vtr* esvaziar, despejar.
aus.le.gen [ˈausle:gən] *Vtr* **1** expor, exibir. **2** colocar (carpete), revestir. **3** espalhar (iscas). **4** interpretar. **5** emprestar, adiantar (dinheiro).
Aus.lei.he [ˈauslaiə] *Sf*, **-n 1** empréstimo. **2** expediente (biblioteca).
aus.lei.hen [ˈauslaiən] *Vtr unreg* emprestar.
Aus.le.se [ˈausle:zə] *Sf*, **-n 1** seleção. **2** elite.
aus.lie.fern [ˈausli:fərn] *Vtr* **1** entregar. **2** extraditar.
aus.lö.schen [ˈauslœʃən] *Vtr* **1** extinguir, apagar. **2** eliminar.
aus.lö.sen [ˈauslø:zən] *Vtr* **1** disparar, desencadear, provocar. **2** resgatar.
Aus.lo.sung [ˈauslo:zuŋ] *Sf*, **-en** sorteio, rifa.
aus.ma.chen [ˈausmaxən] *Vtr* **1** apagar, desligar. **2** combinar, ajustar.
Aus.maß [ˈausma:s] *Sm*, **-e 1** extensão, dimensão, tamanho. **2** grau, proporção, escala.
Aus.nah.me [ˈausna:mə] *Sf*, **-en** exceção.
aus.nahms.wei.se [ˈausna:msvaizə] *Adv* excepcionalmente.
aus.nut.zen [ˈausnutsən], **aus.nüt.zen** [ˈausnytsen] *Vtr* **1** aproveitar, explorar. **2** usufruir.
aus.pa.cken [ˈauspakən] *Vtr* **1** desembrulhar, desempacotar. **2** esvaziar (mala).
aus.pres.sen [ˈausprɛsən] *Vtr* **1** espremer. **2** extorquir, oprimir.
Aus.puff [ˈauspuf] *Sm*, **-e** escapamento, escape.
aus.ra.die.ren [ˈausradi:rən] *Vtr* **1** apagar com a borracha. **2** devastar, arrasar.
aus.rau.ben [ˈausraubən] *Vtr* **1** saquear. **2** roubar.
aus.räu.men [ˈausrɔimən] *Vtr* **1** desocupar, tirar, esvaziar. **2** afastar, eliminar.
aus.rech.nen [ˈausrɛçnən] *Vtr* **1** calcular. *Vrefl* **2** imaginar, prever; contar com.
Aus.re.de [ˈausre:də] *Sf*, **-n** desculpa, pretexto, escusa.
aus.rei.chend [ˈausraiçənt] *Adj* suficiente, satisfatório.
Aus.rei.se [ˈausraizə] *Sf*, **-n** saída, partida, viagem (para o exterior).
aus.rei.ßen [ˈausraisən] *Vint unreg* **(sein) 1** fugir, escapar, evadir-se. *Vtr unreg* **2** arrancar.
aus.rich.ten [ˈausriçtən] *Vtr* **1** transmitir recado. **2** conseguir, realizar. **3** enfileirar, alinhar.
aus.rot.ten [ˈausrɔtən] *Vtr* exterminar, erradicar, extirpar.
aus.ru.fen [ˈausru:fən] *Vtr unreg* **1** exclamar, gritar. **2** proclamar. **3** anunciar. **4** apregoar.

Aus.ru.fe.zei.chen [ˈausruːfətsaiçən] *Sn*, - ponto de exclamação.
aus.ru.hen [ˈausruːən] *Vint+Vrefl* descansar, repousar.
Aus.rüs.tung [ˈausrystuŋ] *Sf*, **-en** equipamento.
aus.rut.schen [ˈausrutʃən] *Vint* **(sein)** escorregar, deslizar.
Aus.sa.ge [ˈauszaːgə] *Sf*, **-n 1** declaração, depoimento, afirmação. **2** mensagem.
aus.schal.ten [ˈausʃaltən] *Vtr* **1** desligar. **2** eliminar, excluir.
aus.schei.den [ˈausʃaidən] *Vint unreg* **(sein) 1** deixar, retirar-se. **2** ser eliminado. **3** ficar fora de consideração. *Vtr unreg* **4** eliminar, expelir, segregar.
aus.schla.fen [ˈausʃlaːfən] *Vint+Vrefl unreg* dormir bastante (até não ter mais sono).
aus.schlie.ßen [ˈausʃliːsən] *Vtr unreg* excluir, expulsar, segregar.
aus.schließ.lich [ˈausʃliːsliç] *Adj* exclusivo. • *Adv* apenas, exclusivamente.
aus.schnei.den [ˈausʃnaidən] *Vtr unreg* **1** recortar. **2** decotar.
Aus.schnitt [ˈausʃnit] *Sm*, **-e 1** recorte. **2** detalhe, fragmento, trecho. **3** passagem de um texto. **4** sequência de um filme. **5** decote.
Aus.schrei.bung [ˈausʃraibuŋ] *Sf*, **-en 1** publicação. **2** concorrência, tomada de preços.
Aus.schrei.tung [ˈausʃraituŋ] *Sf*, **-en 1** excesso, desmando. **2** *Pl* distúrbios, tumulto.
Aus.schuss [ˈausʃus] *Sm*, **Ausschüsse** comissão, comitê.
aus.schüt.ten [ˈausʃytən] *Vtr* **1** despejar, derramar, esvaziar. **2** desabafar.
aus.se.hen [ˈauszeːən] *Vint unreg* **1** ter aparência de, parecer. **2** procurar com os olhos, aguardar.
au.ßen [ˈausən] *Adv* do lado de fora, externamente.
Au.ßen.han.del [ˈausənhandəl] *Sm* (*o. Pl*) comércio exterior.
Au.ßen.mi.ni.ste.ri.um [ˈausənministeːrium] *Sn*, **-rien** Ministério das Relações Exteriores.
Au.ßen.stel.le [ˈausənʃtɛlə] *Sf*, **-n** filial, sucursal, posto.
au.ßer [ˈausər] *Präp* **1** exceto, afora, salvo, além de. **2** fora. • *Konj* a não ser.
au.ßer.dem [ˈausərdeːm] *Adv* além disso.
au.ßer.ge.wöhn.lich [ˈausərgəvøːnliç] *Adj* extraordinário, excepcional, incomum.
au.ßer.halb [ˈausərhalp] *Präp+Adv* fora (de).
äu.ßer.lich [ˈɔisərliç] *Adj* **1** exterior, externo. **2** superficial, aparente.
äu.ßern [ˈɔisərn] *Vtr* **1** externar, manifestar, expressar. *Vrefl* **2** manifestar-se, comentar, tomar posição.
au.ßer.or.dent.lich [ˈausərɔrdəntliç] *Adj* extraordinário. • *Adv* extremamente, muito.
äu.ßerst [ˈɔisərst] *Adv* extremamente. • *Adj* extremo, máximo.
Äu.ße.rung [ˈɔisəruŋ] *Sf*, **-en** declaração, comentário.
Aus.sicht [ˈauszıçt] *Sf*, **-en 1** vista. **2** perspectiva, expectativa. **in Aussicht stellen** prometer.
aus.sichts.los [ˈauszıçtsloːs] *Adj+Adv* **1** sem esperança, sem perspectiva. **2** em vão.
Aus.sichts.punkt [ˈauszıçtspunkt] *Sm*, **-e** mirante.
aus.sor.tie.ren [ˈauszɔrtiːrən] *Vtr* **1** separar, selecionar, apartar. **2** eliminar.
Aus.spra.che [ˈausʃpraːxə] *Sf*, **-n 1** pronúncia. **2** sotaque. **3** conversa.
aus.spre.chen [ˈausʃprɛçən] *Vtr unreg* **1** pronunciar. **2** articular, manifestar, expressar. *Vrefl* **3** abrir-se, desabafar.
aus.stat.ten [ˈausʃtatən] *Vtr* **1** dotar, equipar, prover, munir, investir. **2** decorar.
Aus.stat.tung [ˈausʃtatuŋ] *Sf*, **-en 1** provisão. **2** equipamento, instalações. **3** decoração.

aus.stei.gen [ˈausʃtaigən] *Vint unreg* **(sein) 1** descer, desembarcar, sair. **2** deixar, abandonar, largar, cair fora.
aus.stel.len [ˈausʃtɛlən] *Vtr* **1** expor, exibir. **2** emitir, fornecer. **3** *Ugs* desligar.
Aus.stel.ler [ˈausʃtɛlər] *Sm*, - **1** expositor. **2** órgão emissor, emitente (cheque).
Aus.stel.lung [ˈausʃtɛluŋ] *Sf*, **-en 1** emissão. **2** exposição, mostra.
aus.ster.ben [ˈausʃtɛrbən] *Vint unreg* **(sein)** estar em extinção, extinguir-se, desaparecer.
aus.sto.ßen [ˈausʃto:sən] *Vtr unreg* **1** expulsar. **2** expelir, soltar.
aus.su.chen [ˈauszu:xən] *Vtr* escolher.
Aus.tausch [ˈaustauʃ] *Sm* (*o. Pl*) **1** troca, permuta, intercâmbio. **2** substituição.
aus.tau.schen [ˈaustauʃən] *Vtr* **1** trocar, permutar. **2** substituir.
aus.tei.len [ˈaustailən] *Vtr* distribuir.
Aus.tra.li.en [auˈstra:liən] *Sn* (*o. Art*) Austrália.
aus.tre.ten [ˈaustre:tən] *Vtr unreg* **1** apagar pisando. **2** gastar (piso, sola). *Vint unreg* **(sein) 3** ir ao banheiro. **4** sair, desligar-se (de partido, associação). **5** escapar, derramar-se (vapor, petróleo).
Aus.ver.kauf [ˈausfɛrkauf] *Sm*, **Ausverkäufe** liquidação.
aus.ver.kauft [ˈausfɛrkauft] *Adj* **1** esgotado. **2** lotado (estádio, teatro).
Aus.wahl [ˈausva:l] *Sf* (*o. Pl*) **1** seleção, escolha. **2** sortimento, variedade. **3** antologia.
aus.wäh.len [ˈausvɛ:lən] *Vtr* escolher, selecionar.
Aus.wan.de.rer [ˈausvandərər] *Sm*, - emigrante.
aus.wan.dern [ˈausvandərn] *Vint* **(sein)** emigrar.
Aus.wan.de.rung [ˈausvandəruŋ] *Sf*, **-en** emigração.
aus.wärts [ˈausvɛrts] *Adv* fora, fora de casa, em outro lugar.
aus.wech.seln [ˈausvɛksəln] *Vtr* trocar, substituir.
Aus.weg [ˈausve:k] *Sm*, **-e 1** saída. **2** escapatória. **3** recurso.
aus.weg.los [ˈausve:klo:s] *Adj* sem saída, desesperado.
aus.wei.chen [ˈausvaiçən] *Vint unreg* **(sein)** sair do caminho, desviar, evitar, esquivar-se.
Aus.weis [ˈausvais] *Sm*, **-e** carteira de identidade, carteirinha, documento.
aus.wen.dig [ˈausvɛndiç] *Adv* de cor, de memória. **auswendig lernen** decorar.
aus.wir.ken [ˈausvirkən] *Vrefl* **1** ter consequências, resultar. **2** repercutir.
aus.zah.len [ˈaustsa:lən] *Vtr* **1** pagar. *Vrefl* **2** compensar, valer a pena.
Aus.zah.lung [ˈaustsa:luŋ] *Sf*, **-en** pagamento.
aus.zeich.nen [ˈaustsaiçnən] *Vtr* **1** marcar, rotular, identificar, discriminar. **2** realçar. **3** distinguir. **4** condecorar, agraciar. *Vrefl* **5** destacar-se.
Aus.zeich.nung [ˈaustsaiçnuŋ] *Sf*, **-en 1** marcação, rótulo, identificação. **2** distinção. **3** condecoração, honraria.
aus.zie.hen [ˈaustsi:ən] *Vtr unreg* **1** extrair. **2** estender, alongar. **3** despir, descalçar. *Vint unreg* **(sein) 4** sair, mudar-se.
Aus.zu.bil.den.de [ˈaustsu:bildəndə] *Sm+f*, **-n** aprendiz, treinando, *trainee*.
Aus.zug [ˈaustsu:k] *Sm*, **Auszüge 1** extrato, excerto, trecho, fragmento. **2** saída, êxodo, mudança.
Au.to [ˈauto] *Sn*, **-s** automóvel, carro.
Au.to.bahn [ˈautoba:n] *Sf*, **-en** autoestrada, rodovia.
Au.to.bio.gra.phie [ˈautobio:gra:fi:] *Sf*, **-n** autobiografia.
Au.to.di.dakt [ˈautodiˈdakt] *Sm*, **-en** autodidata.
Au.to.fäh.re [ˈautofɛ:rə] *Sf*, **-n** balsa, barca, batelão de travessia.
Au.to.fah.rer [ˈautofa:rər] *Sm*, - motorista.

Au.to.gramm [ˈautoˈgram] *Sn*, **-e** autógrafo.
Au.to.kar.te [ˈautokartə] *Sf*, **-n** mapa rodoviário.
Au.to.mat [autoˈma:t] *Sm*, **-en** autômato, máquina de autosserviço.
au.to.ma.tisch [autoˈma:tiʃ] *Adj* automático.
Au.to.num.mer [autoˈnumər] *Sf*, **-n** placa, número de licença de um automóvel.
Au.tor [ˈautɔ:r] *Sm*, **-en** autor.
Au.to.ra.dio [ˈautora:dio] *Sn*, **-s** autorrádio.
au.to.ri.tär [ˈautoritɛ:r] *Adj* autoritário.
Au.to.ri.tät [ˈautoritɛ:t] *Sf*, **-en** autoridade.
Au.to.stopp [ˈautoʃop] *Sm*, **-s** carona.
Au.to.ver.leih [ˈautofɛrlaiə:] *Sm* (*o. Pl*) locadora de automóveis.
Au.to.werk.statt [ˈautovɛrkʃtat] *Sf*, **Autowerkstätten** oficina de automóveis.
Axt [akst] *Sf*, **Äxte** machado.
A.zu.bi [aˈtsu:bi:] *Sm+f*, **-s** *Abk* **Auszubildende.**

b, B [be:] *Sn*, - **1** letra b, B. **2** *Mus* si bemol.

Bach [bax] *Sm*, **Bäche** riacho, arroio, regato, ribeiro.

Ba.cke [ˈbakə] *Sf*, **-n** bochecha, face.

ba.cken [ˈbakən] *Vtr unreg* cozer no forno, assar.

Bä.cker [ˈbɛkər] *Sm*, - padeiro.

Bä.cke.rei [bɛkəˈrai] *Sf*, **-en** padaria.

Back.ofen [ˈbako:fən] *Sm*, **Backöfen** forno.

Bad [ba:t] *Sn*, **Bäder** **1** banho. **2** banheiro. **3** piscina. **4** precedendo nome de cidade indica estância balnear.

Ba.de.ho.se [ˈba:dəho:zə] *Sf*, **-n** calção de banho.

Ba.de.man.tel [ˈba:dəmantəl] *Sm*, **Bademäntel** roupão de banho.

ba.den [ˈba:dən] *Vint* **1** banhar-se, tomar banho. **2** nadar. *Vtr* **3** banhar, dar banho.

Ba.de.tuch [ˈba:dətu:x] *Sn*, **Badetücher** toalha de banho.

Ba.de.wan.ne [ˈba:dəvanə] *Sf*, **-n** banheira.

Ba.de.zim.mer [ˈba:dətsimər] *Sn*, - banheiro.

Bahn [ba:n] *Sf*, **-en** **1** ferrovia, estrada de ferro, trem. **2** *Ugs* rede ferroviária. **3** pista, caminho, trilha. **4** trajetória. **5** percurso. **6** órbita.

Bahn.hof [ˈba:nho:f] *Sm*, **Bahnhöfe** estação ferroviária.

Bahn.schran.ke [ˈba:nʃrankə] *Sf*, **-n** barreira em passagem de nível.

Bahn.steig [ˈba:nʃtaik] *Sm*, **-e** plataforma (estação ferroviária).

Bak.te.rie [bakˈte:riə] *Sf*, **-n** bactéria.

bald [balt] *Adv* **1** em breve. **2** facilmente. **3** rapidamente. **4** *Ugs* quase. **bald..., bald...** ora..., ora...

Bal.ken [ˈbalkən] *Sm*, - **1** trave, viga. **2** escora.

Bal.kon [balˈko:n] *Sm*, **-s, -e** sacada, balcão.

Ball [bal] *Sm*, **Bälle** **1** bola. **2** baile.

Bal.lett [baˈlɛt] *Sn*, **-e** balé, bailado.

Bal.lon [baˈlo:n] *Sm*, **-s** balão, aeróstato.

Ba.na.ne [baˈna:nə] *Sf*, **-n** banana.

Band[1] [bant] *Sn*, **Bänder** **1** fita, faixa, barbante. **2** esteira. **3** linha de montagem.

Band[2] [bant] *Sm*, **Bände** volume, tomo.

Band[3] [bɛnt] *Sf*, **-s** banda, conjunto.

Ban.de [ˈbandə] *Sf*, **-n** bando, quadrilha.

bän.di.gen [ˈbɛndigən] *Vtr* **1** domar, amansar, domesticar. **2** dominar, controlar, vencer.

Ban.dit [banˈdi:t] *Sm*, **-en** bandido, criminoso.

Band.schei.be [ˈbandʃaibə] *Sf*, **-n** disco intervertebral.

ban.gen [ˈbaŋən] *Vint* temer por, recear, afligir-se, angustiar-se.

Bank¹ [ˈbaŋk] *Sf*, **-en 1** banco (estabelecimento bancário). **2** banca (fundo de apostas). **auf die lange Bank schieben** protelar.
Bank² [ˈbaŋk] *Sf*, **Bänke** banco (assento); bancada (mesa de trabalho).
Bank.an.ge.stell.te [ˈbaŋkangəʃtɛltə] *Sm+f*, **-n** bancário(a).
Bank.au.to.mat [ˈbaŋkautoma:t] *Sm*, **-en** caixa automático.
Ban.kett [baŋˈkɛt] *Sn*, **-e** banquete.
Ban.kier [baŋkiˈe:] *Sm*, **-s 1** banqueiro. **2** diretor de banco.
Bank.kon.to [ˈbaŋkkɔnto] *Sn*, **-ten** conta bancária.
Bank.leit.zahl [ˈbaŋklaittza:l] *Sf*, **-en** código de banco.
Bank.no.te [ˈbaŋkno:tə] *Sf*, **-n** cédula, nota.
bank.rott [baŋkˈrɔt] *Adj* insolvente, falido, quebrado.
bar¹ [ba:r] *Adj* em espécie, em dinheiro vivo, *cash*.
Bar² [ba:r] *Sf*, **-s 1** boate, bar. **2** balcão (onde se servem bebidas).
Bär [bɛ:r] *Sm*, **-en** urso.
Ba.ra.cke [baˈrakə] *Sf*, **-n** barraco, barracão.
bar.ba.risch [barˈba:riʃ] *Adj* **1** bárbaro. **2** grosseiro, cruel, brutal, selvagem.
bar.fuß [ˈba:rfu:s] *Adj* descalço.
Bar.geld [ˈba:rgɛlt] *Sn* (*o. Pl*) dinheiro de contado, em numerário, *cash*.
Bar.geld.au.to.mat [ˈba:rgɛltautoma:t] *Sm*, **-en** caixa eletrônico.
Ba.ri.ton [ˈba:ritɔn] *Sm*, **-e** barítono.
Bar.kauf [ˈba:rkauf] *Sm*, **Barkäufe** compra a vista.
Ba.rock [baˈrɔk] *Sn+m* (*o. Pl*) estilo barroco.
Ba.ro.me.ter [baroˈme:tər] *Sn*, **-** barômetro.
Bar.rie.re [bariˈɛ:rə] *Sf*, **-n** barreira.
Bar.ri.ka.de [bariˈka:də] *Sf*, **-n** barricada.
barsch [barʃ] *Adj* rude, áspero, indelicado, brusco.
Bar.scheck [ˈba:rʃɛk] *Sm*, **-s** cheque a vista, ao portador, não cruzado.
Bart [ba:rt] *Sm*, **Bärte** barba.
Bar.zah.lung [ˈba:rtsa:luŋ] *Sf*, **-en** pagamento a vista, em dinheiro, *cash*.
ba.sie.ren [ba:ˈzi:rən] *Vint* basear-se, apoiar-se em.
Ba.sis [ˈba:zis] *Sf*, **Basen** base.
Bas.ket.ball [ˈba:skɛtbal] *Sm* (*o. Pl*) basquete, basquetebol.
Bass [bas] *Sm*, **Bässe** *Mus* baixo.
bas.ta [ˈbasta] *Interj* chega!, basta!
Bas.tel.ar.beit [ˈbastəlarbait] *Sf*, **-en** bricolagem, artesanato.
bas.teln [ˈbastəln] *Vint* **1** fazer trabalhos de bricolagem, artesanato. *Vtr* **2** montar, confeccionar (como hobby).
Bat.te.rie [batəˈri:] *Sf*, **-n 1** bateria, pilha. **2** *Mil* bateria. **3** *Mus* bateria.
Bau [bau] *Sm*, **-ten 1** construção, canteiro de obras. **2** prédio, edifício.
Bau.ar.bei.ter [ˈbauarbaitər] *Sm*, **-** operário da construção civil.
Bauch [baux] *Sm*, **Bäuche** ventre, barriga, abdome.
Bauch.weh [ˈbauxve:] *Sn* (*o. Pl*) dor de barriga.
bau.en [ˈbauən] *Vtr+Vint* **1** construir. **2** fazer. **bauen auf** confiar em.
Bau.er [ˈbauər] *Sm*, **-n 1** agricultor, lavrador, camponês. **2** valete (cartas). **3** peão (xadrez).
Bäu.e.rin [ˈbɔiərin] *Sf*, **-nen** camponesa, lavradora, esposa do agricultor.
Bau.ern.hof [ˈbauərnho:f] *Sm*, **Bauernhöfe** propriedade rural, chácara, quinta.
Bau.in.ge.nieur [ˈbauinʒenjø:r] *Sm*, **-e** engenheiro civil.
Bau.jahr [ˈbauja:r] *Sn*, **-e** ano de fabricação ou construção.
Baum [ˈbaum] *Sm*, **Bäume** árvore.
Bau.ma.te.ri.al [ˈbaumateria:l] *Sn*, **-ien** material de construção.
Baum.stamm [ˈbaumʃtam] *Sm*, **Baumstämme** tronco de árvore.

Baum.wol.le [ˈbaumvɔlə] *Sf* (*o. Pl*) algodão.
Bau.plan [ˈbauplan] *Sm*, **Baupläne** planta de obra.
Bau.platz [ˈbauplats] *Sm*, **Bauplätze** terreno para construção.
Bau.stein [ˈbauʃtain] *Sm*, **-e** **1** pedra de construção, bloco, tijolo. **2** *fig* elemento, componente. **3** módulo.
Bau.stel.le [ˈbauʃtɛlə] *Sf*, **-n** canteiro de obras.
Bau.ten [ˈbautən] *S Pl von* **Bau (1)**.
Bay.er [ˈbaiər] *Sm*, **-n** bávaro.
bay.e.risch [ˈbaiəriʃ] *Adj* bávaro.
Bay.ern [ˈbaiərn] *Sn* (*o. Art*) Baviera.
B-Dur [be-du:r] *Sn Mus* si bemol maior.
be.ach.ten [bəˈaxtən] *Vtr* **1** obedecer, respeitar, observar. **2** seguir, ater-se a. **3** considerar, reparar. **4** levar em conta.
be.acht.lich [bəˈaxtliç] *Adj* considerável, notável, digno de nota.
Be.am.te [bəˈamtə] *Sm*, **-n** funcionário público.
be.an.tra.gen [bəˈantra:gən] *Vtr* **1** requerer, solicitar, pedir. **2** propor.
be.ant.wor.ten [bəˈantvɔrtən] *Vtr* **1** responder a. **2** retribuir.
be.ar.bei.ten [bəˈarbaitən] *Vtr* **1** analisar, examinar, estudar. **2** processar, executar, tratar de. **3** lavrar, usinar, aparelhar, aprimorar. **4** revisar, melhorar. **5** adaptar (texto).
be.auf.tra.gen [bəˈauftra:gən] *Vtr* **1** incumbir, encarregar. **2** encomendar.
be.ben [ˈbe:bən] *Vint* **1** tremer. **2** estremecer.
Be.cher [ˈbɛçər] *Sm*, - caneca, copo, taça.
Be.cken [ˈbɛkən] *Sn*, - **1** bacia, pia, tanque. **2** *Anat* pelve. **3** *Mus* címbalo, pratos.
be.däch.tig [bəˈdɛçtiç] *Adj* **1** vagaroso, pensativo, calmo. **2** ponderado, refletido, sensato, prudente, circunspeto.
be.dan.ken [bəˈdaŋkən] *Vrefl* agradecer.
Be.darf [bəˈdarf] *Sm* (*o. Pl*) demanda, necessidade.
be.dau.ern [bəˈdauərn] *Vtr+Vint* **1** lamentar, lastimar. **2** ter pena de.
be.de.cken [bəˈdɛkən] *Vtr* cobrir, tapar.
be.den.ken [bəˈdɛnkən] *Vtr unreg* **1** refletir sobre, pensar, ponderar, considerar. **2** contemplar, beneficiar.
be.deu.ten [bəˈdɔitən] *Vtr* **1** significar, querer dizer. **2** representar, denotar.
be.deu.tend [bəˈdɔitənt] *Adj* **1** importante, relevante. **2** célebre, conhecido. **3** alto, elevado, considerável (quantia), substancial.
Be.deu.tung [bəˈdɔituŋ] *Sf*, **-en** **1** significado, sentido, acepção. **2** significação, denotação. **3** importância, valor.
be.die.nen [bəˈdi:nən] *Vtr* **1** servir, atender, **2** operar (máquinas). *Vrefl* **3** servir-se.
Be.die.nung [bəˈdi:nuŋ] *Sf*, **-en** **1** serviço, atendimento. **2** operação, manejo. **3** atendente.
Be.die.nungs.an.lei.tung [bəˈdi:nuŋs anlaituŋ] *Sf*, **-en** manual de instruções.
Be.din.gung [bəˈdiŋuŋ] *Sf*, **-en** **1** condição, termo. **2** hipótese. **3** cláusula.
be.drän.gen [bəˈdrɛŋən] *Vtr* **1** pressionar, acossar, assediar. **2** importunar, pôr em apuros, apertar.
Be.dräng.nis [bəˈdrɛŋnis] *Sf*, **-se** **1** apuros, aperto, dificuldades. **2** aflição.
be.dro.hen [bəˈdro:ən] *Vtr* ameaçar.
Be.dürf.nis [bəˈdyrfnis] *Sn*, **-se** **1** necessidade, demanda. **2** desejo, vontade, anseio.
be.ei.len [bəˈailən] *Vrefl* apressar-se, correr.
be.ein.dru.cken [bəˈaindrukən] *Vtr* impressionar.
be.ein.flus.sen [bəˈainflusən] *Vtr* influenciar, afetar, influir.
be.en.den [bəˈɛndən] *Vtr* terminar, concluir, acabar, encerrar.

B

Be.er.di.gung [bə'e:rdiguŋ] *Sf*, **-en** enterro, sepultamento, funeral.
Be.fehl [bə'fe:l] *Sm*, **-e** ordem, comando. **zu Befehl** às ordens!
be.feh.len [bə'fe:lən] *Vtr+Vint unreg* ordenar, mandar.
be.fes.ti.gen [bə'fɛstigən] *Vtr* **1** fixar, afixar, amarrar, prender. **2** firmar, estabilizar.
be.fin.den [bə'findən] *Vrefl unreg* **1** encontrar-se, localizar-se, situar-se, ficar, estar. **2** sentir-se. *Vtr unreg* **3** considerar. *Vint unreg* **4** julgar, decidir.
be.foh.len [bə'fo:lən] *Part II* **befehlen.**
be.fol.gen [bə'fɔlgən] *Vtr* **1** obedecer, cumprir. **2** seguir.
be.för.dern [bə'førdərn] *Vtr* **1** transportar, despachar. **2** promover a cargo superior.
be.fra.gen [bə'fra:gən] *Vtr* **1** perguntar, consultar. **2** interrogar. **3** entrevistar.
be.frei.en [bə'fraiən] *Vtr* **1** libertar, soltar. **2** livrar. **3** dispensar, isentar. **4** aliviar.
Be.frei.ung [bə'fraiuŋ] *Sf* (*o. Pl*) **1** libertação. **2** emancipação. **3** alívio. **4** dispensa, isenção.
be.freun.det [bə'frɔindət] *Adj* **1** amigo. **2** aliado.
be.frie.di.gen [bə'fri:digən] *Vtr* satisfazer, contentar.
be.frie.di.gend [bə'fri:digənd] *Adj* satisfatório, adequado.
be.fris.tet [bə'fristət] *Adj* temporário, de prazo limitado, a termo.
Be.fruch.tung [bə'fruxtuŋ] *Sf*, **-en** fecundação, fertilização, inseminação, polinização.
Be.fug.nis [bə'fu:knis] *Sf*, **-se** **1** autorização, licença. **2** atribuição, competência.
be.fugt [bə'fu:kt] *Adj* **1** autorizado. **2** competente.
be.fürch.ten [bə'fyrçtən] *Vtr* **1** temer, recear. **2** preocupar-se.
be.gabt [bə'ga:pt] *Adj* **1** talentoso, dotado. **2** inteligente.
Be.ga.bung [bə'ga:buŋ] *Sf*, **-en** **1** talento, dom natural. **2** capacidade. **3** vocação, aptidão.
be.gann [bə'gan] *Prät* **beginnen.**
be.geg.nen [bə'ge:gnən] *Vint* **(sein)** encontrar (por acaso), deparar-se, topar com.
Be.geg.nung [bə'ge:gnuŋ] *Sf*, **-en** **1** encontro. **2** *Sport* competição, torneio.
be.geh.ren [bə'ge:rən] *Vtr* desejar, cobiçar, ambicionar.
be.gehrt [bə'ge:rt] *Adj* **1** desejado, cobiçado. **2** procurado.
be.geis.tern [bə'gaistərn] *Vtr* entusiasmar, animar.
Be.geis.te.rung [bə'gaistəruŋ] *Sf* (*o. Pl*) **1** entusiasmo, vibração, animação. **2** paixão.
Be.ginn [bə'gin] *Sm* (*o. Pl*) início, começo, princípio.
be.gin.nen [bə'ginən] *Vtr+Vint unreg* **1** começar, iniciar, principiar. **2** fazer.
be.glau.bi.gen [bə'glaubigən] *Vtr* autenticar, reconhecer, atestar, certificar.
be.glei.ten [bə'glaitən] *Vtr* **1** acompanhar. **2** escoltar.
Be.glei.ter [bə'glaitər] *Sm*, - **1** acompanhante, companheiro. **2** escolta.
Be.glei.tung [bə'glaituŋ] *Sf*, **-en** **1** acompanhamento. **2** companhia. **3** comitiva.
be.glück.wün.schen [bə'glykvynʃən] *Vtr* felicitar, congratular-se com, dar os parabéns.
be.gon.nen [bə'gɔnən] *Part II* **beginnen**.
be.gra.ben [bə'gra:bən] *Vtr unreg* **1** enterrar, sepultar. **2** soterrar.
Be.gräb.nis [bə'grɛ:pnis] *Sn*, **-se** enterro, sepultamento, funeral.
be.grei.fen [bə'graifən] *Vtr unreg* compreender, entender, perceber.
be.gren.zen [bə'grɛntsən] *Vtr* **1** limitar, demarcar, balizar. **2** restringir.

Be.griff [bə'grif] *Sm*, **-e** **1** conceito. **2** termo. **3** ideia, noção.
Be.grün.dung [bə'grynduŋ] *Sf*, **-en** **1** fundação. **2** razão, justificativa.
be.grü.ßen [bə'gry:sən] *Vtr* saudar, cumprimentar.
Be.grü.ßung [bə'gry:suŋ] *Sf*, **-en** saudação, cumprimento, recepção.
be.güns.ti.gen [bə'gynstigən] *Vtr* **1** favorecer, beneficiar. **2** proteger, ajudar.
be.hag.lich [bə'ha:kliç] *Adj* **1** prazeroso, agradável. **2** confortável, aconchegante.
be.hal.ten [bə'haltən] *Vtr unreg* **1** ficar com, reter, manter, conservar. **2** guardar. **3** lembrar. **etwas für sich behalten** manter segredo.
Be.häl.ter [bə'hɛltər] *Sm*, - **1** recipiente, caixa, vaso. **2** reservatório. **3** cofre de carga, contêiner.
be.han.deln [bə'handəln] *Vtr* **1** tratar. **2** manejar.
Be.hand.lung [bə'hantluŋ] *Sf*, **-en** **1** tratamento. **2** terapia. **3** manejo, manuseio.
be.har.ren [bə'harən] *Vint* **1** persistir, teimar, insistir em. **2** perseverar.
be.haup.ten [bə'hauptən] *Vtr* **1** afirmar, alegar, asseverar, garantir. **2** defender, resguardar. *Vrefl* **3** resistir, manter-se.
Be.haup.tung [bə'hauptuŋ] *Sf*, **-en** **1** afirmação, asserção, alegação. **2** declaração. **3** hipótese, proposição. **4** defesa.
be.herr.schen [bə'hɛrʃən] *Vtr* **1** dominar, governar, controlar. **2** sobressair, destacar-se, avultar. *Vrefl* **3** dominar--se, resistir.
be.hilf.lich [bə'hilfliç] *Adj* prestativo. **behilflich sein** ajudar.
be.hin.dern [bə'hindərn] *Vtr* **1** atrapalhar, estorvar, embaraçar. **2** impedir.
Be.hin.der.te [bə'hindərtə] *Sm+f*, **-n** deficiente. **geistig Behinderte** deficiente mental. **körperlich Behinderte** deficiente físico.
Be.hör.de [bə'hø:rdə] *Sf*, **-n** repartição, órgão (da administração pública), autoridade.
be.hü.ten [bə'hy:tən] *Vtr* guardar, proteger, cuidar.
be.hut.sam [bə'hu:tza:m] *Adj* cuidadoso, ponderado, cauteloso, precavido.
bei [bai] *Präp* perto, nas proximidades de. **bei Feuer** em caso de incêndio. **bei Goethe** nos escritos de Goethe. **bei uns** em nossa casa, em nosso país, em nossa firma. **bei Tag (Nacht)** de dia (noite).
bei.brin.gen ['baibriŋən] *Vtr unreg* **1** ensinar. **2** comunicar. **3** trazer, apresentar. **4** infligir, causar, provocar (um mal).
beich.ten ['baiçtən] *Vtr+Vint* confessar(-se).
bei.de ['baidə] *Adj+Pron* ambos, os dois.
bei.ei.nan.der ['baiainandər] *Adv* **1** juntos, um ao lado do outro. **2** perto.
Bei.fall ['baifal] *Sm* (*o. Pl*) aplauso, aclamação.
beige [be:ʃ] *Adj* bege.
bei.ge.fügt ['baigəfy:kt] *Adj* **1** anexo. **2** aposto.
Bei.ge.schmack ['baigəʃmak] *Sm* (*o. Pl*) ressaibo, sabor, gosto.
Bei.hil.fe ['baihilfə] *Sf*, **-en** **1** subsídio, subvenção, ajuda, assistência. **1** contribuição.
Beil [bail] *Sn*, **-e** **1** machadinha. **2** cutelo.
Bei.la.ge ['baila:gə] *Sf*, **-n** **1** suplemento, encarte. **2** anexo. **3** bula.
Bei.leid ['bailait] *Sn* (*o. Pl*) pêsames, condolências.
bei.lie.gend ['baili:gənt] *Adj* anexo.
beim [baim] **bei+dem** *Präp+Art* **1** no, na. **2** durante.
Bein [bain] *Sn*, **-e** perna; pé (mesa), suporte.
bei.nah ['baina:] *Adv* **1** quase, por pouco. **2** aproximadamente.
bei.sam.men [bai'zamən] *Adv* juntos, reunidos.

bei.sei.te [bai'zaitə] *Adv* à parte. **beiseite lassen** deixar de lado. **beiseite legen** guardar, economizar.

Bei.spiel ['baiʃpi:l] *Sn*, **-e 1** exemplo. **2** modelo. **zum Beispiel** por exemplo.

bei.spiel.haft ['baiʃpi:lhaft] *Adj* exemplar, modelar.

bei.spiel.los ['baiʃpi:llo:s] *Adj* **1** inaudito. **2** incomparável. **3** sem precedente, sem par, sem igual.

bei.spiels.wei.se ['baiʃpi:lsvaisə] *Adv* por exemplo.

bei.ßen ['baisən] *Vtr+Vint unreg* **1** morder. **2** picar (insetos). **3** arder (fumaça).

Bei.stand ['baiʃtant] *Sm* (*o. Pl*) assistência, auxílio, socorro.

bei.ste.hen ['baiʃte:ən] *Vint unreg* ajudar, assistir, socorrer, auxiliar.

Bei.trag ['baitra:k] *Sm*, **Beiträge 1** contribuição, quota. **2** colaboração, artigo, matéria.

bei.tra.gen ['baitra:gən] *Vtr+Vint unreg* **1** contribuir. **2** colaborar.

bei.tre.ten ['baitre:tən] *Vint unreg* **(sein)** filiar-se, ingressar, associar-se, aderir.

be.ja.hen [bə'ja:hən] *Vtr* **1** responder afirmativamente. **2** consentir, concordar, aprovar.

be.kämp.fen [bə'kɛmpfən] *Vtr* combater, atacar.

be.kannt [bə'kant] *Adj* **1** conhecido. **2** famoso, célebre, notório. **bekannt geben** a) anunciar, publicar. b) promulgar. **bekannt machen** publicar, anunciar, divulgar, comunicar, participar. **bekannt machen mit** apresentar, familiarizar.

Be.kann.te [bə'kantə] *Sm+f*, **-n** conhecido(a), amigo(a).

Be.kannt.ma.chung [bə'kantmaxuŋ] *Sf*, **-en 1** anúncio, publicação, comunicação, participação. **2** proclamação. **3** notificação.

Be.kannt.schaft [bə'kantʃaft] *Sf*, **-en 1** conhecimento, contato, relacionamento pessoal, familiaridade, convivência. **2** amizade. **3** conhecido(a), amigo(a).

Be.kennt.nis [bə'kɛntnis] *Sn*, **-se 1** confissão. **2** fé, religião, credo.

be.kla.gen [bə'kla:gən] *Vtr* **1** lamentar, deplorar, lastimar. *Vrefl* **2** queixar-se, lamentar-se.

be.klei.den [bə'klaidən] *Vtr* **1** vestir. **2** revestir, forrar. **3** ocupar um cargo, desempenhar uma função.

be.kom.men [bə'kɔmən] *Vtr unreg* **1** receber, obter, ganhar. **2** conseguir, alcançar. **3** ficar com (saudade, febre, coragem), contrair, apanhar.

be.la.gern [bə'la:gərn] *Vtr* sitiar, cercar, assediar.

be.lang.los [bə'laŋlo:s] *Adj* fútil, insignificante, trivial.

be.las.ten [bə'lastən] *Vtr* **1** pôr carga em, carregar, sobrecarregar, onerar. **2** comprometer. **3** poluir. **4** debitar (em conta). **5** culpar, acusar, incriminar.

be.läs.ti.gen [bə'lɛstigən] *Vtr* importunar, molestar, aborrecer, amolar, maçar.

Be.läs.ti.gung [bə'lɛstiguŋ] *Sf*, **-en** importunação, molestamento, constrangimento, amolação.

Be.las.tung [bə'lastuŋ] *Sf*, **-en 1** carga, peso. **2** esforço. **3** pressão, solicitação, desgaste. **4** poluição.

be.lebt [bə'le:pt] *Adj* animado, frequentado, movimentado.

Be.leg [bə'le:k] *Sm*, **-e 1** comprovante, documento, prova. **2** recibo. **3** citação.

be.le.gen [bə'le:gən] *Vtr* **1** comprovar. **2** forrar, revestir. **3** cobrir, colocar sobre. **4** reservar, inscrever-se para. **5** ocupar. **6** impor.

be.legt [bə'le:kt] *Adj* **1** ocupado, lotado. **2** reservado. **3** rouco (voz). **4** autêntico (documentação). **5** saburrento. **6** coberto.

be.leh.ren [bə'le:rən] *Vtr* **1** ensinar, instruir. **2** informar. **3** advertir, avisar.
be.lei.di.gen [bə'laidigən] *Vtr* ofender, insultar, injuriar, ultrajar.
Be.lei.di.gung [bə'laidiguŋ] *Sf*, **-en** ofensa, injúria, afronta, insulto, ultraje.
be.leuch.ten [bə'lɔiçtən] *Vtr* **1** iluminar, clarear. **2** elucidar, examinar.
Be.leuch.tung [bə'lɔiçtuŋ] *Sf*, **-en** **1** iluminação. **2** análise, exame.
Bel.gi.en ['bɛlgiən] *Sn* (*o. Art*) Bélgica.
Bel.gi.er ['bɛlgiər] *Sm*, - belga.
Be.lich.tung [bə'liçtuŋ] *Sf*, **-en** *Fot* exposição.
be.liebt [bə'li:pt] *Adj* **1** querido, predileto, benquisto. **2** popular. **3** requisitado.
bel.len ['bɛlən] *Vint* **1** latir, ladrar. **2** ganir.
be.loh.nen [bə'lo:nən] *Vtr* recompensar, premiar, gratificar, remunerar.
Be.loh.nung [bə'lo:nuŋ] *Sf*, **-en** recompensa, prêmio, gratificação, remuneração.
be.lü.gen [bə'ly:gən] *Vtr unreg* mentir a, enganar.
be.ma.len [bə'ma:lən] *Vtr+Vrefl* pintar (-se).
be.mer.ken [bə'mɛrkən] *Vtr* **1** perceber, notar, reparar. **2** constatar, observar; mencionar, comentar.
be.mer.kens.wert [bə'mɛrkənsvɛrt] *Adj* **1** notável, extraordinário, excepcional. **2** digno de nota.
Be.mer.kung [bə'mɛrkuŋ] *Sf*, **-en** **1** comentário, observação. **2** nota, anotação.
be.mü.hen [bə'my:ən] *Vtr* **1** aborrecer, perturbar, incomodar. **2** aduzir. *Vrefl* **3** esforçar-se. **4** cuidar de, dedicar-se a.
be.nach.bart [bə'naxba:rt] *Adj* **1** vizinho, contíguo, adjacente. **2** relacionado, afim.
be.nach.rich.ti.gen [bə'naxriçtigən] *Vtr* informar, avisar, comunicar.
be.nach.tei.li.gen [bə'naxtailigən] *Vtr* **1** prejudicar. **2** discriminar, desfavorecer, marginalizar.
be.neh.men [bə'ne:mən] *Vrefl unreg* comportar-se.
be.nei.den [bə'naidən] *Vtr* invejar.
be.nei.dens.wert [bə'naidənsvɛrt] *Adj* invejável.
be.nö.ti.gen [bə'nø:tigən] *Vtr* necessitar, precisar de.
be.nut.zen [bə'nutsən], **be.nüt.zen** [bə'nytsən] *Vtr* utilizar, usar, empregar, aproveitar, servir-se de.
Be.nut.zer [bə'nutsər] *Sm*, - usuário.
Be.nut.zung [bə'nutsuŋ] *Sf* (*o. Pl*) uso, utilização, emprego, aproveitamento.
Ben.zin [bɛn'tsi:n] *Sn*, **-e** gasolina.
be.o.bach.ten [bə'obaxtən] *Vtr* **1** observar, vigiar, controlar. **2** notar.
Be.o.bach.ter [bə'obaxtər] *Sm*, - **1** observador. **2** vigia.
be.quem [bə'kve:m] *Adj* **1** cômodo, confortável. **2** fácil. **3** comodista, indolente, acomodado.
be.ra.ten [bə'ra:tən] *Vtr* **1** aconselhar. *Vint* **2** discutir, debater, deliberar.
Be.ra.ter [bə'ra:tər] *Sm*, - conselheiro, consultor, assessor, perito.
Be.ra.tung [bə'ra:tuŋ] *Sf*, **-en** **1** reunião, deliberação. **2** consulta. **3** consultoria, assessoria, assistência. **4** informação.
be.rech.nen [bə'rɛçnən] *Vtr* **1** calcular. **2** prever, prognosticar. **3** computar, cobrar, debitar.
Be.rech.nung [bə'rɛçnuŋ] *Sf*, **-en** **1** cálculo, cômputo, contagem. **2** interesse. **3** avaliação.
Be.rech.ti.gung [bə'rɛçtiguŋ] *Sf*, **-en** **1** legitimidade, direito, justificativa. **2** autorização.
be.re.den [bə're:dən] *Vtr* **1** discutir. **2** convencer, persuadir. *Vrefl* **3** conferenciar, discutir, deliberar.
Be.reich [bə'raiç] *Sm*, **-e** **1** área, domínio, esfera, campo, setor, ramo, âmbito. **2** zona.

be.rei.chern [bə'raiçərn] *Vtr* **1** enriquecer. **2** aumentar, melhorar. **3** abrilhantar. *Vrefl* **4** tirar lucro, tirar vantagens, locupletar-se.
be.rei.ni.gen [bə'rainigən] *Vtr* **1** esclarecer. **2** resolver. **3** corrigir, ajustar. **4** expurgar.
be.reit [bə'rait] *Adj* **1** pronto, preparado, prestes. **2** disposto.
be.rei.ten [bə'raitən] *Vtr* **1** preparar, fazer. **2** causar, infligir.
be.reits [bə'raits] *Adv* já.
be.reit.stel.len [bə'raitʃtɛlən] *Vtr* **1** colocar à disposição. **2** aprontar, preparar.
be.reit.wil.lig [bə'raitviliç] *Adj* disposto, pronto, prestativo.
be.reu.en [bə'rɔiən] *Vtr* arrepender--se de.
Berg [bɛrk] *Sm*, **-e** **1** monte, montanha, morro. **2** montão, pilha.
berg.ab [bɛrk'ap] *Adv* **1** morro abaixo. **2** descendo. **3** piorando.
berg.an [bɛrk'an] *Adv* **1** morro acima. **2** subindo. **3** melhorando.
Berg.bau ['bɛrkbau] *Sm* (*o. Pl*) mineração.
ber.gen ['bɛrgən] *Vtr unreg* **1** salvar, resgatar, socorrer. **2** recolher, recuperar.
Berg.stei.ger ['bɛrkʃtaigər] *Sm*, - alpinista, montanhista.
Berg-und-Tal-Bahn ['bɛrk-unt-'ta:l-ba:n] *Sf*, **-en** montanha-russa.
Ber.gung ['bɛrguŋ] *Sf*, **-en** **1** resgate, salvamento, socorro. **2** recuperação, recolhimento.
Berg.werk ['bɛrkvɛrk] *Sn*, **-e** mina.
Be.richt [bə'riçt] *Sm*, **-e** **1** relatório. **2** relato, descrição. **3** reportagem.
be.rich.ten [bə'riçtən] *Vtr+Vint* **1** informar, noticiar. **2** relatar.
be.rich.ti.gen [bə'riçtigən] *Vtr* **1** corrigir, retificar. **2** retratar.
Ber.li.ner [bɛr'li:nər] *Adj* berlinense, berlinês. • *Sm*, - **1** berlinense, natural de Berlim. **2** *Kochk* rosquinha de geleia.
Bern.stein ['bɛrnʃtain] *Sm* (*o. Pl*) âmbar, sucino.
be.rüch.tigt [be'ryçtiç] *Adj* **1** famigerado, mal-afamado. **2** notório.
be.rück.sich.ti.gen [bə'rykziçtigən] *Vtr* tomar em conta, considerar.
Be.ruf [be'ru:f] *Sm*, **-e** profissão, ofício.
be.ru.fen [bə'ru:fən] *Vtr unreg* **1** nomear, convocar. *Vrefl* **2** referir-se a, reportar-se, apelar para, citar. • *Adj* **1** competente, qualificado, idôneo. **2** predestinado.
be.ruf.lich [bə'ru:fliç] *Adj* **1** profissional. **2** ocupacional.
Be.rufs.be.ra.tung [bə'ru:fsbera:tuŋ] *Sf* (*o. Pl*) orientação vocacional, profissional.
Be.rufs.schu.le [bə'ru:fsʃu:lə] *Sf*, **-n** escola profissional, vocacional.
be.rufs.tä.tig [bə'ru:fstɛ:tiç] *Adj* empregado, ativo, exercendo atividade profissional.
be.ru.hi.gen [bə'ru:igən] *Vtr+Vrefl* **1** acalmar(-se), tranquilizar(-se). **2** sossegar, descansar.
be.rühmt [bə'ry:mt] *Adj* famoso, célebre, ilustre, afamado.
be.rüh.ren [bə'ry:rən] *Vtr* **1** tocar. **2** afetar, impressionar. **3** mencionar, abordar, aludir.
be.sau.fen [bə'zaufən] *Vrefl* embriagar--se, encher a cara.
be.schä.di.gen [bə'ʃɛ:digən] *Vtr* **1** danificar, estragar. **2** lesar.
be.schaf.fen [bə'ʃafən] *Vtr* obter, conseguir, arranjar, arrumar.
be.schäf.ti.gen [bə'ʃɛftigən] *Vtr* **1** dar trabalho, empregar. **2** ocupar, manter ocupado. *Vrefl* **3** ocupar-se de, dedicar-se a.
be.schäf.tigt [bə'ʃɛftikt] *Adj* **1** ocupado, atarefado. **2** empregado.
Be.schäf.ti.gung [bə'ʃɛftiguŋ] *Sf*, **-en** **1** ocupação, atividade, afazeres. **2** emprego.
be.schä.men [bə'ʃɛ:mən] *Vtr* **1** envergonhar. **2** humilhar.

Be.scheid [bə'ʃait] *Sm*, **-e 1** resposta. **2** informação, comunicação, aviso, notificação. **Bescheid geben** avisar, mandar recado. **Bescheid wissen** saber, estar a par.

be.schei.den [bə'ʃaidən] *Adj* modesto, despretensioso, humilde.

Be.schei.ni.gung [bə'ʃainiguŋ] *Sf*, **-en 1** certificado, atestado, confirmação por escrito. **2** recibo.

be.scheu.ert [bə'ʃɔiərt] *Adj Ugs* maluco, doido, idiota.

be.schimp.fen [bə'ʃimpfən] *Vtr* insultar, injuriar, ofender.

be.schlag.nah.men [bə'ʃla:kna:mən] *Vtr* **1** confiscar, apreender, sequestrar. **2** requisitar.

be.schlie.ßen [bə'ʃli:sən] *Vtr unreg* decidir, resolver.

Be.schluss [bə'ʃlus] *Sm*, **Beschlüsse 1** decisão, resolução. **2** conclusão, fim.

be.schmut.zen [bə'ʃmutsən] *Vtr* sujar, emporcalhar, manchar.

Be.schnei.dung [bə'ʃnaiduŋ] *Sf*, **-en 1** corte. **2** poda. **3** circuncisão. **4** redução.

be.schrän.ken [bə'ʃrɛŋkən] *Vtr* **1** restringir, limitar. **2** racionar.

be.schrei.ben [bə'ʃraibən] *Vtr unreg* **1** escrever em. **2** descrever. **3** traçar.

Be.schrei.bung [bə'ʃraibuŋ] *Sf*, **-en 1** descrição. **2** legenda.

be.schul.di.gen [bə'ʃuldigən] *Vtr* acusar, incriminar, culpar.

be.schüt.zen [bə'ʃytsən] *Vtr* proteger.

Be.schüt.zer [bə'ʃytsər] *Sm*, - protetor, defensor.

Be.schwer.de [bə'ʃve:rdə] *Sf*, **-n 1** queixa, reclamação, denúncia. **2** dor, sofrimento, desconforto, incômodo.

be.schwe.ren [bə'ʃve:rən] *Vrefl* queixar-se, reclamar, denunciar.

be.schwin.deln [bə'ʃvindəln] *Vtr* enganar, contar lorotas, iludir.

be.schwingt [bə'ʃviŋt] *Adj* **1** vivo, animado, jovial, alegre. **2** entusiasmado.

Be.schwö.rung [bə'ʃvø:ruŋ] *Sf*, **-en 1** súplica, imploração. **2** invocação, conjuração, magia. **3** exorcismo, esconjuro.

be.sei.ti.gen [bə'zaitigən] *Vtr* **1** remover, afastar. **2** eliminar, erradicar, suprimir. **3** matar, liquidar.

Be.sen ['be:zən] *Sm*, - vassoura.

be.ses.sen [bə'zɛsən] *Adj* **1** possesso. **2** furioso, louco.

be.set.zen [bə'zɛtsən] *Vtr* **1** ocupar. **2** apassamanar, guarnecer, enfeitar. **3** nomear para, designar.

be.sich.ti.gen [bə'ziçtigən] *Vtr* **1** olhar, examinar. **2** ir ver, visitar.

Be.sich.ti.gung [bə'ziçtiguŋ] *Sf*, **-en 1** inspeção. **2** visita.

be.sie.gen [bə'zi:gən] *Vtr* vencer, derrotar, bater; superar.

be.sin.nen [bə'zinən] *Vrefl unreg* **1** refletir, pensar. **2** lembrar-se.

be.sin.nungs.los [bə'zinuŋslo:s] *Adj* **1** inconsciente, sem sentidos. **2** fora de si.

Be.sitz [bə'zits] *Sm* (*o. Pl*) propriedade, posse, bens.

be.sit.zen [bə'zitsən] *Vtr unreg* possuir, ter.

Be.sit.zer [bə'zitsər] *Sm*, - proprietário, dono, possuidor.

be.sof.fen [bə'zɔfən] *Adj Ugs* bêbado, embriagado.

be.son.ders [bə'zɔndərs] *Adv* **1** especialmente, particularmente. **2** sobretudo.

be.son.nen [bə'zɔnən] *Adj* ponderado, sensato, prudente, circunspeto.

be.sor.gen [bə'zɔrgən] *Vtr* **1** conseguir, obter, arranjar, arrumar. **2** comprar. **3** tratar de, cuidar de.

be.sorgt [bə'zɔrkt] *Adj* **1** preocupado, inquieto, apreensivo, aflito. **2** medroso.

be.spre.chen [bə'ʃprɛçən] *Vtr unreg* **1** discutir, conversar, falar sobre, tratar. **2** resenhar.

Be.spre.chung [bə'ʃprɛçuŋ] *Sf*, **-en 1** discussão, conversação, reunião. **2** resenha, crítica.

bes.ser ['bɛsər] *Adj* melhor, superior.

bes.sern ['bɛsərn] *Vrefl* **1** melhorar. **2** emendar-se. *Vtr* **3** corrigir.

Bes.se.rung [ˈbɛsəruŋ] *Sf* (*o. Pl*) melhora, recuperação. **gute Besserung!** estimo melhoras!

beste [ˈbɛstə] *Adj* o melhor.

be.stän.dig [bəˈʃtɛndiç] *Adj* **1** constante, contínuo, incessante. **2** firme, estável. **3** confiável.

Be.stand.teil [bəˈʃtanttail] *Sf*, **-e** **1** componente, elemento, peça. **2** ingrediente.

be.stä.ti.gen [bəˈʃtɛ:tigən] *Vtr* **1** confirmar, endossar, aprovar. **2** atestar, reconhecer. *Vrefl* **3** confirmar-se.

Be.stä.ti.gung [bəˈʃtɛ:tiguŋ] *Sf*, **-en** **1** confirmação, endosso, atestado, certificado, prova. **2** homologação. **3** recibo.

be.ste.chen [bəˈʃtɛçən] *Vtr* subornar, corromper, comprar.

Be.ste.chung [bəˈʃtɛçuŋ] *Sf*, **-en** suborno, corrupção.

Be.steck [bəˈʃtɛk] *Sn*, **-e** **1** talher(es). **2** instrumentos.

be.ste.hen [bəˈʃte:ən] *Vint unreg* **1** existir, haver. **2** sair-se bem, sobreviver, resistir. **3** (**aus**) consistir em. **4** (**auf**) insistir em. *Vtr unreg* **5** passar em exame ou prova, ser aprovado.

be.steh.len [bəˈʃte:lən] *Vtr unreg* roubar, defraudar, furtar.

be.stel.len [bəˈʃtɛlən] *Vtr* **1** encomendar, pedir. **2** arranjar, chamar. **3** mandar reservar. **4** mandar vir, marcar hora. **5** mandar lembranças, transmitir recado, avisar. **6** nomear. **7** *Landw* cultivar, lavrar. **8** *Wirtsch* fazer pedido.

Be.stel.lung [bəˈʃtɛluŋ] *Sf*, **-en** **1** pedido, encomenda, ordem de compra. **2** cultivo, lavra.

bes.ten.falls [ˈbɛstənfals] *Adv* na melhor das hipóteses, quando muito.

be.stim.men [bəˈʃtimən] *Vtr* **1** determinar, estipular, marcar, fixar. **2** nomear. **3** dispor, destinar, reservar (recursos). **4** identificar, definir. *Vint* **5** mandar, decidir, ordenar.

be.stimmt [bəˈʃtimt] *Adj* **1** determinado, certo, particular. **2** destinado, previsto, marcado.

Be.stim.mung [bəˈʃtimuŋ] *Sf*, **-en** **1** determinação, disposição. **2** exigência, requisito. **3** definição.

be.stra.fen [bəˈʃtra:fən] *Vtr* punir, castigar.

Be.stra.fung [bəˈʃtra:fuŋ] *Sf*, **-en** **1** punição, castigo, pena. **2** penalidade.

Be.strah.lung [bəˈʃtra:luŋ] *Sf*, **-en** **1** radiação. **2** radioterapia.

be.strei.ten [bəˈʃtraitən] *Vtr unreg* **1** discutir, contestar, impugnar. **2** negar. **3** custear, pagar, financiar.

be.stürzt [bəˈʃtyrtst] *Adj* consternado, desolado, abalado, abatido.

Be.such [bəˈzu:x] *Sm*, **-e** **1** visita. **2** assistência, frequência (escola).

be.su.chen [bəˈzu:xən] *Vtr* **1** visitar. **2** ir a, frequentar, assistir. **3** consultar (médico).

Be.su.cher [bəˈzu:xər] *Sm*, **-** **1** visitante, visita. **2** frequentador. **3** cliente. **4** público, assistência.

Be.täu.bungs.mit.tel [bəˈtɔibuŋsmitəl] *Sn*, **-** anestésico, narcótico.

be.tei.li.gen [bəˈtailigən] *Vrefl* **1** participar, aderir. *Vtr* **2** dar participação.

Be.tei.li.gung [bəˈtailiguŋ] *Sf*, **-en** **1** participação. **2** envolvimento.

be.ten [be:tən] *Vint* rezar, orar.

Be.ton [bəˈtɔn] *Sm*, **-s**, **-e** concreto.

be.to.nen [bəˈto:nən] *Vtr* acentuar, frisar, realçar, enfatizar, salientar, ressaltar.

Be.to.nung [bəˈto:nuŋ] *Sf*, **-en** **1** acento, acentuação. **2** ênfase, destaque.

be.tö.ren [bəˈtø:rən] *Vtr* **1** cativar, fascinar. **2** encantar.

Betr. *Abk* **Betreff**.

be.trach.ten [bəˈtraxtn] *Vtr* **1** olhar, examinar, observar. **2** contemplar. **3** considerar.

Be.trach.ter [bəˈtraxtər] *Sm*, **-** observador.

be.trächt.lich [bə'trɛçtliç] *Adj* **1** considerável. **2** importante, grande. **3** bastante.

Be.trag [bə'tra:k] *Sm*, **Beträge** montante, valor, quantia, importância.

be.tra.gen [bə'tra:gən] *Vint unreg* **1** chegar a, importar em, totalizar, atingir. *Vrefl unreg* **2** comportar-se.

Be.tra.gen [bə'tra:gən] *Sn* (*o. Pl*) comportamento, conduta.

Be.treff [bə'trɛf] *Sm*, **-e** **1** assunto, tópico. **2** referência.

be.tref.fen [bə'trɛfən] *Vtr unreg* dizer respeito a, afetar, concernir.

be.tre.ten [bə'tre:tən] *Vtr unreg* **1** entrar, adentrar. **2** andar sobre, pisar. **3** transitar, passar. • *Adj* embaraçado, atrapalhado, confuso.

be.treu.en [bə'trɔiən] *Vtr* **1** tomar conta, cuidar, zelar por, dar assistência. **2** acompanhar.

Be.treu.er [bə'trɔiər] *Sm*, - **1** supervisor, diretor. **2** responsável, encarregado.

Be.trieb [bə'tri:p] *Sm*, **-e** **1** empresa, firma, indústria. **2** funcionamento, operação. **3** alvoroço, agitação, movimento. **außer Betrieb setzen** parar.

Be.triebs.fe.ri.en [bə'tri:psfe:riən] *S Pl* férias coletivas.

Be.triebs.rat [bə'tri:psra:t] *Sm*, **Betriebsräte** comissão de fábrica ou membro dela, representação ou representante dos empregados.

Be.triebs.wirt [bə'tri:psvirt] *Sm*, **-e** administrador de empresas.

Be.triebs.wirt.schaft [bə'tri:ps virtʃaft] *Sf* (*o. Pl*) administração de empresas.

be.trin.ken [bə'triŋkən] *Vrefl* embebedar-se, embriagar-se.

be.trof.fen [bə'trɔfən] *Adj* **1** perturbado, desconcertado, perplexo. **2** envolvido, afetado.

Be.trug [bə'tru:k] *Sm* (*o. Pl*) **1** fraude. **2** trapaça, logro, engano. **3** estelionato.

be.trü.gen [bə'try:gən] *Vtr unreg* fraudar, lograr, enganar, iludir, trapacear.

Be.trü.ger [bə'try:gər] *Sm*, - **1** impostor. **2** trapaceiro, vigarista, caloteiro. **3** estelionatário.

be.trun.ken [bə'truŋkən] *Adj* embriagado, bêbado, ébrio.

Bett [bɛt] *Sn*, **-en** cama, leito. **das Bett hüten (müssen)** estar de cama. **das Bett machen** arrumar a cama.

Bett.couch ['bɛtkautʃ] *Sf*, **-en** sofá--cama.

Bett.de.cke ['bɛtdɛkə] *Sf*, **-n** coberta, cobertor, colcha.

bet.teln ['bɛtəln] *Vint* mendigar, pedir esmola.

Bett.la.ken ['bɛtla:kən] *Sn*, - lençol.

Bett.ler ['bɛtlər] *Sm*, - mendigo, pedinte.

Bett.so.fa ['bɛtzo:fa] *Sn*, **-s** sofá-cama.

Bett.tuch ['bɛttu:x] *Sn*, **Betttücher** lençol.

Bett.wä.sche ['bɛtvɛʃə] *Sn* (*o. Pl*) roupa de cama.

beu.gen ['bɔigən] *Vtr* **1** curvar, flexionar, dobrar, arquear, torcer. **2** quebrar, perverter. *Vrefl* **3** curvar-se, inclinar-se.

Beu.le ['bɔilə] *Sf*, **-n** **1** inchaço, bossa, galo. **2** abaulamento, mossa, amassadura, batida.

be.un.ru.hi.gen [bə'unru:igən] *Vtr* **1** preocupar, inquietar, alarmar. *Vrefl* **2** preocupar-se, afligir-se.

be.ur.tei.len [bə'u:rtailən] *Vtr* julgar, avaliar, apreciar, opinar a respeito de.

Be.ur.tei.lung [bə'u:rtailuŋ] *Sf*, **-en** **1** juízo, avaliação, apreciação, opinião. **2** parecer.

Beu.te ['bɔitə] *Sf* (*o. Pl*) **1** saque, pilhagem, despojo. **2** vítima.

Beu.tel ['bɔitəl] *Sm*, - **1** bolsa, sacola. **2** carteira. **3** *Biol* marsúpio.

Be.völ.ke.rung [bə'følkəruŋ] *Sf*, **-en** população, povo.

be.vor [bə'fo:r] *Konj* antes de.

be.vor.ste.hend [bə'fo:rʃte:ənt] *Adj* **1** próximo vindouro, futuro. **2** iminente.

be.vor.zu.gen [bə'fo:rtsu:gən] *Vtr* preferir, dar preferência, favorecer.
be.wa.chen [bə'vaxən] *Vtr* guardar, vigiar.
Be.wa.cher [bə'vaxər] *Sm*, - **1** guarda, guardador, vigia. **2** *Sport* marcador.
be.waff.net [bə'vafnət] *Adj* armado, à mão armada.
Be.waff.nung [bə'vafnuŋ] *Sf*, **-en** armamento.
be.wah.ren [bə'va:rən] *Vtr* proteger, preservar, manter, conservar, salvar.
be.wäh.ren [bə'vɛ:rən] *Vrefl* **1** comprovar sua competência. **2** sair-se bem, ter sucesso, ser aprovado.
be.wäs.sern [bə'vɛsərn] *Vtr* irrigar, regar.
Be.wäs.se.rung [bə'vɛsəruŋ] *Sf*, **-en** irrigação.
be.we.gen [bə've:gən] *Vtr* **1** mover, movimentar. **2** comover, impressionar, preocupar. *Vrefl* **3** mexer-se, fazer exercícios físicos, movimentar-se.
be.weg.lich [bə've:kliç] *Adj* **1** móvel. **2** ágil.
Be.we.gung [bə've:guŋ] *Sf*, **-en 1** movimento. **2** exercício físico. **3** emoção.
Be.weis [bə'vais] *Sm*, **-e 1** prova. **2** demonstração, comprovação. **3** evidência.
be.wei.sen [bə'vaizən] *Vtr unreg* provar, demonstrar, comprovar.
be.wer.ben [bə'vɛrbən] *Vrefl* candidatar-se a, pleitear, solicitar, concorrer.
Be.wer.ber [bə'vɛrbər] *Sm*, - candidato, pretendente, aspirante, concorrente.
Be.wer.bung [bə'vɛrbuŋ] *Sf*, **-en 1** candidatura, solicitação. **2** concurso.
be.wer.ten [bə've:rtən] *Vtr* avaliar, calcular, classificar.
Be.wer.tung [bə've:rtuŋ] *Sf*, **-en** avaliação, cálculo, classificação.
be.wir.ken [bə'virkən] *Vtr* **1** causar, provocar. **2** implicar.
Be.woh.ner [bə'vo:nər] *Sm*, - morador, habitante.
be.wölkt [bə'vølkt] *Adj* nublado, encoberto.
Be.wun.de.rer [bə'vund(ə)rər] *Sm*, - admirador.
be.wun.dern [bə'vundərn] *Vtr* admirar.
be.wun.derns.wert [bə'vundərnsvɛrt] *Adj* admirável.
be.wusst [bə'vust] *Adj* **1** consciente, cônscio, ciente. **2** deliberado, proposital.
be.wusst.los [bə'vustlo:s] *Adj* inconsciente, sem sentidos, desmaiado.
Be.wusst.sein [bə'vustzain] *Sn*, **-e 1** consciência. **2** percepção, clareza.
be.zah.len [bə'tsa:lən] *Vtr* **1** pagar, saldar, liquidar. **2** remunerar.
Be.zah.lung [bə'tsa:luŋ] *Sf*, **-en 1** pagamento. **2** remuneração.
be.zau.bernd [bə'tsaubərnt] *Adj* encantador, cativante, fascinante.
Be.zeich.nung [bə'tsaiçnuŋ] *Sf*, **-en 1** designação, marca, denominação, nome. **2** caracterização, qualificação.
be.zeu.gen [bə'tsɔigən] *Vtr* testemunhar, comprovar, atestar, certificar.
be.zie.hen [bə'tsi:ən] *Vtr unreg* **1** cobrir, revestir, encapar. **2** mudar para (casa, escritório), ir morar em. **3 (auf)** referir-se a.
Be.zie.hung [bə'tsi:uŋ] *Sf*, **-en 1** relação, referência, ligação. **2** relacionamento. **3** pertinência, sentido, aspecto, respeito.
be.zie.hungs.wei.se [bə'tsi:uŋsvaizə] *Konj* respectivamente, ou seja, ou melhor dizendo.
Be.zirk [bə'tsirk] *Sm*, **-e 1** distrito. **2** comarca, vara. **3** bairro. **4** (micro)região.
Be.zug [bə'tsu:k] *Sm*, **Bezüge 1** capa, revestimento, fronha. **2** compra, aquisição. **3** assinatura (de jornal, revista). **4** *Pl* salário. **5** referência, relação. **in Bezug auf** com referência a.
be.zwei.feln [bə'tsvaifəln] *Vtr* duvidar de, questionar.
BH [be:-ha:] *Abk* **Büstenhalter**.
Bi.bel ['bi:bəl] *Sf*, **-n** Bíblia.
Bib.li.o.gra.fie [bi:bliogra'fi:] *Sf*, **-n** bibliografia.

Bib.li.o.thek [bi:blio'te:k] *Sf*, **-en** biblioteca.
Bib.li.o.the.kar [bi:bliote:'ka:r] *Sm*, **-e** bibliotecário.
bib.lisch ['bi:bliʃ] *Adj* bíblico.
bie.gen ['bi:gən] *Vtr unreg* **1** curvar, dobrar. *Vrefl unreg* **2** curvar-se, dobrar-se. *Vint unreg* **(sein) 3** dobrar, virar a esquina, fazer curva.
Bie.ne ['bi:nə] *Sf*, **-n** abelha.
Bier ['bi:r] *Sn*, **-e** cerveja. **das ist nicht mein Bier** *Ugs* não é problema meu.
Bier.de.ckel ['bi:rdɛkəl] bolacha (suporte para copo de cerveja).
Biest ['bi:st] *Sn*, **-er 1** fera, animal. **2** *fig* megera.
bie.ten ['bi:tən] *Vtr unreg* oferecer, fazer lance, proporcionar.
Bi.lanz [bi'lants] *Sf*, **-en 1** *Wirtsch* balanço. **2** resultado. **Bilanz ziehen** fazer balanço; tirar suas conclusões.
Bild [bilt] *Sn*, **-er 1** imagem, figura. **2** ilustração, estampa. **3** quadro, pintura, tela. **4** foto, retrato.
bil.den ['bildən] *Vtr* **1** formar, modelar. **2** representar, constituir, compor. **3** instruir, educar. **bildende Kunst** artes plásticas.
Bild.hau.er ['bilthauər] *Sm*, - escultor.
bild.lich ['biltliç] *Adj* **1** figurativo. **2** pictórico. **3** simbólico.
Bild.schirm ['biltʃirm] *Sm*, **-e 1** tela. **2** *display*.
Bild.schirm.ge.rät ['biltgərɛ:t] *Sn*, **-e** monitor.
Bil.dung ['bilduŋ] *Sf*, **-en 1** educação, instrução, cultura. **2** formação.
Bil.lard ['biljart] *Sn*, **-e 1** bilhar. **2** sinuca.
bil.lig ['biliç] *Adj* **1** barato, módico. **2** surrado, roto.
Bil.li.on [bili'o:n] *Sf*, **-en** trilhão.
Bin.de ['bində] *Sf*, **-n 1** atadura, ligadura, bandagem, venda, faixa. **2** cinta.
bin.den ['bindən] *Vtr unreg* **1** atar, ligar, amarrar, prender. **2** obrigar, vincular, comprometer. **3** encadernar.
Bin.de.strich ['bindəʃtriç] *Sm*, **-e** hífen.
Bind.fa.den ['bintfa:dən] *Sm*, **-fäden** barbante, fio, corda, cordel.
Bi.o.gra.fie [biogra'fi:] *Sf*, **-n** biografia.
Bi.o.la.den [biola:dən] *Sm*, **Bioläden** loja de produtos naturais.
Bi.o.lo.gie [biolo'gi:] *Sf* (*o. Pl*) biologia.
Bir.ne ['birnə] *Sf*, **-n 1** pera. **2** lâmpada elétrica. **3** *Ugs* cabeça, cachola.
bis [bis] *Präp+Adv+Konj* até. **bis auf** afora, à exceção de. **bis auf weiteres** até segunda ordem.
Bi.schof ['biʃɔf] *Sm*, **Bischöfe** bispo.
bis.her [bis'he:r] *Adv* até agora, até o momento.
Biss [bis] *Sm*, **Bisse** mordida, dentada, picada.
biss.chen ['bisçən] **ein bisschen** um pouco.
Bis.sen ['bisən] *Sm*, - bocado, pedaço.
bis.sig ['bisiç] *Adj* **1** que morde, bravo. **2** *fig* cáustico, mordaz, sarcástico.
Bis.tum ['bistu:m] *Sn*, **Bistümer** diocese, bispado.
bis.wei.len [bis'vailən] *Adv* de vez em quando.
bit.te ['bitə] *Adv+Interj* **1** por favor. **2** pois não. **3** de nada. **bitte schön (sehr)** a) pois não, tenha a bondade. b) não há de quê, de nada.
Bit.te ['bitə] *Sf*, **-n** pedido; desejo.
bit.ten ['bitən] *Vtr+Vint unreg* **1** pedir. **2** **(um)** implorar. **3** solicitar. **4** convidar. **bitten lassen** mandar entrar.
bit.ter ['bitər] *Adj* **1** amargo. **2** duro, cruel, penoso. **3** amargurado.
bla.mie.ren [bla'mi:rən] *Vtr* **1** envergonhar, ridicularizar. *Vrefl* **2** tornar-se ridículo, fazer má figura.
Bla.se ['bla:zə] *Sf*, **-n 1** bolha. **2** bexiga. **3** *Ugs* galera, ralé, corja.
bla.sen ['bla:zən] *Vint unreg* **1** soprar. *Vtr unreg* **2** tocar (instrumento de sopro).
Blas.in.stru.ment ['bla:sinstrumɛnt] *Sn*, **-e** instrumento de sopro.
blass [blas] *Adj* pálido, descorado.

Bläs.se [ˈblɛsə] *Sf* (*o. Pl*) palidez.
Blatt [blat] *Sn*, **Blätter 1** folha. **2** página. **3** jornal. **4** lâmina.
blät.tern [ˈblɛtərn] *Vint* folhear.
blau [blau] *Adj* azul. **blauer Brief** carta de demissão. **blau sein** estar bêbado.
Blech [blɛç] *Sn*, **-e 1** lata, chapa, folha, lâmina de metal. **2** tabuleiro.
ble.chen [ˈblɛçən] *Vint Ugs* pagar.
Blei [blai] *Sn*, **-e 1** chumbo. *Sn+m*, **-e 2** lápis.
blei.ben [ˈblaibən] *Vint unreg* **(sein) 1** ficar, permanecer, continuar. **2** restar.
bleich [blaiç] *Adj* pálido.
blei.chen [ˈblaiçən] *Vtr* **1** branquear, alvejar. *Vint* **2** descolorir.
blei.frei [ˈblaifrai] *Adj* sem chumbo.
Blei.stift [ˈblaiʃtift] *Sm*, **-e** lápis.
Blei.stift.spit.zer [ˈblaiʃpitsər] *Sm*, - apontador.
Blen.de [ˈblɛndə] *Sf*, **-n 1** quebra-luz. **2** viseira, pala. **3** diafragma.
blen.den [ˈblɛndən] *Vtr* **1** ofuscar, deslumbrar. **2** cegar.
Blick [blik] *Sm*, **-e** olhar, olhada, vista.
bli.cken [ˈblikən] *Vint* olhar. **sich blicken lassen** aparecer, dar as caras.
Blick.punkt [ˈblikpuŋkt] *Sm*, **-e 1** ponto de vista. **2** centro da visão.
blind [blint] *Adj* **1** cego. **2** baço, sujo (vidro). **blinder Alarm** alarme falso. **blinder Passagier** clandestino.
Blind.darm [ˈblintdarm] *Sm*, **Blinddärme** apêndice.
Blin.de [ˈblində] *Sm+f*, **-n** cego.
Blin.den.schrift [ˈblindənʃrift] *Sf* (*o. Pl*) braile.
Blind.heit [ˈblinthait] *Sf*, **-en** cegueira.
blin.ken [ˈbliŋkən] *Vint* **1** cintilar. **2** piscar.
Blin.ker [ˈbliŋkər] *Sm*, - pisca-pisca, luz intermitente.
Blink.licht [ˈbliŋkliçt] *Sn*, **-er** luz intermitente, pisca-pisca.
Blitz [blits] *Sm*, **-e 1** raio, relâmpago. **2** *Fot flash*.
Blitz.ab.lei.ter [ˈblitsaplaitər] *Sm*, - para-raios.
blit.zen [ˈblitsən] *Vint* **1** relampejar, relampaguear. **2** brilhar.
Blitz.licht [ˈblitsliçt] *Sm*, **-er** *flash*.
Block [blɔk] *Sm*, **-s, Blöcke 1** bloco. **2** quarteirão.
Block.flö.te [ˈblɔkfløːtə] *Sf*, **-n** flauta doce.
blo.ckie.ren [blɔˈkiːrən] *Vtr* **1** bloquear. **2** travar.
Block.schrift [ˈblɔkʃrift] *Sf* (*o. Pl*) letra de forma.
blö.de [ˈbløːdə] *Adj* imbecil, estúpido, idiota, ignorante.
Blöd.sinn [ˈbløːdzin] *Sm* (*o. Pl*) **1** bobagem. **2** idiotice. **3** disparate.
blond [blɔnt] *Adj* loiro.
bloß [bloːs] *Adj* **1** nu, despido, descoberto, descalço. **2** mero. • *Adv* apenas, somente.
blü.hen [ˈblyːən] *Vint* **1** florir, florescer, estar em flor. **2** estar por acontecer.
Blu.me [ˈbluːmə] *Sf*, **-n 1** flor. **2** buquê (vinho). **3** espuma, colarinho (cerveja).
Blu.men.ge.schäft [ˈbluːmәngәʃɛft] *Sn*, **-e** floricultura.
Blu.men.kohl [ˈbluːmənkoːl] *Sm* (*o. Pl*) couve-flor.
Blu.men.strauß [ˈbluːmənʃtraus] *Sm*, **Blumensträuße** ramalhete.
Blu.se [ˈbluːzə] *Sf*, **-n** blusa.
Blut [bluːt] *Sn* (*o. Pl*) sangue.
Blut.druck [ˈbluːtdruk] *Sm* (*o. Pl*) pressão arterial.
Blü.te [ˈblyːtə] *Sf*, **-n** flor, florescência, floração.
Blut.er.guss [ˈbluːtərgus] *Sm*, **Blutergüsse** hematoma.
Blut.grup.pe [ˈbluːtgrupə] *Sf*, **-n** grupo sanguíneo.
blu.tig [ˈbluːtiç] *Adj* sangrento, ensanguentado.
Blut.krebs [ˈbluːtkreːps] *Sm* (*o. Pl*) leucemia.
Blut.kreis.lauf [ˈbluːtkraislauf] *Sm* (*o. Pl*) circulação sanguínea.
Blut.pro.be [ˈbluːtproːbə] *Sf*, **-n** amostra de sangue, análise de sangue.

Blut.spen.der [ˈbluːtʃpɛndər] *Sm*, - doador de sangue.
Blu.tung [ˈbluːtuŋ] *Sf*, **-en** hemorragia.
Blut.ver.gif.tung [ˈbluːtfɛrgiftuŋ] *Sf*, **-en** septicemia.
Blut.wurst [ˈbluːtvurst] *Sf*, **Blutwürste** morcela, chouriço.
BLZ [beː-ɛl-tsɛt] *Abk* **Bankleitzahl.**
b-Moll [beː-mɔl] *Sn* (*o. Pl*) si bemol menor.
Bock [bɔk] *Sm*, **Böcke 1** bode, carneiro, macho. **2** cavalete.
Bo.den [ˈboːdən] *Sm*, **Böden 1** solo, chão, terra. **2** soalho, piso. **3** sótão.
Bo.den.schät.ze [ˈboːdənʃɛtsəy] *S Pl* recursos minerais.
Bo.den.see [ˈboːdənzeː] *Sm* (*o. Pl*) lago de Constança.
Bo.gen [ˈboːgən] *Sm*, -, **Bögen 1** curva. **2** arco. **3** folha de papel.
Boh.le [ˈboːlə] *Sf*, **-n** prancha, tabuão.
Boh.ne [ˈboːnə] *Sf*, **-n 1** feijão. **2** grão de café.
Boh.nen.kaf.fee [ˈboːnənkafeː] *Sm* (*o. Pl*) café puro.
boh.ren [ˈboːrən] *Vtr* **1** furar, perfurar. **2** sondar. **3** investigar.
Boh.rer [ˈboːrər] *Sm*, - broca, pua, verruma.
Bohr.ma.schi.ne [ˈboːrmaʃiːnə] *Sf*, **-n** furadeira.
Boi.ler [ˈbɔilər] *Sm*, - aquecedor de água.
Bo.je [ˈboːjə] *Sf*, **-n** boia, baliza.
bom.bar.die.ren [bɔmbarˈdiːrən] *Vtr* bombardear.
bom.bas.tisch [bɔmˈbastiʃ] *Adj* bombástico, empolado, extravagante, pretensioso.
Bom.be [ˈbɔmbə] *Sf*, **-n** bomba.
Bom.ben.an.schlag [ˈbɔmbənanʃlaːk] *Sm*, **Bombenanschläge** atentado a bomba.
Bon [ˈbɔŋ] *Sm*, **-s 1** vale. **2** tíquete.
Bon.bon [bɔŋˈbɔŋ] *Sn+m*, **-s** doce, bala.
Boot [boːt] *Sn*, **-e** barco, canoa.
Bord [bɔrt] *Sn*, **-e 1** prateleira, estante. *Sm*, **-e 2** bordo. **an Bord** a bordo.
Bor.dell [bɔrˈdɛl] *Sn*, **-e** bordel, prostíbulo.
Bord.stein [bɔrtʃtain] *Sm*, **-e** meio-fio, guia da calçada.
bor.gen [ˈbɔrgən] *Vtr* emprestar.
Bör.se [ˈbørsə] *Sf*, **-n** Bolsa.
bös.ar.tig [ˈbøːsartiç] *Adj* **1** malicioso. **2** maligno.
Bö.schung [ˈbøʃuŋ] *Sf*, **-en** barranco, rampa, talude, ribanceira, escarpa.
bö.se [ˈbøːzə] *Adj* **1** mau, ruim, malvado. **2** zangado, rabugento. **3** malcriado. • *Adv* mal.
Bö.se [ˈbøːzə] *Sn* (*o. Pl*) **1** mal. *Sm*, **-n 2** demônio.
Bos.heit [ˈboːshait] *Sf*, **-en 1** maldade. **2** malícia. **3** malvadez.
Boss [bɔs] *Sm*, **-e** patrão, chefe.
bot [boːt] *Prät* **bieten.**
Bo.ta.nik [boˈtaːnik] *Sf* (*o. Pl*) botânica.
Bo.te [ˈboːtə] *Sm*, **-n 1** mensageiro. **2** office-boy.
Bot.schaft [ˈboːtʃaft] *Sf*, **-en 1** mensagem, notícia, recado. **2** embaixada.
Bot.schaf.ter [ˈboːtʃaftər] *Sm*, - embaixador.
Box [bɔks] *Sf*, **-en 1** boxe. **2** baia.
bo.xen [ˈbɔksən] *Vint* boxear, dar socos.
Bo.xer [ˈbɔksər] *Sm*, - boxeador, pugilista.
Boy.kott [bɔiˈkɔt] *Sm*, **-s** boicote.
boy.kot.tie.ren [bɔikɔˈtiːrən] *Vtr* boicotar.
brach [braːx] *Prät* **brechen.**
brach.te [ˈbraxtə] *Prät* **bringen.**
Bran.che [ˈbraːŋʃə] *Sf*, **-n** ramo de atividade, setor.
Brand [brant] *Sm*, **Brände** incêndio, fogo.
Bran.dung [ˈbranduŋ] *Sf*, **-en** marulho, ressaca, rebentação.
Brand.wun.de [ˈbrandvundə] *Sf*, **-n** queimadura.
Brannt.wein [ˈbrantvain] *Sm*, **-e** aguardente.
Bra.si.li.a.ner [braziliˈaːnər] *Sm*, - brasileiro.

bra.si.li.a.nisch [brazili'a:niʃ] *Adj* brasileiro.
Bra.si.li.en [bra'zi:liən] *Sn* (*o. Art*) Brasil.
bra.ten ['bra:tən] *Vtr* assar, fritar.
Bra.ten ['bra:tən] *Sm*, - assado, carne assada.
Brat.fisch ['bra:tfiʃ] *Sm*, **-e** peixe assado.
Brat.hähn.chen ['bra:thɛnçən] *Sn*, - frango assado ou grelhado.
Brat.kar.tof.feln ['bra:tkartɔfəln] *S Pl* batatas cozidas e fritas em fatias.
Brat.pfan.ne ['bra:tpfanə] *Sf*, **-n** frigideira.
Brat.wurst ['bra:tvurst] *Sf*, **Bratwürste** salsicha fresca de porco (para assar).
Brauch [braux] *Sm*, **Bräuche** costume, uso, praxe.
brauch.bar ['brauxba:r] *Adj* útil, proveitoso.
brau.chen ['brauxən] *Vtr* **1** precisar, necessitar, carecer. **2** utilizar, usar.
Braue ['brauə] *Sf*, **-n** sobrancelha.
brau.en ['brauən] *Vtr* **1** fazer cerveja. **2** *fig* preparar, tramar.
Brau.e.rei [brauə'rai] *Sf*, **-en** cervejaria, fábrica de cerveja.
braun [braun] *Adj* **1** pardo, castanho, marrom. **2** moreno. **3** bronzeado. **braun gebrannt** queimado pelo sol, bronzeado.
bräu.nen ['brɔinən] *Vtr* **1** tostar. **2** bronzear. *Vrefl* **3** bronzear-se.
Brau.se.tab.let.te ['brauzətablɛtə] *Sf*, **-n** comprimido efervescente.
Braut [braut] *Sf*, **Bräute** noiva.
Bräu.ti.gam ['brɔitigam] *Sm*, **-e** noivo.
Braut.kleid ['brautklait] *Sn*, **-er** vestido de noiva.
Braut.leu.te ['brautlɔitə] *S Pl* noivos.
brav [bra:f] *Adj* **1** bom, honesto. **2** bem--comportado.
bre.chen ['brɛçən] *Vtr unreg* **1** quebrar, romper, partir, fraturar. **2** vencer. **3** violar, infringir.
Brei [brai] *Sm*, **-e** mingau, papa.
breit [brait] *Adj* **1** largo. **2** amplo.
Brei.te ['braitə] *Sf*, **-n** **1** largura. **2** latitude. **3** amplitude.
Brem.se ['brɛmzə] *Sf*, **-n** freio, trava.
brem.sen ['brɛmzən] *Vtr+Vint* **1** frear, travar. **2** reduzir, restringir.
Brems.licht ['brɛmsliçt] *Sn*, **-er** luz do freio.
bren.nen ['brɛnən] *Vint unreg* **1** queimar, arder. **2** estar aceso. *Vtr unreg* **3** queimar. **es brennt!** fogo!
Bren.ne.rei [brɛnə'rai] *Sf*, **-en** destilaria.
Brenn.holz ['brɛnhɔlts] *Sn* (*o. Pl*) lenha.
Brenn.stoff ['brɛnʃtɔf] *Sm*, **-e** combustível.
Bre.sche ['brɛʃə] *Sf*, **-n** brecha.
Brett [brɛt] *Sn*, **-er** **1** tábua, prancha. **2** tabuleiro para jogos.
Bre.zel ['bre:tsəl] *Sf*, **-n** rosquinha.
Brief [bri:f] *Sm*, **-e** carta. **eingeschriebener Brief** carta registrada.
Brief.freund ['bri:ffrɔint] *Sm*, **-e** amigo por correspondência.
Brief.kas.ten ['bri:fkastən] *Sm*, **Briefkästen** caixa de correio.
Brief.mar.ke ['bri:fmarkə] *Sf*, **-n** selo.
Brief.pa.pier ['bri:fpapi:r] *Sn* (*o. Pl*) papel de carta.
Brief.ta.sche ['bri:ftaʃə] *Sf*, **-n** carteira.
Brief.trä.ger ['bri:ftrɛ:gər] *Sm*, - carteiro.
Brief.wech.sel ['bri:fvɛksəl] *Sm* (*o. Pl*) correspondência.
bril.lant [bril'jant] *Adj* brilhante.
Bril.lant [bril'jant] *Sm*, **-en** brilhante.
Bril.le ['brilə] *Sf*, **-n** **1** óculos. **2** *Ugs* tampo, assento (de aparelhos sanitários).
brin.gen ['briŋən] *Vtr unreg* **1** trazer. **2** levar, acompanhar. **3** chegar a. **4** conseguir. **5** provocar, causar (risos, desespero). **6** publicar, transmitir (rádio, TV), apresentar.
Bri.se ['bri:zə] *Sf*, **-n** brisa, aragem.
Bri.te ['britə] *Sm*, **-n** inglês, britânico.
bri.tisch ['britiʃ] *Adj* inglês, britânico.
Bro.cken ['brɔkən] *Sm*, - **1** pedaço, naco, bocado. **2** migalha. **3** torrão.

Brom.bee.re [ˈbrɔmbe:rə] *Sf*, **-n** amora.
Bron.chi.tis [brɔnˈçitis] *Sf*, **Bronchitiden** bronquite.
Bron.ze.me.dail.le [ˈbrɔŋsəmedaljə] *Sf*, **-n** medalha de bronze.
Bro.sche [ˈbrɔʃə] *Sf*, **-n** broche.
Bro.schü.re [brɔˈʃy:rə] *Sf*, **-n** **1** brochura, livro de capa mole. **2** folheto.
Brot [bro:t] *Sn*, **-e** **1** pão. **2** *fig* sustento.
Bröt.chen [ˈbrø:tçən] *Sn*, - pãozinho.
Bruch [brux] *Sm*, **Brüche** **1** fratura. **2** rompimento, ruptura. **3** *Mat* fração. **4** *Jur* violação. **5** *Med* hérnia.
bruch.fest [ˈbruxfɛst] *Adj* **1** resistente. **2** inquebrantável.
Bruch.stück [ˈbruxʃtyk] *Sn*, **-e** fragmento.
Bruch.teil [ˈbruxtail] *Sm*, **-e** fração.
Brü.cke [ˈbrykə] *Sf*, **-n** ponte.
Bru.der [ˈbru:dər] *Sm*, **Brüder** irmão, mano.
brü.der.lich [ˈbry:dərliç] *Adj* fraternal.
Brü.der.lich.keit [ˈbry:dərliçkait] *Sf* (*o. Pl*) fraternidade.
Brü.he [ˈbry:ə] *Sf*, **-n** **1** caldo. **2** lavagem.
brül.len [ˈbrylən] *Vint* **1** berrar, urrar, rugir. **2** gritar alto.
brum.men [ˈbrumən] *Vint+Vtr* **1** zunir, zumbir. **2** murmurar. **3** rosnar. **4** resmungar.
brü.nett [bryˈnɛt] *Adj* moreno, de cabelo escuro.
Brun.nen [ˈbrunən] *Sm*, - fonte, poço, manancial.
Brust [brust] *Sf*, **Brüste** **1** peito. **2** seio. **die Brust geben** amamentar.
Brust.krebs [ˈbrustkre:ps] *Sm*, **-e** câncer de mama.
Brüs.tung [ˈbrystuŋ] *Sf*, **-en** parapeito, balaustrada.
Brust.war.ze [ˈbrystvartsə] *Sf*, - mamilo.
bru.tal [bruˈtal] *Adj* bruto, brutal, violento.
brü.ten [ˈbry:tən] *Vint* **1** chocar. **2** ponderar, refletir.
brut.to [ˈbruto:] *Adv* bruto.
Brut.to.ein.kom.men [ˈbruto:ain kɔmən] *Sn*, - renda bruta.
Brut.to.so.zi.al.pro.dukt [ˈbruto:zo tsia:lprodukt] *Sn* (*o. Pl*) produto interno bruto.
Bub [bu:b] *Sm*, **-en** menino, garoto, rapaz, mocinho.
Buch [bu:x] *Sn*, **Bücher** livro.
bu.chen [ˈbu:xən] *Vtr* **1** registrar, escriturar, lançar. **2** reservar ou comprar passagem, hotel etc.
Bü.che.rei [by:çəˈrai] *Sf*, **-en** biblioteca.
Buch.hal.ter [ˈbu:xhaltər] *Sm*, - contador.
Buch.hal.tung [ˈbu:xhaltuŋ] *Sf*, **-en** contabilidade.
Buch.hand.lung [ˈbu:xhandluŋ] *Sf*, **-en** livraria.
Büch.se [ˈbyksə] *Sf*, **-n** **1** caixinha. **2** lata. **3** rifle, espingarda.
Büch.sen.öff.ner [ˈbyksənøfnər] *Sm*, - abridor de lata.
Buch.sta.be [ˈbu:xʃta:bə] *Sm*, **-n** letra.
buch.sta.bie.ren [bu:xʃta:ˈbi:rən] *Vtr* soletrar.
buch.stäb.lich [ˈbu:xʃtɛ:pliç] *Adv* literalmente.
Bucht [buxt] *Sf*, **-en** **1** baía. **2** enseada.
Bu.chung [ˈbu:xuŋ] *Sf*, **-en** *Buchh* lançamento.
bü.cken [ˈbykən] *Vrefl* inclinar-se, curvar-se, baixar-se.
Bu.de [ˈbu:də] *Sf*, **-n** **1** barraca, banca, estande. **2** baiuca, biboca, toca.
Bud.get [byˈdʒe:] *Sn*, **-s** orçamento.
Bü.fett [byˈfe:] *Sn*, **-s**, **-e** **1** bufê, aparador. **2** balcão.
Bug [bu:k] *Sm*, **-e** proa.
Bü.gel [ˈby:gəl] *Sm*, - **1** cabide. **2** arco.
Bü.gel.brett [ˈby:gəlbrɛt] *Sn*, **-er** tábua de passar roupa.
Bü.gel.ei.sen [ˈby:gəlaizən] *Sn*, - ferro de passar roupa.
bü.geln [ˈby:gəln] *Vtr+Vint* passar roupa.

Büh.ne [ˈby:nə] *Sf*, **-n** palco, teatro.
Bul.le [ˈbulə] *Sm*, **-n** **1** touro. **2** *Ugs* policial, tira.
Bum.mel [ˈbuməl] *Sm*, - passeio, voltinha, giro.
bum.meln [ˈbuməln] *Vint* **1** passear, vagar, andar à toa. **2** dar uma volta.
bum.sen [ˈbumzən] *Vint* **1** fazer estrondo. **2** chocar-se, bater. **3** *Vulg* transar, ter relação sexual.
Bund[1] [bunt] *Sm*, **Bünde** **1** associação. **2** aliança. **3** federação. **4** cintura. **5** *Ugs* (*Sg*) forças armadas.
Bund[2] [bunt] *Sn*, **-e** molho, fardo, feixe.
Bün.del [ˈbyndəl] *Sn*, - **1** pacote, trouxa. **2** maço, penca, feixe.
Bun.des.bür.ger [ˈbundəsbyrgər] *Sm*, - cidadão da República Federal da Alemanha.
Bun.des.grenz.schutz [ˈbundəs grɛntsʃuts] *Sm* (*o. Pl*) guarda de fronteira.
Bun.des.kanz.ler [ˈbundəskantslər] *Sm*, - chanceler federal (chefe de governo).
Bun.des.land [ˈbundəslant] *Sn*, **Bundesländer** Estado da federação.
Bun.des.li.ga [ˈbundəsli:ga] *Sf*, **Bundesligen** *Sport* primeira divisão dos campeonatos nacionais.
Bun.des.rat [ˈbundəsra:t] *Sm* (*o. Pl*) senado federal.
Bun.des.tag [ˈbundəsta:k] *Sm* (*o. Pl*) câmara federal.
Bun.des.ver.band [ˈbundəsfɛrbant] *Sm*, **Bundesverbände** confederação, associação nacional, união nacional.
Bun.des.wehr [ˈbundəsve:r] *Sf* (*o. Pl*) forças armadas da República Federal da Alemanha.
Bünd.nis [ˈbyntnis] *Sn*, **-se** aliança, pacto.
bunt [bunt] *Adj* **1** colorido, multicolor. **2** variegado. **3** confuso.
Bunt.stift [buntʃtift] *Sm*, **-e** lápis colorido.
Burg [burk] *Sf*, **-en** fortaleza, castelo.
Bür.ge [ˈbyrgə] *Sm*, **-n** fiador, avalista.
bür.gen [ˈbyrgən] *Vint* responsabilizar-se, afiançar, garantir, abonar.
Bür.ger [ˈbyrgər] *Sm*, - cidadão.
Bür.ger.ini.ti.a.ti.ve [ˈbyrgərini tsiati:və] *Sf*, **-n** grupo de ação cívica, iniciativa popular.
Bür.ger.krieg [ˈbyrgərkri:k] *Sm*, **-e** guerra civil.
bür.ger.lich [ˈbyrgərliç] *Adj* **1** civil. **2** cívico. **3** burguês. **Bürgerliches Gesetzbuch** Código Civil.
Bür.ger.meis.ter [ˈbyrgərmaistər] *Sm*, - prefeito, burgomestre, alcaide.
Bür.ger.steig [ˈbyrgərʃtaik] *Sm*, **-e** calçada, passeio.
Bü.ro [byˈro:] *Sn*, **-s** escritório.
Bü.ro.an.ge.stell.te [byˈro:angəʃtɛltə] *Sm+f*, **-n** funcionário (empregado) de escritório.
Bü.ro.kra.tie [byˈro:kra:ti:] *Sf*, **-n** burocracia.
bü.ro.kra.tisch [byˈro:kra:tiʃ] *Adj* burocrático.
Bur.sche [ˈburʃə] *Sm*, **-n** **1** menino, rapaz, mocinho. **2** ordenança. **3** *Ugs* sujeito, cara.
Bürs.te [ˈbyrstə] *Sf*, **-n** escova.
bürs.ten [ˈbyrstən] *Vtr* escovar.
Bus [bus] *Sm*, **-se** ônibus.
Bus.bahn.hof [ˈbusba:nho:f] *Sm*, **Busbahnhöfe** estação rodoviária.
Bü.schel [ˈbyʃəl] *Sn*, - **1** tufo, touceira. **2** cacho, molho, maço. **3** punhado.
Bu.sen [ˈbu:zən] *Sm*, - **1** seio, peito. **2** colo. **3** *Geogr* baía.
Bus.hal.te.stel.le [ˈbushaltʃtɛlə] *Sf*, **-n** ponto de ônibus.
Bu.ße [ˈbu:sə] *Sf*, **-en** **1** penitência. **2** penalidade, castigo.
bü.ßen [ˈby:sən] *Vtr+Vint* expiar, fazer penitência, pagar.
Buß.geld [ˈbu:sgɛlt] *Sn*, **-er** multa.
Büs.te [ˈbystə] *Sf*, **-n** busto.
Büs.ten.hal.ter [ˈbystənhaltər] *Sm*, - sutiã.

Bus.ver.bin.dung [ˈbusfɛrbindʊŋ] *Sf*, **-en 1** linha de ônibus. **2** conexão.

But.ter [ˈbutər] *Sf* (*o. Pl*) manteiga. **alles in Butter** *Ugs* tudo azul, tudo joia!

bzw. *Abk* **beziehungsweise**.

C

c, C [tse:] *Sn*, - **1** letra c, C. **2** *Mus* dó.
Ca.fé [ka'fe:] *Sn*, **-s** (casa de) café.
Cam.ping.platz ['kampiŋplats] *Sm*, **Campingplätze** *camping*.
CD-Spie.ler [tse:-de:-ʃpi:lər] *Sm*, - toca-discos *laser*.
C-Dur [tse:-du:r] *Sn Mus* dó maior.
Cel.lo ['tʃɛlo] *Sn*, **-s**, **Celli** ['tʃɛli] violoncelo.
Cham.pag.ner [ʃam'panjər] *Sm*, - champanha.
Chan.ce ['ʃansə] *Sf*, **-n** chance, oportunidade.
Cha.os ['ka:os] *Sn* (*o. Pl*) caos.
cha.o.tisch [ka'o:tiʃ] *Adj* caótico.
Cha.rak.ter [ka'raktər] *Sm*, **-e** caráter, personalidade, índole.
cha.rak.te.ris.tisch [karaktə'ristiʃ] *Adj* característico.
Charme ['ʃarm] *Sm* (*o. Pl*) charme, encanto, simpatia.
che.cken ['tʃɛkən] *Vtr* checar, controlar, conferir, marcar.
Chef [ʃɛf] *Sm*, **-s 1** chefe, patrão. **2** líder. **3** superior, diretor.
Che.mie [çe'mi:] *Sf* (*o. Pl*) química.
Che.mi.ker ['çemikər] *Sm*, - químico.
che.misch ['çemiʃ] *Adj* químico.
Chi.na ['çi:na] *Sn* (*o. Art*) China.
Chi.ne.se [çi'ne:zə] *Sm*, **-n** chinês.
chi.ne.sisch [çi'ne:ziʃ] *Adj* chinês.
Chi.rurg [çi'rurk] *Sm*, **-en** cirurgião.
Chi.rur.gie [çirur'gi:] *Sf*, **-n** cirurgia.
Chlor [klo:r] *Sn* (*o. Pl*) cloro.
Cho.les.te.rin [koləste:'rin] *Sn* (*o. Pl*) colesterol.
Chor [ko:r] *Sm*, **Chöre** coro, coral.
Christ [krist] *Sm*, **-en** cristão.
Christ.fest ['kristfɛst] *Sn*, **-e** Natal.
christ.lich ['kristliç] *Adj* cristão.
Christ.stol.len ['kristʃtɔlən] *Sm*, - pão doce de Natal.
Chris.tus ['kristus] *Sm* (*o. Pl*) Cristo.
Chrom [kro:m] *Sn* (*o. Pl*) cromo.
Chro.nik ['kro:nik] *Sf*, **-en** crônica.
chro.nisch ['kro:niʃ] *Adj* crônico.
cir.ca ['tsirka] *Adv* mais ou menos, aproximadamente.
Cli.que ['klikə] *Sf*, **-n** turma, grupinho, gangue, panelinha.
Clown [klaun] *Sm*, **-s** palhaço.
Cock.tail ['kɔktɛil] *Sm*, **-s** coquetel.
Co.gnac ['kɔnjak] *Sm*, **-s** conhaque.
Co.mic.heft ['kɔmikhɛft] *Sn*, **-e** gibi, história em quadrinhos.
Com.pu.ter [kɔm'pju:tər] *Sm*, - computador.
Couch [kautʃ] *Sf*, **-es** sofá.
Cou.sin [ku'zɛn] *Sm*, **-s** primo.
Cou.si.ne [ku'zi:nə] *Sf*, **-n** prima.
Creme [kre:m] *Sf*, **-s 1** creme. **2** *fig* elite.

d

d, D [de:] *Sn*, - **1** letra d, D. **2** *Mus* ré.
da [da:] *Adv* aí, lá, ali. • *Konj* como, já que, porque.
da.bei [da:ˈbai] *Adv* junto, perto, anexo. **dabei sein** estar presente, tomar parte, assistir.
Dach [dax] *Sn*, **Dächer** teto, telhado.
dach.te [ˈdaxtə] *Prät* **denken.**
da.durch [ˈda:ˈdurç] *Adv* **1** por isso, assim, desta maneira, daí. **2** por.
da.für [ˈda:ˈfy:r] *Adv* **1** por isso. **2** em troca. **3** pelo fato. **dafür sein** ser a favor.
da.ge.gen [ˈda:ˈge:gən] *Adv* **1** contra (isso). **2** por outro lado, em troca. **3** pelo contrário. **4** em comparação.
da.heim [da:ˈhaim] *Adv* em casa.
da.her [ˈda:ˈhe:r] *Adv* **1** de lá, daí. **2** por isso.
da.hin.ter [da:ˈhintər] *Adv* atrás disso (dele ou dela).
da.mals [ˈda:mals] *Adv* naquele tempo, então.
Da.me [ˈda:mə] *Sf*, **-n 1** senhora, dama, dona, mulher. **2** damas (jogo).
da.mit [ˈda:ˈmit] *Adv* com isso. **wie wäre es damit?** o que acha disso? • *Konj* a fim de, para que.
Däm.me.rung [ˈdɛmәruŋ] *Sf*, **-en 1** meia-luz. **2** amanhecer, alvorada. **3** entardecer, crepúsculo, anoitecer.
Dampf [dampf] *Sm*, **Dämpfe** vapor.
dämp.fen [ˈdɛmpfən] *Vtr* **1** abafar. **2** abaixar, reduzir. **3** amortecer, absorver. **4** acalmar, arrefecer.
da.nach [ˈda:ˈna:x] *Adv* **1** depois (disso), em seguida. **2** atrás. **3** conforme, de acordo com o que foi dito (escrito). **4** em direção a.
da.ne.ben [da:ˈne:bən] *Adv* **1** ao lado, perto, junto. **2** em comparação. **3** além disso.
dank [daŋk] *Präp* graças a.
Dank [daŋk] *Sm* (*o. Pl*) gratidão, agradecimento. **Gott sei Dank**! graças a Deus! **vielen (besten, herzlichen) Dank!** muito obrigado!
dank.bar [ˈdaŋkba:r] *Adj* agradecido, grato, reconhecido.
Dank.bar.keit [ˈdaŋkba:rkait] *Sf* (*o. Pl*) gratidão, agradecimento, reconhecimento.
dan.ke! [ˈdaŋkə] *Interj* obrigado! **danke schön (sehr, vielmals)!** muito obrigado!
dan.ken [ˈdaŋkən] *Vint* agradecer.
dann [dan] *Adv* **1** então, neste caso. **2** depois, em seguida.
da.rauf [ˈdaˈrauf] *Adv* **1** depois, a seguir, seguinte. **2** sobre isso, em cima disso. **3** a isso, para isso.
da.rauf.hin [ˈdaˈraufˈhin] *Adv* em consequência disso.
da.raus [ˈda:ˈraus] *Adv* **1** de dentro. **2** disso, daí, a partir disso.
darf [darf**]** = *dürfen.*
da.rin [ˈda:ˈrin] *Adv* **1** nisso, dentro disso. **2** neste particular.
Darm [darm] *Sm*, **Därme 1** intestino. **2** tripa.

dar.stel.len [ˈda:rʃtɛlən] *Vtr* **1** representar, retratar, descrever, reproduzir. **2** apresentar.

Dar.stel.ler [ˈda:rʃtɛlər] *Sm*, - ator.

da.rü.ber [ˈda:ˈry:bər] *Adv* **1** acima (disso). **2** sobre isso. **3** a mais, além. **darüber hinaus** além disso.

da.rum [ˈda:ˈrum] *Adv* **1** em torno, ao redor (disso). **2** por isso.

da.run.ter [ˈda:ˈuntər] *Adv* **1** debaixo, abaixo, embaixo (disso). **2** sob. **darunter verstehen** entender por.

das [da:s] *Art* o, a. • *Relativpron* o qual, a qual, que. • *Demonstrativpron* este, esta, isto, aquilo. **das heißt** isto é.

Da.sein [ˈda:zain] *Sn* (*o. Pl*) **1** existência. **2** presença.

dass [das] *Konj* que. **ich weiß, dass** eu sei que. **dadurch, dass** pelo fato de. **so, dass** de modo que, de tal maneira que.

Da.ten [ˈda:tən] *S Pl* **1** dados. **2** fatos. **3** datas.

Da.ten.bank [ˈda:tənbaŋk] *Sf*, **-en** banco de dados.

Da.ten.ver.ar.bei.tung [ˈda:tənfɛrarbaituŋ] *Sf* (*o. Pl*) processamento de dados.

Da.tiv [ˈda:ti:f] *Sm*, **-e** dativo, caso indireto.

Da.tum [ˈda:tum] *Sn*, - **Daten** data.

Dau.er [ˈdauər] *Sf* (*o. Pl*) **1** duração. **2** prazo, vigência. **auf die Dauer** a longo prazo.

dau.er.haft [ˈdauərhaft] *Adj* durável, duradouro, resistente.

dau.ern [ˈdauərn] *Vint* durar, levar tempo, demorar.

dau.ernd [ˈdauərnt] *Adj* constante, permanente, contínuo, seguido.

Dau.men [ˈdaumən] *Sm*, - polegar. **den Daumen halten** torcer por.

da.von [ˈda:ˈfɔn] *Adv* **1** disso. **2** daí, dali, de lá. **3** à base disso, por causa disso.

da.von.fah.ren [da:ˈfɔnfa:rən] *Vint unreg* **(sein)** partir, sair (de carro, de moto, de bicicleta), afastar-se.

da.von.kom.men [da:ˈfɔnkɔmən] *Vint unreg* **(sein)** escapar.

da.vor [ˈda:ˈfo:r] *Adv* **1** em frente, diante (disso). **2** antes (disso).

da.zu [ˈda:ˈtsu:] *Adj* **1** junto, com isso. **2** para acompanhar (comida, bebida). **3** quanto a isso, a respeito disso, sobre isso. **4** para isso. **dazu habe ich keine Zeit** não posso perder meu tempo com isso.

da.zu.ge.hö.ren [ˈda:ˈtsu:gəhø:rən] *Vtr* **1** fazer parte. **2** ser necessário, exigir-se.

da.zwi.schen [daˈtsviʃən] *Adv* entre (eles, elas), no meio.

D-Dur [de:du:r] *Sn* (*o. Pl*) *Mus* ré maior.

De.bat.te [deˈbatə] *Sf*, **-n** debate, discussão.

de.bat.tie.ren [debaˈti:rən] *Vtr* debater, discutir.

Deck [dɛk] *Sn*, **-s 1** convés. **2** andar.

De.cke [ˈdɛkə] *Sf*, **-n 1** toalha de mesa. **2** cobertor, manta, colcha. **3** teto, forro.

De.ckel [ˈdɛkəl] *Sm*, - tampa.

de.fekt [deˈfɛkt] *Adj* defeituoso.

De.fekt [deˈfɛkt] *Sm*, **-e** defeito, falha, avaria.

de.fi.nie.ren [defiˈni:rən] *Vtr* definir.

De.fi.ni.ti.on [definitiˈo:n] *Sf*, **-en** definição.

de.fi.ni.tiv [definiˈti:f] *Adj* definitivo, final.

De.fi.zit [ˈde:fitsit] *Sn*, **-e** déficit.

deh.nen [ˈde:nən] *Vtr* esticar, estirar, encompridar, estender, dilatar.

dein [dain] *Possessivpron* teu, tua.

de.kla.rie.ren [deklaˈri:rən] *Vtr* declarar.

De.kli.na.ti.on [deklinatsiˈo:n] *Sf*, **-en** declinação, flexão.

de.kli.nie.ren [dekliˈni:rən] *Vtr* declinar.

De.ko.ra.teur [dekoraˈtø:r] *Sm*, **-e** decorador.

De.ko.ra.ti.on [dekoratiˈo:n] *Sf*, **-en 1** decoração. **2** enfeite. **3** cenário.

De.kret [deˈkrɛt] *Sn*, **-e** decreto.

de.le.gie.ren [dele'gi:rən] *Vtr* delegar.
De.le.gier.te [dele'gi:rtə] *Sm+f*, **-en** delegado, representante, enviado.
de.li.kat [deli'ka:t] *Adj* **1** delicado. **2** delicioso, saboroso. **3** sutil, fino. **4** melindroso, complicado.
De.li.ka.tes.se [delika:'tɛsə] *Sf*, **-n 1** delícia, deleite, prazer. **2** iguaria, petisco.
dem [de:m] *Art* (*Dat von Sg* **der** ou **das**) ao, à. • *Demonstrativpron* **1** a este, a esta. *Relativpron* **2** ao qual, à qual, a quem.
dem.nach ['de:mna:x] *Adv* portanto, assim, por conseguinte.
dem.nächst ['de:mnɛ:çst] *Adv* em breve, logo, proximamente.
De.mo [demo] *Sf*, **-s** *Ugs* manifestação, passeata.
De.mo.krat [demo'kra:t] *Sm*, **-en** democrata.
De.mo.kra.tie [demokra'ti:] *Sf*, **-n** democracia.
de.mo.kra.tisch [demo'kra:tiʃ] *Adj* democrático.
de.mo.lie.ren [demo'li:rən] *Vtr* demolir, destruir, quebrar.
De.mon.strant [demon'strant] *Sm*, **-en** manifestante.
De.mon.stra.ti.on [demonstratsi'o:n] *Sf*, **-en** manifestação, passeata.
de.mon.strie.ren [demon'stri:rən] *Vint* **1** manifestar-se, protestar. *Vtr* **2** demonstrar, provar.
de.mü.tig ['de:my:tiç] *Adj* humilde.
de.mü.ti.gen ['de:my:tigən] *Vtr* humilhar.
den [de:n] *Art* (*Akk von* **der**) o, a. • *Demonstrativpron* **1** este, esta. **2** *Dat von Pl* **der, die, das** aos, às. **3** a estes, a estas. *Relativpron* **4** o qual, a qual, que.
de.nen [de:nən] *Demonstrativpron* (*Dat Pl*) **1** a estes, a estas. *Relativpron* **2** aos quais, às quais, a quem.
den.ken ['dɛŋkən] *Vint unreg* **1** pensar. *Vrefl unreg* **2** imaginar. **3** supor.
Den.ken ['dɛŋkən] *Sn* (*o. Pl*) **1** pensamento, raciocínio. **2** opinião.
Den.ker ['dɛŋkər] *Sm*, - pensador.
Denk.mal ['dɛŋkmal] *Sn*, **-e, Denkmäler** monumento, memorial.
Denk.zet.tel ['dɛŋktsɛtəl] *Sm*, - lição, advertência.
denn [dɛn] *Konj* pois, porque. • *Adv* **es sei denn 1** a não ser. **2** afinal, hem (partícula de ênfase). **warum denn nicht?** mas por que não? **was ist denn los?** o que é que está havendo?
den.noch ['dɛnɔx] *Adv* mesmo assim, não obstante, contudo.
de.nun.zie.ren [denun'tsi:rən] *Vtr* denunciar, delatar.
Deo [de:o] = **Deodorant.**
De.o.do.rant [deodo'rant] *Sn*, **-s** desodorante.
De.po.nie [depo'ni:] *Sf*, **-n** aterro sanitário, depósito de lixo, lixão.
der [dɛ:r] *Art* **1** o, a. **2** *Genit von Sg* **die** do, da. **3** *Dat von Sg* **die** ao, à. **4** *Genit von Pl* **der, die, das** dos, das. • *Demonstrativpron* **1** este, esta. **2** *Genit von Sg* **die** deste, desta. **3** *Genit von Pl* **die** destes, destas. **4** *Dat von Sg* **die** a este, a esta. *Relativpron* **5** o qual, a qual, que. **6** *Dat von Sg* **die** ao qual, à qual, a quem, a que.
der.ar.tig ['dɛ:ra:rtiç] *Adj* tal, semelhante, parecido, desse tipo. • *Adv* tão, de tal maneira.
derb [dɛrp] *Adj* **1** forte, robusto, resistente. **2** rude, grosseiro. **3** chulo.
de.ren ['de:rən] *Relativpron* **1** *Genit von Sg* **die** cujo, cuja, de quem, de que. **2** *Genit von Pl* **die** cujos, cujas, dos quais, das quais. *Demonstrativpron* **3** *Genit von Sg* **die** deste, desta. **4** *Genit von Pl* **die** destes, destas.
de.rer ['dɛ:rər] *Demonstrativpron* (*Genit von Pl* **der, die, das**) daqueles, daquelas.
der.je.ni.ge [dɛ:r'jenigə] *Demonstrativpron* aquele (aquela) que. **derjenige, welcher** aquele que.
der.sel.be [dɛr'zɛlbə] *Demonstrativpron* o mesmo.

der.zeit [ˈdɛ:rtsait] *Adv* atualmente, neste momento.
des [dɛs] *Art* (*Genit von Sg* **der** ou **das**) do, da. • *Demonstrativpron* (*Genit Sg*) deste, desta.
des, Des [dɛs] *Sn*, - *Mus* ré bemol.
de.ser.tie.ren [dezerˈti:rən] *Vint* desertar.
des.halb [ˈdɛshalp] *Adv* por isso.
Des.in.fek.ti.ons.mit.tel [dɛsinfektsiˈo:nsmitəl] *Sn*, - desinfetante.
des.in.fi.zie.ren [dɛsinfiˈtsi:rən] *Vtr* desinfetar.
des.sen [ˈdɛsən] *Relativpron* **1** *Genit von Sg* **der, das** cujo, cuja, de quem, do qual, da qual. *Demonstrativpron* **2** *Genit von Sg* **der**, **das** deste, desta.
des.to [ˈdɛsto] *Konj* tanto. **desto besser** tanto melhor.
des.we.gen [dɛsˈve:gən] *Adv* por isso.
De.tail [deˈtai] *Sn*, -**s** detalhe, pormenor.
De.tek.tiv [detɛkˈti:f] *Sm*, -**e** detetive.
deu.ten [ˈdɔitən] *Vint* **1** indicar, mostrar, deixar prever. *Vtr* **2** interpretar, explicar.
deut.lich [ˈdɔitliç] *Adj* **1** nítido, claro, distinto. **2** significativo.
deutsch [ˈdɔitʃ] *Adj* alemão.
Deutsch [ˈdɔitʃ] *Sn* (*o. Pl*) alemão (a língua alemã).
Deut.sche [ˈdɔitʃə] *S m+f*, -**n** **1** alemão, alemã. *Sn* (*o. Pl*) **2** alemão (a língua alemã).
Deutsch.bra.si.li.a.ner [ˈdɔitʃbraziliˈa:nər] *Sm*, - teuto-brasileiro.
Deutsch.land [ˈdɔitʃlant] *Sn* (*o. Art*) Alemanha.
Deutsch.land.lied [ˈdɔitʃlantli:t] *Sn* (*o. Pl*) hino alemão.
Deutsch.leh.rer [ˈdɔitʃle:rər] *Sm*, - professor de alemão.
deutsch.spra.chig [ˈdɔitʃʃpra:xiç] *Adj* em alemão, que fala alemão.
deutsch.stäm.mig [ˈdɔitʃʃtɛmiç] *Adj* de origem alemã.
Deutsch.stun.de [ˈdɔitʃʃtundə] *Sm*, -**n** aula de alemão.
Deutsch.un.ter.richt [ˈdɔitʃuntəriçt] *Sm* (*o. Pl*) ensino de língua e literatura alemãs, aula de alemão.
De.vi.se [deˈvi:zə] *Sf*, -**n** **1** lema, senha. *Pl* **2** divisas. **3** moeda estrangeira. **4** câmbio.
De.zem.ber [deˈtsɛmbər] *Sm*, - dezembro.
de.zent [deˈtsɛnt] *Adj* **1** discreto. **2** honesto.
De.zi.mal.zahl [detsiˈmaltsa:l] *Sf*, -**en** número decimal.
DFB *Abk* **Deutscher Fußball-Bund** Confederação Alemã de Futebol.
DGB *Abk* **Deutscher Gewerkschaftsbund** Confederação dos Sindicatos Alemães.
d.h. *Abk* **das heißt** isto é, a saber.
Dia [ˈdia] *Sn*, -**s** slide.
Di.a.be.ti.ker [diaˈbɛtikər] *Sm*, - diabético.
Di.a.gno.se [diaˈgno:zə] *Sf*, -**n** diagnóstico.
Di.a.lekt [diaˈlɛkt] *Sm*, -**e** **1** dialeto. **2** linguajar.
Di.a.log [diaˈlo:k] *Sm*, -**e** diálogo.
Di.a.mant [diaˈmant] *Sm*, -**en** diamante.
Di.a.pro.jek.tor [ˈdiaprojɛkto:r] *Sm*, -**en** projetor de slides.
Di.ät [diˈɛ:t] *Sf*, -**en** **1** dieta, regime. **2** *Pl* diária, subsídio, jetom.
Di.ät.kost [diˈɛ:tkɔst] *Sf* (*o. Pl*) alimentação dietética, produtos dietéticos.
dich [diç] *Pron* (acusativo de **du**) te, se.
dicht [diçt] *Adj* **1** denso, espesso, cerrado, compacto, grosso. **2** rente, adjacente. **3** à prova de (água, ar), impermeável.
dich.ten [ˈdiçtən] *Vint* **1** impermeabilizar, vedar, calafetar, tapar. **2** escrever, criar obra literária ou poesia, poetar.
Dich.ter [ˈdiçtər] *Sm*, - escritor, autor, poeta.
Dich.tung [ˈdiçtuŋ] *Sf*, -**en** **1** vedação. **2** junta, empanque, gaxeta. **3** obra literária, literatura. **4** poesia, poema. **5** ficção.

D

dick [dik] *Adj* **1** gordo, corpulento, obeso, forte, grosso, volumoso. **2** espesso, denso, compacto. **3** *Ugs* grande. **4** inchado.

Dick.kopf [ˈdikkɔpf] *Sm*, **Dickköpfe** cabeça-dura, cabeçudo, teimoso.

Di.dak.tik [diˈdaktik] *Sf*, **-en** didática.

die [di:] *Art Nom* und *Akk Sg+Pl* o, a, os, as. • *Demonstrativpron* **1** *Nom* und *Akk Sg +Pl* este, esta, estes, estas. *Relativpron* **2** *Nom* und *Akk Sg+Pl* o qual, a qual, quem, que, os quais, as quais, que.

Dieb [di:p] *Sm*, **-e** ladrão.

Dieb.stahl [ˈdi:pʃta:l] *Sm*, **Diebstähle** **1** furto, roubo, latrocínio. **2** plágio.

Die.le [ˈdi:lə] *Sf*, **-n** **1** hall, vestíbulo, entrada. **2** tábua. **3** assoalho.

die.nen [ˈdi:nən] *Vint* servir, ajudar. **womit kann ich dienen?** em que posso ser útil?

Die.ner [ˈdi:nər] *Sm*, **-** empregado, criado.

Dienst [di:nst] *Sm*, **-e** **1** serviço. **2** emprego, função.

Diens.tag [ˈdi:nsta:k] *Sm*, **-e** terça-feira.

diens.tags [ˈdi:nsta:ks] *Adv* às terças-feiras.

Dienst.leis.tung [ˈdi:nstlaistuŋ] *Sf*, **-en** prestação de serviços, serviço.

Dienst.mäd.chen [ˈdi:nstmɛ:tçən] *Sn*, **-** empregada doméstica.

Dienst.wa.gen [ˈdi:nstva:gən] *Sm*, **-** **1** carro oficial. **2** carro da empresa.

Dienst.zeit [ˈdi:nsttsait] *Sf*, **-en** **1** tempo de serviço. **2** horário de serviço, expediente.

dies [di:s] *Demonstrativpron* (*Neut Nomin+Akk Sg*) isto, este, esta.

die.se [ˈdi:zə] *Demonstrativpron* (*Fem Nomin Sg+Akk Sg* und *Nomin+Akk Pl*) este, esta; estes, estas.

die.ser [ˈdi:zər] *Demonstrativpron* (*Mask Nomin Sg* und *Fem Dat Sg* und *Genit Pl*) este, esta.

die.ses [ˈdi:zəs] *Demonstrativpron* (*Neut Nomin+Akk Sg* und *Mask +Neut Gen Sg*) este, esta.

dies.mal [ˈdi:smal] *Adv* desta vez.

dif.fa.mie.ren [difaˈmi:rən] *Vtr* difamar.

Dif.fe.renz [difəˈrɛnts] *Sf*, **-en** **1** diferença. **2** desacordo, divergência, desavença.

Dik.tat [dikˈta:t] *Sn*, **-e** ditado.

Dik.ta.tor [dikˈta:tor] *Sm*, **-en** ditador.

Dik.ta.tur [dikta:ˈtu:r] *Sf*, **-en** ditadura.

dik.tie.ren [dikˈti:rən] *Vtr* ditar.

DIN *Abk* **Deutsche Industrie-Norm** sistema alemão de normatização e padronização.

Ding [diŋ] *Sn*, **-e** **1** coisa, objeto. **2** *Ugs* assunto, negócio. **3** moça, criatura.

Dipl.Ing. *Abk* **Diplomingenieur**.

Di.plom [diˈplo:m] *Sn*, **-e** diploma.

Di.plo.mat [diplo:ˈma:t] *Sm*, **-en** diplomata.

di.plo.ma.tisch [diplo:ˈma:tiʃ] *Adj* diplomático.

Di.plom.in.ge.ni.eur [diˈplo:min ʒeniˈø:r] *Sm*, **-e** engenheiro diplomado em nível universitário.

dir [di:r] *Pron* (*Dativ von* **du**) te, de ti, a ti.

di.rekt [diˈrɛkt] *Adj* direto. • *Adv* **1** ao vivo. **2** verdadeiramente, realmente.

Di.rek.tor [diˈrɛkto:r] *Sm*, **-en** diretor.

Di.rekt.ver.bin.dung [diˈrɛktfɛrbinduŋ] *Sf*, **-en** **1** ligação direta. **2** voo direto, viagem direta, sem escalas.

Di.rekt.wahl [diˈrɛktva:l] *Sf*, **-en** **1** eleição direta. **2** discagem direta.

Di.ri.gent [diriˈgɛnt] *Sm*, **-en** maestro, regente.

di.ri.gie.ren [diriˈgi:rən] *Vtr* reger, dirigir.

Dis.co [ˈdisko] *Sf*, **-s** discoteca.

Dis.ket.te [disˈkɛtə] *Sf*, **-en** disquete.

Dis.ko.thek [diskoˈtɛk] *Sf*, **-en** discoteca.

dis.kret [disˈkrɛt] *Adj* discreto, confidencial, com tato.

Dis.kus.si.on [diskusi'o:n] *Sf*, **-en** discussão.
dis.ku.tie.ren [disku'ti:rən] *Vtr+Vint* discutir.
Dis.ser.ta.ti.on [disɛrtatsi'o:n] *Sf*, **-en** tese de doutoramento.
Dis.tanz [dis'tants] *Sf*, **-en** distância.
Dis.zi.plin [distsi'pli:n] *Sf*, **-en** **1** disciplina. **2** ramo. **3** *Sport* modalidade.
di.vi.die.ren [divi'di:rən] *Vtr* dividir.
Di.vi.si.on [divisi'o:n] *Sf*, **-en** divisão.
d.J. *Abk* **dieses Jahres** do ano em curso.
doch [dɔx] *Konj* mas, porém. • *Adv* **1** no entanto. **2** sim, certamente. **Du kannst mir doch nicht helfen** Você não pode me ajudar mesmo. **kommst du nicht? – doch**! Você não vem? – Claro que sim! **nun komm doch**! por que você não vem?
Dok.tor ['dɔktɔr] *Sm*, **-en** doutor, médico. **den Doktor machen** doutorar-se.
Dok.tor.ar.beit ['dɔktɔrarbait] *Sf*, **-en** tese de doutoramento.
Do.ku.ment [doku'mɛnt] *Sn*, **-e** **1** documento. **2** *Pl* documentação.
do.ku.men.tie.ren [dokumɛn'ti:rən] *Vtr* documentar, provar.
Dol.lar ['dɔlar] *Sm*, **-s** dólar.
Dol.lar.kurs ['dɔlarkurs] *Sm*, **-e** cotação do dólar.
dol.met.schen ['dɔlmɛtʃən] *Vint* servir de intérprete, traduzir.
Dol.met.scher [dɔlmɛtʃər] *Sm*, **-** intérprete.
Dom [do:m] *Sm*, **-e** catedral, sé.
Do.nau ['do:nau] *Sf* (*o. Pl*) Danúbio.
Don.ner ['dɔnər] *Sm*, **-** **1** trovão. **2** estrondo.
don.nern ['dɔnərn] *Vint* **1** trovejar, atroar. **2** rugir, bradar, reboar.
Don.ners.tag ['dɔnərsta:k] *Sm*, **-e** quinta-feira.
doof [do:f] *Adj Ugs* bobo, imbecil, idiota.
do.pen ['doupən] *Vtr* dopar.
Do.ping.kon.trol.le ['doupiŋkɔntrɔlə] *Sf*, **-n** exame antidoping.
Dop.pel.bett ['dɔpəlbɛt] *Sn*, **-en** cama de casal.
Dop.pel.punkt ['dɔpəlpuŋkt] *Sm*, **-e** dois pontos.
dop.pelt ['dɔpəlt] *Adj* **1** duplo, dual, redobrado. **2** repetido. **3** duas vezes.
Dop.pel.zim.mer ['dɔpəltsimər] *Sn*, **-** quarto com duas camas.
Dorf [dɔrf] *Sn*, **Dörfer** vila, aldeia, povoado.
Dorn [dɔrn] *Sm*, **-en** espinho.
dort [dɔrt] *Adv* lá, ali, aí. **dorther** *Adv* de lá, dali. **dorthin** *Adv* para lá.
Do.se ['do:zə] *Sf*, **-n** **1** lata. **2** caixinha.
Do.sen.bier ['do:zənbi:r] *Sn*, **-e** cerveja em lata.
Do.sen.milch ['do:zənmilç] *Sf* (*o. Pl*) leite em conserva, leite evaporado.
Do.sen.öff.ner ['do:zənøfnər] *Sm*, **-** abridor de latas.
Do.sis ['do:zis] *Sf*, **Dosen** dose.
dpa *Abk* **Deutsche Presse-Agentur** Agência Alemã de Notícias.
Dr. *Abk* **Doktor** doutor.
Draht [dra:t] *Sm*, **Drähte** **1** arame. **2** fio elétrico. **3** linha telefônica.
draht.los ['dra:tlo:s] *Adj* sem fio.
dra.ma.tisch [dra'ma:tiʃ] *Adj* dramático.
dran [dran] *Adv* **dran lassen** *Ugs* deixar onde está. **gut (schlecht) dran sein** estar numa boa (na pior). **du bist dran** chegou a sua vez.
drän.geln ['drɛŋəln] *Vtr+Vint* **1** empurrar, acotovelar. **2** apressar, urgir.
drän.gen ['drɛŋən] *Vint* **1** empurrar, forçar, urgir, insistir. *Vtr* **2** apressar. *Vrefl* **3** acotovelar-se, avançar empurrando, insinuar-se.
dran.kom.men ['drankɔmən] *Vint unreg* **(sein)** **1** ser o próximo (a entrar, a jogar). **2** ser chamado.
dras.tisch ['drastiʃ] *Adj* **1** drástico, enérgico. **2** explícito.
drau.ßen ['drausən] *Adv* (lá) fora, longe.
Dreck [drɛk] *Sm* (*o. Pl*) **1** sujeira, porcaria, imundície, lixo. **2** lama.

D

dre.ckig ['drɛkiç] *Adj* sujo, imundo, nojento. **es geht ihm dreckig** ele está na pior.
Dreh.buch ['dre:bu:x] *Sn*, **Drehbücher** roteiro, *script*.
dre.hen ['dre:ən] *Vtr* **1** girar, virar; filmar, rodar; enrolar. *Vint* **2** virar, mudar, dar voltas. *Vrefl* **3** girar; virar-se.
Dreh.stuhl ['dre:ʃtu:l] *Sm*, **Drehstühle** cadeira giratória.
Dre.hung ['dre:uŋ] *Sf*, **-en** rotação, volta, revolução, giro.
Dreh.zahl ['dre:tsa:l] *Sf*, **-en** número de rotações.
drei [drai] *Zahlw* três. **drei viertel** três quartos.
Drei.eck ['draiɛk] *Sn*, **-e** **1** triângulo. **2** *Sport* ângulo da meta (gol).
drei.e.ckig ['draiɛkiç] *Adj* triangular.
drei.hun.dert ['draihundərt] *Zahlw* trezentos.
drei.jäh.rig ['draijɛ:riç] *Adj* de três anos.
drei.spra.chig ['draiʃpra:xiç] *Adj* trilíngue.
drei.ßig ['draisiç] *Zahlw* trinta.
dreist [draist] *Adj* atrevido, insolente, descarado, impertinente, audacioso, ousado.
drei.tau.send ['draitausənt] *Zahlw* três mil.
drei.zehn ['draitse:n] *Zahlw* treze.
dres.sie.ren [drɛ'si:rən] *Vtr* adestrar.
drin.gend ['driŋənt] *Adj* **1** urgente. **2** forte (suspeita).
dring.lich ['driŋliç] *Adj* **1** urgente. **2** insistente.
drin.nen ['drinən] *Adv* dentro.
drit.te ['dritə] *Zahlw* terceiro.
Drit.tel ['dritəl] *Sn*, - terça parte, terço.
dro.ben ['dro:bən] *Adv* (lá) em cima.
Dro.ge ['dro:gə] *Sf*, **-n** droga.
dro.gen.ab.hän.gig ['dro:gənaphɛŋiç] *Adj* viciado em drogas, toxicômano.
Dro.ge.rie [dro:gə'ri:] *Sf*, **-n** drogaria.
dro.hen ['dro:ən] *Vint* **1** ameaçar. **2** estar iminente.
Dro.hung ['dro:uŋ] *Sf*, **-en** ameaça.
drol.lig ['drɔliç] *Adj* **1** engraçado, divertido, cômico. **2** bonitinho.
drü.ben ['dry:bən] *Adv* do outro lado, além.
Druck [druk] *Sm*, **Drücke** **1** pressão, compressão. **2** opressão. *Sm*, **-e** impressão, estampa.
Druck.blei.stift ['drukblaiʃtift] *Sm*, **-e** lapiseira.
Druck.buch.sta.be ['drukbu:xʃta:bə] *Sm*, **-n** letra de imprensa.
dru.cken ['drukən] *Vtr* imprimir.
drü.cken ['drykən] *Vtr* **1** pressionar, apertar, espremer, comprimir. *Vint* **2** apertar, fazer pressão, forçar para baixo. *Vrefl* **3** esquivar-se, safar-se.
Dru.cke.rei [drukə'rai] *Sf*, **-en** tipografia, gráfica.
Druck.knopf ['druk(k)nɔpf] *Sm*, **-knöpfe** botão (colchete) de pressão.
Druck.sa.che ['drukzaxə] *Sf*, **-n** impresso.
Druck.schrift ['drukʃrift] *Sf*, **-en** **1** letra de forma. **2** tipo. **3** folheto, panfleto.
Dschun.gel ['dʒuŋəl] *Sm*, - selva, mata.
du [du:] *Pron* tu. **das Du anbieten** sugerir a outra pessoa que ambos passem a tratar-se familiarmente por **du**.
Du.ell [du'ɛl] *Sn*, **-e** duelo.
Du.ett [du'ɛt] *Sn*, **-e** duo, dueto.
Duft [duft] *Sm*, **Düfte** perfume, aroma, fragrância, cheiro.
duf.ten ['duftən] *Vint* cheirar bem, recender, exalar aroma.
dul.den ['duldən] *Vtr* **1** tolerar, permitir. **2** sofrer, suportar, aguentar.
dumm [dum] *Adj* **1** estúpido, bronco, tolo, bobo, pateta. **2** desagradável, chato, importuno.
Dumm.heit ['dumhait] *Sf*, **-en** bobeira, tolice, estupidez.
Dumm.kopf ['dumkɔpf] *Sm*, **Dummköpfe** bobo, tolo, idiota.
Dü.ne ['dy:nə] *Sf*, **-n** duna.
dün.gen ['dyŋən] *Vtr* adubar, fertilizar.
dun.kel ['duŋkəl] *Adj* **1** escuro, som-

brio. **2** negro, preto. **3** obscuro, misterioso, enigmático, confuso, nebuloso, vago. **4** baixo, grave (voz).

Dun.kel.heit ['duŋkəlhait] *Sf*, **-en** escuridão, trevas.

dünn [dyn] *Adj* **1** fino, delgado, esbelto, magro. **2** aguado, ralo, rarefeito, tênue, escasso; delicado, fraco (voz).

Dunst [dunst] *Sm*, **Dünste 1** névoa, neblina. **2** fumaça, vapor. **3** exalação, cheiro.

duns.tig ['dunstiç] *Adj* nublado, enevoado, úmido, fumacento.

Duo [du:o] *Sn*, **-s** duo, dueto.

Dur [du:r] *Sn* (*o. Pl*) *Mus* (tom) maior.

durch [durç] *Präp* através, por. • *Adv* durante. **durch und durch** total, completamente, a fundo. **geteilt durch** dividido por.

durch.aus ['durçaus] *Adv* perfeitamente, completamente, absolutamente, totalmente.

durch.blät.tern ['durçblɛtərn] *Vtr* folhear.

Durch.ein.an.der [durçain'andər] *Sn* (*o. Pl*) confusão, desordem, bagunça, caos, desordem.

durch.fah.ren ['durç'fa:rən] *Vint unreg* **(sein) 1** passar sem parar (em veículo), viajar direto. *Vtr unreg* **2** passar por, percorrer.

Durch.fahrt ['durçfa:rt] *Sf*, **-en** passagem (lugar por onde se passa).

Durch.fall ['durçfal] *Sm*, **Durchfälle 1** diarreia. **2** fracasso, malogro, reprovação.

durch.fal.len ['durçfalən] *Vint unreg* **(sein) 1** cair por entre. **2** *Ugs* não passar, ser reprovado. **3** fracassar, perder.

durch.füh.ren ['durçfy:rən] *Vtr* **1** executar, realizar, implementar. *Vint* **2** passar por (baixo de).

durch.ge.hen ['durçge:ən] *Vint unreg* **(sein) 1** atravessar, passar por, ir em frente, passar direto. **2** ser aceito, aprovado, tolerado. **3** fugir, desembestar, sair correndo, disparar. **4** fugir do controle.

durch.ge.hend ['durçge:ənt] *Adj* **1** contínuo. **2** direto (trem). **3** recorrente.

durch.hal.ten ['durçhaltən] *Vint unreg* aguentar firme, resistir, perseverar.

durch.kom.men ['durçkɔmən] *Vint unreg* **(sein) 1** conseguir passar, ser aprovado. **2** conseguir telefonar. **3** passar por. **4** aparecer. **5** sobreviver.

durch.las.sen ['durçlasən] *Vtr unreg* deixar passar.

durch.le.sen ['durçle:zən] *Vtr unreg* ler do começo ao fim, dar uma lida.

durch.ma.chen ['durçmaxən] *Vtr* **1** sofrer, passar por, experimentar. *Vint* **2** *Ugs* passar a noite (trabalhando, bebendo, festejando).

Durch.mes.ser ['durçmɛsər] *Sm*, - diâmetro.

Durch.sa.ge ['durçza:gə] *Sf*, **-n** aviso, comunicado.

durch.schau.en ['durçʃauən] *Vint* **1** olhar através de. *Vtr* **2** descobrir (a intenção, o objetivo de alguém), desmascarar.

durch.schnei.den ['durçʃnaidən] *Vtr unreg* cortar.

Durch.schnitt ['durçʃnit] *Sm*, **-e 1** interseção, corte. **2** média. **im Durchschnitt** em média.

durch.schnitt.lich ['durçʃnitliç] *Adj* **1** médio, em média. **2** medíocre, ordinário, moderado.

durch.set.zen ['durçzɛtsən] *Vtr* **1** conseguir impor, fazer prevalecer, realizar. **2** alcançar. **3** fazer cumprir.

durch.sich.tig ['durçziçtiç] *Adj* transparente.

durch.strei.chen ['durçʃtraiçən] *Vtr unreg* riscar.

Durch.su.chung [durç'zu:xuŋ] *Sf*, **-en** busca, revista, batida policial.

Durch.wahl ['durçva:l] *Sf* (*o. Pl*) discagem direta.

durch.wüh.len ['durçvy:lən] *Vtr* **1** esquadrinhar, remexer, virar de ponta-cabeça. **2** revolver, revistar.

Durch.zug [ˈdurçtsu:k] *Sm* (*o. Pl*) corrente de ar.

dür.fen [ˈdyrfən] *Modalv unreg* poder, ter licença ou permissão. **darf ich?** posso?

dürr [dyr] *Adj* **1** seco, árido. **2** magro.

Durst [durst] *Sm* (*o. Pl*) sede. **seinen Durst löschen** matar a sede.

durs.tig [ˈdurstiç] *Adj* sedento, com sede, sequioso.

Du.sche [ˈduʃə] *Sf*, **-n** banho de chuveiro, ducha.

du.schen [ˈduʃən] *Vint+Vrefl* tomar banho de chuveiro.

Dut.zend [ˈdutsənt] *Sn*, **-e** dúzia.

du.zen [ˈdu:tsən] *Vtr* tratar informalmente por tu ou você, tutear.

dy.na.misch [dyˈna:miʃ] *Adj* dinâmico.

D-Zug [de:-tsu:k] *Sm*, **D-Züge** trem expresso, rápido.

e

e, E [e:] *Sn*, - **1** letra e, E. **2** *Mus* mi.
Eb.be ['ɛbə] *Sf*, **-n** maré vazante, baixa-mar.
e.ben ['e:bən] *Adj* plano, chato, nivelado. • *Adv* **1** agora mesmo, neste momento. **2** por um momento. **3** mal e mal. **4** exatamente, justamente. **5** expressão de resignação. **dann eben nicht!** então, não! O que se pode fazer? **eben!** pois é!
E.be.ne ['e:benə] *Sf*, **-n** **1** planície. **2** plano, nível.
e.ben.falls ['e:bənfals] *Adv* igualmente, do mesmo modo, também.
e.ben.so ['e:bənzo:] *Adv* **1** igualmente, da mesma forma. **2** exatamente igual.
E.cho ['ɛço] *Sn*, **-s** eco, repercussão. **Echo finden** repercutir.
echt [ɛçt] *Adj* **1** genuíno, autêntico, original, legítimo. **2** verdadeiro, real. **3** puro.
Eck [ɛk] *Sn*, **-e** **1** canto. **2** esquina.
E.cke ['ɛkə] *Sf*, **-n** **1** canto. **2** esquina. **3** ângulo, vértice. **4** *Sport* escanteio.
e.del ['e:dəl] *Adj* **1** nobre, honrado, fino. **2** precioso. **3** de raça (cavalo).
E.del.stein ['e:dəlʃtain] *Sm*, **-e** pedra preciosa.
EDV *Abk* **elektronische Datenverarbeitung** processamento (eletrônico) de dados.
ef.fi.zi.ent [efitsi'ɛnt] *Adj* eficiente.
e.gal [e'ga:l] *Adj* **1** igual. **2** semelhante. **3** indiferente, sem importância. **das ist egal** tanto faz.
E.go.is.mus [ego'ismus] *Sm*, **-men** egoísmo.
E.go.ist [ego'ist] *Sm*, **-en** egoísta.
e.goi.stisch [ego'istiʃ] *Adj* egoísta, egoístico.
E.he ['e:ə] *Sf*, **-n** casamento, matrimônio.
E.he.bruch ['e:əbrux] *Sm*, **Ehebrüche** adultério.
E.he.leu.te ['e:əlɔitə] *S Pl* casal, cônjuges, marido e mulher.
e.he.lich ['e:əliç] *Adj* **1** conjugal. **2** legítimo (filho).
E.he.paar ['e:əpa:r] *Sn*, **-e** casal.
e.her ['e:ər] *Adv* **1** antes, mais cedo. **2** mais, melhor. **3** mais provável.
E.he.ring ['e:əriŋ] *Sm*, **-e** aliança.
Eh.re ['e:rə] *Sf*, **-n** honra, reputação, respeito.
eh.ren ['e:rən] *Vtr* **1** honrar. **2** respeitar, estimar. **3** homenagear.
eh.ren.amt.lich ['e:rənamtliç] *Adj* **1** honorário. **2** voluntário.
Eh.ren.wort ['e:rənvɔrt] *Sn*, **-e** palavra de honra.
Ehr.furcht [e:rfurçt] *Sf* (*o. Pl*) reverência, respeito, veneração.
ehr.fürch.tig ['e:rfyrçtiç] *Adj* reverente, respeitoso.
Ehr.geiz ['e:rgaits] *Sm* (*o. Pl*) ambição.
ehr.gei.zig ['e:rgaitsiç] *Adj* ambicioso.
ehr.lich ['e:rliç] *Adj* honesto, honrado, sincero, franco.
ehr.wür.dig ['e:rvyrdiç] *Adj* **1** venerável. **2** reverendo.

Ei [ai] *Sn*, **-er 1** ovo. **2** óvulo.
Eid [ait] *Sm*, **-e** juramento.
Eid.ge.nos.se [ˈaitgənɔsə] *Sm*, **-n** cidadão suíço.
Ei.fer [ˈaifər] *Sm* (*o. Pl*) **1** zelo, aplicação, grande dedicação, diligência, fervor, ardor. **2** entusiasmo.
Ei.fer.sucht [ˈaifərzuxt] *Sf*, **Eifersüchte** ciúme.
ei.fer.süch.tig [ˈaifərzyçtiç] *Adj* ciumento.
eif.rig [aifriç] *Adj* zeloso, assíduo, solícito, aplicado, fervoroso.
ei.gen [ˈaigən] *Adj* **1** próprio, particular, peculiar. **2** separado. **3** específico, característico.
ei.gen.ar.tig [ˈaigənartiç] *Adj* **1** peculiar. **2** estranho, esquisito.
ei.gens [ˈaigəns] *Adv* especialmente, especificamente.
Ei.gen.schaft [ˈaigənʃaft] *Sf*, **-en 1** qualidade, característica. **2** função.
ei.gent.lich [ˈaigəntliç] *Adj* verdadeiro, real. • *Adv* propriamente, realmente, de fato, afinal, no fundo. **was willst du eigentlich?** o que é que você quer?
Ei.gen.tum [ˈaigəntu:m] *Sn* (*o. Pl*) propriedade, bens.
ei.gen.wil.lig [ˈaigənviliç] *Adj* **1** individualista, independente. **2** obstinado, teimoso.
eig.nen [ˈaignən] *Vrefl* servir para, prestar-se a, estar apto a.
Eil.brief [ˈailbri:f] *Sm*, **-e** carta expressa.
Ei.le [ˈailə] *Sf* (*o. Pl*) pressa, urgência.
ei.len [ˈailən] *Vint* **(sein)** apressar-se, correr. **es eilt** é urgente.
ei.lig [ˈailiç] *Adj* **1** apressado. **2** urgente.
Eil.zug [ˈailtsu:k] *Sm*, **Eilzüge** trem semiexpresso.
Ei.mer [ˈaimər] *Sm*, - balde.
ein [ain] *Zahlw* um, uma. • *unbest Art* um, uma. • *Indefinitpron* um, uma, alguém. **ein für allemal** de uma vez por todas. **ein bißchen** um pouco.
ein.an.der [ainˈandər] *Pron* **1** um ao outro, uns aos outros. **2** mutuamente.
Ein.bahn.stra.ße [ˈainba:nʃtra:sə] *Sf*, **-n** rua de mão única.
Ein.band [ˈainbant] *Sm*, **Einbände** capa, encadernação.
Ein.bett.zim.mer [ˈainbɛttsimər] *Sn*, - quarto individual.
ein.bie.gen [ˈainbi:gən] *Vint unreg* **(sein)** virar, dobrar, entrar (à esquerda, à direita).
ein.bil.den [ˈainbildən] *Vrefl* **1** imaginar. **2** ser presunçoso, gabar-se, ser vaidoso.
Ein.bil.dung [ˈainbilduŋ] *Sf*, **-en 1** imaginação, ilusão, fantasia. **2** presunção, pretensão, vaidade.
Ein.bre.cher [ˈainbrɛçər] *Sm*, - ladrão, assaltante (que invade casas).
ein.bü.ßen [ˈainbysən] *Vtr* perder, sofrer perdas.
ein.che.cken [ˈaintʃɛkən] *Vrefl* apresentar-se para embarque.
ein.deu.tig [ˈaindɔitiç] *Adj* claro, insofismável, evidente, explícito, inequívoco.
ein.dring.lich [ˈaindriŋliç] *Adj* **1** penetrante. **2** insistente. **3** enérgico, vigoroso.
Ein.druck [ˈaindruk] *Sm*, **Eindrücke** impressão.
ein.drucks.voll [ˈaindruksfɔl] *Adj* impressionante.
ei.ne [ˈainə] *Indefinitpron+unbest Art+ Zahlw* um, uma, algum, alguma.
ei.ner [ˈainər] *Indefinitpron+unbest Art+Zahlw* um, uma; alguém, algum, alguma.
ei.ner.lei [ainərˈlai] *Adj* indiferente, igual, mesmo. **es ist einerlei** tanto faz, dá no mesmo.
ei.ner.seits [ˈainərzaits] *Adv* por um lado.
ein.fach [ˈainfax] *Adj* **1** simples. **2** claro, fácil.
Ein.fahrt [ˈainfa:rt] *Sf*, **-en** entrada, acesso, portão.
Ein.fall [ˈainfal] *Sm*, **Einfälle 1** ideia. **2** incidência (luz). **3** invasão.

ein.fal.len [ˈainfalən] *Vint unreg* **(sein)** **1** lembrar-se, vir ao pensamento, ocorrer. **2** incidir (luz).
ein.fäl.tig [ˈainfɛltiç] *Adj* simples, ingênuo, simplório.
ein.far.big [ˈainfarbiç] *Adj* **1** de uma só cor, monocromático. **2** liso (tecido).
Ein.fluss [ˈainflus] *Sm*, **Einflüsse** influência.
ein.fluss.reich [ˈainflusraiç] *Adj* influente.
ein.fühl.sam [ˈainfy:lza:m] *Adj* sensível, compreensivo.
Ein.fuhr [ˈainfu:r] *Sf*, **-en** importação.
ein.füh.ren [ˈainfy:rən] *Vtr* **1** importar. **2** introduzir, implantar. **3** adotar. **4** empossar.
Ein.füh.rung [ˈainfy:ruŋ] *Sf*, **-en** **1** introdução. **2** iniciação. **3** implantação, lançamento. **4** tomada de posse, instalação.
Ein.gang [ˈaingaŋ] *Sm*, **Eingänge** **1** entrada. **2** chegada, receita, recebimento.
ein.ge.ben [ˈainge:bən] *Vtr unreg* **1** introduzir. **2** digitar (computador). **3** alimentar. **4** inspirar.
ein.ge.bil.det [ˈaingəbildət] *Adj* **1** imaginário. **2** vaidoso, arrogante, presunçoso, esnobe.
ein.ge.hend [ˈainge:ənt] *Adj* detalhado, minucioso.
Ein.ge.ständ.nis [ˈaingəstɛndnis] *Sn*, **-se** confissão.
ein.gie.ßen [ˈaingi:sən] *Vtr unreg* **1** encher, pôr. **2** servir (bebida).
ein.grei.fen [ˈaingraifən] *Vint unreg* **1** intervir, interferir. **2** engrenar.
Ein.griff [ˈaingrif] *Sm*, **-e** **1** intervenção. **2** ingerência.
ein.hal.ten [ˈainhaltən] *Vtr unreg* cumprir, observar, respeitar, obedecer (prazo, compromisso).
ein.hei.misch [ˈainhaimiç] *Adj* **1** nativo, indígena, local. **2** nacional. **3** natural.
Ein.heit [ˈainhait] *Sf*, **-en** unidade, conjunto.
ein.heit.lich [ˈainhaitliç] *Adj* **1** homogêneo, uniforme, padronizado. **2** unido, integrado.
ein.ho.len [ˈainho:lən] *Vtr* **1** alcançar. **2** recuperar. **3** recolher, arriar (bandeira).
ein.hun.dert [ˈainhundərt] *Zahlw* cem.
ei.nig [ˈainiç] *Adj* unido, de acordo.
ei.ni.ge [ˈainigə] *Indefinitpron* uns, umas, alguns, algumas.
ei.ni.gen [ˈainigən] *Vtr* **1** unir, unificar. *Vrefl* **2** chegar a um acordo.
ei.ni.ger.ma.ßen [ˈainigərma:sən] *Adv* mais ou menos, razoavelmente, regular, meio, um tanto quanto.
Ei.nig.keit [ˈainiçkait] *Sf* (*o. Pl*) **1** unidade, união. **2** consenso, harmonia, acordo, concordância.
Ein.kauf [ˈainkauf] *Sm*, **Einkäufe** **1** compra, aquisição. **2** departamento de compras ou suprimentos.
ein.kau.fen [ˈainkaufən] *Vint* **1** fazer compras. *Vtr* **2** comprar.
Ein.kaufs.zen.trum [ˈainkaufstsɛntrum] *Sn*, **-tren** *shopping center*, centro de compras, hipermercado.
Ein.kom.men [ˈainkɔmən] *Sn*, **-** **1** renda, rendimento. **2** salário, ordenado.
ein.la.den [ˈainla:dən] *Vtr unreg* **1** carregar, embarcar. **2** convidar.
Ein.la.dung [ˈainla:duŋ] *Sf*, **-en** convite.
ein.le.ben [ˈainle:bən] *Vrefl* acostumar-se, adaptar-se.
ein.lei.ten [ˈainlaitən] *Vtr* **1** introduzir. **2** abrir, iniciar, preparar.
Ein.lei.tung [ˈainlaituŋ] *Sf*, **-en** **1** introdução. **2** preparação. **3** prelúdio, abertura.
ein.lie.fern [ˈainli:fərn] *Vtr* **1** internar. **2** entregar.
ein.lö.sen [ˈainlø:zən] *Vtr* **1** cobrar, descontar (cheque). **2** resgatar, converter.
ein.mal [ˈainmal] *Adv* **1** uma vez, alguma vez. **2** certa vez. **3** um dia, oportunamente. **4** um momento. **auf einmal** de repente. **noch einmal** outra vez.

ein.ma.lig [ˈainmaliç] *Adj* **1** único. **2** extraordinário, fantástico, excelente.
ein.mi.schen [ˈainmiʃən] *Vrefl* intrometer-se, interferir.
ein.mü.tig [ˈainmy:tiç] *Adj* unânime.
Ein.nah.me [ˈainna:mə] *Sf*, **-n 1** receita, rendimento, arrecadação. **2** ocupação (militar). **3** ingestão.
ein.neh.men [ˈainne:mən] *Vtr unreg* **1** cobrar, arrecadar, receber. **2** ingerir. **3** ocupar. **4** adotar (posição).
ein.ö.len [ˈainø:lən] *Vtr* lubrificar, untar.
ein.ord.nen [ˈainɔrtnən] *Vtr* **1** arrumar, colocar em ordem. **2** classificar. *Vrefl* **3** adaptar-se. **4** entrar na devida faixa no trânsito.
ein.pa.cken [ˈainpakən] *Vtr* **1** embrulhar, embalar. **2** *Ugs* agasalhar. *Vint* **3** arrumar as malas.
ein.prä.gen [ˈainprɛ:gən] *Vtr* gravar, memorizar, fixar.
ein.rei.ben [ˈainraibən] *Vtr unreg* esfregar, friccionar (pomada, linimento).
ein.rei.chen [ˈainraiçən] *Vtr* **1** entregar, apresentar. **2** dar entrada com, fazer protocolar.
Ein.rei.se [ˈainraizə] *Sf*, **-n** entrada (num país).
Ein.rei.se.vi.sum [ˈainraizəvi:zum] *Sn*, **-visa** visto de entrada.
ein.rich.ten [ˈainriçtən] *Vrefl* **1** mobiliar a casa, instalar-se. **2** virar-se, arranjar--se. **3** preparar-se. *Vtr* **4** mobiliar, equipar. **5** arranjar, dar um jeito. **6** dispor, arrumar. **7** instituir.
Ein.rich.tung [ˈainriçtuŋ] *Sf*, **-en 1** mobília, instalações, equipamento. **2** instituição.
eins [ains] *Zahlw* um.
Eins [ains] *Sf*, **-en 1** um (número). **2** nota dez (ótimo).
ein.sam [ˈainza:m] *Adj* **1** solitário, só. **2** isolado. **3** deserto, vazio.
Ein.sam.keit [ˈainza:mkait] *Sf*, **-en 1** solidão. **2** isolamento.
ein.sam.meln [ˈainzaməln] *Vtr* apanhar, recolher, juntar.
ein.schal.ten [ˈainʃaltən] *Vtr* **1** ligar. **2** sintonizar. **3** envolver, chamar. **4** engatar. *Vrefl* **5** intervir.
ein.schen.ken [ˈainʃɛŋkən] *Vtr+Vint* **1** despejar, servir bebida. **2** encher.
ein.schla.fen [ˈainʃla:fən] *Vint unreg* **(sein)** pegar no sono, adormecer.
ein.schla.gen [ˈainʃla:gən] *Vtr unreg* **1** pregar, cravar. **2** quebrar, despedaçar. **3** embrulhar.
ein.schlie.ßen [ˈainʃli:sən] *Vtr unreg* **1** trancar, fechar a chave. **2** rodear, cercar. **3** incluir, conter, encerrar.
ein.schließ.lich [ˈainʃli:sliç] *Präp+Adv* incluindo, inclusive.
ein.schrän.ken [ˈainʃrɛŋkən] *Vtr* **1** reduzir, restringir, limitar. *Vrefl* **2** cortar (gastos, fumo, bebidas).
Ein.schrei.be.brief [ˈainʃraibəbri:f] *Sm*, **-e** carta registrada.
ein.schrei.ben [ˈainʃraibən] *Vtr unreg* **1** inscrever. **2** registrar. **3** matricular.
Ein.schrei.bung [ˈainʃraibuŋ] *Sf*, **-en** inscrição, matrícula, registro.
ein.schüch.tern [ˈainʃyçtərn] *Vtr* intimidar.
ein.se.hen [ˈainze:ən] *Vtr unreg* **1** olhar em. **2** consultar (documentos), analisar, verificar. **3** compreender. **4** convencer-se, reconhecer (erro).
ein.sei.tig [ˈainzaitiç] *Adj* **1** de um só lado. **2** unilateral, parcial. **3** não correspondido. **4** desequilibrado.
ein.sen.den [ˈainzɛndən] *Vtr unreg* enviar, mandar.
Ein.sen.der [ˈainzɛndər] *Sm*, **- 1** remetente. **2** participante.
Ein.sen.de.schluss [ˈainzɛndəʃlus] *Sm* (*o. Pl*) último prazo para postagem.
ein.set.zen [ˈainzɛtsən] *Vtr* **1** colocar. **2** pôr em circulação, usar, acionar. **3** nomear. **4** apostar, arriscar. *Vint* **5** iniciar, começar. *Vrefl* **6** engajar-se por, defender.
Ein.sicht [ˈainziçt] *Sf*, **-en 1** conhecimento, vista, exame. **2** conclusão. **3** juízo, bom senso.

ein.sper.ren [ˈainʃpɛrən] *Vtr* prender, aprisionar, encarcerar.
ein.spra.chig [ˈainʃpra:xiç] *Adj* monolíngue.
ein.sprin.gen [ˈainʃpriŋən] *Vint unreg* **(sein)** substituir.
ein.sprit.zen [ˈainʃpritsən] *Vtr* injetar.
Ein.spruch [ˈainʃprux] *Sm*, **Einsprüche** **1** objeção, protesto, reclamação, veto. **2** recurso.
einst [ainst] *Adv* outrora, no passado.
ein.ste.cken [ˈainʃtɛkən] *Vtr* **1** ligar à tomada. **2** guardar. **3** meter no bolso, levar.
ein.stei.gen [ˈainʃtaigən] *Vint unreg* **(sein)** **1** embarcar, entrar. **2** *Ugs* meter-se em.
ein.stel.len [ˈainʃtɛlən] *Vtr* **1** guardar. **2** empregar, contratar. **3** regular, ajustar, focalizar, sintonizar. **4** parar, suspender, cessar.
Ein.stieg [ˈainʃti:k] *Sm*, **-e** **1** entrada, porta. **2** abordagem.
ein.stim.mig [ˈainʃtimiç] *Adj* **1** uníssono. **2** unânime.
ein.stu.fen [ˈainʃtu:fən] *Vtr* classificar, selecionar.
Ein.stu.fung [ˈainʃtu:fuŋ] *Sf*, **-en** **1** classificação. **2** enquadramento.
ein.stür.zen [ˈainʃtyrtsən] *Vint* **(sein)** desabar, desmoronar, ruir, cair.
einst.wei.len [ˈainstvailən] *Adv* por ora, temporariamente, provisoriamente.
ein.tau.send [ˈaintauzənt] *Zahlw* mil.
ein.tei.len [ˈaintailən] *Vtr* **1** dividir, distribuir, repartir. **2** classificar. **3** organizar.
Ein.tei.lung [ˈaintailuŋ] *Sf*, **-en** **1** divisão, distribuição. **2** classificação. **3** organização.
ein.tö.nig [ˈaintø:niç] *Adj* monótono.
Ein.topf [ˈaintɔpf] *Sm*, **Eintöpfe** ensopado, cozido.
ein.tra.gen [ˈaintra:gən] *Vtr unreg* registrar, marcar, inscrever, anotar, lançar.
Ein.tra.gung [ˈaintra:guŋ] *Sf*, **-en** registro, lançamento.
ein.tref.fen [ˈaintrɛfən] *Vint unreg* **1** chegar. **2** acontecer, tornar-se realidade.
ein.tre.ten [ˈaintre:tən] *Vint unreg* **(sein)** **1** entrar. **2** filiar-se a. **3** ocorrer, suceder.
Ein.tritt [ˈaintrit] *Sm*, **-e** **1** entrada, ingresso. **2** filiação. **3** ocorrência.
Ein.tritts.kar.te [ˈaintritskartə] *Sf*, **-n** bilhete, entrada, ingresso.
Ein.tritts.preis [ˈaintritsprais] *Sm*, **-e** preço da entrada, do ingresso.
ein.ver.stan.den [ˈainfɛrʃtandən] *Adj* de acordo. **einverstanden sein** estar de acordo, aprovar.
Ein.wand [ˈainvant] *Sm*, **Einwände** objeção, reparo.
Ein.wan.de.rer [ˈainvandərər] *Sm*, - imigrante.
ein.wan.dern [ˈainvandərn] *Vint* **(sein)** imigrar.
Ein.wan.de.rung [ˈainvandəruŋ] *Sf*, **-en** imigração.
ein.wand.frei [ˈainvandfrai] *Adj* **1** impecável, perfeito. **2** incontestável, indiscutível, irrepreensível.
Ein.weg.fla.sche [ˈainve:kflaʃə] *Sf*, **-n** garrafa descartável.
Ein.wei.hung [ˈainvaiuŋ] *Sf*, **-en** inauguração.
ein.wen.den [ˈainvendən] *Vtr unreg* objetar.
ein.wil.li.gen [ˈainviligən] *Vint* concordar, consentir.
Ein.woh.ner [ˈainvo:nər] *Sm*, - habitante.
Ein.zahl [ˈaintsa:l] *Sf* (*o. Pl*) singular.
ein.zah.len [ˈaintsa:lən] *Vtr* pagar, depositar.
Ein.zah.lung [ˈaintsa:luŋ] *Sf*, **-en** pagamento, depósito.
Ein.zel.gän.ger [ˈaintsəlgɛŋər] *Sm*, - pessoa solitária.
Ein.zel.han.del [ˈaintsəlhandəl] *Sm* (*o. Pl*) varejo.
Ein.zel.heit [ˈaintsəlhait] *Sf*, **-en** **1** detalhe, pormenor. **2** particularidade.

Ein.zel.kind [ˈaintsəlkint] *Sn*, **-er** filho(a) único(a).
ein.zeln [ˈaintsəln] *Adj* individual, singular, separado, isolado, um por um, cada um, desacompanhado.
Ein.zel.zim.mer [ˈaintsəltsimər] *Sn*, - quarto de solteiro.
ein.zig [ˈaintsiç] *Adj* único.
ein.zig.ar.tig [ˈaintsiçartiç] *Adj* singular, extraordinário, único.
Ein.zug [ˈaintsu:k] *Sm*, **Einzüge** **1** entrada, chegada. **2** mudança (para casa, apartamento).
Eis [ais] *Sn* (*o. Pl*) **1** gelo. **2** sorvete. **Eis am Stiel** picolé.
Eis.bein [ˈaisbain] *Sn* (*o. Pl*) *Kochk* joelho de porco.
Ei.sen [ˈaizən] *Sn*, - ferro.
Ei.sen.bahn [ˈaizənba:n] *Sf*, **-en** **1** estrada de ferro. **2** via férrea.
Ei.sen.wa.ren [ˈaizənva:rən] *S Pl* ferragens.
Eis.fach [ˈaisfax] *Sn*, **Eisfächer** freezer (compartimento), congelador.
Eis.kü.bel [ˈaisky:bəl] *Sm*, - balde de gelo.
Eis.schrank [ˈaisʃraŋk] *Sm*, **Eisschränke** **1** frigorífico. **2** *Ugs* geladeira.
Eis.wür.fel [ˈaisvyrfəl] *Sm*, - cubo de gelo.
ei.tel [ˈaitəl] *Adj* **1** vaidoso. **2** fútil.
Ei.tel.keit [ˈaitəlkait] *Sf*, **-en** vaidade.
Ei.ter [ˈaitər] *Sm* (*o. Pl*) pus.
ei.tern [ˈaitərn] *Vint* supurar.
E.kel [ˈe:kəl] *Sm* (*o. Pl*) repugnância, aversão, asco, nojo, náusea, desgosto.
e.kel.haft [ˈe:kəlhaft] *Adj* repugnante, nojento, enjoativo, repulsivo.
e.keln [ˈe:kəln] *Vrefl* **1** sentir nojo, repugnância. *Vtr+Vint* **2** causar nojo, enojar, enjoar.
ek.lig [ˈe:kliç] *Adj* repulsivo, repugnante, nojento.
e.las.tisch [eˈlastiʃ] *Adj* elástico, flexível.
E.le.fant [eleˈfant] *Sm*, **-en** elefante.
e.le.gant [eleˈgant] *Adj* **1** elegante, na moda, gracioso. **2** civilizado.
E.le.ganz [eleˈgants] *Sf* (*o. Pl*) elegância.
E.lek.tri.ker [eˈlɛktrikər] *Sm*, - eletricista.
e.lek.trisch [eˈlɛktriʃ] *Adj* elétrico.
E.lek.tri.zi.tät [elɛktritsiˈtɛ:t] *Sf* (*o. Pl*) eletricidade, energia elétrica.
E.lek.tro.herd [eˈlɛktrohe:rt] *Sm*, **-e** fogão elétrico.
E.lek.tro.nik [elɛkˈtro:nik] *Sf* (*o. Pl*) eletrônica.
e.lek.tro.nisch [elɛkˈtro:niʃ] *Adj* eletrônico.
E.lek.tro.ra.sie.rer [eˈlɛktrorazi:rər] *Sm*, - barbeador elétrico.
E.lek.tro.tech.nik [eˈlɛktrotɛçnik] *Sf* (*o. Pl*) eletrotécnica, engenharia elétrica.
E.le.ment [eleˈmɛnt] *Sn*, **-e** **1** elemento. **2** módulo. **3** pilha elétrica.
e.lend [ˈe:lənt] *Adj* **1** miserável, infeliz, desgraçado. **2** doente. **3** horrível, terrível.
E.lend [ˈe:lənt] *Sn* (*o. Pl*) **1** miséria, desgraça. **2** infelicidade.
elf [ɛlf] *Zahlw* onze.
El.fen.bein [ˈɛlfənbain] *Sn*, **-e** marfim.
E.li.te [eˈli:tə] *Sf*, **-n** elite.
Ell.bo.gen [ˈɛlbo:gən] *Sm*, - cotovelo.
El.sass [ˈɛlzas] *Sn* (*o. Art*) Alsácia.
El.tern [ˈɛltərn] *S Pl* pais.
El.tern.haus [ˈɛltərnhaus] *Sn* (*o. Pl*) casa dos pais, lar.
el.tern.los [ˈɛltərnlo:s] *Adj* sem pais, órfão.
E-mail [ˈimel] *Sf*, **-s** *e-mail*.
E.mi.grant [emiˈgrant] *Sm*, **-en** **1** emigrante. **2** exilado.
E.mi.gra.ti.on [emigratsiˈo:n] *Sf*, **-en** **1** emigração. **2** exílio.
e.mi.grie.ren [emiˈgri:rən] *Vint* **1** emigrar. **2** exilar-se.
e-Moll [e:-mɔl] *Sn* (*o. Pl*) *Mus* mi bemol.
E.mo.ti.on [emotsiˈo:n] *Sf*, **-en** emoção.
e.mo.ti.o.nal [emotsioˈna:l] *Adj* emocional.

Emp.fang [ɛmp'faŋ] *Sm*, **Empfänge** **1** recepção, acolhida. **2** recebimento (mercadoria).
emp.fan.gen [ɛmp'faŋən] *Vtr* **1** receber, acolher. **2** conceber.
Emp.fän.ger [ɛmp'fɛŋər] *Sm*, - **1** receptor. **2** recebedor. **3** destinatário.
Emp.fangs.da.me [ɛmp'faŋsdamə] *Sf*, **-n** recepcionista.
emp.feh.len [ɛmp'fe:lən] *Vtr unreg* **1** recomendar, aconselhar. *Vrefl unreg* **2** despedir-se. **3** recomendar-se.
Emp.feh.lung [ɛmp'fe:luŋ] *Sf*, **-en** **1** recomendação, conselho. **2** respeito, cumprimento.
emp.fin.den [ɛmp'findən] *Vtr unreg* **1** sentir, perceber. **2** considerar.
emp.find.lich [ɛmp'fintliç] *Adj* **1** sensível. **2** delicado, melindroso. **3** propenso, predisposto. **4** severo (castigo).
emp.find.sam [ɛmp'fintza:m] *Adj* **1** sensível. **2** sentimental.
Emp.fin.dung [ɛmp'finduŋ] *Sf*, **-en** **1** sensação, percepção. **2** emoção, sentimento.
emp.fing [ɛmp'fiŋ] *Prät* **empfangen.**
em.pört [ɛm'pø:rt] *Adj* indignado, revoltado.
Em.pö.rung [ɛm'pø:ruŋ] *Sf*, **-en** indignação, revolta, rebelião.
En.de ['ɛndə] *Sn*, **-n** **1** fim. **2** extremidade, ponta.
en.den ['ɛndən] *Vint* findar, terminar, acabar.
end.gül.tig ['ɛndgyltiç] *Adj* **1** definitivo. **2** conclusivo, final.
end.lich ['ɛndliç] *Adv* finalmente, por fim.
end.los ['ɛndlo:s] *Adj* **1** sem fim, interminável. **2** ilimitado.
End.spiel ['ɛndʃpi:l] *Sn*, **-e** (jogo) final.
End.sta.ti.on ['ɛndʃtatsi'o:n] *Sf*, **-en** terminal, ponto final.
En.dung ['ɛnduŋ] *Sf*, **-en** terminação, desinência.
E.ner.gie [enɛr'gi:] *Sf*, **-n** **1** energia. **2** vigor.
e.ner.gisch [e'nɛrgiʃ] *Adj* **1** enérgico. **2** vigoroso, firme, determinado, decidido.
eng [ɛŋ] *Adj* **1** justo, apertado, estreito. **2** restrito, limitado.
en.ga.gie.ren [ãga'ʒi:rən] *Vrefl* **1** engajar-se, envolver-se, comprometer-se. *Vtr* **2** contratar (artista, ator).
En.gel ['ɛŋəl] *Sm*, - anjo.
Eng.land ['ɛŋlant] *Sn* (*o. Art*) **1** Inglaterra. **2** *Ugs* Grã-Bretanha.
Eng.län.der ['ɛŋlɛndər] *Sm*, - **1** inglês. **2** chave inglesa.
eng.lisch ['ɛŋliʃ] *Adj* inglês, britânico.
En.kel ['ɛŋkəl] *Sm*, - neto.
En.ke.lin ['ɛŋkəlin] *Sf*, **-nen** neta.
En.kel.kind ['ɛŋkəlkint] *Sn*, **-er** neto(a).
e.norm [e'nɔrm] *Adj* enorme, tremendo, imenso, extraordinário.
ent.beh.ren [ɛnt'be:rən] *Vtr* **1** sentir a falta, carecer. **2** dispensar, passar sem, prescindir.
ent.behr.lich [ɛnt'be:rliç] *Adj* dispensável, prescindível.
ent.de.cken [ɛnt'dɛkən] *Vtr* descobrir.
Ent.de.cker [ɛnt'dɛkər] *Sm*, - descobridor.
Ent.de.ckung [ɛnt'dɛkuŋ] *Sf*, **-en** descobrimento, descoberta.
En.te ['ɛntə] *Sf*, **-n** **1** pato. **2** *Journ* barriga.
ent.fal.ten [ɛnt'faltən] *Vtr* **1** desdobrar, abrir. **2** revelar, apresentar, mostrar, expor. **3** desenvolver.
ent.fer.nen [ɛnt'fɛrnən] *Vtr* **1** tirar, retirar, remover, afastar. **2** demitir, expulsar. *Vrefl* **3** ausentar-se, afastar-se.
ent.fernt [ɛnt'fɛrnt] *Adj* **1** distante, afastado, remoto. **2** fraco.
Ent.fer.nung [ɛnt'fɛrnuŋ] *Sf*, **-en** **1** distância. **2** remoção, afastamento.
ent.fros.ten [ɛnt'frɔstən] *Vtr* descongelar.
ent.füh.ren [ɛnt'fy:rən] *Vtr* **1** sequestrar, raptar. **2** levar.
Ent.füh.rer [ɛnt'fy:rər] *Sm*, - sequestrador, raptor.

E

Ent.füh.rung [ɛnt'fy:ruŋ] *Sf*, **-en** sequestro, rapto.
ent.ge.gen.ge.hen [ɛnt'ge:gənge:ən] *Vint unreg* **(sein)** ir ao encontro de, aproximar-se, ir receber.
ent.ge.gen.ge.setzt [ɛnt'ge:gəngəzɛtst] *Adj* oposto, contrário.
ent.ge.gen.kom.men [ɛnt'ge:gənkɔmən] *Vint unreg* **(sein)** ir ao encontro de, fazer concessões.
ent.geg.nen [ɛnt'ge:gnən] *Vtr* replicar, retorquir, responder.
ent.hal.ten [ɛnt'haltən] *Vtr unreg* **1** conter, incluir. *Vrefl unreg* **2** abster-se, privar-se. • *Adj* contido, incluído.
ent.hül.len [ɛnt'hylən] *Vtr* **1** descobrir, descerrar, desvendar. **2** revelar.
En.thu.si.as.mus [ɛntuzi'asmus] *Sm* (*o. Pl*) entusiasmo.
en.thu.si.as.tisch [ɛntuzi'astiʃ] *Adj* entusiástico, entusiasmado.
ent.klei.den [ɛnt'klaidən] *Vtr* despir.
ent.kom.men [ɛnt'kɔmən] *Vint unreg* **(sein)** escapar, fugir.
ent.kräf.tet [ɛnt'krɛftət] *Adj* exausto, esgotado, enfraquecido.
ent.lang [ɛnt'laŋ] *Präp* ao longo de, por. **hier entlang** *Ugs* por aqui.
ent.lar.ven [ɛnt'larvən] *Vtr* desmascarar.
ent.las.sen [ɛnt'lasən] *Vtr unreg* **1** demitir, despedir, mandar embora, destituir. **2** dar alta. **3** pôr em liberdade.
Ent.las.sung [ɛnt'lasuŋ] *Sf*, **-en 1** demissão, dispensa, destituição. **2** alta. **3** libertação.
Ent.las.tung [ɛnt'lastuŋ] *Sf*, **-en 1** alívio, redução. **2** defesa.
ent.lau.fen [ɛnt'laufən] *Vint unreg* **(sein)** escapar, fugir, desertar.
ent.lee.ren [ɛnt'le:rən] *Vtr* esvaziar, evacuar.
ent.mach.ten [ɛnt'maxtən] *Vtr* depor, destituir do poder, desbancar.
ent.mu.ti.gen [ɛnt'mu:tigən] *Vtr* desencorajar, desanimar.
ent.neh.men [ɛnt'ne:mən] *Vtr unreg* **1** tirar, retirar, remover. **2** deduzir, concluir.
ent.rei.ßen [ɛnt'raisən] *Vtr unreg* tirar à força, arrebatar, arrancar.
ent.rin.nen [ɛnt'rinən] *Vint unreg* **(sein)** escapar.
ent.schä.di.gen [ɛnt'ʃɛ:digən] *Vtr* compensar, indenizar.
Ent.schä.di.gung [ɛnt'ʃɛ:diguŋ] *Sf*, **-en** compensação, indenização.
ent.schei.den [ɛnt'ʃaidən] *Vrefl unreg* **1** decidir-se, optar. *Vint unreg* **2** decidir.
ent.schei.dend [ɛnt'ʃaidənt] *Adj* decisivo, crucial.
Ent.schei.dung [ɛnt'ʃaiduŋ] *Sf*, **-en 1** decisão. **2** sentença, veredicto.
ent.schie.den [ɛnt'ʃi:dən] *Adj* **1** decidido, enérgico, determinado, resoluto. **2** enfático, categórico, firme.
ent.schlie.ßen [ɛnt'ʃli:sən] *Vrefl* resolver, decidir-se.
Ent.schlie.ßung [ɛnt'ʃli:suŋ] *Sf*, **-en 1** resolução. **2** deliberação, determinação.
ent.schlos.sen [ɛnt'ʃlɔsən] *Adj* decidido, resoluto, determinado, firme.
Ent.schluss [ɛnt'ʃlus] *Sm*, **Entschlüsse 1** decisão. **2** resolução. **3** vontade. **einen Entschluss fassen** tomar uma decisão.
ent.schul.di.gen [ɛnt'ʃuldigən] *Vtr* **1** desculpar, perdoar. *Vrefl* **2** pedir desculpas, desculpar-se.
Ent.schul.di.gung [ɛnt'ʃulduguŋ] *Sf*, **-en 1** desculpa. **2** pretexto.
ent.setz.lich [ɛnt'zɛtsliç] *Adj* horrível, terrível, pavoroso, espantoso.
ent.span.nen [ɛnt'ʃpanən] *Vtr* **1** relaxar. **2** afrouxar. *Vrefl* **3** relaxar, descontrair-se, descansar.
Ent.span.nung [ɛnt'ʃpanuŋ] *Sf*, **-en 1** relaxamento, descanso, repouso, descontração. **2** distensão.
ent.spre.chen [ɛnt'ʃprɛçən] *Vint unreg* corresponder a, condizer, estar à altura.
ent.spre.chend [ɛnt'ʃprɛçənt] *Adj* **1** cor-

respondente, apropriado, análogo, proporcional. **2** respectivo.
ent.ste.hen [ɛnt'ʃte:ən] *Vint unreg* **(sein)** originar-se, formar-se, surgir, resultar.
Ent.ste.hung [yɛnt'ʃte:uŋ] *Sf*, **-en** **1** surgimento, origem, formação, gênese. **2** etiologia.
ent.täu.schen [ɛnt'tɔiʃən] *Vtr* decepcionar, desapontar, frustrar.
Ent.täu.schung [ɛnt'tɔiʃuŋ] *Sf*, **-en** decepção, desapontamento, frustração.
ent.waff.nen [ɛnt'vafnən] *Vtr* desarmar.
ent.we.der [ɛnt've:dər] *Konj* ou. **entweder... oder** ou... ou.
ent.wen.den [ɛnt'vɛndən] *Vtr* furtar, roubar, subtrair, desviar.
ent.wer.fen [ɛnt'vɛrfən] *Vtr* **1** desenhar, projetar. **2** esboçar, redigir.
ent.wer.ten [ɛnt'vɛrtən] *Vtr* **1** invalidar, anular, inutilizar. **2** desvalorizar.
ent.wi.ckeln [ɛnt'vikəln] *Vtr* **1** desenvolver. **2** revelar (fotos). **3** produzir.
Ent.wick.lung [ɛnt'vikluŋ] *Sf*, **-en** **1** desenvolvimento. **2** crescimento, incremento. **3** revelação (fotos).
Ent.wick.lungs.hel.fer [ɛnt'vikluŋs hɛlfər] *Sm*, - agente ou colaborador de organização de ajuda ao desenvolvimento.
Ent.wick.lungs.land [ɛnt'vikluŋslant] *Sn*, **Entwicklungsländer** país em desenvolvimento.
ent.wi.schen [ɛnt'viʃən] *Vint* **(sein)** escapar, fugir, evadir-se, sumir.
Ent.wurf [ɛnt'vurf] *Sm*, **Entwürfe** **1** projeto, esboço, desenho, rascunho, esquema, modelo. **2** criação.
ent.zie.hen [ɛnt'tsi:ən] *Vtr unreg* **1** tirar, retirar, remover, suspender, privar de. **3** extrair. **4** cassar (direitos). *Vrefl unreg* **5** fugir de, esquivar-se de, faltar a.
ent.zif.fern [ɛnt'tsifərn] *Vtr* decifrar.
ent.zü.ckend [ɛnt'tsykənt] *Adj* encantador, delicioso.
ent.zückt [ɛnt'tsykt] *Adj* encantado.
ent.zün.den [ɛnt'tsyndən] *Vtr* **1** acender. **2** inflamar. **3** despertar, provocar.
Ent.zün.dung [ɛnt'tsynduŋ] *Sf*, **-en** inflamação.
E.pi.de.mie [epide'mi:] *Sf*, **-n** epidemia.
E.pi.log [epi'lo:k] *Sm*, **-e** epílogo.
E.po.che [e'pɔxə] *Sf*, **-n** época.
er [e:r] *Pron* ele.
er.bar.mungs.los [ɛr'barmuŋslo:s] *Adj* implacável, cruel.
Er.be ['ɛrbə] *Sn* (*o. Pl*) **1** herança. **2** legado. *Sm*, **-en** herdeiro, sucessor.
er.ben ['ɛrbən] *Vtr+Vint* herdar.
er.beu.ten [ɛr'bɔitən] *Vtr* **1** pegar, levar embora. **2** capturar.
Er.bin ['ɛrbin] *Sf*, **Erbinnen** herdeira.
er.bit.tert [ɛr'bitərt] *Adj* renhido, encarniçado, exasperado.
erb.lich ['ɛrpliç] *Adj* hereditário.
er.bli.cken [ɛr'blikən] *Vtr* ver, enxergar, avistar.
er.blin.den [ɛr'blindən] *Vint* **(sein)** ficar cego.
er.bre.chen [ɛr'brɛçən] *Vrefl+Vint unreg* vomitar.
Erb.schaft ['ɛrpʃaft] *Sf*, **-en** herança, legado.
Erb.se ['ɛrpsə] *Sf*, **-n** ervilha.
Erd.be.ben ['e:rtbe:bən] *Sn*, - terremoto.
Erd.bee.re ['e:rtbe:rə] *Sf*, **-n** morango.
Er.de ['e:rdə] *Sf*, **-n** **1** solo, terra. (*o. Pl*) **2** Terra, mundo.
Erd.gas ['e:rtga:s] *Sn* (*o. Pl*) gás natural.
Erd.ge.schoss ['e:rtgəʃɔs] *Sn* (*o. Pl*) andar térreo, rés do chão.
Erd.nuss ['e:rtnus] *Sf*, **Erdnüsse** amendoim.
Erd.öl ['e:rtø:l] *Sn* (*o. Pl*) petróleo.
Erd.teil ['e:rttail] *Sm*, **-e** continente.
er.eig.nen [ɛr'aignən] *Vrefl* acontecer, ocorrer.
Er.eig.nis [ɛr'aignis] *Sn*, **-se** acontecimento, evento, ocorrência, fenômeno.
er.fah.ren [ɛr'fa:rən] *Vtr unreg* **1** aprender, vir a saber, descobrir. **2** experimentar. **3** sofrer. • *Adj* experiente, perito.

Er.fah.rung [ɛr'fa:ruŋ] *Sf*, **-en** experiência, prática.

er.fin.den [ɛr'findən] *Vtr unreg* inventar.

Er.fin.der [ɛr'findər] *Sm*, - inventor, criador.

Er.fin.dung [ɛr'finduŋ] *Sf*, **-en** invenção.

Er.folg [ɛr'fɔlk] *Sm*, **-e 1** sucesso, êxito. **2** resultado.

er.fol.gen [ɛr'fɔlgən] *Vint* **(sein) 1** ocorrer, acontecer, suceder. **2** dar-se.

er.folg.los [ɛr'fɔlklo:s] *Adj* sem sucesso, malsucedido, ineficaz.

er.folg.reich [ɛr'fɔlkraiç] *Adj* **1** bem-sucedido, com êxito, eficaz. **2** que deu certo.

er.for.der.lich [ɛr'fɔrdərliç] *Adj* **1** necessário. **2** indispensável.

er.for.schen [ɛr'fɔrʃən] *Vtr* **1** estudar, investigar, pesquisar. **2** explorar. **3** examinar.

er.frie.ren [ɛr'fri:rən] *Vint unreg* **(sein)** morrer de frio.

er.fri.schen [ɛr'friʃən] *Vtr+Vint* refrescar.

er.fri.schend [ɛr'friʃənt] *Adj* refrescante.

Er.fri.schung [ɛr'friʃuŋ] *Sf*, **-en 1** refresco. **2** alívio.

Er.fri.schungs.ge.tränk [ɛr'friʃuŋsgətrɛŋk] *Sn*, **-e** refrigerante, refresco.

er.fül.len [ɛr'fylən] *Vtr* **1** encher. **2** cumprir, satisfazer, atender. *Vrefl* **3** realizar-se, cumprir-se.

er.gän.zen [ɛr'gɛntsən] *Vtr* **1** completar, inteirar. **2** aumentar, acrescentar. **3** emendar, complementar.

Er.gän.zung [ɛr'gɛntsuŋ] *Sf*, **-en 1** complemento. **2** acréscimo. **3** emenda, aditamento, corolário. **4** complementação. **5** *Gram* objeto.

er.ge.ben [ɛr'ge:bən] *Vrefl unreg* **1** render-se, resignar-se, entregar-se, capitular. **2** surgir. *Vtr unreg* **3** resultar, dar, render. • *Adj* **1** devotado, atento, obediente, fiel. **2** resignado.

Er.geb.nis [ɛr'ge:pnis] *Sn*, **-se 1** resultado. **2** conclusão, consequência.

er.grif.fen [ɛr'grifən] *Adj* comovido, enternecido, emocionado.

er.hal.ten [ɛr'haltən] *Vtr unreg* **1** receber, obter. **2** ganhar. **3** preservar, conservar, manter.

er.hält.lich [ɛr'hɛltliç] *Adj* à venda.

er.he.ben [ɛr'he:bən] *Vtr unreg* **1** levantar, erguer. **2** cobrar. **3** colher, reunir. *Vrefl unreg* **4** levantar-se, rebelar-se, revoltar-se. **5** surgir.

er.heb.lich [ɛr'he:pliç] *Adj* **1** considerável. **2** bastante.

er.hei.tern [ɛr'haitərn] *Vtr* alegrar, divertir, animar.

er.hö.hen [ɛr'hø:ən] *Vtr* aumentar, elevar, levantar.

er.ho.len [ɛr'ho:lən] *Vrefl* **1** recuperar-se, restabelecer-se, refazer-se. **2** descansar, relaxar, espairecer.

Er.ho.lung [ɛr'ho:luŋ] *Sf* (*o. Pl*) **1** recuperação, restabelecimento. **2** repouso, descanso, lazer, recreio, férias.

er.in.nern [ɛr'inərn] *Vrefl* **1** lembrar-se, recordar-se. *Vtr* **2** lembrar, recordar.

Er.in.ne.rung [ɛr'inəruŋ] *Sf*, **-en 1** lembrança, recordação. **2** memória.

er.käl.ten [ɛr'kɛltən] *Vrefl* resfriar-se, apanhar um resfriado.

Er.käl.tung [ɛr'kɛltuŋ] *Sf*, **-en** resfriado.

er.ken.nen [ɛr'kɛnən] *Vtr unreg* **1** divisar, distinguir, reconhecer, identificar. **2** perceber.

Er.kennt.nis [ɛr'kɛntnis] *Sf*, **-se 1** conhecimento, reconhecimento, descoberta. **2** noção. **3** discernimento.

er.klä.ren [ɛr'klɛ:rən] *Vtr* **1** explicar, esclarecer. **2** declarar, comunicar, afirmar.

Er.klä.rung [ɛr'klɛ:ruŋ] *Sf*, **-en 1** explicação. **2** declaração, afirmação.

er.kun.di.gen [ɛr'kundigən] *Vrefl* pedir informação, informar-se.

Er.kun.di.gung [ɛr'kundiguŋ] *Sf*, **-en** informação.

er.lan.gen [ɛr'laŋən] *Vtr* **1** conseguir. **2** alcançar, atingir.
er.lau.ben [ɛr'laubən] *Vtr* **1** permitir, autorizar, deixar. *Vrefl* **2** permitir-se, dar-se ao luxo, tomar a liberdade.
Er.laub.nis [ɛr'laupnis] *Sf*, **-se** permissão, autorização, licença.
er.läu.tern [ɛr'lɔitərn] *Vtr* **1** explicar, esclarecer, elucidar. **2** comentar.
er.le.ben [ɛr'le:bən] *Vtr* **1** vivenciar, passar por, ver, presenciar. **2** experimentar.
Er.leb.nis [ɛr'le:pnis] *Sn*, **-se 1** vivência, acontecimento, experiência. **2** emoção.
er.le.di.gen [ɛr'le:digən] *Vtr* **1** tratar de, executar, aprontar, desincumbir-se de, resolver. **2** acabar com.
er.leich.tern [ɛr'laiçtərn] *Vtr* **1** facilitar. **2** aliviar.
Er.leich.te.rung [ɛr'laiçtəruŋ] *Sf*, **-en 1** facilidade, facilitação. **2** alívio.
er.lö.sen [ɛr'lø:zən] *Vtr* salvar, livrar, libertar, redimir, resgatar.
er.mah.nen [ɛr'ma:nən] *Vtr* **1** admoestar, advertir. **2** avisar, prevenir.
Er.mah.nung [ɛr'ma:nuŋ] *Sf*, **-en 1** admoestação, advertência. **2** aviso.
Er.mä.ßi.gung [ɛr'mɛ:siguŋ] *Sf*, **-en** redução, desconto, abatimento.
Er.mitt.lung [ɛr'mitluŋ] *Sf*, **-en 1** inquérito, averiguação, investigação. **2** apuração.
er.mög.li.chen [ɛr'mø:kliçən] *Vtr* **1** possibilitar, facultar. **2** capacitar.
er.mor.den [ɛr'mɔrdən] *Vtr* assassinar, matar.
er.mü.den [ɛr'my:dən] *Vint* **(sein) 1** cansar-se, fadigar-se. *Vtr* **2** cansar.
er.mun.tern [ɛr'muntərn] *Vtr* encorajar, animar, estimular.
er.mu.ti.gen [ɛr'mu:tigən] *Vtr* encorajar, estimular.
er.näh.ren [ɛr'nɛ:rən] *Vtr* **1** alimentar, nutrir. **2** sustentar. *Vrefl* **3** alimentar-se, viver de.
Er.näh.rung [ɛr'nɛ:ruŋ] *Sf* (*o. Pl*) **1** alimentação, nutrição. **2** comida.
er.nen.nen [ɛr'nɛnən] *Vtr* nomear.
Er.nen.nung [ɛr'nɛnuŋ] *Sf*, **-en** nomeação.
er.neu.ern [ɛr'nɔiərn] *Vtr* **1** renovar, reformar. **2** repor, substituir.
er.neut [ɛr'nɔit] *Adj* renovado, novo. • *Adv* outra vez.
ernst [ɛrnst] *Adj* **1** sério. **2** grave (situação).
Ernst [ɛrnst] *Sm* (*o. Pl*) **1** seriedade. **2** gravidade.
ernst.haft ['ɛrnsthaft] *Adj* sério.
Ern.te ['ɛrntə] *Sf*, **-n 1** colheita, vindima. **2** safra.
ern.ten ['ɛrntən] *Vtr* colher.
er.o.bern [ɛr'o:bərn] *Vtr* conquistar, tomar de assalto.
Er.öff.nung [ɛr'øfnuŋ] *Sf*, **-en 1** abertura, inauguração. **2** revelação, notificação.
er.ör.tern [ɛr'ørtərn] *Vtr* discutir, debater, ventilar.
e.ro.tisch [e'ro:tiʃ] *Adj* erótico.
er.pres.sen [ɛr'prɛsən] *Vtr* chantagear, extorquir.
Er.pres.ser [ɛr'prɛsər] *Sm*, - chantagista, extorsionário.
Er.pres.sung [ɛr'prɛsuŋ] *Sf*, **-en** chantagem, extorsão.
er.ra.ten [ɛr'ra:tən] *Vtr unreg* adivinhar, acertar.
er.re.gen [ɛr're:gən] *Vtr* **1** irritar. **2** excitar. **3** provocar.
er.rei.chen [ɛr'raiçən] *Vtr* **1** alcançar, atingir, conseguir. **2** contactar. **3** chegar a (destino, objetivo).
er.rich.ten [ɛr'riçtən] *Vtr* **1** construir, levantar. **2** fundar, instituir.
Er.satz [ɛr'zats] *Sm* (*o. Pl*) **1** substituição, compensação. **2** substituto. **3** sucedâneo. **4** reposição, compensação.
Er.satz.teil [ɛr'zatstail] *Sn*, **-e** peça sobressalente, de reposição.
er.schaf.fen [ɛr'ʃafən] *Vtr unreg* criar.
er.schei.nen [ɛr'ʃainən] *Vint unreg* **1** aparecer, surgir. **2** comparecer. **3** manifestar-se, parecer. **4** ser publicado, sair.

Er.schei.nung [ɛrˈʃainuŋ] *Sf*, **-en 1** fenômeno. **2** sintoma. **3** aparência, figura, aspecto. **4** aparição, visão. **5** publicação.

er.schie.ßen [ɛrˈʃi:sən] *Vtr unreg* matar a tiro, fuzilar.

er.schla.gen [ɛrˈʃla:gən] *Vtr unreg* **1** matar a golpes, assassinar. **2** fulminar (raio). • *Adj* **1** morto. **2** *fig* exausto, esgotado. **3** pasmado, estupefato.

er.schöpft [ɛrˈʃøpft] *Adj* esgotado, exausto, extenuado.

er.schre.cken [ɛrˈʃrɛkən] *Vint unreg* **(sein) 1** assustar-se, ter medo. *Vtr* **2** assustar, espantar. *Vrefl* **3** levar um susto.

er.schro.cken [ɛrˈʃrɔkən] *Adj* assustado, espantado, alarmado.

er.schüt.ternd [ɛrˈʃytərnt] *Adj* **1** aflitivo, angustiante. **2** chocante, comovente.

er.set.zen [ɛrˈzɛtsən] *Vtr* **1** substituir, repor. **2** reembolsar, compensar, restituir, indenizar.

Er.spar.nis [ɛrˈʃpa:rnis] *Sf*, **-se** economia(s).

erst [e:rst] *Adv* **1** primeiro, antes de tudo. **2** só, somente. **3** então, pelo menos. **erst als** só quando. **eben erst** agora mesmo.

er.stat.ten [ɛrˈʃtatən] *Vtr* devolver, restituir, reembolsar.

er.staun.lich [ɛrˈʃtaunliç] *Adj* **1** assombroso, espantoso. **2** surpreendente, notável.

er.staunt [ɛrˈʃtaunt] *Adj* assombrado, espantado, surpreso, admirado, pasmado.

ers.te [ˈe:rstə] *Zahlw* **1** primeiro. **2** melhor. **aus erster Hand** em primeira mão, novo. **zum ersten Mal** pela primeira vez.

ers.tens [ˈe:rstəns] *Adv* primeiro, em primeiro lugar.

er.sti.cken [ɛrˈʃtikən] *Vint* **(sein) 1** sufocar-se, morrer asfixiado. **2** engasgar-se. *Vtr* **3** sufocar, asfixiar. **4** suprimir, reprimir. **5** abafar.

erst.klas.sig [ˈe:rstklasiç] *Adj* de primeira (classe, qualidade), excelente.

er.tap.pen [ɛrˈtapən] *Vtr* apanhar, pegar, surpreender.

Er.trag [ɛrˈtra:k] *Sm*, **Erträge 1** rendimento, produção. **2** produto, receita. **3** produtividade. **4** resultado.

er.tra.gen [ɛrˈtra:gən] *Vtr unreg* **1** suportar, aguentar, aturar. **2** resistir a.

er.träg.lich [ɛrˈtrɛ:kliç] *Adj* **1** suportável. **2** tolerável.

er.trin.ken [ɛrˈtriŋkən] *Vint unreg* **(sein) 1** afogar-se, morrer afogado. **2** ser inundado.

er.wa.chen [ɛrˈvaxən] *Vint* **(sein) 1** acordar, despertar. **2** voltar a si. **3** surgir.

er.wach.sen [ɛrˈvaksən] *Adj* adulto, crescido.

er.wäh.nen [ɛrˈvɛ:nən] *Vtr* mencionar, referir-se a, citar.

er.wär.men [ɛrˈvɛrmən] *Vtr* **1** aquecer, esquentar. **2** conquistar, convencer. *Vrefl* **3** esquentar-se. **4** entusiasmar-se.

er.war.ten [ɛrˈvartən] *Vtr* **1** esperar, aguardar. **2** contar com.

Er.war.tung [ɛrˈvartuŋ] *Sf*, **-en 1** expectativa, esperança. **2** espera.

er.war.tungs.voll [ɛrˈvartuŋsfɔl] *Adj* **1** esperançoso. **2** ansioso.

er.wei.tern [ɛrˈvaitərn] *Vtr* **1** alargar, ampliar. **2** expandir. **3** dilatar. **4** aumentar.

er.wer.ben [ɛrˈvɛrbən] *Vtr unreg* **1** ganhar. **2** conseguir, obter. **3** adquirir, comprar, incorporar.

er.wi.dern [ɛrˈvi:dərn] *Vtr* **1** responder, replicar. **2** retribuir.

er.wi.schen [ɛrˈviʃən] *Vtr* apanhar, agarrar, surpreender, flagrar.

Erz [ɛrts] *Sn*, **-e** minério.

er.zäh.len [ɛrˈtsɛ:lən] *Vtr+Vint* contar, narrar.

Er.zäh.ler [ɛrˈtsɛ:lər] *Sm*, **- 1** narrador. **2** autor. **3** contista.

Er.zäh.lung [ɛr'tsɛ:lʊŋ] *Sf*, **-en 1** narração, narrativa. **2** conto. **3** relato.
er.zeu.gen [ɛr'tsɔigən] *Vtr* **1** produzir, gerar, fabricar. **2** procriar.
Er.zeu.ger [ɛr'tsɔigər] *Sm*, - **1** produtor, fabricante. **2** pai, progenitor.
Er.zeug.nis [ɛr'tsɔiknis] *Sn*, **-se** produto.
er.zie.hen [ɛr'tsi:ən] *Vtr unreg* **1** educar. **2** criar.
Er.zie.her [ɛr'tsi:ər] *Sm*, - educador, pedagogo, professor.
Er.zie.hung [ɛr'tsi:ʊŋ] *Sf* (*o. Pl*) educação.
er.zie.len [ɛr'tsi:lən] *Vtr* **1** alcançar, atingir. **2** conseguir, obter. **3** marcar (gol).
es [ɛs] *Pron* **1** ele, ela. **2** o, a, lhe. **es war einmal** era uma vez. **es geht ihm (ihr) gut** ele (ela) está bem. **es gibt** há.
E.sel ['e:zəl] *Sm*, - **1** asno, burro. **2** *Ugs* idiota, estúpido.
ess.bar ['ɛsba:r] *Adj* comestível.
es.sen ['ɛsən] *Vtr+Vint unreg* comer, tomar (sopa).
Es.sen ['ɛsən] *Sn*, - **1** comida. **2** refeição.
Es.sen.mar.ke ['ɛsənmarkə] *Sf*, **-n** vale-refeição.
Es.sig ['ɛsiç] *Sm*, **-e** vinagre.
Ess.löf.fel ['ɛslœfəl] *Sm*, - colher de sopa.
Es.zett [ɛs'tsɛt] *Sn*, - letra ß.
E.tap.pe [e'tapə] *Sf*, **-n 1** etapa, fase, estágio. **2** *Mil* base, retaguarda.
E.thik ['e:tik] *Sf*, **-en** ética.
E.ti.kett [eti'kɛt] *Sn*, **-e(n)** etiqueta, rótulo.
et.li.che ['ɛtliçə] *Pron* alguns, vários.
E.tui [ɛt'vi:] *Sn*, **-s** estojo.
et.wa ['ɛtva] *Adv* **1** mais ou menos, aproximadamente. **2** por acaso, por exemplo, porventura.
et.was ['ɛtvas] *Pron+Adv* **1** alguma coisa, algo. **2** algo importante. **3** um pouco, uma parte. **4** um tanto. **so etwas!** que coisa!
euch [ɔiç] *Pron* (*Akk und Dat von* **ihr**) vos, a vós.
eu.er ['ɔiər] *Possessivpron* **1** vosso, de vós. **2** de vocês. **3** seu(s), sua(s).
Eu.ka.lyp.tus [ɔika'lyptus] *Sm*, -, **-ten** eucalipto.
Eu.le ['ɔilə] *Sf*, **-en** coruja.
eu.re ['ɔirə] *Possessivpron* **1** vosso(a), vossos(as). **2** de vocês. **3** seu, sua, seus, suas.
Eu.ro.pa [ɔi'ro:pa] *Sn* (*o. Art*) Europa.
Eu.ro.pä.er [ɔiro'pɛ:ər] *Sm*, - europeu.
eu.ro.pä.isch [ɔiro'pɛ:iʃ] *Adj* europeu.
e.va.ku.ie.ren [evaku'i:rən] *Vtr* retirar.
e.van.ge.lisch [evaŋ'ge:liʃ] *Adj* **1** evangélico. **2** protestante.
E.van.ge.li.um [evaŋ'ge:lium] *Sn*, **-ien** Evangelho.
e.ven.tu.ell [evɛntu'ɛl] *Adj* eventual, possível.
e.wig ['e:viç] *Adj* eterno, perpétuo, imortal, desde sempre, para sempre.
E.wig.keit ['e:viçkait] *Sf*, **-en** eternidade.
e.xakt [ɛ'ksakt] *Adj* **1** exato, preciso. **2** em ponto.
E.xa.men [ɛ'ksa:mən] *Sn*, - exame, prova.
E.xemp.lar [ɛksɛm'pla:r] *Sn*, **-e** exemplar, cópia.
E.xil [ɛ'ksi:l] *Sn*, **-e** exílio.
E.xis.tenz [ɛksis'tɛnts] *Sf*, **-en 1** existência. **2** subsistência.
e.xis.tie.ren [ɛksis'ti:rən] *Vint* existir.
ex.klu.siv [ɛksklu'zi:f] *Adj* exclusivo.
e.xo.tisch [ɛ'kso:tiʃ] *Adj* exótico.
Ex.pe.di.ti.on [ɛkspeditsi'o:n] *Sf*, **-en** expedição.
Ex.pe.ri.ment [ɛksperi'mɛnt] *Sn*, **-e** experimento, experiência, tentativa, ensaio.
Ex.per.te [ɛks'pɛrtə] *Sm*, **-n** perito, especialista.
ex.plo.die.ren [ɛksplo'di:rən] *Vint* **(sein)** explodir.
Ex.plo.si.on [ɛksplozi'o:n] *Sf*, **-en** explosão.
Ex.port [ɛks'pɔrt] *Sm*, **-e** exportação.
Ex.por.teur [ɛkspɔr'tø:r] *Sm*, **-e** exportador.

ex.por.tie.ren [ɛkspɔr'ti:rən] *Vtr* exportar.
Ex.press [ɛks'prɛs] *Sm* (*o. Pl*) trem expresso.
ex.tern [ɛks'tɛrn] *Adj* externo, exterior.
ex.tra ['ɛkstra] *Adv* **1** à parte, separadamente. **2** extra, especialmente. **3** propositadamente.
ex.trem [ɛks'tre:m] *Adj* extremo.

f

f, F [ɛf] *Sn*, - **1** letra f, F. **2** *Mus* fá.

fa.bel.haft [ˈfa:bəlhaft] *Adj* fabuloso, fantástico, maravilhoso.

Fa.brik [faˈbri:k] *Sf*, **-en** fábrica, usina, indústria.

Fach [fax] *Sn*, **Fächer 1** escaninho, prateleira, divisão. **2** área, matéria. **3** especialidade, ofício, profissão.

Fach.arzt [ˈfaxartst] *Sm*, **Fachärzte** médico especialista.

Fä.cher [ˈfɛçər] *Sm*, - leque, abanador.

Fach.ge.schäft [ˈfaxgəʃɛft] *Sn*, **-e** loja especializada.

Fach.hoch.schu.le [ˈfaxho:xʃu:lə] *Sf*, **-n** escola técnica superior.

Fach.mann [ˈfaxman] *Sm*, **Fachleute** especialista, perito, técnico.

Fach.schu.le [ˈfaxʃu:lə] *Sf*, **-n** escola técnica.

Fach.werk [ˈfaxvɛrk] *Sn* (*o. Pl*) *Archit* enxaimel, construção com madeiramento à vista.

Fa.den [ˈfa:dən] *Sm*, **Fäden 1** linha, fio. **2** filamento. **3** *Naut* braça.

fä.hig [ˈfɛ:iç] *Adj* **1** capaz, apto, capacitado. **2** talentoso.

Fä.hig.keit [ˈfɛ:içkait] *Sf*, **-en 1** capacidade, aptidão, habilidade. **2** talento, potencial.

Fah.ne [ˈfa:nə] *Sf*, **-n** bandeira.

Fahr.aus.weis [ˈfa:rausvais] *Sm*, **-e 1** passagem, bilhete. **2** carteira de motorista (na Suíça).

Fahr.bahn [ˈfa:rba:n] *Sf*, **-en** estrada, pista, faixa de rodagem.

Fäh.re [ˈfɛ:rə] *Sf*, **-n** barca.

fah.ren [ˈfa:rən] *Vint unreg* **(sein) 1** dirigir, guiar. **2** ir, andar (de bicicleta, de carro, de trem, de ônibus), usar (elevador, escada rolante). **3** viajar, partir. **4** funcionar, circular (carro, trem, elevador). *Vtr unreg* **5** dirigir (carro, ônibus, trem, barco). **6** transportar.

Fah.rer [ˈfa:rər] *Sm*, - motorista.

Fahr.kar.te [ˈfa:rkartə] *Sf*, **-n** passagem, bilhete.

Fahr.plan [ˈfa:rpla:n] *Sm*, **Fahrpläne** tabela de horários (trens, ônibus), tabela de partidas e chegadas.

Fahr.preis [ˈfa:rprais] *Sm*, **-e** preço da passagem, tarifa.

Fahr.rad [ˈfa:rra:t] *Sn*, **Fahrräder** bicicleta.

Fahr.rad.fah.rer [ˈfa:rra:tfa:rər] *Sm*, - ciclista.

Fahr.rad.weg [ˈfa:rra:tve:k] *Sm*, **-e** ciclovia.

Fahr.schein [ˈfa:rʃain] *Sm*, **-e** passagem, bilhete.

Fahr.stuhl [ˈfa:rʃtu:l] *Sm*, **Fahrstühle** elevador.

Fahrt [fa:rt] *Sf*, **-en 1** viagem, excursão. **2** trajeto.

Fahr.zeug [ˈfa:rtsɔik] *Sn*, **-e** veículo, carro, viatura.

fair [fɛ:r] *Adj* justo, imparcial.

Fak.ten [ˈfaktən] *S Pl* fatos.

Fak.tor [ˈfaktor] *Sm*, **-en** fator.

Fa.kul.tät [fakulˈtɛ:t] *Sf*, **-en** faculdade.

Fall [fal] *Sm*, **Fälle 1** queda. **2** caso, eventualidade. **auf alle Fälle** em todo caso. **auf keinen Fall** de jeito nenhum.

Fal.le [ˈfalə] *Sf*, **-n** armadilha, cilada. **eine Falle stellen** armar uma cilada.

fal.len [ˈfalən] *Vint unreg* **(sein) 1** cair, tombar. **2** baixar, descer. **3** morrer em combate.

falls [fals] *Konj* caso, se. **falls es regnen sollte** caso venha a chover.

Fall.schirm [ˈfalʃirm] *Sm*, **-e** para-quedas.

falsch [falʃ] *Adj* **1** falso. **2** falsificado. **3** errado.

fäl.schen [ˈfɛlʃən] *Vtr* falsificar, adulterar, alterar.

Falsch.geld [ˈfalʃgɛlt] *Sn* (*o. Pl*) dinheiro falso.

Fal.te [ˈfaltə] *Sf*, **-n 1** dobra, vinco, plissado, prega. **2** ruga.

fal.ten [ˈfaltən] *Vtr* **1** dobrar, preguear, plissar. **2** franzir.

Fal.ter [ˈfaltər] *Sm*, **- 1** borboleta. **2** mariposa.

fal.tig [ˈfaltiç] *Adj* **1** enrugado, franzido. **2** pregueado, plissado. **3** amassado, amarrotado.

fa.mi.li.är [familiˈɛ:r] *Adj* **1** familiar, íntimo. **2** informal.

Fa.mi.lie [faˈmi:liə] *Sf*, **-n** família. **zur Familie gehören** fazer parte da família.

Fa.mi.li.en.na.me [faˈmi:liənna:mə] *Sm*, **-n** sobrenome.

Fan [fɛn] *Sm*, **-s** fã, torcedor.

fa.na.tisch [faˈna:tiʃ] *Adj* fanático.

fand [fant] *Prät* **finden.**

fan.gen [ˈfaŋən] *Vtr* **1** pegar, apanhar, capturar, prender. **2** caçar, pescar.

Fan.ta.sie [fantaˈzi:] *Sf*, **-en** = *Phantasie.*

fan.tas.tisch [fanˈtastiʃ] = *phantastisch.*

Far.be [ˈfarbə] *Sf*, **-n 1** cor. **2** tinta, pigmento. **3** naipe (jogo de cartas).

Farb.film [ˈfarpfilm] *Sm*, **-e** filme colorido.

far.big [ˈfarbiç] *Adj* colorido.

Far.bi.ge [ˈfarbigə] *Sm+f*, **-n** pessoa de cor.

Farb.stift [ˈfarpʃtift] *Sm*, **-e** lápis de cor.

Fa.sching [ˈfaʃiŋ] *Sm*, **-e, -s** carnaval.

Fa.ser [ˈfa:zər] *Sf*, **-n** fibra, filamento.

Fas.nacht [ˈfasnaxt] *Sf* (*o. Pl*) **1** terça-feira gorda. **2** carnaval.

Fass [fas] *Sn*, **Fässer** barril, tonel, pipa, tambor.

fas.sen [ˈfasən] *Vtr* **1** agarrar, pegar, prender, tomar. **2** comportar. **3** compreender. **4** formular, definir, exprimir. *Vint* **5** alcançar.

Fas.sung [ˈfasuŋ] *Sf*, **-en 1** versão (texto). **2** serenidade, calma, controle, autodomínio. **3** soquete (lâmpada). **4** engaste (joia). **5** armação, aro (óculos), moldura.

fas.sungs.los [ˈfasuŋslo:s] *Adj* desconcertado, pasmado, perplexo.

fast [fast] *Adv* quase, aproximadamente.

fas.ten [ˈfastən] *Vint* jejuar.

Fast.nacht [ˈfastnaxt] *Sf* (*o. Pl*) **1** carnaval. **2** terça-feira gorda.

fas.zi.nie.ren [fastsiˈni:rən] *Vtr* fascinar.

faul [faul] *Adj* **1** preguiçoso, indolente. **2** podre, estragado. **3** frio (cheque). **4** suspeito, desonesto (negócio).

fau.len [ˈfaulən] *Vint* apodrecer, estragar-se, decompor-se.

fau.len.zen [ˈfaulɛntsən] *Vint* vadiar, malandrar, vagabundar, não fazer nada.

Faul.heit [ˈfaulhait] *Sf* (*o. Pl*) preguiça, indolência, pachorra, moleza.

Faust [faust] *Sf*, **Fäuste** punho.

Faust.schlag [ˈfaustʃla:k] *Sm*, **Faustschläge** soco, murro, pancada.

Fax [faks] *Sn*, **-e** (aparelho ou cópia de) fax.

fa.xen [ˈfaksən] *Vtr* mandar, enviar fax.

Fa.zit [ˈfa:tsit] *Sn*, **-e, -s 1** resultado. **2** conclusão. **3** soma, total.

F-Dur [ɛf-du:r] *Sn* (*o. Pl*) *Mus* fá maior.

Fe.bru.ar ['fe:bruar] *Sm*, **-e** fevereiro.
Fe.der ['fe:dər] *Sf*, **-n 1** pena, pluma. **2** *Tech* mola.
Fe.der.bett ['fe:dərbɛt] *Sn*, **-en** edredom, acolchoado.
Fee [fe:] *Sf*, **-n** fada.
fe.gen ['fe:gən] *Vtr* varrer, limpar com vassoura.
feh.len ['fe:lən] *Vint* **1** faltar. **2** fazer falta.
Feh.ler ['fe:lər] *Sm*, - **1** erro, engano. **2** falta, lapso. **3** defeito, imperfeição, falha.
Fehl.ge.burt ['fe:lgəburt] *Sf*, **-en** aborto.
Fei.er ['faiər] *Sf*, **-n 1** festa. **2** celebração, comemoração. **3** cerimônia.
Fei.er.a.bend ['faiəra:bənt] *Sm*, **-e 1** fim de expediente, fim de jornada. **2** descanso.
fei.er.lich ['faiərliç] *Adj* solene, festivo.
fei.ern ['faiərn] *Vtr* celebrar, festejar, comemorar.
Fei.er.tag ['faiərta:k] *Sm*, **-e** feriado.
feig [faik] *Adj* covarde, medroso.
Feig.heit ['faikhait] *Sf* (*o. Pl*) covardia.
Feig.ling ['faikliŋ] *Sm*, **-e** covarde.
Fei.le ['failə] *Sf*, **-n** lima (ferramenta), grosa.
fei.len ['failən] *Vtr+Vint* **1** limar. **2** *fig* burilar, retocar.
fein [fain] *Adj* **1** fino, delgado. **2** delicado, sutil. **3** ótimo, legal, maravilhoso. **4** apurado, refinado, distinto.
Feind [faint] *Sm*, **-e** inimigo.
feind.lich ['faintliç] *Adj* hostil.
Feind.schaft ['faintʃaft] *Sf*, **-en** inimizade, hostilidade.
feind.se.lig ['faintzeliç] *Adj* hostil.
Fein.kost ['fainkɔst] *Sf* (*o. Pl*) comida fina, delicatessen.
Fein.schme.cker ['fainʃmɛkər] *Sm*, - *gourmet*, apreciador de comidas e bebidas refinadas.
Feld [fɛlt] *Sn*, **-er 1** campo. **2** plantação. **3** área, quadrado. **4** *Sport* quadra, campo.
Feld.weg ['fɛltve:k] *Sm*, **-e** estrada de terra, atalho, vereda.
Fel.ge ['fɛlgə] *Sf*, **-n 1** aro, cambota. **2** volta (ginástica).
Fell [fɛl] *Sn*, **-e** pele de animais, couro.
Fels ['fɛls] *Sm*, **-en,** rocha, rochedo, pedra, penhasco.
Fel.sen ['fɛlsən] *Sm*, - = *Fels*.
fe.mi.nin [femi'ni:n] *Adj* feminino.
Fens.ter ['fɛnstər] *Sn*, - janela.
Fens.ter.brett ['fɛnstərbrɛt] *Sn*, **-er** peitoril.
Fens.ter.la.den ['fɛnstərla:dən] *Sm*, **Fensterläden** veneziana.
Fens.ter.schei.be ['fɛnstərʃaibə] *Sf*, **-n** vidraça.
Fe.ri.en ['fe:riən] *S Pl* **1** férias. **2** recesso.
Fe.ri.en.la.ger ['fe:riənla:gər] *Sn*, - acampamento de férias.
fern [fɛrn] *Adj* distante, afastado, longínquo, remoto. • *Adv* longe. • *Präp* longe, distante de.
Fern.be.die.nung ['fɛrnbədi:nuŋ] *Sf* (*o. Pl*) controle remoto.
fer.ner ['fɛrnər] *Adv* **1** futuramente. **2** depois. **3** além disso.
Fern.ge.spräch ['fɛrngəʃprɛ:ç] *Sn*, **-e** telefonema interurbano ou internacional.
Fern.glas ['fɛrngla:s] *Sn*, **Ferngläser** binóculo.
Fern.mel.de.amt ['fɛrnmɛldəamt] *Sn*, **Fernmeldeämter** central telefônica.
Fern.seh.ap.pa.rat ['fɛrnze:aparat] *Sm*, **-e** aparelho de televisão.
fern.se.hen ['fɛrnze:ze:n] *Vint* assistir a TV.
Fern.se.hen ['fɛrnze:ze:n] *Sn* (*o. Pl*) televisão.
Fern.se.her ['fɛrnze:ər] *Sm*, - **1** telespectador. **2** *Ugs* televisor.
Fern.seh.ge.rät ['fɛrnze:gərɛ:t] *Sn*, **-e** aparelho de televisão, televisor.
Fern.seh.pro.gramm ['fɛrnze:program] *Sn*, **-e 1** programa de televisão. **2** canal de televisão. **3** guia de programação da TV.
Fern.seh.turm ['fɛrnze:turm] *Sm*, **Fernsehtürme** torre de televisão.

Fern.seh.zu.schau.er ['fɛrnze:tsu:ʃauər] *Sm*, - telespectador.
Fern.spre.cher ['fɛrnʃprɛçər] *Sm*, - telefone.
Fern.sprech.zel.le ['fɛrnʃprɛçtsɛlə] *Sf*, -**n** cabine telefônica.
Fern.stra.ße ['fɛrnʃtrasə] *Sf*, -**n** rodovia.
Fern.ver.kehr ['fɛrnfɛrke:r] *Sm* (*o. Pl*) tráfego de longo percurso.
Fer.se ['fɛrzə] *Sf*, -**n** calcanhar.
fer.tig ['fɛrtiç] *Adj* **1** pronto, preparado. **2** terminado. **3** *Ugs* cansado, acabado, exausto. **sich fertig machen** aprontar-se.
fes.seln ['fɛsəln] *Vtr* **1** algemar, prender, atar, amarrar. **2** confinar. **3** *fig* prender, fascinar, cativar.
fest [fɛst] *Adj* **1** sólido, consistente. **2** firme, seguro, forte, constante, resistente. **3** definitivo, fixo, confirmado.
Fest [fɛst] *Sn*, -**e** **1** festa. **2** celebração, solenidade, festividade. **frohes Fest!** Boas Festas!
fest.bin.den ['fɛstbindən] *Vtr* amarrar, atar.
Fest.es.sen ['fɛstɛsən] *Sn*, - banquete.
Fest.hal.le ['fɛsthalə] *Sf*, -**n** pavilhão, salão.
fest.hal.ten ['fɛsthaltən] *Vtr unreg* **1** segurar, reter. **2** deter, prender. **3** gravar, anotar, captar.
fest.le.gen ['fɛstle:gən] *Vtr* **1** fixar, definir, marcar, acertar, contratar. **2** prescrever, estabelecer, estipular.
fest.lich ['fɛstliç] *Adj* **1** festivo, solene. **2** formal.
fest.ma.chen ['fɛstmaxən] *Vtr* **1** fixar, amarrar. **2** acertar, marcar, combinar. **3** atracar.
fest.neh.men ['fɛstne:mən] *Vtr* deter, prender.
fest.set.zen ['fɛstzɛtsən] *Vtr* **1** fixar, estabelecer, determinar. **2** estipular. **3** marcar, decretar.
Fest.spie.le ['fɛstʃpi:lə] *S Pl* festival.
fest.ste.hen ['fɛstʃte:ən] *Vint unreg* estar definido, marcado, fixado, certo, garantido, estabelecido.
fest.stel.len ['fɛstʃtɛlən] *Vtr* **1** constatar, observar, declarar. **2** apurar, verificar, confirmar. **3** detectar, diagnosticar (uma doença).
Fest.stel.lung ['fɛstʃtɛluŋ] *Sf*, -**en** constatação, observação, declaração.
Fes.tung ['fɛstuŋ] *Sf*, -**en** fortaleza, forte, cidadela.
Fest.zug ['fɛsttsu:k] *Sm*, **Festzüge** desfile, cortejo.
Fe.te ['fɛ:tə] *Sf*, -**n** festinha.
fett [fɛt] *Adj* **1** gordo, obeso. **2** gorduroso, gordurento. **3** *Druckw* negrito.
Fett [fɛt] *Sn*, -**e** **1** gordura, banha. **2** graxa.
fett.arm ['fɛtarm] *Adj* com baixo teor de gordura.
Fet.zen ['fɛtsən] *Sm*, - **1** pedaço de papel. **2** trapo, farrapo.
feucht [fɔiçt] *Adj* úmido, molhado.
Feuch.tig.keit ['fɔiçtiçkait] *Sf* (*o. Pl*) umidade.
Feu.er ['fɔiər] *Sn*, - **1** fogo. **2** incêndio.
Feu.er.alarm ['fɔiəralarm] *Sm*, -**e** alarme de incêndio.
feu.er.fest ['fɔiərfɛst] *Adj* **1** à prova de fogo. **2** resistente ao calor, refratário.
feu.er.ge.fähr.lich ['fɔiərgəfɛ:rliç] *Adj* inflamável, explosivo.
Feu.er.lö.scher ['fɔiərløʃər] *Sm*, - extintor.
Feu.er.mel.der ['fɔiərmɛldər] *Sm*, - alarme de incêndio.
feu.ern ['fɔiərn] *Vint* **1** aquecer, alimentar o fogo. **2** atirar, disparar. *Vtr* **3** *Ugs* demitir, despedir.
Feu.er.trep.pe ['fɔiərtrɛpə] *Sf*, -**n** escada de incêndio, de emergência.
Feu.er.wehr ['fɔiərve:r] *Sf*, (*o. Pl*) corpo de bombeiros. **freiwillige Feuerwehr** corpo de bombeiros voluntários.
Feu.er.werk ['fɔiərvɛrk] *Sn*, -**e** fogo de artifício, foguetório.
Feu.er.zeug ['fɔiərtsɔik] *Sn*, -**e** isqueiro.
Feuil.le.ton ['føjətən] *Sn*, -**s** **1** crônica. **2** folhetim, suplemento cultural ou literário de um jornal.

Fi.as.ko [fi'asko] *Sn*, **-s** fiasco, fracasso, desastre, malogro, insucesso.
Fie.ber ['fi:bər] *Sn*, - febre.
fieb.rig ['fi:briç] *Adj* febril.
fiel ['fi:l] *Prät* **fallen.**
Fi.gur [fi'gu:r] *Sf*, **-en** **1** figura. **2** físico, estatura. **3** forma. **4** pedra ou peça de jogo de tabuleiro.
fi.gu.ra.tiv [figura'ti:f] *Adj* figurativo.
Fik.ti.on [fiktsi'o:n] *Sf*, **-en** ficção.
fik.tiv [fik'ti:f] *Adj* fictício.
Fi.li.a.le [fili'a:lə] *Sf*, **-n** **1** sucursal, filial. **2** agência.
Film [film] *Sm*, **-e** **1** filme. **2** película. **3** cinema.
fil.men ['filmən] *Vtr+Vint* filmar, fazer ou realizar um filme.
Film.fest.spie.le ['filmfɛstʃpi:lə] *S Pl* festival de cinema.
Film.ka.me.ra ['filmkamərа] *Sf*, **-s** **1** filmadora. **2** câmera de cinema.
Film.re.gis.seur ['filmreʒisø:r] *Sm*, **-e** diretor de cinema.
Film.schau.spie.ler ['filmʃauʃpi:lər] *Sm*, - ator de cinema.
Fil.ter ['filtər] *Sm*, - filtro.
fil.trie.ren [fil'tri:rən] *Vtr* filtrar.
Filz.stift ['filtsʃtift] *Sm*, **-e** caneta hidrográfica.
Fi.nanz.amt [fi'nantsamt] *Sn*, **Finanzämter** Departamento da Receita, Delegacia da Receita, Tesouro.
fi.nan.zie.ren [finan'tsi:rən] *Vtr* financiar, custear.
fin.den ['findən] *Vtr unreg* **1** achar, encontrar. **2** crer, pensar a respeito, ser da opinião.
fing ['fiŋ] *Prät* **fangen.**
Fin.ger ['fiŋər] *Sm*, - dedo (da mão).
Fin.ger.ab.druck ['fiŋərapdruk] *Sm*, **Fingerabdrücke** impressão digital.
Fin.ger.na.gel ['fiŋərna:gəl] *Sm*, **Fingernägel** unha (da mão).
Fin.ger.spit.ze ['fiŋərʃpitsə] *Sf*, **-n** ponta do dedo (da mão).
fins.ter ['finstər] *Adj* **1** escuro, tenebroso. **2** sinistro, sombrio, lúgubre.
Fins.ter.nis ['finstərnis] *Sf*, **-se** **1** escuridão, trevas. **2** eclipse.
Fir.ma ['firma] *Sf*, **-men** **1** firma, empresa, companhia. **2** razão social.
Fisch [fiʃ] *Sm*, **-e** **1** peixe. **2** *Astrol* Peixes.
fi.schen ['fiʃən] *Vtr+Vint* pescar.
Fi.scher ['fiʃər] *Sm*, - pescador.
Fisch.la.den ['fiʃla:dən] *Sm*, **Fischläden** peixaria.
fit [fit] *Adj* em (boa) forma.
Fit.ness.cen.ter ['fitnɛssɛntər] *Sn*, - academia de ginástica, musculação e outros esportes.
Fit.ness.stu.dio ['fitnɛsʃtu:dio] *Sn*, **-s** = *Fitnesscenter.*
fix [fiks] *Adj* **1** rápido, ágil, vivo. **2** fixo.
Fi.xer ['fiksər] *Sm*, - *Ugs* drogado, viciado em drogas.
flach [flax] *Adj* **1** plano, liso, chato. **2** raso.
Flä.che ['flɛçə] *Sf*, **-n** **1** área. **2** superfície. **3** face, plano.
Flä.chen.maß ['flɛçənma:s] *Sn*, **-e** medida de superfície.
Fla.den ['fla:dən] *Sm*, - **1** pasta achatada. **2** panqueca, folhado.
Flag.ge ['flagə] *Sf*, **-n** bandeira, estandarte, pavilhão.
Flam.me ['flamə] *Sf*, **-n** chama, labareda.
Fla.sche ['flaʃə] *Sf*, **-n** **1** garrafa, frasco. **2** mamadeira. **3** *Ugs* covarde, palerma, imprestável.
Fla.schen.öff.ner ['flaʃənøfnər] *Sm*, - abridor de garrafa.
Fla.schen.pfand ['flaʃənpfant] *Sn* (*o. Pl*) depósito (por vasilhame).
flau [flau] *Adj* **1** frouxo, lerdo, fraco. **2** bambo, enjoado.
Flaum [flaum] *Sm* (*o. Pl*) **1** penugem, lanugem, buço. **2** plumagem.
Flau.te ['flautə] *Sf*, **-n** **1** calmaria. **2** estagnação, parada, má fase, depressão.
flech.ten ['flɛçtən] *Vtr* **1** trançar, tramar, entrelaçar. **2** fazer cestos.

Fleck [flɛk] *Sm*, **-e** **1** mancha, nódoa. **2** mácula. **3** lugar, local.

Fle.cken ['flɛkən] *Sm*, - **1** mancha, nódoa. **2** lugar, povoado.

fle.ckig ['flɛkiç] *Adj* **1** manchado. **2** malhado.

Fle.der.maus ['fle:dərmaus] *Sf*, **Fledermäuse** morcego.

fle.hen ['fle:ən] *Vint* implorar, suplicar, rogar.

Fleisch [flaiʃ] *Sn* (*o. Pl*) **1** carne. **2** pola (fruta).

Fleisch.brü.he ['flaiʃbry:ə] *Sf*, **-n** caldo de carne.

Flei.scher ['flaiʃər] *Sm*, - açougueiro.

Flei.sche.rei [flaiʃə'rai] *Sm*, **-en** açougue.

Fleisch.ge.richt ['flaiʃgəriçt] *Sn*, **-e** prato de carne.

Fleisch.wurst ['flaiʃvurst] *Sf*, **Fleischwürste** **1** salsicha. **2** mortadela.

Fleiß [flais] *Sm* (*o. Pl*) dedicação, aplicação, assiduidade, zelo, diligência, esforço.

flei.ßig ['flaisiç] *Adj* **1** aplicado, diligente, assíduo, ativo, trabalhador, infatigável. **2** estudioso.

fle.xi.bel [flɛ'ksi:bəl] *Adj* flexível.

fli.cken ['flikən] consertar, remendar.

Flie.ge ['fli:gə] *Sf*, **-n** **1** mosca. **2** gravata-borboleta. **3** bigodinho.

flie.gen ['fli:gən] *Vint unreg* **(sein)** **1** voar, tomar avião. **2** ser demitido (emprego), ser expulso (escola). *Vtr unreg* **3** pilotar avião.

flie.hen [fli:ən] *Vint unreg* **(sein)** **1** fugir, escapar. *Vtr unreg* **2** evitar.

Fließ.band ['fli:sbant] *Sn*, **Fließbänder** **1** correia transportadora. **2** linha de montagem, linha de produção.

flie.ßen ['fli:sən] *Vint unreg* **(sein)** **1** correr, escorrer, fluir. **2** circular. **fließen in** desaguar, desembocar.

flie.ßend ['fli:sənt] *Adj* **1** corrente, fluente. **2** móvel. **3** fluido, flutuante. **fließend sprechen** falar fluentemente.

flink [fliŋk] *Adj* ágil, ligeiro, rápido, vivo, despachado.

Flirt [flørt ou flirt] *Sm*, **-s** flerte, paquera.

flir.ten ['flørtən ou flirten] *Vint* flertar, paquerar.

Flit.ter.wo.chen ['flitərvɔxən] *S Pl* lua de mel.

Flo.cke ['flɔkə] *Sf*, **-n** **1** floco. **2** tufo, felpa, penugem.

flog ['flo:k] *Prät* **fliegen.**

floh ['flo:] *Prät* **fliehen.**

Floh ['flo:] *Sm*, **Flöhe** **1** pulga. **2** *Pl Ugs* dinheiro, grana.

Floh.markt ['flo:markt] *Sm*, **Flohmärkte** feira de objetos usados, antiguidades.

floss [flɔs] *Prät* **fließen.**

Floß [flo:s] *Sn*, **Flöße** balsa, jangada.

Flos.se ['flɔsə] *Sf*, **-n** **1** nadadeira, barbatana. **2** asa, estabilizador (aeronave).

Flö.te ['flø:tə] *Sf*, **-n** flauta.

flott [flɔt] *Adj* **1** vivo, animado, alegre, movimentado. **2** ligeiro, rápido. **3** chique, elegante, atrativo.

Flot.te ['flɔtə] *Sf*, **-n** frota, esquadra.

flu.chen ['flu:xən] *Vint* **1** xingar, praguejar, esbravejar. **2** amaldiçoar. **3** blasfemar.

Flucht [fluxt] *Sf*, **-en** (*o. Pl*) fuga, evasão.

flüch.ten ['flyçtən] *Vint* **(sein)** **1** fugir, escapar. *Vrefl* **2** fugir, escapar. **3** refugiar-se.

Flücht.ling ['flyçtliŋ] *Sm*, **-e** **1** fugitivo. **2** refugiado.

Flug [flu:k] *Sm*, **Flüge** voo, viagem de avião.

Flug.blatt ['flu:kblat] *Sn*, **Flugblätter** volante, panfleto.

Flü.gel ['fly:gəl] *Sm*, - **1** asa. **2** ala. **3** piano de cauda. **4** narina.

Flug.gast ['flu:kgast] *Sm*, **Fluggäste** passageiro (aeronave).

Flug.ge.sell.schaft ['flu:kgəzɛlʃaft] *Sf*, **-en** companhia ou linha aérea.

Flug.ha.fen ['flu:khafən] *Sm*, **Flughäfen** aeroporto.

Flug.platz ['flu:kplats] *Sm*, **Flugplätze** aeródromo, campo de pouso, campo de aviação, pista.

Flug.rei.se ['flu:kraizə] *Sf*, **-n** viagem aérea.
Flug.schein ['flu:kʃain] *Sm*, **-e** bilhete ou passagem de avião.
Flug.ticket ['flu:ktikɔt] *Sn*, **-s** bilhete ou passagem de avião.
Flug.zeug ['flu:ktsɔik] *Sn*, **-e** avião, aeronave.
Flur [flu:r] *Sm*, **-e** **1** corredor. **2** vestíbulo, *hall*. *Sf*, **-en** **3** terra de cultivo, campo, campina, prado.
Fluss [flus] *Sm*, **Flüsse** **1** rio. **2** fluxo, curso.
flüs.sig ['flysiç] *Adj* **1** líquido. **2** fundido, liquefeito, derretido. **3** fluente.
Flüs.sig.keit ['flysiçkait] *Sf*, **-en** **1** líquido, fluido. **2** fluência.
flüs.tern ['flystərn] *Vint* falar baixinho, cochichar, sussurrar, segredar, murmurar.
Flut [flu:t] *Sf*, **-en** **1** maré alta. **2** maré viva, torrente, inundação, enchente.
f-Moll [ɛf-mɔl] *Sn*, - *Mus* fá menor.
Föhn ['fø:n] *Sm*, **-e** **1** vento quente e seco na região alpina. **2** secador de cabelo.
Fol.ge ['fɔlgə] *Sf*, **-n** **1** consequência, resultado, efeito. **2** sucessão, sequência, série, continuação. **3** episódio, capítulo de uma série, fascículo.
fol.gen ['fɔlgən] *Vint* **(sein)** **1** seguir. **2** suceder. **3** obedecer. **4** resultar.
Fol.ge.rung ['fɔlgəruŋ] *Sf*, **-en** dedução, conclusão.
folg.lich ['fɔlkliç] *Adv* consequentemente, logo, por conseguinte.
Fo.lie ['fo:liə] *Sf*, **-n** **1** folha (de alumínio, de plástico), película. **2** transparência.
Fol.ter ['fɔltər] *Sf*, **-n** **1** tortura, suplício, tormento. **2** instrumento de tortura.
fol.tern ['fɔltərn] *Vtr* torturar.
for.dern ['fɔrdərn] *Vtr* **1** exigir, reclamar, reivindicar. **2** desafiar.
för.dern ['førdərn] *Vtr* **1** promover, patrocinar, fomentar, incentivar. **2** melhorar, ajudar, apoiar. **3** sustentar. **4** extrair, explorar (mina, poço).
For.de.rung ['fɔrdəruŋ] *Sf*, **-en** **1** exigência, reclamação, reivindicação, interpelação. **2** requisito. **3** pretensão, direito.
Fo.rel.le [fo'rɛlə] *Sf*, **-n** truta.
Form [fɔrm] *Sf*, **-en** **1** forma. **2** molde. **3** maneira, feitio. **4** formalidade. **in Form sein** estar em forma.
for.ma.li.sie.ren [fɔrmali'zi:rən] *Vtr* formalizar.
For.ma.li.tät [fɔrmali'tɛ:t] *Sf*, **-en** formalidade, etiqueta.
For.mat [fɔr'ma:t] *Sn*, **-e** **1** formato. **2** estatura, tamanho. **3** qualidade, classe.
Form.blatt ['fɔrmblat] *Sn*, **Formblätter** formulário, impresso.
For.mel ['formǝl] *Sf*, **-n** fórmula. **Formel 1** *Sport* Fórmula 1.
for.mell [fɔr'mɛl] *Adj* formal, oficial.
for.men ['fɔrmən] *Vtr* **1** formar, moldar. **2** modelar.
förm.lich ['førmliç] *Adj* **1** formal, impessoal. **2** protocolar, oficial.
For.mu.lar [fɔrmu'la:r] *Sn*, **-e** formulário.
for.mu.lie.ren [fɔrmu'li:rən] *Vtr* formular, elaborar.
forsch [fɔrʃ] *Adj* **1** enérgico, decidido, resoluto. **2** atrevido, convencido.
for.schen ['fɔrʃən] *Vint* procurar, investigar, averiguar. **2** pesquisar, estudar.
For.scher ['fɔrʃər] *Sm*, - pesquisador, explorador, cientista.
For.schung ['fɔrʃuŋ] *Sf*, **-en** pesquisa, investigação, estudo.
fort [fɔrt] *Adv* embora, longe, ausente. **ich muss fort** tenho de ir embora.
fort.an [fɔrt'an] *Adv* doravante, daí em diante, para o futuro.
Fort.be.we.gung ['fɔrtbəve:guŋ] *Sf* (*o. Pl*) locomoção, deslocamento.
Fort.bil.dung ['fɔrtbilduŋ] *Sf* (*o. Pl*) **1** aperfeiçoamento, especialização. **2** educação superior.

fort.fah.ren ['fɔrtfa:rən] *Vint unreg* **(sein) 1** partir, viajar, sair. **2** prosseguir, continuar.

fort.ge.hen ['fɔrtge:ən] *Vint unreg* **(sein) 1** partir, ir embora. **2** continuar.

fort.ge.schrit.ten ['fɔrtgəʃritən] *Adj* avançado, adiantado.

fort.ja.gen ['fɔrtja:gən] *Vtr* mandar embora, expulsar.

fort.lau.fen ['fɔrtlaufən] *Vint unreg* **(sein) 1** sair correndo, partir, ir embora, fugir. **2** continuar.

Fort.pflan.zung ['fɔrtpflantsuŋ] *Sf* (*o. Pl*) **1** reprodução. **2** propagação, difusão, transmissão.

fort.schaf.fen ['fɔrtʃafən] *Vtr* levar, carregar.

fort.schi.cken ['fɔrtʃikən] *Vtr* mandar embora, despedir, despachar.

Fort.schritt ['fɔrtʃrit] *Sm*, **-e** progresso, avanço, modernização.

fort.schritt.lich ['fɔrtʃritliç] *Adj* progressista, moderno.

fort.set.zen ['fɔrtzɛtsən] *Vtr* continuar, prosseguir.

Fort.set.zung ['fɔrtzɛtsuŋ] *Sf*, **-en** continuação. **Fortsetzung folgt** continua.

fort.wer.fen ['fɔrtvɛrfən] *Vtr unreg* jogar fora, descartar.

Fo.to ['fo:to] *Sn*, **-s** foto, fotografia.

Fo.to.ap.pa.rat ['fo:toaparat] *Sm*, **-e** máquina fotográfica.

Fo.to.graf [foto'gra:f] *Sm*, **-en** fotógrafo.

Fo.to.gra.fie [fotogra'fi:] *Sf*, **-n** foto, fotografia.

fo.to.gra.fie.ren [fotogra'fi:rən] *Vtr +Vint* fotografar.

Fo.to.ko.pie [fotoko'pi:] *Sf*, **-n** fotocópia.

Fo.to.mo.dell [foto'modɛl] *Sn*, **-e** modelo, manequim.

Foy.er [fua'je:] *Sn*, **-s** vestíbulo, *hall*, salão.

Fracht [fraxt] *Sf*, **-en 1** carga, carregamento. **2** frete.

Frack [frak] *Sm*, **Fräcke** casaca, traje a rigor.

Fra.ge ['fra:gə] *Sf*, **-n 1** pergunta, questão, interrogação. **2** quesito, problema.

Fra.ge.bo.gen ['fra:gəbo:gən] *Sm*, **-** questionário.

fra.gen ['fra:gən] *Vtr+Vint* **1** perguntar, pedir informação, indagar. **2** interrogar.

Fra.ge.satz ['fra:gəzats] *Sm*, **Fragesätze** oração interrogativa.

Fra.ge.zei.chen ['fra:gətsaiçən] *Sn*, **-** ponto de interrogação.

frag.lich ['fra:kliç] *Adj* **1** duvidoso, incerto. **2** em questão.

fran.kie.ren [fraŋ'ki:rən] *Vtr* **1** franquear. **2** selar.

Frank.reich ['fraŋkraiç] *Sn* (*o. Art*) França.

Fran.zo.se [fran'tso:zə] *Sm*, **-n** francês.

Fran.zö.sin [fran'tsø:zin] *Sf*, **-nen** francesa.

fran.zö.sisch [fran'tsø:ziʃ] *Adj* francês.

fraß [fra:s] *Prät* **fressen.**

Fraß [fra:s] *Sm*, **-e 1** ração. **2** *Ugs* comida ruim.

Frat.ze ['fratsə] *Sf*, **-n** careta.

Frau [frau] *Sf*, **-en 1** mulher, esposa. **2** senhora, dona.

Frau.en.arzt ['frauənartst] *Sm*, **Frauenärzte** ginecologista.

Fräu.lein ['frɔilain] *Sn*, **- 1** senhorita. **2** garçonete.

frech [frɛç] *Adj* **1** atrevido, insolente, descarado, impertinente, sem-vergonha. **2** arrogante.

Frech.heit ['frɛçhait] *Sf*, **-en** impertinência, insolência, descaramento, atrevimento, falta de respeito, desaforo.

frei [frai] *Adj* **1** livre, independente. **2** vago, desocupado. **3** gratuito, grátis. **4** isento. **5** liberal.

Frei.bad ['fraiba:t] *Sn*, **Freibäder** piscina ao ar livre.

Frei.er ['fraiər] *Sm*, **- 1** pretendente. **2** amante.

Frei.ga.be ['fraiga:bə] *Sf*, **-n 1** liberação. **2** desbloqueio, flutuação (cotações).

frei.ge.ben ['fraige:bən] *Vtr unreg* **1** liberar. **2** soltar, largar. **3** desbloquear. **4** dispensar (alunos).

frei.ge.big ['fraige:biç] *Adj* generoso, liberal, mão-aberta.

frei.hal.ten ['fraihaltən] *Vtr unreg* **1** deixar livre, manter desimpedido. **2** pagar as despesas de outra(s) pessoa(s). **3** guardar lugar para alguém.

Frei.heit ['fraihait] *Sf*, **-en** **1** liberdade. **2** privilégio, licença, dispensa, isenção.

frei.kom.men ['fraikɔmən] *Vint unreg* **(sein)** **1** ser solto, ganhar a liberdade. **2** escapar, livrar-se de.

frei.las.sen ['frailasən] *Vtr unreg* soltar, libertar, pôr em liberdade.

frei.lich ['frailiç] *Adv* **1** de fato, certamente, naturalmente. **2** no entanto, todavia.

frei.mü.tig ['fraimy:tiç] *Adj* franco, sincero, leal, cândido.

frei.spre.chen ['fraiʃprɛçən] *Vtr unreg* **1** absolver. **2** dispensar.

frei.stel.len ['fraiʃtɛlən] *Vtr* **1** deixar a critério de alguém. **2** dispensar, isentar, desobrigar.

Frei.tag ['fraita:k] *Sm*, **-e** sexta-feira.

frei.tags ['fraita:ks] *Adv* às sextas-feiras.

frei.wil.lig ['fraiviliç] *Adj* voluntário, opcional, espontâneo.

Frei.zeit ['fraitsait] *Sf* (*o. Pl*) tempo livre, lazer, recreio, descanso.

fremd [frɛmt] *Adj* **1** estranho, desconhecido. **2** estrangeiro.

Frem.de ['frɛmdə] *Sm+f*, **-n** **1** estranho(a), desconhecido(a). **2** estrangeiro(a). **3** visitante.

Frem.den.füh.rer ['frɛmdənfy:rər] *Sm*, - guia turístico, cicerone.

Frem.den.ver.kehr ['frɛmdənfɛrke:r] *Sm* (*o. Pl*) turismo.

Frem.den.zim.mer ['frɛmdəntsimər] *Sn*, - quarto de hóspedes (para alugar).

Fremd.kör.per ['frɛmdkørpər] *Sm*, - corpo estranho.

Fremd.spra.che ['frɛmdʃpra:xə] *Sf*, **-n** língua estrangeira.

Fremd.wort ['frɛmdvɔrt] *Sn*, **Fremdwörter** palavra de língua estrangeira.

fres.sen ['frɛsən] *Vtr unreg* **1** comer, alimentar-se (animais). **2** *vulg* devorar com sofreguidão.

Fres.sen ['frɛsən] *Sn* (*o. Pl*) **1** comida (para animais), ração. **2** *Ugs* boia.

Freu.de ['frɔidə] *Sf*, **-n** **1** alegria. **2** prazer, satisfação, contentamento, deleite. **3** felicidade.

freu.dig ['frɔidiç] *Adj* **1** alegre, feliz, contente. **2** agradável.

freu.en ['frɔiən] *Vrefl* alegrar-se, estar feliz (alegre, contente, satisfeito). **freut mich!** prazer!

Freund [frɔint] *Sm*, **-e** **1** amigo. **2** companheiro, camarada, colega. **3** namorado, amante.

Freun.din ['frɔindin] *Sf*, **-nen** **1** amiga. **2** companheira, camarada, colega. **3** namorada, amante.

freund.lich ['frɔindliç] *Adj* amável, afável, atencioso, amigável, gentil, cordial.

Freund.schaft ['frɔindʃaft] *Sf*, **-en** amizade.

freund.schaft.lich ['frɔindʃaftliç] *Adj* amigável, amistoso, de amigo, simpático.

Frie.den ['fri:dən] *Sm*, - **1** paz. **2** tranquilidade, sossego. **Frieden schließen** fazer as pazes.

Fried.hof ['fri:tho:f] *Sm*, **-höfe** cemitério.

fried.lich ['fri:tliç] *Adj* pacífico, tranquilo, sossegado, calmo, sereno.

frie.ren ['fri:rən] *Vint unreg* **1** sentir frio, estar com frio. **2** **(sein)** congelar.

Fri.ka.del.le [frika'dɛlə] *Sf*, **-n** almôndega.

frisch [friʃ] *Adj* **1** fresco. **2** novo, recente. **3** descansado, cheio de energia. **4** puro.

Fri.seur [fri'zø:r] *Sm*, **-e** cabeleireiro, barbeiro.

Fri.seu.se [fri'zø:zə] *Sf*, **-n** cabeleireira.

F

fri.sie.ren [fri'zi:rən] *Vtr* **1** pentear, arrumar os cabelos, fazer penteado. **2** retocar, melhorar (contas).
Frist [frist] *Sf*, **-en** prazo, período, termo.
Fri.sur [fri'zu:r] *Sf*, **-en** penteado.
froh [fro:] *Adj* alegre, feliz, contente, satisfeito. **Frohe Ostern!** Feliz Páscoa! **Frohe Weihnacht(en)!** Feliz Natal!
fröh.lich ['frø:liç] *Adj* alegre, animado, feliz, jovial, contente.
Fron.leich.nam [fro:n'laiçna:m] *Sm* (*o. Art*) Corpus Christi, festa do Corpo de Deus.
fror [fro:r] *Prät* **frieren.**
Frosch [frɔʃ] *Sm*, **Frösche 1** rã. **2** busca-pé, traque.
Frost [frɔst] *Sm*, **Fröste** geada.
Frucht [fruxt] *Sf* **Früchte 1** fruta, fruto. **2** resultado.
frucht.bar ['fruxtba:r] *Adj* **1** fértil, fecundo. **2** proveitoso.
Frucht.bar.keit ['fruxtba:rkait] *Sf* (*o. Pl*) fertilidade, fecundidade.
Frucht.saft ['fruxtzaft] *Sm*, **Fruchtsäfte** suco de fruta.
früh [fry:] *Adj* **1** cedo. **2** primeiro, remoto. **3** prematuro. **morgen früh** amanhã cedo.
frü.her ['fry:ər] *Adv* antigamente, outrora. • *Adj* anterior, antigo, passado.
Früh.ge.burt ['fry:gəburt] *Sf*, **-en** parto prematuro.
Früh.jahr ['fry:ja:r] *Sn*, **-e** primavera.
Früh.ling ['fry:liŋ] *Sm*, **-e** primavera.
früh.reif ['fry:raif] *Adj* precoce, prematuro.
Früh.stück ['fry:ʃtyk] *Sn*, **-e** café da manhã.
früh.stü.cken ['fryʃtykən] *Vint* tomar o café da manhã.
früh.zei.tig ['fry:tsaitiç] *Adj* **1** a tempo, cedo. **2** prematuro, precoce.
Frust [frust] *Sm* (*o. Pl*) frustração, insatisfação, decepção.
Fuchs [fuks] *Sm*, **Füchse 1** raposa. **2** *fig* espertalhão.
füg.sam ['fy:kza:m] *Adj* dócil, obediente, submisso.
füh.len ['fy:lən] *Vtr* **1** sentir, apalpar, tocar. **2** notar. *Vrefl* **3** sentir-se.
fuhr ['fuə] *Prät* **fahren.**
füh.ren ['fy:rən] *Vtr+Vint* **1** conduzir, levar, guiar. **2** dirigir, liderar, estar à frente.
Füh.rer ['fy:rər] *Sm*, - **1** condutor, dirigente, chefe, líder. **2** guia, manual.
Füh.rer.schein ['fy:rərʃain] *Sm*, **-e** carta (carteira) de motorista.
Füh.rung ['fy:ruŋ] *Sf*, **-en 1** liderança, direção, chefia, gerência, comando. **2** visita acompanhada (museu, fábrica).
fül.len ['fylən] *Vtr* **1** encher, preencher. **2** engarrafar. **3** abastecer.
Fül.ler ['fylər] *Sm*, - caneta-tinteiro.
Füll.wort ['fylvɔrt] *Sn*, **Füllwörter 1** expletivo. **2** palavra expletiva.
fum.meln ['fuməln] *Vint* **1** mexer. **2** acariciar, bolinar.
Fun.da.ment [funda'mɛnt] *Sn*, **-e** fundações, alicerce, base.
Fund.bü.ro ['funtbyro:] *Sn*, **-s** posto de achados e perdidos.
fünf [fynf] *Zahlw* cinco.
Fün.fer ['fynfər] *Sm*, - **1** moeda de cinco centavos. **2** quina (loteria).
fünf.hun.dert ['fynfhundərt] *Zahlw* quinhentos.
fünf.tau.send ['fynftausənt] *Zahlw* cinco mil.
fünf.zehn ['fynftse:n] *Zahlw* quinze.
fünf.zig ['fynftsiç] *Zahlw* cinquenta.
Funk [fuŋk] *Sm* (*o. Pl*) radiodifusão.
Funk.a.ma.teur ['fuŋkamatø:r] *Sm*, **-e** radioamador.
Fun.ke ['fuŋkə] *Sm*, **-n** faísca, centelha.
fun.keln ['fuŋkəln] *Vint* **1** cintilar, brilhar. **2** faiscar.
Funk.strei.fe ['fuŋkʃtraifə] *Sf*, **-n** radiopatrulha.
Funk.ti.on [fuŋktsi'o:n] *Sf*, **-en 1** função, funcionamento. **2** cargo.
funk.ti.o.nie.ren [fuŋktsio'ni:rən] *Vint* funcionar, trabalhar.

Funk.turm ['fuŋkturm] *Sm*, **Funktürme** torre de rádio.
für [fy:r] *Präp* **1** para. **2** por. **3** a favor. **4** em vez de, no lugar de.
Furcht [furçt] *Sf* (*o. Pl*) medo, temor, receio.
furcht.bar ['furçtba:r] *Adj* **1** terrível, horrível, medonho. **2** tremendo.
fürch.ten ['fyrçtən] *Vrefl* **1** ter medo de, estar com medo de. *Vtr* **2** temer, recear.
fürch.ter.lich ['fyrçtərliç] *Adj* terrível.
furcht.los ['furçtlo:s] *Adj* destemido, sem medo, corajoso.
furcht.sam ['furçtza:m] *Adj* medroso, receoso, temeroso.
Fürst [fyrst] *Sm*, **-en** príncipe.
Für.sten.tum ['fyrstəntum] *Sn*, **Fürstentümer** principado.
fürst.lich ['fyrstliç] *Adj* principesco, magnífico.
Für.wort ['fy:rvɔrt] *Sn*, **Fürwörter** pronome.
Fuß [fu:s] *Sm*, **Füße 1** pé. **2** base. **zu Fuß gehen** ir a pé.
Fuß.ball ['fu:sbal] *Sm*, **Fußbälle** futebol.
Fuß.ball.mann.schaft ['fu:sbalmanʃaft] *Sf*, **-en** time de futebol.
Fuß.ball.spie.ler ['fu:sbalʃpi:lər] *Sm*, - jogador de futebol.
Fuß.bo.den ['fu:sbo:dən] *Sm*, **Fußböden** piso, chão, soalho.
Fuß.gän.ger ['fu:sgɛngar] *Sm*, - pedestre.
Fuß.gän.ger.über.weg ['fu:sgɛngary:bərve:k] *Sm*, **-e** travessia ou passagem de pedestres.
Fuß.gän.ger.zo.ne ['fu:sgɛngartso:nə] *Sf*, **-n** área de pedestres, calçadão.
Fuß.no.te ['fu:sno:tə] *Sf*, **-n** nota de rodapé.
Fuß.soh.le ['fu:szo:lə] *Sf*, **-n** planta do pé.
futsch [futʃ] *Adj Ugs* perdido, estragado.
Fut.ter ['futər] *Sn* (*o. Pl*) **1** ração, alimento para animais, forragem. **2** forro (roupa).
füt.tern ['fytərn] *Vtr* **1** alimentar, dar de comer. **2** forrar.
Fu.tur [fu'tu:r] *Sn*, **-e** futuro.

g

g, G [ge:] *Sn*, - **1** letra g, G. **2** *Mus* sol.

gab [ga:p] *Prät* **geben**.

Ga.bel [ˈga:bəl] *Sf*, **-n 1** garfo. **2** forcado, forquilha.

gäh.nen [ˈgɛ:nən] *Vint* bocejar.

Ga.le.rie [galəˈri:] *Sf*, **-n** galeria.

Gang [gaŋ] *Sm*, **Gänge 1** modo de andar, passo. **2** andamento. **3** corredor, passagem, galeria. **4** *Techn* marcha. **5** *Kochk* prato.

Gang.schal.tung [ˈgaŋʃaltuŋ] *Sf*, **-en** *Techn* câmbio, caixa de mudança.

Gans [gans] *Sf*, **Gänse** ganso, gansa. **dumme Gans** pessoa boba, estúpida.

Gän.se.haut [ˈgɛnzəhaut] *Sf* (*o. Pl*) **1** pele arrepiada. **2** arrepios.

ganz [gants] *Adj* todo, inteiro, intacto, completo. **den ganzen Tag** o dia todo. **die ganzen Leute** todo o mundo, todos. **eine ganze Menge** bastante. **ganz gut** bastante bom ou bem. **ganz recht** muito bem, é isso aí.

Gan.ze [ˈgantsə] *Sn* (*o. Pl*) **1** todo. **2** total, conjunto. **3** totalidade.

gar [ga:r] *Adj* cozido, pronto (comida). • *Adv* **1** até. **2** bem. **3** demais. **4** absolutamente. **gar keiner** absolutamente ninguém. **gar nicht** de modo algum.

Ga.ra.ge [gaˈra:ʒə] *Sf*, **-n** garagem.

Ga.ran.tie [garanˈti:] *Sf*, **-n 1** garantia. **2** penhor, fiança, aval.

ga.ran.tie.ren [garanˈti:rən] *Vtr* garantir, afiançar.

gä.ren [ˈgɛrən] *Vint* **1** fermentar, levedar, subir. **2** *fig* ferver.

Garn [garn] *Sn*, **-e** fio, linha.

Gar.ten [ˈgartən] *Sm*, **Gärten 1** jardim. **2** quintal. **3** horta.

Gärt.ner [ˈgɛrtnər] *Sm*, - jardineiro.

Gärt.ne.rei [gɛrtnəˈrai] *Sf*, **-en 1** floricultura. **2** empresa de jardinagem. **3** viveiro.

Gas [ga:s] *Sn*, **-e** gás. **Gas geben** acelerar.

Gas.pe.dal [ˈga:speda:l] *Sn*, **-e** acelerador.

Gas.se [ˈgasə] *Sf*, **-n 1** beco, rua, viela. **2** corredor.

Gast [gast] *Sm*, **Gäste 1** visita, visitante. **2** convidado. **3** hóspede. **4** cliente, freguês.

Gast.ar.bei.ter [ˈgastarbaitər] *Sm*, - operário estrangeiro, imigrante.

Gäs.te.zim.mer [ˈgɛstətsimər] *Sn*, - quarto de hóspedes.

Gast.ge.ber [ˈgastge:bər] *Sm*, - anfitrião, dono da casa.

Gast.haus [ˈgasthaus] *Sn*, **Gasthäuser 1** hospedaria, taberna. **2** restaurante. **3** botequim.

gast.lich [ˈgastliç] *Adj* acolhedor, hospitaleiro.

Gast.spiel [ˈgastʃpi:l] *Sn*, **-e** espetáculo em turnê.

Gast.stät.te [ˈgastʃtɛtə] *Sf*, **-n 1** restaurante. **2** café, bar, lanchonete.

Gat.te [ˈgatə] *Sm*, **-n** marido, cônjuge.

Gat.tin [ˈgatin] *Sf*, **-nen** esposa, cônjuge.
Gat.tung [ˈgatuŋ] *Sf*, **-en 1** gênero. **2** espécie, classe, tipo.
Gaul [gaul] *Sm*, **Gäule** cavalo, rocim.
Gau.men [ˈgaumən] *Sm*, - céu da boca, palato.
Gau.ner [ˈgaunər] *Sm*, - malandro, matreiro, gatuno, vigarista, trapaceiro.
G-Dur [ge:-du:r] *Sn*, - *Mus* sol maior.
ge.ach.tet [gəˈaçtət] *Adj* estimado, respeitado.
Ge.bäck [gəˈbɛk] *Sn*, **-e 1** bolos, bolachas, biscoitos. **2** doces, tortas.
ge.bä.ren [gəˈbɛ:rən] *Vtr unreg* dar à luz, parir.
Ge.bäu.de [gəˈbɔidə] *Sn*, - prédio, construção, edifício.
ge.ben [ˈge:bən] *Vtr unreg* **1** dar, entregar. **2** conceder. **es gibt** há, existe(m).
Ge.bet [gəˈbe:t] *Sn*, **-e** oração, prece, reza.
Ge.biet [gəˈbi:t] *Sn*, **-e 1** região. **2** zona, território. **3** área, especialidade.
ge.bil.det [gəˈbildət] *Adj* culto, instruído, educado.
Ge.bir.ge [gəˈbirgə] *Sn*, - serra, montanhas.
Ge.biss [gəˈbis] *Sn*, **Gebisse** dentes, dentadura.
ge.bo.ren [gəˈbo:rən] *Part II* **gebären**. • *Adj* **1** nascido. **2** nato.
ge.bor.gen [gəˈbɔrgən] *Part II* **bergen**. • *Adj* **1** seguro, protegido. **2** salvo.
Ge.bot [gəˈbo:t] *Sn*, **-e** mandamento, preceito, ordem.
ge.bracht [gəˈbraxt] *Part II* **bringen**.
Ge.brauch [gəˈbraux] *Sm*, - **Gebräuche 1** uso, emprego, aplicação. **2** costume, hábito.
ge.brau.chen [gəˈbrauxən] *Vtr* usar, fazer uso, utilizar, empregar.
Ge.brauchs.an.wei.sung [gəˈbrauxsanvaizuŋ] *Sf*, **-n 1** instruções de uso. **2** manual de operação.
ge.braucht [gəˈbrauxt] *Adj* usado, gasto, de segunda mão.
ge.bro.chen [gəˈbrɔxən] *Part II* **brechen**. • *Adj* **1** quebrado, partido. **2** abalado.
Ge.bühr [gəˈby:r] *Sf*, **-en 1** tarifa, taxa, tributo, imposto. **2** encargo, comissão.
ge.büh.ren.frei [gəˈby:rənfrai] *Adj* **1** sem despesas, grátis. **2** isento.
ge.bun.den [gəˈbundən] *Adj* **1** amarrado, fixo. **2** comprometido, vinculado, empenhado. **3** encadernado.
Ge.burt [gəˈburt] *Sf*, **-en 1** nascimento. **2** parto. **3** origem, ascendência.

G

Ge.burts.da.tum [gəˈburtsda:tum] *Sn*, **-daten** data de nascimento.
Ge.burts.tag [gəˈburtsta:k] *Sm*, **-e 1** aniversário. **2** dia de nascimento.
Ge.büsch [gəˈbyʃ] *Sn*, **-e** moita, matagal, brenha, cerrado.
ge.dacht [gəˈdaxt] *Part II* **denken**.
Ge.dächt.nis [gəˈdɛçtnis] *Sn*, **-se** memória, lembrança, recordação.
Ge.dan.ke [gəˈdaŋkə] *Sm*, **-n 1** pensamento, ideia. **2** intenção.
ge.dan.ken.los [gəˈdaŋkənlo:s] *Adj* **1** distraído. **2** irrefletido.
Ge.dicht [gəˈdiçt] *Sn*, **-e** poesia, poema.
Ge.drän.ge [gəˈdrɛŋə] *Sn (o. Pl)* **1** confusão, empurra-empurra. **2** aperto. **3** multidão, aglomeração.
Ge.duld [gəˈdult] *Sf (o. Pl)* paciência.
ge.dul.dig [gəˈduldiç] *Adj* paciente, resignado.
ge.eig.net [gəˈaignət] *Adj* apropriado, adequado, conveniente; apto.
Ge.fahr [gəˈfa:r] *Sf*, **-en** perigo; risco. **auf eigene Gefahr** por sua própria conta e risco.
ge.fähr.lich [gəˈfɛ:rliç] *Adj* perigoso; arriscado; crítico.
ge.fal.len [gəˈfalən] *Vint unreg* agradar. **es gefällt mir** estou gostando. **sich etwas gefallen lassen** aceitar, aguentar, tolerar. • *Part II* **fallen**. • *Adj* caído, decaído.
Ge.fal.len [gəˈfalən] *Sm*, - favor, obséquio; prazer, gosto.
Ge.fan.ge.ne [gəˈfaŋənə] *Sm+f*, **-n** prisioneiro, preso, presidiário.

Ge.fäng.nis [gəˈfɛŋnis] *Sn*, **-se** prisão, cadeia, penitenciária.
Ge.fäß [gəˈfɛ:s] *Sn*, **-e** vaso, recipiente, vasilha.
ge.fasst [gəˈfast] *Adj* **1** calmo, tranquilo, sereno. **2** preparado.
ge.flo.gen [gəˈflo:gən] *Part II* **fliegen**.
ge.flo.hen [gəˈflo:ən] *Part II* **fliehen**.
ge.flos.sen [gəˈflɔsən] *Part II* **fließen**.
Ge.flü.gel [gəˈfly:gəl] *Sn* (*o. Pl*) aves.
ge.fragt [gəˈfra:kt] *Adj* procurado, solicitado.
ge.frie.ren [gəˈfri:rən] *Vint unreg* **(sein)** congelar.
Ge.frier.tru.he [gəˈfri:rtru:ə] *Sf*, **-n** *freezer* horizontal.
ge.fro.ren [gəˈfro:rən] *Part II* **frieren, gefrieren**.
Ge.fühl [gəˈfy:l] *Sn*, **-e** **1** sentimento, emoção. **2** sensação.
ge.fühl.los [gəˈfy:llo:s] *Adj* **1** insensível, sem piedade. **2** desumano. **3** apático.
ge.fühl.voll [gəˈfy:lfɔl] *Adj* **1** sentimental, sensível. **2** emotivo, delicado. **3** afetuoso, carinhoso.
ge.füllt [gəˈfylt] *Adj* recheado.
ge.fun.den [gəˈfundən] *Part II* **finden**.
ge.gan.gen [gəˈgaŋən] *Part II* **gehen**.
ge.gen [ˈge:gən] *Präp* **1** contra. **2** de encontro a. **3** em direção a. **4** em troca de. **5** por volta de, mais ou menos.
Ge.gend [ˈge:gənt] *Sf*, **-en** região, zona, área.
ge.gen.ein.an.der [ˈge:gənainandər] *Adv* um contra o outro.
Ge.gen.satz [ˈge:gənzats] *Sm*, **Gegensätze** **1** contraste. **2** contrário. **3** conflito, antagonismo.
ge.gen.sei.tig [ˈge:gənzaitiç] *Adj* mútuo, recíproco.
Ge.gen.stand [ˈge:gənʃtant] *Sm*, **Gegenstände** **1** objeto. **2** assunto, tema, questão.
Ge.gen.teil [ˈge:gəntail] *Sn* (*o. Pl*) contrário, oposto. **im Gegenteil** pelo contrário.
ge.gen.ü.ber [ˈge:gəny:bər] *Adv* **1** em frente, defronte. **2** para com.
ge.gen.ü.ber.tret.en [ˈge:gəny:bərtre:tən] *Vint unreg* **(sein)** enfrentar.
Ge.gen.ver.kehr [ge:gənfɛrke:r] *Sm* (*o. Pl*) tráfego em sentido contrário.
Ge.gen.wart [ge:gənvart] *Sf* (*o. Pl*) **1** presença. **2** presente, atualidade.
Ge.gen.wehr [ge:gənve:r] *Sf* (*o. Pl*) resistência, defesa.
ge.ges.sen [gəˈgɛsən] *Part II* **essen.**
Geg.ner [ˈge:gnər] *Sm*, - **1** adversário, oponente, opositor. **2** inimigo.
Ge.halt [gəˈhalt] *Sm*, **-e** **1** conteúdo. **2** teor, dosagem. **3** valor. *Sn*, **Gehälter** **4** salário, ordenado, vencimentos.
ge.heim [gəˈhaim] *Adj* **1** sigiloso, secreto. **2** misterioso. **3** clandestino.
Ge.heim.dienst [gəˈhaimdi:nst] *Sm*, **-e** serviço secreto.
Ge.heim.nis [gəˈhaimnis] *Sn*, **-se** **1** segredo, sigilo. **2** mistério.
ge.heim.nis.voll [gəˈhaimnisfɔl] *Adj* misterioso.
ge.hen [ˈge:ən] *Vint unreg* **(sein)** **1** ir, andar. **2** ir embora, afastar-se, retirar-se. **3** funcionar. **4** ser possível ou viável. **5** dirigir-se a. **das geht nicht** não dá, não é possível. **es geht um** trata-se de, está em jogo. **Wie geht's? Es geht!** Como vai? Mais ou menos!
Ge.hirn [gəˈhirn] *Sn*, **-e** **1** cérebro. **2** mente, espírito.
Ge.hirn.er.schüt.te.rung [gəˈhirnɛrʃytəruŋ] *Sf*, **-en** comoção cerebral.
ge.hol.fen [gəˈhɔlfən] *Part II* **helfen.**
ge.hor.chen [gəˈhɔrçən] *Vint* obedecer, seguir.
ge.hö.ren [gəˈhø:rən] *Vint* **1** pertencer a. **2** fazer parte. **3** ser necessário. **das gehört ihm** é dele.
ge.hor.sam [gəˈho:rza:m] *Adj* obediente.
Ge.hor.sam [gəˈho:rza:m] *Sm* (*o. Pl*) obediência.
Geh.steig [ˈge:ʃtaik] *Sm*, **-e** calçada.
Gei.ge [ˈgaigə] *Sf*, **-n** violino.

geil [gail] *Adj* **1** lascivo, teso, com tesão. **2** *ugs* muito bom, legal.
Gei.sel [ˈgaizəl] *Sf*, **-n** refém.
Gei.sel.nah.me [ˈgaizəlna:mə] *Sf*, **-n** sequestro.
Gei.sel.neh.mer [ˈgaizəlne:mər] *Sm*, - sequestrador.
Geist [gaist] *Sm*, **-er 1** espírito, mente. **2** fantasma.
Geis.tes.ge.gen.wart [ˈgaistəsge:gənvart] *Sf* (*o. Pl*) presença de espírito, sangue-frio.
geis.tes.krank [ˈgaistəskraŋk] *Adj* louco, maluco, doido, demente, alienado.
Geis.tes.wis.sen.schaf.ten [ˈgaistəsvisənʃaftən] *S Pl* ciências humanas.
geist.lich [ˈgaistliç] *Adj* **1** religioso. **2** sacro. **3** espiritual.
geist.reich [ˈgaistraiç] *Adj* **1** espirituoso. **2** inteligente, esperto, engenhoso.
geist.voll [ˈgaistfɔl] *Adj* **1** espirituoso. **2** brilhante. **3** inteligente.
Geiz [gaits] *Sm*, **-e** avareza, sovinice, cobiça.
Geiz.hals [ˈgaitshals] *Sm*, **Geizhälse 1** avarento. **2** unha de fome, sovina.
gei.zig [ˈgaitsiç] *Adj* avaro, avarento, sovina.
Ge.läch.ter [gəˈlɛçtər] *Sn*, - **1** risada, gargalhada. **2** galhofa.
Ge.län.der [gəˈlɛndər] *Sn*, - **1** corrimão. **2** balaustrada, parapeito. **3** gradil.
ge.lan.gen [gəˈlaŋən] *Vint* **(sein) 1** chegar a, alcançar, conseguir. **2** atingir.
ge.las.sen [gəˈlasən] *Adj* **1** sereno, calmo, tranquilo. **2** conformado, resignado.
ge.launt [gəˈlaunt] *Adj* humorado, disposto. **gut gelaunt** bem-humorado. **schlecht gelaunt** mal-humorado, rabugento.
gelb [gɛlp] *Adj* amarelo. **gelbe Blätter** folhas secas.
Geld [gɛlt] *Sn*, **-er** dinheiro
Geld.au.to.mat [ˈgɛltautoma:t] *Sm*, **-en** caixa automático.
Geld.beu.tel [ˈgɛltbɔitəl] *Sm*, - carteira, bolsa.
Geld.schein [ˈgɛltʃain] *Sm*, **-e** cédula, nota, papel-moeda.
Geld.stra.fe [ˈgɛltʃtra:fə] *Sf*, **-n** multa.
Ge.le.gen.heit [gəˈle:gənhait] *Sf*, **-en** oportunidade, ocasião, ensejo.
ge.le.gent.lich [gəˈle:gəntliç] *Adj* **1** oportuno. **2** esporádico, ocasional. **3** de vez em quando.
ge.lehrt [gəˈle:rt] *Adj* erudito, douto.
Ge.lehr.te [gəˈle:rtə] *Sm+f*, **-n 1** erudito. **2** sábio. **3** especialista. **4** cientista.
Ge.lenk [gəˈlɛŋk] *Sn*, **-e 1** articulação, junta. **2** dobradiça.
ge.len.kig [gəˈlɛŋkiç] *Adj* ágil, flexível.
Ge.lieb.te [gəˈli:ptə] *Sm+f*, **-n 1** amado(a), querido(a). **2** amante.
ge.lie.hen [gəˈli:ən] *Part II* **leihen.**
ge.lin.gen [gəˈliŋən] *Vint unreg* **(sein) 1** dar certo. **2** ter êxito, dar-se bem. **3** conseguir.
ge.lo.gen [gəˈlo:gən] *Part II* **lügen.**
gel.ten [ˈgɛltən] *Vint unreg* valer, estar em vigor, ser válido. **das gilt nicht!** não valeu!
ge.lun.gen [gəˈluŋən] *Adj* **1** bem-sucedido. **2** perfeito, excelente. **3** inestimável. **4** inspirado, feliz.
Ge.mäl.de [gəˈmɛ:ldə] *Sn*, - pintura, quadro.
ge.mein [gəˈmain] *Adj* **1** vulgar, comum, grosseiro, ordinário, trivial, baixo. **2** maldoso, ruim, infame. **das ist gemein** que maldade!
Ge.mein.de [gəˈmaində] *Sf*, **-n 1** comunidade, população, moradores. **2** município, municipalidade. **3** paróquia, freguesia.
Ge.mein.heit [gəˈmainhait] *Sf*, **-en** maldade, vileza, baixaria, vulgaridade.
ge.mein.nüt.zig [gəˈmainnytsiç] *Adj* **1** de utilidade pública, bem comum. **2** sem fim lucrativo.
ge.mein.sam [gəˈmainza:m] *Adj* **1** comum, coletivo. **2** compartilhado, em conjunto, juntos.

G

Ge.mein.schaft [gə'mainʃaft] *Sf*, **-en 1** comunidade, coletividade, associação, companhia. **2** união, comunhão.

Ge.mein.wohl [gə'mainvo:l] *Sn* (*o. Pl*) bem comum, interesse público.

ge.mischt [gə'miʃt] *Adj* misto, misturado, mesclado.

Ge.mü.se [gə'my:zə] *Sn*, - legumes, hortaliças, verduras.

Ge.müt [gə'my:t] *Sn*, **-er 1** índole, natureza, gênio, mentalidade. **2** ânimo.

ge.müt.lich [gə'my:tliç] *Adj* **1** acolhedor, aconchegante, agradável. **2** informal.

Ge.müt.lich.keit [gə'my:tliçkait] *Sf* (*o. Pl*) **1** aconchego. **2** conforto. **3** ambiente agradável.

Gen [ge:n] *Sn*, **-e** gene.

ge.nannt [gə'nant] *Part II* **nennen.**

ge.nau [gə'nau] *Adj* **1** exato, preciso, correto. **2** definido. **3** meticuloso, estrito, severo, rigoroso.

Ge.nau.ig.keit [gə'nauiçkait] *Sf* (*o. Pl*) **1** exatidão, precisão. **2** meticulosidade.

ge.neh.mi.gen [gə'ne:migən] *Vtr* **1** autorizar, aprovar. **2** permitir, conceder.

Ge.neh.mi.gung [gə'ne:miguŋ] *Sf*, **-en 1** autorização, aprovação. **2** licença, permissão.

Ge.ne.ra.ti.on [generatsi'o:n] *Sf*, **-en** geração.

ge.ne.rell [gene'rɛl] *Adj* **1** geral. **2** genérico. **3** em geral.

Ge.ne.sung [gə'ne:zuŋ] *Sf*, **-en** convalescença, restabelecimento.

Ge.ne.tik [ge'nɛ:tik] *Sf* (*o. Pl*) genética.

ge.ne.tisch [ge'nɛ:tiʃ] *Adj* genético.

Ge.nick [gə'nik] *Sn*, **-e** nuca.

Ge.nie [ʒe'ni:] *Sn*, **-s** gênio.

ge.nie.ßen [gə'ni:sən] *Vtr unreg* **1** gostar, desfrutar, gozar, saborear, apreciar. **2** curtir, divertir-se. **3** aproveitar.

Ge.ni.tiv ['ge:nitif] *Sm*, **-e** genitivo.

ge.nom.men [gə'nɔmən] *Part II* **nehmen.**

Ge.nos.sen.schaft [gə'nɔsənʃaft] *Sf*, **-en** cooperativa.

Gen.tech.nik ['ge:nteçnik] *Sf* (*o. Pl*) engenharia genética.

ge.nug [gə'nu:k] *Adv* bastante, suficiente. **genug haben** estar farto.

ge.nü.gen [gə'ny:gən] *Vint* **1** ser bastante ou suficiente, bastar, chegar. **2** contentar.

ge.nü.gend [gə'ny:gənt] *Adj* **1** suficiente, bastante. **2** satisfatório.

Ge.nuss [gə'nus] *Sm*, **Genüsse 1** prazer, deleite, satisfação, gozo. **2** consumo, ingestão.

Ge.päck [gə'pɛk] *Sn* (*o. Pl*) bagagem, malas.

Ge.päck.ab.fer.ti.gung [gə'pɛkapfɛrtiguŋ] *Sf*, **-en** despacho ou desembaraço de bagagem.

Ge.päck.auf.be.wah.rung [gə'pɛkaufbəva:ruŋ] *Sf*, **-en** guarda-volumes, depósito de bagagem.

Ge.päck.aus.ga.be [gə'pɛkausga:bə] *Sf*, **-en** liberação ou entrega de bagagem.

Ge.päck.schein [gə'pɛkʃain] *Sm*, **-e** guia, tíquete ou senha de bagagem.

Ge.päck.trä.ger [gə'pɛktrɛ:gər] *Sm*, - **1** carregador de malas. **2** porta-bagagem.

ge.pflegt [gə'pfle:kt] *Adj* **1** arrumado, elegante, bem-cuidado. **2** cultivado, sofisticado.

ge.ra.de [gə'ra:də] *Adj* **1** correto, reto, direto. **2** vertical, aprumado. **3** justamente, exatamente. **4** particularmente. **eine gerade Zahl** um número par. **er hat gerade telefoniert** ele acaba de telefonar.

ge.ra.de.aus [gəra:də'aus] *Adv* em frente, em linha reta.

Ge.rät [gə'rɛ:t] *Sn*, **-e 1** aparelho, utensílio. **2** instrumento, equipamento, dispositivo, ferramenta.

ge.ra.ten [gə'ra:tən] *Vint unreg* **(sein) 1** ficar, tornar-se. **2** chegar a. **3** sair--se bem. **außer sich geraten** ficar fora de si

ge.räu.mig [gə'rɔimiç] *Adj* espaçoso, vasto, amplo, largo.

Ge.räusch [gə'rɔiʃ] *Sn*, **-e 1** ruído, barulho. **2** interferência.
ge.recht [gə'rɛçt] *Adj* justo, imparcial.
Ge.rech.tig.keit [gə'rɛçtiçkait] *Sf* (*o. Pl*) justiça, equidade.
Ge.re.de [gə're:də] *Sn* (*o. Pl*) **1** conversa, fala. **2** fofoca, boato, mexerico. **leeres Gerede** conversa fiada.
ge.re.gelt [gə're:gəlt] *Adj* **1** regulamentado, ordenado. **2** regular.
Ge.richt [gə'riçt] *Sn*, **-e 1** corte, tribunal, foro. **2** prato (comida). **das Jüngste Gericht** Juízo Final.
ge.ring [gə'riŋ] *Adj* **1** reduzido, pouco, diminuto. **2** pequeno, baixo, insignificante. **3** humilde.
ge.rin.nen [gə'rinən] *Vint unreg* **1** coagular. **2** coalhar (leite).
ge.ris.sen [gə'risən] *Part II* **reißen.**
ge.rit.ten [gə'ritən] *Part II* **reiten.**
gern [gɛrn] *Adv* **1** de bom grado, com prazer. **2** de boa vontade. **etwas gern tun** gostar de fazer alguma coisa. **gern haben** gostar.
ge.ro.chen [gə'rɔçən] *Part II* **riechen.**
Ge.ruch [gə'rux] *Sm*, **Gerüche 1** odor, cheiro, aroma. **2** olfato.
Ge.rücht [gə'ryçt] *Sn*, **-e** boato, rumor.
ge.rührt [gə'ry:rt] *Adj* comovido, emocionado, sensibilizado.
Ge.rüm.pel [gə'rympəl] *Sn* (*o. Pl*) **1** tranqueira, velharia, traste, tralha. **2** lixo, entulho.
Ge.rüst [gə'ryst] *Sn*, **-e 1** andaime, armação. **2** *fig* linhas mestras.
ge.sal.zen [gə'zaltsən] *Adj* **1** salgado. **2** exorbitante (preço).
ge.samt [gə'zamt] *Adj* inteiro, completo, global, total, todo.
Ge.samt.aus.ga.be [gə'zamtausga:bə] *Sf*, **-n** edição completa.
Ge.samt.schu.le [gə'zamtʃu:lə] *Sf*, **-n** escola integrada.
Ge.sang [gə'zaŋ] *Sm*, **Gesänge** canto, canção.
Ge.sang.ver.ein [gə'zaŋfɛrain] *Sm*, **-e** coral, associação orfeônica, orfeão.
Ge.säß [gə'zɛ:s] *Sn*, **-e** traseiro, nádegas.
Ge.schäft [gə'ʃɛft] *Sn*, **-e 1** negócio, transação, operação. **2** loja, estabelecimento.
ge.schäft.lich [gə'ʃɛfliç] *Adj* **1** de negócios, a negócios. **2** comercial.
Ge.schäfts.brief [gə'ʃɛftsbri:f] *Sm*, **-e** carta comercial.
Ge.schäfts.freund [gə'ʃɛftsfrɔint] *Sm*, **-e** cliente, correspondente.

G

Ge.schäfts.füh.rer [gə'ʃɛftsfy:rər] *Sm*, **- 1** gerente. **2** secretário.
Ge.schäfts.mann [gə'ʃɛftsman] *Sm*, **-leute** homem de negócios, comerciante.
ge.sche.hen [gə'ʃe:ən] *Vint unreg* **(sein) 1** acontecer, suceder. **2** realizar-se.
ge.scheit [gə'ʃait] *Adj* **1** inteligente, sensato, prudente. **2** esperto.
Ge.schenk [gə'ʃɛŋk] *Sn*, **-e 1** presente. **2** brinde.
Ge.schich.te [gə'ʃiçtə] *Sf*, **-n 1** história. **2** conto, narração, narrativa.
Ge.schick [gə'ʃik] *Sn*, **-e 1** destino, sorte, sina. (*o. Pl*) **2** habilidade, jeito, talento, aptidão.
ge.schickt [gə'ʃikt] *Adj* hábil, habilidoso, jeitoso.
ge.schie.den [gə'ʃi:dən] *Part II* **scheiden.** • *Adj* separado, divorciado.
Ge.schirr [gə'ʃir] *Sn*, **-e** louça, aparelho (de jantar, café etc.).
Ge.schirr.spül.ma.schi.ne [gə'ʃirʃpy:l maʃi:nə] *Sf*, **-n** lava-louça.
Ge.schirr.tuch [gə'ʃirtu:x] *Sn*, **Geschirrtücher** pano de prato.
Ge.schlecht [gə'ʃlɛçt] *Sn*, **-er 1** sexo. **2** linhagem, família. **3** geração. **4** *Gram* gênero.
Ge.schlechts.krank.heit [gə'ʃlɛçts kraŋkhait] *Sf*, **-en** doença venérea.
Ge.schlechts.ver.kehr [gə'ʃlɛçtsfɛrke:r] *Sm*, **-e** relações sexuais.
ge.schlos.sen [gə'ʃlɔsən] *Adj* **1** fechado, encerrado. **2** maciço, unido, completo.

Ge.schmack [gə'ʃmak] *Sm*, **Geschmäcke** gosto, sabor, paladar.
ge.schmack.los [gə'ʃmaklo:s] *Adj* **1** sem sabor, insosso, insípido. **2** de mau gosto, indelicado.
ge.schmack.voll [gə'ʃmakfɔl] *Adj* **1** saboroso, delicioso. **2** de bom gosto.
ge.schmol.zen [gə'ʃmɔltsən] *Part II* **schmelzen.**
ge.schnit.ten [gə'ʃnitən] *Part II* **schneiden.**
ge.scho.ben [gə'ʃo:bən] *Part II* **schieben.**
ge.schol.ten [gə'ʃɔltən] *Part II* **schelten.**
Ge.schoss [gə'ʃɔs] *Sn*, **Geschosse 1** projétil, bala, míssil. **2** andar, pavimento.
ge.schos.sen [gə'ʃɔsən] *Part II* **schießen.**
Ge.schrei [gə'ʃrai] *Sn* (*o. Pl*) gritaria, berreiro, celeuma, rebuliço.
ge.schrie.ben [gə'ʃri:bən] *Part II* **schreiben.**
ge.schützt [gə'ʃytst] *Adj* **1** protegido, abrigado. **2** patenteado.
Ge.schwätz [gə'ʃvɛts] *Sn* (*o. Pl*) **1** falação, falatório. **2** conversa fiada.
Ge.schwin.dig.keit [gə'ʃvindiçkait] *Sf*, **-en** velocidade, rapidez.
Ge.schwis.ter [gə'ʃvistər] *Sn*, - irmãos (e irmãs).
ge.schwol.len [gə'ʃvɔlən] *Adj* **1** inchado, intumescido. **2** bombástico, empolado, pomposo.
ge.schwom.men [gə'ʃvɔmən] *Part II* **schwimmen.**
ge.schwo.ren [gə'ʃvo:rən] *Part II* **schwören.**
Ge.schwür [gə'ʃvy:r] *Sn*, **-e 1** úlcera. **2** furúnculo, abscesso, quisto.
Ge.sell.schaft [gə'zɛlʃaft] *Sf*, **-en 1** sociedade. **2** companhia. **3** festa social.
ge.sell.schaft.lich [gə'zɛlʃaftliç] *Adj* social.
ge.ses.sen [gə'zɛsən] *Part II* **sitzen.**
Ge.setz [gə'zɛts] *Sn*, **-e 1** lei. **2** preceito. **3** regra, norma.
ge.setz.lich [gə'zɛtsliç] *Adj* legal, legítimo. **gesetzlicher Feiertag** feriado oficial.
Ge.sicht [gə'ziçt] *Sn*, **-er** rosto, cara, face.
Ge.sichts.punkt [gə'ziçtspuŋkt] *Sm*, **-e** ponto de vista, aspecto.
ge.spannt [gə'ʃpant] *Adj* **1** esticado. **2** ansioso, tenso, crítico. **3** curioso.
Ge.spenst [gə'ʃpɛnst] *Sn*, **-er 1** fantasma. **2** espírito.
Ge.spött [gə'ʃpøt] *Sn* (*o. Pl*) zombaria, troça, gozação.
Ge.spräch [gə'ʃprɛ:ç] *Sn*, **-e** conversa, conversação, discussão, diálogo.
Ge.sprächs.part.ner [gə'ʃprɛ:çspartnər] *Sm*, - interlocutor.
ge.spro.chen [gə'ʃprɔxən] *Part II* **sprechen.**
ge.sprun.gen [gə'ʃpruŋən] *Adj* trincado, rachado. • *Part II* **springen.**
Ge.spür [gə'ʃpy:r] *Sn* (*o. Pl*) faro.
Ge.stalt [gə'ʃtalt] *Sf*, **-en 1** figura, forma, feição, aparência, porte. **2** estatura, conformação. **3** vulto.
ge.stand [gə'ʃtant] *Prät* **gestehen.**
ge.stan.den [gə'ʃtandən] *Part II* **stehen, gestehen.**
Ge.stank [gə'ʃtaŋk] *Sm* (*o. Pl*) fedor, mau cheiro.
ge.stat.ten [gə'ʃtatən] *Vtr+Vint* permitir, autorizar, dar licença.
Ges.te ['gɛstə] *Sf*, **-n 1** gesto. **2** atitude.
ge.ste.hen [gə'ʃte:ən] *Vtr+Vint* confessar, admitir, reconhecer.
ges.tern ['gɛstərn] *Adv* ontem. **gestern Morgen** ontem de manhã.
ge.stie.gen [gə'ʃti:gən] *Part II* **steigen.**
ge.stoh.len [gə'ʃto:lən] *Part II* **stehlen.**
ge.stor.ben [gə'ʃtɔrbən] *Part II* **sterben.**
ge.streift [gə'ʃtraift] *Adj* listrado, estriado.
ge.strit.ten [gə'ʃtritən] *Part II* **streiten.**
ge.stun.ken [gə'ʃtuŋkən] *Part II* **stinken.**
ge.sucht [gə'zu:xt] *Adj* **1** procurado. **2** afetado, artificial.

ge.sund [gə'zunt] *Adj* **1** saudável, são, bom. **2** robusto, forte.
Ge.sund.heit [gə'zunthait] *Sf* (*o. Pl*) saúde, vigor.
ge.sun.gen [gə'zuŋən] *Part II* **singen.**
ge.sun.ken [gə'zuŋkən] *Part II* **sinken.**
ge.tan [gə'tan] *Part II* **tun.**
Ge.tränk [gə'trɛŋk] *Sn*, **-e** bebida.
Ge.trän.ke.kar.te [gə'trɛŋkəkartə] *Sf*, **-n** lista de bebidas.
Ge.trei.de [gə'traidə] *Sn* (*o. Pl*) **1** grão. **2** cereal.
ge.trennt [gə'trɛnt] *Adj* separado, segregado.
Ge.trie.be [gə'tri:bə] *Sn*, - **1** engrenagem, transmissão. **2** movimento, agitação. **3** *Techn* câmbio. **4** diferencial.
ge.trie.ben [gə'tri:bən] *Part II* **treiben.**
ge.trof.fen [gə'trɔfən] *Part II* **treffen, triefen.**
ge.trun.ken [gə'truŋkən] *Part II* **trinken.**
Ge.tüm.mel [gə'tyməl] *Sn*, - tumulto, alvoroço, agitação.
ge.wach.sen [gə'vaksən] *Adj* crescido. **gewachsen sein** estar à altura.
Ge.währ [gə'vɛ:r] *Sf* (*o. Pl*) garantia, penhor, fiança.
ge.wäh.ren [gə'vɛ:rən] *Vtr* **1** conceder. **2** admitir, permitir.
Ge.walt [gə'valt] *Sf*, **-en** **1** poder, autoridade. **2** força, violência, coerção. **3** energia.
ge.wal.tig [gə'valtiç] *Adj* **1** enorme, imenso, formidável. **2** poderoso, forte.
Ge.walt.lo.sig.keit [gə'valtlo:ziçkait] *Sf* (*o. Pl*) não violência.
ge.walt.sam [gə'valtza:m] *Adj* **1** à força. **2** violento.
ge.wandt [gə'vant] *Adj* **1** habilidoso, jeitoso. **2** ágil. **3** desembaraçado.
ge.wann [gə'van] *Prät* **gewinnen.**
Ge.we.be [gə've:bə] *Sn*, - **1** tecido. **2** tela, pano.
Ge.wehr [gə've:r] *Sn*, **-e** fuzil, espingarda.
Ge.wer.be [gə'vɛrbə] *Sn*, - **1** negócio, comércio, pequena e média indústria. **2** profissão, ofício.
Ge.werk.schaft [gə'vɛrkʃaft] *Sf*, **-en** sindicato.
ge.we.sen [gə've:zən] *Part II* **sein.**
ge.wi.chen [gə'viçən] *Part II* **weichen.**
Ge.wicht [gə'viçt] *Sn*, **-e** peso.
Ge.winn [gə'vin] *Sm*, **-e** **1** lucro, ganho. **2** proveito. **3** prêmio (loteria).
ge.win.nen [gə'vinən] *Vtr unreg* **1** lucrar, ganhar. **2** vencer.
Ge.win.ner [gə'vinər] *Sm*, - **1** ganhador. **2** vencedor.
ge.wiss [gə'vis] *Adj* **1** certo. **2** seguro, garantido. **3** determinado.
Ge.wis.sen [gə'visən] *Sn*, - consciência.
ge.wis.sen.haft [gə'visənhaft] *Adj* **1** consciencioso. **2** escrupuloso, meticuloso.
ge.wis.sen.los [gə'visənlo:s] *Adj* inescrupuloso.
ge.wis.ser.ma.ßen [gə'visərma:sən] *Adv* **1** por assim dizer. **2** de certa forma.
Ge.wiss.heit [gə'vishait] *Sf*, **-en** certeza.
Ge.wit.ter [gə'vitər] *Sn*, - trovoada, tempestade, temporal.
ge.wöh.nen [gə'vø:nən] *Vtr+Vrefl* acostumar(-se), habituar, familiarizar.
Ge.wohn.heit [gə'vo:nhait] *Sf*, **-en** rotina, hábito, costume.
ge.wöhn.lich [gə'vø:nliç] *Adj* **1** comum, ordinário, trivial. **2** normal, usual, costumeiro. **3** em geral.
ge.wohnt [gə'vo:nt] *Adj* usual, acostumado, habituado.
ge.won.nen [gə'vɔnən] *Part II* **gewinnen.**
ge.wor.ben [gə'vɔrbən] *Part II* **werben.**
ge.wor.fen [gə'vɔrfən] *Part II* **werfen.**
Ge.würz [gə'vyrts] *Sn*, **-e** tempero, condimento, especiaria.
ge.wusst [gə'vust] *Part II* **wissen.**
ge.zielt [gə'tsi:lt] *Adj* **1** específico. **2** deliberado, proposital, intencional.
ge.zo.gen [gə'tso:gən] *Part II* **ziehen.**
ge.zwun.gen [gə'tsvuŋən] *Part II* **zwingen.** • *Adj* obrigado, forçado, coagido.

G

gibt [gipt] *Präs* **geben.**
Gier [gi:r] *Sf* (*o. Pl*) **1** cobiça. **2** avidez, cupidez. **3** gula, voracidade.
gie.rig [ˈgi:riç] *Adj* **1** ávido, sequioso. **2** voraz, esfomeado. **3** ganancioso.
gie.ßen [ˈgi:sən] *Vtr unreg* **1** despejar, derramar, verter. **2** regar. **3** fundir, moldar.
Gift [gift] *Sn*, **-e** veneno, tóxico, peçonha.
gif.tig [ˈgiftiç] *Adj* venenoso, peçonhento, tóxico.
ging [giŋ] *Prät* **gehen.**
Gip.fel [ˈgipfəl] *Sm*, - **1** cume, pico, topo. **2** auge. **3** cúmulo.
Gips [gips] *Sm*, **-e 1** gesso. **2** reboco, estuque.
Gi.ro.kon.to [ˈʒi:rokɔnto] *Sn*, **-s, -ten** conta corrente.
Gi.tar.re [giˈtarə] *Sf*, **-n** violão, guitarra.
Git.ter [ˈgitər] *Sn*, - **1** grade. **2** cerca, corrimão, gradil. **hinter Gittern** atrás das grades.
Glanz [glants] *Sm* (*o. Pl*) **1** brilho, lustro. **2** resplendor, pompa.
glän.zen [ˈglɛntsən] *Vint* brilhar, resplandecer, refulgir, cintilar.
Glas [gla:s] *Sn*, **Gläser 1** vidro, cristal. **2** vidraça. **3** copo.
glatt [glat] *Adj* **1** liso, plano. **2** escorregadio. **3** exato. **4** completo, total.
Glatt.eis [ˈglatais] *Sn* (*o. Pl*) camada de gelo em ruas, calçadas ou estradas, regelo.
glät.ten [ˈglɛtən] *Vtr* **1** alisar, aplainar. **2** polir, brunir. **3** acalmar.
Glat.ze [ˈglatsə] *Sf*, **-n** careca.
Glatz.kopf [ˈglatskɔpf] *Sm*, **Glatzköpfe** pessoa calva, careca.
Glau.be [ˈglaubə] *Sm* (*o. Pl*) fé, crença, convicção.
glau.ben [ˈglaubən] *Vtr* **1** crer, ter fé, acreditar. **2** pensar, achar.
gläu.big [ˈglɔibiç] *Adj* devoto, crente, religioso.
Gläu.bi.ge [ˈglɔibigə] *Sm+f*, **-n** fiel, crente.
Gläu.bi.ger [ˈglɔibigər] *Sm*, - credor.
gleich [glaiç] *Adj* **1** mesmo. **2** igual, idêntico. **3** análogo, equivalente. **4** regular. **5** logo, imediatamente. **bis gleich!** até já!
gleich.alt.rig [ˈglaiçaltriç] *Adj* da mesma idade.
Gleich.be.rech.ti.gung [ˈglaiçbərɛçtiguŋ] *Sf* (*o. Pl*) direitos iguais, igualdade de direitos.
glei.chen [ˈglaiçən] *Vint unreg* parecer-se com, assemelhar-se a.
gleich.falls [ˈglaiçfals] *Adv* igualmente, também.
Gleich.ge.wicht [ˈglaiçgəviçt] *Sn* (*o. Pl*) equilíbrio.
gleich.gül.tig [ˈglaiçgyltiç] *Adj* **1** indiferente, impassível. **2** despreocupado, apático.
Gleich.heit [ˈglaiçhait] *Sf*, **-en 1** identidade; similaridade. **2** igualdade (de direitos). **3** homogeneidade.
gleich.mä.ßig [ˈglaiçmɛ:siç] *Adj* **1** homogêneo, uniforme. **2** regular, constante. **3** simétrico.
Gleich.nis [ˈglaiçnis] *Sn*, **-se 1** alegoria. **2** parábola. **3** metáfora.
gleich.zei.tig [ˈglaiçtsaitiç] *Adj* simultâneo, ao mesmo tempo, sincrônico.
Gleis [glais] *Sn*, **-e 1** trilhos, via férrea, linha de trem. **2** plataforma (estação).
glei.ten [ˈglaitən] *Vint unreg* **(sein)** deslizar, escorregar, patinar. **gleitende Arbeitszeit** horário flexível.
Glet.scher [ˈglɛtʃər] *Sm*, - geleira.
Glied [gli:t] *Sn*, **-er 1** membro. **2** elo. **3** parte.
Glie.de.rung [ˈgli:dəruŋ] *Sf*, **-en 1** estrutura, organização. **2** classificação. **3** divisão, disposição.
glitt [glit] *Prät* **gleiten.**
glit.zern [ˈglitsərn] *Vint* cintilar, brilhar, faiscar, resplandecer.
glo.bal [gloˈba:l] *Adj* global, geral, abrangente.
Glo.bus [ˈglo:bus] *Sm*, **Globen** globo terrestre.
Glo.cke [ˈglɔkə] *Sf*, **-n 1** sino. **2** campainha. **3** guizo. **4** redoma.

Glo.cken.turm [ˈglɔkənturm] *Sm*, **Glockentürme** campanário, torre de sinos.
Glos.sar [glɔˈsa:r] *Sn*, **-e** glossário.
Glück [glyk] *Sn*, **-e 1** sorte. **2** felicidade, ventura. **er hat Glück gehabt** teve sorte. **Glück wünschen** felicitar, dar os parabéns.
glück.lich [ˈglykliç] *Adj* **1** feliz, contente. **2** bem-sucedido. **3** com sorte, afortunado.
glück.li.cher.wei.se [ˈglykliçərvaizə] *Adv* felizmente, por sorte.
Glück.wunsch [ˈglykvunʃ] *Sm*, **Glückwünsche** cumprimento, felicitação, parabéns, votos de felicidade. **herzlichen Glückwunsch** parabéns.
Glüh.bir.ne [ˈgly:birnə] *Sf*, **-n** lâmpada incandescente.
glü.hen [ˈgly:ən] *Vint* **1** brilhar. **2** arder, estar incandescente. **3** calcinar.
Glüh.wein [ˈgly:vain] *Sm*, **-e** vinho quente.
Glut [glu:t] *Sf*, **-en 1** brasa. **2** fervor, ardor.
GmbH *Abk* **Gesellschaft mit beschränkter Haftung** sociedade limitada.
Gna.de [ˈgna:də] *Sf*, **-n 1** graça, favor. **2** misericórdia, piedade, dó.
gna.den.los [ˈgna:dənlo:s] *Adj* impiedoso, inexorável, implacável.
gnä.dig [ˈgnɛ:diç] *Adj* **1** benevolente, misericordioso, clemente, indulgente. **2** benigno, leve.
Gold [gɔlt] *Sn* (*o. Pl*) ouro.
gol.den [ˈgɔldən] *Adj* dourado, de ouro, áureo. **goldene Hochzeit** bodas de ouro.
Gold.me.dail.le [ˈgɔltmedaljə] *Sf*, **-n** medalha de ouro.
Golf [gɔlf] *Sm*, **-e 1** golfo. *Sn* (*o. Pl*) **2** golfe.
Golf.platz [ˈgɔlfplats] *Sm*, **Golfplätze** campo de golfe.
goss [gøs] *Prät* **gießen.**
Gott [gɔt] *Sm*, **Götter** deus. **Gott sei Dank!** graças a Deus! **Grüß Gott!** bom dia!, boa tarde!
Got.tes.dienst [ˈgɔtəsdi:nst] *Sm*, **-e** culto divino, serviço religioso, missa.
Göt.tin [ˈgøtin] *Sf*, **-nen** deusa.
gött.lich [ˈgøtliç] *Adj* divino.
gott.los [ˈgɔtlo:s] *Adj* **1** ímpio, ateu, irreverente. **2** malvado, perverso.
Göt.ze [ˈgøtsə] *Sm*, **-n** ídolo.
Grab [gra:p] *Sn*, **Gräber** túmulo, sepultura, jazigo.
gra.ben [ˈgra:bən] *Vtr unreg* cavar, escavar.
Gra.ben [ˈgra:bən] *Sm*, **Gräben 1** fosso, vala. **2** trincheira.
Grab.stein [ˈgra:pʃtain] *Sm*, **-e** lápide, campa.
Grad [gra:t] *Sm*, **-e 1** grau, intensidade. **2** ângulo.
Gra.fik [ˈgra:fik] *Sf*, **-en** = *Graphik.*
Gra.fi.ker [ˈgra:fikər] *Sm*, **-** = *Graphiker.*
Gramm [gram] *Sn*, **-e** grama (peso).
Gram.ma.tik [graˈmatik] *Sf*, **-en** gramática.
Gra.phik [ˈgra:fik] *Sf*, **-en 1** arte gráfica. **2** diagrama. *Var: Grafik.*
Gra.phi.ker [ˈgra:fikər] *Sm*, **- 1** desenhista, projetista, programador visual. **2** artista gráfico. *Var: Grafiker.*
Gras [gra:s] *Sn*, **Gräser 1** capim. **2** grama, relva.
gräss.lich [ˈgrɛsliç] *Adj* horrível, terrível, medonho, tremendo.
gra.tis [ˈgra:tis] *Adj* de graça, grátis, gratuito.
gra.tu.lie.ren [gratuˈli:rən] *Vtr* parabenizar, dar os parabéns, felicitar, congratular-se.
grau [grau] *Adj* **1** cinzento. **2** grisalho (cabelo).
grau.en.haft [ˈgrauənhaft] *Adj* **1** horroroso, terrível, pavoroso. **2** atroz.
grau.sam [ˈgrauza:m] *Adj* cruel, desumano, feroz.
Grau.sam.keit [ˈgrauza:mkait] *Sf*, **-en** crueldade, atrocidade, barbaridade.
grei.fen [ˈgraifən] *Vtr unreg* agarrar, pegar, alcançar, apanhar.

Greis [grais] *Sm*, **-e** velho, ancião.
grell [grɛl] *Adj* **1** berrante, espalhafatoso, chocante. **2** forte, ofuscante (luz).
Gren.ze [ˈgrɛntsə] *Sf*, **-n** **1** fronteira, divisa. **2** limite.
Grenz.ge.biet [ˈgrɛntsgəbi:t] *Sn* **-e** área fronteiriça, zona limítrofe.
Grenz.kon.trol.le [ˈgrɛntskɔntrɔlə] *Sf*, **-n** controle de fronteira.
Grenz.über.gang [ˈgrɛntsy:bərgaŋ] *Sm*, **Grenzübergänge** passagem de fronteira.
grie.chisch [ˈgri:çiʃ] *Adj* grego.
griff [grif] *Prät* **greifen.**
Griff [grif] *Sm*, **-e** **1** cabo, punho, alça. **2** trinco, puxador.
Grill [gril] *Sm*, **-s** **1** grelha. **2** churrasqueira.
gril.len [ˈgrilən] *Vtr* **1** grelhar. **2** fazer churrasco.
grin.sen [ˈgrinzən] *Vint* **1** sorrir com falsidade. **2** zombar, troçar.
Grip.pe [ˈgripə] *Sf*, **-n** **1** gripe. **2** resfriado.
grob [gro:p] *Adj* **1** grosseiro, vulgar. **2** grosso, tosco, áspero, rude.
Gro.schen [ˈgrɔʃən] *Sm*, - **1** moeda de dez centavos. **2** vintém.
groß [gro:s] *Adj* **1** grande, amplo. **2** extraordinário. **3** alto de tamanho. **4** adulto, crescido. **Karl der Große** Carlos Magno.
groß.ar.tig [ˈgro:sartiç] *Adj* esplêndido, magnífico, grandioso, imponente.
Groß.bri.tan.nien [gro:sbriˈtaniən] *Sn* (*o. Art*) Grã-Bretanha.
Groß.buch.sta.be [ˈgro:sbu:xʃta:bə] *Sm*, **-n** maiúscula.
Grö.ße [ˈgrø:sə] *Sf*, **-n** **1** grandeza. **2** tamanho, dimensão, extensão.
Groß.el.tern [ˈgro:sɛltərn] *S Pl* avós.
Grö.ßen.wahn [ˈgro:sənva:n] *Sm* (*o. Pl*) megalomania.
Groß.han.del [ˈgro:shandəl] *Sm* (*o. Pl*) atacado.
groß.mü.tig [ˈgro:smy:tiç] *Adj* generoso, liberal.
Groß.mut.ter [ˈgro:smutər] *Sf*, **Großmütter** avó.
Groß.stadt [ˈgro:sʃtat] *Sf*, **Großstädte** **1** cidade grande. **2** metrópole.
größ.ten.teils [ˈgrø:stəntails] *Adv* em sua maior parte.
Groß.va.ter [ˈgro:sfa:tər] *Sm*, **Großväter** avô.
groß.zü.gig [ˈgro:stsy:giç] *Adj* **1** generoso. **2** liberal. **3** espaçoso.
Gru.be [ˈgru:bə] *Sf*, **-n** **1** cova, fossa, buraco. **2** mina.
grün [gry:n] *Adj* **1** verde. **2** fresco, novo.
Grün.an.la.ge [ˈgry:nanla:gə] *Sf*, **-n** área verde, parque, jardim.
Grund [grunt] *Sm*, **Gründe** **1** motivo, razão, causa. **2** solo, chão, terreno. **3** base, fundamento. **4** fundo.
grün.den [ˈgryndən] *Vtr* **1** fundar, constituir, instituir. **2** estabelecer. **3** basear.
Grün.der [ˈgryndər] *Sm*, - fundador, criador.
Grund.ge.setz [ˈgruntgəzɛts] *Sn*, **-e** lei fundamental, lei orgânica, Constituição.
Grund.kennt.nis.se [ˈgruntkɛntnisə] *S Pl* conhecimentos básicos.
Grund.kurs [ˈgruntkurs] *Sm*, **-e** curso básico.
gründ.lich [ˈgryntliç] *Adj* **1** minucioso, cuidadoso. **2** completo. **3** a fundo, pra valer.
Grund.satz [ˈgruntzats] *Sm*, **Grundsätze** **1** princípio, axioma. **2** máxima, lema. **3** norma.
grund.sätz.lich [ˈgruntzɛtsliç] *Adj* **1** fundamental, básico. **2** por princípio, em princípio.
Grund.schu.le [ˈgruntʃu:lə] *Sf*, **-n** escola primária.
Grund.stück [ˈgruntʃtyk] *Sn*, **-e** terreno, lote.
Grund.was.ser [ˈgruntvasər] *Sn* (*o. Pl*) lençol freático.
Grü.ne [ˈgry:nə] *Sm+f*, **-n** membro ou simpatizante do Partido Verde.

Grün.flä.che ['gry:nflɛçə] *Sf*, **-n** área verde.

Grün.strei.fen ['gry:nʃtraifən] *Sm*, - canteiro central (rodovia).

Grup.pe ['grupə] *Sf*, **-n 1** grupo, classe, turma. **2** categoria.

Grup.pen.ar.beit ['grupənarbait] *Sf* (*o. Pl*) trabalho de equipe ou de grupo.

Gruß [gru:s] *Sm*, **Grüße** saudação, cumprimento. **mit herzlichen Grüßen** com abraços.

grü.ßen ['gry:sən] *Vtr* saudar, cumprimentar.

gu.cken ['gukən] *Vint Ugs* olhar, espiar.

gül.tig ['gyltiç] *Adj* **1** válido, corrente, vigente, em vigor. **2** lícito.

Gum.mi ['gumi] *Sn+m*, **-s 1** borracha; elástico. **2** *Ugs* camisinha, preservativo.

güns.tig ['gynstiç] *Adj* oportuno, favorável, propício, vantajoso.

Gur.ke ['gurkə] *Sf*, **-n** pepino.

Gurt [gurt] *Sm*, **-e** correia, cinto.

Gür.tel ['gyrtəl] *Sm*, - cinto.

Guss [gus] *Sm*, **Güsse 1** fundição, molde. **2** cobertura (de açúcar, chocolate).

gut [gu:t] *Adj* **1** bom, boa. **2** bem. **alles Gute!** os melhores votos! **ein gutes neues Jahr!** feliz ano novo! **guten Abend!** boa tarde ou boa noite! **gute Nacht!** boa noite! (despedida). **guten Appetit!** bom proveito! **guten Morgen!** bom dia! **guten Tag!** boa tarde! **mir ist es nicht gut** estou passando mal.

Gü.te ['gy:tə] *Sf* (*o. Pl*) **1** bondade. **2** qualidade.

gut.ge.launt ['gutgəlaunt] *Adj* bem-humorado, bem-disposto, alegre.

Gut.gläu.big.keit ['gutglɔibiçkait] *Sf* (*o. Pl*) credulidade, boa-fé.

Gut.ha.ben ['guthabən] *Sn*, - saldo positivo, crédito, haver.

gü.tig ['gy:tiç] *Adj* amável, bondoso, generoso, bom, indulgente.

Gut.schein ['gutʃain] *Sm*, **-e** vale, vale-brinde.

gut.wil.lig ['gutsviliç] *Adj* **1** prestativo, disposto, voluntário. **2** de bom grado, de boa vontade, dócil.

Gym.na.si.um [gym'na:zium] *Sn*, **-sien** ginásio, escola secundária.

Gym.nas.tik [gym'nastik] *Sf* (*o. Pl*) ginástica.

h

h, H [ha:] *Sn*, - **1** letra h. **2** *Mus* si.
Haar [ha:r] *Sn*, **-e** **1** cabelo. **2** pelo. **3** crina (cavalo). **die Haare schneiden lassen** (mandar) cortar o cabelo.
Haar.far.be [ˈha:rfarbə] *Sf*, **-n** cor do cabelo.
Haar.schnitt [ˈha:rʃnit] *Sm*, **-e** corte de cabelo, penteado.
ha.ben [ˈha:bən] *Vtr unreg* **1** ter, possuir. **2** estar com. **er hat es gut** ele está numa boa. **Hunger haben** estar com fome. **ich habe es eilig** estou com pressa. **ich habe gelernt** estudei.
hab.gie.rig [ˈha:pgi:riç] *Adj* ávido, avarento, insaciável.
Hab.sucht [ˈha:pzuxt] *Sf* (*o. Pl*) ganância, avareza, cobiça.
Hack.fleisch [ˈhakflaiʃ] *Sn* (*o. Pl*) carne moída.
Ha.fen [ˈha:fən] *Sm*, **Häfen** porto.
Ha.fer.flo.cken [ˈha:fərflɔkən] *S Pl* flocos de aveia.
Haft [haft] *Sf* (*o. Pl*) prisão, reclusão, detenção.
Haft.an.stalt [ˈhaftanʃtalt] *Sf*, **-en** casa de detenção, prisão.
haft.bar [ˈhaftba:r] *Adj* responsável.
haf.ten [ˈhaftən] *Vint* aderir, colar--se. **haften für** ser responsável por, responder por.
Häft.ling [ˈhɛftliŋ] *Sm*, **-e** preso, prisioneiro, detento.
Haft.pflicht [ˈhaftpfliçt] *Sf*, **-en** responsabilidade civil.
Ha.gel [ˈha:gəl] *Sm*, - granizo, chuva de pedra, saraiva.
Hahn [ˈha:n] *Sm*, **Hähne** **1** galo. **2** torneira. **3** gatilho.
Hähn.chen [ˈhɛ:nçən] *Sn*, - frango.
Hai [hai] *Sm*, **-e** tubarão.
hä.keln [ˈhɛ:kəln] *Vtr+Vint* fazer crochê.
Ha.ken [ˈha:kən] *Sm*, - **1** gancho. **2** anzol (pesca). **3** cabide (de roupas).
halb [halp] *Adj* meio, semi. **ein halbes Dutzend** meia dúzia. **es ist halb acht** são sete e meia.
Halb.edel.stein [ˈhalpe:dəlʃtain] *Sm*, **-e** pedra semipreciosa.
hal.bie.ren [halˈbi:rən] *Vtr* dividir ou repartir ao meio.
Halb.in.sel [ˈhalpinzəl] *Sf*, **-n** península.
Halb.jahr [ˈhalpja:r] *Sn*, **-e** semestre.
Halb.mond [ˈhalpmo:nt] *Sm*, **-e** meia--lua, crescente.
halb.tags [ˈhalpta:ks] *Adv* de meio período ou expediente.
Halb.wüch.si.ge [ˈhalpvy:ksigə] *Sm+f*, **-n** adolescente, jovem, *teen*.
Halb.zeit [ˈhalptsait] *Sf*, **-en** meio tempo, intervalo.
Hälf.te [ˈhɛlftə] *Sf*, **-n** metade, meio.
Hal.le [ˈhalə] *Sf*, **-n** **1** salão, pavilhão, ginásio. **2** *hall*, saguão, vestíbulo.
hal.lo! [haˈlo:] *Interj* olá! alô! oi!
Hals [hals] *Sm*, **Hälse** **1** pescoço, garganta, goela. **2** gargalo.

Hals.band [ˈhalsbant] *Sn*, **Halsbänder 1** coleira. **2** colar, gargantilha.
Hals.ket.te [ˈhalskɛtə] *Sf*, **-n** colar.
Halt [halt] *Sm*, **-s, -e 1** parada. **2** apoio, amparo, segurança. **Halt machen** parar, deter-se.
halt! [halt] *Interj* alto!
halt.bar [ˈhaltba:r] *Adj* **1** durável, sólido, firme, resistente. **2** válido.
Halt.bar.keit [ˈhaltba:rkait] *Sf* (*o. Pl*) **1** durabilidade, validade, firmeza. **2** solidez, resistência.
hal.ten [ˈhaltən] *Vtr unreg* **1** fazer parar, deter. **2** segurar. **3** cumprir, observar (o prometido), respeitar. *Vrefl unreg* **4** defender-se, manter-se. *Vint unreg* **5** parar. **6** durar. **7** achar, acreditar, pensar.
Hal.te.stel.le [ˈhaltəʃtɛlə] *Sf*, **-n** ponto (de ônibus), parada.
Hal.tung [ˈhaltuŋ] *Sf*, **-en** atitude, porte, postura, modos, decoro.
Ham.bur.ger [ˈhamburgər] *Sm*, **- 1** hamburguês, habitante ou natural de Hamburgo. **2** *Kochk* hambúrguer.
Ham.mer [ˈhamər] *Sm*, **Hämmer** martelo.
Hand [hant] *Sf*, **Hände 1** mão. **2** letra, caligrafia. **Hand in Hand** de mãos dadas. **Hand voll** punhado. **zu Händen von** aos cuidados de.
Hand.ar.beit [ˈhantarbait] *Sf*, **-en 1** trabalho manual. **2** costura. **3** artesanato.
Hand.brem.se [ˈhantbrɛmzə] *Sf*, **-n** freio de mão.
Hand.buch [ˈhantbu:x] *Sn*, **Handbücher** manual.
Han.del [ˈhandəl] *Sm* (*o. Pl*) comércio, negócios. **Handel treiben** fazer negócios.
han.deln [ˈhandəln] *Vint* **1** negociar, comercializar. **2** pechinchar, regatear. **3** agir, proceder. **es handelt sich um** trata-se de. **handeln von** tratar de.
Han.dels.schu.le [ˈhandəlsʃu:lə] *Sf*, **-n** escola comercial.
Hand.fe.ger [ˈhantfe:gər] *Sm*, - vassourinha.
hand.fest [ˈhantfɛst] *Adj* **1** robusto, resistente. **2** substancial, sólido. **3** concreto.
Hand.ge.lenk [ˈhantgəlɛŋk] *Sn*, **-e** pulso.
Hand.ge.päck [ˈhantgəpɛk] *Sn* (*o. Pl*) bagagem de mão.
Hand.kof.fer [ˈhantkɔfər] *Sm*, - maleta, malinha.
Hand.lan.ger [ˈhantlaŋər] *Sm*, - servente, ajudante.
Händ.ler [ˈhɛntlər] *Sm*, - negociante, comerciante, vendedor.
hand.lich [ˈhantliç] *Adj* prático, manejável, jeitoso, fácil de manejar.
Hand.lung [ˈhantluŋ] *Sf*, **-en 1** ação, ato. **2** enredo.
Hand.schel.le [ˈhantʃɛlə] *Sf*, **-en** algema.
Hand.schrift [ˈhantʃrift] *Sf*, **-en 1** letra, escrita, caligrafia. **2** manuscrito.
Hand.schuh [ˈhantʃu:] *Sm*, **-e** luva.
Hand.ta.sche [ˈhanttaʃə] *Sf*, **-n** bolsa, carteira.
Hand.tuch [ˈhanttu:x] *Sn*, **Handtücher** toalha de mão, de rosto.
Hand.wer.ker [ˈhantvɛrkər] *Sm*, **- 1** artesão, artífice. **2** operário.
Hand.werks.zeug [ˈhantvɛrkstsɔik] *Sn* (*o. Pl*) ferramentas, utensílios.
Han.dy [ˈhɛndi] *Sn*, **-s** celular (telefone).
Hanf [hanf] *Sm* (*o. Pl*) cânhamo.
Hang [haŋ] *Sm*, **Hänge 1** encosta, ladeira. **2** propensão, inclinação, tendência, vocação, queda.
Hän.ge.mat.te [ˈhɛŋəmatə] *Sf*, **-n** rede (para descansar ou dormir).
hän.gen [ˈhɛŋən] *Vint unreg* **1** estar pendurado, pender. **2** estar agarrado a, pendurar, suspender; enforcar. **hängen bleiben** ficar preso ou grudado; não passar de ano, ser reprovado. **hängen lassen** a) deixar, esquecer. b) abandonar, desapontar (pessoa).
Har.fe [ˈharfə] *Sf*, **-n** harpa.
harm.los [ˈharmlo:s] *Adj* inofensivo, ingênuo, inocente.

H

Har.mo.nie [harmo'ni:] *Sf*, **-n** harmonia.
Har.mo.ni.ka [har'mo:nika:] *Sf*, **-s, -ken** gaita, harmônica, sanfona, acordeão.
Harn [harn] *Sm*, **-e** urina.
Harn.bla.se ['harnbla:zə] *Sf*, **-n** bexiga.
hart [hart] *Adj* **1** duro, sólido, rijo, resistente. **2** vigoroso. **3** inflexível, severo, rigoroso. **4** difícil.
Här.te ['hɛrtə] *Sf*, **-n** **1** dureza, rigidez, têmpera. **2** rigor, severidade, austeridade.
här.ten ['hɛrtəyn] *Vtr* **1** endurecer, enrijecer, robustecer. **2** temperar.
hart.nä.ckig ['hartnɛkiç] *Adj* teimoso, obstinado, renitente, persistente, inveterado.
Harz [harts] *Sn*, **-e** resina.
Hasch [haʃ] *Sn* (*o. Pl*) *Ugs* haxixe, maconha.
Ha.se ['ha:zə] *Sm*, **-n** coelho, lebre.
Hass [has] *Sm* (*o. Pl*) ódio, rancor, aversão.
has.sen ['hasən] *Vtr+Vint* odiar, detestar.
häss.lich ['hɛsliç] *Adj* **1** feio, repulsivo. **2** indecente, repugnante, grosseiro.
Hast [hast] *Sf* (*o. Pl*) pressa, precipitação.
has.tig ['hastiç] *Adj* **1** apressado, precipitado. **2** às pressas. **nicht so hastig!** vamos com calma!
hat [ha:t] *Präs* **haben.**
hat.te ['hatə] *Prät* **haben.**
Hauch [haux] *Sm*, **-e** **1** sopro, hálito, bafo. **2** brisa, aragem.
hauch.dünn ['hauxdyn] *Adj* muito fino, tênue.
hau.chen ['hauxən] *Vint* **1** bafejar, soprar. **2** segredar, falar baixinho.
hau.en ['hauən] *Vtr* **1** bater, golpear. **2** cortar, rachar, partir. **3** esculpir.
Hau.fen ['haufən] *Sm*, **-** **1** monte, montão, pilha. **2** multidão, grande quantidade. **ein Haufen Arbeit** um montão de (muito) trabalho.
häu.fig ['hɔifiç] *Adj* **1** frequente. **2** muitas vezes.
Haupt [haupt] *Sn*, **Häupter** **1** cabeça. **2** chefe.
Haupt.bahn.hof ['hauptba:nho:f] *Sm*, **Hauptbahnhöfe** estação central.
Haupt.ein.gang ['hauptaingaŋ] *Sm*, **Haupteingänge** entrada principal.
Haupt.fach ['hauptfax] *Sn*, **Hauptfächer** matéria básica ou principal.
Häupt.ling ['hɔiptliŋ] *Sm*, **-e** cacique, chefe.
Haupt.mann ['hauptman] *Sm*, **-leute** capitão (exército).
Haupt.rol.le ['hauptrɔlə] *Sf*, **-n** papel principal.
Haupt.sa.che ['hauptzaxə] *Sf*, **-en** coisa principal, essencial, mais importante.
Haupt.satz ['hauptzats] *Sm*, **Hauptsätze** oração principal.
Haupt.schu.le ['hauptʃu:lə] *Sf*, **-n** escola fundamental.
Haupt.sitz ['hauptzits] *Sm*, **-e** sede, matriz.
Haupt.stadt ['hauptʃtat] *Sf*, **Hauptstädte** capital, metrópole.
Haupt.stra.ße ['hauptʃtrasə] *Sf*, **-n** rua principal ou central.
Haupt.wort ['hauptvɔrt] *Sn*, **Hauptwörter** substantivo.
Haus [haus] *Sn*, **Häuser** **1** casa. **2** prédio, edifício. **3** moradia, domicílio, residência. **nach Haus** para casa. **von zu Haus** de casa. **zu Haus** em casa.
Haus.an.ge.stell.te ['hausangəʃtɛltə] *Sm+f*, **-n** empregado(a) doméstico(a).
Haus.ar.beit ['hausarbait] *Sf*, **-en** **1** trabalho ou serviço doméstico. **2** deveres de casa, exercícios para casa.
Haus.auf.ga.be ['hausaufga:bə] *Sf*, **-n** dever de casa.
Haus.be.sit.zer ['hausbəzitsər] *Sm*, **-** proprietário (de casa, imóvel), locador, senhorio.
Haus.flur ['hausflu:r] *Sm*, **-e** **1** vestíbulo, *hall* de entrada. **2** corredor.
Haus.frau ['hausfrau] *Sf*, **-en** dona de casa.
haus.ge.macht ['hausgəmaxt] *Adj* caseiro, feito em casa.

Haus.halt [ˈhaushalt] *Sm*, **-e 1** trabalho doméstico. **2** economia doméstica. **3** família. **4** orçamento. **den Haushalt führen** administrar a casa.
Haus.halts.ge.rät [ˈhaushaltsgɛrɛ:t] *Sn*, **-e** aparelho doméstico.
Haus.halts.wa.ren [ˈhaushaltsva:rən] *S Pl* utilidades domésticas.
Haus.mei.ster [ˈhausmaistər] *Sm*, - zelador.
Haus.num.mer [ˈhausnumər] *Sf*, **-n** número da casa.
Haus.ord.nung [ˈhausɔrtnuŋ] *Sf*, **-en** regulamento interno.
Haus.schuh [ˈhausʃu:] *Sm*, **-e** chinelo.
Haus.tier [ˈhausti:r] *Sn*, **-e** animal doméstico.
Haut [haut] *Sf*, **Häute 1** pele, derme, cútis. **2** membrana.
Haut.arzt [ˈhautartst] *Sm*, **Hautärzte** dermatologista.
He! [he:] *Interj* ei!
He.bel [ˈhe:bəl] *Sm*, - alavanca.
he.ben [ˈhe:bən] *Vtr unreg* **1** levantar, erguer, alçar. **2** melhorar, aperfeiçoar.
Heck [hɛk] *Sn*, **-e, -s 1** parte traseira, popa. **2** cauda do avião.
He.cke [ˈhɛkə] *Sf*, **-n 1** cerca viva, sebe. **2** matagal.
Heer [he:r] *Sn*, **-e** exército, tropa.
He.fe [ˈhe:fə] *Sf*, **-n** fermento, levedura.
Heft [hɛft] *Sn*, **-e 1** caderno. **2** folheto. **3** fascículo.
Hef.ter [ˈhɛftər] *Sm*, - pasta com grampo ou trilho.
hef.tig [ˈhɛftiç] *Adj* **1** forte, violento. **2** brusco, enérgico, veemente. **3** ardente, impulsivo, impetuoso.
Heft.klam.mer [ˈhɛftklamər] *Sf*, **-n** grampo, clipe.
Heft.pflas.ter [ˈhɛftpflastər] *Sn*, - esparadrapo.
he.gen [ˈhe:gən] *Vtr* **1** guardar, cuidar, conservar, proteger, preservar. **2** sentir, nutrir.
hei.kel [ˈhaikəl] *Adj* **1** delicado, melindroso, difícil. **2** precário.
heil [hail] *Adj* **1** são e salvo. **2** restabelecido, curado. **3** inteiro, intacto, ileso.
Heil [hail] *Sn* (*o. Pl*) **1** sorte, ventura, prosperidade. **2** proveito. **3** salvação. **Heil!** salve! viva!
Heil.an.stalt [ˈhailanʃtalt] *Sf*, **-en 1** casa de saúde, sanatório. **2** manicômio.
hei.len [ˈhailən] *Vtr* **1** curar, restabelecer. **2** livrar de. *Vint* **3** sarar, melhorar.
hei.lig [ˈhailiç] *Adj* santo, sagrado, santificado. **der Heilige Abend** véspera de Natal. **der Heilige Geist** o Espírito Santo. **der Heilige Vater** o Santo Padre. **die Heilige Schrift** a Sagrada Escritura.
Hei.lig.abend [ˈhailiça:bənt] *Sm*, **-e** véspera de Natal.
Hei.li.ge [ˈhailigə] *Sm+f*, **-n** santo, santa.
Hei.lig.tum [ˈhailiçtu:m] *Sn*, **Heiligtümer** santuário, templo.
Heil.kraft [ˈhailkraft] *Sf*, **Heilkräfte** poder curativo.
Heil.kraut [ˈhailkraut] *Sn*, **Heilkräuter** erva ou planta medicinal.
Heil.mit.tel [ˈhailmitəl] *Sn*, - remédio, medicamento, droga.
Heil.pflan.ze [ˈhailpflantsə] *Sf*, **-n** planta medicinal.
Heil.quel.le [ˈhailkvɛlə] *Sf*, **-n** fonte de água medicinal.
heil.sam [ˈhailza:m] *Adj* **1** salutar, saudável. **2** curativo, benéfico.
Hei.lung [ˈhailuŋ] *Sf*, **-en 1** cura, restabelecimento. **2** cicatrização. **3** terapia.
heim [haim] *Adv* para casa.
Heim [haim] *Sn*, **-e 1** casa, lar. **2** asilo, albergue. **3** internato. **4** residência estudantil.
Hei.mat [ˈhaima:t] *Sf*, **-en** pátria, terra natal, país de origem.
Hei.mat.land [ˈhaima:tlant] *Sn*, **Heimatländer** pátria, terra natal.
Heim.fahrt [ˈhaimfa:rt] *Sf*, **-en** volta para casa, retorno, regresso.

heim.ge.hen [ˈhaimge:ən] *Vint unreg* **(sein)** ir para casa.

heim.keh.ren [ˈhaimke:rən] *Vint* **(sein)** retornar a casa, regressar.

heim.kom.men [ˈhaimkɔmən] *Vint unreg* **(sein)** chegar em casa, regressar.

heim.lich [ˈhaimliç] *Adj* **1** secreto, oculto, escondido, clandestino. **2** às escondidas. **3** confidencial.

Heim.rei.se [ˈhaimraizə] *Sf*, **-n** regresso, viagem de volta.

heim.tü.ckisch [ˈhaimtykiʃ] *Adj* falso, traiçoeiro, manhoso, maldoso, astuto, pérfido.

Heim.weg [ˈhaimve:k] *Sm*, **-e** caminho de casa, regresso.

Heim.weh [ˈhaimve:] *Sn* (*o. Pl*) saudade, nostalgia.

Hei.rat [ˈhaira:t] *Sf*, **-en** casamento, núpcias.

hei.ra.ten [ˈhaira:tən] *Vint+Vtr* **1** casar. **2** casar-se com, desposar.

hei.ser [ˈhaizər] *Adj* rouco.

heiß [hais] *Adj* **1** quente, fervente, ardente. **2** caloroso, ardoroso, fogoso, exaltado.

hei.ßen [ˈhaisən] *Vtr unreg* **1** chamar, denominar. **2** ordenar, mandar. *Vint unreg* **3** chamar-se. **4** significar. **das heißt** isto é. **was heißt das?** o que significa isso? **wie heißt das auf Deutsch?** como se diz isso em alemão?

hei.ter [ˈhaitər] *Adj* **1** contente, alegre, feliz, jovial, risonho, divertido. **2** claro, límpido (céu).

hei.zen [ˈhaitsən] *Vtr+Vint* aquecer, esquentar.

Heiz.ge.rät [ˈhaitsgərɛ:t] *Sn*, **-e** aquecedor elétrico.

Heiz.kos.ten [ˈhaitskɔstən] *S Pl* despesas com aquecimento.

Heiz.öl [ˈhaitsø:l] *Sn*, **-e** óleo combustível.

Hei.zung [ˈhaitsuŋ] *Sf*, **-en** aquecimento, calefação.

Hek.tar [ˈhɛkta:r] *Sm+Sn*, **-e** hectare.

Hek.tik [ˈhɛktik] *Sf* (*o. Pl*) correria, agitação.

hek.tisch [ˈhɛktiʃ] *Adj* agitado.

Held [hɛlt] *Sm*, **-en 1** herói. **2** protagonista.

hel.fen [ˈhɛlfən] *Vint unreg* **1** ajudar, socorrer. **2** colaborar. **3** assistir, auxiliar.

hell [hɛl] *Adj* **1** claro, iluminado, luminoso. **2** vivo. **3** límpido. **4** lúcido.

Hel.lig.keit [ˈhɛliçkait] *Sf*, **-en** claridade, luminosidade.

Hell.se.her [ˈhɛlze:ər] *Sm*, - vidente.

Helm [hɛlm] *Sm*, **-e** capacete, elmo.

Hemd [hɛmt] *Sn*, **-en** camisa.

hem.men [ˈhɛmən] *Vtr* **1** inibir, embaraçar, refrear. **2** deter, impedir, coibir, suspender. **3** neutralizar, amortecer. **4** travar.

Hem.mung [ˈhɛmuŋ] *Sf*, **-en 1** inibição, estorvo, entrave, embaraço. **2** impedimento, suspensão. **3** neutralização, bloqueio, freio. **4** escrúpulo.

hem.mungs.los [ˈhɛmuŋslo:s] *Adj* **1** desenfreado, incontrolável. **2** sem escrúpulos.

Hen.kel [ˈhɛŋkəl] *Sm*, - asa (bule, xícara etc.), pega.

Hen.ker [ˈhɛŋkər] *Sm*, - carrasco, verdugo, algoz.

Hen.ne [ˈhɛnə] *Sf*, **-n** galinha.

her [he:r] *Adv* **1** para cá. **2** desde, há muito. **das ist schon lange her** faz muito tempo. **her damit!** passa isso para cá! **her sein** ser de, proceder de.

he.rab [hɛrˈap] *Adv* para baixo (para perto de quem fala).

he.ran.kom.men [hɛrˈankɔmən] *Vint unreg* **(sein)** aproximar-se, chegar perto.

he.rauf [hɛrˈauf] *Adv* para cima (para perto de quem fala), de baixo para cima.

he.rauf.kom.men [hɛrˈaufkɔmən] *Vint unreg* **(sein) 1** subir, vir para cima. **2** aproximar-se.

he.raus [hɛrˈaus] *Adv* para fora. **frei heraus** francamente.

he.raus.brin.gen [hɛr'ausbriŋən] *Vtr unreg* **1** trazer ou levar para fora. **2** proferir, dizer, emitir. **3** descobrir, adivinhar. **4** lançar, publicar.
he.raus.fin.den [hɛr'ausfindən] *Vtr unreg* **1** descobrir. **2** encontrar a saída.
He.raus.for.de.rung [hɛr'ausfɔrdəruŋ] *Sf*, **-en 1** desafio. **2** provocação.
he.raus.ge.ben [hɛr'ausge:bən] *Vtr unreg* **1** publicar, lançar. **2** entregar. **3** devolver, restituir. *Vint* **4** devolver o troco.
He.raus.ge.ber [hɛr'ausge:bər] *Sm*, **- 1** editor. **2** redator.
he.raus.kom.men [hɛr'auskɔmən] *Vint unreg* **1** sair, vir para fora, aparecer. **2** tornar-se público. **3** ser publicado.
he.raus.stel.len [hɛr'ausʃtɛlən] *Vtr* **1** colocar para fora, expulsar. **2** realçar, ressaltar. *Vrefl* **3** verificar-se. **4** resultar. **5** revelar-se.
herb [hɛrp] *Adj* **1** áspero, acre, adstringente. **2** severo. **3** amargo. **herber Wein** vinho seco.
Her.ber.ge ['hɛrbɛrgə] *Sf*, **-n** hospedaria, albergue, pousada, abrigo, asilo.
Herbst ['hɛrpst] *Sm*, **-e** outono.
Herd [he:rt] *Sm*, **-e 1** fogão. **2** centro, ponto de partida. **3** foco (inflamação).
Her.de ['he:rdə] *Sf*, **-n** rebanho, manada.
he.rein [hɛr'ain] *Adv* para dentro (para junto de quem fala). **herein!** entre!
he.rein.kom.men [hɛr'ainkɔmən] *Vint unreg* **(sein)** entrar.
he.rein.le.gen [hɛr'ainle:gən] *Vtr Ugs* enganar, lograr.
Her.gang ['he:rgaŋ] *Sm*, **Hergänge** acontecimento, desenrolar, processo, evolução.
her.ge.ben ['he:rge:bən] *Vtr unreg* **1** entregar. *Vrefl* **2** prestar-se a.
her.ha.ben ['he:rha:bən] *Vtr unreg* ganhar, obter, conseguir.
He.ring ['he:riŋ] *Sm*, **-e** arenque.
her.kom.men ['he:rkɔmən] *Vint unreg* **(sein) 1** vir, chegar. **2** provir, vir de.
Her.kunft ['he:rkunft] *Sf*, **Herkünfte** origem, procedência, proveniência.
Herr [hɛr] *Sm*, **-en 1** senhor, cavalheiro. **2** dono, patrão. **Sehr geehrter Herr** Prezado Senhor.
Her.ren.mo.de ['hɛrənmo:də] *Sf*, **-n** moda masculina.
herr.lich ['hɛrliç] *Adj* magnífico, esplêndido, maravilhoso.
Herr.schaft ['hɛrʃaft] *Sf*, **-en** poder, poderio, domínio, reinado. **meine Herrschaften!** minhas senhoras e meus senhores!
herr.schen ['hɛrʃən] *Vint* **1** governar, reinar. **2** dominar, predominar.
Herr.scher ['hɛrʃər] *Sm*, **-** soberano, regente, monarca.
her.stel.len ['he:rʃtɛlən] *Vtr* **1** produzir, fabricar. **2** estabelecer.
Her.stel.ler ['he:rʃtɛlər] *Sm*, **-** produtor, fabricante.
Her.stel.lung ['he:rʃtɛluŋ] *Sf (o. Pl)* produção, fabricação.
he.rü.ber [hɛr'y:bər] *Adv* para o lado de cá.
he.rum [hɛr'um] *Adv* ao redor, em volta. **herum sein** ter terminado, estar encerrado.
he.rum.ge.hen [hɛr'umge:ən] *Vint unreg* **(sein) 1** circular. **2** dar a volta. **3** passar. **4** passar de mão em mão.
he.rum.lau.fen [hɛr'umlaufən] *Vint unreg* **(sein) 1** andar por aí. **2** correr em torno de.
he.rum.rei.chen [hɛr'umraiçən] *Vtr* fazer circular, passar de mão em mão.
he.rum.trei.ben [hɛr'umtraibən] *Vrefl unreg* vaguear, andar com, vagabundear.
he.run.ter [hɛr'untər] *Adv* para baixo (para junto de quem fala).
he.run.ter.fal.len [hɛr'untərfalən] *Vint unreg* **(sein)** cair de.
he.run.ter.kom.men [hɛr'untərkɔmən] *Vint unreg* **(sein) 1** descer, baixar. **2** decair.
her.vor [hɛr'fo:r] *Adv* para fora.

her.vor.he.ben [hɛr'fo:rhe:bən] *Vtr unreg* realçar, destacar, salientar.
her.vor.ra.gend [hɛr'fo:rra:gənt] *Adj* **1** excelente, destacado, eminente. **2** sobremaneira.
her.vor.ru.fen [hɛr'fo:rru:fən] *Vtr unreg* **1** chamar para fora. **2** provocar, causar.
Herz [hɛrts] *Sn*, **-en 1** coração. **2** ânimo. **3** copas (jogo de cartas). **ans Herz legen** recomendar.
Herz.an.fall ['hɛrtsanfal] *Sm*, **Herzanfälle** ataque cardíaco.
her.zei.gen ['he:rtsaigən] *Vtr* mostrar.
Herz.in.farkt ['hɛrtsinfarkt] *Sm*, **-e** infarto cardíaco.
Herz.klop.fen ['hɛrtsklɔpfən] *Sn* (*o. Pl*) **1** palpitações. **2** nervosismo.
herz.krank ['hɛrtskraŋk] *Adj* doente do coração.
herz.lich ['hɛrtsliç] *Adj* **1** cordial, afetuoso, afável. **2** efusivo. **3** sincero. **herzliche Grüße** saudações cordiais, abraços. **herzlichen Dank** sinceros agradecimentos. **herzlich willkommen** bem-vindo.
herz.los ['hɛrtslo:s] *Adj* insensível, cruel.
Herz.schlag ['hɛrtsʃla:k] *Sm*, **Herzschläge 1** pulsação, batimento. **2** insuficiência cardíaca, ataque cardíaco.
heu.cheln ['hɔiçəln] *Vtr+Vint* fingir, simular, dissimular.
heuch.le.risch ['hɔiçləriʃ] *Adj* falso, dissimulado, fingido, hipócrita.
heu.len ['hɔilən] *Vint* **1** uivar, ganir, ulular. **2** chorar.
heu.te ['hɔitə] *Adv* hoje. **für heute** por hoje. **heute Abend** esta noite. **heute früh** hoje cedo.
heut.zu.ta.ge ['hɔittsu:ta:gə] *Adv* hoje em dia.
He.xe ['hɛksə] *Sf*, **-n** bruxa, feiticeira.
Hieb [hi:p] *Sm*, **-e** golpe, pancada, batida.
hielt [hi:lt] *Prät* **halten.**
hier [hi:r] *Adv* aqui, neste lugar. **hier!** presente! **hier bleiben** ficar aqui. **hier sein** estar aqui, estar presente.
hier.her [hi:r'he:r] *Adv* para cá. **bis hierher** até aqui.
hier.hin [hi:r'hin] *Adv* para cá. **bis hierhin** até este ponto.
hier.mit [hi:r'mit] *Adv* **1** com isso. **2** por meio deste ou desta.
hieß [hi:s] *Prät* **heißen.**
Hil.fe ['hilfə] *Sf*, **-n 1** ajuda, auxílio, socorro, assistência. **2** ajudante, auxiliar. **Erste Hilfe** primeiros socorros. **Hilfe!** socorro!
Hilfs.ar.bei.ter ['hilfsarbaitər] *Sm*, - trabalhador sem qualificação, ajudante, servente.
hilfs.be.dürf.tig ['hilfsbədyrftiç] *Adj* necessitado, indigente, carente, pobre.
hilfs.be.reit ['hilfsbərait] *Adj* solícito, prestativo, prestimoso.
Hilfs.mit.tel ['hilfsmitəl] *Sn*, - **1** auxílio, subsídio. **2** recurso, expediente. **3** remédio.
Hilfs.verb ['hilfsvɛrp] *Sn*, **-en** verbo auxiliar.
Him.mel ['himəl] *Sm*, - céu.
him.mel.blau ['himəlblau] *Adj* azul-celeste.
Him.mel.fahrt ['himəlfa:rt] *Sf* (*o. Pl*) **1** Ascensão (de Nosso Senhor). **2** Assunção (de Nossa Senhora).
Him.mels.rich.tung ['himəlsriçtuŋ] *Sf*, **-en** ponto cardeal, direção.
himm.lisch ['himliʃ] *Adj* celestial, sublime, divino, maravilhoso.
hin [hin] *Adv* para lá. **hin sein** estar acabado. **hin und her** pra cá e pra lá. **hin und wieder** de vez em quando. **hin und zurück** ida e volta.
hi.nab [hin'ap] *Adv* para baixo (afastando-se de quem fala).
hi.nauf [hin'auf] *Adv* para cima (afastando-se de quem fala).
hi.nauf.ge.hen [hin'aufge:ən] *Vint unreg* **(sein)** subir.
hi.naus [hin'aus] *Adv* para fora.
hi.naus.ge.hen [hin'ausge:ən] *Vint unreg* **(sein)** sair.

hi.naus.schie.ben [hin'ausʃi:bən] *Vtr unreg* **1** empurrar para fora. **2** protelar, adiar, transferir.

hi.naus.wer.fen [hin'ausvɛrfən] *Vtr unreg* **1** jogar fora, atirar para fora. **2** pôr na rua. **3** despedir.

hin.dern ['hindərn] *Vtr* **1** impedir, estorvar, atrapalhar. **2** incomodar.

Hin.der.nis ['hindərnis] *Sn*, **-se** empecilho, obstáculo, barreira, impedimento.

hi.nein [hin'ain] *Adv* **1** para dentro. **2** adentro.

hi.nein.ge.hen [hin'ainge:ən] *Vint unreg* **(sein) 1** entrar. **2** caber.

Hin.fahrt ['hinfa:rt] *Sf*, **-en** (viagem de) ida.

hin.fal.len ['hinfalən] *Vint unreg* **(sein)** cair.

hing [hiŋ] *Prät* **hängen.**

hin.ge.ben ['hinge:bən] *Vtr unreg* **1** dar, entregar. **2** sacrificar. *Vrefl unreg* **3** dedicar-se, sacrificar-se. **4** abandonar-se a, entregar-se.

hin.hö.ren ['hinhø:rən] *Vint* prestar atenção, escutar.

hin.ken ['hiŋkən] *Vint* **1** mancar, coxear. **2** claudicar.

hin.kom.men ['hinkɔmən] *Vint unreg* **(sein)** chegar a, acabar em.

hin.krie.gen ['hinkri:gən] *Vtr Ugs* conseguir fazer ou resolver, arranjar.

hin.lau.fen ['hinlaufən] *Vint unreg* **(sein)** correr para.

hin.le.gen ['hinle:gən] *Vtr* **1** deitar, colocar, pôr. **2** colocar de lado. **3** apresentar, realizar. *Vrefl* **4** deitar-se.

Hin.rei.se ['hinraizə] *Sf*, **-n** (viagem de) ida.

hin.rei.ßend ['hinraisənt] *Adj* encantador, irresistível, cativante.

hin.rich.ten ['hinriçtən] *Vtr* executar.

Hin.rich.tung ['hinriçtuŋ] *Sf*, **-en** execução.

hin.schmei.ßen ['hinʃmaisən] *Vtr unreg Ugs* lançar ao chão, deixar.

hin.set.zen ['hinzɛtsən] *Vtr* **1** colocar, pôr. *Vrefl* **2** sentar-se.

Hin.sicht ['hinziçt] *Sf* (*o. Pl*) aspecto, sentido, respeito.

hin.stel.len ['hinʃtɛlən] *Vtr* **1** colocar, pôr. **2** construir. **3** mostrar, apresentar. *Vrefl* **4** parar, estacionar.

hin.ten ['hintən] *Adv* **1** atrás, no fundo. **2** no fim.

hin.ter ['hintər] *Präp* atrás de.

Hin.ter.aus.gang ['hintərausgaŋ] *Sm*, **Hinterausgänge** saída dos fundos.

hin.ter.ein.an.der ['hintərain'andər] *Adv* **1** um atrás do outro, em fila indiana. **2** seguidamente.

Hin.ter.ein.gang ['hintəraingaŋ] *Sm*, **Hintereingänge** entrada dos fundos.

Hin.ter.ge.dan.ke ['hintərgədaŋkə] *Sm*, **-n** segunda intenção.

hin.ter.ge.hen ['hintərge:ən] *Vtr unreg* enganar, trapacear.

Hin.ter.halt ['hintərhalt] *Sm*, **-e 1** emboscada, cilada, tocaia. **2** ardil, armadilha.

Hin.ter.haus ['hintərhaus] *Sn*, **Hinterhäuser** casa dos fundos.

hin.ter.her ['hintərhe:r] *Adv* **1** depois, posteriormente. **2** atrás.

hin.ter.her.lau.fen ['hintərhe:rlaufən] *Vint unreg* **(sein)** correr atrás.

Hin.ter.kopf ['hintərkɔpf] *Sm*, **Hinterköpfe** occipício, parte posterior da cabeça.

Hin.ter.land ['hintərlant] *Sn* (*o. Pl*) **1** interior. **2** sertão.

hin.ter.las.sen ['hintərlasən] *Vtr unreg* legar, deixar para alguém.

hin.ter.lis.tig ['hintərlistiç] *Adj* manhoso, traiçoeiro, astuto, falso, ardiloso.

Hin.tern ['hintərn] *Sm*, - *Ugs* traseiro, bunda.

hin.ter.rücks ['hintərryks] *Adv* **1** por detrás. **2** pelas costas. **3** traiçoeiramente.

Hin.ter.tür ['hintərty:r] *Sf*, **-en** porta traseira, dos fundos.

Hin.ter.zim.mer ['hintərtsimər] *Sn*, - quarto dos fundos.

hin.tun [ˈhintu:n] *Vtr unreg* colocar, pôr.
hi.nü.ber [hinˈy:bər] *Adv* para o outro lado.
Hin-und-Rück.fahrt [hin-untˈrykfa:rt] *Sf*, **-en** ida e volta.
hi.nun.ter [hinˈuntər] *Adv* lá para baixo.
Hin.weg [ˈhinve:k] *Sm*, **-e** ida.
Hin.weis [ˈhinvais] *Sm*, **-e** **1** indício, indicação. **2** referência. **3** nota, observação. **4** dica.
hin.wei.sen [ˈhinvaizən] *Vtr+Vint unreg* **1** indicar, chamar a atenção, mostrar, apontar. **2** lembrar. **3** referir-se a.
Hirn [ˈhirn] *Sn*, **-e** **1** cérebro. **2** juízo, siso.
Hirsch [hirʃ] *Sm*, **-e** cervo.
Hir.te [ˈhirtə] *Sm*, **-n** pastor.
His.to.ri.ker [hisˈto:rikər] *Sm*, **-** historiador.
his.to.risch [hisˈto:riʃ] *Adj* histórico.
Hit.ze [ˈhitsə] *Sf*, **-n** **1** calor. **2** ardor. **3** furor.
H-Milch [ha:-milç] *Sf* (*o. Pl*) leite longa vida.
ho.beln [ˈho:bəln] *Vtr+Vint* **1** aplainar. **2** fatiar, ralar.
hoch [ho:x] *Adj* alto, elevado. **drei Meter hoch** de três metros de altura. **ein hohes Alter** uma idade avançada. **er lebe hoch!** viva!
Hoch [ho:x] *Sn*, **-s** **1** vivas, aplauso. **2** *Meteor* alta pressão.
Hoch.ach.tung [ˈho:xaxtuŋ] *Sf* (*o. Pl*) estima, apreço, respeito, consideração.
hoch.ach.tungs.voll [ˈho:xaxtuŋsfɔl] *Adv* atenciosamente.
Hoch.be.trieb [ˈho:xbətri:p] *Sm* (*o. Pl*) **1** movimento intenso. **2** alta estação. **3** horário de pico.
hoch.deutsch [ˈho:xdɔitʃ] *Adj* alemão-padrão.
Hoch.druck [ˈho:xdruk] *Sm*, **-e** **1** alta pressão. **2** hipertensão. **3** impressão em relevo.
hoch.hal.ten [ˈho:xhaltən] *Vtr unreg* **1** levantar. **2** cultivar, respeitar.
Hoch.haus [ˈho:xhaus] *Sn*, **Hochhäuser** edifício.
hoch.he.ben [ˈho:xhe:bən] *Vtr unreg* levantar, elevar.
hoch.krem.peln [ˈho:xkrɛmpəln] *Vtr* arregaçar.
Hoch.mut [ˈho:xmu:t] *Sm* (*o. Pl*) orgulho, soberba, arrogância.
hoch.mü.tig [ˈho:xmytiç] *Adj* orgulhoso, soberbo, altivo, arrogante.
hoch.nä.sig [ˈho:xnɛ:ziç] *Adj* presunçoso, arrogante.
Hoch.sai.son [ˈho:xzɛzɔ:n] *Sf*, **-en** alta estação, temporada.
Hoch.schu.le [ˈho:xʃu:lə] *Sf*, **-n** escola superior, universidade.
Hoch.schü.ler [ˈho:xʃy:lər] *Sm*, **-** estudante universitário.
Hoch.som.mer [ˈho:xzɔmər] *Sm*, **-** pleno verão, estio.
Hoch.span.nung [ˈho:xʃpanuŋ] *Sf*, **-en** alta tensão.
höchst [hø:çst] *Kompar* **hoch**. *Adv* **1** mais alto, máximo, supremo. **2** muito, extremamente. **es ist höchste Zeit** está em cima da hora.
hoch.stei.gen [ˈho:xʃtaigən] *Vint unreg* **(sein)** subir, elevar-se.
höchs.tens [ˈhø:çstəns] *Adv* quando muito, no máximo.
Höchst.ge.schwin.dig.keit [ˈhø:çstgəʃvindiçkait] *Sf*, **-en** velocidade máxima.
Höchst.preis [hø:çstprais] *Sm*, **-e** preço máximo, teto.
höchst.wahr.schein.lich [hø:çstva:rʃainliç] *Adv* muito provavelmente.
hoch.ver.ehrt [ˈho:xfɛre:rt] *Adj* muito estimado, respeitado.
Hoch.was.ser [ˈho:xvasər] *Sn*, **-** enchente, inundação.
Hoch.zeit [ˈho:xtsait] *Sf*, **-en** casamento, bodas. **goldene Hochzeit** bodas de ouro. **silberne Hochzeit** bodas de prata.
Hoch.zeits.kleid [ˈho:xtsaitsklait] *Sn*, **-er** vestido de noiva.
Hoch.zeits.rei.se [ˈho:xtsaitsraizə] *Sf*, **-n** viagem de núpcias, de lua de mel.

ho.cken [ˈhɔkən] *Vint* **1** estar agachado ou acocorado. **2** estar sentado. *Vrefl* **3** agachar-se.
Ho.cker [ˈhɔkər] *Sm*, - banquinho, tamborete.
Ho.den [ˈho:dən] *Sm*, - testículo.
Hof [ho:f] *Sm*, **Höfe 1** pátio. **2** fazenda, propriedade rural, chácara. **3** corte, paço.
hof.fen [ˈhɔfən] *Vtr+Vint* esperar. **hoffen auf** confiar em.
hof.fent.lich [ˈhɔfəntliç] *Adv* tomara que.
Hoff.nung [ˈhɔfnuŋ] *Sf*, **-en** esperança.
hoff.nungs.los [ˈhɔfnuŋslo:s] *Adj* desesperado, desenganado.
Hof.hund [ˈho:fhunt] *Sm*, **-e** cão de guarda.
höf.lich [ˈhø:fliç] *Adj* cortês, educado, polido, gentil.
Höf.lich.keit [ˈhø:fliçkait] *Sf*, **-en 1** cortesia, educação, polidez, gentileza. **2** deferência.
Hof.tor [ˈho:fto:r] *Sn*, **-e** portão.
Hö.he [ˈhø:ə] *Sf*, **-n 1** altura, altitude. **2** auge. **3** elevação. **4** nível.
Hö.he.punkt [ˈhø:epuŋt] *Sm*, **-e** ponto alto, pico, auge, apogeu.
hö.her [ˈhø:ər] *Kompar* **hoch.** *Adj* mais alto, superior.
hohl [ho:l] *Adj* **1** oco, vazio. **2** côncavo. **3** cavernoso (voz).
Höh.le [ˈhø:lə] *Sf*, **-n 1** caverna, furna, gruta. **2** toca (de animais).
Hohn [ho:n] *Sm* (*o. Pl*) zombaria, ironia, escárnio, mofa, sarcasmo.
ho.len [ˈho:lən] *Vtr* **1** ir buscar, ir apanhar. *Vrefl* **2** pegar, apanhar. **Atem holen** respirar. **den Arzt holen** chamar o médico.
hol.län.disch [ˈhɔlɛndiʃ] *Adj* holandês.
Höl.le [ˈhølə] *Sf*, **-n** inferno.
Holz [hɔlts] *Sn*, **Hölzer 1** madeira. **2** lenha. **3** pau.
Holz.koh.le [ˈhɔltsko:lə] *Sf*, **-n** carvão vegetal.
Holz.schnitt [ˈhɔltsʃnit] *Sm*, **-e** xilogravura.
Holz.schuh [ˈhɔltsʃu:] *Sm*, **-e** tamanco.
Holz.wurm [ˈhɔltsvurm] *Sm*, **Holzwürmer** caruncho, bicho-carpinteiro.
Ho.mö.o.pa.thie [homøopaˈti:] *Sf* (*o. Pl*) homeopatia.
Ho.mo.se.xu.el.le [homozɛksuˈɛlə] *Sm+f*, **-n** homossexual.
Ho.nig [ˈho:niç] *Sm*, **-e** mel.
Hop.fen [ˈhɔpfən] *Sm*, - lúpulo.
hor.chen [ˈhɔrçən] *Vint* escutar.
hö.ren [ˈhø:rən] *Vtr* **1** ouvir, escutar. *Vint* **2** obedecer.
Hö.rer [ˈhø:rər] *Sm*, - **1** ouvinte. **2** fone (receptor).
Ho.ri.zont [horiˈtsɔnt] *Sm*, **-e** horizonte.
ho.ri.zon.tal [horitsɔnˈta:l] *Adj* horizontal.
Hor.mon [hɔrˈmo:n] *Sn*, **-e** hormônio.
Horn [hɔrn] *Sn*, **Hörner 1** chifre. **2** corneta, trompa. **3** buzina.
Horn.haut [ˈhɔrnhaut] *Sf*, **Hornhäute 1** calo, calosidade. **2** córnea (vista).
Ho.ros.kop [horɔˈsko:p] *Sn*, **-e** horóscopo.
Hor.ror.film [ˈhɔrrorfilm] *Sm*, **-e** filme de terror.
Hör.saal [ˈhø:rza:l] *Sm*, **Hörsäle** auditório.
Hort [hɔrt] *Sm*, **-e 1** refúgio. **2** creche.
Hör.test [ˈhø:rtɛst] *Sm*, **-s** teste de audição.
Hös.chen [ˈhø:sçən] *Sn*, - calcinha.
Ho.se [ˈho:zə] *Sf*, **-n** calça(s).
Ho.sen.ta.sche [ˈho:zəntaʃə] *Sf*, **-n** bolso da calça.
Ho.sen.trä.ger [ˈho:zəntrɛ:gər] *S Pl* suspensórios.
Hos.pi.tal [hɔspiˈta:l] *Sn*, **-e, Hospitäler** hospital, casa de saúde.
Ho.tel [hoˈtɛl] *Sn*, **-s** hotel.
Hrsg. *Abk* **Herausgeber**.
Hub.raum [ˈhu:praum] *Sm*, **Hubräume** cilindrada.
hübsch [hypʃ] *Adj* bonito, lindo.
Hub.schrau.ber [ˈhu:pʃraubər] *Sm*, - helicóptero.
Huf.ei.sen [ˈhuˈfaizən] *Sn*, - ferradura.

H

Hüf.te [ˈhyftə] *Sf*, **-n** quadril, cintura, anca.
Hü.gel [ˈhy:gəl] *Sm*, - colina, morro, outeiro.
Huhn [hu:n] *Sn*, **Hühner** galinha.
Hüh.ner.au.ge [ˈhy:nəraugə] *Sn*, **-n** calo.
Hüh.ner.stall [ˈhy:nərʃtal] *Sm*, **Hühnerställe** galinheiro, poleiro.
Hül.le [ˈhylə] *Sf*, **-n** **1** capa, envoltório. **2** membrana.
Hül.se [ˈhylzə] *Sf*, **-n** **1** vagem. **2** casca. **3** cartucho, cápsula.
hu.ma.nis.tisch [humaˈnistiʃ] *Adj* humanista, humanístico, clássico.
hu.ma.ni.tär [humaniˈtɛ:r] *Adj* humanitário.
Hum.mer [ˈhumər] *Sm*, - lagosta, lagostim.
Hu.mor [huˈmo:r] *Sm*, **-e** humor, graça.
hu.mor.los [huˈmo:rlo:s] *Adj* sem humor, sério.
hu.mor.voll [huˈmo:rfɔl] *Adj* engraçado, humorístico, espirituoso.
hum.peln [ˈhumpəln] *Vint* **(sein)** mancar, coxear.
Hund [hunt] *Sm*, **-e** cão, cachorro.
hun.dert [ˈhundərt] *Zahlw* cem, cento.
Hun.dert.jahr.fei.er [hundərtˈja:rfaiər] *Sf*, **-n** centenário.
hun.dert.jäh.rig [ˈhundərtjɛ:riç] *Adj* centenário, secular.
hun.dert.tau.send [ˈhundərttauzənt] *Zahlw* cem mil.
Hun.de.zwin.ger [ˈhundətsviŋər] *Sm*, - canil.
Hün.din [ˈhyndin] *Sf*, **-nen** cadela.
Hun.ger [ˈhuŋər] *Sm* (*o. Pl*) fome. **Hunger haben auf** estar com fome de.
Hun.gers.not [ˈhuŋərsno:t] *Sf*, **Hungersnöte** fome, penúria.
Hun.ger.streik [ˈhuŋərʃtraik] *Sm*, **-s** greve de fome.
hung.rig [ˈhuŋriç] *Adj* faminto, esfomeado.
Hu.pe [ˈhu:pə] *Sf*, **-n** buzina.
hu.pen [ˈhu:pən] *Vint* buzinar.
hüp.fen [ˈhypfən] *Vint* **(sein)** **1** pular, saltar. **2** saltitar.
Hür.de [ˈhyrdə] *Sf*, **-n** barreira, obstáculo.
Hu.re [ˈhu:rə] *Sf*, **-n** prostituta, puta.
hus.ten [ˈhu:stən] *Vint* tossir.
Hus.ten [ˈhu:stən] *Sm*, - tosse.
Hus.ten.saft [ˈhu:stənzaft] *Sm*, **Hustensäfte** xarope expectorante.
Hut [hu:t] *Sm*, **Hüte** chapéu.
hü.ten [ˈhy:tən] *Vtr* **1** vigiar, guardar. **2** cuidar de, velar por. *Vrefl* **3** cuidar-se, ter cuidado.
Hüt.te [ˈhytə] *Sf*, **-n** **1** barraco, cabana, choupana, casebre, abrigo. **2** fundição.
Hy.gi.e.ne [hygiˈe:nə] *Sf* (*o. Pl*) higiene.
hy.gi.e.nisch [hygiˈe:niʃ] *Adj* higiênico.
Hym.ne [ˈhymnə] *Sf*, **-n** hino.
hyp.no.ti.sie.ren [hypno:tiˈzi:rən] *Vtr* hipnotizar.
Hy.po.the.se [hypoˈte:zə] *Sf*, **-n** hipótese.
Hys.te.rie [hysteˈri:] *Sf*, **-n** histeria.

i

i, I [i:] *Sn*, - letra i, I.
ich [iç] *Personalpron* eu.
I.de.al [ide'a:l] *Sn*, **-e** ideal, modelo.
I.dee [i'de:] *Sf*, **-n** ideia, conceito, noção. **fixe Idee** ideia fixa, obsessão.
i.den.tisch [i'dɛntiʃ] *Adj* idêntico.
I.di.ot [idi'o:t] *Sm*, **-en** idiota, bobo, burro.
i.di.o.tisch [idi'o:tiʃ] *Adj* idiota, estúpido.
ihm [i:m] *Personalpron* (*Dat von* **er**, **es**) a ele, lhe.
ihn [i:n] *Personalpron* (*Akk von* **er**) o, a ele.
ih.nen ['i:nən] *Personalpron* (*Dat von Pl* **sie**) a eles, a elas, lhes.
Ih.nen ['i:nən] *Personalpron* (*Dat von* **Sie**) lhe, lhes, ao senhor, à senhora, aos senhores, às senhoras. **wie geht es Ihnen?** como vai você(s), a(s) senhora(s), o(s) senhor(es)?
ihr[1] [i:r] *Personalpron* **1** vós, vocês. (*Dat von* **sie**) **2** a ela, lhe. *Possessivpron* **3** seu, sua, dele, dela, deles, delas.
Ihr[2] [i:r] *Possessivpron* (de **Sie**) seu, sua, de vocês, dos senhores, das senhoras. **ist das Ihr Buch?** este livro é seu?
Il.lu.si.on [iluzi'o:n] *Sf*, **-en** ilusão.
Il.lu.stra.ti.on [ilustratsi'o:n] *Sf*, **-en** ilustração.
Il.lu.strier.te [ilu'stri:rtə] *Sf*, **-n** revista (ilustrada).
im [im] *Präp* **in+dem** no, na. **im Alter von** com a idade de. **im Bett** na cama. **im Januar** em janeiro.
Im.biss ['imbis] *Sm*, **-e** pequena refeição, lanche, merenda.
Im.biss.stu.be ['imbisʃtu:bə] *Sf*, **-n** lanchonete. *Var: Imbiss-Stube.*
im.mer ['imər] *Adv* **1** sempre. **2** continuamente.
Im.mi.grant [imi'grant] *Sm*, **-en** imigrante.
Im.mi.gra.ti.on [imigratsi'o:n] *Sf*, **-en** imigração.
Im.mo.bi.lie [imo'bi:liə] *Sf*, **-n** imóvel, bem de raiz.
Im.pe.ra.tiv ['imperati:f] *Sm*, **-e** imperativo.
Im.per.fekt ['impɛrfɛkt] *Sn*, **-e** imperfeito, pretérito.
imp.fen ['impfən] *Vtr* vacinar. **sich impfen lassen** tomar vacina.
Imp.fung ['impfuŋ] *Sf*, **-en** vacinação.
im.po.nie.ren [impo'ni:rən] *Vint* impressionar, impor respeito.
Im.port [im'pɔrt] *Sm*, **-e** importação.
Im.por.teur [impɔr'tø:r] *Sm*, **-e** importador.
im.por.tie.ren [impɔr'ti:rən] *Vtr* importar.
Im.pres.si.on [impresi'o:n] *Sf*, **-en** impressão.
im.pro.vi.sie.ren [improvi'zi:rən] *Vtr+Vint* improvisar.
im.stan.de [im'ʃtandə] *Adv* capaz, em condições. **imstande sein** ser capaz de, estar em condições. *Var: im Stande.*
in [in] *Präp* **1** em, dentro de. **2** para. **3** durante. **in der Schule** na escola. **in**

Deutschland na Alemanha. **in die Schweiz** para a Suíça.

in.dem [in'de:m] *Konj* **1** quando, como, porque. **2** enquanto. **indem man das tut** fazendo isso.

In.di.a.ner [indi'a:nər] *Sm*, - índio.

In.di.ka.tiv ['indikati:f] *Sm*, **-e** indicativo.

in.di.rekt ['indirɛkt] *Adj* indireto.

in.disch ['indiʃ] *Adj* indiano, índico, hindu.

in.dis.kret ['indiskre:t] *Adj* indiscreto.

in.di.vi.du.ell [individu'ɛl] *Adj* **1** individual. **2** particular, pessoal.

In.dus.trie [indu'stri:] *Sf*, **-n** indústria. **Industrie- und Handelskammer** Câmara de Comércio e Indústria.

In.farkt [in'farkt] *Sm*, **-e** enfarte, infarto.

In.fek.ti.on [infɛktsi'o:n] *Sf*, **-en** infecção.

In.fi.ni.tiv ['infiniti:f] *Sm*, **-e** infinitivo.

In.fla.ti.on [inflatsi'o:n] *Sf*, **-en** inflação.

In.for.ma.tik [infɔr'ma:tik] *Sf* (*o. Pl*) informática.

In.for.ma.ti.on [infɔrmatsi'o:n] *Sf*, **-en** informação, conhecimento.

in.for.mell [infɔr'mɛl] *Adj* informal, sem cerimônias.

in.for.mie.ren [infɔr'mi:rən] *Vtr* **1** informar, avisar. **2** notificar. *Vrefl* **3** informar-se, colher informações.

in.fra.rot ['infrarot] *Adj* infravermelho.

In.fra.struk.tur ['infraʃtruktu:r] *Sf*, **-en** infraestrutura.

In.ge.ni.eur [inʒeni'ø:r] *Sm*, **-e** engenheiro.

In.ha.ber ['inha:bər] *Sm*, - **1** proprietário, detentor, titular. **2** portador.

In.halt ['inhalt] *Sm*, **-e** **1** conteúdo, teor. **2** área, volume, capacidade. **3** sumário, índice (livro).

In.halts.ver.zeich.nis ['inhaltsvɛrtsaiç nis] *Sn*, **-se** índice, sumário.

I.ni.ti.a.ti.ve [initsia'ti:və] *Sf*, **-n** iniciativa, diligência.

in.klu.si.ve [inklu'zi:və] *Adv* inclusive.

In.land ['inlant] *Sn* (*o. Pl*) (próprio) país, território nacional.

in.nen ['inən] *Adv* dentro, no interior de.

In.ne.re ['inərə] *Sn* (*o. Pl*) **1** interior. **2** conteúdo.

in.ner.halb ['inərhalp] *Präp+Adv* dentro de.

in.nig ['iniç] *Adj* **1** íntimo. **2** fervoroso. **3** cordial, profundo.

In.no.va.ti.on [inovatsi'o:n] *Sf*, **-en** inovação.

in.of.fi.zi.ell ['inofitsiɛl] *Adj* não oficial.

ins [ins] **in+das** *Prap+Art* no, na, para o, para a. **ins Theater gehen** ir ao teatro.

In.sekt [in'sɛkt] *Sn*, **-en** inseto.

In.sel ['inzəl] *Sf*, **-n** ilha.

In.se.rat [inze'ra:t] *Sn*, **-e** anúncio.

ins.ge.samt [insgə'zamt] *Adv* ao todo, no total, globalmente.

In.spek.teur [inspɛk'tø:r] *Sm*, **-e** inspetor, fiscal.

In.spek.ti.on [inspɛktsi'o:n] *Sf*, **-en** **1** inspeção, fiscalização, vistoria. **2** revisão (veículo).

In.spi.ra.ti.on [inspiratsi'o:n] *Sf*, **-en** inspiração.

In.stal.la.teur [instala'tø:r] *Sm*, **-e** **1** instalador. **2** encanador.

In.stal.la.ti.on [instalatsi'o:n] *Sf*, **-en** instalação.

in.stän.dig ['inʃtɛndiç] *Adj* **1** insistente. **2** encarecidamente.

In.stand.hal.tung [in'ʃtanthaltuŋ] *Sf*, **-en** manutenção, conservação.

Ins.tinkt [in'stiŋkt] *Sm*, **-e** instinto.

ins.tink.tiv [instiŋk'ti:f] *Adj* instintivo.

In.sti.tut [insti'tu:t] *Sn*, **-e** instituto.

In.sti.tu.ti.on [institutsi'o:n] *Sf*, **-en** instituição, estabelecimento.

In.stru.ment [instru'mɛnt] *Sn*, **-e** instrumento, ferramenta.

in.takt [in'takt] *Adj* intato, ileso.

In.tel.lekt [intɛ'lɛkt] *Sm* (*o. Pl*) intelecto, inteligência.

In.tel.lek.tu.el.le [intɛlɛktu'ɛlə] *Sm+f*, **-n** intelectual.

in.tel.li.gent [intɛli'gɛnt] *Adj* inteligente.

In.tel.li.genz [intɛli'gɛnts] *Sf*, **-en** inteligência.

in.ten.siv [intɛn'zi:f] *Adj* intenso, intensivo, forte.
In.ten.siv.kurs [intɛn'zi:fkurs] *Sm*, **-e** curso intensivo.
In.ten.siv.sta.ti.on [intɛn'zi:fʃtatsi'o:n] *Sf*, **-en** unidade de terapia intensiva (UTI).
in.te.res.sant [interɛ'sant] *Adj* interessante.
In.te.res.se [inter'ɛsə] *Sn*, **-n** interesse.
in.te.res.sie.ren [interɛ'si:rən] *Vtr* **1** interessar. *Vrefl* **2** interessar-se, mostrar interesse.
In.ter.nat [inter'na:t] *Sn*, **-e** internato, colégio interno.
in.ter.na.ti.o.nal [internatsio'na:l] *Adj* internacional.
in.ter.pre.tie.ren [interpre'ti:rən] *Vtr* **1** interpretar. **2** comentar.
In.ter.view [inter'vju:] *Sn*, **-s** entrevista.
in.ter.view.en [inter'vju:ən] *Vtr* entrevistar.
in.tim [in'ti:m] *Adj* íntimo.
in.to.le.rant ['intolerant] *Adj* intolerante.
In.to.le.ranz ['intolerants] *Sf*, **-en** intolerância.
In.tri.ge [in'tri:gə] *Sf*, **-n** intriga.
In.tu.i.ti.on [intuitsi'o:n] *Sf*, **-en** intuição.
in.tu.i.tiv [intui'ti:f] *Adj* intuitivo.
in.ves.tie.ren [invɛ'sti:rən] *Vtr+Vint* investir.
In.ves.ti.ti.on [invɛstitsi'o:n] *Sf*, **-en** investimento.
in.zwi.schen [in'tsviʃən] *Adv* **1** entrementes, nesse meio tempo, enquanto isso. **2** até aí, até agora, até lá.
ir.disch ['irdiʃ] *Adj* **1** terrestre, terreno. **2** temporal (poder).
I.re ['i:rə] *Sm*, **-n** irlandês.
ir.gend.ein ['irgəntain] *Indefinitpron* qualquer. **irgendeine** qualquer uma. **irgendeiner** qualquer um.
ir.gend.wann ['irgəntvan] *Adv* a qualquer dia ou hora ou momento.
ir.gend.was ['irgəntvas] *Indefinitpron* qualquer coisa.
ir.gend.wer ['irgəntve:r] *Indefinitpron* qualquer pessoa.
ir.gend.wie ['irgəntvi:] *Indefinitpron* de qualquer modo, de alguma maneira.
ir.gend.wo ['irgəntvo:] *Adv* em qualquer lugar ou parte.
ir.gend.wo.hin ['irgəntvo'hin] *Adv* para qualquer lugar ou parte.
i.risch [i:riʃ] *Adj* irlandês.
I.ro.nie [iro'ni:] *Sf*, **-n** ironia.
i.ro.nisch [i'ro:niʃ] *Adj* irônico.
ir.ra.tio.nal [iratsio'na:l] *Adj* irracional.
ir.re ['irə] *Adj* **1** louco, demente, alienado. **2** desvairado. **3** *Ugs* maravilhoso, legal.
ir.re.al ['irəa:l] *Adj* irreal.
ir.re.füh.ren ['irəfy:rən] *Vtr* enganar, iludir, desviar, desencaminhar.
ir.ren ['irən] *Vrefl* errar, enganar-se.
ir.ri.tie.ren [iri'ti:rən] *Vtr* irritar, molestar.
irr.sin.nig ['irziniç] *Adj* **1** louco, doido, demente, alienado, insano. **2** *Ugs* tremendo.
Irr.tum ['irtu:m] *Sm*, **Irrtümer** erro, engano, equívoco.
irr.tüm.lich ['irty:mliç] *Adj* **1** errôneo. **2** por engano.
Is.lam ['isla:m] *Sm* (*o. Pl*) islão, islamismo.
I.so.la.ti.on [izolatsi'o:n] *Sf*, **-en** **1** isolamento. **2** revestimento.
I.so.lie.rung [izo'li:ruŋ] *Sf*, **-en** **1** isolamento. **2** revestimento.
Is.ra.e.li ['israe:li] *Sm*, - **s** israelense.
isst [ist] *Präs* **essen.**
ist [ist] *Präs* **sein.**
I.ta.li.en [i'ta:liən] *Sn* (*o. Art*) Itália.
I.ta.li.e.ner [itali'e:nər] *Sm*, - italiano.
ita.li.e.nisch [itali'e:niʃ] *adj* italiano.

J

j, J [jɔt] *Sn*, - letra j, J.

ja [ja:] *Interj* sim. **aber ja** claro que sim. **ich hab's ja gesagt** bem que eu falei.

Ja.cke [ˈjakə] *Sf*, **-n** casaco, paletó, jaqueta, cardigã.

Ja.ckett [jaˈkɛt] *Sn*, **-s** jaqueta, paletó.

Jagd [ja:kt] *Sf*, **-en 1** caça. **2** caçada, perseguição.

ja.gen [ˈja:gən] *Vtr* caçar; perseguir. **aus dem Haus jagen** expulsar de casa.

Jä.ger [ˈjɛ:gər] *Sm*, - **1** caçador. **2** caça (avião).

Jahr [ja:r] *Sn*, **-e** ano. **das Neue Jahr** o Ano-Novo.

Jah.res.wech.sel [ˈja:rəsvɛksəl] *Sm*, - passagem de ano.

Jah.res.zahl [ˈja:rəstsa:l] *Sf*, **-en** data (ano).

Jah.res.zeit [ˈja:rəstsait] *Sf*, **-en** estação.

Jahr.gang [ˈja:rgaŋ] *Sm*, **Jahrgänge 1** ano, safra. **2** pessoas nascidas no mesmo ano.

Jahr.hun.dert [ˈja:rhundərt] *Sn*, **-e** século.

jähr.lich [ˈjɛ:rliç] *Adj* anual, por ano.

Jahr.markt [ˈja:rmarkt] *Sm*, **Jahrmärkte** quermesse, feira anual, festa do(a) padroeiro(a).

Jahr.tau.send [ˈja:rtauzənt] *Sn*, **-e** milênio.

Jahr.zehnt [ˈja:rtse:nt] *Sn*, **-e** década, decênio.

jam.mern [ˈjamərn] *Vint* lamentar-se, chorar. **es jammert mich** me dá pena.

Ja.nu.ar [ˈjanua:r] *Sm*, **-e** janeiro.

Ja.pa.ner [jaˈpa:nər] *Sm*, - japonês.

ja.pa.nisch [jaˈpa:niʃ] *Adj* japonês.

Jar.gon [ʒarˈgɔŋ] *Sm*, **-s** gíria, calão, jargão.

ja.wohl! [jaˈvo:l] *Interj* sim, certamente; positivo.

je [je:] *Adv* nunca. **je ein Exemplar** um exemplar de cada.

je.den.falls [ˈje:dənfals] *Adv* **1** em todo caso. **2** de qualquer modo.

je.der [ˈje:dər] *Indefinitpron* cada, qualquer. **jeder Einzelne** cada um em particular.

je.der.zeit [ˈje:dərtsait] *Adv* sempre, a qualquer hora ou momento.

je.des.mal [ˈje:dəsma:l] *Adv* cada vez, toda vez.

je.doch [je:ˈdɔx] *Konj+Adv* porém, contudo, no entanto, todavia.

je.mals [ˈje:ma:ls] *Adv* jamais, alguma vez.

je.mand [ˈje:mant] *Indefinitpron* alguém. **irgend jemand** qualquer pessoa, alguém. **jemand anders** uma outra pessoa.

je.ner ['je:nər] *Demonstrativpron* aquele, aquela, aqueles, aquelas.
Jen.seits ['jɛnzaits] *Sn* (*o. Pl*) além, outro mundo.
jetzt [jɛtst] *Adv* agora. **für jetzt** por ora. **von jetzt an** de agora em diante.
je.weils ['je:vails] *Adv* **1** respectivamente. **2** em dado momento. **3** a cada vez.
Job [dʒɔp] *Sm*, **-s 1** emprego. **2** bico.
job.ben ['dʒɔbən] *Vint Ugs* fazer bicos ou biscates.
Jo.ga ['jo:ga] *Sn+m* (*o. Pl*) ioga.
jog.gen ['dʒɔgən] *Vint* **(sein)** fazer *cooper*.
Jo.ghurt ['jo:gurt] *Sm+n* **-s** iogurte.
jong.lie.ren [ʒɔŋ'li:rən] *Vtr+Vint* equilibrar, fazer malabarismos.
Jour.na.lis.mus [ʒurna'lismus] *Sm* (*o. Pl*) jornalismo.
Jour.na.list [ʒurna'list] *Sm*, **-en** jornalista.
Ju.bel ['ju:bəl] *Sm* (*o. Pl*) júbilo, alegria, aplauso.
ju.beln ['ju:bəln] *Vint* jubilar, festejar.
Ju.bi.lä.um [jubi'lɛ:um] *Sn*, **Jubiläen** jubileu.
ju.cken ['jukən] *Vtr+Vint* coçar, comichar.
Ju.de ['ju:də] *Sm*, **-n** judeu.
jü.disch ['jy:diʃ] *Adj* judeu, judaico.
Ju.gend ['ju:gənt] *Sf* (*o. Pl*) juventude, mocidade.
Ju.gend.amt ['ju:gəntamt] *Sn*, **Jugendämter** juizado de menores.
Ju.gend.heim ['ju:gənthaim] *Sn*, **-e** clube ou centro social para jovens.
Ju.gend.her.ber.ge ['ju:gənthɛrbɛrgə] *Sf*, **-n** albergue de juventude.
ju.gend.lich ['ju:gəntliç] *Adj* juvenil.
Ju.gend.li.che ['ju:gəntliçə] *Sm+f*, **-n** jovem, menor.
Ju.li ['ju:li] *Sm*, **-s** julho.
jung [juŋ] *Adj* jovem, novo. **jung und alt** jovens e velhos.
Jun.ge ['juŋə] *Sm*, **-n 1** menino, garoto, rapaz. *Sn*, **-n 2** filhote, cria.
jün.ger ['jyŋər] *Adj* (*Kompar* **jung**) mais jovem, mais novo.
Jung.frau ['juŋfrau] *Sf*, **-en** virgem, moça, donzela.
Jung.ge.sel.le ['juŋgəzɛlə] *Sm*, **-n** solteiro, solteirão, celibatário.
jüngst [jyŋst] *Adv* recentemente. • *Adj* o(a) mais novo(a).
Jüngs.te ['jyŋstə] *Sm+f*, **-n** o(a) mais jovem, o(a) mais moço(a).
Ju.ni ['ju:ni] *Sm*, **-s** junho.
Ju.rist [ju'rist] *Sm*, **-en** jurista.
Jus.tiz [jus'ti:ts] *Sf* (*o. Pl*) justiça.
Ju.we.lier [juve'li:r] *Sm*, **-e** joalheiro, ourives.

k

k, K [ka:] *Sn*, - letra k, K.
Ka.bel [ˈka:bəl] *Sn*, - cabo, fio elétrico.
Ka.bi.ne [kaˈbi:nə] *Sf*, **-n 1** cabine, camarote, beliche. **2** vestiário.
Kä.fer [ˈkɛ:fər] *Sm*, - besouro, escaravelho.
Kaf.fee [ˈkafe] *Sm*, **-s** café. **Kaffee kochen** fazer café.
Kä.fig [ˈkɛ:fiç] *Sm*, **-e** gaiola, jaula.
kahl [ka:l] *Adj* **1** calvo, careca. **2** nu, devastado, desolado.
Kai.ser [ˈkaizər] *Sm*, - imperador.
Ka.kao [kaˈka:o] *Sm*, **-s** cacau.
Ka.len.der [kaˈlɛndər] *Sm*, - calendário, agenda, folhinha.
Kalk [kalk] *Sm*, **-e** cal.
kal.ku.lie.ren [kalkuˈli:rən] *Vtr+Vint* calcular.
Ka.lo.rie [kaloˈri:] *Sf*, **-n** caloria.
kalt [kalt] *Adj* frio. **mir ist kalt** estou com frio.
Käl.te [ˈkɛltə] *Sf* (*o. Pl*) **1** frio. **2** frigidez. **3** frieza, indiferença.
kam [kam] *Prät* **kommen.**
Ka.mel [kaˈme:l] *Sn*, **-e 1** camelo. **2** *Ugs* imbecil.
Ka.me.ra [ˈkaməra] *Sf*, **-s** câmera, máquina fotográfica, máquina de filmar.
Ka.me.rad [kameˈra:t] *Sm*, **-en** companheiro, camarada.
Ka.min [kaˈmi:n] *Sm*, **-e 1** lareira, fogão. **2** chaminé.
Kamm [kam] *Sm*, **Kämme 1** pente. **2** crista (galo). **3** cumeada (serra).
käm.men [ˈkɛmən] *Vtr* **1** pentear. **2** cardar.
Kam.mer [ˈkamər] *Sf*, **-n 1** câmara. **2** quarto. **3** associação profissional.
Kam.pag.ne [kamˈpanjə] *Sf*, **-n** campanha.
Kampf [kampf] *Sm*, **Kämpfe** luta, combate, conflito.
kämp.fen [ˈkɛmpfən] *Vint* lutar, combater.
Ka.nal [kaˈnal] *Sm*, **Kanäle 1** canal. **2** esgoto.
Kan.di.dat [kandiˈda:t] *Sm*, **-en** candidato, pretendente, competidor.
Ka.nin.chen [kaˈni:nçən] *Sn*, - coelho.
kann [kan] *Prät* **können.**
Kan.ne [ˈkanə] *Sf*, **-n** jarro, bule.
kann.te [ˈkantə] *Prät* **kennen**.
Kan.te [ˈkantə] *Sf*, **-n** canto, aresta, borda.
Kan.ti.ne [kanˈti:nə] *Sf*, **-n** cantina, bandejão.
Kan.ton [kanˈto:n] *Sm*, **-e** cantão, distrito.
Kanz.ler [ˈkantslər] *Sm*, - chanceler, primeiro-ministro (na Alemanha).
Ka.pel.le [kaˈpɛlə] *Sf*, **-n 1** banda (música), pequena orquestra. **2** capela.
ka.pie.ren [kaˈpi:rən] *Vtr Ugs* entender, compreender.
Ka.pi.tal [kapiˈta:l] *Sn*, **-e** capital, fundos.
Ka.pi.tän [kapiˈtɛ:n] *Sm*, **-e** capitão, comandante.
Ka.pi.tel [kaˈpitəl] *Sn*, - capítulo.
ka.pi.tu.lie.ren [kapituˈli:rən] *Vint* **1** capitular, render-se, entregar-se. **2** desistir.

Kap.pe [ˈkapə] *Sf*, **-n** **1** boné, capuz, gorro. **2** tampa, calota.
Kap.sel [ˈkapsəl] *Sf*, **-n** cápsula.
ka.putt [kaˈput] *Adj* **1** quebrado, escangalhado. **2** estragado. **3** avariado. **4** *Ugs* exausto, morto.
Kar.di.nal [kardiˈna:l] *Sm*, **Kardinäle** cardeal.
Kar.di.nal.zahl [kardiˈna:ltsa:l] *Sf*, **-en** número cardinal.
Kar.frei.tag [ka:rˈfraita:k] *Sm*, **-e** Sexta-Feira Santa.
karg [kark] *Adj* **1** parco, escasso, árido, estéril. **2** frugal.
ka.riert [kaˈri:rt] *Adj* quadriculado, xadrezado.
Ka.ri.ka.tur [karikaˈtu:r] *Sf*, **-en** caricatura.
Kar.ne.val [ˈkarnəval] *Sm*, **-e, -s** carnaval.
Ka.ros.se.rie [karosəˈri:] *Sf*, **-n** carroceria.
Kar.ren [ˈkarən] *Sm*, - carroça, carreta.
Kar.ri.e.re [kariˈɛ:rə] *Sf*, **-n** carreira.
Kar.te [ˈkartə] *Sf*, **-n** **1** cartão, bilhete. **2** carta (jogo). **3** mapa, carta geográfica. **4** cardápio.
Kar.tei [karˈtai] *Sf*, **-en** fichário.
Kar.tof.fel [karˈtɔfəl] *Sf*, **-n** batata.
Kar.tof.fel.brei [karˈtɔfəlbrai] *Sm* (*o. Pl*) purê de batata, creme de batata.
Kar.ton [karˈtoŋ ou karˈto:n] *Sm*, **-s** **1** cartolina, cartão, papelão. **2** caixa de papelão.
Ka.rus.sell [karuˈsɛl] *Sn*, **-e, -s** carrossel.
Kar.wo.che [ka:rˈvɔxə] *Sf*, **-n** Semana Santa, Semana da Paixão.
Kä.se [ˈkɛ:zə] *Sm*, - **1** queijo. **2** *Ugs* bobagem, asneira, disparate.
Ka.si.no [kaˈzi:no] *Sn*, **-s** cassino.
Kas.se [ˈkasə] *Sf*, **-n** **1** caixa. **2** bilheteria.
Kas.sen.zet.tel [ˈkasəntsɛtəl] *Sm*, - **1** vale. **2** recibo, tíquete de caixa.
Kas.set.te [kaˈsɛtə] *Sf*, **-n** **1** estojo, caixinha. **2** fita cassete.
Kas.ten [ˈkastən] *Sm*, **Kästen** **1** caixa. **2** engradado (de bebidas).
Ka.ta.log [kataˈlo:k] *Sm*, **-e** catálogo.
ka.ta.stro.phal [katastroˈfa:l] *Adj* catastrófico, desastroso.
Ka.ta.stro.phe [kataˈstro:fə] *Sf*, **-n** catástrofe, desastre.
Ka.te.go.rie [kategoˈri:] *Sf*, **-n** categoria.
Ka.ter [ˈka:tər] *Sm*, - **1** gato. **2** *Ugs* ressaca.
Ka.the.dra.le [kateˈdra:lə] *Sf*, **-n** catedral, sé.
Ka.tho.lik [katoˈli:k] *Sm*, **-en** católico.
ka.tho.lisch [kaˈto:liʃ] *Adj* católico.
Kat.ze [ˈkatsə] *Sf*, **-n** gata.
kau.en [ˈkauən] *Vtr+Vint* mastigar, mascar.
Kauf [kauf] *Sm*, **Käufe** compra, aquisição.
kau.fen [ˈkaufən] *Vtr* comprar, adquirir.
Käu.fer [ˈkɔifər] *Sm*, - comprador, freguês.
Kauf.haus [ˈkaufhaus] *Sn*, **Kaufhäuser** magazine, centro comercial, loja de departamentos.
Kauf.mann [ˈkaufman] *Sm*, **-leute** homem de negócios, comerciante.
Kau.gum.mi [ˈkaugumi] *Sn+m*, **-s** chiclete.
kaum [kaum] *Adv* mal, quase não, raramente, dificilmente. **das ist kaum zu glauben** mal dá para acreditar. **kaum jemand** quase ninguém.
Ka.va.lier [kavaˈli:r] *Sm*, **-e** cavalheiro.
Ke.gel.bahn [ˈke:gəlba:n] *Sf*, **-en** pista de boliche ou bolão.
ke.geln [ˈke:gəln] *Vint* jogar boliche ou bolão.
Keh.le [ˈke:lə] *Sf*, **-n** garganta, goela.
kehrt.ma.chen [ˈke:rtmaxən] *Vint* dar meia-volta, voltar atrás.
Keil [kail] *Sm*, **-e** cunha, chaveta, calço.
Keim [kaim] *Sm*, **-e** **1** germe, bactéria. **2** embrião. **3** broto, rebento.
keim.frei [ˈkaimfrai] *Adj* esterilizado, asséptico.
kein [kain] *Indefinitpron* **1** nenhum, nenhuma. **2** não. **ich habe keine Zeit** não tenho tempo. **kein Mensch** ninguém.
Keks [ke:ks] *Sn+m*, **-e** biscoito, bolacha.

Kelch [kɛlç] *Sm*, **-e** cálice.
Kel.ler [ˈkɛlər] *Sm*, - **1** cave, adega, despensa. **2** porão, subsolo.
Kel.le.rei [kɛləˈrai] *Sf*, **-en** adega.
Kell.ner [ˈkɛlnər] *Sm*, - garçom.
Kell.ne.rin [ˈkɛlnərin] *Sf*, **-nen** garçonete.
ken.nen [ˈkɛnən] *Vtr unreg* conhecer. **kennen lernen** travar conhecimento, vir a conhecer, ter um primeiro contato com.
Ken.ner [ˈkɛnər] *Sm*, - **1** conhecedor, apreciador. **2** entendido, especialista.
Kenn.kar.te [ˈkɛnkartə] *Sf*, **-n** carteira de identidade.
Kenn.num.mer [ˈkɛnnumər] *Sf*, **-n** código, referência.
Kenn.wort [ˈkɛnvɔrt] *Sn*, **Kennwörter** senha.
Kenn.zahl [ˈkɛntsa:l] *Sf*, **-en** **1** índice, indicador. **2** código.
Kenn.zei.chen [ˈkɛntsaiçən] *Sn*, - marca, sinal, característica, símbolo, sigla.
Ke.ra.mik [keˈra:mik] *Sf*, **-en** cerâmica.
Ker.ker [ˈkɛrkər] *Sm*, - cadeia, cárcere, prisão, calabouço.
Kerl [kɛrl] *Sm*, **-e** **1** sujeito, moço, indivíduo. **2** tipo, cara. **ein guter Kerl** um bom sujeito.
Kern [kɛrn] *Sm*, **-e** **1** núcleo, miolo. **2** caroço, semente.
Kern.e.ner.gie [ˈkɛrnenergi:] *Sf* (*o. Pl*) energia nuclear.
Kern.kraft [ˈkɛrnkraft] *Sf*, **Kernkräfte** energia nuclear.
Ker.ze [ˈkɛrtsə] *Sf*, **-n** vela.
Ker.zen.leuch.ter [ˈkɛrtsənlɔiçtər] *Sm*, - castiçal, candelabro.
Kes.sel [ˈkɛsəl] *Sm*, - **1** caldeira, tacho. **2** chaleira.
Ket.te [ˈkɛtə] *Sf*, **-n** **1** corrente, cadeia. **2** colar.
Ket.ten.re.ak.ti.on [ˈkɛtənreaktsio:n] *Sf*, **-en** reação em cadeia.
keu.chen [ˈkɔiçən] *Vint* ofegar, arquejar.
Keu.le [ˈkɔilə] *Sf*, **-n** **1** clava. **2** *Kochk* perna, coxa, quarto.
keusch [kɔiʃ] *Adj* casto, puro.
Kfz *Abk* **Kraftfahrzeug.**
ki.chern [ˈkiçərn] *Vint* rir baixinho, dar risadinhas.
Kie.fer [ˈki:fər] *Sm*, - **1** maxilar. **2** queixada. *Sf*, **-n** **3** pinheiro.
Kiel [ki:l] *Sm*, **-e** quilha.
Kies [ki:s] *Sm*, **-e** **1** saibro, cascalho, pedregulho. **2** *Ugs* grana.
Ki.lo [ˈki:lo] *Sn*, **-(s)** quilo.
Ki.lo.gramm [ˈki:logram] *Sn*, - quilograma.
Ki.lo.me.ter [ki:loˈme:tər] *Sm*, - quilômetro.
Kind [kint] *Sn*, **-er** **1** criança. **2** filho(a).
Kin.der.arzt [ˈkindərartst] *Sm*, **Kinderärzte** pediatra.
Kin.der.buch [ˈkindərbu:x] *Sn*, **Kinderbücher** livro infantil.
Kin.der.chor [ˈkindərko:r] *Sm*, **Kinderchöre** coral infantil.
Kin.der.gar.ten [ˈkindərgartən] *Sm*, **Kindergärten** jardim de infância.
Kin.der.krip.pe [ˈkindərkripə] *Sf*, **-n** creche.
kin.der.leicht [ˈkindərlaiçt] *Adj* facílimo.
Kin.der.mäd.chen [ˈkindərmɛ:tçən] *Sn*, - babá.
kin.der.reich [ˈkindərraiç] *Adj* de muitos filhos.
Kin.der.wa.gen [ˈkindərva:gən] *Sm*, - carrinho de bebê.
Kin.der.zim.mer [ˈkindərtsimər] *Sn*, - quarto de criança.
Kind.heit [ˈkinthait] *Sf* (*o. Pl*) infância.
kin.disch [ˈkindiʃ] *Adj* pueril, infantil.
kind.lich [ˈkindliç] *Adj* **1** pueril, infantil. **2** ingênuo.
Kinn [kin] *Sn*, **-e** queixo.
Ki.no [ˈki:no] *Sn*, **-s** cinema.
Ki.osk [ˈki:ɔsk] *Sm*, **-e** banca de jornais.
Kir.che [ˈkirçə] *Sf*, **-n** igreja.
Kir.chen.steu.er [ˈkirçenʃtɔiər] *Sf* (*o. Pl*) imposto eclesiástico.
Kirch.turm [ˈkirçturm] *Sm*, **Kirchtürme** torre de igreja, campanário.
Kir.mes [ˈkirmes] *Sf*, **-sen** quermesse.
Kir.sche [ˈkirʃə] *Sf*, **-n** cereja.

Kirsch.was.ser [ˈkirʃvasər] *Sn*, **Kirschwässer** aguardente de cereja.
Kis.sen [ˈkisən] *Sn*, - **1** travesseiro. **2** almofada.
Kis.te [ˈkistə] *Sf*, **-n** caixa, caixote, engradado.
Kitsch [kitʃ] *Sm* (*o. Pl*) objeto de mau gosto, coisa cafona ou brega, sem valor.
kit.zeln [ˈkitsəln] *Vtr+Vint* fazer cócegas.
Kla.ge [ˈkla:gə] *Sf*, **-n 1** queixa, lamentação, pranto. **2** ação judicial, demanda.
kla.gen [ˈkla:gən] *Vint* lamentar-se, queixar-se.
Klam.mer [ˈklamər] *Sf*, **-n 1** parêntese. **2** gancho, gato, pregador, grampo, braçadeira, garra de fixação. **Klammer auf** abre parênteses. **Klammer zu** fecha parênteses.
klam.mern [ˈklamərn] *Vrefl* **1** agarrar-se a, pegar-se a. *Vtr* **2** grampear.
klang [klaŋ] *Prät* **klingen.**
Klang [klaŋ] *Sm*, **Klänge** som, tom, timbre.
Klap.pe [ˈklapə] *Sf*, **-n 1** batente, aba, dobra. **2** tampa. **3** válvula. **halt die Klappe** *Ugs* cale o bico.
klap.pen [ˈklapən] *Vint* **1** dar certo, funcionar. *Vtr* **2** abrir, fechar.
klar [kla:r] *Adj* **1** claro, límpido, nítido. **2** patente, evidente. **aber klar!** naturalmente.
klä.ren [ˈklɛ:rən] *Vtr* **1** esclarecer, explicar. **2** resolver. **3** aclarar, clarificar. **4** purificar, depurar.
Klar.heit [ˈkla:rhait] *Sf*, **-en 1** clareza, nitidez. **2** certeza.
klas.se [ˈklasə] *Adj undkl* excelente, ótimo, joia.
Klas.se [ˈklasə] *Sf*, **-n 1** classe, turma. **2** sala de aula. **3** categoria.
Klas.sen.ar.beit [ˈklasənarbait] *Sf*, **-en** prova escolar.
Klas.sen.zim.mer [ˈklasəntsimər] *Sn*, - sala de aula.
Klas.si.ker [ˈklasikər] *Sm*, - clássico.
klas.sisch [ˈklasiʃ] *Adj* clássico.
Klatsch [klatʃ] *Sm*, **-e 1** fofoca, mexerico. **2** estalo, estampido, pancada.
klat.schen [ˈklatʃən] *Vint* **1** bater palmas, aplaudir. **2** estalar. **3** fofocar, bater um papo.
klau.en [ˈklauən] *Vtr Ugs* roubar, furtar.
Kla.vier [klaˈvi:r] *Sn*, **-e** piano.
Kla.vier.spie.ler [klaˈvi:rʃpi:lər] *Sm*, - pianista.
kle.ben [ˈkle:bən] *Vtr+Vint* colar, aderir, grudar.
Kleb.stoff [ˈkle:pʃtɔf] *Sm*, **-e** cola.
Kleb.strei.fen [ˈkle:pʃtraifən] *Sm*, - fita adesiva.
Klecks [klɛks] *Sm*, **-e** borrão, mancha, nódoa.
Klee [kle:] *Sm* (*o. Pl*) trevo.
Kleid [klait] *Sn*, **-er 1** vestido. **2** *Pl* roupa, trajes.
Klei.der.schrank [ˈklaidərʃraŋk] *Sm*, **Kleiderschränke** guarda-roupa.
Klei.dung [ˈklaiduŋ] *Sf*, **-en** roupa, traje, vestimenta.
klein [klain] *Adj* **1** pequeno, baixo. **2** curto. **3** humilde, modesto.
Klein.buch.sta.be [ˈklainbu:xʃta:bə] *Sm*, **-n** letra minúscula.
Klein.bus [ˈklainbus] *Sm*, **-se** micro-ônibus, perua.
Klein.geld [ˈklaingɛlt] *Sn* (*o. Pl*) dinheiro trocado, troco, miúdos.
Klei.nig.keit [ˈklainiçkait] *Sf*, **-en 1** ninharia, bagatela, insignificância. **2** detalhe.
klein.lich [ˈklainliç] *Adj* **1** mesquinho, exigente. **2** meticuloso. **3** pedante.
Klemp.ner [ˈklɛmpnər] *Sm*, - funileiro, encanador.
klet.tern [ˈklɛtərn] *Vint* **(sein)** trepar, subir, escalar.
Kli.ma [ˈkli:ma] *Sn*, **-s, Klimate 1** clima. **2** ambiente.
Kli.ma.an.la.ge [ˈkli:maanla:gə] *Sf*, **-n** aparelho ou sistema de ar-condicionado.
Klin.ge [ˈkliŋə] *Sf*, **-n** lâmina (de faca, espada).

Klin.gel [ˈkliŋəl] *Sf*, **-n** campainha.
klin.geln [ˈkliŋəln] *Vint* **1** tocar campainha. **2** bater pino (carro). **es klingelt** a campainha está tocando.
klin.gen [ˈkliŋən] *Vint unreg* **1** soar. **2** tinir.
Kli.nik [ˈkli:nik] *Sf*, **-en** clínica, hospital.
Klin.ke [ˈkliŋkə] *Sf*, **-n** maçaneta, trinco.
Kli.schee [kliˈʃe:] *Sn*, **-s** **1** clichê. **2** frase feita, estereótipo.
Klo [klo:] *Sn*, **-s** *Ugs* banheiro, privada.
Klo.pa.pier [ˈklo:papi:r] *Sn* (*o. Pl*) papel higiênico.
klop.fen [ˈklɔpfən] *Vint* **1** bater. **2** palpitar. **3** martelar.
Klo.sett [kloˈzɛt] *Sn*, **-s**, **-e** banheiro, privada.
Kloß [klo:s] *Sm*, **Klöße** **1** torrão. **2** bolinho, nhoque. **3** bolo de carne.
Klos.ter [ˈklo:stər] *Sn*, **Klöster** mosteiro, convento.
Klub [klup] *Sm*, **-s** clube.
klug [klu:k] *Adj* **1** inteligente, esperto. **2** ajuizado, prudente.
Klug.heit [ˈklu:khait] *Sf*, **-en** **1** inteligência. **2** esperteza. **3** prudência.
knab.bern [ˈknabərn] *Vtr* **1** roer. **2** mordiscar, beliscar.
Kna.be [ˈkna:bə] *Sm*, **-n** menino, rapaz.
kna.cken [ˈknakən] *Vint* **1** estalar, crepitar. *Vtr* **2** quebrar, forçar.
Knall [knal] *Sm*, **-e** **1** estalo, estampido, estrondo, estouro. **2** explosão, detonação.
knal.len [ˈknalən] *Vint* **1** estalar. **2** explodir, detonar; atirar.
knapp [knap] *Adj* **1** escasso. **2** apertado, justo. **3** exíguo, curto. **4** conciso, sucinto.
Knast [knast] *Sm*, **Knäste** *Ugs* cadeia, xadrez.
knau.sern [ˈknauzərn] *Vint* ser sovina ou mesquinho.
Knecht [ˈknɛçt] *Sm*, **-e** **1** criado, servo. **2** empregado rural, peão.
knei.fen [ˈknaifən] *Vtr+Vint unreg* **1** fugir da raia, afinar, sumir. **2** beliscar.
Knei.pe [ˈknaipə] *Sf*, **-n** bar, botequim.
kne.ten [ˈkne:tən] *Vtr* **1** amassar. **2** modelar.
kni.cken [ˈknikən] *Vtr* **1** dobrar, vincar. **2** quebrar.
Knie [kni:] *Sn*, **-** **1** joelho. **2** *Techn* cotovelo.
knip.sen [ˈknipsən] *Vtr+Vint* **1** furar (bilhete), picotar. **2** disparar, tirar foto.
knis.tern [ˈknistərn] *Vint* crepitar, estalar.
Knob.lauch [ˈkno:plaux] *Sm* (*o. Pl*) alho.
Knö.chel [ˈknøçəl] *Sm*, **-** **1** tornozelo. **2** nó (dedo).
Kno.chen [ˈknɔxən] *Sm*, **-** osso. **ein harter Knochen** um osso duro de roer.
Knö.del [ˈknø:dəl] *Sm*, **-** almôndega, bolinho cozido.
Knopf [knɔpf] *Sm*, **Knöpfe** **1** botão. **2** puxador.
Knos.pe [ˈknɔspə] *Sf*, **-n** rebento, botão (flor).
Kno.ten [ˈkno:tən] *Sm*, **-** **1** nó, nódulo. **2** gânglio, caroço. **3** coque (cabelo).
Knül.ler [ˈknylər] *Sm*, **-** **1** grande sucesso, sensação. **2** furo (jornalístico).
Knüp.pel [ˈknypəl] *Sm*, **-** cacete, pau, porrete.
knur.ren [ˈknurən] *Vint* **1** rosnar. **2** resmungar. **3** roncar (estômago).
knusp.rig [ˈknuspriç] *Adj* **1** torrado, tostado, fresco. **2** convidativo, apetitoso.
k.o. [ka:-o:] *Adj* **1** fora de combate. **2** esgotado, sem forças.
Koch [kɔx] *Sm*, **Köche** cozinheiro.
Koch.buch [ˈkɔxbu:x] *Sn*, **Kochbücher** livro de receitas culinárias.
ko.chen [ˈkɔxən] *Vtr* **1** cozinhar. **2** ferver. **3** fazer (café, chá).
Kö.chin [ˈkøçin] *Sf*, **-nen** cozinheira.
Koch.kunst [ˈkɔxkunst] *Sf* (*o. Pl*) arte culinária.
Koch.löf.fel [ˈkɔxløfəl] *Sm*, **-** colher de pau.
Koch.re.zept [ˈkɔxretsɛpt] *Sn*, **-e** receita culinária.

Kode ['ko:t] *Sm*, **-s 1** código. **2** senha.

kof.fe.in.frei [kɔfe'i:nfrai] *Adj* descafeinado.

Kof.fer ['kɔfər] *Sm*, - mala, maleta. **Koffer packen** fazer as malas.

Kof.fer.raum ['kɔfərraum] *Sm*, **Kofferräume** porta-malas.

Kohl [ko:l] *Sm*, **-e** couve, repolho.

Koh.le ['ko:lə] *Sf*, **-n 1** carvão. **2** *Ugs* grana.

Koh.len.säu.re ['ko:lənzɔirə] *Sf* (*o. Pl*) ácido carbônico.

Ko.ka.in [koka'i:n] *Sn* (*o. Pl*) cocaína.

Ko.kos.nuss ['ko:kɔsnus] *Sf*, **Kokosnüsse** coco.

Ko.lik ['ko:lik, ko'li:k] *Sf*, **-en** cólica.

Kol.laps ['kɔlaps, kɔ'laps] *Sm*, **-e** colapso, paralisação.

Kol.le.ge [kɔ'le:gə] *Sm*, **-n** colega.

Kol.li.si.on [kolizi'o:n] *Sf*, **-en 1** colisão, choque. **2** conflito.

Köln [køln] *Sn* Colônia.

Ko.lo.nie [kolo'ni:] *Sf*, **-n** colônia.

kom.bi.nie.ren [kɔmbi'ni:rən] *Vtr* **1** combinar, juntar. **2** deduzir.

Kom.bi.wa.gen ['kɔmbiva:gən] *Sm*, - perua.

Ko.met [ko'me:t] *Sm*, **-en** cometa.

Kom.fort [kom'fo:r] *Sm* (*o. Pl*) conforto, comodidade, luxo.

Ko.mi.ker ['ko:mikər] *Sm*, - cômico, comediante, humorista.

ko.misch ['ko:miʃ] *Adj* **1** esquisito, insólito. **2** engraçado, divertido.

Kom.ma ['kɔma] *Sn*, **-s, -ta** vírgula.

kom.man.die.ren [kɔman'di:rən] *Vtr* comandar, ordenar, mandar.

kom.men ['kɔmən] *Vint unreg* **(sein) 1** vir, chegar. **2** ir. **3** comparecer, aparecer. **auf etwas kommen** lembrar-se de, ter uma ideia. **kommen lassen** mandar vir. **ums Leben kommen** perder a vida. **zur Welt kommen** nascer. **zu sich kommen** voltar a si.

kom.mend ['kɔmənt] *Adj* futuro, vindouro, que vem.

Kom.men.tar [kɔmɛn'ta:r] *Sm*, **-e** comentário.

kom.mer.zi.ell [kɔmɛrtsi'ɛl] *Adj* comercial.

Kom.mis.sar [kɔmi'sa:r] *Sm*, **-e** delegado de polícia.

Kom.mis.si.on [kɔmisi'o:n] *Sf*, **-en 1** comissão, junta, banca. **2** consignação.

kom.mu.nal [kɔmu'na:l] *Adj* municipal.

Kom.mu.ni.ka.ti.on [kɔmunikatsi'o:n] *Sf*, **-en** comunicação.

Ko.mö.die [kɔ'mø:diə] *Sf*, **-n** comédia.

kom.pakt [kɔm'pakt] *Adj* compacto, maciço, robusto, consistente.

Kom.pa.ra.tiv [kɔmpara'ti:f] *Sm*, **-e** comparativo.

Kom.pass ['kɔmpas] *Sm*, **-e** bússola.

kom.pe.tent [kɔmpe'tɛnt] *Adj* **1** competente. **2** responsável, autorizado.

Kom.pe.tenz [kɔmpey'tɛnts] *Sf*, **-en 1** competência. **2** atribuições, autoridade.

kom.plett [kɔm'plɛt] *Adj* completo, cheio.

Kom.pli.ment [kɔmpli'mɛnt] *Sn*, **-e** cumprimento, elogio.

kom.pli.ziert [kɔmpli'tsi:rt] *Adj* complicado, intricado, complexo.

Kom.po.nist [kɔmpo'nist] *Sm*, **-en** compositor.

Kom.pro.miss [kɔmpro'mis] *Sm*, **-e** compromisso, acordo, entendimento.

Kon.dens.milch [kɔn'dɛnsmilç] *Sf* (*o. Pl*) leite condensado.

Kon.di.to.rei [kɔnditɔ'rai] *Sf*, **-en** confeitaria, doceria.

Kon.dom [kɔn'do:m] *Sn+m*, **-e** preservativo, camisinha.

Kon.fek.ti.on [kɔnfɛktsi'o:n] *Sf*, **-en** confecção.

Kon.fe.renz [kɔnfe'rɛnts] *Sf*, **-en** reunião.

Kon.fes.si.on [kɔnfɛsi'o:n] *Sf*, **-en** religião, credo, fé religiosa.

Kon.flikt [kɔn'flikt] *Sm*, **-e** conflito.

kon.fus [kɔn'fu:s] *Adj* confuso.

Kon.gress [kɔn'grɛs] *Sm*, **-e** congresso.

Kö.nig ['kø:niç] *Sm*, **-e** rei.

Kö.ni.gin [ˈkø:nigin] *Sf*, **-nen** rainha.
Kö.nig.reich [ˈkø:nikraiç] *Sn*, **-e** reino.
Kon.ju.ga.ti.on [kɔnjugatsiˈo:n] *Sf*, **-en** conjugação, flexão verbal.
kon.ju.gie.ren [kɔnjuˈgi:rən] *Vtr* conjugar.
Kon.junk.ti.on [kɔnjuŋktsiˈo:n] *Sf*, **-en** conjunção.
Kon.junk.tiv [ˈkɔnjuŋkti:f] *Sm*, **-e** subjuntivo.
kon.kret [kɔnˈkre:t] *Adj* concreto.
Kon.kur.renz [kɔnkuˈrɛnts] *Sf*, **-en** concorrência, competição.
Kon.kurs [kɔnˈkurs] *Sm*, **-e** falência, quebra.
kön.nen [ˈkønən] *Modalv* **1** poder, ser capaz, ter condições. **2** saber fazer, dominar. **können Sie Deutsch?** o senhor ou a senhora fala alemão? **schreiben können** saber escrever.
Kon.se.quenz [kɔnzəˈkvɛnts] *Sf*, **-en 1** consequência. **2** determinação.
kon.ser.va.tiv [kɔnzɛrvaˈti:f] *Adj* conservador.
Kon.ser.ve [kɔnˈzɛrvə] *Sf*, **-n** conserva, enlatado.
Kon.so.nant [kɔnzoˈnant] *Sm*, **-en** consoante.
kon.stru.ie.ren [kɔnstruˈi:rən] *Vtr* **1** construir. **2** projetar, idealizar.
Kon.sul [ˈkɔnzul] *Sm*, **-n** cônsul.
Kon.su.lat [kɔnzuˈla:t] *Sn*, **-e** consulado.
Kon.sum [kɔnˈzu:m] *Sm* (*o. Pl*) consumo.
kon.su.mie.ren [kɔnzuˈmi:rən] *Vtr* **1** consumir. **2** engolir, devorar.
Kon.takt [kɔnˈtakt] *Sm*, **-e** contato.
Kon.takt.lin.se [kɔnˈtaktlinzə] *Sf*, **-n** lente de contato.
Kon.text [ˈkɔntɛkst, ykɔnˈtɛkst] *Sm*, **-e** contexto.
Kon.ti.nent [kɔntiˈnɛnt] *Sm*, **-e** continente.
Kon.to [ˈkɔnto] *Sn*, **Konten** conta. **ein Konto eröffnen** abrir uma conta.
Kon.to.aus.zug [ˈkɔntoaustsu:k] *Sm*, **Kontoauszüge** extrato bancário.
Kon.to.stand [ˈkɔntoʃtant] *Sm*, **Kontostände** saldo bancário.
kon.tra [ˈkɔntra] *Adv+Präp* contra, *versus*.
Kon.trast [kɔnˈtrast] *Sm*, **-e** contraste.
Kon.trol.le [kɔnˈtrɔlə] *Sf*, **-n** controle, supervisão, verificação, inspeção.
kon.trol.lie.ren [kɔntrɔˈli:rən] *Vtr* **1** controlar, fiscalizar. **2** conferir. **3** monitorar.
Kon.ver.sa.ti.on [kɔnvɛrzatsiˈo:n] *Sf*, **-en** conversação.
kon.zen.trie.ren [kɔntsɛnˈtri:rən] *Vrefl* concentrar-se.
Kon.zept [kɔnˈtsɛpt] *Sn*, **-e 1** projeto. **2** conceito, programa. **3** minuta, rascunho.
Kon.zern [kɔnˈtsɛrn] *Sm*, **-e** grupo de empresas, conglomerado.
Kon.zert [kɔnˈtsɛrt] *Sn*, **-e** concerto.
ko.or.di.nie.ren [koordiˈni:rən] *Vtr* coordenar.
Kopf [kɔpf] *Sm*, **Köpfe 1** cabeça. **2** cabeçalho. **3** unidade (alface, couve).
Kopf.hö.rer [ˈkɔpfhø:rər] *Sm*, **-** fone de ouvido.
Kopf.kis.sen [ˈkɔpfkisən] *Sn*, **-** travesseiro.
Kopf.tuch [ˈkɔpftu:x] *Sn*, **Kopftücher** lenço de cabeça.
Kopf.weh [ˈkɔpfve:] *Sn* (*o. Pl*) dor de cabeça.
Ko.pie [koˈpi:] *Sf*, **-n** cópia.
ko.pie.ren [koˈpi:rən] *Vtr* copiar.
Ko.pie.rer [koˈpi:rər] *Sm*, **-** *Ugs* copiadora.
Korb [kɔrp] *Sm*, **Körbe** cesta, cesto.
Kork [kɔrk] *Sm*, **-e** cortiça.
Kor.ken [ˈkɔrkən] *Sm*, **-** rolha.
Kor.ken.zie.her [ˈkɔrkəntsi:ər] *Sm*, **-** saca-rolhas.
Korn [kɔrn] *Sn*, **Körner 1** grão, cereal, centeio. **-e 2** ponto de mira. *Sm*, **- 3** aguardente de cereais.
Kör.per [ˈkørpər] *Sm*, **-** corpo.
Kör.per.be.hin.der.te [ˈkørpərbəhindərtə] *Sm+f*, **-n 1** deficiente físico. **2** inválido.

kör.per.lich [ˈkørpərliç] *Adj* **1** corporal. **2** físico.
Kör.per.pfle.ge [ˈkørpərpfle:gə] *Sf* (*o. Pl*) higiene pessoal, asseio.
kor.rekt [kɔˈrɛkt] *Adj* correto.
Kor.res.pon.denz [kɔrɛspɔnˈdɛnts] *Sf*, **-en** correspondência.
Kor.ri.dor [ˈkɔridɔr] *Sm*, **-e** corredor.
kor.ri.gie.ren [kɔriˈgi:rən] *Vtr* corrigir.
kor.rupt [kɔˈrupt] *Adj* corrupto.
Ko.se.na.me [ˈko:zəna:mə] *Sm*, **-n** apelido familiar.
Kost [kɔst] *Sf* (*o. Pl*) comida, alimentação.
kost.bar [ˈkɔstba:r] *Adj* precioso, valioso, caro.
Kost.bar.keit [ˈkɔstba:rkait] *Sf*, **-en** preciosidade, tesouro, valor.
kos.ten [ˈkɔstən] *Vint+Vtr* **1** custar. *Vtr* **2** provar, saborear.
Kos.ten [ˈkɔstən] *S Pl* custos, custas, despesas, gastos.
kos.ten.los [ˈkɔstənlo:s] *Adj* gratuito.
köst.lich [ˈkøstliç] *Adj* delicioso.
Kost.pro.be [ˈkɔstpro:bə] *Sf*, **-n** **1** amostra. **2** pedacinho ou golinho para experimentar.
Kos.tüm [kɔˈsty:m] *Sn*, **-e** **1** traje. **2** conjunto, costume.
Kot [ko:t] *Sm*, **-e** **1** lama. **2** excrementos, fezes.
Ko.te.lett [kot(ə)ˈlɛt] *Sn*, **-s** bisteca.
kot.zen [ˈkɔtsən] *Vint vulg* vomitar.
Krach [krax] *Sm*, **Kräche** **1** barulho, ruído, estrondo. **2** briga, confusão, bagunça.
kra.chen [ˈkraxən] *Vint* **1** estalar, crepitar. **(sein)** 2 quebrar, rebentar.
Kraft [kraft] *Sf*, **Kräfte** **1** força, vigor, energia. **2** potência.
Kraft.fah.rer [ˈkraftfa:rər] *Sm*, - motorista.
Kraft.fahr.zeug [ˈkraftfa:rtsɔik] *Sn*, **-e** veículo automotor, automóvel.
kräf.tig [ˈkrɛftiç] *Adj* **1** forte, robusto, vigoroso, firme. **2** considerável, substancioso.
Kraft.stoff [ˈkraftʃtɔf] *Sm*, **-e** combustível, carburante.
Kraft.wa.gen [ˈkraftva:gən] *Sm*, - automóvel.
Kraft.werk [ˈkraftvɛrk] *Sn*, **-e** usina de energia elétrica.
Kra.gen [ˈkra:gən] *Sm*, - colarinho, gola.
Kral.le [ˈkralə] *Sf*, **-n** garra, unha, presa.
Kram [kra:m] *Sm* (*o. Pl*) tralha, trastes.
Krampf [krampf] *Sm*, **Krämpfe** **1** cãibra. **2** espasmo, convulsão. **3** cólica.
Kran [kra:n] *Sm*, -, **Kräne** guindaste, grua.
krank [kraŋk] *Adj* doente, enfermo. **krank schreiben** dar atestado de doença. **krank werden** adoecer.
Kran.ke [ˈkraŋkə] *Sm+f*, **-n** doente, enfermo, paciente.
krän.ken [ˈkrɛŋkən] *Vtr* ofender, melindrar, magoar.
Kran.ken.geld [ˈkraŋkəngɛlt] *Sn* (*o. Pl*) auxílio-doença.
Kran.ken.haus [ˈkraŋkənhaus] *Sn*, **Krankenhäuser** hospital, posto de saúde.
Kran.ken.kas.se [ˈkraŋkənkasə] *Sf*, **-n** instituto de previdência médica e hospitalar.
Kran.ken.pfle.ge [ˈkraŋkənpfle:gə] *Sf* (*o. Pl*) enfermagem.
Kran.ken.pfle.ger [ˈkraŋkənpfle:gər] *Sm*, - enfermeiro.
Kran.ken.schwe.ster [ˈkraŋkənʃvɛstər] *Sf*, **-n** enfermeira.
Kran.ken.ver.si.che.rung [ˈkraŋkənfɛrziçəruŋ] *Sf*, **-n** seguro-saúde.
Kran.ken.wa.gen [ˈkraŋkənva:gən] *Sm*, - ambulância.
Krank.heit [ˈkraŋkhait] *Sf*, **-en** doença, enfermidade, moléstia.
Krän.kung [ˈkrɛŋkuŋ] *Sf*, **-en** ofensa, humilhação.
Kranz [krants] *Sm*, **Kränze** **1** coroa, grinalda. **2** trança.
krass [kras] *Adj* **1** crasso, flagrante. **2** brusco.

K

krat.zen [ˈkratsən] *Vtr* **1** arranhar, riscar. **2** coçar. **3** raspar.
Kraut [kraut] *Sn*, **Kräuter 1** erva, hortaliça, verdura. **2** couve.
Kra.wall [kraˈval] *Sm*, **-e** tumulto, arruaça, confusão, distúrbio, desordem.
Kra.wat.te [kraˈvatə] *Sf*, **-n** gravata.
kre.a.tiv [kreaˈti:f] *Adj* criativo.
Krebs [kre:ps] *Sm*, **-e 1** caranguejo. **2** câncer.
Kre.dit [kreˈdi:t] *Sm*, **-e** crédito.
Kre.dit.kar.te [kreˈdi:tkarte] *Sf*, **-n** cartão de crédito.
Krei.de [ˈkraidə] *Sf*, **-n** giz.
Kreis [krais] *Sm*, **-e 1** círculo. **2** circuito. **3** comarca, distrito. **4** setor. **5** grupo de pessoas.
krei.schen [ˈkraiʃən] *Vint* **1** chiar. **2** berrar, gritar, guinchar.
Kreis.stadt [ˈkraisʃtat] *Sf*, **Kreisstädte** sede da comarca ou distrito.
Krem.pe [ˈkrɛmpə] *Sf*, **-n** aba, borda.
Krem.pel [ˈkrɛmpəl] *Sm* (*o. Pl*) *Ugs* bugiganga, trastes.
Kreuz [krɔits] *Sn*, **-e 1** cruz, crucifixo. **2** costas, coluna. **3** paus (jogo de cartas).
Kreuz.fahrt [ˈkrɔitsfa:rt] *Sf*, **-en** cruzeiro.
Kreu.zung [ˈkrɔitsuŋ] *Sf*, **-en** cruzamento, encruzilhada.
Kreuz.wort.rät.sel [ˈkrɔitsvɔrtrɛtsəl] *Sn*, **-** palavras cruzadas.
krib.beln [ˈkribəln] *Vint* formigar, comichar.
krie.chen [ˈkri:çən] *Vint unreg* **(sein)** rastejar, arrastar-se.
Krieg [kri:k] *Sm*, **-e** guerra.
krie.gen [ˈkri:gən] *Vtr* receber, ganhar, obter. **Junge kriegen** dar cria.
Kri.mi [ˈkrimi] *Sm*, **-s** filme ou romance policial.
Kri.mi.nal.be.am.te [krimiˈna:lbəamtə] *Sm*, **-n** investigador, agente, detetive da polícia civil.
Kri.mi.na.li.tät [kriminaliˈtɛ:t] *Sf* (*o. Pl*) criminalidade.
Kri.mi.nal.po.li.zei [krimiˈna:lpolitsai] *Sf*, **-en** polícia civil ou criminal.
kri.mi.nell [krimiˈnɛl] *Adj* criminoso.
Kri.po [ˈkri:po] *Sf*, **-s** *Abk* **Kriminalpolizei.**
Krip.pe [ˈkripə] *Sf*, **-n 1** manjedoura. **2** presépio (Natal). **3** creche.
Kri.se [ˈkri:zə] *Sf*, **-n** crise.
Kris.tall [kriˈstal] *Sm*, **-e,** *Sn* (*o. Pl*) cristal.
Kri.te.ri.um [kriˈte:rium] *Sn*, **Kriterien** critério.
Kri.tik [kriˈti:k] *Sf*, **-en 1** crítica. **2** resenha.
Kri.ti.ker [ˈkri:tikər] *Sm*, **-** crítico.
kri.tisch [ˈkri:tiʃ] *Adj* crítico.
kri.ti.sie.ren [kritiˈzi:rən] *Vtr* criticar.
Kro.ne [ˈkro:nə] *Sf*, **-n 1** coroa. **2** copa (árvore).
Kropf [krɔpf] *Sm*, **Kröpfe 1** papo. **2** bócio.
Krü.cke [ˈkrykə] *Sf*, **-n** muleta.
Krug [kru:k] *Sm*, **Krüge** jarro, cântaro, caneca.
Krü.mel [ˈkry:məl] *Sm*, **-** migalha.
krumm [krum] *Adj* torto, curvo, tortuoso, torcido.
krüm.men [ˈkrymən] *Vtr* **1** curvar, entortar. *Vrefl* **2** torcer-se (de dor).
Krüp.pel [ˈkrypəl] *Sm*, **-** aleijado, mutilado.
Kru.zi.fix [ˈkru:tsiˈfiks] *Sn*, **-e** crucifixo.
Kü.bel [ˈky:bəl] *Sm*, **-** cuba, tina, balde.
Kü.che [ˈky:çə] *Sf*, **-n** cozinha.
Ku.chen [ˈku:xən] *Sm*, **-** bolo.
Ku.ckuck [ˈkukuk] *Sm*, **-e** cuco.
Ku.gel [ˈku:gəl] *Sf*, **-n 1** esfera, bola. **2** globo. **3** bala, projétil.
Ku.gel.schrei.ber [ˈku:gəlʃraibər] *Sm*, **-** esferográfica.
Kuh [ku:] *Sf*, **Kühe** vaca.
kühl [ky:l] *Adj* **1** fresco, frio. **2** reservado, calculista.
küh.len [ˈky:lən] *Vtr* refrescar, esfriar, refrigerar.
Küh.ler [ˈky:lər] *Sm*, **-** radiador.
Kühl.schrank [ˈky:lʃraŋk] *Sm*, **Kühlschränke** geladeira.
Kühl.tru.he [ˈky:ltru:ə] *Sf*, **-n** *freezer* horizontal.

kühn [ky:n] *Adj* arrojado, ousado, audaz, atrevido, destemido.
Kü.ken [ˈky:kən] *Sn*, - pintinho.
Ku.li [ˈku:li] *Sm*, -s *Ugs* esferográfica, caneta.
Ku.lis.se [kuˈlisə] *Sf*, -**n** cenário, bastidor
Kult [kult] *Sm*, -**e** culto.
kul.ti.viert [kultiˈvi:rt] *Adj* **1** culto, civilizado. **2** refinado.
Kul.tur [kulˈtu:r] *Sf*, -**en** **1** cultura, civilização. **2** plantação.
kul.tu.rell [kultuˈrɛl] *Adj* cultural.
Kul.tur.film [kulˈtu:rfilm] *Sm*, -**e** documentário.
Kum.mer [ˈkumər] *Sm* (*o. Pl*) **1** preocupação. **2** desgosto, mágoa.
küm.mern [ˈkymərn] *Vrefl* **1** preocupar-se com, importar-se com. **2** cuidar de, tratar de. *Vtr* **3** dizer respeito.
Kum.pel [ˈkumpəl] *Sm*, - **1** mineiro. **2** companheiro, colega.
Kun.de [ˈkundə] *Sm*, -**n** cliente, freguês.
Kun.den.dienst [ˈkundəndi:nst] *Sm* (*o. Pl*) assistência técnica, serviço autorizado.
Kund.ge.bung [ˈkuntge:buŋ] *Sf*, -**en** manifestação, comício.
kün.di.gen [ˈkyndigən] *Vtr* **1** pedir demissão. **2** rescindir, cancelar, denunciar. **3** demitir.
Kün.di.gung [ˈkyndiguŋ] *Sf*, -**en** **1** rescisão, cancelamento, denunciação. **2** aviso prévio, demissão.
künf.tig [ˈkynftiç] *Adj* futuro, vindouro.
Kunst [kunst] *Sf* **Künste** arte.
Künst.ler [ˈkynstlər] *Sm*, - artista.
künst.le.risch [ˈkynstləriʃ] *Adj* artístico.
künst.lich [ˈkynstliç] *Adj* **1** artificial. **2** sintético. **3** falso. **4** forçado.
Kunst.stoff [ˈkunstʃtɔf] *Sm*, -**e** material sintético, plástico.
Kunst.werk [ˈkunstvɛrk] *Sn*, -**e** obra de arte.
Kup.fer [ˈkupfər] *Sn* (*o. Pl*) cobre.
Kupp.lung [ˈkupluŋ] *Sf*, -**en** embreagem, engate, acoplamento.
Kur [ku:r] *Sf*, -**en** **1** tratamento, terapia. **2** férias medicinais.
Kür.bis [ˈkyrbis] *Sm*, -**se** abóbora.
Kur.gast [ˈku:rgast] *Sm*, **Kurgäste** hóspede veranista.
Ku.rier [kuˈri:r] *Sm*, -**e** **1** emissário, mensageiro, correio. **2** malote.
Kur.ort [ˈku:rɔrt] *Sm*, -**e** estância termal ou hidromineral, termas, caldas, balneário.
Kurs [kurs] *Sm*, -**e** **1** curso. **2** rumo, rota. **3** cotação, câmbio.
kur.siv [kurˈzi:f] *Adj* itálico.
Kurs.teil.neh.mer [ˈkurstailne:mər] *Sm*, - inscrito, participante, aluno (de curso).
Kur.ve [ˈkurvə] *Sf*, -**n** curva.
kurz [kurts] *Adj* **1** curto. **2** breve, passageiro. **3** conciso, sucinto.
kür.zen [ˈkyrtsən] *Vtr* **1** encurtar, abreviar. **2** reduzir, diminuir, cortar.
Kurz.film [ˈkurtsfilm] *Sm*, -**e** curta-metragem.
kurz.fris.tig [ˈkurtsfristiç] *Adj* de curto prazo. • *Adv* a curto prazo, sem demora.
kürz.lich [ˈkyrtsliç] *Adv* recentemente, há pouco.
kurz.sich.tig [ˈkurtsziçtiç] *Adj* míope.
Kür.zung [ˈkyrtsuŋ] *Sf*, -**en** redução, corte.
Ku.si.ne [kuˈzi:nə] *Sf*, -**n** prima.
Kuss [kus] *Sm*, **Küsse** beijo.
küs.sen [ˈkysən] *Vtr+Vint* beijar. **sich küssen** beijar-se.
Küs.te [ˈkystə] *Sf*, -**n** costa, litoral, beira-mar.
Kut.sche [ˈkutʃə] *Sf*, -**n** coche, diligência, carruagem.
Ku.vert [kuˈvɛrt] *Sn*, -**s** envelope.

l

l, L [ɛl] *Sn*, - letra l, L.
lä.cheln [ˈlɛçəln] *Vint* sorrir.
la.chen [ˈlaxən] *Vint* rir.
lä.cher.lich [ˈlɛçərliç] *Adj* **1** ridículo, cômico, engraçado. **2** irrisório.
Lack [lak] *Sm*, **-e 1** verniz, esmalte, laca. **2** pintura.
la.ckie.ren [laˈki:rən] *Vtr* **1** envernizar, esmaltar. **2** pintar.
la.den [ˈla:dən] *Vtr unreg* **1** carregar (caminhão, navio, arma). **2** convidar.
La.den [ˈla:dən] *Sm*, **Läden 1** loja. **2** negócio. **3** veneziana.
La.den.schluss [ˈla:dənʃlus] *Sm* (*o. Pl*) hora de fechar (loja).
lag [la:k] *Prät* **liegen.**
La.ge [ˈla:gə] *Sf*, **-n 1** localização, lugar. **2** condição, situação, posição, estado.
La.ger [ˈla:gər] *Sn*, -, **Läger 1** depósito, armazém, almoxarifado, estoque. **2** jazida, campo. **3** acampamento.
lahm [la:m] *Adj* **1** paralítico, manco, aleijado, coxo. **2** capenga. **3** frouxo, fraco.
Läh.mung [ˈlɛ:muŋ] *Sf*, **-en 1** paralisia. **2** paralisação.
Laie [ˈlaiə] *Sm*, **-n** leigo.
La.ken [ˈla:kən] *Sn*, - lençol.
Lam.pe [ˈlampə] *Sf*, **-n 1** lâmpada, lampião. **2** luminária.
Lam.pen.fie.ber [ˈlampənfi:bər] *Sn* (*o. Pl*) nervosismo (do artista antes da apresentação).
Land [lant] *Sn*, **Länder 1** terra, país. **2** terreno, gleba. **3** campo, interior. **4** Estado federado. **an Land gehen** desembarcar de navio. **aufs Land fahren** viajar para o campo (interior).
lan.den [ˈlandən] *Vint* aterrissar, aterrar.
Län.der.spiel [ˈlɛndərʃpi:l] *Sn*, **-e** jogo internacional.
Lan.des.in.ne.re [ˈlandəsinərə] *Sn* (*o. Pl*) **1** interior. **2** sertão.
Land.haus [ˈlanthaus] *Sn*, **Landhäuser 1** casa de campo. **2** chácara.
Land.kar.te [ˈlantkartə] *Sf*, **-n** mapa, carta geográfica.
Land.kreis [ˈlantkrais] *Sm*, **-e** área rural da comarca, do distrito.
länd.lich [ˈlɛntliç] *Adj* rural, rústico, campestre.
Land.schaft [ˈlantʃaft] *Sf*, **-en 1** paisagem. **2** região.
Lands.mann [ˈlantsman] *Sm*, **Landsleute** conterrâneo, patrício, compatriota.
Land.stra.ße [ˈlantʃtrasə] *Sf*, **-n** rodovia, estrada comum.
Land.tag [ˈlantta:k] *Sm*, **-e** assembleia estadual.
Lan.dung [ˈlanduŋ] *Sf*, **-en 1** desembarque. **2** pouso, aterrissagem.
Land.wirt [ˈlantvirt] *Sm*, **-e** agricultor, fazendeiro.
Land.wirt.schaft [ˈlantvirtʃaft] *Sf* (*o. Pl*) agricultura, lavoura.
lang [laŋ] *Adj* **1** longo, prolongado. **2** extenso, comprido. **3** alto. **drei Meter**

lang de três metros. **ein Jahr lang** durante um ano.
Län.ge [ˈlɛŋə] *Sf*, **-n** **1** comprimento, distância. **2** duração. **3** longitude.
Lan.ge.wei.le [laŋəˈvailə] *Sf* (*o. Pl*) tédio, chateação, aborrecimento.
lang.fris.tig [ˈlaŋfristiç] *Adj* a longo prazo.
längs [lɛŋs] *Präp* ao longo. **längs des Flusses** acompanhando o rio.
lang.sam [ˈlaŋza:m] *Adj* **1** lento, vagaroso, gradual. **2** aos poucos, devagar.
längst [lɛŋst] *Adv* há tempo, faz tempo. **längst nicht** nem de longe.
lang.wei.len [ˈlaŋvailən] *Vtr* **1** aborrecer, enfastiar, entediar, maçar, chatear. *Vrefl* **2** entediar-se, chatear-se.
lang.wei.lig [ˈlaŋvailiç] *Adj* tedioso, chato, monótono, enfadonho, maçante.
Lap.pen [ˈlapən] *Sm*, **-** **1** trapo, pano. **2** retalho. **3** *Ugs* nota, cédula.
Lärm [lɛrm] *Sm* (*o. Pl*) **1** barulho, ruído. **2** poluição sonora.
las [la:s] *Prät* **lesen.**
La.ser.strahl [ˈle:zərʃtra:l] *Sm*, **-en** raio laser.
las.sen [ˈlasən] *Vtr unreg* **1** mandar fazer. **2** permitir, autorizar. **3** deixar. *Vrefl unreg* **4** poder (ser feito). *Vint unreg* **5** deixar.
läs.sig [ˈlɛsiç] *Adj* **1** descontraído, sem-cerimônia. **2** desleixado, relaxado, descuidado, indiferente. **3** sem esforço, fácil, numa boa.
lässt [lɛyst] *Präs* **lassen.**
Last [last] *Sf*, **-en** **1** carga, peso, fardo. **2** ônus, encargo.
Las.ter [ˈlastər] *Sn*, **-** **1** vício, depravação. *Sm*, **-** **2** *Ugs* caminhão, carreta.
läs.tig [ˈlɛstiç] *Adj* incômodo, chato, importuno, maçante, cansativo.
Last.kraft.wa.gen [ˈlastkraftva:gən] *Sm*, **-** caminhão.
Last.wa.gen [ˈlastva:gən] *Sm*, **-** caminhão.
La.tein [laˈtain] *Sn* (*o. Pl*) latim.
La.tein.a.me.ri.ka [laˈtainame:rika] *Sn* (*o. Art*) América Latina.
La.ter.ne [laˈtɛrnə] *Sf*, **-n** lanterna, poste de iluminação, lampião.
lau [lau] *Adj* morno, tépido, temperado.
Laub [laup] *Sn* (*o. Pl*) folhagem.
lau.ern [ˈlauərn] *Vint* espreitar.
Lauf [lauf] *Sm*, **Läufe** **1** corrida. **2** marcha. **3** curso.
Lauf.bahn [ˈlaufba:n] *Sf*, **-en** carreira.
lau.fen [ˈlaufən] *Vint* **(sein)** **1** correr. **2** ir, andar. **3** funcionar, trabalhar (máquina). **4** estar passando (filme).
lau.fend [ˈlaufənt] *Adj* contínuo, ininterrupto, corrente, regular.
Lau.ne [ˈlaunə] *Sf*, **-n** humor, capricho.
lau.nisch [ˈlauniʃ] *Adj* caprichoso, instável, temperamental.
Laus [laus] *Sf*, **Läuse** piolho.
Laus.bub [ˈlausbu:p] *Sm*, **-en** moleque.
lau.schen [ˈlauʃən] *Vint* ouvir com atenção, escutar.
laut [laut] *Adj* **1** alto, ruidoso, forte. **2** barulhento. **3** em voz alta.
Laut [laut] *Sm*, **-e** som, tom, barulho.
läu.ten [ˈlɔitən] *Vtr+Vint* tocar (sino, campainha), repicar, dobrar.
lau.ter [ˈlautər] *Adj undekl* **1** mero, nada além de, só. **2** leal, honesto.
laut.los [ˈlautlo:s] *Adj* silencioso, sem fazer barulho.
Laut.spre.cher [ˈlautʃprɛçər] *Sm*, **-** alto-falante, amplificador.
lau.warm [ˈlauvarm] *Adj* morno, tépido.
La.wi.ne [laˈvi:nə] *Sf*, **-n** avalanche.
le.ben [ˈle:bən] *Vint* estar vivo, viver, existir. **leb wohl!** adeus!
Le.ben [ˈle:bən] *Sn*, **-** **1** vida. **2** animação, agitação.
le.ben.dig [leˈbɛndiç] *Adj* vivo.
Le.bens.ge.fahr [ˈle:bənsgəfa:r] *Sf*, **-en** perigo ou risco de vida.
Le.bens.mit.tel [ˈle:bənsmitəl] *Sn*, **-** gêneros alimentícios, mantimentos.
Le.bens.qua.li.tät [ˈle:bənskvalitɛ:t] *Sf* (*o. Pl*) qualidade de vida.
Le.bens.ret.ter [ˈle:bənsrɛtər] *Sm*, **-** salva-vidas, salvador.
Le.bens.ver.si.che.rung [ˈle:bənsfɛrziçəruŋ] *Sf*, **-en** seguro de vida.

L

le.bens.wich.tig [ˈle:bənsviçtiç] *Adj* vital, indispensável.
Le.ber [ˈle:bər] *Sf*, **-n** fígado.
Le.ber.knö.del [ˈle:bərknø:dəl] *Sm*, - bolinho de fígado.
Le.ber.wurst [ˈle:bərvurst] *Sf*, **Leberwürste** embutido de fígado.
leb.haft [ˈle:phaft] *Adj* **1** animado, vivo, ativo, cheio de vida. **2** intenso.
Leb.ku.chen [ˈle:pku:xən] *Sm*, - pão de mel.
leb.los [ˈle:plo:s] *Adj* sem vida, inanimado.
le.cken [ˈlɛkən] *Vint* **1** vazar. **2** fazer água, deixar entrar água. *Vtr* **3** lamber.
le.cker [ˈlɛkər] *Adj* delicioso, apetitoso, saboroso.
Le.cker.bis.sen [ˈlɛkərbisən] *Sm*, - petisco, iguaria, delícia.
Le.der [ˈle:dər] *Sn*, - **1** couro, pelica. **2** *Sport* bola.
le.dig [ˈle:diç] *Adj* solteiro.
le.dig.lich [ˈle:digliç] *Adv* meramente, somente, apenas, exclusivamente.
leer [le:r] *Adj* vazio, em branco, vago.
lee.ren [ˈle:rən] *Vtr* **1** esvaziar. **2** evacuar, retirar.
le.gen [ˈle:gən] *Vtr* **1** pôr, colocar, instalar. **2** deitar, pousar. *Vrefl* **3** deitar-se.
Lehm [le:m] *Sm*, **-e** barro, argila.
leh.nen [ˈle:nən] *Vtr* **1** encostar. *Vrefl* **2** apoiar-se. **3** inclinar-se.
Lehr.buch [ˈle:rbu:x] *Sn*, **Lehrbücher** manual, compêndio, livro-texto.
Leh.re [ˈle:rə] *Sf*, **-n** **1** ensino, ensinamento, lição. **2** doutrina. **3** teoria, ciência. **4** aprendizado, aprendizagem.
leh.ren [ˈle:rən] *Vtr+Vint* ensinar.
Leh.rer [ˈle:rər] *Sm*, - professor, instrutor, mestre.
Lehr.gang [ˈle:rgaŋ] *Sm*, **Lehrgänge** curso.
Lehr.ling [ˈle:rliŋ] *Sm*, **-e** aprendiz, *trainee*.
Leib [laip] *Sm*, **-er** **1** corpo. **2** ventre, barriga.
Lei.che [ˈlaiçə] *Sf*, **-n** cadáver, morto, defunto.
Lei.chen.hal.le [ˈlaiçənhalə] *Sf*, **-n** necrotério, velório.
Leich.nam [laiçna:m] *Sm*, **-e** cadáver, morto.
leicht [laiçt] *Adj* **1** fácil, simples. **2** leve.
Leicht.ath.le.tik [ˈlaiçtatle:tik] *Sf* (*o. Pl*) atletismo.
Leicht.sinn [ˈlaiçtzin] *Sm* (*o. Pl*) irresponsabilidade, leviandade, descuido, displicência, imprudência, negligência.
Leid [lait] *Sn* (*o. Pl*) **1** sofrimento, dor. **2** pena. **3** mágoa, desgosto, tristeza. **es tut mir Leid** sinto muito.
lei.den [ˈlaidən] *Vint unreg* **1** sofrer, padecer. *Vtr unreg* **2** gostar. **3** tolerar. **ich kann ihn nicht leiden** não gosto dele.
Lei.den [ˈlaidən] *Sn*, - **1** sofrimento, dor. **2** mal, moléstia.
Lei.den.schaft [ˈlaidənʃaft] *Sf*, **-en** **1** paixão. **2** vício.
lei.den.schaft.lich [ˈlaidənʃaftliç] *Adj* apaixonado, fervoroso, intenso.
lei.der [ˈlaidər] *Adv* infelizmente.
lei.hen [ˈlaiən] *Vtr unreg* emprestar, dar emprestado. **sich etwas leihen von** pedir emprestado de.
Leih.wa.gen [ˈlaiva:gən] *Sm*, - carro alugado, carro de aluguel.
Lein.wand [ˈlainvant] *Sf*, **Leinwände** tela, lona.
lei.se [ˈlaizə] *Adj* **1** silencioso, baixo. **2** de mansinho. **3** vago. **leise sprechen** falar baixo.
leis.ten [ˈlaistən] *Vtr* **1** realizar, cumprir, produzir, prestar (serviço), executar, desenvolver. *Vrefl* **2** permitir-se, ousar, dar-se ao luxo, ter condições.
Leis.tung [ˈlaistuŋ] *Sf*, **-en** **1** desempenho, rendimento, aproveitamento, produtividade, capacidade, potência. **2** realização. **3** resultado. **4** benefício.
lei.ten [ˈlaitən] *Vtr* **1** guiar, conduzir, dirigir. **2** reger (orquestra).
Lei.ter [ˈlaitər] *Sm*, - **1** diretor, gerente, dirigente. **2** coordenador. **3** líder. *Sf*, **-n** **4** escada de mão, de pintor.

Lei.tung [ˈlaituŋ] *Sf*, **-en** **1** direção, gerência. **2** administração. **3** regência. **4** responsabilidade. **5** coordenação. **6** *Techn* encanamento, tubulação (água, gás), fiação, instalação, linha (telefone), condutor.
Lei.tungs.was.ser [ˈlaituŋsvasər] *Sn* (*o. Pl*) água de torneira, água encanada.
Lek.ti.on [lɛktsiˈo:n] *Sf*, **-en** lição.
Lek.tü.re [lɛkˈty:rə] *Sf*, **-n** leitura.
len.ken [ˈlɛŋkən] *Vtr* **1** dirigir, guiar, pilotar. **2** controlar, governar.
Lenk.rad [ˈlɛŋkra:t] *Sn*, **Lenkräder** volante.
ler.nen [ˈlɛrnən] *Vtr+Vint* aprender, estudar. **auswendig lernen** decorar.
les.bisch [ˈlɛsbiʃ] *Adj* lésbico.
Le.se.buch [ˈle:zəbu:x] *Sn*, **Lesebücher** **1** livro de leitura. **2** antologia.
le.sen [ˈle:zən] *Vtr unreg* **1** ler. **2** lecionar. **3** colher. **4** selecionar, escolher.
Le.ser [ˈle:zər] *Sm*, - leitor.
Le.ser.brief [ˈle:zərbri:f] *Sm*, **-e** carta à redação, carta de leitor (jornal).
le.ser.lich [ˈle:zərliç] *Adj* legível.
letzt [lɛtst] *Adj* **1** último, final. **2** passado. **3** pior.
leuch.ten [ˈlɔiçtən] *Vint* **1** iluminar. **2** brilhar.
Leuch.ter [ˈlɔiçtər] *Sm*, - castiçal, candelabro.
Leucht.turm [ˈlɔiçturm] *Sm*, **Leuchttürme** farol.
leug.nen [ˈlɔiknən] *Vtr+Vint* negar, desmentir.
Leu.te [ˈlɔitə] *S Pl* **1** gente. **2** pessoas. **3** pessoal.
Le.xi.kon [ˈlɛksikɔn] *Sn*, **Lexika** **1** enciclopédia. **2** dicionário.
Licht [liçt] *Sn*, **-er** **1** luz, claridade. **2** luminária.
Licht.bild [ˈliçtbilt] *Sn*, **-er** foto, fotografia.
Lid [li:t] *Sn*, **-er** pálpebra.
lieb [li:p] *Adj* **1** caro, querido, amado. **2** amável, simpático, atraente, bonito. **3** bonzinho, afetuoso, atencioso. **lieb gewinnen** começar a gostar de, tomar afeição a. **lieb haben** gostar de, amar, querer bem.
Lie.be [ˈli:bə] *Sf*, **-n** **1** amor. **2** afeto.
lie.ben [ˈli:bən] *Vtr* **1** amar, gostar de. **2** namorar. **3** fazer amor.
lie.bens.wür.dig [ˈli:bənsvyrdiç] *Adj* amável, gentil, charmoso.
lie.ber [ˈli:bər] *Adv* **1** de preferência, antes. **2** mais. **lieber haben** preferir.
Lie.bes.brief [ˈli:bəsbri:f] *Sm*, **-e** carta de amor.
Lie.bes.kum.mer [ˈli:bəskumər] *Sm* (*o. Pl*) desgosto ou infelicidade no amor.
Lie.bes.paar [ˈli:bəspa:r] *Sn*, **-e** casal de namorados.
lie.be.voll [ˈli:bəfɔl] *Adj* carinhoso, afetuoso.
Lieb.ha.ber [ˈli:pha:bər] *Sm*, - **1** namorado, amante, galã. **2** colecionador, entusiasta, aficionado. **3** amador, diletante.
Lieb.ling [ˈli:pliŋ] *Sm*, **-e** querido(a), amado(a), bem.
lieb.los [ˈli:plo:s] *Adj* **1** frio, insensível. **2** sem cuidado.
Lied [li:t] *Sn*, **-er** canção, canto, hino.
lief [li:f] *Prät* **laufen.**
Lie.fe.rant [li:fəˈrant] *Sm*, **-en** fornecedor.
lie.fer.bar [ˈli:fərba:r] *Adj* disponível, à venda. **sofort lieferbar** para pronta entrega.
Lie.fer.frist [ˈli:fərfrist] *Sf*, **-en** prazo de entrega.
lie.fern [ˈli:fərn] *Vtr+Vint* fornecer, entregar.
Lie.fer.schein [ˈli:fərʃain] *Sm*, **-e** nota de entrega.
Lie.fe.rung [ˈli:fəruŋ] *Sf*, **-en** fornecimento, entrega, remessa.
Lie.fer.wa.gen [ˈli:fərva:gən] *Sm*, - caminhonete, perua, furgão.
lie.gen [ˈli:gən] *Vint unreg* **1** estar deitado. **2** localizar-se, estar situado, ficar.
Lie.ge.stuhl [ˈli:gəʃtu:l] *Sm*, **Liegestühle** espreguiçadeira.

lieh [li:] *Prät* **leihen.**
ließ [li:s] *Prät* **lassen.**
liest [li:st] *Präs* **lesen.**
Li.kör [li'kø:r] *Sm*, **-e** licor.
li.la ['li:la] *Adj undekl* lilás, arroxeado.
Li.lie ['li:liə] *Sf*, **-n** lírio; flor-de-lis.
Li.mo ['limo] *Sf*, **-s** = *Limonade.*
Li.mo.na.de [limo'na:də] *Sf*, **-en 1** limonada. **2** refrigerante.
Li.nie ['li:niə] *Sf*, **-n 1** linha. **2** figura.
Li.ni.en.bus ['li:niənbus] *Sm*, **-se** ônibus regular.
Li.ni.en.flug ['li:niənflu:k] *Sm*, **Linienflüge** voo de carreira.
link [liŋk] *Adj* esquerdo. **auf der linken Seite** do lado esquerdo.
links [liŋks] *Adv* à esquerda.
Links.hän.der ['liŋkshεndər] *Sm*, - canhoto.
Lin.se ['linzə] *Sf*, **-n 1** lente, objetiva. **2** cristalino (olho). **3** lentilha.
Lip.pe ['lipə] *Sf*, **-n** lábio, beiço.
Lip.pen.stift ['lipənʃtift] *Sm*, **-e** batom.
List [list] *Sf*, **-en** astúcia, manha.
Lis.te ['listə] *Sf*, **-n** lista, relação.
lis.tig ['listiç] *Adj* astuto, manhoso, matreiro.
Li.ter ['li:tər] *Sn+m*, - litro.
Li.te.ra.tur [litəra'tu:r] *Sf*, **-en** literatura.
Live.sen.dung ['laifzεnduŋ] *Sf*, **-en** programa ao vivo.
Li.zenz [li'tsεnts] *Sf*, **-en** licença, autorização.
Lkw [εl-ka:ve:] *Abk* **Lastkraftwagen.** *Var: LKW.*
Lob [lo:p] *Sn*, **-e** elogio, louvor.
lo.ben ['lo:bən] *Vtr* elogiar, louvar.
Loch [lɔx] *Sn*, **Löcher 1** buraco, furo, rombo, rasgão. **2** orifício.
Lo.cher ['lɔxər] *Sm*, - perfurador.
Lo.cke ['lɔkə] *Sf*, **-n** caracol (cabelo), cacho.
lo.cken ['lɔkən] *Vtr* atrair, chamar, tentar seduzir.
lo.ckern ['lɔkərn] *Vtr+Vrefl* desapertar, relaxar, afrouxar, soltar.
Löf.fel ['løfəl] *Sm*, - colher.
Lo.ge ['lo:ʒə] *Sf*, **-n 1** camarote, frisa. **2** loja maçônica.
Lo.gik ['lo:gik] *Sf* (*o. Pl*) lógica.
lo.gisch ['lo:giʃ] *Adj* lógico.
Lohn [lo:n] *Sm*, **Löhne 1** salário, remuneração, ordenado. **2** recompensa.
Lohn.er.hö.hung ['lo:nεrhø:uŋ] *Sf*, **-en** aumento salarial.
Lohn.steu.er ['lo:nʃtɔiər] *Sf*, **-n** imposto de renda de assalariado.
Lo.kal [lo'ka:l] *Sn*, **-e** restaurante, bar, boteco.
Lo.ko.mo.ti.ve [lokomo'ti:və] *Sf*, **-n** locomotiva.
los [lo:s] *Adj* solto, livre. **es geht los** está começando. **was ist denn los?** o que está havendo?
Los [lo:s] *Sn*, **-e 1** bilhete de loteria. **2** destino, sorte.
lö.schen ['løʃən] *Vtr* **1** apagar, extinguir. **2** cancelar.
Lö.se.geld ['lø:zəgεlt] *Sn* (*o. Pl*) resgate.
lo.sen ['lo:zən] *Vint* sortear, tirar a sorte.
lö.sen ['lø:zən] *Vtr* **1** soltar, desprender, destacar, desparafusar, remover. **2** dissolver. **3** resolver, solucionar.
los.fah.ren ['lo:sfa:rən] *Vint unreg* **(sein)** partir, ir embora, viajar.
los.krie.gen ['lo:skri:gən] *Vtr* **1** conseguir soltar ou libertar. **2** conseguir vender.
los.las.sen ['lo:slasən] *Vtr unreg* **1** soltar, largar. **2** mandar, enviar.
lös.lich ['lø:sliç] *Adj* solúvel.
los.ma.chen ['lo:smaxən] *Vtr* **1** desamarrar, desprender. **2** descolar. *Vrefl* **3** livrar-se.
Los.num.mer ['lo:snumər] *Sf*, **-n** número de bilhete da loteria.
Lö.sung ['lø:zuŋ] *Sf*, **-en 1** solução. **2** resposta.
los.wer.den ['lo:svεrdən] *Vtr unreg* **(sein) 1** livrar-se. **2** vender.
Lot.se ['lo:tsə] *Sm*, **-n** piloto, prático.
Lot.te.rie [lɔtə'ri:] *Sf*, **-n** loteria.

Lot.to [ˈlɔto] *Sn*, **-s 1** loteria. **2** bingo.
Lö.we [ˈlø:və] *Sm*, **-n** leão.
Lü.cke [ˈlykə] *Sf*, **-n 1** lacuna, brecha, buraco, vão. **2** intervalo.
lud [lu:t] *Prät* **laden.**
Luft [luft] *Sf*, **Lüfte** ar, sopro, fôlego.
Luft.bal.lon [ˈluftbalɔn] *Sm*, **-s, -e** balão, bexiga.
lüf.ten [ˈlyftən] *Vtr* **1** ventilar, arejar. **2** levantar, abrir, revelar.
Luft.fahrt [ˈluftfa:rt] *Sf* (*o. Pl*) aviação.
Luft.feuch.tig.keit [ˈluftfɔiçtiçkait] *Sf* (*o. Pl*) umidade do ar.
Luft.fracht [ˈluftfraxt] *Sf*, **-en** carga aérea, frete aéreo.
Luft.kur.ort [ˈluftku:rɔrt] *Sm*, **-e** estância climática.
Luft.ma.trat.ze [ˈluftmatratsə] *Sf*, **-n** colchão de ar.
Luft.post [ˈluftpɔst] *Sf* (*o. Pl*) correio aéreo. **mit Luftpost** via aérea.
Luft.schiff [ˈluftʃif] *Sn*, **-e 1** aeronave. **2** dirigível.
Lüf.tung [ˈlyftuŋ] *Sf*, **-en** ventilação, arejamento.
Luft.ver.schmut.zung [ˈluftfɛrʃmutsuŋ] *Sf* (*o. Pl*) poluição do ar.
Luft.waf.fe [ˈluftvafə] *Sf*, **-n** força aérea.
Luft.zug [ˈlufttsu:k] *Sm*, **Luftzüge** corrente de ar.
Lü.ge [ly:gə] *Sf*, **-n** mentira.
lü.gen [ˈly:gən] *Vint* mentir.
Lüg.ner [ˈly:knər] *Sm*, - mentiroso.
Lu.ke [ˈlu:kə] *Sf*, **-n 1** postigo. **2** claraboia, janelinha. **3** alçapão, escotilha.
Lun.ge [ˈluŋə] *Sf*, **-n** pulmão.
Lun.gen.ent.zün.dung [ˈluŋənɛnttsynduŋ] *Sf*, **-en** pneumonia.
Lu.pe [ˈlu:pə] *Sf*, **-n** lupa, lente
Lust [lust] *Sf*, **Lüste 1** prazer, gozo, volúpia. **2** vontade, gosto, disposição, desejo. **Lust haben zu** estar com vontade de.
lus.tig [ˈlustiç] *Adj* alegre, divertido, engraçado, jovial.
lust.los [ˈlustlo:s] *Adj* desanimado, desinteressado.
Lutsch.bon.bon [ˈlutʃbɔnbɔn] *Sn+m*, **-s,** bala.
lut.schen [ˈlutʃən] *Vtr* chupar.
Lut.scher [ˈlutʃər] *Sm*, - **1** chupeta. **2** pirulito.
lu.xu.ri.ös [luksuriˈø:s] *Adj* luxuoso.
Lu.xus [ˈluksus] *Sm* (*o. Pl*) luxo, extravagância.
Ly.rik [ˈly:rik] *Sf* (*o. Pl*) poesia lírica.

m

m, M [ɛm] *Sn*, - letra m, M.
ma.chen [ˈmaxən] *Vtr+Vint* **1** fazer. **2** produzir, fabricar, criar. **3** totalizar. **das Bett machen** arrumar a cama. **das macht 20 Euro** isso dá 20 Euros ao todo. **das macht durstig** isso dá sede. **das macht nichts** não faz mal, não importa.
Macht [maxt] *Sf*, **Mächte 1** poder. **2** potência.
mäch.tig [ˈmɛçtiç] *Adj* **1** poderoso. **2** imponente, terrível.
macht.los [ˈmaxtlo:s] *Adj* impotente, fraco.
Mäd.chen [ˈmɛ:tçən] *Sn*, - **1** menina, moça. **2** empregada doméstica.
mag [ma:k] *Präs* **mögen.**
Ma.ga.zin [magaˈtsi:n] *Sn*, **-e 1** depósito, armazém. **2** magazine. **3** revista.
Ma.gen [ˈma:gən] *Sm*, **Mägen 1** estômago. **2** *Ugs* barriga.
Ma.gen.schmerz [ˈma:gənʃmɛrts] *Sm*, **-en** dor de estômago ou de barriga.
ma.ger [ˈma:gər] *Adj* **1** magro. **2** sem gordura, desnatado. **3** pobre, reduzido.
Ma.gie [maˈgi:] *Sf* (*o. Pl*) magia.
Mag.net [maˈgne:t] *Sm*, **-e** ímã.
Mahl [ma:l] *Sn*, **Mähler** refeição, banquete.
mah.len [ˈma:lən] *Vtr* moer.
Mahl.zeit [ˈma:ltsait] *Sf*, **-en** refeição. **Mahlzeit!** bom proveito!
mah.nen [ˈma:nən] *Vtr+Vint* **1** admoestar. **2** apressar. **3** lembrar, reclamar pagamento de dívida.
Mahn.mal [ˈma:nma:l] *Sn*, **-e** memorial, monumento.
Mah.nung [ˈma:nuŋ] *Sf*, **-en 1** admoestação. **2** reclamação ou aviso de pagamento vencido.
Mai [mai] *Sm*, **-e** maio.
Mais [mais] *Sm* (*o. Pl*) milho.
ma.kel.los [ˈma:kəllo:s] *Adj* impecável, imaculado, sem defeito.
Mak.ler [ˈma:klər] *Sm*, - corretor, agente.
mal[1] [ma:l] *Adv* **1** vezes. **2** oportunamente. **hör mal!** escute aí! **komm mal!** dê um pulinho até aqui. **zwei mal zwei** dois vezes dois.
Mal[2] [ma:l] *Sn*, **-e 1** vez. **2** marco, sinal.
ma.len [ˈma:lən] *Vtr+Vint* pintar.
Ma.ler [ˈma:lər] *Sm*, - pintor.
Malz [malts] *Sn* (*o. Pl*) malte.
Ma.mi [ˈmami] *Sf*, **-s** *fam* mamãe.
man [man] *Indefinitpron* **1** a gente. **2** alguém. **man spricht Deutsch** fala-se alemão.
manch [manç] *Indefinitpron* **1** algum, alguma. **2** certos. **3** vários. **an manchen Tagen** em certos dias. **manche Leute** várias pessoas
manch.mal [ˈmançma:l] *Adv* às vezes, de vez em quando.
Man.da.ri.ne [mandaˈri:n] *Sf*, **-n** tangerina.
Man.gel [ˈmaŋgəl] *Sm*, **Mängel 1** falta, defeito, deficiência, carência, escassez, insuficiência.

man.gel.haft [ˈmaŋgəlhaft] *Adj* **1** imperfeito, defeituoso, deficiente, falho, incompleto. **2** inadequado, insatisfatório.
man.geln [ˈmaŋgəln] *Vint* faltar, carecer, estar escasso.
Ma.nie [maˈni:] *Sf*, **-n** mania, obsessão, esquisitice, capricho.
Ma.ni.kü.re [maniˈky:rə] *Sf*, **-n** manicure.
Mann [man] *Sm*, **Männer** homem. **mein Mann** meu marido.
männ.lich [ˈmɛnliç] *Adj* masculino, macho.
Mann.schaft [ˈmanʃaft] *Sf*, **-en** **1** time, equipe. **2** tripulação.
Man.schet.ten.knopf [ˈmanˈʃɛtənknɔpf] *Sm*, **Manschet-tenknöpfe** abotoadura.
Man.tel [ˈmantəl] *Sm*, **Mäntel** **1** sobretudo, capa, manto. **2** forro, revestimento.
ma.nu.ell [manuˈɛl] *Adj* manual.
Map.pe [ˈmapə] *Sf*, **-n** **1** pasta, carteira, portfólio. **2** mala de escola.
Mär.chen [ˈmɛrçən] *Sn*, - conto de fadas, lenda.
Mar.ga.ri.ne [margaˈri:nə] *Sf*, **-n** margarina.
Mark [mark] *Sf*, - **1** marco. **2** província, região fronteiriça. *Sn* (*o. Pl*) **3** medula, tutano, cerne.
Mar.ke [ˈmarkə] *Sf*, **-n** **1** marca, sinal. **2** selo. **3** ficha. **4** identificação. **5** cupom.
Mar.ken.ar.ti.kel [ˈmarkənarti:kəl] *Sm*, - artigo de qualidade.
Mar.ken.na.me [ˈmarkəna:mə] *Sm*, **-n** marca registrada.
mar.kie.ren [marˈki:rən] *Vtr* marcar.
Markt [markt] *Sm*, **Märkte** **1** mercado. **2** feira livre.
Markt.hal.le [ˈmarkthalə] *Sf*, **-n** mercado (coberto).
Markt.platz [ˈmarktplats] *Sm*, **Markt-plätze** praça do mercado.
Mar.me.la.de [marmeˈla:də] *Sf*, **-n** doce cremoso de frutas, geleia, compota.
Mar.mor [ˈmarmɔr] *Sm*, **-e** mármore.
Mars [mars] *Sm* (*o. Pl*) Marte.
mar.schie.ren [marˈʃi:rən] *Vint* **(sein)** marchar, caminhar.
März [mɛrts] *Sm*, **-e** março.
Ma.schi.ne [maˈʃi:nə] *Sf*, **-n** **1** máquina, aparelho, engenho. **2** avião.
Mas.ke [ˈmaskə] *Sf*, **-n** máscara.
mas.kie.ren [masˈki:rən] *Vtr* **1** mascarar, disfarçar. *Vrefl* **2** fantasiar-se.
mas.ku.lin [maskuˈli:n] *Adj* masculino.
maß [ma:s] *Prät* **messen.**
Maß [ma:s] *Sn*, **-e** **1** medida, dimensão, valor. **2** moderação. *Sf*, **-e** **3** litro de cerveja.
Mas.sa.ge [maˈsa:ʒə] *Sf*, **-n** massagem.
Mas.se [ˈmasə] *Sf*, **-n** **1** massa. **2** multidão. **3** volume.
Maß.ein.heit [ˈma:sainhait] *Sf*, **-en** unidade de medida.
mas.sen.haft [ˈmasənhaft] *Adj* em massa, em grande quantidade.
Mas.seur [maˈsø:r] *Sm*, **-e** massagista (homem).
Mas.seu.se [maˈsø:zə] *Sf*, **-n** massagista (mulher).
mas.sie.ren [maˈsi:rən] *Vtr* massagear, esfregar.
mä.ßig [ˈmɛ:siç] *Adj* **1** moderado, módico, modesto. **2** medíocre.
mas.siv [maˈsi:f] *Adj* **1** maciço, sólido. **2** pesado.
maß.los [ˈma:slo:s] *Adj* desmedido, imoderado, extremo, excessivo.
Maß.nah.me [ˈma:sna:mə] *Sf*, **-n** medida, providência, disposição.
Maß.stab [ˈma:sʃta:p] *Sm*, **Maßstäbe** **1** escala. **2** parâmetro, padrão, medida.
Mast [mast] *Sm*, **-en** **1** mastro. **2** poste. *Sf*, **-en** 3 engorda (pecuária).
Ma.te.ri.al [materiˈa:l] *Sn*, **-ien** **1** material. **2** recursos.
Ma.te.rie [maˈte:riə] *Sf*, **-n** **1** matéria. **2** assunto.
ma.te.ri.ell [materiˈɛl] *Adj* **1** material, físico. **2** financeiro.
Ma.the [ˈmate] *Sf* (*o. Art*) = *Mathematik.*

Ma.the.ma.tik [matema'ti:k] *Sf* (*o. Pl*) matemática.
Mat.rat.ze [ma'tratsə] *Sf*, **-n** colchão.
Mat.ro.se [ma'tro:zə] *Sm*, **-n** marujo, marinheiro.
Matsch [matʃ] *Sm*, **-e** **1** lama, lodo. **2** papa.
matt [mat] *Adj* **1** fraco, esgotado, débil, extenuado, abatido. **2** embaçado, baço, apagado, fosco, opaco.
Mau.er ['mauər] *Sf*, **-n** **1** muro, muralha. **2** *Sport* barreira.
Maul [maul] *Sn*, **Mäuler** **1** boca (de animal). **2** focinho.
Mau.rer ['maurər] *Sm*, - pedreiro.
Maus [maus] *Sf*, **Mäuse** rato, camundongo.
Mau.se.fal.le ['mausəfalə] *Sf*, **-n** ratoeira.
Maut [maut] *Sf*, **-en** pedágio.
ma.xi.mal [maksi'ma:l] *Adj* máximo.
Me.cha.ni.ker [me'ça:nikər] *Sm*, - mecânico.
me.ckern ['mɛkərn] *Vint* **1** berrar. **2** *Ugs* reclamar, resmungar, criticar. **3** balir (cabra).
Me.dail.le [me'daljə] *Sf*, **-n** medalha.
Me.di.en ['me:diən] *S Pl* mídia, meios de comunicação.
Me.di.ka.ment [medika'mɛnt] *Sn*, **-e** medicamento, remédio.
Me.di.zin [medi'tsi:n] *Sf*, **-en** **1** medicina. **2** medicamento, remédio.
Meer [me:r] *Sn*, **-e** mar
Mehl [me:l] *Sn*, **-e** farinha.
mehr [me:r] *Indefinitpron+Adv* mais. **er erinnert sich nicht mehr** ele não se lembra mais. **mehr oder weniger** mais ou menos
Mehr.heit ['me:rhait] *Sf*, **-en** maioria, maior parte.
mehr.mals ['me:rma:ls] *Adv* repetidamente, várias vezes.
Mehr.wert.steu.er ['me:rvɛrtʃtɔiər] *Sf*, **-n** imposto sobre o valor agregado.
Mehr.zahl ['me:rtsa:l] *Sf* (*o. Pl*) **1** plural. **2** maioria.
mei.den ['maidən] *Vtr* **1** evitar. **2** esquivar-se.
Mei.le ['mailə] *Sf*, **-n** milha, légua.
mein [main] *Possessivpron* meu, minha.
mei.nen ['mainən] *Vtr+Vint* **1** achar, pensar, opinar, julgar. **2** querer dizer.
mei.net.we.gen ['mainətve:gən] *Adv* **1** por mim, quanto a mim, por minha causa. **2** se você quiser, não tenho nada contra.
Mei.nung ['mainuŋ] *Sf*, **-en** opinião, parecer. **die öffentliche Meinung** a opinião pública.
Mei.nungs.frei.heit ['mainuŋsfraihait] *Sf* (*o. Pl*) liberdade de expressão.
Mei.nungs.um.fra.ge ['mainuŋsumfra:gə] *Sf*, **-n** pesquisa de opinião.
meist [maist] *Adv* geralmente, comumente, em geral.
meis.tens ['maistəns] *Adv* em geral, o mais das vezes.
Meis.ter ['maistər] *Sm*, - **1** mestre. **2** campeão. **3** encarregado, chefe.
Meis.ter.schaft ['maistərʃaft] *Sf*, **-en** **1** maestria, perícia. **2** campeonato.
Meis.ter.werk ['maistərvɛrk] *Sn*, **-e** obra-prima.
mel.den ['mɛldən] *Vtr* **1** anunciar. **2** denunciar. **3** comunicar, informar. *Vrefl* **4** apresentar-se. **5** manifestar-se.
Mel.de.pflicht ['mɛldəpfliçt] *Sf* (*o. Pl*) registro obrigatório.
Mel.dung ['mɛlduŋ] *Sf*, **-en** **1** notícia, comunicação, informação, relatório. **2** notificação, aviso. **3** inscrição.
Me.lo.die [melo'di:] *Sf*, **-n** melodia.
Me.moi.ren [memo'a:rən] *S Pl* memórias.
Men.ge ['mɛŋə] *Sf*, **-n** **1** quantia, montante, quantidade, volume. **2** fartura. **3** multidão.
Men.sa ['mɛnza] *Sf*, **-s, Mensen** cantina estudantil, refeitório.
Mensch [mɛnʃ] *Sm*, **-en** homem, ser humano, pessoa. **kein Mensch** ninguém.

Mensch.heit ['mɛnʃhait] *Sf* (*o. Pl*) humanidade.
mensch.lich ['mɛnʃliç] *Adj* humano.
Mens.tru.a.ti.on [mɛnstruatsi'o:n] *Sf*, **-en** menstruação.
Men.ta.li.tät [mɛntali'tɛ:t] *Sf*, **-en** mentalidade.
Me.nü [me'ny:] *Sn*, **-s** cardápio, menu.
Merk.blatt ['mɛrkblat] *Sn*, **Merkblätter** **1** memorando. **2** lembrete. **3** folheto de instruções.
mer.ken ['mɛrkən] *Vtr* **1** perceber, notar, descobrir. *Vrefl* **2** guardar, não esquecer.
Merk.mal ['mɛrkma:l] *Sn*, **-e** característica, marca, sinal, distintivo.
merk.wür.dig ['mɛrkvyrdiç] *Adj* **1** estranho, esquisito. **2** singular, peculiar.
Mes.se ['mɛsə] *Sf*, **-n** **1** missa. **2** feira, exposição, mostra. **auf der Messe** durante a feira.
Mes.se.ge.län.de ['mɛsəgəlɛndə] *Sn*, - centro de feiras.
Mes.se.hal.le ['mɛsəhalə] *Sf*, **-n** pavilhão de feiras.
mes.sen ['mɛsən] *Vtr+Vint unreg* **1** medir, aferir. *Vrefl unreg* **2** competir com.
Mes.ser ['mɛsər] *Sn*, - faca, lâmina.
Mes.sing ['mɛsiŋ] *Sn*, **-e** latão.
Me.tall [me'tal] *Sn*, **-e** metal.
Me.te.o.ro.lo.gie [meteorolo'gi:] *Sf* (*o. Pl*) meteorologia.
Me.ter ['me:tər] *Sn+m*, - metro.
Me.tho.de [me'to:də] *Sf*, **-n** método, sistemática.
me.tho.disch [me'to:diʃ] *Adj* metódico.
Metz.ger ['mɛtsgər] *Sm*, - açougueiro.
Metz.ge.rei [mɛtsgə'rai] *Sf*, **-en** açougue.
Me.xi.ko ['mɛksiko] *Sn* México.
mich [miç] *Pron* (*Akk von* **ich**) me, mim.
mied [mi:t] *Prät* **meiden.**
Mie.ne ['mi:nə] *Sf*, **-n** cara, rosto, expressão, fisionomia.
mies [mi:s] *Adj Ugs* **1** chinfrim, reles. **2** desprezível, insignificante, ruim.
Mie.te ['mi:tə] *Sf*, **-n** aluguel, locação.
mie.ten ['mi:tən] *Vtr* alugar, arrendar.
Mie.ter ['mi:tər] *Sm*, - inquilino, locatário.
Miet.ver.trag ['mi:tfɛrtra:k] *Sm*, **Mietverträge** contrato de aluguel, contrato de locação.
Miet.wa.gen ['mi:tva:gən] *Sm*, - automóvel de aluguel.
Mik.ro.com.pu.ter ['mikrokompjutər] *Sm*, - micro, microcomputador, PC.
Mik.ro.phon [mikro'fo:n] *Sn*, **-e** microfone.
Mik.ros.kop [mikro'sko:p] *Sn*, **-e** microscópio.
Mik.ro.wel.len.herd ['mi:krovɛlənhe:rt] *Sm*, **-e** forno de micro-ondas.
Milch [milç] *Sf* (*o. Pl*) leite. **dicke Milch** leite coalhado.
mild [milt], **milde** ['mildə] *Adj* **1** suave, leve. **2** ameno, temperado. **3** brando. **4** indulgente.
mil.dern ['mildərn] *Vtr* atenuar, amenizar, abrandar, moderar, suavizar, aliviar.
Mi.li.eu [mi'ljø:] *Sn*, **-s** meio, ambiente.
Mi.li.tär [mili'tɛ:r] *Sn* (*o. Pl*) forças armadas, militares.
Mi.li.tär.dienst [mili'tɛ:rdi:nst] *Sm*, **-e** serviço militar.
Mil.li.ar.de [mili'ardə] *Sf*, **-n** bilhão.
Mil.li.me.ter [mili'me:tər] *Sn+m*, - milímetro.
Mil.li.on [mili'o:n] *Sf*, **-en** milhão.
Mil.lio.när [milio'nɛ:r] *Sm*, **-e** milionário.
Min.der.heit ['mindərhait] *Sf*, **-en** minoria.
min.der.jäh.rig ['mindərjɛ:riç] *Adj* menor, menor de idade.
min.dern ['mindərn] *Vtr* **1** diminuir, reduzir. **2** prejudicar, depreciar.
min.dest ['mindəst] *Adj* mínimo.
Min.dest.lohn ['mindəstlo:n] *Sm*, **Mindestlöhne** salário mínimo.
Mi.ne ['mi:nə] *Sf*, **-n** **1** mina. **2** carga, grafite.

Mi.ne.ral.was.ser [mine'ra:lvasər] *Sn*, **Mineralwässer** água mineral.
Mi.ni.a.tur [minia'tu:r] *Sf*, **-en 1** miniatura. **2** iluminura.
mi.ni.mal [mini'ma:l] *Adj* mínimo, muito pequeno.
Mi.ni.mum ['mi:nimum] *Sn*, **Minima** mínimo.
Mi.ni.rock ['minirɔk] *Sm*, **Miniröcke** minissaia.
Mi.nis.ter [mi'nistər] *Sm*, - ministro.
Mi.nis.ter.prä.si.dent [mi'nistərprɛzidɛnt] *Sm*, **-en 1** primeiro-ministro. **2** governador.
mi.nus ['mi:nus] *Konj+Adv* menos. **minus zehn Grad** dez graus abaixo de zero.
Mi.nu.te [mi'nu:tə] *Sf*, **-n** minuto.
mir [mi:r] *Pron* (*Dat von* **ich**) me, a mim, para mim. **gehen wir zu mir** vamos a minha casa, a meu escritório.
mi.schen ['miʃən] *Vtr* misturar, mesclar.
Mi.schung ['miʃuŋ] *Sf*, **-en 1** mistura. **2** liga metálica.
mi.se.ra.bel [mize'ra:bəl] *Adj* **1** (muito) mal, miserável. **2** terrível. **3** abominável.
miss.bil.li.gen [mis'biligən] *Vtr* desaprovar, condenar.
Miss.brauch ['misbraux] *Sm*, **Missbräuche** abuso, uso indevido, mau uso.
miss.brau.chen [mis'brauxən] *Vtr* abusar de.
Miss.er.folg ['misɛrfɔlk] *Sm*, **-e** fracasso, malogro, insucesso.
miss.fal.len [mis'falən] *Vint unreg* desagradar.
Miss.ge.schick ['misgəʃik] *Sn*, **-e** infortúnio, infelicidade, azar, má sorte, desgraça.
miss.han.deln [mis'handəln] *Vtr* maltratar, seviciar.
Mis.si.on [misi'o:n] *Sf*, **-en** missão.
miss.lin.gen [mis'liŋən] *Vint unreg* (**sein**) falhar, fracassar.
Miss.stand ['misʃtant] *Sm*, **Missstände** **1** mal. **2** abuso. **3** irregularidade, anomalia, estado deplorável.
misst [mist] *Präs* **messen**.
Miss.trau.en ['mistrauən] *Sn* (*o. Pl*) desconfiança.
miss.trau.isch ['mistrauiʃ] *Adj* desconfiado, suspeitoso.
Miss.ver.ständ.nis ['misfɛrʃtɛntnis] *Sn*, **-se** mal-entendido, equívoco.
Mist [mist] *Sm* (*o. Pl*) **1** estrume, esterco, bosta. **2** lixo. **3** asneira, disparate. **so ein Mist!** que droga!
mit [mit] *Präp* com. **mit der Bahn fahren** andar de trem.
Mit.ar.beit ['mitarbait] *Sf* (*o. Pl*) cooperação, colaboração, assistência, participação.
Mit.ar.bei.ter ['mitarbaitər] *Sm*, - **1** funcionário, empregado. **2** colaborador, colega.
mit.brin.gen ['mitbriŋən] *Vtr unreg* trazer.
mit.ein.an.der [mitain'andər] *Adv* **1** juntamente. **2** um com o outro.
Mit.fah.rer ['mitfa:rər] *Sm*, - copiloto, companheiro de viagem, passageiro.
Mit.fahr.ge.le.gen.heit ['mitfa:rgəle:-gənhait] *Sf*, **-en** carona (com repartição das despesas).
mit.ge.ben ['mitge:bən] *Vtr unreg* entregar para levar, mandar.
Mit.ge.fühl ['mitgəfy:l] *Sn* (*o. Pl*) **1** compaixão. **2** simpatia.
mit.ge.hen ['mitge:ən] *Vint unreg* (**sein**) ir junto, acompanhar.
Mit.glied ['mitgli:t] *Sn*, **-er** membro, integrante, filiado, sócio, associado.
Mit.leid ['mitlait] *Sn* (*o. Pl*) pena, dó, compaixão, piedade, comiseração.
mit.ma.chen ['mitmaxən] *Vtr* **1** acompanhar. **2** aderir, participar. **3** sofrer, aguentar.
Mit.mensch ['mitmɛnʃ] *Sm*, **-en** semelhante.
mit.neh.men ['mitne:mən] *Vtr unreg* levar junto.
Mit.rei.sen.de ['mitraizəndə] *Sm*, **-n** companheiro de viagem.

mit.schnei.den [ˈmitʃnaidən] *Vtr unreg* gravar (programa de rádio ou TV).
mit.schrei.ben [ˈmitʃraibən] *Vtr unreg* tomar nota.
Mit.tag [ˈmita:k] *Sm*, **-e** meio-dia. **zu Mittag essen** almoçar.
Mit.tag.es.sen [ˈmita:kɛsən] *Sn*, - almoço.
mit.tags [ˈmita:ks] *Adv* ao meio-dia.
Mit.tags.zeit [ˈmita:kstsait] *Sf* (*o. Pl*) meio-dia, hora do almoço.
Mit.te [ˈmitə] *Sf*, **-n** meio, centro.
mit.tei.len [ˈmi(t)tailən] *Vtr* comunicar, notificar, informar.
Mit.tei.lung [ˈmi(t)tailuŋ] *Sf*, **-en** comunicação, notificação, informação, notícia.
Mit.tel [ˈmitəl] *Sn*, - **1** meio, método. **2** fundo, recurso. **3** remédio.
Mit.tel.al.ter [ˈmitəlaltər] *Sn* (*o. Pl*) Idade Média.
Mit.tel.a.me.ri.ka [ˈmitəlame:rika] *Sn* América Central.
Mit.tel.eu.ro.pa [ˈmitəlɔiro:pa] *Sn* Europa Central.
Mit.tel.fin.ger [ˈmitəlfiŋər] *Sm*, - dedo médio.
mit.tel.mä.ßig [ˈmitəlmɛsiç] *Adj* medíocre, regular.
Mit.tel.meer [ˈmitəlme:r] *Sn* Mediterrâneo.
Mit.tel.punkt [ˈmitəlpuŋkt] *Sm*, **-e** centro, foco.
Mit.tel.stand [ˈmitəlʃtant] *Sm* (*o. Pl*) **1** classe média. **2** pequenos e médios empresários, burguesia.
Mit.ter.nacht [ˈmitərnaxt] *Sf* (*o. Pl*) meia-noite.
mitt.ler.wei.le [ˈmitlərvailə] *Adv* **1** entretanto, entrementes, nesse meio tempo. **2** desde então.
Mitt.woch [ˈmitvɔx] *Sm*, **-e** quarta-feira.
mitt.wochs [ˈmitvɔxs] *Adv* às quartas--feiras.
mit.un.ter [mitˈuntər] *Adv* às vezes, de vez em quando.
Mit.wir.kung [ˈmitvirkuŋ] *Sf* (*o. Pl*) participação, colaboração, cooperação.
mi.xen [ˈmiksən] *Vtr* **1** misturar. **2** mixar.
Mi.xer [ˈmiksər] *Sm*, - **1** misturador, liquidificador, batedeira. **2** *barman*.
Mö.bel [ˈmø:bəl] *Sn*, - móvel, mobília.
Mo.bi.li.ar [mobiliˈa:r] *Sn*, **-e** mobília, móveis.
Mo.bil.te.le.fon [moˈbi:ltelefo:n] *Sn*, **-e** celular (telefone).
möb.lie.ren [møbˈli:rən] *Vtr* mobiliar.
moch.te [ˈmɔxtə] *Prät* **mögen.**
möch.te [ˈmøçtə] *Konj II* **mögen.**
Mo.dal.verb [moˈda:lvɛrp] *Sn*, **-en** verbo modal.
Mo.de [ˈmo:də] *Sf*, **-n** moda. **in Mode sein** estar na moda.
Mo.dell [moˈdɛl] *Sn*, **-e 1** modelo, tipo. **2** padrão.
mo.der.ni.sie.ren [modɛrniˈzi:rən] *Vtr* modernizar.
mo.disch [ˈmo:diʃ] *Adj* que está na moda, de acordo com a moda atual.
mo.geln [ˈmo:gəln] *Vint* **1** trapacear, enganar. **2** colar (escola).
mö.gen [ˈmø:gən] *Modalv* **1** gostar, dever, querer. *Vtr unreg* **2** gostar. *Vint unreg* **3** querer. **ich mag nicht** não quero **ich möchte lieber Tee** prefiro chá. **möchten Sie einen Kaffee?** gostaria de um cafezinho? **sie mag ihn** ela gosta dele.
mög.lich [ˈmø:kliç] *Adj* possível, eventual.
mög.li.cher.wei.se [ˈmø:kliçərvaizə] *Adv* possivelmente.
Mög.lich.keit [ˈmø:kliçkait] *Sf*, **-en** possibilidade, oportunidade, chance.
mög.lichst [ˈmø:kliçst] *Adv* na medida do possível. **möglichst bald** o mais breve possível, o quanto antes.
Möh.re [ˈmø:rə] *Sf*, **-n** cenoura.
Mo.le.kül [moləˈky:l] *Sn*, **-e** molécula.
Moll [mɔl] *Sn* (*o. Pl*) bemol.
mol.lig [ˈmɔliç] *Adj* **1** mole. **2** gorducho, roliço, rechonchudo. **3** aconchegante, quentinho.

Mo.ment [mo'mɛnt] *Sm*, **-e** momento, instante.
Mo.nat ['mo:nat] *Sm*, **-e** mês.
mo.nat.lich ['mo:natliç] *Adj* todo mês, mensal.
Mo.nats.bin.de ['mo:natsbində] *Sf*, **-n** absorvente higiênico.
Mo.nats.kar.te ['mo:natskartə] *Sf*, **-n** bilhete mensal.
Mönch [mønç] *Sm*, **-e** monge, religioso.
Mond [mo:nt] *Sm*, **-e** lua.
Mond.licht ['mo:ntliçt] *Sn* (*o. Pl*) luar.
Mond.pha.se ['mo:ntfa:zə] *Sf*, **-n** fase da lua.
Mond.schein ['mo:ntʃain] *Sm* (*o. Pl*) luar.
Mon.tag ['mo:nta:k] *Sm*, **-e** segunda-feira.
mon.tags ['mo:nta:ks] *Adv* às segundas-feiras.
mon.tie.ren [mɔn'ti:rən] *Vtr* montar, instalar.
Moor [mo:r] *Sn*, **-e** pântano, brejo.
Moos [mo:s] *Sn*, **-e** **1** musgo. **2** *Ugs* grana.
Mo.ped ['mo:pet] *Sn*, **-s** ciclomotor, *mobilete*.
Mo.ral [mo'ra:l] *Sf*, **-en** moral, moralidade.
Mord [mɔrt] *Sm*, **-e** assassinato, homicídio.
mor.den ['mɔrdən] *Vtr+Vint* matar, assassinar.
Mör.der ['mørdər] *Sm*, - assassino, homicida.
mor.gen ['mɔrgən] *Adv* **1** amanhã. **2** de manhã.
Mor.gen ['mɔrgən] *Sm*, - manhã. **gestern Morgen** ontem de manhã. **guten Morgen!** bom dia!
Mor.gen.grau.en ['mɔrgəngrauən] *Sn* (*o. Pl*) amanhecer, alvorada.
Mor.gen.rock ['mɔrgənrɔk] *Sm*, **Morgenröcke** roupão, robe.
mor.gens ['mɔrgəns] *Adv* de manhã.
morsch [mɔrʃ] *Adj* podre, carcomido, quebradiço.
Mör.tel ['mørtəl] *Sm* (*o. Pl*) argamassa.
Mo.schee [mɔ'ʃe:] *Sf*, **-n** mesquita.
Mo.sel ['mo:zəl] *Sf* (o. *Pl*) **1** (o rio) Mosela. *Sm*, - **2** vinho do Mosela.
Mos.ki.to [mɔs'ki:to] *Sm*, **-s** mosquito.
Mos.ki.to.netz [mɔs'ki:tonɛts] *Sn*, **-e** mosquiteiro.
Mos.lem ['mɔslɛm] *Sm*, **-s** muçulmano.
Mo.tiv [mo'ti:f] *Sn*, **-e** **1** motivo. **2** desenho, estampa.
Mo.ti.va.ti.on [motivatsi'o:n] *Sf*, **-en** motivação.
Mo.tor ['mo:tor ou mo'to:r] *Sm*, **-e, -en** motor.
Mo.tor.boot ['mo:torbo:t] *Sn*, **-e** lancha, barco a motor.
Mo.tor.rad ['mo:torra:t] *Sn*, **Motorräder** moto, motocicleta.
Mo.tor.rad.fah.rer ['mo:torra:tfa:rər] *Sm*, - motociclista, motoqueiro.
Mot.te ['mɔtə] *Sf*, **-n** traça.
Mot.to ['mɔto] *Sn*, **-s** lema, divisa, *slogan*.
Mö.we ['mø:və] *Sf*, **-n** gaivota.
Mü.cke ['mykə] *Sf*, **-n** mosca, mosquito.
mü.de ['my:də] *Adj* **1** cansado, fatigado. **2** deprimido.
Mü.dig.keit ['my:diçkait] *Sf* (*o. Pl*) cansaço, fadiga.
Mü.he ['my:ə] *Sf*, **-n** **1** esforço, trabalho. **2** incômodo, dificuldade.
mü.he.los ['my:əlo:s] *Adj* sem esforço, fácil.
Müh.le ['my:lə] *Sf*, **-n** moinho.
müh.sam ['my:za:m] *Adj* **1** forçado. **2** difícil, custoso, penoso, trabalhoso.
Mu.lat.te [mu'latə] *Sm*, **-n** mulato.
Mu.lat.tin [mu'latin] *Sf*, **-nen** mulata.
Mull [mul] *Sm*, **-e** gaze.
Müll [myl] *Sm* (*o. Pl*) lixo, refugo, dejeto.
Müll.ab.fuhr ['mylapfu:r] *Sf*, **-en** coleta de lixo.
Müll.ei.mer ['mylaimər] *Sm*, - lata de lixo.
mul.ti.pli.zie.ren [multipli'tsi:rən] *Vtr+Vint* multiplicar.
Mumps [mumps] *Sm+f* (*o. Pl*) caxumba.
Mün.chen ['mynçən] *Sn* (*o. Art*) Munique.

Mund [munt] *Sm*, **Münder** boca. **den Mund halten** calar o bico.
Mund.art ['munta:rt] *Sm*, **-en** dialeto.
Mund.ge.ruch ['muntgərux] *Sm* (*o. Pl*) mau hálito.
Mund.har.mo.ni.ka ['muntharmo:nika] *Sf*, **-s**, **-ken** gaita de boca.
münd.lich ['myntliç] *Adj* oral, verbal.
Mün.dung ['mynduŋ] *Sf*, **-en 1** foz, embocadura. **2** estuário.
Müns.ter ['mynstər] *Sn*, - catedral.
mun.ter ['muntər] *Adj* **1** animado, alegre. **2** acordado.
Münz.au.to.mat ['myntsautoma:t] *Sm*, **-en 1** máquina caça-níqueis. **2** vendedor automático.
Mün.ze ['myntsə] *Sf*, **-n 1** moeda. **2** ficha.
mur.ren ['murən] *Vint* resmungar, reclamar.
Mus [mu:s] *Sn+m*, **-e 1** purê. **2** compota.
Mu.schel ['muʃəl] *Sf*, **-n 1** concha. **2** mexilhão, marisco. **3** fone.
Mu.se.um [mu'ze:um] *Sn*, **Museen** museu.
Mu.sik [mu'zi:k] *Sf*, **-n** música.
mu.si.ka.lisch [muzi'ka:liʃ] *Adj* musical.
Mu.si.ker ['mu:zikər] *Sm*, - músico.
mu.si.zie.ren [muzi'tsi:rən] *Vint* tocar música.
Mus.kel ['muskəl] *Sm*, **-n** músculo.
Mus.kel.ka.ter ['muskəlka:tər] *Sm*, - dores musculares, rigidez muscular.
muss [mus] *Präs* **müssen.**
Mu.ße ['mu:sə] *Sf* (*o. Pl*) lazer, ócio, descanso, sossego.
müs.sen ['mysən] *Modalv* **1** dever, ter de, ser obrigado a. *Vint unreg* **2** precisar. **ich muss gehen** tenho de ir. **ich muss zur Arbeit** preciso ir trabalhar.
Mus.ter ['mustər] *Sn*, - **1** amostra. **2** modelo. **3** padrão. **4** desenho, estampa (tecido).
mus.tern ['mustərn] *Vtr* **1** examinar, analisar. **2** inspecionar.
Mut [mu:t] *Sm* (*o. Pl*) coragem, ânimo.
mu.tig ['mu:tiç] *Adj* corajoso, valente.
mut.los ['mu:tlo:s] *Adj* desanimado, abatido.
Mut.ter ['mutər] *Sf*, **Mütter 1** mãe, progenitora. **2** *Techn* porca de parafuso.
Mut.ter.spra.che ['mutərʃpra:xə] *Sf*, **-n** língua materna.
Mut.ter.tag ['mutərta:k] *Sm*, **-e** dia das mães.
Mut.ti ['muti:] *Sf*, **-s** *fam* mamãe.
Müt.ze ['mytsə] *Sf*, **-n** boné, gorro.

n

n, N [ɛn] *Sn*, - letra n, N.
na! [na] *Interj* então!, pois não!, hem? **na eben!** exatamente. **na endlich!** até que enfim!
Na.bel [ˈna:bəl] *Sm*, - umbigo.
nach [na:x] *Präp* **1** a, para, em direção a. **2** depois, após. **3** de acordo com, segundo. **dem Namen nach** pelo nome, de acordo com o nome. **der Zug nach Stuttgart** o trem para Stuttgart. **nach Hause** para casa.
Nach.bar [ˈnaxba:r] *Sm*, **-n** vizinho.
Nach.bar.schaft [ˈnaxba:rʃaft] *Sf* (*o. Pl*) vizinhança.
nach.dem [naxˈde:m] *Konj* **1** depois de. **2** uma vez que. **je nachdem** conforme, depende.
nach.den.ken [ˈna:xdɛŋkən] *Vint unreg* refletir, pensar, meditar.
nach.drück.lich [ˈna:xdrykliç] *Adj* enérgico, enfático, insistente, categórico.
nach.ein.an.der [naxainˈandər] *Adv* um após outro.
Nach.fol.ger [ˈna:xfɔlgər] *Sm*, - sucessor.
Nach.fra.ge [ˈna:xfra:gə] *Sf*, **-en** **1** demanda, procura. **2** interesse.
nach.ge.ben [ˈna:xge:bən] *Vint unreg* **1** ceder. **2** fazer concessões.
nach.hal.tig [ˈna:xhaltiç] *Adj* **1** duradouro, durável. **2** sustentável. **3** insistente.
nach.her [naxˈhe:r] *Adv* depois, em seguida, posteriormente, mais tarde.
Nach.hil.fe [ˈna:xhilfə] *Sf*, **-n** **1** aula de reforço. **2** ajuda.
nach.ho.len [ˈna:xho:lən] *Vtr* recuperar.
Nach.kom.me [ˈna:xkɔmə] *Sm*, **-n** descendente, filho.
nach.las.sen [ˈna:xlasən] *Vint unreg* **1** diminuir, abrandar. **2** desapertar. **3** reduzir, baixar, abater. **4** perdoar, dispensar.
nach.läs.sig [ˈna:xlɛsiç] *Adj* desleixado, relaxado, descuidado, negligente.
nach.lau.fen [ˈna:xlaufən] *Vint unreg* **(sein)** correr atrás de.
nach.ma.chen [ˈna:xmaxən] *Vtr* **1** imitar, copiar, reproduzir. **2** falsificar.
Nach.mit.tag [ˈna:xmita:k] *Sm*, **-e** tarde. **am Nachmittag** à tarde.
nach.mit.tags [ˈna:xmita:ks] *Adv* à tarde, de tarde.
Nach.na.me [ˈna:xna:mə] *Sm*, **-n** sobrenome.
Nach.richt [ˈna:xriçt] *Sf*, **-en** **1** notícia, recado, informação. **2** *S Pl* noticiário (rádio, TV).
nach.schau.en [ˈna:xʃauən] *Vint* verificar, examinar.
nach.se.hen [ˈna:xze:ən] *Vtr+Vint unreg* **1** verificar, revisar, checar, examinar. **2** revistar.
Nach.sil.be [ˈna:xzilbə] *Sf*, **-n** sufixo.
Nach.spei.se [ˈna:xʃpaizə] *Sf*, **-n** sobremesa.
nach.spre.chen [ˈna:xʃprɛçən] *Vtr unreg* repetir a fala de outra pessoa.

nächst [nɛ:çst] *Adj* próximo, seguinte. **am nächsten Morgen** na manhã seguinte.
Näch.ste ['nɛ:çstə] *Sm*, **-n** próximo. **der Nächste, bitte!** o próximo, por favor!
Nächs.ten.lie.be ['nɛ:çstənli:bə] *Sf* (*o. Pl*) caridade, amor ao próximo.
Nacht [naxt] *Sf*, **Nächte** noite. **Gute Nacht!** boa noite, durma bem!
Nach.teil ['na:xtail] *Sm*, **-e** **1** desvantagem, lado negativo. **2** prejuízo.
Nach.tisch ['na:xtiʃ] *Sm* (*o. Pl*) sobremesa.
nach.träg.lich ['na:xtrɛ:gliç] *Adj* posterior, ulterior, complementar.
nachts [naxts] *Adv* de noite, à noite.
Nacht.tisch ['naxttiʃ] *Sm*, **-e** mesinha de cabeceira, criado-mudo.
Nach.weis ['na:xvais] *Sm*, **-e** prova, atestado.
Nach.wuchs ['na:xvuks] *Sm* (*o. Pl*) **1** descendência, filho. **2** nova geração.
Na.cken ['nakən] *Sm*, **-** **1** nuca. **2** cachaço (animal).
nackt [nakt] *Adj* nu, despido, em pelo.
Na.del ['na:dəl] *Sf*, **-n** **1** agulha. **2** alfinete.
Na.gel ['na:gəl] *Sm*, **Nägel** **1** prego. **2** unha.
na.geln ['na:gəln] *Vtr* pregar, cravar.
na.gel.neu ['na:gəlnɔi] *Adj* novo em folha.
na.gen ['na:gən] *Vint+Vtr* **1** roer. **2** corroer.
Nah.auf.nah.me ['na:aufna:mə] *Sf*, **-n** close.
na.he ['na:ə] *Adj* próximo, perto. • *Adv+Präp* perto. **nahe bringen** explicar, tornar acessível. **nahe legen** recomendar, aconselhar, indicar, sugerir.
Nä.he ['nɛ:ə] *Sf* (*o. Pl*) proximidade, vizinhança.
nä.hen ['nɛ:ən] *Vtr+Vint* coser, costurar.
nä.her ['nɛ:ər] *Adj* (*Kompar* **nahe**) **1** mais perto. **2** mais preciso.
Nä.he.rin ['nɛ:ərin] *Sf*, **-nen** costureira.
nä.hern ['nɛ:ərn] *Vrefl* **1** aproximar-se. **2** chegar perto.
nahm [na:m] *Prät* **nehmen.**
Näh.ma.schi.ne ['nɛ:maʃi:nə] *Sf*, **-n** máquina de costura.
nahr.haft ['na:rhaft] *Adj* nutritivo, substancial.
Nah.rung ['na:ruŋ] *Sf* (*o. Pl*) alimento, comida.
Nah.rungs.mit.tel ['na:ruŋsmitəl] *S Pl* alimentos, gêneros alimentícios, mantimentos.
Naht [na:t] *Sf*, **Nähte** **1** costura. **2** *Med* sutura.
Nah.ver.kehr ['na:fɛrke:r] *Sm* (*o. Pl*) transporte urbano, tráfego local.
na.iv [na'i:f] *Adj* ingênuo, simples.
Na.me ['na:mə] *Sm*, **-n** **1** nome. **2** fama.
näm.lich ['nɛ:mliç] *Adv* **1** a saber. **2** é que. **3** pois.
nann.te ['nantə] *Prät* **nennen.**
Nar.be ['narbə] *Sf*, **-n** cicatriz.
Nar.ko.se [nar'ko:zə] *Sf*, **-n** anestesia.
na.schen ['naʃən] *Vtr+Vint* petiscar, lambiscar, comer doces.
Na.se ['na:zə] *Sf*, **-n** nariz.
nass [nas] *Adj* molhado, úmido.
Näs.se ['nɛsə] *Sf* (*o. Pl*) umidade.
Na.ti.on [natsi'o:n] *Sf*, **-en** nação.
na.ti.o.nal [natsio'na:l] *Adj* nacional.
Na.ti.o.nal.hym.ne [natsio'na:lhymnə] *Sf*, **-n** hino nacional.
Na.ti.o.na.li.tät [natsionali'tɛ:t] *Sf*, **-en** nacionalidade.
Na.ti.o.nal.mann.schaft [natsio'na:lmanʃaft] *Sf*, **-en** seleção nacional.
Na.ti.o.nal.so.zia.lis.mus [natsio'na:lzotsialismus] *Sm* (*o. Pl*) nacional-socialismo, nazismo.
Na.tur [na'tu:r] *Sf*, **-en** **1** natureza. **2** caráter, temperamento, tipo.
na.tür.lich [na'ty:rliç] *Adj* natural, evidente, claro.
Na.tur.schutz [na'tu:rʃuts] *Sm* (*o. Pl*) proteção ambiental.

Na.tur.schutz.ge.biet [na'tu:rʃutsgəbi:t] *Sn*, **-e** parque nacional, reserva natural.

Na.tur.wis.sen.schaft [na'tu:rvisənʃaft] *Sf*, **-en** ciências naturais.

Ne.bel ['ne:bəl] *Sm*, - neblina, névoa, nevoeiro, cerração, bruma.

ne.ben ['ne:bən] *Präp* ao lado de, perto de, junto a.

ne.ben.ein.an.der [ne:bənain'andər] *Adv* **1** um ao lado do outro. **2** em paralelo.

Ne.ben.ein.gang ['ne:bənaingaŋ] *Sm*, **Nebeneingänge** entrada lateral, entrada de serviço.

Ne.ben.fach ['ne:bənfax] *Sn*, **Nebenfächer** matéria secundária ou complementar.

Ne.ben.fluss ['ne:bənflus] *Sm*, **Nebenflüsse** afluente.

Ne.ben.sa.che ['ne:bənzaxə] *Sf*, **-n** **1** coisa secundária, sem importância. **2** acessório.

ne.ben.säch.lich ['ne:bənzɛçliç] *Adj* secundário, sem importância.

Ne.ben.satz ['ne:bənzats] *Sm*, **Nebensätze** oração subordinada.

Ne.ben.ver.dienst ['ne:bənfɛrdi:nst] *Sm*, **-e** biscate, bico, ganho avulso.

neb.lig ['ne:bliç] *Adj* nebuloso, nublado.

nee! [ne:] *Interj* não.

Nef.fe ['nɛfə] *Sm*, **-n** sobrinho.

ne.ga.tiv [nega'ti:f] *Adj* negativo.

Ne.ger ['ne:gər] *Sm*, - negro, preto.

neh.men ['ne:mən] *Vtr unreg* **1** tomar, pegar. **2** vencer um obstáculo, tomar de assalto.

Neid [nait] *Sm* (*o. Pl*) inveja.

nei.disch ['naidiʃ] *Adj* invejoso.

nei.gen ['naigən] *Vtr* **1** inclinar, curvar. *Vint* **2** tender, ter tendência a, para. *Vrefl* **3** inclinar-se.

Nei.gung ['naiguŋ] *Sf*, **-en** **1** inclinação, tendência. **2** simpatia. **3** declive, encosta.

nein! [nain] *Interj* não. **nein, danke** obrigado, não quero.

nen.nen ['nɛnən] *Vtr unreg* **1** chamar. **2** mencionar, citar, dar (preço, endereço). *Vrefl unreg* **3** chamar-se.

nen.nens.wert ['nɛnənsvɛrt] *Adj* notável, considerável.

Nerv [nɛrf] *Sm*, **-en** nervo.

ner.ven ['nɛrfən] *Vtr Ugs* chatear, deixar nervoso, irritar.

ner.vös [nɛr'vø:s] *Adj* nervoso, neurastênico.

Nest [nɛst] *Sn*, **-er** **1** ninho. **2** lugarejo, aldeia, vila. **3** *fam* cama.

nett [nɛt] *Adj* **1** simpático, gentil, amável, agradável. **2** lindo.

net.to ['nɛto] *Adv* líquido.

Netz [nɛts] *Sn*, **-e** **1** rede, malha. **2** emaranhado, teia.

Netz.kar.te ['nɛtskartə] *Sf*, **-n** bilhete ou passagem regional para determinado período de tempo.

neu [nɔi] *Adj* novo, recente.

Neu.bau ['nɔibau] *Sm*, **Neubauten** construção nova, casa recém-construída, prédio novo.

neu.er.dings ['nɔiərdiŋs] *Adv* recentemente, ultimamente.

Neu.ge.bo.re.ne ['nɔigəbo:rənə] *Sn*, **-n** recém-nascido.

Neu.gier ['nɔigi:r] *Sf* (*o. Pl*) curiosidade.

neu.gie.rig ['nɔigi:riç] *Adj* curioso, indiscreto, metido.

Neu.heit ['nɔihait] *Sf*, **-en** novidade.

Neu.ig.keit ['nɔiçkait] *Sf*, **-en** novidade.

Neu.jahr ['nɔija:r] *Sn* (*o. Pl*) Ano Novo. **Prosit Neujahr!** Feliz Ano Novo!

neu.lich ['nɔiliç] *Adv* há pouco, recentemente, outro dia, um dia desses.

neun [nɔin] *Zahlw* nove.

neun.hun.dert ['nɔinhundərt] *Zahlw* novecentos.

neun.tau.send ['nɔintauzənt] *Zahlw* nove mil.

neun.zehn ['nɔintse:n] *Zahlw* dezenove.

neun.zig ['nɔintsiç] *Zahlw* noventa.

neu.ro.tisch [nɔi'ro:tiʃ] *Adj* neurótico.

neu.tral [nɔi'tra:l] *Adj* neutro.

Neu.trum [ˈnɔitrum] *Sn*, **-tra, -tren** neutro (gênero).
Neu.zeit [ˈnɔitsait] *Sf* (*o. Pl*) Idade Moderna, tempos modernos.
nicht [niçt] *Adv* não. **nicht übel!** nada mal! **nicht wahr?** não é verdade?
Nich.te [ˈniçtə] *Sf*, **-n** sobrinha.
Nicht.rau.cher [ˈniçtrauxər] *Sm*, - não fumante.
nichts [niçts] *Indefinitpron* nada. **nichts als** só, apenas.
Nicht.schwim.mer [ˈniçtʃvimər] *Sm*, - pessoa que não sabe nadar.
ni.cken [ˈnikən] *Vint* anuir, confirmar com a cabeça.
nie [ni:] *Adv* nunca, jamais.
nie.der [ˈni:dər] *Adj* **1** baixo. **2** abaixo.
nie.der.ge.schla.gen [ˈni:dərgəʃla:gən] *Adj* abatido, deprimido, acabrunhado.
Nie.der.la.ge [ˈni:dərla:gə] *Sf*, **-n** derrota.
nie.der.las.sen [ˈni:dərlasən] *Vrefl unreg* estabelecer-se, fixar residência, instalar-se, acomodar-se.
nied.lich [ˈni:dliç] *Adj* fofo, lindo, engraçado, gracinha.
nied.rig [ˈni:driç] *Adj* **1** baixo, pequeno. **2** vil, vulgar, ordinário. **3** pífio.
nie.mals [ˈni:mals] *Adv* nunca, jamais.
nie.mand [ˈni:mant] *Indefinitpron* ninguém.
Nie.re [ˈni:rə] *Sf*, **-en** rim.
Nie.ren.stein [ˈni:rənʃtain] *Sm*, **-e** cálculo renal.
nie.sen [ˈni:zən] *Vint* espirrar.
nir.gends [ˈnirgənts] *Adv* em parte alguma, em lugar nenhum.
nir.gend.wo [ˈnirgəntvo] = *nirgends.*
Ni.sche [ˈni:ʃə] *Sf*, **-n** nicho.
Ni.veau [niˈvo:] *Sn*, **-s** nível, padrão, categoria, grau.
noch [nɔx] *Adv* ainda. **noch einmal** outra vez.
noch.mals [ˈnɔxmals] *Adv* mais uma vez, de novo.
No.men [ˈno:mən] *Sn*, - nome, substantivo.
No.mi.na.tiv [nominaˈti:f] *Sm*, **-e** *Gram* nominativo.
Non.ne [ˈnɔnə] *Sf*, **-n** freira.
nord.deutsch [ˈnɔrtdɔitʃ] *Adj* do norte da Alemanha.
Nor.den [ˈnɔrdən] *Sm* (*o. Pl*) norte. **nach Norden** para o norte.
nörd.lich [ˈnørtliç] *Adj* do norte, setentrional.
Nord.pol [ˈnɔrtpo:l] *Sm*, **-e** Polo Norte.
Nord.see [ˈnɔrtze:] *Sf* (*o. Pl*) mar do Norte.
nör.geln [ˈnørgəln] *Vint* **1** criticar, apontar falhas. **2** queixar-se.
Norm [nɔrm] *Sf*, **-en** norma, regra, padrão.
nor.mal [nɔrˈma:l] *Adj* normal.
nor.ma.ler.wei.se [nɔrˈma:lərvaizə] *Adv* normalmente, comumente.
nor.ma.li.sie.ren [nɔrmaliˈzi:rən] *Vtr* normalizar.
Not [no:t] *Sf*, **Nöte 1** miséria, penúria, dificuldade, apuro. **2** necessidade, falta, precisão. **3** perigo.
No.tar [noˈta:r] *Sm*, **-e** tabelião.
Not.arzt [ˈno:tartst] *Sm*, **Notärzte** médico de emergência, plantonista.
Not.aus.gang [ˈno:tausgaŋ] *Sm*, **Notausgänge** saída de emergência.
Not.brem.se [ˈno:tbrɛmzə] *Sf*, **-n** freio de emergência.
No.te [ˈno:tə] *Sf*, **-n 1** nota, anotação. **2** comunicação.
Not.fall [ˈno:tfal] *Sm*, **Notfälle** (caso de) emergência, necessidade.
not.falls [ˈno:tfals] *Adv* **1** em caso de necessidade. **2** eventualmente.
nö.tig [ˈnø:tiç] *Adj* **1** preciso, necessário. **2** urgente.
No.tiz [noˈti:ts] *Sf*, **-en** nota, apontamento.
No.tiz.buch [noˈti:tsbu:x] *Sn*, **Notizbücher** agenda, caderninho de apontamentos.
Not.ruf [ˈno:tru:f] *Sm*, **-e 1** chamada de emergência, pedido de socorro. **2** código especial para emergências (telefone).

not.wen.dig [ˈno:tvɛndiç] *Adj* necessário, indispensável, inevitável.
No.vem.ber [noˈvɛmbər] *Sm*, - novembro.
Nr. *Abk* **Nummer.**
nüch.tern [ˈnyçtərn] *Adj* **1** sóbrio. **2** austero. **3** realístico. **4** em jejum.
Nu.del [ˈnu:dəl] *Sf*, **-n** massa, macarrão.
null [nul] *Zahlw* zero. **null Uhr dreißig** meia-noite e meia. **unter, über null** abaixo, acima de zero.
Null [nul] *Sf*; **-en 1** zero. **2** nulidade.
Num.mer [ˈnumər] *Sf*, **-n 1** número. **2** medida.
num.me.rie.ren [numəˈri:rən] *Vtr* numerar.
Num.mern.schild [ˈnumərnʃilt] *Sn*, **-er** chapa, placa (de veículo), chapa de licença.
nun [nu:n] *Adv* **1** agora. **2** então. **3** ora, pois.
nur [nu:r] *Adv* apenas, somente, só, unicamente. **nicht nur, sondern auch** não só, como também.
Nuss [nus] *Sf*, **Nüsse** noz.
nut.zen [ˈnutsən] *Vtr* **1** aproveitar, utilizar. **2** tirar proveito. *Vint* **3** servir, prestar.
Nut.zen [ˈnutsən] *Sm* (*o. Pl*) **1** proveito, benefício, utilidade, vantagem. **2** aproveitamento.
nüt.zen [ˈnytsən] *Vint* **1** ser útil, servir. **2** adiantar. **es nützt nichts** não adianta nada.
nütz.lich [ˈnytsliç] *Adj* útil, proveitoso.

O

o, O [o:] *Sn*, - letra o, O.
ö, Ö [ø:] *Sn*, - letra o, O com trema.
ob [ɔp] *Konj* se. **ich weiß nicht, ob er kann** não sei se ele pode.
ob.dach.los ['ɔpdaxlo:s] *Adj* sem teto, desabrigado.
o.ben ['o:bən] *Adv* em cima, na parte de cima. **nach oben** para cima. **oben ohne** *topless*. **von oben** de cima.
O.ber ['o:bər] *Sm*, - garçom, *maître*.
O.ber.flä.che ['o:bərflɛçə] *Sf*, **-en** superfície, face.
o.ber.fläch.lich ['o:bərflɛçliç] *Adj* superficial.
O.ber.kör.per ['o:bərkørpər] *Sm*, - busto, parte de cima do corpo.
o.berst ['o:bərst] *Adj* superior.
O.ber.stu.fe ['o:bərʃtu:fə] *Sf*, **-n** curso secundário, curso de grau superior.
ob.gleich [ɔp'glaiç] *Konj* embora, se bem que, apesar de.
Ob.jekt [ɔp'jɛkt] *Sn*, **-e** **1** objeto. **2** propriedade, bem.
ob.jek.tiv [ɔpjɛk'ti:f] *Adj* objetivo, real.
Obst [o:pst] *Sn* (*o. Pl*) fruta(s).
ob.wohl [ɔp'vo:l] *Konj* apesar de, embora, se bem que.
ö.de [ø:də] *Adj* **1** ermo, deserto, desolado, desabitado. **2** árido. **3** monótono, chato, maçante.
o.der ['o:dər] *Konj* ou.
O.fen ['o:fən] *Sm*, **Öfen** forno, estufa, fogareiro.
of.fen ['ɔfən] *Adj* **1** aberto. **2** franco. **3** descoberto. **4** vago, incerto.
of.fen.bar ['ɔfənba:r] *Adj* evidente, manifesto, óbvio, notório.
of.fen.sicht.lich ['ɔfənziçtliç] *Adj* **1** óbvio, visível, evidente. **2** aparentemente.
öf.fent.lich ['øfentliç] *Adj* público, notório. **öffentliche Hand** poder público. **öffentliche Meinung** opinião pública. **öffentlicher Dienst** serviço público, funcionalismo.
Öf.fent.lich.keit ['øfentliçkait] *Sf* (*o. Pl*) opinião pública.
of.fi.zi.ell [ɔfitsi'ɛl] *Adj* oficial.
Of.fi.zier [ɔfi'tsi:r] *Sm*, **-e** oficial.
öff.nen ['øfnən] *Vtr+Vint* abrir.
Öff.ner ['øfnər] *Sm*, - abridor.
Öff.nung ['øfnuŋ] *Sf*, **-en** **1** abertura. **2** orifício, buraco, boca.
Öff.nungs.zei.ten ['øfnuŋstsaitən] *S Pl* **1** expediente, horário de funcionamento. **2** tempo de abertura.
oft [ɔft] *Adv* frequentemente, muitas vezes.
oh.ne ['o:nə] *Präp+Adv* sem. **ohne weiteres** sem mais, facilmente.
ohn.mäch.tig ['o:nmɛçtiç] *Adj* **1** impotente, incapaz. **2** desmaiado, inconsciente.
Ohr [o:r] *Sn*, **-en** **1** ouvido. **2** orelha.
Ohr.fei.ge ['o:rfaigə] *Sf*, **-n** tapa, bofetada.
Ohr.ring [o:rriŋ] *Sm*, **-e** brinco.

Ö.ko.lo.gie [ø:kolo'gi:] *Sf* (*o. Pl*) ecologia.
Ö.ko.no.mie [ø:kono'mi:] *Sf*, **-n** economia.
Ok.to.ber [ɔk'to:bər] *Sm*, - outubro.
Öl [ø:l] *Sn*, **-e** **1** óleo. **2** azeite.
Öl.ge.mäl.de ['ø:lgəmɛldə] *Sn*, - pintura a óleo.
O.ma ['o:ma] *Sf*, **-s** *fam* vovó, vó.
Om.ni.bus ['omnibus] *Sm*, **-se** ônibus.
On.kel ['ɔnkəl] *Sm*, - tio.
O.pa ['o:pa] *Sm*, **-s** *fam* vovô, vô.
O.per ['o:pər] *Sf*, **-n** ópera.
O.pe.ra.ti.on [operatsi'o:n] *Sf*, **-en** operação, intervenção cirúrgica, cirurgia.
o.pe.rie.ren [opə'ri:rən] *Vtr+Vint* operar. **sich operieren lassen** submeter-se a uma cirurgia.
Op.fer ['ɔpfər] *Sn*, - **1** sacrifício. **2** vítima.
op.fern ['ɔpfərn] *Vtr+Vint* **1** sacrificar, oferecer. *Vrefl* **2** sacrificar-se.
Op.po.si.ti.on [ɔpozitsi'o:n] *Sf*, **-en** oposição.
O.ran.ge [o'raŋʒə] *Sf*, **-n** laranja.
O.ran.gen.saft [o'raŋʒənzaft] *Sf*, **Orangensäfte** suco de laranja.
Or.ches.ter [ɔr'kɛstər] *Sn*, - orquestra, banda.
or.dent.lich ['ɔrdəntliç] *Adj* **1** regular, ordinário. **2** direito, ordeiro, metódico, asseado.
ord.nen ['ɔrtnən] *Vtr* **1** colocar em ordem, arrumar, ordenar, arranjar, regular. **2** agrupar, classificar.
Ord.ner ['ɔrtnər] *Sm*, - classificador, registrador, pasta, arquivo.
Ord.nung ['ɔrtnuŋ] *Sf*, **-en** **1** ordem, disciplina, organização. **2** sistema. **geht in Ordnung** *Ugs o.k.*, tudo certo.
Or.gan [ɔr'ga:n] *Sn*, **-e** órgão do corpo.
Or.ga.ni.sa.ti.on [ɔrganizatsi'o:n] *Sf*, **-en** organização.
or.ga.ni.sie.ren [ɔrgani'zi:rən] *Vtr+Vint* organizar.
Or.ga.nis.mus [ɔrga'nismus] *Sm*, **-men** organismo.
Or.gel ['ɔrgəl] *Sf*, **-n** órgão (instrumento musical).
O.ri.ent ['o:riɛnt, yori'ɛnt] *Sm* (*o. Pl*) Oriente.
o.ri.en.tie.ren [oriɛn'ti:rən] *Vtr* **1** orientar. *Vrefl* **2** orientar-se, informar-se.
O.ri.en.tie.rung [oriɛn'ti:ruŋ] *Sf*, **-en** orientação.
o.ri.gi.nal [origi'na:l] *Adj* original, autêntico, genuíno.
O.ri.gi.nal [origi'na:l] *Sn*, **-e** **1** original, manuscrito. **2** tipo original.
O.ri.gi.nal.fas.sung [origi'na:lfasuŋ] *Sf*, **-en** versão original.
o.ri.gi.nell [origi'nɛl] *Adj* **1** original. **2** espirituoso. **3** único, diferente.
Ort [ɔrt] *Sm*, **-e** lugar, local, localidade.
Or.tho.gra.phie [ɔrtogra'fi:] *Sf*, **-n** ortografia.
ört.lich ['ørtliç] *Adj* local.
Ort.schaft ['ɔrtʃaft] *Sf*, **-en** localidade, vila, lugarejo, povoado.
Orts.ge.spräch ['ɔrtsgəʃprɛ:ç] *Sn*, **-e** chamada urbana, telefonema local.
Orts.zeit ['ɔrtstsait] *Sf*, **-en** hora local.
Os.ten ['ɔstən] *Sm* (*o. Pl*) leste, Oriente.
Os.ter.mon.tag ['o:stərmonta:k] *Sm*, **-e** segunda-feira de Páscoa (feriado).
Os.tern ['o:stərn] *Sn*, - Páscoa. **Frohe, Fröhliche Ostern!** Feliz Páscoa!
Ös.ter.reich ['ø:stəraiç] *Sn* (*o. Art*) Áustria.
Ös.ter.rei.cher ['ø:stəraiçər] *Sm*, - austríaco.
ös.ter.rei.chisch ['ø:stəraiçiç] *Adj* austríaco.
Ost.eu.ro.pa ['ɔstɔiro:pa] *Sn* (*o. Art*) Europa Oriental.
öst.lich ['østliç] *Adj* oriental, do leste, a leste.
Ost.see ['ɔstze:] *Sf* (*o. Pl*) mar Báltico.
O.ze.an ['o:tsea:n] *Sm*, **-e** oceano.

p

p, P [pe:] *Sn*, - letra p, P.

paar [pa:r] *Indefinitpron* alguns, algumas, poucos.

Paar [pa:r] *Sn*, - par, casal.

Päck.chen [ˈpɛkçən] *Sn*, - **1** pacotinho, maço. **2** encomenda postal.

pa.cken [ˈpakən] *Vtr* **1** agarrar, pegar, prender. **2** conseguir, vencer. **3** embalar, empacotar. *Vint* **4** arrumar as malas.

Pack.pa.pier [ˈpakpapi:r] *Sn*, **-e** papel de embrulho.

Pa.ckung [ˈpakuŋ] *Sf*, **-en 1** conjunto. **2** maço. **3** pacote, embalagem.

Pa.ket [paˈke:t] *Sn*, **-e 1** embrulho, pacote. **2** encomenda.

Pa.last [paˈlast] *Sm*, **Paläste** palácio.

Pal.me [ˈpalmə] *Sf*, **-n** palmeira, coqueiro.

Pa.nik [ˈpa:nik] *Sf*, **-en** pânico.

Pan.ne [ˈpanə] *Sf*, **-n** avaria, enguiço, falha, pane.

Pan.tof.fel [panˈtɔfəl] *Sm*, **-n** chinelo, pantufa.

Pan.zer [ˈpantsər] *Sm*, - **1** tanque. **2** couraça, armadura. **3** casca (animais).

Pa.pa [paˈpa:, ˈpapa] *Sm*, **-s** papai.

Pa.pier [paˈpi:r] *Sn*, **-e 1** papel. **2** *Pl* documentos, documentação.

Pa.pier.korb [paˈpi:rkɔrp] *Sm*, **Papierkörbe** cesta de papel.

Papst [pa:pst] *Sm*, **Päpste** papa.

Pa.ra.de [paˈra:də] *Sf*, **-n** parada, desfile, revista militar.

Pa.ra.dies [paraˈdi:s] *Sn*, **-e** paraíso.

Pa.ra.graph [paraˈgra:f] *Sm*, **-en** parágrafo.

Pär.chen [ˈpɛrçən] *Sn*, - casalzinho, parzinho.

Par.füm [parˈfy:m] *Sn*, **-e, -s** perfume.

Park [park] *Sm*, **-s** parque.

par.ken [ˈparkən] *Vint* estacionar. **parken verboten** proibido estacionar.

Park.haus [ˈparkhaus] *Sn*, **Parkhäuser** edifício-garagem.

Park.platz [ˈparkplats] *Sm*, **Parkplätze** área de estacionamento.

Park.uhr [ˈparku:r] *Sf*, **-en** parquímetro.

Park.ver.bot [ˈparkfɛrbo:t] *Sn*, **-e** estacionamento proibido.

Par.tei [parˈtai] *Sf*, **-en 1** partido, fração. **2** inquilino. **3** *Jur* parte.

Par.ter.re [parˈtɛr(ə)] *Sn*, **-s** andar térreo.

Par.tie [parˈti:] *Sf*, **-n 1** partida, lote. **2** jogo, rodada.

Par.ti.kel [parˈtikəl] *Sf*, **-n 1** *Gram* partícula. *Sn*, - **2** partícula (física).

Par.ti.zip [partiˈtsi:p] *Sn*, **-ien** particípio.

Part.ner [ˈpartnər] *Sm*, - **1** parceiro, sócio. **2** parte(s).

Part.ner.schaft [ˈpartnərʃaft] *Sf*, **-en** parceria.

Par.ty [ˈpa:rti] *Sf*, **-s, -ties** festa, festinha particular entre amigos.

Pass [pas] *Sm*, **Pässe 1** passaporte. **2** passo, passagem.

Pas.sa.gier [pa'saʒi:r] *Sm*, - passageiro. **blinder Passagier** clandestino.

Pas.sant [pa'sant] *Sm*, **-en** transeunte, pedestre.

Pass.bild ['pasbilt] *Sn*, **-er** foto 3x4.

pas.sen ['pasən] *Vint* **1** ter o tamanho certo. **2** combinar, ajustar-se. **3** condizer, convir, servir.

pas.sie.ren [pa'si:rən] *Vtr* **1** passar, ultrapassar. *Vint* **2** acontecer, suceder.

Pas.siv ['pasi:f] *Sn*, **-e** voz passiva.

Pass.kon.trol.le ['paskɔntrɔlə] *Sf*, **-n** controle de passaportes.

Pas.tor ['pastɔr ou pas'tɔ:r] *Sm*, **-en** pastor, pároco, vigário, padre, reverendo.

Pa.te ['pa:tə] *Sm*, **-n** padrinho.

Pa.ten.kind ['pa:tənkint] *Sn*, **-er** afilhado(a).

Pa.ti.ent [patsi'ɛnt] *Sm*, **-en** paciente, doente.

Pa.tin ['pa:tin] *Sf*, **-nen** madrinha.

Pau.scha.le [pau'ʃa:lə] *Sf*, **-n** preço fixo, valor global, taxa global.

Pau.se ['pauzə] *Sf*, **-n** **1** intervalo. **2** recreio, descanso, pausa. **3** decalque.

pau.sen.los ['pauzənlo:s] *Adj* ininterrupto, incessante, sem pausa, sem intervalo.

Pa.zi.fik [pa'tsi:fik] *Sm* (*o. Pl*) Pacífico (oceano) .

PC [pe'tse] *Sm*, **-s** microcomputador.

Pech [pɛç] *Sn*, **-e** **1** breu, betume, piche. **2** azar. **Pech haben** estar com azar.

Pech.vo.gel ['pɛçfo:gəl] *Sm*, **Pechvögel** azarão, desastrado.

Pe.di.kü.re [pedi'ky:rə] *Sf*, **-n** pedicure, calista.

pein.lich ['painliç] *Adj* **1** desagradável, penoso, embaraçoso, constrangedor. **2** meticuloso, escrupuloso.

Pelz [pɛlts] *Sm*, **-e** pele, peliça.

Pelz.man.tel ['pɛltsmantəl] *Sm*, **Pelzmäntel** casaco de pele.

pen.deln ['pɛndəln] *Vint* **1** oscilar, balançar. **(sein)** **2** ir e voltar regularmente (todo dia, toda semana). ·

Pen.si.on [pãzi'o:n ou pɛnzi'o:n] *Sf*, **-en** **1** pensão. **2** aposentadoria.

per.fekt [pər'fɛkt] *Adj* **1** perfeito, excelente. **2** acabado.

Per.fekt ['pərfɛkt] *Sn*, **-e** pretérito perfeito.

Pe.ri.o.de [peri'o:də] *Sf*, **-n** **1** período, era. **2** menstruação.

Per.le ['pɛrlə] *Sf*, **-n** pérola, conta.

Per.son [pɛr'zo:n] *Sf*, **-en** **1** pessoa. **2** personagem.

Per.so.nal [pɛrzo'na:l] *Sn* (*o. Pl*) **1** pessoal. **2** empregados.

Per.so.nal.aus.weis [pɛrzo'na:lausvais] *Sm*, **-e** carteira de identidade.

Per.so.na.li.en [pɛrzo'na:liən] *S Pl* dados pessoais.

Per.so.nal.pro.no.men [pɛrzo'na:lprono:mən] *Sn*, - pronome pessoal.

Per.so.nen.kraft.wa.gen [pɛrzo'nənkraftvagən] *Sm*, - carro de passeio, carro particular.

per.sön.lich [pɛr'zø:nliç] *Adj* **1** pessoal, individual. **2** em particular.

Per.sön.lich.keit [pɛr'zø:nliçkait] *Sf*, **-en** personalidade, pessoa.

Per.spek.ti.ve [pɛrspɛk'ti:və] *Sf*, **-n** perspectiva.

Pe.rü.cke [pɛ'rykə] *Sf*, **-n** peruca.

Pes.si.mist [pɛsi'mist] *Sm*, **-en** pessimista.

Pfad [pfa:t] *Sm*, **-e** vereda, trilha, atalho.

Pfad.fin.der ['pfa:tfindər] *Sm*, - escoteiro.

Pfahl [pfa:l] *Sm*, **Pfähle** mourão, estaca, palafita.

Pfalz [pfalts] *Sf*, **-en** **1** palácio imperial. **2** *Geogr* palatinado.

Pfand [pfant] *Sn*, **Pfänder** **1** penhor, fiança, garantia. **2** depósito (vasilhame).

Pfan.ne ['pfanə] *Sf*, **-n** frigideira.

Pfann.ku.chen ['pfanku:xən] *Sm*, - crepe, panqueca.

Pfar.rei [pfa'rai] *Sf*, **-en** paróquia.

Pfar.rer ['pfarər] *Sm*, - **1** pároco, vigário, padre. **2** pastor, ministro.

Pfef.fer ['pfɛfər] *Sm*, - pimenta. **spanischer Pfeffer** pimentão.

Pfef.fer.minz [ˈpfɛfərmints] *Sn* (*o. Art*) sabor hortelã.
Pfei.fe [ˈpfaifə] *Sf*, **-n** **1** cachimbo. **2** apito.
pfei.fen [ˈpfaifən] *Vtr+Vint unreg* apitar, assobiar.
Pfeil [pfail] *Sm*, **-e** **1** flecha. **2** seta.
Pfei.ler [ˈpfailər] *Sm*, - pilar, pilastra, coluna.
Pferd [pfe:rt] *Sn*, **-e** cavalo, equino.
Pfer.de.ren.nen [ˈpfe:rdərɛnən] *Sn*, - corrida de cavalos.
pfiff [pfif] *Prät* **pfeifen.**
Pfiff [pfif] *Sm*, **-e** apito, assobio.
Pfings.ten [ˈpfiŋstən] *Sn*, - Pentecostes, festa do Divino.
Pfingst.mon.tag [ˈpfiŋstmo:nta:k] *Sm*, **-e** segunda-feira da festa de Pentecostes (feriado).
Pfir.sich [ˈpfirziç] *Sm*, **-e** pêssego.
Pflan.ze [ˈpflantsə] *Sf*, **-n** planta.
pflan.zen [ˈpflantsən] *Vtr* plantar, cultivar.
Pflas.ter [ˈpflastər] *Sn*, - **1** calçamento, pavimento. **2** esparadrapo, *bandaid.*
Pflas.ter.stein [ˈpflastərʃtain] *Sm*, - paralelepípedo.
Pflau.me [ˈpflaumə] *Sf*, **-n** ameixa.
Pfle.ge [ˈpfle:gə] *Sf* (*o. Pl*) **1** tratamento, cuidado, cultivo. **2** manutenção. **3** guarda.
pfle.gen [ˈpfle:gən] *Vtr* **1** cuidar de, tratar, cultivar. *Vint* **2** costumar.
Pfle.ger [ˈpfle:gər] *Sm*, - **1** enfermeiro. **2** guarda, tratador.
Pflicht [pfliçt] *Sf*, **-en** dever, obrigação.
pflü.cken [ˈpflykən] *Vtr* colher.
Pfor.te [ˈpfɔrtə] *Sf*, **-n** portão, entrada, portaria.
Pfört.ner [ˈpfœrtnər] *Sm*, - porteiro.
Pfos.ten [ˈpfɔstən] *Sm*, - **1** poste. **2** ombreira.
Pfo.te [ˈpfo:tə] *Sf*, **-n** pata.
pfui! [pfui] *Interj* que vergonha! que sujeira!
Pfund [pfunt] *Sn*, **-e** meio quilo, libra.
Pfüt.ze [ˈpfytsə] *Sf*, **-n** poça.
Phan.ta.sie [fantaˈzi:] *Sf*, **-n** fantasia, imaginação. *Var: Fantasie.*
phan.tas.tisch [fanˈtastiʃ] *Adj* fantástico. *Var: fantastisch.*
Pha.se [ˈfa:zə] *Sf*, **-n** fase.
Phi.lo.so.phie [filozoˈfi:] *Sf*, **-n** filosofia.
Pho.ne.tik [foˈne:tik] *Sf* (*o. Pl*) fonética.
pho.ne.tisch [foˈne:tiʃ] *Adj* fonético.
Phy.sik [fyˈzi:k] *Sf* (*o. Pl*) física.
Phy.si.o.lo.gie [fyzioloˈgi:] *Sf* (*o. Pl*) fisiologia.
phy.sisch [ˈfyziʃ] *Adj* físico.
Pi.a.no [piˈa:no] *Sn*, **-s** piano.
Pi.ckel [ˈpikəl] *Sm*, - **1** espinha, cravo (pele). **2** picareta.
pi.cken [ˈpikən] *Vtr* picar, bicar, ferroar.
Pick.nick [ˈpiknik] *Sn*, **-e, -s** piquenique.
pi.kant [piˈkant] *Adj* **1** picante, apimentado. **2** malicioso. **3** irônico.
Pil.ger [ˈpilgər] *Sm*, - peregrino, romeiro.
Pil.le [ˈpilə] *Sf*, **-n** pílula.
Pi.lot [piˈlo:t] *Sm*, **-en** piloto.
Pilz [pilts] *Sm*, **-e** **1** cogumelo. **2** fungo.
Pin.sel [ˈpinzəl] *Sm*, - pincel, broxa.
Pin.zet.te [pinˈtsɛtə] *Sf*, **-n** pinça.
Pi.o.nier [pioˈni:r] *Sm*, **-e** pioneiro.
Piz.ze.ria [pitseˈri:a] *Sf*, **-s, Pizzerien** pizzaria.
Pkw [pe:-ka:-ve:] *Sm*, **-(s)** *Abk* **Personenkraftwagen.**
Pla.kat [plaˈka:t] *Sn*, **-e** cartaz.
Pla.ket.te [plaˈkɛtə] *Sf*, **-n** **1** plaqueta. **2** crachá.
Plan [pla:n] *Sm*, **Pläne** **1** plano, projeto, planta, esquema. **2** mapa. **3** programa.
pla.nen [ˈpla:nən] *Vtr+Vint* **1** planejar, projetar. **2** maquinar.
Pla.net [plaˈne:t] *Sm*, **-en** planeta.
Pla.nung [ˈpla:nuŋ] *Sf*, **-en** **1** planejamento. **2** plano.
Plas.tik [ˈplastik] *Sf*, **-en** **1** escultura. *Sn* (*o. Pl*) **2** plástico, material sintético.
Platt [plat] *Sn* (*o. Pl*) baixo-alemão (dialeto).
Plat.te [ˈplatə] *Sf*, **-n** **1** chapa, placa, laje, lâmina. **2** disco. **3** bandeja, travessa.

P

Platz [plats] *Sm*, **Plätze 1** lugar. **2** praça, largo. **3** quadra. **Platz machen** dar lugar, recuar. **Platz nehmen** sentar.
Plätz.chen [ˈplɛtsçən] *Sn*, - **1** bolachinha, biscoito. **2** pracinha, lugarzinho.
Platz.kar.te [ˈplatskartə] *Sf*, **-n** entrada ou bilhete com reserva de lugar, entrada numerada.
plau.dern [ˈplaudərn] *Vint* conversar, bater papo.
plei.te [ˈplaitə] *Adj* falido, liso.
plötz.lich [ˈpløtsliç] *Adj* **1** súbito, repentino. **2** de repente.
plump [plump] *Adj* tosco, grosso, grosseiro, desajeitado.
plün.dern [ˈplyndərn] *Vtr* saquear, pilhar.
Plu.ral [ˈplu:ral ou pluˈra:l] *Sm*, **-e** plural.
plus [plus] *Konj+Adv* mais.
Plus.quam.per.fekt [ˈpluskvampərfɛkt] *Sn*, **-e** mais-que-perfeito.
Po [po:] *Sm*, **-s** traseiro, bunda.
Po.kal [poˈka:l] *Sm*, **-s, -e** taça, copa.
po.lie.ren [poˈli:rən] *Vtr* polir, lustrar.
Po.li.tes.se [poliˈtɛsə] *Sf*, **-n** guarda de trânsito feminina.
Po.li.tik [poliˈti:k] *Sf*, **-en** política.
Po.li.ti.ker [poˈli:tikər] *Sm*, - político.
po.li.tisch [poˈli:tiʃ] *Adj* político.
Po.li.zei [poliˈtsai] *Sf*, **-en** polícia.
Po.li.zei.re.vier [poliˈtsairevi:r] *Sn*, **-e** delegacia de polícia, distrito.
Po.li.zei.stun.de [poliˈtsaiʃtundə] *Sf*, **-n** horário de fechamento obrigatório (bares, boates, estabelecimentos de diversões).
Po.li.zei.wa.che [poliˈtsaivaxə] *Sf*, **-n** distrito policial, delegacia, posto da polícia.
Po.li.zist [poliˈtsist] *Sm*, **-en** policial, guarda.
Pom.mes fri.tes [ˈpɔm ˈfrit] *S Pl* batatas fritas (em tiras).
Por.no.gra.fie [pornograˈfi:] *Sf* (*o. Pl*) pornografia.
Por.tier [portiˈe:] *Sm*, **-s** porteiro.
Por.ti.on [pɔrtsiˈo:n] *Sf*, **-en** porção.
Por.to [ˈpɔrto] *Sn*, **-s, Porti** porte, franquia, tarifa postal.
Por.tu.gal [ˈpɔrtugal] *Sn* (*o. Art*) Portugal.
Por.tu.gie.se [pɔrtuˈgi:zə] *Sm*, **-n** português.
Por.tu.gie.sin [pɔrtuˈgi:zin] *Sf*, **-nen** portuguesa.
por.tu.gie.sisch [pɔrtuˈgi:ziʃ] *Adj* português.
Por.zel.lan [pɔrtsəˈla:n] *Sn*, **-e** porcelana.
Po.se [ˈpo:zə] *Sf*, **-n** pose, postura, atitude.
Po.si.ti.on [pozitsiˈo:n] *Sf*, **-en** posição, posicionamento.
po.si.tiv [ˈpo:zitif] *Adj* positivo.
Post [pɔst] *Sf*, **-en 1** correios. **2** correspondência.
Post.amt [ˈpɔstamt] *Sn*, **Postämter** agência dos correios.
Post.fach [ˈpɔstfax] *Sn*, **Postfächer 1** caixa postal. **2** escaninho (hotel).
Post.kar.te [ˈpɔstkartə] *Sf*, **-n** bilhete postal, cartão-postal.
Post.leit.zahl [ˈpɔstlaittsa:l] *Sf*, **-en** código de endereçamento postal (CEP).
Pracht [ˈpraxt] *Sf* (*o. Pl*) pompa, esplendor, luxo.
Prä.di.kat [prɛdiˈka:t] *Sn*, **-e 1** predicado. **2** distinção.
prä.gen [ˈprɛ:gən] *Vtr* **1** cunhar, gravar. **2** marcar, moldar.
prah.len [ˈpra:lən] *Vint* gabar-se, fanfarronar, bravatear.
Prak.ti.kant [praktiˈkant] *Sm*, **-en** estagiário.
Prak.ti.kum [ˈpraktikum] *Sn*, **Praktika** estágio prático.
prak.tisch [ˈpraktiʃ] *Adj* **1** prático. **2** concreto. **praktischer Arzt** clínico-geral.
Pra.li.ne [praˈli:nə] *Sf*, **-n** bombom.
Prä.mie [ˈprɛ:miə] *Sf*, **-n** prêmio, recompensa, bonificação.
Prä.po.si.ti.on [prɛpozitsiˈo:n] *Sf*, **-en** preposição.

Prä.sens [ˈprɛ:zɛns] *Sn*, **-sentia, -senzien** presente.
prä.sen.tie.ren [prɛzɛnˈti:rən] *Vtr* **1** apresentar, oferecer. **2** lançar (produto).
Prä.ser.va.tiv [prɛzɛrvaˈti:f] *Sn*, **-e** preservativo, camisinha.
Prä.si.dent [prɛziˈdɛnt] *Sm*, **-en** presidente.
Prä.te.ri.tum [prɛˈte:ritum] *Sn*, **-ta** pretérito.
Pra.xis [ˈpraksis] *Sf*, **-xen 1** prática, experiência. **2** consultório, clínica médica.
Prä.zi.si.on [prɛtsiziˈo:n] *Sf* (*o. Pl*) precisão, exatidão.
pre.di.gen [ˈpre:digən] *Vint* pregar, fazer sermão.
Preis [prais] *Sm*, **-e 1** preço. **2** prêmio, recompensa.
preis.gün.stig [ˈpraisgynstiç] *Adj* em conta, com preço vantajoso, barato.
Preis.li.ste [ˈpraislistə] *Sf*, **-n** lista de preços.
preis.wert [ˈpraisvɛrt] *Adj* barato, em conta, a preço razoável.
Pre.mi.e.re [premiˈɛ:rə] *Sf*, **-n** estreia.
Pres.se [ˈprɛsə] *Sf*, **-n 1** imprensa. **2** prensa, espremedor.
Pres.se.a.gen.tur [ˈprɛsəagɛntu:r] *Sf*, **-en** agência de notícias.
Pres.se.kon.fe.renz [ˈprɛsəkɔnferɛnts] *Sf*, **-en** entrevista coletiva.
pres.sen [ˈprɛsən] *Vtr* prensar, espremer, apertar, comprimir.
Pres.se.spre.cher [ˈprɛsəʃprɛçər] *Sm*, - porta-voz, assessor de imprensa.
Pres.ti.ge [presˈti:ʒə] *Sn* (*o. Pl*) prestígio.
Preu.ße [ˈprɔisə] *Sm*, **-n** prussiano.
Preu.ßen [ˈprɔisən] *Sn* (*o. Art*) Prússia.
Pries.ter [ˈpri:stər] *Sm*, - sacerdote, padre.
pri.ma [ˈpri:ma] *Adj* ótimo, excelente.
pri.mi.tiv [primiˈti:f] *Adj* **1** primitivo. **2** bruto, vulgar.
Prinz [prints] *Sm*, **-en** príncipe.
Prin.zes.sin [prinˈtsɛsin] *Sf*, **-nen** princesa.
Prin.zip [prinˈtsi:p] *Sn*, **-ien** princípio, norma.
Pri.o.ri.tät [prioriˈtɛ:t] *Sf*, **-en** prioridade.
pri.vat [priˈva:t] *Adj* particular, privado, pessoal.
Pri.vat.schu.le [priˈva:tʃu:lə] *Sf*, **-n** escola particular.
Pri.vat.un.ter.richt [priˈva:tuntəriçt] *Sm* (*o. Pl*) aula particular.
Pri.vi.leg [priviˈle:k] *Sn*, **-ien, -e** privilégio.
pro [pro:] *Präp* por.
Pro.be [ˈpro:bə] *Sf*, **-n 1** prova, ensaio, teste. **2** tentativa. **3** amostra.
Pro.be.zeit [ˈpro:bətsait] *Sf*, **-en** período de experiência.
pro.bie.ren [proˈbi:rən] *Vtr* provar, experimentar, tentar, ensaiar.
Pro.blem [proˈble:m] *Sn*, **-e** problema, dificuldade.
pro.ble.ma.tisch [probleˈma:tiʃ] *Adj* problemático.
Pro.dukt [proˈdukt] *Sn*, **-e** produto.
Pro.duk.ti.on [produktsiˈo:n] *Sf*, **-en** produção, fabricação.
Pro.duk.ti.vi.tät [produktiviˈtɛ:t] *Sf* (*o. Pl*) produtividade.
Pro.du.zent [produˈtsɛnt] *Sm*, **-en** produtor, fabricante.
pro.du.zie.ren [produˈtsi:rən] *Vtr* **1** produzir, fabricar. **2** fazer.
pro.fes.sio.nell [profɛsioˈnɛl] *Adj* profissional.
Pro.fes.sor [proˈfɛsər] *Sm*, **-en** professor universitário.
Pro.fi [ˈpro:fi] *Sm*, **-s** profissional.
Pro.fil [proˈfi:l] *Sn*, **-e 1** perfil. **2** imagem. **3** banda de rodagem (pneu).
pro.fi.tie.ren [profiˈti:rən] *Vint* ganhar, lucrar, tirar vantagem.
Prog.no.se [proˈgno:zə] *Sf*, **-n** prognóstico, previsão.
Pro.gramm [proˈgram] *Sn*, **-e** programa.

pro.gram.mie.ren [progra'mi:rən] *Vtr* programar.

Pro.gram.mie.rer [progra'mi:rər] *Sm*, - programador.

Pro.jekt [pro'jεkt] *Sn*, **-e** projeto.

Pro.mil.le [pro:'milə] *Sn*, - nível de álcool no sangue (por mil).

pro.mi.nent [promi'nεnt] *Adj* eminente, ilustre.

Pro.mo.ti.on [promotsi'o:n] *Sf*, **-en 1** promoção. **2** doutoramento.

pro.mo.vie.ren [promo'vi:rən] *Vint* **1** promover. **2** doutorar-se.

Pro.pa.gan.da [propa'ganda] *Sf* (*o. Pl*) propaganda (política), publicidade.

pro.sit! ['pro:zit] *Interj* à saúde! **prosit Neujahr!** Feliz Ano Novo!

Pros.pekt [pros'pεkt] *Sm*, **-e 1** folheto, catálogo. **2** bula de remédio.

prost! [pro:st] = *prosit!*

Pros.ti.tu.ier.te [prostitu'i:rtə] *Sf*, **-n** prostituta.

Pro.test [pro'tεst] *Sm*, **-e** protesto. **aus Protest** em protesto.

Pro.tes.tant [protεs'tant] *Sm*, **-en** protestante.

pro.tes.tan.tisch [protεs'tantiʃ] *Adj* protestante.

pro.tes.tie.ren [protεs'ti:rən] *Vint* protestar, contestar.

Pro.to.koll [proto'kɔl] *Sn*, **-e 1** ata, protocolo, auto de infração, boletim de ocorrência (B.O.). **2** cerimonial, protocolo.

Pro.vi.ant [provi'ant] *Sm*, **-e** mantimentos, provisões.

Pro.vinz [pro'vints] *Sf*, **-en** província.

pro.vin.zi.ell [provintsi'εl] *Adj* provinciano.

Pro.vi.si.on [provizi'o:n] *Sf*, **-en** comissão, gratificação.

Pro.vo.ka.ti.on [provokatsi'o:n] *Sf*, **-en** provocação.

pro.vo.zie.ren [provo'tsi:rən] *Vtr* provocar, desencadear.

Pro.zent [pro'tsεnt] *Sn*, **-e** por cento, porcentagem.

Pro.zess [pro'tsεs] *Sm*, **-e** processo.

Pro.zes.si.on [protsεsi'o:n] *Sf*, **-en** procissão.

prü.de ['pry:də] *Adj* **1** puritano. **2** melindroso.

prü.fen ['pry:fən] *Vtr* **1** testar, examinar, conferir, verificar, apurar, ensaiar. **2** inspecionar, fiscalizar, controlar, checar.

Prü.fer ['pry:fər] *Sm*, - **1** examinador. **2** revisor, auditor, fiscal.

Prü.fung ['pry:fuŋ] *Sf*, **-en 1** teste, exame, prova, ensaio. **2** inspeção, revisão, fiscalização, checagem. **eine Prüfung ablegen** prestar exame. **eine Prüfung bestehen** ser aprovado.

prü.geln ['pry:gəln] *Vtr* **1** surrar, bater, dar pancada. *Vrefl* **2** lutar com, brigar.

Psy.chi.a.ter ['psyçi'a:tər] *Sm*, - psiquiatra.

psy.chisch ['psyçiç] *Adj* psíquico, mental.

Psy.cho.a.na.ly.se ['psy:çoanaly:zə] *Sf* (*o. Pl*) psicanálise.

Psy.cho.lo.gie [psy:çolo'gi:] *Sf* (*o. Pl*) psicologia.

psy.cho.lo.gisch [psy:ço'lo:giʃ] *Adj* psicológico.

Psy.cho.the.ra.pie [psy:çotera'pi:] *Sf* (*o. Pl*) psicoterapia.

Pu.ber.tät [pubər'tε:t] *Sf* (*o. Pl*) puberdade.

Pu.bli.ka.ti.on [publikatsi'o:n] *Sf*, **-en** publicação.

Pu.bli.kum ['publikum] *Sn* (*o. Pl*) **1** público. **2** audiência, auditório.

Pu.bli.zist [publi'tsist] *Sm*, **-en** comentarista, jornalista.

Pu.bli.zis.tik [publi'tsistik] *Sf* (*o. Pl*) comunicação, jornalismo.

Pud.ding ['pudiŋ] *Sm*, **-e, -s** pudim, flã.

Pu.der ['pu:dər] *Sm*, - **1** talco, pó de arroz. **2** pó.

Pul.le ['pulə] *Sf*, **-n** *Ugs* garrafa.

Pul.li ['puli] *Sm*, **-s** *Ugs* pulôver.

Pul.lo.ver [pul'o:vər] *Sm*, - pulôver.
Puls [puls] *Sm*, **-e** pulso. **den Puls fühlen** tomar o pulso.
Pul.ver ['pulvər] *Sn*, - **1** pólvora. **2** pó.
Pul.ver.kaf.fee ['pulvərkafe] *Sm*, **-s** café solúvel.
Pum.pe ['pumpə] *Sf*, **-n** bomba.
pum.pen ['pumpən] *Vtr+Vint* **1** bombear. **2** *Ugs* emprestar.
Punkt [puŋkt] *Sm*, **-e** **1** ponto. **2** item.
pünkt.lich ['pyŋktliç] *Adj* pontual.
Pünkt.lich.keit ['pyŋktliçkait] *Sf* (*o. Pl*) pontualidade.
Pup.pe ['pupə] *Sf*, **-n** boneca, boneco.
pur [pu:r] *Adj* puro.
Pü.ree [py're:] *Sn*, **-s** purê.
Pus.te ['pu:stə] *Sf* (*o. Pl*) *Ugs* fôlego.
pus.ten ['pu:stən] *Vint* **1** soprar. **2** arquejar, ofegar.
Pu.te ['pu:tə] *Sf*, **-n** perua (ave).
put.zen ['putsən] *Vtr* **1** limpar. **2** polir. **3** enfeitar. **die Zähne putzen** escovar os dentes. **Schuhe putzen** engraxar os sapatos.
Putz.frau ['putsfrau] *Sf*, **-en** faxineira.
Putz.lap.pen ['putslapən] *Sm*, - esfregão, pano de limpeza.
Py.ja.ma [py'dʒa:ma] *Sm*, **-s** pijama.

q

q, Q [ku:] *Sn*, - letra q, Q.
qm *Abk* **Quadratmeter.**
Quad.rat [kva'dra:t] *Sn*, **-e 1** quadrado. **2** quadra, bloco.
Quad.rat.me.ter [kva'dra:tme:tər] *Sn+m*, - metro quadrado.
Qual [kva:l] *Sf*, **-en** dor, sofrimento, tormento, agonia, tortura.
quä.len ['kvɛ:lən] *Vtr* atormentar, afligir, maltratar, fazer sofrer, torturar, lancinar.
Qua.li.fi.ka.ti.on [kvalifikatsi'o:n] *Sf*, **-en 1** qualificação, capacitação. **2** competência.
Qua.li.tät [kvali'tɛ:t] *Sf*, **-en** qualidade.
Qualm [kvalm] *Sm* (*o. Pl*) fumaça, fumaceira.
Quan.ti.tät [kvanti'tɛ:t] *Sf*, **-en** quantidade.
Quark [kvark] *Sm* (*o. Pl*) ricota.
Quar.tal [kvar'ta:l] *Sn*, **-e** trimestre.
qua.si ['kva:zi] *Adv* quase.
Quatsch [kvatʃ] *Sm* (*o. Pl*) *Ugs* bobagem, disparate, sandice.
Quel.le ['kvɛlə] *Sf*, **-n** fonte, nascente, mina de água, manancial.
quer [kve:r] *Adv* **1** transversal, diagonal, de través. **2** através de. **kreuz und quer** a torto e a direito.
Quer.schnitt ['kve:rʃnit] *Sm*, **-e 1** corte ou seção transversal. **2** amostra.
quer.schnitts.ge.lähmt ['kve:rʃnitsgəlɛ:mt] *Adj* paraplégico.
Quit.tung ['kvituŋ] *Sf*, **-en 1** recibo, quitação. **2** troco oportuno, revide, resposta.
Quo.te ['kvo:tə] *Sf*, **-n 1** quota, cota, parcela. **2** índice.

r

r, R [ɛr] *Sn*, - letra r, R.
Ra.batt [ra'bat] *Sm*, **-e** desconto, abatimento.
Ra.che ['raxə] *Sf* (*o. Pl*) vingança, desforra.
Rad [ra:t] *Sn*, **Räder 1** roda. **2** bicicleta. **Rad fahren** andar de bicicleta.
Ra.dau [ra'dau] *Sm* (*o. Pl*) barulho, barulheira, zoeira, gritaria, algazarra.
Rad.fah.rer ['ra:tfa:rər] *Sm*, - **1** ciclista. **2** *Ugs* bajulador, puxa-saco.
Ra.dier.gum.mi [ra'di:rgumi] *Sm*, **-s** borracha de apagar.
ra.di.kal [radi'ka:l] *Adj* radical, drástico, enérgico.
Ra.dio ['ra:dio] *Sn*, **-s** rádio.
ra.di.o.ak.tiv [ra:dioak'ti:f] *Adj* radiativo.
Rad.weg ['ra:tve:k] *Sm*, **-e** ciclovia.
raf.fi.niert [rafi'ni:rt] *Adj* **1** refinado. **2** engenhoso. **3** sofisticado, fino, sutil, requintado. **4** manhoso, astuto.
Rah.men ['ra:mən] *Sm*, - **1** moldura. **2** caixilho, armação. **3** quadro, chassi. **4** contexto, colocação, cenário.
Ra.ke.te [ra'ke:tə] *Sf*, **-n** foguete, míssil.
Rand [rant] *Sm*, **Ränder 1** borda, margem, beira, rebordo. **2** aba.
rann.te ['rantə] *Prät* **rennen.**
Ran.zen ['rantsən] *Sm*, - mochila.
rar [ra:r] *Adj* raro, escasso.
Ra.ri.tät [ra:ri'tɛ:t] *Sf*, **-en** raridade.
ra.sant [ra'zant] *Adj* **1** ultrarrápido. **2** dinâmico, arrojado. **3** excitante.
rasch [raʃ] *Adj* rápido, veloz, despachado.
ra.sen ['ra:zən] *Vint* **(sein) 1** correr muito. **(haben) 2** delirar, desvairar, estar furioso.
Ra.sen ['ra:zən] *Sm*, - gramado, relva.
Ra.sier.ap.pa.rat [ra'zi:rapara:t] *Sm*, **-e** aparelho de barbear, barbeador.
ra.sie.ren [ra'zi:rən] *Vtr+Vrefl* fazer a barba, barbear(-se), raspar.
Ra.sie.rer [ra'zi:rər] *Sm*, - barbeador.
Ra.sier.klin.ge [ra'zi:rkliŋə] *Sf*, **-n** lâmina de barbear, gilete.
Ras.se ['rasə] *Sf*, **-n** raça.
Rast [rast] *Sf*, **-en** descanso, repouso, folga.
Rast.stät.te ['rastʃtɛtə] *Sf*, **-n** pousada, restaurante à beira da autoestrada, parada.
Rat [ra:t] *Sm*, **Räte 1** conselho. **2** conselheiro, vereador.
Ra.te ['ra:tə] *Sf*, **-n 1** prestação, parcela. **2** taxa (estatística).
ra.ten ['ra:tən] *Vint unreg* **1** aconselhar, sugerir. **2** adivinhar.
Rat.ge.ber ['ra:tge:bər] *Sm*, - **1** conselheiro. **2** guia.
Rat.haus ['ra:thaus] *Sn*, **Rathäuser 1** sede da municipalidade, câmara. **2** prefeitura.
rat.los ['ra:tlo:s] *Adj* perplexo, desnorteado, desamparado, confuso.
Rat.schlag ['ra:tʃla:k] *Sm*, **Ratschläge** conselho, recomendação, dica.

Rät.sel [ˈrɛtsəl] *Sn*, - **1** enigma, mistério. **2** charada.
Rat.te [ˈratə] *Sf*, **-n** rato, ratazana.
rau [rau] *Adj* **1** áspero, rude, grosseiro. **2** rouco (voz).
Raub [raup] *Sm*, **-e** roubo.
rau.ben [ˈraubən] *Vtr* roubar, saquear.
Räu.ber [ˈrɔibər] *Sm*, - **1** ladrão, bandido. **2** predador.
Rauch [raux] *Sm* (*o. Pl*) fumaça, fumaceira.
rau.chen [ˈrauxən] *Vtr+Vint* **1** fumar. **2** soltar fumaça, fumegar. **Rauchen verboten** proibido fumar.
Rau.cher [ˈrauxər] *Sm*, - fumante.
räu.chern [ˈrɔiçərn] *Vtr* defumar.
rauf [rauf] *Adv Ugs* para cima.
Raum [raum] *Sm*, **Räume 1** espaço, lugar. **2** área. **3** quarto, dependência, recinto.
räu.men [ˈrɔimən] *Vtr* **1** desocupar, abandonar. **2** expulsar, remover, retirar, despejar, esvaziar.
raus [raus] *Adv Ugs* para fora.
Rausch [rauʃ] *Sm*, **Räusche 1** alucinação, arrebatamento, êxtase, frenesi. **2** bebedeira, embriaguez.
Rausch.gift [ˈrauʃgift] *Sn*, **-e** droga, entorpecente, tóxico, narcótico.
raus.krie.gen [ˈrauskri:gən] *Vtr Ugs* descobrir, solucionar, resolver, achar a solução.
raus.schmei.ßen [ˈrausʃmaisən] *Vtr unreg* **1** *Ugs* expulsar. **2** jogar fora. **3** demitir.
re.a.gie.ren [reaˈgi:rən] *Vint* reagir.
Re.ak.ti.on [reaktsiˈo:n] *Sf*, **-en** reação.
re.al [reˈa:l] *Adj* real, efetivo.
rea.li.sie.ren [realiˈzi:rən] *Vtr* realizar, implementar.
rea.lis.tisch [reaˈlistiʃ] *Adj* realístico.
Rea.li.tät [realiˈtɛ:t] *Sf*, **-en** realidade.
Re.al.schu.le [reˈa:lʃu:lə] *Sf*, **-n** escola secundária moderna.
Re.chen.ma.schi.ne [ˈrɛçənmaʃi:nə] *Sf*, **-n** calculadora.
rech.nen [ˈrɛçnən] *Vtr+Vint* **1** calcular, fazer contas. **2** contar. **rechnen mit** contar com, estar preparado para.
Rech.ner [ˈrɛçnər] *Sm*, - **1** calculadora. **2** computador.
Rech.nung [ˈrɛçnuŋ] *Sf*, **-en 1** conta, fatura, nota. **2** cálculo.
recht [rɛçt] *Adj* **1** direito, justo, certo, apropriado, correto. **2** legítimo. **3** da direita. **4** reto. **5** real, verdadeiro. **6** bastante, bem.
Recht [rɛçt] *Sn*, **-e** direito, lei, justiça. **mit Recht** com razão. **Recht geben** dar razão.
Recht.eck [ˈrɛçtɛk] *Sn*, **-e** retângulo.
recht.fer.ti.gen [ˈrɛçtfɛrtigən] *Vtr* justificar.
recht.mä.ßig [ˈrɛçtmɛsiç] *Adj* legítimo, legal.
rechts [ˈrɛçts] *Adv* à direita. **sich rechts halten** manter a direita.
Rechts.an.walt [ˈrɛçtsanvalt] *Sm*, **Rechtsanwälte** advogado.
Recht.schrei.bung [ˈrɛçtsʃraibuŋ] *Sf*, **-en** ortografia.
recht.zei.tig [ˈrɛçttsaitiç] *Adj* **1** oportuno. **2** a tempo, pontual.
Re.dak.teur [redakˈtø:r] *Sm*, **-e** redator, editor.
Re.dak.ti.on [redaktsiˈo:n] *Sf*, **-en** redação, editoria.
Re.de [ˈre:də] *Sf*, **-n** discurso.
re.den [ˈre:dən] *Vtr+Vint* falar, conversar, discursar.
Re.dens.art [ˈre:dənsa:rt] *Sf*, **-en 1** expressão. **2** generalização.
Re.de.wen.dung [ˈre:dəvɛnduŋ] *Sf*, **-en** locução, expressão idiomática.
red.lich [ˈre:tliç] *Adj* honesto, probo, leal, íntegro.
Red.ner [ˈre:tnər] *Sm*, - orador.
re.du.zie.ren [reduˈtsi:rən] *Vtr* reduzir, diminuir.
re.ell [reˈɛl] *Adj* **1** real. **2** decente, correto, honesto, justo (preço), sólido.
Re.fe.rat [refeˈra:t] *Sn*, **-e 1** exposição oral, conferência, relatório. **2** departamento.

Re.fle.xi.on [reflɛksi'o:n] *Sf*, **-en** reflexão.
Re.form [re'fɔrm] *Sf*, **-en** reforma.
Re.for.ma.ti.on [refɔrmatsi'o:n] *Sf*, **-en** Reforma.
re.for.mie.ren [refɔr'mi:rən] *Vtr* reformar.
Re.gal [re'ga:l] *Sn*, **-e** prateleira, estante.
Re.gel ['re:gəl] *Sf*, **-n** **1** regra, norma. **2** menstruação.
re.gel.mä.ßig ['re:gəlmɛsiç] *Adj* regular.
re.geln ['re:gəln] *Vtr* **1** regular, regularizar. **2** regulamentar. **3** ajustar.
Re.ge.lung ['re:gəluŋ] *Sf*, **-en** **1** regulamento. **2** regulamentação. **3** ajuste, acordo. **4** regulagem. **5** regularização.
Re.gen ['re:gən] *Sm*, - chuva.
Re.gen.bo.gen ['re:gənbo:gən] *Sm*, - arco-íris.
Re.gen.man.tel ['re:gənmantəl] *Sm*, **Regenmäntel** capa de chuva, impermeável.
Re.gen.schirm ['re:gənʃirm] *Sm*, **-e** guarda-chuva.
Re.gen.wet.ter ['re:gənvɛtər] *Sn* (*o. Pl*) tempo chuvoso.
Re.gie [re'ʒi:] *Sf* (*o. Pl*) **1** direção (artística). **2** direção, controle.
Re.gie.rung [re'gi:ruŋ] *Sf*, **-en** governo.
Re.gi.on [regi'o:n] *Sf*, **-en** região.
Re.gis.seur [reʒi'sø:r] *Sm*, **-e** diretor artístico, produtor.
re.gist.rie.ren [regis'tri:rən] *Vtr* **1** registrar. **2** notar.
reg.nen ['re:knən] *Vint* chover. **es regnet** está chovendo.
reg.ne.risch ['re:knəriʃ] *Adj* chuvoso.
re.gu.lie.ren [regu'li:rən] *Vtr* regular, ajustar.
re.gungs.los ['re:guŋslo:s] *Adj* inerte, imóvel.
rei.ben ['raibən] *Vtr unreg* **1** ralar. **2** friccionar, esfregar. **3** polir, lustrar.
reich [raiç] *Adj* **1** rico, abastado. **2** abundante. **3** amplo.
Reich [raiç] *Sn*, **-e** **1** império. **2** reino. **das Dritte Reich** o Terceiro Reich (regime nazista).
rei.chen ['raiçən] *Vint* **1** chegar, bastar, ser suficiente. **2** estender-se, alcançar, chegar a. *Vtr* **3** passar, entregar. **die Hand reichen** dar a mão. **es reicht** basta, é suficiente.
Reich.tum ['raiçtum] *Sm*, **Reichtümer** **1** riqueza. **2** abundância.
reif [raif] *Adj* maduro.
Reif [raif] *Sm* (*o. Pl*) **1** geada. **-e** **2** aro, argola.
Rei.fe ['raifə] *Sf* (*o. Pl*) **1** maturidade, madureza. **2** amadurecimento.
Rei.fen ['raifən] *Sm*, - **1** aro. **2** pneu.
Rei.fen.dienst ['raifəndi:nst] *Sm*, **-e** **1** borracharia. **2** borracheiro.
Rei.he ['raiə] *Sf*, **-n** **1** fila, fileira. **2** série, sequência. **der Reihe nach** um por um, pela ordem (de chegada).
rei.men ['raimən] *Vint* rimar, fazer versos. **es reimt sich nicht** não rima, não tem sentido.
rein [rain] *Adj* puro, limpo, asseado, claro. • *Adv* **1** para dentro. **2** inteiramente.
Rein.heit ['rainhait] *Sf* (*o. Pl*) pureza, limpeza.
rei.ni.gen ['rainigən] *Vtr* **1** limpar. **2** purificar.
Rei.ni.gung ['rainiguŋ] *Sf*, **-en** **1** limpeza. **2** purificação. **3** tinturaria.
Reis [rais] *Sm*, **-e** arroz.
Rei.se ['raizə] *Sf*, **-n** viagem, excursão. **gute Reise!** boa viagem!
Rei.se.an.den.ken ['raizəandɛŋkən] *Sn*, - lembrança de viagem, recordação.
Rei.se.bü.ro ['raizəbyro:] *Sn*, **-s** agência de viagens.
Rei.se.füh.rer ['raizəfy:rər] *Sm*, - guia turístico, cicerone.
rei.sen ['raizən] *Vint* **(sein)** viajar.
Rei.sen.de ['raizəndə] *Sm+f*, **-n** viajante, passageiro, turista.
Rei.se.pass ['raizəpas] *Sm*, **Reisepässe** passaporte.
Rei.se.scheck ['raizəʃɛk] *Sm*, **-s** cheque de viagem.

rei.ßen [ˈraisən] *Vtr unreg* **1** rasgar, rebentar. **2** arrancar, puxar. **3** rachar. *Vint unreg* **(sein) 4** arrebentar, partir-se.

Reiß.ver.schluss [ˈraisfɛrʃlus] *Sm*, **Reißverschlüsse** zíper, fecho ecler.

rei.ten [ˈraitən] *Vint unreg* **(sein)** cavalgar, montar, andar a cavalo.

Rei.ter [ˈraitər] *Sm*, - cavaleiro.

Reiz [raits] *Sm*, **-e 1** estímulo. **2** encanto, atração, charme.

rei.zen [ˈraitsən] *Vtr* **1** irritar. **2** excitar, provocar, estimular, atrair, incitar, interessar.

rei.zend [ˈraitsənt] *Adj* atraente, encantador, charmoso.

Re.kla.ma.ti.on [reklamatsiˈo:n] *Sf*, **-en** reclamação, queixa.

Re.kla.me [reˈkla:mə] *Sf*, **-n** anúncio, comercial, publicidade, propaganda.

re.kla.mie.ren [reklaˈmi:rən] *Vint* reclamar, queixar-se.

Re.kord [reˈkɔrt] *Sm*, **-e** recorde.

re.la.tiv [relaˈti:f] *Adj* relativo.

Re.li.gi.on [religiˈo:n] *Sf*, **-en 1** religião. **2** educação religiosa.

re.li.gi.ös [religiˈø:s] *Adj* religioso, devoto.

ren.nen [ˈrɛnən] *Vint unreg* **(sein) 1** correr. **2** dirigir em alta velocidade.

Ren.nen [ˈrɛnən] *Sn*, - corrida.

Renn.fah.rer [ˈrɛnfa:rər] *Sm*, - corredor, piloto de provas.

re.no.vie.ren [renoˈvi:rən] *Vtr* renovar, reformar, restaurar.

Re.no.vie.rung [renoˈvi:ruŋ] *Sf*, **-en** reforma, renovação, restauração.

Ren.te [ˈrɛntə] *Sf*, **-n** aposentadoria, pensão. **in Rente gehen** aposentar-se.

ren.tie.ren [rɛnˈti:rən] *Vrefl* valer a pena, dar lucro.

Rent.ner [ˈrɛntnər] *Sm*, - aposentado, pensionista, reformado.

Re.pa.ra.tur [reparaˈtu:r] *Sf*, **-en** conserto.

re.pa.rie.ren [repaˈri:rən] *Vtr* consertar, reparar, restaurar.

Re.por.ta.ge [repɔrˈta:ʒə] *Sf*, **-n** reportagem.

Re.por.ter [reˈpɔrtər] *Sm*, - repórter.

Re.ser.ve.rei.fen [reˈzɛrvəraifən] *Sm*, - pneu sobressalente.

re.ser.vie.ren [rezɛrˈvi:rən] *Vtr* reservar.

Re.ser.vie.rung [rezɛrˈvi:ruŋ] *Sf*, **-en** reserva.

Res.pekt [resˈpɛkt] *Sm* (*o. Pl*) respeito, reverência.

res.pek.tie.ren [respɛkˈti:rən] *Vtr* respeitar.

Rest [rɛst] *Sm*, **-e** resto, restante, resíduo, sobra.

Res.tau.rant [rɛstoˈrã:] *Sn*, **-s** restaurante.

rest.lich [ˈrɛstliç] *Adj* restante, remanescente.

Re.sul.tat [rezulˈta:t] *Sn*, **-e** resultado.

ret.ten [ˈrɛtən] *Vtr* **1** salvar. **2** resgatar. *Vrefl* **3** escapar.

Ret.ter [ˈrɛtər] *Sm*, - salvador, libertador.

Ret.tung [ˈrɛtuŋ] *Sf*, **-en 1** salvação, salvamento. **2** resgate.

Reue [ˈrɔiə] *Sf* (*o. Pl*) arrependimento, remorso.

Re.vo.lu.ti.on [revolutsiˈo:n] *Sf*, **-en** revolução.

Re.zept [reˈtsɛpt] *Sn*, **-e 1** receita, prescrição. **2** fórmula.

re.zept.pflich.tig [reˈtsɛptpfliçtiç] *Adj* venda sob prescrição médica.

Re.zes.si.on [retsɛsiˈo:n] *Sf*, **-en** recessão.

R-Ge.spräch [ˈɛr-gəʃprɛ:ç] *Sn*, **-e** chamada a cobrar.

Rhein [rain] *Sm* (*o. Pl*) (rio) Reno.

Rhein.land [ˈrainlant] *Sn* (*o. Pl*) Renânia.

Rhyth.mus [ˈrytmus] *Sm*, **Rhythmen** ritmo.

rich.ten [ˈriçtən] *Vtr* **1** dirigir, direcionar. **2** endireitar, retificar, ajustar. **3** julgar, condenar. **richten an** dirigir a, endereçar a.

Rich.ter [ˈriçtər] *Sm*, - juiz, árbitro, magistrado.

rich.tig [ˈriçtiç] *Adj* **1** certo, correto, acertado. **2** direito.

Rich.tung [ˈriçtuŋ] *Sf*, **-en** **1** direção, rumo, sentido. **2** orientação. **3** tendência. **4** facção. **5** movimento (arte, literatura).
rieb [ri:p] *Prät* **reiben.**
rie.chen [ˈri:çən] *Vtr unreg* **1** cheirar. **2** *fig* adivinhar. *Vint unreg* **3** ter cheiro de.
rief [ri:f] *Prät* **rufen.**
Rie.gel [ˈri:gəl] *Sm*, - **1** trava, tranca, ferrolho, trinco. **2** barra (chocolate).
Rie.se [ˈri:zə] *Sm*, **-n** gigante.
Rie.sen.rad [ˈri:zənra:t] *Sn*, **Riesenräder** roda-gigante.
rie.sig [ˈri:ziç] *Adj* **1** enorme, gigantesco, colossal. **2** tremendo, fabuloso.
riet [ri:t] *Prät* **raten.**
Rin.de [ˈrində] *Sf*, **-n** **1** casca (árvore). **2** côdea (pão).
Rind.fleisch [ˈrintflaiʃ] *Sn* (*o. Pl*) carne bovina, carne de vaca.
Ring [riŋ] *Sm*, **-e** **1** anel, aliança, argola, aro. **2** ringue.
rin.gen [ˈriŋən] *Vint unreg* lutar.
rings [riŋs] *Adv* em volta, ao redor.
Rin.ne [ˈrinə] *Sf*, **-n** calha, rego, canaleta.
rin.nen [ˈrinən] *Vint unreg* **(sein)** **1** escorrer, correr (líquido). **2** vazar.
Rip.pe [ˈripə] *Sf*, **-n** **1** costela. **2** nervura, aleta. **3** barra (chocolate).
Ri.si.ko [ˈri:ziko] *Sn*, **-s, -ken** risco.
ris.kant [risˈkant] *Adj* arriscado, perigoso.
ris.kie.ren [risˈki:rən] *Vtr* arriscar, tentar.
riss [ris] *Prät* **reißen.**
Riss [ris] *Sm*, **-e** **1** rasgão, rasgadura. **2** racha, fenda, fissura, trinca. **3** arranhão.
ritt [rit] *Prät* **reiten.**
Ritt [rit] *Sm*, **-e** cavalgada, passeio a cavalo.
Rit.ter [ˈritər] *Sm*, - cavaleiro.
Rit.ze [ˈritsə] *Sf*, **-n** **1** fenda, racha, fresta. **2** arranhão.
Ri.va.li.tät [rivaliˈtɛ:t] *Sf*, **-en** rivalidade.
Ro.bo.ter [ˈrɔbotər] *Sm*, - robô.
Rock [rɔk] *Sm*, **Röcke** **1** saia. **2** jaquetão, casacão. **3** (*o. Pl*) roque (estilo musical).
ro.deln [ˈro:dəln] *Vint* **(sein)** andar de trenó.
Rog.gen [ˈrɔgən] *Sm*, - centeio.
roh [ro:] *Adj* **1** cru. **2** bruto, tosco. **3** rude, grosseiro, brutal. **4** rudimentar, inacabado.
Rohr [ro:r] *Sn*, **-e** **1** tubo, cano, duto. **2** cana, caniço, taquara, junco.
Roh.stoff [ˈro:ʃtɔf] *Sm*, **-e** matéria-prima.
Rol.le [ˈrɔlə] *Sf*, **-n** **1** rolo. **2** roldana, polia. **3** bobina, carretel. **4** cilindro, roda. **5** importância. **6** papel (teatro, cinema), função.
Rol.ler [ˈrɔlər] *Sm*, - **1** patinete. **2** motoneta.
Roll.la.den [ˈrɔla:dən] *Sm*, **Rollläden** persiana.
Roll.schuh [ˈrɔlʃu:] *Sm*, **-e** patim de roda.
Roll.stuhl [ˈrɔlʃtu:l] *Sm*, **Rollstühle** cadeira de rodas.
Roll.trep.pe [ˈrɔltrɛpə] *Sf*, **-n** escada rolante.
Rom [ro:m] *Sn* (*o. Art*) Roma.
Ro.man [roˈma:n] *Sm*, **-e** romance.
ro.man.tisch [roˈmantiʃ] *Adj* romântico.
rönt.gen [ˈrøntgən] *Vtr* radiografar, tirar chapa de raios X.
Ro.se [ˈro:zə] *Sf*, **-n** rosa.
Ro.sen.kohl [ˈro:zənko:l] *Sm* (*o. Pl*) couve-de-bruxelas.
Ro.sen.mon.tag [ˈro:zənmo:nta:k] *Sm*, **-e** segunda-feira de carnaval.
Ro.si.ne [roˈzi:nə] *Sf*, **-n** passa, uva seca.
Rost [rɔst] *Sm*, **-e** **1** ferrugem. **2** grelha, grade.
ros.ten [ˈrɔstən] *Vint* **(sein)** enferrujar, oxidar.
rös.ten [ˈrøstən] *Vtr* **1** grelhar. **2** tostar, torrar.
rost.frei [ˈrɔstfrai] *Adj* inoxidável.
rot [ro:t] *Adj* **1** vermelho. **2** ruivo (cabelo). **rot werden** corar, ruborizar-se.
Rot.kohl [ˈro:tko:l] *Sm* (*o. Pl*) repolho roxo.

Rot.kraut [ˈro:tkraut] *Sn* (*o. Pl*) = *Rotkohl.*
Rot.wein [ˈro:tvain] *Sm*, **-e** vinho tinto.
Rou.ti.ne [ruˈti:nə] *Sf* (*o. Pl*) **1** rotina. **2** experiência, prática.
Rück.blick [ˈrykblik] *Sm*, **-e** retrospecto.
rü.cken [ˈrykən] *Vtr* mover, afastar, empurrar, deslocar.
Rü.cken [ˈrykən] *Sm*, **-** **1** dorso, lombo. **2** costas.
Rü.cken.schmerz [ˈrykənʃmɛrts] *Sm*, **-en** dor nas costas.
Rück.er.stat.tung [ˈrykɛrʃtatuŋ] *Sf*, **-en** devolução, restituição, reembolso.
Rück.fahr.kar.te [ˈrykfa:rkartə] *Sf*, **-n** passagem ou bilhete de ida e volta.
Rück.fahrt [ˈrykfa:rt] *Sf*, **-en** volta, retorno, regresso.
Rück.flug [ˈrykflu:k] *Sm*, **Rückflüge** voo de volta ou de regresso.
Rück.ga.be [ˈrykga:bə] *Sf*, **-n** devolução, restituição.
Rück.grat [ˈrykgra:t] *Sn*, **-e** espinha dorsal, coluna vertebral.
Rück.kehr [ˈrykke:r] *Sf* (*o. Pl*) retorno, regresso, volta.
Rück.licht [ˈrykliçt] *Sn*, **-er** luz traseira, farol traseiro.
Rück.rei.se [ˈrykraizə] *Sf*, **-n** retorno, volta, regresso.
Ruck.sack [ˈrukzak] *Sm*, **Rucksäcke** mochila.
Rück.sei.te [ˈrykzaitə] *Sf*, **-n** verso, reverso, avesso, parte de trás.
rück.sichts.los [ˈrykziçtslo:s] *Adj* **1** irreverente, insolente, descarado, atrevido. **2** egoísta. **3** sem consideração, temerário.
rück.sichts.voll [ˈrykziçtsfɔl] *Adj* atencioso.
Rück.sitz [ˈrykzits] *Sm*, **-e** banco de trás, assento traseiro.
Rück.spie.gel [ˈrykʃpi:gəl] *Sm*, **-** espelho retrovisor.
rück.stän.dig [ˈrykʃtɛndiç] *Adj* **1** atrasado. **2** antiquado, retrógrado.
Rück.tritt [ˈryktrit] *Sm*, **-e** renúncia, demissão, desistência.
rück.wärts [ˈrykvɛrts] *Adv* para trás. **rückwärts fahren** dar marcha a ré.
Rück.wärts.gang [ˈrykvɛrtsgaŋ] *Sm*, **Rückwärtsgänge** marcha a ré.
Rück.weg [ˈrykve:k] *Sm*, **-e** regresso, retorno, volta.
Rück.zah.lung [ˈryktsa:luŋ] *Sf*, **-en** restituição, reembolso.
Ru.der [ˈru:dər] *Sn*, **-** **1** leme, timão. **2** remo.
Ru.der.boot [ˈru:dərbo:t] *Sn*, **-e** barco a remo.
ru.dern [ˈru:dərn] *Vint* **(sein)** remar.
Ruf [ru:f] *Sm*, **-e** **1** grito. **2** chamada, convite, apelo. **3** fama, reputação.
ru.fen [ˈru:fən] *Vint unreg* **1** chamar, gritar. **2** ligar para (telefone).
Ruf.num.mer [ˈru:fnumər] *Sf*, **-n** número de telefone.
rü.gen [ˈry:gən] *Vtr* repreender, censurar, admoestar.
Ru.he [ˈru:ə] *Sf* (*o. Pl*) **1** calma, silêncio. **2** repouso, descanso. **3** sossego, tranquilidade, paz. **angenehme Ruhe!** durma bem!
ru.hen [ˈru:ən] *Vint* **1** descansar, repousar. **2** estar parado ou suspenso. **3** assentar sobre.
Ru.he.pau.se [ˈru:əpauzə] *Sf*, **-n** período de descanso, intervalo, pausa.
Ru.he.stand [ˈru:əʃtant] *Sm* (*o. Pl*) aposentadoria, reforma, inatividade.
Ru.he.stö.rung [ˈru:əʃtø:ruŋ] *Sf*, **-en** **1** importunação. **2** perturbação da ordem.
ru.hig [ˈru:iç] *Adj* **1** calmo, tranquilo, sereno. **2** quieto, sossegado. **3** silencioso.
Ruhm [ru:m] *Sm* (*o. Pl*) glória, fama, celebridade.
rüh.ren [ˈry:rən] *Vtr* **1** mexer, remexer, agitar, misturar. **2** tocar, comover, emocionar. **3** impressionar. *Vrefl* **4** mexer-se.
rüh.rend [ˈry:rənt] *Adj* tocante, comovente, comovedor, emocionante.
Ruhr.ge.biet [ˈruəgebi:t] *Sn* (*o. Pl*) *Geogr* rio e região no noroeste da Alemanha.

Rui.ne [ru'i:nə] *Sf*, **-n** ruína, escombros.
Rum.mel ['ruməl] *Sm* (*o. Pl*) **1** rebuliço, animação, barulho, movimento. **2** diversão.
rund [runt] *Adj* **1** redondo, circular. **2** roliço. **rund 100 Euro** mais ou menos 100 euros.
Rund.blick ['runtblik] *Sm*, **-e** panorama, vista panorâmica.
Run.de ['rundə] *Sf*, **-n** **1** volta. **2** assalto (boxe). **3** roda, rodada, grupo. **4** ronda.
Rund.fahrt ['runtfa:rt] *Sf*, **-en** passeio, giro, volta.
Rund.funk ['runtfuŋk] *Sm* (*o. Pl*) rádio, radiodifusão.
Rund.funk.ge.rät ['runtfuŋkgərɛ:t] *Sn*, **-e** aparelho de rádio.
Rund.gang ['runtgaŋ] *Sm*, **Rundgänge** volta, giro, ronda.
Rund.schrei.ben ['runtʃraibən] *Sn*, **-** circular.
run.ter ['runtər] *Adv* **1** para baixo. **2** fora.
run.zeln ['runtsəln] *Vtr* **1** enrugar. **2** franzir.
Ruß [ru:s] *Sm*, **-e** fuligem.
Rus.se ['rusə] *Sm*, **-n** russo.
Russ.land ['ruslant] *Sn* (*o. Art*) Rússia.
rüs.tig ['rystiç] *Adj* **1** vigoroso, forte, ativo. **2** disposto.
rut.schen ['rutʃən] *Vint* **(sein)** escorregar, resvalar, deslizar.

R

S

s, S [ɛs] *Sn*, - letra s, S.
Saal [za:l] *Sm*, **Säle 1** sala, salão. **2** auditório.
Sach.buch [ˈzaxbu:x] *Sn*, **Sachbücher** livro técnico ou científico, livro de divulgação, não ficção.
Sa.che [ˈzaxə] *Sf*, **-n 1** coisa, objeto. **2** assunto. **3** caso, causa (jurídica).
sach.lich [ˈzaxliç] *Adj* **1** objetivo, imparcial. **2** funcional. **3** realista, prático.
Sack [zak] *Sm*, **Säcke** saco.
Sack.gas.se [ˈzakgasə] *Sf*, **-n 1** beco sem saída. **2** impasse.
Saft [zaft] *Sm*, **Säfte 1** suco. **2** seiva. **3** xarope (medicamento).
Sa.ge [ˈza:gə] *Sf*, **-n** lenda, mito, saga.
Sä.ge [ˈzɛ:gə] *Sf*, **-n** serra, serrote.
sa.gen [ˈza:gən] *Vtr* dizer, falar.
sah [za:] *Prät* **sehen.**
Sah.ne [ˈza:nə] *Sf* (*o. Pl*) nata, creme de leite.
Sai.son [zɛˈzɔn] *Sf*, **-s, -en** temporada, estação.
Sa.lat [zaˈla:t] *Sm*, **-e 1** salada. **2** *fig* confusão, trapalhada. **grüner Salat** alface.
Sal.be [ˈzalbə] *Sf*, **-n 1** pomada, unguento. **2** bálsamo.
sa.lopp [zaˈlɔp] *Adj* **1** descontraído, informal, esportivo. **2** coloquial, relaxado.
Salz [zalts] *Sn*, **-e** sal.
sal.zig [ˈzaltsiç] *Adj* salgado.
Sa.men [ˈza:mən] *Sm*, - **1** semente. **2** sêmen, esperma.
sam.meln [ˈzaməln] *Vtr+Vint* **1** juntar, reunir. **2** coletar, colher, recolher, acumular. **3** colecionar. *Vrefl* **4** concentrar-se.
Samm.lung [ˈzamluŋ] *Sf*, **-en 1** coleção. **2** coletânea. **3** coleta. **4** concentração mental.
Sams.tag [ˈzamsta:k] *Sm*, **-e** sábado.
sams.tags [ˈzamsta:ks] *Adv* aos sábados.
Samt [zamt] *Sm*, **-e** veludo.
sämt.lich [ˈzɛmtliç] *Indefinitpron* todo, inteiro, completo. **sämtliche Werke** obras completas.
Sand [zant] *Sm* (*o. Pl*) areia.
San.da.le [zanˈda:lə] *Sf*, **-n** sandália.
sanft [zanft] *Adj* **1** brando, suave, meigo. **2** pacífico.
sang [zaŋ] *Prät* **singen.**
Sän.ger [ˈzɛŋər] *Sm*, - cantor.
sa.nie.ren [zaˈni:rən] *Vtr* **1** sanear. **2** recuperar, reformar, restaurar.
Sankt [ˈzaŋkt] *Adj* Santo, Santa, São. *Abk* **St.**
Sarg [zark] *Sm*, **Särge** caixão, esquife.
saß [za:s] *Prät* **sitzen.**
Sa.tel.lit [zatɛˈli:t] *Sm*, **-en** satélite.
satt [zat] *Adj* satisfeito, farto, saciado.
Sat.tel [ˈzatəl] *Sm*, **Sättel 1** sela. **2** selim.
Satz [zats] *Sm*, **Sätze 1** oração, frase, sentença. **2** teorema, axioma. **3** jogo,

coleção, conjunto de objetos. **4** salto, pulo. **5** borra, sedimento. **6** *Mus* movimento. **7** *Sport* set, game, jogo.

Satz.zei.chen ['zatstsaiçən] *Sn*, - sinal de pontuação.

sau.ber ['zaubər] *Adj* **1** limpo, asseado, arrumado, puro. **2** perfeito. **sauber machen** limpar, fazer limpeza.

Sau.ber.keit ['zaubərkait] *Sf* (*o. Pl*) limpeza, asseio.

säu.bern ['zɔibərn] *Vtr* **1** limpar. **2** expurgar.

sau.er ['zauər] *Adj* **1** azedo. **2** ácido. **3** mal-humorado, irritado, rabugento, aborrecido.

Sau.er.kraut ['zauərkraut] *Sn* (*o. Pl*) chucrute.

Sau.er.stoff ['zauərʃtɔf] *Sm* (*o. Pl*) oxigênio.

sau.fen ['zaufən] *Vtr+Vint unreg* **1** beber muito, encher a cara. **2** embriagar-se.

sau.gen ['zaugən] *Vtr* **1** chupar, sugar, aspirar. **2** mamar.

Säug.ling ['zɔikliŋ] *Sn*, **-e** bebê, lactente, criança de peito.

Säu.le ['zɔilə] *Sf*, **-n** **1** coluna. **2** pilar.

Säu.re ['zɔirə] *Sf*, **-n** ácido, acidez.

S-Bahn [ɛs-ba:n] *Sf*, **-en** trem urbano ou suburbano.

schä.big ['ʃɛ:biç] *Adj* **1** roto, surrado, gasto. **2** maltrapilho, miserável.

Schach [ʃax] *Sn*, **-s** xadrez. **Schach!** xeque!

Schach.tel ['ʃaxtəl] *Sf*, **-n** caixa, caixinha de papelão.

scha.de ['ʃa:də] *Adj* lamentável. **(wie) schade** que pena!

Schä.del ['ʃɛ:dəl] *Sm*, - **1** crânio. **2** caveira. **3** *fig* cabeça.

scha.den ['ʃa:dən] *Vint* **1** prejudicar. **2** causar dano, fazer mal.

Scha.den ['ʃa:dən] *Sm*, **Schäden** **1** prejuízo. **2** dano, avaria, danificação. **3** sinistro.

schä.di.gen ['ʃɛ:digən] *Vtr* **1** prejudicar. **2** danificar. **3** lesar, causar prejuízo.

schäd.lich ['ʃɛ:dliç] *Adj* prejudicial, nocivo.

Schad.stoff ['ʃa:tʃtɔf] *Sm*, **-e** poluente.

Schaf [ʃa:f] *Sn*, **-e** **1** ovelha. **2** *Ugs* pateta.

Schä.fer.hund ['ʃɛ:fərhunt] *Sm*, **-e** cão pastor.

schaf.fen ['ʃafən] *Vtr unreg* **1** criar, produzir. *Vtr* **2** conseguir.

Schaff.ner ['ʃafnər] *Sm*, - cobrador.

Schal [ʃa:l] *Sm*, **-s**, **-e** **1** xale. **2** cachecol.

Scha.le ['ʃa:lə] *Sf*, **-n** **1** casca. **2** pele. **3** tigela, prato, salva.

schä.len ['ʃɛ:lən] *Vtr* **1** descascar. **2** tirar a pele, pelar.

Schall [ʃal] *Sm*, **-e**, **Schälle** som.

schal.ten ['ʃaltən] *Vtr+Vint* **1** girar, virar, comutar. **2** engatar, mudar a marcha.

Schal.ter ['ʃaltər] *Sm*, - **1** bilheteria, guichê, balcão. **2** interruptor, disjuntor, comutador.

Schal.tung ['ʃaltuŋ] *Sf*, **-en** **1** ligação, contato, conexão. **2** embreagem, câmbio.

Scham [ʃa:m] *Sf* (*o. Pl*) **1** vergonha, pudor. **2** púbis.

schä.men ['ʃɛ:mən] *Vrefl* ter vergonha, envergonhar-se.

scham.los ['ʃa:mlo:s] *Adj* **1** sem-vergonha, descarado. **2** impudico, indecente, escandaloso.

Schan.de ['ʃandə] *Sf* (*o. Pl*) **1** vergonha. **2** desonra.

scharf [ʃarf] *Adj* **1** afiado, cortante. **2** agudo (tom). **3** picante (comida). **4** penetrante (cheiro). **5** nítido, bem focalizado (foto). **6** forte, intenso, violento.

schär.fen ['ʃɛrfən] *Vtr* **1** afiar, amolar. **2** aguçar.

Schat.ten ['ʃatən] *Sm*, - sombra.

Schatz [ʃats] *Sm*, **Schätze** **1** tesouro. **2** acervo. **mein Schatz** querido, querida, bem.

schät.zen ['ʃɛtsən] *Vtr* **1** apreciar. **2** estimar, avaliar. **3** taxar.

S

Schau [ʃau] *Sf*, **-en** *show*, exibição, apresentação.
schau.en [ˈʃauən] *Vint* **1** olhar, ver, ficar de olho. **2** verificar. **3** contemplar.
Schau.er [ˈʃauər] *Sm*, - **1** arrepio. **2** pancada de chuva.
Schau.fel [ˈʃaufəl] *Sf*, **-n 1** pá. **2** escavadeira.
Schau.fens.ter [ˈʃaufɛnstər] *Sn*, - vitrine.
Schau.kel [ˈʃaukəl] *Sf*, **-n** balanço, gangorra.
Schau.lu.sti.ge [ˈʃaulustigə] *Sm+f*, **-n** curioso.
Schaum [ˈʃaum] *Sm*, **Schäume** espuma.
Schau.spiel [ˈʃauʃpi:l] *Sn*, **-e** espetáculo, peça.
Schau.spie.ler [ˈʃauʃpi:lər] *Sm*, - ator.
Scheck [ʃɛk] *Sm*, **-s** cheque.
Scheck.kar.te [ˈʃɛkkartə] *Sf*, **-n** cartão de cheques.
Schei.be [ˈʃaibə] *Sf*, **-n 1** disco, bolacha. **2** fatia, rodela. **3** vidro. **4** alvo.
Schei.ben.wi.scher [ˈʃaibənviʃər] *Sm*, - limpador de para-brisa.
Schei.de [ˈʃaidə] *Sf*, **-n 1** bainha. **2** linha divisória. **3** *Anat* vagina.
schei.den [ˈʃaidən] *Vtr unreg* **1** separar. **2** divorciar. *Vint unreg* **(sein) 3** ir embora, partir, despedir-se, retirar-se. *Vrefl* **4** divorciar-se. **sich scheiden lassen** pedir divórcio.
Schei.dung [ˈʃaiduŋ] *Sf*, **-en 1** separação. **2** divórcio.
Schein [ʃain] *Sm*, **-e 1** aparência. **2** luz, brilho, esplendor. **3** nota, cédula. **4** certificado, comprovante.
schein.bar [ˈʃainba:r] *Adj* aparente.
schei.nen [ˈʃainən] *Vint unreg* **1** parecer. **2** brilhar, resplandecer.
Schein.wer.fer [ˈʃainvɛrfər] *Sm*, - refletor, farol, holofote.
Schei.ße [ˈʃaisə] *Sf* (*o. Pl*) *Ugs* merda, cocô.
schei.tern [ˈʃaitərn] *Vint* **(sein)** fracassar, falhar, quebrar.
schel.ten [ˈʃeltən] *Vint* ralhar, repreender.
Schen.kel [ˈʃɛŋkəl] *Sm*, - **1** coxa. **2** lado, perna.
schen.ken [ˈʃɛŋkən] *Vtr* presentear, dar de presente, doar, oferecer.
Sche.re [ˈʃe:rə] *Sf*, **-n** tesoura.
Scherz [ʃɛrts] *Sm*, **-e** brincadeira, gracejo.
scher.zen [ˈʃɛrtsən] *Vint* brincar, gracejar.
scheu [ʃɔi] *Adj* **1** tímido, acanhado. **2** medroso, assustadiço.
scheuß.lich [ˈʃɔisliç] *Adj* horrível, monstruoso, abominável, repelente.
Schicht [ʃiçt] *Sf*, **-en 1** camada. **2** fileira. **3** turno, jornada.
schick [ʃik] *Adj* chique, elegante.
schi.cken [ˈʃikən] *Vtr* mandar, enviar, remeter, despachar.
Schick.sal [ˈʃikza:l] *Sn*, **-e** destino, sina, sorte.
schie.ben [ˈʃi:bən] *Vtr unreg* **1** empurrar. **2** traficar, fazer negócios ilícitos. **schieben auf** culpar, responsabilizar.
Schieds.rich.ter [ˈʃi:tsriçtər] *Sm*, - **1** árbitro, juiz. **2** apitador.
schief [ʃi:f] *Adj* **1** torto, inclinado. **2** oblíquo. **3** distorcido. **schief gehen** *Ugs* dar errado.
schien [ʃi:n] *Prät* **scheinen.**
Schie.ne [ˈʃi:nə] *Sf*, **-n 1** trilho. **2** tala.
schier [ʃi:r] *Adv* quase, por pouco.
schie.ßen [ˈʃi:sən] *Vint unreg* **1** atirar, dar tiros, disparar. *Vtr unreg* **2** *Sport* chutar, marcar.
Schiff [ʃif] *Sn*, **-e 1** navio, embarcação, barco. **2** nave (igreja).
Schild [ʃilt] *Sm*, **-e 1** escudo. **2** couraça. **3** brasão. *Sn*, **-er 4** letreiro, tabuleta, placa.
schil.dern [ˈʃildərn] *Vtr* descrever, contar.
schim.mern [ˈʃimərn] *Vint* brilhar, cintilar.
schimp.fen [ˈʃimpfən] *Vtr+Vint* **1** xingar, insultar. **2** ralhar.
Schimpf.wort [ˈʃimpfvɔrt] *Sn*, **Schimpfwörter, -e 1** insulto. **2** palavrão.

Schin.ken ['ʃiŋkən] *Sm*, - presunto.
Schirm [ʃirm] *Sm*, **-e 1** guarda-chuva, guarda-sol. **2** quebra-luz. **3** biombo.
Schlacht [ʃlaxt] *Sf*, **-en** batalha, combate.
schlach.ten ['ʃlaxtən] *Vtr* abater, matar.
Schlaf [ʃla:f] *Sm (o. Pl)* sono. **Schlaf haben** estar com sono.
Schlaf.an.zug ['ʃla:fantsu:k] *Sm* **Schlafanzüge** pijama.
schla.fen ['ʃla:fən] *Vint unreg* dormir.
schlaff [ʃlaf] *Adj* **1** frouxo, mole, flácido, bambo. **2** indolente, letárgico.
Schlaf.lo.sig.keit ['ʃla:flo:ziçkait] *Sf (o. Pl)* insônia.
Schlaf.mit.tel ['ʃla:fmitəl] *Sn*, - soporífero, sonífero.
Schlaf.sack ['ʃla:fzak] *Sm*, **Schlafsäcke** saco de dormir.
Schlaf.wa.gen ['ʃla:fva:gən] *Sm*, - carro-leito, vagão-dormitório.
Schlaf.zim.mer ['ʃla:ftsimər] *Sn*, - quarto (de dormir), dormitório.
Schlag [ʃla:k] *Sm*, **Schläge 1** golpe, pancada. **2** batida, batimento. **3** *Med* apoplexia.
Schlag.a.der ['ʃla:ka:dər] *Sf*, **-n** artéria.
Schlag.an.fall ['ʃla:kanfal] *Sm*, **Schlaganfälle 1** apoplexia. **2** derrame cerebral, acidente vascular cerebral.
schla.gen ['ʃla:gən] *Vtr unreg* **1** bater. **2** espancar, golpear, dar palmadas. **3** vencer, derrotar.
Schla.ger ['ʃla:gər] *Sm*, - **1** música de sucesso. **2** campeão de vendas.
Schlag.sah.ne ['ʃla:kza:nə] *Sf*, **-n** creme de leite batido, *chantilly*.
Schlag.zei.le ['ʃla:ktsailə] *Sf*, **-n** manchete.
Schlag.zeug ['ʃla:ktsɔik] *Sn*, **-e** bateria.
Schlamm [ʃlam] *Sm*, **-e, Schlämme** lama, lodo.
Schlam.pe.rei [ʃlampə'rai] *Sf*, **-en 1** desleixo, relaxamento. **2** desordem.
Schlan.ge ['ʃlaŋə] *Sf*, **-n 1** cobra, serpente. **2** fila. **Schlange stehen** estar na fila.
schlank [ʃlaŋk] *Adj* magro, esbelto, esguio, delgado.
schlapp [ʃlap] *Adj* **1** frouxo, mole. **2** extenuado, cansado, exausto. **3** apático.
schlau [ʃlau] *Adj* **1** esperto, astuto, maroto. **2** inteligente.
Schlauch ['ʃlaux] *Sm*, **Schläuche 1** mangueira. **2** câmara de ar.
schlecht [ʃlɛçt] *Adj* **1** ruim, mau. **2** difícil.
Schlei.er ['ʃlaiər] *Sm*, - véu.
schlei.fen ['ʃlaifən] *Vtr unreg* **1** esmerilar, lixar, retificar. **2** afiar, amolar. **3** lapidar. **4** arrastar.
schlep.pen ['ʃlɛpən] *Vtr* **1** arrastar, rebocar. **2** carregar com dificuldade.
schleu.dern ['ʃlɔidərn] *Vtr* **1** lançar, atirar, arremessar, fulminar; centrifugar. *Vint* **(sein) 2** derrapar.
schleu.nigst ['ʃlɔiniçst] *Adv* imediatamente, o mais rapidamente possível.
schlicht [ʃliçt] *Adj* simples, singelo.
schlief [ʃli:f] *Prät* **schlafen.**
schlie.ßen ['ʃli:sən] *Vtr+Vint unreg* **1** fechar, cerrar, trancar. **2** concluir, inferir. **3** encerrar. **4** conectar. **Freundschaft schließen** fazer amizade
Schließ.fach ['ʃli:sfax] *Sm*, **Schließfächer 1** caixa postal. **2** cofre, guarda-volumes automático.
schließ.lich ['ʃli:sliç] *Adj* **1** final. **2** afinal, finalmente, enfim.
Schlie.ßung ['ʃli:suŋ] *Sf*, **-en** fechamento, encerramento.
schlimm [ʃlim] *Adj* **1** mau, ruim. **2** grave, sério. *Adv* mal.
Schlin.ge ['ʃliŋə] *Sf*, **-n 1** laço, nó. **2** tipoia. **3** armadilha.
Schlips ['ʃlips] *Sm*, **-e** gravata.
Schlit.ten ['ʃlitən] *Sm*, - trenó, tobogã.
Schlitt.schuh ['ʃlitʃu:] *Sm*, **-e** patim.
Schlitz [ʃlits] *Sm*, **-e 1** fenda, ranhura, abertura. **2** talho. **3** braguilha.
schloss [ʃlɔs] *Prät* **schließen.**
Schloss [ʃlɔs] *Sn*, **Schlösser 1** castelo, palácio. **2** fechadura.

Schlucht [ʃluxt] *Sf*, **-en** despenhadeiro, desfiladeiro, garganta, abismo.
schluch.zen ['ʃluxtsən] *Vint* soluçar.
Schluck [ʃluk] *Sm*, **-e, Schlücke** gole, trago.
schlu.cken ['ʃlukən] *Vtr* engolir, tragar.
schlug [ʃlu:k] *Prät* **schlagen.**
Schlüp.fer ['ʃlypfər] *Sm*, - calcinha, cueca.
Schluss [ʃlus] *Sm*, **Schlüsse 1** fim, final, encerramento, término. **2** conclusão.
Schlüs.sel ['ʃlysəl] *Sm*, - **1** chave. **2** gabarito, respostas. **3** *Mus* clave.
Schlüs.sel.loch ['ʃlysəllɔx] *Sn*, **Schlüssellöcher** buraco de fechadura.
Schluss.ver.kauf ['ʃlusfɛrkauf] *Sm*, **Schlussverkäufe** liquidação.
schmack.haft ['ʃmakhaft] *Adj* saboroso, gostoso, delicioso, apetitoso.
schmal [ʃma:l] *Adj* **1** estreito, delgado. **2** apertado.
schme.cken ['ʃmɛkən] *Vint* **1** ser gostoso, apetecer. **2** provar. **schmeckt's?** está gostando?
schmei.cheln ['ʃmaiçəln] *Vint* lisonjear, adular, bajular.
schmei.ßen ['ʃmaisən] *Vtr unreg* **1** lançar, arremessar, jogar. **2** arranjar, resolver.
schmel.zen ['ʃmɛltsən] *Vint unreg* **(sein) 1** derreter. **2** degelar. *Vtr unreg* **3** fundir, derreter.
Schmerz [ʃmɛrts] *Sm*, **-en 1** dor. **2** pena, mágoa.
schmer.zen ['ʃmɛrtsən] *Vint* **1** doer. *Vtr* **2** fazer doer, machucar. **3** magoar.
Schmerz.mit.tel ['ʃmɛrtsmitəl] *Sn*, - analgésico.
Schmet.ter.ling ['ʃmɛtərliŋ] *Sm*, **-e** borboleta.
schmie.ren ['ʃmi:rən] *Vtr* **1** engraxar, lubrificar. **2** untar, passar (no pão), aplicar. **3** borrar, lambuzar.
Schmier.geld ['ʃmi:rgɛlt] *Sn*, **-er** propina, luvas, suborno.
Schmin.ke ['ʃmiŋkə] *Sf*, **-n** maquiagem, pintura.
schmiss [ʃmis] *Prät* **schmeißen.**
schmolz [ʃmɔlts] *Prät* **schmelzen.**
Schmuck [ʃmuk] *Sm*, **-e 1** joias. **2** enfeite, adorno.
schmü.cken ['ʃmykən] *Vtr* enfeitar, ornamentar, decorar, embelezar.
schmug.geln ['ʃmugəln] *Vtr+Vint* contrabandear.
Schmugg.ler ['ʃmuglər] *Sm*, - contrabandista, muambeiro.
schmu.sen ['ʃmu:zən] *Vint Ugs* abraçar, beijocar, afagar, acarinhar.
Schmutz [ʃmuts] *Sm* (*o. Pl*) sujeira, imundície, porcaria.
schmut.zig ['ʃmutsiç] *Adj* sujo, imundo.
Schna.bel ['ʃna:bəl] *Sm*, **Schnäbel 1** bico. **2** *Ugs* boca.
Schna.ke ['ʃna:kə] *Sf*, **-n** mosquito, pernilongo.
Schnaps ['ʃnaps] *Sm*, **Schnäpse** aguardente, cachaça.
schnar.chen ['ʃnarçən] *Vint* roncar.
schnau.fen ['ʃnaufən] *Vint* ofegar, arquejar.
Schne.cke ['ʃnɛkə] *Sf*, **-n 1** caracol. **2** lesma. **3** rosca (pão doce).
Schnee [ʃne:] *Sm* (*o. Pl*) **1** neve. **2** *Ugs* pó (cocaína).
Schnee.mann ['ʃne:man] *Sm*, **Schneemänner** boneco de neve.
schnei.den ['ʃnaidən] *Vtr+Vint unreg* **1** cortar. **die Haare schneiden lassen** cortar o cabelo.
Schnei.der ['ʃnaidər] *Sm*, - **1** alfaiate, costureiro. **2** cortador.
schnei.en ['ʃnaiən] *Vint* nevar. **es schneit** está nevando.
schnell [ʃnɛl] *Adj* **1** rápido, veloz. **2** depressa.
Schnell.im.biss ['ʃnɛlimbis] *Sm*, **-e** lanchonete.
Schnell.stra.ße ['ʃnɛlʃtra:sə] *Sf*, **-n** via expressa.
Schnell.zug ['ʃnɛltsu:k] *Sm*, **Schnellzüge** trem rápido, expresso.
schnitt [ʃnit] *Prät* **schneiden.**
Schnitt [ʃnit] *Sm*, **-e 1** corte, talho, in-

cisão, seção. **2** interseção. **3** feitio, estilo. **4** média.
Schnit.te ['ʃnitə] *Sf*, **-n** fatia.
Schnit.zel ['ʃnitsəl] *Sn*, - **1** escalope. **2** papel picado.
schnit.zen ['ʃnitsən] *Vtr+Vint* entalhar, esculpir em madeira.
Schnit.zer ['ʃnitsər] *Sm*, - **1** entalhador, escultor. **2** falha, descuido, lapso, gafe.
Schnul.ler ['ʃnulər] *Sm*, - chupeta.
Schnup.fen ['ʃnupfən] *Sm*, - resfriado, coriza, congestão nasal.
Schnur [ʃnu:r] *Sf*, **Schnüre** fio, corda, cordel, barbante.
Schnurr.bart ['ʃnurba:rt] *Sm*, **Schnurrbärte** bigode.
Schnür.sen.kel ['ʃny:rzɛŋkəl] *Sm*, - cordão, cadarço.
schob [ʃo:p] *Prät* **schieben.**
Schock [ʃɔk] *Sm*, **-s** choque, abalo.
scho.ckie.ren [ʃɔ'ki:rən] *Vtr* **1** chocar. **2** ofender.
Scho.ko.la.de [ʃoko'la:də] *Sf*, **-n** chocolate.
schon [ʃo:n] *Adv* já. **das ist schon möglich** é bem possível. **schon gut** tudo bem.
schön [ʃø:n] *Adj* **1** bonito, belo, formoso, lindo. **2** simpático, amável. **3** considerável. **bitte schön!** de nada. **schönen Gruß!** lembranças!
scho.nen ['ʃo:nən] *Vtr* **1** proteger, poupar, preservar, guardar. **2** tratar com cuidado. *Vrefl* **3** cuidar-se, ir com calma.
Schön.heit ['ʃø:nhait] *Sf*, **-en** beleza, formosura.
Schöp.fer ['ʃøpfər] *Sm*, - criador.
schöp.fe.risch ['ʃøpfəriʃ] *Adj* criativo.
Schöpf.löf.fel ['ʃøpfløfəl] *Sm*, - concha (de sopa).
Schöp.fung ['ʃøpfuŋ] *Sf*, **-en** criação.
Schop.pen ['ʃɔpən] *Sm*, - caneca, copo meio litro ou de um quarto de litro, quartilho.
Schorn.stein ['ʃɔrnʃtain] *Sm*, **-e** chaminé.
schoss [ʃɔs] *Prät* **schießen.**
Schoß [ʃɔ:s] *Sm*, **Schöße** regaço, colo.
Schot.ter ['ʃɔtər] *Sm*, - cascalho, pedra britada, pedregulho.
schräg [ʃrɛ:k] *Adj* oblíquo, inclinado, diagonal, enviesado.
Schräg.strich ['ʃrɛ:kʃtriç] *Sm*, **-e** barra, traço oblíquo.
Schrank [ʃraŋk] *Sm*, **Schränke 1** armário. **2** estante. **3** gabinete.
Schran.ke ['ʃraŋkə] *Sf*, **-n 1** barreira, cancela. **2** limite.
Schrau.be ['ʃraubə] *Sf*, **-n 1** parafuso. **2** hélice.
Schrau.ben.schlüs.sel ['ʃraubənʃlysəl] *Sm*, - chave de porca, chave inglesa.
Schrau.ben.zie.her ['ʃraubəntsi:ər] *Sm*, - chave de fenda.
Schreck [ʃrɛk] *Sm*, **-e** susto, sobressalto, espanto, choque.
schreck.lich ['ʃrɛkliç] *Adj* **1** horrível, terrível, horroroso, medonho, espantoso. **2** insuportável. **3** *Ugs* tremendo, muito.
Schrei [ʃrai] *Sm*, **-e 1** grito, berro, brado. **2** canto (galo).
schrei.ben ['ʃraibən] *Vtr+Vint unreg* escrever.
Schrei.ben ['ʃraibən] *Sn*, - carta, missiva, ofício.
Schreib.tisch ['ʃraiptiʃ] *Sm*, **-e** escrivaninha, mesa de escritório.
schrei.en ['ʃraiən] *Vint unreg* **1** gritar, berrar. **2** chorar alto. **3** cantar (galo).
Schrei.ner ['ʃrainər] *Sm*, - marceneiro, carpinteiro.
schrie ['ʃri:] *Prät* **schreien.**
schrieb ['ʃri:p] *Prät* **schreiben.**
Schrift ['ʃrift] *Sf*, **-en 1** escrita, alfabeto, grafia. **2** texto, publicação, obra.
schrift.lich ['ʃriftliç] *Adj* por escrito.
Schrift.stel.ler ['ʃriftʃtɛlər] *Sm*, - escritor, autor.
Schritt [ʃrit] *Sm*, **-e 1** passo. **2** ritmo. **3** medida, diligência.
schritt.wei.se ['ʃritvaizə] *Adv* passo a passo, gradualmente, progressivamente, aos poucos.

schroff [ʃrɔf] *Adj* **1** íngreme, escarpado, abrupto. **2** rude, brusco. **3** súbito, repentino.
Schrott [ʃrɔt] *Sm*, **-e** **1** sucata, ferro velho. **2** coisa imprestável.
schrump.fen [ˈʃrumpfən] *Vint* **(sein)** **1** encolher, atrofiar-se, secar. **2** diminuir, minguar.
Schub.la.de [ˈʃu:pla:də] *Sf*, **-n** gaveta.
schüch.tern [ˈʃyçtərn] *Adj* **1** tímido, acanhado. **2** reservado, esquivo.
Schuh [ʃu:] *Sm*, **-e** sapato, calçado.
Schuh.creme [ˈʃu:krɛmə] *Sf*, **-s** graxa para calçados.
Schuh.löf.fel [ˈʃu:løfəl] *Sm*, **-** calçadeira.
Schuh.ma.cher [ˈʃu:maxər] *Sm*, **-** sapateiro.
Schul.auf.ga.be [ˈʃu:aufga:bə] *Sf*, **-n** dever escolar.
Schuld [ʃult] *Sf*, **-en** **1** culpa. **2** dívida.
schul.den [ˈʃuldən] *Vtr* dever, estar devendo.
schul.dig [ˈʃuldiç] *Adj* **1** culpado. **2** devedor.
Schuld.ner [ˈʃultnər] *Sm*, **-** devedor.
Schu.le [ˈʃu:lə] *Sf*, **-n** escola, colégio.
schu.len [ˈʃu:lən] *Vtr* **1** ensinar, instruir. **2** formar. **3** treinar.
Schü.ler [ˈʃy:lər] *Sm*, **-** aluno, estudante.
Schul.fe.ri.en [ˈʃu:lfe:riən] *S Pl* férias escolares.
schul.frei [ˈʃu:lfrai] *Adj* sem aulas.
Schul.hof [ˈʃu:lho:f] *Sm*, **Schulhöfe** pátio de recreio.
Schul.ter [ˈʃultər] *Sf*, **-n** ombro.
Schu.lung [ˈʃu:luŋ] *Sf*, **-en** instrução, formação, treinamento.
Schup.pe [ˈʃupə] *Sf*, **-n** **1** escama (peixe). **2** caspa (couro cabeludo).
Schür.ze [ˈʃyrtsə] *Sf*, **-n** avental.
Schuss [ʃus] *Sm*, **Schüsse** **1** tiro, disparo. **2** cartucho, carga. **3** chute, lance. **4** pitada.
Schüs.sel [ˈʃysəl] *Sf*, **-n** **1** travessa, terrina. **2** tigela.
Schus.ter [ˈʃu:stər] *Sm*, **-** sapateiro.
Schutt [ʃut] *Sm* (*o. Pl*) **1** entulho, escombros, detritos. **2** lixo.
schüt.teln [ˈʃytəln] *Vtr* sacudir, agitar, balançar, vibrar.
Schutz [ʃuts] *Sm*, **-e** proteção, abrigo, refúgio.
Schüt.ze [ˈʃytsə] *Sm*, **-n** **1** artilheiro, atirador. **2** *Astrol* Sagitário.
schüt.zen [ˈʃytsən] *Vtr* **1** proteger, abrigar, preservar, resguardar. *Vrefl* **2** abrigar-se, prevenir-se.
Schutz.en.gel [ˈʃutsɛŋəl] *Sm*, **-** anjo da guarda.
schwach [ʃvax] *Adj* fraco, débil.
Schwä.che [ˈʃvɛçə] *Sf*, **-n** fraqueza, debilidade.
schwä.chen [ˈʃvɛçən] *Vtr* **1** enfraquecer, debilitar. **2** solapar.
Schwach.sinn [ˈʃvaxzin] *Sm* (*o. Pl*) imbecilidade, debilidade mental.
Schwa.ger [ˈʃva:gər] *Sm*, **Schwäger** cunhado.
Schwä.ge.rin [ˈʃvɛ:gərin] *Sf*, **-nen** cunhada.
Schwal.be [ˈʃvalbə] *Sf*, **-n** andorinha.
schwamm [ʃvam] *Prät* **schwimmen.**
Schwamm [ʃvam] *Sm*, **Schwämme** **1** esponja. **2** cogumelo.
schwan.ger [ˈʃvaŋər] *Adj* grávida. **schwanger werden** engravidar.
Schwan.ger.schaft [ˈʃvɛŋərʃaft] *Sf*, **-en** gravidez, gestação.
schwan.ken [ˈʃvaŋkən] *Vint* **1** cambalear. **2** oscilar, variar. **3** balançar, vacilar.
Schwanz [ʃvants] *Sm*, **Schwänze** **1** cauda, rabo. **2** *Ugs* pênis.
schwär.men [ˈʃvɛrmən] *Vint* exaltar-se, estar apaixonado, adorar.
schwarz [ʃvarts] *Adj* **1** preto, negro. **2** informal, ilegal, ilícito. **schwarzer Markt** mercado negro ou paralelo. **schwarz sehen** prever desgraças, ser pessimista.
Schwarz.ar.beit [ˈʃvartsarbait] *Sf* (*o. Pl*) trabalho ilegal ou clandestino.
Schwarz.brot [ˈʃvartsbro:t] *Sn*, **-e** pão preto, pão de centeio integral.

Schwar.ze [ˈʃvartsə] *Sm+f*, **-n** preto, negro.
schwat.zen [ˈʃvatsən], **schwät.zen** [ˈʃvɛtsən] *Vint* bater papo, conversar, fofocar.
schwe.ben [ˈʃve:bən] *Vint* pairar, flutuar, estar suspenso no ar.
schwei.gen [ˈʃvaigən] *Vint unreg* ficar calado, calar-se.
Schwein [ʃvain] *Sn*, **-e** porco, suíno.
Schwei.ne.fleisch [ˈʃvainəflaiʃ] *Sn* (*o. Pl*) carne de porco.
Schwei.ne.rei [ʃvainəˈrai] *Sf*, **-en 1** porcaria. **2** barbaridade, maldade, baixeza, vileza.
Schweiß [ʃvais] *Sm* (*o. Pl*) suor, transpiração.
Schweiz [ʃvaits] *Sf* (*o. Pl*) Suíça.
Schwei.zer [ˈʃvaitsər] *Sm*, - suíço. **Schweizer Franken** franco suíço, *Abk:* **sfr, sFr.**
Schwel.le [ˈʃvɛlə] *Sf*, **-n 1** soleira, limiar. **2** limite, mínimo. **3** dormente.
schwen.ken [ˈʃvɛŋkən] *Vtr* **1** agitar, acenar, balançar. **2** girar, virar. **3** enxaguar.
schwer [ʃve:r] *Adj* **1** pesado. **2** árduo, difícil. **3** grave.
schwer.be.hin.dert [ˈʃve:rbəhindərt] *Adj* inválido, com deficiência grave.
schwer.fäl.lig [ˈʃve:rfɛliç] *Adj* pesado, lento, lerdo.
schwer.hö.rig [ˈʃve:rhø:riç] *Adj* (meio) surdo, com deficiência auditiva.
Schwert [ʃve:rt] *Sn*, **-er** espada.
Schwes.ter [ˈʃvɛstər] *Sf*, **-n 1** irmã. **2** enfermeira. **3** freira, madre.
schwieg [ʃvi:k] *Prät* **schweigen.**
Schwie.ger.el.tern [ˈʃvi:gərɛltərn] *S Pl* sogros.
Schwie.ger.mut.ter [ˈʃvi:gərmutər] *Sf*, **Schwiegermütter** sogra.
Schwie.ger.sohn [ˈʃvi:gərzo:n] *Sm*, **Schwiegersöhne** genro.
Schwie.ger.toch.ter [ˈʃvi:gərtɔxtər] *Sf*, **Schwiegertöchter** nora.
Schwie.ger.va.ter [ˈʃvi:gərfa:tər] *Sm*, **Schwiegerväter** sogro.
schwie.rig [ˈʃvi:riç] *Adj* complicado, difícil, custoso.
Schwie.rig.keit [ˈʃvi:riçkait] *Sf*, **-en** dificuldade, problema.
Schwimm.bad [ˈʃvimba:t] *Sn*, **Schwimmbäder** piscina.
schwim.men [ˈʃvimən] *Vint unreg* **(sein) 1** nadar. **2** boiar, flutuar.
Schwim.mer [ˈʃvimər] *Sm*, - **1** nadador. **2** boia, flutuador.
Schwin.del [ˈʃvindəl] *Sm* (*o. Pl*) **1** tontura, vertigem. **2** embuste, fraude.
Schwind.ler [ˈʃvindlər] *Sm*, - embusteiro, vigarista, caloteiro.
schwind.lig [ˈʃvindliç] *Adj* **1** com tonturas ou vertigens, tonto. **2** vertiginoso.
Schwips [ʃvips] *Sm*, **-e** *Ugs* bebedeira, pileque, porre.
schwit.zen [ˈʃvitsən] *Vint* suar, transpirar.
schwö.ren [ˈʃvø:rən] *Vtr+Vint unreg* jurar.
schwul [ʃvu:l] *Adj Ugs* homossexual, *gay*.
schwül [ʃvy:l] *Adj* abafado, sufocante, carregado, opressivo.
Schwu.le [ˈʃvu:lə] *Sm*, **-n** *Ugs* homossexual, *gay*.
Schwung [ʃvuŋ] *Sm*, **Schwünge 1** embalo, impulso. **2** entusiasmo, euforia, vigor, disposição, ânimo.
sechs [zɛks] *Zahlw* seis.
sechs.hun.dert [ˈzɛkshundərt] *Zahlw* seiscentos.
sechs.tau.send [ˈzɛkstauzənt] *Zahlw* seis mil.
sech.zehn [ˈzɛçtse:n] *Zahlw* dezesseis.
sech.zig [ˈzɛçtsiç] *Zahlw* sessenta.
See [ze:] *Sm*, **-n 1** lago. *Sf* (*o. Pl*) **2** mar.
see.krank [ˈze:kraŋk] *Adj* enjoado (em viagem por mar), mareado.
See.le [ˈze:lə] *Sf*, **-n 1** alma. **2** mente.
see.lisch [ˈze:liʃ] *Adj* **1** psíquico, psicológico. **2** mental.

See.mann [ˈze:man] *Sm*, **-leute** marinheiro, marujo.
Se.gel [ˈze:gəl] *Sn*, - vela.
Se.gel.boot [ˈze:gəlbo:t] *Sn*, **-e** barco a vela, veleiro.
se.geln [ˈze:gəln] *Vint* **(sein)** velejar.
Se.gel.schiff [ˈze:gəlʃif] *Sn*, **-e** barco a vela, veleiro.
Se.gen [ˈze:gən] *Sm*, - **1** bênção. **2** prosperidade, felicidade. **3** benefício, bem.
seg.nen [ˈze:knən] *Vtr* abençoar, benzer.
se.hen [ˈze:ən] *Vtr+Vint unreg* **1** ver, enxergar. **2** olhar, observar, notar. **3** assistir (filme, TV). **lass mal sehen** deixa ver.
Se.hens.wür.dig.keit [ˈze:ənsvyrdiçkait] *Sf*, **-en** atração, curiosidade, monumento, lugar turístico.
seh.nen [ˈze:nən] *Vrefl* **1** ansiar, suspirar por, desejar. **2** ter saudade de.
Sehn.sucht [ˈze:nzuxt] *Sf*, **Sehnsüchte** saudade, nostalgia, anseio, desejo ardente.
sehr [ze:r] *Adv* muito. **bitte sehr!** de nada!, pois não! **danke sehr!** muito obrigado(a)!
Sei.de [ˈzaidə] *Sf*, **-n** seda.
Sei.fe [ˈzaifə] *Sf*, **-n** **1** sabonete. **2** sabão.
Seil [zail] *Sn*, **-e** corda, cabo, amarra.
Seil.bahn [ˈzailba:n] *Sf*, **-en** funicular, teleférico, bondinho.
sein [zain] *Vint unreg* **(sein)** **1** ser, existir. **2** estar. • *Possessivpron* seu, sua, dele.
Sein [zain] *Sn* (*o. Pl*) ser, existência, realidade, vida.
seit [zait] *Präp* desde, a partir de.
seit.dem [ˈzaitde:m] *Adv+Konj* desde que, desde então.
Sei.te [ˈzaitə] *Sf*, **-n** **1** página. **2** lado. **3** flanco.
Sei.ten.stra.ße [ˈzaitənʃtra:sə] *Sf*, **-n** rua transversal ou lateral.
seit.her [zaitˈhe:r] *Adv* desde então.
Se.kre.tär [zekreˈtɛ:r] *Sm*, **-e** **1** secretário. **2** escrivaninha.
Se.kre.ta.ri.at [zekretariˈa:t] *Sn*, **-e** secretaria, secretariado.
Se.kre.tä.rin [zekreˈtɛ:rin] *Sf*, **-nen** secretária.
Sekt [zɛkt] *Sm*, **-e** vinho espumante, champanhe.
Se.kun.de [zeˈkundə] *Sf*, **-n** **1** segundo. **2** momento.
sel.ber [ˈzɛlbər] *Demonstrativpron* selbst.
selbst [zɛlpst] *Demonstrativpron* mesmo, próprio.
selb.stän.dig [ˈzɛlpʃtɛndiç] *Adj* independente, autônomo.
Selbst.be.die.nung [ˈzɛlpstbədi:nuŋ] *Sf*, **-en** autosserviço.
Selbst.be.herr.schung [ˈzɛlpstbəhɛrʃuŋ] *Sf* (*o. Pl*) **1** autocontrole, autodomínio. **2** sangue-frio.
selbst.be.wusst [ˈzɛlpstbəvust] *Adj* autoconfiante.
Selbst.bild.nis [ˈzɛlpstbiltnis] *Sn*, **-se** autorretrato.
Selbst.mord [ˈzɛlpstmɔrt] *Sm*, **-e** suicídio.
selbst.si.cher [ˈzɛlpstziçər] *Adj* autoconfiante, seguro de si, desembaraçado.
selbst.ver.ständ.lich [ˈzɛlpstfɛrʃtɛndliç] *Adj* natural, evidente, claro.
Selbst.ver.trau.en [ˈzɛlpstfɛrtrauən] *Sn* (*o. Pl*) autoconfiança.
se.lig [ˈze:liç] *Adj* **1** feliz, bem-aventurado. **2** saudoso (falecido).
sel.ten [ˈzɛltən] *Adj* **1** raro, escasso. **2** singular, excepcional, incomum.
Sel.ten.heit [ˈzɛltənhait] *Sf*, **-en** raridade.
selt.sam [ˈzɛltza:m] *Adj* estranho, esquisito, peculiar, curioso.
Se.mes.ter [zeˈmɛstər] *Sn*, - semestre escolar.
Sem.mel [ˈzɛməl] *Sf*, **-n** pãozinho.
sen.den [ˈzɛndən] *Vtr+Vint* **1** enviar, mandar, remeter, despachar. **2** transmitir, colocar no ar.
Sen.der [ˈzɛndər] *Sm*, - **1** emissora. **2** remetente, transmissor, emissor.

Sen.dung [ˈzɛnduŋ] *Sf*, **-en** **1** transmissão, programa de rádio ou TV. **2** remessa, consignação.
Senf [zɛnf] *Sm*, **-e** mostarda.
sen.ken [ˈzɛŋkən] *Vtr* baixar, rebaixar, reduzir, diminuir, fazer descer.
senk.recht [ˈzɛŋkrɛçt] *Adj* vertical, perpendicular, a prumo.
Sen.sa.ti.on [zɛnzatsiˈo:n] *Sf*, **-en** sensação.
Sep.tem.ber [zɛpˈtɛmbər] *Sm*, - setembro.
Se.rie [ˈze:riə] *Sf*, **-n** **1** série, sequência. **2** conjunto.
se.ri.ös [zeriˈø:s] *Adj* **1** sério. **2** respeitável, confiável.
ser.vie.ren [zɛrˈvi:rən] *Vtr* **1** servir. **2** entregar, passar.
Ser.vie.re.rin [zɛrˈvi:rərin] *Sf*, **-nen** garçonete.
Ser.vi.et.te [zɛrviˈɛtə] *Sf*, **-n** guardanapo.
ser.vus! [ˈzɛrvus] *Interj* **1** oi! **2** tchau!, até logo!
Ses.sel [ˈzɛsəl] *Sm*, - poltrona.
set.zen [ˈzɛtsən] *Vtr* **1** sentar, pôr, colocar. **2** compor (gráfica). **3** plantar. *Vrefl* **4** sentar-se, assentar. **setz dich!** sente!
Seu.che [ˈzɔiçə] *Sf*, **-n** epidemia.
seuf.zen [ˈzɔiftsən] *Vint* suspirar.
sfr, sFr. *Abk* **Schweizer Franken**.
sich [ziç] *Reflexivpron* se. **sich verspäten** atrasar-se.
si.cher [ˈziçər] *Adj* **1** seguro, certo, garantido. **2** confiável.
Si.cher.heit [ˈziçərhait] *Sf*, **-en** **1** segurança, certeza, garantia. **2** confiança, confiabilidade.
Si.cher.heits.gurt [ˈziçərhaitsgurt] *Sm*, **-e** cinto de segurança.
Si.cher.heits.na.del [ˈziçərhaitsna:dəl] *Sf*, **-n** alfinete de segurança.
Si.che.rung [ˈziçəruŋ] *Sf*, **-en** **1** salvaguarda, proteção, segurança, garantia. **2** fusível.
Sicht [ˈziçt] *Sf*, **-en** **1** visibilidade. **2** vista. **3** ponto de vista.
sicht.bar [ˈziçtba:r] *Adj* **1** visível. **2** manifesto, patente, claro.
Sicht.ver.merk [ˈziçtfɛrmɛrk] *Sm*, **-e** visto.
Sicht.wei.te [ˈziçtvaitə] *Sf*, **-n** visibilidade, alcance visual.
sie[1] [zi:] *Personalpron* ela; eles, elas.
Sie[2] [zi:] *Personalpron* o senhor, a senhora, Vossa Senhoria, os senhores, as senhoras.
sie.ben [ˈzi:bən] *Zahlw* sete.
sie.ben.hun.dert [ˈzi:bənhundərt] *Zahlw* setecentos.
sie.ben.tau.send [ˈzi:bəntauzənt] *Zahlw* sete mil.
sieb.zehn [ˈzi:ptse:n] *Zahlw* dezessete.
sieb.zig [ˈzi:ptsiç] *Zahlw* setenta.
sie.den [ˈzi:dən] *Vint reg+Vint irreg* ferver, ebulir.
Sied.lung [ˈzi:dluŋ] *Sf*, **-en** **1** colônia, povoado. **2** núcleo habitacional, loteamento.
Sieg [zi:k] *Sm*, **-e** vitória.
sie.gen [ˈzi:gən] *Vint* vencer, ganhar.
Sie.ger [ˈzi:gər] *Sm*, - vitorioso, vencedor.
Sig.nal [zigˈna:l] *Sn*, **-e** sinal, aviso.
Sil.be [ˈzilbə] *Sf*, **-n** sílaba.
Sil.ben.tren.nung [ˈzilbəntrɛnuŋ] *Sf*, **-en** divisão silábica.
Sil.ber [ˈzilbər] *Sn* (*o. Pl*) prata.
Sil.ber.hoch.zeit [ˈzilbərhɔxtsait] *Sf*, **-en** bodas de prata.
Sil.ves.ter.ball [zilˈvɛstərbal] *Sm*, **Silvesterbälle** *réveillon*.
Sin.fo.nie [zinfoˈni:] *Sf*, **-n** sinfonia.
Sin.fo.nie.or.ches.ter [zinfoˈni:ɔrkɛstər] *Sm*, - orquestra sinfônica.
sin.gen [ˈziŋən] *Vint+Vtr unreg* cantar.
Sin.gu.lar [ˈziŋgula:r] *Sm*, - singular.
sin.ken [ˈziŋkən] *Vint unreg* **(sein)** **1** baixar, descer, diminuir, cair. **2** afundar.
Sinn [zin] *Sm*, **-e** **1** sentido. **2** senso. **3** mente, maneira de pensar; significado. **im Sinn haben** ter em mente.
Sinn.bild [ˈzinbilt] *Sn*, **-er** símbolo, emblema.

sinn.lich [ˈzinliç] *Adj* **1** sensual, erótico. **2** sensorial, físico, sensível.
sinn.los [ˈzinlo:s] *Adj* absurdo, insensato, sem sentido, estúpido.
sinn.voll [ˈzinfɔl] **1** sensato, razoável, lógico. **2** conveniente. **3** prático.
Si.re.ne [ziˈre:nə] *Sf*, **-n 1** sirene. **2** sereia.
Sit.te [ˈzitə] *Sf*, **-n** costume, tradição, hábito, uso.
sitt.lich [ˈzitliç] *Adj* moral, ético, decente.
Si.tu.a.ti.on [zituatsiˈo:n] *Sf*, **-en** situação.
Sitz [zits] *Sm*, **-e 1** assento, lugar; sede, domicílio, residência. **2** posição, postura.
sit.zen [ˈzitsən] *Vint unreg* **1** estar sentado. **2** assentar bem. **3** *Ugs* estar preso. **einen sitzen haben** estar bêbado.
Sitz.kis.sen [ˈzitskisən] *Sn*, - almofada.
Sit.zung [ˈzitsuŋ] *Sf*, **-en 1** reunião. **2** sessão, assembleia.
Skan.dal [skanˈda:l] *Sm*, **-e** escândalo.
skep.tisch [ˈskɛptiʃ] *Adj* cético.
Ski [ʃi:] *Sm*, **-**, **-er** esqui.
Skiz.ze [ˈskitsə] *Sf*, **-n** esboço, rascunho, croqui.
Skla.ve [ˈskla:və] *Sm*, **-n** escravo.
Skru.pel [ˈskru:pəl] *Sm*, - escrúpulo.
so [zo:] *Adv* **1** assim. **2** tão, tanto. **es ist so weit** chegou a hora. **so dass** de modo que. **so ein Pech!** que azar! **so genannt** chamado, denominado.
so.bald [zo:ˈbalt] *Konj* logo que.
So.cke [ˈzɔkə] *Sf*, **-n** meia curta, soquete.
so.e.ben [zo: ˈe:bən] *Adv* neste momento, agorinha mesmo, há pouco.
So.fa [ˈzo:fa] *Sn*, **-s** sofá.
soff [sɔf] *Prät* **saufen.**
so.fort [zo:ˈfɔrt] *Adv* imediatamente, já, logo.
so.gar [zo:ˈga:r] *Adv* até mesmo.
Soh.le [ˈzo:lə] *Sf*, **-n 1** sola, palmilha. **2** planta (do pé).
Sohn [zo:n] *Sm*, **Söhne** filho.
so.lan.ge [zo:ˈlaŋə] *Konj* enquanto, até que.
solch [zɔlç] *Demonstrativpron* **1** tal, tão, tanto. **2** semelhante.
Sol.dat [zɔlˈda:t] *Sm*, **-en** soldado, militar.
So.li.da.ri.tät [zolidariˈtɛ:t] *Sf* (*o. Pl*) solidariedade.
so.li.de [zoˈli:də] *Adj* **1** sólido, firme, robusto, seguro. **2** honesto, respeitável.
sol.len [ˈzɔlən] *Modalv* **1** dever. **2** ter a obrigação de. **was soll das heißen?** o que significa isso? **was soll ich tun?** o que você quer que eu faça?
Som.mer [ˈzɔmər] *Sm*, - verão, estio.
Som.mer.spros.se [ˈzɔmərʃprɔsə] *Sf*, **-n** sarda, efélide.
Som.mer.zeit [ˈzɔmərtsait] *Sf*, **-en 1** horário de verão. **2** período de verão.
Son.der.an.ge.bot [ˈzɔndərangəbot] *Sn*, **-e** oferta especial, promoção.
son.der.bar [ˈzɔndərba:r] *Adj* esquisito, extravagante, estranho.
son.dern [ˈzɔndərn] *Konj* mas sim, senão, antes, ao contrário. **nicht nur ... sondern auch** não só ... como também.
Son.der.num.mer [ˈzɔndərnumər] *Sf*, **-n** edição especial.
Sonn.a.bend [ˈzɔna:bənt] *Sm*, **-e** sábado.
Son.ne [ˈzɔnə] *Sf*, **-n** sol.
son.nen [ˈzɔnən] *Vrefl* tomar sol.
Son.nen.blu.me [ˈzɔnənlu:mə] *Sf*, **-n** girassol.
Son.nen.bril.le [ˈzɔnənbrilə] *Sf*, **-n** óculos escuros, óculos de sol.
Son.nen.e.ner.gie [ˈzɔnənenɛrgi:] *Sf* (*o. Pl*) energia solar.
Son.nen.fins.ter.nis [ˈzɔnənfinstərnis] *Sf*, **-se** eclipse solar.
Son.nen.öl [ˈzɔnənø:l] *Sn*, **-e** bronzeador.
Son.nen.schein [ˈzɔnənʃain] *Sm* (*o. Pl*) luz ou brilho do sol.
Son.nen.schirm [ˈzɔnənʃirm] *Sm*, **-e** guarda-sol, sombrinha.
Son.nen.stich [ˈzɔnənʃtiç] *Sm*, **-e** insolação.
son.nig [ˈzɔniç] *Adj* **1** ensolarado. **2** feliz. **3** ingênuo.

Sonn.tag ['zɔnta:k] *Sm*, **-e** domingo.
sonn.tags ['zɔnta:ks] *Adv* aos domingos.
sonst [zɔnst] *Adv* **1** comumente, usual. **2** senão, caso contrário. **3** de resto. **sonst nichts** só isso. **sonst noch was?** mais alguma coisa?
so.oft [zo:'ɔft] *Konj* sempre que.
Sor.ge ['zɔrgə] *Sf*, **-n** preocupação, cuidado, inquietação.
sor.gen ['zɔrgən] *Vrefl* **1** preocupar-se com. *Vint* **2** cuidar de, providenciar.
sorg.fäl.tig ['zɔrkfɛltiç] *Adj* cuidadoso, meticuloso.
Sor.te ['zɔrtə] *Sf*, **-n** espécie, tipo de qualidade.
sor.tie.ren [zɔr'ti:rən] *Vtr* selecionar, classificar, separar.
So.ße ['zo:sə] *Sf*, **-n** molho.
Sou.ve.nir [suvə'ni:r] *Sn*, **-s** lembrança, recordação.
so.wie [zo:'vi] *Konj* **1** assim como, bem como. **2** logo que.
so.wie.so [zo:vi:'zo:] *Adj* em todo caso, de qualquer maneira.
so.wohl [zo:'vo:l] *Konj* tanto. **sowohl ... als auch** tanto ... quanto.
so.zi.al [zotsi'a:l] *Adj* social.
So.zi.o.lo.gie [zotsiolo'gi:] *Sf* (*o. Pl*) sociologia.
so.zu.sa.gen [zotsu'sa:gən] *Adv* **1** por assim dizer. **2** quase.
Spal.te ['ʃpaltə] *Sf*, **-n** **1** fenda, rachadura. **2** coluna (jornal). **3** *Geol* falha.
spal.ten ['ʃaltən] *Vtr unreg* **1** fender, rachar, partir. **2** cindir, desagregar, desintegrar.
Spa.ni.en ['ʃpa:niən] *Sn* (*o. Art*) Espanha.
spa.nisch ['ʃpa:niʃ] *Adj* espanhol.
span.nend ['ʃpanənt] *Adj* interessante, excitante, empolgante, com suspense.
Span.nung ['ʃpanuŋ] *Sf*, **-en** **1** tensão. **2** suspense, expectativa, excitação, agitação. **3** voltagem, carga.
spa.ren ['ʃpa:rən] *Vtr+Vint* poupar, economizar, fazer economias.
Spa.rer ['ʃpa:eər] *Sm*, - poupador.
Spar.kas.se ['ʃpa:rkasə] *Sf*, **-n** caixa econômica.
spar.sam ['ʃpa:rza:m] *Adj* **1** econômico, moderado. **2** regrado, frugal.
Spaß ['ʃpa:s] *Sm*, **Späße** brincadeira, divertimento, alegria, gracejo, travessura. **Spaß machen** estar brincando. **viel Spaß!** divirta(m)-se.
spät [ʃpɛ:t] *Adj* tarde, atrasado, tardio. **wie spät ist es?** que horas são?
Spät.le.se ['ʃpɛ:tle:zə] *Sf*, **-n** vindima tardia, última vindima.
Spatz [ʃpats] *Sm*, **-en** **1** pardal. **2** *fam* petiz, pimpolho, queridinho.
spa.zie.ren [ʃpa'tsi:rən] *Vint* passear.
Spa.zier.gang [ʃpa'tsi:rgaŋ] *Sm*, **Spaziergänge** passeio, volta.
Specht [ʃpɛçt] *Sm*, **-e** pica-pau.
Speck [ʃpɛk] *Sm*, **-e** **1** toucinho, bacon. **2** gordura, banha.
Spei.chel ['ʃpaiçəl] *Sm* (*o. Pl*) **1** saliva, cuspe. **2** baba.
Spei.cher ['ʃpaiçər] *Sm*, - **1** sótão. **2** armazém, depósito. **3** *Inform* memória.
spei.chern ['ʃpaiçərn] *Vtr* **1** armazenar, guardar. **2** acumular.
Spei.se ['ʃpaizə] *Sf*, **-n** comida, prato, alimento.
Spei.se.gast.stä.te ['ʃpaizəgastʃtɛtə] *Sf*, **-n** restaurante.
Spei.se.kar.te ['ʃpaizəkartə] *Sf*, **-n** cardápio, menu.
Spei.se.saal ['ʃpaizəza:l] *Sm*, **Speisesäle** sala de jantar, refeitório.
Spen.de ['ʃpɛndə] *Sf*, **-n** donativo, doação, contribuição.
spen.den ['ʃpɛndən] *Vtr+Vint* doar, contribuir, dar, proporcionar, conferir.
Spen.der ['ʃpɛndər] *Sm*, - doador, dispensador.
Sper.re ['ʃpɛrə] *Sf*, **-n** barreira, bloqueio, interdição, obstáculo.
sper.ren ['ʃpɛrən] *Vtr* **1** cerrar, fechar, bloquear, travar, trancar. **2** vedar, interditar. **3** impedir, cortar.
Spe.zi.a.list [ʃpetsia'list] *Sm*, **-en** especialista.

Spe.zi.a.li.tät [ʃpetsiali'tɛ:t] *Sf*, **-en** especialidade.
spe.zi.ell [ʃpetsi'əl] *Adj* **1** especial, peculiar. **2** específico, característico.
spe.zi.fisch [ʃpe'tsi:fiʃ] *Adj* específico.
Spie.gel ['ʃpi:gəl] *Sm*, - espelho, nível.
Spiel ['ʃpi:l] *Sn*, **-e** jogo, partida, brincadeira.
Spiel.bank ['ʃpi:lbaŋk] *Sf*, **-en** cassino.
spie.len ['ʃpi:lən] *Vint* **1** jogar. **2** brincar. **3** tocar (instrumento). **4** representar (teatro), encenar, bancar. **das spielt keine Rolle** não tem importância.
Spie.ler ['ʃpi:lər] *Sm*, - jogador.
Spiel.film ['ʃpi:lfilm] *Sm*, **-e** filme de longa-metragem.
Spiel.platz ['ʃpi:lplats] *Sm*, **Spielplätze** **1** parque infantil. **2** *playground*.
Spiel.wa.ren ['ʃpi:lva:rən] *S Pl* brinquedos.
Spiel.zeug ['ʃpi:ltsɔik] *Sn*, **-e** brinquedo.
Spi.nat [ʃpi'na:t] *Sm*, **-e** espinafre.
Spin.ne ['ʃpinə] *Sf*, **-n** aranha.
spin.nen ['ʃpieən] *Vtr unreg* **1** fiar, tramar. *Vint unreg* **2** *Ugs* ser doido, estar com um parafuso solto, não regular.
Spi.on [ʃpi'o:n] *Sm*, **-e** espião, olho mágico.
Spi.ra.le [ʃpi'ra:lə] *Sf*, **-n** **1** espiral. **2** DIU.
Spi.ri.tu.o.se [ʃpiritu'o:zə] *Sf*, **-n** bebida alcoólica.
spitz [ʃpits] *Adj* **1** pontiagudo, pontudo. **2** bicudo. **3** afiado. **4** agudo (ângulo).
Spitz.bu.be ['ʃpitsbu:bə] *Sm*, **-n** velhaco, meliante, patife, malandro.
Spit.ze ['ʃpitsə] *Sf*, **-n** **1** ponta, pico, topo. **2** extremidade. **3** (ponto) máximo. **4** renda (tecido de malhas).
Spitz.na.me ['ʃpitsna:mə] *Sm*, **-n** apelido, alcunha.
Split.ter ['ʃplitər] *Sm*, - **1** cisco, farpa. **2** lasca, estilhaço, fragmento.
Spon.sor ['ʃpɔnsər] *Sm*, **-s, -en** patrocinador.
spon.tan [ʃpɔn'ta:n] *Adj* espontâneo.
Sport [ʃpɔrt] *Sm* (*o. Pl*) esporte, educação física.
Sport.ler ['ʃpɔrtlər] *Sm*, - esportista, atleta.
sport.lich ['ʃpɔrtliç] *Adj* esportivo.
Sport.ver.ein ['ʃpɔrtfɛrain] *Sm*, **-e** associação esportiva, clube.
Spott [ʃpɔt] *Sm* (*o. Pl*) escárnio, mofa, troça, zombaria.
sprach [ʃpra:x] *Prät* **sprechen.**
Spra.che ['ʃpre:xə] *Sf*, **-n** **1** língua, idioma. **2** linguagem, fala.
Spra.chen.schu.le ['ʃpra:xənʃu:lə] *Sf*, **-n** escola de línguas ou idiomas.
Sprach.kennt.nis.se ['ʃpra:xkɛntnisə] *S Pl* conhecimentos de língua(s) estrangeira(s).
Sprach.kurs ['ʃpra:xkurs] *Sm*, **-e** curso de língua estrangeira.
sprach.los ['ʃpra:xlo:s] *Adj* atônito, mudo, sem fala, estupefato.
sprang [ʃpraŋ] *Prät* **springen.**
spre.chen ['ʃprɛçən] *Vtr+Vint unreg* **1** falar, dizer, recitar. **2** pronunciar. **sprechen Sie Portugiesisch?** o senhor (a senhora) fala português?
Spre.cher ['ʃprɛçer] *Sm*, - **1** orador, locutor, narrador. **2** porta-voz, representante.
Sprech.stun.de ['ʃprɛçʃtundə] *Sf*, **-n** **1** consulta. **2** audiênca. **3** horário de atendimento.
Sprech.zim.mer ['ʃprɛçtsimər] *Sn*, - consultório.
spricht [ʃpriçt] *Präs* **sprechen.**
Sprich.wort ['ʃpriçvɔrt] *Sn*, **Sprichwörter** provérbio.
sprin.gen ['ʃpriŋən] *Vint unreg* **(sein)** **1** saltar, pular. **2** estalar, quebrar, rachar.
Sprit.ze ['ʃpritsə] *Sf*, **-n** **1** seringa. **2** injeção.
Spruch [ʃprux] *Sm*, **Sprüche** **1** sentença. **2** lema, *slogan*. **3** aforismo, adágio, provérbio.
Spru.del ['ʃpru:dəl] *Sm*, - água mineral com gás.
Sprung [ʃpruŋ] *Sm*, **Sprünge** **1** salto, pulo. **2** fenda, fissura, trinca.

Sprung.brett ['ʃpruŋbrɛt] *Sn*, **-er** **1** trampolim. **2** tábua de impulsão (salto).
spu.cken ['ʃpukən] *Vint* cuspir, escarrar.
Spül.be.cken ['ʃpy:lbɛkən] *Sn*, - pia.
spü.len ['ʃpy:lən] *Vtr+Vint* **1** banhar, lavar. **2** enxaguar. **Geschirr spülen** lavar louça.
Spur [ʃpu:r] *Sf*, **-en** **1** rastro, pegada, vestígio. **2** pista, faixa. **3** trilha. **4** traço.
spür.bar ['ʃpy:rba:r] *Adj* perceptível, notável, sensível.
spü.ren ['ʃpy:rən] *Vtr* sentir, notar, perceber.
St. *Abk* **Sankt** [zaŋkt] Santo, Santa, São.
Staat [ʃta:t] *Sm*, **-en** **1** Estado. **2** país.
staat.lich ['ʃta:tliç] *Adj* **1** estadual. **2** estatal, público. **3** nacional.
Staats.an.ge.hö.rig.keit ['ʃta:tsangəhø:riçkait] *Sf*, **-en** nacionalidade.
Staats.prä.si.dent ['ʃta:tsprɛzidɛnt] *Sm*, **-en** presidente da República.
Stab [ʃta:p] *Sm*, **Stäbe** **1** bastão, pau, vara, vareta, haste. **2** barra.
Stäb.chen ['ʃtɛ:pçən] *Sn*, - palito, vareta, varinha, pauzinho, bastonete.
sta.bil [ʃta'bi:l] *Adj* estável, seguro, firme, robusto, sólido.
stach [ʃtax] *Prät* **stechen.**
Sta.di.on ['ʃta:diɔn] *Sn*, **Stadien** estádio.
Stadt [ʃtat] *Sf*, **Städte** cidade.
Stadt.füh.rer ['ʃtatfy:rər] *Sm*, - guia, mapa da cidade.
Stadt.mit.te ['ʃtatmitə] *Sf*, **-n** centro da cidade.
Stadt.plan ['ʃtatplan] *Sm*, **Stadtpläne** planta, mapa da cidade.
Stadt.teil ['ʃtattail] *Sm*, **-e** bairro, distrito.
Stadt.ver.wal.tung ['ʃtatfɛrvaltuŋ] *Sf*, **-en** municipalidade, prefeitura.
stahl [ʃta:l] *Prät* **stehlen.**
Stahl [ʃta:l] *Sm*, **Stähle** aço.
Stall [ʃtal] *Sm*, **Ställe** **1** estábulo, estrebaria. **2** cavalariça. **3** abrigo para animais.
stam.men ['ʃtamən] *Vint* **1** provir de, ser natural de. **2** derivar. **3** descender. **4** datar.
Stamm.sil.be ['ʃtamzilbə] *Sf*, **-n** radical.
Stamm.tisch ['ʃtamtiʃ] *Sm*, **-e** mesa cativa de grupo de frequentadores regulares.
stand [ʃtant] *Prät* **stehen.**
Stand [ʃtant] *Sm*, **Stände** **1** posição, situação. **2** nível, grau. **3** cotação. **4** corporação, classe profissional, categoria. **5** banca, estande (feira), loja, baia. **6** estado civil.
Stan.des.amt ['ʃtandəsamt] *Sn*, **Standesämter** registro civil, cartório.
stän.dig ['ʃtɛndiç] *Adj* **1** constante, contínuo, permanente. **2** regular.
Stand.punkt ['ʃtantpuŋkt] *Sm*, **-e** ponto de vista, opinião.
Stan.ge ['ʃtaŋə] *Sf*, **-n** **1** vara, estaca, pau. **2** barra. **3** poleiro.
Sta.pel ['ʃta:pəl] *Sm*, - **1** pilha, monte. **2** estoque. **3** *Inform* lote.
sta.peln ['ʃta:pəln] *Vtr* **1** empilhar. **2** estocar, acumular.
Star [ʃta:r] *Sm*, **-e** **1** estorninho. **-s** **2** estrela (artista), craque.
starb [ʃtarp] *Prät* **sterben.**
stark [ʃtark] *Adj* **1** forte, vigoroso, robusto, enérgico. **2** grosso, gordo.
Stär.ke ['ʃtɛrkə] *Sf*, **-n** **1** força, potência. **2** intensidade, volume. **3** fécula, amido, goma.
stär.ken ['ʃtɛrkən] *Vtr* **1** fortalecer, revigorar. **2** engomar (roupa). *Vrefl* **3** refrescar-se, fortalecer-se.
Stark.strom ['ʃtarkʃtro:m] *Sm*, **Starkströme** corrente de alta tensão.
Start [ʃtart] *Sm*, **-s** **1** partida, arrancada. **2** decolagem.
star.ten ['ʃtartən] *Vint* **(sein)** **1** dar partida, pôr em marcha, partir. **2** decolar.
Sta.ti.on [ʃtatsi'o:n] *Sf*, **-en** **1** estação, parada. **2** emissora. **3** enfermaria (hospital).
Sta.tis.tik [ʃta'tistik] *Sf*, **-en** estatística.

statt [ʃtat] *Konj* em vez de, em lugar de.
statt.fin.den [ˈʃtatfindən] *Vint unreg* realizar-se, ter lugar, ocorrer.
Sta.tue [ˈʃta:tuə] *Sf*, **-n** estátua.
Stau [ʃtau] *Sm*, **-s**, **-e** **1** acúmulo. **2** en-garrafamento, congestionamento.
Staub [ʃtaup] *Sm* (*o. Pl*) pó, poeira.
stau.big [ˈʃtaubiç] *Adj* poeirento, empoeirado, coberto de pó.
Staub.sau.ger [ˈʃtaupzaugər] *Sm*, - aspirador de pó.
Stau.damm [ˈʃtaudam] *Sm*, **Staudämme** represa, barragem, dique, açude.
stau.nen [ˈʃtaunən] *Vint* admirar-se, ficar espantado.
Stau.see [ˈʃtauze:] *Sm*, **-n** represa, lago artificial, açude.
Steak [ʃte:k] *Sn*, **-s** bife, filé.
ste.chen [ˈʃtɛçən] *Vtr+Vint unreg* **1** picar, furar. **2** arder (sol).
Steck.do.se [ˈʃtɛkdo:zə] *Sf*, **-n** tomada.
ste.cken [ˈʃtɛkən] *Vtr* **1** meter, enfiar. **2** conectar. *Vint* **3** estar em.
Ste.cker [ˈʃtɛkər] *Sm*, - plugue, pino de tomada.
Steck.na.del [ˈʃtɛkna:dəl] *Sf*, **-n** alfinete.
ste.hen [ˈʃte:ən] *Vint unreg* **1** estar, estar de pé. **2** estar parado. **3** encontrar-se. **4** estar escrito. **gut stehen** ficar bem em, combinar com. **in der Zeitung steht** o jornal diz. **stehen bleiben** a) parar, ficar. b) ficar parado, ficar de pé. **stehen lassen** deixar, não tocar; deixar para trás, esquecer.
steh.len [ˈʃte:lən] *Vtr+Vint* roubar, furtar.
Steh.platz [ˈʃte:plats] *Sm*, **Stehplätze** lugar em pé, geral (teatro, estádio).
steif [ʃtaif] *Adj* **1** rijo, duro, teso, ereto, rígido. **2** engomado. **3** formal.
stei.gen [ˈʃtaigən] *Vint unreg* **(sein)** **1** subir, trepar, escalar. **2** aumentar. **aus dem Bus steigen** desembarcar. **in den Bus steigen** embarcar.
stei.gern [ˈʃtaigərn] *Vtr* **1** aumentar, elevar. **2** intensificar. **3** melhorar, potencializar.
steil [ʃtail] *Adj* vertical, íngreme, abrupto, escarpado.
Stein [ʃtain] *Sm*, **-e** **1** pedra, rocha. **2** tijolo. **3** caroço. **4** peça, figura (jogo).
Stein.zeit [ˈʃtaintsait] *Sf* (*o. Pl*) Idade da Pedra
Stel.le [ˈʃtɛlə] *Sf*, **-n** **1** lugar, local, ponto. **2** emprego, vaga, posto, cargo, escalão. **3** passagem, trecho (texto). **auf der Stelle** imediatamente.
stel.len [ˈʃtɛlən] *Vtr* **1** colocar, pôr. **2** regular, ajustar, acertar. **3** preparar, fazer. **eine Frage stellen** fazer uma pergunta.
Stel.lung [ˈʃtɛluŋ] *Sf*, **-en** **1** posição, colocação. **2** emprego, posto. **3** atitude.
Stel.lung.nah.me [ˈʃtɛluŋna:mə] *Sf*, **-n** **1** atitude, tomada de posição. **2** declaração, pronunciamento.
Stell.ver.tre.ter [ˈʃtɛlfɛrtre:tər] *Sm*, - substituto, representante, suplente.
Stem.pel [ˈʃtɛmpəl] *Sm*, - **1** carimbo. **2** selo. **3** *Bot* pistilo.
ster.ben [ˈʃtɛrbən] *Vint unreg* **(sein)** morrer, falecer.
sterb.lich [ˈʃtɛrpliç] *Adj* mortal.
Ste.re.o.an.la.ge [ˈʃte:reoanla:gə] *Sf*, **-n** conjunto de som estéreo, stereo *system*.
ste.ril [ʃteˈri:l] *Adj* **1** estéril. **2** asséptico.
ste.ri.li.sie.ren [ʃteriliˈzi:rən] *Vtr* esterilizar.
Stern [ʃtɛrn] *Sm*, **-e** estrela, astro.
Stern.schnup.pe [ˈʃtɛrnʃnupə] *Sf*, **-n** estrela cadente.
Stern.war.te [ˈʃtɛrnvartə] *Sf*, **-n** observatório.
Stern.zei.chen [ˈʃtɛrntsaiçən] *Sn*, - signo do zodíaco.
stets [ʃte:ts] *Adv* sempre, continuamente.
Steu.er [ˈʃtɔiər] *Sn*, - **1** volante. **2** timão, leme. *Sf*, **-n** **3** imposto, tributo, taxa.
steu.er.frei [ˈʃtɔiərfrai] *Adj* isento (de impostos).

steu.ern ['ʃtɔiərn] *Vtr* **1** dirigir, comandar, controlar, regular. **2** pilotar. **3** guiar, manobrar, conduzir.
Steu.er.rad ['ʃtɔiərra:t] *Sn*, **Steuerräder 1** volante. **2** timão.
Ste.war.dess ['ʃtju:ərdɛs] *Sf*, **Stewardessen** comissária, aeromoça.
Stich [ʃtiç] *Sm*, **-e 1** picada, ferrada, facada, punhalada. **2** fisgada, pontada. **3** ponto (costura). **4** gravura, estampa.
Stich.pro.be ['ʃtiçpro:bə] *Sf*, **-n 1** amostragem. **2** fiscalização aleatória.
Stich.wort ['ʃtiçtvɔrt] *Sn*, **-e, Stichwörter 1** deixa (teatro). **2** mote. **3** entrada, verbete, chamada.
sti.cken ['ʃtikən] *Vint* bordar.
Stie.fel ['ʃti:fəl] *Sm*, - bota.
Stief.kind ['ʃti:fkint] *Sn*, **-er 1** enteado. **2** relegado, marginalizado.
Stief.mut.ter ['ʃti:fmutər] *Sf*, **Stiefmütter** madrasta.
Stief.va.ter ['ʃti:ffa:tər] *Sm*, **Stiefväter** padrasto.
stieg [ʃti:k] *Prät* **steigen.**
Stiel [ʃti:l] *Sm*, **-e 1** cabo. **2** talo, caule. **Eis am Stiel** picolé.
Stier [ʃti:r] *Sm*, **-e** touro.
stieß [ʃti:s] *Prät* **stoßen.**
Stift [ʃtift] *Sm*, **-e 1** lápis. **2** pino, pivô, prego. **3** aprendiz.
stif.ten ['ʃtiftən] *Vtr* **1** fundar, instituir. **2** dotar, doar. **3** causar, provocar.
Stif.tung ['ʃtiftuŋ] *Sf*, **-en** fundação, doação.
Stil [ʃti:l] *Sm*, **-e** estilo.
still [ʃtil] *Adj* **1** quieto, calmo, tranquilo, silencioso, calado. **2** secreto, tácito. **der Stille Ozean** oceano Pacífico.
Stil.le ['ʃtilə] *Sf* (*o. Pl*) **1** sossego, tranquilidade, silêncio, calma. **2** paz.
still.ste.hen ['ʃtilʃte:ən] *Vint* parar, ficar parado.
Stim.me ['ʃtimə] *Sf*, **-n 1** voz. **2** opinião. **3** voto.
stim.men ['ʃtimən] *Vint* **1** estar certo ou correto. *Vtr* **2** votar. **3** afinar.
Stim.mung ['ʃtimuŋ] *Sf*, **-en 1** ambiente, atmosfera, clima. **2** tendência. **3** humor, disposição, ânimo.
stin.ken ['ʃtiŋkən] *Vint unreg* cheirar mal, feder.
Sti.pen.di.at [ʃtipɛndi'a:t] *Sm*, **-en** bolsista.
Sti.pen.di.um [ʃti'pɛndium] *Sn*, **-dien** bolsa de estudos.
stirbt [ʃtirpt] *Präs* **sterben.**
Stirn [ʃtirn] *Sf*, **-en** testa, fronte.
Stock [ʃtɔk] *Sm*, **Stöcke 1** pau, bengala, taco. **2** andar, piso.
Stock.werk ['ʃtɔkvɛrk] *Sn*, **-e** andar, piso.
Stoff [ʃtɔf] *Sm*, **-e 1** matéria, material, substância. **2** assunto, tema. **3** pano, tecido, fazenda.
stöh.nen ['ʃtø:nən] *Vint* gemer.
stol.pern ['ʃtɔlpərn] *Vint* **(sein)** tropeçar.
stolz [ʃtɔlts] *Adj* orgulhoso, altivo, soberbo, vaidoso.
Stolz [ʃtɔlts] *Sm* (*o. Pl*) **1** orgulho, altivez. **2** vaidade, arrogância.
stop.fen ['ʃtɔpfən] *Vtr* **1** tapar. **2** encher, socar. **3** cerzir.
stop.pen ['ʃtɔpən] *Vtr* parar, interromper, suspender, sustar.
stö.ren ['ʃtø:rən] *Vtr* estorvar, perturbar, incomodar, transtornar.
Stö.rung ['ʃtø:ruŋ] *Sf*, **-en 1** transtorno, distúrbio, desordem, estorvo, incômodo, perturbação. **2** defeito, falha, interferência, interrupção, pane.
Stoß [ʃto:s] *Sm*, **Stöße 1** choque, impacto. **2** golpe, pancada. **3** empurrão, encontrão. **4** abalo. **5** maço, montão, pilha.
sto.ßen ['ʃto:sən] *Vtr unreg* **1** empurrar. **2** chutar. **3** dar cotovelada.
Stoß.stan.ge ['ʃto:sʃtaŋə] *Sf*, **-n** para-choque.
stot.tern ['ʃtɔtərn] *Vint* gaguejar.
Str. *Sf*, **-n** *Abk* **Straße.**
Stra.fe ['ʃtra:fə] *Sf*, **-n 1** castigo, pena, punição. **2** multa.

stra.fen [ˈʃtra:fən] *Vtr* **1** castigar, punir. **2** multar.

Strahl [ʃtra:l] *Sm*, **-en** **1** raio. **2** jato, jorro.

strah.len [ˈʃtra:lən] *Vint* irradiar, radiar, brilhar.

stramm [ʃtram] *Adj* **1** firme, apertado, esticado. **2** robusto, forte, vigoroso. **3** ereto. **4** compacto. **5** rigoroso.

Strand [ʃtrant] *Sm*, **Strände** praia, beira-mar.

Stra.ße [ˈʃtra:sə] *Sf*, **-n** **1** rua. **2** estrada, via. **3** estreito (mar).

Stra.ßen.bahn [ˈʃtra:sənba:n] *Sf*, **-en** bonde.

Stra.ßen.kar.te [ˈʃtra:sənkartə] *Sf*, **-n** mapa rodoviário.

Strauch [ʃtraux] *Sm*, **Sträucher** arbusto.

Strauß [ʃtraus] *Sm*, **Sträuße** **1** ramalhete, buquê. **-e** **2** avestruz.

stre.ben [ˈʃtre:bən] *Vint* ambicionar, aspirar a, batalhar por.

Stre.cke [ˈʃtrɛkə] *Sf*, **-n** **1** distância, percurso, trajeto. **2** linha.

Streich [ˈʃtraiç] *Sm*, **-e** **1** golpe. **2** *fig* travessura, trapaça.

strei.cheln [ˈʃtraiçəln] *Vtr* acariciar, afagar.

strei.chen [ˈʃtraiçən] *Vtr unreg* **1** riscar, eliminar, anular, cancelar. **2** pintar.

Streich.holz [ˈʃtraiçhɔlts] *Sn*, **Streichhölzer** fósforo.

Strei.fe [ˈʃtraifə] *Sf*, **-n** patrulha, ronda, batida.

strei.fen [ˈʃtraifən] *Vtr* **1** roçar, raspar, arranhar, tocar. **2** abordar. **3** vestir.

Strei.fen [ˈʃtraifən] *Sm*, **-** **1** fita, tira, faixa. **2** listra. **3** *Ugs* filme.

Streik [ʃtraik] *Sm*, **-s** greve.

strei.ken [ˈʃtraikən] *Vint* **1** fazer greve. **2** *Ugs* não funcionar, emperrar.

Streit [ʃtrait] *Sm*, **-e** **1** briga, luta, conflito. **2** litígio, disputa. **3** controvérsia.

strei.ten [ˈʃtraitən] *Vrefl+Vint unreg* **1** brigar, lutar. **2** discutir, disputar, debater.

streng [ʃtrɛŋ] *Adj* **1** severo, rigoroso, austero. **2** estrito.

Stress [ʃtrɛs] *Sm*, **Stresse** estresse, estafa.

Strich [ʃtriç] *Sm*, **-e** **1** traço, linha, risco. **2** hífen. **3** travessão. **4** zona de meretrício.

Strich.punkt [ˈʃtriçpuŋkt] *Sm*, **-e** ponto e vírgula.

Strick [ʃtrik] *Sm*, **-e** corda, cabo.

stri.cken [ˈʃtrikən] *Vtr+Vint* tricotar, fazer tricô.

stritt [ʃtrit] *Prät* **streiten.**

Stroh [ʃtro:] *Sn* (*o. Pl*) palha.

Strom [ʃtro:m] *Sm*, **Ströme** **1** rio. **2** corrente, torrente, fluxo. **3** eletricidade, energia.

Strö.mung [ˈʃtrø:muŋ] *Sf*, **-en** **1** corrente, correnteza. **2** movimento. **3** tendência.

Strumpf [ʃtrumpf] *Sm*, **Strümpfe** meia.

Strumpf.ho.se [ˈʃtrumpfho:zə] *Sf*, **-n** meia-calça.

Stu.be [ˈʃtu:bə] *Sf*, **-n** sala de visitas.

Stück [ʃtyk] *Sn*, **-e** **1** peça. **2** pedaço, fragmento, porção. **3** item, unidade.

Stu.dent [ʃtuˈdɛnt] *Sm*, **-en** estudante universitário.

Stu.den.ten.aus.weis [ʃtuˈdɛntənausvais] *Sm*, **-e** carteira de estudante universitário.

Stu.die [ˈʃtu:diə] *Sf*, **-n** estudo, trabalho de pesquisa, levantamento.

Stu.di.en.platz [ˈʃtudiənplats] *Sm*, **Studienplätze** vaga na universidade.

stu.die.ren [ʃtuˈdi:rən] *Vint* estudar, fazer curso superior.

Stu.dio [ˈʃtu:dio] *Sn*, **-s** **1** estúdio, ateliê. **2** academia de ginástica.

Stu.di.um [ˈʃtu:dium] *Sn*, **Studien** estudos superiores, curso superior.

Stu.fe [ˈʃtu:fə] *Sf*, **-n** **1** grau, fase, estágio, etapa, escalão. **2** degrau, nível.

Stuhl [ʃtu:l] *Sm*, **Stühle** cadeira.

stumm [ʃtum] *Adj* **1** mudo, calado. **2** taciturno.

stumpf [ʃtumpf] *Adj* **1** embotado, apáti-

co, insensível. **2** obtuso, sem ponta, sem fio, cego (gume).
Stun.de ['ʃtundə] *Sf*, **-n 1** hora. **2** aula.
stur [ʃtu:r] *Adj* **1** teimoso, obstinado, cabeçudo, persistente, bronco. **2** fleumático, impassível.
Sturm [ʃturm] *Sm*, **Stürme 1** vento forte, ventania. **2** tempestade, temporal, tormenta, borrasca. **3** ataque, assalto.
stür.men ['ʃtyrmən] *Vint* **1** ventar forte. **(sein) 2** atacar, tomar de assalto.
stür.misch ['ʃtyrmiʃ] *Adj* **1** tempestuoso, impetuoso, encrespado, turbulento. **2** veemente.
Sturz [ʃturts] *Sm*, **Stürze 1** queda, baixa. **2** ruína.
stür.zen ['ʃtyrtsən] *Vint* **(sein) 1** cair, desabar. **2** irromper. *Vtr* **3** arremessar, lançar. **4** derrubar.
Sturz.helm ['ʃturtshɛlm] *Sm*, **-e** capacete.
Stüt.ze ['ʃtytsə] *Sf*, **-n** apoio, esteio, amparo, suporte, escora.
stüt.zen ['ʃtytsən] *Vtr* **1** apoiar, amparar, suster. **2** escorar. *Vrefl* **3** apoiar-se, basear-se.
Sub.jekt [zup'jɛkt] *Sn*, **-e** sujeito.
Sub.stan.tiv ['zupstanti:f] *Sn*, **-e** substantivo, nome.
Su.che ['zu:xə] *Sf*, **-n 1** procura, busca. **2** prospecção.
su.chen ['zu:xən] *Vtr* procurar, buscar.
Sucht [zuxt] *Sf*, **Süchte, -en** vício, mania, obsessão.
süch.tig ['zyçtiç] *Adj* viciado.
Süd.a.me.ri.ka ['zy:tame:rika] *Sn* (*o. Art*) América do Sul.
süd.a.me.ri.ka.nisch ['zy:tame:rikaniʃ] *Adj* sul-americano.
Süd.deutsch.land ['zy:tdɔitʃlant] *Sn* (*o. Art*) sul da Alemanha.
Sü.den ['zy:dən] *Sm* (*o. Pl*) sul.
Süd.frucht ['zy:tfruxt] *Sf*, **Südfrüchte** fruta (sub)tropical.
Süd.län.der ['zy:tlɛndər] *Sm*, **-** latino.
süd.lich ['zy:tliç] *Adj* meridional, do ou ao sul.
Sum.me ['zumə] *Sf*, **-n 1** soma, total. **2** quantia.
sum.men ['zumən] *Vint* **1** zumbir, zunir. **2** cantarolar de boca fechada.
Sumpf [zumpf] *Sm*, **Sümpfe** pântano, charco, brejo.
Sün.de ['zyndə] *Sf*, **-n** pecado, delito, falta, transgressão.
Sün.der ['zyndər] *Sm*, **-** pecador.
sün.di.gen ['zyndigən] *Vint* pecar.
su.per ['zu:pər] *Adj Ugs* fantástico, legal, súper.
Su.per.la.tiv ['zu:pərlatif] *Sm*, **-e** superlativo.
Su.per.markt ['zu:pərmarkt] *Sm*, **Supermärkte** supermercado.
Sup.pe ['zupə] *Sf*, **-n** sopa, caldo.
süß [zy:s] *Adj* **1** doce, açucarado. **2** suave. **3** encantador.
Sü.ßig.keit ['zy:siçkait] *Sf*, **-en 1** bala, doce. **2** doçura.
Süß.stoff ['zy:sʃtɔf] *Sm*, **-e** adoçante, edulcorante.
Süß.was.ser ['zy:svasər] *Sn*, **-** água doce.
Sym.bol [zym'bo:l] *Sn*, **-e** símbolo.
Sym.pa.thie [zympa'ti:] *Sf*, **-n** simpatia.
sym.pa.thisch [zym'pa:tiʃ] *Adj* simpático, agradável.
Sy.no.nym [zyno'ny:m] *Sn*, **-e** sinônimo.
Syn.the.se [zyn'te:zə] *Sf*, **-n** síntese.
Sys.tem [zys'te:m] *Sn*, **-e** sistema.
sys.te.ma.tisch [zyste'ma:tiʃ] *Adj* sistemático.
Sze.ne ['stse:nə] *Sf*, **-n 1** cena. **2** palco, cenário. **3** *Ugs* ambiente, meio, turma.

t

t, T [te:] *Sn*, - letra t, T.
Ta.bel.le [ta'bɛlə] *Sf*, **-n** tabela, lista, relação.
Tab.let.te [ta'blɛtə] *Sf*, **-n** comprimido.
ta.deln ['ta:dəln] *Vtr* repreender, advertir, censurar, criticar.
Ta.fel ['ta:fəl] *Sf*, **-n 1** quadro, lousa. **2** placa, letreiro, tabuleta. **3** mesa. **4** barra (chocolate).
Tag [ta:k] *Sm*, **-e** dia. **guten Tag!** boa tarde.
Ta.ge.buch ['ta:gəbu:x] *Sn*, **Tagebücher** diário.
Ta.ges.ord.nung ['ta:gəsɔrtnuŋ] *Sf*, **-en** ordem do dia, agenda, pauta.
täg.lich ['tɛ:kliç] *Adj* diário, cotidiano.
tags.über ['ta:ksy:bər] *Adv* durante o dia.
Ta.gung ['ta:guŋ] *Sf*, **-en** reunião, congresso, jornada.
Ta.gungs.ort ['ta:guŋsɔrt] *Sm*, **-e** local de reunião.
Takt ['takt] *Sm*, **-e 1** compasso, ritmo, cadência. **2** tato, tino, delicadeza.
tak.tisch ['taktiʃ] *Adj* tático, estratégico.
takt.los ['taktlo:s] *Adj* grosso, grosseiro, mal-educado, indiscreto, sem tino.
Tal [ta:l] *Sn*, **Täler** vale.
Ta.lent [ta'lɛnt] *Sn*, **-e 1** talento, capacidade. **2** aptidão.
Tal.sper.re [ta:lʃpɛrə] *Sf*, **-n** represa, barragem.
Tank [taŋk] *Sm*, **-s** tanque, depósito de líquidos.
tan.ken ['taŋkən] *Vtr+Vint* abastecer, encher (combustível).
Tank.stel.le ['taŋkʃtɛlə] *Sf*, **-n** posto de gasolina.
Tan.ne ['tanə] *Sf*, **-n** abeto, pinheiro.
Tan.nen.baum ['tanənbaum] *Sm*, **Tannenbäume 1** abeto, pinheiro. **2** árvore de Natal.
Tan.te ['tantə] *Sf*, **-n** tia.
Tanz [tants] *Sm*, **Tänze** dança, baile.
tan.zen ['tantsən] *Vint* dançar, bailar.
Tanz.mu.sik ['tantsmuzi:k] *Sf*, **-en** música para dançar.
Ta.pe.te [ta'pe:tə] *Sf*, **-n** papel de parede.
tap.fer ['tapfər] *Adj* valente, bravo, corajoso.
Ta.rif [ta'ri:f] *Sm*, **-e 1** tarifa, tabela. **2** taxa, preço. **3** tabela salarial.
tar.nen ['tarnən] *Vtr* camuflar.
Ta.sche ['taʃə] *Sf*, **-n 1** bolsa. **2** bolso. **3** carteira.
Ta.schen.buch ['taʃənbu:x] *Sn*, **Taschenbücher** livro de bolso.
Ta.schen.dieb ['taʃəndi:p] *Sm*, **-e** batedor de carteira, trombadinha.
Ta.schen.geld ['taʃəngɛlt] *Sn* (*o. Pl*) **1** dinheiro para pequenas despesas. **2** mesada.
Ta.schen.lam.pe ['taʃənlampə] *Sf*, **-n** lanterna.
Ta.schen.mes.ser ['taʃənmɛsər] *Sn*, - canivete.
Ta.schen.rech.ner ['taʃənrɛçnər] *Sm*, - calculadora de bolso.
Ta.schen.tuch ['taʃəntu:x] *Sn*, **Taschentücher** lenço.

Tas.se [ˈtasə] *Sf*, **-n** xícara.
Tas.te [ˈtastə] *Sf*, **-n** tecla, botão.
tat [ta:t] *Prät* **tun.**
Tat [ta:t] *Sf*, **-en** **1** ato, ação. **2** crime, delito.
Tä.ter [ˈtɛ:tər] *Sm*, - autor de um crime, criminoso, culpado.
Tä.tig.keit [ˈtɛ:tiçkait] *Sf*, **-en** **1** atividade, atuação, ação. **2** função, profissão.
Tä.to.wie.rung [ˈtɛtoˈvi:ruŋ] *Sf*, **-en** tatuagem.
Tat.sa.che [ˈta:tzaxə] *Sf*, **-n** fato, realidade.
tat.säch.lich [ˈta:tzɛçliç] *Adj* real, efetivo, verdadeiro. • *Adv* de fato, realmente.
Tau [tau] *Sm* (*o. Pl*) **1** orvalho. *Sn*, **-e** **2** corda, cabo.
taub [taup] *Adj* **1** surdo. **2** insensível, vazio.
Tau.be [ˈtaubə] *Sf*, **-n** **1** pombo(a). *Sm+f*, **-n** **2** surdo(a).
taub.stumm [ˈtaupʃtum] *Adj* surdo-mudo.
tau.chen [ˈtauxən] *Vint* mergulhar, imergir, submergir.
Tau.cher [ˈtauxər] *Sm*, - mergulhador.
Tau.fe [ˈtaufə] *Sf*, **-n** batismo, batizado.
tau.fen [ˈtaufən] *Vtr* batizar.
Tauf.pa.te [ˈtaufpa:tə] *Sm*, **-n** padrinho.
tau.gen [ˈtaugən] *Vint* prestar, valer, servir.
tau.schen [ˈtauʃən] *Vtr* trocar, permutar.
täu.schen [ˈtɔiʃən] *Vtr* **1** enganar, iludir. **2** frustrar, decepcionar. **3** *Sport* fintar.
tau.send [ˈtauzənt] *Zahlw* mil.
Tau.wet.ter [ˈtauvɛtər] *Sn* (*o. Pl*) degelo.
Ta.xi [ˈtaksi] *Sn*, **-s** táxi. **mit dem Taxi** de táxi.
Ta.xi.fah.rer [ˈtaksifa:rər] *Sm*, - taxista, motorista de táxi.
Tech.nik [ˈtɛçnik] *Sf*, **-en** **1** técnica, tecnologia. **2** engenharia.
Tech.ni.ker [ˈtɛçnikər] *Sm*, - técnico.
tech.nisch [ˈtɛçniʃ] *Adj* técnico, tecnológico.
Tech.no.lo.gie [tɛçnoloˈgi:] *Sf*, **-n** tecnologia.
Tee [te:] *Sm*, **-s** chá.
Teig [taik] *Sm*, **-e** massa.
Teig.wa.ren [ˈtaikva:rən] *S Pl* massas.
Teil [tail] *Sm*, **-e** **1** parte. **2** elemento. **3** fração. **4** pedaço, parcela, porção. **zum Teil** parcialmente.
tei.len [ˈtailən] *Vtr* **1** dividir. **2** repartir, partilhar.
Teil.nah.me [ˈtailna:mə] *Sf*, **-n** **1** participação. **2** interesse, simpatia. **3** compaixão, condolência, pesar.
teil.neh.men [ˈtailne:mən] *Vint* **1** participar. **2** partilhar, compartilhar.
Teil.neh.mer [ˈtailne:mər] *Sm*, - **1** participante. **2** competidor. **3** assinante.
teil.wei.se [ˈtailvaizə] *Adv* em parte, parcialmente.
Teil.zah.lung [ˈtailtsa:luŋ] *Sf*, **-en** **1** prestação. **2** parcelamento.
Te.le.fon [teleˈfo:n] *Sn*, **-e** telefone.
Te.le.fon.ap.pa.rat [teleˈfo:napara:t] *Sm*, **-e** telefone.
Te.le.fon.buch [teleˈfo:nbu:x] *Sn*, **Telefonbücher** lista telefônica.
Te.le.fon.ge.bühr [teleˈfo:ngəby:r] *Sf*, **-en** tarifa telefônica.
Te.le.fon.ge.spräch [teleˈfo:ngəʃprɛç] *Sn*, **-e** telefonema.
te.le.fo.nie.ren [telefoˈni:rən] *Vint* telefonar.
Te.le.fo.nis.tin [telefoˈnistin] *Sf*, **-nen** telefonista.
Te.le.fon.num.mer [teleˈfo:nnumər] *Sf*, **-n** número do telefone.
Te.le.fon.rech.nung [teleˈfo:nrɛçnuŋ] *Sf*, **-en** conta telefônica.
Te.le.fon.zel.le [teleˈfo:ntsɛlə] *Sf*, **-n** cabine telefônica.
Te.le.gramm [teleˈgram] *Sn*, **-e** telegrama.
Tel.ler [ˈtɛlər] *Sm*, - prato.
Tem.pel [ˈtɛmpəl] *Sm*, - templo.
Tem.pe.ra.ment [tɛmpəraˈmɛnt] *Sn*, **-e** **1** temperamento, índole, gênio, natureza, caráter. **2** vivacidade.

tem.pe.ra.ment.voll [tɛmpəraˈmɛntfɔl] *Adj* **1** animado. **2** temperamental, impulsivo.
Tem.pe.ra.tur [tɛmpəraˈtu:r] *Sf*, **-en** temperatura.
Tem.po [ˈtɛmpo] *Sn*, **-s** velocidade, ritmo.
Ten.denz [tɛnˈdɛnts] *Sf*, **-en** tendência.
Ten.nis [ˈtɛnis] *Sn* (*o. Pl*) jogo de tênis.
Ten.nis.platz [ˈtɛnisplats] *Sm*, **Tennisplätze** quadra de tênis.
Ten.nis.schlä.ger [ˈtɛnisʃlɛ:gər] *Sm*, - raquete de tênis.
Tep.pich [ˈtɛpiç] *Sm*, **-e** tapete.
Tep.pich.bo.den [ˈtɛpiçbo:dən] *Sm*, **Teppichböden** carpete.
Ter.min [terˈmi:n] *Sm*, **-e 1** prazo, termo. **2** compromisso, encontro marcado, hora marcada.
Ter.min.ka.len.der [terˈmi:nkalɛndər] *Sm*, - agenda.
Ter.ras.se [teˈrasə] *Sf*, **-n** terraço.
Test [tɛst] *Sm*, **-e, -s 1** teste. **2** ensaio.
Tes.ta.ment [tɛstaˈmɛnt] *Sn*, **-e** testamento.
tes.ten [ˈtɛstən] *Vtr* testar, experimentar.
teu.er [tɔiər] *Adj* **1** caro. **2** precioso. **wie teuer ist das?** quanto custa?
Teu.fel [ˈtɔifəl] *Sm*, - diabo, demônio.
Text [tɛkst] *Sm*, **-e 1** texto. **2** legenda.
Tex.ti.li.en [tɛksˈti:liən] *S Pl* produtos têxteis, tecidos.
The.a.ter [teˈa:tər] *Sn*, - teatro. **Theater spielen** fazer teatro.
The.a.ter.kar.te [teˈa:tərkartə] *Sf*, **-n** entrada, bilhete ou ingresso de teatro.
The.ke [ˈte:kə] *Sf*, **-n** balcão.
The.ma [ˈte:ma] *Sn*, **Themen** tema, assunto, tópico.
The.o.lo.gie [teoloˈgi:] *Sf*, **-n** teologia.
The.o.re.ti.ker [teoˈre:tikər] *Sm*, - teórico.
the.o.re.tisch [teoˈre:tiʃ] *Adj* teórico.
The.o.rie [teoˈri:] *Sf*, **-n** teoria.
The.ra.peut [teraˈpɔit] *Sm*, **-en** terapeuta.
The.ra.pie [teraˈpi:] *Sf*, **-n** terapia, tratamento.
Ther.mo.me.ter [tɛrmoˈme:tər] *Sn*, - termômetro.
Ther.mos.fla.sche [ˈtɛrmosflaʃə] *Sf*, **-n** garrafa térmica.
The.se [ˈte:zə] *Sf*, **-n** tese.
tief [ti:f] *Adj* **1** fundo, profundo. **2** baixo, grave.
Tie.fe [ˈti:fə] *Sf*, **-n** profundidade, profundeza.
Tief.ga.ra.ge [ˈti:fgara:ʒə] *Sf*, **-n** garagem subterrânea.
Tier [ti:r] *Sn*, **-e 1** animal, bicho. **2** fera. **ein hohes Tier** figurão.
Tier.arzt [ˈti:rartst] *Sm*, **Tierärzte** veterinário.
Tier.gar.ten [ˈti:rgartən] *Sm*, **Tiergärten** (jardim) zoológico.
Tier.park [ˈti:rpark] *Sm*, **-s** zoológico.
til.gen [ˈtilgən] *Vtr* **1** exterminar, extinguir, anular, liquidar. **2** amortizar.
Tin.te [ˈtintə] *Sf*, **-n** tinta (de caneta).
Tipp [tip] *Sm*, **-s** dica, palpite.
Tisch [tiʃ] *Sm*, **-e** mesa. **nach Tisch** após a refeição.
Tisch.de.cke [ˈtiʃdɛkə] *Sf*, **-n** toalha de mesa.
Tisch.ler [ˈtiʃlər] *Sm*, - marceneiro, carpinteiro.
Tisch.ten.nis [ˈtiʃtɛnis] *Sn* (*o. Pl*) tênis de mesa, pingue-pongue.
Tisch.tuch [ˈtiʃtu:x] *Sn*, **Tischtücher** toalha de mesa.
Ti.tel [ˈti:təl] *Sm*, - **1** título. **2** número (música).
to.ben [ˈto:bən] *Vint* **1** estar furioso, estar bravo. **2** gritar, bramar.
Toch.ter [ˈtɔxtər] *Sf*, **Töchter** filha.
Tod [to:t] *Sm*, **-e** morte, óbito, falecimento.
To.des.stra.fe [ˈto:dəsʃtra:fə] *Sf*, **-n** pena de morte.
tod.krank [ˈto:tkraŋk] *Adv* moribundo, gravemente enfermo, em estado crítico.

töd.lich [ˈtø:tliç] *Adj* **1** mortal, fatal. **2** letal. **tödlich verunglückt** morto em acidente.
tod.mü.de [ˈto:tmy:də] *Adj* exausto, estafado, esgotado.
tod.si.cher [ˈto:tziçər] *Adj* infalível, absolutamente certo ou seguro.
To.i.let.te [toaˈlɛtə] *Sf*, **-n** banheiro, sanitário, lavatório, lavabo.
To.le.ranz [toleˈrants] *Sf*, **-n** tolerância.
toll [tɔl] *Adj* **1** louco, maluco. **2** furioso. **3** *Ugs* legal, ótimo. **das ist toll** que legal!
To.ma.te [toˈma:tə] *Sf*, **-n** tomate.
Ton [to:n] *Sm*, **Töne 1** som. **2** tom. **3** nota. **4** timbre. **5** acento tônico. **-e 6** argila.
Ton.lei.ter [ˈto:nlaitər] *Sf*, **-n** *Mus* escala.
Ton.ne [ˈtɔnə] *Sf*, **-n 1** tonelada. **2** barril, tonel, pipa.
Topf [tɔpf] *Sm*, **Töpfe 1** panela, pote. **2** vaso, jarro.
Tor [to:r] *Sn*, **-e 1** portão, portal. **2** *Sport* gol. *Sm*, **-en 3** tolo, otário.
tö.richt [ˈtø:riçt] *Adj* tolo, bobo, insensato, estúpido.
Tor.mann [ˈto:rman] *Sm*, **Tormänner, -leute** *Sport* goleiro.
Tor.schüt.ze [ˈto:rʃytsə] *Sm*, **-n** *Sport* artilheiro.
Tor.te [ˈtɔrtə] *Sf*, **-n** torta doce, bolo confeitado.
Tor.wart [ˈto:rvart] *Sm*, **-e** *Sport* goleiro.
tot [to:t] *Adj* **1** morto, falecido, defunto. **2** extinto, desativado.
to.tal [toˈta:l] *Adj* total, completo.
To.te [ˈto:tə] *Sm+f*, **-n 1** morto, defunto, falecido. **2** vítima fatal.
tö.ten [ˈtø:tən] *Vtr* matar, assassinar.
To.ten.schein [ˈto:tənʃain] *Sm*, **-e** atestado de óbito.
tot.la.chen [ˈto:tlaxən] *Vrefl* matar-se de rir.
To.to [ˈto:to] *Sn+m*, **-s** loteria esportiva.
Tour [tu:r] *Sf*, **-en 1** viagem, volta, giro, excursão. **2** rotação.
Tou.ris.mus [tuˈrismus] *Sm* (*o. Pl*) turismo.
Tou.rist [tuˈrist] *Sm*, **-en** turista.
Tracht [traxt] *Sf*, **-en 1** traje regional tradicional. **2** uniforme, hábito.
Tra.di.ti.on [traditsiˈo:n] *Sf*, **-en** tradição.
tra.di.ti.o.nell [traditsioˈnɛl] *Adj* tradicional.
traf [traf] *Prät* **treffen.**
trä.ge [ˈtrɛ:gə] *Adj* **1** lerdo, indolente, preguiçoso, lento, letárgico, apático. **2** inerte.
tra.gen [ˈtra:gən] *Vtr unreg* **1** carregar, transportar, levar, trazer. **2** arcar, sustentar, suportar. **3** vestir, trajar, usar (roupa).
Trä.ger [ˈtrɛ:gər] *Sm*, **- 1** portador, carregador, entregador. **2** titular. **3** viga, suporte.
Träg.heit [ˈtrɛ:khait] *Sf*, **-en 1** indolência, preguiça. **2** inércia.
tra.gisch [ˈtra:giʃ] *Adj* trágico.
Tra.gö.die [traˈgø:diə] *Sf*, **-n** tragédia.
Trag.ta.sche [ˈtra:ktaʃə] *Sf*, **-n** sacola.
Trai.ner [ˈtre:nər] *Sm*, **-** treinador, técnico.
trai.nie.ren [tre:ˈni:rən] *Vtr+Vint* treinar, exercitar, praticar.
Trai.ning [ˈtre:niŋ] *Sn*, **-s 1** treinamento. **2** exercício.
Trai.nings.an.zug [ˈtre:niŋsantsu:k] *Sm*, **Trainingsanzüge** agasalho esportivo.
Trak.tor [ˈtraktɔr] *Sm*, **-en** trator.
tram.pen [ˈtrɛmpən] *Vint* **(sein)** viajar pegando carona.
Trä.ne [ˈtrɛ:nə] *Sf*, **-n** lágrima.
trank [traŋk] *Prät* **trinken.**
Trans.pa.rent [transpaˈrɛnt] *Sn*, **-e 1** faixa, cartaz. **2** diapositivo, transparência.
Trans.port [transˈpɔrt] *Sm*, **-e 1** transporte, condução. **2** comboio. **3** carga.
trat [tra:t] *Prät* **treten.**
trau.en [ˈtrauən] *Vint* **1** confiar, acreditar. *Vtr* **2** casar, fazer o casamento. *Vrefl* **3** atrever-se, ousar, ter coragem.

T

Trau.er [ˈtrauər] *Sf* (*o. Pl*) **1** tristeza, dor. **2** luto.
trau.ern [ˈtrauərn] *Vint* estar de luto, estar triste, lamentar.
Traum [traum] *Sm*, **Träume** sonho.
träu.men [ˈtrɔimən] *Vint* sonhar.
trau.rig [ˈtrauriç] *Adj* triste, aflito.
Trau.ung [ˈtrauuŋ] *Sf*, **-en** (cerimônia do) casamento, núpcias. **kirchliche Trauung** casamento religioso. **standesamtliche Trauung** casamento civil.
Trau.zeu.ge [ˈtrautsɔigə] *Sm*, **-n** padrinho de casamento.
tref.fen [ˈtrɛfən] *Vtr+Vint unreg* **1** encontrar, topar com. **2** acertar, atingir.
Tref.fen [ˈtrɛfən] *Sn*, - encontro, reunião.
Treff.punkt [ˈtrɛfpuŋkt] *Sm*, **-e** ponto de encontro.
trei.ben [ˈtraibən] *Vtr unreg* **1** mover, acionar, impelir, tanger. **2** estimular. **3** exercer, praticar. **Sport treiben** praticar esportes.
Treib.haus [ˈtraiphaus] *Sn*, **Treibhäuser** estufa, viveiro.
Treib.stoff [ˈtraipʃtɔf] *Sm*, **-e** combustível, carburante.
Trend [trɛnt] *Sm*, **-s** **1** tendência. **2** voga, moda.
tren.nen [ˈtrɛnən] *Vtr* **1** separar, dividir. **2** diferenciar, distinguir.
Tren.nung [ˈtrɛnuŋ] *Sf*, **-en** **1** separação, dissolução, divisão, distinção. **2** despedida.
Trep.pe [ˈtrɛpə] *Sf*, **-n** escada, escadaria.
tre.ten [ˈtre:tən] *Vint unreg* **(sein)** **1** andar, pisar, entrar. **(haben)** **2** chutar.
treu [trɔi] *Adj* fiel, leal, dedicado.
Treue [trɔiə] *Sf* (*o. Pl*) fidelidade, lealdade.
Tri.bü.ne [triˈby:nə] *Sf*, **-n** tribuna.
Trick [trik] *Sm*, **-s** truque, efeito especial (cinema).
Trick.film [trikfilm] *Sm*, **-e** desenho animado.
trieb [tri:p] *Prät* **treiben.**
Trieb [tri:p] *Sm*, **-e** **1** impulso, instinto, pulsação, compulsão. **2** broto, rebento.
Tri.kot [triˈko:] *Sn*, **-s** **1** camiseta. **2** camisa ou uniforme esportivo.
trin.ken [ˈtriŋkən] *Vtr+Vint unreg* beber, tomar.
Trink.geld [ˈtriŋkgɛlt] *Sn*, **-er** gorjeta.
Trink.halm [ˈtriŋkhalm] *Sm*, **-e** canudo.
Tritt [trit] *Sm*, **-e** **1** passo. **2** pontapé, chute. **3** degrau. **4** estribo.
Tri.umph [triˈumf] *Sm*, **-e** triunfo, sucesso.
tro.cken [ˈtrɔkən] *Adj* seco, árido.
Tro.cken.heit [ˈtrɔkənhait] *Sf*, **-en** seca, estiagem.
Tro.cken.milch [ˈtrɔkənmilç] *Sf* (*o. Pl*) leite em pó.
trock.nen [ˈtrɔknən] *Vtr* secar, enxugar.
Trom.mel [ˈtrɔməl] *Sf*, **-n** tambor.
Trom.pe.te [trɔmˈpe:tə] *Sf*, **-n** trombeta, corneta, clarim.
Tro.pen [ˈtro:pən] *S Pl* trópicos.
trop.fen [ˈtrɔpfən] *Vtr+Vint* pingar, gotejar.
Trop.fen [ˈtrɔpfən] *Sm*, - gota, pingo. **ein guter Tropfen** um bom vinho.
tro.pisch [ˈtro:piʃ] *Adj* tropical.
Trost [tro:st] *Sm* (*o. Pl*) consolo, consolação.
trös.ten [ˈtrø:stən] *Vtr* consolar, confortar.
Trott [trɔt] *Sm*, **-e** **1** trote. **2** rotina.
Trot.tel [ˈtrɔtəl] *Sm*, - pamonha, cretino, imbecil.
trotz [trɔts] *Präp* apesar de.
trotz.dem [trɔtsˈde:m] *Adv* apesar disso, não obstante.
trü.be [ˈtry:bə] *Adj* **1** turvo, sujo. **2** opaco, baço. **3** nublado. **4** sombrio, escuro.
trug [tru:k] *Prät* **tragen.**
Tru.he [ˈtru:ə] *Sf*, **-n** arca, baú, cofre.
Trüm.mer [ˈtrymər] *S Pl* destroços, ruínas, escombros.

Trup.pe [ˈtrupə] *Sf*, **-n** unidade, tropa, companhia, time.

tschüs! [ˈtʃy:s] *Interj* tchau!

Tu.be [ˈtu:bə] *Sf*, **-n** tubo, bisnaga.

Tuch [tu:x] *Sn*, **Tücher 1** pano, tecido. **2** toalha.

tüch.tig [ˈtyçtiç] *Adj* **1** eficiente, competente. **2** esforçado, ágil, ativo, trabalhador, estudioso.

Tu.gend [ˈtu:gənt] *Sf*, **-en** virtude.

Tu.mor [ˈtu:mor, tuˈmo:r] *Sm*, **-en** tumor.

Tu.mult [tuˈmult] *Sm*, **-e 1** tumulto, alvoroço, confusão. **2** protesto.

tun [tu:n] *Vtr unreg* **1** fazer, agir. **2** cumprir. **es tut mir leid** sinto muito.

Tun.nel [ˈtunəl] *Sm*, **-(s)** túnel.

Tun.te [ˈtuntə] *Sf*, **-n** *Ugs* bicha, fresco.

Tür [ty:r] *Sf*, **-n** porta. **vor die Tür setzen** botar fora, expulsar.

Tür.ke [ˈtyrkə] *Sm*, **-n** turco.

tür.kisch [ˈtyrkiʃ] *Adj* turco.

Tür.klin.ke [ˈty:rkliŋkə] *Sf*, **-n** maçaneta.

Turm [turm] *Sm*, **Türme** torre, campanário.

tur.nen [ˈturnən] *Vint* fazer ginástica.

Turn.hal.le [ˈturnhalə] *Sf*, **-n** ginásio de esportes.

Tur.nier [turˈni:r] *Sn*, **-e** torneio, competição.

Turn.schuh [ˈturnʃu:] *Sm*, **-e** tênis (calçado).

Tür.schild [ˈty:rʃilt] *Sn*, **-er** placa, tabuleta.

Tü.te [ˈty:tə] *Sf*, **-n** saco de papel ou de plástico.

Typ [ty:p] *Sm*, **-en 1** tipo, modelo. **2** sujeito, cara.

ty.pisch [ˈty:piʃ] *Adj* típico.

u

u, U [u:] *Sn*, - letra u, U.

ü, Ü [y:] *Sn*, - letra ü, Ü (U com trema).

u.a. *Abk* **unter anderem**.

U-Bahn [u:ba:n] *Sf*, **-en** metrô, trem metropolitano.

ü.bel ['y:bəl] *Adj* **1** mau, ruim. **2** mal. **3** enjoado, indisposto. **übel nehmen** levar a mal, melindrar-se, ofender-se.

Ü.bel.keit ['y:bəlkait] *Sf*, - enjoo, náusea, mal-estar.

ü.ben [y:bən] *Vtr* **1** treinar, praticar, exercitar. **2** ensaiar.

ü.ber ['y:bər] *Präp* **1** sobre. **2** acima de. **3** além. **4** mais de. **5** via, por. **sechs Grad über Null** seis graus positivos.

ü.ber.all [y:bər'al] *Adv* **1** em toda parte. **2** sempre.

Ü.ber.blick ['y:bərblik] *Sm*, **-e** **1** visão de conjunto, vista geral. **2** apanhado, síntese.

Ü.ber.brin.ger [y:bər'briŋər] *Sm*, - portador.

ü.ber.durch.schnitt.lich ['y:bərdurçʃnitliç] *Adj* acima da média.

ü.ber.ein.an.der [y:bərain'andər] *Adv* um sobre o outro, empilhado.

ü.ber.ein.stim.men [y:bər'ainʃtimən] *Vint* **1** concordar, estar de acordo. **2** coincidir, combinar, conferir.

ü.ber.fah.ren ['y:bərfa:rən] *Vtr unreg* **1** cruzar, atravessar (rio). [y:bər'fa:rən] **2** atropelar, passar por cima de.

Ü.ber.fahrt ['y:bərfa:rt] *Sf*, **-en** travessia.

Ü.ber.fall ['y:bərfal] *Sm*, **Überfälle** **1** assalto, ataque. **2** emboscada.

ü.ber.fal.len [y:bər'falən] *Vtr unreg* assaltar, atacar de surpresa.

Ü.ber.fluss ['y:bərflus] *Sm* (*o. Pl*) abundância, fartura, opulência.

ü.ber.flüs.sig ['y:bərflysiç] *Adj* **1** supérfluo, desnecessário. **2** redundante, inútil.

Ü.ber.füh.rung [y:bər'fy:ruŋ] *Sf*, **-en** **1** viaduto. **2** passagem elevada. **3** transferência, traslado.

ü.ber.füllt [y:bər'fylt] *Adj* superlotado, abarrotado, apinhado, repleto.

Ü.ber.gang ['y:bərgaŋ] *Sm*, **Übergänge** **1** transição. **2** passagem, travessia.

ü.ber.ge.ben ['y:bərge:bən] *Vtr unreg* **1** passar para, entregar. **2** confiar a. *Vrefl* **3** vomitar.

ü.ber.ge.hen ['y:bərge:ən] *Vint unreg* **(sein)** **1** passar a, passar para. *Vtr unreg* **2** passar por cima, saltar, omitir, ignorar, preterir.

Ü.ber.ge.wicht ['y:bərgəviçt] *Sn*, **-e** **1** excesso de peso, sobrepeso. **2** predominância, maioria.

ü.ber.haupt [y:bər'haupt] *Adv* **1** em geral. **2** absolutamente. **3** aliás, afinal. **überhaupt nicht** de modo algum, coisa nenhuma.

ü.ber.ho.len [y:bər'ho:lən] *Vtr* **1** ultrapassar, superar. **2** fazer revisão.

Ü.ber.hol.spur [y:bər'ho:lʃpu:r] *Sf*, **-en** faixa de ultrapassagem.

Ü.ber.hol.ver.bot [y:bər'ho:lfɛrbo:t] *Sn*, **-e** ultrapassagem proibida.
ü.ber.las.sen [y:bər'lasən] *Vtr unreg* **1** deixar a critério. **2** dar, ceder.
ü.ber.le.ben [y:bər'le:bən] *Vtr+Vint* sobreviver, resistir.
Ü.ber.le.ben.de [y:bər'le:bəndə] *Sm+f*, **-n** sobrevivente.
ü.ber.le.gen [y:bər'le:gən] *Vtr* **1** considerar, ponderar. **2** deliberar. *Vint* **3** pensar, refletir. • *Adj* superior, arrogante, altivo.
Ü.ber.le.gen.heit [y:bər'le:gənhait] *Sf* (*o. Pl*) superioridade, supremacia.
ü.ber.mä.ßig ['y:bərmɛ:siç] *Adj* **1** excessivo, exorbitante, exagerado. **2** demais.
ü.ber.mor.gen ['y:bərmɔrgən] *Adv* depois de amanhã.
Ü.ber.mut ['y:bərmu:t] *Sm* (*o. Pl*) **1** animação, excitação. **2** travessura. **3** leviandade.
ü.ber.mü.tig ['y:bərmy:tiç] *Adj* **1** animado, excitado. **2** travesso, atrevido.
ü.ber.nach.ten [y:bər'naxtən] *Vint* pernoitar, passar a noite, dormir.
Ü.ber.nach.tung [y:bər'naxtuŋ] *Sf*, **-en** pernoite.
ü.ber.na.tür.lich ['y:bərnaty:rliç] *Adj* sobrenatural.
ü.ber.neh.men [y:bər'ne:mən] *Vtr unreg* **1** receber, aceitar, assumir, tomar conta, encarregar-se de. **2** adotar.
ü.ber.prü.fen [y:bər'pry:fən] *Vtr* reexaminar, verificar, checar, inspecionar, controlar.
ü.ber.que.ren [y:bər'kve:rən] *Vtr* atravessar, cruzar.
ü.ber.ra.schen [y:bər'raʃən] *Vtr* surpreender, apanhar, flagrar.
Ü.ber.ra.schung [y:bər'raʃuŋ] *Sf*, **-en** surpresa.
ü.ber.re.den [y:bər're:dən] *Vtr* convencer, persuadir, induzir.
ü.ber.rei.chen [y:bər'raiçən] *Vtr* entregar, passar para, presentear.
ü.ber.schät.zen [y:bər'ʃɛtsən] *Vtr* sobrestimar, superestimar, supervalorizar.
Ü.ber.schrift ['y:bərʃrift] *Sf*, **-en** título, manchete.
Ü.ber.schuss ['y:bərʃus] *Sm*, **Überschüsse 1** excedente, excesso. **2** saldo positivo, superávit.
Ü.ber.schwem.mung [y:bər'ʃvɛmuŋ] *Sf*, **-en** enchente, inundação, alagamento.
Ü.ber.see ['y:bərze:] *Sf* (*o. Art*) ultramar, além-mar.
ü.ber.se.hen [y:bər'ze:ən] *Vtr unreg* **1** abranger com a vista. **2** avaliar. **3** deixar passar, ignorar.
ü.ber.set.zen [y:bər'zɛtsən] *Vtr+Vint* traduzir, verter. **ins Portugiesische übersetzen** traduzir para o português.
Ü.ber.set.zer [y:bər'zɛtsər] *Sm*, - tradutor.
Ü.ber.set.zung [y:bər'zɛtsuŋ] *Sf*, **-en** **1** tradução, versão. **2** *Techn* transmissão.
Ü.ber.sicht ['y:bərziçt] *Sf*, **-en** **1** esquema, quadro-resumo. **2** controle. **3** resumo, sinopse, sumário. **4** vista geral.
ü.ber.sprin.gen [y:bər'ʃpriŋən] *Vtr unreg* **1** saltar, pular. **2** omitir.
Ü.ber.stun.de ['y:bərʃtundə] *Sf*, **-en** hora extra, serão.
ü.ber.stür.zen [y:bər'ʃtyrtsən] *Vtr* **1** precipitar, apressar. *Vrefl* **2** precipitar-se; atropelar-se.
ü.ber.tra.gen [y:bər'tra:gən] *Vtr unreg* **1** transmitir (rádio, TV). **2** passar para, confiar a. **3** transferir, transportar. **4** transcrever. **5** aplicar. **6** traduzir, verter.
Ü.ber.tra.gung [y:bər'tra:guŋ] *Sf*, **-en** **1** transmissão. **2** transferência. **3** aplicação. **4** tradução, versão.
ü.ber.tref.fen [y:bər'trɛfən] *Vtr unreg* **1** superar, ser melhor. **2** exceder.
ü.ber.trei.ben [y:bər'traibən] *Vtr+Vint unreg* exagerar, ir longe demais.

ü.ber.tre.ten [ˈy:bərtre:tən] *Vint unreg* **(sein)** **1** passar para, converter-se. **2** transbordar. **3** *Sport* queimar. [y: bərˈtre:tən] *Vtr unreg* **4** transgredir, infringir, violar.

ü.ber.trie.ben [y:bərˈtri:bən] *Adj* exagerado, excessivo.

ü.ber.wa.chen [y:bərˈvaxən] *Vtr* supervisionar, monitorar, vigiar, fiscalizar, controlar.

ü.ber.wei.sen [y:bərˈvaizən] *Vtr unreg* remeter, transferir.

Ü.ber.wei.sung [y:bərˈvaizuŋ] *Sf*, **-en** transferência, remessa, ordem de pagamento.

ü.ber.wie.gend [y:bərˈvi:gənt] *Adj* predominante, preponderante, a maior parte.

ü.ber.zeu.gen [y:bərˈtsɔigən] *Vtr* convencer, persuadir.

üb.lich [ˈy:pliç] *Adj* usual, comum, habitual, costumeiro, corriqueiro, ordinário. **wie üblich** como de praxe.

U-Boot [ˈu:-bo:t] *Sn*, **-e** submarino.

üb.rig [ˈy:briç] *Adj* **1** restante. **2** que sobra. **übrig bleiben** sobrar. **übrig lassen** deixar sobrar.

üb.ri.gens [ˈy:brigəns] *Adv* aliás, a propósito.

Ü.bung [ˈy:buŋ] *Sf*, **-en** exercício, treino, prática.

Ü.bungs.buch [ˈy:buŋsbu:x] *Sn*, **Übungsbücher** livro de exercícios.

U.fer [ˈu:fər] *Sn*, **-** **1** margem. **2** praia, costa, litoral, beira-mar.

Uhr [u:r] *Sf*, **-en** relógio, cronômetro. **um 10 Uhr** às dez horas. **wie viel Uhr ist es?** que horas são?

Uhr.zeit [ˈu:rtsait] *Sf*, **-en** hora.

um [um] *Präp* **1** em volta, em torno de. **2** por causa de. **3** à, às. • *Konj* para, a fim de. **um 5 Uhr** às cinco horas.

um.ar.men [umˈarmən] *Vtr* abraçar.

Um.bau [ˈumbau] *Sm*, **-ten** **1** reforma. **2** reorganização.

um.brin.gen [ˈumbriŋən] *Vtr unreg* **1** matar, assassinar. *Vrefl* **2** suicidar-se.

um.dre.hen [ˈumdre:ən] *Vtr* **1** virar, inverter. *Vrefl* **2** virar-se.

um.fal.len [ˈumfalən] *Vint* **(sein)** **1** cair, virar, tombar. **2** desmaiar.

Um.fang [ˈumfaŋ] *Sm*, **Umfänge** **1** volume, extensão, proporção. **2** circunferência.

um.fang.reich [ˈumfaŋraiç] *Adj* volumoso, extenso, amplo, abrangente.

um.fas.send [umˈfasənt] *Adj* abrangente, completo, integral, universal.

Um.fra.ge [ˈumfra:gə] *Sf*, **-en** pesquisa de opinião, sondagem, levantamento.

Um.gang [ˈumgaŋ] *Sm*, **Umgänge** **1** trato, tratamento, contato, relação. **2** convívio.

Um.gangs.spra.che [ˈumgaŋsʃpraxə] *Sf*, **-n** linguagem coloquial.

Um.ge.bung [umˈge:buŋ] *Sf*, **-en** **1** ambiente, meio. **2** arredores, vizinhança.

um.ge.kehrt [ˈumgəke:rt] *Adj* inverso, oposto, contrário. • *Adv* vice-versa.

um.keh.ren [ˈumke:rən] *Vint* **(sein)** **1** voltar, regressar. *Vtr* **2** virar, reverter, revirar, inverter.

Um.klei.de.ka.bi.ne [ˈumklaidəkabi:nə] *Sf*, **-n** vestiário.

um.klei.den [ˈumklaidən] *Vrefl* mudar de roupa.

um.kom.men [ˈumkɔmən] *Vint unreg* **(sein)** morrer, perecer.

Um.laut [ˈumlaut] *Sm*, **-e** **1** metafonia. **2** vogal com trema.

Um.lei.tung [ˈumlaituŋ] *Sf*, **-en** desvio.

Um.satz [ˈumzats] *Sm*, **Umsätze** faturamento, vendas, movimento.

Um.schlag [ˈumʃla:k] *Sm*, **Umschläge** **1** giro, movimento. **2** capa. **3** embrulho, envelope.

Um.schu.lung [ˈumʃu:luŋ] *Sf*, **-en** retreinamento, readaptação.

Um.schwung [ˈumʃvuŋ] *Sf*, **Umschwünge** mudança, transformação, reviravolta.

Um.sied.ler [ˈumzi:dlər] *Sm*, **-** migrante.

um.sonst [umˈzɔnst] *Adv* **1** gratuito, de graça. **2** em vão, inutilmente.
Um.stand [ˈumʃtant] *Sm*, **Umstände** **1** circunstância, situação, fato. **2** detalhes.
um.stei.gen [ˈumʃtaigən] *Vint unreg* **(sein)** baldear, mudar de ônibus ou trem.
um.strit.ten [umˈʃtritən] *Adj* discutível, controvertido, polêmico, contestado, litigioso.
um.struk.tu.rie.ren [ˈumʃtrukturi:rən] *Vtr* reestruturar.
um.stür.zen [ˈumʃtyrtsən] *Vtr* **1** derrubar, virar. **2** revolucionar. *Vint* **(sein)** **3** cair, desmoronar.
Um.tausch [ˈumtauʃ] *Sm*, **-e** troca, permuta.
um.tau.schen [ˈumtauʃən] *Vtr* trocar, permutar.
Um.weg [ˈumve:k] *Sm*, **-e** **1** volta, desvio. **2** rodeio. **3** via indireta.
Um.welt [ˈumvɛlt] *Sf*, **-en** ambiente.
um.welt.freund.lich [ˈumvɛltfrɔintliç] *Adj* não poluente, ecologicamente correto.
um.welt.schäd.lich [ˈumvɛltʃɛ:tliç] *Adj* prejudicial ao meio ambiente, poluente.
Um.welt.schutz [ˈumvɛltʃuts] *Sm* (*o. Pl*) preservação, proteção ou defesa ambiental.
Um.welt.ver.schmut.zung [ˈumvɛltfɛrʃmutsuŋ] *Sf*, **-en** poluição ambiental.
um.zie.hen [ˈumtsi:ən] *Vint unreg* **(sein)** **1** mudar-se. *Vrefl* **2** mudar de roupa.
Um.zug [ˈumtsu:k] *Sm*, **Umzüge** **1** mudança, remoção. **2** desfile, cortejo.
un.ab.hän.gig [ˈunaphɛŋiç] *Adj* independente, autônomo.
Un.ab.hän.gig.keit [ˈunaphɛŋiçkait] *Sf* (*o. Pl*) independência, autonomia.
un.acht.sam [ˈunaxtzam] *Adj* distraído, desatento, descuidado.
un.an.ge.bracht [ˈunangəbraxt] *Adj* inconveniente, inoportuno, despropositado.
un.an.ge.nehm [ˈunangəne:m] *Adj* desagradável, embaraçoso, antipático.
un.an.nehm.bar [ˈunanne:mbar ou unanˈne:mbar] *Adj* inaceitável, inadmissível.
un.an.stän.dig [ˈunanʃtɛndiç] *Adj* indecente, indecoroso, feio, imoral.
un.ar.tig [ˈunartiç] *Adj* travesso, malcriado, levado.
un.auf.fäl.lig [ˈunauffɛliç] *Adj* **1** imperceptível, discreto, despercebido. **2** disfarçado. **3** modesto.
un.auf.merk.sam [ˈunaufmɛrkzam] *Adj* desatento, distraído.
un.aus.steh.lich [ˈunausˈʃte:liç] *Adj* insuportável, intolerável.
un.be.deu.tend [ˈunbədɔitənt] *Adj* insignificante, irrisório, pequeno.
un.be.dingt [ˈunbədiŋt] *Adj* **1** incondicional, sem falta, impreterível, absoluto, imprescindível. **2** definitivamente.
un.be.frie.di.gend [ˈunbəfri:digənt] *Adj* insatisfatório, insuficiente.
un.be.fris.tet [ˈunbəfristət] *Adj* sem prazo, indefinido, ilimitado.
un.be.fugt [ˈunbəfu:kt] *Adj* não autorizado, ilícito, ilegal.
un.be.greif.lich [ˈunbəˈgraifliç] *Adj* incompreensível, incrível.
un.be.grenzt [ˈunbəˈgrɛntst] *Adj* ilimitado, sem fim.
Un.be.ha.gen [ˈunbəha:gən] *Sn* (*o. Pl*) mal-estar, desconforto.
un.be.hol.fen [ˈunbəhɔlfən] *Adj* desajeitado, canhestro.
un.be.kannt [ˈunbəkant] *Adj* **1** desconhecido. **2** ignorado, não identificado. **3** obscuro.
un.be.küm.mert [ˈunbəˈkymərt] *Adj* despreocupado.
un.be.liebt [ˈunbəli:pt] *Adj* impopular, malquisto.

U

un.be.merkt [ˈunbəmɛrkt] *Adj* despercebido.
un.be.quem [ˈunbəkve:m] *Adj* incômodo, desconfortável, embaraçoso.
un.be.schränkt [ˈunbəˈʃrɛŋkt] *Adj* ilimitado, irrestrito.
un.be.schreib.lich [ˈunbəˈʃraipliç] *Adj* **1** indescritível. **2** inimaginável, inefável.
un.be.sorgt [ˈunbəˈzɔrkt] *Adj* tranquilo, despreocupado.
un.be.stimmt [ˈunbəʃtimt] *Adj* indefinido, indeterminado, incerto, vago.
un.be.tont [ˈunbəto:nt] *Adj* átono, sem acento tônico.
un.be.weg.lich [ˈunbəˈve:kliç] *Adj* **1** imóvel, parado. **2** pesado. **3** impassível, imutável.
un.be.wusst [ˈunbəvust] *Adj* inconsciente, involuntário, espontâneo.
un.brauch.bar [ˈunbrauxbar] *Adj* imprestável, inútil, inutilizável.
und [unt] *Konj* e. **und so weiter** etc.
un.dank.bar [ˈundaŋkbar] *Adj* ingrato.
un.deut.lich [ˈundɔitliç] *Adj* **1** confuso, incompreensível, indistinto. **2** ilegível.
un.durch.läs.sig [ˈundurçlɛsiç] *Adj* impermeável.
un.echt [ˈunɛçt] *Adj* **1** falsificado, falso. **2** adulterado. **3** postiço, fingido. **4** artificial.
un.ei.nig [ˈunainiç] *Adj* desunido.
un.emp.find.lich [ˈunɛmpfintliç] *Adj* **1** insensível, imune. **2** resistente. **3** indiferente, apático.
un.end.lich [unˈɛntliç] *Adj* infinito, ilimitado, interminável, imenso.
un.ent.behr.lich [ˈunɛntˈbe:rliç] *Adj* indispensável, imprescindível.
un.ent.gelt.lich [ˈunɛntˈgɛltliç] *Adj* gratuito, grátis, de graça.
un.er.fah.ren [ˈunɛrfa:rən] *Adj* inexperiente, novato, principiante, bisonho.
un.er.freu.lich [ˈunɛrfrɔiliç] *Adj* desagradável, penoso.
un.er.hört [ˈunɛrˈhø:rt] *Adj* **1** inaudito. **2** inacreditável. **3** escandaloso, exorbitante. **4** fenomenal, enorme.
un.er.träg.lich [ˈunɛrˈtrɛ:kliç] *Adj* insuportável, intolerável.
un.er.war.tet [ˈunɛrˈvartət] *Adj* inesperado, imprevisto.
un.fä.hig [ˈunfɛ:iç] *Adj* **1** incapaz, incompetente. **2** inábil.
un.fair [ˈunfɛ:r] *Adj* **1** injusto, incorreto. **2** traiçoeiro.
Un.fall [ˈunfal] *Sm*, **Unfälle** acidente, desastre, sinistro.
un.freund.lich [ˈunfrɔintliç] *Adj* **1** mal-encarado, carrancudo, antipático, mal-humorado, áspero. **2** triste, sombrio.
un.frucht.bar [ˈunfruxtbar] *Adj* infecundo, infértil, estéril.
Un.fug [ˈunfuk] *Sm* (*o. Pl*) **1** *Ugs* disparate. **2** bagunça. **3** travessura.
un.ge.bräuch.lich [ˈungəbrɔiçliç] *Adj* **1** incomum, raro, desusado, inusitado. **2** obsoleto.
Un.ge.duld [ˈungədult] *Sf* (*o. Pl*) impaciência.
un.ge.dul.dig [ˈungəduldiç] *Adj* impaciente.
un.ge.eig.net [ˈungəaiknət] *Adj* inadequado, impróprio.
un.ge.fähr [ˈungəˈfɛ:r] *Adv* **1** aproximado. **2** mais ou menos. **von ungefähr** à toa.
un.ge.fähr.lich [ˈungəˈfɛ:rliç] *Adj* **1** seguro, sem perigo. **2** inofensivo.
un.ge.heu.er [ˈungəˈhɔiər] *Adj* **1** enorme, colossal, imenso. **2** monstruoso, pavoroso.
un.ge.hin.dert [ˈungəhindərt] *Adj* desinibido, incontido, livre, sem obstáculos.
un.ge.hor.sam [ˈungəho:rzam] *Adj* desobediente.
un.ge.mein [ˈungəˈmain] *Adj* extraordinário, descomunal, excepcional.
un.ge.müt.lich [ˈungəmy:tliç] *Adj* incômodo, desconfortável, desagradável, não convidativo.

un.ge.nau [ˈungənau] *Adj* impreciso, inexato, vago.
un.ge.nieß.bar [ˈungəˈni:sbar] *Adj* **1** intragável. **2** estragado, impróprio para consumo. **3** insuportável.
un.ge.nü.gend [ˈungəny:gənt] *Adj* insuficiente, inadequado.
un.ge.recht [ˈungərɛçt] *Adj* injusto.
Un.ge.rech.tig.keit [ˈungərɛçttiçkait] *Sf*, **-en** injustiça.
un.ge.schickt [ˈungəʃikt] *Adj* desajeitado, desastrado, canhestro.
un.ge.stört [ˈungəʃtø:rt] *Adj* **1** sossegado, tranquilo, pacífico. **2** sem interrupção.
un.ge.sund [ˈungəzunt] *Adj* **1** insalubre, nocivo. **2** doentio. **3** que faz mal à saúde.
un.ge.wiss [ˈungəvis] *Adj* incerto, duvidoso, precário.
un.ge.wöhn.lich [ˈungəvø:nliç] *Adj* **1** extraordinário, raro, singular. **2** insólito, estranho, anormal.
un.ge.wohnt [ˈungəvo:nt] *Adj* desusado, desacostumado, pouco familiar.
Un.ge.zie.fer [ˈungətsi:fər] *Sn* (*o. Pl*) bichos rastejantes, insetos, pragas domésticas.
un.ge.zo.gen [ˈungətso:gən] *Adj* malcriado, travesso.
un.glaub.lich [ˈunglaupliç] *Adj* incrível.
Un.glück [ˈunglyk] *Sn*, **-e** **1** desgraça, desastre, calamidade. **2** infelicidade, infortúnio, azar.
un.glück.lich [ˈunglykliç] *Adj* **1** infeliz. **2** desgraçado. **3** azarado. **4** lamentável.
un.gül.tig [ˈungyltiç] *Adj* inválido, nulo.
Un.heil [ˈunhail] *Sn* (*o. Pl*) **1** desgraça, infortúnio. **2** calamidade, catástrofe, desastre.
un.heil.bar [ˈunˈhailbar] *Adj* incurável, desenganado.
un.heim.lich [ˈunhaimliç] *Adj* **1** medonho, pavoroso, terrível. **2** inquietante. **3** estranho, misterioso.
un.höf.lich [ˈunhøfliç] *Adj* descortês, grosseiro, mal-educado.
U.ni [ˈuni] *Sf*, **-s** *Abk* **Universität.**
U.ni.ver.si.tät [univerziˈtɛ:t] *Sf*, **-en** universidade, escola superior.
un.kennt.lich [ˈunkɛntliç] *Adj* desfigurado, irreconhecível, indecifrável.
Un.kennt.nis [ˈunkɛntnis] *Sf* (*o. Pl*) **1** desconhecimento. **2** ignorância.
Un.kos.ten [ˈunkɔstən] *S Pl* despesas, gastos.
un.le.ser.lich [ˈunˈle:zərliç] *Adj* ilegível, indecifrável.
un.mensch.lich [ˈunmɛnʃliç] *Adj* **1** desumano, bruto, cruel. **2** horrível.
un.mit.tel.bar [ˈunmitəlbar] *Adj* **1** imediato, direto. **2** iminente.
un.mög.lich [ˈunˈmø:kliç] *Adj* **1** impossível. **2** ridículo. **3** incrível.
un.nach.gie.big [ˈunnaxgi:biç] *Adj* intransigente, inflexível.
un.nö.tig [ˈunnø:tiç] *Adj* **1** desnecessário. **2** supérfluo.
un.nütz [ˈunnyts] *Adj* inútil, em vão.
un.or.dent.lich [ˈunɔrdəntliç] *Adj* desordenado, desarrumado, bagunçado, desleixado.
Un.ord.nung [ˈunɔrtnuŋ] *Sf* (*o. Pl*) desordem, confusão, bagunça.
un.per.sön.lich [ˈunpɛrzø:nliç] *Adj* impessoal, distante.
un.pünkt.lich [ˈunpyŋktliç] *Adj* impontual, atrasado.
Un.recht [ˈunrɛçt] *Sn* (*o. Pl*) injustiça.
un.re.gel.mä.ßig [ˈunre:gəlmɛ:siç] *Adj* irregular.
Un.ru.he [ˈunru:ə] *Sf*, **-n** distúrbio, agitação, tumulto, alvoroço, intranquilidade, ansiedade.
un.ru.hig [ˈunru:iç] *Adj* **1** inquieto, irrequieto, agitado. **2** nervoso, ansioso.
uns [uns] *Personalpron* nos, a nós. **bei uns** em casa, na nossa cidade, em nosso país.
un.schäd.lich [ˈunʃɛ:tliç] *Adj* inofensivo, inócuo.
un.schein.bar [ˈunʃainbar] *Adj* modesto, singelo, simples, sem chamar a atenção.

un.sch.lüs.sig [ˈunʃlysiç] *Adj* indeciso, irresoluto.
Un.schuld [ˈunʃult] *Sf* (*o. Pl*) inocência.
un.schul.dig [ˈunʃuldiç] *Adj* inocente.
un.ser [ˈunzər] *Possessivpron* nosso, nossa.
un.si.cher [ˈunziçər] *Adj* **1** inseguro, incerto. **2** duvidoso, arriscado, perigoso.
Un.si.cher.heit [ˈunziçərhait] *Sf*, **-en 1** insegurança, incerteza, instabilidade, falta de confiança. **2** periculosidade.
un.sicht.bar [ˈunziçtbar] *Adj* invisível.
Un.sinn [ˈunzin] *Sm* (*o. Pl*) **1** tolice, disparate, asneira, sandice. **2** absurdo.
un.sterb.lich [ˈunʃtɛrpliç] *Adj* imortal, imorredouro.
un.sym.pa.thisch [ˈunzympatiʃ] *Adj* antipático.
un.tä.tig [ˈuntɛ:tiç] *Adj* **1** inativo, desocupado. **2** ocioso, preguiçoso.
un.ten [ˈuntən] *Adv* embaixo, por baixo, abaixo. **nach unten** para baixo. **von unten** de baixo.
un.ter [ˈuntər] *Präp* **1** abaixo de, debaixo de, sob. **2** entre. **unter anderem** entre outras coisas, etc. **unter Null** abaixo de zero.
un.ter.bre.chen [untərˈbrɛçən] *Vtr unreg* **1** interromper. **2** suspender, parar. **3** terminar.
un.ter.brin.gen [ˈuntərbriŋən] *Vtr unreg* **1** acomodar, abrigar, hospedar, alojar. **2** colocar.
un.ter.des.sen [untərˈdɛsən] *Adv* enquanto isso.
un.ter.drü.cken [untərˈdrykən] *Vtr* **1** suprimir, reter. **2** reprimir, oprimir.
un.ter.ein.an.der [untərainˈandər] *Adv* **1** um embaixo do outro. **2** entre si, reciprocamente.
Un.ter.gang [ˈuntərgaŋ] *Sm*, **Untergänge 1** naufrágio. **2** ocaso, declínio, fim. **3** destruição, ruína.
un.ter.ge.hen [ˈuntərge:ən] *Vint unreg* **(sein) 1** afundar, submergir, naufragar, afogar-se. **2** perder-se. **3** declinar. **4** pôr-se. **5** findar.
Un.ter.grund.bahn [ˈuntərgruntba:n] *Sf*, **-en** metrô, trem metropolitano.
un.ter.halb [ˈuntərhalp] *Adv* abaixo, debaixo, por baixo de.
Un.ter.halt [ˈuntərhalt] *Sm* (*o. Pl*) **1** sustento. **2** subsistência. **3** manutenção.
un.ter.hal.ten [untərˈhaltən] *Vtr unreg* **1** sustentar, manter, conservar. **2** entreter, divertir. *Vrefl* **3** conversar, divertir-se.
Un.ter.hal.tung [untərˈhaltuŋ] *Sf*, **-en 1** suporte, sustento. **2** conversação. **3** divertimento, distração, entretenimento.
Un.ter.hemd [ˈuntərhɛmt] *Sn*, **-en** camiseta.
Un.ter.ho.se [ˈuntərho:zə] *Sf*, **-n 1** cueca. **2** calcinha.
un.ter.ir.disch [ˈuntərirdiʃ] *Adj* subterrâneo.
Un.ter.kunft [ˈuntərkunft] *Sf*, **Unterkünfte** acomodação, hospedagem, alojamento, abrigo.
Un.ter.la.ge [ˈuntərla:gə] *Sf*, **-n 1** documentação, papel. **2** base, suporte, apoio.
Un.ter.leib [ˈuntərlaip] *Sm*, **-er** abdome.
un.ter.lie.gen [ˈuntərli:gən] *Vint unreg* **(sein) 1** ser derrotado, sucumbir, perder. **2** estar sujeito a.
Un.ter.mie.ter [ˈuntərmi:tər] *Sm*, - sublocatário.
un.ter.neh.men [untərˈne:mən] *Vtr unreg* empreender, tomar medidas.
Un.ter.neh.men [untərˈne:mən] *Sn*, - **1** empresa, empreendimento. **2** operação.
Un.ter.neh.mer [untərˈne:mər] *Sm*, - empresário.
Un.ter.re.dung [untərˈre:duŋ] *Sf*, **-en 1** conversa, discussão, entrevista. **2** reunião.
Un.ter.richt [ˈuntəriçt] *Sm*, **-e 1** aula. **2** ensino, instrução.
un.ter.schät.zen [untərˈʃɛtsən] *Vtr* subestimar, menosprezar, depreciar.

un.ter.schei.den [untər'ʃaidən] *Vtr+Vint unreg* distinguir, diferenciar, discernir.
Un.ter.schied ['untərʃi:t] *Sm*, **-e 1** diferença, distinção. **2** contraste.
un.ter.schrei.ben [untər'ʃraibən] *Vtr+Vint unreg* **1** assinar, subscrever. **2** aprovar. **3** firmar.
Un.ter.schrift ['untərʃrift] *Sf*, **-en 1** assinatura. **2** legenda.
un.ter.strei.chen [untər'ʃtraiçən] *Vtr unreg* **1** sublinhar. **2** acentuar, enfatizar.
un.ter.stüt.zen [untər'ʃtytsən] *Vtr* **1** apoiar, ajudar, sustentar, amparar, encorajar. **2** reforçar, auxiliar. **3** subvencionar, subsidiar.
Un.ter.stüt.zung [untər'ʃtytsuŋ] *Sf*, **-en 1** apoio, auxílio, ajuda. **2** subsídio, subvenção.
un.ter.su.chen [untər'zu:xən] *Vtr* **1** examinar, investigar, verificar. **2** analisar.
Un.ter.su.chung [untər'zu:xuŋ] *Sf*, **-en 1** exame, inquérito, investigação. **2** estudo, análise.
un.ter.tau.chen ['untərtauxən] *Vint* **(sein) 1** mergulhar, submergir. **2** *fig* tornar-se clandestino, sumir.
Un.ter.wä.sche [untərvɛʃə] *Sf (o. Pl)* roupa de baixo.
un.ter.wegs [untər've:ks] *Adv* a caminho, viajando.
un.ter.zeich.nen [untər'tsaiçnən] *Vtr* **1** assinar, firmar. **2** subscrever.
un.trenn.bar ['un'trɛnbar] *Adj* inseparável.
un.treu ['untrɔi] *Adj* infiel, desleal.
un.ü.ber.legt ['uny:bərle:kt] *Adj* irrefletido, leviano, imprudente, precipitado.
un.un.ter.bro.chen ['ununtər'brɔxən] *Adj* incessante, ininterrupto, contínuo.
un.ver.än.der.lich ['unfɛr'ɛndərliç] *Adj* **1** invariável, imutável, inalterável. **2** permanente.
un.ver.ant.wort.lich ['unfɛr'antvɔrtliç] *Adj* irresponsável.
un.ver.bind.lich ['unfɛr'bintliç] *Adj* **1** sem compromisso, sem garantia. **2** impessoal.
un.ver.gess.lich ['unfɛr'gɛsliç] *Adj* inesquecível.
un.ver.hei.ra.tet ['unfɛrhairatət] *Adj* solteiro.
un.ver.meid.lich ['unfɛr'maitliç] *Adj* inevitável, fatal.
un.ver.schämt ['unfɛrʃɛ:mt] *Adj* descarado, atrevido, impertinente, insolente.
un.ver.sehrt ['unfɛr'ze:rt] *Adj* ileso, intato, incólume.
un.ver.ständ.lich ['unfɛrʃtɛntliç] *Adj* incompreensível, ininteligível.
un.ver.züg.lich ['unfɛr'zy:kliç] *Adj* **1** imediato. **2** sem demora, prontamente.
un.vor.her.ge.se.hen ['unfo:rhe:rgəze:ən] *Adj* imprevisto, inesperado.
un.vor.sich.tig ['unfo:rziçtiç] *Adj* descuidado, imprudente, incauto.
un.wahr.schein.lich ['unva:rʃainliç] *Adj* **1** improvável. **2** tremendamente.
Un.wet.ter ['unvɛtər] *Sn*, - temporal, tempestade.
un.wich.tig ['unviçtiç] *Adj* sem importância, insignificante.
un.will.kür.lich ['unvil'ky:rliç] *Adj* involuntário, espontâneo, instintivo.
un.wohl ['unvo:l] *Adv* **1** indisposto. **2** desagradável.
un.zäh.lig ['un'tsɛ:liç] *Adj* inumerável, sem conta.
un.zer.brech.lich ['untsɛr'brɛçliç] *Adj* inquebrável, resistente.
un.zu.frie.den ['untsu:fri:dən] *Adj* insatisfeito, descontente.
un.zu.mut.bar ['untsu:mu:tbar] *Adj* despropositado, absurdo.
un.zu.ver.läs.sig ['untsu:fɛrlɛsiç] *Adj* incerto, não confiável, duvidoso.
ur.alt ['u:ralt] *Adj* **1** muito velho, antiquíssimo. **2** imemorável, imemorial.
Ur.auf.füh.rung ['u:rauffy:ruŋ] *Sf*, **-en** estreia.

Ur.en.kel [ˈu:rɛŋkəl] *Sm*, - bisneto.
Ur.groß.mut.ter [ˈu:rgro:smutər] *Sf*, **Urgroßmütter** bisavó.
Ur.groß.va.ter [ˈu:rgro:sfa:tər] *Sm*, **Urgroßväter** bisavô.
U.rin [uˈri:n] *Sm*, **-e** urina.
Ur.kun.de [ˈu:rkundə] *Sf*, **-n** diploma, documento, certificado, escritura.
Ur.laub [ˈu:rlaup] *Sm*, **-e** férias, licença.
Ur.lau.ber [ˈu:rlaubər] *Sm*, - pessoa que está de férias, veranista, turista.
Ur.ne [ˈurnə] *Sf*, **-n** urna.
Ur.sa.che [ˈu:rza:xə] *Sf*, **-n 1** causa. **2** razão, motivo. **keine Ursache** não há de quê.
ur.sprüng.lich [ˈu:rʃpryŋliç] *Adj* **1** original, inicial, primitivo. **2** espontâneo.
Ur.teil [ˈu:rtail] *Sn*, **-e 1** sentença. **2** julgamento. **3** parecer, opinião.
ur.tei.len [ˈu:rtailən] *Vint* julgar, sentenciar.
Ur.wald [ˈu:rvalt] *Sm*, **Urwälder** selva, mata virgem.
usw. *Abk* **und so weiter**.

V

v, V [fau] *Sn*, - letra v, V.

Va.se [ˈva:zə] *Sf*, **-n** vaso, floreira, jarra.

Va.ter [ˈfa:tər] *Sm*, **Väter** pai.

Va.ter.haus [ˈfa:tərhaus] *Sm*, **Vaterhäuser** casa paterna.

Va.ter.land [ˈfa:tərlant] *Sn*, **Vaterländer** pátria.

Va.ter.tag [ˈfa:tərta:k] *Sm*, **-e** dia dos pais.

Va.ter.un.ser [ˈfa:tərunzər] *Sn*, - pai-nosso, padre-nosso.

v. Chr. *Abk* **vor Christus** a.C.

Ve.ge.ta.ri.er [vegeˈta:riər] *Sm*, - vegetariano.

Ven.til [vɛnˈti:l] *Sn*, **-e** válvula.

Ven.ti.la.tor [vɛntiˈla:tər] *Sm*, **-en** ventilador.

ver.ab.re.den [fɛrˈapre:dən] *Vrefl* combinar encontro.

Ver.ab.re.dung [fɛrˈapre:duŋ] *Sf*, **-en** compromisso, encontro.

ver.ab.schie.den [fɛrˈapʃi:dən] *Vtr* despedir.

ver.ach.ten [fɛrˈaxtən] *Vtr* desprezar, desdenhar.

ver.all.ge.mei.nern [fɛrˈalgəmainərn] *Vtr+Vint* generalizar.

ver.än.dern [fɛrˈɛndərn] *Vtr* alterar, modificar, mudar.

Ver.än.de.rung [fɛrˈɛndəruŋ] *Sf*, **-en** alteração, modificação, variação.

ver.an.stal.ten [fɛrˈanʃtaltən] *Vtr* organizar, promover.

Ver.an.stal.tung [fɛrˈanʃtaltuŋ] *Sf*, **-en** evento, realização, ato.

ver.ant.wort.lich [fɛrˈantvɔrtliç] *Adj* responsável.

Ver.ant.wor.tung [fɛrˈantvɔrtuŋ] *Sf*, **-en** responsabilidade.

Verb [vɛrp] *Sn*, **-en** verbo.

Ver.band [fɛrˈbant] *Sm*, **Verbände 1** associação. **2** federação. **3** ligadura, curativo.

ver.ber.gen [fɛrˈbɛrgən] *Vtr unreg* esconder, ocultar, encobrir.

ver.bes.sern [fɛrˈbɛsərn] *Vtr* **1** melhorar, aperfeiçoar. **2** corrigir.

ver.bie.ten [fɛrˈbi:tən] *Vtr unreg* proibir, interditar, vetar.

ver.bin.den [fɛrˈbindən] *Vtr unreg* unir, ligar, juntar.

Ver.bin.dung [fɛrˈbinduŋ] *Sf*, **-en 1** união, ligação, junção. **2** aliança.

ver.bor.gen [fɛrˈbɔrgən] *Adj* escondido, oculto.

Ver.bot [fɛrˈbo:t] *Sn*, **-e** proibição, interdição.

Ver.brauch [fɛrˈbraux] *Sm* (*o. Pl*) consumo, gasto.

ver.brau.chen [fɛrˈbrauxən] *Vtr* consumir, gastar.

Ver.brau.cher [fɛrˈbrauxər] *Sm*, - consumidor.

Ver.bre.chen [fɛrˈbrɛçən] *Sn*, - crime, delito.

Ver.bre.cher [fɛrˈbrɛçər] *Sm*, - criminoso, delinquente.

ver.brei.ten [fɛrˈbraitən] *Vtr* espalhar, propagar, disseminar. *Vrefl* **2** alastrar-se.

ver.bren.nen [fɛr'brɛnən] *Vint unreg* **(sein)** queimar.
ver.brin.gen [fɛr'briŋən] *Vtr unreg* passar (o tempo).
Ver.dacht [fɛr'daxt] *Sm*, **-e, Verdächte** **1** suspeita. **2** desconfiança.
ver.däch.tig [fɛr'dɛçtiç] *Adj* suspeito.
ver.dam.men [fɛr'damən] *Vtr* condenar.
ver.dammt [fɛr'damt] *Adj* **1** condenado. **2** maldito, danado.
ver.dan.ken [fɛr'daŋkən] *Vtr* dever a.
Ver.dau.ung [fɛr'dauuŋ] *Sf* (*o. Pl*) digestão.
ver.der.ben [fɛr'dɛrbən] *Vint unreg* **(sein) 1** estragar, deteriorar. **2** corromper, perverter. **3** viciar.
ver.derb.lich [fɛr'dɛrpliç] *Adj* pernicioso, funesto, fatal.
ver.die.nen [fɛr'di:nən] *Vtr* **1** merecer. **2** ganhar, lucrar.
Ver.dienst [fɛr'di:nst] *Sm*, **-e 1** ganho, salário. **2** lucro, renda. *Sn*, **-e 3** mérito, merecimento.
ver.drän.gen [fɛr'drɛŋən] *Vtr* **1** deslocar. **2** reprimir, recalcar.
ver.dre.hen [fɛr'dre:ən] *Vtr* **1** torcer. **2** deturpar, inverter.
ver.duns.ten [fɛr'dunstən] *Vint* **(sein) 1** evaporar. **2** volatilizar.
ver.durs.ten [fɛr'durstən] *Vint* **(sein)** morrer de sede.
ver.eh.ren [fɛr'e:rən] *Vtr* **1** venerar, reverenciar. **2** admirar.
Ver.eh.rer [fɛr'e:rər] *Sm*, - **1** venerador. **2** galã. **3** devoto.
Ver.ein [fɛr'ain] *Sm*, **-e** associação, sociedade, clube.
ver.ein.bar [fɛr'ainbar] *Adj* compatível, conciliável.
ver.ein.ba.ren [fɛr'ainba:rən] *Vtr* **1** combinar, acertar, convencionar. **2** harmonizar.
Ver.ein.ba.rung [fɛr'ainba:ruŋ] *Sf*, **-en** acordo, convênio.
ver.ein.fa.chen [fɛr'ainfaxən] *Vtr* simplificar.
ver.ei.ni.gen [fɛr'ainigən] *Vtr* unificar, unir, juntar.
Ver.ei.ni.gung [fɛr'ainiguŋ] *Sf*, **-en 1** unificação. **2** associação, agremiação. **3** confluência.
ver.er.ben [fɛr'ɛrbən] *Vtr* legar, deixar como herança.
Ver.fah.ren [fɛr'fa:rən] *Sn*, - **1** procedimento. **2** processo. **3** método.
ver.fäl.schen [fɛr'fɛlʃən] *Vtr* **1** falsificar. **2** adulterar.
Ver.fas.ser [fɛr'fasər] *Sm*, - autor.
Ver.fas.sung [fɛr'fasuŋ] *Sf*, **-en 1** constituição. **2** estado, condição.
ver.fau.len [fɛr'faulən] *Vint* **(sein)** apodrecer.
ver.fil.men [fɛr'filmən] *Vtr* filmar.
ver.flixt [fɛr'flikst] *Adj* **1** *Ugs* maldito. **2** caramba!
ver.fol.gen [fɛr'fɔlgən] *Vtr* perseguir.
Ver.fol.ger [fɛr'fɔlgər] *Sm*, - perseguidor.
Ver.fol.gung [fɛr'fɔlguŋ] *Sf*, **-en** perseguição.
ver.fü.gen [fɛr'fy:gən] *Vtr* ordenar, mandar, decretar. **verfügen über** dispor de.
ver.füh.ren [fɛr'fy:rən] *Vtr* seduzir.
Ver.füh.rer [fɛr'fy:rər] *Sm*, - sedutor.
Ver.füh.rung [fɛr'fy:ruŋ] *Sf*, **-en** sedução.
ver.gan.gen [fɛr'gaŋən] *Adj* passado.
Ver.gan.gen.heit [fɛr'gaŋənhait] *Sf*, **-en 1** passado. **2** pretérito.
ver.gäng.lich [fɛr'gɛŋliç] *Adj* passageiro, transitório, efêmero.
ver.ge.ben [fɛr'ge:bən] *Vtr unreg* **1** perdoar. **2** conceder, distribuir.
ver.ge.bens [fɛr'ge:bəns] *Adv* em vão, inutilmente.
ver.geb.lich [fɛr'ge:pliç] *Adj* inútil.
ver.ge.hen [fɛr'ge:ən] *Vint unreg* **(sein)** passar.
ver.gel.ten [fɛr'gɛltən] *Vtr unreg* pagar, retribuir, compensar.
ver.ges.sen [fɛr'gɛsən] *Vtr unreg* esquecer.

ver.geu.den [fɛr'gɔidən] *Vtr* desperdiçar, dissipar, dilapidar.
Ver.ge.wal.ti.gung [fɛrgə'valtiguŋ] *Sf*, **-en** violação, estupro.
ver.gif.ten [fɛr'giftən] *Vtr* envenenar, intoxicar.
Ver.gleich [fɛr'glaiç] *Sm*, **-e 1** comparação, confronto. **2** concordata. **3** compromisso.
ver.glei.chen [fɛr'glaiçən] *Vtr* **1** comparar, conferir, confrontar. **2** cotejar, colacionar.
Ver.gnü.gen [fɛr'gny:gən] *Sn*, - divertimento, diversão.
ver.gnügt [fɛr'gny:kt] *Adj* divertido, alegre.
ver.grif.fen [fɛr'grifən] *Adj* esgotado (edição).
ver.grö.ßern [fɛr'grø:sərn] *Vtr* aumentar, ampliar.
Ver.grö.ße.rung [fɛr'grø:səruŋ] *Sf*, **-en 1** aumento. **2** ampliação (foto).
Ver.gün.sti.gung [fɛr'gynstiguŋ] *Sf*, **-en 1** vantagem, regalia, facilidade. **2** privilégio, mordomia. **3** benefício. **4** abatimento.
ver.haf.ten [fɛr'haftən] *Vtr* prender, deter.
ver.hal.ten [fɛr'haltən] *Vrefl unreg* comportar-se, proceder.
Ver.hal.ten [fɛr'haltən] *Sn*, - comportamento, conduta, atitude.
Ver.hält.nis [fɛr'hɛltnis] *Sn*, **-se 1** relação, circunstância, condição. **2** proporção, escala. **3** namoro, caso amoroso.
ver.hält.nis.mä.ßig [fɛr'hɛltnismɛ:siç] *Adv* relativo, proporcional.
ver.han.deln [fɛr'handəln] *Vint* negociar, discutir, debater.
Ver.hand.lung [fɛr'handluŋ] *Sf*, **-en** negociação, discussão, debate.
ver.hee.rend [fɛr'he:rənt] *Adj* devastador.
ver.heim.li.chen [fɛr'haimliçən] *Vtr* esconder, ocultar, encobrir.
ver.hei.ra.tet [fɛr'hairatət] *Adj* casado.
ver.herr.li.chen [fɛr'hɛrliçən] *Vtr* enaltecer, elogiar.
ver.hin.dern [fɛr'hindərn] *Vtr* impedir, evitar.
ver.höh.nen [fɛr'hø:nən] *Vtr* escarnecer, zombar.
Ver.hör [fɛr'hø:r] *Sn*, **-e** interrogatório.
ver.hül.len [fɛr'hylən] *Vtr* tapar, envolver, encobrir, ocultar.
ver.hun.gern [fɛr'huŋərn] *Vint* **(sein)** morrer de fome.
ver.hü.ten [fɛr'hy:tən] *Vtr* evitar.
ver.ir.ren [fɛr'irən] *Vrefl* perder-se.
Ver.kauf [fɛr'kauf] *Sm*, **Verkäufe** venda.
ver.kau.fen [fɛr'kaufən] *Vtr* vender.
Ver.käu.fer [fɛr'kɔifər] *Sm*, - vendedor.
Ver.kehr [fɛr'ke:r] *Sm*, **-e 1** trânsito, tráfego, circulação. **2** relação.
ver.keh.ren [fɛr'ke:rən] *Vint* **1** circular. **2** frequentar.
Ver.kehrs.am.pel [fɛr'ke:rsampəl] *Sf*, **-n** semáforo, sinal de trânsito.
Ver.kehrs.mit.tel [fɛr'ke:rsmitəl] *Sn*, - meio de transporte, condução.
Ver.kehrs.un.fall [fɛr'ke:rsunfal] *Sm*, **Verkehrsunfälle** acidente de trânsito.
ver.kehrt [fɛr'ke:rt] *Adj* **1** errado. **2** invertido.
ver.klei.den [fɛr'klaidən] *Vtr* disfarçar, mascarar.
ver.klei.nern [fɛr'klainərn] *Vtr* diminuir, reduzir.
ver.kom.men [fɛr'kɔmən] *Vint unreg* **(sein)** deteriorar-se, arruinar-se, corromper-se.
ver.kör.pern [fɛr'kørpərn] *Vtr* **1** personificar, encarnar. **2** tomar corpo.
ver.kün.den [fɛr'kyndən] *Vtr* anunciar, proclamar, preconizar.
ver.kün.di.gen [fɛr'kyndigən] *Vtr* anunciar, proclamar.
Ver.kün.di.gung [fɛr'kyndiguŋ] *Sf*, **-en** anúncio, proclamação, promulgação.

ver.kür.zen [fɛr'kyrtsən] *Vtr* abreviar, encurtar, reduzir.
Ver.lag [fɛr'la:k] *Sm*, **-e** editora.
ver.lan.gen [fɛr'laŋən] *Vtr* exigir.
Ver.lan.gen [fɛr'laŋən] *Sn*, - **1** exigência. **2** desejo, saudade.
ver.län.gern [fɛr'lɛŋərn] *Vtr* **1** prolongar. **2** prorrogar.
ver.las.sen [fɛr'lasən] *Vrefl unreg* **1** confiar em. *Vtr unreg* **2** deixar, abandonar, desamparar. • *Adj* **1** abandonado, desamparado. **2** deserto.
ver.läss.lich [fɛr'lɛsliç] *Adj* seguro, fiel, de confiança.
ver.le.gen [fɛr'le:gən] *Vtr* **1** transferir, mudar. **2** adiar. **3** extraviar. • *Adj* embaraçado, constrangido.
Ver.le.gen.heit [fɛr'le:gənhait] *Sf*, **-en** embaraço, constrangimento.
Ver.le.gung [fɛr'le:guŋ] *Sf*, **-en 1** transferência, mudança. **2** adiamento.
ver.lei.hen [fɛr'laiən] *Vtr unreg* **1** emprestar, locar. **2** entregar, conferir, conceder.
ver.ler.nen [fɛr'lɛrnən] *Vtr* desaprender, esquecer.
ver.let.zen [fɛr'lɛtsən] *Vtr* **1** ferir, contundir. **2** violar. **3** ofender, melindrar.
Ver.letz.te [fɛr'lɛtstə] *Sm+f*, **-n** ferido(a), contundido(a).
Ver.let.zung [fɛr'lɛtsuŋ] *Sf*, **-en 1** lesão, ferimento, contusão. **2** violação.
ver.leum.den [fɛr'lɔimdən] *Vtr* difamar, caluniar.
ver.lie.ben [fɛr'li:bən] *Vrefl* enamorar-se, apaixonar-se.
Ver.lieb.te [fɛr'li:ptə] *Sm+f*, **-n** enamorado, apaixonado.
ver.lie.ren [fɛr'li:rən] *Vtr unreg* perder.
Ver.lie.rer [fɛr'li:rər] *Sm*, - perdedor.
ver.lo.ben [fɛr'lo:bən] *Vrefl* ficar noivo(a) de.
Ver.lob.te [fɛr'lo:ptə] *Sm+f*, **-n** noivo(a).
Ver.lo.bung [fɛr'lo:buŋ] *Sf*, **-en** noivado.
ver.lor [fɛr'lo:r] *Prät* **verlieren.**
ver.lo.ren [fɛr'lo:rən] *Adj* perdido, extraviado. **verloren gehen** perder-se, extraviar-se.
Ver.lo.sung [fɛr'lo:zuŋ] *Sf*, **-en** sorteio, rifa.
Ver.lust [fɛr'lust] *Sm*, **-e 1** perda. **2** prejuízo, dano.
ver.meh.ren [fɛr'me:rən] *Vtr* **1** multiplicar. **2** aumentar.
ver.mei.den [fɛr'maidən] *Vtr unreg* evitar.
ver.mie.ten [fɛr'mi:tən] *Vtr* alugar, arrendar.
Ver.mie.ter [fɛr'mi:tər] *Sm*, - locador.
ver.mis.sen [fɛr'misən] *Vtr* **1** dar pela falta. **2** sentir falta de.
Ver.miss.te [fɛr'mistə] *Sm+f*, **-n** desaparecido(a).
Ver.mitt.lung [fɛr'mitluŋ] *Sf*, **-en 1** intermediação, agenciamento. **2** corretagem.
Ver.mö.gen [fɛr'mø:gən] *Sn*, - **1** patrimônio, bens, recursos. **2** capacidade.
ver.mu.ten [fɛr'mu:tən] *Vtr* **1** supor, presumir. **2** suspeitar, fazer conjeturas.
Ver.mu.tung [fɛr'mu:tuŋ] *Sf*, **-en 1** suposição, conjetura. **2** suspeita.
ver.nach.läs.si.gen [fɛr'na:xlɛsigən] *Vtr* negligenciar, descuidar, desleixar.
Ver.neh.mung [fɛr'ne:muŋ] *Sf*, **-en** interrogatório, inquérito.
ver.nei.nen [fɛr'nainən] *Vtr* negar.
ver.nich.ten [fɛr'niçtən] *Vtr* aniquilar, destruir, exterminar.
Ver.nunft [fɛr'nunft] *Sf* (*o. Pl*) razão, juízo.
ver.nünf.tig [fɛr'nynftiç] *Adj* **1** sensato, ajuizado. **2** razoável.
Ver.öf.fent.li.chung [fɛr'øfentliçuŋ] *Sf*, **-en** publicação.
ver.pa.cken [fɛr'pakən] *Vtr* embalar, embrulhar, empacotar.
Ver.pa.ckung [fɛr'pakuŋ] *Sf*, **-en** embalagem.
ver.pas.sen [fɛr'pasən] *Vtr* perder (oportunidades, trem, ônibus).
Ver.pfle.gung [fɛr'pfle:guŋ] *Sf*, **-en**

1 mantimentos. **2** abastecimento, manutenção.

ver.pflich.ten [fɛr'pfliçtən] *Vtr* obrigar.

Ver.rat [fɛr'ra:t] *Sm* (*o. Pl*) traição.

ver.ra.ten [fɛr'ra:tən] *Vtr unreg* **1** trair. **2** denunciar, revelar.

Ver.rä.ter [fɛr'rɛ:tər] *Sm*, - traidor.

ver.rei.sen [fɛr'raizən] *Vint* viajar, partir para uma viagem.

ver.rin.gern [fɛr'riyŋərn] *Vtr* reduzir, diminuir, baixar.

ver.rückt [fɛr'rykt] *Adj* louco, doido, maluco.

ver.sa.gen [fɛr'za:gən] *Vint* **1** falhar, fracassar. *Vtr* **2** negar.

ver.sal.zen [fɛr'zaltsən] *Vtr unreg* salgar demais.

ver.sam.meln [fɛr'zaməln] *Vtr* reunir.

Ver.samm.lung [fɛr'zamluŋ] *Sf*, **-en 1** reunião, assembleia. **2** comício.

Ver.sand.haus [fɛr'zanthaus] *Sn*, **Versandhäuser** loja que vende pelo correio.

ver.säu.men [fɛr'zɔimən] *Vtr* perder (trem, ônibus, compromisso).

ver.schie.ben [fɛr'ʃi:bən] *Vtr unreg* **1** deslocar. **2** adiar.

ver.schie.den [fɛr'ʃi:dən] *Adj* diferente, diverso, desigual.

ver.schla.fen [fɛr'ʃla:fən] *Vtr unreg* perder a hora, dormir além da hora.

ver.schlech.tern [fɛr'ʃlɛçtərn] *Vtr* **1** piorar, deteriorar, degradar. **2** agravar.

ver.schlie.ßen [fɛr'ʃli:sən] *Vtr unreg* fechar à chave.

ver.schlim.mern [fɛr'ʃlimərn] *Vtr* piorar.

ver.schlos.sen [fɛr'ʃlɔsən] *Adj* **1** fechado, cerrado. **2** introvertido.

ver.schlu.cken [fɛr'ʃlukən] *Vtr* **1** engolir, tragar. *Vrefl* **2** engasgar-se.

Ver.schluss [fɛr'ʃlus] *Sm*, **Verschlüsse** tampa, fecho, rolha.

ver.schmie.ren [fɛr'ʃmi:rən] *Vtr* borrar, sujar.

ver.schmut.zen [fɛr'ʃmutsən] *Vtr* sujar, poluir.

ver.scho.nen [fɛr'ʃo:nən] *Vtr* **1** poupar. **2** perdoar.

ver.schrei.ben [fɛr'ʃraibən] *Vtr* **1** prescrever, receitar. *Vrefl* **2** escrever errado.

ver.schrei.bungs.pflich.tig [fɛr'ʃraibuŋspfliçtiç] *Adj* sob prescrição médica.

ver.schul.det [fɛr'ʃuldət] *Adj* endividado.

ver.schwei.gen [fɛr'ʃvaigən] *Vtr unreg* **1** ocultar, calar. **2** não mencionar.

ver.schwen.den [fɛr'ʃvɛndən] *Vtr* esbanjar, dissipar, desbaratar, desperdiçar.

ver.schwin.den [fɛr'ʃvindən] *Vint unreg* **(sein)** sumir, desaparecer.

ver.se.hen [fɛr'ze:ən] *Vtr unreg* **1** exercer, desempenhar (função). **2** guarnecer, mobiliar, instalar, equipar. *Vrefl* **3** enganar-se.

Ver.se.hen [fɛr'ze:ən] *Sn*, - engano, lapso, equívoco, descuido.

ver.se.hent.lich [fɛr'ze:əntliç] *Adj* por engano, por descuido.

ver.sen.den [fɛr'zɛndən] *Vtr unreg* enviar, remeter, despachar.

ver.set.zen [fɛr'zɛtsən] *Vtr* **1** deslocar, mudar de lugar. **2** transferir. **3** aprovar (escola).

ver.si.chern [fɛr'ziçərn] *Vtr* **1** assegurar. **2** asseverar, afirmar. **3** segurar.

Ver.si.cher.te [fɛr'ziçərtə] *Sm+f*, **-n** segurado.

Ver.si.che.rung [fɛr'ziçəruŋ] *Sf*, **-en 1** seguradora. **2** seguro.

Ver.si.che.rungs.kar.te [fɛr'ziçə ruŋskartə] *Sf*, **-n** bilhete de seguro.

Ver.söh.nung [fɛr'zø:nuŋ] *Sf*, **-en** reconciliação.

Ver.sor.gung [fɛr'zɔrguŋ] *Sf*, **-en 1** abastecimento, suprimento, sustento. **2** assistência.

ver.spä.ten [fɛr'ʃpɛ:tən] *Vrefl* atrasar--se.

Ver.spä.tung [fɛr'ʃpɛ:tuŋ] *Sf*, **-en** atraso, demora.

ver.sper.ren [fɛr'ʃpɛrən] *Vtr* obstruir, impedir.
ver.spot.ten [fɛr'ʃpɔtən] *Vtr* fazer troça de, escarnecer.
ver.spre.chen [fɛr'ʃprɛçən] *Vtr unreg* prometer.
Ver.spre.chen [fɛr'ʃprɛçən] *Sn*, - promessa.
Ver.stand [fɛr'ʃtant] *Sm* (*o. Pl*) **1** intelecto. **2** juízo, razão. **3** senso.
ver.stän.di.gen [fɛr'ʃtɛndigən] *Vtr* **1** informar, avisar. *Vrefl* **2** entender-se.
Ver.stän.di.gung [fɛr'ʃtɛndiguŋ] *Sf*, **-en** **1** entendimento. **2** acordo, compromisso.
ver.ständ.lich [fɛr'ʃtɛndliç] *Adj* compreensível.
Ver.ständ.nis [fɛr'ʃtɛndnis] *Sf*, **-se** compreensão, entendimento, inteligência.
ver.stär.ken [fɛr'ʃtɛrkən] *Vtr* **1** reforçar, intensificar. **2** amplificar.
Ver.steck [fɛr'ʃtɛk] *Sn*, **-e** esconderijo.
ver.ste.cken [fɛr'ʃtɛkəyn] *Vtr* esconder, ocultar.
ver.ste.hen [fɛr'ʃte:ən] *Vtr unreg* compreender, entender.
Ver.stei.ge.rung [fɛr'ʃtaigəruŋ] *Sf*, **-en** leilão.
ver.stel.len [fɛr'ʃtɛlən] *Vtr* **1** ajustar, regular. **2** obstruir. **3** disfarçar (voz, letra). *Vrefl* **4** dissimular, fingir.
Ver.stop.fung [fɛr'ʃtɔpfuŋ] *Sf*, **-en** **1** oclusão. **2** prisão de ventre. **3** entupimento.
Ver.stor.be.ne [fɛr'ʃtɔrbənə] *Sm+f*, **-n** falecido(a), defunto(a), finado(a).
ver.sto.ßen [fɛr'ʃto:sən] *Vtr unreg* **1** expulsar. **2** repudiar. **verstoßen gegen** atentar contra, infringir, violar.
Ver.such [fɛr'zu:x] *Sm*, **-e** tentativa, teste, ensaio, experiência.
ver.su.chen [fɛr'zu:xən] *Vtr* **1** tentar, experimentar, testar. **2** provar.
Ver.su.chung [fɛr'zu:xuŋ] *Sf*, **-en** tentação.
ver.ta.gen [fɛr'ta:gən] *Vtr* adiar, prorrogar.
ver.tau.schen [fɛr'tauʃən] *Vtr* **1** trocar. **2** confundir.
ver.tei.di.gen [fɛr'taidigən] *Vtr* defender.
Ver.tei.di.gung [fɛr'taidiguŋ] *Sf*, **-en** defesa.
ver.tei.len [fɛr'tailən] *Vtr* distribuir, repartir.
ver.tie.fen [fɛr'ti:fən] *Vtr* aprofundar.
ver.til.gen [fɛr'tilgən] *Vtr* **1** exterminar, extirpar, aniquilar. **2** devorar.
Ver.trag [fɛr'tra:k] *Sm*, **Verträge** contrato, tratado, acordo.
ver.tra.gen [fɛr'tra:gən] *Vtr unreg* **1** suportar, tolerar. *Vrefl* **2** entender-se.
ver.trau.en [fɛr'trauən] *Vint* confiar.
Ver.trau.en [fɛr'trauən] *Sn* (*o. Pl*) confiança.
ver.trau.lich [fɛr'trauliç] *Adj* confidencial.
ver.trei.ben [fɛr'traibən] *Vtr* **1** expulsar, desalojar. **2** vender.
ver.tre.ten [fɛr'tre:tən] *Vtr unreg* **1** substituir. **2** representar. **3** defender (opinião, causa).
Ver.tre.ter [fɛr'tre:tər] *Sm*, - **1** substituto. **2** suplente. **3** delegado, representante, agente.
Ver.tre.tung [fɛr'tre:tuŋ] *Sf*, **-en** **1** substituição. **2** representação, delegação.
ver.un.glü.cken [fɛr'unglykən] *Vint* **(sein)** **1** acidentar-se, sofrer acidente. **2** *Ugs* malograr.
ver.un.rei.ni.gen [fɛr'unrainigən] *Vtr* sujar, poluir, contaminar.
ver.ur.sa.chen [fɛr'u:rzaxən] *Vtr* causar, provocar, produzir.
ver.ur.tei.len [fɛr'urtailən] *Vtr* condenar.
ver.wah.ren [fɛr'va:rən] *Vtr* guardar.
ver.wahr.lost [fɛr'va:rlost] *Adj* **1** abandonado, desamparado. **2** desleixado.
ver.wal.ten [fɛr'valtən] *Vtr* administrar, gerenciar.
Ver.wal.tung [fɛr'valtuŋ] *Sf*, **-en** **1** administração, gerência. **2** gestão.

ver.wan.deln [fɛr'vandəln] *Vtr* transformar.
ver.wandt [fɛr'vant] *Adj* aparentado.
Ver.wandt.schaft [fɛr'vantʃaft] *Sf*, **-en** parentesco.
Ver.war.nung [fɛr'varnuŋ] *Sf*, **-en** advertência, repreensão.
ver.wech.seln [fɛr'vɛksəln] *Vtr* **1** confundir, trocar. **2** enganar-se.
Ver.wechs.lung [fɛr'vɛksluŋ] *Sf*, **-en** equívoco, engano.
ver.wei.gern [fɛr'vaigərn] *Vtr* recusar, rejeitar.
ver.wen.den [fɛr'vɛndən] *Vtr reg+Vtr unreg* utilizar, empregar, servir-se de.
ver.wirk.li.chen [fɛr'virkliçən] *Vtr* realizar, concretizar, implementar.
ver.wir.ren [fɛr'virən] *Vtr* confundir, perturbar.
ver.wöh.nen [fɛr'vø:nən] *Vtr* estragar com mimos.
ver.wun.den [fɛr'vundən] *Vtr* ferir.
ver.wun.dert [fɛr'vundərt] *Adj* admirado.
Ver.wun.de.te [fɛr'vundətə] *Sm+f*, **-n** ferido(a).
ver.wüs.ten [fɛr'vy:stən] *Vtr* devastar.
ver.zau.bern [fɛr'tsaubərn] *Vtr* encantar, enfeitiçar.
Ver.zeich.nis [fɛr'tsaiçnis] *Sn*, **-se** lista, relação, registro, índice, cadastro.
ver.zei.hen [fɛr'tsaiən] *Vtr* perdoar, desculpar.
Ver.zei.hung [fɛr'tsaiuŋ] *Sf* (*o. Pl*) desculpa, perdão.
ver.zich.ten [fɛr'tsiçtən] *Vint* renunciar, desistir.
ver.zie.ren [fɛr'tsi:rən] *Vtr* enfeitar.
Ver.zö.ge.rung [fɛr'tsø:gəruŋ] *Sf*, **-en** retardamento, demora, atraso.
ver.zol.len [fɛr'tsɔlən] *Vtr* **1** taxar com impostos de importação. **2** declarar na alfândega.
ver.zwei.feln [fɛr'tsvaifəln] *Vint* desesperar.
Ver.zweif.lung [fɛr'tsvaifluŋ] *Sf*, **-en** desespero.
Ve.te.ri.när [veteri'nɛ:r] *Sm*, **-e** veterinário.
Vet.ter ['fɛtər] *Sm*, **-** primo.
vgl. *Abk* **vergleiche.**
viel [fi:l] *Indefinitpron* muito.
Viel.falt ['fi:lfalt] *Sf* (*o. Pl*) variedade, multiplicidade.
viel.leicht [fi:'laiçt] *Adv* talvez, por acaso.
viel.sei.tig ['fi:lzaitiç] *Adj* versátil, vasto.
vier [fi:r] *Zahlw* quatro. **unter vier Augen** a sós.
Vier.eck ['fi:rɛk] *Sn*, **-e** quadrado, quadrilátero.
vier.hun.dert ['fi:rhundərt] *Zahlw* quatrocentos.
vier.tau.send ['fi:rtauzənt] *Zahlw* quatro mil.
vier.tel ['fi:rtəl] *Zahlw* quarto, quarta parte.
Vier.tel ['fi:rtəl] *Sn*, **-** **1** a quarta parte. **2** bairro.
Vier.tel.stun.de ['fi:rtəlʃtundə] *Sf*, **-n** quarto de hora, quinze minutos.
vier.zehn ['fi:rtse:n] *Zahlw* quatorze, catorze.
vier.zig ['fi:rtsiç] *Zahlw* quarenta.
Vil.la ['vila] *Sf*, **Villen** palacete.
vi.o.lett [vio'lɛt] *Adj* roxo.
Vi.si.ten.kar.te [vi'zi:tənkartə] *Sf*, **-n** cartão de visita.
Vi.sum ['vi:zum] *Sn*, **Visa, Visen** visto.
Vi.ta.min [vita'mi:n] *Sn*, **-e** vitamina.
Vo.gel ['fo:gəl] *Sm*, **Vögel** pássaro, ave.
Vo.ka.bu.lar [vokabu'la:r] *Sn*, **-e** vocabulário.
Vo.kal [vo'ka:l] *Sm*, **-e** vogal.
Volk [fɔlk] *Sn*, **Völker** povo, nação.
Volks.hoch.schu.le ['fɔlksho:xʃu:lə] *Sf*, **-n** universidade popular.
Volks.lied ['fɔlksli:t] *Sn*, **-er** canção folclórica popular.
Volks.mu.sik ['fɔlksmuzi:k] *Sf* (*o. Pl*) música folclórica popular.
volks.tüm.lich ['fɔlkstymliç] *Adj* popular.

Volks.wirt ['fɔlksvirt] *Sm*, **-e** economista.
voll [fɔl] *Adj* **1** pleno, cheio, repleto. **2** completo, inteiro.
voll.en.den [fɔl'ɛndən] *Vtr* acabar, concluir.
voll.jäh.rig ['fɔljɛ:riç] *Adj* maior de idade.
voll.kom.men [fɔl'kɔmən] *Adj* perfeito, completo.
Voll.korn.brot ['fɔlkɔrnbro:t] *Sn*, **-e** pão integral.
Voll.macht ['fɔlmaxt] *Sf*, **-en** **1** autorização. **2** procuração.
Voll.milch ['fɔlmilç] *Sf* (*o. Pl*) leite integral.
Voll.mond ['fɔlmo:nt] *Sm*, **-e** lua cheia.
Voll.pen.si.on ['fɔlpãsio:n] *Sf* (*o. Pl*) com todas as refeições incluídas.
voll.stän.dig ['fɔlʃtɛndiç] *Adj* completo, integral, inteiro.
Voll.ver.samm.lung ['fɔlfɛrzamluŋ] *Sf*, **-en** assembleia geral.
voll.zäh.lig ['fɔltsɛ:liç] *Adj* completo.
Vo.lu.men [vo'lu:mən] *Sn*, -, **Volumina** volume.
von [fɔn] *Präp* **1** de. **2** desde.
vor [fo:r] *Präp* **1** antes. **2** diante de, perante.
vo.ran [fo'ran] *Adv* à frente, em frente.
vo.raus [fo'raus] *Präp+Adv* antes, antecipadamente.
vo.raus.sa.gen [fo'rausza:gən] *Vtr* predizer, prognosticar.
vo.raus.se.hen [fo'rausze:ən] *Vtr unreg* prever.
Vo.raus.set.zung [fo'rauszɛtsuŋ] *Sf*, **-en** pressuposto, condição.
vo.raus.sicht.lich [fo'rausziçtliç] *Adj* provável.
vor.bei [for'bai] *Adv* passado.
vor.bei.fah.ren [for'baifa:rən] *Vint unreg* **(sein)** passar (em veículo).
vor.bei.ge.hen [for'baige:ən] *Vint unreg* **(sein)** passar (a pé).
vor.bei.las.sen [for'bailasən] *Vtr unreg* deixar passar.
vor.be.rei.ten ['fo:rbəraitən] *Vtr* preparar.
Vor.be.rei.tung ['fo:rbəraituŋ] *Sf*, **-en** preparação, preparativo.
vor.beu.gen ['fo:rbɔigən] *Vtr* prevenir.
Vor.bild ['fo:rbilt] *Sn*, **-er** exemplo, modelo, ídolo.
vor.bild.lich ['fo:rbiltliç] *Adj* exemplar, modelar.
Vor.druck ['fo:rdruk] *Sm*, **-e** formulário, impresso.
vor.ein.ge.nom.men ['fo:raingənɔmən] *Adj* preconceituoso.
vor.erst ['fo:rɛrst] *Adv* por enquanto.
Vor.fahr ['fo:rfa:r] *Sm*, **-en** antepassado.
Vor.fahrt ['fo:rfa:rt] *Sf* (*o. Pl*) preferência.
Vor.füh.rung ['fo:rfy:ruŋ] *Sf*, **-en** espetáculo, apresentação, exibição.
Vor.gang ['fo:rgaŋ] *Sm*, **Vorgänge** **1** acontecimento. **2** processo.
Vor.gän.ger ['fo:rgɛŋər] *Sm*, - antecessor.
vor.ge.hen ['fo:rge:ən] *Vint unreg* **1** ir em frente. **2** acontecer. **3** proceder, atuar.
Vor.ge.schmack ['fo:rgəʃmak] *Sm* (*o. Pl*) antegosto, antegozo.
vor.ges.tern ['fo:rgɛstərn] *Adv* anteontem.
vor.ha.ben ['fo:rhabən] *Vtr unreg* pretender fazer, ter em vista, visar.
vor.han.den [fo:r'handən] *Adj* disponível.
Vor.hang ['fo:rhaŋ] *Sm*, **Vorhänge** cortina.
vor.her ['fo:rhe:r] *Adv* antes.
vor.herr.schen ['fo:rhɛrʃən] *Vint* predominar.
Vor.her.sa.ge [for'he:rza:gə] *Sf*, **-n** previsão.
vor.hin ['fo:rhin ou fo:r'hin] *Adv* há pouco.
vor.kom.men ['fo:rkɔmən] *Vint unreg* **(sein)** **1** acontecer, ocorrer. **2** existir, haver.

vor.läu.fig ['fo:rlɔifiç] *Adj* provisório, preliminar.
vor.le.gen ['fo:rle:gən] *Vtr* apresentar, expor.
vor.le.sen ['fo:rle:zən] *Vtr+Vint unreg* ler para outros em voz alta.
Vor.le.sung ['fo:rle:zuŋ] *Sf*, **-en** preleção, aula.
Vor.lie.be ['fo:rli:bə] *Sf*, **-n** preferência, opção.
Vor.mit.tag ['fo:rmita:k] *Sm*, **-e** manhã.
vor.mit.tags ['fo:rmita:ks] *Adv* de manhã.
vorn [fɔrn] *Adv* **1** à frente, na frente. **2** diante.
Vor.na.me ['fo:rna:mə] *Sm*, **-n** nome, primeiro nome, nome próprio.
vor.nehm ['fo:rne:m] *Adj* **1** distinto, nobre. **2** elegante.
Vor.ort ['fo:rɔrt] *Sm*, **-e** subúrbio.
Vor.rat ['fo:rra:t] *Sm*, **Vorräte** estoque, reservas.
Vor.satz ['fo:rzats] *Sm*, **Vorsätze** propósito, intenção.
vor.sätz.lich ['fo:rzɛtsliç] *Adj* deliberado, proposital.
Vor.schau ['fo:rʃau] *Sf*, **-en** previsão.
Vor.schlag ['fo:rʃla:k] *Sm*, **Vorschläge** proposta.
vor.schla.gen ['fo:rʃla:gən] *Vtr unreg* propor.
Vor.schrift ['fo:rʃrift] *Sf*, **-en 1** prescrição. **2** preceito, regulamento, ordem.
Vor.schuss ['fo:rʃus] *Sm*, **Vorschüsse** adiantamento, antecipação.
vor.set.zen ['fo:rzɛtsən] *Vtr* **1** pôr à frente. **2** servir, oferecer.
Vor.sicht ['fo:rziçt] *Sf* (*o. Pl*) cautela, cuidado, precaução.
vor.sich.tig ['fo:rziçtiç] *Adj* **1** cauteloso, cuidadoso. **2** prudente.
Vor.sil.be ['fo:rzilbə] *Sf*, **-n** prefixo.
Vor.sor.ge ['fo:rzɔrgə] *Sf* (*o. Pl*) precaução.
Vor.spei.se ['fo:rʃpaizə] *Sf*, **-n** entrada, antepasto.
Vor.sprung ['fo:rʃpruŋ] *Sm*, **Vorsprünge** vantagem, dianteira.
Vor.stand ['fo:rʃtant] *Sm*, **Vorstände** presidência, direção executiva.
vor.stel.len ['fo:rʃtɛlən] *Vtr* **1** apresentar. **2** lançar.
Vor.stel.lung ['fo:rʃtɛluŋ] *Sf*, **-en 1** apresentação, representação, sessão. **2** ideia, noção.
vor.täu.schen ['fo:rtɔiʃən] *Vtr* simular, fingir.
Vor.teil ['fɔrtail] *Sm*, **-e** vantagem, proveito, benefício.
Vor.trag ['fo:rtra:k] *Sm*, **Vorträge** conferência, palestra.
vo.rü.ber [fo'ry:bər] *Adv* passado.
vo.rü.ber.ge.hend [fo'ry:bərge:ənt] *Adj* transitório, passageiro, provisório.
Vor.ur.teil ['fo:rurtail] *Sn*, **-e** preconceito.
Vor.wahl ['fo:rva:l] *Sf*, **-en 1** eleições primárias. **2** código (telefone).
Vor.wand ['fo:rvant] *Sm*, **Vorwände** pretexto.
vor.wärts ['forvɛrts] *Adv* avante, para a frente.
vor.wer.fen ['fo:rvɛrfən] *Vtr unreg* censurar, repreender.
Vor.wort ['fo:rvɔrt] *Sn*, **-e** prefácio.
Vor.wurf ['fo:rvurf] *Sm*, **Vorwürfe** reprovação, acusação, reprimenda, censura.
vor.zie.hen ['fo:rtsi:ən] *Vtr unreg* **1** preferir. **2** antecipar.
vor.züg.lich ['fo:rtsy:kliç] *Adj* excelente, ótimo.
vul.gär [vul'gɛ:r] *Adj* **1** vulgar. **2** trivial.

W

w, W [veː] *Sn*, - letra w, W.
Waa.ge [ˈvaːgə] *Sf*, **-n** balança.
waa.ge.recht [ˈvaːgərɛçt] *Adj* horizontal.
wach [vax] *Adj* **1** acordado, desperto. **2** alerta, atento, vivo. **wach werden** acordar.
Wachs [vaks] *Sn*, **-e** cera.
Wach.sam.keit [ˈvaxzamkait] *Sf* (*o. Pl*) vigilância, atenção.
wach.sen [ˈvaksən] *Vint unreg* **(sein)** **1** crescer, subir, erguer-se. **2** evoluir.
Wachs.tum [ˈvakstum] *Sn* (*o. Pl*) crescimento, desenvolvimento, aumento.
Wäch.ter [ˈvɛçtər] *Sm*, - guarda, vigia, vigilante, sentinela.
Waf.fe [ˈvafə] *Sf*, **-n** arma.
wa.gen [ˈvaːgən] *Vtr* **1** ousar, arriscar. *Vrefl* **2** atrever-se, aventurar-se.
Wa.gen [ˈvaːgən] *Sm*, - **1** carro, automóvel. **2** carroça. **3** carrinho.
Wa.gen.he.ber [ˈvaːgənheːbər] *Sm*, - macaco mecânico.
Wag.gon [vaˈgɔn] *Sm*, **-s** vagão.
Wag.nis [ˈvaːknis] *Sn*, **-se** ação ousada, risco.
Wahl [vaːl] *Sf*, **-en** **1** escolha, opção, alternativa. **2** eleição, votação.
wahl.be.rech.tigt [ˈvaːlbərɛçtiçt] *Adj* com direito a voto.
wäh.len [ˈvɛːlən] *Vtr+Vint* **1** escolher, optar, selecionar. **2** eleger. **3** votar. **4** discar.
Wäh.ler [ˈvɛːlər] *Sm*, - eleitor.
Wahl.fach [ˈvaːlfax] *Sn*, **Wahlfächer** matéria ou disciplina facultativa ou opcional.
Wahl.kampf [ˈvaːlkampf] *Sm*, **Wahlkämpfe** campanha eleitoral.
wahl.los [ˈvaːllos] *Adj* **1** indiscriminado, aleatório. **2** ao acaso.
Wahl.spruch [ˈvaːlʃprux] *Sm*, **Wahlsprüche** lema, divisa, *slogan*.
Wahn.sinn [ˈvaːnzin] *Sm* (*o. Pl*) demência, insanidade, loucura, delírio.
wahn.sin.nig [ˈvaːnziniç] *Adj* demente, louco, desvairado.
wahr [vaːr] *Adj* **1** verdadeiro. **2** verídico, autêntico, real, exato. **das ist wahr** é verdade. **nicht wahr?** não é?
wäh.rend [ˈvɛːrənt] *Konj* enquanto. • *Präp* durante.
wäh.rend.des.sen [vɛːrəntˈdɛsən] *Adv* entretanto, enquanto isso.
Wahr.heit [ˈvaːrhait] *Sf*, **-en** verdade.
wahr.neh.men [ˈvaːrneːmən] *Vtr unreg* **1** perceber, notar, detectar. **2** aproveitar, exercer (direito).
wahr.sa.gen [ˈvaːrzaːgən] *Vint* adivinhar, predizer, prever o futuro.
wahr.schein.lich [ˈvaːrʃainliç] *Adj* provável, plausível.
Wahr.schein.lich.keit [ˈvaːrʃainliçkait] *Sf*, **-en** probabilidade.
Wäh.rung [ˈvɛːruŋ] *Sf*, **-en** moeda, sistema monetário.
Wahr.zei.chen [ˈvaːrtsaiçən] *Sn*, - símbolo, marco, emblema.

Wai.sen.haus ['vaizənhaus] *Sn*, **Waisenhäuser** orfanato.
Wai.sen.kind ['vaizənkint] *Sn*, **-er** órfão, órfã.
Wal [va:l] *Sm*, **-e** baleia.
Wald [valt] *Sm*, **Wälder** floresta, mata, bosque, arvoredo.
Wal.fisch ['va:lfiʃ] *Sm*, **-e** baleia.
Wall.fahrt ['valfa:rt] *Sf*, **-en** romaria, peregrinação.
Wal.ze ['valtsə] *Sf*, **-n** **1** cilindro. **2** laminadora. **3** rolo compressor.
Wal.zer ['valtsər] *Sm*, - valsa.
wand [vant] *Prät* **winden.**
Wand [vant] *Sf*, **Wände** parede, muro.
Wan.del ['vandəl] *Sm* (*o. Pl*) **1** transformação, mudança. **2** conduta.
wan.deln ['vandəln] *Vrefl* transformar-se, mudar.
Wan.de.rer ['vandərər] *Sm*, - **1** viandante, caminhante. **2** andarilho.
wan.dern ['vandərn] *Vint* **(sein) 1** caminhar, passear, vagar. **2** migrar.
Wan.de.rung ['vandəruŋ] *Sf*, **-en** **1** caminhada, excursão. **2** migração.
Wand.lung ['vandluŋ] *Sf*, **-en** **1** mudança, transformação. **2** *Rel* consagração.
Wand.ta.fel [vantta:fəl] *Sf*, **-n** quadro-negro, lousa.
wan.ken ['vaŋkən] *Vint* cambalear, balançar, oscilar.
wann [van] *Adv* quando. **bis wann?** até quando? **seit wann?** desde quando?
Wap.pen ['vapən] *Sn*, - brasão de armas.
war [va:r] *Prät* **sein.**
warb [varp] *Prät* **werben.**
Wa.re ['va:rə] *Sf*, **-n** mercadoria, artigo comercial, produto.
Wa.ren.haus ['va:rənhaus] *Sn*, **Warenhäuser** magazine, loja de departamentos.
Wa.ren.zei.chen ['va:rəntsaiçən] *Sn*, - marca registrada.
warf [varf] *Prät* **werfen.**
warm [varm] *Adj* **1** quente, cálido. **2** caloroso, cordial.
Wär.me ['vɛrmə] *Sf* (*o. Pl*) calor.
wär.men ['vɛrmən] *Vtr* aquecer, esquentar.
Warm.was.ser ['varmvasər] *Sn* (*o. Pl*) água quente.
Warn.drei.eck ['varndraiɛk] *Sn*, **-e** triângulo de segurança.
war.nen ['varnən] *Vtr* alertar, prevenir, avisar, advertir.
War.nung ['varnuŋ] *Sf*, **-en** alerta, aviso, advertência.
War.te.li.ste ['vartəlistə] *Sf*, **-n** lista de espera.
war.ten ['vartən] *Vint* **1** esperar, aguardar. **2** cuidar de, fazer manutenção.
Wär.ter ['vɛrtər] *Sm*, - **1** guarda, servente, servidor. **2** carcereiro.
War.te.raum ['vartəraum] *Sm*, **Warteräume** sala de espera.
War.te.zim.mer ['vartətsimər] *Sn*, - sala de espera.
War.tung ['vartuŋ] *Sf*, **-en** manutenção, revisão, conservação, assistência técnica.
wa.rum [va'rum] *Adv* por quê?, por que razão?
was [vas] *Fragepron* **1** o quê? *Relativpron* **2** o que. *Indefinitpron* **3** alguma coisa, algo. **was kostet das?** quanto é?
Wasch.be.cken ['vaʃbɛkən] *Sn*, - lavatório, bacia, pia.
Wä.sche ['vɛʃə] *Sf*, **-n** **1** roupa suja. **2** roupa de baixo. **3** lavagem.
wa.schen ['vaʃən] *Vtr unreg* lavar.
Wä.sche.rei [vɛʃə'rai] *Sf*, **-en** lavanderia.
Wasch.ge.le.gen.heit ['vaʃgəle: gənhait] *Sf*, **-en** lavatório.
Wasch.ma.schi.ne ['vaʃmaʃi:nə] *Sf*, **-n** máquina de lavar.
Wasch.mit.tel ['vaʃmitəl] *Sn*, - detergente.
Wasch.pul.ver ['vaʃpulvər] *Sn*, - sabão em pó.
Wasch.raum ['vaʃraum] *Sm*, **Waschräume** lavatório, lavabo, banheiro.

W

Wasch.sa.lon [ˈvaʃzalɔn] *Sm*, **-s** lavanderia automática.
Was.ser [ˈvasər] *Sn*, **Wässer** água.
was.ser.dicht [ˈvasərdiçt] *Adj* impermeável, à prova d'água.
Was.ser.fall [ˈvasərfal] *Sm*, **Wasserfälle** cascata, catarata, queda-d'água.
Was.ser.hahn [ˈvasərha:n] *Sm*, **Wasserhähne** torneira.
Was.ser.kes.sel [ˈvasərkεsəl] *Sm*, - **1** caldeira. **2** chaleira.
Was.ser.lei.tung [ˈvasərlaituŋ] *Sf*, **-en** rede de água encanada, encanamento.
Was.ser.sport [ˈvasərʃpɔrt] *Sm* (*o. Pl*) esporte aquático.
Was.ser.stoff [ˈvasərʃtɔf] *Sm* (*o. Pl*) hidrogênio.
Was.ser.zei.chen [ˈvasərtsaiçən] *Sn*, - filigrana, marca-d'água, linha-d'água.
Wat.te [ˈvatə] *Sf*, **-n** algodão.
WC [veˈtse:] *Sn*, **-(s)** banheiro.
we.ben [ˈve:bən] *Vtr+Vint* tecer.
Wech.sel [ˈvεksəl] *Sm*, - **1** câmbio. **2** alternância. **3** mudança, modificação. **4** substituição, revezamento.
Wech.sel.geld [ˈvεksəlgεlt] *Sn* (*o. Pl*) troco.
Wech.sel.jah.re [ˈvεksəlja:rə] *S Pl* menopausa, climatério.
Wech.sel.kurs [ˈvεksəlkurs] *Sm*, **-e** taxa de câmbio.
wech.seln [ˈvεksəln] *Vtr* **1** trocar. **2** substituir. **3** mudar. *Vint* **4** variar.
Wech.sel.stu.be [ˈvεksəlʃtu:bə] *Sf*, **-n** casa de câmbio.
we.cken [ˈvεkən] *Vtr* acordar, despertar.
We.cker [ˈvεkər] *Sm*, - despertador.
we.der [ˈve:dər] *Konj* nem. **weder ... noch...** nem... nem...
weg [vεk] *Adv* **1** longe, ausente, fora. **2** embora. **er ist schon weg** ele já foi embora. **Hände weg!** tire as mãos!
Weg [ve:k] *Sm*, **-e 1** caminho, via, estrada, vereda. **2** passagem. **3** curso, rota, rumo, trajeto.
weg.brin.gen [ˈvεkbriŋən] *Vtr unreg* **1** tirar. **2** levar.
we.gen [ˈve:gən] *Präp* por causa de, devido a, graças a.
weg.fah.ren [ˈvεkfa:rən] *Vint unreg* **(sein) 1** partir, ir embora (em veículo). *Vtr unreg* **2** levar embora (em veículo).
weg.ge.hen [ˈvεkge:ən] *Vint unreg* **(sein)** ir embora, ir-se, sair, partir, retirar-se, deixar.
weg.neh.men [ˈvεkne:mən] *Vtr unreg* tirar, retirar.
Weg.wei.ser [ˈve:kvaizər] *Sm*, - placa de sinalização.
weg.wer.fen [ˈvεkvεrfən] *Vtr unreg* descartar, jogar fora.
weh [ve:] *Adj* **1** dolorido, doído. **2** ferido. **3** magoado.
we.hen [ˈve:ən] *Vint* **1** soprar. **2** ventar.
weh.tun [ˈve:tun] *Vint* **1** doer. *Vrefl* **2** machucar-se.
Wehr.dienst [ˈve:rdi:nst] *Sm* (*o. Pl*) serviço militar.
weh.ren [ˈve:rən] *Vrefl* defender-se, lutar contra.
Weib.chen [ˈvaipçən] *Sn*, - fêmea (animal).
weib.lich [ˈvaipliç] *Adj* feminino, mulheril.
weich [vaiç] *Adj* **1** mole, macio. **2** brando, suave. **3** tenro.
wei.chen [ˈvaiçən] *Vint unreg* **(sein)** ceder, retroceder, dar lugar, sair, afastar-se.
Wei.de [ˈvaidə] *Sf*, **-n 1** salgueiro. **2** vime. **3** pasto, pastagem.
wei.den [ˈvaidən] *Vtr+Vint* pastar.
wei.gern [ˈvaigərn] *Vrefl* recusar-se.
Weih.nach.ten [ˈvainaxtən] *Sn*, - Natal. **fröhliche Weihnachten!** feliz Natal!
Weih.nachts.abend [ˈvainaxtsa:bənt] *Sm*, **-e** véspera ou noite de Natal.
Weih.nachts.mann [ˈvainaxtsman] *Sm*, **Weihnachtsmänner** Papai Noel.
weil [vail] *Konj* porque, visto que, como.

Wei.le [ˈvailə] *Sf* (*o. Pl*) momento, instante, tempo curto.
Wein [vain] *Sm*, **-e** vinho.
Wein.berg [ˈvainbɛrk] *Sm*, **-e** vinha, vinhedo.
Wein.brand [ˈvainbrant] *Sm*, **Weinbrände** conhaque.
wei.nen [ˈvainən] *Vint* chorar.
Wein.kar.te [ˈvainkartə] *Sf*, **-n** lista de vinhos.
Wein.kel.ler [ˈvainkɛlər] *Sm*, - adega, cave.
Wein.stu.be [ˈvainʃtu:bə] *Sf*, **-n** cantina de vinhos.
wei.se [ˈvaizə] *Adj* sábio, prudente.
Wei.se [ˈvaizə] *Sf*, **-n** **1** maneira, modo. **2** melodia. *Sm*, **-n** **3** sábio, erudito.
Weis.heit [ˈvaishait] *Sf*, **-en** sabedoria.
weiß [vais] *Adj* branco, alvo. • *Präs* **wissen.**
Weiß.brot [ˈvaisbro:t] *Sn*, **-e** pão de trigo.
Weiß.kraut [ˈvaiskraut] *Sn* (*o. Pl*) repolho.
Wei.sung [ˈvaizuŋ] *Sf*, **-en** ordem, diretriz, instrução.
weit [vait] *Adj* **1** longe, distante. **2** amplo, vasto. **3** largo. **weit und breit** num grande raio. **wie weit ist es?** qual é a distância?
wei.ter [ˈvaitər] *Adv* **1** além, mais longe, mais distante. **2** ulterior. **und so weiter** etc.
wei.ter.ar.bei.ten [ˈvaitərarbaitən] *Vint* continuar trabalhando.
wei.ter.fah.ren [ˈvaitərfa:rən] *Vint unreg* **(sein)** continuar andando (em veículo).
wei.ter.ge.ben [ˈvaitərge:bən] *Vtr unreg* passar adiante.
wei.ter.ge.hen [ˈvaitərge:ən] *Vint unreg* **(sein)** ir ou seguir em frente, continuar.
wei.ter.ma.chen [ˈvaitərmaxən] *Vint* continuar, levar a cabo.
weit.ge.hend [ˈvaitge:ənt] *Adj* amplo, vasto, considerável, geral. • *Adv* em grande parte.
Wei.zen [ˈvaitsən] *Sm*, - trigo.
welch [vɛlç] *Fragepron* **1** que, qual. *Relativpron* **2** o qual, a qual. *Indefinitpron* **3** um, uma, uns, umas, alguns, algumas. **welcher von beiden?** qual dos dois?
wel.ken [ˈvɛlkən] *Vint* **(sein)** murchar, definhar.
Wel.le [ˈvɛlə] *Sf*, **-n** **1** onda, vaga. **2** ondulação. **3** *Techn* eixo.
Welt [vɛlt] *Sf*, **-en** **1** mundo, universo. **2** Terra. **alle Welt** todo mundo. **auf die Welt kommen** nascer.
Welt.all [ˈvɛltal] *Sn* (*o. Pl*) universo, cosmo.
Welt.ge.schich.te [ˈvɛltgəʃiçtə] *Sf* (*o. Pl*) história universal.
Welt.kar.te [ˈvɛltkartə] *Sf*, **-n** mapa-múndi.
Welt.krieg [ˈvɛltkri:k] *Sm*, **-e** guerra mundial.
Welt.markt [ˈvɛltmarkt] *Sm*, **Weltmärkte** mercado mundial.
Welt.meis.ter [ˈvɛltmaistər] *Sm*, - campeão mundial.
Welt.meis.ter.schaft [ˈvɛltmaistər-ʃaft] *Sf*, **-en** campeonato mundial.
Welt.re.kord [ˈvɛltrekɔrt] *Sm*, **-e** recorde mundial.
welt.weit [ˈvɛltvait] *Adj* mundial, universal, em todo o mundo.
Welt.wun.der [ˈvɛltvundər] *Sn*, - maravilha do mundo.
wem [ve:m] *Dat von* **wer.**
wen [ve:n] *Akk von* **wer.**
Wen.de [ˈvɛndə] *Sf*, **-n** virada, mudança.
wen.den [ˈvɛndən] *Vtr+Vint reg+Vint unreg* **1** virar, mudar. **2** voltar. *Vrefl reg+Vrefl unreg* **3** dirigir-se a, procurar. **bitte wenden!** vire!
Wen.dung [ˈvɛnduŋ] *Sf*, **-en** **1** volta. **2** mudança. **3** locução, expressão.
we.nig [ˈve:niç] *Indefinitpron+Adv* pouco. **ein wenig** um pouco.
we.ni.ger [ˈve:nigər] *Kompar* menos.

W

we.nigs.tens [ˈve:nigstəns] *Adv* pelo menos, ao menos.
wenn [vɛn] *Konj* **1** se. **2** caso. **3** quando.
wer [ve:r] *Fragepron* **1** quem. *Relativpron* **2** quem, aquele que.
Wer.be.a.gen.tur [ˈvɛrbəagɛntu:r] *Sf*, **-en** agência de publicidade.
Wer.be.fach.mann [ˈvɛrbəfaxman] *Sm*, **Werbefachmänner, -leute** publicitário.
Wer.be.ge.schenk [ˈvɛrbəgəʃɛŋk] *Sn*, **-e** brinde.
wer.ben [ˈvɛrbən] *Vint unreg* **1** fazer propaganda, anunciar. *Vtr unreg* **2** atrair, recrutar.
Wer.bung [ˈvɛrbuŋ] *Sf*, **-en** publicidade, propaganda.
wer.den [ˈve:rdən] *Vint unreg* **(sein)** tornar-se, transformar-se em, vir a ser, ficar. **älter werden** ficar mais velho. **er ist 80 geworden** ele fez 80 anos. **es wird höchste Zeit** está em cima da hora.
wer.fen [ˈvɛrfən] *Vtr unreg* **1** lançar, jogar, arremessar, atirar. *Vint unreg* **2** dar cria. *Vrefl unreg* **3** lançar-se a.
Werk [vɛrk] *Sn*, **-e 1** obra, trabalho. **2** fábrica, usina. **3** mecanismo.
Werk.statt [ˈvɛrkʃtat] *Sf*, **Werkstätten** oficina.
Werk.tag [ˈvɛrkta:k] *Sm*, **-e** dia útil, dia de trabalho.
Werk.zeug [ˈvɛrktsɔik] *Sn*, **-e 1** ferramenta, utensílio. **2** implemento.
wert [ve:rt] *Adj* digno, merecedor, de valor. **wert sein** valer.
Wert [ve:rt] *Sm*, **-e 1** valor. **2** preço.
Wert.ge.gen.stand [ˈve:rtge:gənʃtant] *Sm*, **Wertgegenstände** objeto de valor.
wert.los [ˈve:rtlos] *Adj* sem valor, inútil.
Wert.sa.che [ˈve:rtza:xə] *Sf*, **-n** objeto de valor.
wert.voll [ˈve:rfɔl] *Adj* precioso, valioso, de valor.
We.sen [ˈve:zən] *Sn*, **- 1** ser, criatura. **2** essência, natureza, caráter.
we.sent.lich [ˈve:zəntliç] *Adj* **1** essencial, fundamental. **2** substancial, considerável. **3** bastante, muito.
wes.halb [vɛsˈhalp] *Adv* **1** por quê. **2** porque.
wes.sen [ˈvɛsən] *Fragepron* de quem.
Wes.te [ˈvɛstə] *Sf*, **-n** colete.
Wes.ten [ˈvɛstən] *Sm* (*o. Pl*) oeste, Ocidente.
west.lich [ˈvɛstliç] *Adj* ocidental, a oeste.
wes.we.gen [vɛsˈve:gən] *Adv* **1** por que. **2** porque, motivo pelo qual.
Wett.be.werb [ˈvɛtbəvɛrp] *Sm*, **-e 1** concurso, competição. **2** concorrência.
Wet.te [ˈvɛtə] *Sf*, **-n** aposta.
wet.ten [ˈvɛtən] *Vint* apostar, jogar.
Wet.ter [ˈvɛtər] *Sn*, - tempo (meteorológico).
Wet.ter.aus.sich.ten [ˈvɛtərausziçtən] *S Pl* previsão do tempo.
Wet.ter.be.richt [ˈvɛtərbəriçt] *Sm*, **-e** boletim meteorológico.
Wet.ter.kar.te [ˈvɛtərkartə] *Sf*, **-n** mapa meteorológico.
Wet.ter.vor.her.sa.ge [ˈvɛtərfo:rhe: rza:gə] *Sf*, **-n** previsão do tempo.
wich.tig [ˈviçtiç] *Adj* importante.
wi.ckeln [ˈvikəln] *Vtr* **1** enrolar, bobinar. **2** enfaixar. **3** colocar fralda.
wi.der [ˈvi:dər] *Präp* contra, de encontro a. **wider Willen** contra a vontade.
wi.der.le.gen [vi:dərˈle:gən] *Vtr* **1** refutar, impugnar. **2** desmentir.
wi.der.lich [ˈvi:dərliç] *Adj* repugnante, repulsivo, nojento, sórdido, asqueroso.
wi.der.spens.tig [ˈvi:dərʃpɛnstiç] *Adj* obstinado, teimoso, recalcitrante, renitente, rebelde.
wi.der.spie.geln [ˈvi:dərʃpi:gəln] *Vtr* refletir.
wi.der.spre.chen [vi:dərˈʃprɛçən] *Vint unreg* **1** contestar, objetar, retrucar, contradizer. **2** protestar.
Wi.der.spruch [ˈvi:dərʃprux] *Sm*, **Widersprüche 1** objeção, protesto. **2** contradição. **3** paradoxo.

wi.der.sprüch.lich ['vi:dərʃpryçliç] *Adj* contraditório, inconsistente.
Wi.der.stand ['vi:dərʃtant] *Sm*, **Widerstände** resistência.
wi.der.ste.hen [vi:dər'ʃte:ən] *Vint unreg* resistir.
wi.der.wär.tig ['vi:dərvɛrtiç] *Adj* desagradável, repugnante, nojento, chocante, antipático.
Wi.der.wil.le ['vi:dərvilə] *Sm* (*o. Pl*) aversão, repugnância, antipatia.
wid.men ['vitmən] *Vtr* **1** dedicar, consagrar. *Vrefl* **2** devotar-se, tratar de.
wie [vi:] *Fragepron* como. **wie alt bist du?** qual é a sua idade? **wie gefällt es dir?** está gostando?, o que acha disso? **wie geht's?** que tal? como vai? **wie heißt das?** como se chama isso?, como se diz? **wie lange?** por quanto tempo? **wie spät ist es?** que horas são? • *Konj* como. **wie viel** quanto. **wie viel Uhr ist es?** que horas são?
wie.der ['vi:dər] *Adv* **1** de novo, novamente, outra vez. **2** por sua vez. **3** igualmente. **hin und wieder** de vez em quando. **nie wieder** nunca mais.
wie.der.brin.gen ['vi:dərbriŋən] *Vtr unreg* trazer de volta, devolver.
wie.der.ho.len [vi:dər'ho:lən] *Vtr* **1** repetir. **2** recapitular.
Wie.der.ho.lung [vi:dər'ho:luŋ] *Sf*, **-en** **1** repetição. **2** recapitulação, revisão.
Wie.der.hö.ren ['vi:dərhø:rən] *Sn* (*o. Pl*) **auf Wiederhören!** até logo (ao telefone, no rádio).
wie.der.kom.men ['vi:dərkɔmən] *Vint unreg* **(sein)** voltar, retornar, regressar.
wie.der.se.hen ['vi:dərze:ən] *Vtr unreg* rever, ver de novo
Wie.der.se.hen ['vi:dərze:ən] *Sn*, - reencontro. **auf Wiedersehen!** até logo, até a vista, tchau!
wie.der.um ['vi:dərum] *Adv* de novo, novamente, outra vez.
Wie.ge ['vi:gə] *Sf*, **-n** berço.
wie.gen ['vi:gən] *Vtr+Vint unreg* **1** pesar. **2** embalar. **3** balançar.
Wien [vi:n] *Sn* (*o. Art*) Viena.
Wie.ner ['vi:nər] *Adj* vienense.
Wie.se ['vi:zə] *Sf*, **-n** prado, relva, campina.
wie.so [vi:'zo:] *Adv* como assim, por quê.
wie viel [vi: 'fi:l] = *wie*.
wild [vilt] *Adj* **1** selvagem, bravio, feroz. **2** agitado, violento, furioso. **3** inculto, agreste, silvestre. **4** indisciplinado.
Wild [vilt] *Sn* (*o. Pl*) caça, animal selvagem.
Wild.nis ['viltnis] *Sf*, **-se** selva, região agreste.
will [vil] *Präs* **wollen.**
Wil.le ['vilə] *Sm*, **-n** vontade, querer, desejo, intenção.
will.kom.men ['vilkɔmən] *Adj* bem-vindo, oportuno.
Will.kür ['vilky:r] *Sf* (*o. Pl*) **1** arbítrio, arbitrariedade. **2** despotismo.
will.kür.lich ['vilky:rliç] *Adj* arbitrário, despótico.
wim.meln ['viməln] *Vint* pulular, fervilhar, formigar, abundar.
Wim.per ['vimpər] *Sf*, **-n** pestana, cílio.
Wind [*Vint*] *Sm*, **-e** vento.
Win.del ['vindəl] *Sf*, **-n** fralda.
win.den ['vindən] *Vrefl unreg* **1** torcer, contorcer-se. **2** enrolar-se, enroscar-se.
Wind.müh.le ['vintmy:lə] *Sf*, **-n** moinho de vento.
Wind.schutz.schei.be ['vintʃutsʃaibə] *Sf*, **-n** para-brisa.
Wink [viŋk] *Sm*, **-e** **1** aceno, sinal. **2** palpite. **3** *Jarg* dica.
Win.kel ['viŋkəl] *Sm*, - **1** ângulo. **2** canto. **3** esquadro.
win.ken ['viŋkən] *Vint* acenar, fazer sinais, chamar com sinais.
Win.ter ['vintər] *Sm*, - inverno.
win.ter.lich ['vintərliç] *Adj* invernal, hibernal.

Win.ter.sport ['vintərʃpɔrt] *Sm* (*o. Pl*) esporte de inverno.

Win.zer ['vintsər] *Sm*, - vinicultor, viticultor.

win.zig ['vintsiç] *Adj* diminuto, minúsculo, miúdo, pequenino.

wir [vi:r] *Personalpron* nós.

Wir.bel ['virbəl] *Sm*, - **1** agitação, corre-corre. **2** remoinho, torvelinho. **3** vértebra.

Wir.bel.säu.le ['virbəlzɔilə] *Sf*, **-n** coluna vertebral.

wirbt [virpt] *Präs* **werben.**

wird [virt] *Präs* **werden.**

wirft [virft] *Präs* **werfen.**

wir.ken ['virkən] *Vint* **1** agir, atuar, fazer efeito. **2** parecer, dar a impressão.

wirk.lich ['virkliç] *Adj* real, verdadeiro, efetivo.

Wirk.lich.keit ['virkliçkait] *Sf*, **-en** realidade.

wirk.sam ['virkzam] *Adj* **1** eficaz, eficiente, válido. **2** em vigor.

Wir.kung ['virkuŋ] *Sf*, **-en** efeito, resultado, consequência.

wirr [vir] *Adj* confuso, caótico, despenteado, desordenado.

Wirt [virt] *Sm*, **-e 1** taberneiro. **2** dono de bar ou botequim. **3** hospedeiro. **4** senhorio.

Wirt.schaft ['virtʃaft] *Sf*, **-en 1** economia. **2** hospedaria. **3** restaurante. **4** taberna, botequim.

Wirts.haus ['virtshaus] *Sn*, **Wirtshäuser 1** restaurante. **2** taberna, botequim, choperia. **3** hospedaria, estalagem, pousada.

wi.schen ['viʃən] *Vtr+Vint* passar pano, esfregar, limpar, enxugar.

Wi.scher ['viʃər] *Sm*, - **1** limpador de para-brisa. **2** esfregão.

wis.sen ['visən] *Vtr+Vint unreg* saber, conhecer. **ich weiß es nicht** não sei.

Wis.sen ['visən] *Sn* (*o. Pl*) saber, conhecimento.

Wis.sen.schaft ['visənʃaft] *Sf*, **-en** ciência.

Wis.sen.schaft.ler ['visənʃaftlər] *Sm*, - cientista.

Wit.we ['vitvə] *Sf*, **-n** viúva.

Wit.wer ['vitvər] *Sm*, - viúvo.

Witz [vits] *Sm*, **-e 1** piada, anedota. **2** graça.

wit.zig ['vitsiç] *Adj* **1** engraçado, divertido. **2** espirituoso.

wo [vo:] *Adv* onde.

wo.an.ders [vo:'andərs] *Adv* em outro lugar.

Wo.che ['vɔxə] *Sf*, **-n** semana. **heute in einer Woche** daqui a uma semana.

Wo.chen.en.de ['vɔxənɛndə] *Sn*, **-n** fim de semana.

Wo.chen.tag ['vɔxənta:k] *Sm*, **-e** dia de semana, dia útil.

Wo.chen.zei.tung ['vɔxəntsaituŋ] *Sf*, **-en** semanário.

wo.für [vo'fy:r] *Adv* para quê, para o (a) qual.

wo.her [vo'he:r] *Adv* de onde.

wo.hin [vo'hin] *Adv* para onde.

wohl [vo:l] *Adv* **1** bem. **2** perfeitamente. **3** provavelmente. **leb wohl!** adeus! **wohl oder übel** quer queira quer não.

Wohl [vo:l] *Sn* (*o. Pl*) bem-estar, felicidade. **zum Wohl!** à saúde!

wohl.ha.bend ['vo:lha:bənt] *Adj* abastado, rico, próspero.

Wohl.stand ['vo:lʃtant] *Sm* (*o. Pl*) **1** prosperidade. **2** regalo, fortuna.

Wohl.tä.ter ['vo:ltɛ:tər] *Sm*, - benfeitor.

wohl.tä.tig ['vo:ltɛ:tiç] *Adj* **1** beneficente. **2** caridoso.

wohl.tu.end ['vo:ltuənt] *Adj* reconfortante, agradável.

woh.nen ['vo:nən] *Vint* morar, residir.

Wohn.ge.mein.schaft ['vo:ngəmainʃaft] *Sf*, **-en** apartamento comunitário, república.

wohn.haft ['vo:nhaft] *Adj* residente, domiciliado.

Wohn.heim ['vo:nhaim] *Sn*, **-e 1** asilo, albergue, alojamento. **2** residência universitária.

Wohn.ort [ˈvo:nɔrt] *Sm*, **-e** domicílio, residência.
Wohn.sitz [ˈvo:nzits] *Sm*, **-e** domicílio formal.
Woh.nung [ˈvo:nuŋ] *Sf*, **-en** **1** morada, habitação, moradia. **2** apartamento.
Wohn.wa.gen [ˈvo:nva:gən] *Sm*, - *trailer*.
Wohn.zim.mer [ˈvo:ntsimər] *Sn*, - sala de estar.
Wol.ke [ˈvɔlkə] *Sf*, **-n** nuvem.
Wol.ken.bruch [ˈvɔlkənbrux] *Sm*, **Wolkenbrüche** aguaceiro, tromba-d'água.
Woll.de.cke [ˈvɔldɛkə] *Sf*, **-n** cobertor de lã, manta.
Wol.le [ˈvɔlə] *Sf*, **-n** **1** lã. **2** lanugem.
wol.len [ˈvɔlən] *Modalv unreg+Vint unreg+Vtr unreg* **1** querer. **2** desejar. **3** pretender. **wie du willst** como queira. **wir wollen sehen** vamos ver.
wo.mit [vo:ˈmit] *Adv* com que.
wo.mög.lich [voˈmø:kliç] *Adv* **1** porventura. **2** possivelmente.
Wort [vɔrt] *Sn*, **-e, Wörter** palavra, termo, vocábulo.
Wör.ter.buch [ˈvørtərbu:x] *Sn*, **Wörterbücher** dicionário.
wört.lich [ˈvørtliç] *Adj* **1** literal, textual. **2** ao pé da letra, verbalmente.
wort.los [ˈvɔrtlos] *Adj* **1** silencioso, sem palavras, tácito. **2** atônito.
Wort.schatz [ˈvɔrtʃats] *Sm*, **Wortschätze** vocabulário, léxico.
wo.rü.ber [vo:ˈru:bər] *Adv* sobre que, de que.
wo.rum [vo:ˈrum] *Adv* de que. **worum geht es?** de que se trata?
wo.von [vo:ˈfɔn] *Adv* de que.
wo.zu [vo:ˈtsu:] *Adv* para que.
wuchs [vuks] *Prät* **wachsen.**
Wucht [vuxt] *Sf*, **-en** ímpeto, força, violência.
wüh.len [ˈvy:lən] *Vtr+Vint* **1** fuçar, revolver, revirar, remexer. **2** cavar.
Wun.de [ˈvundə] *Sf*, **-n** ferida, ferimento, chaga.
Wun.der [ˈvundər] *Sn*, - **1** milagre, prodígio. **2** maravilha. **es ist kein Wunder** não é de admirar.
wun.der.bar [ˈvundərbar] *Adj* maravilhoso, admirável, extraordinário.
wun.dern [ˈvundərn] *Vrefl* admirar-se, ficar admirado ou surpreso.
wun.der.schön [ˈvundərʃø:n] *Adj* muito bonito, belíssimo, magnífico, perfeito.
wun.der.voll [ˈvundərfɔl] *Adj* maravilhoso, magnífico.
Wunsch [vunʃ] *Sm*, **Wünsche** desejo. **haben Sie noch einen Wunsch?** mais alguma coisa?
wün.schen [ˈvynʃən] *Vtr* desejar, querer. **wie Sie wünschen** como quiser.
wur.de [ˈvurdə] *Prät* **werden.**
wür.de [ˈvyrdə] *Konj II* **werden.**
Wür.de [ˈvyrdə] *Sf*, **-n** **1** dignidade, respeito, honra. **2** posição, cargo, função.
wür.dig [ˈvyrdiç] *Adj* **1** digno, merecedor. **2** respeitável. **3** apropriado.
Wür.fel [ˈvyrfəl] *Sm*, - **1** dado. **2** cubo.
wür.feln [ˈvyrfəln] *Vint* jogar dados.
Wurm [vurm] *Sm*, **Würmer** **1** verme, lombriga. **2** larva.
Wurst [vurst] *Sf*, **Würste** **1** linguiça. **2** salsicha. **3** frios embutidos.
Würst.chen [ˈvyrstçən] *Sn*, - salsicha. **armes Würstchen** *Ugs* coitado.
Wur.zel [ˈvurtsəl] *Sf*, **-n** **1** raiz. **2** *Gram* radical.
wür.zig [ˈvyrtsiç] *Adj* **1** aromático. **2** saboroso. **3** picante.
wuss.te [ˈvustə] *Prät* **wissen.**
Wüs.te [ˈvy:stə] *Sf*, **-n** deserto.
Wut [vu:t] *Sf* (*o. Pl*) cólera, raiva, fúria.
wü.tend [ˈvy:tənt] *Adj* furioso, enfurecido, zangado.

X

x, X [iks] *Sn*, - letra x, X.
X-Bei.ne [ˈiks-bainə] *S Pl* pernas tortas, cambaio.
x-be.lie.big [ˈiks-bəli:biç] *Adj* qualquer.
x-fa.che [ˈiks-faxə] *Sn* (*o. Pl*) n vezes o valor.
x-mal [ˈiks-ma:l] *Adv* n vezes, inúmeras vezes.
x-te Mal [ˈiks-təma:l] *Adv* enésima vez.
Xy.lo.phon [ksyloˈfo:n] *Sn*, -**e** xilofone.

y

y, Y [ˈypzilɔn] *Sn*, - letra y, Y.

Yp.si.lon [ˈypzilɔn] *Sn*, - y, Y.

Z

z, Z [tsɛt] *Sn*, - letra z, Z.
zäh [tsɛ:] *Adj* **1** duro. **2** teimoso, persistente, obstinado, tenaz.
Zahl [tsa:l] *Sf*, **-en 1** número. **2** numeral, algarismo.
zah.len [ˈtsa:lən] *Vtr+Vint* pagar, saldar. **zahlen bitte** a conta, por favor.
zäh.len [ˈtsɛ:lən] *Vtr* **1** contar, enumerar. **2** recensear.
zahl.reich [ˈtsa:lraiç] *Adj* numeroso.
Zahl.wort [tsa:lvɔrt] *Sn*, **Zahlwörter** numeral.
zahm [tsa:m] *Adj* **1** manso. **2** domesticado.
Zahn [tsa:n] *Sm*, **Zähne** dente.
Zahn.arzt [tsa:nartst] *Sm*, **Zahnärzte** dentista.
Zahn.bürs.te [tsa:nbyrstə] *Sf*, **-n** escova de dentes.
Zahn.fleisch [tsa:nflaiʃ] *Sn* (*o. Pl*) gengiva.
Zahn.pas.ta [tsa:npasta] *Sf*, **-pasten** creme dental, pasta de dente.
Zahn.rad [tsa:nra:t] *Sn*, **Zahnräder** roda dentada, engrenagem.
Zahn.schmer.zen [tsa:nʃmɛrtsən] *S Pl* dor de dente.
Zahn.weh [tsa:nve:] *Sn* (*o. Pl*) dor de dente.
Zan.ge [ˈtsaŋə] *Sf*, **-n 1** alicate, tenaz, torquês. **2** fórceps.
zan.ken [ˈtsaŋkən] *Vint+Vrefl* discutir, brigar, ralhar.
zart [tsart] *Adj* tenro, delicado, frágil, suave.
zärt.lich [ˈtsɛrtliç] *Adj* carinhoso, terno, meigo, afetuoso.
Zärt.lich.keit [ˈtsɛrtliçkait] *Sf*, **-en 1** carícia. **2** carinho, ternura, afeto, meiguice. **3** intimidades.
Zau.ber [ˈtsaubər] *Sm*, - **1** encanto, feitiço, magia. **2** fascínio.
Zau.be.rei [tsaubəˈrai] *Sf*, **-en 1** feitiçaria, bruxaria, magia. **2** encantamento.
Zau.be.rer [ˈtsaubərər] *Sm*, - feiticeiro, bruxo, mago, prestidigitador.
zau.ber.haft [ˈtsaubərhaft] *Adj* **1** mágico, encantador. **2** delicioso, maravilhoso.
zau.bern [ˈtsaubərn] *Vint* **1** fazer magias. **2** enfeitiçar, encantar.
Zaun [tsaun] *Sm*, **Zäune** sebe, cerca, tapume.
z. B. *Abk* **zum Beispiel** p. ex. (por exemplo).
ZDF [tsɛt-de:-ɛf] *Sn Abk* **Zweites Deutsches Fernsehen** Segundo Canal da TV Alemã.
Zeb.ra.strei.fen [ˈtse:braʃtraifən] *Sm*, - faixa de pedestres.
Ze.che [ˈtsɛçə] *Sf*, **-n 1** mina de carvão. **2** despesa com bebidas, conta.
Zeh [tse:] *Sm*, **-en,** dedo do pé.
zehn [tse:n] *Zahlw* dez.
Zehn.tel [ˈtse:ntəl] *Sn*, - décimo, décima parte.
Zei.chen [ˈtsaiçən] *Sn*, - **1** sinal. **2** símbolo. **3** signo. **4** marca. **5** indício, sintoma.

Zei.chen.er.klä.rung [ˈtsaiçənɛrklɛːruŋ] *Sf*, **-en** legenda.
Zei.chen.trick.film [ˈtsaiçəntrikfilm] *Sm*, **-e** desenho animado.
zeich.nen [ˈtsaiçnən] *Vtr* **1** desenhar. **2** marcar. **3** assinar, subscrever.
Zeich.ner [ˈtsaiçnər] *Sm*, **-** **1** desenhista, artista gráfico, projetista. **2** subscritor.
Zeich.nung [ˈtsaiçnuŋ] *Sf*, **-en** **1** desenho, projeto. **2** subscrição.
Zei.ge.fin.ger [ˈtsaigəfiŋər] *Sm*, **-** dedo indicador.
zei.gen [ˈtsaigən] *Vtr* **1** mostrar. **2** apontar, indicar. **3** demonstrar, revelar, provar. *Vrefl* **4** mostrar-se, aparecer, evidenciar-se.
Zei.ger [ˈtsaigər] *Sm*, **-** **1** ponteiro (relógio). **2** indicador.
Zei.le [ˈtsailə] *Sf*, **-en** **1** linha. **2** fila.
Zeit [tsait] *Sf*, **-en** **1** tempo. **2** período, época, era. **zur Zeit** = *zurzeit.*
zei.tig [ˈtsaitiç] *Adj* cedo, a tempo.
Zeit.lu.pe [ˈtsaitluːpə] *Sf* (*o. Pl*) câmera lenta.
Zeit.raum [ˈtsaitraum] *Sm*, **Zeiträume** período, época, lapso de tempo.
Zeit.schrift [ˈtsaitʃrift] *Sf*, **-en** revista, periódico, magazine.
Zei.tung [ˈtsaituŋ] *Sf*, **-en** jornal.
Zeit.ver.treib [ˈtsaitfɛrtraip] *Sm*, **-e** passatempo.
Zel.le [ˈtsɛlə] *Sf*, **-n** **1** célula. **2** cela, cubículo. **3** cabine.
Zelt [tsɛlt] *Sn*, **-e** **1** barraca. **2** tenda, lona.
zel.ten [ˈtsɛltən] *Vint* acampar.
Zelt.platz [ˈtsɛltplats] *Sm*, **Zeltplätze** camping.
Ze.ment [tseˈmɛnt] *Sm*, **-e** cimento.
Zen.sur [tsenˈzuːr] *Sf*, **-en** **1** censura. **2** nota (conceito).
Zen.ti.me.ter [tsɛntiˈmeːtər] *Sn+m*, **-** centímetro.
Zent.ner [ˈtsɛntnər] *Sm*, **-** meio quintal (50 kg).
Zent.ra.le [tsɛnˈtraːlə] *Sf*, **-n** **1** matriz, escritório central. **2** centro de controle. **3** central ou mesa telefônica.
Zent.ral.hei.zung [tsɛnˈtraːlhaitsuŋ] *Sf*, **-en** aquecimento central, calefação central.
Zen.trum [ˈtsɛntrum] *Sn*, **Zentren** centro.
zer.bre.chen [tsɛrˈbrɛçən] *Vint unreg* **(sein)** **1** quebrar, espatifar-se, partir-se. *Vtr unreg* **2** quebrar, despedaçar.
zer.brech.lich [tsɛrˈbrɛçliç] *Adj* **1** frágil, quebradiço. **2** delicado.
zer.klei.nern [tsɛrˈklainərn] *Vtr* picar, triturar, esmiuçar.
zer.le.gen [tsɛrˈleːgən] *Vtr* **1** desmontar, desmanchar, decompor. **2** trinchar.
zer.rei.ßen [tsɛrˈraisən] *Vtr unreg* rasgar, despedaçar, romper, partir.
zer.stö.ren [tsɛrˈʃtøːrən] *Vtr* destruir, demolir, arruinar.
Zer.stö.rung [tsɛrˈʃtøːruŋ] *Sf*, **-en** destruição, demolição, ruína, devastação.
zer.streu.en [tsɛrˈʃtrɔiən] *Vtr* **1** distrair, divertir. **2** aliviar, desfazer. **3** dispersar, espalhar.
Zer.streu.ung [tsɛrˈʃtrɔiuŋ] *Sf*, **-en** **1** distração, diversão. **2** dispersão.
Zer.ti.fi.kat [tsɛrtifiˈkaːt] *Sn*, **-e** certificado, diploma.
zer.tre.ten [tsɛrˈtreːtən] *Vtr* pisotear, pisar, calcar, esmagar.
Zet.tel [ˈtsɛtəl] *Sm*, **-** **1** papelete, pedaço de papel. **2** bilhete, cédula, tíquete.
Zeug [tsɔik] *Sn* (*o. Pl*) coisa, material. **dummes Zeug** bobagens.
Zeu.ge [ˈtsɔigə] *Sm*, **-n** testemunha.
Zeug.nis [ˈtsɔiknis] *Sn*, **-se** **1** testemunho, sinal. **2** certificado, certidão, atestado, boletim.
z. Hd. *Abk* **zu Händen** a/c (aos cuidados de).
Zie.ge [ˈtsiːgə] *Sf*, **-n** cabra.
Zie.gel [ˈtsiːgəl] *Sm*, **-** **1** tijolo. **2** telha.
Zie.gel.stein [ˈtsiːgəlʃtain] *Sm*, **-e** tijolo.
zie.hen [ˈtsiːən] *Vtr unreg* **1** puxar. **2** sacar. **3** arrancar, extrair. *Vint unreg* **(sein)** **4** passar, marchar, migrar. **auf sich ziehen** atrair. **es zieht** há corrente de ar, ar encanado.

Ziel [tsi:l] *Sn*, **-e** **1** alvo, mira. **2** destino, meta, chegada. **3** objetivo.
zie.len [ˈtsi:lən] *Vint* **1** apontar, alvejar, mirar. **2** visar.
Ziel.schei.be [ˈtsi:lʃaibə] *Sf*, **-n** alvo.
ziem.lich [ˈtsi:mliç] *Adj* considerável. • *Adv* **1** bastante, razoavelmente. **2** *Ugs* mais ou menos.
Zif.fer [ˈtsifər] *Sf*, **-n** numeral, algarismo, cifra.
Zi.ga.ret.te [tsigaˈrɛtə] *Sf*, **-n** cigarro.
Zi.gar.re [tsiˈgarə] *Sf*, **-n** charuto.
Zi.geu.ner [tsiˈgɔinər] *Sm*, - cigano.
Zim.mer [ˈtsimər] *Sn*, - quarto, cômodo.
Zim.mer.mäd.chen [ˈtsimərmɛ:tçən] *Sn*, - arrumadeira.
Zimt [tsimt] *Sm*, **-e** canela.
Zink [tsiŋk] *Sn* (*o. Pl*) zinco.
Zinn [tsin] *Sn* (*o. Pl*) estanho.
Zins [ˈtsins] *Sm*, **-en** juro.
Zip.fel [ˈtsipfəl] *Sm*, - ponta (pano, roupa).
zir.ka [ˈtsirka] *Adv* cerca de, aproximadamente, mais ou menos.
Zir.kus [ˈtsirkus] *Sm*, **-se** circo.
Zi.tat [tsiˈta:t] *Sn*, **-e** citação.
zi.tie.ren [tsiˈti:rən] *Vtr* citar.
Zi.tro.ne [tsiˈtro:nə] *Sf*, **-n** limão.
zit.tern [ˈtsitərn] *Vint* tremer, estremecer, tiritar. **mit zitternder Stimme** com voz trêmula.
zog [tso:k] *Prät* **ziehen.**
zö.gern [ˈtsø:gərn] *Vint* hesitar, vacilar.
Zoll [tsɔl] *Sm*, **Zölle** **1** alfândega, aduana. **2** imposto alfandegário.
zoll.frei [ˈtsɔlfrai] *Adj* isento de impostos alfandegários.
Zoo [tso:] *Sm*, **-s** jardim zoológico.
Zopf [tsɔpf] *Sm*, **Zöpfe** trança.
Zorn [tsɔrn] *Sm* (*o. Pl*) cólera, fúria, raiva, ira.
zor.nig [ˈtsɔrniç] *Adj* furioso, com raiva, irado.
zu [tsu:] *Präp* **1** para, a. **2** em. **3** quanto a. **4** com. • *Adv* **1** demais, demasiado. **2** fechado. • *Konj* de. **zu Ostern** na Páscoa. **zu viel** demais, demasiado, em excesso. **zu wenig** muito pouco, não suficiente.
Zu.be.hör [ˈtsu:bəhø:r] *Sn*, **-e** acessórios, equipamento.
zu.be.rei.ten [ˈtsu:bəraitən] *Vtr* preparar, cozinhar.
züch.ten [ˈtsyçtən] *Vtr* criar, cultivar.
Zu.cker [ˈtsukər] *Sm*, - açúcar. **Zucker haben** *Ugs* ser diabético.
zu.de.cken [ˈtsu:dɛkən] *Vtr* cobrir, tapar.
zu.dre.hen [ˈtsu:dre:ən] *Vtr* fechar.
zu.dring.lich [ˈtsu:driŋliç] *Adj* **1** impertinente, atrevido. **2** indiscreto.
zu.erst [tsu:ˈɛrst] *Adv* primeiro, inicialmente, antes de tudo.
Zu.fahrt [ˈtsu:fa:rt] *Sf*, **-en** acesso.
Zu.fall [ˈtsu:fal] *Sm*, **Zufälle** acaso, coincidência.
zu.fäl.lig [ˈtsu:fɛliç] *Adj* **1** acidental, casual, fortuito. **2** por acaso.
zu.frie.den [ˈtsu:fri:dən] *Adj* contente, satisfeito **zufrieden stellen** contentar, satisfazer.
zu.fü.gen [ˈtsu:fy:gən] *Vtr* causar, infligir.
Zug [tsu:k] *Sm*, **Züge** **1** trem. **2** cortejo, desfile. **3** expedição. **4** jogada, movimento. **5** traço, feição. **6** trago, gole. **7** corrente, correnteza.
Zu.gang [ˈtsu:gaŋ] *Sm*, **Zugänge** **1** acesso, entrada, passagem. **2** admissão.
zu.ge.ben [ˈtsu:ge:bən] *Vtr unreg* admitir, reconhecer, confessar.
zü.gel.los [ˈtsy:gəlos] *Adj* **1** desenfreado. **2** licencioso, devasso.
zü.geln [ˈtsy:gəln] *Vtr* refrear, conter, dominar, reprimir.
zü.gig [ˈtsy:giç] *Adj* rápido, fluente, ininterrupto.
zu.gleich [tsu:ˈglaiç] *Adv* ao mesmo tempo, simultaneamente.
zu.grei.fen [ˈtsu:graifən] *Vint unreg* **1** servir-se (comida). **2** aproveitar a oportunidade.

zu.guns.ten [tsu:ˈgunstən] *Präp+Adv* em favor de, em benefício de.

Zu.hau.se [ˈtsu:hauzə] *Sn* (*o. Pl*) lar, casa.

zu.hö.ren [ˈtsu:hø:rən] *Vint* ouvir, escutar, prestar atenção.

Zu.hö.rer [ˈtsu:hø:rər] *Sm*, - ouvinte.

Zu.kunft [ˈtsu:kunft] *Sf*, **Zukünfte** futuro.

zu.künf.tig [ˈtsu:kynftiç] *Adj* futuro, vindouro.

zu.las.sen [ˈtsu:lasən] *Vtr unreg* **1** permitir, deixar, tolerar. **2** registrar (veículo), admitir, credenciar, autorizar, habilitar. **3** deixar fechado (carta, janela).

zu.letzt [tsu:ˈlɛtst] *Adv* por último, por fim, finalmente, em último lugar.

zu.lie.be [tsu:ˈli:bə] *Adv* por amor de.

zum [tsum] **zu+dem** *Präp+Art* ao, à.

zu.ma.chen [ˈtsu:maxən] *Vtr Ugs* **1** fechar, tapar. **2** abotoar.

zu.nächst [tsu:ˈnɛ:çst] *Adv* **1** antes de tudo, primeiramente. **2** por ora.

Zu.nah.me [ˈtsu:na:mə] *Sf*, **-n** **1** aumento. **2** crescimento.

zün.den [ˈtsyndən] *Vtr* **1** acender, inflamar, detonar. **2** dar partida.

Zün.dung [ˈtsyndʊŋ] *Sf*, **-en** ignição, detonação.

zu.neh.men [ˈtsu:ne:mən] *Vint unreg* **1** aumentar, crescer. **2** engordar.

Zu.nei.gung [ˈtsu:naigʊŋ] *Sf*, **-en** **1** afeto, afeição. **2** bem-querer. **3** simpatia.

Zun.ge [ˈtsuŋə] *Sf*, **-n** língua.

zur [tsu:r] **zu+der** *Präp+Art* ao, à.

zu.re.den [ˈtsu:re:dən] *Vint* tentar persuadir, encorajar, animar.

zu.rück [tsu:ˈryk] *Adv* **1** para trás. **2** de volta. **ich bin gleich zurück** volto já.

zu.rück.be.hal.ten [tsu:ˈrykbəhaltən] *Vtr unreg* **1** reter, guardar, reservar. **2** ficar com.

zu.rück.be.kom.men [tsu:ˈrykbəkɔmən] *Vtr unreg* receber de volta, recuperar, reaver.

zu.rück.blei.ben [tsu:ˈrykblaibən] *Vint unreg* **(sein)** **1** ficar para trás. **2** sobrar, ficar.

zu.rück.bli.cken [tsu:ˈrykblikən] *Vint* **1** olhar para trás. **2** lembrar-se.

zu.rück.fah.ren [tsu:ˈrykfa:rən] *Vint unreg* **(sein)** regressar, voltar, retornar (em veículo).

zu.rück.ge.ben [tsu:ˈrykge:bən] *Vtr unreg* devolver, restituir, entregar.

zu.rück.ge.hen [tsu:ˈrykge:ən] *Vint unreg* **(sein)** **1** recuar, voltar, retroceder. **2** sumir, desaparecer. **3** baixar, diminuir.

zu.rück.hal.ten [tsu:ˈrykhaltən] *Vtr unreg* **1** reter, segurar, deter. **2** impedir. *Vrefl* **3** controlar-se. **4** ficar quieto.

zu.rück.keh.ren [tsu:ˈrykke:rən] *Vint* **(sein)** retornar, voltar, regressar.

zu.rück.kom.men [tsu:ˈrykkɔmən] *Vint unreg* **(sein)** voltar, regressar.

zu.rück.las.sen [tsu:ˈryklasən] *Vtr unreg* abandonar, deixar para trás.

zu.rück.le.gen [tsu:ˈrykle:gən] *Vtr* **1** repor, colocar de volta. **2** recostar. **3** economizar, poupar, pôr de lado. **4** percorrer.

zu.rück.ru.fen [tsu:ˈrykru:fən] *Vtr unreg* **1** mandar voltar, chamar de volta. **2** recolher.

zu.rück.schi.cken [tsu:ˈrykʃikən] *Vtr* **1** devolver. **2** mandar voltar.

zu.rück.sen.den [tsu:ˈrykzɛndən] *Vtr* devolver, mandar de volta.

zu.rück.stel.len [tsu:ˈrykʃtɛlən] *Vtr* **1** colocar para trás. **2** reduzir, baixar. **3** reservar, guardar. **4** deixar para mais tarde.

zu.rück.tre.ten [tsu:ˈryktre:tən] *Vint unreg* **(sein)** **1** retroceder, recuar. **2** demitir-se, renunciar.

zu.rück.wei.chen [tsu:ˈrykvaiçən] *Vint unreg* **(sein)** **1** recuar, retroceder. **2** ceder.

zu.rück.zie.hen [tsu:ˈryktsi:ən] *Vtr unreg* **1** puxar para trás, de volta. **2** recolher, retirar, afastar. **3** cancelar. *Vrefl* **4** retirar-se.

zur.zeit [tsur'tsait] *Adv* atualmente, por ora, de momento.
Zu.sa.ge ['tsu:za:gə] *Sf*, **-n 1** promessa. **2** aceitação, confirmação, resposta positiva.
zu.sam.men [tsu'zamən] *Adv* junto(s), juntamente, em conjunto, em companhia de.
Zu.sam.men.ar.beit [tsu'zamənarbait] *Sf* (*o. Pl*) cooperação, colaboração.
zu.sam.men.ar.bei.ten [tsu'zamənarbaitən] *Vint* cooperar, colaborar.
Zu.sam.men.bruch [tsu'zamənbrux] *Sm*, **Zusammenbrüche 1** colapso. **2** desmoronamento, ruína. **3** descalabro, falência, derrocada. **4** esgotamento.
zu.sam.men.fal.len [tsu'zamənfalən] *Vint unreg* **(sein) 1** desabar, desmoronar. **2** coincidir.
zu.sam.men.fas.sen [tsu'zamənfasən] *Vtr* **1** reunir, resumir, sintetizar. **2** recapitular.
Zu.sam.men.fas.sung [tsu'zamənfasuŋ] *Sf*, **-en 1** resumo, sumário, síntese. **2** apanhado.
zu.sam.men.hal.ten [tsu'zamənhaltən] *Vtr unreg* **1** unir, juntar, segurar. *Vint unreg* **2** manter-se coeso. **3** estar unido.
Zu.sam.men.hang [tsu'zamənhaŋ] *Sm*, **Zusammenhänge 1** contexto. **2** nexo, relação.
zu.sam.men.hän.gen [tsu'zamənhɛŋən] *Vint unreg* estar ligado a, estar interligado, estar relacionado com, ter a ver com.
Zu.sam.men.le.ben [tsu'zamənle:bən] *Sn* (*o. Pl*) convívio, convivência, coexistência, coabitação.
zu.sam.men.le.gen [tsu'zamənle:gən] *Vtr* **1** juntar. **2** fundir, misturar. **3** dobrar. *Vint* **4** cotizar-se, fazer vaquinha.
zu.sam.men.neh.men [tsu'zamənne:mən] *Vtr unreg* **1** juntar, reunir. *Vrefl* **2** concentrar-se. **3** conter-se, controlar-se.
zu.sam.men.schrei.ben [tsu'zamənʃraibən] *Vtr unreg* **1** escrever junto. **2** redigir com desleixo.
Zu.sam.men.stoß [tsu'zamənʃto:s] *Sm*, **Zusamstöße 1** colisão, choque, trombada. **2** conflito.
zu.sam.men.sto.ßen [tsu'zamənʃto: sən] *Vint unreg* **(sein)** colidir, chocar-se.
zu.sam.men.stür.zen [tsu'zamənʃtyrtsən] *Vint* **(sein)** desabar, desmoronar, ruir.
zu.sam.men.tref.fen [tsu'zaməntrɛfən] *Vint unreg* **(sein) 1** reunir-se, encontrar-se. **2** coincidir.
zu.sam.men.zäh.len [tsu'zaməntsɛ:lən] *Vtr* somar, adicionar.
Zu.satz ['tsu:zats] *Sm*, **Zusätze 1** adição, adendo. **2** aditivo, ingrediente. **3** suplemento.
zu.sätz.lich ['tsu:zɛtsliç] *Adj* **1** adicional, suplementar, complementar. **2** além disso.
zu.schau.en ['tsu:ʃauən] *Vint* **1** assistir, presenciar. **2** olhar, observar.
Zu.schau.er ['tsu:ʃauər] *Sm*, **- 1** espectador. **2** curioso.
Zu.schlag ['tsu:ʃla:k] *Sm*, **Zuschläge** adicional, sobretaxa.
zu.schla.gen ['tsu:ʃla:gən] *Vtr unreg* **1** fechar com violência ou estrondo. **2** aplicar um golpe, atacar, bater.
zu.schlag.pflich.tig ['tsu:ʃla:kpfliçtiç] *Adj* sujeito a sobretaxa.
zu.schlie.ßen ['tsu:ʃli:sən] *Vtr unreg* fechar à chave, chavear.
Zu.schuss ['tsu:ʃus] *Sm*, **Zuschüsse** subsídio, subvenção, contribuição.
zu.se.hen ['tsu:ze:ən] *Vint unreg* olhar, observar.
Zu.stand ['tsu:ʃtant] *Sm*, **Zustände 1** situação, condição. **2** estado.
zu.stän.dig ['tsu:ʃtɛndiç] *Adj* competente, responsável.
Zu.stel.lung ['tsu:ʃtɛluŋ] *Sf*, **-en 1** entrega. **2** distribuição.
zu.stim.men ['tsu:ʃtimən] *Vint* concordar, anuir, consentir, aprovar.

Zu.stim.mung [ˈtsu:ʃtimuŋ] *Sf*, **-en** consentimento, permissão, anuência, aprovação.
zu.sto.ßen [ˈtsu:ʃto:sən] *Vtr unreg* **1** golpear. *Vint unreg* **(sein) 2** acontecer, suceder.
Zu.tat [ˈtsu:ta:t] *Sf*, **-en** ingrediente.
zu.trau.en [ˈtsu:trauən] *Vtr* **1** julgar ser capaz. **2** confiar.
zu.trau.lich [ˈtsu:trauliç] *Adj* **1** confiante. **2** manso.
zu.tref.fen [ˈtsu:trɛfən] *Vint unreg* ser verdade, estar correto ou certo.
Zu.tritt [ˈtsu:trit] *Sm* (*o. Pl*) acesso, entrada, ingresso. **Zutritt verboten** entrada proibida.
zu.ver.läs.sig [ˈtsu:fɛrlɛsiç] *Adj* digno de confiança, sério, seguro, fiel.
zu.vor.kom.mend [tsu:ˈfo:rkɔmənt] *Adj* amável, prestativo, solícito, atencioso, obsequioso.
zu.win.ken [ˈtsu:viŋkən] *Vint* acenar, fazer sinal.
zu.züg.lich [ˈtsu:tsy:kliç] *Präp* **1** mais. **2** além de.
Zwang [tsvaŋ] *Sm*, **Zwänge** força, coação, constrangimento.
zwan.zig [ˈtsvantsiç] *Zahlw* vinte.
zwar [tsva:r] *Adv* na verdade, com efeito, entretanto.
Zweck [tsvɛk] *Sm*, **-e 1** fim, finalidade. **2** propósito, objetivo. **3** intenção, motivo. **es hat keinen Zweck** não adianta, não vale a pena.
zwei [tsvai] *Zahlw* dois, duas.
zwei.deu.tig [ˈtsvaidɔitiç] *Adj* **1** ambíguo, duvidoso. **2** dúbio.
zwei.fach [ˈtsvaifax] *Zahlw* duplo.
Zwei.fel [ˈtsvaifəl] *Sm*, - dúvida, incerteza.
zwei.fel.haft [ˈtsvaifəlhaft] *Adj* duvidoso, incerto.
zwei.fel.los [ˈtsvaifəllos] *Adj* indubitável. • *Adv* sem dúvida.
zwei.feln [ˈtsvaifəln] *Vint* duvidar, desconfiar de.
Zweig [tsvaik] *Sm*, **-e 1** ramo, galho. **2** ramificação.
Zweig.stel.le [ˈtsvaikʃtɛlə] *Sf*, **-n** filial, sucursal, agência.
zwei.hun.dert [ˈtsvaihundərt] *Zahlw* duzentos.
zwei.spra.chig [ˈtsvaiʃpra:xiç] *Adj* bilíngue.
zwei.tau.send [ˈtsvaitauzənt] *Zahlw* dois mil.
Zwerg [tsvɛrk] *Sm*, **-e** anão.
Zwie.back [ˈtsvi:bak] *Sm*, **-e, Zwiebäcke** torrada.
Zwie.bel [ˈtsvi:bəl] *Sf*, **-n 1** cebola. **2** bulbo.
Zwil.ling [ˈtsviliŋ] *Sm*, **-e** gêmeo.
zwin.gen [ˈtsviŋən] *Vtr unreg* forçar, obrigar, coagir.
Zwirn [tsvirn] *Sm*, **-e** linha, retrós.
zwi.schen [ˈtsviʃən] *Präp* entre, no meio de.
zwi.schen.durch [ˈtsviʃənduṛç] *Adv* entrementes, nos intervalos, de vez em quando.
Zwi.schen.fall [ˈtsviʃənfal] *Sm*, **Zwischenfälle** incidente.
Zwi.schen.lan.dung [ˈtsviʃənlanduŋ] *Sf*, **-en** escala.
Zwi.schen.zeit [ˈtsviʃəntsait] *Sf*, **-en** intervalo, meio tempo. **in der Zwischenzeit** nesse meio tempo.
zwo [tsvo:] *Zahlw* dois.
zwölf [tsvølf] *Zahlw* doze. **um zwölf** ao meio-dia.
zy.nisch [ˈtsy:niʃ] *Adj* cínico.
z.Z., z.Zt. *Abk* **zurzeit**.

Z

PORTUGUÊS-ALEMÃO
PORTUGIESISCH-DEUTSCH

a

A, a [ʹa] *sm* Buchstabe A, a. • *art fem* die. • *pron pess* equivalente a *ela* sie, ihr. • *pron dem fem* jene. **a uma hora** um ein Uhr. **dia a dia** Tag für Tag.

à [ʹa] *prep+art* **1** dem, der. **2** in den, in die, in das. **3** in dem, in der. **4** zum, zur.

a.ba.ca.xi [abakaʃʹi] *sm* die Ananas.

a.ba.fa.do [abafʹadu] *adj* **1** schwül, muffig, stickig. **2** matt, gedämpft, dumpf.

a.bai.xo [abʹajʃu] *adv* darunter, unterhalb, nieder. • *interj* nieder mit. **abaixo de** unter.

a.ba.jur [abaʒʹur] *sm* die Lampe, der Lampenschirm.

a.ba.lar [abalʹar] *vtd* **1** erschüttern. *vint* **2** fliehen, abhauen.

a.ba.lo [abʹalu] *sm* der Stoß, die Erschütterung, der Schock.

a.ban.do.na.do [abãdonʹadu] *adj* verlassen, verwahrlost, abbruchreif.

a.ban.do.nar [abãdonʹar] *vtd* **1** verlassen, aufgeben, preisgeben. **2** *Rel* abfallen. **3** *pop* abspringen.

a.ban.do.no [abãdʹonu] *sm* **1** die Verwahrlosung. **2** die Aufgabe.

a.bar.ro.ta.do [abar̄otʹadu] *adj* überfüllt.

a.bas.ta.do [abastʹadu] *adj* **1** wohlhabend, reich. **2** *pop* betucht.

a.bas.te.cer [abastesʹer] *vtdi* **1** versorgen, speisen, verpflegen. **2** tanken.

a.bas.te.ci.men.to [abastesimʹẽtu] *sm* die Versorgung, die Verpflegung, die Zufuhr.

a.ba.ter [abatʹer] *vtd* **1** fällen, umhauen. **2** schlachten, abschlachten. **3** abschießen. **4** niederschlagen.

a.ba.ti.do [abatʹidu] *adj* **1** angeschlagen, niedergeschlagen, mutlos, kleinlaut, deprimiert. **2** betrübt, bekümmert.

a.ba.ti.men.to [abatimʹẽtu] *sm* die Ermäßigung, die Vergünstigung, der Rabatt.

ab.dô.men [abdʹomẽj] *sm* der Unterleib, der Bauch.

a.be.lha [abʹeʎə] *sf* die Biene.

a.ben.ço.ar [abẽsoʹar] *vtd* segnen.

a.ber.ra.ção [aber̄asʹãw] *sf* **1** die Abweichung. **2** die Verirrung.

a.ber.to [abʹɛrtu] *adj* offen, aufgeschlossen, zugänglich. • *adv* auf.

a.ber.tu.ra [abertʹurə] *sf* **1** die Öffnung, der Schlitz. **2** die Eröffnung, das Vorspiel, der Auftakt, die Ouvertüre, die Einleitung. **3** die Erschließung.

a.bis.mo [abʹizmu] *sm* der Abgrund, der Schlund, die Schlucht.

ab.ne.ga.do [abnegʹadu] *adj* selbstlos.

a.bó.bo.ra [abʹɔborə] *sf* der Kürbis.

a.bo.ca.nhar [abokañʹar] *vtd* schnappen.

a.bo.li.ção [abolisʹãw] *sf* die Abschaffung, die Aufhebung.

a.bo.lir [abolʹir] *vtd* abschaffen, aufheben.

a.bo.mi.ná.vel [abominʹavew] *adj* abscheulich, scheußlich, miserabel.

a.bo.no [abʹonu] *sm* die Sondervergütung, die Gratifikation, die Zulage, der Bonus.

a.bor.da.gem [abord'aʒẽj] *sf* der Ansatz, der Ansatzpunkt, der Einstieg, der Zugang.

a.bor.dar [abord'ar] *vtd* **1** anfangen. **2** anfassen. **3** berühren. **4** ansprechen.

a.bor.re.cer [abor̃es'er] *vtd* **1** ärgern, verärgern, verstimmen. **2** langweilen. *vpron* **3** sich ärgern.

a.bor.re.ci.do [abor̃es'idu] *adj* **1** missgelaunt, missmutig, sauer, ärgerlich. **2** verdrießlich, langweilig.

a.bor.re.ci.men.to [abor̃esim'ẽtu] *sm* **1** der Ärger, die Schererei, der Verdruss. **2** die Langeweile. **3** das Ärgernis.

a.bor.tar [abort'ar] *vtd+vint* **1** abtreiben, abortieren, eine Fehlgeburt haben. **2** abbrechen.

a.bor.to [ab'ortu] *sm* **1** die Fehlgeburt. **2** die Abtreibung, der Schwangerschaftsabbruch.

a.bo.to.ar [aboto'ar] *vtd* zuknöpfen, zumachen.

a.bra.çar [abras'ar] *vtd* umarmen, umschlingen.

a.bra.ço [abr'asu] *sm* **1** die Umarmung. **2** der Gruß (Brief).

a.bran.gen.te [abrãʒ'ẽti] *adj* umfassend, übergreifend, global, ausgiebig.

a.bran.ger [abrãʒ'er] *vtd* einbeziehen, umfassen.

a.bre.vi.a.ção [abrevias'ãw] *sf* die Abkürzung.

a.bre.vi.ar [abrevi'ar] *vtd* kürzen, abkürzen, verkürzen.

a.bre.vi.a.tu.ra [abrevjat'urə] *sf* die Abkürzung.

a.bri.dor [abrid'or] *sm* die Öffner.

a.bri.go [abr'igu] *sm* die Deckung, der Schutz, der Unterschlupf, die Zuflucht.

a.bril [abr'iw] *sm* der April.

a.brir [abr'ir] *vtd* **1** öffnen, eröffnen, aufmachen. **2** aufbrechen, erschließen. **3** einleiten. *vpron* **4** sich aussprechen, sein Herz ausschütten.

a.brup.to [abr'uptu] *adj* **1** jäh, schroff, steil. **2** brüsk. **3** plötzlich.

abs.ces.so [abs'ɛsu] *sm* der Abszess, die Geschwulst.

ab.so.lu.ta.men.te [absolutam'ẽti] *adv* durchaus, überhaupt, beileibe (nicht).

ab.so.lu.to [absol'utu] *adj* absolut, bedingungslos, uneingeschränkt.

ab.sol.ver [absowv'er] *vtd* absolvieren, lossprechen, freisprechen.

ab.sor.to [abs'ortu] *adj* (in Gedanken) versunken, vertieft, hingerissen.

ab.sor.ven.te [absorv'ẽti] *adj* saugfähig. **absorvente higiênico** die Damenbinde.

abs.ten.ção [abstẽs'ãw] *sf* die Enthaltung, die Stimmenthaltung.

abs.ti.nên.cia [abstin'ẽsjə] *sf* die Enthaltsamkeit.

abs.tra.ir [abstra'ir] *vtdi* abstrahieren, abziehen, wegnehmen.

abs.tra.to [abstr'atu] *adj* **1** abstrakt. **2** begrifflich.

ab.sur.do [abs'urdu] *adj* sinnlos, unsinnig, absurd. • *sm* der Unsinn.

a.bun.dân.cia [abũd'ãsjə] *sf* **1** die Fülle, der Reichtum, der Überfluss. **2** die Hülle und Fülle.

a.bun.dan.te [abũd'ãti] *adj* reichlich, ausgiebig, üppig.

a.bu.sar [abuz'ar] *vti* missbrauchen.

a.bu.so [ab'uzu] *sm* der Missbrauch, der Übergriff.

a.ca.ba.do [akab'adu] *adj* **1** abgeschlossen, fertig, vorbei. **2** heruntergekommen.

a.ca.ba.men.to [akabam'ẽtu] *sm* **1** die Ausführung. **2** die Fertigstellung, die Vollendung.

a.ca.bar [akab'ar] *vtdi* **1** ablaufen, ausgehen, enden, erlahmen. **2** vollenden, beenden, fertig stellen. **acabar com** Schluss machen mit.

a.ca.de.mi.a [akadem'iə] *sf* **1** die Akademie. **2** das Fitness-Studio.

a.cal.mar [akawm'ar] *vtd* **1** beruhigen, beschwichtigen, besänftigen. **2** abflauen. *vpron* **3** sich beruhigen, sich fassen.

a.cam.pa.men.to [akãpam'ẽtu] *sm* das Lager, das Zeltlager, der Campingplatz.
a.cam.par [akãp'ar] *vint* lagern, zelten, campen.
a.ca.nha.do [akañ'adu] *adj* scheu, schüchtern, befangen.
a.ção [as'ãw] *sf* **1** die Handlung, die Tat, die Aktion. **2** der Einsatz. **3** die Aktie.
a.ca.ri.ci.ar [akarisi'ar] *vtd* liebkosen, streicheln, hätscheln.
a.ca.so [ak'azu] *sm* der Zufall.
a.ca.tar [akat'ar] *vtd* respektieren, achten.
a.cei.ta.ção [asejtas'ãw] *sf* **1** die Anerkennung, die Zusage, der Zuspruch. **2** die Abnahme.
a.cei.tar [asejt'ar] *vtd* **1** annehmen, hinnehmen, übernehmen. **2** anerkennen.
a.cei.tá.vel [asejt'avew] *adj* **1** genehm. **2** annehmbar, zulässig.
a.ce.le.ra.dor [aselerad'or] *sm* **1** das Gaspedal. **2** der Beschleuniger.
a.ce.le.rar [aseler'ar] *vtd* **1** beschleunigen. **2** *pop* aufdrehen, Gas geben.
a.ce.nar [asen'ar] *vti* **1** winken, zuwinken, grüßen. **2** nicken.
a.cen.der [asẽd'er] *vtd* **1** zünden, anzünden, anstecken.
a.cen.to [as'ẽtu] *sm* **1** der Akzent. **2** die Betonung.
a.cen.tu.a.ção [asẽtwas'ãw] *sf* die Akzentsetzung, die Betonung.
a.cen.tu.ar [asẽtu'ar] *vtd* betonen, unterstreichen, hervorheben.
a.cer.tar [asert'ar] *vtd* **1** treffen. **2** erraten. **3** vereinbaren, abmachen.
a.cer.to [as'ertu] *sm* **1** die Richtigkeit. **2** der Treffer. **3** die Abmachung.
a.ce.so [as'ezu] *adj* **1** brennend. **2** erregt, aufgeregt. • *adv* an. **a luz está acesa** das Licht ist an.
a.ces.sí.vel [ases'ivew] *adj* **1** zugänglich. **2** erschwinglich.
a.ces.so [as'ɛsu] *sm* **1** der Eingang, die Einfahrt, die Auffahrt, die Zufahrt, der Zutritt. **2** der Anfall.
a.char [aʃ'ar] *vtd* **1** finden, auffinden. **2** stoßen auf. **3** glauben, meinen.
a.cha.ta.do [aʃat'adu] *adj* flach, platt.
a.ci.den.tal [asidẽt'aw] *adj* zufällig.
a.ci.den.te [asid'ẽti] *sm* der Unfall.
á.ci.do ['asidu] *adj* sauer. • *sm* die Säure.
a.ci.ma [as'ima] *adv* über, darüber.
a.ci.o.nar [asjon'ar] *vtd* in Gang setzen, betätigen, treiben, betreiben.
a.cir.ra.do [asir̃'adu] *adj* heftig.
a.ço ['asu] *sm* der Stahl.
a.co.lhe.dor [akoλed'or] *adj* einladend, gemütlich, gastlich.
a.co.lher [akoλ'er] *vtd* aufnehmen, empfangen.
a.co.lhi.da [akoλ'idə] *sf* die Aufnahme.
a.co.mo.da.ção [akomodas'ãw] *sf* das Quartier, die Unterkunft.
a.co.mo.dar [akomod'ar] *vtd* **1** beherbergen, unterbringen. **2** verstauen. *vpron* **3** sich einrichten.
a.com.pa.nha.men.to [akõpañam'ẽtu] *sm* **1** die Begleitung, das Geleit. **2** die Überwachung, die Betreuung. **3** *Kochk* die Beilage(n).
a.com.pa.nhan.te [akõpañ'ãti] *sm+f* **1** der/die Begleiter(in). **2** die Animierdame.
a.com.pa.nhar [akõpañ'ar] *vtd* **1** begleiten, geleiten. **2** mitmachen.
a.con.che.gan.te [akonʃeg'ãti] *adj* behaglich, gemütlich, wohlig.
a.con.se.lhar [akõseλ'ar] *vtd* empfehlen, beraten, anraten, nahe legen.
a.con.se.lhá.vel [akõseλ'avew] *adj* empfehlenswert, geboten, ratsam.
a.con.te.cer [akõtes'er] *vint* **1** vorgehen, erfolgen, zugehen, passieren. **2** sich abspielen, sich ereignen.
a.con.te.ci.men.to [akõtesim'ẽtu] *sm* das Ereignis, das Erlebnis.
a.cor.da.do [akord'adu] *adj* wach.
a.cor.dar [akord'ar] *vtd* **1** wecken, aufwecken. **2** *vint* aufwachen, erwachen.
a.cor.do [ak'ordu] *sm* **1** die Abmachung, die Vereinbarung, das Abkommen, der Pakt, die Absprache, die Einigung. **2** die Regelung, der Ausgleich.
a.cos.ta.men.to [akostam'ẽtu] *sm* der Seitenstreifen, die Standspur.

a.cos.tu.ma.do [akostum'adu] *adj* gewohnt.

a.çou.gue [as'owgi] *sm* die Metzgerei, die Fleischerei.

a.cre.di.tar [akredit'ar] *vtd* glauben, trauen.

a.cres.cen.tar [akresẽt'ar] *vtdi* **1** beifügen, beimengen, beigeben. **2** anschließen.

a.çú.car [as'ukar] *sm* der Zucker.

a.çu.de [as'udi] *sm* der Teich, der Weiher.

a.cu.mu.la.do [akumul'adu] *adj* **1** angehäuft. **2** aufgelaufen.

a.cu.mu.lar [akumul'ar] *vtd* **1** speichern, horten. **2** häufen, anhäufen, stapeln. **3** sammeln, hamstern.

a.cu.sa.ção [akuzas'ãw] *sf* die Anklage, die Beschuldigung. **2** die Belastung.

a.cu.sa.do [akuz'adu] *sm* der Angeklagte, der Beschuldigte.

a.cu.sar [akuz'ar] *vtdi* anklagen, verklagen, beschuldigen, bezichtigen.

a.dap.ta.ção [adaptas'ãw] *sf* **1** die Bearbeitung, die Anpassung. **2** die Umstellung. **3** die Einarbeitung.

a.dap.tar [adapt'ar] *vtdi* **1** bearbeiten, abstimmen, abwandeln. **2** anpassen, angleichen, akklimatisieren. *vpron* **3** sich anpassen, sich einfügen, sich einleben, sich eingewöhnen.

a.dep.to [ad'ɛptu] *sm* der Anhänger.

a.de.qua.do [adek'wadu] *adj* **1** angemessen, passend, befriedigend.

a.de.rir [ader'ir] *vint* **1** kleben, haften. **2** sich beteiligen, mitmachen.

a.de.são [adez'ãw] *sf* **1** der Beitritt, der Anschluss. **2** die Adhäsion, die Klebfestigkeit.

a.de.si.vo [adez'ivu] *sm* **1** der Aufkleber. **2** der Klebstoff.

a.des.trar [adestr'ar] *vtd* **1** abrichten, dressieren. **2** drillen, schleifen.

a.deus [ad'ews] *sm* der Abschied. **adeus!** leb wohl! **dizer adeus** sich verabschieden.

a.di.a.men.to [adjam'ẽtu] *sm* der Aufschub, die Vertagung, die Verlegung.

a.di.an.ta.men.to [adjãtam'ẽtu] *sm* **1** der Vorschuss, das Handgeld. **2** der Abschlag, die Abschlagzahlung.

a.di.an.tar [adjãt'ar] *vtd* **1** vorrücken. **2** vorschießen, vorstrecken, auslegen. **3** vorgehen (Uhr). **4** nützen.

a.di.an.te [adj'ãti] *adv* weiter, vorwärts. **adiante!** los!

a.di.ar [adi'ar] *vtd* aufschieben, hinausschieben, vertagen, verlegen.

a.di.ci.o.nar [adisjon'ar] *vtd* **1** addieren, zusammenzählen. **2** hinzufügen, zugeben.

a.di.ti.vo [adit'ivu] *sm* der Zusatz.

a.di.vi.nhar [adiviñ'ar] *vtd* **1** ahnen, erahnen. **2** raten, erraten. **3** wahrsagen, weissagen.

ad.je.ti.vo [adʒet'ivu] *sm* das Adjektiv.

ad.mi.nis.tra.ção [administras'ãw] *sf* die Verwaltung, die Führung, die Leitung, die Direktion.

ad.mi.nis.trar [administr'ar] *vtd* **1** verwalten, managen, bewirtschaften. **2** verabreichen.

ad.mi.ra.ção [admiras'ãw] *sf* **1** die Bewunderung, die Verehrung. **2** die Verwunderung.

ad.mi.ra.do [admir'adu] *adj* erstaunt, verwundert.

ad.mi.ra.dor [admirad'or] *sm* der Bewunderer, der Verehrer.

ad.mi.rar [admir'ar] *vtd* **1** bewundern, verehren. *vpron* **2** sich wundern, staunen.

ad.mi.rá.vel [admir'avew] *adj* wunderbar, bewundernswert.

ad.mi.tir [admit'ir] *vtd* **1** aufnehmen. **2** anerkennen, einräumen, zugeben. **3** eingestehen, zugestehen, bekennen. **4** einstellen.

ad.mo.es.ta.ção [admoestas'ãw] *sf* die Mahnung, die Ermahnung, die Rüge, die Zurechtweisung.

a.do.çan.te [ados'ãti] *sm* der Süßstoff.

a.do.ção [ados'ãw] *sf* **1** die Adoption. **2** die Annahme, die Übernahme.

a.do.ci.ca.do [adosik'adu] *adj* süßlich.

a.do.e.cer [adoes'er] *vint* erkranken.

a.do.les.cên.cia [adoles'ẽsjə] *sf* das Jugendalter, die Flegeljahre.
a.do.les.cen.te [adoles'ẽti] *sm+f* der/die Heranwachsende, der/die Halbwüchsige, der/die Jugendliche.
a.do.rar [ador'ar] *vtd* anbeten, vergöttern.
a.do.rá.vel [ador'avew] *adj* anbetungswürdig, entzückend.
a.dor.me.cer [adormes'er] *vint* einschlafen.
a.do.tar [adot'ar] *vtd* **1** adoptieren. **2** einführen (Methode, Lehrbuch).
a.do.ti.vo [adot'ivu] *adj* angenommen, Adoptiv-.
ad.qui.rir [adkir'ir] *vtd* **1** kaufen, anschaffen, erwerben, beziehen. **2** sich aneignen.
a.du.bo [ad'ubu] *sm* der Dung, das Düngemittel.
a.dul.té.rio [aduwt'ɛrju] *sm* der Ehebruch.
a.dul.to [ad'uwtu] *adj* **1** erwachsen. **2** flügge. • *sm+f* der/die Erwachsene.
ad.vér.bio [adv'ɛrbju] *sm* das Adverb.
ad.ver.sá.rio [advers'arju] *sm* **1** der Gegner, der Gegenspieler. **2** der Gegenkandidat.
ad.ver.tên.cia [advert'ẽsjə] *sf* **1** der Tadel, die Ermahnung. **2** die Warnung, die Verwarnung.
ad.vo.ga.do [advog'adu] *sm* der Advokat, der Anwalt, der Rechtsanwalt.
a.é.reo [a'ɛrju] *adj* Luft-. **via aérea** Luftpost.
a.e.ro.mo.ça [aɛrom'osə] *sf* die Flugbegleiterin, die Stewardess.
a.e.ro.náu.ti.ca [aɛron'awtikə] *sf* die Luftfahrt.
a.e.ro.na.ve [aɛron'avi] *sf* das Flugzeug, das Luftschiff.
a.e.ro.por.to [aɛrop'ortu] *sm* der Flughafen, der Flugplatz.
a.fas.ta.do [afast'adu] *adj* fern, entfernt, abgelegen, abseits.
a.fas.tar [afast'ar] *vtd* **1** entfernen, wegrücken, beseitigen. **2** abwenden, bannen (Gefahr). **3** auseinander rücken, abrücken. **4** abwehren, abhalten. *vpron* **5** sich entfernen, sich davonmachen, gehen.
a.fei.ção [afejs'ãw] *sf* die Zuneigung.
a.fe.mi.na.do [afemin'adu] *adj* weibisch, verweichlicht.
a.fe.ta.do [afet'adu] *adj* betroffen; gekünstelt, affektiert, affig, albern.
a.fe.tar [afet'ar] *vtd* **1** treffen, betreffen, befallen. **2** berühren, beeinflussen, in Mitleidenschaft ziehen.
a.fe.ti.vo [afet'ivu] *adj* **1** empfindsam. **2** liebevoll, zärtlich.
a.fe.to [af'ɛtu] *sm* die Zuneigung, die Zärtlichkeit, die Liebe, der Affekt.
a.fe.tu.o.so [afetu'ozu] *adj* zärtlich, lieb, liebevoll, herzlich.
a.fi.a.do [afi'adu] *adj* scharf, spitz.
a.fi.lha.do [afiʎ'adu] *sm* **1** das Patenkind. **2** der Schützling.
a.fim [af'ĩ] *adj* **1** ähnlich. **2** benachbart, zusammengehörig. **3** verwandt.
a.fi.nal [afin'aw] *adv* **1** schließlich. **2** überhaupt. **afinal de contas** letzten Endes.
a.fi.ni.da.de [afinid'adi] *sf* die Verwandtschaft.
a.fir.ma.ção [afirmas'ãw] *sf* die Behauptung, die Beteuerung.
a.fir.mar [afirm'ar] *vtd* **1** behaupten, beteuern, versichern. **2** erklären, aussagen. *vpron* **3** sich durchsetzen.
a.fli.ção [aflis'ãw] *sf* **1** die Bedrängnis, die Drangsal. **2** die Traurigkeit, der Kummer.
a.fli.gir [afliʒ'ir] *vtdi* **1** bedrängen, bedrücken, betrüben. **2** quälen.
a.fli.to [afl'itu] *adj* bekümmert, besorgt, betrübt, beklommen.
a.fo.ga.do [afog'adu] *adj* ertrunken.
a.fo.gar [afog'ar] *vtd* **1** ersäufen, ertränken. *vpron* **2** ertrinken.
a.fri.ca.no [afrik'ʌnu] *adj* afrikanisch. • *sm* der Afrikaner.
a.frou.xar [afrowʃ'ar] *vint* **1** erschlaffen, abschlaffen, entspannen. **2** *vtd* lockern.
a.fu.gen.tar [afuʒẽt'ar] *vtd* verscheuchen, verjagen, vertreiben.

a.fun.dar [afũd′ar] *vint* **1** untergehen, absaufen, sinken. *vtd* **2** versenken.

a.ga.char [agaʃ′ar] *vpron* kauern.

a.gar.ra.do [agar̄′ado] *adj* **1** festgeklammert, festgekrallt. **2** anhänglich.

a.gar.rar [agar̄′ar] *vtd* **1** packen, zupacken, festhalten, greifen, ergreifen, fassen, erfassen, schnappen. *vpron* **2** sich festhalten, sich festklammern.

a.ga.sa.lho [agaz′aλu] *sm* das/der Blouson, der Trainingsanzug, der Anorak.

a.gên.cia [aʒ′ẽsjə] *sf* die Agentur, die Zweigstelle, die Filiale.

a.gen.da [aʒ′ẽdə] *sf* der Kalender, der Terminkalender.

a.gen.te [aʒ′ẽti] *sm* **1** der Agent, der Spitzel. **2** der Vertreter, der Makler.

á.gil [′aʒiw] *adj* **1** flink, wendig, beweglich, gelenkig. **2** rührig, tüchtig.

a.gi.o.ta [aʒi′ɔtə] *sm* der Wucherer.

a.gir [aʒ′ir] *vint* **1** handeln, tun. **2** vorgehen. **3** wirken.

a.gi.ta.ção [aʒitas′ãw] *sf* die Aufregung, der Aufruhr, die Agitation, die Unruhe.

a.gi.ta.do [aʒit′adu] *adj* **1** hektisch, fieberhaft, bewegt, unruhig, ruhelos. **2** aufgeregt. **3** wild (Meer).

a.gi.tar [aʒit′ar] *vtd* **1** rühren. **2** schütteln. **3** schwenken. **4** erregen, aufwiegeln, aufregen, hetzen. **5** animieren.

a.go.ra [ag′ɔrə] *adv* jetzt, nun.

a.gos.to [ag′ostu] *sm* der August.

a.gra.dar [agrad′ar] *vtd* **1** erfreuen. **2** zusagen, gefallen.

a.gra.dá.vel [agrad′avew] *adj* **1** angenehm, nett, gefällig, behaglich, gemütlich. **2** wohltuend.

a.gra.de.cer [agrades′er] *vint* danken, sich bedanken.

a.gra.de.ci.do [agrades′idu] *adj* dankbar, erkenntlich.

a.gra.de.ci.men.to [agradesim′ẽtu] *sm* der Dank, die Dankbarkeit.

a.gre.dir [agred′ir] *vtd* angreifen.

a.gres.são [agres′ãw] *sf* die Aggression, der Angriff.

a.gres.si.vi.da.de [agresivid′adi] *sf* die Aggressivität.

a.gres.si.vo [agres′ivu] *adj* **1** aggressiv. **2** offensiv.

a.gri.cul.tor [agrikuwt′or] *sm* der Landwirt, der Pflanzer.

a.gri.cul.tu.ra [agrikuwt′urə] *sf* **1** die Landwirtschaft, der Ackerbau. **2** der Anbau.

a.grô.no.mo [agr′onomu] *sm* der Diplomlandwirt.

a.gro.tó.xi.co [agrot′ɔksiku] *sm* das Pflanzenschutzmittel.

á.gua [′agwə] *sf* das Wasser. **água-de-colônia** Kölnisch Wasser. **água potável** Trinkwasser.

a.gua.cei.ro [agwas′ejru] *sm* der Platzregen.

a.guar.dar [agward′ar] *vtd* **1** erhoffen, warten, erwarten. **2** abpassen. *vint* **3** abwarten.

a.guar.den.te [agward′ẽti] *sf* der Branntwein, der Schnaps.

a.gu.do [ag′udu] *adj* **1** durchdringend. **2** grell, schrill. **3** spitz, scharf. **4** stechend. **5** *Med* akut.

a.guen.tar [agwẽt′ar] *vtd* **1** aushalten, verkraften, ertragen. **2** dulden.

a.gu.lha [ag′uλə] *sf* die Nadel.

a.í [a′i] *adv* da, dort.

ai.dé.ti.co [ajd′ɛtiku] *adj* aidskrank. • *sm* der Aidskranke.

a.in.da [a′ĩdə] *adv* noch. **ainda bem** gottlob.

a.jei.tar [aʒejt′ar] *vtd* zurechtrücken.

a.jo.e.lhar [aʒoeλ′ar] *vtdi+pron* knien, niederknien.

a.ju.da [aʒ′udə] *sf* **1** die Hilfe, die Unterstützung, die Beihilfe, die Förderung. **2** die Nachhilfe.

a.ju.dan.te [aʒud′ãti] *sm+f* **1** der Helfer, der Handlanger. **2** *Mil* der Adjutant.

a.ju.dar [aʒud′ar] *vtdi* **1** helfen. **2** mit anfassen, unterstützen.

a.jus.tar [aʒust′ar] *vtd* **1** abmachen, ausmachen. **2** abstimmen, angleichen. *vpron* **5** passen, zusammenpassen.

a.jus.te [aʒ'usti] *sm* **1** die Anpassung. **2** die Bereinigung, der Ausgleich. **3** die Einstellung, die Regelung, die Regulierung.
a.la ['ala] *sf* der Flügel.
a.la.gar [alag'ar] *vtd* überschwemmen, fluten.
a.la.me.da [alam'edə] *sf* der Boulevard, die Allee.
a.lar.de [al'ardi] *sm* **1** das Aufsehen, der Lärm. **2** die Prahlerei.
a.lar.gar [alarg'ar] *vtd* weiten, erweitern, ausdehnen.
a.lar.man.te [alarm'ãti] *adj* erschreckend, besorgniserregend, bedenklich.
a.lar.me [al'armi] *sm* **1** der Alarm. **2** der Tumult, die Panik.
a.las.trar [alastr'ar] *vtd* **1** ausbreiten. *vpron* **2** sich verbreiten.
al.ber.gue [awb'ɛrgi] *sm* die Herberge, das Heim.
ál.bum ['awbũ] *sm* das Album.
al.ça ['awsə] *sf* der Aufhänger, die Öse, die Schlaufe.
al.can.çar [awkãs'ar] *vtd* **1** bekommen, erlangen. **2** erreichen, einholen. **3** erzielen, durchsetzen.
al.can.ce [awk'ãsi] *sm* **1** die Reichweite, der Zugriff. **2** die Tragweite. **3** der Geltungsbereich.
ál.co.ol ['awkoɔw] *sm* der Alkohol, der Spiritus, der Sprit.
al.co.ó.la.tra [awko'ɔlatrə] *sm+f* der Trinker, der Alkoholiker.
al.dei.a [awd'ejə] *sf* **1** das Dorf. **2** *pop* das Nest.
a.le.a.tó.rio [aleat'ɔrju] *adj* wahllos, zufällig.
a.le.grar [alegr'ar] *vtd* **1** erfreuen, erheitern, aufheitern, aufmuntern. *vpron* **2** sich vergnügen.
a.le.gre [al'ɛgri] *adj* lustig, vergnügt, ausgelassen, beschwingt, munter.
a.le.gri.a [alegr'iə] *sf* die Freude, der Jubel.
a.lei.ja.do [alejʒ'adu] *adj* lahm, verkrüppelt. • *sm* der Lahme, der Krüppel.
a.lém [al'ẽj] *adv* **1** jenseits, über, weiter. **2** außer. • *sm* das Jenseits.
A.le.ma.nha [alem'ʌñə] *sf* Deutschland.
a.le.mão [alem'ãw] *adj* deutsch. • *sm* der Deutsche.
a.ler.gi.a [alerʒ'iə] *sf* die Allergie.
a.lér.gi.co [al'ɛrʒiku] *adj* allergisch.
a.ler.tar [alert'ar] *vtd* warnen.
al.fa.be.to [awfab'ɛtu] *sm* das Alphabet, das Abc, die Schrift.
al.fa.ce [awf'asi] *sm* der Kopfsalat.
al.fai.a.te [awfaj'ati] *sm* der Schneider.
al.fân.de.ga [awf'ãdegə] *sf* der Zoll.
al.fi.ne.te [awfin'eti] *sm* die Nadel, die Stecknadel.
al.ga.ris.mo [awgar'izmu] *sm* die Ziffer, die Zahl.
al.ge.ma [awʒ'emə] *sf* die Handschelle, die Fessel.
al.go ['awgu] *pron* etwas.
al.go.dão [awgod'ãw] *sm* **1** die Baumwolle. **2** die Watte.
al.guém [awg'ẽj] *pron indef* einer, jemand, man.
al.gum [awg'ũ] *pron indef* **1** einer, eine, eins. **2** *pl* etliche.
a.lhei.o [aʎ'eju] *adj* außenstehend, fremd, unbeteiligt.
a.lho ['aʎu] *sm* der Knoblauch.
a.li [al'i] *adv* da, dort.
a.li.a.do [ali'adu] *adj* befreundet. • *sm* der Verbündete.
a.li.an.ça [ali'ãsə] *sf* **1** die Allianz, der Bund, das Bündnis, die Koalition. **2** der Trauring, der Ehering, der Ring.
a.li.ás [ali'as] *adv* übrigens, überhaupt, apropos.
a.li.e.na.do [aljen'adu] *adj* **1** entfremdet. **2** unzurechnungsfähig. • *sm* Irre.
a.li.men.ta.ção [alimẽtas'ãw] *sf* **1** die Nahrung. **2** die Ernährung, die Bewirtung, die Kost.
a.li.men.tar [alimẽt'ar] *vtd* **1** ernähren, nähren. **2** verpflegen, beköstigen.
a.li.men.to [alim'ẽtu] *sm* **1** das Nahrungsmittel, die Nahrung, die Speise. **2** *pl* die Alimente.

a.li.sar [aliz'ar] *vtd* glätten.

a.li.vi.ar [alivi'ar] *vtd* lindern, mildern, erleichtern, befreien von, entlasten.

a.lí.vio [al'ivju] *sm* **1** die Erleichterung, die Entlastung. **2** die Linderung, die Erfrischung, der Balsam.

al.ma ['awmə] *sf* die Seele.

al.mo.çar [awmos'ar] *vtd* zu Mittag essen.

al.mo.ço [awm'osu] *sm* das Mittagessen.

al.mo.fa.da [awmof'adə] *sf* das Kissen, das Sitzkissen.

a.lô! *interj* hallo!

a.lo.ja.men.to [aloʒam'ẽtu] *sm* **1** die Bleibe, das Quartier, das Logis. **2** das Wohnheim.

al.pi.nis.ta [awpin'istə] *sm+f* der Bergsteiger/die Bergsteigerin.

al.qui.mi.a [awkim'iə] *sf* die Alchemie.

al.ta ['awtə] *sf* die Entlassung (Krankenhaus).

al.tar [awt'ar] *sm* der Altar.

al.te.ra.ção [awteras'ãw] *sf* die Änderung, die Veränderung.

al.te.rar [awter'ar] *vtd* ändern, verändern, abändern, umwandeln.

al.ter.nar [awtern'ar] *vtd* wechseln, abwechseln.

al.ter.na.ti.va [awternat'ivə] *sf* die Wahl, die Alternative.

al.ti.tu.de [awtit'udi] *sf* die Höhe.

al.ti.vo [awt'ivu] *adj* stolz, überlegen.

al.to ['awtu] *adj* **1** hoch, groß, lang. **2** laut, lautstark. **alto!** halt!, stopp!

al.to-fa.lan.te [awtufal'ãti] *sm* der Lautsprecher.

al.tu.ra [awt'urə] *sf* **1** die Höhe. **2** die Körpergröße.

a.lu.gar [alug'ar] *vtd* **1** mieten, pachten, leihen. **2** vermieten, verpachten, verleihen.

a.lu.guel [alug'ɛw] *sm* die Miete, die Pacht.

a.lu.mí.nio [alum'inju] *sm* das Aluminium.

a.lu.no [al'unu] *sm* der Schüler, der Kursteilnehmer.

a.lu.são [aluz'ãw] *sf* die Andeutung, die Anspielung, der Anflug.

al.ve.na.ri.a [awvenar'iə] *sf* das Mauerwerk.

al.vo ['awvu] *adj* weiß. • *sm* das Ziel, die Zielscheibe.

al.vo.ra.da [awvor'adə] *sf* das Morgengrauen, die Morgendämmerung.

al.vo.ro.ço [awvor'osu] *sm* die Aufregung, der Tumult, die Unruhe, der Betrieb.

a.ma ['ʌmə] *sf* die Amme, die Kinderfrau.

a.ma.ci.an.te [amasi'ãti] *sm* der Weichspüler

a.ma.ci.ar [amasi'ar] *vtd* **1** einlaufen lassen (Motor). **2** weichmachen.

a.ma.do [am'adu] *adj* lieb. • *sm* der Liebling.

a.ma.dor [amad'or] *sm* der Amateur, der Liebhaber, der Laie.

a.ma.du.re.cer [amadures'er] *vint* reifen.

a.ma.du.re.ci.men.to [amaduresim'ẽtu] *sm* die Reife, die Reifung.

a.ma.nhã [amañ'ã] *adv* morgen. **depois de amanhã** übermorgen.

a.ma.nhe.cer [amañes'er] *vint* dämmern, tagen. • *sm* das Morgengrauen, die Morgendämmerung, der Tagesanbruch.

a.man.te [am'ãti] *adj+sm+f* **1** der/die Geliebte, der Liebhaber. **2** *pop* der Hausfreund, das Liebchen.

a.mar [am'ar] *vt+vpron* lieben.

a.ma.re.lo [amar'ɛlu] *adj* gelb.

a.mar.go [am'argu] *adj* bitter.

a.mar.gu.ra [amarg'urə] *sf* die Bitterkeit.

a.mar.rar [amar̄'ar] *vtd* **1** anbinden, festbinden, befestigen, festmachen, anschnallen. **2** fesseln, binden, bündeln, schnüren.

a.mar.ro.ta.do [amar̄ot'adu] *adj* faltig, zerknittert.

a.mas.sar [amas'ar] *vtd* **1** anmachen (Teig, Mörtel), stampfen. **2** eindrücken, zerknüllen. **3** knutschen, knautschen. **4** kneten.

a.má.vel [am'avew] *adj* **1** liebenswürdig, entgegenkommend. **2** gütig, nett, lieb.

A.ma.zô.nia [amaz'oniə] *sf* Amazonien *n*.
am.bi.ção [ãbis'ãw] *sf* der Ehrgeiz.
am.bi.ci.o.so [ãbisj'ozu] *adj* ehrgeizig, strebsam.
am.bi.en.tal [ãbjẽt'aw] *adj* Umwelt.
am.bi.en.te [ãbi'ẽti] *sm* **1** die Umwelt. **2** die Umgebung, das Klima, die Stimmung.
âm.bi.to ['ãbitu] *sm* der Bereich.
am.bos ['ãbus] *adj* beide.
am.bu.lân.cia [ãmbul'ãsjə] *sf* der Krankenwagen, der Unfallwagen.
am.bu.lan.te [ãbul'ãti] *sm* der fliegende Händler.
am.bu.la.tó.rio [ãbulat'ɔrju] *sm* die Ambulanz.
a.me.a.ça [ame'asə] *sf* die Drohung, die Bedrohung.
a.me.a.çar [ameas'ar] *vtdi* drohen, bedrohen, androhen.
a.me.dron.tar [amedrõt'ar] *vtd* ängstigen, verängstigen, abschrecken.
a.mém [am'ẽj] *sm* das Amen.
a.men.do.im [amẽdo'ĩ] *sm* die Erdnuss.
a.me.no [am'enu] *adj* mild (Wetter).
a.me.ri.ca.no [amerik'ʌnu] *adj* amerikanisch. • *sm* **1** der Amerikaner. **2** *pop* der Ami.
a.mi.ga [am'igə] *sf* die Freundin.
a.mi.gá.vel [amig'avew] *adj* gütlich.
a.mi.go [am'igu] *adj* befreundet, vertraut, anhänglich. • *sm* **1** der Freund. **2** die Bekanntschaft.
a.mi.za.de [amiz'adi] *sf* die Freundschaft, die Bekanntschaft.
a.mo.lar [amol'ar] *vtd* **1** wetzen, schleifen, schärfen. **2** belästigen.
a.mo.le.cer [amoles'er] *vtd* **1** aufweichen. **2** verweichlichen. *vint* **3** abschlaffen.
a.mon.to.ar [amõto'ar] *vtd* häufen, anhäufen.
a.mor [am'or] *sm* **1** die Liebe. **2** der Liebling, der Schwarm.
a.mo.ro.so [amor'ozu] *adj* liebevoll, zärtlich.
a.mor.te.ce.dor [amortesed'or] *sm* der Dämpfer, der Stoßdämpfer, der Puffer.
a.mor.te.cer [amortes'er] *vtd* **1** federn. **2** abfangen, auffangen, dämpfen.
a.mos.tra [am'ɔstrə] *sf* **1** das Muster. **2** die Probe, die Stichprobe. **3** der Querschnitt.
am.pa.rar [ãpar'ar] *vtd* stützen, unterstützen.
am.pli.a.ção [ãpljas'ãw] *sf* die Erweiterung, die Vergrößerung, der Anbau, der Ausbau.
am.pli.ar [ãpli'ar] *vtd* **1** erweitern, vergrößern, ausbauen. **2** ausdehnen.
am.pli.fi.ca.dor [ãplifikad'or] *sm* der Verstärker, der Lautsprecher.
am.plo ['ãplu] *adj* **1** breit, weit, groß. **2** umfangreich, weitgehend.
am.pu.tar [ãput'ar] *vtd* amputieren, abnehmen, abschneiden.
a.mu.le.to [amul'etu] *sm* das Amulett.
a.nal.fa.be.tis.mo [anawfabet'izmu] *sm* das Analphabetentum.
a.nal.fa.be.to [anawfab'ɛtu] *sm* der Analphabet.
a.nal.gé.si.co [anawʒ'ɛziku] *adj* schmerzstillend. • *sm* das Schmerzmittel.
a.na.li.sar [analiz'ar] *vtd* **1** analysieren, untersuchen, mustern, sichten. **2** bearbeiten, durcharbeiten, auswerten.
a.ná.li.se [an'alizi] *sf* **1** die Analyse, die Untersuchung. **2** die Auswertung.
a.na.lis.ta [anal'istə] *sm+f* der Analytiker/die Analytikerin.
a.na.lo.gi.a [analoʒ'iə] *sf* die Analogie, die Entsprechung.
a.ná.lo.go [an'alogu] *adj* analog, entsprechend, ähnlich.
a.não [an'ãw] *sm* der Zwerg, der Knirps.
a.nar.qui.a [anark'iə] *sf* die Anarchie.
a.nar.quis.ta [anark'istə] *sm* der Anarchist.
a.na.to.mi.a [anatom'iə] *sf* die Anatomie.
a.na.tô.mi.co [anat'omiku] *adj* anatomisch.
an.ca ['ãkə] *sf* die Hüfte, die Lende.
an.ci.ão [ãsi'ãw] *sm* der Greis.
ân.co.ra ['ãkorə] *sf* der Anker.
an.dai.me [ãd'ʌjmi] *sm* das Gerüst.

an.da.men.to [ãdam'ẽtu] *sm* **1** der Gang. **2** *Mús* der Satz.

an.dar [ãd'ar] *vint* gehen, fahren (Auto, Bus, Zug, Rad), laufen, sich fortbewegen. • *sm* **1** der Stock, das Stockwerk, die Etage.

a.ne.do.ta [aned'ɔtə] *sf* **1** die Anekdote. **2** der Witz.

a.nel [an'ɛw] *sm* der Ring.

a.nes.te.si.a [anestez'iə] *sf* die Anästhesie, die Betäubung, die Narkose.

a.nes.té.si.co [anest'ɛziku] *sm* das Betäubungsmittel.

a.ne.xar [aneks'ar] *vtd* beifügen, beilegen.

a.ne.xo [an'ɛksu] *adj* beiliegend, beigefügt. • *adv* dabei. • *sm* **1** die Anlage (Brief), die Beilage. **2** das Seitengebäude, der Anbau.

an.fi.tri.ão [ãfitri'ãw] *sm* der Gastgeber.

an.go.la.no [ãgol'ʌnu] *adj* angolanisch. • *sm* der Angolaner.

an.gu.lar [ãgul'ar] *adj* eckig.

ân.gu.lo ['ãgulu] *sm* die Ecke, der Winkel.

an.gús.tia [ãg'ustjə] *sf* die Angst, die Beklemmung.

an.gus.ti.a.do [ãgusti'adu] *adj* beklemmt, beklommen.

an.gus.ti.ar [ãgusti'ar] *vtd* **1** beklemmen, bedrücken, quälen. *vpron* **2** sich ängstigen.

a.ni.ma.ção [animas'ãw] *sf* **1** die Begeisterung, die Stimmung. **2** der Rummel, das Treiben.

a.ni.ma.do [anim'adu] *adj* munter, angeregt, lebhaft, belebt, flott, beschwingt, schwungvoll.

a.ni.ma.dor [animad'or] *adj* aussichtsreich. • *sm* der Moderator.

a.ni.mal [anim'aw] *sm* **1** das Tier. **2** das Biest.

a.ni.mar [anim'ar] *vtd* **1** animieren, beleben, ermuntern. **2** aufheitern, aufmuntern. **3** anregen, anfeuern, begeistern.

â.ni.mo ['ʌnimu] *sm* **1** das Gemüt. **2** der Wille, der Mut, die Lust.

a.ni.qui.lar [anikil'ar] *vtd* vernichten, vertilgen.

a.nis.ti.a [anist'iə] *sf* die Begnadigung, die Amnestie.

a.ni.ver.sá.rio [anivers'arju] *sm* der Geburtstag, der Jahrestag.

an.jo ['ãʒu] *sm* der Engel.

a.no ['ʌnu] *sm* das Jahr. **ano bissexto** Schaltjahr. **ano letivo** Schuljahr. **Ano Novo** Neujahr.

a.noi.te.cer [anojtes'er] *vint* dämmern, dunkeln.

a.nô.ni.mo [an'onimu] *adj* anonym.

a.nor.mal [anorm'aw] *adj* abartig, abnorm, unnormal, ungewöhnlich.

a.no.ta.ção [anotas'ãw] *sf* die Aufzeichnung, der Vermerk, die Note.

a.no.tar [anot'ar] *vtd* aufschreiben, aufzeichnen, notieren.

ân.sia ['ãsjə] *sf* das Bestreben, das Verlangen.

an.si.e.da.de [ãsjed'adi] *sf* die Angst, die Beklemmung, die Unruhe, die Sorge.

an.si.o.so [ãsi'ozu] *adj* **1** erwartungsvoll, unruhig, begierig.

An.tár.ti.da [ãt'artida] *sf* die Antarktis.

an.te ['ãti] *adj* vor.

an.te.ce.der [ãtesed'er] *vtd* vorausgehen, vorangehen.

an.te.ces.sor [ãteses'or] *sm* der Vorgänger.

an.te.ci.pa.do [ãtesip'adu] *adj* vorzeitig. • *adv* im Voraus.

an.te.ci.par [ãtesip'ar] *vtd* **1** vorwegnehmen, vorziehen. *vpron* **2** zuvorkommen.

an.te.na [ãt'enə] *sf* **1** *Tecn* die Antenne. **2** *Biol* der Fühler.

an.te.on.tem [ãte'õtẽj] *adv* vorgestern.

an.te.pas.sa.do [ãtepas'adu] *sm* der Vorfahr, der Ahn.

an.te.ri.or [ãteri'or] *adj* **1** vorherig, vorig, bisherig. **2** ehemalig, einstig. • *adv* vorher, zuvor.

an.tes ['ãtis] *adv* vor, davor, eher, vorher, zuvor.

an.ti.bi.ó.ti.co [ãtibi'ɔtiku] *sm* das Antibiotikum.

an.ti.con.cep.ci.o.nal [ãtikõsepsjon'aw] *adj* empfängnisverhütend. • *sm* das Verhütungsmittel.

an.tí.do.to [ãt'idotu] *sm* das Gegengift.

an.ti.go [ãt'igu] *adj* **1** alt. **2** ehemalig, einstig. **3** antik.

an.ti.gui.da.de [ãtigwid'adi] *sf* **1** das Altertum. **2** *pl* die Antiquitäten.

an.ti.pa.ti.a [ãtipat'iə] *sf* die Abneigung, die Antipathie, der Widerwille.

an.ti.pá.ti.co [ãtip'atiku] *adj* **1** unangenehm, unsympathisch, widerwärtig, zuwider. **2** unfreundlich.

an.ti.qua.do [ãtik'wadu] *adj* **1** altmodisch, rückständig, überholt. **2** altertümlich.

an.ti.quá.rio [ãtikw'arju] *sm* das Antiquariat.

an.tis.so.ci.al [ãtisoci'aw] *adj* **1** asozial. **2** ungesellig.

an.to.lo.gi.a [ãtoloʒ'iə] *sf* **1** die Auswahl. **2** das Lesebuch.

an.tro ['ãtru] *sm* **1** die Höhle. **2** *pop* die Bude.

an.tro.pó.fa.go [ãtrop'ɔfagu] *sm* der Menschenfresser.

an.tro.po.lo.gi.a [ãtropoloʒ'iə] *sf* die Anthropologie, die Ethnologie, die Völkerkunde.

a.nu.al [anu'aw] *adj* jährlich, alljährlich.

a.nu.lar [anul'ar] *vtd* aufheben, rückgängig machen, widerrufen, annullieren. • *sm* der Ringfinger.

a.nun.ci.ar [anũsi'ar] *vtd* **1** ankündigen, bekannt machen, verkünden, verkündigen, durchgeben, bekannt geben, melden. **2** annoncieren.

a.nún.cio [an'ũsju] *sm* **1** die Anzeige, das Inserat, die Reklame. **2** die Bekanntmachung, die Ankündigung.

â.nus ['Λnus] *sm sing+pl* der After.

an.zol [ãz'ɔw] *sm* der Haken, der Angelhaken.

ao ['au] *prep+art* **1** dem. **2** in den, in die, in das. **3** zum, zur.

a.on.de [a'õdi] *adv* wohin.

a.or.ta [a'ɔrtə] *sf* die Hauptschlagader.

a.pa.ga.do [apag'adu] *adj* **1** gelöscht. **2** schwach, matt, leise.

a.pa.gar [apag'ar] *vtd* **1** löschen, auslöschen. **2** auswischen (Tafel), tilgen.

a.pai.xo.na.do [apajʃon'adu] *adj* **1** verliebt. **2** begeistert. **3** leidenschaftlich, feurig.

a.pai.xo.nar [apajʃon'ar] *vpron* **1** sich verlieben. **2** sich begeistern.

a.pa.nha.do [apΛñ'adu] *sm* der Überblick, die Zusammenfassung.

a.pa.nhar [apΛñ'ar] *vtd* **1** holen. **2** fassen, packen, fangen. **3** aufheben, auflesen. **4** überraschen, ertappen, erwischen. **5** verprügelt werden.

a.pa.rar [apar'ar] *vtd* **1** stutzen, beschneiden. **2** abwehren, auffangen.

a.pa.ra.to [apar'atu] *sm* **1** der Pomp, der Prunk, der Apparat. **2** der Aufwand.

a.pa.re.cer [apares'er] *vint* **1** erscheinen, auftauchen, kommen. **2** auftreten, sich zeigen.

a.pa.re.ci.men.to [aparesim'ẽtu] *sm* das Auftreten.

a.pa.re.lho [apar'eλu] *sm* das Gerät, der Apparat, die Maschine.

a.pa.rên.cia [apar'ẽsjə] *sf* **1** das Aussehen, das Äußere, die Erscheinung. **2** der Schein, der Anschein.

a.pa.ren.tar [aparẽt'ar] *vint* **1** simulieren. **2** scheinen.

a.pa.ren.te [apar'ẽti] *adj* äußerlich, scheinbar. • *adv* anscheinend, offensichtlich.

a.par.ta.men.to [apartam'ẽtu] *sm* das Appartment, die Wohnung, die Eigentumswohnung.

a.pa.ti.a [apat'iə] *sf* die Apathie, der Stumpfsinn.

a.pá.ti.co [ap'atiku] *adj* apathisch, interesselos, teilnahmslos, unempfindlich.

a.pa.zi.guar [apazig'war] *vtd* **1** abwiegeln. **2** stillen, schlichten, beruhigen.

a.pe.gar [apeg'ar] *vpron* an etwas hängen.

a.pe.go [ap'egu] *sm* **1** die Anhänglichkeit. **2** die Vorliebe.

a.pe.la.ção [apelas'ãw] *sf* die Berufung.
a.pe.lar [apel'ar] *vti* appellieren, Berufung einlegen.
a.pe.li.do [apel'idu] *sm* **1** der Spitzname. **2** der Kosename.
a.pe.lo [ap'elu] *sm* der Appell, der Ruf, der Aufruf, die Aufforderung.
a.pe.nas [ap'enas] *adv+conj* nur, allein, bloß, lediglich, ausschließlich.
a.pên.di.ce [ap'ẽdisi] *sm* **1** der Anhang, der Zusatz. **2** *Med* der Blinddarm.
a.pen.di.ci.te [apẽdis'iti] *sf* die Blinddarmentzündung.
a.per.fei.ço.a.men.to [aperfejsoam'ẽtu] *sm* **1** die Weiterbildung, die Fortbildung. **2** die Verbesserung.
a.per.fei.ço.ar [aperfejso'ar] *vtd* verbessern, weiterentwickeln, vervollkommnen.
a.pe.ri.ti.vo [aperit'ivu] *sm* der Aperitif.
a.per.ta.do [apert'adu] *adj* eng, drükkend, knapp, schmal.
a.per.tar [apert'ar] *vtd* **1** drücken, pressen, zusammenpressen. **2** einengen.
a.per.to [ap'ertu] *sm* **1** der Drang, der Andrang. **2** die Enge, die Klemme.
a.pe.sar [apeʒ'ar] *prep* trotz.
a.pe.ti.te [apet'iti] *sm* **1** der Appetit. **2** die Begierde.
a.pi.men.ta.do [apimẽt'adu] *adj* pikant, gepfeffert.
a.pi.tar [apit'ar] *vint* pfeifen.
a.pi.to [ap'itu] *sm* **1** die Pfeife. **2** der Pfiff.
a.plau.dir [aplawd'ir] *vtd* applaudieren, klatschen, feiern.
a.plau.so [apl'awzu] *sm* der Applaus, der Beifall, der Jubel.
a.pli.ca.ção [aplikas'ãw] *sf* **1** die Verwendung, die Anwendung. **2** der Eifer, der Fleiß. **3** *Econ* die Anlage, die Geldanlage.
a.pli.ca.do [aplik'adu] *adj* **1** fleißig, eifrig, strebsam. **2** achtsam.
a.pli.car [aplik'ar] *vtdi* **1** anwenden.**2** anlegen. **3** auftragen.
a.pli.cá.vel [aplik'avew] *adj* übertragbar, anwendbar.
a.po.dre.cer [apodres'er] *vint* faulen, verfaulen, verwesen.
a.po.dre.ci.do [apodres'idu] *adj* verfault.
a.po.geu [apoʒ'ew] *sm* der Höhepunkt, die Blütezeit.
a.poi.ar [apoj'ar] *vtdi* **1** stützen, aufstützen. **2** befürworten. **3** unterstützen, fördern. *vpron* **4** sich anlehnen an, sich stützen auf.
a.poi.o [ap'oju] *sm* **1** die Stütze, der Halt, die Lehne. **2** die Unterstützung, der Rückhalt, die Förderung.
a.pó.li.ce [ap'ɔlisi] *sf* die Police, der Versicherungsschein.
a.pon.ta.men.to [apõtam'ẽtu] *sm* die Notiz, die Aufzeichnung.
a.pon.tar [apõt'ar] *vtd* **1** spitzen, zuspitzen, anspitzen. *vtdi* **2** zielen, anvisieren, anlegen. **3** hindeuten auf, zeigen.
a.po.ple.xi.a [apopleks'iə] *sf* der Gehirnschlag, der Schlaganfall.
a.pós [ap'ɔs] *adv* nach.
a.po.sen.ta.do [apozẽt'adu] *adj* im Ruhestand, pensioniert. • *sm* der Rentner, der Pensionär.
a.po.sen.ta.do.ri.a [apozẽtador'iə] *sf* **1** die Rente, die Altersrente, das Altersruhegeld, die Pension. **2** der Ruhestand.
a.po.sen.tar [apozẽt'ar] *vpron* in Rente gehen, in den Ruhestand gehen.
a.pos.ta [ap'ɔstə] *sf* die Wette.
a.pos.tar [apost'ar] *vint+vtd* wetten, setzen auf.
a.pos.ti.la [apost'ilə] *sf* das Paper, das Papier, der Text, der Studientext.
a.pós.tro.fo [ap'ɔstrofu] *sm* der Apostroph.
a.pre.ci.a.ção [apresjas'ãw] *sf* **1** die Beurteilung. **2** die Würdigung.
a.pre.ci.ar [apresi'ar] *vtd* **1** genießen. **2** anerkennen, würdigen, schätzen.
a.pre.ci.á.vel [apresi'avew] *adj* stattlich.
a.pre.ço [apr'esu] *sm* die Hochachtung, die Würdigung.

a.pre.en.der [apreẽd'er] *vtd* **1** einziehen, beschlagnahmen. **2** erfassen.
a.pre.en.são [apreẽs'ãw] *sf* **1** die Befürchtung. **2** die Beschlagnahme.
a.pre.en.si.vo [apreẽs'ivu] *adj* besorgt, bedenklich, ahnungsvoll, ängstlich.
a.pre.go.ar [aprego'ar] *vtd* ausrufen, anbieten.
a.pren.der [aprẽd'er] *vtd* **1** lernen. **2** erfahren.
a.pren.diz [aprẽd'is] *sm* **1** der Lehrling, der Auszubildende, der Volontär. **2** *pop* der Azubi, der Stift.
a.pren.di.za.gem [aprẽdiz'aʒẽj] *sf* die Lehre.
a.pre.sen.ta.ção [aprezẽtas'ãw] *sf* **1** die Vorführung, die Vorstellung, der Vortrag, die Aufführung. **2** die Ausstattung, die Aufmachung.
a.pre.sen.ta.dor [aprezẽtad'or] *sm* der Moderator, der Ansager.
a.pre.sen.tar [aprezẽt'ar] *vtd* **1** vorführen, vorstellen, darstellen, aufführen, präsentieren. **2** einreichen. **3** moderieren. *vpron* **4** auftreten. **5** sich melden, antreten.
a.pres.sa.do [apres'adu] *adj* eilig, hastig, voreilig.
a.pres.sar [apres'ar] *vtd* **1** drängeln, drängen, antreiben, beschleunigen. *vpron* **2** sich beeilen, eilen.
a.pro.fun.dar [aprofũd'ar] *vtd* vertiefen.
a.pron.tar [aprõt'ar] *vtd* **1** bereitstellen, zurechtmachen, zurichten. **2** *pop* ausfressen.
a.pro.pri.a.do [apropri'adu] *adj* **1** angemessen, geeignet, adäquat, passend. **2** tauglich.
a.pro.va.ção [aprovas'ãw] *sf* **1** die Anerkennung. **2** die Genehmigung, die Zulassung, die Bewilligung, die Zustimmung.
a.pro.va.do [aprov'adu] *adj* **1** genehmigt, gutgeheißen. **2** versetzt (Schule).
a.pro.var [aprov'ar] *vtd* **1** bewilligen, zulassen, billigen, genehmigen, annehmen, zustimmen. **2** befürworten.
a.pro.vei.ta.dor [aprovejtad'or] *sm* der Schmarotzer.
a.pro.vei.ta.men.to [aprovejtam'ẽtu] *sm* **1** die Benutzung, die Nutzung. **2** die Verwertung. **3** die Auslastung. **4** die Leistung.
a.pro.vei.tar [aprovejt'ar] *vtd* nutzen, ausnutzen, verwerten, ergreifen (Gelegenheit).
a.pro.xi.ma.do [aprosim'adu] *adj* annähernd. • *adv* ungefähr, beinah(e), fast.
a.pro.xi.mar [aprosim'ar] *vpron* anrücken, sich nähern.
ap.ti.dão [aptid'ãw] *sf* **1** die Fähigkeit, die Befähigung, die Eignung. **2** das Talent, die Begabung.
ap.to ['aptu] *adj* **1** fähig, befähigt, tauglich, dienstfähig. **2** geeignet.
a.pu.ra.ção [apuras'ãw] *sf* **1** die Zählung, die Auszählung. **2** die Ermittlung, die Feststellung.
a.pu.rar [apur'ar] *vtd* **1** auszählen. **2** ermitteln, feststellen.
a.pu.ro [ap'uru] *sm* **1** die Klemme. **2** *pop* die Patsche, die Zwangslage.
a.quá.rio [ak'warju] *sm* **1** das Aquarium. **2 Aquário** *Astrol* der Wassermann.
a.que.ce.dor [akesed'or] *sm* der Heizkörper, das Heizgerät.
a.que.cer [akes'er] *vtd* **1** heizen, einheizen, feuern. **2** wärmen, aufwärmen, erhitzen, erwärmen.
a.que.ci.men.to [akesim'ẽtu] *sm* **1** die Heizung, die Feuerung. **2** die Wärmung. **fazer aquecimento** sich warm laufen.
a.que.le [ak'eli] *pron dem* jener, jene.
a.quém [ak'ẽj] *adv* diesseits.
a.qui [ak'i] *adv* hier, da.
a.qui.lo [ak'ilu] *pron dem* jenes, das.
a.qui.si.ção [akizis'ãw] *sf* die Anschaffung, der Kauf, die Akquisition, der Erwerb.
ar ['ar] *sm* **1** die Luft. **2** die Miene, der Ausdruck. **ar-condicionado** die Klimaanlage.
á.ra.be ['arabi] *adj* arabisch. • *sm* der Araber.

a.ra.me [ar'ʌmi] *sm* der Draht. **arame farpado** der Stacheldraht.
a.ran.de.la [arãd'ɛlə] *sf* die Wandleuchte.
a.ra.nha [ar'ʌñə] *sf* die Spinne.
ar.bi.tra.ri.e.da.de [arbitrarjed'adi] *sf* die Willkür.
ar.bi.trá.rio [arbitr'arju] *adj* **1** willkürlich, eigenmächtig. **2** beliebig.
ar.bí.trio [arb'itrju] *sm* die Willkür. **livre-arbítrio** der freie Wille.
ár.bi.tro ['arbitru] *sm* Richter, Schiedsrichter.
ar.ca ['arkə] *sf* **1** die Truhe, der Schrein. **2** die Arche.
ar.cai.co [ark'ajku] *adj* altertümlich.
ar.car [ark'ar] *vti* tragen, aushalten, übernehmen.
ar.co ['arku] *sm* **1** der Bogen. **2** der Bügel. **3** die Wölbung.
ar.co-í.ris [arcu'iris] *sm sing+pl* der Regenbogen.
ar.den.te [ard'ẽti] *adj* feurig, heftig, brennend.
ar.der [ard'er] *vint* **1** brennen, glühen, glimmen. **2** stechen (Sonne). **3** beißen (Rauch).
ar.dil [ard'iw] *sm* der Hinterhalt.
ar.di.lo.so [ardil'ozu] *adj* hinterlistig.
ar.dor [ard'or] *sm* **1** die Hitze. **2** die Inbrunst.
ar.do.ro.so [ardor'ozu] *adj* heiß.
ár.duo ['ardwu] *adj* mühevoll, schwer, beschwerlich.
á.rea ['arjə] *sf* **1** der Bereich, das Fach, das Fachgebiet, das Sachgebiet. **2** die Fläche, die Grundfläche, das Areal. **3** der Raum, das Revier.
a.rei.a [ar'ejə] *sf* der Sand.
a.re.ja.do [areʒ'adu] *adj* luftig.
a.re.na [ar'enə] *sf* **1** die Bahn, die Kampfbahn. **2** die Manege.
a.res.ta [ar'ɛstə] *sf* die Kante.
ar.ga.mas.sa [argam'asə] *sf* der Mörtel, der Speis.
Ar.gen.ti.na [arʒẽt'inə] *sf* Argentinien *n*.
ar.gen.ti.no [arʒẽt'inu] *adj* argentinisch. • *sm* der Argentinier.
ar.gi.la [arʒ'ilə] *sf* der Lehm, der Ton.
ar.go.la [arg'ɔlə] *sf* der Reif, der Ring.
ar.gú.cia [arg'usjə] *sf* der Scharfsinn.
ar.gu.men.ta.ção [argumẽtas'ãw] *sf* die Begründung, die Argumentation, die Beweisführung.
ar.gu.men.tar [argumẽt'ar] *vint* argumentieren, den Beweis führen.
ar.gu.men.to [argum'ẽtu] *sm* **1** das Argument, der Beweisgrund. **2** die Handlung.
á.ri.do ['aridu] *adj* **1** dürr, trocken. **2** karg, öde.
a.ris.to.cra.ci.a [aristokras'iə] *sf* der Adel, die Aristokratie.
a.ris.to.cra.ta [aristokr'atə] *sm* der Adlige, der Aristokrat.
ar.ma ['armə] *sf* die Waffe.
ar.ma.ção [armas'ãw] *sf* **1** das Gestell, das Chassis. **2** der Rahmen, die Fassung. **3** die List.
ar.ma.di.lha [armad'iλe] *sf* der Hinterhalt, die Falle.
ar.ma.do [arm'adu] *adj* bewaffnet.
ar.ma.du.ra [armad'urə] *sf* die Rüstung, der Panzer.
ar.ma.men.to [armam'ẽtu] *sm* die Bewaffnung, die Rüstung.
ar.ma.ri.nho [armar'iñu] *sm* die Kurzwarenhandlung.
ar.má.rio [arm'arju] *sm* der Schrank.
ar.ma.zém [armaz'ẽj] *sm* **1** der Speicher, das Magazin, das Lager. **2** der Laden.
ar.ma.ze.nar [armazen'ar] *vtd* **1** lagern, einlagern. **2** speichern, horten.
ar.mis.tí.cio [armist'isju] *sm* der Waffenstillstand.
a.ro ['aru] *sm* **1** die Fassung. **2** der Steg. **3** der Reif, Reifen, Felge.
a.ro.ma [ar'omə] *sm* **1** das Aroma, der Duft. **2** die Würze.
a.ro.má.ti.co [arom'atiku] *adj* **1** aromatisch, duftend. **2** würzig.
ar.que.ar [arke'ar] *vtd* beugen, biegen.

ar.que.jar [arkeʒ'ar] *vint* keuchen, schwer schnaufen.

ar.que.o.lo.gi.a [arkeoloʒ'iə] *sf* die Archäologie.

ar.qui.ban.ca.da [arkibãk'adə] *sf* der Rang, die Sitzreihe.

ar.qui.te.to [arkit'ɛtu] *sm* der Architekt.

ar.qui.te.tu.ra [arkitet'urə] *sf* die Architektur, die Baukunst.

ar.qui.var [arkiv'ar] *vtd* ablegen, abheften, archivieren.

ar.qui.vo [ark'ivu] *sm* **1** das Archiv, die Ablage, der Ordner. **2** die Akte. **3** *Inform* die Datei.

ar.rai.ga.do [ar̄ajg'adu] *adj* gefestigt, tief sitzend.

ar.ran.ca.da [ar̄ãk'adə] *sf* der Anlauf, der Start.

ar.ran.car [ar̄ãk'ar] *vtd* **1** reißen, ausreißen, rupfen, losreißen. **2** entwurzeln. **3** entlocken.

ar.ra.nhão [ar̄Λñ'ãw] *sm* der Kratzer, die Schramme.

ar.ra.nhar [ar̄Λñ'ar] *vint* **1** kratzen. *vtd* **2** ankratzen, ritzen, schürfen.

ar.ran.jar [ar̄ãʒ'ar] *vtd* **1** besorgen, verschaffen, arrangieren, bestellen, beschaffen. *vpron* **2** sich einrichten.

ar.ra.sar [ar̄az'ar] *vtd* **1** niederschmettern. **2** ausradieren.

ar.ras.ta.do [ar̄ast'adu] *adj* schleppend, zäh.

ar.ras.tar [ar̄ast'ar] *vtd* schleifen, schleppen, wegschleppen.

ar.re.ba.ta.do [ar̄ebat'adu] *adj* hingerissen, begeistert.

ar.re.ba.tar [ar̄ebat'ar] *vtd* **1** hinreißen, berauschen, mitreißen. **2** entreißen.

ar.re.ben.tar [ar̄ebẽt'ar] *vtd* aufbrechen, durchbrechen.

ar.re.ca.da.ção [ar̄ekadas'ãw] *sf* die Einnahme.

ar.re.ca.dar [ar̄ekad'ar] *vtd* einnehmen.

ar.re.don.dar [ar̄edõd'ar] *vtd* aufrunden, abrunden.

ar.re.do.res [ar̄ed'ɔris] *sm pl* der Umkreis, die Umgebung.

ar.re.ga.nhar [ar̄egΛñ'ar] *vtd* aufsperren.

ar.re.mes.sar [ar̄emes'ar] *vtdi* werfen, schleudern, schmeißen.

ar.ren.da.men.to [ar̄ẽdam'ẽtu] *sm* die Pacht, die Miete.

ar.ren.dar [ar̄ẽd'ar] *vtd* **1** mieten, pachten. **2** bewirtschaften. **3** vermieten, verpachten.

ar.ren.da.tá.rio [ar̄ẽdat'arju] *sm* der Mieter, der Pächter.

ar.re.pen.der [ar̄epẽder] *vpron* bedauern, bereuen.

ar.re.pen.di.do [ar̄epẽd'idu] *adj* reumütig, reuig.

ar.re.pen.di.men.to [ar̄epẽdim'ẽtu] *sm* die Reue.

ar.re.pi.os [ar̄ep'ius] *sm pl* der Schauder, der Schauer, die Gänsehaut.

ar.ris.ca.do [ar̄isk'adu] *adj* gefährlich, riskant, bedenklich.

ar.ris.car [ar̄isk'ar] *vtd* **1** gefährden. **2** wagen, riskieren.

ar.ro.ba [ar̄'obə] *sf* **1** das Gewicht (15 kg). **2** das at-Zeichen (E-Mail).

ar.ro.gân.cia [ar̄og'ãsjə] *sf* der Dünkel, die Überheblichkeit, die Anmaßung.

ar.ro.gan.te [ar̄og'ãti] *adj* anmaßend, überheblich, arrogant, eingebildet.

ar.ro.ja.do [ar̄oʒ'adu] *adj* draufgängerisch, kühn, verwegen, waghalsig.

ar.rom.ba.mento [ar̄õbam'ẽtu] *sm* der Einbruch.

ar.rom.bar [ar̄õb'ar] *vtd* **1** aufbrechen, einbrechen. **2** einrennen.

ar.ro.tar [ar̄ot'ar] *vint* rülpsen.

ar.ro.to [ar̄'otu] *sm* der Rülpser.

ar.roz [ar̄'os] *sm* der Reis. **arroz-doce** der Milchreis.

ar.ru.a.ça [ar̄u'asə] *sf* der Krawall.

ar.ru.a.cei.ro [ar̄was'ejru] *sm* der Schläger, der Krawallmacher.

ar.ru.i.na.do [ar̄ujn'adu] *adj* heruntergekommen.

ar.ru.i.nar [ar̄win'ar] *vtd* ruinieren, zerstören.

ar.ru.ma.dei.ra [ar̄umad'ejrə] *sf* **1** das Zimmermädchen. **2** die Putzfrau.

ar.ru.ma.do [ar̃um'adu] *adj* **1** adrett, sauber, proper. **2** schneidig.

ar.ru.mar [ar̃um'ar] *vtd* **1** aufräumen, abräumen (Tisch). **2** beschaffen, besorgen. **3** einrichten, einräumen, einordnen. *vpron* **4** sich fertig machen.

ar.te ['arti] *sf* die Kunst. **artes plásticas** bildende Künste. **fazer artes** etwas anstellen.

ar.té.ria [art'ɛrjə] *sf* die Arterie, die Pulsader, die Schlagader.

ar.te.ri.os.cle.ro.se [arterjoskler'ɔzi] *sf* die Gefäßverkalkung, die Arterienverkalkung.

ar.te.sa.nal [artezan'aw] *adj* handwerklich, gewerblich.

ar.te.sa.na.to [artezan'atu] *sm* **1** die Bastelarbeit. **2** das Handwerk, das Kunsthandwerk, das Kunstgewerbe.

ar.te.são [artez'ãw] *sm* der Handwerker, der Kunsthandwerker.

ar.ti.cu.la.ção [artikulas'ãw] *sf* das Gelenk, die Artikulation.

ar.ti.cu.lar [artikul'ar] *vtd* artikulieren, aussprechen.

ar.ti.fi.ci.al [artifisi'aw] *adj* **1** künstlich. **2** unecht, gekünstelt.

ar.ti.fí.cio [artif'isju] *sm* der Kunstgriff.

ar.ti.go [art'igu] *sm* **1** der Artikel. **2** der Beitrag, der Aufsatz (Zeitung). **3** *pl* die Waren.

ar.ti.lhei.ro [artiʎ'ejru] *sm* der Torschütze, der Torjäger.

ar.tis.ta [art'istə] *sm+f* **1** der/die Künstler(in). **2** der/die Könner(in).

ar.tís.ti.co [art'istiku] *adj* **1** kunstvoll, künstlerisch. **2** malerisch.

ár.vo.re ['arvori] *sf* der Baum.

ás ['as] *sm* das Ass.

a.sa ['azə] *sf* **1** der Flügel. **2** der Henkel, der Handgriff. **3** die Flosse.

as.cen.dên.cia [asẽd'ẽsjə] *sf* die Abstammung.

as.cen.são [asẽs'ãw] *sf* **1** der Aufstieg. **2** *Rel* die Himmelfahrt.

as.cen.so.ris.ta [asẽsor'istə] *sm* der Fahrstuhlführer, der Aufzugführer, der Liftboy.

as.co ['asku] *sm* der Ekel.

as.fal.ta.do [asfawt'adu] *adj* geteert, asphaltiert.

as.fal.to [asf'awtu] *sm* der Teer, der Asphalt.

as.fi.xi.a [asfiks'iə] *sf* die Erstickung.

as.fi.xi.ar [asfiksi'ar] *vtd* ersticken.

Á.sia ['azjə] *sf* Asien *n*.

a.si.á.ti.co [azi'atiku] *adj* asiatisch. • *sm* der Asiat.

a.si.la.do [azil'adu] *sm* der Asylant.

a.si.lo [az'ilu] *sm* **1** das Heim, das Wohnheim, das Obdach. **2** das Altersheim, das Altenheim. **3** das Asyl, die Zuflucht.

as.ma ['azmə] *sf* das Asthma.

as.má.ti.co [azm'atiku] *sm* der Asthmatiker.

as.nei.ra [azn'ejrə] *sf* die Eselei, der Unsinn.

as.no ['aznu] *sm* der Esel.

as.pa ['aspə] *sf* **1** das Anführungszeichen. **2** *pop* die Gänsefüßchen.

as.pec.to [asp'ɛktu] *sm* **1** der Aspekt, der Gesichtspunkt, die Beziehung, die Hinsicht. **2** das Aussehen, die Erscheinung.

ás.pe.ro ['asperu] *adj* **1** rau, barsch, grob, unfreundlich, spröd. **2** herb.

as.pi.ra.ção [aspiras'ãw] *sf* **1** das Ansaugen. **2** das Einatmen. **3** das Streben, das Ziel.

as.pi.ra.dor [aspirad'or] *sm* der Staubsauger.

as.pi.ran.te [aspir'ãti] *sm+f* **1** der/die Anwärter(in), der/die Bewerber(in). **2** der Referendar. **3** der Offiziersanwärter.

as.pi.rar [aspir'ar] *vtd* **1** saugen, ansaugen. **2** einatmen. **3** streben nach.

as.sa.dei.ra [asad'ejrə] *sf* das Blech, das Backblech, die Röstpfanne.

as.sa.do [as'adu] *sm* der Braten.

as.sa.la.ri.a.do [asalari'adu] *sm* der Lohnempfänger.

as.sal.tan.te [asawt'ãti] *sm+sf+adj* **1** der Räuber. **2** der Einbrecher.
as.sal.tar [asawt'ar] *vtd* überfallen, anfallen, berauben.
as.sal.to [as'awtu] *sm* **1** der Überfall, der Raubüberfall. **2** der Sturm.
as.sar [as'ar] *vtd* braten, rösten.
as.sas.si.nar [asasin'ar] *vtd* morden, ermorden, umbringen, töten.
as.sas.si.na.to [asasin'atu] *sm* der Mord, die Ermordung, die Tötung, der Totschlag.
as.sas.si.no [asas'inu] *sm* der Mörder.
as.se.a.do [ase'adu] *adj* ordentlich, sauber, rein, reinlich.
as.se.di.ar [asedi'ar] *vtd* bedrängen, belästigen, belagern, bestürmen.
as.sé.dio [as'ɛdju] *sm* die Belästigung.
as.se.gu.rar [asegur'ar] *vtd* **1** wahren. **2** versichern. *vpron* **3** sich vergewissern.
as.sei.o [as'eju] *sm* die Sauberkeit.
as.sem.blei.a [asẽbl'ɛjə] *sf* die Versammlung, die Sitzung. **assembleia legislativa** der Landtag.
as.se.me.lhar [asemeʎ'ar] *vpron* sich ähneln.
as.sen.tar [asẽt'ar] *vtd* **1** ansiedeln, besiedeln. **2** verlegen (Kacheln).
as.sen.tir [asẽt'ir] *vti* zustimmen, einverstanden sein.
as.sen.to [as'ẽtu] *sm* **1** der Sitz. **2** die Brille (Klosett).
as.sép.ti.co [as'ɛptiku] *adj* keimfrei, steril.
as.ses.sor [ases'or] *sm* der Berater, der Beirat, der Referent.
as.ses.so.ra.men.to [asesoram'ẽtu] *sm* die Beratung.
as.ses.so.rar [asesor'ar] *vtd* beraten.
as.ses.so.ri.a [asesor'iə] *sf* **1** die Beratung. **2** der Beirat.
as.sí.duo [as'idwu] *adj* eifrig, fleißig, emsig, strebsam.
as.sim [as'ĩ] *adv* so, also, demnach. **ainda assim** dennoch. **assim que** sobald.
as.si.mi.la.ção [asimilas'ãw] *sf* die Aufnahme, die Angleichung, die Assimilation.
as.si.mi.lar [asimil'ar] *vtd* assimilieren, anpassen, aufnehmen, sich aneignen.
as.si.na.lar [asinal'ar] *vtd* **1** kennzeichnen. **2** verzeichnen, angeben.
as.si.nan.te [asin'ãti] *sm* der Bezieher, der Abonnent.
as.si.nar [asin'ar] *vtd* **1** abonnieren. **2** unterschreiben, unterzeichnen.
as.si.na.tu.ra [asinat'urə] *sf* **1** das Abonnement, der Bezug. **2** die Unterschrift, die Signatur.
as.sis.tên.cia [asist'ẽsjə] *sf* **1** die Versorgung, die Betreuung, der Beistand. **2** die Beratung, die Mitarbeit. **3** der Besucher, der Teilnehmer, der Zuschauer. **assistência social** die Fürsorge. **assistência técnica** der Kundendienst, der Service.
as.sis.ten.te [asist'ẽti] *sm+f* der Assistent/die Assistentin, der Helfer, die Hilfe.
as.sis.tir [asist'ir] *vtd+vti* **1** besuchen, zusehen, zuschauen, beiwohnen. **2** helfen.
as.so.a.lho [aso'aʎu] *sm* die Diele.
as.so.bi.ar [asobi'ar] *vint+vtd* pfeifen, flöten.
as.so.ci.a.ção [asosjas'ãw] *sf* der Verein, die Vereinigung, der Verband.
as.so.ci.a.do [asosi'adu] *sm* das Mitglied.
as.so.ci.ar [asosi'ar] *vtd* vereinigen, verbinden, verknüpfen.
as.som.bra.ção [asõbras'ãw] *sf* **1** der Spuk. **2** das Gespenst, das Schreckgespenst.
as.su.mir [asum'ir] *vtd* übernehmen, antreten (Amt).
as.sun.to [as'ũtu] *sm* **1** der Stoff, das Thema, die Materie. **2** die Angelegenheit, das Anliegen. **3** der Betreff.
as.sus.ta.do [asust'adu] *adj* **1** erschrocken, bang. **2** scheu.
as.sus.tar [asust'ar] *vtd* erschrecken, aufschrecken, ängstigen, verängstigen.

as.te.ris.co [aster'isku] *sm* das Sternchen.
as.tro ['astru] *sm* **1** der Stern. **2** der Filmstar.
as.tro.lo.gi.a [astroloʒ'iə] *sf* die Astrologie.
as.tro.nau.ta [astron'awtə] *sm* der Astronaut, der Raumfahrer.
as.tro.na.ve [astron'avi] *sf* das Raumschiff.
as.tro.no.mi.a [astronom'iə] *sf* die Sternkunde, die Astronomie.
as.tú.cia [ast'usiə] *sf* die List, die Hinterlist, die Schläue, die Tücke.
as.tu.ci.o.so [astusi'ozu] *adj* **1** listig, schlau. **2** tückisch.
as.tu.to [ast'utu] *adj* listig, arglistig, hinterlistig, durchtrieben, verschlagen, raffiniert.
a.ta ['atə] *sf* das Protokoll.
a.ta.ca.do [atak'adu] *sm* der Großhandel.
a.ta.car [atak'ar] *vtd* **1** angreifen, stürmen, anstürmen. **2** befallen.
a.ta.du.ra [atad'urə] *sf* die Binde, der Verband, die Bandage.
a.ta.lho [at'aλu] *sm* der Pfad, die Abkürzung.
a.ta.que [at'aki] *sm* **1** der Angriff, die Offensive, der Anschlag. **2** *Esp* der Sturm.
a.tar [at'ar] *vtd* **1** binden, anbinden, fesseln, festbinden. **2** heften, anheften.
a.ta.re.fa.do [ataref'adu] *adj* beschäftigt.
a.tar.ra.ca.do [atar̃ak'adu] *adj* untersetzt, gedrungen, drall.
a.té [at'ɛ] *prep* bis. • *adv* sogar, selbst. **até já!** bis gleich! **até logo!** Auf Wiedersehen! **até que** bis.
a.te.mo.ri.zar [atemoriz'ar] *vtd* abschrecken, einschüchtern.
a.ten.ção [atẽs'ãw] *sf* **1** die Achtung, die Rücksicht. **2** die Aufmerksamkeit, das Augenmerk, die Wachsamkeit.
a.ten.ci.o.so [atẽsi'ozu] *adj* zuvorkommend, entgegenkommend, hilfreich. • *adv* hochachtungsvoll.
a.ten.der [atẽd'er] *vtdi* **1** bedienen, abfertigen. **2** abnehmen (Telefon).
a.ten.di.men.to [atẽdim'ẽtu] *sm* die Bedienung.
a.ten.ta.do [atẽt'adu] *sm* **1** der Anschlag, das Attentat. **2** der Verstoß.
a.ten.to [at'ẽtu] *adj* **1** aufmerksam, wachsam. **2** ergeben.
a.te.nu.ar [atenu'ar] *vtd* abschwächen, mildern, mindern.
a.ter [at'er] *vpron* sich halten an (+acusativo), sich beschränken auf (+acusativo).
a.ter.ris.sa.gem [ater̃is'aʒẽj] *sf* die Landung.
a.ter.ris.sar [ater̃is'ar] *vint* aufsetzen, landen.
a.ter.ro [at'er̃u] *sm* die Deponie. **aterro sanitário** die Mülldeponie.
a.ter.ro.ri.zar [ater̃oriz'ar] *vtd* terrorisieren, in Schrecken versetzen.
a.tes.ta.do [atest'adu] *sm* **1** die Bescheinigung, die Bestätigung, der Nachweis. **2** das Zeugnis.
a.tes.tar [atest'ar] *vtd* bestätigen, beglaubigen, bezeugen, bescheinigen.
a.teu [at'ew] *adj* gottlos, ungläubig.
a.ti.çar [atis'ar] *vtd* **1** schüren. **2** anheizen. **3** aufwiegeln.
a.tin.gir [atĩʒ'ir] *vtd* treffen, erreichen, erzielen.
a.tí.pi.co [at'ipiku] *adj* untypisch.
a.ti.rar [atir'ar] *vtd* **1** feuern, abfeuern, schießen. **2** werfen, schleudern.
a.ti.tu.de [atit'udi] *sf* **1** die Einstellung, die Haltung, das Verhalten. **2** die Positur, die Pose.
a.ti.var [ativ'ar] *vtd* aktivieren, in Gang setzen.
a.ti.vi.da.de [ativid'adi] *sf* die Aktivität, die Aktion, die Tätigkeit, die Beschäftigung, das Treiben.
a.ti.vo [at'ivu] *adj* **1** aktiv, geschäftig, betriebsam, fleißig. **2** lebhaft. **3** berufstätig. **4** tüchtig, rüstig.
a.tlân.ti.co [atl'ãtiku] *adj* atlantisch. • *sm* der Atlantik.
a.tlas ['atlas] *sm sing+pl* der Atlas.

a.tle.ta [atl'εtə] *sm* der Athlet, der Sportler, der Kämpfer.

at.mos.fe.ra [atmosf'εrə] *sf* **1** die Stimmung. **2** der Dunstkreis, die Atmosphäre.

a.to ['atu] *sm* **1** die Handlung, die Tat, der Akt. **2** die Veranstaltung.

a.to.lar [atol'ar] *vint* stecken bleiben.

á.to.mo ['atomu] *sm* das Atom.

a.tô.ni.to [at'onitu] *adj* verdutzt, sprachlos, wortlos.

a.tor [at'or] *sm* der Schauspieler, der Darsteller.

a.tor.do.a.do [atordo'adu] *adj* benommen, angeschlagen.

a.tor.men.tar [atormẽt'ar] *vtdi* **1** plagen, quälen. *vpron* **2** sich abquälen.

a.tra.ção [atras'ãw] *sf* **1** der Reiz, der Anreiz. **2** die Sehenswürdigkeit.

a.tra.car [atrak'ar] *vint* anlegen, festmachen.

a.tra.en.te [atra'ẽti] *adj* **1** anziehend, ansprechend. **2** reizend, reizvoll, lieb, lieblich.

a.tra.ir [atra'ir] *vtd* **1** locken, anlocken, reizen, anziehen. **2** werben, anwerben.

a.tra.pa.lha.do [atrapaʎ'adu] *adj* konfus, verworren.

a.tra.pa.lhar [atrapaʎ'ar] *vtd* behindern, aufhalten, durcheinander bringen.

a.trás [atr'as] *adv* **1** danach. **2** hinter. **anos atrás** vor Jahren.

a.tra.sa.do [atraz'adu] *adj* **1** spät, verspätet, unpünktlich. **2** überfällig. **3** rückständig.

a.tra.sar [atraz'ar] *vtd* **1** aufhalten, verzögern. *vpron* **2** sich verspäten, zu spät kommen.

a.tra.so [atr'azu] *sm* die Verspätung, der Verzug.

a.tra.ti.vo [atrat'ivu] *adj* ansprechend, bestechend. • *sm* der Reiz.

a.tra.vés [atrav'εs] *adv* **1** durch, hindurch. **2** mittels.

a.tra.ves.sa.dor [atravesad'or] *sm* **1** der Schieber, der Schwarzhändler. **2** der Zwischenhändler.

a.tra.ves.sar [atraves'ar] *vtd* **1** durchqueren, durchdringen, durchbrechen. **2** überqueren.

a.tre.ver [atrev'er] *vpron* sich trauen, wagen.

a.tre.vi.do [atrev'idu] *adj* **1** forsch, frech, dreist, zudringlich, unverfroren, unverschämt. **2** draufgängerisch, waghalsig, kühn, verwegen.

a.tre.vi.men.to [atrevim'ẽtu] *sm* **1** die Dreistigkeit, die Unverschämtheit. **2** der Wagemut.

a.tri.bu.i.ção [atribujs'ãw] *sf* **1** die Aufgabe. **2** die Befugnis. **3** *pl* der Aufgabenbereich.

a.tri.bu.ir [atribu'ir] *vtdi* **1** beimessen, anrechnen, zuteilen. **2** zurechnen, zuschieben, unterstellen.

a.tri.bu.to [atrib'utu] *sm* das Attribut.

á.trio ['atrju] *sm* der Vorhof, der Vorraum, die Halle.

a.tri.to [atr'itu] *sm* die Reibung.

a.triz [atr'is] *sf* die Schauspielerin, die Darstellerin.

a.tro.ci.da.de [atrosid'adi] *sf* die Grausamkeit, die Untat.

a.tro.fi.a.do [atrofi'adu] *adj* verkrüppelt, verkümmert, zurückgeblieben.

a.tro.pe.la.men.to [atropelam'ẽtu] *sm* der Anfahrunfall.

a.tro.pe.lar [atropel'ar] *vtd* **1** anfahren. **2** überfahren, überrollen.

a.troz [atr'ɔs] *adj* grässlich, grausam, schrecklich.

a.tu.a.ção [atwas'ãw] *sf* die Tätigkeit, die Betätigung.

a.tu.al [atu'aw] *adj* derzeitig, aktuell, zeitgemäß, jetzig, gegenwärtig.

a.tu.a.li.da.de [atwalid'adi] *sf* die Aktualität, die Gegenwart.

a.tu.a.li.zar [atwaliz'ar] *vtd* aktualisieren.

a.tu.al.men.te [atuawm'ẽti] *adv* derzeit, heutzutage.

a.tu.ar [atu'ar] *vti* vorgehen, sich betätigen, wirken, handeln.

a.tum [at'ũ] *sm* der Thunfisch, der Tunfisch.

a.tu.rar [atur'ar] *vtd* aushalten, ertragen, ausstehen.
a.tur.di.do [aturd'idu] *adj* benommen.
au.dá.cia [awd'asjə] *sf* **1** die Dreistigkeit. **2** der Wagemut.
au.da.ci.o.so [awdasi'ozu] *adj* **1** dreist, draufgängerisch, keck.
au.daz [awd'as] *adj* mutig, kühn, vermessen, resolut.
au.di.ção [awdis'ãw] *sf* **1** das Gehör. **2** die Aufführung.
au.di.ên.cia [awdi'ẽsjə] *sf* **1** das Publikum. **2** die Sprechstunde, die Anhörung. **3** die Verhandlung.
au.di.tor [awdit'or] *sm* der Prüfer, der Wirtschaftsprüfer, der Auditor.
au.di.to.ri.a [awditor'iə] *sf* das Audit, die Revision.
au.di.tó.rio [awdit'ɔrju] *sm* **1** der Saal, der Hörsaal. **2** das Publikum.
au.ge ['awʒi] *sm* **1** die Höhe, der Höhepunkt, der Gipfel. **2** die Blütezeit.
au.la ['awlə] *sf* die Stunde, der Unterricht, die Vorlesung (Hochschule).
au.men.tar [awmẽt'ar] *vtd* **1** vergrößern. **2** verstärken, steigern, vermehren, erhöhen. **3** erweitern, ausbauen. *vint* **4** steigen.
au.men.to [awm'ẽtu] *sm* **1** die Vergrößerung. **2** die Steigerung, die Zunahme. **3** die Verstärkung, der Anstieg.
áu.reo ['awrju] *adj* golden.
au.ro.ra [awr'ɔrə] *sf* der Tagesanbruch.
au.sên.cia [awz'ẽsjə] *sf* die Abwesenheit.
au.sen.tar [awzẽt'ar] *vpron* sich entfernen.
au.sen.te [awz'ẽti] *adj* **1** abwesend, fort, weg. **2** geistesabwesend.
aus.pi.ci.o.so [awspici'ozu] *adj* viel versprechend, aussichtsreich.
aus.te.ri.da.de [awsterid'adi] *sf* die Strenge, die Härte.
aus.te.ro [awst'ɛru] *adj* **1** streng, hart. **2** nüchtern.
aus.tral [awstr'aw] *adj* südlich, Süd...
Áus.tria ['awstrjə] *sf* Österreich *n*.
aus.trí.a.co [awstr'iaku] *adj* österreichisch. • *sm* der Österreicher.
au.ten.ti.ca.ção [awtẽtikas'aw] *sf* die Beglaubigung.
au.ten.ti.car [awtẽtik'ar] *vtd* beglaubigen.
au.ten.ti.ci.da.de [awtẽtisid'adi] *sf* die Echtheit, die Richtigkeit.
au.tên.ti.co [awt'ẽtiku] *adj* echt, original, belegt, wahr.
au.to ['awtu] *sm* **1** das Auto. **2** die Akte.
au.to.bi.o.gra.fi.a [awtobiograf'iə] *sf* die Autobiographie.
au.to.con.fi.an.ça [awtokonfi'ãsə] *sf* das Selbstvertrauen, das Selbstbewusstsein.
au.to.con.tro.le [awtocontr'oli] *sm* die Beherrschung, die Selbstbeherrschung.
au.to.crí.ti.ca [awtokr'itikə] *sf* die Selbstkritik.
au.to.de.fe.sa [awtodef'ezə] *sf* die Selbstverteidigung.
au.to.de.ter.mi.na.ção [awtodeterminas'ãw] *sf* die Selbstbestimmung.
au.to.di.da.ta [awtodid'atə] *sm* der Autodidakt.
au.to.do.mí.nio [awtodom'inju] *sm* die Fassung, die Beherrschung, die Selbstbeherrschung.
au.to.es.co.la [awtoesk'ɔlə] *sf* die Fahrschule.
au.to.gra.far [awtograf'ar] *vtd* signieren.
au.tó.gra.fo [awt'ɔgrafu] *sm* das Autogramm, die Signatur.
au.to.má.ti.co [awtom'atiku] *adj* automatisch, selbsttätig.
au.to.ma.ti.za.ção [awtomatizas'ãw] *sf* die Automation, die Automatisierung.
au.to.ma.ti.zar [awtomatiz'ar] *vtd* automatisieren.
au.to.mo.bi.lis.mo [awtomobil'izmu] *sm* der Autosport.
au.to.mó.vel [awtom'ɔvew] *sm* das Auto, der Wagen, der Kraftwagen, das Automobil.
au.to.no.mi.a [awtonom'iə] *sf* **1** die Autonomie, die Selbständigkeit. **2** der Freiraum.

au.tô.no.mo [awt'onomu] *adj* selbständig, unabhängig, autonom.

au.tor [awt'or] *sm* **1** der Urheber, der Verfasser, der Autor. **2** *Dir* der Täter.

au.to.ri.a [awtor'iə] *sf* die Autorschaft, die Urheberschaft.

au.to.ri.da.de [awtorid'adi] *sf* **1** die Behörde, die Obrigkeit. **2** das Amt.

au.to.ri.tá.rio [awtorit'arju] *adj* autoritär, herrisch, eigenmächtig.

au.to.ri.za.ção [awtorizas'ãw] *sf* **1** die Erlaubnis, die Bewilligung, die Genehmigung, die Lizenz. **2** die Vollmacht, die Ermächtigung.

au.to.ri.za.do [awtoriz'adu] *adj* berechtigt, befugt.

au.to.ri.zar [awtoriz'ar] *vtd* **1** erlauben, bewilligen, zulassen, genehmigen. **2** bevollmächtigen, ermächtigen.

au.tor.re.tra.to [awtor̃etr'atu] *sm* das Selbstbildnis.

au.tos.ser.vi.ço [awtoserv'isu] *sm* die Selbstbedienung.

au.tos.su.fi.ci.en.te [awtosufisi'ẽti] *adj* eigenmächtig.

au.xi.li.ar [awsili'ar] *vtd* unterstützen, helfen. • *sm+f* **1** der Assistent/die Assistentin. **2** die Hilfskraft, die Aushilfe. **3** der Helfer, die Stütze.

au.xí.lio [aws'ilju] *sm* **1** die Hilfe, der Beistand, die Stütze. **2** das Hilfsmittel. **3** die Unterstützung.

a.va.ca.lhar [avakaλ'ar] *vtd* **1** verderben, verpfuschen. **2** *pop* verhunzen.

a.val [av'aw] *sm* die Bürgschaft.

a.va.lan.che [aval'ãʃi] *sf* **1** der Erdrutsch. **2** die Lawine.

a.va.li.a.ção [avaljas'ãw] *sf* **1** die Schätzung, die Beurteilung, die Wertung, die Bewertung. **2** das Ermessen.

a.va.li.ar [avali'ar] *vtd* schätzen, taxieren, begutachten, beurteilen, werten, bewerten.

a.va.lis.ta [aval'istə] *sm* der Bürge.

a.van.ça.do [avãs'adu] *adj* fortgeschritten.

a.van.çar [avãs'ar] *vint* **1** vorrücken. **2** sich fortbewegen.

a.van.ço [av'ãsu] *sm* der Fortschritt, der Vorstoß, das Vorrücken.

a.van.te [av'ãti] *adv* vorwärts.

a.va.ren.to [avar'ẽtu] *adj* geizig, habgierig, geldgierig.

a.va.re.za [avar'ezə] *sf* der Geiz, die Habsucht.

a.va.ri.a [avar'iə] *sf* der Schaden, die Panne, der Defekt, die Havarie.

a.va.ri.a.do [avari'adu] *adj* kaputt, schadhaft.

a.ve ['avi] *sf* **1** der Vogel. **2** *pl* das Geflügel.

a.vei.a [av'ejə] *sf* der Hafer.

a.ve.ni.da [aven'idə] *sf* der Boulevard, die Allee, die (breite) Straße, die Hauptstraße.

a.ven.tal [avẽt'aw] *sm* **1** die Schürze. **2** der Kittel.

a.ven.tu.ra [avẽt'urə] *sf* das Abenteuer.

a.ven.tu.rar [avẽtur'ar] *vpron* sich wagen.

a.ven.tu.rei.ro [avẽtur'ejru] *sm* der Abenteurer. • *adj* abenteuerlich.

a.ve.ri.gua.ção [averigwas'ãw] *sf* die Ermittlung.

a.ve.ri.guar [averig'war] *vtd* ermitteln, forschen, nachfragen.

a.ver.são [avers'ãw] *sf* die Abneigung, der Abscheu, der Ekel, der Widerwille, die Aversion.

a.ves.so [av'esu] *adj* abgeneigt. • *sm* die Kehrseite, die Rückseite.

a.vi.a.ção [avjas'ãw] *sf* die Luftfahrt.

a.vi.a.dor [avjad'or] *sm* der Flieger.

a.vi.a.men.to [avjam'ẽtu] *sm* die Zubereitung, die Verfertigung.

a.vi.ão [avi'ãw] *sm* das Flugzeug, die Maschine.

a.vi.cul.tu.ra [avikuwt'urə] *sf* die Geflügelzucht.

a.vi.dez [avid'es] *sf* die Gier.

á.vi.do ['avidu] *adj* gierig, habgierig, begierig.

a.vil.tan.te [aviwt'ãti] *adj* entwürdigend, abwertend.

a.vi.sar [aviz'ar] *vtdi* **1** ansagen, Bescheid sagen, benachrichtigen, informieren. **2** warnen, ermahnen.

a.vi.so [av′izu] *sm* **1** der Bescheid, die Benachrichtigung. **2** die Ankündigung, die Durchsage, die Meldung. **3** die Warnung, das Warnsignal, die Verwarnung. **aviso prévio** die Kündigungsfrist.
a.vis.tar [avist′ar] *vtdi* erblicken, sichten, ausmachen.
a.vó [av′ɔ] *sf* **1** die Großmutter. *sm pl* **2** die Großeltern.
a.vô [av′o] *sm* der Großvater.
a.vul.so [av′uwsu] *adj* lose, einzeln.
a.xi.la [aks′ilə] *sf* die Achsel, die Achselhöhle.
a.xi.o.ma [aksiom′ə] *sm* der Grundsatz.
a.zar [az′ar] *sm* das Pech, das Missgeschick, das Verhängnis.
a.ze.dar [azed′ar] *vint* sauer werden.
a.ze.do [az′edu] *adj* sauer.
a.zei.te [az′ejti] *sm* das Olivenöl.
a.zei.to.na [azejt′onə] *sf* die Olive.
a.zi.a [az′iə] *sf* das Sodbrennen.
a.zul [az′uw] *adj* blau.
a.zu.le.jo [azul′eʒu] *sm* die Fliese, die Kachel.

b

B, b [b'e] *sm* Buchstabe B, b.
ba.ba [b'abə] *sf* der Speichel, der Geifer.
ba.bá [bab'a] *sf* **1** das Kindermädchen, der Babysitter. **2** die Amme.
ba.bar [bab'ar] *vint* sabbern, kleckern.
ba.ca.lhau [bakaλ'aw] *sm* der Kabeljau, der Schellfisch.
ba.ci.a [bas'iə] *sf* **1** das Becken, das Waschbecken. **2** der Kessel.
bac.té.ria [bakt'ɛrjə] *sf* die Bakterie, der Keim.
ba.der.na [bad'ɛrnə] *sf* der Rummel, der Krach, der Wirrwarr.
ba.fo [b'afu] *sm* **1** *pop* der Hauch. **2** *pop* die Alkoholfahne.
ba.ga [b'agə] *sf* die Beere.
ba.ga.ço [bag'asu] *sm* die Bagasse, der Rückstand (von Pflanzen, Früchten).
ba.ga.gei.ro [bagaʒ'ejru] *sm* der Dachgepäckträger (Auto).
ba.ga.gem [bag'aʒẽj] *sf* das Gepäck, das Reisegepäck.
ba.gue.te [bag'ɛti] *sf* das Stangenbrot.
ba.gu.lho [bag'uλu] *sm* das Gerümpel; der Schund, der Abfall.
ba.gun.ça [bag'ũsə] *sf* **1** das Durcheinander, die Unordnung. **2** der Unfug, der Krach.
ba.gun.ça.do [bagũs'adu] *adj* durcheinander, unordentlich.
ba.í.a [ba'iə] *sf* die Bucht, der Meerbusen.
bai.lar [bajl'ar] *vint* tanzen.
bai.la.ri.no [bajlar'inu] *sm* der Tänzer.
bai.le [b'ajli] *sm* der Ball (Tanzfest).
ba.i.nha [ba'iñə] *sf* **1** der Saum (Kleidung). **2** die Scheide, die Hülse.
bair.ro [b'ajr̄u] *sm* **1** das Viertel, das Wohnviertel, der Stadtteil. **2** der Bezirk.
bai.xa [b'ajʃə] *sf* **1** der Rückgang. **2** der Abschied (vom Dienst)
bai.xar [bajʃ'ar] *vtd* **1** herunterlassen, verringern, herabsetzen. **2** niederschlagen. **3** senken. *vint* **4** fallen, zurückgehen. *vpron* **6** sich bücken.
bai.xa.ri.a [bajʃar'iə] *sf* die Gemeinheit.
bai.xe.za [bajʃ'ezə] *sf* die Gemeinheit.
bai.xi.nho [bajʃ'iñu] *sm* der Kleine, der Knirps.
bai.xo [b'ajʃu] *adj* **1** klein, flach, niedrig. **2** leise. **3** gemein, niederträchtig.
ba.ju.lar [baʒul'ar] *vtd* schmeicheln.
ba.la [b'alə] *sf* **1** die Kugel. **2** der/das Lutschbonbon, die Süßigkeit.
ba.lan.ça [bal'ãsə] *sf* **1** die Waage. **2** das Gleichgewicht.
ba.lan.çar [balãs'ar] *vint* baumeln, schaukeln, wippen, wiegen, wanken.
ba.lan.ce.a.do [balãse'adu] *adj* ausgeglichen.
ba.lan.ço [bal'ãsu] *sm* **1** die Bilanz, die Bestandsaufnahme, der Abschluss. **2** die Schaukel, die Wippe.
ba.lão [bal'ãw] *sm* der Ballon.
bal.bu.ci.ar [bawbusi'ar] *vtd* lallen, stammeln.

bal.cão [bawk'ãw] *sm* **1** der Tresen, die Theke, der Schanktisch, die Bar. **2** der Ladentisch, der Schalter. **3** der Rang (Theater).

bal.co.nis.ta [bawkon'istə] *sm+f* der/die Verkäufer(in).

bal.de [b'awdi] *sm* der Eimer, der Kübel.

bal.de.ar [bawde'ar] *vint* umsteigen.

ba.lé [bal'ɛ] *sm* das Ballett.

ba.lei.a [bal'ejə] *sf* der Wal(fisch).

ba.le.la [bal'ɛlə] *sf* **1** die Lüge. **2** die Falschmeldung (Zeitung).

ba.li.za [bal'izə] *sf* **1** die Boje. **2** die Parklücke.

bal.ne.á.rio [bawne'arju] *sm* das Bad, der Badeort.

bal.sa [b'awsə] *sf* die Fähre, die Autofähre.

bál.sa.mo [b'awsamu] *sm* der Balsam, die Salbe.

bam.bo [b'ãbu] *adj* **1** flau. **2** wackelig, schlaff.

bam.bu [bãb'u] *sm* der Bambus.

ba.nal [ban'aw] *adj* banal, abgedroschen, abgeschmackt, alltäglich, trivial.

ba.na.li.da.de [banalid'adi] *sf* die Banalität, die Binsenweisheit.

ba.na.na [ban'Λnə] *sf* die Banane.

ba.na.nei.ra [banΛn'ejrə] *sf* die Bananenstaude.

ban.ca [b'ãkə] *sf* **1** der Stand, der Kiosk, die Bude. **2** die Bank (Wetten). **3** die Kommission (Prüfung, Examen).

ban.car [bãk'ar] *vtd* **1** drauflegen, bezahlen. **2** spielen, so tun als ob, sich aufspielen.

ban.cá.rio [bãk'arju] *sm* der Bankangestellte.

ban.co [b'ãku] *sm* die Bank.

ban.da [b'ãdə] *sf* das Orchester, die Kapelle, die Tanzkapelle, die Band.

ban.dei.ra [bãd'ejrə] *sf* die Fahne, die Flagge, das Banner.

ban.de.ja [bãd'eʒə] *sf* das Tablett, die Platte.

ban.de.jão [bãdeʒ'ãw] *sm pop* die Kantine, die Werkskantine.

ban.di.do [bãd'idu] *sm* der Bandit, der Schurke, der Räuber.

ban.do [b'ãdu] *sm* die Bande, die Horde, die Schar, das Rudel.

ba.nha [b'Λñə] *sf* das Schmalz, der Speck, das Fett.

ba.nhar [bañ'ar] *vtd* baden, waschen, spülen.

ba.nhei.ra [bañ'ejrə] *sf* die Wanne, die Badewanne.

ba.nhei.ro [bañ'ejru] *sm* **1** das Bad, das Badezimmer, der Waschraum. **2** die Toilette, das Klosett, das WC.

ba.nhis.ta [bañ'istə] *sm+f* der/die Badende, der Badegast.

ba.nho [b'Λñu] *sm* das Bad.

ba.nho-ma.ri.a [bΛñumar'iə] *sm* das Wasserbad.

ba.nir [ban'ir] *vtd* **1** verbannen, ausweisen. **2** ächten.

ban.que.te [bãk'eti] *sm* **1** das Festessen, das Festmahl, das Bankett.

ban.qui.nho [bãnk'iñu] *sm* der Hocker, der Schemel.

ba.que [b'aki] *sm* der Aufprall, der Bums, der Stoß, der Schock.

bar [b'ar] *sm* die Bar, die Kneipe, das Lokal.

ba.ra.lho [bar'aλu] *sm* das Kartenspiel.

ba.rão [bar'ãw] *sm* der Baron.

ba.ra.ta [bar'atə] *sf* der Kakerlak, die Küchenschabe.

ba.ra.to [bar'atu] *adj* billig, preisgünstig, preiswert.

bar.ba [b'arbə] *sf* der Bart.

bar.ban.te [barb'ãti] *sm* die Schnur.

bár.ba.ro [b'arbaru] *adj* barbarisch, roh, *pop* toll. • *sm* der Barbar.

bar.be.a.dor [barbead'or] *sm* der Rasierapparat, der Rasierer. **barbeador elétrico** der Elektrorasierer.

bar.be.ar [barbe'ar] *vtd* **1** rasieren, abrasieren. *vpron* **2** sich rasieren.

bar.be.a.ri.a [barbear'iə] *sf* der Friseur, der Barbierladen.

bar.bei.ro [barb'ejru] *sm* **1** der Friseur, der Haarschneider. **2** *pop* der Stümper.

bar.bi.cha [barb'iʃə] *sf* das Bärtchen, der Spitzbart.
bar.bu.do [barb'udu] *adj* **1** bärtig. **2** unrasiert.
bar.ca [b'arkə] *sf* die Fähre, die Autofähre.
bar.co [b'arku] *sm* das Schiff, das Boot, das Wasserfahrzeug.
bar.ga.nhar [bargañ'ar] *vtd* feilschen.
ba.rí.to.no [bar'itonu] *sm* der Bariton.
bar.quei.ro [bark'ejru] *sm* der Schiffer.
bar.ra [b'ar̄ə] *sf* **1** der Streifen. **2** der Saum (Kleidung). **3** der Barren (Metall). **4** der Riegel, die Rippe (Schokolade). **5** der Schrägstrich.
bar.ra.ca [bar̄'akə] *sf* **1** das Zelt. **2** die Bude, der Verkaufsstand.
bar.ra.co [bar̄'aku] *sm* die Baracke, die Hütte, das Elendsquartier.
bar.ra.gem [bar̄'ayʒẽj] *sf* der Damm, der Staudamm, die Talsperre.
bar.ran.co [bar̄'ãku] *sm* die Böschung.
bar.rar [bar̄'ar] *vtd* hindern, versperren.
bar.rei.ra [bar̄'ejrə] *sf* die Barriere, die Schranke, die Sperre, die Wand.
bar.ren.to [bar̄'ẽtu] *adj* lehmig, schmutzig.
bar.ri.ga [bar̄'igə] *sf* **1** der Bauch, der Leib. **2** *pop* der Magen.
bar.ril [bar̄'iw] *sm* die Tonne, das Fass.
bar.ro [b'ar̄u] *sm* **1** der Lehm, die Tonerde. **2** der Schlamm.
bar.ro.co [bar̄'oku] *sm* das/der Barock.
ba.ru.lhei.ra [baruλ'ejrə] *sf* der Lärm, der Radau, der Rummel.
ba.ru.lhen.to [baruλ'ẽtu] *adj* laut, lärmend, ausgelassen.
ba.ru.lho [bar'uλu] *sm* **1** der Lärm, der Radau, der Krach. **2** der Laut, das Geräusch.
ba.se [b'azi] *sf* **1** die Basis, der Grundstock, die Grundlage, der Sockel, die Unterlage. **2** der Ansatz.
ba.se.ar [baze'ar] *vpron* basieren, sich stützen auf, beruhen auf.
bá.si.co [b'aziku] *adj* **1** grundlegend. **2** grundsätzlich.
bas.que.te(bol) [bask'ɛti(bow)] *sm* Basketball.
bas.tan.te [bast'ãti] *adj* **1** ziemlich, beträchtlich. **2** genügend, hinlänglich, reichlich. • *adv* **1** genug. **2** recht, wesentlich.
bas.tar [bast'ar] *vint* reichen, genug sein.
bas.ti.dor [bastid'or] *sm* die Kulisse.
ba.ta.lha [bat'aλe] *sf* die Schlacht, das Gefecht.
ba.ta.lhar [bataλ'ar] *vint* kämpfen.
ba.ta.ta [bat'atə] *sf* die Kartoffel.
ba.te-bo.ca [batib'okə] *sm* der Wortwechsel, der Zank, der Streit.
ba.te.dei.ra [bated'ejrə] *sf* der Mixer.
ba.ten.te [bat'ẽti] *sm* **1** der Anschlag. **2** die Klappe. **3** der Flügel.
ba.te-pa.po [batip'apu] *sm* die Plauderei, der Plausch.
ba.ter [bat'er] *vtdi* **1** schlagen, zuschlagen, hauen, prügeln. **2** klopfen, anklopfen, pochen. **3** siegen über, besiegen. **4** zusammenstoßen.
ba.te.ri.a [bater'iə] *sf* **1** die Batterie. **2** das Schlagzeug.
ba.ti.da [bat'idə] *sf* **1** der Schlag. **2** der Zusammenstoß, die Karambolage. **3** Cocktail aus Schnaps, Zucker und Fruchtsaft.
ba.ti.na [bat'inə] *sf* die Soutane, die Kutte.
ba.tis.mo [bat'izmu] *sm* die Taufe.
ba.ti.za.do [batiz'adu] *sm* die Tauffeier, die Kindtaufe.
ba.ti.zar [batiz'ar] *vtd* **1** taufen. **2** *pop* panschen.
ba.tom [bat'õw] *sm* der Lippenstift.
ba.ú [ba'u] *sm* die Truhe.
bá.va.ro [b'avaru] *adj* bayerisch. • *sm* der Bayer.
Ba.vi.e.ra [bavi'ɛrə] *sf* Bayern *n*.
bê.ba.do [b'ebadu] *adj* **1** betrunken. **2** *pop* besoffen, voll. • *sm* der Trinker, der Säufer, der Betrunkene.
be.bê [beb'e] *sm* das Baby, der Säugling.
be.be.dei.ra [bebed'ejrə] *sf* der Rausch, die Trunkenheit.

be.be.dou.ro [bebed′owru] *sm* **1** der Wasserspender, die Tränke (für Tiere). **2** der Trinkbrunnen.

be.ber [beb′er] *vtd* **1** trinken. **2** saufen (Tiere, Trinker).

be.ber.rão [bebeȓ′ãw] *sm* der Trinker, der Säufer.

be.bi.da [beb′idə] *sf* das Getränk.

be.co [b′eku] *sm* die Gasse. **beco sem saída** die Sackgasse.

be.ge [b′ɛʒi] *adj* beige.

bei.ço [b′ejsu] *sm* die Lippe.

bei.ja-flor [bejʒafl′or] *sm* der Kolibri.

bei.jar [bejʒ′ar] *vtd* küssen.

bei.jo [b′ejʒu] *sm* der Kuss.

bei.ra [b′ejrə] *sf* **1** der Rand, die Bande. **2** das Ufer, das Gestade.

bei.ra-mar [bejram′ar] *sf* die Küste, der Strand.

be.le.za [bel′ezə] *sf* die Schönheit, die Anmut.

bel.ga [b′ɛwgə] *adj* belgisch. • *sm* der Belgier.

be.li.che [bel′iʃi] *sm* **1** die Schlafkoje. **2** das doppelstöckige Bett.

be.lis.car [belisk′ar] *vtd* **1** kneifen. **2** knabbern, naschen.

be.lo [b′ɛlu] *adj* schön, anmutig.

bem [b′ẽj] *adv* gut, wohl, recht. • *sm* **1** das Gut. **2** das Gute. **3** der Segen. **4** der Liebling. **bens** *sm pl* der Besitz, das Eigentum, das Vermögen, die Güter.

bem-es.tar [bẽest′ar] *sm* **1** das Behagen, das Wohl, das Wohlbefinden. **2** die Wohlfahrt.

bem-vin.do [bẽv′ĩdu] *adj* willkommen.

bên.ção [b′ẽsãw] *sf* der Segen.

be.ne.fi.cên.cia [benefis′ẽsjə] *sf* **1** die Wohltätigkeit. **2** die Wohlfahrt, die Fürsorge.

be.ne.fi.cen.te [benefis′ẽti] *adj* wohltätig.

be.ne.fi.ci.ar [benefisi′ar] *vtd* **1** begünstigen. **2** fördern, beitragen zu.

be.ne.fí.cio [benef′isju] *sm* **1** die Wohltat, der Vorteil, die Leistung, die Vergünstigung, der Nutzen. **2** die Sozialleistung.

be.né.fi.co [ben′ɛfiku] *adj* förderlich, bekömmlich, heilsam.

ben.fei.tor [bẽfejt′or] *sm* der Förderer, der Gönner, der Wohltäter.

ben.ga.la [bẽg′alə] *sf* der Stock, der Spazierstock.

be.nig.no [ben′ignu] *adj* gutartig.

ben.quis.to [bẽk′istu] *adj* beliebt.

ben.zer [bẽz′er] *vtd* segnen.

ber.ço [b′ersu] *sm* die Wiege.

ber.mu.da [berm′udə] *sf* die Bermudashorts.

ber.ran.te [beȓ′ãti] *adj* grell, aufdringlich, schreiend.

ber.rar [beȓ′ar] *vint* brüllen, schreien, kreischen.

ber.ro [b′ɛȓu] *sm* der Schrei.

be.sou.ro [bez′owru] *sm* der Käfer.

bes.ta [b′estə] *sf* **1** das Vieh. **2** *pop* der Idiot, das Rindvieh.

bes.tei.ra [best′ejrə] *sf* die Dummheit.

be.xi.ga [beʃ′igə] *sf* **1** die Blase, die Harnblase. **2** *pl* die Pocken.

be.zer.ro [bez′eȓu] *sm* das Kalb.

Bí.blia [b′ibljə] *sf* die Bibel.

bí.bli.co [b′ibliku] *adj* biblisch.

bi.bli.o.gra.fi.a [bibljograf′iə] *sf* die Bibliographie, das Schrifttum, die Literaturangabe.

bi.bli.o.te.ca [bibljot′ɛkə] *sf* die Bibliothek, die Bücherei.

bi.ca.da [bik′adə] *sf* der Schnabelhieb.

bi.cha [b′iʃə] *sf* **1** der Wurm. **2** *pop* der Schwule, der Homo, die Tunte.

bi.cho [b′iʃu] *sm* **1** das Tier. **2** *pop* der Studienanfänger.

bi.cho-pa.pão [biʃupap′ãw] *sm* der Schwarze Mann.

bi.cho-pre.gui.ça [biʃupreg′isə] *sm* das Faultier.

bi.ci.cle.ta [bisikl′ɛtə] *sf* das Rad, das Fahrrad.

bi.co [b′iku] *sm* **1** der Schnabel. **2** das Mundstück. **3** die Nebenbeschäftigung, der Nebenverdienst, der Job.

bi.e.nal [bien'aw] *adj* zweijährig. • *sf* die Biennale.
bi.fe [b'ifi] *sm* das Steak.
bi.go.de [big'ɔdi] *sm* der Schnurrbart.
bi.ju.te.ri.a [biʒuter'iə] *sf* der Schmuck, der Modeschmuck, der Flitter.
bi.la.te.ral [bilater'aw] *adj* zweiseitig, beiderseitig.
bi.lhão [biλ'ãw] *sm* die Milliarde.
bi.lhar [biλ'ar] *sm* das Billard(spiel).
bi.lhe.te [biλ'eti] *sm* **1** die Karte, die Eintrittskarte. **2** der Fahrschein, die Fahrkarte. **3** der Notizzettel.
bi.lhe.te.ri.a [biλeter'iə] *sf* die Kasse, der Schalter.
bi.lín.gue [bil'ĩgwi] *adj* zweisprachig.
bi.li.o.ná.rio [biljon'arju] *sm* der Milliardär.
bi.nó.cu.lo [bin'ɔkulu] *sm* das Fernglas, der Feldstecher.
bi.o.gra.fi.a [biograf'iə] *sf* die Biographie.
bi.o.lo.gi.a [bioloʒ'iə] *sf* die Biologie.
bi.o.ló.gi.co [biol'ɔʒiku] *adj* biologisch.
bi.quí.ni [bik'ini] *sm* der Bikini, der zweiteilige Badeanzug.
bi.ru.ta [bir'utə] *sf* **1** der Windsack. **2** der Verrückte.
bis [b'is] *sm* die Zugabe. **pedir bis** eine Zugabe verlangen.
bi.sa.vó [bisav'ɔ] *sf* die Urgroßmutter.
bi.sa.vô [bizav'o] *sm* der Urgroßvater.
bis.bi.lho.tar [bizbiλot'ar] *vint* schnüffeln, herumschnüffeln, ausfragen.
bis.coi.to [bisk'ojtu] *sm* der/das Keks, das Plätzchen, das Gebäck, das Konfekt, das/der Biskuit.
bis.na.ga [bizn'agə] *sf* die Tube.
bis.ne.to [bizn'ɛtu] *sm* der Großenkel, der Urenkel.
bis.po [b'ispu] *sm* **1** der Bischof. **2** der Läufer (Schach).
bi.to.la.do [bitol'adu] *adj* spießig, engstirnig.
blas.fe.mar [blasfem'ar] *vti* lästern, fluchen.
blin.da.do [blĩd'adu] *adj* gepanzert, gekapselt.
blo.co [bl'ɔku] *sm* **1** der Block. **2** das Quadrat, der Klotz.
blo.que.ar [bloke'ar] *vtd* blockieren, sperren, absperren, versperren.
blo.quei.o [blok'eju] *sm* **1** die Blockade, die Sperre, die Absperrung.
blu.sa [bl'uzə] *sf* die Bluse.
bo.a [b'oə] *adj* gut, brav, lieb, fein. **boa noite!** guten Abend!, gute Nacht! **boa tarde!** guten Tag!
bo.as-vin.das [boasv'ĩdəs] *sf pl* der Willkomm.
bo.a.te [bo'ati] *sf* das Nachtlokal, das Amüsierlokal.
bo.a.to [bo'atu] *sm* das Gerücht.
bo.ba.gem [bob'aʒẽj] *sf* **1** der Blödsinn, der Quatsch. **2** *pop* der Käse.
bo.bei.ra [bob'ejrə] *sf* **1** die Dummheit. **2** die Flause, die Faxen.
bo.bo [b'obu] *adj* albern, dumm, töricht, verständnislos. **2** *pop* doof. • *sm* der Narr, der Tölpel, der Blödian, der Hanswurst.
bo.ca [b'okə] *sf* **1** der Mund. **2** das Maul, die Schnauze (bei Tieren). **3** die Öffnung.
bo.ca.do [bok'adu] *sm* der Bissen, der Happen, der Brocken.
bo.çal [bos'aw] *adj* spießig, dumm, banausisch. • *sm* die Kanaille, der Kanake.
bo.ce.jar [boseʒ'ar] *vint* gähnen.
bo.che.cha [boʃ'eʃə] *sf* die Backe, die Wange.
bo.che.chu.do [boʃeʃ'udu] *adj* pausbäckig.
bo.das [b'odəs] *sf pl* die Hochzeit. **bodas de ouro** die goldene Hochzeit. **bodas de prata** die Silberhochzeit.
bo.ê.mio [bo'emju] *adj* bömisch. • *sm* der Bohemien, der Nachtschwärmer.
bo.fe.ta.da [bofet'adə] *sf* die Ohrfeige.
boi [b'oj] *sm* der Ochse.
boi.a.dei.ro [bojad'ejru] *sm* der Viehtreiber.

boi.ar [boj'ar] *vint* schwimmen, treiben.
boi.co.tar [bojkot'ar] *vtd* boykottieren, bestreiken.
boi.na [b'ojnə] *sf* die Baskenmütze.
bo.la [b'ɔlə] *sf* der Ball, die Kugel.
bo.la.cha [bol'aʃə] *sf* **1** das Gebäck, der/das Keks, das Plätzchen. **2** der Bierdeckel, Untersetzer.
bo.lar [bol'ar] *vtd pop* ausdenken, aushecken.
bo.le.tim [bolet'ĩ] *sm* **1** das Mitteilungsblatt, der Bericht, das Bulletin. **2** das Zeugnis.
bo.lha [b'oλə] *sf* die Blase.
bo.lo [b'olu] *sm* der Kuchen.
bo.lor [bol'or] *sm* der Schimmel, der Moder.
bol.sa [b'owsə] *sf* **1** die Tasche, die Handtasche, der Beutel. **2** *Econ* die Börse. **bolsa de estudos** das Stipendium.
bol.sis.ta [bows'istə] *sm* der Stipendiat.
bol.so [b'owsu] *sm* die (Hosen-, Jacken-) Tasche.
bom [b'õw] *adj* gut, brav, lieb.
bom.ba [b'õbə] *sf* **1** die Bombe. **2** die Pumpe.
bom.bar.de.ar [bõbarde'ar] *vtd* bombardieren, beschießen.
bom.be.ar [bõbe'ar] *vtd* pumpen.
bom.bei.ro [bõb'ejru] *sm* der Feuerwehrmann.
bom.bom [bõb'õ] *sm* die Praline.
bon.da.de [bõd'adi] *sf* die Güte.
bon.de [b'õdi] *sm* die Straßenbahn.
bon.di.nho [bõd'iñu] *sm pop* die Seilbahn.
bon.do.so [bõd'ozu] *adj* gütig, gutmütig, weichherzig.
bo.né [bon'ɛ] *sm* die Schirmmütze, die Kappe.
bo.ne.ca [bon'ɛkə] *sm* die Puppe.
bo.ni.to [bon'itu] *adj* schön, ansehnlich, hübsch, lieb.
bon.zi.nho [bõziñu] *adj* brav, lieb.
bor.bo.le.ta [borbol'etə] *sf* der Schmetterling.
bor.bu.lhar [borbuλ'ar] *vint* **1** brodeln. **2** sprudeln.
bor.da [b'ɔrdə] *sf* der Rand, die Kante, die Krempe.
bor.dar [bord'ar] *vint* sticken.
bor.del [bord'ɛw] *sm* **1** das Bordell. **2** *pop* der Puff.
bor.ra [b'or̃ə] *sf* der Satz.
bor.ra.cha [bor̃'aʃə] *sf* **1** der/das Gummi, der Kautschuk. **2** der Radiergummi.
bor.ra.cha.ri.a [bor̃aʃ'ariə] *sf* der Reifendienst.
bor.rão [bor̃'ãw] *sm* der Klecks, der Tintenfleck.
bor.rar [bor̃'ar] *vtd* **1** schmieren, verschmieren. **2** verwischen.
bos.que [b'ɔski] *sm* der Wald.
bos.ta [b'ɔstə] *sf* **1** der Mist. **2** *pop* die Scheiße.
bo.ta [b'ɔtə] *sf* der Stiefel.
bo.tâ.ni.ca [bot'ʌnikə] *sf* die Botanik.
bo.tão [bot'ãw] *sm* **1** der Knopf. **2** die Taste (Gerät). **3** *Bot* die Knospe.
bo.tar [bot'ar] *vtd* **1** stellen, legen, stecken. **2** anziehen.
bo.te.co [bot'eku] *sm* die Kneipe, das Lokal, der Ausschank.
bo.te.quim [botek'ĩ] *sm* die Kneipe, der Ausschank, das Wirtshaus.
bo.to [b'otu] *sm* der Delphin, der Delfin.
bo.xe [b'ɔksi] *sm* der Boxkampf, der Boxsport, das Boxen.
bra.ce.le.te [brasel'eti] *sm* der Armreif, das Armband.
bra.ço [br'asu] *sm* der Arm.
bra.gui.lha [brag'iλə] *sf* der Schlitz, der Hosenschlitz.
brai.le [br'ajli] *sm* die Blindenschrift.
bran.co [br'ãku] *adj* weiß.
bran.do [br'ãdu] *adj* sanft, mild(e), weich.
bra.sa [br'azə] *sf* die Glut, die glühende Kohle.
bra.são [braz'ãw] *sm* das Wappen.
Bra.sil [braz'iw] *sm* Brasilien.
bra.si.lei.ro [brazil'ejru] *adj* brasilianisch. • *sm* der Brasilianer.
bra.vo [br'avu] *adj* **1** wild. **2** tapfer. **bravo!** bravo!

bra.vu.ra [brav'urə] *sf* der Mut, die Tapferkeit.
bre.car [brek'ar] *vtd* stoppen, bremsen.
bre.cha [br'ɛʃə] *sf* die Bresche, die Lücke.
bre.ga [br'ɛgə] *adj* kitschig.
bre.que [br'ɛki] *sm* die Bremse.
bre.ve [br'ɛvi] *adj* **1** kurz. **2** flüchtig. **em breve** in kurzem.
bri.ga [br'igə] *sf* der Streit, der Zank, die Schlägerei, der Krach.
bri.gar [brig'ar] *vint* streiten, zanken.
bri.guen.to [brig'ẽtu] *adj* unverträglich, streitsüchtig.
bri.lhan.te [briʎ'ãti] *adj* **1** brillant, blendend. **2** geistvoll, genial, glänzend. • *sm* der Brillant.
bri.lhar [briʎ'ar] *vint* glänzen, leuchten, strahlen, scheinen, glitzern, schimmern.
bri.lho [br'iʎu] *sm* der Glanz, der Schein.
brin.ca.dei.ra [brĩkad'ejrə] *sf* das Spiel, die Spielerei, der Scherz, der Jux.
brin.ca.lhão [brĩkaʎ'ãw] *adj* neckisch. • *sm* der Spaßmacher.
brin.car [brĩk'ar] *vti* **1** spielen. **2** scherzen, spaßen.
brin.co [br'ĩku] *sm* der Ohrring.
brin.dar [brĩd'ar] *vtd* anstoßen auf, trinken auf.
brin.de [br'ĩdi] *sm* **1** der Trinkspruch. **2** das Werbegeschenk.
brin.que.do [brĩk'edu] *sm* **1** das Spielzeug. **2** *pl* die Spielwaren.
bri.sa [br'izə] *sf* die Brise.
bro.che [br'ɔʃi] *sm* die Brosche, die Anstecknadel, die Spange, die Fibel.
bro.chu.ra [broʃ'urə] *sf* **1** die Broschüre. **2** die Broschur.
bron.ca [br'õkə] *sf* die Rüge.
bron.qui.te [brõk'iti] *sf* die Bronchitis.
bron.ze [br'õzi] *sm* die Bronze.
bron.ze.a.do [brõze'adu] *adj* braun, gebräunt, braun gebrannt.
bron.ze.a.dor [brõzead'or] *sm* das Sonnenöl.
bron.ze.ar [brõze'ar] *vtd* **1** bräunen. *vpron* **2** sich sonnen, sich bräunen.
bro.tar [brot'ar] *vint* **1** sprudeln, rieseln (Wasser). **2** keimen, ausschlagen (Pflanze).
bro.to [br'otu] *sm* der Keim, der Schössling, der Trieb.
brus.co [br'usku] *adj* **1** ruckartig, jäh, sprunghaft, brüsk. **2** heftig, barsch.
bru.tal [brut'aw] *adj* brutal, gefühllos, roh, gewalttätig.
bru.ta.li.da.de [brutalid'adi] *sf* die Brutalität, die Roheit, die Gewalttätigkeit.
bru.to [bru'tu] *adj* **1** brutal, roh. **2** unmenschlich, primitiv. **3** brutto.
bru.xa [br'uʃə] *sf* die Hexe.
bru.xa.ri.a [bruʃar'iə] *sf* die Hexerei, die Zauberei.
bu.cha [b'uʃə] *sf* **1** der Dübel, die Buchse. **2** der Propfen, der Zapfen.
bu.ço [b'usu] *sm* der Flaum.
bu.dis.ta [bud'istə] *adj* buddhistisch. • *sm* der Buddhist.
bu.ei.ro [bu'ejru] *sm* der Gully, der Abfluss, der Abzug.
bu.far [buf'ar] *vti+vint* schnauben, fauchen, heftig atmen.
bu.fê [buf'e] *sm* das Büfett, die Anrichte.
bu.gi.gan.ga [buʒig'ãgə] *sf* der Krempel, der Tand, der Krimskrams, der Klimbim.
bu.la [b'ulə] *sf* die Beilage, der Beipackzettel.
bu.le [b'uli] *sm* die Kanne, die Teekanne.
bum.bum [bũb'ũ] *sm pop* der Popo.
bun.da [b'ũdə] *sf* der Hintern, der Po.
bu.quê [buk'e] *sm* der Strauß.
bu.ra.co [bur'aku] *sm* **1** das Loch, die Lücke, die Öffnung, der Durchschlupf. **2** die Grube.
bur.guês [burg'es] *adj* **1** bürgerlich. **2** *pop* reich. • *sm* Bürger.
bur.lar [burl'ar] *vtd* beschummeln, anschmieren, täuschen.
bu.ro.cra.ci.a [burokras'iə] *sf* **1** die Bürokratie. **2** der Amtsschimmel.

B

bu.ro.cra.ta [burokr'atə] *sm* der Bürokrat.
bu.ro.crá.ti.co [burokr'atiku] *adj* bürokratisch.
bur.ra.da [bur̄'adə] *sm* die Dummheit.
bur.ri.ce [bur̄'isi] *sf* die Dummheit, die Eselei.
bur.ro [b'ur̄u] *sm* **1** der Esel. **2** *pop* das Rindvieh.
bus.car [busk'ar] *vtd* **1** holen, abholen, zurückholen. **2** suchen, fahnden.
bús.so.la [b'usolə] *sf* der Kompass.
bus.to [b'ustu] *sm* die Büste, der Oberkörper.
bu.zi.na [buz'inə] *sf* die Hupe, das Horn.
bu.zi.nar [buzin'ar] *vint* hupen, tuten.

C

C, c [s'e] *sm* Buchstabe C, c.
ca.ba.ré [kabar'ɛ] *sm* das Kabarett, der Nachtclub.
ca.be.ça [kab'esə] *sf* der Kopf.
ca.be.ça.lho [kabes'aλu] *sm* der Kopf, der Briefkopf.
ca.be.çu.do [kabes'udu] *adj* stur, eigensinnig, dickköpfig.
ca.be.lei.rei.ro [kabelejr'ejru] *sm* der Friseur.
ca.be.lo [kab'elu] *sm* das Haar.
ca.be.lu.do [kabel'udu] *adj* behaart, langhaarig.
ca.ber [kab'er] *vint* **1** hineingehen, hineinpassen. **2** zustehen.
ca.bi.de [kab'idi] *sm* **1** der Bügel, der Haken. **2** der Ständer.
ca.bi.na [kab'inə] *sf* **1** die Kabine, die Kanzel. **2** die Zelle (Telefon). **3** das Cockpit (Flugzeug). **4** die Kajüte (Schiff).
ca.bis.bai.xo [kabizb'ajʃu] *adj* niedergeschlagen, verzagt.
ca.bo [k'abu] *sm* **1** der Strick, das Seil, das Tau. **2** das Kabel. **3** der Stiel, der Griff, der Handgriff, das Heft. **4** der Gefreite (milit.).
Ca.bo Ver.de [kabuv'erdi] *sm* Kap Verde.
ca.bra [k'abrə] *sf* die Ziege.
ca.bri.to [kabr'itu] *sm* das Zicklein, das Kitz.
ca.ça [k'asə] *sf* **1** die Jagd. **2** das Wild(fleisch). **3** der Jäger (Militärflugzeug).
ca.ça.dor [kasad'or] *sm* der Jäger.
ca.çar [kas'ar] *vtd* **1** jagen, fangen. **2** nachspüren, verfolgen.
ca.cau [kak'aw] *sm* der Kakao.
ca.ce.ta.da [kaset'adə] *sf* der Hieb, der Knüppelhieb.
ca.ce.te [kas'eti] *sm* der Knüppel, der Prügel.
ca.cha.ça [kaʃ'asə] *sf* der Schnaps.
ca.chê [kaʃ'e] *sm* die Gage.
ca.che.col [kaʃek'ɔw] *sm* der Schal, das Halstuch.
ca.chim.bo [kaʃ'ĩbu] *sm* die Pfeife (Tabak).
ca.cho [k'aʃu] *sm* **1** die Locke. **2** das Büschel. **3** die Traube.
ca.cho.ei.ra [kaʃo'ejrə] *sf* der Wasserfall.
ca.chor.ro [kaʃ'or̄u] *sm* der Hund.
ca.ci.que [kas'iki] *sm* der Häuptling, der Indianerhäuptling.
ca.co [k'aku] *sm* die Scherbe.
ca.ço.ar [kaso'ar] *vti* spotten, spötteln.
ca.çu.la [kas'ulə] *sm+f* der/die Jüngste, der Benjamin.
ca.da [k'adə] *pron* jeder.
ca.das.tro [kad'astru] *sm* **1** der Kataster, das Verzeichnis. **2** das Grundbuch.
ca.dá.ver [kad'aver] *sm* die Leiche, der Leichnam, der Kadaver.
ca.de.a.do [kade'adu] *sm* das Vorhängeschloss.
ca.dei.a [kad'ejə] *sf* **1** der Kerker. **2** die Kette, die Fessel, das Gefängnis.

ca.dei.ra [kad'ejrə] *sf* der Stuhl. **cadeira de rodas** der Rollstuhl.
ca.der.ne.ta [kadern'etə] *sf* **1** das Heft. **2** das Büchlein. **caderneta de poupança** das Sparbuch.
ca.der.no [kad'ɛrnu] *sm* das Heft.
ca.du.co [kad'uku] *adj* hinfällig, altersschwach.
ca.fa.jes.te [kafaʒ'ɛsti] *sm* der Schurke, die Kanaille.
ca.fé [kaf'ɛ] *sm* der Kaffee. **café da manhã** das Frühstück.
ca.fe.í.na [kafe'inə] *sf* das Koffein.
ca.fo.na [kaf'onə] *adj* kitschig.
cãi.bra [k'ãjbrə] *sf* der Muskelkrampf.
cai.pi.ra [kajp'irə] *sm* der Hinterwäldler.
ca.ir [ka'ir] *vint* **1** stürzen, fallen, einstürzen, zusammenbrechen. **2** abstürzen. **3** ausfallen (Haar).
cais [k'ajs] *sm sing+pl* der Pier, der Kai, die Anlegestelle.
cai.xa [k'ajʃə] *sf* **1** die Kiste. **2** die Schachtel. **3** der Behälter, der Container. **4** die Kasse. **caixa eletrônico** der Bargeldautomat, der Bankautomat. **caixa postal** das Postfach.
cai.xão [kajʃ'ãw] *sm* der Sarg.
cai.xi.nha [kajʃ'iñə] *sf* **1** die kleine Kiste, die Schachtel, das Kästchen. **2** das Trinkgeld.
ca.la.do [kal'adu] *adj* **1** schweigsam, verschwiegen. **2** wortkarg, einsilbig.
ca.la.fri.os [kalafr'ius] *sm pl* der Schüttelfrost.
ca.la.mi.da.de [kalamid'adi] *sf* das Unheil, der Jammer, das Unglück, die Plage.
ca.lar [kal'ar] *vint* **1** schweigen. *vpron* **2** verstummen.
cal.ça [kaw'sə] *sf* die Hose.
cal.ça.da [kaws'adə] *sf* der Bürgersteig, der Gehsteig.
cal.ça.dão [kawsad'ãw] *sm* die Fußgängerzone.
cal.ça.dei.ra [kawsad'ejrə] *sf* der Schuhlöffel.
cal.ça.do [kaws'adu] *sm* der Schuh, das Schuhwerk.
cal.ça.men.to [kawsam'ẽtu] *sm* das Pflaster.
cal.ca.nhar [kawkañ'ar] *sm* die Ferse.
cal.ção [kaws'ãw] *sm* die Sporthose.
cal.çar [kaws'ar] *vtd* anziehen, anhaben (Schuhe).
cal.ci.nha [kaws'iñə] *sf* das Höschen, der Slip, der Schlüpfer.
cal.cu.la.do.ra [kawkulad'orə] *sf* die Rechenmaschine, der Taschenrechner.
cal.cu.lar [kawkul'ar] *vtd* rechnen, ausrechnen, berechnen.
cál.cu.lo [k'awkulu] *sm* **1** die Rechnung, die Berechnung, die Kalkulation. **2** *Med* der Stein.
cal.da [k'awdə] *sf* der Sirup, der Saft.
cal.do [k'awdu] *sm* **1** der Saft. **2** die Suppe, die Brühe. **caldo de cana** der Zuckerrohrsaft.
ca.len.dá.rio [kalẽd'arju] *sm* **1** der Kalender. **2** die Zeitrechnung.
ca.lha [k'aλə] *sf* die Rinne, die Dachrinne.
ca.lhar [kaλ'ar] *vint* passen.
cá.li.ce [k'alisi] *sm* der Kelch.
cal.ma [k'awmə] *sf* die Ruhe, die Stille, die Gelassenheit.
cal.man.te [kawm'ãti] *adj+sm* das Beruhigungsmittel.
cal.mo [k'awmu] *adj* ruhig, still, gefasst, gelassen, beherrscht.
ca.lo [k'alu] *sm* die Schwiele, das Hühnerauge.
ca.lor [kal'or] *sm* die Wärme, die Hitze.
ca.lo.ri.a [kalor'iə] *sf* die Kalorie.
ca.lo.ro.so [kalor'ozu] *adj* warm, herzlich.
ca.lo.tei.ro [kalot'ejru] *sm* der Betrüger, der Schwindler, der Preller.
ca.lou.ro [kal'owru] *sm* **1** der Neuling. **2** der Studienanfänger.
ca.lú.nia [kal'unjə] *sf* die Verleumdung, die Lästerung.
ca.lu.ni.ar [kaluni'ar] *vtd* verleumden, lästern.
cal.vo [k'awvu] *adj* kahl, kahlköpfig.
ca.ma [k'ʌmə] *sf* **1** das Bett, das Lager. **2** *pop* das Nest.

ca.ma.da [kam'adə] *sf* die Schicht, die Lage.

câ.ma.ra [k'ʌmarə] *sf* **1** die Kammer. **2** die Kamera, der Fotoapparat. **câmara municipal** der Stadtrat, der Gemeinderat.

ca.ma.ra.da [kamar'adə] *sm+f* der Kamerad.

ca.ma.ra.da.gem [kamarad'aʒẽj] *sf* die Kameradschaft.

ca.ma.rão [kamar'ãw] *sm* die Krabbe, die Garnele.

ca.ma.ro.te [kamar'ɔti] *sm* **1** die Kabine, die Kajüte. **2** die Loge (Theater).

cam.ba.le.ar [kãbale'ar] *vint* taumeln, schwanken, wanken.

câm.bio [k'ãbju] *sm* **1** *Techn* die Schaltung, die Gangschaltung. **2** der Geldwechsel, der Wechselkurs.

ca.me.lô [kamel'o] *sm* der fliegende Händler, der Straßenhändler.

ca.mi.nha.da [kamiñ'adə] *sf* der Spaziergang, die Wanderung, das Gehen.

ca.mi.nhão [kamiñ'ãw] *sm* der Lastkraftwagen, der Lastwagen, der Laster, der Lkw.

ca.mi.nhar [kamiñ'ar] *vint* gehen, wandern, marschieren.

ca.mi.nho [kam'iñu] *sm* **1** der Weg, die Bahn. **2** die Anfahrt.

ca.mi.nho.ne.te [kamiñon'ɛti] *sf* der Lieferwagen.

ca.mi.sa [kam'izə] *sf* das Hemd.

ca.mi.se.ta [kamiz'etə] *sf* das Unterhemd, das T-Shirt.

ca.mi.si.nha [kamiz'iñə] *sf* das Kondom, das Präservativ.

ca.mi.so.la [kamiz'ɔlə] *sf* das Nachthemd.

cam.pa.i.nha [kãpa'iñə] *sf* die Klingel.

cam.pa.nha [kãp'ʌñə] *sf* die Aktion, die Kampagne, die Bewegung.

cam.pe.ão [kãpe'ãw] *sm* der Meister, der Sieger.

cam.pe.o.na.to [kãpeon'atu] *sm* die Meisterschaft.

cam.pi.na [kãp'inə] *sf* die Wiese, die Weide, die Flur.

cam.po [k'ãpu] *sm* **1** das Feld, der Acker, das Land. **2** der Bereich, der Sektor. **3** *Esp* das Spielfeld.

cam.po.nês [kãpon'es] *sm* der Bauer.

ca.mu.flar [kamufl'ar] *vtd* tarnen, verschleiern.

ca.na-de-a.çú.car [kãnədias'ukar] *sf* das Zuckerrohr.

ca.nal [kan'aw] *sm* der Kanal.

ca.na.lha [kan'aλə] *sm+f* der Schurke, der Lump, die Kanaille.

ca.na.li.za.ção [kanalizas'ãw] *sf* die Kanalisation.

ca.ná.rio [kan'arju] *sm* der Kanarienvogel.

ca.na.vi.al [kanavi'aw] *sm* **1** das Röhricht. **2** die Zuckerrohrplantage.

can.ção [kãs'ãw] *sf* das Lied.

can.ce.la.men.to [kãselam'ẽtu] *sm* **1** die Absage, die Kündigung. **2** der Ausfall.

can.ce.lar [kãsel'ar] *vtd* **1** absagen, absetzen, streichen. **2** abmelden.

cân.cer [k'ãser] *sm* der Krebs (Krankheit).

can.ce.rí.ge.no [kãser'iʒenu] *adj* krebserregend.

can.di.da.to [kãdid'atu] *sm* der Kandidat, der Anwärter, der Bewerber; der Prüfling.

ca.ne.ca [kan'ɛkə] *sf* der Becher, der Schoppen.

ca.ne.cão [kanək'ãw] *sm* der Humpen, der Krug.

ca.ne.la [kan'ɛlə] *sf* **1** der Zimt. **2** das Schienbein, die Fessel.

ca.ne.ta [kan'etə] *sf* der Federhalter, der Kugelschreiber.

câ.nha.mo [k'ʌñamu] *sm* der Hanf.

ca.nhão [kañ'ãw] *sm* die Kanone, das Geschütz.

ca.nho.to [kañ'otu] *adj* linkshändig. • *sm* **1** der Linkshänder. **2** der Revers, der Kontrollabschnitt.

ca.ni.bal [kanib'aw] *sm+f* der Menschenfresser, der Kannibale.

ca.ni.ve.te [kaniv'ɛti] *sm* das Taschenmesser.

ca.no [k'ʌnu] *sm* **1** das Rohr. **2** der Lauf (einer Waffe).

ca.no.a [kan'oə] *sf* das Boot.

can.sa.ço [kãs'asu] *sm* die Müdigkeit, die Ermüdung, die Erschöpfung.

can.sa.do [kãs'adu] *adj* **1** müde, schlapp, abgespannt. **2** überdrüssig.

can.sar [kãs'ar] *vint* **1** ermüden, erlahmen. *vtd* **2** strapazieren. *vpron* **3** sich anstrengen.

can.sa.ti.vo [kãsat'ivu] *adj* ermüdend, anstrengend, beschwerlich.

can.ta.da [kãt'adə] *sf pop* die Anmache.

can.tar [kãt'ar] *vint+vtd* **1** singen. **2** krähen (Hahn).

can.ta.ro.lar [kãtarol'ar] *vint* vor sich hin singen, summen.

can.tei.ro [kãt'ejru] *sm* das Beet. **canteiro de obras** die Baustelle.

can.ti.na [kãt'inə] *sf* die Kantine.

can.to [k'ãtu] *sm* **1** die Kante. **2** das Eck, die Ecke, der Winkel. **3** das Lied, der Gesang.

can.tor [kãt'or] *sm* der Sänger.

ca.nu.do [kan'udu] *sm* der Trinkhalm.

cão [k'ãw] *sm* der Hund.

ca.os [k'aws] *sm sing+pl* das Chaos, das Durcheinander, das Wirrwarr.

ca.ó.ti.co [ka'ɔtiku] *adj* chaotisch, wirr.

ca.pa [k'apə] *sf* **1** der Umhang. **2** der Umschlag, die Schutzhülle, der Einband (Buch). **3** das Deckblatt, die Titelseite. **4** die Hülle, die Plattenhülle.

ca.pa.ce.te [kapas'eti] *sm* der Helm, der Sturzhelm.

ca.pa.ci.da.de [kapasid'adi] *sf* **1** die Fähigkeit, die Leistungsfähigkeit, die Kapazität. **2** der Inhalt, das Fassungsvermögen (Saal, Stadion, Behälter).

ca.paz [kap'as] *adj* **1** fähig, dienstfähig. **2** zurechnungsfähig. • *adv* imstande.

ca.pe.la [kap'ɛlə] *sf* die Kapelle (kleine Kirche).

ca.pi.tal [kapit'aw] *adj* wichtig, Haupt... • *sf* **1** die Hauptstadt. *sm* **2** das Kapital.

ca.pi.tão [kapit'ãw] *sm* **1** der Kapitän. **2** der Hauptmann.

ca.pi.tu.lar [kapitul'ar] *vint* kapitulieren, aufgeben.

ca.pí.tu.lo [kap'itulu] *sm* das Kapitel.

ca.po.ta [kap'ɔtə] *sf* die Haube, das Verdeck.

ca.po.tar [kapot'ar] *vint* sich überschlagen.

ca.pri.char [kapriʃ'ar] *vint* sich Mühe geben, sorgfältig arbeiten.

ca.pri.cho [kapr'iʃu] *sm* **1** die Laune, die Marotte. **2** die Manie.

ca.pri.cho.so [kapriʃ'ozu] *adj* **1** akkurat, proper. **2** eigensinnig. **3** launisch.

Ca.pri.cór.nio [kaprik'ɔrnju] *sm Astrol* der Steinbock.

cáp.su.la [k'apsulə] *sf* die Kapsel.

cap.tar [kapt'ar] *vtd* **1** einfangen, erbeuten. **2** beschaffen.

cap.tu.rar [kaptur'ar] *vtd* fangen, einfangen, kapern, ergreifen.

ca.puz [kap'us] *sm* die Kappe, die Kapuze.

ca.ra [k'arə] *sf* **1** das Gesicht, die Miene. **2** der Typ, der Bursche, der Kerl.

ca.rac.te.rís.ti.ca [karakter'istikə] *sf* **1** die Eigenschaft, die Charaktereigenschaft, Eigenart. **2** das Merkmal, das Kennzeichen.

ca.rac.te.rís.ti.co [karakter'istiku] *adj* typisch, eigentümlich, kennzeichnend, charakteristisch, bezeichnend.

ca.rac.te.ri.zar [karakteriz'ar] *vtd* kennzeichnen, charakterisieren, bezeichnen.

ca.ran.gue.jo [karãg'eʒu] *sm* der Krebs.

ca.rá.ter [kar'ater] *sm* der Charakter, das Wesen, die Natur, das Temperament.

cár.ce.re [k'arseri] *sm* der Kerker, das Verlies.

car.dá.pio [kard'apju] *sm* die Karte, die Speisekarte.

car.de.al [karde'aw] *sm* der Kardinal.

ca.re.ca [kar'ɛkə] *adj* kahl, kahlköpfig. • *sf* die Glatze. *sm* der Glatzkopf.

ca.ren.te [kar'ẽti] *adj* karg, bedürftig.

ca.re.ta [kar'etə] *sf* **1** die Grimasse. **2** *pl* die Faxen.

car.ga [k'argə] *sf* **1** die Last, die Bürde,

die Ladung, der Ballast, die Belastung. **2** die Spannung (Energie). **3** die Mine (Kuli, Füller).
car.go [k'argu] *sm* die Stelle, der Posten, das Amt.
car.guei.ro [karg'ejru] *sm* der Frachter.
ca.ri.ca.tu.ra [karikat'urə] *sf* **1** die Karikatur. **2** das Zerrbild.
ca.rí.cia [kar'isjə] *sf* die Zärtlichkeit, die Liebkosung.
ca.ri.da.de [karid'adi] *sf* die Nächstenliebe, die Wohltätigkeit.
ca.ri.do.so [karid'ozu] *adj* mildtätig, wohltätig.
cá.rie [k'arji] *sf* die Karies.
ca.rim.bar [karĩb'ar] *vtd* stempeln, abstempeln.
ca.rim.bo [kar'ĩbu] *sm* der Stempel, das Siegel, der Aufdruck.
ca.ri.nho [kar'iñu] *sm* die Zärtlichkeit.
ca.ri.nho.so [kariñ'ozu] *adj* zärtlich, liebevoll.
ca.ri.o.ca [kari'ɔkə] *adj* von Rio de Janeiro.
car.na.val [karnav'aw] *sm* die Fasnacht, die Fastnacht, der Karneval.
car.ne [k'arni] *sf* das Fleisch.
car.nei.ro [karn'ejru] *sm* **1** der Hammel, der Widder. **2** *Astrol* der Widder.
ca.ro [k'aru] *adj* **1** teuer, kostbar, kostspielig. **2** lieb.
ca.ro.ço [kar'osu] *sm* **1** der Kern, der Stein. **2** der Knoten.
ca.ro.na [kar'onə] *sf* der Autostopp, die Mitfahrgelegenheit.
car.pe.te [karp'ɛti] *sm* der Teppichboden.
car.pin.tei.ro [karpĩt'ejru] *sm* der Schreiner, der Tischler, der Zimmermann.
car.ras.co [kar̃'asku] *sm* der Folterer, der Henker.
car.re.ga.dor [kar̃egad'or] *sm* **1** der Träger, der Lastenträger, der Kofferträger. **2** das Ladegerät.
car.re.ga.men.to [kar̃egam'ẽtu] *sm* die Ladung.
car.re.gar [kar̃eg'ar] *vtd* **1** laden, aufladen, beladen. **2** tragen, fortschaffen.
car.rei.ra [kar̃'ejrə] *sf* **1** die Laufbahn, die Karriere. **2** der Aufstieg.
car.re.ta [kar̃'etə] *sf* **1** der Lastwagen, der Laster. **2** der Karren.
car.ri.nho [kar̃'iñu] *sm* das Wägelchen. **carrinho de bebê** der Kinderwagen. **carrinho de mão** der Schubkarren.
car.ro [k'ar̃u] *sm* das Auto, das Automobil, der Wagen.
car.ro.ça [kar̃'ɔsə] *sf* der Karren, der Wagen.
car.ro.ce.ri.a [kar̃oser'iə] *sf* die Karosserie, der Aufbau, die Ladefläche.
car.ros.sel [kar̃os'ɛw] *sm* das Karussell.
car.ta [k'artə] *sf* **1** der Brief, das Schreiben, die Zuschrift, die Einsendung. **2** die Karte.
car.tão [kart'ãw] *sm* **1** die Karte. **2** der Karton, die Pappe. **cartão de crédito** die Kreditkarte.
car.tão-pos.tal [kartãwpost'al] *sm* die Ansichtskarte.
car.taz [kart'as] *sm* das Plakat, der Aushang, das Transparent (bei Demonstrationen).
car.tei.ra [kart'ejrə] *sf* **1** die Brieftasche, der Beutel, der Geldbeutel. **2** das Pult. **3** das Auftragsbuch. **carteira de identidade** der Personalausweis.
car.tei.ro [kart'ejru] *sm* der Briefträger.
car.to.li.na [kartol'inə] *sf* der Karton, die Pappe.
car.tó.rio [kart'ɔrju] *sm* das Notariat, die Kanzlei.
car.tu.cho [kart'uʃu] *sm* **1** die Patrone, die Hülse. **2** die Faltschachtel.
car.va.lho [karv'aλu] *sm* die Eiche.
car.vão [karv'ãw] *sm* die Kohle, die Holzkohle.
ca.sa [k'azə] *sf* das Haus, die Behausung, das Heim, das Zuhause.
ca.sa.co [kaz'aku] *sm* die Jacke, das Jackett.
ca.sa.do [kaz'adu] *adj* verheiratet.
ca.sal [kaz'aw] *sm* **1** das Paar, das Ehepaar. **2** das Pärchen (Tiere).

ca.sa.men.to [kazam'ẽtu] *sm* **1** die Hochzeit, die Heirat, die Trauung, die Vermählung. **2** die Ehe.

ca.sar [kaz'ar] *vint* **1** heiraten. *vtd* **2** verheiraten, trauen.

ca.sa.rão [kazar'ãw] *sm* das große Haus, die Villa, der Palast.

cas.ca [k'askə] *sf* **1** die Schale, die Hülse, die Rinde. **2** der Schorf. **3** der Panzer (von Tieren).

cas.ca.lho [kask'aλu] *sm* der Schotter, der Kies.

cas.ca.ta [kask'atə] *sf* der Wasserfall.

cas.co [k'asku] *sm* **1** der Huf. **2** der Rumpf (Schiff).

ca.sei.ro [kaz'ejru] *adj* **1** häuslich, heimisch. **2** hausgemacht. • *sm* der Verwalter (Landgut, Haus).

ca.so [k'azu] *sm* **1** der Fall. **2** die Sache, die Angelegenheit. • *conj* falls.

cas.pa [k'aspə] *sf* die Schuppe.

cas.se.te [kas'ɛti] *sm* die Kassette.

cas.si.no [kas'inu] *sm* die Spielbank, das Kasino.

cas.ta.nho [kast'Λñu] *adj* braun.

cas.te.lha.no [kasteλ'Λnu] *adj* **1** kastilisch. **2** spanisch.

cas.te.lo [kast'ɛlu] *sm* die Burg, das Schloss.

cas.ti.da.de [kastid'adi] *sf* die Keuschheit.

cas.ti.gar [kastig'ar] *vtd* strafen, bestrafen.

cas.ti.go [kast'igu] *sm* die Strafe, die Bestrafung.

cas.tor [kast'or] *sm* der Biber.

cas.trar [kastr'ar] *vtd* kastrieren, entmannen.

ca.su.al [kazu'aw] *adj* zufällig, beiläufig.

ca.ta.lo.gar [katalog'ar] *vtd* katalogisieren.

ca.tá.lo.go [kat'alogu] *sm* der Katalog, der Prospekt.

ca.tar [kat'ar] *vtd* auflesen, sammeln.

ca.ta.ra.ta [katar'atə] *sf* **1** der Wasserfall. **2** *Med* der graue Star, die Katarakt.

ca.tás.tro.fe [kat'astrofi] *sf* die Katastrophe, das Unheil, das Verderben.

ca.tas.tró.fi.co [katastr'ɔfiku] *adj* unheilvoll, katastrophal.

ca.te.dral [katedr'aw] *sf* der Dom, das Münster, die Kathedrale.

ca.te.drá.ti.co [katedr'atiku] *sm* der Lehrstuhlinhaber, der Universitätsprofessor.

ca.te.go.ri.a [kategor'iə] *sf* die Kategorie, die Klasse, die Gruppe.

ca.te.gó.ri.co [kateg'ɔriku] *adj* **1** entschieden, kategorisch. **2** nachdrücklich.

ca.ti.var [kativ'ar] *vtd* fesseln, betören, bannen, ergötzen.

ca.tó.li.co [kat'ɔliku] *adj* katholisch. • *sm* der Katholik.

ca.tra.ca [katr'akə] *sf* das Drehkreuz.

cau.da [k'audə] *sf* **1** der Schwanz. **2** das Heck (Flugzeug).

cau.sa [k'awzə] *sf* **1** die Ursache, der Grund. **2** der Rechtsfall.

cau.sar [kawz'ar] *vtd* **1** bewirken, verursachen, hervorrufen, herbeiführen, verschulden, erregen. **2** anrichten, bereiten, antun, stiften.

cau.te.la [kawt'ɛlə] *sf* die Vorsicht, die Umsicht.

cau.te.lo.so [kawtel'ozu] *adj* vorsichtig, behutsam, umsichtig.

ca.va.lei.ro [kaval'ejru] *sm* **1** der Reiter. **2** der Ritter.

ca.va.le.te [kaval'eti] *sm* die Staffelei, der Bock.

ca.val.gar [kavawg'ar] *vint* reiten.

ca.va.lhei.ro [kavaλ'ejru] *sm* der Herr, der Kavalier.

ca.va.lo [kav'alu] *sm* **1** das Pferd, das Ross. **2** der Springer (Schach).

ca.var [kav'ar] *vtd* **1** graben, wühlen. **2** abgraben.

ca.vei.ra [kav'ejrə] *sf* der Totenkopf.

ca.ver.na [kav'ɛrnə] *sf* die Höhle, die Höhlung.

ca.vi.da.de [kavid'adi] *sf* der Hohlraum, die Höhlung, die Vertiefung.

ce.bo.la [seb'olə] *sf* die Zwiebel.

ce.bo.li.nha [sebol'iñə] *sf* das Schnittlauch.

ce.der [sed'er] *vint* **1** einlenken, zurückweichen, nachgeben. *vtd* **2** abtreten, überlassen.
ce.di.lha [sed'iʎə] *sf* die Cedille.
ce.do [s'edu] *adv* früh, zeitig.
cé.du.la [s'ɛdulə] *sf* der Schein, der Geldschein, die Banknote.
ce.ga.men.te [sɛgam'ẽti] *adv* blindlings.
ce.go [s'ɛgu] *adj* **1** blind. **2** stumpf (Messer). • *sm* der Blinde.
ce.go.nha [seg'oñə] *sf* der Storch.
ce.guei.ra [seg'ejrə] *sf* **1** die Blindheit. **2** die Verblendung.
cei.a [s'ejə] *sf* das Abendessen, das Abendmahl.
ce.la [s'ɛlə] *sf* die Zelle.
ce.le.brar [selebr'ar] *vtd* feiern, begehen.
cé.le.bre [s'ɛlebri] *adj* berühmt, bekannt, namhaft.
ce.le.bri.da.de [selebrid'adi] *sf* die Berühmtheit, die Sehenswürdigkeit.
cel.ta [s'ɛwtə] *adj* keltisch. • *sm* der Kelte.
cé.lu.la [s'ɛlulə] *sf* die Zelle.
ce.lu.lar [selul'ar] *sm* das Handy, das Mobiltelefon.
ce.lu.li.te [selul'iti] *sf* die Zellulitis.
ce.lu.lo.se [selul'ɔzi] *sf* die Zellulose, der Zellstoff.
ce.mi.té.rio [semit'ɛrju] *sm* der Friedhof.
ce.na [s'enə] *sf* die Szene, der Auftritt.
ce.ná.rio [sen'arju] *sm* **1** die Kulisse, der Rahmen, die Szene. **2** die Dekoration.
ce.nou.ra [sen'owrə] *sf* die Karotte, die Möhre.
cen.so [s'ẽsu] *sm* die Zählung, die Volkszählung.
cen.su.ra [sẽs'urə] *sf* die Zensur, die Rüge, der Tadel, der Verweis.
cen.su.rar [sẽsur'ar] *vtd* zensieren, kritisieren, tadeln, zurechtweisen.
cen.ta.vo [sẽt'avu] *sm* der Pfennig, der Cent.
cen.tei.o [sẽt'eju] *sm* der Roggen.
cen.te.na [sẽt'enə] *sf* das Hundert. **às centenas** zu Hunderten.
cen.tí.me.tro [sẽt'imetru] *sm* der Zentimeter.
cen.tral [sẽtr'aw] *sf* die Zentrale, das Stammhaus, die Hauptstelle.
cen.tra.li.zar [sẽtraliz'ar] *vtd* zentralisieren.
cen.tro [s'ẽtru] *sm* **1** die Mitte, der Mittelpunkt, das Zentrum. **2** der Knotenpunkt, die Drehscheibe.
ce.ra [s'erə] *sf* das Wachs.
ce.râ.mi.ca [ser'Vmikə] *sf* die Tonware, die Keramik, das Steingut.
cer.ca [s'erkə] *sf* der Zaun. *loc prep* **cerca de** etwa.
cer.car [serk'ar] *vtd* **1** umgeben, einkreisen, einschließen. **2** belagern, umringen. **3** einzäunen.
ce.re.al [sere'aw] *sm* das Getreide.
cé.re.bro [s'ɛrebru] *sm* **1** das Hirn, das Gehirn. **2** *fig* der Verstand.
ce.re.ja [ser'eʒə] *sf* die Kirsche.
ce.ri.mô.nia [serim'onjə] *sf* die Feier, der Akt, der Festakt, die Zeremonie.
cer.ta.men.te [sertam'ti] *adv* **1** gewiss, sicherlich. **2** allerdings, doch.
cer.te.za [sert'ezə] *sf* die Gewissheit, die Sicherheit.
cer.ti.dão [sertid'ãw] *sf* der Schein, die Bescheinigung, die Urkunde. **certidão de casamento** die Heiratsurkunde. **certidão de nascimento** die Geburtsurkunde. **certidão de óbito** die Sterbeurkunde.
cer.ti.fi.ca.do [sertifik'adu] *sm* das Zeugnis, der Schein, die Bescheinigung, die Bestätigung, die Urkunde, das Zertifikat.
cer.to [s'ɛrtu] *adj* **1** recht, richtig, zutreffend. **2** passend. **3** bestimmt, sicher, gewiss. **dar certo** klappen.
cer.ve.ja [serv'eʒə] *sf* das Bier.
cer.ve.ja.ri.a [serveʒar'iə] *sf* **1** die Brauerei. **2** der Bierkeller.
cer.zir [serz'ir] *vtd* stopfen.
ces.sar [ses'ar] *vint* **1** aufhören, verstummen. *vtd* **2** einstellen.
ces.ta [s'estə] *sf* der Korb. **cesta básica** Grundnahrungsmittel.
ces.to [s'estu] *sm* der Korb.

C

cé.ti.co [s'ɛtiku] *adj* skeptisch, bedenklich.
céu [s'ɛw] *sm* der Himmel. **céu da boca** der Gaumen.
ce.va.da [sev'adə] *sf* die Gerste.
chá [ʃ'a] *sm* der Tee.
chá.ca.ra [ʃ'akarə] *sf* das Landgut.
cha.ci.na [ʃas'inə] *sf* das Massaker.
cha.fa.riz [ʃafar'is] *sm* der Springbrunnen.
cha.ga [ʃ'agə] *sf* die Wunde.
cha.lé [ʃal'ɛ] *sm* die Berghütte.
cha.lei.ra [ʃal'ejrə] *sf* der Kessel, der Wasserkessel, die Teekanne.
cha.ma [ʃ'ʌmə] *sf* die Flamme.
cha.ma.da [ʃam'adə] *sf* **1** der Anruf. **2** der Ruf, der Aufruf, der Appell. **chamada a cobrar** das R-Gespräch.
cha.mar [ʃam'ar] *vtd* **1** rufen, anrufen, aufrufen, verlangen (am Telefon). **2** locken. **3** heißen, nennen. *vpron* **4** heißen.
cha.mi.né [ʃamin'ɛ] *sf* **1** der Kamin. **2** der Schornstein.
chan.ce [ʃ'ãsi] *sf* die Chance, die Möglichkeit.
chan.ce.ler [ʃãsel'ɛr] *sm* **1** der Kanzler. **2** der Außenminister.
chan.cha.da [ʃãʃ'adə] *sf* die Schnulze, das Rührstück.
chan.ta.gem [ʃãt'aʒẽj] *sf* die Erpressung.
chão [ʃ'ãw] *sm* **1** der Boden. **2** der Grund.
cha.pa [ʃ'apə] *sf* **1** das Blech. **2** die Platte, die Herdplatte. **3** das Nummernschild.
cha.péu [ʃap'ɛw] *sm* der Hut.
cha.ra.da [ʃar'adə] *sf* **1** das Rätsel, die Rätselaufgabe. **2** das Geduldsspiel.
char.ge [ʃ'argi] *sf* die Karikatur.
char.me [ʃ'armi] *sm* der Charme, der Reiz.
char.mo.so [ʃarm'ozu] *adj* charmant, liebenswürdig, reizend.
cha.ru.to [ʃar'utu] *sm* die Zigarre.
cha.te.ar [ʃate'ar] *vtd* langweilen, nerven.
cha.ti.ce [ʃat'isi] *sf* die Öde, die Langeweile.
cha.to [ʃ'atu] *adj* **1** ärgerlich, dumm. **2** fade, langweilig, lästig. **3** flach, platt, eben.
cha.ve [ʃ'avi] *sf* der Schlüssel.
cha.ve.ar [ʃave'ar] *vtd* abschließen, absperren, verschließen.
cha.vei.ro [ʃav'ejru] *sm* **1** der Schlüsselanhänger. **2** der Schlüsseldienst.
che.car [ʃek'ar] *vtd* **1** checken, abhaken, vergleichen. **2** prüfen, überprüfen.
che.fe [ʃ'ɛfi] *sm* **1** der Chef, der Leiter, der Vorsteher. **2** der Meister. **3** der Anführer.
che.ga.da [ʃeg'adə] *sf* **1** die Ankunft, die Anreise. **2** *Esp* das Ziel.
che.gar [ʃeg'ar] *vint* **1** ankommen, anfahren, einlaufen. **2** langen, reichen. *vpron* **3** sich einfinden, sich einstellen. **chega!** basta!, es reicht!
chei.o [ʃ'eju] *adj* **1** voll, komplett. **2** überdrüssig (Person).
chei.rar [ʃejr'ar] *vtd+vti+vint* riechen, schnuppern.
chei.ro [ʃ'ejru] *sm* **1** der Geruch. **2** der Dunst.
chei.ro.so [ʃejr'ozu] *adj* duftend.
che.que [ʃ'ɛki] *sm* der Scheck.
chi.cle.te [ʃikl'ɛti] *sm* der/das Kaugummi.
chi.co.te [ʃik'ɔti] *sm* die Peitsche.
chi.fre [ʃ'ifri] *sm* das Horn.
chi.ne.lo [ʃin'ɛlu] *sm* der Schlappen, der Hausschuh, die Latschen.
chi.nês [ʃin'es] *adj* chinesisch. • *sm* der Chinese.
chi.que [ʃ'iki] *adj* schick, fesch, flott, zackig.
chi.quei.ro [ʃik'ejru] *sm* der Schweinestall.
cho.can.te [ʃok'ãti] *adj* **1** anstößig, empörend, widerwärtig. **2** auffällig, schreiend.
cho.car [ʃok'ar] *vint* **1** brüten. *vtd* **2** ausbrüten. **3** schockieren. *vpron* **4** stoßen auf, kollidieren, zusammenprallen.
cho.co.la.te [ʃokol'ati] *sm* die Schokolade.
cho.fer [ʃof'ɛr] *sm* der Fahrer.
cho.pe [ʃ'opi] *sm* das Fassbier.

cho.que [ʃ'ɔki] *sm* **1** der Schock, der Schlag. **2** die Erschütterung. **3** der Aufprall, Zusammenprall, Kollision, Anstoß.

cho.ra.min.gar [ʃoramĩg'ar] *vint* jammern.

cho.rar [ʃor'ar] *vint* **1** weinen, heulen, jammern. *vtd* **2** beweinen, betrauern.

cho.ro [ʃ'oru] *sm* das Weinen, das Klagen.

cho.ver [ʃov'er] *vint* regnen.

chu.cru.te [ʃukr'uti] *sm* das Sauerkraut.

chu.lé [ʃul'ɛ] *sm* der Fußschweiß.

chu.lo [ʃ'ulu] *adj* derb, ordinär.

chum.bo [ʃ'ũbu] *sm* **1** das Blei. **2** der/das Schrot.

chu.par [ʃup'ar] *vtd* **1** saugen, ansaugen. **2** lutschen.

chu.pe.ta [ʃup'etə] *sf* der Schnuller, der Lutscher, der Sauger.

chur.ras.co [ʃur̃'asku] *sm* das Grillgericht, der Spießbraten.

chu.tar [ʃut'ar] *vtd* schießen, treten, stoßen.

chu.te [ʃ'uti] *sm* der Schuss, der Tritt, der Stoß.

chu.va [ʃ'uvə] *sf* der Regen.

chu.vei.ro [ʃuv'ejru] *sm* die Dusche, die Brause.

chu.vis.co [ʃuv'isku] *sm* der Nieselregen, der Sprühregen.

ci.ca.triz [sikatr'is] *sf* die Narbe.

ci.ce.ro.ne [siser'oni] *sm* der Fremdenführer.

ci.clis.ta [sikl'istə] *sm* der Radfahrer, der Fahrradfahrer, der Radler.

ci.clo [s'iklu] *sm* **1** der Zyklus. **2** die Reihe.

ci.clo.vi.a [siklov'iə] *sf* der Fahrradweg, der Radweg.

ci.da.da.ni.a [sidadʌn'iə] *sf* das Bürgerrecht, die Staatsbürgerschaft.

ci.da.dão [sidad'ãw] *sm* der Bürger, der Staatsbürger.

ci.da.de [sid'adi] *sf* die Stadt.

ci.ên.cia [si'ẽsjə] *sf* **1** die Wissenschaft. **2** die Lehre.

ci.en.tí.fi.co [sjẽt'ifiku] *adj* wissenschaftlich.

ci.en.tis.ta [sjẽt'istə] *sm* der Wissenschaftler, der Forscher.

ci.ga.no [sig'ʌnu] *sm* der Zigeuner.

ci.gar.ro [sig'ar̃u] *sm* die Zigarette.

ci.la.da [sil'adə] *sf* **1** die Falle, der Fallstrick. **2** der Hinterhalt.

ci.lin.dro [sil'ĩdru] *sm* die Walze, die Rolle, die Zylinder.

cí.lio [s'ilju] *sm* die Wimper.

ci.men.to [sim'ẽtu] *sm* der Zement.

cin.de.re.la [sĩder'ɛlə] *sf* **1** das Aschenbrödel. **2** *fig* das Mauerblümchen.

ci.ne [s'ini] *sm* das Kino.

ci.ne.as.ta [sine'astə] *sm+f* der Filmemacher, der Filmregisseur.

ci.ne.ma [sin'emə] *sm* **1** das Kino. **2** der Film (Industrie).

cí.ni.co [s'iniku] *adj* zynisch, hämisch.

cin.ta [s'ĩtə] *sf* die Binde, das Band, der Streifen.

cin.ti.lar [sĩtil'ar] *vint* flimmern, glitzern, funkeln, schimmern.

cin.to [s'ĩtu] *sm* der Gürtel, der Gurt, der Riemen. **cinto de segurança** der Sicherheitsgurt.

cin.tu.ra [sĩt'urə] *sf* **1** die Hüfte, die Taille. **2** die Hüftweite, der Bund.

cin.za [s'ĩzə] *sf* die Asche.

cin.zei.ro [sĩz'ejru] *sm* der Aschenbecher.

cin.zen.to [sĩz'ẽtu] *adj* grau.

cir.co [s'irku] *sm* der Zirkus.

cir.cui.to [sirk'ujtu] *sm* der Kreis.

cir.cu.la.ção [sirkulas'ãw] *sf* der Kreislauf, die Durchblutung.

cir.cu.lar [sirkul'ar] *vint* **1** kreisen. **2** fahren, verkehren. **3** fließen. • *adj* rund. • *sf* **1** das Rundschreiben. **2** der Umlauf.

cír.cu.lo [s'irkulu] *sm* **1** der Kreis. **2** der Zirkel (Personen).

cir.cun.fe.rên.cia [sirkũfer'ẽsjə] *sf* der Umfang.

cir.cun.fle.xo [sirkũfl'ɛksu] *sm* der Zirkumflex.

C

cir.cuns.tân.cia [sirkũst'ãsjə] *sf* die Begleiterscheinung, das Verhältnis, der Umstand.

ci.rur.gi.a [sirurʒ'iə] *sf* die Chirurgie, die Operation, der Eingriff. **cirurgia plástica** die plastische Chirurgie.

ci.rur.gi.ão [sirurʒi'ãw] *sm* der Chirurg.

cis.ne [s'izni] *sm* der Schwan.

ci.ta.ção [sitas'ãw] *sf* **1** das Zitat, der Beleg, die Anführung. **2** die Vorladung.

ci.tar [sit'ar] *vtd* **1** zitieren, wiedergeben, anführen, nennen, erwähnen. **2** laden, vorladen.

ci.ú.me [si'umi] *sm* die Eifersucht.

ci.u.men.to [sium'ẽtu] *adj* eifersüchtig.

cí.vi.co [s'iviku] *adj* staatsbürgerlich, Bürger-.

ci.vil [siv'iw] *adj* bürgerlich, zivil.

ci.vi.li.za.ção [sivilizas'ãw] *sf* die Kultur, die Zivilisation.

ci.vi.li.za.do [siviliz'adu] *adj* kultiviert, zivilisiert.

clan.des.ti.no [klãdest'inu] *adj* **1** heimlich. **2** schwarz, illegal.

cla.rão [klar'ãw] *sm* der Lichtschein, der Glanz.

cla.re.ar [klare'ar] *vtd* **1** beleuchten, erhellen. **2** aufklären, aufhellen, aufheitern (Wetter).

cla.rei.ra [klar'ejrə] *sf* die Lichtung, die Schneise.

cla.re.za [klar'ezə] *sf* die Klarheit, die Übersichtlichkeit, die Deutlichkeit.

cla.ri.da.de [klarid'adi] *sf* die Helligkeit, das Licht.

cla.ro [kl'aru] *adj* **1** klar, hell, licht, rein, deutlich, heiter (Wetter). **2** eindeutig, selbstverständlich.

clas.se [kl'asi] *sf* **1** die Klasse, die Schicht, der Stand, die Gruppe, die Gruppierung. **2** das Format.

clás.si.co [kl'asiku] *adj* **1** klassisch, zeitlos. **2** antik. **3** humanistisch, altsprachlich (Gymnasium). • *sm* der Klassiker.

clas.si.fi.ca.ção [klasifikas'ãw] *sf* die Rangordnung, die Rangliste, die Einteilung, Einstufung, Gliederung, Klassifizierung.

clas.si.fi.car [klasifik'ar] *vtd* **1** einstufen, ordnen, einordnen, einteilen, gliedern, klassifizieren, bewerten.

cláu.su.la [kl'awzulə] *sf* die Klausel, die Bedingung.

cle.ro [kl'ɛru] *sm* der Klerus, die Geistlichkeit.

cli.chê [kliʃ'e] *sm* das Klischee.

cli.en.te [kli'ẽti] *sm+f* der Kunde/die Kundin, der Klient, der Auftraggeber.

cli.en.te.la [kljẽt'ɛlə] *sf* die Kundschaft.

cli.ma [kl'ima] *sf* **1** das Klima. **2** die Stimmung.

clí.ni.ca [kl'inikə] *sf* die Klinik.

clí.ni.co [kl'iniku] *adj* klinisch.

cli.pe [kl'ipi] *sm* die Büroklammer, die Heftklammer.

clo.se [kl'osi] *sm* die Nahaufnahme.

clu.be [kl'ubi] *sm* der Klub, der Verein.

co.a.gir [koaʒ'ir] *vtd* zwingen, nötigen.

co.a.gu.lar [koagul'ar] *vint* gerinnen.

co.a.lhar [koaλ'ar] *vint* gerinnen.

co.ar [ko'ar] *vtd* seihen, sieben, filtern.

co.bai.a [kob'ajə] *sf* das Meerschweinchen, das Versuchskaninchen.

co.ber.ta [kob'ɛrtə] *sf* die Bettdecke.

co.ber.to [kob'ɛrtu] *adj* bedeckt, überdacht; belegt.

co.ber.tor [kobert'or] *sm* die Decke, die Schlafdecke, die Bettdecke.

co.ber.tu.ra [kobert'urə] *sf* **1** der Belag. **2** das Dach, die Deckung. **3** *Jorn* die Berichterstattung. **4** *Culin* die Glasur. **5** das Penthouse

co.bi.ça [kob'isə] *sf* die Gier, die Habgier, die Habsucht.

co.bi.çar [kobis'ar] *vtd* begehren.

co.bra [k'ɔbrə] *sf* die Schlange.

co.bra.dor [kobrad'or] *sm* der Kassierer, der Schaffner.

co.brar [kobr'ar] *vtd* **1** kassieren, einziehen, erheben. **2** anrechnen, berechnen.

co.bre [k'ɔbri] *sm* das Kupfer.

co.brir [kobr'ir] *vtd* **1** decken, bedecken,

zudecken, überziehen, abschirmen. **2** einbeziehen, umfassen, erfassen.
co.ca.í.na [koka'inə] *sf* das Kokain.
co.çar [kos'ar] *vint* **1** jucken. *vtd* **2** kratzen.
có.ce.ga [k'ɔsegə] *sf* das Kitzeln.
co.cei.ra [kos'ejrə] *sf* das Jucken.
co.chi.char [koʃiʃ'ar] *vint* tuscheln, flüstern, wispern.
co.chi.lar [koʃil'ar] *vint* dösen, einnicken.
co.co [k'oku] *sm* die Kokosnuss.
co.cô [kok'o] *sm* der Kot.
có.di.go [k'ɔdigu] *sm* **1** der Code. **2** die Kennzahl, die Kennziffer, die Chiffre. **3** die Vorwahl, die Ortsnetzkennzahl (Telefon).
co.e.lho [ko'eλu] *sm* das Kaninchen, der Hase.
co.e.ren.te [koer'ẽti] *adj* konsequent, folgerichtig.
co.fre [k'ɔfri] *sm* **1** der Tresor, die Truhe. **2** die Sparbüchse, das Kästchen.
co.gi.tar [koʒit'ar] *vti* in Betracht ziehen.
co.gu.me.lo [kogum'ɛlu] *sm* der Pilz, der Schwamm, der Champignon.
co.in.ci.dên.cia [koĩsid'ẽsjə] *sf* der Zufall.
coi.sa [k'ojzə] *sf* das Ding, die Sache, das Zeug.
coi.ta.do [kojt'adu] *adj* bedauernswert, arm.
co.la [k'ɔlə] *sf* **1** der Klebstoff, der Kleber, der Leim, der Kleister. **2** der Spickzettel (Prüfung).
co.la.bo.ra.ção [kolaboras'ãw] *sf* der Beitrag, die Mitarbeit, die Zusammenarbeit, die Mitwirkung.
co.la.bo.ra.dor [kolaborad'or] *sm* der Mitarbeiter.
co.la.bo.rar [kolabor'ar] *vti* zusammenarbeiten, mitarbeiten, mitwirken.
co.lap.so [kol'apsu] *sm* der Kollaps, der Zusammenbruch, der Einbruch, der Ausfall.
co.lar [kol'ar] *vtd* **1** kleben, ankleben, verkleben, leimen. *vti* **2** haften bleiben. *vint* **3** spicken, mogeln (bei Prüfungen). • *sm* das Halsband, die Kette, die Halskette.
co.la.ri.nho [kolar'iñu] *sm* der Kragen.
col.cha [k'owʃə] *sf* die Decke, die Bettdecke, die Steppdecke.
col.chão [kowʃ'ãw] *sm* die Matratze. **colchão de ar** die Luftmatratze.
co.le.ção [koles'ãw] *sf* die Sammlung.
co.le.ci.o.nar [kolesjon'ar] *vtd* sammeln.
co.le.ci.o.na.dor [kolesjonad'or] *sm* der Sammler, der Liebhaber.
co.le.ga [kol'ɛgə] *sm+f* der Kollege, der Mitarbeiter, der Kumpel.
co.lé.gio [kol'ɛʒju] *sm* **1** die Schule, die Oberschule. **2** das Kollegium, die Körperschaft.
co.les.te.rol [kolester'ɔw] *sm* das Cholesterin.
co.le.ta [kol'ɛtə] *sf* **1** die Erfassung (Daten). **2** die Sammlung. **3** die Entnahme, die Leerung.
co.le.te [kol'eti] *sm* **1** die Weste. **2** die Schwimmweste.
co.lhei.ta [koλ'ejtə] *sf* die Ernte, die Lese.
co.lher[1] [koλ'ər] *vtd* **1** ernten, pflücken, lesen. **2** erheben.
co.lher[2] [koλ'ɛr] *sf* der Löffel.
có.li.ca [k'ɔlikə] *sf* die Kolik, der Krampf.
co.li.dir [kolid'ir] *vti* zusammenfahren, zusammenprallen, kollidieren.
co.li.na [kol'inə] *sf* die Anhöhe, der Hügel.
co.lí.rio [kol'irju] *sm* die Augentropfen.
co.li.são [koliz'ãw] *sf* der Zusammenstoß, der Zusammenprall, die Karambolage, die Kollision.
co.lo [k'ɔlu] *sm* **1** der Busen. **2** der Schoß.
co.lo.ca.ção [kolokas'ãw] *sf* **1** die Anstellung, die Plazierung. **2** die Stellung, die Aufstellung. **3** die Verlegung (Bodenbelag).
co.lo.car [kolok'ar] *vtd* **1** stellen, setzen, legen. **2** hinlegen, hinsetzen, aufstellen, hinstellen. **3** anbringen, auslegen, verlegen.

C

co.lô.nia [kol'onjə] *sf* **1** die Kolonie. **2** die Siedlung.
co.lo.ni.za.ção [kolonizas'ãw] *sf* die Kolonisierung, die Besiedlung.
co.lo.ni.zar [koloniz'ar] *vtd* kolonisieren, siedeln, besiedeln.
co.lo.no [kol'onu] *sm* der Kolonist, der Siedler.
co.lo.ri.do [kolor'idu] *adj* bunt, farbig.
co.lo.rir [kolor'ir] *vtd* färben.
co.los.sal [kolos'aw] *adj* kolossal, riesig, ungeheuer.
co.lu.na [kol'unə] *sf* **1** der Pfeiler, die Säule. **2** die Wirbelsäule, das Kreuz. **3** *Jorn* die Spalte, die Rubrik.
com [kõ] *prep* **1** mit. **2** bei.
co.man.dan.te [komãd'ãti] *sm* der Kommandant, der (Flug-)Kapitän.
co.man.dar [komãd'ar] *vtd* **1** befehligen, anführen, kommandieren. **2** steuern.
co.man.do [kom'ãdu] *sm* **1** der Befehl. **2** die Steuerung.
com.ba.te [kõb'ati] *sm* der Kampf, das Gefecht, die Schlacht, die Kampfhandlung.
com.ba.ter [kõbat'er] *vint* **1** kämpfen, fechten. *vtd* **2** bekämpfen.
com.bi.na.ção [kõbinas'ãw] *sf* **1** die Abmachung. **2** die Konstellation. **3** die Zusammenstellung, die Paarung, die Verbindung.
com.bi.na.do [kõbin'adu] *adj* abgemacht. • *sm* die Verabredung, die Abmachung.
com.bi.nar [kõbin'ar] *vtd* **1** abmachen, ausmachen, verabreden, vereinbaren. **2** verknüpfen, zusammenstellen. **3** vermischen. *vti* **4** kombinieren, passen, übereinstimmen, zusammenpassen. **5** sich vertragen.
com.bus.tí.vel [kõbust'ivew] *adj* brennbar. • *sm* der Kraftstoff, der Treibstoff, der Brennstoff, der Sprit.
co.me.çar [komes'ar] *vtd* **1** anfangen, beginnen, aufnehmen. **2** anfassen. **3** antreten.
co.me.ço [kom'esu] *sm* **1** der Beginn, der Auftakt, der Anfang. **2** der Antritt.
co.mé.dia [kom'ɛdjə] *sf* die Komödie, das Lustspiel.
co.me.mo.ra.ção [komemoras'ãw] *sf* die Feier, die Gedenkfeier.
co.me.mo.rar [komemor'ar] *vtd* feiern, begehen.
co.men.tar [komẽt'ar] *vtd* kommentieren, erläutern.
co.men.tá.rio [komẽt'arju] *sm* die Äußerung, die Bemerkung, der Kommentar.
co.men.ta.ris.ta [komẽtar'istə] *sm* der Kommentator, der Publizist.
co.mer [kom'er] *vtd* **1** essen, verzehren. **2** fressen (Tiere). **3** *pop* vernaschen.
co.mer.ci.al [komersi'aw] *adj* kaufmännisch, kommerziell, geschäftlich. • *sm* die Werbeeinlage, die Reklame.
co.mer.ci.an.te [komersi'ãti] *sm* der Händler, der Krämer, der Kaufmann.
co.mér.cio [Kom'ɛrsju] *sm* der Handel.
co.me.ter [komet'er] *vtd* **1** begehen, anrichten, verüben. **2** *pop* ausfressen.
co.mí.cio [kom'isju] *sm* die Kundgebung, die Wahlkundgebung, die Versammlung.
cô.mi.co [k'omiku] *adj* drollig, lächerlich, ulkig. • *sm* der Komiker.
co.mi.da [kom'idə] *sf* das Essen, die Kost, die Nahrung, die Speise.
co.mi.go [kom'igu] *pron* mit mir, bei mir.
co.mis.são [komis'ãw] *sf* **1** die Provision. **2** der Ausschuss, die Kommission.
co.mis.sá.rio [komis'arju] *sm* der Betreuer. **comissário de bordo** der Steward.
co.mi.ti.va [komit'ivə] *sf* die Begleitung, der Anhang.
co.mo [k'omu] *conj* **1** wie. **2** weil, da.
co.mo.di.da.de [komodid'adi] *sf* die Bequemlichkeit, der Komfort.
cô.mo.do [k'omodu] *adj* bequem, komfortabel. • *sm* das Zimmer, der Raum.
co.mo.ven.te [komov'ẽti] *adj* ergreifend, rührend, erschütternd.

co.mo.ver [komov'er] *vtd* rühren, bewegen, erschüttern, ergreifen.
co.mo.vi.do [komov'idu] *adj* bewegt, teilnahmsvoll, ergriffen.
com.pac.to [kõp'aktu] *adj* dicht, kompakt, dichtgedrängt.
com.pai.xão [kõpajʃ'ãw] *sf* das Mitgefühl, das Mitleid, die Teilnahme, das Erbarmen.
com.pa.nhei.ro [kõpañ'ejru] *sm* der Gefährte, der Lebensgefährte, der Kamerad, der Kumpel, der Genosse, der Begleiter.
com.pa.nhi.a [kõpañ'iə] *sf* **1** die Begleitung. **2** die Kompanie, die Truppe. **3** *Econ* die Gesellschaft.
com.pa.ra.ção [kõparas'ãw] *sf* **1** der Vergleich. **2** das Verhältnis.
com.pa.rar [kõpar'ar] *vtdi* vergleichen.
com.pa.ra.ti.vo [kõparat'ivu] *sm* der Komparativ.
com.pa.re.cer [kõpares'er] *vint* erscheinen, kommen.
com.pas.so [kõp'asu] *sm* **1** der Zirkel. **2** *Mús* der Takt.
com.pa.tí.vel [kõpat'ivew] *adj* vereinbar, verträglich.
com.pa.tri.o.ta [kõpatri'ɔtə] *sm* der Mitbürger, der Landsmann.
com.pen.sa.ção [kõpẽsas'ãw] *sf* der Ausgleich, der Ersatz, die Entschädigung.
com.pen.sar [kõpẽs'ar] *vtd* **1** aufwiegen, ausgleichen, ersetzen, entschädigen, kompensieren. **2** verrechnen.
com.pe.tên.cia [kõpet'ẽsjə] *sf* **1** die Zuständigkeit, der Aufgabenbereich, die Kompetenz, die Qualifikation. **2** die Befähigung, die Befugnis.
com.pe.ten.te [kõpet'ẽti] *adj* **1** befugt. **2** zuständig, kompetent, qualifiziert. **3** einschlägig.
com.pe.ti.ção [kõpetis'ãw] *sf* **1** der Wettbewerb, die Konkurrenz. **2** *Esp* das Turnier, die Begegnung.
com.pe.tir [kõpet'ir] *vint* **1** konkurrieren, wetteifern. **2** teilnehmen.
com.pe.ti.ti.vo [kompetit'ivu] *adj* leistungsstark, wettbewerbsfähig.
com.ple.men.tar [kõplemẽt'ar] *vtd* ergänzen. • *adj* zusätzlich, nachträglich.

C

com.ple.men.to [kõplem'ẽtu] *sm* die Ergänzung.
com.ple.tar [kõplet'ar] *vtd* vervollständigen, ergänzen.
com.ple.to [kõpl'ɛtu] *adj* **1** ganz, voll. **2** gänzlich, völlig, abgeschlossen, komplett, restlos, total. **3** allseitig, umfassend, vollständig.
com.ple.xo [kõpl'ɛksu] *adj* kompliziert, verwickelt. • *sm* der Komplex.
com.pli.ca.ção [kõplikas'ãw] *sf* die Verwicklung, die Schwierigkeit, die Komplikation.
com.pli.ca.do [kõplik'adu] *adj* schwierig, kompliziert.
com.pli.car [kõplik'ar] *vtd* verwickeln, verwirren, komplizieren.
com.po.nen.te [kõpon'ẽti] *adj+sm+f* **1** das Teil, der Bestandteil. **2** der Baustein, die Baugruppe.
com.por [kõp'or] *vtd* **1** komponieren (*Mús*). **2** bilden, zusammensetzen. **3** setzen (Druck). *vpron* **4** sich zusammensetzen, bestehen aus.
com.por.ta [kõp'ɔrtə] *sf* die Schleuse, das Wehr.
com.por.ta.men.to [kõportam'ẽtu] *sm* das Betragen, das Benehmen, das Auftreten, das Verhalten, das Gebaren.
com.por.tar [kõport'ar] *vtd* **1** fassen. *vpron* **2** auftreten, sich aufführen, sich gebaren.
com.po.si.ção [kõpozis'ãw] *sf* **1** die Zusammensetzung. **2** der Aufsatz. **3** *Mús* die Komposition.
com.po.si.tor [kõpozit'or] *sm* *Mús* der Komponist.
com.pos.to [kõp'ostu] *adj* zusammengesetzt.
com.pra [k'õprə] *sf* der Kauf, der Erwerb, die Anschaffung.
com.pra.dor [kõprad'or] *sm* der Käufer, der Einkäufer, der Abnehmer.

com.prar [kõpr'ar] *vtd* **1** kaufen, einkaufen, erwerben, anschaffen. **2** lösen (Fahrkarte). **3** beziehen, abnehmen.
com.pre.en.der [kõpreẽd'er] *vtd* verstehen, einsehen, erfassen, begreifen.
com.pre.en.são [kõpreẽs'ãw] *sf* das Verständnis.
com.pre.en.sí.vel [kõpreẽs'ivew] *adj* verständlich, begreiflich.
com.pre.en.si.vo [kõpreẽns'ivu] *adj* **1** verständnisvoll, einfühlsam. **2** einsichtig.
com.pri.do [kõpr'idu] *adj* lang.
com.pri.men.to [kõprim'ẽtu] *sm* die Länge.
com.pri.mi.do [kõprim'idu] *sm* die Tablette.
com.pri.mir [kõprim'ir] *vtd* **1** drücken, zusammendrücken. **2** verdichten. **3** pressen.
com.pro.me.ter [kõpromet'er] *vtd* **1** belasten, hineinziehen. **2** bloßstellen. **3** binden. *vpron* **4** sich verpflichten, sich engagieren.
com.pro.mis.so [kõprom'isu] *sm* **1** der Termin, die Verabredung. **2** die Verpflichtung, die Bindung. **3** der Vergleich, der Ausgleich.
com.pro.van.te [kõprov'ãti] *sm* der Beleg, der Schein.
com.pro.var [kõprov'ar] *vtd* beweisen, erweisen, nachweisen, belegen.
com.pu.ta.dor [kõputad'or] *sm* der Computer, der Rechner.
co.mum [kom'ũ] *adj* **1** allgemein, üblich, alltäglich. **2** gemeinsam, gemeinschaftlich.
co.mu.men.te [komum'ẽti] *adv* meist, normalerweise, sonst.
co.mu.ni.ca.ção [komunikas'ãw] *sf* **1** die Meldung, der Bescheid, die Benachrichtigung, die Kommunikation, die Mitteilung. **2** die Publizistik (Studium).
co.mu.ni.ca.do [komunik'adu] *sm* **1** die Verlautbarung. **2** die Durchsage, die Meldung.
co.mu.ni.car [komunik'ar] *vtd* mitteilen, melden, bekannt machen, benachrichtigen, kommunizieren.
co.mu.ni.ca.ti.vo [komunikat'ivu] *adj* kontaktfreudig, zugänglich, leutselig.
co.mu.ni.da.de [komunid'adi] *sf* die Gemeinschaft, die Gemeinde.
con.ce.der [kõsed'er] *vtd* **1** bewilligen, erteilen, genehmigen. **2** zugestehen, zusprechen, einräumen, gewähren. **3** vergeben, verleihen.
con.cei.to [kõs'ejtu] *sm* **1** der Begriff, die Idee. **2** die Anschauung.
con.cen.tra.ção [kõsẽtras'ãw] *sf* **1** die Konzentration. **2** die Ballung.
con.cen.tra.do [kõsẽtr'adu] *adj* **1** angespannt, aufmerksam. **2** konzentriert, geballt.
con.cen.trar [kõsẽtr'ar] *vtd* **1** verdichten, zusammenziehen. **2** anreichern. *vpron* **3** sich ballen. **4** sich konzentrieren.
con.cer.to [kõs'ertu] *sm* das Konzert.
con.ces.são [kõses'ãw] *sf* **1** die Verleihung, die Bewilligung, die Konzession. **2** das Entgegenkommen, das Zugeständnis.
con.cha [k'õʃə] *sf* **1** der Schöpflöffel, die Kelle. **2** die Muschel.
con.ci.li.a.ção [kõsiljas'ãw] *sf* die Einigung, die Verständigung, der Vergleich.
con.ci.so [kõs'izu] *adj* knapp, bündig, kurz.
con.clu.ir [kõklu'ir] *vtd+vti* **1** folgern, entnehmen. **2** abschließen, vollenden, beenden.
con.clu.são [kõkluz'ãw] *sf* **1** das Ergebnis, die Folgerung, die Schlussfolgerung, das Fazit. **2** die Fertigstellung, die Vollendung, die Erledigung.
con.cor.dar [kõkord'ar] *vti* **1** zustimmen, einwilligen. **2** übereinstimmen.
con.cor.rên.cia [kõkor̃'ẽsjə] *sf* **1** der Wettbewerb, die Konkurrenz. **2** die Ausschreibung.
con.cor.ren.te [kõkor̃'ẽti] *sm* der Konkurrent, der Mitbewerber, der Wettbewerber.

con.cor.rer [kõkor̃'er] *vti* konkurrieren, sich bewerben.
con.cre.ti.zar [kõkretiz'ar] *vtd* verwirklichen.
con.cre.to [kõkr'ɛtu] *adj* **1** konkret. **2** praktisch. • *sm* der Beton.
con.cur.so [kõk'ursu] *sm* **1** der Wettbewerb. **2** das Preisausschreiben. **3** die Bewerbung.
con.de.co.ra.ção [kõdekoras'ãw] *sf* die Auszeichnung, der Orden.
con.de.na.do [kõden'adu] *adj* verurteilt, verdammt. • *sm* der Verurteilte, der Verdammte.
con.de.nar [kõden'ar] *vtd* **1** verurteilen, verdammen. **2** verwerfen, missbilligen.
con.di.ção [kõdis'ãw] *sf* **1** die Bedingung, die Voraussetzung, die Auflage, die Klausel. **2** die Lage, die Gegebenheit, der Stand.
con.di.ci.o.nal [kõdicjon'aw] *adj* bedingt, abhängig.
con.di.ci.o.nar [kõdisjon'ar] *vtd* bedingen.
con.di.men.to [kõdim'ẽtu] *sm* die Würze, das Gewürz.
con.di.zen.te [kõdiz'ẽti] *adj* passend, zweckmäßig.
con.do.lên.cia [kõdol'ẽsjə] *sf* **1** das Bedauern, die Teilnahme. **2** *pl* das Beileid.
con.do.mí.nio [kõdom'inju] *sm* **1** die Umlage, die Unkostenumlage. **2** das Miteigentum.
con.du.ção [kõdus'ãw] *sf* **1** die Abwicklung, die Steuerung. **2** das Verkehrsmittel, der Transport.
con.du.ta [kõd'utə] *sf* das Benehmen, das Betragen, das Auftreten, das Verhalten.
con.du.zir [kõduz'ir] *vtd* **1** führen, anführen. **2** geleiten. **3** lenken, steuern, leiten.
co.ne.xão [koneks'ãw] *sf* **1** die Bindung, die Verbindung. **2** die Busverbindung.
con.fei.ta.ri.a [kõfejtar'iə] *sf* die Konditorei.
con.fe.rên.cia [kõfer'ẽsjə] *sf* der Vortrag, das Referat.
con.fe.ren.cis.ta [kõferẽs'istə] *sm* der Referent, der Vortragende, der Redner.
con.fe.rir [kõfer'ir] *vtd* **1** vergleichen. **2** ablesen. **3** kontrollieren, checken, prüfen, nachprüfen.
con.fes.sar [kõfes'ar] *vtd* **1** zugeben, bekennen, gestehen, zugestehen. **2** *Rel* beichten.
con.fi.an.ça [kõfi'ãsə] *sf* das Vertrauen, das Zutrauen, die Zuversicht.
con.fi.ar [kõfi'ar] *vti* trauen, vertrauen, zutrauen, anvertrauen.
con.fi.á.vel [kõfi'avew] *adj* vertrauenswürdig, zuverlässig, seriös.
con.fi.den.ci.al [kõfidẽsi'aw] *adj* vertraulich, geheim, diskret.
con.fir.mar [kõfirm'ar] *vtd* bestätigen, bekräftigen, bestärken, besiegeln.
con.fis.são [kõfis'ãw] *sf* **1** das Geständnis, das Eingeständnis, das Bekenntnis. **2** *Rel* die Beichte.
con.fli.to [kõfl'itu] *sm* der Zusammenstoß, der Konflikt, der Streit, die Streitigkeit.
con.for.mar [kõform'ar] *vpron* sich abfinden mit, hinnehmen, resignieren.
con.for.me [kõf'ormi] *prep* gemäß, entsprechend.
con.for.tar [kõfort'ar] *vtd* trösten, zusprechen, aufrichten.
con.for.tá.vel [kõfort'avew] *adj* behaglich, bequem, komfortabel, wohlig.
con.for.to [kõf'ortu] *sm* **1** die Behaglichkeit, die Bequemlichkeit, die Gemütlichkeit, der Komfort. **2** der Zuspruch, der Trost.
con.fun.dir [kõfũd'ir] *vtd* **1** durcheinanderbringen, verwirren, beirren, irremachen. **2** verwechseln, vertauschen.
con.fu.são [kõfuz'ãw] *sf* **1** die Unklarheit, die Verwirrung. **2** der Trubel, der Wust, das Durcheinander, das Gedränge. **3** der Tumult, der Krach, der Krawall.

con.fu.so [kõf'uzu] *adj* **1** verworren, konfus, wirr, verdutzt. **2** befangen, betreten. **3** umständlich. **4** verschwommen, nebelhaft, undeutlich.
con.ge.lar [kõʒel'ar] *vint* **1** erstarren. *vtd* **2** einfrieren.
con.ges.ti.o.na.men.to [kõgestjonam'ẽtu] *sm* der Stau, das Gedränge, der Andrang.
con.gres.so [kõgr'ɛsu] *sm* der Kongress, die Tagung.
co.nhe.cer [koñes'er] *vtd* kennen.
co.nhe.ci.do [koñes'idu] *adj* **1** bekannt, bedeutend. **2** offenkundig. • *sm* der Bekannte.
co.nhe.ci.men.to [koñesim'ẽtu] *sm* **1** die Kenntnis, das Wissen, die Einsicht. **2** die Kenntnisnahme.
con.ju.ga.ção [kõʒugas'ãw] *sf* die Konjugation.
con.ju.gal [kõʒug'aw] *adj* ehelich.
con.jun.to [kõʒ'ũtu] *sm* **1** die Gesamtheit. **2** *Mús* die Band, die Gruppe, das Ensemble. **3** die Packung, der Satz, die Garnitur. **4** die Anlage, der Komplex. **5** das Kostüm.
con.quis.ta [kõk'istə] *sf* **1** die Eroberung. **2** die Errungenschaft.
con.quis.tar [kõkist'ar] *vtd* erobern, bezwingen.
cons.ci.ên.cia [kõsi'ẽsjə] *sf* **1** das Bewusstsein, die Besinnung. **2** das Gewissen.
cons.ci.en.te [kõsi'ẽti] *adj* bewusst.
con.se.guir [kõseg'ir] *vtd* **1** bewerkstelligen. **2** bekommen, erlangen, erreichen, schaffen. **3** erzielen.
con.se.lho [kõs'eλu] *sm* **1** der Rat, die Empfehlung, die Belehrung. **2** die Kammer.
con.sen.so [kõs'ẽsu] *sm* die Einigkeit, die Übereinstimmung.
con.sen.ti.men.to [kõsẽtim'ẽtu] *sm* **1** das Einverständnis, die Zustimmung, die Einwilligung, das Jawort. **2** *fig* das Amen.
con.sen.tir [kõsẽt'ir] *vti* zustimmen, einwilligen, bejahen, billigen.
con.se.quên.cia [kõsek'wẽsjə] *sf* **1** die Folge, das Ergebnis, die Wirkung, die Auswirkung, die Konsequenz. **2** die Nachwirkung, das Nachspiel.
con.ser.tar [kõsert'ar] *vtd* reparieren, flicken, ausbessern.
con.ser.to [kõs'ertu] *sm* die Reparatur, die Instandsetzung.
con.ser.va [kõs'ɛrvə] *sf* die Konserve, das Eingemachte.
con.ser.van.te [kõserv'ãti] *sm* das Konservierungsmittel.
con.ser.var [kõserv'ar] *vtd* **1** erhalten, wahren, bewahren, beibehalten. **2** aufheben, aufbewahren. **3** konservieren.
con.si.de.ra.ção [kõsideras'ãw] *sf* **1** die Überlegung, die Erwägung, die Betrachtung. **2** die Hochachtung, das Ansehen. **3** die Schonung, die Rücksicht.
con.si.de.rar [kõsider'ar] *vtd* überlegen, erwägen, beachten, betrachten.
con.si.de.rá.vel [kõsider'avew] *adj* **1** nennenswert, beträchtlich, erheblich, bedeutend, stattlich, ansehnlich, beachtlich.
con.sis.tir [kõsist'ir] *vti* bestehen.
con.so.lar [kõsol'ar] *vtd* trösten.
con.so.li.dar [kõsolid'ar] *vtd* ausbauen, festigen, befestigen, konsolidieren.
con.so.lo [kõs'olu] *sm* der Trost, der Zuspruch.
con.sór.cio [kõs'ɔrsju] *sm* das Anschaffungskonsortium, die Kaufgenossenschaft.
cons.pi.rar [kõspir'ar] *vti* sich verschwören.
cons.tan.te [kõst'ãti] *adj* **1** beständig, dauernd, unablässig, andauernd, konstant. **2** gleichmäßig. • *adv* immerzu.
cons.ta.tar [kõstat'ar] *vint* **1** bemerken. **2** feststellen.
cons.te.la.ção [kõstelas'ãw] *sf* das Sternbild, die Konstellation.
cons.ti.tu.i.ção [kõstitujs'ãw] *sf* **1** die Verfassung, die Konstitution. **2** die Beschaffenheit.

cons.ti.tu.ir [kõstitu'ir] *vtd* **1** bilden. **2** gründen, konstituieren.

cons.tran.ge.dor [kõstrãʒed'or] *adj* peinlich.

cons.tran.gi.do [kõstrãʒ'idu] *adj* **1** verlegen. **2** genötigt, gezwungen.

cons.tru.ção [kõstrus'ãw] *sf* **1** der Bau, das Gebäude. **2** die Konstruktion, der Aufbau.

cons.tru.ir [kõstru'ir] *vtd* bauen, erbauen, errichten, aufbauen, konstruieren.

cons.tru.tor [kõstrut'or] *sm* der Baumeister, der Konstrukteur.

cons.tru.to.ra [kõstrut'orə] *sf* das Bauunternehmen.

côn.sul [k'õsuw] *sm* der Konsul.

con.su.la.do [kõsul'adu] *sm* das Konsulat.

con.sul.ta [kõs'uwtə] *sf* **1** die Anfrage, die Befragung. **2** die Beratung, die Sprechstunde.

con.sul.tar [kõsuwt'ar] *vtd* **1** nachschlagen (Buch). **2** befragen, hinzuziehen, konsultieren.

con.sul.tor [kõsuwt'or] *sm* der Berater, der Beirat.

con.sul.to.ri.a [kõsuwtor'iə] *sf* die Beratung.

con.sul.tó.rio [kõsuwt'ɔrju] *sm* das Sprechzimmer, die Praxis.

con.su.mi.dor [kõsumid'or] *sm* der Verbraucher, der Konsument.

con.su.mir [kõsum'ir] *vtd* verbrauchen, verzehren, aufzehren, konsumieren.

con.su.mo [kõs'umu] *sm* der Verbrauch, der Genuss, der Konsum.

con.ta [k'õtə] *sf* **1** das Konto. **2** die Rechnung, die Abrechnung. **3** die Perle.

con.ta.bi.li.da.de [kõtabilid'adi] *sf* die Buchhaltung.

con.ta.dor [kõtad'or] *sm* **1** der Buchhalter. **2** das Zählwerk.

con.ta.gi.an.te [kõtaʒi'ãti] *adj* ansteckend.

con.ta.gi.ar [kõtaʒi'ar] *vtdi* anstecken, übertragen, infizieren.

con.tá.gio [kõt'aʒju] *sm* die Ansteckung, die Übertragung, die Infizierung.

con.ta.gi.o.so [kõtaʒi'ozu] *adj* ansteckend.

con.ta.mi.na.ção [kõtaminas'ãw] *sf* die Verseuchung, die Verunreinigung, die Verschmutzung.

con.ta.mi.na.do [kõtamin'adu] *adj* **1** verseucht, verunreinigt. **2** infiziert.

con.ta.mi.nar [kõtamin'ar] *vtd* verunreinigen, verseuchen, infizieren, kontaminieren.

con.tar [kõt'ar] *vtd* **1** erzählen, schildern. **2** zählen, auszählen. **3** rechnen.

con.ta.to [kõt'atu] *sm* **1** die Berührung, der Kontakt, die Verbindung. **2** der Anschluss. **3** der Ansprechpartner.

con.tem.plar [kõtẽpl'ar] *vtd* **1** betrachten, anschauen. **2** bedenken.

con.tem.po.râ.neo [kõtẽpor'ʌnju] *adj* zeitgenössisch. • *sm* der Zeitgenosse.

con.ten.tar [kõtẽt'ar] *vtd* **1** zufriedenstellen, befriedigen. *vpron* **2** sich begnügen, sich zufriedengeben.

con.ten.te [kõt'ẽti] *adj* zufrieden, heiter, vergnügt.

con.ter [kõt'er] *vtd* **1** einschließen, enthalten, beinhalten. **2** zügeln, eindämmen. **3** bergen.

con.tes.tar [kõtest'ar] *vtd* **1** bestreiten, anfechten, in Frage stellen. **2** protestieren.

con.te.ú.do [kõte'udu] *sm* der Inhalt, der Gehalt.

con.tex.to [kõt'estu] *sm* der Zusammenhang, der Rahmen, der Kontext.

con.ti.nen.te [kõtin'ẽti] *sm* der Erdteil, der Kontinent, das Festland.

con.ti.nu.a.ção [kõtinuas'ãw] *sf* die Fortsetzung, die Folge, der Fortgang.

con.ti.nu.a.men.te [kõtinuam'ẽti] *adv* stets, dauernd, andauernd, immer.

con.ti.nu.ar [kõtinu'ar] *vint* **1** weitermachen, fortfahren, fortlaufen, fortdauern, andauern. *vtd* **2** fortsetzen.

con.tí.nuo [kõt'inwu] *adj* dauernd, durchgehend, ständig, beständig, anhaltend, andauernd, unaufhörlich.

con.to [k'õtu] *sm* die Erzählung, die Kurzgeschichte. **conto de fadas** das Märchen.

con.tor.nar [kõtorn'ar] *vtd* herumfahren um, meiden.

con.tor.no [kõt'ornu] *sm* der Umriss, die Kontur, die Silhouette.

con.tra [k'õtra] *prep* gegen.

con.tra.ban.do [kõtrab'ãdu] *sm* die Schmuggelware.

con.tra.di.ção [kõtradis'ãw] *sf* der Widerspruch, das Widerwort.

con.tra.di.tó.rio [kõtradit'ɔrju] *adj* widersprüchlich.

con.tra.di.zer [kõtradiz'er] *vint* widersprechen.

con.tra.ir [kõtra'ir] *vtd* **1** verkrampfen, zusammenziehen. **2** anziehen (Beine, Arme).

con.tra.ri.ar [kõtrari'ar] *vtd* **1** zuwiderhandeln. **2** verstimmen. **3** durchkreuzen.

con.trá.rio [kõtr'arju] *adj* **1** entgegengesetzt, umgekehrt. **2** widrig. **3** abgeneigt. • *sm* der Gegensatz, das Gegenteil.

con.tras.te [kõtr'asti] *sm* der Kontrast, der Unterschied.

con.tra.ta.ção [kõtratas'ãw] *sf* **1** die Anstellung, die Einstellung. **2** die Anwerbung.

con.tra.tar [kõtrat'ar] *vtd* anstellen, einstellen, verpflichten, engagieren, anheuern.

con.tra.tem.po [kõtrat'ẽpu] *sm* das Missgeschick, der Rückschlag.

con.tra.to [kõtr'atu] *sm* der Vertrag.

con.tri.bu.i.ção [kõtribujs'ãw] *sf* der Beitrag, die Zuwendung, die Spende, die Beihilfe.

con.tri.bu.in.te [kõtribu'ĩti] *sm* der Steuerzahler.

con.tri.bu.ir [kõtribu'ir] *vti* beitragen, beisteuern, spenden, einbringen.

con.tro.lar [kõtrol'ar] *vtd* **1** kontrollieren, checken, prüfen, nachprüfen. **2** lenken, beherrschen, steuern. **3** bändigen, bezwingen. **4** beaufsichtigen, überwachen. *vpron* **5** sich mäßigen, sich fassen.

con.tro.le [kõtr'oli] *sm* **1** die Kontrolle, die Abnahme. **2** die Beherrschung, die Lenkung, die Regie. **3** die Beaufsichtigung, die Überprüfung, die Übersicht. **4** der Regler, die Steuerung. **controle remoto** die Fernbedienung.

con.tro.ver.ti.do [kõtrovert'idu] *adj* umstritten.

con.tu.do [kõt'udu] *conj* aber, jedoch.

con.tun.di.do [kõtũd'idu] *adj* verletzt. • *sm* der Verletzte.

con.tu.são [kõtuz'ãw] *sf* die Verletzung, die Prellung, die Quetschung.

con.va.les.cer [kõvales'er] *vint* genesen.

con.ven.ção [kõvẽs'ãw] *sf* die Abmachung, die Vereinbarung, das Abkommen, das Übereinkommen.

con.ven.cer [kõvẽs'er] *vtd* **1** überzeugen, überreden, einreden, bereden. *vpron* **2** einsehen.

con.ven.ci.do [kõvẽs'idu] *adj* **1** überheblich, selbstgefällig. **2** überzeugt.

con.ven.ci.o.nal [kõvẽsjon'aw] *adj* konventionell, herkömmlich, üblich.

con.ve.ni.ên.cia [kõveni'ẽsjə] *sf* die Zweckmäßigkeit.

con.ve.ni.en.te [kõveni'ẽti] *adj* angemessen, gemäß, gelegen.

con.vê.nio [kõv'enju] *sm* die Abmachung, das Abkommen, die Vereinbarung. **convênio médico** die Kankenversicherung.

con.ven.to [kõv'ẽtu] *sm* das Kloster.

con.ver.sa [kõv'ɛrsə] *sf* **1** das Gespräch, die Aussprache, die Unterredung. **2** die Unterhaltung, die Plauderei.

con.ver.sa.ção [kõversas'ãw] *sf* **1** die Unterhaltung, die Plauderei, die Konversation. **2** die Besprechung.

con.ver.sar [kõvers'ar] *vint* **1** plaudern, reden, sich unterhalten. *vti* **2** besprechen.

con.ver.ter [kõvert'er] *vtdi* **1** umrechnen. **2** umsetzen, umformen, umwandeln, verwandeln. *vtd* **3** bekehren, missionieren.

con.vés [kõv'ɛs] *sm* das Deck.
con.vic.ção [kõviks'ãw] *sf* die Überzeugung, die Anschauung.
con.vi.da.do [kõvid'adu] *sm* der Gast.
con.vi.dar [kõvid'ar] *vtd* einladen, auffordern, bitten.
con.vin.cen.te [kõvĩs'ẽti] *adj* überzeugend, glaubwürdig, glaubhaft.
con.vi.te [kõv'iti] *sm* die Einladung, die Aufforderung.
con.vi.vên.cia [kõviv'ẽsjə] *sf* das Zusammenleben.
con.vi.ver [kõviv'er] *vint* zusammenleben.
con.vo.car [kõvok'ar] *vtd* einberufen, einziehen.
con.vul.são [kõvuws'ãw] *sf* der Krampf, die Zuckung.
co.o.pe.ra.ção [kooperas'ãw] *sf* **1** die Zusammenarbeit, die Mitarbeit, die Mitwirkung, die Kooperation. **2** das Entgegenkommen.
co.o.pe.rar [kooper'ar] *vti* zusammenarbeiten, mitmachen, mitarbeiten, mitwirken.
co.o.pe.ra.ti.va [kooperat'ivə] *sf* die Genossenschaft.
co.or.de.na.ção [koordenas'ãw] *sf* die Leitung, die Abstimmung.
co.or.de.na.dor [koordenad'or] *sm* **1** der Leiter. **2** der Bearbeiter.
co.pa [k'ɔpə] *sf* **1** das Esszimmer. **2** der Wipfel, die Krone (Baum). **3** *Esp* die Meisterschaft.
có.pia [k'ɔpjə] *sf* **1** der Abzug, die Abschrift, die Kopie. **2** die Nachahmung, die Nachbildung.
co.pi.a.do.ra [kopjad'orə] *sf* der Kopierer, das Kopiergerät.
co.pi.ar [kopi'ar] *vtd* **1** abschreiben, abbilden, abmalen, kopieren. **2** nachmachen, nachahmen.
co.po [k'ɔpu] *sm* das Glas, der Becher.
cor [k'or] *sf* die Farbe. **de cor** auswendig.
co.ra.ção [koras'ãw] *sm* das Herz.
co.ra.gem [kor'aʒẽj] *sf* der Mut, die Tapferkeit, der Heldenmut.
co.ra.jo.so [koraʒ'ozu] *adj* mutig, tapfer, beherzt.
co.ral [kor'aw] *sm* **1** *Mús* der Chor. **2** die Koralle.
cor.da [k'ɔrdə] *sf* **1** der Strick, das Seil, das Tau, die Leine, die Schnur. **2** die Saite.
cor.dão [kord'ãw] *sm* **1** der Schnürsenkel. **2** die Absperrung.
cor.dei.ro [kord'ejru] *sm* das Lamm.
cor-de-ro.sa [kordir̃'ɔzə] *adj sing+pl* rosa.
cor.di.al [kordi'aw] *adj* herzlich, warm.
cór.nea [k'ɔrnjə] *sf* die Hornhaut.
cor.no [k'ornu] *sm* **1** das Horn. **2** *pop* der Hahnrei.
co.ro [k'oru] *sm* der Chor.
co.ro.a [kor'oə] *sf* **1** die Krone. **2** der Kranz.
co.ro.nel [koron'ɛw] *sm* der Oberst.
cor.po [k'orpu] *sm* der Körper, der Leib.
cor.pu.len.to [korpul'ẽtu] *adj* beleibt, dick, korpulent.
cor.re.ção [kor̃es'ãw] *sf* **1** die Verbesserung, die Berichtigung, die Korrektur, die Revision. **2** die Richtigstellung, Bereinigung.
cor.re.dor [kor̃ed'or] *sm* **1** der Läufer. **2** der Rennfahrer. **3** der Gang, der Flur, der Korridor.
cor.rei.o [kor̃'eju] *sm* **1** die Post. **2** der Kurier.
cor.ren.te [kor̃'ẽti] *adj* **1** derzeitig, jetzig, laufend. **2** gültig. **3** fließend. • *sf* **1** der Strom, die Strömung, der Luftzug. **2** die Kette.
cor.rer [kor̃'er] *vint* **1** eilen, sich beeilen, rennen, laufen. **2** rieseln, strömen.
cor.re.ri.a [kor̃er'yiə] *sf* die Hektik, die Hetze, die Rennerei.
cor.res.pon.dên.cia [kor̃espõd'ẽsjə] *sf* **1** der Briefwechsel, die Korrespondenz, der Schriftverkehr. **2** die Post, der Posteingang, der Postausgang.
cor.res.pon.den.te [kor̃espõd'ẽti] *adj* zugehörig, entsprechend. • *sm* der Berichterstatter, der Korrespondent.

cor.res.pon.der [korespõd'er] *vti* **1** entsprechen. **2** zusammenpassen. *vpron* 3 Briefe wechseln.
cor.re.to [kor̃'ɛtu] *adj* richtig, korrekt.
cor.re.tor [kor̃et'or] *sm* der Makler, der Vermittler.
cor.ri.da [kor̃'idə] *sf* der Wettlauf, das Wettrennen, das Rennen.
cor.ri.gir [kor̃iʒ'ir] *vtd* **1** verbessern, korrigieren. **2** durchsehen. **3** berichtigen, bereinigen.
cor.ri.quei.ro [kor̃ik'ejru] *adj* alltäglich, üblich.
cor.rom.per [kor̃õp'er] *vtd* **1** zersetzen, korrumpieren, bestechen. **2** verderben.
cor.rup.ção [kor̃ups'ãw] *sf* **1** die Bestechung, die Korruption. **2** die Fäulnis.
cor.rup.to [kor̃'uptu] *adj* bestechlich, korrupt, verdorben.
cor.tar [kort'ar] *vtd* **1** schneiden, abschlagen, absägen, stutzen. **2** mähen. **3** abschalten, abstellen, sperren (Telefon, Wasser, Strom). **4** abbrechen (Beziehungen). **5** einsparen (Kosten).
cor.te [k'ɔrti] *sm* **1** der Schnitt, der Einschnitt. **2** die Kürzung, die Streichung, die Einsparung. **3** die Schneide. *sf* **6** der Hof.
cor.tês [kort'es] *adj* höflich.
cor.te.si.a [kortez'iə] *sf* die Höflichkeit.
cor.ti.ço [kort'isu] *sm* das Elendsquartier.
cor.ti.na [kort'inə] *sf* die Gardine, der Vorhang.
co.ru.ja [kor'uʒe] *sf* die Eule.
cor.vo [k'orvu] *sm* der Rabe.
co.ser [koz'er] *vtd* nähen.
cos.mé.ti.co [kozm'ɛtiku] *adj* kosmetisch. • *sm* das Schönheitsmittel.
cos.ta [k'ɔstə] *sf* **1** die Küste, das Ufer. *pl* **2** der Rücken.
cos.te.la [kost'ɛlə] *sf* die Rippe.
cos.tu.me [kost'umi] *sm* **1** die Gewohnheit, die Angewohnheit, der Brauch, die Sitte. **2** das Kostüm, der Anzug. **3** *pl* das Brauchtum, die Überlieferung.
cos.tu.mei.ro [kostum'ejru] *adj* **1** üblich, gewöhnlich. **2** angestammt.
cos.tu.ra [kost'urə] *sf* die Naht.
cos.tu.rar [kostur'ar] *vtd* nähen, schneidern, flicken.
cos.tu.rei.ra [kostur'ejrə] *sf* die Schneiderin.
co.ta.ção [kotas'ãw] *sf* **1** der Kurs, die Notierung, der Stand. **2** das Angebot.
co.ti.di.a.no [kotidi'ʌnu] *adj* täglich, alltäglich.
co.to.ve.lo [kotov'elu] *sm* **1** der Ellbogen. **2** die Krümmung.
cou.ra.ça [kowr'asə] *sf* der Panzer, der Schild.
cou.ro [k'owru] *sm* **1** das Leder. **2** die Haut.
cou.ve [k'owvi] *sf* der Kohl.
co.va [k'ɔva] *sf* **1** die Grube. **2** das Grab.
co.var.de [kov'ardi] *sm+f* der Feigling, der Duckmäuser.
co.var.di.a [kovard'iə] *sf* die Feigheit.
co.xa [k'oʃə] *sf* der Schenkel, der Oberschenkel.
co.zer [koz'er] *vtd* kochen, abkochen.
co.zi.do [koz'idu] *adj* gar. • *sm* der Eintopf.
co.zi.nha [koz'iñə] *sf* die Küche.
co.zi.nhar [koziñ'ar] *vtd* kochen, zubereiten (Speisen).
co.zi.nhei.ro [koziñ'ejru] *sm* der Koch.
cra.chá [kraʃ'a] *sm* der Anhänger, die Plakette.
crâ.nio [kr'anju] *sm* der Schädel.
cra.que [kr'aki] *sm pop* die Kanone, die Sportskanone, der Star.
cra.te.ra [krat'ɛrə] *sf* der Krater, der Einschlag, der Trichter.
cra.vo [kr'avu] *sm* **1** die Nelke. **2** *Med* der Mitesser, der Pickel. **3** *Mús* das Spinett.
cre.che [kr'ɛʃi] *sf* der Hort, die Krippe, die Kinderkrippe, die Kindertagesstätte.
cré.di.to [kr'ɛditu] *sm* **1** der Kredit. **2** das Haben, die Gutschrift.
cre.dor [kred'or] *sm* der Kreditgeber, der Gläubiger.
cré.du.lo [kr'ɛdulu] *adj* **1** arglos, leichtgläubig. **2** abergläubisch.

cre.ma.tó.rio [kremat'ɔrju] *sm* das Krematorium.
cre.me [kr'emi] *sm* die Creme.
cre.mo.so [krem'ozu] *adj* cremig.
cren.ça [kr'ẽsə] *sf* der Glaube.
cren.di.ce [krẽd'isi] *sf* der Aberglaube(n).
cren.te [kr'ẽti] *adj* gläubig. • *sm+f* der/die Gläubige.
cre.pús.cu.lo [krep'uskulu] *sm* die Dämmerung, das Zwielicht.
crer [kr'er] *vti* **1** glauben. **2** finden, meinen.
cres.cer [kres'er] *vint* wachsen, zunehmen, anschwellen.
cres.ci.men.to [kresim'ẽtu] *sm* **1** der Aufstieg, der Aufschwung. **2** die Zunahme, das Wachstum.
cri.a [kr'iə] *sf* der Wurf, die Jungen.
cri.a.ção [krias'ãw] *sf* **1** die Gründung. **2** die Schöpfung. **3** der Entwurf. **4** die Züchtung, die Zucht.
cri.a.do [kri'adu] *sm* der Diener, der Knecht.
cri.a.dor [kriad'or] *sm* **1** der Schöpfer. **2** der Erfinder. **3** der Züchter.
cri.an.ça [kri'ãsə] *sf* das Kind.
cri.ar [kri'ar] *vtd* **1** schaffen, erschaffen, machen. **2** großziehen, aufziehen, erziehen. **3** ziehen, züchten (Tiere, Pflanzen).
cri.a.ti.vi.da.de [kriativid'adi] *sf* die Schaffenskraft, die Kreativität.
cri.a.ti.vo [kriat'ivu] *adj* schöpferisch, kreativ.
cri.me [kr'imi] *sm* das Verbrechen, das Vergehen, das Delikt, die Untat, die Tat.
cri.mi.na.li.da.de [kriminalid'adi] *sf* die Kriminalität.
cri.mi.no.so [krimin'ozu] *adj* kriminell, sträflich. • *sm* der Verbrecher, der Kriminelle, der Delinquent, der Bandit.
cri.se [kr'isi] *sf* die Krise.
cris.ta [kr'istə] *sf* der Kamm (Welle, Gebirge), der Hahnenkamm.
cris.tal [krist'aw] *sm* der Kristall, das Kristallglas.
cris.tão [krist'ãw] *adj* christlich. • *sm* der Christ.
Cris.to [kr'istu] *sm* Christus.
cri.té.rio [krit'ɛrju] *sm* **1** der Anhaltspunkt, die Grundlage. **2** die Urteilskraft.
crí.ti.ca [kr'itikə] *sf* **1** der Tadel, die Kritik. **2** die Besprechung, die Rezension.
cri.ti.car [kritik'ar] *vtd* **1** tadeln, kritisieren, nörgeln, bemängeln.
crí.ti.co [kr'itiku] *adj* bedenklich, akut, kritisch. • *sm* der Kritiker.
crô.ni.ca [kr'onikə] *sf* **1** die Chronik. **2** *Jorn* die Glosse.
cro.no.gra.ma [kronogr'ʌmə] *sm* der Zeitplan.
cros.ta [kr'ostə] *sf* **1** die Kruste, der Belag. **2** *Med* die Borke, der Schorf.
cru [kr'u] *adj* roh.
cru.ci.fi.xo [krusif'iksu] *sm* das Kreuz, das Kruzifix.
cru.el [kru'ɛw] *adj* **1** grausam, unbarmherzig, herzlos. **2** qualvoll, bitter.
cru.el.da.de [kruewd'adi] *sf* die Grausamkeit.
cruz [kr'us] *sf* das Kreuz.
cru.za.men.to [kruzam'ẽtu] *sm* die Kreuzung, die Straßenkreuzung.
cru.zar [kruz'ar] *vtd* **1** kreuzen, durchqueren, überqueren. **2** übereinander schlagen, verschränken.
cu [k'u] *sm pop* das Arschloch.
cu.bo [k'ubu] *sm* **1** der Würfel. **2** die Nabe.
cu.e.ca [ku'ɛkə] *sf* die Unterhose.
cui.da.do [kuid'adu] *sm* **1** die Vorsicht, die Sorgfalt. **2** die Aufsicht, die Pflege. *pl* **3** die Betreuung.
cui.da.do.so [kuidad'ozu] *adj* sorgfältig, behutsam, vorsichtig, bedacht.
cui.dar [kujd'ar] *vti* **1** aufpassen, hüten, behüten, hegen, sich kümmern um.
cu.jo [k'uʒu] *pron* von dem, dessen, deren.
cu.li.ná.ria [kulin'arjə] *sf* die Kochkunst.

cul.pa [k'uwpə] *sf* die Schuld.
cul.pa.do [kuwp'adu] *adj* schuldig.
cul.par [kuwp'ar] *vtd* beschuldigen, bezichtigen, anschuldigen.
cul.ti.var [kuwtiv'ar] *vtd* **1** anbauen, pflanzen, bepflanzen, züchten. **2** bewirtschaften.
cul.ti.vo [kuwt'ivu] *sm* der Anbau, die Bestellung, die Züchtung, die Zucht.
cul.to [k'uwtu] *adj* gebildet, gelehrt, kultiviert. • *sm* der Kult, die Verehrung.
cul.tu.ra [kuwt'urə] *sf* **1** die Kultur, die Bildung. **2** die Zucht (Tiere, Pflanzen).
cúm.pli.ce [k'ũplisi] *sm+f* der Hehler, der Mittäter, der Helfershelfer, der Komplize.
cum.pri.men.tar [kũprimẽt'ar] *vtd* grüßen, begrüßen.
cum.pri.men.to [kũprim'ẽtu] *sm* **1** der Gruß, die Begrüßung. **2** die Empfehlung, das Kompliment. **3** die Erledigung, die Ausführung, die Erfüllung.
cum.prir [kũpr'ir] *vtd* halten, einhalten, befolgen, tun, erfüllen.
cu.nha.da [kuñ'adə] *sf* die Schwägerin.
cu.nha.do [kuñ'adu] *sm* der Schwager.
cu.pim [kup'ĩ] *sm* die Termite.
cu.ra [k'urə] *sf* die Heilung.
cu.ran.dei.ro [kurãd'ejru] *sm* der Gesundbeter, der Wunderheiler.
cu.rar [kur'ar] *vtd* heilen.
cu.ra.ti.vo [kurat'ivu] *adj* heilsam. • *sm* **1** der Verband. **2** das Pflaster, das Hansaplast.
cu.ri.o.si.da.de [kurjozid'adi] *sf* **1** die Neugier; **2** die Sehenswürdigkeit.
cu.ri.o.so [kuri'ozu] *adj* **1** neugierig. **2** seltsam. • *sm* der Neugierige, der Zuschauer.
cur.so [k'ursu] *sm* **1** der Kurs, der Lehrgang. **2** der Lauf, der Weg.
cur.ta-me.tra.gem [kurtametr'aʒẽj] *sm* der Kurzfilm.
cur.tir [kurt'ir] *vtd pop* genießen, auskosten.
cur.to [k'urtu] *adj* kurz, klein, knapp.
cur.to-cir.cui.to [kurtusirk'ujtu] *sm* der Kurzschluss.
cur.va [k'urvə] *sf* die Kurve, die Windung, die Krümmung, die Biegung.
cur.var [kurv'ar] *vtd* **1** krümmen, beugen, biegen, neigen. *vpron* **2** sich bücken, ducken, sich beugen, sich verneigen.
cus.pir [kusp'ir] *vti* **1** spucken, anspucken. *vint* **2** ausspucken.
cus.tar [kust'ar] *vint* **1** kosten. **2** schwerfallen.
cus.to [k'ustu] *sm* die Kosten, der Aufwand. **custo de vida** die Lebenshaltungskosten.

d

d, D [d'e] *sm* Buchstabe d, D.
da [da] *adv* aí, lá, ali. • *conj* já que, uma vez que, como.
da.do [d'adu] *sm* **1** der Würfel. **2** das Gegebene, die Größe. **3** *pl* die Daten, der Befund.
da.í [da'i] **de+aí** *prep+adv* **1** da, daraus, davon. **2** daher.
da.ma [d'ʌmə] *sf* **1** die Dame. **2** *pl* das Damespiel.
dan.ça [d'ãsə] *sf* der Tanz.
dan.çar [dãs'ar] *vint* tanzen.
da.ni.fi.car [danifik'ar] *vtd* schädigen, beschädigen.
da.no [d'ʌnu] *sm* **1** der Schaden, die Beschädigung, die Havarie. **2** der Verlust.
da.qui [dak'i] *prep+adv* (**de+aqui**) **1** von hier, hiesig. **2** von jetz an.
dar [d'ar] *vtdi* **1** geben, spenden. **2** abgeben, überlassen. **3** erteilen (Erlaubnis). **4** nennen (Name, Adresse). **5** veranstalten (Fest). **dar conta** bewältigen.
da.ta [d'atə] *sf* das Datum.
de [d'e] *prep* **1** aus, von. **2** vor. • *conj* zu.
de.bai.xo [deb'ajʃu] *adv* unterhalb, darunter.
de.ba.te [deb'ati] *sm* die Debatte, die Diskussion, das Wortgefecht, die Auseinandersetzung.
de.ba.ter [debat'er] *vtd* **1** beraten, erörtern, debattieren. *vpron* **2** zappeln.
dé.bil [d'ɛbiw] *adj* **1** schwach, schwächlich, matt. **2** lasch. **3** stupid.
de.bi.li.tar [debilit'ar] *vtd* schwächen, entkräften, entnerven.
de.bi.tar [debit'ar] *vtdi* **1** abbuchen. **2** belasten, anrechnen, berechnen.
dé.bi.to [d'ɛbitu] *sm* **1** das Soll, die Schuld. **2** die Abbuchung, die Lastschrift. **débito automático** der Dauerauftrag.
dé.ca.da [d'ɛkadə] *sf* das Jahrzehnt.
de.ca.dên.cia [dekad'ẽsjə] *sf* der Niedergang, der Abstieg, der Verfall.
de.ca.den.te [dekad'ẽti] *adj* dekadent.
de.cên.cia [des'ẽsjə] *sf* der Anstand.
de.cen.te [des'ẽti] *adj* **1** anständig, manierlich, sittlich. **2** vernünftig.
de.cep.ção [deseps'ãw] *sf* die Enttäuschung.
de.cep.ci.o.nar [desepsjon'ar] *vtd* enttäuschen.
de.ci.di.do [desid'idu] *adj* **1** entschieden, bestimmt, entschlossen, zielstrebig. **2** energisch, resolut.
de.ci.dir [desid'ir] *vtd* **1** entscheiden, beschließen, bestimmen. *vpron* **2** sich entschließen.
de.ci.frar [desifr'ar] *vtd* **1** enträtseln, entziffern. **2** entschlüsseln.
dé.ci.mo [d'esimu] *num ord* zehnt. • *sm* das Zehntel.
de.ci.são [desiz'ãw] *sf* die Entscheidung, der Entschluss.
de.ci.si.vo [desiz'ivu] *adj* entscheidend, ausschlaggebend, maßgebend, maßgeblich.

de.cla.mar [deklam′ar] *vtd* vortragen, aufsagen.

de.cla.ra.ção [deklaras′ãw] *sf* **1** die Aussage, die Erklärung, die Äußerung. **2** die Feststellung, die Behauptung, die Angabe.

de.cla.rar [deklar′ar] *vtd* erklären, deklarieren, aussagen, angeben.

de.cli.na.ção [deklinas′ãw] *sf Gram* die Deklination.

de.clí.nio [dekl′inju] *sm* der Rückgang, der Niedergang, der Untergang.

de.cli.ve [dekl′ivi] *sm* der Abhang, die Halde, das Gefälle.

de.co.di.fi.car [dekodifik′ar] *vtd* entschlüsseln, aufschlüsseln, dechiffrieren.

de.co.la.gem [dekol′aʒẽj] *sf* der Start, der Abflug.

de.co.lar [dekol′ar] *vint* starten, abheben, abfliegen.

de.com.por [dekõp′or] *vtd* **1** zerlegen, zersetzen, abbauen, auseinander nehmen. *vpron* **2** verfaulen, verwesen, verwittern, verrotten.

de.com.po.si.ção [dekõpozis′ãw] *sf* der Abbau, die Verwesung, die Verrottung.

de.co.ra.ção [dekoras′ãw] *sf* **1** die Dekoration, die Ausstattung, die Innenausstattung. **2** die Zierde, die Ausschmückung.

de.co.rar [dekor′ar] *vtd* **1** verzieren, schmücken, ausstatten. **2** auswendig lernen.

de.co.ro [dek′oru] *sm* die Haltung, der Anstand, die Würde.

de.co.te [dek′ɔti] *sm* der Ausschnitt, das Dekolleté.

de.cre.tar [dekret′ar] *vtd* verordnen, dekretieren, erlassen, verfügen.

de.cre.to [dekr′ɛtu] *sm* die Verordnung, das Dekret, die Verfügung.

de.cur.so [dek′ursu] *sm* der Verlauf, der Ablauf.

de.di.ca.ção [dedikas′ãw] *sf* die Zuwendung, die Hingabe, der Einsatz.

de.di.car [dedik′ar] *vtd* **1** widmen, hingeben. *vpron* **2** sich widmen, sich aufopfern.

de.di.ca.tó.ria [dedikat′ɔrjə] *sf* die Widmung.

de.do [d′edu] *sm* der Finger.

de.du.ção [dedus′ãw] *sf* **1** der Abzug, die Abrechnung. **2** die Folgerung.

de.du.zir [deduz′ir] *vtd* **1** ableiten, herleiten. **2** abziehen, subtrahieren. **3** schließen, folgern, entnehmen.

de.fa.sa.gem [defaz′aʒẽj] *sf* die Diskrepanz, der Abstand.

de.fei.to [def′ejtu] *sm* **1** der Fehler, der Defekt, der Makel, die Störung, der Mangel.

de.fei.tu.o.so [defejtu′ozu] *adj* defekt, fehlerhaft, schadhaft, mangelhaft.

de.fen.der [defẽd′er] *vtd* **1** verteidigen, verfechten, vertreten. *vpron* **2** sich wehren.

de.fen.sor [defẽs′or] *sm* der Verteidiger, der Beschützer, der Verfechter.

de.fe.ri.men.to [deferim′ẽtu] *sm* die Bewilligung.

de.fe.sa [def′ezə] *sf* die Verteidigung, die Abwehr, die Deckung.

de.fi.ci.ên.cia [defisi′ẽsjə] *sf* **1** der Mangel, der Ausfall. **2** die Behinderung, die Schwäche.

de.fi.ci.en.te [defisi′ẽti] *adj* behindert, mangelhaft. • *sm* der Behinderte.

dé.fi.cit [d′ɛfisiti] *sm* das Defizit, das Minus.

de.fi.ni.ção [definis′ãw] *sf* die Bestimmung, die Begriffsbestimmung, die Definition, die Umschreibung.

de.fi.ni.do [defin′idu] *adj* bestimmt, genau.

de.fi.nir [defin′ir] *vtd* bestimmen, definieren, umschreiben.

de.fi.ni.ti.vo [definit′ivu] *adj* definitiv, endgültig, maßgeblich.

de.for.ma.ção [deformas′ãw] *sf* die Missbildung, die Verkrüppelung, die Verbildung, die Entstellung.

de.fun.to [def′ũtu] *adj* tot, verstorben. • *sm* der Tote, der Verstorbene, die Leiche.

de.ge.lar [deʒel'ar] *vint* tauen, auftauen, schmelzen.

de.ge.ne.rar [deʒener'ar] *vpron* entarten, ausarten.

de.go.lar [degol'ar] *vtd* köpfen, enthaupten.

de.gra.da.ção [degradas'ãw] *sf* **1** der Abbau. **2** die Entwürdigung.

de.gra.dan.te [degrad'ãti] *adj* entwürdigend.

de.gra.dar [degrad'ar] *vtd* **1** abbauen. **2** entwürdigen, erniedrigen. **3** verschlechtern.

de.gra.dá.vel [degrad'avew] *adj* abbaubar.

de.grau [degr'aw] *sm* der Tritt, die Stufe (Treppe), die Sprosse (Leiter).

dei.tar [dejt'ar] *vint+vpron* **1** sich legen, sich hinlegen. *vtd* **2** legen, umlegen, hinlegen.

dei.xar [dejʃ'ar] *vtd* **1** lassen, erlauben, zulassen. **2** verlassen, fallen lassen, liegen lassen, stehen lassen, hängen lassen. **3** aussteigen.

de.je.to [deʒ'etu] *sm* der Abfall, der Müll.

de.la ['dɛlə] *prep+pron* **1** von ihr. **2** ihr, ihre.

de.le ['deli] *prep+pron* **1** von ihm. **2** sein, seine.

de.le.ga.ção [delegas'ãw] *sf* die Abordnung, die Delegation.

de.le.ga.ci.a [delegas'iə] *sf* das Revier, das Polizeirevier, die Wache.

de.le.ga.do [deleg'adu] *sm* **1** der Kommissar. **2** der Beauftragte, der Abgesandte, der Gesandte, der Vertreter.

de.le.gar [deleg'ar] *vtdi* delegieren, abordnen.

del.ga.do [dewg'adu] *adj* schlank, schmal, fein.

de.li.be.ra.ção [deliberas'ãw] *sf* **1** die Beratung. **2** die Entschließung, die Resolution.

de.li.be.ra.do [deliber'adu] *adj* gezielt, betont, bewusst, vorsätzlich, absichtlich.

de.li.be.rar [deliber'ar] *vti* beraten, bereden, beratschlagen.

de.li.ca.de.za [delikad'ezə] *sf* der Takt, die Zartheit, die Aufmerksamkeit.

de.li.ca.do [delik'adu] *adj* **1** empfindlich, zartfühlend, delikat. **2** zierlich, fein, zart, zerbrechlich. **3** schwächlich, schmächtig. **4** heikel, bedenklich.

D

de.lí.cia [del'isjə] *sf* **1** der Leckerbissen, die Delikatesse. **2** das Vergnügen. **3** die Wonne.

de.li.ci.o.so [delisi'ozu] *adj* **1** entzückend, zauberhaft. **2** köstlich, schmackhaft, lecker.

de.lin.quen.te [delĩk'wẽti] *sm* der Verbrecher, der Täter, der Übeltäter, der Delinquent.

de.li.rar [delir'ar] *vint* schwärmen, fantasieren, faseln, fiebern.

de.lí.rio [del'irju] *sm* Taumel, Wahn, Wahnsinn.

de.li.to [del'itu] *sm* Verbrechen, Vergehen, Tat, Untat, Straftat, Delikt.

de.ma.go.gi.a [demagoʒ'iə] *sf* Demagogie.

de.ma.go.go [demag'ogu] *sm* Demagoge, Volksverführer.

de.mais [dem'ajs] *adv* zu, übermäßig.

de.man.da [dem'ãdə] *sf* **1** Bedarf, Nachfrage. **2** Beanspruchung.

de.mar.car [demark'ar] *vtd* **1** abgrenzen, begrenzen. **2** vermessen.

de.ma.si.a.do [demazi'adu] *adj* übermäßig. • *adv* zu, allzu.

de.men.te [dem'ẽti] *adj* verblödet, schwachsinnig, verrückt, wahnsinnig.

de.mis.são [demis'ãw] *sf* **1** Entlassung. **2** Rücktritt, Abdankung. **pedir demissão** kündigen.

de.mi.tir [demit'ir] *vtd* **1** entlassen, kündigen, absetzen. **2** *pop* feuern, rausschmeißen. *vpron* **3** zurücktreten, abdanken.

de.mo.cra.ci.a [demokras'iə] *sf* Demokratie.

de.mo.crá.ti.co [demokr'atiku] *adj* demokratisch.

de.mo.li.ção [demolis'ãw] *sf* Abbruch, Abriss.

de.mo.lir [demol'ir] *vtd* abreißen, einreißen, niederreißen, abbrechen, demolieren.
de.mô.nio [dem'onju] *sm* Teufel, Satan, Böse.
de.mons.tra.ção [demõstras'ãw] *sf* **1** Beweis. **2** Vorführung.
de.mons.trar [demõstr'ar] *vtd* **1** darlegen, beweisen, erweisen. **2** vorführen, demonstrieren.
de.mo.ra [dem'ɔrə] *sf* **1** Verzögerung, Verspätung, Verzug. **2** Aufschub.
de.mo.rar [demor'ar] *vtd* **1** sich aufhalten. **2** ausbleiben, fortbleiben.
den.go.so [dẽg'ozu] *adj* geziert, weinerlich, verwöhnt.
den.gue [d'ẽgi] *sm* **1** Mätzchen, Ziererei. *sf* **2** Denguefieber, Siebentagefieber.
den.si.da.de [dẽsid'adi] *sf* Dichte.
den.so [d'ẽsu] *adj* dicht, dick.
den.ta.da [dẽt'adə] *sf* Biss.
den.ta.du.ra [dẽtad'urə] *sf* Gebiss.
den.te [d'ẽti] *sm* **1** Zahn. **2** Zacke.
den.tis.ta [dẽt'istə] *sm+f* Zahnarzt.
den.tro [d'ẽtru] *adv* **1** innen, drin, drinnen. **2** in.
de.nún.cia [den'ũsjə] *sf* **1** Anzeige. **2** Beschwerde, Beanstandung.
de.nun.ci.ar [denũsi'ar] *vtd* **1** anzeigen, Anzeige erstatten, denunzieren. **2** brandmarken, bloßstellen, anprangern. **3** verraten.
de.pa.rar [depar'ar] *vti* **1** stoßen auf. *vpron* **2** begegnen.
de.par.ta.men.to [departam'ẽtu] *sm* die Abteilung, die Dienststelle, das Referat, das Dezernat.
de.pen.dên.cia [depẽd'ẽsjə] *sf* **1** die Abhängigkeit. **2** der Raum, die Räumlichkeit, der Nebenraum.
de.pen.den.te [depẽd'ẽti] *adj* **1** abhängig. **2** hörig. • *sm* der Angehörige, das Familienmitglied, der Anhang.
de.pen.der [depẽd'er] *vti* abhängen.
de.pen.du.rar [depẽdur'ar] *vtdi* hängen, aufhängen.
de.pi.lar [depil'ar] *vtd* enthaaren.
de.plo.rá.vel [deplor'avew] *adj* bedauerlich, bedauernswert, beklagenswert.
de.po.i.men.to [depojm'ẽtu] *sm* die Aussage, die Zeugenaussage.
de.pois [dep'ojs] *adv* **1** nach, danach, darauf, dann, nachher. **2** ferner.
de.por [dep'or] *vtdi* **1** ablegen. **2** absetzen, entmachten. *vti* **3** zeugen, aussagen.
de.po.si.tar [depozit'ar] *vtd* **1** absetzen, niederlegen. **2** lagern, ablagern. **3** einzahlen, deponieren, hinterlegen.
de.pó.si.to [dep'ɔzitu] *sm* **1** das Lager, der Speicher, das Magazin, das Depot. **2** das Reservoir. **3** die Ablage. **4** die Einzahlung, die Einlage. **5** das Pfand, das Flaschenpfand.
de.pra.va.do [deprav'adu] *adj* verdorben, verkommen, sittenlos.
de.pre.ci.a.ção [depresjas'ãw] *sf* **1** die Abschreibung. **2** die Abwertung. **3** die Verachtung, die Geringschäzung.
de.pre.ci.ar [depresi'ar] *vtd* **1** abwerten, mindern. **2** unterschätzen. **3** verachten, geringschätzen.
de.pre.ci.a.ti.vo [depresjat'ivu] *adj* abfällig, abschätzig, geringschätzig, verächtlich.
de.pre.dar [depred'ar] *vtd* zerstören, kleinschlagen.
de.pres.sa [depr'ɛsə] *adv* **1** schnell, hurtig. **2** fluchtartig. **depressa!** rasch!
de.pres.são [depres'ãw] *sf* **1** die Verdrossenheit, die Bedrückung, die Depression. **2** *Geogr* die Niederung, die Mulde, die Vertiefung.
de.pri.men.te [deprim'ẽti] *adj* bedrückend, deprimierend.
de.pri.mi.do [deprim'idu] *adj* **1** niedergeschlagen, gedrückt, entmutigt, deprimiert. **2** verdrossen, betrübt, trübselig.
de.pu.ta.do [deput'adu] *sm* der Abgeordnete, der Parlamentarier.
der.ma.to.lo.gis.ta [dermatoloʒ'istə] *sm* der Hautarzt, der Dermatologe.

der.ra.dei.ro [der̃ad'ejru] *adj* letzte.
der.ra.mar [der̃am'ar] *vtd* **1** schütten, ausschütten, ausgießen, verschütten, vergießen. *vpron* **2** auslaufen, austreten, ausfließen.
der.ra.me [der̃'Ʌmi] *sm* der Erguss. **derrame cerebral** der Schlaganfall.
der.ra.par [der̃ap'ar] *vint* schleudern, abgleiten, ausrutschen.
der.re.ter [der̃et'er] *vint+vpron* tauen, auftauen, schmelzen, zerlaufen.
der.ro.ta [der̃'ɔtə] *sf* die Niederlage, die Abfuhr, die Schlappe.
der.ro.tar [der̃ot'ar] *vtd* schlagen, besiegen, bezwingen.
der.ru.bar [der̃ub'ar] *vtd* **1** fällen, stürzen, niederschlagen, niederreißen, umreißen, umstürzen. **2** abwerfen. **3** abschießen.
de.sa.ba.far [dezabaf'ar] *vtd* sich aussprechen, jemandem sein Herz ausschütten.
de.sa.ba.men.to [dezabam'ẽtu] *sm* der Erdrutsch, der Bergrutsch, der Zusammensturz.
de.sa.bar [dezab'ar] *vint* stürzen, einstürzen, zusammenstürzen.
de.sa.bo.to.ar [dezaboto'ar] *vtd* aufknöpfen.
de.sa.bri.ga.do [dezabrig'adu] *adj* obdachlos.
de.sa.bro.char [dezabroʃ'ar] *vint* aufblühen, aufbrechen.
de.sa.con.se.lhar [dezakõseʎ'ar] *vtd* abraten.
de.sa.cor.do [dezak'ordu] *sm* die Unstimmigkeit, die Differenz.
de.sa.cos.tu.ma.do [dezakostum'adu] *adj* ungewohnt.
de.sa.cre.di.ta.do [dezakredit'adu] *adj* diskreditiert, verrufen.
de.sa.fi.ar [dezafi'ar] *vtd* herausfordern, trotzen.
de.sa.fi.nar [dezafin'ar] *vtd* **1** verstimmen. *vint* **2** falsch singen/spielen.
de.sa.fi.o [dezaf'iu] *sm* die Herausforderung.
de.sa.fo.ro [dezaf'oru] *sm* die Dreistigkeit, die Unverschämtheit.
de.sa.gra.dar [dezagrad'ar] *vtd* missfallen.
de.sa.gra.dá.vel [dezagrad'avew] *adj* unangenehm, unbehaglich, peinlich, unerfreulich.
de.sa.jei.ta.do [dezaʒejt'adu] *adj* unbeholfen, ungeschickt, plump, linkisch, tollpatschig.
de.sa.li.nha.do [dezaliñ'adu] *adj* verwahrlost, unordentlich, schlampig.
de.sa.mar.rar [dezamar̃'ar] *vtd* losmachen, abbinden.
de.sa.mas.sar [desamas'ar] *vtd* ausbeulen.
de.sam.pa.ra.do [dezãpar'adu] *adj* **1** verlassen, schutzlos, hilflos. **2** verwahrlost.
de.sa.ni.ma.do [dezanim'adu] *adj* lustlos, mutlos, verdrossen.
de.sa.ni.mar [dezanim'ar] *vtd* **1** entmutigen. *vint* **2** den Mut verlieren.
de.sâ.ni.mo [dez'Ʌnimu] *sm* die Verdrossenheit, die Mutlosigkeit.
de.sa.pa.re.cer [dezapares'er] *vint* **1** verschwinden. **2** aussterben.
de.sa.pa.re.ci.do [dezapares'idu] *adj* verschwunden, verschollen, vermisst.
de.sa.per.ce.bi.do [dezapɛrseb'idu] *adj* unvorbereitet.
de.sa.pon.tar [dezapõt'ar] *vtd* enttäuschen.
de.sa.pro.pri.ar [dezapropri'ar] *vtd* enteignen.
de.sa.pro.var [dezaprov'ar] *vtd* ablehnen, verwerfen, missbilligen.
de.sar.mar [dezarm'ar] *vtd* entwaffnen, abrüsten.
de.sar.ru.mar [dezar̃um'ar] *vtd* durcheinander bringen.
de.sas.tra.do [dezastr'adu] *adj* ungeschickt.
de.sas.tre [dez'astri] *sm* das Unglück, das Unheil, die Katastrophe.
de.sas.tro.so [dezastr'ozu] *adj* verhängnisvoll, verheerend, heillos, katastrophal.

de.sa.ten.to [dezat'ẽtu] *adj* unaufmerksam, unachtsam, achtlos, fahrlässig.

de.sa.ti.var [dezativ'ar] *vtd* **1** stilllegen. **2** entschärfen (Bombe).

de.sa.ven.ça [dezav'ẽsə] *sf* der Streit, die Streitigkeit, die Differenz.

de.sa.ver.go.nha.do [dezavergoñ'adu] *adj* unverschämt, frech.

des.blo.que.ar [dezbloke'ar] *vtd* öffnen, freigeben.

des.bo.tar [dezbot'ar] *vint* ausbleichen, verblassen.

des.ca.bi.do [deskab'idu] *adj* unbillig, unangebracht, unpassend.

des.ca.la.bro [deskal'abru] *sm* der Zusammenbruch, das Missgeschick.

des.cal.çar [deskaws'ar] *vtd* ausziehen (Schuhe).

des.cal.ço [desk'awsu] *adj* barfuß, bloß.

des.cam.bar [deskãb'ar] *vti* ausarten.

des.can.sar [deskãs'ar] *vint* **1** ruhen, ausruhen, sich erholen, entspannen. **2** *pop* verschnaufen.

des.can.so [desk'ãsu] *sm* **1** die Ruhe, die Rast, die Pause, die Verschnaufpause. **2** die Erholung, die Entspannung, die Beruhigung. **3** der Feierabend. **4** die Muße.

des.ca.ra.do [deskar'adu] *adj* unverfroren, unverschämt, dreist.

des.car.ga [desk'argə] *sf* **1** der Abfluss, der Ausfluss, die Spülung. **2** die Entladung.

des.car.re.gar [deskar̃eg'ar] *vtd* **1** ausladen, abladen, entladen, löschen (Schiff). **2** abfeuern (Waffe).

des.car.tar [deskart'ar] *vtd* **1** ablegen, abwerfen (Karten). **2** verwerfen. **3** wegwerfen.

des.car.tá.vel [deskart'avew] *adj* zum Wegwerfen, Wegwerf...

des.cas.car [deskask'ar] *vtd* **1** schälen, abziehen, abschaben. *vint* **2** abblättern.

des.cen.den.te [desẽd'ẽti] *adj* fallend, absteigend. • *sm+f* der/die Nachkomme.

des.cen.der [desẽd'er] *vti* stammen, abstammen, entstammen.

des.cer [des'er] *vint* **1** fallen, abrutschen. **2** aussteigen, hinabgehen.

des.ci.da [des'idə] *sf* **1** der Abstieg, die Abfahrt. **2** der Niedergang.

des.co.ber.ta [deskob'ɛrtə] *sf* die Entdeckung, die Aufdeckung.

des.co.ber.to [deskob'ɛrtu] *adj* **1** ungedeckt, unbedeckt, bloß. **2** offen.

des.co.bri.men.to [deskobrim'ẽtu] *sm* die Entdeckung.

des.co.brir [deskobr'ir] *vtd* **1** entdecken, merken, enthüllen, entschleiern, herausfinden. **2** durchschauen. **3** entblößen, abdecken.

des.co.la.do [deskol'adu] *adj pop* allein stehend, geschieden.

des.con.cer.ta.do [deskõsert'adu] *adj* betroffen, fassungslos.

des.con.fi.a.do [deskõfi'adu] *adj* argwöhnisch, misstrauisch.

des.con.fi.an.ça [deskõfi'ãsə] *sf* der Verdacht, der Argwohn, das Misstrauen.

des.con.fi.ar [deskõfi'ar] *vti* misstrauen, misstrauisch sein, nicht trauen, argwöhnen.

des.con.for.tá.vel [deskõfort'avew] *adj* unbequem, ungemütlich, unbehaglich.

des.con.for.to [deskõf'ortu] *sm* die Unbequemlichkeit, das Unbehagen.

des.con.ge.lar [deskõʒel'ar] *vint+vtd* auftauen, abtauen, entfrosten.

des.co.nhe.ci.do [deskoñes'idu] *adj* unbekannt.

des.co.nhe.ci.men.to [deskoñesim'ẽtu] *sm* die Unkenntnis, die Unwissenheit.

des.con.si.de.rar [deskõsider'ar] *vtd* nicht beachten.

des.con.tar [deskõt'ar] *vtd* **1** abziehen. **2** einlösen (Scheck).

des.con.ten.ta.men.to [deskõtẽtam'ẽtu] *sm* die Unzufriedenheit.

des.con.ten.te [deskõt'ẽti] *adj* unzufrieden.

des.con.to [desk'õtu] *sm* der Abzug, der Rabatt, die Ermäßigung, der Diskont.
des.con.tra.ção [deskõtras'ãw] *sf* die Entspannung.
des.con.tra.í.do [deskõtra'idu] *adj* **1** entspannt, lässig. **2** salopp.
des.con.tro.la.do [deskõtrol'adu] *adj* unbeherrscht.
des.cren.ça [deskr'ẽsə] *sf* das Misstrauen, die Ungläubigkeit, der Unglaube.
des.cre.ver [deskrev'er] *vtd* beschreiben, umschreiben, darstellen, schildern.
des.cri.ção [deskris'ãw] *sf* die Beschreibung, die Darstellung, der Bericht.
des.cui.da.do [deskujd'adu] *adj* **1** unvorsichtig, unachtsam, achtlos, schlampig, leichtfertig. **2** fahrlässig.
des.cui.dar [deskujd'ar] *vti* vernachlässigen.
des.cui.do [desk'ujdu] *sm* **1** die Unvorsichtigkeit, das Versehen, der Schnitzer. **2** der Leichtsinn. **3** die Fahrlässigkeit.
des.cul.pa [desk'uwpə] *sf* die Ausrede, die Entschuldigung, die Verzeihung.
des.cul.par [deskuwp'ar] *vtd* entschuldigen. **desculpe!** Verzeihung!
des.de [d'ezdi] *prep* seit, ab. **desde então** seither.
des.dém [dezd'ẽj] *sm* die Verachtung.
des.de.nhar [dezdeñ'ar] *vtd* verachten.
des.do.brar [dezdobr'ar] *vtd* entfalten, aufklappen.
de.se.jar [deze3'ar] *vtd* wünschen, begehren, wollen.
de.se.já.vel [deze3'avew] *adj* wünschenswert, begehrenswert.
de.se.jo [dez'e3u] *sm* **1** der Wunsch, das Anliegen, die Bitte, das Begehren, die Lust. **2** das Verlangen, die Begierde.
de.sem.ba.ra.ça.do [dezẽbaras'adu] *adj* **1** ungeniert, resolut. **2** behend.
de.sem.bar.car [dezẽbark'ar] *vint* **1** aussteigen. *vtd* **2** ausladen, löschen.
de.sem.bar.que [dezẽb'arki] *sm* **1** die Landung. **2** das Ausladen, die Löschung.
de.sem.bru.lhar [dezẽbruλ'ar] *vtd* auspacken.
de.sem.pa.co.tar [dezẽpakot'ar] *vtd* auspacken.
de.sem.pe.nhar [dezẽpeñ'ar] *vtd* ausüben, versehen.
de.sem.pe.nho [dezẽp'eñu] *sm* die Leistung.
de.sem.pre.ga.do [dezẽpreg'adu] *adj* arbeitslos, erwerbslos, stellungslos. • *sm* Arbeitslose.
de.sem.pre.go [dezẽpr'egu] *sm* die Arbeitslosigkeit.
de.sen.ca.de.ar [dezẽkade'ar] *vtd* auslösen, entfachen, entfesseln.
de.sen.can.to [dezẽk'ãtu] *sm* die Enttäuschung.
de.sen.con.trar [dezẽkõtr'ar] *vtd* verpassen.
de.sen.co.ra.jar [dezẽkora3'ar] *vtd* entmutigen, abschrecken.
de.sen.ga.na.do [dezẽgan'adu] *adj* **1** hoffnungslos, abgeschrieben. **2** unheilbar.
de.se.nhar [dezeñ'ar] *vtd* zeichnen, entwerfen.
de.se.nhis.ta [dezeñ'istə] *sm* der Zeichner, der Graphiker.
de.se.nho [dez'eñu] *sm* **1** die Zeichnung. **2** das Motiv, das Muster. **desenho animado** Zeichentrickfilm.
de.sen.ro.lar [dezẽr̄ol'ar] *vtd* **1** abrollen, aufrollen, abwickeln. *vpron* **2** ablaufen. • *sm* der Fortgang.
de.sen.ten.di.men.to [dezẽtẽdim'ẽtu] *sm* die Streitigkeit.
de.sen.ter.rar [dezẽter̄'ar] *vtd* ausgraben.
de.sen.vol.ver [dezẽvowv'er] *vtd* **1** entfalten. **2** entwickeln, ausarbeiten, erschließen, leisten.
de.sen.vol.vi.do [dezẽvowv'idu] *adj* entwickelt.
de.sen.vol.vi.men.to [dezẽvowvim'ẽtu] *sm* **1** die Entwicklung, der Wuchs, das Wachstum. **2** der Aufschwung, der Aufbau.

de.se.qui.lí.brio [dezekil'ibrju] *sm* das Ungleichgewicht, das gestörte Gleichgewicht.

de.ser.to [dez'ɛrtu] *adj* einsam, öde, unbewohnt, verlassen. • *sm* die Wüste, die Öde.

de.ser.tor [dezert'or] *sm* der Überläufer, der Deserteur.

de.ses.pe.ra.do [dezesper'adu] *adj* verzweifelt, hoffnungslos.

de.ses.pe.ro [dezesp'eru] *sm* die Verzweiflung, die Hoffnungslosigkeit.

des.fa.vo.rá.vel [desfavor'avew] *adj* **1** ungünstig, widrig. **2** abgeneigt.

des.fa.zer [desfaz'er] *vtd* rückgängig machen, lösen, auflösen.

des.fe.cho [desf'eʃu] *sm* der Ausgang.

des.fi.la.dei.ro [desfilad'ejru] *sm* die Schlucht, der Hohlweg, der Engpass.

des.fi.lar [desfil'ar] *vint* aufziehen, vorüberziehen, einen Umzug machen.

des.fi.le [desf'ili] *sm* **1** der Zug, der Umzug, die Parade. **2** die Modeschau.

des.for.ra [desf'ɔr̃ə] *sf* die Vergeltung, die Rache.

des.fru.tar [desfrut'ar] *vtd* genießen.

des.gas.tar [dezgast'ar] *vtd* **1** abnutzen. **2** abreiben. **3** beanspruchen.

des.gas.te [dezg'asti] *sm* **1** die Abnutzung, der Verschleiß. **2** die Belastung, die Beanspruchung.

des.gos.to [dezg'ostu] *sm* **1** der Ärger, der Kummer, das Leid. **2** der Ekel, der Überdruss.

des.gra.ça [dezgr'asə] *sf* **1** das Unheil, das Unglück, das Verhängnis. **2** die Ungnade.

des.gra.ça.do [dezgras'adu] *adj* unglücklich, erbärmlich, elend, armselig. • *sm* Unglücksmensch.

des.gru.dar [dezgrud'ar] *vtd* lösen, ablösen.

de.sig.nar [dezign'ar] *vtd* **1** ernennen, bestimmen, vorsehen. **2** anweisen.

de.síg.nio [dez'ignju] *sm* **1** das Vorhaben, die Absicht, der Plan. **2** der Vorsatz.

de.si.gual [dezigw'aw] *adj* **1** ungleich, verschieden. **2** uneben.

de.si.gual.da.de [dezigwawd'adi] *sf* die Ungleichheit.

de.si.lu.dir [dezilud'ir] *vtd* enttäuschen, ernüchtern.

de.si.lu.são [deziluz'ãw] *sf* die Enttäuschung, die Ernüchterung.

de.sin.fe.tan.te [dezĩfet'ãti] *sm* **1** das Desinfektionsmittel. **2** die Beize.

de.sin.fe.tar [dezĩfet'ar] *vtd* desinfizieren.

de.si.ni.bi.do [dezinib'idu] *adj* **1** ungeniert. **2** hemmungslos, ungehemmt.

de.sin.te.gra.ção [dezĩtegras'ãw] *sf* die Auflösung, das Auseinanderfallen, der Zerfall.

de.sin.te.res.sa.do [dezĩteres'adu] *adj* **1** selbstlos. **2** unbeteiligt, teilnahmslos, lustlos.

de.sin.te.res.se [dezĩter'esi] *sm* die Interesselosigkeit, die Unlust.

de.sis.tên.cia [dezist'ẽsjə] *sf* **1** der Verzicht, die Aufgabe, die Kapitulation, der Rücktritt. **2** die Absage.

de.sis.tir [dezist'ir] *vti* **1** aufgeben, kapitulieren, verzichten auf. **2** absagen.

des.je.jum [deʒeʒ'ũ] *sm* das Frühstück.

des.le.al [dezle'aw] *adj* unehrlich, unredlich, untreu, treulos.

des.lei.xa.do [dezlejʃ'adu] *adj* **1** unordentlich, schludrig, schmuddelig, schlampig, liederlich. **2** *pop* vergammelt.

des.li.ga.do [dezlig'adu] *adj* **1** aus. **2** dösig.

des.li.gar [dezlig'ar] *vtd* abstellen, abdrehen, abschalten, ausmachen, ausschalten, auflegen (Telefon).

des.li.zar [dezliz'ar] *vint* rutschen, ausrutschen, abrutschen.

des.lo.car [dezlok'ar] *vtd* **1** rücken, schieben. **2** verschieben, verdrängen, versetzen. **3** verrenken. *vpron* **4** sich fortbewegen.

des.lum.bran.te [dezlũbr'ãti] *adj* blendend, märchenhaft, faszinierend.

des.mai.ar [dezmaj'ar] *vint* **1** ohnmächtig werden, umfallen. **2** *pop* umkippen.

des.mai.o [dezm'aju] *sm* die Ohnmacht.
des.man.char [dezmãʃ'ar] *vtd* **1** abbauen, ausschlachten (Wrack), zerlegen, abbrechen. **2** abtrennen (Genähtes).
des.mas.ca.rar [dezmaskar'ar] *vtd* entlarven, durchschauen, bloßstellen.
des.ma.ta.men.to [dezmatam'ẽtu] *sm* der Kahlschlag, die Abholzung.
des.men.ti.do [dezmẽt'idu] *sm* das Dementi, die Berichtigung.
des.men.tir [dezmẽt'ir] *vtd* **1** leugnen, ableugnen, verleugnen, abstreiten, dementieren. **2** widerlegen.
des.mi.o.la.do [dezmiol'adu] *adj* **1** hirnverbrannt. **2** geistlos.
des.mon.tar [dezmõt'ar] *vtd* abbauen, auseinandernehmen, abmontieren.
des.mo.ra.li.zar [dezmoraliz'ar] *vtd* **1** demoralisieren. **2** entmutigen.
des.mo.ro.na.men.to [dezmoronam'ẽtu] *sm* **1** der Erdrutsch, der Bergrutsch. **2** der Zusammensturz, der Zusammenbruch.
des.mo.ro.nar [dezmoron'ar] *vint* zusammenstürzen, einstürzen, umstürzen, zusammenbrechen.
des.mo.ti.va.do [dezmotiv'adu] *adj* unmotiviert.
des.ne.ces.sá.rio [dezneses'arju] *adj* unnötig, überflüssig, müßig.
des.nu.tri.ção [deznutris'ãw] *sf* die Unterernährung.
de.so.be.de.cer [dezobedes'er] *vtd* nicht gehorchen, ungehorsam sein.
de.so.be.di.ên.cia [dezobedi'ẽsjə] *sf* der Ungehorsam.
de.so.cu.pa.ção [dezokupas'ãw] *sf* die Räumung.
de.so.cu.pa.do [dezokup'adu] *adj* **1** unbewohnt. **2** untätig, beschäftigungslos. • *sm* der Gammler.
de.so.do.ran.te [dezodor'ãti] *sm* das Deo, das Deodorant.
de.so.la.do [dezol'adu] *adj* **1** untröstlich, verlassen. **2** bestürzt. **3** öde, kahl.
de.so.nes.to [dezon'ɛstu] *adj* **1** unehrlich, unredlich. **2** unsauber.
de.sor.dei.ro [dezord'ejru] *sm* der Unruhestifter, der Raufbold.
de.sor.dem [dez'ɔrdẽj] *sf* **1** die Unordnung, das Durcheinander, die Schlamperei. **2** die Unruhe, der Krawall. **3** die Störung, die Verwirrung, der Wirrwarr.
de.sor.de.na.do [dezorden'adu] *adj* unordentlich, wirr.
de.so.ri.en.ta.do [dezorjẽt'adu] *adj* orientierungslos, verwirrt.
des.pa.chan.te [despaʃ'ãti] *sm* **1** der Abfertiger (Bus, Zug, Lager). **2** der Agent.
des.pa.char [despaʃ'ar] *vtd* **1** abfertigen. **2** schicken, abschicken, senden.
des.pa.cho [desp'aʃu] *sm* **1** der Versand, die Abfertigung, der Abgang, die Aufgabe. **2** die Erledigung, die Bearbeitung.
des.pe.da.çar [despedas'ar] *vtd* **1** einschlagen, zerschlagen, zerbrechen. *vpron* **2** splittern.
des.pe.di.da [desped'idə] *sf* der Abschied, die Trennung.
des.pe.dir [desped'ir] *vtd* **1** verabschieden. **2** entlassen, kündigen.
des.pe.jar [despeʒ'ar] *vtdi* **1** schütten, ausschütten, ausleeren. **2** räumen.
des.pe.jo [desp'eʒu] *sm* die Räumung.
des.pen.car [despẽk'ar] *vint* abstürzen.
des.pen.sa [desp'ẽsə] *sf* die Vorratskammer, der Keller.
des.pen.te.a.do [despente'adu] *adj* strubbelig, wirr.
des.per.ce.bi.do [desperseb'idu] *adj* unauffällig, unbemerkt.
des.per.di.çar [desperdis'ar] *vtd* **1** verschwenden, vergeuden. **2** verschenken, verspielen, vergeben (Chance).
des.per.dí.cio [desperd'isju] *sm* die Verschwendung, die Vergeudung.
des.per.ta.dor [despertad'or] *sm* der Wecker.
des.per.tar [despert'ar] *vint* **1** aufwachen. *vtd* **2** wecken, aufwecken. • *sm* **1** das Erwachen. **2** der Aufbruch.

D

des.pe.sa [desp'ezə] *sf* **1** die Ausgabe. **2** *pl* die Unkosten, der Aufwand, die Kosten, die Spesen.

des.pir [desp'ir] *vtd* **1** ausziehen, entkleiden. **2** ablegen. *vpron* **3** sich ausziehen.

des.pis.tar [despist'ar] *vtd* ablenken, täuschen.

des.pre.o.cu.pa.ção [despreokupas'ãw] *sf* die Sorglosigkeit.

des.pre.o.cu.pa.do [despreokup'adu] *adj* unbekümmert, unbeschwert, unbesorgt, sorglos.

des.pre.ve.ni.do [despreven'idu] *adj* ahnungslos, unvorbereitet.

des.pre.zar [desprez'ar] *vtd* verachten.

des.pre.zí.vel [desprez'ivew] *adj* **1** verächtlich, mies. **2** unwesentlich (Menge).

des.pre.zo [despr'ezu] *sm* die Verachtung, die Missachtung.

des.pro.por.ci.o.nal [desproporsjon'aw] *adj* unangemessen.

des.qua.li.fi.ca.ção [deskwalifikas'ãw] *sf* der Ausschluss, die Disqualifikation.

des.res.pei.tar [dezr̃espejt'ar] *vtd* missachten.

des.sa ['dɛsə] *prep+pron* **1** dieser. **2** von dieser.

des.se ['desə] *prep+pron* **1** dieses. **2** von diesem.

des.ta ['dɛstə] *prep+pron* **1** dieser. **2** von dieser.

des.ta.ca.do [destak'adu] *adj* hervorragend, überragend.

des.ta.car [destak'ar] *vtd* **1** abtrennen, lösen. **2** abstellen. **3** hervorheben. *vpron* **4** sich auszeichnen, sich profilieren als, sich hervortun, ragen.

des.ta.cá.vel [destak'avew] *adj* abtrennbar.

des.tam.par [destãp'ar] *vtd* abdecken, aufdecken.

des.ta.que [dest'aki] *sm* die Hervorhebung, die Betonung, der Akzent.

des.te ['desti] *prep+pron* **1** dieses. **2** von diesem.

des.te.mi.do [destem'idu] *adj* unerschrocken, kühn.

des.ti.lar [destil'ar] *vtd* destillieren, verdampfen, brennen (Spirituosen).

des.ti.la.ria [destilar'iə] *sf* die Brennerei.

des.ti.nar [destin'ar] *vtdi* **1** adressieren, bestimmen. **2** reservieren.

des.ti.na.tá.rio [destinat'arju] *sm* der Empfänger, der Adressat.

des.ti.no [dest'inu] *sm* **1** das Los, das Schicksal. **2** das Ziel, das Reiseziel. **3** die Adresse.

des.ti.tu.ir [destitu'ir] *vtd* absetzen.

des.to.ar [desto'ar] *vti* **1** nicht passen zu. **2** aus der Rolle fallen.

des.tran.car [destrãk'ar] *vtd* aufmachen, aufriegeln.

des.tra.var [destrav'ar] *vtd* aufriegeln, entriegeln.

des.tre.za [destr'ezə] *sf* die Fertigkeit, das Geschick.

des.trin.char [destrĩʃ'ar] *vtd* entwirren, lösen.

des.tro [d'estru] *adj* **1** rechtshändig. **2** geschickt, gewandt.

des.tro.çar [destros'ar] *vtd* zerfetzen, zerschlagen, zertrümmern.

des.tro.ço [destr'osu] *sm* die Trümmer *pl*.

des.tru.i.ção [destrwis'ãw] *sf* **1** die Vernichtung, die Zerstörung. **2** der Untergang.

des.tru.ir [destru'ir] *vtd* **1** zerstören, vernichten. **2** zertrümmern, demolieren, ruinieren.

de.su.ma.no [dezum'ʌnu] *adj* unmenschlich, schonungslos.

de.su.ni.ão [dezun'iãw] *sf* die Uneinigkeit.

de.su.ni.do [dezun'idu] *adj* uneinig, uneins.

des.va.lo.ri.za.ção [dezvalorizas'ãw] *sf* die Abwertung, die Entwertung, der Kursverfall.

des.va.lo.ri.zar [dezvaloriz'ar] *vtd* abwerten, entwerten.

des.van.ta.gem [dezvãt'aʒẽj] *sf* der Nachteil, die Benachteiligung.

des.ven.ci.lhar [dezvẽsiλ'ar] *vpron* sich befreien, sich losmachen.

des.ven.dar [dezvẽd'ar] *vtd* entschleiern, aufdecken, enthüllen.
des.ven.tu.ra [dezvẽt'urə] *sf* das Unglück, das Missgeschick.
des.vi.ar [dezvi'ar] *vtdi* **1** abwenden. **2** abzweigen, ableiten. **3** ablenken, abbringen, irreführen. **4** unterschlagen, entwenden.
des.vi.o [dezv'iu] *sm* **1** die Umleitung, der Umweg. **2** die Abweichung, die Abzweigung. **3** die Unterschlagung.
de.ta.lha.do [detaλ'adu] *adj* ausführlich, detailliert, minuziös, eingehend.
de.ta.lhe [det'aλi] *sm* **1** der Ausschnitt. **2** die Einzelheit, das Detail.
de.tec.tar [detekt'ar] *vtd* feststellen, wahrnehmen.
de.ten.ção [detẽs'ãw] *sf* **1** die Festnahme, die Verhaftung. **2** die Haft.
de.ten.to [det'ẽtu] *sm* der Verhaftete, der Sträfling.
de.ter [det'er] *vtd* **1** anhalten, aufhalten, zurückhalten. **2** verhaften, festnehmen. **3** innehaben.
de.ter.gen.te [deterʒ'ẽti] *sm* das Spülmittel, das Waschmittel.
de.te.ri.o.rar [deterjor'ar] *vtd* verschlechtern, verderben.
de.ter.mi.na.ção [determinas'ãw] *sf* **1** die Bestimmumg, die Entschließung. **2** die Entschlossenheit, die Entschiedenheit, die Festigkeit.
de.ter.mi.na.do [determin'adu] *adj* entschieden, entschlossen, bestimmt, energisch.
de.ter.mi.nar [determin'ar] *vtd* **1** bestimmen. **2** festsetzen.
de.tes.tar [detest'ar] *vtd* hassen, verabscheuen.
de.tes.tá.vel [detest'avew] *adj* abscheulich, zuwider.
de.te.ti.ve [detet'ivi] *sm* der Detektiv.
de.to.na.ção [detonas'ãw] *sf* die Zündung, die Detonation, der Knall.
de.to.nar [deton'ar] *vtd* **1** zünden. *vint* **2** knallen.
de.trás [detr'as] *adv* hinter.
de.tri.to [detr'itu] *sm* der Abfall, der Schutt.
de.tur.par [deturp'ar] *vtd* entstellen, verdrehen, verfälschen.
Deus [d'ews] *sm* (der) Gott, der Herrgott.
deu.sa [d'ewzə] *sf* die Göttin.
de.va.gar [devag'ar] *adv* langsam, sacht.
de.va.nei.o [devan'eju] *sm* die Träumerei.
de.vas.so [dev'asu] *adj* ausschweifend, zügellos.
de.vas.ta.ção [devastas'ãw] *sf* die Verwüstung, die Verheerung, die Zerstörung.
de.vas.tar [devast'ar] *vtd* verheeren, verwüsten, ausradieren.
de.ve.dor [deved'or] *sm* der Schuldner.
de.ver [dev'er] *vtd* **1** schulden, verdanken. **2** sollen, müssen. • *sm* die Pflicht, die Aufgabe.
de.vi.da.men.te [devidam'ẽti] *adv* gehörig, ordnungsgemäß.
de.vi.do [dev'idu] *adj* **1** gehörig, gebührend, entsprechend, einschlägig. **2** fällig. **devido a** wegen.
de.vo.ção [devos'ãw] *sf* die Andacht, die Hingabe.
de.vo.lu.ção [devolus'ãw] *sf* die Erstattung, die Rückerstattung, die Rückgabe.
de.vol.ver [devowv'er] *vtd* **1** zurückgeben, erstatten. **2** zurückschicken.
de.vo.rar [devor'ar] *vtd* verschlingen, vertilgen, auffressen.
de.vo.to [dev'ɔtu] *adj* religiös, andächtig, gläubig, fromm. • *sm* der Verehrer.
de.zem.bro [dez'ẽbru] *sm* der Dezember.
de.ze.na [dez'enə] *sf* zehn Stück.
di.a [d'iə] *sm* der Tag. **de dia** bei Tag. **dia útil** der Arbeitstag, der Werktag.
di.a.be.te [djab'ɛti] *sm+f* der Diabetes, die Zuckerkrankheit.
di.a.bé.ti.co [djab'ɛtiku] *adj* zuckerkrank. • *sm* der Diabetiker, der Zuckerkranke.
di.a.bo [di'abu] *sm* der Teufel, der Satan.
dia.bó.li.co [djab'ɔliku] *adj* teuflisch.

D

di.a.frag.ma [djafr'agmə] *sm* **1** *Anat* das Zwerchfell. **2** die Membran(e). **3** die Blende (Fotoapparat).

di.ag.nos.ti.car [djagnostik'ar] *vtd* diagnostizieren, feststellen.

di.ag.nós.ti.co [djagn'ɔstiku] *sm* die Diagnose, der Befund.

di.a.go.nal [djagon'aw] *adj* diagonal, quer, schräg. • *sf* die Diagonale.

di.a.gra.ma [djagr'ʌmə] *sm* das Schaubild, die Darstellung, das Diagramm.

dia.le.to [djal'ɛtu] *sm* die Mundart, der Dialekt.

di.a.lo.gar [djalog'ar] *vti* miteinander sprechen.

di.á.lo.go [di'alogu] *sm* der Dialog.

di.a.man.te [djam'ãti] *sm* der Diamant.

di.â.me.tro [di'ʌmetru] *sm* der Durchmesser.

di.an.te [di'ãti] *adv* vor; voran.

di.á.ria [di'arjə] *sf* **1** das Tagegeld. **2** *pl* die Diäten, die Tagegelder.

di.á.rio [di'arju] *adj* täglich, alltäglich. • *sm* **1** die Tageszeitung. **2** das Tagebuch.

di.ar.rei.a [djar̄'ɛjə] *sf* der Durchfall.

di.ca [dik'ə] *sf* der Tipp, der Wink.

dic.ção [diks'ãw] *sf* die Aussprache.

di.ci.o.ná.rio [disjon'arju] *sm* das Wörterbuch, das Lexikon.

di.dá.ti.ca [did'atikə] *sf* die Didaktik.

di.e.ta [di'ɛtə] *sf* **1** die Schonkost, die Diät. **2** die Abmagerungskur.

di.fa.ma.ção [difamas'ãw] *sf* die Verleumdung, die Lästerung.

di.fa.mar [difam'ar] *vtd* verleumden, diffamieren, lästern, verteufeln.

di.fe.ren.ça [difer'ẽsə] *sf* **1** der Unterschied, die Differenz. **2** die Unstimmigkeit.

di.fe.ren.ci.ar [diferẽsi'ar] *vtd* abgrenzen, differenzieren, auseinander halten.

di.fe.ren.te [difer'ẽti] *adj* anders, verschieden, originell.

di.fí.cil [dif'yisiw] *adj* **1** schwierig, mühsam, schwer, heikel. **2** spröde. • *adv* schwerlich.

di.fi.cul.da.de [difikuwd'adi] *sf* **1** die Schwierigkeit, die Mühe, die Beschwerde. **2** die Tücke.

di.fi.cul.tar [difikuwt'ar] *vtd* erschweren, beeinträchtigen.

di.fun.dir [difũd'ir] *vtd* **1** verbreiten. **2** ausstrahlen. *vpron* **3** sich ausbreiten, sich fortpflanzen.

di.fu.são [difuz'ãw] *sf* **1** die Verbreitung. **2** die Ausstrahlung. **3** die Fortpflanzung.

di.fu.so [dif'uzu] *adj* verschwommen.

di.ge.rir [diʒer'ir] *vtd* **1** verdauen. **2** verarbeiten.

di.ges.tão [diʒest'ãw] *sf* die Verdauung.

di.ges.ti.vo [diʒest'ivu] *adj* verdaulich, Verdauungs...

di.gi.ta.ção [diʒitas'ãw] *sf* die Eingabe von Daten.

di.gi.tal [diʒit'aw] *adj* digital.

di.gi.tar [diʒit'ar] *vtd* eintippen, eingeben.

dí.gi.to [d'iʒitu] *sm* die Ziffer, die Zahl.

dig.ni.da.de [dignid'adi] *sf* die Würde, der Anstand.

dig.no [d'ignu] *adj* würdig, wert, anständig.

di.la.ta.ção [dilatas'ãw] *sf* **1** die Erweiterung, die Dehnung, die Ausdehnung. **2** die Blähung.

di.la.tar [dilat'ar] *vtd* **1** dehnen, ausdehnen. **2** blähen. *vpron* **3** sich weiten.

di.le.ma [dil'emə] *sm* die Zwangslage, der Zwiespalt, das Dilemma.

di.li.gên.cia [diliʒ'ẽsjə] *sf* **1** der Fleiß. **2** die Maßnahme, der Schritt. **3** die Postkutsche.

di.lu.ir [dilu'ir] *vtd* **1** verdünnen. **2** spritzen (Getränk).

di.lú.vio [dil'uvju] *sm* die Sintflut.

di.men.são [dimẽs'ãw] *sf* die Ausdehnung, das Maß, das Ausmaß.

di.mi.nu.i.ção [diminwis'ãw] *sf* der Rückgang, die Abnahme, die Verminderung.

di.mi.nu.ir [diminu'ir] *vtd* **1** verringern, senken, mindern, vermindern, reduzieren, schmälern. **2** kürzen, verkürzen, verkleinern. **3** erniedrigen. *vint* **4** abnehmen, zurückgehen.

di.mi.nu.ti.vo [diminut'ivu] *sm* die Verkleinerungsform.

di.nâ.mi.ca [din'ʌmikə] *sf* die Dynamik, der Elan.

di.nâ.mi.co [din'ʌmiku] *adj* dynamisch, betriebsam, rasant.

di.na.mi.tar [dinamit'ar] *vtd* sprengen.

di.nhei.ro [diñ'ejru] *sm* das Geld.

di.nos.sau.ro [dinos'awru] *sm* der Dinosaurier.

di.plo.ma [dipl'omə] *sm* das Diplom, die Urkunde, das Zertifikat.

di.plo.ma.ci.a [diplomas'iə] *sf* die Diplomatie.

di.plo.ma.ta [diplom'atə] *sm* der Diplomat.

di.plo.má.ti.co [diplom'atiku] *adj* diplomatisch.

di.que [d'iki] *sm* der Deich, der Damm, die Trasse.

di.re.ção [dires'ãw] *sf* **1** die Leitung, die Direktion, die Intendanz. **2** die Regie (Film, TV). **3** die Richtung, die Fahrtrichtung. **4** die Lenkung, die Steuerung.

di.rei.ta [dir'ejtə] *sf* die Rechte. **à direita** (nach) rechts.

di.rei.to [dir'ejtu] *adj* recht, richtig, ordentlich. • *sm* **1** das Recht. **2** Jura, die Rechtswissenschaft.

di.re.to [dir'ɛtu] *adj* **1** direkt, unmittelbar. **2** durchgehend. **3** unmissverständlich, schonungslos.

di.re.tor [diret'or] *sm* der Direktor, der Leiter, der Chef, der Intendant.

di.re.to.ri.a [diretor'iə] *sf* die Direktion, die Intendanz, die Betriebsleitung.

di.re.triz [diretr'is] *sf* die Richtlinie, die Richtschnur, die Weisung.

di.ri.gen.te [diriʒ'ẽti] *sm* der Leiter.

di.ri.gir [diriʒ'ir] *vtd* **1** leiten, lenken, managen, betreuen. **2** steuern, fahren, lenken (Fahrzeuge). **3** richten.

dis.car [disk'ar] *vint* wählen (Telefon).

dis.cer.ni.men.to [disernim'ẽtu] *sm* **1** die Urteilskraft, das Augenmaß. **2** die Erkenntnis.

dis.ci.pli.na [disipl'inə] *sf* **1** die Disziplin, die Zucht, die Ordnung. **2** das Fach.

dis.cí.pu.lo [dis'ipulu] *sm* **1** der Jünger, der Anhänger. **2** der Schüler.

dis.co [d'isku] *sm* **1** die Platte, die Schallplatte. **2** die Scheibe.

dis.cor.dar [diskord'ar] *vti* abweichen, anderer Meinung sein.

dis.cór.dia [disk'ɔrdjə] *sf* die Zwietracht.

dis.co.te.ca [diskot'ɛkə] *sf* die Disko, die Diskothek.

dis.cre.pân.cia [diskrep'ãsjə] *sf* die Unstimmigkeit, die Abweichung, die Diskrepanz.

dis.cre.to [diskr'ɛtu] *adj* unauffällig, diskret, zurückhaltend, taktvoll.

dis.cri.ção [diskris'ãw] *sf* die Zurückhaltung, die Diskretion.

dis.cri.mi.na.ção [diskriminas'ãw] *sf* die Diskriminierung, die Benachteiligung.

dis.cri.mi.nar [diskrimin'ar] *vtd* **1** auseinander halten. **2** auszeichnen. **3** benachteiligen, diskriminieren.

dis.cur.sar [diskurs'ar] *vti* reden, eine Rede halten.

dis.cur.so [disk'ursu] *sm* **1** die Rede. **2** der Vortrag.

dis.cus.são [diskus'ãw] *sf* die Diskussion, der Wortwechsel, die Auseinandersetzung, die Unterredung, die Debatte.

dis.cu.tir [diskut'ir] *vtd+vint* diskutieren, besprechen, debattieren.

dis.far.çar [disfars'ar] *vtd* verschleiern, maskieren, beschönigen, kaschieren. *vpron* **2** sich verstellen.

dis.far.ce [disf'arsi] *sm* die Tarnung, die Verstellung.

dis.jun.tor [disʒũt'or] *sm* der Schalter.

dis.pa.ra.da [dispar'yadə] *sf* der Galopp, der Lauf.

D

dis.pa.rar [dispar'ar] *vtd* **1** schießen, feuern. **2** auslösen, knipsen (Foto). **3** spurten, davonlaufen.

dis.pa.ra.te [dispar'ati] *sm* **1** der Unfug, der Unsinn, der Blödsinn, der Quatsch.

dis.pa.ro [disp'aru] *sm* der Schuss.

dis.pen.di.o.so [dispẽdi'ozu] *adj* aufwendig, kostspielig.

dis.pen.sa [disp'ẽsə] *sf* **1** die Befreiung, der Erlass. **2** die Entlassung.

dis.pen.sar [dispẽs'ar] *vtdi* **1** erlassen, befreien, frei geben. **2** sich erübrigen, entbehren können.

dis.pen.sá.vel [dispẽs'avew] *adj* entbehrlich.

dis.per.sar [dispers'ar] *vtd* **1** zerstreuen, auseinander treiben. *vpron* **2** sich verzetteln.

dis.per.so [disp'ɛrsu] *adj* zerstreut, verstreut.

dis.pli.cen.te [displis'ẽti] *adj* **1** nachlässig. **2** lustlos.

dis.po.ni.bi.li.da.de [disponibilid'adi] *sf* die Verfügbarkeit.

dis.po.ní.vel [dispon'ivew] *adj* verfügbar, vorhanden, lieferbar, flüssig (Mittel), parat.

dis.por [disp'or] *vtdi* anordnen, bestimmen, disponieren. **dispor de** verfügen über.

dis.po.si.ção [dispozis'ãw] *sf* **1** die Bereitschaft, die Laune, die Disposition, die Verfassung. **2** die Bestimmung. **3** die Maßnahme, die Verfügung.

dis.po.si.ti.vo [dispozit'ivu] *sm* die Vorrichtung.

dis.pos.to [disp'ostu] *adj* **1** rüstig. **2** bereit, bereitwillig, gutwillig. **3** aufgelegt.

dis.pu.ta [disp'utə] *sf* die Auseinandersetzung, die Polemik, der Zank, der Streit.

dis.que.te [disk'ɛti] *sm* die Diskette.

dis.ser.ta.ção [disertas'ãw] *sf* **1** die Abhandlung. **2** die Doktorarbeit.

dis.si.mu.la.do [disimul'adu] *adj* heuchlerisch.

dis.si.mu.lar [disimul'ar] *vtd* **1** heucheln, verhehlen, vorgeben. *vint* **2** sich verstellen.

dis.si.par [disip'ar] *vtd* **1** vergeuden, verschleudern, verschwenden. **2** auflösen (Nebel).

dis.so [d'isu] *prep+pron* (**de+isso**) davon, daraus, hieraus, hiervon.

dis.so.lu.ção [disolus'ãw] *sf* die Auflösung, die Trennung.

dis.so.lú.vel [disol'uvew] *adj* löslich, lösbar, auflösbar.

dis.sol.ver [disowv'er] *vtd* lösen, auflösen.

dis.su.a.dir [diswad'ir] *vtd* abschrecken, abraten.

dis.tân.cia [dist'ãsjə] *sf* die Entfernung, die Distanz, die Strecke.

dis.tan.te [dist'ãti] *adj* **1** abwesend. **2** weit, fern, entfernt, abgelegen. **3** weitläufig (verwandt).

dis.ten.são [distẽs'ãw] *sf* **1** die Zerrung, die Dehnung. **2** die Entspannung.

dis.tin.ção [distĩs'ãw] *sf* **1** die Auszeichnung, das Prädikat. **2** die Unterscheidung, der Unterschied.

dis.tin.guir [distĩg'ir] *vtdi* **1** auszeichnen. **2** auseinander halten, differenzieren, trennen, unterscheiden. **3** erkennen.

dis.tin.ti.vo [distĩt'ivu] *sm* **1** das Abzeichen, die Anstecknadel. **2** das Merkmal, das Erkennungszeichen.

dis.tin.to [dist'ĩtu] *adj* **1** deutlich. **2** vornehm, fein, distinguiert.

dis.tor.cer [distors'er] *vtd* verdrehen, verzerren, entstellen, verfälschen.

dis.tra.ção [distras'ãw] *sf* **1** die Ablenkung, die Zerstreuung. **2** das Vergnügen, die Unterhaltung, die Belustigung, die Abwechslung.

dis.tra.í.do [distra'idu] *adj* zerstreut, unaufmerksam, gedankenlos, geistesabwesend, achtlos.

dis.tra.ir [distra'ir] *vtd* **1** ablenken, zerstreuen. **2** aufheitern.

dis.tri.bu.i.ção [distribwis'ãw] *sf* **1** die Verteilung, der Vertrieb, die Zustellung, die Ausgabe. **2** der Verleih, der Verteiler. **3** die Einteilung.
dis.tri.bu.ir [distribu'ir] *vtd* **1** verteilen, aufteilen, einteilen. **2** abgeben, vertreiben. **3** austeilen, ausgeben, ausschütten (Gewinn).
dis.tri.to [distr'itu] *sm* **1** der Kreis, der Bezirk, das Revier. **2** das Stadtviertel, der Stadtteil. **distrito policial** das Polizeirevier, die Wache.
dis.túr.bio [dist'urbju] *sm* **1** die Störung. **2** die Ausschreitung, die Unruhe, der Krawall.
di.ta.du.ra [ditad'urə] *sf* die Diktatur.
di.tar [dit'ar] *vtd* diktieren.
di.va.gar [divag'ar] *vint* abkommen, abschweifen.
di.ver.gên.cia [diverʒ'ẽsjə] *sf* **1** die Abweichung, die Differenz. **2** die Unstimmigkeit, die Meinungsverschiedenheit.
di.ver.são [divers'ãw] *sf* das Vergnügen, die Abwechslung, die Ablenkung, der Zeitvertreib, die Zerstreuung.
di.ver.si.da.de [diversid'adi] *sf* die Vielfalt, die Mannigfaltigkeit.
di.ver.so [div'ɛrsu] *adj* verschieden.
di.ver.ti.do [divert'idu] *adj* vergnügt, amüsant, lustig.
di.ver.ti.men.to [divertim'ẽtu] *sm* das Vergnügen, die Unterhaltung, die Abwechslung.
di.ver.tir [divert'ir] *vtd+vpron* vergnügen, unterhalten, zerstreuen, amüsieren, erheitern. **divirta-se!** viel Spaß!
dí.vi.da [d'ividə] *sf* die Schuld.
di.vi.dir [divid'ir] *vtd* **1** teilen, dividieren. **2** trennen, aufteilen, einteilen. *vpron* **3** sich gliedern.
di.vi.no [div'inu] *adj* göttlich.
di.vi.sa [div'izə] *sf* **1** das Motto. **2** die Grenze, die Landesgrenze. **3** die Devise.
di.vi.são [diviz'ãw] *sf* **1** die Gliederung, die Aufgliederung, die Einteilung. **2** die Spaltung, die Teilung, die Trennung. **3** die Division, die Abteilung.
di.vi.só.ria [diviz'ɔrjə] *sf* **1** die Trennwand. **2** die Wasserscheide.
di.vor.ci.a.do [divorsi'adu] *adj* geschieden.
di.vor.ci.ar [divorsi'ar] *vtd* **1** scheiden. *vpron* **2** sich scheiden lassen.
di.vór.cio [div'ɔrsju] *sm* die Scheidung, die Ehescheidung.
di.vul.ga.ção [divuwgas'ãw] *sf* die Verbreitung, die Bekanntmachung.
di.vul.gar [divuwg'ar] *vtd* bekannt machen, verbreiten.
di.zer [diz'er] *vtd* **1** sagen, aussagen, angeben. **2** lauten.
do ['du] *prep+art* **1** des. **2** von dem.
dó [d'ɔ] *sf* **1** das Mitleid. *sm* **2** *Mús* das C.
do.a.ção [doas'ãw] *sf* die Schenkung, die Spende, die Stiftung.
do.a.dor [doad'or] *sm* der Spender, der Stifter.
do.ar [do'ar] *vtd* schenken, spenden, stiften.
do.bra [d'ɔbrə] *sf* **1** die Falte. **2** der Falz, der Knick.
do.brar [dobr'ar] *vtd* **1** verdoppeln. **2** falten, zusammenlegen, falzen, knicken. **3** beugen. **4** biegen.
do.brá.vel [dobr'avew] *adj* zusammenklappbar, Klapp...
do.bro [d'obru] *sm* das Doppelte.
do.ce [d'osi] *adj* **1** süß. **2** goldig, herzig, lieblich. • *sm* **1** die Süßigkeit, das Kompott. **2** das Konfekt. **3** *pl* die Süßwaren.
do.ce.ri.a [doser'jə] *sf* die Konditorei.
dó.cil [d'ɔsiw] *adj* folgsam, gefügig, willig.
do.cu.men.ta.ção [dokumẽtas'ãw] *sf* die Unterlagen, die Akte, die Dokumentation, die Papiere.
do.cu.men.tar [dokumẽt'ar] *vtd* beurkunden, dokumentieren, belegen.
do.cu.men.tá.rio [dokumẽt'arju] *sm* der Dokumentarfilm, der Kulturfilm.

D

do.cu.men.to [dokum'ẽtu] *sm* das Schriftstück, der Beleg, die Urkunde, das Dokument, das Papier.
do.en.ça [do'ẽsə] *sf* die Krankheit, das Leiden.
do.en.te [do'ẽti] *adj* krank, elend. • *sm* der Kranke, der Patient.
do.en.ti.o [doẽt'iu] *adj* krankhaft, ungesund.
do.er [do'er] *vint* schmerzen, wehtun.
doi.do [d'ojdu] *adj* **1** verrückt, irrsinnig, geisteskrank. **2** närrisch. **3** *pop* bescheuert. • *sm* der Irre, der Verrückte.
do.lo.ri.do [dolor'idu] *adj* schmerzhaft, weh.
do.lo.ro.so [dolor'ozu] *adj* schmerzhaft, schmerzlich, qualvoll.
dom [d'õw] *sm* **1** die Gabe, die Begabung, das Talent. **2** Ehrentitel für Bischöfe und Könige.
do.mar [dom'ar] *vtd* bändigen, zähmen.
do.més.ti.co [dom'ɛstiku] *adj* **1** häuslich. **2** inländisch.
do.mi.cí.lio [domis'ilju] *sm* das Haus, die Wohnung, das Domizil, der Wohnort.
do.mi.nar [domin'ar] *vtd* **1** bändigen, meistern, zügeln, herrschen, beherrschen, dominieren. **2** überwältigen.
do.min.go [dom'ĩgu] *sm* der Sonntag.
do.mí.nio [dom'inju] *sm* **1** die Herrschaft, das Regiment. **2** die Beherrschung. **3** der Bereich.
do.na [d'onə] *sf* **1** die Frau, die Herrin. **2** Anredeform für Frauen. **dona de casa** die Hausfrau.
do.na.ti.vo [donat'ivu] *sm* die Gabe, die Spende.
do.no [d'onu] *sm* der Besitzer, der Eigentümer.
do.par [dop'ar] *vtd* dopen.
dor [d'or] *sf* der Schmerz, die Qual, das Leid, die Trauer.
do.ra.van.te [dɔrav'ãti] *adv* fortan, von nun an.
dor.mi.nho.co [dormiñ'oku] *sm* der Langschläfer, die Schlafmütze.
dor.mir [dorm'ir] *vint* **1** schlafen. **2** *pop* pennen.
dor.mi.tó.rio [dormit'ɔriu] *sm* der Schlafraum, das Schlafzimmer.
dor.so [d'orsu] *sm* der Rücken.
do.sa.gem [doz'aʒẽj] *sf* **1** die Dosierung. **2** der Gehalt.
do.sar [doz'ar] *vtd* dosieren.
do.se [d'ɔzi] *sf* die Dosis, die Portion.
dos.siê [dosi'e] *sm* der Vorgang, die Akte, das Dossier.
do.ta.do [dot'adu] *adj* begabt, veranlagt.
dou.ra.do [dowr'adu] *adj* golden.
dou.tor [dowt'or] *sm* der Doktor.
dou.to.ra.do [dowtor'adu] *sm* die Promotion.
dou.to.ra.men.to [dowtoram'ẽtu] *sm* die Promotion.
dou.tri.na [dowtr'inə] *sf* die Lehre, die Doktrin.
dra.gão [drag'ãw] *sm* der Drache.
drá.gea [dr'aʒjə] *sf* das Dragee, die Pille.
dra.ma [dr'ʌmə] *sm* das Drama, das Schauspiel, das Geschehen.
dra.má.ti.co [dram'atiku] *adj* **1** dramatisch. **2** effektvoll, theatralisch.
drás.ti.co [dr'astiku] *adj* drastisch, einschneidend, radikal.
drin.que [dr'ĩki] *sm* das Getränk, das Glas.
dro.ga [dr'ɔgə] *sf* **1** die Droge, das Heilmittel. **2** das Rauschgift. **3** *pop* der Stoff. • *interj* verdammt!, verflucht!, so ein Mist!
dro.ga.do [drog'adu] *sm* der Fixer, der Rauschgiftsüchtige.
dro.ga.ri.a [drogar'iə] *sf* die Drogerie.
du.bla.gem [dubl'aʒẽj] *sf* die Synchronisation.
du.cha [d'uʃə] *sf* die Brause, die Dusche. die Spülung.
du.e.lo [du'ɛlu] *sm* das Duell.
du.na [d'unə] *sf* die Düne.
duo [d'uo] *sm* das Duett.
du.pla [d'uplə] *sf* das Doppel.
du.pli.car [duplik'ar] *vtd* verdoppeln.

du.plo [d'uplu] *adj* doppelt, zweifach.
du.ra.bi.li.da.de [durabilid'adi] *sf* die Haltbarkeit, die Lebensdauer.
du.ra.ção [duras'ãw] *sf* die Dauer, die Länge, die Lebensdauer, die Laufzeit.
du.ra.dou.ro [durad'owru] *adj* dauerhaft, bleibend, nachhaltig, haltbar.
du.ran.te [du'rãti] *prep* **1** während. **2** bei, in. **3** durch. **4** über.
du.rar [dur'ar] *vint* **1** dauern, andauern, fortdauern. **2** sich erstrecken.
du.rá.vel [dur'avew] *adj* haltbar, dauerhaft, langlebig.
du.re.za [dur'ezə] *sf* **1** die Härte. **2** die Zähigkeit. **3** die Schärfe.
du.ro [d'uru] *adj* **1** hart, steif. **2** abgehärtet, zäh. **3** *pop* blank, pleite.
dú.vi.da [d'uvidə] *sf* der Zweifel, das Bedenken.
du.vi.dar [duvid'ar] *vti* zweifeln an, bezweifeln.
du.vi.do.so [duvid'ozu] *adj* **1** ungewiss, unsicher, zweifelhaft. **2** bedenklich, fragwürdig. **3** anrüchig, finster.
dú.zia [d'uzjə] *sf* das Dutzend. **meia dúzia** sechs, halbes Dutzend.

e

e, E [ˈe] *sm* Buchstabe e, E. • *conj* und.
e.clip.se [eklˈipsi] *sm* die Eklipse, die Sonnenfinsternis, die Mondfinsternis.
e.co [ˈɛku] *sm* **1** das Echo, der Widerhall. **2** der Anklang.
e.co.lo.gi.a [ekoloʒˈiə] *sf* die Ökologie.
e.co.ló.gi.co [ekolˈɔʒiku] *adj* ökologisch.
e.co.no.mi.a [ekonomˈiə] *sf* **1** die Wirtschaft, die Ökonomie. **2** die Sparsamkeit. **3** die Rücklage, das Sparguthaben.
e.co.nô.mi.co [ekonˈomiku] *adj* **1** wirtschaftlich, ökonomisch, rationell. **2** sparsam.
e.co.no.mis.ta [ekonomˈistə] *sm* **1** der Volkswirt. **2** der Wirtschaftswissenschaftler.
e.co.no.mi.zar [ekonomizˈar] *vtd* sparen, zurücklegen, einsparen.
e.cu.mê.ni.co [ekumˈeniku] *adj* ökumenisch.
e.di.ção [edisˈãw] *sf* die Ausgabe, die Auflage.
e.di.fi.ca.ção [edifikasˈãw] *sf* der Bau, der Aufbau, die Erbauung.
e.di.fi.car [edifikˈar] *vtd* aufbauen, errichten, erbauen.
e.di.fí.cio [edifˈisju] *sm* der Bau, das Gebäude, das Haus, das Etagenhaus.
e.di.tar [editˈar] *vtd* **1** herausgeben, verlegen, veröffentlichen. **2** drucken.
e.di.tor [editˈor] *sm* **1** der Verleger. **2** der Herausgeber, der Lektor, der Redakteur.
e.di.to.ra [editˈorə] *sf* der Verlag.
e.di.to.ri.al [editorˈjaw] *sm* der Leitartikel.
e.du.ca.ção [edukasˈãw] *sf* **1** die Erziehung, die Bildung. **2** die Höflichkeit, das Benehmen.
e.du.ca.do [edukˈadu] *adj* höflich, taktvoll, artig.
e.du.ca.dor [edukadˈor] *sm* der Erzieher.
e.du.car [edukˈar] *vtd* **1** großziehen, erziehen, aufziehen. **2** bilden, heranbilden.
e.fei.to [efˈejtu] *sm* die Wirkung, die Auswirkung, die Nachwirkung, die Folge, der Effekt.
e.fe.mi.na.do [efeminˈadu] *adj* **1** weibisch. **2** weichlich, verweichlicht.
e.fer.ves.cen.te [efervesˈẽti] *adj* aufbrausend, Brause...
e.fe.ti.va.men.te [efetivamˈẽti] *adv* wirklich, tatsächlich.
e.fe.ti.vo [efetˈivu] *adj* **1** tatsächlich, effektiv, wirklich, faktisch, real, erprobt. **2** wirksam, lohnend. • *sm* die Stärke.
e.fe.tu.ar [efetuˈar] *vtd* erledigen, ausführen, durchführen, tätigen.
e.fi.cá.cia [efikˈasjə] *sf* die Wirksamkeit, die Durchschlagskraft.
e.fi.caz [efikˈas] *adj* wirksam, bewährt, effizient.
e.fi.ci.ên.cia [efisiˈẽsjə] *sf* die Leistungsfähigkeit, die Wirksamkeit.
e.fi.ci.en.te [efisiˈẽti] *adj* tüchtig, effizient, wirksam, effektiv, rationell.

e.go.ís.mo [ego'yizmu] *sm* der Egoismus, die Selbstsucht, der Eigennutz.
e.go.ís.ta [ego'istə] *adj* egoistisch, selbstsüchtig, eigennützig, rücksichtslos, berechnend. • *sm* der Egoist.
é.gua ['ɛgwə] *sf* die Stute.
ei.xo ['ejʃu] *sm* die Achse, die Welle, die Antriebswelle.
e.la ['ɛlə] *pron pess* sie.
e.la.bo.ra.ção [elaboras'ãw] *sf* die Ausarbeitung, die Bearbeitung, die Ausführung, die Ausfertigung.
e.la.bo.rar [elabor'ar] *vtd* ausarbeiten, bearbeiten, anlegen, aufstellen, zusammenstellen.
e.las.ti.ci.da.de [elastisid'adi] *sf* die Federkraft, die Dehnbarkeit, die Biegsamkeit, die Elastizität.
e.lás.ti.co [el'astiku] *adj* elastisch, biegsam, dehnbar, nachgiebig, nachgebend, federnd. • *sm* das Gummiband.
e.le ['eli] *pron pess* er.
e.le.fan.te [elef'ãti] *sm* der Elefant.
e.le.gân.cia [eleg'ãsjə] *sf* die Eleganz, die Anmut.
e.le.gan.te [eleg'ãti] *adj* elegant, anmutig, vornehm, schick, ansehnlich.
e.le.ger [eleʒ'er] *vtd* wählen.
e.lei.ção [elejs'ãw] *sf* die Wahl.
e.lei.to [el'ejtu] *adj* gewählt. • *sm* der Gewählte.
e.lei.tor [elejt'or] *sm* der Wähler.
e.lei.to.ral [elejtor'aw] *adj* die Wahl...
e.le.men.tar [elemẽt'ar] *adj* **1** elementar. **2** grundlegend, wesentlich.
e.le.men.to [elem'ẽtu] *sm* **1** das Element, der/das Teil, der Bestandteil, der Baustein, die Zelle. **2** der Grundstoff.
e.len.co [el'ẽku] *sm* die Besetzung, die Mitwirkenden, das Ensemble.
e.le.ti.vo [elet'ivu] *adj* Wahl...
e.le.tri.ci.da.de [eletrisid'adi] *sf* die Elektrizität, der Strom.
e.le.tri.cis.ta [eletris'istə] *sm* der Elektriker, der Elektrotechniker, der Beleuchter (Theater).
e.lé.tri.co [el'ɛtriku] *adj* elektrisch.
e.le.tro.do.més.ti.co [eletrodom'ɛstiku] *sm* das elektrische Haushaltsgerät.
e.le.trô.ni.ca [eletr'onikə] *sf* die Elektronik.
e.le.trô.ni.co [eletr'oniku] *adj* elektronisch.
e.le.tro.téc.ni.ca [eletrot'ɛknikə] *sf* die Elektrotechnik.
e.le.va.ção [elevas'ãw] *sf* **1** die Hebung, die Erhöhung. **2** die Erhebung, die Anhöhe.
e.le.va.do [elev'adu] *adj* hoch, gehoben, stattlich. • *sm* die Hochstraße.
e.le.va.dor [elevad'or] *sm* der Aufzug, der Lift.
e.le.var [elev'ar] *vtd* **1** erhöhen, steigern, heben, anheben, hochheben. *vpron* **2** ragen, ansteigen.
e.li.mi.na.ção [eliminas'ãw] *sf* das Ausscheiden, die Ausscheidung, die Beseitigung.
e.li.mi.nar [elimin'ar] *vtd* **1** eliminieren, ausscheiden. **2** auslöschen, ausschalten, streichen. **3** beseitigen, aussondern, ausmustern.
e.li.mi.na.tó.rio [eliminat'ɔrju] *adj* Ausscheidungs...
e.li.te [el'iti] *sf* die Elite, die Auslese.
e.lo ['ɛlu] *sm* das Glied (einer Kette).
e.lo.gi.ar [eloʒi'ar] *vtd* loben, belobigen, anerkennen, rühmen, preisen.
e.lo.gi.o [eloʒ'iu] *sm* das Lob, die Anerkennung, das Kompliment.
e.lo.quen.te [elok'wẽti] *adj* beredsam, beredt, wortgewaltig.
e.lu.ci.dar [elusid'ar] *vtd* **1** aufklären. **2** erläutern, verdeutlichen.
em [ẽ] *prep* in, an, bei, auf.
e.ma.gre.cer [emagres'er] *vint* abnehmen, abmagern.
e.man.ci.pa.ção [emãsipas'ãw] *sf* **1** die Emanzipation, die Befreiung. **2** die Gleichberechtigung.
e.man.ci.pa.do [emãsip'adu] *adj* mündig, selbständig, emanzipiert.
e.ma.ra.nha.do [emarañ'adu] *adj* wirr, struppig. • *sm* **1** das Gestrüpp. **2** das Wirrwarr.

em.ba.çar [ẽbas'ar] *vint+vpron* **1** anlaufen, beschlagen. *vtd* **1** trüben.

em.bai.xa.da [ẽbajʃ'adə] *sf* die Botschaft.

em.bai.xa.dor [ẽbaiʃad'or] *sm* der Botschafter.

em.bai.xo [ẽb'ajʃu] *adv* unten, unter, darunter, drunter.

em.ba.la.gem [ẽbal'aʒẽj] *sf* die Packung, die Verpackung.

em.ba.lar [ẽbal'ar] *vtd* packen, verpacken, einpacken.

em.ba.ra.ça.do [ẽbaras'adu] *adj* verlegen, betreten, befangen, gehemmt.

em.ba.ra.ço.so [ẽbaras'ozu] *adj* **1** hinderlich. **2** unangenehm, peinlich, unbequem.

em.ba.ra.lhar [ẽbaraʎ'ar] *vtd* **1** mischen. **3** durcheinanderbringen.

em.bar.ca.ção [ẽbarkas'ãw] *sf* das Schiff, das Wasserfahrzeug.

em.bar.car [ẽbark'ar] *vint* **1** einsteigen, besteigen. **2** *vtd* laden, einschiffen, verladen.

em.bar.que [ẽb'arki] *sm* **1** die Einschiffung, die Verschiffung. **2** der Einstieg.

em.be.le.zar [ẽbelez'ar] *vtd* schmücken, zieren, verschönern.

em.ble.ma [ẽbl'emə] *sm* **1** das Abzeichen, das Wahrzeichen, das Kennzeichen. **2** das Sinnbild, das Wappentier, das Emblem.

em.bol.sar [ẽbows'ar] *vtd* kassieren, einstecken, einziehen.

em.bo.ra [ẽb'ɔrə] *conj* obwohl, obgleich. • *adv* weg, fort.

em.bos.ca.da [ẽbosk'adə] *sf* **1** der Hinterhalt, die Falle. **2** der Überfall.

em.bre.a.gem [ẽbre'aʒẽj] *sf* die Kupplung.

em.bri.a.ga.do [ẽbrjag'adu] *adj* **1** betrunken. **2** *pop* besoffen.

em.bri.a.gar [ẽbrjag'ar] *vtd* **1** berauschen. *vpron* **2** saufen, sich betrinken, sich besaufen.

em.bri.a.guez [ẽbrjag'es] *sf* der Rausch, die Trunkenheit.

em.bri.ão [ẽbri'ãw] *sm* **1** der Keim, der Keimling. **2** der Embryo.

em.bro.mar [ẽbrom'ar] *vtd* täuschen, betrügen, hinhalten.

em.bru.lhar [ẽbruʎ'ar] *vtd* einpacken, verpacken, einwickeln.

em.bru.lho [ẽbr'uʎu] *sm* **1** das Paket. **2** der Umschlag.

em.bu.ti.do [ẽbut'idu] *adj* eingelegt, eingebaut, gefüllt.

em.bu.tir [ẽbut'ir] *vtd* einbauen, einlegen, einmauern, versenken.

e.men.da [em'ẽdə] *sf* **1** die Änderung, die Ergänzung, die Korrektur, die Revision. **2** der Flicken. **3** das Ansatzstück, die Verlängerung.

e.men.dar [emẽd'ar] *vtd* **1** ändern, abändern, revidieren, korrigieren. *vpron* **2** sich bessern.

e.mer.gên.cia [emerʒ'ẽsjə] *sf* der Notfall.

e.mi.gra.ção [emigras'ãw] *sf* die Auswanderung, die Emigration.

e.mi.gran.te [emigr'ãti] *sm+f* der Auswanderer, der Aussiedler, der Emigrant.

e.mi.grar [emigr'ar] *vint* auswandern, emigrieren.

e.mis.são [emis'ãw] *sf* **1** die Ausgabe, die Ausfertigung, die Ausstellung, die Emission. **2** *pl* die Abgase.

e.mis.so.ra [emis'orə] *sf* der Sender, die Rundfunkanstalt, die Rundfunkstation.

e.mi.ten.te [emit'ẽti] *sm+f* der Aussteller.

e.mi.tir [emit'ir] *vtd* **1** herausbringen, ausstellen (Scheck), ausfertigen. **2** senden, ausstrahlen.

e.mo.ção [emos'ãw] *sf* die Empfindung, das Gefühl, die Gefühlsregung, die Erregung, die Ergriffenheit, die Emotion.

e.mo.ci.o.na.do [emosjon'adu] *adj* gerührt, ergriffen, bewegt.

e.mo.ci.o.nal [emosjon'aw] *adj* emotional, gefühlsmäßig.

e.mo.ci.o.nan.te [emosjon'ãti] *adj* rührend, aufregend, ergreifend.
e.mo.ci.o.nar [emosjon'ar] *vtd* rühren, ergreifen.
e.mo.ti.vo [emot'ivu] *adj* **1** erregend. **2** Gefühls...
em.pa.co.tar [ẽpakot'ar] *vtd* packen, verpacken, bündeln.
em.pa.da [ẽp'adə] *sf* die kleine Pastete.
em.pa.na.da [ẽpan'adə] *sf* die Pastete.
em.pa.ta.do [ẽpat'adu] *adj* unentschieden.
em.pa.tar [ẽpat'ar] *vtd* gleichziehen, unentschieden spielen.
em.pa.te [ẽp'ati] *sm* der Ausgleich, das Unentschieden, das Patt, das Remis.
em.pa.ti.a [ẽpat'ia] *sf* das Mitgefühl, das Nachfühlen, das Nachempfinden.
em.pe.ci.lho [ẽpes'iλu] *sm* das Hindernis.
em.pe.nha.do [ẽpeñ'adu] *adj* **1** verpfändet. **2** bestrebt, bemüht.
em.pe.nhar [ẽpeñ'ar] *vtd* **1** verpfänden. *vpron* **2** sich anstrengen, sich sehr bemühen, sich abmühen.
em.pe.nho [ẽp'eñu] *sm* der Einsatz, das Bestreben, die Anstrengung, die Bemühung, der Eifer.
em.per.rar [ẽper̄'ar] *vint* klemmen.
em.pes.tar [ẽpest'ar] *vtd* verpesten, verseuchen.
em.pe.te.car [ẽpetek'ar] *vpron* sich herausputzen.
em.pi.lhar [ẽpiλ'ar] *vtd* aufschichten, stapeln, auftürmen.
em.pi.nar [ẽpin'ar] *vtd* **1** aufrichten. **2** steigen lassen (Drachen).
em.pí.ri.co [ẽp'iriku] *adj* empirisch, erfahrungsgemäß.
em.po.bre.cer [ẽpobres'er] *vint* **1** verarmen. *vtd* **2** arm machen.
em.po.bre.ci.men.to [ẽpobresim'ẽtu] *sm* die Verarmung.
em.po.ei.ra.do [ẽpoejr'adu] *adj* staubig, verstaubt.
em.po.la.do [ẽpol'adu] *adj* schwülstig, bombastisch.
em.pol.ga.do [ẽpowg'adu] *adj* schwungvoll, begeistert.
em.por.ca.lhar [ẽporkaλ'ar] *vtd* beschmieren, beschmutzen.
em.pre.en.di.men.to [ẽpreẽdim'ẽtu] *sm* das Unternehmen, die Unternehmung.
em.pre.ga.da [ẽpreg'adə] *sf* das Dienstmädchen, die Hausangestellte.
em.pre.ga.do [ẽpreg'adu] *adj* erwerbstätig, beschäftigt, angestellt. • *sm* **1** der Beschäftigte, der Angestellte, der Arbeitnehmer, der Mitarbeiter. **2** der Diener.
em.pre.ga.dor [ẽpregad'or] *sm* der Arbeitgeber.
em.pre.gar [ẽpreg'ar] *vtd* **1** anstellen. **2** einstellen. **3** benutzen, anwenden.
em.pre.go [ẽpr'egu] *sm* **1** die Stelle, die Arbeitsstelle, die Dienststelle, die Beschäftigung, die Stellung. **2** die Verwendung, der Einsatz, die Benutzung, die Anwendung.
em.prei.tei.ra [ẽprejt'ejrə] *sf* das Bauunternehmen.
em.pre.sa [ẽpr'ezə] *sf* der Betrieb, das Unternehmen.
em.pre.sa.ri.al [ẽprezari'aw] *adj* Unternehmens...
em.pre.sá.rio [ẽprez'arju] *sm* **1** der Unternehmer. **2** der Agent.
em.pres.ta.do [ẽprest'adu] *adj* geliehen, ausgeliehen. **pedir emprestado** ausborgen.
em.pres.tar [ẽprest'ar] *vtdi* **1** leihen, ausleihen, auslegen, borgen. **2** *pop* pumpen.
em.prés.ti.mo [ẽpr'ɛstimu] *sm* **1** die Anleihe. **2** das Darlehen, die Ausleihe.
em.pu.nhar [ẽpuñ'ar] *vtd* ergreifen, packen.
em.pur.rão [ẽpur̄'ãw] *sm* **1** der Stoß. **2** *pop* der Schubs.
em.pur.rar [ẽpur̄'ar] *vtd* **1** rücken, schieben, stoßen, drängen, drängeln. **2** *pop* andrehen (eine Ware).
e.nal.te.cer [enawtes'er] *vtd* rühmen, verherrlichen, besingen.

e.na.mo.ra.do [enamor'adu] *adj* verliebt.

en.ca.bu.lar [ẽkabul'ar] *vtd* beschämen, in Verlegenheit bringen.

en.ca.der.na.ção [ẽkadernas'ãw] *sf* **1** die Buchbinderei. **2** der Einband.

en.ca.der.nar [ẽkadern'ar] *vtd* binden, einbinden.

en.cai.xar [ẽkajʃ'ar] *vtd* einfügen, einschieben.

en.ca.lhar [ẽkaλ'ar] *vint* **1** stranden. **2** *pop* keinen Käufer finden.

en.ca.lhe [ẽk'aλi] *sm* der Ladenhüter.

en.ca.mi.nhar [ẽkamiñ'ar] *vtdi* weiterleiten, überweisen.

en.ca.na.dor [ẽkanad'or] *sm* der Klempner.

en.ca.na.men.to [ẽkanam'ẽtu] *sm* die Leitung.

en.can.ta.do [ẽkãt'adu] *adj* **1** entzückt. **2** verwunschen, verzaubert.

en.can.ta.dor [ẽkãtad'or] *adj* reizend, bezaubernd, zauberhaft, charmant.

en.can.ta.men.to [ẽkãtam'ẽtu] *sm* die Zauberei, die Verzauberung.

en.can.tar [ẽkãt'ar] *vtd* **1** verzaubern, betören. **2** bannen.

en.can.to [ẽk'ãtu] *sm* der Zauber, der Bann, der Reiz, die Anziehung.

en.ca.rar [ẽkar'ar] *vtd* **1** ansehen, ins Auge sehen. **2** gegenübertreten, trotzen.

en.ca.re.cer [ẽkares'er] *vtd* verteuern.

en.car.go [ẽk'argu] *sm* **1** die Auflage. **2** die Last, die Belastung. **3** der Auftrag.

en.car.re.ga.do [ẽkar̃eg'adu] *sm* **1** der Beauftragte, der Betreuer, der Bearbeiter, der Sachbearbeiter. **2** der Vorarbeiter.

en.car.re.gar [ẽkar̃eg'ar] *vtd* **1** anweisen, aufgeben, beauftragen. *vpron* **2** übernehmen.

en.car.te [ẽk'arti] *sm* die Beilage.

en.ce.na.ção [ẽsenas'ãw] *sf* die Inszenierung, die Aufführung.

en.ce.nar [ẽsen'ar] *vtd* inszenieren, aufführen, spielen.

en.ce.rar [ẽser'ar] *vtd* bohnern, wachsen.

en.cer.ra.men.to [ẽser̃am'ẽtu] *sm* die Schließung, der Abschluss.

en.cer.rar [ẽser̃'ar] *vtd* **1** schließen, abschließen. **2** einschließen.

en.char.car [ẽʃark'ar] *vtd* durchnässen, aufweichen.

en.chen.te [ẽʃ'ẽti] *sf* die Überschwemmung, das Hochwasser.

en.cher [ẽʃ'er] *vint* **1** schwellen, anschwellen, überschwemmen. *vtdi* **2** eingießen, einschenken (Getränke). **3** tanken. **4** füllen.

en.ci.clo.pé.dia [ẽsiklop'ɛdjə] *sf* das Lexikon, die Enzyklopädie.

en.co.ber.to [ẽkob'ɛrtu] *adj* bewölkt, bedeckt.

en.co.brir [ẽkobr'ir] *vtd* **1** verhüllen, verdecken, verschleiern. **2** verbergen, verhehlen, verheimlichen.

en.co.lher [ẽkoλ'er] *vtd* **1** schrumpfen, eingehen. **2** einziehen, anziehen. *vpron* **3** sich ducken, kauern.

en.co.men.da [ẽkom'ẽdə] *sf* **1** die Bestellung, der Auftrag. **2** das Paket.

en.co.men.dar [ẽkomẽd'ar] *vtd* bestellen.

en.con.trar [ẽkõtr'ar] *vtd* **1** finden, vorfinden, stoßen auf, treffen. **2** begegnen. *vpron* **3** sich treffen. **4** befinden.

en.con.tro [ẽk'õtru] *sm* der Treff, das Treffen, die Verabredung, das Rendezvous.

en.co.ra.jar [ẽkoraʒ'ar] *vtd* **1** ermuntern, ermutigen, animieren. **2** anspornen, bestärken.

en.cos.ta [ẽk'ɔstə] *sf* der Hang, der Abhang.

en.cos.tar [ẽkost'ar] *vtd* lehnen, anlehnen.

en.cos.to [ẽk'ostu] *sm* die Lehne, die Stuhllehne.

en.cren.ca [ẽkr'ẽkə] *sf* die Komplikation, die Reiberei.

en.cru.zi.lha.da [ẽkruziλ'adə] *sf* die Kreuzung.

en.cur.ra.lar [ẽkur̃al'ar] *vtd* in die Enge treiben.

en.cur.tar [ẽkurt'ar] *vtd* kürzen, abkürzen, verkürzen.
en.de.re.çar [ẽderes'ar] *vtdi* adressieren, beschriften.
en.de.re.ço [ẽder'esu] *sm* **1** die Anschrift, die Adresse. **2** die Aufschrift, die Beschriftung.
en.deu.sar [ẽdewz'ar] *vtd* vergöttern.
en.di.rei.tar [ẽdirejt'ar] *vtd* **1** begradigen, richten. **2** einrenken.
en.di.vi.dar [ẽdivid'ar] *vpron* sich verschulden.
en.doi.de.cer [ẽdojdes'er] *vint* **1** verrückt werden. **2** *pop* durchdrehen, ausflippen.
en.du.re.cer [ẽdures'er] *vint* **1** erstarren. *vtd* **2** härten, verhärten.
e.ner.gi.a [enerʒ'iə] *sf* **1** die Energie, die Tatkraft, die Arbeitskraft. **2** die Entschiedenheit, der Nachdruck. **energia solar** die Sonnenenergie.
e.nér.gi.co [en'ɛrʒiku] *adj* energisch, drastisch, nachdrücklich, forsch, heftig.
en.fa.do.nho [ẽfad'oñu] *adj* langweilig, leidig.
en.fai.xar [ẽfaiʃ'ar] *vtd+vpron* wickeln, einwickeln.
en.far.te [ẽf'arti] *sm* der Infarkt.
ên.fa.se ['ẽfazi] *sf* die Betonung, der Nachdruck.
en.fá.ti.co [ẽf'atiku] *adj* nachdrücklich, entschieden.
en.fa.ti.zar [ẽfatiz'ar] *vtd* betonen, unterstreichen.
en.fei.ta.do [ẽfejt'adu] *adj* geschmückt, verziert.
en.fei.tar [ẽfejt'ar] *vtd* **1** schmücken, verschönern. **2** verzieren.
en.fei.te [ẽf'ejti] *sm* **1** der Schmuck, die Zierde, der Putz. **2** das Anhängsel.
en.fei.ti.çar [ẽfejtis'ar] *vtd* verzaubern, verwünschen, verhexen.
en.fer.ma.gem [ẽferm'aʒẽj] *sf* die Krankenpflege.
en.fer.ma.ri.a [ẽfermar'iə] *sf* die (Kranken-) Station.
en.fer.mei.ra [ẽferm'ejrə] *sf* die Schwester, die Krankenschwester.
en.fer.mei.ro [ẽferm'ejru] *sm* der Pfleger, der Krankenpfleger, der Sanitäter.
en.fer.mi.da.de [ẽfermid'adi] *sf* die Krankheit.
en.fer.mo [ẽf'ermu] *adj* krank.
en.fer.ru.ja.do [ẽfer̄uʒ'adu] *adj* rostig.
en.fer.ru.jar [ẽfer̄uʒ'ar] *vint* rosten.
en.fi.ar [ẽfi'ar] *vtd* **1** stecken, hineinstecken. **2** überziehen, überstreifen. **3** einziehen. *vpron* **4** schlüpfen in.
en.fim [ẽf'ĩ] *adv* schließlich, endlich.
en.fo.que [ẽf'ɔki] *sm* der Ansatz, die Einstellung, die Optik.
en.fra.que.cer [ẽfrakes'er] *vint* **1** erlahmen, erschlaffen, abflauen. *vtd* **2** schwächen, entkräften.
en.fren.tar [ẽfrẽt'ar] *vtd* entgegentreten, antreten gegen, begegnen.
en.fu.re.cer [ẽfures'er] *vtd* **1** wütend machen, aufbringen. *vpron* **2** wütend werden, wüten, toben.
en.fu.re.ci.do [ẽfures'idu] *adj* wütend.
en.ga.ja.men.to [ẽgaʒam'ẽtu] *sm* der Einsatz, das Engagement.
en.ga.nar [ẽgan'ar] *vint* **1** schwindeln, trügen. *vtd* **2** betrügen, hereinlegen, überlisten, prellen, hintergehen, anführen. **3** beschwindeln, anschwindeln. **4** *pop* mogeln, anschmieren, beschummeln. *vpron* **5** sich irren, sich versehen, sich täuschen.
en.gan.char [ẽgãʃ'ar] *vtd* einhaken, aufhängen.
en.ga.no [ẽg'ʌnu] *sm* **1** der Fehler, der Fehlgriff, das Versehen. **2** der Betrug.
en.gar.ra.fa.men.to [ẽgar̄afam'ẽtu] *sm* **1** der Stau, die Stauung. **2** die Flaschenabfüllung.
en.gas.gar [ẽgazg'ar] *vpron* sich verschlucken.
en.ga.tar [ẽgat'ar] *vint* **1** zuschnappen. *vtd* **2** koppeln, ankoppeln, einrasten, schalten. **3** kuppeln.
en.ge.nha.ri.a [ẽʒeñar'iə] *sf* das Ingenieurwesen, die Technik.

en.ge.nhei.ro [ẽʒeñ'ejru] *sm* der Ingenieur.

en.ge.nho [ẽʒ'eñu] *sm* **1** die Geschicklichkeit, das Talent. **2** die Maschine, das Gerät. **3** die Zuckermühle.

en.ges.sar [ẽʒes'ar] *vtd* gipsen, vergipsen, in Gips legen.

en.glo.bar [ẽglob'ar] *vtd* umfassen, einbeziehen.

en.go.lir [ẽgol'ir] *vtd* **1** verschlingen, schlucken, hinunterschlucken. **2** *pop* einstecken.

en.gor.dar [ẽgord'ar] *vtd* **1** mästen. *vint* **2** zunehmen, dick werden.

en.gra.ça.do [ẽgras'adu] *adj* **1** humorvoll, lustig, witzig. **2** niedlich, drollig.

en.gra.vi.dar [ẽgravid'ar] *vint* **1** schwanger werden. *vtd* **2** schwängern.

en.gra.xar [ẽgraʃ'ar] *vtd* fetten, einfetten, schmieren, einschmieren.

en.gra.xa.te [ẽgraʃ'ati] *sm* der Schuhputzer.

en.gre.na.gem [ẽgren'aʒẽj] *sf* das Getriebe.

e.nig.ma [en'igmə] *sm* das Rätsel.

e.nig.má.ti.co [enigm'atiku] *adj* rätselhaft, hintergründig, dunkel, geheimnisvoll.

en.jo.a.do [ẽʒo'adu] *adj* übel, flau, seekrank.

en.jo.ar [ẽʒo'ar] *vtd* **1** Übelkeit verursachen. *vint* **2** sich übel fühlen, seekrank werden.

en.jo.o [ẽʒ'ou] *sm* die Übelkeit, der Brechreiz.

en.la.ta.do [ẽlat'adu] *sm* die Konserve.

en.lou.que.cer [ẽlowkes'er] *vint* **1** verrückt werden. **2** *pop* überschnappen. *vtd* **3** verrückt machen.

e.nor.me [en'ɔrmi] *adj* **1** enorm, ungeheuer, kolossal, riesig. **2** arg.

en.quan.to [ẽkw'ʌtu] *conj* während. **por enquanto** vorerst.

en.ras.ca.da [ẽr̄ask'adə] *sf* die Schwierigkeit.

en.re.do [ẽr̄'edu] *sm* die Handlung, die Geschichte, der Ablauf der Ereignisse.

en.ri.que.cer [ẽr̄ikes'er] *vint* **1** reich werden. *vtd* **2** bereichern.

en.ri.que.ci.men.to [ẽr̄ikesim'ẽtu] *sm* die Bereicherung.

en.ro.lar [ẽr̄ol'ar] *vtd* **1** rollen, einrollen, zusammenrollen, wickeln. **2** *pop* hinhalten.

en.ru.ga.do [ẽr̄ug'adu] *adj* runzelig, faltig.

en.sai.ar [ẽsaj'ar] *vtd* üben, einstudieren, proben, erproben, durchspielen.

en.sai.o [ẽs'aju] *sm* **1** der Versuch, das Experiment, der Test, die Prüfung. **2** die Probe (Theater). **3** die Abhandlung, Aufsatz, Essay.

en.san.guen.ta.do [ẽsãgwẽt'adu] *adj* blutig.

en.se.a.da [ẽse'adə] *sf* die Bucht, die Förde.

en.si.na.men.to [ẽsinam'ẽtu] *sm* die Lehre, die Belehrung.

en.si.nar [ẽsin'ar] *vtd* **1** unterrichten, lehren, belehren, anweisen, dozieren. **2** ausbilden, schulen.

en.si.no [ẽs'inu] *sm* der Unterricht, die Lehre, die Bildung.

en.so.la.ra.do [ẽsolar'adu] *adj* sonnig.

en.sur.de.cer [ẽsurdes'er] *vtd* taub machen.

en.tão [ẽt'ãw] *adv* da, also, dann, eben, nun. • *interj* na!

en.tar.de.cer [ẽtardes'er] *sm* die Abenddämmerung.

en.te.a.do [ẽte'adu] *sm* das Stiefkind.

en.te.di.ar [ẽtedi'ar] *vtd* langweilen.

en.ten.der [ẽtẽd'er] *vtd* **1** begreifen, verstehen. **2** *pop* kapieren, schalten. *vpron* **3** sich verständigen, sich vertragen.

en.ten.di.do [ẽtẽd'idu] *sm* der Kenner, der Sachverständige.

en.ten.di.men.to [ẽtẽdim'ẽtu] *sm* **1** die Verständigung, die Absprache, die Abstimmung. **2** die Auffassung.

en.ter.rar [ẽter̄'ar] *vtd* **1** begraben, beerdigen. **2** eingraben, vergraben.

en.ter.ro [ẽt'er̄u] *sm* die Beerdigung, das Begräbnis, die Bestattung.

en.ti.da.de [ẽtid'adi] *sf* die Körperschaft, der Verein, die Firma.
en.tor.pe.cen.te [ẽtorpes'ẽti] *sm* das Rauschgift.
en.tor.tar [ẽtort'ar] *vtd* krümmen, biegen.
en.tra.da [ẽtr'adə] *sf* **1** der Zutritt, der Eintritt, die Eintrittskarte. **2** der Eingang, die Pforte, die Einfahrt. **3** die Einreise. **4** der Einstieg. **5** die Eingabe (*Inform*). **6** *Econ* die Anzahlung, die Abschlagzahlung. **7** der Einsatz (Wette, Spiel). **8** *Culin* die Vorspeise.
en.trar [ẽtr'ar] *vint* **1** eintreten, einlaufen. **2** einkehren (Wirtshaus). **3** einsetzen.
en.tre ['ẽtri] *prep* unter, zwischen, bei.
en.tre.ga [ẽtr'ɛgə] *sf* **1** die Verleihung, die Übergabe. **2** die Zustellung, die Lieferung, die Ablieferung, die Abgabe. **3** die Einlieferung. **4** die Aufgabe, die Kapitulation.
en.tre.ga.dor [ẽtregad'or] *sm* der Träger, der Austräger.
en.tre.gar [ẽtreg'ar] *vtd* **1** verleihen. **2** reichen, geben, abgeben, hergeben, liefern, abliefern, aushändigen, abgeben, überreichen, preisgeben, ausfahren (Waren), überbringen. **3** einliefern, einreichen. *vpron* **4** aufgeben, kapitulieren, sich stellen.
en.tre.men.tes [ẽtrem'ẽtis] *adv* inzwischen, mittlerweile.
en.tre.tan.to [ẽtret'ãtu] *adv* währenddessen. • *conj* jedoch, aber, zwar.
en.tre.te.ni.men.to [ẽtretenim'ẽtu] *sm* die Unterhaltung, die Liebhaberei.
en.tre.ter [ẽtret'er] *vtd* unterhalten, amüsieren.
en.tre.vis.ta [ẽtrev'istə] *sf* **1** das Interview, die Befragung. **2** die Unterredung. **3** das Vorstellungsgespräch, die Vorstellung.
en.tre.vis.tar [ẽtrevist'ar] *vtd* befragen, interviewen.
en.tris.te.cer [ẽtristes'er] *vtd* betrüben, traurig machen.
en.tron.ca.men.to [ẽtrõkam'ẽtu] *sm* der Knotenpunkt, die Abzweigung.
en.tro.sar [ẽtros'ar] *vtd+vpron* sich einspielen.
en.tu.lho [ẽt'uʎu] *sm* der Schutt, der Abfall, das Gerümpel.
en.tu.pir [ẽtup'ir] *vtd* verstopfen.
en.tu.si.as.ma.do [ẽtuzjazm'adu] *adj* begeistert, beschwingt, enthusiastisch.
en.tu.si.as.mar [ẽtuzjazm'ar] *vtd* **1** begeistern, hinreißen, entflammen. *vpron* **2** sich begeistern.
en.tu.si.as.mo [ẽtuzi'azmu] *sm* die Begeisterung, der Schwung, der Eifer, der Elan.
e.nu.me.rar [enumer'ar] *vtd* zählen, aufzählen.
e.nun.ci.a.do [enũsi'adu] *sm* die Äußerung, der Satz, der Ausspruch.
en.ve.lhe.cer [ẽveʎes'er] *vint* altern, alt werden.
en.ve.lhe.ci.do [ẽveʎes'idu] *adj* alt, gealtert.
en.ve.lo.pe [ẽvel'ɔpi] *sm* der Umschlag.
en.ve.ne.na.men.to [ẽvenenam'ẽtu] *sm* die Vergiftung.
en.ve.ne.nar [ẽvenen'ar] *vtd* vergiften.
en.ver.go.nha.do [ẽvergoñ'adu] *adj* beschämt, verlegen, schamhaft.
en.ver.go.nhar [ẽvergoñ'ar] *vtd* blamieren, beschämen.
en.ver.ni.zar [ẽverniz'ar] *vtd* lackieren.
en.vi.a.do [ẽvi'adu] *sm* der Entsandte, der Berichterstatter, der Korrespondent.
en.vi.ar [ẽvi'ar] *vtdi* **1** schicken, senden, verschicken, abschicken. **2** einsenden.
en.vi.o [ẽv'iu] *sm* die Sendung, der Versand.
en.vol.ver [ẽvowv'er] *vtd* **1** einschalten, einbeziehen. **2** hineinziehen, verstricken. **3** umgeben, umhüllen, verhüllen. **4** umschlingen. *vpron* **5** sich engagieren, sich verwickeln, sich verstricken.
en.vol.vi.do [ẽvowv'idu] *adj* betroffen, beteiligt, verwickelt, verstrickt.

E

en.vol.vi.men.to [ẽvowvim'ẽtu] *sm* die Verstrickung, die Verflechtung, die Beteiligung.
en.xa.guar [ẽʃag'war] *vtd* schwenken, spülen.
en.xa.me [ẽʃ'ami] *sm* der Schwarm.
en.xa.que.ca [ẽʃak'ekə] *sf* die Migräne.
en.xer.gar [ẽʃerg'ar] *vtd* sehen, erblicken.
en.xer.to [ẽʃ'ertu] *sm* **1** der Propfen. **2** die Verpflanzung.
en.xo.fre [ẽʃ'ofri] *sm* der Schwefel.
en.xo.tar [ẽʃot'ar] *vtd* verjagen, vertreiben.
en.xo.val [ẽʃov'aw] *sm* die Aussteuer.
en.xu.gar [ẽʃug'ar] *vtd* trocknen, abtrocknen, abwischen.
en.xu.to [ẽʃ'utu] *adj* straff, gestrafft.
e.pi.de.mi.a [epidem'iə] *sf* die Seuche, die Epidemie.
e.pi.lep.si.a [epileps'iə] *sf* die Epilepsie.
e.pí.lo.go [ep'ilogu] *sm* der Epilog, das Nachwort, das Nachspiel.
e.pi.só.dio [epiz'ɔdju] *sm* die Episode, die Folge.
é.po.ca ['ɛpokə] *sf* die Epoche, das Zeitalter.
e.qua.ção [ekwas'ãw] *sf* die Gleichung.
e.qua.dor [ekwad'or] *sm* der Äquator.
e.qui.li.bra.do [ekilibr'adu] *adj* ausgewogen, ausgeglichen.
e.qui.li.brar [ekilibr'ar] *vtd* **1** ausgleichen. **2** jonglieren.
e.qui.lí.brio [ekil'ibrju] *sm* das Gleichgewicht, das Gleichmaß, die Ausgeglichenheit.
e.qui.li.bris.ta [ekilibr'istə] *sm* der Akrobat, der Artist, der Jongleur.
e.qui.pa.men.to [ekipam'ẽtu] *sm* die Einrichtung, die Ausrüstung, das Zubehör, die Anlage.
e.qui.par [ekip'ar] *vtd* einrichten, ausstatten, ausrüsten, versehen mit.
e.qui.pa.rar [ekipar'ar] *vtdi* **1** gleichsetzen, gleichstellen. **2** angleichen.
e.qui.pe [ek'ipi] *sf* die Mannschaft, das Team.
e.qui.ta.ção [ekitas'ãw] *sf* das Reiten.
e.qui.va.len.te [ekival'ẽti] *adj* gleichwertig.
e.qui.vo.ca.do [ekivok'adu] *adj* fälschlich. **estar equivocado** sich täuschen, irren.
e.quí.vo.co [ek'ivoku] *adj* mehrdeutig, missverständlich. • *sm* das Missverständnis, die Verwechslung, das Versehen.
e.ra ['ɛrə] *sf* die Ära, die Zeit, das Zeitalter, die Periode.
e.re.to [er'ɛtu] *adj* aufrecht, kerzengerade, steif, stramm.
er.guer [erg'er] *vtd* **1** heben, erheben. **2** erbauen, aufstellen, errichten, aufbauen. **3** aufheben. *vpron* **4** ragen, aufragen, sich erheben.
e.ró.ti.co [er'ɔtiku] *adj* erotisch, sinnlich.
e.ro.tis.mo [erot'izmu] *sm* die Erotik.
er.ra.di.ca.ção [er̄adikas'ãw] *sf* die Ausrottung.
er.ra.di.car [er̄adik'ar] *vtd* ausrotten, beseitigen.
er.ra.do [er̄'adu] *adj* falsch, verkehrt, unzutreffend, unrichtig.
er.rar [er̄'ar] *vint* **1** irren. *vtd* **2** verfehlen. *vint* **3** sich irren.
er.ro ['er̄u] *sm* der Fehler, der Fehlgriff, der Irrtum.
e.ru.di.ção [erudis'ãw] *sf* die Gelehrsamkeit, die Belesenheit, die Bildung.
e.ru.di.to [erud'itu] *adj* gelehrt, belesen, gebildet. • *sm* der Gelehrte.
e.rup.ção [erups'ãw] *sf* der Ausbruch, die Entladung.
er.va ['ɛrvə] *sf* das Kraut, die Pflanze.
er.va-ma.te [ɛrvam'ati] *sf* der Matestrauch, der Matetee.
er.vi.lha [erv'iʎə] *sf* die Erbse.
es.ban.ja.men.to [ezbãʒam'ẽtu] *sm* die Verschwendung, die Vergeudung.
es.ban.jar [ezbãʒ'ar] *vtd* **1** verschwenden, verschleudern, durchbringen. **2** *pop* verpulvern.
es.bar.rar [ezbar̄'ar] *vti* prallen auf, stoßen.

es.bel.to [ezb'ɛwtu] *adj* schlank, dünn.
es.bo.çar [ezbos'ar] *vtd* **1** entwerfen, umreißen. **2** aufzeichnen, skizzieren. **3** andeuten.
es.bo.ço [ezb'osu] *sm* **1** der Entwurf, die Skizze, der Aufriss. **2** das Arbeitspapier, die Aufzeichnung.
es.bu.ra.ca.do [ezburak'adu] *adj* holprig, löcherig.
es.ca.da [esk'adə] *sf* die Treppe, die Leiter. **escada rolante** die Rolltreppe.
es.ca.fan.dro [eskaf'ãdru] *sm* der Taucheranzug.
es.ca.la [esk'alə] *sf* **1** die Zwischenlandung, der Zwischenaufenthalt. **2** der Maßstab, das Verhältnis, das Ausmaß. **3** *Mús* die Tonleiter.
es.ca.la.ção [eskalas'ãw] *sf* die Aufstellung, die Mannschaftsaufstellung.
es.ca.la.da [eskal'adə] *sf* **1** der Anstieg, der Aufstieg. **2** die Kletterpartie.
es.ca.lão [eskal'ãw] *sm* **1** die Stufe, die Ebene. **2** der Rang, die Charge.
es.ca.lar [eskal'ar] *vtd* **1** klettern, besteigen, steigen auf. **2** aufstellen (Mannschaft).
es.ca.ma [esk'ʌmə] *sf* der Schorf, die Schuppe (Fisch).
es.cam.bo [esk'ãbu] *sm* der Tausch.
es.ca.mo.te.ar [eskamote'ar] *vtd* unterschlagen, verschwinden lassen.
es.can.ca.ra.do [eskãkar'adu] *adj* sperrangelweit offen, gähnend.
es.can.da.li.zar [eskãdaliz'ar] *vtd* ärgern, empören, schockieren.
es.cân.da.lo [esk'ãdalu] *sm* **1** das Ärgernis, der Skandal. **2** die Affäre.
es.can.da.lo.so [eskãdal'ozu] *adj* schamlos, unerhört, anstößig, schändlich.
es.ca.ni.nho [eskan'iñu] *sm* das Fach, das Postfach (Hotel).
es.can.tei.o [eskãt'eju] *sm Esp* die Ecke.
es.ca.pa.da [eskap'adə] *sf* **1** die Flucht. **2** der Abstecher. **3** der Seitensprung.
es.ca.pa.men.to [eskapam'ẽtu] *sm* der Auspuff.
es.ca.par [eskap'ar] *vint* **1** ausströmen, austreten. **2** flüchten, entwischen, sich davonmachen, entlaufen, sich retten.
es.ca.pa.tó.ria [eskapat'ɔrjə] *sf* **1** der Ausweg, das Entrinnen. **2** das Schlupfloch.
es.ca.pe [esk'api] *sm* der Auspuff, der Ablass.
es.ca.pu.lir [eskapul'ir] *vint* entkommen, entwischen.
es.car.ne.cer [eskarnes'er] *vti* verhöhnen.
es.cár.nio [esk'arnju] *sm* der Spott, der Hohn.
es.car.rar [eskar̃'ar] *vint* spucken, speien.
es.car.ro [esk'ar̃u] *sm* der Schleim.
es.cas.se.ar [eskase'ar] *vint* knapp werden, rar werden.
es.cas.sez [eskas'es] *sf* die Knappheit, die Verknappung.
es.cas.so [esk'asu] *adj* spärlich, karg, knapp, rar.
es.ca.var [eskav'ar] *vtd* graben, ausgraben, untergraben, ausheben.
es.cla.re.cer [esklares'er] *vtd* **1** klären, erklären, klarstellen, verdeutlichen, erläutern, aufklären. **2** bereinigen.
es.cla.re.ci.do [esklares'idu] *adj* aufgeklärt, abgeklärt.
es.cla.re.ci.men.to [esklaresim'ẽtu] *sm* die Klärung, die Erklärung, die Aufklärung.
es.cle.ro.se [eskler'ɔzi] *sf* die Sklerose, die Verkalkung, die Verharschung.
es.co.a.men.to [eskoam'ẽtu] *sm* **1** der Ablauf. **2** der Absatz.
es.co.ar [esko'ar] *vint* ablaufen, ausströmen.
es.co.la [esk'ɔlə] *sf* die Schule.
es.co.lar [eskol'ar] *adj* schulisch, Schul...
es.co.la.ri.da.de [eskolarid'adi] *sf* die Schulbildung.
es.co.lha [esk'oʎə] *sf* die Wahl, die Auswahl.
es.co.lher [eskoʎ'er] *vtd* **1** aussuchen, wählen, auswählen. **2** nehmen.

es.co.lhi.do [eskoʎ'idu] *adj* auserwählt.
es.col.ta [esk'ɔwtə] *sf* das Geleit, die Begleitung, die Bewachung, die Staffel.
es.com.bros [esk'õbrus] *sm pl* der Schutt, die Trümmer, die Ruine.
es.con.der [eskõd'er] *vtd* **1** verstecken, verheimlichen, verbergen. *vpron* **2** sich verstecken.
es.con.de.ri.jo [eskõder'iʒu] *sm* das Versteck, der Schlupfwinkel, der Unterschlupf.
es.con.di.do [eskõd'idu] *adj* versteckt, verborgen.
es.cor.pi.ão [eskorpi'ãw] *sm* der Skorpion.
es.cor.re.ga.di.o [eskor̃egad'iu] *adj* glitschig, glatt, schlüpfrig.
es.cor.re.ga.dor [eskor̃egad'or] *sm* die Rutsche.
es.cor.re.gar [eskor̃eg'ar] *vint* rutschen, ausrutschen, ausgleiten.
es.co.tei.ro [eskot'ejru] *sm* der Pfadfinder.
es.co.va [esk'ovə] *sf* die Bürste.
es.co.var [eskov'ar] *vtd* bürsten. **escovar os dentes** die Zähne putzen.
es.cra.vi.dão [eskravid'ãw] *sf* die Sklaverei.
es.cra.vo [eskr'avu] *sm* der Sklave.
es.cre.ver [eskrev'er] *vtd* **1** schreiben, aufschreiben. **2** dichten.
es.cri.ta [eskr'itə] *sf* die Schrift, die Handschrift.
es.cri.to [eskr'itu] *adj* geschrieben. **por escrito** schriftlich.
es.cri.tor [eskrit'or] *sm* **1** der Schriftsteller, der Autor. **2** der Dichter.
es.cri.tó.rio [eskrit'ɔrju] *sm* **1** das Büro, das Arbeitszimmer. **2** die Kanzlei.
es.cri.tu.ra [eskrit'urə] *sf* die Urkunde.
es.cri.va.ni.nha [eskrivan'iñə] *sf* der Schreibtisch, der Sekretär.
es.crú.pu.lo [eskr'upulu] *sm* das Bedenken, der Skrupel.
es.cru.pu.lo.so [eskrupul'ozu] *adj* **1** skrupulös, zimperlich. **2** gewissenhaft.
es.cu.do [esk'udu] *sm* der Schild.
es.cul.tor [eskuwt'or] *sm* der Bildhauer, der Schnitzer.
es.cul.tu.ra [eskuwt'urə] *sf* die Plastik, die Skulptur, das Bildnis.
es.cu.re.cer [eskures'er] *vint* **1** dunkel werden, dunkeln. *vtd* **2** verdunkeln.
es.cu.ri.dão [eskurid'ãw] *sf* das Dunkel, die Dunkelheit, die Finsternis.
es.cu.ro [esk'uru] *adj* dunkel, finster, düster, trübe.
es.cu.sar [eskuz'ar] *vtd* **1** entschuldigen, verzeihen. *vpron* **2** sich erübrigen.
es.cu.ta [esk'utə] *sf* **1** das Horchen, das Abhören. **2** der Horchposten.
es.cu.tar [eskut'ar] *vtd* **1** hören, anhören, zuhören, horchen. **2** mithören, abhören (heimlich).
es.fa.que.ar [esfake'ar] *vtd* erstechen.
es.far.ra.pa.do [esfar̃ap'adu] *adj* zerlumpt, abgerissen.
es.fe.ra [esf'ɛrə] *sf* **1** die Kugel, der Ball. **2** die Sphäre, der Bereich, der Dunstkreis.
es.fe.ro.grá.fi.ca [esferogr'afikə] *sf* der Kugelschreiber, der Kuli.
es.fo.me.a.do [esfome'adu] *adj* **1** hungrig, ausgehungert. **2** gierig.
es.for.ça.do [esfors'adu] *adj* tüchtig, strebsam, beflissen.
es.for.çar [esfors'ar] *vtd+vpron* sich anstrengen, sich bemühen, sich abmühen, sich plagen.
es.for.ço [esf'orsu] *sm* **1** die Anstrengung, die Mühe, die Bemühung, der Fleiß, das Bestreben. **2** der Aufwand. **3** die Belastung.
es.fre.gão [esfreg'ãw] *sm* der Putzlappen, der Wischer.
es.fre.gar [esfreg'ar] *vtd* **1** reiben, massieren. **2** scheuern, schrubben, putzen.
es.fri.a.men.to [esfrjam'ẽtu] *sm* die Abkühlung.
es.fri.ar [esfri'ar] *vint+vtd* kühlen, abkühlen, erkalten.
es.go.ta.do [ezgot'adu] *adj* **1** ausverkauft, vergriffen. **2** erschöpft, schlapp, entkräftet, matt.

es.go.ta.men.to [ezgotam'ẽtu] *sm* die Erschöpfung, die Mattigkeit, die Schlappheit.
es.go.to [ezg'otu] *sm* der Kanal, der Abwasserkanal, die Kloake, der Abfluss.
es.gui.cho [ezg'iʃu] *sm* der Strahl, der Wasserstrahl.
es.gui.o [ezg'iu] *adj* schlank, hager.
es.ma.gar [ezmag'ar] *vtd* **1** zermalmen, zertreten, erdrücken. **2** quetschen, ausquetschen. **3** schroten.
es.mal.te [ezm'awti] *sm* der Lack, das Email.
es.me.ral.da [ezmer'awdə] *sf* der Smaragd.
es.me.ro [ezm'eru] *sm* die Sorgfalt.
es.mi.ga.lhar [ezmigaλ'ar] *vtd* zerkrümeln, zerstückeln.
es.mi.u.çar [ezmjus'ar] *vtd* **1** zerkleinern, zerfasern. **2** auseinanderlegen.
es.mo.la [ezm'ɔlə] *sf* das Almosen.
es.mur.rar [ezmur̃'ar] *vtd* mit Fäusten schlagen.
e.so.té.ri.co [ezot'ɛriku] *adj* esoterisch.
e.so.te.ris.mo [ezoter'izmu] *sm* die Esoterik.
es.pa.ci.al [espaci'aw] *adj* räumlich, Raum...
es.pa.ço [esp'asu] *sm* **1** der Raum, der Platz. **2** der Weltraum, das All.
es.pa.ço.so [espas'ozu] *adj* geräumig, großräumig, weitläufig.
es.pa.da [esp'adə] *sf* das Schwert, der Degen.
es.pa.gue.te [espag'ɛti] *sm* die Spaghetti.
es.pai.re.cer [espajres'er] *vint* sich erholen, ausruhen.
es.pa.lha.fa.to.so [espaλafat'ozu] *adj* breitspurig, grell, schreiend, extravagant.
es.pa.lhar [espaλ'ar] *vtd* **1** verbreiten, streuen, verstreuen, ausstreuen. **2** auseinander treiben, zerstreuen.
es.pa.nar [espan'ar] *vtd* abstauben.
es.pan.car [espãk'ar] *vtd* prügeln, schlagen, verhauen.
Es.pa.nha [esp'añə] *sf* Spanien *n.*
es.pa.nhol [españ'ɔw] *adj* spanisch. • *sm* der Spanier.
es.pan.ta.do [espãt'adu] *adj* erschrocken, erstaunt, verwundert.
es.pan.tar [espãt'ar] *vtd* **1** erschrecken. **2** verblüffen, abschrecken, aufscheuchen.
es.pan.to [esp'ãtu] *sm* der Schreck, das Entsetzen, die Bestürzung, die Betroffenheit.
es.pan.to.so [espãt'ozu] *adj* **1** erstaunlich. **2** schrecklich, entsetzlich.
es.pa.ra.dra.po [esparadr'apu] *sm* das Pflaster, das Heftpflaster.
es.pá.tu.la [esp'atulə] *sf* **1** der/die Spachtel. **2** die Raspel.
es.pe.ci.al [espesi'aw] *adj* speziell, besonder, vorzüglich, exquisit.
es.pe.ci.a.li.da.de [espesjalid'adi] *sf* **1** das Fach, das Fachgebiet, die Sparte. **2** die Spezialität.
es.pe.ci.a.lis.ta [espesjal'istə] *sm* der Spezialist, der Fachmann, der Kenner.
es.pe.ci.a.li.za.ção [espesjalizas'ãw] *sf* die Spezialisierung, die Fortbildung, die Weiterbildung.
es.pe.ci.al.men.te [espesiawm'ẽti] *adv* **1** eigens, extra. **2** zumal, besonders, ausgesprochen.
es.pé.cie [esp'ɛsji] *sf* **1** die Sorte. **2** *Biol* die Art, die Gattung.
es.pe.ci.fi.car [espesifik'ar] *vtd* detaillieren, aufzählen, spezifizieren.
es.pe.cí.fi.co [espes'ifiku] *adj* **1** spezifisch. **2** gezielt, eigen.
es.pec.ta.dor [espektad'or] *sm* der Zuschauer.
es.pe.cu.la.ção [espekulas'ãw] *sf* die Spekulation.
es.pe.cu.la.dor [espekulad'or] *sm* der Spekulant.
es.pe.cu.lar [espekul'ar] *vti* spekulieren.
es.pe.lho [esp'eλu] *sm* der Spiegel.
es.pe.ra [esp'ɛrə] *sf* die Erwartung, die Wartezeit.
es.pe.ran.ça [esper'ãsə] *sf* die Hoffnung, die Erwartung.

es.pe.ran.ço.so [esperãs'ozu] *adj* hoffnungsvoll, erwartungsvoll, zuversichtlich.

es.pe.rar [esper'ar] *vtd* warten, erwarten, abwarten, hoffen, erhoffen.

es.per.ma [esp'ɛrmə] *sm* das Sperma, der Samen.

es.per.ne.ar [esperne'ar] *vint* strampeln, zappeln.

es.per.ta.lhão [espertaλ'ãw] *sm* das Schlitzohr, der Schlaumeier.

es.per.te.za [espert'ezə] *sf* die Schläue, die Schlauheit.

es.per.to [esp'ɛrtu] *adj* **1** schlau, pfiffig, aufgeweckt, klug, clever. **2** abgebrüht.

es.pes.so [esp'esu] *adj* **1** dicht, dick, dickflüssig, zähflüssig. **2** buschig.

es.pes.su.ra [espes'urə] *sf* die Dicke, die Stärke.

es.pe.ta.cu.lar [espetakul'ar] *adj* sensationell, toll, Aufsehen erregend.

es.pe.tá.cu.lo [espet'akulu] *sm* **1** das Schauspiel, die Vorführung, die Vorstellung, die Darbietung. **2** der Anblick.

es.pe.to [esp'etu] *sm* der Spieß, der Bratspieß.

es.pi.ão [espi'ãw] *sm* der Spion, der Agent, der Schnüffler.

es.pi.ar [espi'ar] *vtd* belauern, bespitzeln, schnüffeln, spionieren.

es.pi.ga [esp'igə] *sf* die Ähre, der Halm. **espiga de milho** der Maiskolben.

es.pin.gar.da [espĩg'ardə] *sf* die Flinte, die Schrotflinte, die Büchse, die Knarre.

es.pi.nha [esp'iñə] *sf* **1** die (Fisch-) Gräte. **2** der Mitesser, der Pickel. **3** das Rückgrat.

es.pi.nho [esp'iñu] *sm* der Dorn, der Stachel.

es.pi.o.na.gem [espjon'aʒẽj] *sf* die Spionage.

es.pi.o.nar [espjon'ar] *vtd* bespitzeln, spionieren, ausspionieren.

es.pi.ral [espir'aw] *sf* die Spirale, die Windung.

es.pí.ri.to [esp'iritu] *sm* der Geist.

es.pi.ri.tu.al [espiritu'aw] *adj* geistlich, geistig.

es.pi.ri.tu.o.so [espiritu'ozu] *adj* **1** geistreich, geistvoll, witzig. **2** spritzig.

es.pir.rar [espir̄'ar] *vint* niesen.

es.plên.di.do [espl'ẽdidu] *adj* herrlich, glänzend, blendend, famos, großartig.

es.pó.lio [esp'ɔlju] *sm* der Nachlass, die Hinterlassenschaft.

es.pon.ja [esp'õʒe] *sf* der Schwamm.

es.pon.ta.nei.da.de [espõtanejd'adi] *sf* die Natürlichkeit, die Spontaneität.

es.pon.tâ.neo [espõt'Λnju] *adj* **1** spontan, ungezwungen, natürlich. **2** unwillkürlich, unbewusst.

es.po.rá.di.co [espor'adiku] *adj* vereinzelt, gelegentlich, sporadisch.

es.por.te [esp'ɔrti] *sm* der Sport.

es.por.tis.ta [esport'istə] *sm* der Sportler.

es.por.ti.vo [esport'ivu] *adj* sportlich.

es.po.sa [esp'ozə] *sf* die Frau, die Ehefrau, die Gattin.

es.po.so [esp'ozu] *sm* der Mann, der Ehemann, der Gatte.

es.pre.gui.çar [espregis'ar] *vpron* sich räkeln.

es.prei.tar [esprejt'ar] *vtd* lauern, belauern, auflauern, bespitzeln, beschatten.

es.pre.mer [esprem'er] *vtd* drücken, ausdrücken, pressen, auspressen, keltern.

es.pu.ma [esp'umə] *sf* **1** der Schaum, der/die Gischt (Wellen). **2** die Blume (Bier).

es.quar.te.jar [eskwarteʒ'ar] *vtd* zerstückeln, vierteilen.

es.que.cer [eskes'er] *vtd* **1** vergessen, liegen lassen, hängen lassen. **2** verlernen.

es.que.ci.do [eskes'idu] *adj* vergesslich.

es.que.ci.men.to [eskesim'ẽtu] *sm* **1** das Vergessen. **2** das Versäumnis, die Vergesslichkeit.

es.que.le.to [eskel'etu] *sm* das Skelett.
es.que.ma [esk'emə] *sm* das Schema, die Übersicht.
es.que.ma.ti.zar [eskematiz'ar] *vtd* schematisieren.
es.quen.tar [eskẽt'ar] *vtd* heizen, wärmen, erwärmen, erhitzen.
es.quer.da [esk'erdə] *sf* die Linke.
es.quer.do [esk'erdu] *adj* link, Links...
es.qui [esk'i] *sm* der Ski. **esqui aquático** der Wasserski.
es.qui.lo [esk'ilu] *sm* das Eichhörnchen.
es.qui.mó [eskim'ɔ] *sm* der Eskimo.
es.qui.na [esk'inə] *sf* das Eck, die Ecke.
es.qui.si.to [eskiz'itu] *adj* seltsam, eigenartig, komisch, merkwürdig, sonderbar.
es.qui.var [eskiv'ar] *vpron* sich drücken, meiden.
es.sa ['ɛsa] *pron dem* diese (dieser, dieses).
es.se ['ɛse] *pron dem* dieser, der.
es.sên.cia [es'ẽsjə] *sf* das Wesen, der Inbegriff, die Essenz.
es.sen.ci.al [esẽsi'aw] *adj* wesentlich, lebensnotwendig, unerlässlich. • *sm* die Hauptsache.
es.ta ['ɛstə] *pron dem* diese (dieser, dieses).
es.ta.be.le.cer [estabeles'er] *vtd* **1** festlegen, festsetzen. **2** gründen. *vpron* **3** sich niederlassen, sich ansiedeln, sich etablieren.
es.ta.be.le.ci.men.to [estabelesim'ẽtu] *sm* **1** die Anstalt, die Niederlassung. **2** die Aufstellung.
es.ta.bi.li.da.de [estabilid'adi] *sf* **1** die Stabilität, die Beständigkeit, die Festigkeit. **2** das Beharrungsvermögen. **3** der Kündigungsschutz.
es.ta.bi.li.zar [estabiliz'ar] *vtd* festigen, befestigen, stabilisieren.
es.tá.bu.lo [est'abulu] *sm* der Stall.
es.ta.ca [est'akə] *sf* **1** die Stange. **2** die Stelze, der Pfahl.
es.ta.ção [estas'ãw] *sf* **1** die Station, der Bahnhof. **2** die Jahreszeit, die Saison, die Reisezeit.
es.ta.ci.o.na.men.to [estasjonam'ẽtu] *sm* der Parkplatz.
es.ta.ci.o.nar [estasjon'ar] *vtd* abstellen, parken.
es.ta.di.a [estad'iə] *sf* der Aufenthalt.
es.tá.dio [est'adju] *sm* das Stadion, die Kampfbahn.
es.ta.do [est'adu] *sm* **1** der Staat. **2** das Bundesland. **3** die Lage, die Verfassung, der Zustand. **4** die Beschaffenheit. **estado civil** der Familienstand.
es.ta.du.al [estadu'aw] *adj* staatlich, Staats..., Landes...
es.ta.fa [est'afə] *sf* die Überarbeitung, die Strapaze, der Stress.
es.ta.gi.á.rio [estaʒi'arju] *sm* der Praktikant, der Volontär.
es.tá.gio [est'aʒju] *sm* **1** die Etappe, die Stufe, der Durchgang, das Stadium. **2** das Praktikum.
es.tag.nar [estagn'ar] *vint* stagnieren, stillstehen.
es.ta.lar [estal'ar] *vint* **1** krachen, knacken, klatschen, knallen, knattern, knistern. **2** platzen.
es.ta.lei.ro [estal'ejru] *sm* die Werft.
es.ta.lo [est'alu] *sm* der Knall, der Knacks.
es.tam.pa [est'ãpə] *sf* **1** der Druck, der Aufdruck, der Stich. **2** das Muster, das Motiv, das Bild, die Abbildung.
es.tam.pa.do [estãp'adu] *adj* gemustert, bedruckt.
es.tam.par [estãp'ar] *vtd* **1** abbilden. **2** bedrucken, stempeln. **3** stanzen, prägen.
es.tan.car [estãk'ar] *vtd* **1** abdichten. **2** stauen, stillen.
es.tân.cia [est'ãsjə] *sf* der Ferienort, der Kurort.
es.tan.de [est'ãdi] *sm* der Stand.
es.ta.nho [est'ʌñu] *sm* das Zinn.
es.tan.te [est'ãti] *sf* **1** das Regal, der Bord, der Bücherbord. **2** der Schrank.
es.tar [est'ar] *vint* **1** sein. **2** sich verhalten, sich befinden.

E

es.tar.re.ci.do [estar̃es'idu] *adj* starr, erschrocken.

es.ta.tal [estat'aw] *adj* staatlich. • *sf* das staatliche Unternehmen.

es.ta.tís.ti.ca [estat'istikə] *sf* die Statistik.

es.ta.tís.ti.co [estat'istiku] *adj* statistisch.

es.tá.tua [est'atwə] *sf* die Statue, das Standbild.

es.ta.tu.ra [estat'urə] *sf* **1** die Statur, der Wuchs, die Figur, das Format, der Bau. **2** die Körpergröße.

es.ta.tu.to [estat'utu] *sm* die Satzung.

es.tá.vel [est'avew] *adj* **1** stabil, standfest, beständig. **2** unkündbar.

es.te ['ɛsti] *pron dem* dieser (diese, dieses).

es.tei.o [est'eju] *sm* die Stütze.

es.tei.ra [est'ejrə] *sf* **1** die Matte, der Vorleger. **2** das Band.

es.te.li.o.na.to [esteljon'atu] *sm* der Betrug.

es.ten.der [estẽd'er] *vtd* **1** strecken, ausstrecken. **2** ausbreiten, dehnen, ausdehnen, verlängern. **3** spreizen. **4** walzen (Teig). **5** sich erstrecken, sich in die Länge ziehen.

es.té.reo [est'ɛriu] *adj* stereo. • *sm* das Stereo.

es.te.re.ó.ti.po [estere'ɔtipu] *sm* die Schablone, das Klischee.

es.té.ril [est'ɛriw] *adj* **1** steril, keimfrei. **2** karg, unfruchtbar.

es.te.ri.li.za.do [esterilizad'o] *adj* keimfrei, steril.

es.te.ri.li.zar [esteriliz'ar] *vtd* sterilisieren, entkeimen.

es.té.ti.ca [est'ɛtikə] *sf* die Ästhetik.

es.te.ti.cis.ta [estetis'istə] *sm+f* der/die Kosmetiker(in).

es.té.ti.co [est'ɛtiku] *adj* ästhetisch.

es.ti.a.gem [esti'aʒẽj] *sf* die Trockenheit.

es.ti.ca.do [estik'adu] *adj* straff, gespannt, stramm.

es.ti.car [estik'ar] *vtd* spannen, ziehen, dehnen, anspannen, anziehen.

es.tig.ma.ti.zar [estigmatiz'ar] *vtd* brandmarken.

es.ti.lha.ço [estiʎ'asu] *sm* der Splitter.

es.ti.lin.gue [estil'ĩgi] *sm* die Schleuder.

es.ti.lis.ta [estil'istə] *sm+f* **1** der Stilist. **2** der Modeschöpfer.

es.ti.lís.ti.co [estil'istiku] *adj* stilistisch.

es.ti.li.zar [estiliz'ar] *vtd* stilisieren.

es.ti.lo [est'ilu] *sm* der Stil, die Machart, die Manier.

es.ti.ma [est'imə] *sf* die Achtung, die Hochachtung.

es.ti.ma.do [estim'adu] *adj* geachtet, angesehen.

es.ti.mar [estim'ar] *vtd* **1** achten, ehren, verehren. **2** schätzen, einschätzen, abschätzen, taxieren.

es.ti.ma.ti.va [estimat'ivə] *sf* die Schätzung, das Augenmaß.

es.ti.ma.ti.vo [estimat'ivu] *adj* annähernd, schätzungsweise.

es.ti.mu.lan.te [estimul'ãti] *adj* anregend. • *sm* das Aufputschmittel.

es.ti.mu.lar [estimul'ar] *vtd* **1** reizen, erregen, anregen, aktivieren. **2** anspornen, anfeuern. **3** beleben, ermuntern, ermutigen.

es.tí.mu.lo [est'imulu] *sm* **1** die Anregung, der Reiz, der Anreiz. **2** der Ansporn, der Auftrieb.

es.ti.pu.lar [estipul'ar] *vtd* **1** festlegen, festsetzen, vorschreiben, bestimmen. **2** abmachen.

es.to.car [estok'ar] *vtd* **1** sich eindecken mit, lagern, einlagern. **2** stapeln.

es.to.fa.do [estof'adu] *adj* gepolstert. **móveis estofados** die Polstergarnitur.

es.to.fa.men.to [estofam'ẽtu] *sm* die Polsterung, der Sitzbezug.

es.to.jo [est'oʒu] *sm* die Kassette, das Mäppchen, das Etui.

es.tô.ma.go [est'omagu] *sm* der Magen.

es.to.que [est'ɔki] *sm* **1** der Vorrat, der Lagerbestand, das Angebot. **2** der Stapel.

es.tor.var [estorv'ar] *vtd* stören, hindern, behindern, beeinträchtigen.

es.tor.vo [est'orvu] *sm* **1** die Störung. **2** das Hindernis, die Behinderung, die Hemmung. **3** das Ärgernis.

es.tou.rar [estowr'ar] *vint* **1** platzen. **2** knallen. **3** sprengen.

es.trá.bi.co [estr'abiku] *adj* scheel.

es.tra.da [estr'adə] *sf* die Straße, die Fahrbahn, der Weg. **estrada de ferro** die Eisenbahn.

es.tra.ga.do [estrag'adu] *adj* **1** kaputt, faul. **2** ungenießbar, verdorben.

es.tra.gar [estrag'ar] *vint* **1** kaputtgehen. *vtd* **2** beschädigen, verpfuschen, verhunzen. **3** verziehen (Kind).

es.tra.go [estr'agu] *sm* die Beschädigung, die Havarie.

es.tran.gei.ro [estrãʒ'ejru] *adj* fremd, ausländisch. • *sm* **1** der Ausländer, der Fremde. **2** das Ausland.

es.tran.gu.lar [estrãgul'ar] *vtd* **1** würgen, drosseln, erdrosseln, erwürgen. **2** *pop* abmurksen.

es.tra.nhar [estrΛñ'ar] *vtd* erstaunt sein über, sich wundern, befremdet sein.

es.tra.nhe.za [estrΛñ'ezə] *sf* das Erstaunen, das Befremden.

es.tra.nho [estr'Λñu] *adj* **1** merkwürdig, seltsam, sonderbar, ungewöhnlich. **2** fremd. • *sm* **1** der Unbekannte, der Außenstehende. **2** der Unbefugte.

es.tra.té.gia [estrat'ɛʒjə] *sf* die Strategie, die Taktik.

es.tra.té.gi.co [estrat'ɛʒiku] *adj* strategisch, taktisch.

es.tre.an.te [estre'ãti] *sm* der Debütant.

es.tre.ar [estre'ar] *vint* **1** debütieren, erstmals (öffentlich) auftreten. **2** uraufführen.

es.trei.a [estr'ɛjə] *sf* die Erstaufführung, die Uraufführung, die Premiere, das Debüt.

es.trei.ta.men.to [estrejtam'ẽtu] *sm* **1** die Verengung. **2** *fig* die Vertiefung.

es.trei.tar [estrejt'ar] *vtd* **1** verengen, einengen, zusammenziehen. **2** vertiefen. **3** schmälern. *vpron* **4** sich verengen, spitz zulaufen.

es.trei.to [estr'ejtu] *adj* schmal, eng. • *sm* die Meerenge, die Straße.

es.tre.la [estr'elə] *sf* **1** der Stern. **2** der Star.

es.tre.me.cer [estremes'er] *vint* schaudern, zittern, beben.

es.tres.se [estr'ɛsi] *sm* der Stress.

es.tri.bo [estr'ibu] *sm* **1** der Steigbügel. **2** die Raste, der Tritt.

es.tri.den.te [estrid'ẽti] *adj* schrill, grell.

es.tri.to [estr'itu] *adj* strikt, streng.

es.tro.fe [estr'ɔfi] *sf* die Strophe.

es.tron.do [estr'õdu] *sm* der Donner, das Dröhnen, der Knall, das Brausen.

es.tron.do.so [estrõd'ozu] *adj* dröhnend.

es.tru.tu.ra [estrut'urə] *sf* die Struktur, der Aufbau, das Gefüge, die Gliederung.

es.tru.tu.ral [estrutur'aw] *adj* strukturell.

es.tru.tu.rar [estrutur'ar] *vtd* strukturieren, gliedern.

es.tu.dan.te [estud'ãti] *sm* **1** der Schüler, der Pennäler. **2** der Student.

es.tu.dar [estud'ar] *vtd* **1** lernen. **2** studieren, durcharbeiten, sich befassen mit. **3** forschen, erforschen. **4** erwägen.

es.tú.dio [est'udju] *sm* das Studio, das Atelier.

es.tu.di.o.so [estudi'ozu] *adj* fleißig, tüchtig, beflissen.

es.tu.do [est'udu] *sm* **1** das Studium, die Studie, die Forschung, die Erforschung. **2** *pl* das Studium.

es.tu.fa [est'ufə] *sf* das Treibhaus.

es.tu.pe.fa.to [estupef'atu] *adj* verdutzt, sprachlos.

es.tu.pen.do [estup'ẽdu] *adj* fabelhaft, erstaunlich, toll.

es.tu.pi.dez [estupid'es] *sf* die Dummheit, die Unvernunft, der Stumpfsinn.

es.tú.pi.do [est'upidu] *adj* dumm, blöd, stupid, töricht, albern. • *sm* der Esel, der Dummkopf.

es.tu.prar [estupr'ar] *vtd* vergewaltigen.

es.tu.que [est'uki] *sm* der Stuck, das Stuckwerk.

E

es.va.zi.ar [ezvazi'ar] *vtd* leeren, räumen, ausräumen, auspacken, entleeren, ausleeren.

e.ta.pa [et'apə] *sf* die Etappe, die Stufe, der Abschnitt.

et.cé.te.ra [ets'ɛterə] *adv* und so weiter (usw.).

é.ter ['ɛter] *sm* der Äther.

e.ter.ni.da.de [eternid'adi] *sf* die Ewigkeit.

e.ter.no [et'ɛrnu] *adj* ewig, unvergänglich.

é.ti.ca ['ɛtikə] *sf* die Ethik.

é.ti.co ['ɛtiku] *adj* ethisch, sittlich.

e.ti.que.ta [etik'etə] *sf* **1** die Etikette, die Beschriftung, der Anhänger, das Schild. **2** die Förmlichkeit, die Formalität, die Anstandsregel.

ét.ni.co ['ɛtniku] *adj* ethnisch.

eu ['ew] *pron pess* ich.

eu.ca.lip.to [ewkal'iptu] *sm* der Eukalyptus.

eu.fe.mis.mo [ewfem'izmu] *sf* das Hüllwort, die Beschönigung, der Euphemismus.

eu.fo.ri.a [ewfor'iə] *sf* das Hochgefühl, die Hochstimmung, der Schwung.

Eu.ro.pa [ewr'ɔpə] *sf* Europa *n*.

eu.ro.peu [ewrop'ew] *adj* europäisch. • *sm* der Europäer.

eu.ta.ná.sia [ewtan'azjə] *sf* die Euthanasie.

e.va.cu.a.ção [evakwas'ãw] *sf* **1** die Räumung, der Abgang, die Leerung. **2** der Stuhlgang, der Kotabsatz, die Darmentleerung.

e.va.cu.ar [evaku'ar] *vtd* **1** leeren, entleeren. **2** aussiedeln.

e.van.ge.lho [evãʒ'ɛλu] *sm* das Evangelium.

e.van.gé.li.co [evãʒ'eliku] *adj* evangelisch.

e.va.po.ra.ção [evaporas'ãw] *sf* die Verdunstung, die Verdampfung.

e.va.po.rar [evapor'ar] *vint* verdampfen, verdunsten, verströmen.

e.ven.to [ev'ẽtu] *sm* das Ereignis, die Veranstaltung.

e.ven.tu.al [evẽtu'aw] *adj* etwaig, eventuell, möglich. • *adv* gegebenenfalls, allenfalls, notfalls.

e.ven.tu.a.li.da.de [evẽtwalid'adi] *sf* die Eventualität, der Fall.

e.vi.dên.cia [evid'ẽsjə] *sf* **1** der Augenschein, die Deutlichkeit, die Evidenz. **2** der Beweis.

e.vi.den.te [evid'ẽti] *adj* **1** offenkundig, offensichtlich, augenscheinlich, eindeutig. **2** selbstverständlich.

e.vi.tar [evit'ar] *vtd* **1** meiden, scheuen. **2** verhüten, vermeiden, verhindern, vereiteln, abwehren.

e.vo.lu.ção [evolus'ãw] *sf* die Evolution, der Verlauf, der Fortgang, die Entwicklung.

e.vo.lu.ir [evolu'ir] *vint* sich entwickeln, wachsen

e.xa.ge.ra.do [ezaʒer'adu] *adj* übermäßig, übertrieben, überspannt, exzessiv.

e.xa.ge.rar [ezaʒer'ar] *vtd* **1** übertreiben, überspannen.

e.xa.ge.ro [ezaʒ'eru] *sm* die Übertreibung.

e.xal.ta.do [ezawt'adu] *adj* **1** überspannt, schwärmerisch. **2** heißblütig.

e.xa.me [ez'Λmi] *sm* das Examen, die Prüfung, die Untersuchung, die Durchsicht. **exame de vista** der Sehtest.

e.xa.mi.na.dor [ezaminad'or] *sm* der Prüfer.

e.xa.mi.nan.do [ezamin'ãdu] *sm* der Prüfling.

e.xa.mi.nar [ezamin'ar] *vtd* **1** prüfen, abfragen. **2** untersuchen, abtasten. **3** sichten, nachschauen, mustern, durchsehen, nachprüfen.

e.xa.ta.men.te [ezatam'ẽti] *adv* eben, richtig.

e.xa.ti.dão [ezatid'ãw] *sf* die Genauigkeit, die Präzision.

e.xa.to [ez'atu] *adj* genau, wahr, zutreffend, exakt.

e.xaus.ti.vo [ezawst'ivu] *adj* ausgiebig.

e.xaus.to [ez'awstu] *adj* **1** erschöpft, entkräftet, schlapp. **2** *pop* fertig, kaputt.
e.xaus.tor [ezawst'or] *sm* der Entlüfter, der Abluftventilator.
ex.ce.ção [eses'ãw] *sf* die Ausnahme, der Einzelfall.
ex.ce.der [esed'er] *vtd* **1** überschreiten, überziehen. **2** überragen, übertreffen.
ex.ce.lên.cia [esel'ẽsjə] *sf* die Exzellenz. **por excelência** schlechthin.
ex.ce.len.te [esel'ẽti] *adj* **1** ausgezeichnet, hervorragend, vortrefflich, vorzüglich, prima. **2** *pop* klasse.
ex.cên.tri.co [es'ẽtriku] *adj* seltsam, sonderbar, überspannt, absonderlich, verschroben, extravagant. • *sm* **1** der Sonderling. **2** *pop* der Spinner.
ex.cep.ci.o.nal [esepsjon'aw] *adj* **1** außergewöhnlich, bemerkenswert, besonder. **2** Sonder... • *adv* ausnahmsweise. • *sm* der Sonderschüler, der Behinderte.
ex.ces.si.vo [eses'ivu] *adj* übermäßig, maßlos, übertrieben, exzessiv.
ex.ces.so [es'ɛsu] *sm* **1** das Übermaß, der Überschwang, die Ausschreitung. **2** die Ausschweifung.
ex.ce.to [es'etu] *conj+prep* ausgenommen.
ex.ci.ta.ção [esitas'ãw] *sf* **1** die Erregung, die Aufregung, die Spannung, die Reizung. **2** der Übermut.
ex.ci.ta.do [esit'adu] *adj* **1** aufgeregt, erregt, gespannt. **2** übermütig.
ex.ci.tan.te [esit'ãti] *adj* **1** aufregend, spannend. **2** rasant.
ex.ci.tar [esit'ar] *vtd* erregen, aufregen, reizen, anstacheln.
ex.cla.ma.ção [esklamas'ãw] *sf* der Ausruf, der Schrei.
ex.cla.mar [esklam'ar] *vtd* ausrufen, schreien.
ex.clu.ir [esklu'ir] *vtd* ausschließen, ausschalten.
ex.clu.si.va.men.te [eskluzivam'ẽti] *adv* ausschließlich, lediglich.
ex.clu.si.vi.da.de [eskluzivid'adi] *sf* **1** die Exklusivität. **2** das Alleinverkaufsrecht.
ex.clu.si.vo [eskluz'ivu] *adj* exklusiv, alleinig.
ex.cur.são [eskurs'ãw] *sf* der Ausflug, die Fahrt, die Tour, die Reise.
e.xe.cu.ção [ezekus'ãw] *sf* **1** die Aufführung, der Vortrag. **2** die Ausführung, die Erledigung, die Bearbeitung. **3** die Hinrichtung.
e.xe.cu.tar [ezekut'ar] *vtd* **1** ausführen, verrichten, durchführen, abwickeln, anfertigen, absolvieren. **2** vollstrecken, hinrichten.
e.xe.cu.ti.vo [ezekut'ivu] *sm* der Manager, der leitende Angstellte.
e.xem.plar [ezẽpl'ar] *adj* beispielhaft, vorbildlich, mustergültig. • *sm* das Exemplar.
e.xem.plo [ez'ẽplu] *sm* das Beispiel, das Vorbild, die Richtschnur.
e.xer.cer [ezers'er] *vtd* **1** ausüben, treiben, betreiben. **2** *Dir* wahrnehmen.
e.xer.cí.cio [ezers'isju] *sm* **1** die Übung, das Training. **2** die Aufgabe. **3** das Steuerjahr, das Geschäftsjahr.
e.xer.ci.tar [ezersit'ar] *vtd* üben, trainieren, drillen.
e.xér.ci.to [ez'ɛrsitu] *sm* das Heer, die Armee.
e.xi.bi.ção [ezibis'ãw] *sf* die Vorführung, der Vortrag, die Schau.
e.xi.bir [ezib'ir] *vtd* **1** aufführen, vorführen. **2** auslegen, ausstellen.
e.xi.gên.cia [eziʒ'ẽsjə] *sf* die Forderung, die Anforderung, der Anspruch.
e.xi.gen.te [eziʒ'ẽti] *adj* **1** anspruchsvoll, wählerisch. **2** kleinlich, pingelig.
e.xi.gir [eziʒ'ir] *vtd* **1** fordern, verlangen, beanspruchen. **2** bedingen.
e.xi.la.do [ezil'adu] *sm* der Exilierte, der Exilant, der Deportierte, der Emigrant.
e.xi.lar [ezil'ar] *vtd* ausweisen, deportieren.
e.xí.lio [ez'ilju] *sm* Exil, Verbannung, Deportation, Emigration.
e.xí.mio [ez'imju] *adj* vortrefflich, ausgezeichnet.

E

e.xis.tên.cia [ezist'ẽsjə] *sf* **1** Sein, Existenz, Bestehen, Dasein. **2** Vorkommen.

e.xis.ten.ci.al [ezistẽsi'aw] *adj* existentiell.

e.xis.ten.te [ezist'ẽti] *adj* vorhanden, da.

e.xis.tir [ezist'ir] *vint* **1** sein, da sein, existieren, bestehen. **2** vorkommen.

ê.xi.to ['ezitu] *sm* **1** Erfolg. **2** Hit.

ê.xo.do ['ezodu] *sm* Auszug, Abwanderung.

e.xor.bi.tan.te [ezorbit'ãti] *adj* übermäßig, unerhört.

e.xó.ti.co [ez'ɔtiku] *adj* exotisch.

ex.pan.dir [espãd'ir] *vtd* **1** ausbauen, erweitern, vergrößern. **2** *vpron* sich ausbreiten, sich ausdehnen.

ex.pan.são [espãs'ãw] *sf* die Dehnung, die Ausdehnung, der Ausbau, die Erweiterung, die Expansion.

ex.pan.si.vo [espãs'ivu] *adj* gesprächig, mitteilsam.

ex.pec.ta.ti.va [espektat'ivə] *sf* die Erwartung, die Aussicht.

ex.pe.di.ção [espedis'ãw] *sf* **1** die Abfertigung, der Versand. **2** die Ausstellung, die Ausfertigung (von Dokumenten). **3** die Expedition, der Zug. **4** die Spedition.

ex.pe.di.en.te [espedi'ẽti] *sm* die Öffnungszeit, die Geschäftszeit.

ex.pe.dir [esped'ir] *vtd* ausfertigen, ausstellen, verschicken, versenden.

ex.pe.ri.ên.cia [esperi'ẽsjə] *sf* **1** die Erfahrung, das Erlebnis, die Anschauung. **2** die Bewährung, die Routine. **3** das Experiment, der Versuch

ex.pe.ri.en.te [esperi'ẽti] *adj* erfahren, routiniert, bewandert, versiert.

ex.pe.ri.men.ta.do [esperimẽt'adu] *adj* erprobt.

ex.pe.ri.men.tar [esperimẽt'ar] *vtd* **1** erfahren, erleben. **2** experimentieren, testen, versuchen, erproben, probieren.

ex.pe.ri.men.to [esperim'ẽtu] *sm* das Experiment, der Versuch.

ex.pi.rar [espir'ar] *vint* ablaufen, auslaufen, verfallen.

ex.pli.ca.ção [esplikas'ãw] *sf* die Ausführung, die Erklärung, die Deutung.

ex.pli.car [esplik'ar] *vtd* **1** ausführen, erklären, klarstellen, darlegen, erläutern. **2** deuten.

ex.plí.ci.to [espl'isitu] *adj* **1** eindeutig, ausdrücklich, explizit. **2** anschaulich, drastisch.

ex.plo.dir [esplod'ir] *vint* **1** explodieren, einschlagen. **2** knallen. **3** *vtd* sprengen.

ex.plo.ra.ção [esploras'ãw] *sf* **1** die Nutzung, die Ausbeutung, die Förderung. **2** die Erforschung, die Erschließung.

ex.plo.rar [esplor'ar] *vtd* **1** ausbeuten, fördern (Bodenschätze). **2** erforschen, erschließen. **3** betreiben.

ex.plo.são [esploz'ãw] *sf* **1** die Explosion, der Knall, die Entladung. **2** die Sprengung.

ex.plo.si.vo [esploz'ivu] *adj* **1** explosiv, feuergefährlich. **2** brisant. • *sm* der Sprengstoff.

ex.por [esp'or] *vtd* **1** darlegen. **2** vorlegen, ausstellen, auslegen. **3** bloßstellen, preisgeben.

ex.por.ta.ção [esportas'ãw] *sf* die Ausfuhr, der Export.

ex.por.ta.dor [esportad'or] *sm* der Exporthändler, der Exporteur.

ex.por.tar [esport'ar] *vtd* ausführen, exportieren.

ex.po.si.ção [espozis'ãw] *sf* die Ausstellung, die Messe.

ex.pres.são [espres'ãw] *sf* **1** der Ausdruck, die Wendung, die Formulierung, die Redensart. **2** die Miene, der Gesichtsausdruck.

ex.pres.sar [espres'ar] *vtd* **1** äußern, aussagen, ausdrücken, aussprechen. *vpron* **2** sich artikulieren.

ex.pres.si.vo [espres'ivu] *adj* ausdrucksvoll.

ex.pres.so [espr'ɛsu] *adj* ausdrücklich.

ex.pri.mir [esprim'ir] *vtd* ausdrücken, aussagen, bekunden.

ex.pul.são [espuws'ãw] *sf* **1** die Vertreibung. **2** die Ausscheidung, die Abtreibung.
ex.pul.sar [espuws'ar] *vtd* **1** ausschließen, ausstoßen, austreiben, ausweisen, hinauswerfen, abschieben. **2** abtreiben.
ex.pul.so [esp'uwsu] *adj* vertrieben.
êx.ta.se ['estazi] *sm* die Ekstase, die Verzückung.
ex.ten.são [estẽs'ãw] *sf* **1** die Weite, die Reichweite. **2** die Ausdehnung, das Ausmaß, die Fläche.
ex.ten.so [est'ẽsu] *adj* **1** weit, weitläufig, weitreichend, lang. **2** umfangreich.
ex.te.ri.or [esteri'or] *adj* äußerlich, extern. • *sm* das Ausland.
ex.ter.mi.nar [estermin'ar] *vtd* vernichten, ausrotten, vertilgen.
ex.ter.mí.nio [esterm'inju] *sm* die Vernichtung, der Untergang, die Ausrottung.
ex.ter.nar [estern'ar] *vtd* äußern.
ex.ter.no [est'ɛrnu] *adj* äußerlich.
ex.tin.ção [estĩs'ãw] *sf* das Aussterben, die Vertilgung.
ex.tin.guir [estĩg'ir] *vtd* **1** löschen, auslöschen, tilgen. **2** abschaffen.
ex.tin.to [est'ĩtu] *adj* ausgerottet, ausgestorben.
ex.tin.tor [estĩt'or] *sm* der Feuerlöscher.
ex.tor.quir [estork'ir] *vtd* **1** erpressen. **2** auspressen.
ex.tor.são [estors'ãw] *sf* die Erpressung.
ex.tra ['ɛstrə] *adj* extra, gesondert, besonders.
ex.tra.ção [estras'ãw] *sf* **1** der Abbau, die Förderung. **2** die Ziehung (Lotterie).
ex.tra.di.ção [estradis'ãw] *sf* die Auslieferung.
ex.tra.ir [estra'ir] *vtd* **1** entziehen, herausnehmen. **2** abbauen, fördern.
ex.tra.or.di.ná.rio [estraordin'arju] *adj* außerordentlich, außergewöhnlich, einmalig, einzigartig.
ex.tra.ter.res.tre [estrater̃'ɛstri] *adj* außerirdisch.
ex.tra.to [estr'atu] *sm* der Auszug.
ex.tra.va.gân.cia [estravag'ãsjə] *sf* **1** die Überspanntheit. **2** die Ausschweifung. **3** der Luxus.
ex.tra.va.gan.te [estravag'ãti] *adj* **1** extravagant, sonderbar, absonderlich, überspannt. **2** bombastisch.
ex.tra.vi.a.do [estravi'adu] *adj* verloren.
ex.tra.vi.ar [estravi'ar] *vtd* **1** verlegen. **2** verlieren.
ex.tre.ma.men.te [estremam'ẽti] *adv* allzu, außerordentlich, äußerst.
ex.tre.mi.da.de [estremid'adi] *sf* das Ende, die Spitze.
ex.tre.mo [estr'emu] *adj* äußerst, extrem, ausgesprochen. • *sm* das Extrem.
ex.tro.ver.ti.do [estrovert'idu] *adj* aufgeschlossen, leutselig, extravertiert.
e.xu.be.ran.te [ezuber'ãti] *adj* **1** überschwenglich, überschäumend. **2** üppig.

f

f, F [ˈɛfi] *sm* Buchstabe f, F.

fã [fˈã] *sm+f* **1** der Fan, der Anhänger. **2** *pl* die Anhängerschaft.

fá [fˈa] *sm Mús* das F.

fá.bri.ca [fˈabrikə] *sf* die Fabrik, das Werk.

fa.bri.ca.ção [fabrikasˈãw] *sf* die Fabrikation, die Herstellung, die Fertigung.

fa.bri.car [fabrikˈar] *vtd* herstellen, fertigen, anfertigen, erzeugen.

fá.bu.la [fˈabulə] *sf* die Fabel.

fa.bu.lo.so [fabulˈozu] *adj* fabelhaft, traumhaft, märchenhaft.

fa.ca [fˈakə] *sf* das Messer.

fa.ca.da [fakˈadə] *sf* der Stich, der Messerstich.

fa.ça.nha [fasˈʌñə] *sf* die Heldentat.

fa.cão [fakˈãw] *sm* das Buschmesser, die Machete.

fa.ce [fˈasi] *sf* **1** das Gesicht, das Antlitz. **2** die Wange, die Backe. **3** die Oberfläche, die Vorderseite.

fa.cha.da [faʃˈadə] *sf* die Fassade.

fá.cil [fˈasiw] *adj* leicht, einfach, bequem.

fa.ci.li.da.de [fasilidˈadi] *sf* **1** die Leichtigkeit, die Lässigkeit. **2** *pl* die Vergünstigung.

fa.ci.li.tar [fasilitˈar] *vtd* erleichtern.

fa.cul.da.de [fakuwdˈadi] *sf* **1** die Fakultät, die Hochschule. **2** die Fähigkeit, das Vermögen.

fa.cul.ta.ti.vo [fakuwtatˈivu] *adj* beliebig, freiwillig, fakultativ.

fa.di.ga [fadˈigə] *sf* die Müdigkeit, die Ermüdung, die Strapaze.

fa.di.gar [fadigˈar] *vtd* ermüden, strapazieren.

fa.ís.ca [faˈiskə] *sf* der Funke(n).

fai.xa [fˈajʃə] *sf* **1** die Binde, die Bandage. **2** der Streifen, das Transparent (Spruchband). **3** die Spur (Verkehr).

fa.la [fˈalə] *sf* **1** die Sprache, die Sprechweise, die Mundart. **2** die Rede.

fa.lar [falˈar] *vtd* sprechen, sagen, reden.

fa.le.cer [falesˈer] *vint* sterben.

fa.le.ci.do [falesˈidu] *adj* tot, gestorben. • *sm* der Verstorbene, der Tote.

fa.le.ci.men.to [falesimˈẽtu] *sm* der Tod.

fa.lên.cia [falˈẽsjə] *sf* der Bankrott, der Konkurs, der Zusammenbruch.

fa.lha [fˈaλə] *sf* der Fehler, der Defekt, das Versagen, die Störung, die Panne, der Ausfall.

fa.lhar [faλˈar] *vint* versagen, scheitern, verfehlen, ausfallen.

fa.lho [fˈaλu] *adj* fehlerhaft, mangelhaft.

fa.li.do [falˈidu] *adj* bankrott, pleite.

fa.lir [falˈir] *vint* in Konkurs gehen.

fal.si.da.de [fawsidˈadi] *sf* die Falschheit.

fal.si.fi.ca.ção [fawsifikasˈãw] *sf* die Fälschung.

fal.si.fi.car [fawsifikˈar] *vtd* **1** fälschen. **2** nachmachen.

fal.so [f'awsu] *adj* **1** falsch, tückisch, hinterlistig, verschlagen, heuchlerisch. **2** unecht, künstlich. **3** trügerisch.

fal.ta [f'awtə] *sf* **1** der Fehler, der Fehltritt, die Verfehlung, das Vergehen. **2** der Ausfall. **3** die Not, die Entbehrung, der Mangel.

fal.tar [fawt'ar] *vint* **1** fehlen, wegbleiben. **2** mangeln, ausfallen. **2** abwesend sein.

fa.ma [f'Λmə] *sf* der Ruf, der Ruhm, die Berühmtheit.

fa.mí.lia [fam'iljə] *sf* **1** die Familie. **2** *pop* der Anhang. **3** die Sippe.

fa.mi.li.ar [famili'ar] *adj* **1** familiär, heimisch, vertraut. **2** zwanglos. **3** geläufig.

fa.mi.li.a.ri.da.de [familjarid'adi] *sf* die Vertrautheit, die Bekanntheit.

fa.mi.li.a.ri.zar [familjariz'ar] *vti* **1** vertraut machen. *vpron* **2** sich anfreunden, sich befreunden.

fa.min.to [fam'ĩtu] *adj* hungrig, ausgehungert.

fa.mo.so [fam'ozu] *adj* berühmt, bekannt.

fa.ná.ti.co [fan'atiku] *adj* fanatisch. • *sm* der Fanatiker.

fan.ta.si.a [fãtaz'iə] *sf* **1** die Phantasie/Fantasie, die Vorstellungskraft. **2** die Einbildung, das Hirngespinst, der Wahn. **3** die Verkleidung.

fan.tas.ma [fãt'asmə] *sm* das Gespenst, das Schreckgespenst, der Spuk.

fan.tás.ti.co [fãt'astiku] *adj* **1** phantastisch/fantastisch, unwirklich, traumhaft, fabelhaft, sagenhaft, bizarr. **2** *pop* einmalig, toll, super.

far.da [f'ardə] *sf* die Uniform.

fa.re.jar [fareʒ'ar] *vtd* schnuppern, schnüffeln, wittern.

fa.rin.ge [far'ĩʒi] *sf* der Rachen, der Schlund.

fa.ri.nha [far'iñə] *sf* das Mehl. **farinha de rosca** das Paniermehl.

far.ma.cêu.ti.co [farmas'ewtiku] *sm* der Apotheker, der Drogist.

far.má.cia [farm'asjə] *sf* die Apotheke.

fa.ro [f'aru] *sm* **1** das Gespür, der Spürsinn, die Witterung. **2** *pop* der Riecher.

fa.ro.es.te [faro'ɛsti] *sm* der Wildwestfilm, der Western.

fa.ro.fa [far'ɔfə] *sf* (geschmälztes) das Maniokmehl.

fa.rol [far'ɔw] *sm* **1** der Scheinwerfer, die Laterne. **2** der Leuchtturm, das Leuchtfeuer.

fa.ro.le.te [farol'eti] *sm* **1** das Standlicht. **2** die Handlaterne.

far.ra [f'ar̃ə] *sf* das Fest, die Ausgelassenheit, der Trubel.

far.sa [f'arsə] *sf* die Posse, die Farce, das Theater.

far.to [f'artu] *adj* satt, überdrüssig.

far.tu.ra [fart'urə] *sf* die Menge, der Überfluss.

fas.ci.na.ção [fasinas'ãw] *sf* die Faszination, die Anziehungskraft.

fas.ci.nan.te [fasin'ãti] *adj* faszinierend, fesselnd, bezaubernd.

fas.ci.nar [fasin'ar] *vtd* faszinieren, fesseln, bannen, betören, bezaubern.

fas.cí.nio [fas'inju] *sm* der Zauber, der Bann, die magische Wirkung.

fas.cis.mo [fas'izmu] *sm* der Faschismus.

fa.se [f'azi] *sf* die Phase, der Abschnitt, die Stufe, die Etappe, das Stadium.

fa.tal [fat'aw] *adj* fatal, tödlich, todbringend, unabwendbar, verhängnisvoll.

fa.ta.li.da.de [fatalid'adi] *sf* das Verhängnis.

fa.ti.a [fat'iə] *sf* die Scheibe, die Schnitte.

fa.ti.ar [fati'ar] *vtd* aufschneiden.

fa.ti.gar [fatig'ar] *vtd* ermüden, anstrengen.

fa.to [f'atu] *sm* **1** die Tatsache, die Gegebenheit, der Tatbestand. **2** *pl* die Fakten, die Daten.

fa.tor [fat'or] *sm* der Faktor, der Moment, der Wert.

fa.tu.ra [fat'urə] *sf* die Rechnung, die Faktura.

fa.tu.ra.men.to [faturam'ẽtu] *sm* der Umsatz, der Verkauf.
fa.tu.rar [fatur'ar] *vtd* **1** einnehmen, fakturieren, berechnen. **2** umsetzen.
fa.ve.la [fav'ɛlə] *sf* das Elendsviertel, das Barackenviertel.
fa.vor [fav'or] *sm* **1** der Gefallen, die Gefälligkeit, die Gunst. **2** die Wohltat.
fa.vo.rá.vel [favor'avew] *adj* günstig, vorteilhaft.
fa.vo.re.cer [favores'er] *vtd* begünstigen.
fa.vo.ri.tis.mo [favorit'izmu] *sm* die Favoritenrolle.
fa.vo.ri.to [favor'itu] *sm* der Favorit, der Günstling.
fa.xi.na [faʃ'inə] *sf* der Hausputz.
fa.xi.nei.ra [faʃin'ejra] *sf* die Putzfrau, die Raumpflegerin.
fa.zen.da [faz'ẽdə] *sf* **1** der Hof, das Gut. **2** die Plantage. **3** der Stoff. **4** das Finanzwesen.
fa.zen.dei.ro [fazẽd'ejru] *sm* **1** der Gutsherr. **2** der Landwirt.
fa.zer [faz'er] *vtd* **1** machen, tun, verrichten. **2** bereiten, anfertigen, produzieren. **3** veranstalten. **4** kochen (Kaffee).
fé [f'ɛ] *sf* der Glaube, das Bekenntnis.
fe.bre [f'ɛbri] *sf* **1** das Fieber. **2** der Taumel.
fe.bril [febr'iw] *adj* **1** fiebrig. **2** fieberhaft.
fe.cha.do [feʃ'adu] *adj* **1** geschlossen, verschlossen, zu. **2** scharf (Kurve).
fe.cha.du.ra [feʃad'urə] *sf* das Schloss.
fe.cha.men.to [feʃam'ẽtu] *sm* der Abschluss, die Schließung.
fe.char [feʃ'ar] *vtd* **1** schließen. **2** abschließen, zusperren, absperren, zumachen. **3** stilllegen (Fabrik). **4** *pop* dichtmachen.
fe.cho [f'eʃu] *sm* der Verschluss.
fe.cun.dar [fekũd'ar] *vtd* befruchten.
fe.cun.di.da.de [fekũdid'adi] *sf* die Fruchtbarkeit.
fe.der [fed'er] *vint* stinken.
fe.de.ra.ção [federas'ãw] *sf* **1** der Bund, der Bundesstaat, die Föderation. **2** der Verband.
fe.de.ral [feder'aw] *adj* verbündet, föderalistisch, Bundes...
fe.dor [fed'or] *sm* der Gestank.
fe.do.ren.to [fedor'ẽtu] *adj* stinkend.
fei.ção [fejs'ãw] *sf* der Zug, der Gesichtszug.
fei.jão [fejʒ'ãw] *sm* die Bohne(n).
fei.jo.a.da [fejʒo'adə] *sf* der brasilianische Bohneneintopf.
fei.o [f'eju] *adj* **1** hässlich. **2** unanständig.
fei.ra [f'ejrə] *sf* der Wochenmarkt, die Messe (Ausstellung).
fei.ti.cei.ra [fejtis'ejrə] *sf* die Hexe, die Zauberin.
fei.ti.cei.ro [fejtis'ejru] *sm* der Zauberer, der Hexenmeister.
fei.ti.ço [fejt'isu] *sm* der Zauber, der Bann.
fei.ti.o [fejt'iu] *sm* die Beschaffenheit, die Form, die Machart, der Schnitt.
fei.u.ra [fej'urə] *sf* die Hässlichkeit.
fei.xe [f'ejʃi] *sm* das Gebinde, der Pack, das Bündel, der Packen.
fe.li.ci.da.de [felisid'adi] *sf* das Glück, das Wohl.
fe.li.ci.tar [felisit'ar] *vtd* beglückwünschen, gratulieren.
fe.liz [fel'is] *adj* **1** glücklich, selig. **2** vergnügt, heiter.
fe.liz.men.te [felizm'ẽti] *adv* glücklicherweise.
fê.mea [f'emjə] *sf* das Weibchen.
fe.mi.ni.no [femin'inu] *adj* weiblich, feminin.
fe.mi.nis.mo [femin'izmu] *sm* die Frauenbewegung.
fe.mi.nis.ta [femin'istə] *sf* die Frauenrechtlerin.
fen.da [f'ẽdə] *sf* der Spalt, die Spalte, der Riss, der Schlitz.
fe.no.me.nal [fenomen'aw] *adj* großartig, unerhört.
fe.nô.me.no [fen'omenu] *sm* **1** die Erscheinung, das Phänomen. **2** das Ereignis.
fe.ra [f'ɛrə] *sf* das Tier, das Raubtier, die Bestie, das Biest.

fe.ri.a.do [feri'adu] *sm* der Feiertag.
fé.rias [f'ɛrjəs] *sf pl* der Urlaub, die Ferien, die Erholung.
fe.ri.da [fer'idə] *sf* die Wunde, die Verwundung.
fe.ri.do [fer'idu] *adj* verwundet, verletzt, versehrt. • *sm* der Verwundete, der Verletzte.
fe.ri.men.to [ferim'ẽtu] *sm* die Wunde, die Verwundung, die Verletzung.
fe.rir [fer'ir] *vtd* verletzen, verwunden.
fer.men.tar [fermẽt'ar] *vint* gären.
fer.men.to [ferm'ẽtu] *sm* die Hefe, der Sauerteig.
fe.roz [fer'ɔs] *adj* grausam, grimmig, wild.
fer.ra.du.ra [fer̄ad'urə] *sf* das Hufeisen, der Beschlag.
fer.ra.men.ta [fer̄am'ẽtə] *sf* das Werkzeug, das Handwerkzeug.
fér.reo [f'ɛr̄ju] *adj* eisern, hart.
fer.ro [f'ɛr̄u] *sm* **1** das Eisen. **2** das Bügeleisen.
fer.ro.a.da [fer̄o'adə] *sf* der Stich.
fer.ro.lho [fer̄'oλu] *sm* der Riegel.
fer.ro.vi.a [fer̄ov'iə] *sf* die Bahn, die Eisenbahn.
fer.ru.gem [fer̄'uʒẽj] *sf* der Rost.
fér.til [f'ɛrtiw] *adj* fruchtbar, ergiebig.
fer.ti.li.da.de [fertilid'adi] *sf* die Fruchtbarkeit.
fer.ti.li.zan.te [fertiliz'ãti] *sm* das Düngemittel, der Dünger.
fer.ti.li.zar [fertiliz'ar] *vtd* **1** befruchten. **2** düngen.
fer.ver [ferv'er] *vint* **1** kochen, brodeln. *vtd* **2** abkochen, brühen.
fer.vi.lhar [ferviλ'ar] *vti* wimmeln von.
fer.vor [ferv'or] *sm* die Inbrunst, der Eifer.
fer.vo.ro.so [fervor'ozu] *adj* eifrig, leidenschaftlich.
fes.ta [f'ɛstə] *sf* das Fest, die Feier.
fes.te.jar [festeʒ'ar] *vtd* **1** feiern, begehen. **2** bejubeln.
fes.ti.nha [fest'iñə] *sf* das kleine Fest, die Fete, die Party.
fes.ti.val [festiv'aw] *sm* die Festspiele, das Festival.
fes.ti.vo [fest'ivu] *adj* festlich, feierlich.
fe.to [f'ɛtu] *sm* die Leibesfrucht, der Fötus.
fe.ve.rei.ro [fever'ejru] *sm* der Februar.
fe.zes [f'ɛzis] *sf pl* **1** der Kot. **2** der Stuhl, der Stuhlgang.
fi.a.ção [fias'ãw] *sf* **1** die Spinnerei. **2** die Leitung (Drähte).
fi.a.do [fi'adu] *adj* geborgt, auf Pump.
fi.a.dor [fiad'or] *sm* der Bürge.
fi.ar [fi'ar] *vtd* **1** spinnen. *vpron* **2** sich verlassen auf.
fi.as.co [fi'asku] *sm* der Reinfall, der Misserfolg, das Fiasko.
fi.bra [f'ibrə] *sf* **1** die Faser, die Fiber. **2** *pl* die Ballaststoffe.
fi.car [fik'ar] *vint* **1** bleiben, sich aufhalten, übrigbleiben. **2** sein, liegen. **ficar com** nehmen, behalten.
fic.ção [fiks'ãw] *sf* die Fiktion, die Dichtung.
fi.cha [f'iʃə] *sf* **1** die Münze, die Marke. **2** die Karteikarte.
fic.tí.cio [fikt'isju] *adj* fiktiv, erdichtet.
fi.de.li.da.de [fidelid'adi] *sf* die Treue, die Loyalität.
fi.el [fi'ɛw] *adj* treu, anhänglich, ergeben, verlässlich. • *sm* der Gläubige.
fí.ga.do [f'igadu] *sm* die Leber.
fi.gu.ra [fig'urə] *sf* die Figur, das Bild, die Erscheinung, die Gestalt.
fi.gu.ran.te [figur'ãti] *sm* der Statist, der Außenseiter.
fi.gu.rão [figur'ãw] *sm pop* das hohe Tier.
fi.gu.ra.ti.vo [figurat'ivu] *adj* bildlich.
fi.la [f'ilə] *sf* die Reihe, die Zeile, die Schlange (stehen).
fi.lan.tro.pi.a [filãtrop'iə] *sf* die Menschenliebe, die Philanthropie.
fi.lão [fil'ãw] *sm* **1** das Stangenbrot. **2** *Geol* die Ader, der Flöz.
fi.lar [fil'ar] *vtd pop* schnorren.
fi.lar.mô.ni.ca [filarm'onikə] *sf* das philharmonische Orchester.

fi.la.te.li.a [filatel'iə] *sf* das Briefmarkensammeln, die Philatelie.
fi.lé [fil'ɛ] *sm* das Filet.
fi.lei.ra [fil'ejrə] *sf* **1** die Reihe. **2** die Schicht.
fi.lho [f'iλu] *sm* **1** der Sohn. **2** das Kind. **3** *pl* der Nachwuchs.
fi.lho.te [fiλ'ɔti] *sm* **1** das Junge. **2** *pl* die Brut, der Wurf.
fi.li.a.ção [filjas'ãw] *sf* **1** die Abstammung, die Herkunft. **2** der Beitritt, der Eintritt. **3** die Mitgliedschaft.
fi.li.al [fili'aw] *sf* die Filiale, die Nebenstelle, die Zweigstelle, die Außenstelle.
fil.ma.gem [fiwm'aʒẽj] *sf* die Dreharbeiten, die Aufnahmen.
fil.mar [fiwm'ar] *vtd* filmen, verfilmen (Buch), drehen, aufnehmen.
fil.me [f'iwmi] *sm* **1** der Film. **2** *pop* der Streifen.
fi.lo.so.far [filozof'ar] *vint* philosophieren.
fi.lo.so.fi.a [filozof'iə] *sf* die Philosophie.
fi.ló.so.fo [fil'ɔzofu] *sm* der Philosoph.
fil.trar [fiwtr'ar] *vtd* filtern, filtrieren, seihen.
fil.tro [f'iwtru] *sm* der Filter, die Filtertüte.
fim [f'ĩ] *sm* **1** das Ende, der Ablauf. **2** der Ausgang, der Untergang. **3** das Ziel, der Zweck.
fi.nal [fin'aw] *adj* definitiv, endgültig, letzt. • *sm* der Ausgang, das Finale, der Schluss.
fi.na.li.da.de [finalid'adi] *sf* die Bestimmung, der Zweck.
fi.na.li.zar [finaliz'ar] *vtd* beenden.
fi.nal.men.te [finawm'ẽti] *adv* endlich, schließlich, letztendlich.
fi.nan.ças [fin'ãsas] *sf pl* die Finanzen.
fi.nan.cei.ro [finãs'ejru] *adj* finanziell, wirtschaftlich.
fi.nan.ci.a.men.to [finãsjam'ẽtu] *sm* die Finanzierung.
fi.nan.ci.ar [finãsi'ar] *vtd* finanzieren.
fin.gi.do [fĩʒ'idu] *adj* falsch, verstellt, scheinheilig.
fin.gi.men.to [fĩʒim'ẽtu] *sm* die Verstellung, die Falschheit.
fin.gir [fĩʒ'ir] *vtd* heucheln, simulieren, sich verstellen, vortäuschen, vorgeben, fingieren.
fi.ni.to [fin'itu] *adj* endlich.
fi.no [f'inu] *adj* **1** fein. **2** dünn. **3** vornehm, taktvoll, edel, erlesen, delikat, raffiniert.
fi.o [f'iu] *sm* **1** der Faden. **2** die Leitung. **3** die Schneide.
fir.ma [f'irmə] *sf* die Firma, der Betrieb.
fir.mar [firm'ar] *vtd* **1** festigen, befestigen. **2** zeichnen, unterschreiben, unterzeichnen, firmieren.
fir.me [f'irmi] *adj* **1** fest, kräftig, unerschütterlich. **2** haltbar, solide, stabil, standfest. **3** entschieden, entschlossen, energisch. **4** beständig (Wetter).
fir.me.za [firm'ezə] *sf* die Festigkeit, die Bestimmtheit, die Entschlossenheit, die Entschiedenheit.
fis.cal [fisk'aw] *adj* steuerlich. • *sm* der Prüfer, der Inspekteur.
fis.ca.li.za.ção [fiskalizas'ãw] *sf* die Aufsicht, die Beaufsichtigung, die Überwachung.
fis.ca.li.zar [fiskaliz'ar] *vtd* prüfen, beaufsichtigen, überwachen, kontrollieren.
fí.si.ca [f'izikə] *sf* die Physik.
fí.si.co [f'iziku] *adj* **1** materiell, physikalisch. **2** körperlich, sinnlich. • *sm* **1** Physiker. **2** die Figur.
fi.si.o.no.mi.a [fizjonom'iə] *sf* die Miene, der Gesichtsausdruck, die Physiognomie.
fi.si.o.te.ra.pi.a [fizjoterap'iə] *sf* die Krankengymnastik, die Physiotherapie.
fi.ta [f'itə] *sf* das Band, der Streifen. **fita adesiva** das Klebeband.
fi.tar [fit'ar] *vtd* anschauen, anblicken, starren.

fi.ve.la [fiv'ɛlə] *sf* die Schnalle.
fi.xar [fiks'ar] *vtd* **1** befestigen, festmachen, fixieren. **2** festlegen, festsetzen, bestimmen. **3** einprägen.
fi.xo [f'iksu] *adj* fest, starr, fix, gleichbleibend.
flá.ci.do [fl'asidu] *adj* schlaff.
fla.gran.te [flagr'ãti] *adj* **1** flagrant, krass. **2** schreiend (Ungerechtigkeit). **em flagrante** auf frischer Tat.
flash [fl'ɛʃ] *sm* der Blitz, das Blitzlicht, das Blitzgerät.
flau.ta [fl'awtə] *sf* die Flöte.
fle.cha [fl'ɛʃə] *sf* der Pfeil.
fler.tar [flert'ar] *vti* flirten.
fle.xão [fleks'ãw] *sf* **1** die Beugung, die Abknickung. **2** *Gram* die Deklination.
fle.xi.bi.li.da.de [fleksibilid'adi] *sf* die Flexibilität, die Anpassungsfähigkeit, die Biegsamkeit, die Elastizität.
fle.xi.o.nar [fleksjon'ar] *vtd* beugen.
fle.xí.vel [fleks'ivew] *adj* **1** flexibel, biegsam, dehnbar, elastisch, veränderbar. **2** gelenkig.
flor [fl'or] *sf* **1** die Blume. **2** die Blüte.
flo.res.cer [flores'er] *vint* blühen, aufblühen, florieren.
flo.res.ci.men.to [floresim'ẽtu] *sm* das Blühen, das Gedeihen.
flo.res.ta [flor'ɛstə] *sf* der Wald, der Forst.
flo.ri.cul.tu.ra [florikuwt'urə] *sf* das Blumengeschäft, die Gärtnerei.
flo.rir [flor'ir] *vint* blühen, aufblühen.
flo.ris.ta [flor'istə] *sm+f* der Florist, der Blumenbinder.
flu.ên.cia [flu'ẽsjə] *sf* die Flüssigkeit, die Fertigkeit.
flu.en.te [flu'ẽti] *adj* fließend, flüssig, zügig.
flui.do [fl'ujdu] *adj* fließend. • *sm* die Flüssigkeit.
flu.ir [flu'ir] *vint* fließen, strömen.
flú.or [fl'uor] *sm* das Fluor.
flu.o.res.cen.te [fluores'ẽti] *adj* fluoreszierend.
flu.tu.ar [flutu'ar] *vint* **1** schwimmen, treiben. **2** schwanken.
flu.xo [fl'uksu] *sm* der Fluss, der Strom, der Zustrom, die Zufuhr.
fo.ca.li.zar [fokaliz'ar] *vtd* einstellen, fokussieren.
fo.ci.nho [fos'iñu] *sm* das Maul, die Schnauze.
fo.co [f'ɔku] *sm* **1** der Brennpunkt, der Mittelpunkt. **2** der Herd, die Brutstätte.
fo.fo [f'ofu] *adj* **1** locker, flauschig. **2** niedlich.
fo.fo.ca [fof'ɔkə] *sf* der Klatsch, der Tratsch, das Gerücht.
fo.fo.car [fofok'ar] *vti* klatschen, tratschen.
fo.gão [fog'ãw] *sm* der Herd, die Feuerstelle.
fo.ga.rei.ro [fogar'ejru] *sm* der Kocher.
fo.go [f'ogu] *sm* **1** das Feuer. **2** der Beschuss. **fogos de artifício** das Feuerwerk.
fo.go.so [fog'ozu] *adj* feurig, hitzig, heiß.
fo.guei.ra [fog'ejrə] *sf* **1** das Lagerfeuer. **2** der Scheiterhaufen.
fo.gue.te [fog'eti] *sm* die Rakete.
fol.clo.re [fowkl'ɔri] *sm* **1** die Folklore, der Brauchtum, die Überlieferung. **2** die Volkskunde.
fol.cló.ri.co [fowkl'ɔriku] *adj* volkstümlich.
fô.le.go [f'olegu] *sm* **1** der Atem. **2** *pop* die Puste. **3** die Ausdauer.
fol.ga [f'ɔwgə] *sf* die Rast, die Ruhe, die Erholung. **estar de folga** frei haben.
fo.lha [f'oʎə] *sf* **1** das Blatt. **2** die Folie, das Blech.
fo.lha.gem [foʎ'aʒẽj] *sf* das Laub.
fo.lhe.ar [foʎe'ar] *vtd* blättern, durchblättern.
fo.lhe.to [foʎ'etu] *sm* **1** der Prospekt, die Druckschrift, die Broschüre. **2** die Flugschrift, das Flugblatt, der Handzettel.
fo.me [f'omi] *sf* der Hunger. **estar com fome** Hunger haben.
fo.men.tar [fomẽt'ar] *vtd* **1** fördern. **2** anzetteln.

fo.ne [f'oni] *sm* der Hörer, die Muschel.
fo.né.ti.ca [fon'ɛtikə] *sf* die Phonetik.
fon.te [f'õti] *sf* der Brunnen, die Quelle, der Springbrunnen.
fo.ra [f'ɔrə] *adv* aus, außer, abwesend, auswärts, weg. • *interj* raus!
for.ca [f'orkə] *sf* der Galgen.
for.ça [f'orsə] *sf* **1** die Kraft, die Macht, die Stärke, die Gewalt. **2** *pop* der Mumm. **forças armadas** die Streitkräfte.
for.çar [fors'ar] *vtd* **1** zwingen, nötigen, vergewaltigen, forcieren. **2** erzwingen. **3** sprengen, aufbrechen. **4** *pop* knacken.
for.ma[1] [f'ɔrmə] *sf* **1** die Form, die Figur, die Gestalt. **2** die Manier.
for.ma[2] [f'ormə] *sf* die Form, die Gussform.
for.ma.ção [formas'ãw] *sf* **1** die Bildung. **2** die Entstehung, die Formung.
for.mal [form'aw] *adj* **1** formal, formell, förmlich, steif. **2** festlich.
for.ma.li.da.de [formalid'adi] *sf* die Formalität, die Förmlichkeit, die Etikette, die Form.
for.ma.li.zar [formaliz'ar] *vtd* formalisieren.
for.mar [form'ar] *vtd* **1** bilden, heranbilden, formen. *vpron* **2** entstehen. **3** die Schule/ Universität abschließen.
for.ma.to [form'atu] *sm* das Format.
for.mi.dá.vel [formid'avew] *adj* gewaltig, toll.
for.mi.ga [form'igə] *sf* die Ameise.
for.mo.so [form'ozu] *adj* anmutig, schön.
for.mo.su.ra [formoz'urə] *sf* die Anmut.
fór.mu.la [f'ɔrmulə] *sf* **1** die Formel. **2** das Rezept.
for.mu.lar [formul'ar] *vtd* formulieren, fassen, aufstellen.
for.mu.lá.rio [formul'arju] *sm* das Formular, der Vordruck.
for.ne.ce.dor [fornesed'or] *sm* der Lieferant.
for.ne.cer [fornes'er] *vtd* **1** liefern, versehen mit. **2** ausstellen.
for.ne.ci.men.to [fornesim'ẽtu] *sm* die Lieferung.
for.no [f'ornu] *sm* der Ofen. **forno de micro-ondas** das Mikrowellengerät.
fo.ro [f'ɔru] *sm* der Gerichtsstand, der Gerichtsort.
for.ro [f'oru] *sm* **1** der Belag, die Schicht, der Bezug, das Futter (Kleidung). **2** die Decke (eines Raumes).
for.ta.le.cer [fortales'er] *vtd* **1** stärken, bestärken, kräftigen. **2** festigen.
for.ta.le.ci.men.to [fortalesim'ẽtu] *sm* die Stärkung.
for.ta.le.za [fortal'ezə] *sf* die Festung, die Burg.
for.te [f'ɔrti] *adj* **1** stark, heftig, kräftig, fest. **2** abgehärtet, eisern. **3** bullig, dick. **4** rüstig, stämmig. **5** scharf. **6** laut. • *sm* das Fort, die Festung.
for.tui.to [fort'ujtu] *adj* zufällig, unerwartet.
for.tu.na [fort'unə] *sf* **1** das Glück. **2** das Vermögen, der Wohlstand.
fó.rum [f'ɔrũ] *sm* das Amtsgericht.
fos.co [f'osku] *adj* matt, stumpf.
fós.fo.ro [f'ɔsforu] *sm* das Streichholz.
fos.sa [f'ɔsə] *sf* **1** die Grube, der Graben. **2** *fig* der Katzenjammer.
fos.so [f'osu] *sm* der Abgrund, der Graben, die Grube.
fo.to [f'ɔtu] *sf* die Aufnahme, das Bild, die Abbildung, das Foto, die Fotografie.
fo.to.có.pia [fotok'ɔpjə] *sf* die Fotokopie.
fo.to.gra.far [fotograf'ar] *vtd* **1** fotografieren. **2** *pop* ablichten.
fo.to.gra.fi.a [fotograf'iə] *sf* das Foto, die Fotografie, das Bild.
fo.tó.gra.fo [fot'ɔgrafu] *sm* der Fotograf.
foz [f'ɔs] *sf* die Mündung, die Flussmündung, der Ausfluss.
fra.ção [fras'ãw] *sf* **1** der Bruch. **2** der Teil, der Bruchteil.

fra.cas.sar [frakas′ar] *vint* scheitern, versagen, durchfallen.
fra.cas.so [frak′asu] *sm* **1** das Versagen, der Misserfolg, der Durchfall.
fra.co [fr′aku] *adj* schwach, matt, machtlos, schmächtig.
frá.gil [fr′aʒiw] *adj* **1** zerbrechlich, zart, brüchig. **2** wackelig.
fra.gi.li.da.de [fraʒilid′adi] *sf* die Zerbrechlichkeit, die Zartheit.
frag.men.to [fragm′ẽtu] *sm* das Bruchstück, die Scherbe, das Stück, der Ausschnitt.
fra.grân.cia [fragr′ãsjə] *sf* der Duft, der Wohlgeruch.
fral.da [fr′awdə] *sf* die Windel.
Fran.ça [fr′ãsə] *sf* Frankreich *n*.
fran.cês [frãs′es] *adj* französisch. • *sm* der Franzose.
fran.co [fr′ãku] *adj* ehrlich, aufrichtig, freimütig, offen, offenherzig.
fran.go [fr′ãgu] *sm* das Hähnchen.
fran.ja [fr′ãʒə] *sf* **1** die Franse. **2** die Pony-Frisur.
fran.que.za [frãk′ezə] *sf* die Offenheit, die Freimütigkeit.
fran.qui.a [frãk′iə] *sf* **1** das Franchising. **2** der Freibetrag, die Selbstbeteiligung (Versicherung).
fran.zir [frãz′ir] *vtd* runzeln, falten, kräuseln.
fra.que.za [frak′ezə] *sf* die Schwäche, die Mattigkeit, die Ohnmacht.
fras.co [fr′asku] *sm* das Fläschchen.
fra.se [fr′azi] *sf* **1** der Satz. **2** die Phrase.
fra.ter.nal [fratern′aw] *adj* brüderlich.
fra.ter.ni.da.de [fraternid′adi] *sf* die Brüderlichkeit.
fra.ter.no [frat′ɛrnu] *adj* brüderlich, Bruder...
fra.tu.ra [frat′urə] *sf* der Knochenbruch.
frau.dar [frawd′ar] *vtd* betrügen, unterschlagen.
frau.de [fr′awdi] *sf* der Betrug, die Unterschlagung, die Täuschung.
fre.ar [fre′ar] *vtd* bremsen, abbremsen.
freezer [fr′izer] *sm* das Gefrierfach, das Tiefkühlfach, die Gefriertruhe.
fre.guês [freg′es] *sm* der Kunde, der Klient, der Auftraggeber.
fre.gue.sa [freg′yezə] *sf* die Kundin, die Klientin.
fre.gue.si.a [fregez′iə] *sf* die Kundschaft.
frei.o [fr′eju] *sm* die Bremse.
frei.ra [fr′ejrə] *sf* die Schwester, die Ordensschwester, die Nonne.
fren.te [fr′ẽti] *sf* **1** die Vorderseite. **2** die Front. **frente fria** die Kaltfront.
fre.quên.cia [frek′wẽsjə] *sf* **1** die Häufigkeit. **2** der Besuch, der Zulauf. **3** der Wellenbereich (Radio).
fre.quen.tar [frekwẽt′ar] *vtd* besuchen, aufsuchen, verkehren.
fre.quen.te [frek′wẽti] *adj* häufig. • *adv* oft.
fres.co [fr′esku] *adj* **1** frisch, kühl. **2** knusprig. • *sm pop* die Tunte.
fres.cu.ra [fresk′urə] *sf* **1** die Kühle, die Frische. **2** die Ziererei.
fres.ta [fr′ɛstə] *sf* die Ritze, der Spalt.
fri.a.gem [fri′aʒẽj] *sf* die Kühle, die kalte Luft.
fri.e.za [fri′ezə] *sf* die Kälte.
fri.gi.dei.ra [friʒid′ejrə] *sf* die Pfanne, die Bratpfanne.
frí.gi.do [fr′iʒidu] *adj* frigid(e).
fri.go.rí.fi.co [frigor′ifiku] *sm* **1** das Kühlhaus. **2** die Fleischwarenfabrik.
fri.o [fr′iu] *adj* **1** kalt, kühl. **2** abweisend, lieblos, zurückhaltend, spröde. • *sm* die Kälte.
fri.sar [friz′ar] *vtd* betonen.
fri.tar [frit′ar] *vtd* braten.
fron.tal [frõt′aw] *adj* von vorn.
fron.te [fr′õti] *sf* **1** die Stirn. **2** die Schläfe.
fron.tei.ra [frõt′ejrə] *sf* die Grenze.
fro.ta [fr′ɔtə] *sf* **1** die Flotte. **2** der Wagenpark.
frou.xo [fr′owʃu] *adj* locker, wackelig, schlaff, schlapp, lahm.
fru.gal [frug′aw] *adj* einfach, karg, bescheiden, sparsam.

F

frus.tra.ção [frustras'ãw] *sf* die Enttäuschung, die Frustration.
frus.trar [frustr'ar] *vtd* **1** enttäuschen, frustrieren. **2** hintertreiben, durchkreuzen, vereiteln.
fru.ta [fr'utə] *sf* **1** die Frucht. **2** *pl* das Obst.
fu.çar [fus'ar] *vint* wühlen, stöbern.
fu.ga [f'ugə] *sf* **1** die Flucht. **2** das Entweichen.
fu.gaz [fug'as] *adj* flüchtig.
fu.gir [fuʒ'ir] *vti* **1** fliehen, flüchten, entwischen, davonlaufen, durchbrennen, entweichen. **2** *pop* sich fortmachen, türmen.
fu.gi.ti.vo [fuʒit'ivu] *adj* flüchtig. • *sm* der Flüchtige, der Flüchtling.
fu.li.gem [ful'iʒẽj] *sf* der Ruß.
ful.mi.nan.te [fuwmin'ãti] *adj* vernichtend.
fu.ma.ça [fum'asə] *sf* der Rauch, der Dunst, der Qualm.
fu.ma.cei.ra [fumas'ejrə] *sf* der Rauch, der Qualm.
fu.ma.cen.to [fumas'ẽtu] *adj* rauchig, dunstig.
fu.man.te [fum'ãti] *sm* der Raucher.
fu.mar [fum'ar] *vtd* rauchen, qualmen.
fu.mo [f'umu] *sm* der Tabak.
fun.ção [fũs'ãw] *sf* **1** die Aufgabe, die Funktion, die Rolle, die Tätigkeit, die Bestimmung. **2** der Dienst, die Würde.
fun.ci.o.nal [fũsjon'aw] *adj* funktionell, zweckmäßig, sachlich.
fun.ci.o.na.lis.mo [fũsjonal'izmu] *sm* das Beamtentum. **funcionalismo público** der öffentliche Dienst.
fun.ci.o.na.men.to [fũsjonam'ẽtu] *sm* der Betrieb, die Tätigkeit.
fun.ci.o.nar [fũsjon'ar] *vint* **1** funktionieren, fahren, gehen. **2** in Betrieb sein, arbeiten (Maschine).
fun.ci.o.ná.rio [fũsjon'arju] *sm* der Betriebsangehörige, der Mitarbeiter. **funcionário público** der Beamte.
fun.da.ção [fũdas'ãw] *sf* **1** die Gründung. **2** die Stiftung, das Stift. **3** das Fundament, der Untergrund.
fun.da.dor [fũdad'or] *sm* **1** der Gründer. **2** der Stifter.
fun.da.men.tal [fũdamẽt'aw] *adj* grundlegend, wesentlich, grundsätzlich.
fun.da.men.ta.lis.ta [fũdamẽtal'istə] *sm* **1** der Fundamentalist. **2** *pop* der Fundi.
fun.da.men.tar [fũdamẽt'ar] *vtd* begründen.
fun.da.men.to [fũdam'ẽtu] *sm* die Grundlage, das Fundament.
fun.dar [fũd'ar] *vtd* **1** gründen, begründen, errichten. **2** stiften.
fun.dir [fũd'ir] *vtd* **1** schmelzen, zerlassen. **2** vereinigen, zusammenlegen.
fun.do [f'ũdu] *adj* tief. • *sm* **1** der Grund, die Sohle. **2** der Hintergrund. **3** die Mittel. **4** *Econ* der Fonds, die Geldmittel.
fú.ne.bre [f'unebri] *adj* Grab..., Trauer...
fu.ne.ral [funer'aw] *sm* die Beerdigung, das Begräbnis, die Trauerfeier.
fu.ne.rá.ria [funer'arjə] *sf* das Beerdigungsinstitut.
fu.nes.to [fun'ɛstu] *adj* unheilvoll, verhängnisvoll, fatal.
fu.nil [fun'iw] *sm* der Trichter.
fu.ra.cão [furak'ãw] *sm* der Orkan, die Windhose.
fu.ra.dei.ra [furad'ejrə] *sf* die Bohrmaschine.
fu.rar [fur'ar] *vtd* bohren, lochen, durchlöchern.
fú.ria [f'urjə] *sf* die Wut, die Tobsucht, der Zorn, die Raserei.
fu.ri.o.so [furi'ozu] *adj* wütend, zornig, grimmig, rasend, besessen, wild.
fu.ro [f'uru] *sm* **1** das Loch, das Bohrloch, die Bohrung. **2** der Knüller (Nachricht).
fur.tar [furt'ar] *vtd* **1** stehlen, entwenden. **2** *pop* klauen.
fur.to [f'urtu] *sm* der Diebstahl.
fu.são [fuz'ãw] *sf* **1** die Fusion, die Verschmelzung. **2** die Zusammenlegung.
fu.sí.vel [fuz'ivew] *sm* die Sicherung.

fu.te.bol [futeb'ɔw] *sm* der Fußball.
fú.til [f'utiw] *adj* **1** belanglos, nutzlos, vergeblich, nichtig. **2** eitel.
fu.ti.li.da.de [futilid'adi] *sf* **1** der Tand. **2** *pop* der Firlefanz.
fu.tu.ro [fut'uru] *adj* angehend, künftig, zukünftig, kommend. • *sm* die Zukunft; *Gramm* das Futur.
fu.zil [fuz'iw] *sm* das Gewehr.
fu.zi.lar [fuzil'ar] *vtd* erschießen.

F

g, G [ʒ'e] *sm* Buchstabe g, G.

ga.ba.ri.to [gabar'itu] *sm* **1** der Schlüssel, der Lösungsschlüssel. **2** die Schablone.

ga.bi.ne.te [gabin'eti] *sm* **1** das Arbeitszimmer. **2** das Kabinett. **3** der Schrank. **4** das Gehäuse.

ga.do [g'adu] *sm* das (Rind-)Vieh.

ga.fe [g'afi] *sf* der Patzer, der Schnitzer.

ga.go [g'agu] *sm* der Stotterer.

ga.gue.jar [gageʒ'ar] *vint* stottern, stammeln.

gai.o.la [gaj'ɔlə] *sf* der Käfig, der Vogelkäfig.

gai.ta [g'aitə] *sf* die Mundharmonika.

gai.vo.ta [gajv'ɔtə] *sf* die Möwe.

ga.lã [gal'ã] *sm* der Liebhaber, der Verehrer, der Herzensbrecher.

ga.lá.xia [gal'aksjə] *sf* die Milchstraße.

ga.le.ri.a [galer'iə] *sf* **1** die Galerie, die Passage, der Gang. **2** die Empore.

ga.lho [g'aʎu] *sm* der Zweig.

ga.li.nha [gal'iñə] *sf* das Huhn, die Henne.

ga.li.nhei.ro [galiñ'ejru] *sm* der Hühnerstall.

ga.lo [g'alu] *sm* **1** der Hahn, der Gockel. **2** die Beule.

ga.lo.par [galop'ar] *vint* galoppieren.

ga.lo.pe [gal'ɔpi] *sm* der Galopp.

gal.pão [gawp'ãw] *sm* **1** der Schuppen, die Scheune. **2** die Halle.

ga.nân.cia [gan'ãsjə] *sf* **1** die Gewinnsucht, die Habsucht. **2** die Begierde.

ga.nan.ci.o.so [ganãsi'ozu] *adj* gewinnsüchtig, habsüchtig.

gan.cho [g'ãʃu] *sm* **1** der Haken, die Klammer. **2** der Aufhänger.

gan.gor.ra [gãg'or̃ə] *sf* die Schaukel, die Wippe.

gan.gre.na [gãgr'enə] *sf* der Brand, der Wundbrand.

gan.gue [g'ãgi] *sf* die Gang, die Bande, die Clique.

ga.nhar [gʌñ'ar] *vtd* **1** gewinnen, profitieren. **2** siegen. **3** erhalten, bekommen, kriegen. **4** verdienen.

ga.nho [g'ʌñu] *sm* der Gewinn, der Verdienst.

ga.ra.gem [gar'aʒẽj] *sf* die Garage.

ga.ra.nhão [garañ'ãw] *sm* der Hengst.

ga.ran.ti.a [garãt'iə] *sf* die Garantie, die Gewähr, die Bürgschaft, die Kaution.

ga.ran.tir [garãt'ir] *vtd* **1** garantieren, gewährleisten, bürgen, sichern. **2** behaupten.

gar.ça [g'arsə] *sf* der Reiher.

gar.çom [gars'õ] *sm* der Kellner, der Ober.

gar.ço.ne.te [garson'ɛti] *sf* die Kellnerin, die Serviererin, die Bardame.

gar.fo [g'arfu] *sm* **1** die Gabel. **2** die Forke.

gar.ga.lha.da [gargaʎ'adə] *sf* das Lachen, das Gelächter.

gar.ga.lo [garg'alu] *sm* der Flaschenhals.

gar.gan.ta [garg'ãtə] *sf* **1** der Hals, die Kehle, die Gurgel, der Rachen. **2** der Hohlweg, die Schlucht.
ga.ri [gar'i] *sm* der Straßenfeger.
ga.rim.pei.ro [garĩp'ejru] *sm* der Goldsucher, der Goldgräber.
ga.ro.a [gar'oə] *sf* der Nieselregen, der Sprühregen.
ga.ro.to [gar'otu] *sm* der Junge, der Bub.
gar.ra [g'ar̄ə] *sf* die Klaue, die Kralle, die Tatze.
gar.ra.fa [gar̄'afə] *sf* **1** die Flasche. **2** *pop* die Pulle.
gar.ra.fão [gar̄af'ãw] *sm* die Korbflasche.
gás [g'as] *sm* **1** das Gas. **2** die Kohlensäure.
ga.so.li.na [gazol'inə] *sf* das Benzin.
ga.so.sa [gaz'ɔzə] *sf* der Sprudel, die Brause.
gas.tar [gast'ar] *vtd* **1** ausgeben, verschwenden. **2** verbrauchen, aufzehren. **3** verbringen (Zeit).
gas.to [g'astu] *adj* **1** abgenutzt, verbraucht. **2** schäbig, verschlissen. • *sm* **1** der Verbrauch, der Verschleiß. **2** die Ausgabe, die Auslage. **3** *pl* die Kosten, die Unkosten, der Aufwand.
gas.tri.te [gastr'iti] *sf* die Magenschleimhautentzündung, die Gastritis.
gas.tro.no.mi.a [gastronom'iə] *sf* die Gastronomie, die Kochkunst.
ga.ta [g'atə] *sf* **1** die Katze. **2** *pop* die Mieze.
ga.ti.lho [gat'iλu] *sm* der Hahn, der Abzug.
ga.to [g'atu] *sm* **1** der Kater, die Katze. **2** die Klammer.
ga.ú.cho [ga'uʃu] *adj* aus Rio Grande do Sul.
ga.ve.ta [gav'etə] *sf* die Schublade, das Schubfach.
gay [g'ej] *adj* schwul.
ga.ze [g'azi] *sf* der Mull, die Gaze.
ga.ze.ta [gaz'etə] *sf* die Zeitung, der Anzeiger.
ge.a.da [ʒe'adə] *sf* der Reif, der Rauhreif, der Frost.
ge.la.dei.ra [ʒelad'ejrə] *sf* der Kühlschrank.
ge.la.do [ʒel'adu] *adj* eisig, eiskalt.
ge.lar [ʒel'ar] *vint* gefrieren.
ge.lei.a [ʒel'ɛjə] *sf* das/der Gelee, die Marmelade.
ge.lo [ʒ'elu] *sm* **1** das Eis. **2** das Glatteis.
ge.ma [ʒ'emə] *sf* **1** der Eidotter, das Eigelb. **2** der Edelstein.
gê.meo [ʒ'emju] *adj* Zwillings... • *sm* der Zwilling.
ge.mer [ʒem'er] *vint* stöhnen, ächzen, jammern, wimmern.
ge.mi.do [ʒem'idu] *sm* das Stöhnen, das Jammern, das Wimmern.
ge.ne [ʒ'eni] *sm* das Gen.
ge.ne.ral [ʒener'aw] *sm* der General.
ge.ne.ra.li.za.do [ʒeneraliz'adu] *adj* **1** allgemein. **2** weitreichend.
ge.ne.ra.li.zar [ʒeneraliz'ar] *vtd* verallgemeinern.
ge.né.ri.co [ʒen'ɛriku] *adj* allgemein, generisch.
gê.ne.ro [ʒ'eneru] *sm* das Geschlecht, die Gattung, die Art.
ge.ne.ro.si.da.de [ʒenerozid'adi] *sf* die Großzügigkeit.
ge.ne.ro.so [ʒener'ozu] *adj* **1** großzügig, großmütig, kulant. **2** reichlich (Menge).
ge.né.ti.ca [ʒen'ɛtikə] *sf* **1** die Genetik, die Erbforschung. **2** die Vererbungslehre.
ge.né.ti.co [ʒen'ɛtiku] *adj* genetisch, ererbt, erblich bedingt.
gen.gi.va [ʒẽʒ'ivə] *sf* das Zahnfleisch.
ge.ni.al [ʒeni'aw] *adj* genial, glänzend.
gê.nio [ʒ'enju] *sm* **1** das Genie. **2** das Wesen, das Temperament. **3** der Geist.
ge.no.cí.dio [ʒenos'idju] *sm* der Völkermord.
gen.ro [ʒ'ẽr̄u] *sm* der Schwiegersohn.
gen.te [ʒ'ẽti] *sf* die Leute. **muita gente** ein Haufen Leute. **a gente** wir, man.
gen.til [ʒẽt'iw] *adj* nett, aufmerksam, liebenswürdig.

G

gen.ti.le.za [ʒẽtil'ezə] *sf* die Aufmerksamkeit, die Liebenswürdigkeit.
ge.nu.í.no [ʒenu'inu] *adj* **1** echt, original. **2** waschecht, authentisch.
ge.o.gra.fi.a [ʒeograf'iə] *sf* die Geographie, die Erdkunde.
ge.o.lo.gi.a [ʒeoloʒ'iə] *sf* die Geologie.
ge.o.me.tri.a [ʒeometr'iə] *sf* die Geometrie.
ge.ra.ção [ʒeras'ãw] *sf* **1** die Generation, das Geschlecht. **2** die Zeugung.
ge.ra.dor [ʒerad'or] *sm* der Generator, die Lichtmaschine.
ge.ral [ʒer'aw] *adj* **1** allgemein, generell, allseitig, global. **2** weitgehend.
ge.ral.men.te [ʒerawm'ẽti] *adv* meist, meistens, gewöhnlich, im Allgemeinen.
ge.rar [ʒer'ar] *vtd* zeugen, erzeugen.
ge.rên.cia [ʒer'ẽsjə] *sf* die Führung, die Leitung, die Geschäftsleitung.
ge.ren.ci.a.men.to [ʒerẽsjam'ẽtu] *sm* die Abwicklung, die Ausführung.
ge.ren.ci.ar [ʒerẽsi'ar] *vtd* **1** führen, leiten, verwalten. **2** durchführen, abwickeln.
ge.ren.te [ʒer'ẽti] *sm* der Leiter, der Manager, der Geschäftsführer.
ge.rir [ʒer'ir] *vtd* abwickeln, verwalten.
ger.mâ.ni.co [ʒerm'ʌniku] *adj* **1** germanisch. **2** deutsch.
ger.me [ʒ'ɛrmi] *sm* der Keim.
ger.mi.nar [ʒermin'ar] *vint* keimen, aufkeimen, sich entwickeln.
ges.so [ʒ'esu] *sm* der Gips.
ges.ta.ção [ʒestas'ãw] *sf* die Schwangerschaft.
ges.tan.te [ʒest'ãti] *sf* die Schwangere.
ges.tão [ʒest'ãw] *sf* **1** die Verwaltung. **2** die Amtszeit.
ges.ti.cu.lar [ʒestikul'ar] *vint* gestikulieren.
ges.to [ʒ'ɛstu] *sm* die Geste, die Gebärde.
gi.bi [ʒib'i] *sm* das Comic-Heft.
gi.gan.te [ʒig'ãti] *sm* der Riese, der Gigant.
gi.gan.tes.co [ʒigãt'esku] *adj* gigantisch, kolossal, riesig.
gi.ná.sio [ʒin'azju] *sm* **1** die Halle, die Sporthalle, die Turnhalle. **2** die Sekundarstufe.
gi.nás.ti.ca [ʒin'astikə] *sf* die Gymnastik, das Turnen.
gi.ne.co.lo.gi.a [ʒinekoloʒ'iə] *sf* die Frauenheilkunde, die Gynäkologie.
gin.gar [ʒĩg'ar] *vtd+vint* wiegen, schwingen.
gi.rar [ʒir'ar] *vtd* **1** drehen, herumdrehen, schwenken. **2** wirbeln, aufwirbeln. *vint* **3** sich drehen, kreisen.
gi.ras.sol [ʒiras'ɔw] *sm* die Sonnenblume.
gí.ria [ʒ'irjə] *sf* das Kauderwelsch, der Slang, die Umgangssprache.
gi.ro [ʒ'iru] *sm* **1** die Drehung, die Umdrehung. **2** der Umlauf. **3** der Bummel, die Rundreise, die Rundfahrt, die Tour.
giz [ʒ'is] *sm* die Kreide.
glan.de [gl'ãdi] *sf* die Eichel.
glân.du.la [gl'ãdulə] *sf* die Drüse.
gli.co.se [glik'ɔzi] *sf* **1** die Glucose. **2** der Traubenzucker.
glo.bal [glob'aw] *adj* global, pauschal.
glo.bo [gl'obu] *sm* **1** die Kugel. **2** der Erdball, der Globus.
gló.ria [gl'ɔrjə] *sf* **1** der Ruhm. **2** die Herrlichkeit.
glo.ri.o.so [glori'ozu] *adj* glorreich, ehrenvoll.
glos.sá.rio [glos'arju] *sm* das Glossar.
go.e.la [g'wɛlə] *sf* die Kehle, der Rachen.
go.gó [gog'ɔ] *sm pop* **1** die Kehle, der Hals. **2** der Adamsapfel.
goi.a.ba [goj'abə] *sf* die Guave, die Guavenbirne.
gol [g'ow] *sm Esp* das Tor, der Treffer.
go.la [g'ɔlə] *sf* der Kragen.
go.le [g'ɔli] *sm* der Schluck, der Zug.
go.le.a.da [gole'adə] *sf* der hohe Sieg / die hohe Niederlage (Ballspiele).
go.lei.ro [gol'ejru] *sm* der Torwart, der Torhüter.
gol.fe [g'owfi] *sm* das Golf (Spiel).
gol.fi.nho [gowf'iñu] *sm* der Delphin, der Delfin.

gol.fo [g'owfu] *sm* der Golf (Meer).
gol.pe [g'ɔwpi] *sm* **1** der Hieb, der Stoß, der Streich. **2** der Putsch, der Umsturz.
gol.pe.ar [gowpe'ar] *vtd* **1** schlagen, stoßen. **2** zustoßen.
go.ma [g'omə] *sf* **1** der Klebstoff, der Kleber. **2** die Stärke.
go.nor.rei.a [gonor̄'ɛjə] *sf* der Tripper, die Gonorrhöe.
gor.do [g'ordu] *adj* **1** dick, fett, beleibt. **2** stark. • *sm* der Dicke.
gor.du.cho [gord'uʃu] *adj* pummelig, untersetzt. • *sm* der Dicke.
gor.du.ra [gord'urə] *sf* das Fett, der Speck.
gor.du.ro.so [gordur'ozu] *adj* **1** Fett..., fetthaltig, fettig. **2** schmierig.
go.ri.la [gor'ilə] *sm* der Gorilla.
gor.je.ta [gorʒ'etə] *sf* das Trinkgeld.
gor.ro [g'or̄u] *sm* die Mütze, die Kappe.
gos.tar [gost'ar] *vti* **1** gern haben, mögen. **2** genießen.
gos.to [g'ostu] *sm* **1** der Geschmack, der Geschmackssinn. **2** die Lust.
gos.to.so [gost'ozu] *adj* schmackhaft, lustvoll.
go.ta [g'otə] *sf* **1** der Tropfen. **2** *Med* die Gicht.
go.tei.ra [got'ejrə] *sf* **1** die Dachrinne, die Dachtraufe. **2** die undichte Stelle.
go.ver.na.dor [governad'or] *sm* **1** der Gouverneur. **2** der Ministerpräsident.
go.ver.nar [govern'ar] *vint* **1** herrschen. *vtd* **2** lenken, regieren, herrschen über.
go.ver.no [gov'ernu] *sm* die Regierung, das Regiment.
go.za.ção [gozas'ãw] *sf* der Spott.
go.zar [goz'ar] *vti* **1** genießen, schwelgen, sich vergnügen. *vtd* **2** *pop* foppen.
go.zo [g'ozu] *sm* der Genuss, das Vergnügen, die Wonne.
Grã-Bre.ta.nha [grãbret'Λñə] *sf* **1** Großbritannien *n.* **2** *pop* England *n.*
gra.ça [gr'asə] *sf* **1** die Gnade. **2** der Spaß, der Humor, der Witz. **3** die Grazie, die Anmut. **de graça** umsonst, gratis. **graças a** dank. **graças a Deus!** Gott sei Dank!
gra.ce.jo [gras'eʒu] *sm* der Spaß, der Scherz, die Posse.
gra.ci.o.so [grasi'ozu] *adj* zierlich, graziös.
gra.da.ti.vo [gradat'ivu] *adj* stufenweise.
gra.de [gr'adi] *sf* **1** das Gitter, der Rost. **2** der Raster. **3** die Egge.
gra.du.al [gradu'aw] *adj* graduell, stufenweise, langsam, allmählich.
gra.fi.a [graf'iə] *sf* die Schrift, die Schreibweise.
grá.fi.ca [gr'afika] *sf* die Druckerei.
grá.fi.co [gr'afiku] *adj* graphisch/grafisch. • *sm* **1** der Drucker. **2** das Schaubild, die Abbildung.
gra.fi.te [graf'iti] *sf* **1** der Graphit/Grafit. **2** die Mine.
gra.fi.tei.ro [grafit'ejru] *sm* der Sprüher.
gra.ma [gr'Λmə] *sm* **1** das Gramm. *sf* **2** das Gras, der Rasen.
gra.ma.do [gram'adu] *sm* der Rasen.
gra.má.ti.ca [gram'atikə] *sf* die Grammatik.
gra.ma.ti.cal [gramatik'aw] *adj* grammatisch.
gram.pe.a.dor [grãpead'or] *sm* der Hefter.
gram.pe.ar [grãpe'ar] *vtd* **1** heften, klammern. **2** *pop* anzapfen (Telefon).
gra.na [gr'Λnə] *sf pop* das Moos, der Kies, die Kohlen, die Moneten, die Kröten.
gran.da.lhão [grãdaλ'ãw] *sm* der Riesenkerl.
gran.de [gr'ãdi] *adj* groß, arg, beträchtlich.
gran.de.za [grãd'ezə] *sf* die Größe, die Hoheit, die Würde.
gran.di.o.so [grãdi'ozu] *adj* großartig, imposant, grandios, erhaben.
gra.ni.to [gran'itu] *sm* der Granit.
gra.ni.zo [gran'izu] *sm* der Hagel.
gran.ja [gr'ãʒə] *sf* **1** der Hof, die Farm. **2** die Hühnerfarm.

gran.je.ar [grãʒe'ar] *vtd* erwerben, gewinnen.
grão [gr'ãw] *sm* **1** das Korn. **2** das Getreide.
gras.sar [gras'ar] *vint* wüten, grassieren.
gra.ti.dão [gratid'ãw] *sf* der Dank, die Dankbarkeit.
gra.ti.fi.ca.ção [gratifikas'ãw] *sf* **1** die Vergütung, das Honorar. **2** die Provision. **3** der Finderlohn, die Belohnung.
gra.ti.fi.can.te [gratifik'ãti] *adj* dankbar, lohnend.
grá.tis [gr'atis] *adj* kostenlos, umsonst, unentgeltlich, gratis.
gra.to [gr'atu] *adj* dankbar, erkenntlich.
gra.tui.to [grat'witu] *adj* unentgeltlich, kostenlos, gratis.
grau [gr'aw] *sm* **1** der Grad, die Stufe. **2** der Stand, der Rang, die Charge. **3** das Ausmaß.
gra.ú.do [gra'udu] *adj* groß.
gra.va.ção [gravas'ãw] *sf* **1** die Dreharbeiten, die Aufnahme, die Aufzeichnung. **2** die Prägung, die Gravierung.
gra.va.dor [gravad'or] *sm* **1** das Tonbandgerät, der Kassettenrekorder. **2** der Graveur, der Kupferstecher.
gra.va.do.ra [gravad'orə] *sf* die Plattenfirma.
gra.var [grav'ar] *vtd* **1** aufnehmen, mitschneiden, bespielen, überspielen (Tonband, Video). **2** sich einprägen.
gra.va.ta [grav'atə] *sf* die Krawatte, der Schlips.
gra.ve [gr'avi] *adj* **1** ernst, schlimm, bedenklich, akut, gravierend. **2** tief, dunkel (Stimme). **3** würdevoll.
grá.vi.da [gr'avidə] *adj* schwanger.
gra.vi.dez [gravid'es] *sf* die Schwangerschaft.
gra.vu.ra [grav'urə] *sf* **1** die Radierung, der Stich, die Abbildung. **2** die Gravierung.
gra.xa [gr'aʃə] *sf* **1** die Schmiere, das Fett. **2** die Schuhkreme.
gre.lha [gr'eλə] *sf* der Grill, der Rost, der Bratrost.
gre.lhar [greλ'ar] *vtd* grillen, rösten.
grê.mio [gr'emju] *sm* der Verein, die Vereinigung.
gre.ve [gr'ɛvi] *sf* der Streik. **greve de fome** der Hungerstreik.
gre.vis.ta [grev'istə] *adj+sm+f* der Streikende.
gri.fo [gr'ifu] *sm* die Kursivschrift. **em grifo** kursiv.
gri.lo [gr'ilu] *sm* **1** die Grille. **2** die Marotte.
grin.go [gr'ĩgu] *sm deprec* der Ausländer.
gri.pe [gr'ipi] *sf* die Grippe.
gri.sa.lho [griz'aλu] *adj* grau, grauhaarig.
gri.tar [grit'ar] *vint* rufen, schreien, kreischen, grölen, plärren.
gri.ta.ri.a [gritar'iə] *sf* **1** das Geschrei, das Geheul. **2** der Radau.
gri.to [gr'itu] *sm* der Ruf, der Schrei, der Zuruf, der Aufschrei.
gro.se.lha [groz'ɛλə] *sf* die Johannisbeere.
gros.sei.ro [gros'ejru] *adj* grob, unhöflich, wüst, plump, rauh, derb, taktlos.
gros.se.ri.a [groser'iə] *sf* die Grobheit, die Roheit.
gros.so [gr'osu] *adj* **1** dicht, dick, dickflüssig, stark. **2** plump, grob, taktlos.
gros.su.ra [gros'urə] *sf* die Dicke, die Stärke.
gro.tes.co [grot'esku] *adj* grotesk, wunderlich, überspannt.
gru.dar [grud'ar] *vtd+vint* kleben, kleistern, zusammenkleben.
gru.de [gr'udi] *sm* der Kleister, der Leim.
gru.nhir [gruñ'ir] *vint* **1** grunzen. **2** brummen.
gru.po [gr'upu] *sm* die Gruppe, die Gruppierung, die Runde, die Schar, der Trupp.
gru.ta [gr'utə] *sf* die Grotte, die Höhle.
guar.da [g'wardə] *sf* **1** die Wache, die Polizei. **2** die Obhut, die Pflege, das Sorgerecht. *sm* **3** der Polizist, der Bewacher, der Aufseher, der Wächter, der Wachtmeister. **4** der Wärter, der Hüter, der Pfleger.

guar.da-chu.va [gwardaʃ'uvə] *sm* der Schirm, der Regenschirm.
guar.da-cos.tas [gwardac'ɔstəs] *sm+f sing+pl* der Leibwächter.
guar.da.na.po [gwardan'apu] *sm* die Serviette.
guar.da-no.tur.no [gwardanot'urnu] *sm* der Nachtwächter.
guar.dar [gward'ar] *vtd* **1** hüten, behüten, bewachen. **2** schonen, hegen. **3** aufbewahren, aufheben. **4** behalten, zurückbehalten, einstecken. **5** abstellen. **6** wegräumen.
guar.da-rou.pa [gwardar̃'owpə] *sm* der Kleiderschrank.
guar.da-sol [gwardas'ɔw] *sm* der Sonnenschirm.
guar.ne.cer [gwarnes'er] *vtdi* versehen mit, besetzen.
guer.ra [g'ɛr̃ə] *sf* der Krieg. **guerra civil** der Bürgerkrieg. **guerra mundial** der Weltkrieg.
guer.rei.ro [ger̃'ejru] *sm* der Krieger.
guer.ri.lha [ger̃'iλə] *sf* der Guerrillakrieg.
gue.to [g'etu] *sm* das Ghetto.
gui.a [g'iə] *sm+f* **1** der Führer, der Ratgeber, der Leitfaden. **2** der Schein, der Begleitbrief. **3** die (Hunde-)Leine. **guia turístico** der Fremdenführer.
gui.ar [gi'ar] *vtd* führen, steuern, leiten, lenken.
gui.chê [giʃ'e] *sm* der Schalter.
guin.cho [g'ĩʃu] *sm* **1** der Abschleppwagen. **2** die Winde. **3** das Quietschen, das Kreischen.
guin.das.te [gĩd'asti] *sm* der Kran.
gui.tar.ra [git'ar̃ə] *sf* die Gitarre.
gu.la [g'ulə] *sf* die Gefräßigkeit, die Gier.
gu.lo.so [gul'ozu] *adj* **1** vernascht. **2** gefräßig.

h

h, H [ag′a] *sm* Buchstabe h, H.

há.bil [′abiw] *adj* geschickt, behend(e), gewandt.

ha.bi.li.da.de [abilid′adi] *sf* die Geschicklichkeit, die Fertigkeit, die Gewandtheit.

ha.bi.li.do.so [abilid′ozu] *adj* geschickt.

ha.bi.li.ta.ção [abilitas′ãw] *sf* **1** die Befähigung. **2** die Zulassung.

ha.bi.ta.ção [abitas′ãw] *sf* die Behausung, die Wohnung, der Wohnsitz.

ha.bi.tan.te [abit′ãti] *sm+f* der Bewohner, der Einwohner, der Einheimische.

há.bi.to [′abitu] *sm* **1** die Gewohnheit, die Angewohnheit, die Sitte, der Brauch. **2** das Ordenskleid.

ha.bi.tu.a.do [abitu′adu] *adj* **1** gewohnt. **2** abgebrüht, abgestumpft.

ha.bi.tu.al [abitu′aw] *adj* üblich, gewöhnlich, gewohnt.

ha.bi.tu.ar [abitu′ar] *vtd* **1** gewöhnen. *vpron* **2** sich angewöhnen, sich eingewöhnen.

há.li.to [′alitu] *sm* der Atem, der Hauch.

han.gar [ãg′ar] *sm* die Flugzeughalle, der Hangar.

ha.rém [ar′ẽj] *sm* der Harem.

har.mo.ni.a [armon′iə] *sf* **1** die Harmonie, die Eintracht, die Einigkeit, das Einvernehmen. **2** das Ebenmaß.

har.mo.ni.o.so [armoni′ozu] *adj* **1** harmonisch, klangvoll, melodisch. **2** ausgeglichen, ausgewogen.

har.pa [′arpə] *sf* die Harfe.

has.te [′asti] *sf* **1** der Stengel, der Halm. **2** der Schaft, die Stange.

ha.ver [av′er] *vtd* geben, da sein, vorkommen, haben. **há** es gibt. **há pouco** vor kurzem. • *sm* das Haben, das Guthaben.

he.ge.mo.ni.a [eʒemon′iə] *sf* die Vorherrschaft, die Hegemonie.

he.li.cóp.te.ro [elik′ɔpteru] *sm* der Hubschrauber, der Helikopter.

he.li.por.to [elip′ortu] *sm* der Landeplatz für Hubschrauber, der Heliport.

he.ma.to.ma [emat′omə] *sm* der Bluterguss.

he.mis.fé.rio [emisf′ɛrju] *sm* die Halbkugel, die Hemisphäre.

he.mo.fi.li.a [emofil′iə] *sf* die Bluterkrankheit, die Hämophilie.

he.mor.ra.gi.a [emor̄aʒ′iə] *sf* die Blutung.

he.mor.roi.da [emor̄′ɔjdə] *sf* die Hämorrhoide.

he.pa.ti.te [epat′iti] *sf* die Leberentzündung, die Hepatitis.

he.ra [′ɛrə] *sf* der Efeu.

he.ran.ça [er′ãsə] *sf* das Erbe, die Erbschaft, das Erbgut, die Hinterlassenschaft.

her.dar [erd′ar] *vtd* erben.

her.dei.ro [erd′ejru] *sm* der Erbe.

he.re.di.tá.rio [eredit′arju] *adj* erblich, ererbt, angestammt.

he.re.si.a [erez′iə] *sf* die Häresie, die Ketzerei.

he.ré.ti.co [er'ɛtiku] *adj* häretisch, ketzerisch.
her.mé.ti.co [erm'ɛtiku] *adj* hermetisch, luftdicht, wasserdicht.
hér.nia ['ɛrnjə] *sf* Bruch, die Hernie.
he.rói [er'ɔj] *sm* der Held.
he.roi.co [er'ɔjku] *adj* heldenhaft, heldenmütig, heroisch.
he.ro.í.na [ero'inə] *sf* **1** die Heldin. **2** das Heroin.
he.ro.ís.mo [ero'izmu] *sm* der Heldenmut, das Heldentum, der Heroismus.
he.si.ta.ção [ezitas'ãw] *sf* das Zögern, das Bedenken, das Schwanken.
he.si.tar [ezit'ar] *vint+vti* zögern, schwanken.
he.te.ro.gê.neo [eteroʒ'enju] *adj* heterogen, ungleichartig, uneinheitlich.
hi.a.to [i'atu] *sm* **1** die Kluft, die Lücke, der Spalt. **2** der Hiatus.
hí.bri.do ['ibridu] *adj* hybrid, zwitterhaft.
hi.dra.tar [idrat'ar] *vtd* hydrieren.
hi.dráu.li.ca [idr'awlikə] *sf* die Hydraulik.
hi.dre.lé.tri.ca [idrl'ɛtricə] *sf* das Wasserkraftwerk.
hi.dro.gê.nio [idroʒ'enju] *sm* der Wasserstoff.
hi.e.rar.qui.a [jerark'iə] *sf* die Hierarchie, die Rangfolge, die Rangordnung.
hí.fen ['ifẽj] *sm* der Bindestrich, der Trennungsstrich.
hi.gi.e.ne [iʒi'eni] *sf* die Hygiene.
hi.gi.ê.ni.co [iʒi'eniku] *adj* **1** hygienisch, sauber, keimfrei. **2** appetitlich.
hi.no ['inu] *sm* die Hymne, der Lobgesang, das Lied.
hi.per.mer.ca.do [ipermerk'adu] *sm* das Einkaufszentrum, der Großmarkt, das Kaufhaus.
hi.per.ten.são [ipertẽs'ãw] *sf* die Hypertonie, der erhöhte Blutdruck.
hí.pi.co ['ipiku] *adj* Pferde...
hip.no.se [ipn'ɔzi] *sf* die Hypnose.
hip.no.ti.zar [ipnotiz'ar] *vtd* hypnotisieren.
hi.po.con.drí.a.co [ipocõdr'iaku] *sm* der Hypochonder.
hi.po.cri.si.a [ipokriz'iə] *sf* die Heuchelei, die Falschheit.
hi.pó.cri.ta [ip'ɔkritə] *adj* heuchlerisch, scheinheilig. • *sm* der Heuchler.
hi.po.te.ca [ipot'ɛkə] *sf* die Hypothek.
hi.po.te.car [ipotek'ar] *vtd* verpfänden.
hi.po.ten.são [ipotẽs'ãw] *sf* der niedrige Blutdruck.
hi.pó.te.se [ip'ɔtezi] *sf* **1** die Hypothese, die Behauptung, die Mutmaßung, die Annahme. **2** die Voraussetzung.
his.te.ri.a [ister'iə] *sf* die Hysterie.
his.té.ri.co [ist'ɛriku] *adj* hysterisch, aufgeregt, überspannt.
his.tó.ria [ist'ɔrjə] *sf* die Geschichte, die Erzählung.
his.to.ri.a.dor [istorjad'or] *sm* der Historiker, der Geschichtsforscher, der Geschichtsschreiber.
his.tó.ri.co [ist'ɔriku] *adj* geschichtlich, historisch.
his.to.ri.o.gra.fi.a [istoriograf'iə] *sf* die Geschichtsschreibung.
hobby [r̄'ɔbi] *sm* das Steckenpferd, die Liebhaberei, das Hobby.
ho.je ['oʒi] *adv* heute. **hoje em dia** heutzutage.
Ho.lan.da [ol'ãndə] *sf* Holland *n*, die Niederlande.
ho.lan.dês [olãd'es] *adj* holländisch, niederländisch. • *sm* der Holländer, der Niederländer.
ho.mem ['omẽj] *sm* **1** der Mensch. **2** der Mann.
ho.me.na.ge.ar [omenaʒe'ar] *vtd* ehren.
ho.me.na.gem [omen'aʒẽj] *sf* die Ehrung, die Würdigung, die Huldigung.
ho.me.o.pa.ti.a [omeopat'iə] *sf* die Homöopathie.
ho.mi.cí.dio [omis'idju] *sm* der Mord, die Ermordung, der Totschlag.
ho.mo.gê.neo [omoʒ'enju] *adj* einheitlich, gleichmäßig, gleichartig, homogen.
ho.mô.ni.mo [om'onimu] *adj* gleichlautend, gleichnamig.

ho.mos.se.xu.al [omoseksu'aw] *adj* homosexuell, schwul. • *sm* der Homosexuelle, der Schwule.

ho.nes.ti.da.de [onestid'adi] *sf* die Ehrlichkeit, die Rechtschaffenheit, die Redlichkeit, die Aufrichtigkeit.

ho.nes.to [on'ɛstu] *adj* ehrlich, aufrichtig, rechtschaffen, redlich, bieder, brav.

ho.no.rá.rio [onor'arju] *adj* ehrenamtlich, Ehren... • *sm pl* das Honorar, das Entgelt, die Gage.

hon.ra ['õr̄ə] *sf* die Ehre, die Würde.

hon.ra.do [õr̄'adu] *adj* ehrbar, ehrenhaft, ehrlich, unbescholten, bieder.

hon.rar [õr̄'ar] *vtd* ehren.

hon.ro.so [õr̄'ozu] *adj* ehrenvoll, ehrenhaft.

hó.quei [r̄'ɔkej] *sm* das Hockey.

ho.ra ['ɔrə] *sf* **1** die Stunde. **2** die Uhrzeit. **hora extra** die Überstunde. **hora marcada** der Termin.

ho.rá.rio [or'arju] *sm* **1** die Arbeitszeit, die Öffnungszeit. **2** der Stundenplan. **3** der Fahrplan.

ho.ri.zon.tal [orizõt'aw] *adj* waagerecht, horizontal.

ho.ri.zon.te [oriz'õti] *sm* der Horizont.

ho.rós.co.po [or'ɔskopu] *sm* das Horoskop.

hor.ren.do [or̄'ẽdu] *adj* grausig, horrend.

hor.ri.pi.lan.te [or̄ipil'ãti] *adj* haarsträubend, schaurig.

hor.rí.vel [or̄'ivew] *adj* gräßlich, entsetzlich, scheußlich, schrecklich, horrend.

hor.ror [or̄'or] *sm* der Schrecken, das Entsetzen, das Grauen, der Schauder, der Gräuel.

hor.ro.ro.so [or̄or'ozu] *adj* schrecklich, abscheulich, grauenhaft, schauerlich, furchtbar.

hor.ta ['ɔrtə] *sf* der Gemüsegarten.

hor.ta.li.ça [ortal'isə] *sf* das Gemüse.

hor.te.lã [ortel'ã] *sf* die Minze, die Pfefferminze.

hos.pe.da.gem [osped'aʒẽj] *sf* **1** die Bewirtung. **2** die Unterkunft, die Beherbergung, das Quartier.

hos.pe.dar [osped'ar] *vtd* **1** aufnehmen, unterbringen, beherbergen. *vpron* **2** absteigen, logieren.

hós.pe.de ['ɔspedi] *sm+f* der Gast.

hos.pi.tal [ospit'aw] *sm* das Krankenhaus, die Klinik.

hos.pi.ta.li.da.de [ospitalid'adi] *sf* die Gastlichkeit, die Gastfreundschaft.

hos.pi.ta.li.zar [ospitaliz'ar] *vtd* in ein Krankenhaus einweisen/aufnehmen.

hos.til [ost'iw] *adj* feindlich, feindselig, aggressiv.

hos.ti.li.da.de [ostilid'adi] *sf* **1** die Feindseligkeit, die Feindschaft. **2** die Kampfhandlung.

ho.tel [ot'ɛw] *sm* das Hotel.

hu.ma.ni.da.de [umanid'adi] *sf* **1** die Menschheit. **2** die Menschlichkeit.

hu.ma.nis.ta [uman'istə] *adj* humanistisch. • *sm* der Humanist.

hu.ma.ni.tá.rio [umanit'arju] *adj* humanitär, menschenfreundlich, wohltätig.

hu.ma.no [um'ʌnu] *adj* menschlich.

hu.mil.da.de [umiwd'adi] *sf* die Bescheidenheit, die Demut.

hu.mil.de [um'iwdi] *adj* bescheiden, demütig, bedrückt.

hu.mi.lha.ção [umiλas'ãw] *sf* die Demütigung, die Erniedrigung.

hu.mi.lhan.te [umiλ'ãti] *adj* demütigend, entwürdigend, kränkend.

hu.mi.lhar [umiλ'ar] *vtd* **1** demütigen, entwürdigen, beschämen. *vpron* **2** sich erniedrigen, sich beugen, ducken.

hu.mor [um'or] *sm* der Humor, die Laune, die Stimmung.

hu.mo.ra.do [umor'adu] *adj* gelaunt, aufgelegt.

hu.mo.ris.ta [umor'istə] *sm+f* der Humorist, der Komiker.

hu.mo.rís.ti.co [umor'istiku] *adj* humorvoll.

i

i, I ['i] *sm* Buchstabe i, I.

i.da ['idə] *sf* der Hinweg, die Hinreise.

i.da.de [id'adi] *sf* **1** das Alter. **2** das Zeitalter.

i.de.al [ide'aw] *adj* ideal. • *sm* das Ideal, das Urbild, das Vorbild, das Wunschbild.

i.de.a.lis.mo [ideal'izmu] *sm* der Idealismus.

i.de.a.lis.ta [ideal'istə] *sm* der Idealist.

i.de.a.li.zar [idealiz'ar] *vtd* **1** ausdenken, entwerfen. **2** idealisieren.

i.dei.a [id'ɛjə] *sf* **1** die Idee, der Begriff, die Vorstellung. **2** die Anregung, die Überlegung, der Einfall.

i.dem ['idẽj] *pron* derselbe, dasselbe. • *adv* ebenso.

i.dên.ti.co [id'ẽtiku] *adj* identisch, gleich.

i.den.ti.da.de [idẽtid'adi] *sf* die Identität, die Gleichheit. **carteira de identidade** der Personalausweis.

i.den.ti.fi.ca.ção [idẽtifikas'ãw] *sf* **1** die Identifikation, die Identifizierung, die Marke, die Markierung, die Kennzeichnung. **2** die Gleichsetzung.

i.den.ti.fi.car [idẽtifik'ar] *vtd* **1** identifizieren, kennzeichnen, bestimmen, bezeichnen. **2** erkennen. **3** gleichsetzen.

i.de.o.lo.gi.a [ideoloʒ'iə] *sf* **1** die Ideologie. **2** die Weltanschauung.

i.di.o.ma [idi'omə] *sm* die Sprache, das Idiom.

i.di.o.ta [idi'ɔtə] *adj* idiotisch, schwachsinnig, blödsinnig, doof. • *sm+f* **1** der Idiot, der Dummkopf. **2** der Esel, der Ochse, das Rindvieh.

í.do.lo ['idolu] *sm* **1** das Idol, der Publikumsliebling, der Schwarm. **2** das Vorbild, der Held.

i.dô.neo [id'onju] *adj* **1** geeignet, passend. **2** unbescholten.

i.do.so [id'ozu] *adj* alt. • *sm* der Alte, der Senior.

ig.no.ra.do [ignor'adu] *adj* unbekannt.

ig.no.rân.cia [ignor'ãsjə] *sf* **1** die Unwissenheit, die Unkenntnis. **2** die Dummheit.

ig.no.ran.te [ignor'ãti] *adj* **1** unwissend, blöd(e). **2** laienhaft.

ig.no.rar [ignor'ar] *vtd* **1** nicht wissen, nicht kennnen. **2** vernachlässigen, nicht beachten.

i.gre.ja [igr'eʒə] *sf* die Kirche.

i.gual [ig'waw] *adj* **1** ebenbürtig, gleich, unterschiedslos. **2** egal, einerlei.

i.gua.lar [igwal'ar] *vtd* **1** gleichmachen, ausgleichen, gleichstellen. **2** einstellen (Rekord).

i.gual.da.de [igwawd'adi] *sf* **1** die Gleichheit. **2** der Gleichstand.

i.gual.men.te [igwawm'ẽti] *adv* ebenso, ebenfalls, gleichfalls, gleichermaßen, desgleichen.

i.le.gal [ileg'aw] *adj* **1** illegal, rechtswidrig, gesetzwidrig, ungesetzlich, unrechtmäßig, wild. **2** *pop* schwarz.

i.le.ga.li.da.de [ilegalid'adi] *sf* die

Illegalität, die Rechtswidrigkeit, die Gesetzwidrigkeit.

i.le.gí.ti.mo [ileʒ'itimu] *adj* **1** außerehelich, unehelich. **2** unrechtmäßig, ungesetzlich.

i.le.gí.vel [ileʒ'ivew] *adj* unleserlich, undeutlich.

i.le.so [il'ezu] *adj* unversehrt, unverletzt, intakt, heil.

i.lha ['iλə] *sf* die Insel.

i.lí.ci.to [il'isitu] *adj* **1** unerlaubt, unrechtmäßig, ungesetzlich, rechtswidrig. **2** *pop* schwarz. • *sm* das Vergehen.

i.li.mi.ta.do [ilimit'adu] *adj* grenzenlos, schrankenlos, unbegrenzt, unbeschränkt.

i.lu.dir [ilud'ir] *vtd* **1** täuschen, trügen, betrügen, etwas vorspielen. **2** *pop* beschummeln, anschwindeln.

i.lu.mi.na.ção [iluminas'ãw] *sf* **1** die Beleuchtung. **2** die Erleuchtung.

i.lu.mi.nar [ilumin'ar] *vtd* leuchten, beleuchten, erleuchten, erhellen.

i.lu.mi.nis.mo [ilumin'izmu] *sm* die Aufklärung.

i.lu.são [iluz'ãw] *sf* die Illusion, die Täuschung, die Einbildung, der Wahn.

i.lu.só.rio [iluz'ɔrju] *adj* trügerisch, illusorisch.

i.lus.tra.ção [ilustras'ãw] *sf* die Illustration, das Bild, die Abbildung.

i.lus.trar [ilustr'ar] *vtd* **1** illustrieren, bebildern. **2** veranschaulichen.

i.lus.tre [il'ustri] *adj* berühmt, namhaft, prominent.

í.mã ['imã] *sm* der Magnet.

i.ma.gem [im'aʒẽj] *sf* **1** das Bild, das Bildnis, das Abbild. **2** das Profil. **3** das Image.

i.ma.gi.na.ção [imaʒinas'ãw] *sf* die Vorstellung, die Vorstellungskraft, die Einbildung, die Einbildungskraft, die Phantasie/Fantasie.

i.ma.gi.nar [imaʒin'ar] *vtd* **1** sich vorstellen, ahnen, erahnen. **2** ausdenken. **3** sich einbilden, phantasieren/fantasieren.

i.ma.gi.ná.rio [imaʒin'arju] *adj* unwirklich, eingebildet.

i.ma.gi.ná.vel [imaʒin'avew] *adj* denkbar, erdenklich.

i.ma.tu.ro [imat'uru] *adj* unreif.

im.ba.tí.vel [ĩbat'ivew] *adj* unschlagbar.

im.be.cil [ĩbe'siw] *adj* schwachsinnig, blöde, geistlos. • *sm* **1** der Dummkopf, der Schwachkopf. **2** *pop* der Trottel, der Dussel.

i.me.di.a.to [imedi'atu] *adj* unmittelbar, unverzüglich, umgehend. • *adv* schleunigst, sofort.

i.men.si.dão [imẽsid'ãw] *sf* die Weite.

i.men.so [im'ẽsu] *adj* unermesslich, unübersehbar, unabsehbar, unendlich.

i.mer.so [im'ɛrsu] *adj* untergetaucht, unter Wasser.

i.mi.gra.ção [imigras'ãw] *sf* die Einwanderung, die Immigration.

i.mi.gran.te [imigr'ãti] *sm* der Einwanderer, der Immigrant.

i.mi.grar [imigr'ar] *vint* einwandern.

i.mi.nen.te [imin'ẽti] *adj* unmittelbar/nahe bevorstehend, drohend.

i.mi.ta.ção [imitas'ãw] *sf* **1** die Imitation, der Abklatsch, die Nachbildung, die Nachahmung. **2** die Nachfolge.

i.mi.tar [imit'ar] *vtd* **1** imitieren, nachmachen, nachahmen, abgucken, nachäffen. **2** sich anlehnen an.

i.mo.bi.li.á.ria [imobili'arjə] *sf* das Immobilienbüro.

i.mo.bi.li.zar [imobiliz'ar] *vtd* ruhig stellen, stilllegen, lähmen.

i.mo.ral [imor'aw] *adj* unmoralisch, unsittlich, sittenlos, unanständig, lasterhaft.

i.mor.tal [imort'aw] *adj* unsterblich, unvergänglich, ewig.

i.mor.ta.li.da.de [imortalid'adi] *sf* die Unsterblichkeit, die Unvergänglichkeit.

i.mó.vel [im'ɔvew] *adj* bewegungslos, regungslos, reglos, unbeweglich. • *sm* die Immobilie, das Anwesen.

im.pa.ci.ên.cia [ĩpasi'ẽsjə] *sf* die Ungeduld.

im.pa.ci.en.te [ĩpasi'ẽti] *adj* ungeduldig.
im.pac.to [ĩp'aktu] *sm* der Aufschlag, der Einschlag, der Aufprall, der Stoß.
im.pa.gá.vel [ĩpag'avew] *adj* unbezahlbar, unschätzbar.
im.par.ci.al [ĩparsi'aw] *adj* unparteiisch, sachlich, unbefangen, fair.
im.par.ci.a.li.da.de [ĩparsialid'adi] *sf* die Unparteilichkeit.
im.pas.se [ĩp'asi] *sm* die ausweglose Situation, die Sackgasse, das Patt.
im.pe.cá.vel [ĩpek'avew] *adj* einwandfrei, fehlerfrei, makellos, tadellos.
im.pe.di.men.to [ĩpedim'ẽtu] *sm* **1** das Hindernis. **2** die Hemmung. **3** *Esp* das Abseits.
im.pe.dir [ĩped'ir] *vtd* **1** sperren, versperren. **2** hindern, verhindern, behindern, abhalten. **3** unterbinden.
im.pe.lir [ĩpel'ir] *vtdi* treiben, antreiben.
im.pe.ra.dor [ĩperad'or] *sm* der Kaiser.
im.pe.ra.ti.vo [ĩperat'ivu] *sm* die Befehlsform, der Imperativ.
im.pe.ra.triz [ĩperatr'is] *sf* die Kaiserin.
im.per.cep.tí.vel [ĩpersept'ivew] *adj* unmerklich, unauffällig.
im.per.do.á.vel [ĩperdo'avew] *adj* unverzeihlich, sträflich.
im.per.fei.ção [ĩperfejs'ãw] *sf* die Unvollkommenheit, der Fehler.
im.per.fei.to [ĩperf'ejtu] *adj* unvollkommen, mangelhaft. • *sm* das Imperfekt.
im.pe.ri.al [ĩperi'aw] *adj* kaiserlich.
im.pé.rio [ĩp'ɛrju] *sm* das Reich, das Weltreich, das Kaiserreich.
im.per.me.a.bi.li.zar [ĩpermeabiliz'ar] *vtd* dichten, abdichten, imprägnieren.
im.per.me.á.vel [ĩperme'avew] *adj* undurchlässig, dicht, wasserdicht.
im.per.ti.nen.te [ĩpertin'ẽti] *adj* frech, ungehörig, unverschämt, dreist, zudringlich.
im.pes.so.al [ĩpeso'aw] *adj* unpersönlich, förmlich, unverbindlich.
ím.pe.to ['ĩpetu] *sm* die Wucht, die Heftigkeit, der Schwung.
im.pe.tu.o.si.da.de [ĩpetuozid'adi] *sf* das Ungestüm.
im.pe.tu.o.so [ĩpetu'ozu] *adj* ungestüm, stürmisch, hitzig.
im.pla.cá.vel [ĩplak'avew] *adj* unerbittlich, erbarmungslos, gnadenlos.
im.plan.ta.ção [ĩplãtas'ãw] *sf* die Einführung.
im.plan.tar [ĩplãt'ar] *vtd* einführen.
im.ple.men.ta.ção [ĩplemẽtas'ãw] *sf* die Durchführung, die Ausführung, die Verwirklichung.
im.ple.men.tar [ĩplemẽt'ar] *vtd* durchführen, ausführen, verwirklichen, realisieren.
im.pli.car [ĩplik'ar] *vtd* **1** beinhalten, einhergehen mit, erfordern. **2** bewirken, bedingen. *vti* **3** provozieren.
im.plí.ci.to [ĩpl'isitu] *adj* stillschweigend, implizit, einbegriffen, einbezogen.
im.plo.rar [ĩplor'ar] *vtd* beschwören, flehen, anflehen.
im.po.nen.te [ĩpon'ẽti] *adj* stattlich, imposant, wuchtig, mächtig, eindrucksvoll, überwältigend.
im.pon.tu.al [ĩpõtu'aw] *adj* unpünktlich.
im.po.pu.lar [ĩpopul'ar] *adj* unbeliebt.
im.por [ĩp'or] *vtdi* **1** auferlegen, verhängen, aufdrängen, aufzwingen. *vpron* **2** sich behaupten, sich durchsetzen.
im.por.ta.ção [ĩportas'ãw] *sf* die Einfuhr, der Import.
im.por.ta.dor [ĩportad'or] *sm* der Importeur.
im.por.tân.cia [ĩport'ãsjə] *sf* **1** die Wichtigkeit, die Geltung, die Bedeutung. **2** der Betrag.
im.por.tan.te [ĩport'ãti] *adj* wichtig, bedeutend, bedeutsam, relevant, maßgebend, beträchtlich.
im.por.tar [ĩport'ar] *vtd* **1** einführen, importieren. *vint* **2** wichtig sein.
im.por.tu.nar [ĩportun'ar] *vtd* belästigen, behelligen, stören, bedrängen.
im.po.si.ção [ĩposis'ãw] *sf* die Auferlegung, der Zwang.

I

im.pos.si.bi.li.da.de [ĩposibilid'adi] *sf* die Unmöglichkeit, das Unvermögen.
im.pos.sí.vel [ĩpos'ivew] *adj* unmöglich, ausgeschlossen.
im.pos.to [ĩp'ostu] *sm* die Steuer, die Abgabe.
im.pos.tor [ĩpost'or] *sm* der Betrüger, der Hochstapler.
im.po.tên.cia [ĩpot'ẽsjə] *sf* **1** das Unvermögen, die Ohnmacht. **2** die Impotenz.
im.po.ten.te [ĩpot'ẽti] *adj* **1** machtlos, ohnmächtig. **2** impotent.
im.pre.ci.são [ĩpresiz'ãw] *sf* die Ungenauigkeit.
im.pre.ci.so [ĩpres'izu] *adj* ungenau.
im.pren.sa [ĩpr'ẽsə] *sf* die Presse.
im.pres.cin.dí.vel [ĩpresĩd'ivew] *adj* unentbehrlich, unerlässlich, unbedingt nötig.
im.pres.são [ĩpres'ãw] *sf* **1** der Druck, der Abdruck, das Bild. **2** der Eindruck, der Augenschein, die Impression.
im.pres.si.o.nan.te [ĩpresjon'ãti] *adj* beeindruckend, eindrucksvoll.
im.pres.si.o.nar [ĩpresjon'ar] *vtd* beeindrucken, imponieren, bewegen.
im.pres.so [ĩpr'ɛsu] *sm* **1** die Drucksache. **2** der Vordruck, das Formular.
im.pres.so.ra [ĩpres'orə] *sf Inform* der Drucker.
im.pres.tá.vel [ĩprest'avew] *adj* untauglich, unbrauchbar.
im.pre.vi.sí.vel [ĩprevis'ivew] *adj* unvorhersehbar, unabsehbar.
im.pre.vis.to [ĩprev'istu] *adj* unerwartet, unverhofft, unvorhergesehen.
im.pri.mir [ĩprim'ir] *vtd* drucken, abdrucken, bedrucken.
im.pró.prio [ĩpr'ɔprju] *adj* ungeeignet, unpassend, ungehörig, ungebührlich.
im.pro.vá.vel [ĩprov'avew] *adj* unwahrscheinlich.
im.pro.vi.sar [ĩproviz'ar] *vtd* improvisieren.
im.pru.dên.cia [ĩprud'ẽsjə] *sf* die Unvorsichtigkeit, die Unvernunft, der Leichtsinn, die Fahrlässigkeit.
im.pru.den.te [ĩprud'ẽti] *adj* unbesonnen, unüberlegt, unvorsichtig, fahrlässig.
im.pul.si.vo [ĩpuws'ivu] *adj* unbesonnen, heftig, temperamentvoll.
im.pul.so [ĩp'uwsu] *sm* **1** der Trieb, der Antrieb, der Auftrieb. **2** die Anregung. **3** der Impuls.
im.pu.ni.da.de [ĩpunid'adi] *sf* die Straflosigkeit.
im.pu.re.za [ĩpur'ezə] *sf* die Unreinheit.
im.pu.ro [ĩp'uru] *adj* unrein.
im.pu.tar [ĩput'ar] *vtdi* **1** anrechnen, anhängen, anlasten. **2** unterstellen, zuschieben.
i.mun.dí.cie [imũd'isji] *sf* der Dreck, der Schmutz, der Unrat.
i.mun.do [im'ũdu] *adj* unsauber, drekkig, schmutzig.
i.mu.ne [im'uni] *adj* immun, unempfindlich.
i.mu.ni.da.de [imunid'adi] *sf* die Immunität.
i.mu.tá.vel [imut'avew] *adj* unveränderlich, unabänderlich, unbeweglich.
i.na.bi.li.da.de [inabilid'adi] *sf* die Unfähigkeit, das Unvermögen, das Ungeschick, die Ungeschicklichkeit.
i.na.ca.ba.do [inakab'adu] *adj* roh, unfertig, unvollendet.
i.na.cei.tá.vel [inasejt'avew] *adj* unannehmbar.
i.na.ces.sí.vel [inases'ivew] *adj* unerschwinglich, unnahbar, unzugänglich.
i.na.cre.di.tá.vel [inakredit'avew] *adj* unglaublich, unerhört.
i.na.de.qua.do [inadek'wadu] *adj* ungeeignet, unpassend, untauglich, unzulänglich, unangemessen.
i.nad.mis.sí.vel [inadmis'ivew] *adj* unzulässig, unannehmbar, unstatthaft.
i.nad.ver.ti.do [inadvert'idu] *adj* unachtsam, ungewollt, achtlos.
i.na.la.ção [inalas'ãw] *sf* die Inhalation.
i.na.tin.gí.vel [inatĩʒ'ivew] *adj* unerreichbar.
i.na.to [in'atu] *adj* angeboren.

i.nau.gu.ra.ção [inawguras'ãw] *sf* die Einweihung, die Eröffnung.
i.nau.gu.rar [inawgur'ar] *vtd* einweihen, eröffnen.
in.cal.cu.lá.vel [ĩkawkul'avew] *adj* unermesslich, unschätzbar, unabsehbar.
in.can.sá.vel [ĩkãs'avew] *adj* unermüdlich, unentwegt, unverdrossen.
in.ca.pa.ci.da.de [ĩkapasid'adi] *sf* das Unvermögen, die Unfähigkeit.
in.ca.paz [ĩkap'as] *adj* unfähig, untauglich.
in.cen.di.ar [ĩsẽdi'ar] *vtd* anzünden, anstecken.
in.cên.dio [ĩs'ẽdju] *sm* der Brand, das Feuer.
in.cen.so [ĩs'ẽsu] *sm* der Weihrauch.
in.cen.ti.var [ĩsẽtiv'ar] *vtd* **1** anspornen, anfeuern. **2** fördern, ankurbeln
in.cen.ti.vo [ĩsẽt'ivu] *sm* **1** der Ansporn, der Anreiz. **2** die Förderung.
in.cer.te.za [ĩsert'ezə] *sf* die Ungewissheit, der Zweifel, die Unsicherheit.
in.cer.to [ĩs'ɛrtu] *adj* ungewiss, unsicher, zweifelhaft, unberechenbar, unbestimmt.
in.ces.to [ĩs'ɛstu] *sm* der Inzest, die Blutschande.
in.cha.do [ĩʃ'adu] *adj* geschwollen, dick.
in.ci.den.te [ĩsid'ẽti] *sm* das Vorkommnis, der Vorfall, der Zwischenfall, die Affäre.
in.ci.são [ĩsiz'ãw] *sf* der Schnitt, der Einschnitt, die Kerbe.
in.ci.si.vo [ĩsiz'ivu] *adj* einschneidend.
in.ci.tar [ĩsit'ar] *vtdi* **1** anstiften, verleiten, anreizen, aufreizen, anfeuern. **2** aufhetzen.
in.cli.na.ção [ĩklinas'ãw] *sf* **1** die Neigung, der Hang, die Vorliebe. **2** die Schlagseite.
in.cli.na.do [ĩklin'adu] *adj* schief, schräg, geneigt.
in.cli.nar [ĩklin'ar] *vt+vi+vpron* **1** sich beugen, sich verbeugen. **2** sich neigen, sich verneigen. **3** sich bücken.
in.clu.í.do [ĩklu'idu] *adj* inbegriffen, enthalten.
in.clu.ir [ĩklu'ir] *vtd* **1** einfügen. **2** einbeziehen, einschließen, enthalten, beinhalten, umfassen.
in.clu.si.ve [ĩkluz'ivi] *adv* einschließlich, inklusive.
in.clu.so [ĩkl'uzu] *adj* **1** inbegriffen. **2** beiliegend.
in.co.e.ren.te [ĩkoer'ẽti] *adj* **1** zusammenhang(s)los. **2** inkonsequent, sprunghaft.
in.co.lor [ĩkol'or] *adj* farblos.
in.co.mo.dar [ĩkomod'ar] *vtd* stören, behelligen.
in.cô.mo.do [ĩk'omodu] *adj* lästig, unbequem, unbehaglich, ungemütlich. • *sm* die Unannehmlichkeit, die Störung, die Mühe, die Last, das Unbehagen.
in.com.pa.rá.vel [ĩkõpar'avew] *adj* unvergleichlich, beispiellos.
in.com.pa.tí.vel [ĩkõpat'ivew] *adj* unvereinbar, unverträglich.
in.com.pe.tên.cia [ĩkõpet'ẽsjə] *sf* **1** die Unzuständigkeit. **2** die Unfähigkeit.
in.com.pe.ten.te [ĩkõpet'ẽti] *adj* **1** unzuständig. **2** unfähig, inkompetent.
in.com.ple.to [ĩkõpl'ɛtu] *adj* unvol-lständig, unvollkommen, lückenhaft.
in.com.pre.en.sí.vel [ĩkõpreẽs'ivew] *adj* unverständlich, unbegreiflich, unfassbar.
in.co.mum [ĩkom'ũ] *adj* **1** ungebräuchlich, ungewöhnlich, außergewöhnlich. **2** auffällig, auffallend.
in.con.di.ci.o.nal [ĩkõdisjon'aw] *adj* unbedingt, bedingungslos.
in.con.for.mis.mo [ĩkõform'izmu] *sm* die Unzufriedenheit, die Auflehnung.
in.con.fun.dí.vel [ĩkõfũd'ivew] *adj* unverwechselbar, unverkennbar.
in.cons.ci.en.te [ĩkõsi'ẽti] *adj* **1** unbewusst. **2** bewusstlos, besinnungslos, ohnmächtig.
in.con.sis.ten.te [ĩkõsist'ẽti] *adj* widersprüchlich, unstimmig, unbeständig.

in.con.so.lá.vel [ĩkõsol'avew] *adj* untröstlich, trostlos.
in.cons.tan.te [ĩkõst'ãti] *adj* unbeständig, veränderlich, flatterhaft.
in.cons.ti.tu.ci.o.nal [ĩkõstitusjon'aw] *adj* verfassungswidrig.
in.con.tes.tá.vel [ĩkõtest'avew] *adj* unleugbar, unangreifbar, einwandfrei, unstrittig.
in.con.ve.ni.en.te [ĩkõveni'ẽti] *adj* **1** unschicklich, ungehörig, unangebracht, unpassend, ungelegen. **2** aufdringlich.
in.cor.re.to [ĩkoȓ'ɛtu] *adj* unrichtig, fehlerhaft, inkorrekt.
in.cor.ri.gí.vel [ĩkoȓiʒ'ivew] *adj* unverbesserlich.
in.cre.men.to [ĩkrem'ẽtu] *sm* der Zuwachs, die Vergrößerung, die Entwicklung.
in.cri.mi.nar [ĩkrimin'ar] *vtd* beschuldigen, belasten.
in.crí.vel [ĩkr'ivew] *adj* unglaublich, sagenhaft.
in.cu.rá.vel [ĩkur'avew] *adj* unheilbar.
in.da.ga.ção [ĩdagas'ãw] *sf* die Frage, die Nachforschung.
in.de.cên.cia [ĩdes'ẽsjə] *sf* die Unanständigkeit, die Zote.
in.de.cen.te [ĩdes'ẽti] *adj* unanständig, schamlos, anstößig, anrüchig, ordinär.
in.de.ci.so [ĩdes'izu] *adj* unentschlossen, unentschieden, unschlüssig, zaghaft.
in.de.fe.rir [ĩdefer'ir] *vtd* ablehnen, abschlagen.
in.de.fe.so [ĩdef'ezu] *adj* wehrlos, schutzlos.
in.de.fi.ni.do [ĩdefin'idu] *adj* unbestimmt, unentschieden.
in.de.li.ca.de.za [ĩdelikad'ezə] *sf* die Unhöflichkeit.
in.de.ni.za.ção [ĩdenizas'ãw] *sf* die Abfindung, die Entschädigung, der Schadenersatz, die Wiedergutmachung.
in.de.ni.zar [ĩdeniz'ar] *vtd* abfinden, entschädigen, ersetzen.
in.de.pen.dên.cia [ĩdepẽd'ẽsjə] *sf* die Unabhängigkeit, die Autonomie.
in.de.pen.den.te [ĩdepẽd'ẽti] *adj* **1** unabhängig, selbständig, eigenständig. **2** eigenwillig.
in.des.cri.tí.vel [ĩdeskrit'ivew] *adj* unbeschreiblich.
in.de.se.já.vel [ĩdezeʒ'avew] *adj* unerwünscht, verpönt.
in.de.ter.mi.na.do [ĩdetermin'adu] *adj* unbestimmt, vage.
in.de.vi.do [ĩdev'idu] *adj* ungebührlich.
in.di.ca.ção [ĩdikas'ãw] *sf* die Anweisung, die Angabe, der Hinweis, die Indikation.
in.di.ca.do [ĩdik'adu] *adj* geeignet, angezeigt, passend.
in.di.ca.dor [ĩdikad'or] *sm* **1** der Zeiger, die Anzeige, das Anzeigegerät. **2** die Kennziffer, die Kennzahl. **dedo indicador** der Zeigefinger.
in.di.car [ĩdik'ar] *vtdi* **1** zeigen, hindeuten auf, angeben, anweisen. **2** nahe legen.
ín.di.ce ['ĩdisi] *sm* **1** der Inhalt, das Inhaltsverzeichnis, das Verzeichnis, das Register. **2** die Kennzahl. **3** die Quote, die Rate.
in.dí.cio [ĩd'isju] *sm* **1** der Anhalt, der Anhaltspunkt. **2** der Hinweis, das Zeichen, das Anzeichen, das Indiz.
in.di.fe.ren.ça [ĩdifer'ẽsə] *sf* die Gleichgültigkeit, die Kälte, die Lässigkeit.
in.dí.ge.na [ĩd'iʒenə] *adj* eingeboren. • *sm* der Eingeborene.
in.di.gen.te [ĩdiʒ'ẽti] *adj* arm, bedürftig, hilfsbedürftig.
in.dig.na.ção [ĩdignas'ãw] *sf* der Unwille, die Empörung, die Entrüstung.
in.dig.na.do [ĩdign'adu] *adj* unwillig, ungehalten, empört, entrüstet.
in.dig.no [ĩd'ignu] *adj* unwürdig.
ín.dio ['ĩdju] *adj* indianisch. • *sm* der Indianer.
in.di.re.to [ĩdir'ɛtu] *adj* indirekt, mittelbar.

in.dis.ci.pli.na [ĩdisipl'inə] *sf* die Disziplinlosigkeit.
in.dis.cre.to [ĩdiskr'ɛtu] *adj* indiskret, taktlos, zudringlich.
in.dis.cri.ção [ĩdiskris'ãw] *sf* die Indiskretion, die Taktlosigkeit.
in.dis.cri.mi.na.do [ĩdiskrimin'adu] *adj* pauschal, wahllos, unterschiedslos.
in.dis.cu.tí.vel [ĩdiskut'ivew] *adj* unbestreitbar, einwandfrei.
in.dis.pen.sá.vel [ĩdispens'avew] *adj* unentbehrlich, unabkömmlich, erforderlich.
in.dis.pos.to [ĩdisp'ostu] *adj* **1** unwohl. **2** übel.
in.dis.so.lú.vel [ĩdisol'uvew] *adj* unauflöslich.
in.dis.tin.to [ĩdist'ĩtu] *adj* **1** undeutlich. **2** unterschiedslos.
in.di.vi.du.al [ĩdividu'aw] *adj* einzeln, individuell, persönlich.
in.di.vi.du.a.lis.ta [ĩdividual'istə] *adj* eigenwillig. • *sm* der Individualist.
in.di.ví.duo [ĩdiv'idwu] *sm* **1** das Individuum. **2** *pop* der Kerl.
in.do.len.te [ĩdol'ẽti] *adj* faul, träge, bequem, lässig.
in.dús.tria [ĩd'ustrjə] *sf* die Industrie, das Gewerbe, der Betrieb, die Fabrik.
in.dus.tri.al [ĩdustri'aw] *adj* industriell. • *sm* der Industrielle, der Fabrikant.
in.du.zir [ĩduz'ir] *vtdi* anstiften, überreden, verführen, verleiten.
i.né.di.to [in'ɛditu] *adj* unveröffentlicht, neu.
i.ne.fi.caz [inefik'as] *adj* unwirksam, erfolglos.
i.ne.fi.ci.en.te [inefisi'ẽti] *adj* unwirksam.
i.ne.gá.vel [ineg'avew] *adj* unleugbar.
i.nér.cia [in'ɛrsjə] *sf* die Trägheit.
i.nes.cru.pu.lo.so [ineskrupul'ozu] *adj* skrupellos, bedenkenlos.
i.nes.go.tá.vel [inesgot'avew] *adj* unerschöpflich.
i.nes.pe.ra.do [inesper'adu] *adj* überraschend, unangemeldet, unerwartet, unverhofft.
i.nes.que.cí.vel [ineskes'ivew] *adj* unvergesslich.
i.nes.ti.má.vel [inestim'avew] *adj* unschätzbar, unermesslich.
i.ne.vi.tá.vel [inevit'avew] *adj* unabwendbar, zwangsläufig, unausweichlich, unvermeidlich, unweigerlich.
i.ne.xis.tên.cia [inezist'ẽsjə] *sf* das Nichtvorhandensein, das Fehlen.
i.nex.pe.ri.ên.cia [inesperi'ẽsjə] *sf* die Unerfahrenheit.
i.nex.pe.ri.en.te [inesperi'ẽti] *adj* unerfahren, unreif.
i.nex.pli.cá.vel [inesplik'avew] *adj* unerklärlich, unfassbar.
in.fa.lí.vel [ĩfal'ivew] *adj* unfehlbar, unausbleiblich, todsicher.
in.fân.cia [ĩf'ãsjə] *sf* die Kindheit, das Kindesalter.
in.fan.til [ĩfãt'iw] *adj* **1** kindlich. **2** kindisch, albern.
in.far.to [ĩf'artu] *sm* der Infarkt.
in.fa.ti.gá.vel [ĩfatig'avew] *adj* unermüdlich, unverdrossen, fleißig.
in.fec.ção [ĩfeks'ãw] *sf* die Infektion, die Ansteckung.
in.fec.ci.o.so [ĩfeksi'ozu] *adj* ansteckend.
in.fec.tar [ĩfekt'ar] *vtd* **1** anstecken. **2** verpesten.
in.fe.li.ci.da.de [ĩfelisid'adi] *sf* das Unglück, das Missgeschick.
in.fe.liz [ĩfel'is] *adj* **1** unglücklich, erbärmlich, arm. **2** ungünstig. • *adv* leider, dummerweise.
in.fe.ri.or [ĩferi'or] *adj* **1** unter, minderwertig, unterlegen, untergeordnet. **2** darunter liegend (Stockw.).
in.fer.no [ĩf'ɛrnu] *sm* die Hölle.
in.fi.de.li.da.de [ĩfidelid'adi] *sf* **1** die Untreue. **2** der Seitensprung.
in.fi.el [ĩfi'ɛw] *adj* **1** untreu, treulos, abtrünnig. **2** ungläubig.
in.fil.tra.ção [ĩfiwtras'ãw] *sf* **1** das Eindringen, das Einsickern. **2** die Unterwanderung.
in.fi.ni.ti.vo [ĩfinit'ivu] *sm* der Infinitiv.

in.fi.ni.to [ĩfin'itu] *adj* unendlich, endlos, unermesslich, unübersehbar.
in.fla.ção [ĩflas'ãw] *sf* die Inflation.
in.fla.ma.ção [ĩflamas'ãw] *sf* die Entzündung.
in.fla.ma.do [ĩflam'adu] *adj* **1** entzündet. **2** feurig.
in.fle.xí.vel [ĩfleks'ivew] *adj* unbeugsam, unnachgiebig, starr, hart.
in.flu.ên.cia [ĩflu'ẽsjə] *sf* der Einfluss, die Einwirkung, die Prägung, die Durchsetzungskraft.
in.flu.en.ci.ar [ĩflwẽsi'ar] *vtd* beeinflussen.
in.flu.en.te [ĩflu'ẽti] *adj* einflussreich.
in.flu.ir [ĩflu'ir] *vti* beeinflussen, einwirken.
in.for.ma.ção [ĩformas'ãw] *sf* **1** die Information, die Auskunft, die Nachricht, die Meldung, die Mitteilung. **2** die Erkundigung. **3** die Belehrung.
in.for.mal [ĩform'aw] *adj* **1** ungezwungen, zwanglos, formlos, informell. **2** salopp, leger.
in.for.ma.li.da.de [ĩformalid'adi] *sf* die Ungezwungenheit.
in.for.man.te [ĩform'ãti] *sm* der Informant, der Spitzel.
in.for.mar [ĩform'ar] *vtd* **1** informieren, unterrichten, melden, mitteilen, benachrichtigen, verständigen. **2** aufklären, belehren. *vpron* **3** erfragen, nachforschen.
in.for.má.ti.ca [ĩnform'atikə] *sf* die Informatik.
in.for.ma.ti.vo [ĩformat'ivu] *adj* aufschlussreich, informativ.
in.fra.ção [ĩfras'ãw] *sf* die Übertretung, die Verletzung, die strafbare Handlung, der Verstoß.
in.fra.es.tru.tu.ra [ĩfraestrut'urə] *sf* die Infrastruktur.
in.frin.gir [ĩfrĩʒ'ir] *vtd* brechen, übertreten, zuwiderhandeln, verletzen.
in.fun.dir [ĩfũd'ir] *vtd* einflößen.
in.ge.nui.da.de [ĩʒenwid'adi] *sf* die Einfalt, die Naivität.
in.gê.nuo [ĩʒ'enwu] *adj* **1** unbefangen, arglos, ahnungslos, einfältig, naiv, treuherzig, harmlos. **2** kindlich, albern.
in.ges.tão [ĩgest'ãw] *sf* die Einnahme, das Verschlucken.
In.gla.ter.ra [ĩglat'ɛr̃ə] *sf* England *n*.
in.glês [ĩgl'es] *adj* englisch, britisch. • *sm* der Engländer, der Brite.
in.gra.ti.dão [ĩgratid'ãw] *sf* der Undank.
in.gra.to [ĩgr'atu] *adj* **1** undankbar. **2** unangenehm.
in.gre.di.en.te [ĩgredi'ẽti] *sm* **1** die Zutat, der Zusatz. **2** der Bestandteil.
in.gres.sar [ĩgres'ar] *vti* eintreten.
in.gres.so [ĩgr'ɛsu] *sm* der Eintritt, die Eintrittskarte, der Zutritt, der Beitritt.
i.ni.bi.do [inib'idu] *adj* verkrampft, gehemmt.
i.ni.bir [inib'ir] *vtd* hemmen.
i.ni.ci.al [inisi'aw] *adj* anfänglich, ursprünglich, Anfangs... • *adv* anfangs, zuerst. • *sf* der Anfangsbuchstabe.
i.ni.ci.ar [inisi'ar] *vtd* beginnen, aufnehmen, einsetzen.
i.ni.ci.a.ti.va [inisjat'ivə] *sf* die Initiative, der Vorstoß, der Antrieb.
i.ní.cio [in'isju] *sm* **1** der Anfang, der Beginn. **2** der Antritt, der Anbruch, der Auftakt. **3** die Anfangszeit.
i.ni.mi.go [inim'igu] *adj* feindlich, gegnerisch. • *sm* der Feind, der Gegner.
i.ni.mi.za.de [inimiz'adi] *sf* die Feindschaft.
in.je.ção [ĩʒes'ãw] *sf* **1** die Injektion, die Spritze. **2** die Einspritzung (Auto).
in.je.tar [ĩʒet'ar] *vtd* spritzen, einspritzen.
in.jus.ti.ça [ĩʒust'isə] *sf* die Ungerechtigkeit, das Unrecht.
in.jus.to [ĩʒ'ustu] *adj* ungerecht, unfair.
i.no.cên.cia [inos'ẽsjə] *sf* die Unschuld.
i.no.cen.te [inos'ẽti] *adj* **1** unschuldig, schuldlos. **2** arglos. • *sm* der Unschuldige.
i.nó.cuo [in'ɔkwu] *adj* harmlos, wirkungslos, unschädlich.
i.no.fi.ci.al [inofisi'aw] *adj* inoffiziell.

i.no.va.ção [inovas'ãw] *sf* die Neuerung, die Neuheit, die Innovation.

i.no.var [inov'ar] *vtd* **1** einführen. **2** erneuern.

i.no.xi.dá.vel [inoksid'avew] *adj* rostfrei, nichtrostend.

in.qué.ri.to [ĩk'ɛritu] *sm* die Untersuchung, die Ermittlung, das Ermittlungsverfahren.

in.qui.e.tan.te [ĩkjet'ãti] *adj* beunruhigend, besorgniserregend.

in.qui.e.tar [ĩkjet'ar] *vtd* beunruhigen, ängstigen.

in.qui.e.to [ĩki'ɛtu] *adj* unruhig, ruhelos, besorgt, sorgenvoll.

in.qui.li.no [ĩkil'inu] *sm* der Mieter, die Mietpartei.

in.sa.ci.á.vel [ĩsasi'avew] *adj* unersättlich, nimmersatt, habgierig.

in.sa.tis.fa.ção [ĩsatisfas'ãw] *sf* die Unzufriedenheit.

in.sa.tis.fa.tó.rio [ĩsatisfat'ɔrju] *adj* unbefriedigend, mangelhaft.

in.sa.tis.fei.to [ĩsatisf'ejtu] *adj* unzufrieden.

ins.cre.ver [ĩskrev'er] *vtd* einschreiben, eintragen, anmelden.

ins.cri.ção [ĩskris'aw] *sf* **1** die Einschreibung, die Anmeldung, die Immatrikulation. **2** die Meldung. **3** die Inschrift, die Aufschrift, die Beschriftung.

in.se.gu.ran.ça [ĩsegur'ãsə] *sf* die Unsicherheit.

in.se.gu.ro [ĩseg'uru] *adj* unsicher, unklar, befangen.

in.sen.sa.to [ĩsẽs'atu] *adj* unvernünftig, töricht, wahnwitzig, sinnlos.

in.sen.si.bi.li.da.de [ĩsẽsibilid'adi] *sf* die Unempfindlichkeit, die Herzlosigkeit.

in.sen.sí.vel [ĩsẽs'ivew] *adj* **1** gefühllos, unempfindlich, herzlos, lieblos. **2** *pop* dickfellig, abgebrüht.

in.se.pa.rá.vel [ĩsepar'avew] *adj* untrennbar, unzertrennlich.

in.se.rir [ĩser'ir] *vtd* einfügen, einschieben, einbauen.

in.se.ti.ci.da [ĩsetis'idə] *sm* das Insektenpulver, das Insektenvertilgungsmittel.

in.se.to [ĩs'ɛtu] *sm* das Insekt.

in.sig.ni.fi.can.te [ĩsignifik'ãti] *adj* bedeutungslos, unbedeutend, unerheblich, belanglos.

in.si.nu.ar [ĩsinu'ar] *vtd* **1** andeuten, anspielen auf. **2** unterstellen.

in.sis.tên.cia [ĩsist'ẽsjə] *sf* das Drängeln, der Nachdruck.

in.sis.ten.te [ĩsist'ẽti] *adj* aufdringlich, eindringlich, nachdrücklich, inständig, beharrlich.

in.sis.tir [ĩsist'ir] *vti* **1** drängen, dringen auf. **2** einreden, eindringen, bestürmen.

in.so.len.te [ĩsol'ẽti] *adj* unverschämt, unverfroren, dreist.

in.so.lú.vel [ĩsol'uvew] *adj* **1** unlöslich. **2** unlösbar.

in.sô.nia [ĩs'onjə] *sf* die Schlaflosigkeit.

in.sos.so [ĩs'osu] *adj* schal, fad.

ins.pe.ção [ĩspes'ãw] *sf* **1** die Aufsicht, die Kontrolle. **2** die Inspektion, die Besichtigung, die Abnahme, die Prüfung.

ins.pe.ci.o.nar [ĩspesjon'ar] *vtd* prüfen, überprüfen, besichtigen.

ins.pe.tor [ĩspet'or] *sm* der Inspekteur, der Aufseher.

ins.pi.ra.ção [ĩspiras'ãw] *sf* **1** die Eingebung, die Anregung, die Inspiration. **2** das Einatmen.

ins.pi.rar [ĩspir'ar] *vtdi* **1** eingeben, einflößen, anregen, inspirieren. *vtd* **2** einatmen.

ins.ta.bi.li.da.de [ĩstabilid'adi] *sf* die Unbeständigkeit, die Unsicherheit.

ins.ta.la.ção [ĩstalas'ãw] *sf* **1** die Einrichtung, die Anlage, die Installation. **2** die Montage, die Verlegung, der Einbau. **3** die Innenausstattung.

ins.ta.lar [ĩstal'ar] *vtd* **1** einbauen, montieren, legen, verlegen. *vpron* **2** sich ansiedeln, sich etablieren, einziehen.

ins.tân.cia [ĩst'ãsjə] *sf* die Instanz, die Stelle.

ins.tan.tâ.neo [ĩstãt'ʌnju] *adj* schlagartig, momentan, augenblicklich.

ins.tan.te [ĩst'ãti] *sm* der Augenblick, der Moment, der Nu.

ins.tá.vel [ĩst'avew] *adj* **1** unbeständig, veränderlich, unausgeglichen, labil. **2** launisch.

ins.ti.gar [ĩstig'ar] *vtd* anstiften, aufhetzen, aufwiegeln.

ins.tin.ti.vo [ĩstĩt'ivu] *adj* unwillkürlich, instinktiv.

ins.tin.to [ĩst'ĩtu] *sm* der Instinkt, der Trieb.

ins.ti.tu.ci.o.nal [ĩstitusjon'aw] *adj* institutionell.

ins.ti.tu.i.ção [ĩstituis'ãw] *sf* die Einrichtung, die Anstalt, die Institution, die Körperschaft.

ins.ti.tu.to [ĩstit'utu] *sm* das Institut, die Anstalt.

ins.tru.ção [ĩstrus'ãw] *sf* **1** die Anleitung, der Hinweis, die Anweisung, die Belehrung, die Vorschrift, die Richtlinie. **2** die Bildung, die Schulbildung. **3** der Unterricht, die Schulung.

ins.tru.ir [ĩstru'ir] *vtd* **1** anleiten, belehren, anlernen, anweisen. **2** unterrichten, ausbilden, schulen.

ins.tru.men.to [ĩstrum'ẽtu] *sm* **1** das Instrument, das Werkzeug. **2** *pl* die Armaturen.

ins.tru.tor [ĩstrut'or] *sm* der Ausbilder, der Lehrer.

in.subs.ti.tu.í.vel [ĩsubstitu'ivew] *adj* unersetzlich.

in.su.ces.so [ĩsus'ɛsu] *sm* der Misserfolg, die Erfolglosigkeit, die Schlappe.

in.su.fi.ci.en.te [ĩsufisi'ẽti] *adj* unzulänglich, unzureichend, unbefriedigend, ungenügend.

in.sul.tar [ĩsuwt'ar] *vtd* schimpfen, ausschimpfen, beschimpfen, beleidigen.

in.su.por.tá.vel [ĩsuport'avew] *adj* **1** unausstehlich, unerträglich. **2** *pop* ungenießbar.

in.sus.ten.tá.vel [ĩsustẽt'avew] *adj* unhaltbar, unvertretbar.

in.tac.to [ĩt'aktu] *adj* unversehrt, unberührt, intakt.

ín.te.gra ['ĩtegrə] *sf* der vollständige Wortlaut. **na íntegra** ungekürzt.

in.te.gra.ção [ĩtegras'ãw] *sf* die Integration, der Anschluss.

in.te.gral [ĩtegr'aw] *adj* ungekürzt, umfassend, vollständig.

in.te.grar [ĩtegr'ar] *vtd* eingliedern, einbinden.

ín.te.gro ['ĩtegru] *adj* **1** redlich, rechtschaffen, unbestechlich. **2** unbescholten.

in.tei.ra.men.te [ĩtejram'ẽti] *adv* vollkommen.

in.tei.ro [ĩt'ejru] *adj* **1** vollständig, ganz, restlos. **2** voll.

in.te.lec.tu.al [ĩtelektu'aw] *adj* intellektuell, geistig. • *sm* der Intellektuelle.

in.te.li.gên.cia [ĩteliʒ'ẽsjə] *sf* die Intelligenz, die Einsicht, die Klugheit, der Verstand.

in.te.li.gen.te [ĩteliʒ'ẽti] *adj* intelligent, klug, verständig, geistreich.

in.ten.ção [ĩtẽs'ãw] *sf* die Absicht, das Vorhaben, das Anliegen, die Intention.

in.ten.ci.o.nal [ĩtẽsjon'aw] *adj* vorsätzlich, absichtlich, mutwillig, böswillig.

in.ten.si.da.de [ĩtẽsid'adi] *sf* die Schärfe, die Stärke, die Intensität.

in.ten.si.fi.car [ĩtẽsifik'ar] *vtd* steigern, verstärken, bestärken, verschärfen, intensivieren.

in.ten.si.vo [ĩtẽs'ivu] *adj* intensiv, eindringlich, kräftig.

in.ten.so [ĩt'ẽsu] *adj* **1** intensiv, leidenschaftlich, heftig, lebhaft. **2** scharf, stark.

in.ter.câm.bio [ĩterk'ãbju] *sm* der Austausch.

in.ter.cep.tar [ĩtersept'ar] *vtd* **1** abfangen. **2** unterschlagen.

in.ter.di.tar [ĩterdit'ar] *vtd* **1** verbieten, sperren, absperren. **2** untersagen.

in.te.res.san.te [ĩteres'ãti] *adj* interessant, sehenswert, spannend.

in.te.res.sar [ĩteres'ar] *vtd* **1** interessieren, reizen. *vpron* **2** sich interessieren.

in.te.res.se [ĩter′esi] *sm* **1** das Interesse, die Teilnahme, die Anteilnahme, die Nachfrage. **2** die Berechnung.

in.ter.fe.rên.cia [ĩterfer′ẽsjə] *sf* **1** die Einmischung. **2** die Interferenz, die Störung, das Nebengeräusch.

in.ter.fe.rir [ĩterfer′ir] *vti* **1** sich einmischen. **2** *pop* reinreden.

in.ter.fo.ne [ĩterf′oni] *sm* die Gegensprechanlage.

in.te.ri.or [ĩteri′or] *sm* **1** das Innere, das Landesinnere. **2** das Inland. • *adj* inner.

in.ter.jei.ção [ĩterʒejs′ãw] *sf* der Einwurf, der Ausruf, die Interjektion.

in.ter.lo.cu.tor [ĩterlokut′or] *sm* der Gesprächspartner.

in.ter.me.di.á.rio [ĩtermedi′arju] *sm* **1** der Mittler, der Vermittler. **2** der Zwischenhändler.

in.ter.mi.ná.vel [ĩtermin′avew] *adj* unendlich, endlos.

in.ter.na.ção [ĩternas′ãw] *sf* die Einweisung, die Einlieferung, die stationäre Behandlung.

in.ter.na.ci.o.nal [ĩternasjon′aw] *adj* international.

in.ter.nar [ĩtern′ar] *vtd* einweisen, einliefern, internieren.

in.ter.no [ĩt′ɛrnu] *adj* inner, innerlich, intern.

in.ter.pre.ta.ção [ĩterpretas′ãw] *sf* die Deutung, die Auslegung, die Auswertung, die Interpretation.

in.ter.pre.tar [ĩterpret′ar] *vtd* **1** deuten, auslegen, interpretieren. **2** vorführen, wiedergeben. **3** dolmetschen.

in.tér.pre.te [ĩt′ɛrpreti] *sm* **1** der Dolmetscher. **2** der Interpret, der Sprecher.

in.ter.ro.ga.ção [ĩter̄ogas′ãw] *sf* die Frage.

in.ter.ro.gar [ĩter̄og′ar] *vtd* verhören, vernehmen, befragen, ausfragen.

in.ter.rom.per [ĩter̄õp′er] *vtd* **1** unterbrechen, abbrechen, absetzen, stoppen. **2** abschalten.

in.ter.rup.ção [ĩter̄ups′ãw] *sf* **1** die Unterbrechung, der Stillstand, der Abbruch, der Stopp. **2** die Störung, der Ausfall.

in.ter.rup.tor [ĩter̄upt′or] *sm* **1** der Schalter. **2** der Unterbrecher.

in.te.rur.ba.no [ĩterurb′ʌnu] *sm* das Ferngespräch.

in.ter.va.lo [ĩterv′alu] *sm* **1** das Intervall, der Abstand, der Zwischenraum, der Absatz. **2** die Pause, die Zwischenzeit, die Halbzeit. **3** die Frist.

in.ter.vir [ĩterv′ir] *vti* intervenieren, eingreifen, sich einschalten.

in.tes.ti.no [ĩtest′inu] *sm* **1** der Darm. *pl* **2** das Gedärm, die Eingeweide.

in.ti.ma.ção [ĩtimas′ãw] *sf* die Mahnung, die Aufforderung, die Vorladung.

in.ti.mi.da.de [ĩtimid′adi] *sf* **1** die Intimität. **2** die Intimsphäre, der Intimbereich.

in.ti.mi.dar [ĩtimid′ar] *vtd* **1** einschüchtern, verängstigen, abschrecken. **2** bedrohen.

ín.ti.mo [′ĩtimu] *adj* innig, vertraut, intim, familiär. • *sm* **1** das Innerste. **2** der Vertraute.

in.to.le.ran.te [ĩtoler′ãti] *adj* intolerant, unduldsam, engstirnig.

in.to.xi.ca.ção [ĩtoksikas′ãw] *sf* die Vergiftung.

in.to.xi.car [ĩtoksik′ar] *vtd* vergiften.

in.tran.si.gen.te [ĩtrãzig′ẽti] *adj* unnachgiebig, starr.

in.tri.ga [ĩtr′igə] *sf* **1** die Intrige, die Machenschaft, die Ränke. **2** *pop* der Tratsch.

in.trin.ca.do [ĩtrĩk′adu] *adj* verwickelt, verworren, kompliziert, unübersichtlich.

in.trín.se.co [ĩtr′ĩseku] *adj* innerlich, wesentlich.

in.tro.du.ção [ĩtrodus′ãw] *sf* **1** die Einführung, die Einleitung, das Vorwort. **2** der Anfang, der Auftakt.

in.tro.du.zir [ĩtroduz′ir] *vtd* **1** eingeben. **2** einführen, aufbringen. **3** einleiten.

I

in.tru.so [ĩtr'uzu] *sm* der Eindringling, der Störenfried.
in.tu.i.ção [ĩtujs'ãw] *sf* die Intuition, das Einfühlungsvermögen, die Ahnung, der Spürsinn.
in.tui.ti.vo [ĩtujt'ivu] *adj* intuitiv, anschaulich.
i.nun.da.ção [inũdas'ãw] *sf* die Überschwemmung, das Hochwasser.
i.nun.dar [inũd'ar] *vtd* überschwemmen, überfluten.
i.nú.til [in'utiw] *adj* unbrauchbar, unnütz, nutzlos, ergebnislos, müßig.
in.va.dir [ĩvad'ir] *vtd* **1** eindringen, einbrechen. **2** einfallen, einmarschieren, einrücken.
in.va.li.dez [ĩvalid'es] *sf* die Erwerbsunfähigkeit.
in.vá.li.do [ĩv'alidu] *adj* **1** versehrt, schwerbehindert, erwerbsunfähig, arbeitsunfähig. **2** ungültig, unwirksam.
in.va.ri.á.vel [ĩvari'avew] *adj* unveränderlich.
in.va.são [ĩvaz'ãw] *sf* der Einfall, der Einmarsch, die Invasion, der Übergriff.
in.va.sor [ĩvaz'or] *sm* der Eindringling.
in.ve.ja [ĩv'ɛʒə] *sf* der Neid, die Missgunst.
in.ve.jar [ĩveʒ'ar] *vtd* beneiden, missgönnen.
in.ve.jo.so [ĩveʒ'ozu] *adj* neidisch, scheel.
in.ven.ção [ĩvẽs'ãw] *sf* die Erfindung.
in.ven.cí.vel [ĩvẽs'ivew] *adj* unbesiegbar, unschlagbar.
in.ven.tar [ĩvẽt'ar] *vtd* erfinden, erdenken, ausdenken.
in.ven.tá.rio [ĩvẽt'arju] *sm* **1** die Bestandsaufnahme, das Inventar. **2** der Nachlass.
in.ven.tor [ĩvẽt'or] *sm* der Erfinder.
in.ver.no [ĩv'ɛrnu] *sm* der Winter.
in.ver.ter [ĩvert'er] *vtd* **1** vertauschen, verkehren, umkehren, verdrehen. **2** umschalten, umlegen.
in.ves.ti.dor [ĩvestid'or] *sm* der Geldgeber, der Anleger, der Investor.
in.ves.ti.ga.ção [ĩvestigas'ãw] *sf* die Untersuchung, die Erforschung, die Ermittlung, die Nachforschung, die Fahndung.
in.ves.ti.gar [ĩvestig'ar] *vtd* untersuchen, erforschen, nachforschen, ermitteln, fahnden.
in.ves.ti.men.to [ĩvestim'ẽtu] *sm* die Investition, die Anlage, die Geldanlage.
in.ves.tir [ĩvest'ir] *vtd* **1** investieren, anlegen. **2** vorrücken gegen.
in.vic.to [ĩv'iktu] *adj* unbesiegt.
in.vi.sí.vel [ĩviz'ivew] *adj* unsichtbar.
in.vo.car [ĩvok'ar] *vtd* anrufen, beschwören.
in.vo.lun.tá.rio [ĩvolũt'arju] *adj* unfreiwillig, unwillkürlich, unabsichtlich.
i.o.gur.te [iog'urti] *sm* der Joghurt/Jogurt.
ir ['ir] *vti+vint* **1** gehen, laufen, fahren. **2** kommen.
i.ra ['irə] *sf* der Zorn.
ir.mã [irm'ã] *sf* die Schwester.
ir.mão [irm'ãw] *sm* **1** der Bruder. **2** *pl* die Geschwister.
i.ro.ni.a [iron'iə] *sf* die Ironie, der Hohn.
i.rô.ni.co [ir'oniku] *adj* ironisch, hämisch, höhnisch, spöttisch.
ir.ra.ci.o.nal [ir̄asjon'aw] *adj* irrational, unberechenbar.
ir.re.al [ir̄e'aw] *adj* irreal, unwirklich.
ir.re.co.nhe.cí.vel [ir̄ekoñes'ivew] *adj* unkenntlich.
ir.re.fle.ti.do [ir̄eflet'idu] *adj* unüberlegt, unbedacht, unbesonnen, ungestüm.
ir.re.gu.lar [ir̄egul'ar] *adj* **1** unregelmäßig. **2** ordnungswidrig, regelwidrig, irregulär.
ir.re.gu.la.ri.da.de [ir̄egularid'adi] *sf* die Unregelmäßigkeit, der Missstand.
ir.re.qui.e.to [ir̄eki'ɛtu] *adj* ruhelos, unruhig.
ir.re.sis.tí.vel [ir̄ezist'ivew] *adj* unwiderstehlich, hinreißend, unaufhaltsam.

ir.res.pon.sa.bi.li.da.de [ir̃espõsabilid'adi] *sf* die Verantwortungslosigkeit, der Leichtsinn.

ir.res.pon.sá.vel [ir̃espõs'avew] *adj* unverantwortlich, leichtsinnig.

ir.ri.gar [ir̃ig'ar] *vtd* bewässern, berieseln.

ir.ri.ta.ção [ir̃itas'ãw] *sf* die Reizung, die Gereiztheit, die Erregung, die Entrüstung.

ir.ri.ta.do [ir̃it'adu] *adj* gereizt, unwillig, ungehalten, erregt.

ir.ri.tar [ir̃it'ar] *vtd* **1** ärgern, verärgern, aufregen, erregen, aufbringen, erzürnen, irritieren. *vpron* **2** sich aufregen, sich ärgern.

is.ca ['iskə] *sf* **1** der Köder. **2** der Zunder.

i.sen.to [iz'ẽtu] *adj* steuerfrei.

is.lâ.mi.co [izl'ʌmiku] *adj* islamisch.

i.so.la.do [izol'adu] *adj* isoliert, vereinzelt, einzel, alleinstehend, abgelegen, einsam.

i.so.lar [izol'ar] *vtd* **1** isolieren. **2** absperren, absondern, abschließen.

is.quei.ro [isk'ejru] *sm* das Feuerzeug, der Anzünder.

is.so ['isu] *pron dem* dies. **por isso** deshalb.

is.to ['istu] *pron dem* das (hier).

I.tá.lia [it'aljə] *sf* Italien *n*.

i.ta.li.a.no [itali'ʌnu] *adj* italienisch. • *sm* der Italiener.

i.tem ['itẽj] *sm* **1** der Punkt. **2** der Posten, der Artikel (Ware), das Stück.

j

j, J [ʒ'ɔtə] *sm* Buchstabe j, J.
já [ʒ'a] *adv* **1** schon, sofort. **2** bereits.
ja.ca.ré [ʒakar'ɛ] *sm* der Kaiman.
ja.mais [ʒam'ajs] *adv* **1** nie, niemals, je(mals). **2** ausgeschlossen.
ja.nei.ro [ʒan'ejru] *sm* der Januar.
ja.ne.la [ʒan'ɛlə] *sf* das Fenster.
jan.ga.da [ʒãg'adə] *sf* das Floß.
jan.tar [ʒãt'ar] *vint* zu Abend essen. • *sm* das Abendessen, das Abendbrot.
Ja.pão [ʒap'ãw] *sm* Japan *n*.
ja.que.ta [ʒak'etə] *sf* das Jackett, die Jacke.
jar.dim [ʒard'ĩ] *sm* **1** der Garten, die Gartenanlage. **2** *pop* der Kindergarten.
jar.di.nei.ro [ʒardin'ejru] *sm* der Gärtner.
jar.ra [ʒ'ar̄ə] *sf* der Krug, der Wasserkrug.
jar.ro [ʒ'ar̄u] *sm* die Vase, die Blumenvase.
ja.to [ʒ'atu] *sm* der Strahl. **avião a jato** das Düsenflugzeug.
jau.la [ʒ'awlə] *sf* der Käfig.
ja.zi.da [ʒaz'idə] *sf* das Lager, die Lagerstätte, das Vorkommen.
jei.to [ʒ'ejtu] *sm* **1** die Art, die Manier, der Einschlag. **2** der Kniff, der Dreh.
jei.to.so [ʒejt'ozu] *adj* **1** geschickt. **2** hübsch.
je.jum [ʒeʒ'ũ] *sm* das Fasten. **em jejum** nüchtern.
ji.boi.a [ʒib'ɔjə] *sf* die Boa, die Riesenschlange.
jo.a.lhe.ri.a [ʒoaʎer'iə] *sf* das Juweliergeschäft.
jo.e.lho [ʒo'eʎu] *sm* das Knie.
jo.ga.da [ʒog'adə] *sf* das Spielzug, der Stich (Kartenspiel).
jo.ga.dor [ʒogad'or] *sm* der Spieler.
jo.gar [ʒog'ar] *vtd* **1** spielen. **2** werfen, schmeißen. **3** wetten. *vint* **4** schlingern.
jo.go [ʒ'ogu] *sm* **1** das Spiel, die Partie, der Satz. **2** die Garnitur.
joi.a [ʒ'ɔjə] *sf* der Schmuck, das Schmuckstück. • *adj pop* dufte, klasse.
jor.na.da [ʒorn'adə] *sf* **1** die Tagung. **2** die Reise, die Anreise. **3** die Arbeitszeit, die Schicht.
jor.nal [ʒorn'aw] *sm* die Zeitung, das Blatt.
jor.na.lis.mo [ʒornal'ismu] *sm* der Journalismus, die Publizistik, die Zeitungswissenschaft.
jor.na.lis.ta [ʒornal'istə] *sm* der Journalist, der Publizist.
jor.rar [ʒor̄'ar] *vtd* sprudeln.
jo.vem [ʒ'ɔvẽj] *adj* jung. • *sm+f* der/die Jugendliche, der/die Heranwachsende.
jo.vi.al [ʒovi'aw] *adj* ausgelassen, fidel, lustig, beschwingt.
ju.ba [ʒ'ubə] *sf* die Mähne.
ju.bi.lar [ʒubil'ar] *vint* jauchzen, jubeln.
ju.bi.leu [ʒubil'ew] *sm* das Jubiläum.
jú.bi.lo [ʒ'ubilu] *sm* der Jubel.
ju.dai.co [ʒud'ajku] *adj* jüdisch.
ju.das [ʒ'udəs] *sm sing+pl* der Judas, der Verräter.
ju.deu [ʒud'ew] *adj* jüdisch. • *sm* der Jude.
ju.di.ar [ʒudi'ar] *vtd* quälen, misshandeln, übel zurichten.

ju.di.ci.al [ʒudisi'aw] *adj* richterlich, gerichtlich.
ju.di.ci.á.rio [ʒudisi'arju] *sm* die Rechtsprechung, die Justizgewalt.
ju.iz [ʒu'is] *sm* **1** der Richter. **2** *Esp* der Schiedsrichter, der Kampfrichter.
ju.í.zo [ʒu'izu] *sm* der Verstand, die Vernunft, die Urteilskraft, die Einsicht.
jul.ga.men.to [ʒuwgam'ẽtu] *sm* **1** das Urteil, der Richterspruch. **2** die Gerichtsverhandlung. **3** das Gutdünken.
jul.gar [ʒwwg'ar] *vtd* **1** richten, urteilen, beurteilen. *vint* **2** meinen.
ju.lho [ʒ'uλu] *sm* der Juli.
jun.ção [ʒũs'ãw] *sf* **1** die Verbindung, die Vereinigung. **2** der Knotenpunkt.
ju.nho [ʒ'uñu] *sm* der Juni.
jun.ta [ʒ'ũtə] *sf* **1** *Tecn* die Dichtung. **2** die Kommission. **junta comercial** das Handelsregister.
jun.tar [ʒũt'ar] *vtd* **1** sammeln, einsammeln, zusammensuchen. **2** vereinigen, verbinden, zusammenfügen, zusammenlegen. **3** beilegen, beifügen. **4** beigeben, beimengen. **5** kombinieren. *vpron* **6** zusammenkommen, zusammenströmen. **7** sich paaren.
jun.to [ʒ'ũtu] *adv* **1** zusammen. **2** dazu, dabei. **3** *pl* beisammen, beieinander.
ju.ra.do [ʒur'adu] *sm* der Preisrichter, der Juror, das Mitglied der Jury.
ju.ra.men.ta.do [ʒuramẽt'adu] *adj* vereidigt.
ju.ra.men.to [ʒuram'ẽtu] *sm* der Eid, der Schwur.
ju.rar [ʒur'ar] *vtd* schwören, beschwören, beteuern.
jú.ri [ʒ'uri] *sm* **1** das Preisgericht, die Jury. **2** das Schöffengericht.
ju.rí.di.co [ʒur'idiku] *adj* rechtlich, juristisch, Rechts...
ju.ro [ʒ'uru] *sm* der Zins.
jus.ta.men.te [ʒustam'ẽti] *adv* **1** ausgerechnet. **2** genau, eben.
jus.ti.ça [ʒust'isə] *sf* die Gerechtigkeit, die Justiz.
jus.ti.fi.ca.ção [ʒustifikas'ãw] *sf* **1** die Rechtfertigung. **2** die Entschuldigung.
jus.ti.fi.car [ʒustifik'ar] *vtd* rechtfertigen, begründen.
jus.ti.fi.cá.vel [ʒustifik'avew] *adj* **1** haltbar, vertretbar. **2** entschuldbar.
jus.to [ʒ'ustu] *adj* **1** recht, gerecht, fair. **2** berechtigt, reell (Preis). **3** knapp, eng (Kleidung).
ju.ve.nil [ʒuven'iw] *adj* jugendlich.
ju.ven.tu.de [ʒuvẽt'udi] *sf* die Jugend, das Jugendalter.

k

k, K [Ka] sm Buchstabe k, K.

l

l, L [′ɛli] *sm* Buchstabe l, L.
lá [l′a] *adv* da, dort, dahin, dorthin. • *sm Mús* A.
lã [l′ã] *sf* die Wolle.
lá.bio [l′abju] *sm* die Lippe.
la.bi.rin.to [labir′ĩtu] *sm* das Labyrinth.
la.bo.ra.tó.rio [laborat′ɔrju] *sm* das Labor, das Laboratorium.
la.bu.tar [labut′ar] *vint+vti* sich mühen, sich abmühen, sich abplagen.
la.ço [l′asu] *sm* **1** die Schlinge, die Schlaufe. **2** der Fallstrick. **3** das Lasso. **4** das Band.
la.cô.ni.co [lak′oniku] *adj* lakonisch, kurz, einsilbig, wortkarg.
la.crar [lakr′ar] *vtd* versiegeln.
la.cre [l′akri] *sm* das Siegel, die Plombe.
la.cri.me.jar [lakrimeʒ′ar] *vint* tränen.
la.cu.na [lak′unə] *sf* die Lücke, der Zwischenraum.
la.dei.ra [lad′ejrə] *sf* der Abhang, der abschüssiger Weg.
la.do [l′adu] *sm* **1** die Seite, die Flanke. **2** der Schenkel (Dreieck). **ao lado** daneben.
la.drão [ladr′ãw] *sm* der Dieb, der Einbrecher, der Räuber.
la.dri.lho [ladr′iλu] *sm* die Kachel, die Fliese.
la.gar.ta [lag′artə] *sf* die Raupe.
la.gar.ti.xa [lagart′iʃə] *sf* die Eidechse.
la.gar.to [lag′artu] *sm* die Echse.
la.go [l′agu] *sm* der See, der Teich.
la.go.a [lag′oə] *sf* die Lagune.
la.gos.ta [lag′ostə] *sf* der Hummer, die Languste.
lá.gri.ma [l′agrimə] *sf* die Träne.
la.je [l′aʒi] *sf* die Betondecke.
la.ma [l′Λmə] *sf* der Schlamm, der Matsch, der Dreck, der Kot.
la.ma.çal [lamas′aw] *sm* das Schlammloch, der Pfuhl, der Morast.
lam.ber [lãb′er] *vtd* schlecken, lecken, ablecken.
lam.bu.zar [lãbuz′ar] *vtd* **1** schmieren, verschmieren. **2** *pop* bekleckern.
la.men.tar [lamẽt′ar] *vtd* **1** bedauern, bejammern, beklagen. *vpron* **2** jammern, klagen.
la.men.tá.vel [lamẽt′avew] *adj* **1** jämmerlich, kläglich. **2** bedauerlich, beklagenswert. **3** schade.
lâ.mi.na [l′Λminə] *sf* **1** die Klinge, das Messer. **2** die Platte.
lâm.pa.da [l′ãpadə] *sf* **1** die Glühbirne. **2** die Lampe, die Leuchte.
lam.pi.ão [lãpi′ãw] *sm* die Laterne.
lan.ça [l′ãsəy] *sf* die Lanze, der Speer, der Spieß.
lan.ça.men.to [lãsam′ẽtu] *sm* **1** die Neueinführung, die Neuerscheinung. **2** die Ausgabe, die Emission. **3** die Buchung, die Eintragung. **4** *Esp* der Wurf. **5** der Abschuss (Rakete).
lan.çar [lãs′ar] *vtd* **1** werfen, schleudern, schmeißen, stoßen. **2** präsentieren, einführen. **3** buchen, verbuchen, ein-

tragen. **4** starten, abschießen. *vpron* **5** sich stürzen.
lan.ce [l'ãsi] *sm* **1** der Vorfall. **2** der Spielzug. **3** der Stich.
lan.cha [l'ãʃə] *sf* das Motorboot.
lan.char [lãʃ'ar] *vint+vtd* eine Kleinigkeit essen, Brotpause machen.
lan.che [l'ãʃi] *sm* der Imbiss, die Brotpause.
lan.cho.ne.te [lãʃon'ɛti] *sf* die Imbissstube, der Schnellimbiss.
lan.ter.na [lãt'ɛrnə] *sf* **1** die Taschenlampe, die Leuchte. **2** das Standlicht (Kfz).
lá.pis [l'apis] *sm sing+pl* der Bleistift, der Blei, der Stift. **lápis de cor** der Farbstift.
la.pi.sei.ra [lapiz'ejrə] *sf* der Druckbleistift, der Drehbleistift.
lap.so [l'apsu] *sm* **1** der Fehler, das Versehen, der Schnitzer. **2** der Zeitraum.
lar [l'ar] *sm* das Heim, das Zuhause.
la.ran.ja [lar'ãʒə] *sf* die Apfelsine, die Orange.
la.ran.ja.da [larãʒ'adə] *sf* das Orangengetränk, die Orangeade.
la.rei.ra [lar'ejrə] *sf* der Kamin, die Feuerstelle.
lar.ga.da [larg'adə] *sf* der Start, die Abfahrt.
lar.gar [larg'ar] *vtd* **1** starten. **2** loslassen. **3** preisgeben.
lar.go [l'argu] *adj* weit, breit, ausgedehnt. • *sm* der Platz.
lar.gu.ra [larg'urə] *sf* die Breite, die Weite.
las.car [lask'ar] *vint* splittern, zersplittern.
la.ser [l'ejzer] *sm* der Laser(strahl).
las.ti.mar [lastim'ar] *vtd* beklagen, bejammern, bedauern.
las.ti.má.vel [lastim'avew] *adj* bedauerlich, beklagenswert.
la.ta [l'atə] *sf* **1** die Dose, die Büchse. **2** der Eimer, der Kanister. **3** das Blech.
la.tão [lat'ãw] *sm* das Messing.
la.te.jar [lateʒ'ar] *vint* klopfen, pulsieren.
la.ten.te [lat'ẽti] *adj* schleichend, verborgen, latent.
la.te.ral [later'aw] *adj* seitlich. • *sf* die Seite.
la.ti.fún.dio [latif'ũdju] *sm* der Großgrundbesitz.
la.tim [lat'ĩ] *sm* das Latein.
la.ti.no [lat'inu] *adj* **1** lateinisch. **2** südländisch. • *sm* der Südländer.
la.tir [lat'ir] *vint* bellen, kläffen.
lau.do [l'awdu] *sm* **1** das Gutachten, die Begutachtung. **2** der Schiedsspruch.
la.va.bo [lav'abu] *sm* der Waschraum, die Toilette.
la.va.dor [lavad'or] *sm* der Wäscher.
la.va.do.ra [lavad'orə] *sf* die Waschmaschine.
la.va.gem [lav'aʒẽj] *sf* **1** die Wäsche, die Spülung, die Waschung. **2** die Brühe.
la.va-lou.ças [laval'owsə] *sf sing+pl* die Geschirrspülmaschine.
la.van.de.ria [lavãder'iə] *sf* die Wäscherei, die Reinigung.
la.var [lav'ar] *vtd* waschen, abwaschen, spülen, abspülen.
la.va.tó.rio [lavat'ɔrju] *sm* **1** das Waschbecken. **2** der Waschraum, die Toilette.
la.vou.ra [lav'owrə] *sf* **1** der Ackerbau, die Feldarbeit. **2** die Pflanzung, der Acker.
la.vra.dor [lavrad'or] *sm* der Bauer, der Landarbeiter.
la.zer [laz'er] *sm* die Freizeit, die Erholung, die Muße.
le.al [le'aw] *adj* loyal, treu, ehrlich, treuherzig, redlich, bieder.
le.al.da.de [leawd'adi] *sf* die Loyalität, die Treue, die Ehrlichkeit, die Redlichkeit.
le.ão [le'ãw] *sm* der Löwe.
le.ci.o.nar [lesjon'ar] *vtdi* lehren, unterrichten, dozieren.
le.ga.do [leg'adu] *sm* das Erbe, die Erbschaft, das Vermächtnis.

le.gal [leg'aw] *adj* **1** legal, rechtlich, rechtmäßig, rechtskräftig. **2** *pop* super, toll, fein, patent, pfundig, doll, dufte.
le.ga.li.zar [legaliz'ar] *vtd* legalisieren, beglaubigen.
le.gar [leg'ar] *vtd* vererben, vermachen, hinterlassen, nachlassen.
le.gen.da [leʒ'ẽdə] *sf* **1** die Beschriftung, die Bildunterschrift, die Legende, die Zeichenerklärung. **2** der Vorspann, der Untertitel (Film).
le.gi.ão [leʒi'ãw] *sf* die Legion.
le.gis.la.ção [leʒizlas'ãw] *sf* die Gesetzgebung, das Gesetz.
le.gis.la.ti.vo [leʒislat'ivu] *sm* die Legislative, die gesetzgebende Gewalt.
le.gi.ti.mi.da.de [leʒitimid'adi] *sf* die Rechtmäßigkeit, die Berechtigung, die Echtheit.
le.gí.ti.mo [leʒ'itimu] *adj* **1** echt. **2** legitim, rechtmäßig, begründet. **3** ehelich (Kind).
le.gí.vel [leʒ'ivew] *adj* leserlich, lesbar.
lé.gua [l'ɛgwə] *sf* die Meile (6 600 m).
le.gu.me [leg'umi] *sm* das Gemüse.
lei [l'ej] *sf* **1** *Dir* das Gesetz. **2** die Regel.
lei.go [l'ejgu] *sm* der Laie.
lei.lão [lejl'ãw] *sm* die Versteigerung, die Auktion.
lei.lo.ar [lejlo'ar] *vtd* versteigern.
lei.te [l'ejti] *sm* die Milch. **leite integral** die Vollmilch. **leite em pó** die Trockenmilch.
lei.to [l'ejtu] *sm* **1** das Bett, das Lager. **2** das Flussbett.
lei.tor [lejt'or] *sm* der Leser, der Vorleser.
lei.tu.ra [lejt'urə] *sf* die Lektüre, das Lesen, die Durchsicht.
le.ma [l'emə] *sm* das Motto, der Wahlspruch, die Losung, die Devise, die Parole.
lem.bran.ça [lẽbr'ãsə] *sf* die Erinnerung, das Andenken, das Reiseandenken.
lem.brar [lẽbr'ar] *vtd* **1** erinnern, behalten. **2** mahnen. *vpron* **3** sich erinnern, sich entsinnen, sich besinnen.
lem.bre.te [lẽbr'eti] *sm* der Merkzettel.
len.ço [l'ẽsu] *sm* **1** das Taschentuch. **2** das Kopftuch.
len.çol [lẽs'ɔw] *sm* **1** das Betttuch, das Bettlaken. **2** das Vorkommen (Wasser, Erdöl).
len.da [l'ẽdə] *sf* die Legende, die Sage.
le.nha [l'eñə] *sf* das Holz, das Brennholz.
len.te [l'ẽti] *sf* die Lupe, die Linse, das Objektiv. **lente de contato** die Kontaktlinse.
len.ti.dão [lẽtid'ãw] *sf* die Langsamkeit.
len.to [l'ẽtu] *adj* langsam, träge.
le.que [l'ɛki] *sm* der Fächer.
ler [l'er] *vtd* **1** lesen. **2** vorlesen.
ler.do [l'ɛrdu] *adj* träge, schwerfällig, plump.
le.ro-le.ro [lɛrul'ɛru] *sm* das Gerede, die Fisimatenten.
le.são [lez'ãw] *sf* **1** die Verletzung, die Verwundung. **2** die Beschädigung.
le.sar [lez'ar] *vtd* **1** verletzen. **2** schädigen, beschädigen.
lés.bi.ca [l'ɛzbikə] *adj* lesbisch. • *sf* die Lesbierin.
le.si.vo [lez'ivu] *adj* schädlich, nachteilig.
les.ma [l'ezmə] *sf* die Schnecke.
les.te [l'ɛsti] *sm* der Osten.
le.tar.gi.a [letarʒ'iə] *sf* die Trägheit, die Lethargie.
le.tra [l'etrə] *sf* **1** der Buchstabe. **2** die Handschrift. **3** der Text.
le.trei.ro [letr'ejru] *sm* **1** die Aufschrift, das Etikett. **2** die Tafel, das Schild, das Aushängeschild. **3** *pl* der Vorspann (Film).
leu.ce.mi.a [lewsem'iə] *sf* der Blutkrebs, die Leukämie.
le.va.do [lev'adu] *adj* unartig, ungezogen.
le.van.ta.men.to [levãtam'ẽtu] *sm* **1** die Hebung. **2** die Erhebung, die Befragung. **3** die Bestandsaufnahme
le.van.tar [levãt'ar] *vtd* **1** heben, hochheben, hochhalten, erhöhen. **2** errichten, aufstellen. **3** anheben, aufheben, auflesen. **4** aufwirbeln.

le.var [lev'ar] *vtd* **1** bringen, überbringen, mitnehmen, fortschaffen, verschleppen. **2** tragen. **3** dauern.
le.ve [l'ɛvi] *adj* **1** leicht. **2** mild, lieblich.
le.ve.za [lev'ezə] *sf* die Leichtigkeit.
le.vi.an.da.de [levjãd'adi] *sf* der Leichtsinn, die Leichtfertigkeit, der Übermut.
lé.xi.co [l'ɛksiku] *sm* der Wortschatz.
lhe [λi] *pron* ihm, ihr, Ihnen.
li.be.ra.ção [liberas'ãw] *sf* **1** die Freigabe, die Entladung. **2** die Abgabe. **3** die Herausgabe.
li.be.ral [liber'aw] *adj* liberal, aufgeschlossen, großzügig.
li.be.rar [liber'ar] *vtdi* **1** freisetzen. **2** erlassen, entbinden von.
li.ber.da.de [liberd'adi] *sf* die Freiheit.
li.ber.ta.ção [libertas'ãw] *sf* **1** die Befreiung, die Entlassung. **2** die Erlösung.
li.ber.ta.dor [libertad'or] *sm* der Befreier, der Retter.
li.ber.tar [libert'ar] *vtdi* **1** befreien. **2** erlösen. *vpron* **3** sich losreißen.
li.ção [lis'ãw] *sf* **1** die Lektion, die Lehre, die Belehrung. **2** der Denkzettel.
li.cen.ça [lis'ẽsə] *sf* **1** die Lizenz, die Erlaubnis, die Genehmigung, die Bewilligung, die Konzession. **2** der Urlaub. **com licença!** Entschuldigung! darf ich? gestatten Sie bitte!
li.cen.ci.a.men.to [lisẽsjam'ẽtu] *sm* die Zulassung (Kfz).
li.cen.ci.a.tu.ra [lisẽsjat'urə] *sf* das Staatsexamen.
li.ci.ta.ção [lisitas'ãw] *sf* die Ausschreibung.
lí.ci.to [l'isitu] *adj* erlaubt, zulässig.
li.cor [lik'or] *sm* der Likör.
li.dar [lid'ar] *vti* umgehen mit.
lí.der [l'ider] *sm* **1** der Führer, der Anführer. **2** der Leiter, der Chef. **3** *Esp* der Spitzenreiter, der Tabellenführer.
li.de.ran.ça [lider'ãsə] *sf* **1** die Führung. **2** die Menschenführung, das Führungsverhalten.
li.de.rar [lider'ar] *vtd* führen, anführen.
li.ga.ção [ligas'ãw] *sf* **1** die Bindung, die Beziehung. **2** die Verbindung. **3** der Anschluss.
li.gar [lig'ar] *vtd* **1** binden, knüpfen. **2** einschalten, anstellen, anschalten. **3** verbinden, verknüpfen, anknüpfen. **4** reagieren.
li.gei.ro [liʒ'ejru] *adj* schnell, flink, wendig, flott, behend.
li.lás [lil'as] *adj* lila. • *sm* der Flieder.
li.mão [lim'ãw] *sm* die Zitrone.
li.mi.nar [limin'ar] *sf* die einstweilige Verfügung.
li.mi.ta.ção [limitas'ãw] *sf* die Beschränkung, die Einschränkung.
li.mi.tar [limit'ar] *vtd* einschränken, begrenzen, beschränken.
li.mi.te [lim'iti] *sm* **1** die Grenze, die Schranke. **2** der Rahmen. **3** die Beschränkung.
li.mo.na.da [limon'adə] *sf* das Zitronengetränk.
lim.par [lĩp'ar] *vtd* **1** putzen, reinigen, sauber machen, säubern. **2** auswischen. **3** ausnehmen (Fische, Hähnchen).
lim.pe.za [lĩp'ezə] *sf* **1** die Reinheit, die Sauberkeit. **2** die Reinigung.
lim.po [l'ĩpu] *adj* sauber, rein, proper, säuberlich.
lin.char [lĩʃ'ar] *vtd* lynchen.
lin.do [l'ĩdu] *adj* schön, lieblich, nett, hübsch, niedlich.
lín.gua [l'ĩgwə] *sf* **1** die Sprache. **2** die Zunge. **língua materna** die Muttersprache.
lin.gua.gem [lĩg'waʒẽj] *sf* die Sprache, die Sprechweise.
lin.gua.jar [lĩgwaʒ'ar] *sm* die Sprache, der Dialekt.
lin.gua.ru.do [lĩgwar'udu] *sm* der Schwätzer.
lin.gui.ça [lĩg'wisə] *sf* die Wurst.
li.nha [l'iñə] *sf* **1** die Linie, die Zeile, der Strich. **2** die Strecke. **3** der Zwirn, das Garn, das Nähgarn. **linha de montagem** das Fließband.

li.nho [l'iñu] *sm* **1** der Flachs. **2** das Leinen.
li.qui.da.ção [likidas'ãw] *sf* **1** der Abschluss, die Abwicklung, die Tilgung. **2** der Ausverkauf, der Schlussverkauf.
li.qui.dar [likid'ar] *vtd* **1** bezahlen, abrechnen, tilgen. **2** beseitigen. **3** liquidieren, auflösen, abwickeln. **4** ausverkaufen, verramschen.
li.qui.di.fi.ca.dor [likidifikad'or] *sm* der Mixer.
lí.qui.do [l'ikidu] *adj* **1** flüssig. **2** netto. • *sf* die Flüssigkeit.
li.ris.mo [lir'izmu] *sm* **1** die Lyrik. **2** die Schwärmerei.
li.so [l'izu] *adj* **1** glatt, eben, flach. **2** einfarbig (Stoff). **3** *pop* blank, pleite.
li.son.je.ar [lizõʒe'ar] *vti* schmeicheln.
li.son.jei.ro [lizõʒ'ejru] *adj* schmeichelhaft.
lis.ta [l'istə] *sf* die Liste, das Verzeichnis, die Tabelle, die Aufstellung, die Zusammenstellung. **lista de preços** die Preisliste. **lista telefônica** das Telefonbuch.
lis.tra [l'istrə] *sf* der Streifen.
lis.tra.do [listr'adu] *adj* gestreift.
li.te.ral [liter'aw] *adj* buchstäblich, wörtlich.
li.te.rá.rio [liter'arju] *adj* literarisch.
li.te.ra.tu.ra [literat'urə] *sf* die Literatur.
li.to.ral [litor'aw] *sm* die Küste, der Strand.
li.tro [l'itru] *sm* der/das Liter.
li.vrar [livr'ar] *vtdi* **1** befreien. **2** erlösen. **3** bewahren vor. *vpron* **4** sich losmachen. **5** sich losreißen, loswerden.
li.vra.ri.a [livrar'iə] *sf* die Buchhandlung.
li.vre [l'ivri] *adj* **1** frei, los, ungebunden. **2** dienstfrei.
li.vrei.ro [livr'ejru] *sm* der Buchhändler.
li.vro [l'ivru] *sm* das Buch.
li.xa [l'iʃə] *sf* das Sandpapier, das Schmirgelpapier.
li.xão [l'iʃ'ãw] *sm* die Deponie, die Müllkippe.
li.xar [liʃ'ar] *vtd* schmirgeln, schleifen.
li.xei.ro [liʃ'ejru] *sm* der Müllmann, der Müllwerker.
li.xo [l'iʃu] *sm* **1** der Müll, der Dreck, der Kehricht, der Schutt, der Mist. **2** der Schund.
lo.bo [l'obu] *sm* der Wolf.
lo.ca.ção [lokas'ãw] *sf* **1** der Verleih, die Vermietung. **2** die Miete, die Pacht. **3** der Drehort (Film).
lo.ca.dor [lokad'or] *sm* der Verleiher, der Vermieter.
lo.ca.do.ra [lokad'orə] *sf* die Vermietung.
lo.cal [lok'aw] *adj* **1** lokal, örtlich. **2** einheimisch. **3** dortig. • *sm* **1** die Stelle, der Ort, der Fleck. **2** der Standort.
lo.ca.li.da.de [lokalid'adi] *sf* der Ort, die Ortschaft.
lo.ca.li.za.ção [lokalizas'ãw] *sf* **1** die Lage, der Standort. **2** die Lokalisierung, die Ortung.
lo.ca.li.zar [lokaliz'ar] *vtd* **1** orten, finden. *vpron* **2** liegen.
lo.ca.tá.rio [lokat'arju] *sm* der Mieter, die Mietpartei, der Hausbewohner.
lo.co.mo.ti.va [lokomot'ivə] *sf* die Lokomotive.
lo.co.mo.ver [lokomov'ersi] *vtd* **1** bewegen. *vpron* **2** sich fortbewegen.
lo.cu.ção [lokus'ãw] *sf* das Sprechen, die Wendung, die Redewendung.
lo.cu.tor [lokut'or] *sm* der Ansager, der Sprecher.
lo.do [l'odu] *sm* der Schlamm, der Matsch, der Schlick.
ló.gi.ca [l'ɔʒikə] *sf* die Logik.
ló.gi.co [l'ɔʒiku] *adj* logisch, schlüssig, folgerichtig, konsequent, sinnvoll.
lo.go [l'ɔgu] *conj* also, demgemäß, folglich. • *adv* gleich, sofort. **até logo** bis später; auf Wiedersehen.
lo.go.ti.po [logot'ipu] *sm* das Logo, das Firmenzeichen, das Signet.
loi.ro [l'ojru] *adj* blond.
lom.ba.da [lõb'adə] *sf* der Buckel, die Schwelle.

lom.bo [l'õbu] *sm* **1** die Lende, das Lendenstück. **2** der Rücken.

lon.ga.men.te [lõgam'ẽte] *adv* ausgiebig.

lon.ga-me.tra.gem [lõgametr'aʒẽj] *sm* der Spielfilm.

lon.ge [l'õʒi] *adj* **1** weit. **2** weg, abwesend, fern, fort.

lon.go [l'õgu] *adj* lang, weit.

lo.ta.ção [lotas'ãw] *sf* **1** die Besetzung. **2** der Sammeltransport, das Sammeltaxi.

lo.ta.do [lot'adu] *adj* besetzt, belegt, ausverkauft, ausgebucht.

lo.te [l'ɔti] *sf* **1** der Posten, die Charge. **2** die Parzelle.

lo.te.ar [lote'ar] *vtd* parzellieren.

lo.te.ri.a [loter'iə] *sf* die Lotterie, die Verlosung.

lo.to [l'ɔtu] *sm* das Lotto.

lou.ça [l'owsə] *sf* das Geschirr, das Porzellan.

lou.co [l'owku] *adj* **1** verrückt, geisteskrank, irrsinnig. **2** besessen, toll, wahnsinnig. **3** närrisch, hirnverbrannt. **4** *pop* bekloppt. • *sm* der Irre, der Narr, der Spinner.

lou.cu.ra [lowk'urə] *sf* die Verrücktheit, die Besessenheit, der Wahnsinn.

lou.ro [l'owru] *adj* blond. • *sm* der Lorbeer.

lou.sa [l'owzə] *sf* die Tafel, die Schiefertafel.

lou.var [lowv'ar] *vtd* loben, belobigen, rühmen.

lou.vá.vel [lowv'avew] *adj* **1** lobenswert, löblich. **2** ehrenvoll.

lou.vor [lowv'or] *sm* das Lob.

lu.a [l'uə] *sf* der Mond. **lua cheia** der Vollmond. **lua de mel** die Flitterwochen.

lu.ar [lu'ar] *sm* der Mondschein, das Mondlicht.

lu.bri.fi.car [lubrifik'ar] *vtd* fetten, einfetten, schmieren, einschmieren, abschmieren, ölen.

lú.ci.do [l'usidu] *adj* klar, deutlich.

lu.crar [lukr'ar] *vtd* verdienen, gewinnen, profitieren.

lu.cra.ti.vo [lukrat'ivu] *adj* ergiebig, ertragreich, lohnend, gewinnbringend.

lu.cro [l'ukru] *sm* der Gewinn, der Profit, die Ausbeute.

lu.gar [lug'ar] *sm* **1** der Ort, die Ortschaft, der Flecken, das Nest. **2** die Stelle, die Plazierung. **3** der Sitzplatz.

lu.ga.re.jo [lugar'eʒu] *sm* die Ortschaft.

lu.la [l'ulə] *sf* der Tintenfisch.

lu.mi.ná.ria [lumin'arjə] *sf* das Licht, die Leuchte, der Beleuchtungskörper.

lu.mi.no.si.da.de [luminozid'adi] *sf* die Helligkeit.

lu.mi.no.so [lumin'ozu] *adj* leuchtend, licht. • *sm* die Leuchtreklame.

lu.ne.ta [lun'etə] *sf* das Teleskop.

lu.pa [l'upə] *sf* die Lupe.

lu.si.ta.no [luzit'ʌnu] *adj* lusitanisch, portugiesisch.

lus.trar [lustr'ar] *vtd* wichsen, polieren, reiben.

lus.tre [l'ustri] *sm* **1** der Glanz, die Politur. **2** der Kronleuchter.

lu.ta [l'utə] *sf* der Kampf, der Streit, das Gefecht.

lu.tar [lut'ar] *vti* kämpfen, ringen, fechten.

lu.to [l'utu] *sm* die Trauer, der Trauerfall, der Todesfall.

lu.va [l'uvə] *sf* **1** der Handschuh. **2** *pl* die Ablösesumme (für Spieler). **3** *pl* das Schmiergeld.

lu.xo [l'uʃu] *sm* der Luxus, der Aufwand, die Pracht, der Prunk, der Komfort.

lu.xu.o.so [luʃu'ozu] *adj* luxuriös, kostspielig.

luz [l'us] *sf* **1** das Licht, die Leuchte, der Schein. **2** die Beleuchtung. **dar à luz** auf die Welt bringen, gebären.

m

m, M [ˈemi] *sm* Buchstabe m, M.
má [mˈa] *adj fem* schlecht, böse.
ma.ca [mˈakə] *sf* die Bahre, die Tragbahre.
ma.çã [masˈã] *sf* der Apfel.
ma.ca.cão [makakˈãw] *sm* die Latzhose, der Blaumann.
ma.ca.co [makˈaku] *sm* **1** der Affe. **2** der Wagenheber.
ma.ça.ne.ta [masanˈetə] *sf* die Klinke, die Türklinke, der Türgriff, der Drücker.
ma.car.rão [makar̄ˈãw] *sm* die Nudel, die Makkaroni.
ma.cha.do [maʃˈadu] *sm* die Axt.
ma.chis.mo [maʃˈizmu] *sm* der Männlichkeitswahn.
ma.chis.ta [maʃˈistə] *sm* der Chauvi, der Chauvinist.
ma.cho [mˈaʃu] *adj* männlich. • *sm* das Männchen (Tier).
ma.chu.car [maʃukˈar] *vtd* verletzen, weh tun.
ma.ci.ço [masˈisu] *adj* massiv, massig, kompakt.
ma.ci.o [masˈiu] *adj* **1** weich, zart, flauschig. **2** mürbe.
ma.ço [mˈasu] *sm* die Packung, der Packen, das Päckchen, das Bündel, das Büschel, der Stoß
ma.co.nha [makˈoñə] *sf* das Hasch, das Haschisch, der Hanf.
ma.dei.ra [madˈejrə] *sf* das Holz. **madeira de lei** das Edelholz.
ma.dras.ta [madrˈastə] *sf* die Stiefmutter.
ma.dre [mˈadri] *sf* die (Ordens-) Schwester, die Nonne.
ma.dri.nha [madrˈiñə] *sf* die Patin, die Patentante.
ma.dru.ga.da [madrugˈadə] *sf* der Tagesanbruch, der frühe Morgen.
ma.du.re.za [madurˈezə] *sf* die Reife.
ma.du.ro [madˈuru] *adj* reif.
mãe [mˈãj] *sf* die Mutter. **mãe de aluguel** die Leihmutter.
ma.es.tro [maˈɛstru] *sm* der Dirigent, der Kapellmeister.
ma.ga.zi.ne [magazˈini] *sm* das Magazin, die Zeitschrift.
ma.gi.a [maʒˈiə] *sf* die Magie, der Zauber, die Zauberei.
má.gi.co [mˈaʒiku] *adj* magisch, zauberhaft, märchenhaft. • *sm* der Magier, der Zauberer.
ma.gis.tra.do [maʒistrˈadu] *sm* **1** der Magistrat. **2** der Richter.
mag.né.ti.co [magnˈɛtiku] *adj* magnetisch.
mag.ní.fi.co [magnˈifiku] *adj* großartig, herrlich, prächtig, wundervoll, glanzvoll.
mag.no [mˈagnu] *adj* groß.
ma.go [mˈagu] *sm* der Magier, der Zauberer, der Hexenmeister.
má.goa [mˈagwə] *sf* der Kummer, das Leid, der Schmerz.
ma.go.ar [magˈwar] *vtd* kränken, schmerzen, wehtun, verletzen.

ma.gro [m'agru] *adj* **1** mager, dünn, dürr, hager, schlank. **2** spärlich.
mai.o [m'aju] *sm* der Mai.
mai.ô [maj'o] *sm* der Badeanzug.
mai.o.ne.se [majon'ɛzi] *sf* die Mayonnaise.
mai.or [maj'ɔr] *adj* **1** größer, höher, bedeutender. **2** allergrößt, überragend, höchst. **3** übergeordnet. **maior de idade** mündig, volljährig.
mai.o.ri.a [major'iə] *sf* **1** die Mehrzahl, die Mehrheit. **2** das Übergewicht.
mais [m'ajs] *adv* **1** lieber. **2** mehr. **3** eher. **4** zuzüglich, weiter. **a mais** zu viel.
mai.ús.cu.lo [maj'uskulu] *sm* der Großbuchstabe.
ma.jes.ta.de [maʒest'adi] *sf* die Majestät.
ma.jor [maʒ'ɔr] *sm* der Major.
mal [m'aw] *adv* **1** schlecht, schlimm. **2** böse, ungut, übel. **3** kaum. • *sm* **1** das Böse, das Übel. **2** das Leiden.
ma.la [m'alə] *sf* der Koffer.
ma.lan.dra.gem [malãdr'aʒẽj] *sf* die Gaunerei, das Ganovenstück.
ma.lan.dro [mal'ãdru] *sm* der Gauner, der Ganove, der Schlawiner, der Schelm, der Lump.
ma.lá.ria [mal'arjə] *sf* die Malaria.
mal.cri.a.do [mawkri'adu] *adj* unartig, ungezogen, böse, flegelhaft.
mal.da.de [mawd'adi] *sf* die Gemeinheit, die Bosheit, die Böswilligkeit.
mal.di.ção [mawdis'ãw] *sf* der Fluch.
mal.di.to [mawd'itu] *adj* verdammt, verflucht, verflixt.
mal.do.so [mawd'ozu] *adj* **1** gemein, heimtückisch. **2** hämisch.
mal-e.du.ca.do [maweduk'adu] *adj* unerzogen, unhöflich, taktlos.
mal-en.ten.di.do [mawẽtẽd'idu] *sm* das Missverständnis.
mal-es.tar [mawest'ar] *sm* das Unbehagen, das Missbehagen, die Übelkeit, das Unwohlsein.
ma.le.ta [mal'etə] *sf* der Koffer, der Handkoffer.
ma.lha [m'aλə] *sf* **1** die Masche, das Netz. **2** der Trikot. **3** *pl* die Strickware, die Wirkware.
ma.lha.do [maλ'adu] *adj* gefleckt, gesprenkelt, fleckig.
ma.lhar [maλ'ar] *vtd* **1** dreschen, klopfen. **2** drillen.
mal-hu.mo.ra.do [mawumor'adu] *adj* schlecht gelaunt, verdrießlich, unfreundlich, missmutig, sauer.
ma.lí.cia [mal'isjə] *sf* **1** die Bosheit, die Böswilligkeit. **2** die Schläue, die Arglist.
ma.li.ci.o.so [malisi'ozu] *adj* **1** boshaft, bösartig, böswillig, arglistig. **2** hämisch. **3** anzüglich, pikant.
ma.lig.no [mal'ignu] *adj* böse, bösartig.
ma.lo.gro [mal'ogru] *sm* der Fehlschlag, der Misserfolg, der Reinfall, das Scheitern.
ma.lo.te [mal'ɔti] *sm* der Postsack, die Kurierpost.
mal.te [m'awti] *sm* das Malz.
mal.tra.pi.lho [mawtrap'iλu] *adj* ärmlich, schäbig, vergammelt.
mal.tra.tar [mawtrat'ar] *vtd* schinden, quälen, misshandeln.
ma.lu.co [mal'uku] *adj* **1** verrückt, geisteskrank, närrisch, toll, verschroben. **2** *pop* bescheuert, bekloppt.
ma.lu.qui.ce [maluk'isi] *sf* die Verrücktheit, die Spinnerei.
mal.va.do [mawv'adu] *adj* böse, arg.
ma.ma [m'ʌmə] *sm* **1** die (weibliche) Brust. **2** das Euter, die Zitze.
ma.ma.dei.ra [mamad'ejrə] *sf* die Flasche, die Milchflasche.
ma.mãe [mam'ãj] *sf* die Mutti.
ma.mão [mam'ãw] *sm* die Papaya, die Baummelone.
ma.mar [mam'ar] *vtd* saugen.
ma.mí.fe.ro [mam'iferu] *sm* das Säugetier.
ma.mi.lo [mam'ilu] *sm* die Brustwarze.
ma.na.da [man'adə] *sf* die Herde.
man.car [mãk'ar] *vint* hinken, lahmen, humpeln.

man.cha [m'ãʃə] *sf* **1** der Fleck, der Flecken, der Makel. **2** der Klecks.
man.char [mãʃ'ar] *vtd* beschmutzen, verunreinigen, beflecken.
man.che.te [mãʃ'ɛti] *sf* die Überschrift, die Schlagzeile.
man.da.men.to [mãdam'ẽtu] *sm* das Gebot.
man.dar [mãd'ar] *vint* **1** heißen, bestimmen, befehlen, kommandieren. *vtd* **2** anweisen, schicken, senden, übersenden. *vpron* **3** sich davonmachen. **mandar recado** Bescheid geben.
man.da.to [mãd'atu] *sm* das Mandat, der Auftrag.
man.di.o.ca [mãdi'ɔkə] *sf* der Maniok, die Cassava.
ma.nei.ra [man'ejrə] *sf* die Manier, die Art, die Weise, die Form, die Umgangsform.
ma.ne.jar [maneʒ'ar] *vtd* **1** behandeln, umgehen mit. **2** hantieren, bedienen, handhaben.
man.ga [m'ãgə] *sf* **1** der Ärmel. **2** die Mangofrucht.
man.guei.ra [mãg'ejrə] *sf* **1** der (Wasser-) Schlauch. **2** der Mangobaum.
ma.nha [m'ʌñə] *sf* **1** die List, die Hinterlist, die Tücke. **2** die Mucke. **3** die Schläue, der Kniff, die Schliche.
ma.nhã [mañ'ã] *sf* der Morgen, der Vormittag.
ma.nho.so [mañ'ozu] *adj* tückisch, heimtückisch, verschlagen, hinterlistig.
ma.ni.a [man'iə] *sf* die Besessenheit, die Marotte, der Tick, der Fimmel, der Wahn, die Manie.
ma.ní.a.co [man'iaku] *adj* manisch, wahnsinnig.
ma.ni.cô.mio [manik'omju] *sm* die Irrenanstalt, das Irrenhaus.
ma.ni.cu.re [manik'uri] *sf* die Maniküre, die Hand-und Nagelpflegerin.
ma.ni.fes.ta.ção [manifestas'ãw] *sf* **1** die Erscheinung, die Offenbarung, der Ausdruck. **2** die Kundgebung, die Demonstration. **3** *pop* die Demo.
ma.ni.fes.tan.te [manifest'ãti] *adj+sm+f* der Demonstrant.
ma.ni.fes.tar [manifest'ar] *vtd* **1** offenbaren, bekunden, ausdrücken, aussagen, aussprechen. **2** äußern. **3** demonstrieren. *vpron* **4** sich offenbaren, sich äußern, erscheinen.
ma.ni.fes.to [manif'ɛstu] *adj* offenbar, offenkundig, sichtbar, sichtlich. • *sm* das Manifest, der Aufruf.
ma.ni.pu.lar [manipul'ar] *vtd* handhaben, betätigen, manipulieren.
ma.ni.ve.la [maniv'ɛlə] *sf* die Kurbel, der Handgriff.
ma.no.bra [man'ɔbrə] *sf* **1** das Manöver, die Steuerung. **2** die Machenschaft.
ma.no.brar [manobr'ar] *vtd* **1** manövrieren, steuern, rangieren. **2** *pop* deichseln, bugsieren.
ma.no.bris.ta [manobr'istə] *sm* der Autolotse.
man.são [mãs'ãw] *sf* die Villa.
man.so [m'ãsu] *adj* zahm, zutraulich.
man.ta [m'ãtə] *sf* die Decke, der Überwurf.
man.tei.ga [mãt'ejgə] *sf* die Butter.
man.ter [mãt'er] *vtd* **1** wahren, bewahren, erhalten, beibehalten, unterhalten, konservieren. **2** pflegen, führen. *vpron* **3** sich behaupten.
man.ti.men.to [mãtim'ẽtu] *sm* **1** das Lebensmittel. **2** *pl* der Proviant, die Verpflegung, die Ration.
man.to [m'ãtu] *sm* der Mantel, der Umhang.
ma.nu.al [manu'aw] *adj* manuell. • *sm* das Handbuch, der Führer, der Leitfaden, die Anleitung.
ma.nu.al.men.te [manuawm'ẽti] *adv* von Hand.
ma.nus.cri.to [manuskr'itu] *sm* das Manuskript, das Original.
ma.nu.se.ar [manuze'ar] *vtd* handhaben, benutzen.
ma.nu.ten.ção [manutẽs'ãw] *sf* **1** die Erhaltung, die Wahrung, der Unterhalt.

2 die Wartung, die Instandhaltung, die Unterhaltung, die Pflege.

mão [m'ãw] *sf* die Hand. **de mãos dadas** Hand in Hand. **mão de obra** die Arbeitskräfte.

ma.pa [m'apə] *sm* **1** die Karte, die Landkarte. **2** der Plan.

ma.qui.a.gem [maki'aʒẽj] *sf* die Schminke.

ma.qui.ar [maki'ar] *vtd* schminken.

má.qui.na [m'akinə] *sf* die Maschine, das Gerät.

ma.qui.nar [makin'ar] *vtd* anstiften, anzetteln, ausbrüten, aushecken.

mar [m'ar] *sm* das Meer, die See.

ma.ra.cu.já [marakuʒ'a] *sm* die Passionsfrucht.

ma.ra.já [maraʒ'a] *sm* **1** der Maharadscha. **2** *pop* der Bonze.

ma.ra.to.na [marat'onə] *sf* der Marathonlauf.

ma.ra.vi.lha [marav'iʎə] *sf* das Wunder.

ma.ra.vi.lho.so [maraviʎ'ozu] *adj* wunderbar, wundervoll, fabelhaft, zauberhaft.

mar.ca [m'arkə] *sf* **1** die Marke, das Zeichen. **2** das Kennzeichen, das Merkmal, das Firmenzeichen. **3** die Bezeichnung, der Aufdruck. **marca registrada** das Warenzeichen.

mar.ca.ção [markas'ãw] *sf* **1** die Anzeige. **2** die Markierung, die Auszeichnung.

mar.can.te [mark'ãti] *adj* einprägsam, ausgeprägt.

mar.car [mark'ar] *vtd* **1** prägen. **2** anzeigen. **3** zeichnen, beschriften, kennzeichnen, markieren, auszeichnen. **4** eintragen, verzeichnen, aufschreiben. **5** stempeln, brandmarken. **6** bestimmen, festsetzen, ansetzen, festlegen. **7** sich verabreden. **8** *Esp* erzielen, schießen (Tor).

mar.ce.nei.ro [marsen'ejru] *sm* der Schreiner, der Tischler.

mar.cha [m'arʃə] *sf* **1** der Marsch. **2** der Gang. **3** der Lauf. **4** die Marschmusik.

mar.char [marʃ'ar] *vint* marschieren.

mar.co [m'arku] *sm* **1** die Mark (Währung). **2** das Wahrzeichen, der Grenzstein.

mar.ço [m'arsu] *sm* der März.

ma.ré [mar'ɛ] *sf* die Gezeiten. **maré alta** die Flut. **maré baixa** die Ebbe.

mar.fim [marf'ĩ] *sm* das Elfenbein.

mar.ga.ri.na [margar'inə] *sf* die Margarine.

mar.gem [m'arʒẽj] *sf* **1** das Ufer, der Rand. **2** der Abstand. **3** die Spanne, die Marge.

mar.gi.nal [marʒin'aw] *sm* **1** der Kriminelle, der Ganove. **2** die Randexistenz. **via marginal** die Uferstraße.

mar.gi.na.li.za.do [marʒinaliz'adu] *adj* ausgestoßen, benachteiligt. • *sm* der Außenseiter, der Benachteiligte, das Stiefkind.

M

ma.ri.do [mar'idu] *sm* der Mann, der Ehemann, der Gatte, der Gemahl.

ma.ri.nha [mar'iñə] *sf* die Marine.

ma.ri.nhei.ro [mariñ'ejru] *sm* der Matrose, der Seemann.

ma.ri.po.sa [marip'ozə] *sf* der Falter, der Nachtfalter.

ma.rí.ti.mo [mar'itimu] *adj* See...

mar.me.la.da [marmel'adə] *sf* das Quittenkompott.

már.mo.re [m'armori] *sm* der Marmor.

ma.ro.to [mar'otu] *adj* schlau, listig, verschlagen.

mar.rom [mar̃'õw] *adj* braun.

mar.te.lar [martel'ar] *vint+vtd* hämmern, klopfen, trommeln.

mar.te.lo [mart'ɛlu] *sm* der Hammer.

már.tir [m'artir] *sm* der Märtyrer.

ma.ru.jo [mar'uʒu] *sm* der Matrose, der Seemann.

mas [m'as] *conj* aber, doch.

mas.car [mask'ar] *vtd* kauen.

más.ca.ra [m'askarə] *sf* die Maske, die Larve.

mas.ca.rar [maskar'ar] *vtd* maskieren, verkleiden, vermummen.
mas.ca.te [mask'ati] *sm* der Hausierer.
mas.cu.li.no [maskul'inu] *adj* männlich.
ma.so.quis.ta [mazok'istə] *sm* der Masochist.
mas.sa [m'asə] *sf* **1** die Masse. **2** der Teig, die Nudel. **3** *pl* die Teigwaren.
mas.sa.crar [masakr'ar] *vtd* niedermetzeln, massakrieren.
mas.sa.cre [mas'akri] *sm* das Massaker, das Gemetzel.
mas.sa.ge.ar [masaʒe'ar] *vtd* massieren.
mas.sa.gem [mas'aʒẽj] *sf* die Massage.
mas.sa.gis.ta [masaʒ'istə] *sm+f* **1** der Masseur. *sf* **2** die Masseuse.
mas.ti.gar [mastig'ar] *vtd* kauen.
mas.tro [m'astru] *sm* der Mast.
mas.tur.bar [masturb'ar] *vtd* **1** masturbieren. *vpron* **2** onanieren.
ma.ta [m'atə] *sf* der Dschungel, der Busch, der Urwald.
ma.ta.dou.ro [matad'owru] *sm* die Schlachterei, das Schlachthaus, der Schlachthof.
ma.ta.gal [matag'aw] *sm* das Dickicht, das Gebüsch.
ma.tan.ça [mat'ãsyə] *sf* das Massaker, das Gemetzel, die Tötung.
ma.tar [mat'ar] *vtd* **1** töten, morden, ermorden, umbringen, schlachten. **2** erstechen, erwürgen. **3** *pop* killen, kaltmachen, abmurksen (Motor). *vpron* **4** Selbstmord begehen. **5** *pop* sich abrackern.
ma.te [m'ati] *sm* der Matetee.
ma.te.má.ti.ca [matem'atikə] *sf* die Mathematik.
ma.té.ria [mat'ɛrjə] *sf* **1** die Materie, der Stoff. **2** das Stoffgebiet, das Fach.
ma.te.ri.al [materi'aw] *adj* materiell. • *sm* das Material, der Stoff, der Werkstoff.
ma.té.ria-pri.ma [mat'ɛrjəpr'imə] *sf* der Rohstoff, das Rohmaterial, der Grundstoff.
ma.ter.nal [matern'aw] *adj* mütterlich, Mutter.... **escola maternal** der Kindergarten, die Kindertagesstätte.
ma.ter.ni.da.de [maternid'adi] *sf* die Entbindungsanstalt(-Station).
ma.ter.no [mat'ɛrnu] *adj* mütterlich, mütterlicherseits.
ma.to [m'atu] *sm* **1** der Wald. **2** der Busch.
ma.trí.cu.la [matr'ikulə] *sf* **1** die Einschreibung, die Immatrikulation. **2** die Zulassung.
ma.tri.cu.lar [matrikul'ar] *vtd* einschreiben, immatrikulieren.
ma.tri.mô.nio [matrim'onju] *sm* die Ehe, die Heirat.
ma.triz [matr'is] *sf* **1** die Matrize. **2** die Zentrale, das Stammhaus, der Hauptsitz, der Verwaltungssitz.
ma.tu.ri.da.de [maturid'adi] *sf* die Reife.
mau [m'aw] *adj* **1** boshaft, böse. **2** schlecht, schlimm, übel. **3** garstig, arg.
mau.ri.ci.nho [mawris'iñu] *sm* *pop* der Geck.
má.xi.mo [m'asimu] *adj* **1** maximal, größt, höchst, allergrößt, äußerst. **2** voll.
me [mi] *pron* mich, mir.
me.câ.ni.ca [mek'Λnikə] *sf* die Mechanik.
me.câ.ni.co [mek'Λniku] *adj* mechanisch. • *sm* der Mechaniker, der Schlosser, der Maschinenschlosser.
me.ca.nis.mo [mekan'izmu] *sm* der Mechanismus, die Vorrichtung, das Werk.
me.da.lha [med'aλə] *sf* die Medaille.
mé.dia [m'ɛdjə] *sf* der Schnitt, der Durchschnitt, der Mittelwert.
me.di.a.dor [medjad'or] *sm* der Mittler, der Vermittler.
me.di.an.te [medi'Λnti] *prep* mittels, durch.
me.di.ar [medi'ar] *vtd+vti* vermitteln.
me.di.ca.men.to [medikam'ẽtu] *sm* die Arznei, das Arzneimittel, das Heilmittel, das Medikament, die Medizin.
me.di.ção [medis'ãw] *sf* die Messung, die Vermessung.

me.di.ci.na [medis'inə] *sf* die Medizin, die Heilkunde.
mé.di.co [m'ɛdiku] *adj* ärztlich, medizinisch. • *sm* der Arzt, der Doktor, der Mediziner.
me.di.da [med'idə] *sm* **1** das Maß, die Abmessung. **2** die Nummer (Kleidung). **3** der Maßstab. **4** die Maßnahme, die Vorkehrung, der Schritt, die Aktion.
me.di.e.val [medjev'aw] *adj* mittelalterlich.
mé.dio [m'ɛydju] *adj* durchschnittlich, mittler.
me.dí.o.cre [med'iokri] *adj* **1** dürftig, kläglich. **2** mäßig, mittelmäßig.
me.dir [med'ir] *vtd* messen, abmessen, vermessen.
me.di.ta.ção [meditas'ãw] *sf* die Betrachtung, die Besinnung, die Meditation.
me.do [m'edu] *sm* **1** die Furcht, die Angst. **2** die Befürchtung.
me.do.nho [med'oñu] *adj* haarsträubend, schrecklich, unheimlich.
me.dro.so [medr'ozu] *adj* bange, zaghaft, ängstlich.
mei.a [m'ejə] *sf* der Strumpf, die Socke.
mei.a-cal.ça [mejak'awsə] *sf* die Strumpfhose.
mei.a-luz [mejal'us] *sf* die Dämmerung, das Zwielicht.
mei.a-noi.te [mejan'ojti] *sf* die Mitternacht.
mei.go [m'ejgu] *adj* zärtlich, sanft, herzig.
mei.o [m'eju] *adj* **1** halb. **2** mittler. • *sm* **1** die Hälfte. **2** die Mitte. **3** das Mittel, der Weg. **4** die Umgebung, die Szene. **meio ambiente** die Umwelt. **meio de transporte** das Verkehrsmittel.
mei.o-di.a [mejod'iə] *sm* der Mittag, die Mittagszeit.
mei.o-fi.o [mejof'iu] *sm* der Bordstein.
mel [m'ɛw] *sm* der Honig.
me.lan.ci.a [melãs'iə] *sf* die Wassermelone.
me.lan.có.li.co [melãk'ɔliku] *adj* trübselig, betrübt, schwermütig, wehmütig.
me.lão [mel'ãw] *sm* die Melone.
me.lhor [meλ'ɔr] *adj* **1** besser. **2** erst. **3** eher. **estar melhor** sich besser fühlen.
me.lho.ra [meλ'ɔrə] *sf* die Besserung.
me.lho.rar [meλor'ar] *vtd* **1** verbessern, steigern, ausbauen, fördern. **2** bearbeiten. **3** verfeinern.
me.lho.ri.a [meλor'iə] *sf* die Verbesserung, der Aufschwung.
me.lin.dro.so [melĩdr'ozu] *adj* **1** heikel. **2** verletzlich, empfindlich, zimperlich, delikat, penibel.
me.lo.di.a [melod'iə] *sf* die Melodie, die Weise.
me.lo.dra.ma [melodr'Λmə] *sm* das Rührstück.
me.lo.so [mel'ozu] *adj* schmalzig.
mem.bro [m'ẽbru] *sm* **1** das Glied, die Gliedmaße. **2** das Mitglied, der Angehörige.
me.mo.ran.do [memor'ãdu] *sm* **1** die Aktennotiz. **2** die Denkschrift.
me.mo.rá.vel [memor'avew] *adj* denkwürdig.
me.mó.ria [mem'ɔrjə] *sf* **1** die Erinnerung, das Gedächtnis, das Andenken. **2** *Inform* der Speicher. **3** *pl* die Memoiren.
me.mo.ri.al [memori'aw] *sm* die Gedenkstätte, das Mahnmal.
me.mo.ri.zar [memoriz'ar] *vtd* sich einprägen, auswendig lernen.
men.ci.o.nar [mẽsjon'ar] *vtd* erwähnen, nennen, bemerken.
men.di.go [mẽd'igu] *sm* der Bettler.
me.ni.na [men'inə] *sf* das Mädchen.
me.ni.no [men'inu] *sm* der Junge, der Bub.
me.no.pau.sa [menop'awzə] *sf* die Wechseljahre.
me.nor [men'ɔr] *adj* **1** kleiner, jünger, minderjährig, unmündig. **2** geringer, untergeordnet. **3** kleinst, jüngst, geringst. • *sm* der Jugendliche, der Minderjährige.

me.nos [m'enus] *adv* **1** weniger, abzüglich. **2** minus.
me.nos.pre.zar [menosprez'ar] *vtd* **1** geringschätzen. **2** verachten.
men.sa.gei.ro [mẽsaʒ'ejru] *sm* der Bote, der Abgesandte, der Kurier.
men.sa.gem [mẽs'aʒẽj] *sm* die Botschaft, die Aussage.
men.sal [mẽs'aw] *adj* monatlich.
men.sa.li.da.de [mẽsalid'adi] *sf* der Monatsbeitrag, die Monatsrate.
mens.tru.a.ção [mẽstrwas'ãw] *sf* die Menstruation, die Monatsblutung, die Periode, die Regel.
men.ta [mẽt'a] *sf* die Pfefferminze.
men.tal [mẽt'aw] *adj* geistig, seelisch, psychisch.
men.ta.li.da.de [mẽtalid'adi] *sf* die Mentalität, die Vorstellungswelt, die Denkweise, die Haltung.
men.te [m'ẽti] *sf* **1** der Geist, der Sinn. **2** der Kopf, das Gehirn.
men.tir [mẽt'ir] *vint* lügen, schwindeln.
men.ti.ra [mẽt'irə] *sf* **1** die Lüge, die Unwahrheit. **2** die Flause.
men.ti.ro.so [mẽtir'ozu] *adj* **1** gelogen, erlogen. **2** verlogen. • *sm* der Lügner.
me.ra.men.te [meram'ẽti] *adv* lediglich, bloß, nur.
mer.ca.do [merk'adu] *sm* der Markt, die Markthalle.
mer.ca.do.ri.a [merkador'iə] *sf* die Ware, die Handelsware.
mer.ce.a.ri.a [mersear'iə] *sf* das Kurzwarengeschäft, der Krämerladen.
mer.ce.ná.rio [mersen'arju] *adj* käuflich. • *sm* der Söldner.
mer.da [m'ɛrdə] *sf pop* die Scheiße.
me.re.cer [meres'er] *vtd* verdienen.
me.re.ci.men.to [meresim'ẽtu] *sm* das Verdienst.
me.ren.da [mer'ẽdə] *sf* das Pausenbrot, der Imbiss. **merenda escolar** die Schulspeisung.
mer.gu.lha.dor [merguλad'or] *sm* der Taucher.
mer.gu.lhar [merguλ'ar] *vint+vtd+vti* tauchen, eintauchen, untertauchen.
mer.gu.lho [merg'uλu] *sm* das Eintauchen, der Sprung ins Wasser.
me.ri.di.o.nal [meridjon'aw] *adj* südlich.
mé.ri.to [m'ɛritu] *sm* **1** das Verdienst. **2** der Vorzug.
me.ro [m'ɛru] *adj* bloß, rein.
mês [m'es] *sm* der Monat.
me.sa [m'ezə] *sf* der Tisch, die Tafel.
me.sa.da [mez'adə] *sf* das Taschengeld.
mes.mo [m'ezmu] *adj* **1** selbst, eigen. **2** einerlei, gleich. • *adv* **1** auch, doch. **2** gerade. **mesmo assim** dennoch.
mes.qui.nho [mesk'iñu] *adj* knauserig, kleinlich, pedantisch.
mes.ti.ço [mest'isu] *sm* der Mischling, der Mestize.
mes.tre [m'ɛstri] *sm* **1** der Meister. **2** der Lehrer. **3** der Magister.
me.ta [m'ɛtə] *sf* das Ziel.
me.ta.de [met'adi] *sf* die Hälfte.
me.tá.fo.ra [met'aforə] *sf* die Metapher, das Bild.
me.tal [met'aw] *sm* das Metall.
me.ta.lúr.gi.co [metal'urʒiku] *sm* der Metallarbeiter, der Schlosser.
me.ta.mor.fo.se [metamorf'ɔzi] *sf* die Umwandlung, die Verwandlung, die Metamorphose.
me.te.o.ro.lo.gi.a [meteoroloʒ'iə] *sf* die Meteorologie, die Wetterkunde.
me.ter [met'er] *vtdi* **1** stecken. **2** verstauen. **3** einjagen (Angst). *vpron* **4** schlüpfen in, sich einmischen.
me.ti.cu.lo.so [metikul'ozu] *adj* sorgfältig, genau, peinlich, penibel, akkurat, pingelig.
me.ti.do [met'idu] *adj* **1** neugierig. **2** selbstgefällig. • *sm* der Schnüffler.
me.tó.di.co [met'ɔdiku] *adj* **1** methodisch, ordentlich, planmäßig, zielstrebig, zielbewusst. **2** pedantisch.
mé.to.do [m'ɛtodu] *sm* **1** die Methode, das Verfahren, das Vorgehen. **2** der Leitfaden. **3** das Mittel, der Weg.

me.tra.lha.do.ra [metraλad'orə] *sf* das Maschinengewehr.
me.tro [m'ɛtru] *sm* der/das Meter. **metro cúbico** der/das Kubikmeter. **metro quadrado** der/das Quadratmeter.
me.trô [metr'o] *sm* die U-Bahn, die Untergrundbahn.
me.tró.po.le [metr'ɔpoli] *sf* **1** die Großstadt, die Weltstadt. **2** das Mutterland.
me.xer [meʃ'er] *vti* **1** rühren, bewegen. **2** herumfummeln, anrühren. **3** schütteln. *vpron* **4** sich regen, sich rühren, sich bewegen.
mi [m'i] *sm Mús* das E.
mi.ar [mi'ar] *vint* miauen.
mi.cro.com.pu.ta.dor [mikrokõputad'or] *sm* der Mikrocomputer.
mi.cro.em.pre.sa [mikroẽpr'ezə] *sf* der Kleinbetrieb, das Kleingewerbe.
mi.cro.fo.ne [mikrof'oni] *sm* das Mikrophon.
mi.cro.on.das [mikru'õdas] *sm sing+pl* die Mikrowelle.
mi.cros.có.pio [mikrosk'ɔpju] *sm* das Mikroskop.
mi.ga.lha [mig'aλə] *sf* der Krümel, der Brösel, der Brocken.
mi.gra.ção [migras'ãw] *sf* die Wanderung, die Abwanderung, die Umsiedlung.
mi.gran.te [migr'ãti] *sm+f* der Umsiedler.
mi.jar [miʒ'ar] *vint pop* pinkeln, pissen.
mi.la.gre [mil'agri] *sm* das Wunder.
mi.le.nar [milen'ar] *adj* tausendjährig.
mi.lê.nio [mil'enju] *sm* das Jahrtausend.
mi.lha [m'iλə] *sf* die Meile.
mi.lhão [miλ'ãw] *sm* die Million.
mi.lho [m'iλu] *sm* der Mais.
mi.li.gra.ma [miligr'ʌmə] *sm* das Milligramm.
mi.lí.me.tro [mil'imetru] *sm* der/das Millimeter.
mi.li.o.ná.rio [miljon'arju] *sm* der Millionär.
mi.li.tan.te [milit'ãti] *adj* kämpferisch. • *sm+f* der Aktivist.
mi.li.tar [milit'ar] *adj* militärisch. • *sm* der Soldat.
mi.mar [mim'ar] *vtd* verwöhnen, verzärteln, päppeln, hätscheln, verziehen.
mí.mi.ca [m'imikə] *sf* die Mimik, die Pantomime.
mi.na [m'inə] *sf* **1** die Mine, die Zeche, der Schacht, das Bergwerk, die Erzgrube. **2** die Fundgrube.
mi.nei.ro [min'ejru] *sm* der Bergarbeiter, der Grubenarbeiter, der Bergmann, der Kumpel.
mi.ne.ra.ção [mineras'ãw] *sf* der Bergbau, der Erzbergbau.
mi.né.rio [min'ɛrju] *sm* das Erz.
min.gau [mĩg'aw] *sm* der Brei.
min.guan.te [mĩg'wãti] *adj* abnehmend (Mond).
mi.nha [m'iñə] *pron* mein(e).
mi.nho.ca [miñ'ɔkə] *sf* der Regenwurm.
mi.ni.a.tu.ra [minjat'urə] *sf* die Miniatur.
mi.ni.mi.zar [minimiz'ar] *vtd* verniedlichen.
mí.ni.mo [m'inimu] *adj* minimal, mindest, kleinst, geringst.
mi.nis.sai.a [minis'ajə] *sf* der Minirock.
mi.nis.té.rio [minist'ɛrju] *sm* das Ministerium, das Kabinett.
mi.nis.tro [min'istru] *sm* **1** der Minister. **2** *Rel* der Pastor, der Pfarrer.
mi.no.ri.a [minor'iə] *sf* die Minderheit.
mi.nu.ci.o.so [minusi'ozu] *adj* ausführlich, gründlich, eingehend.
mi.nús.cu.lo [min'uskulu] *adj* winzig. • *sm* der Kleinbuchstabe.
mi.nu.ta [min'utə] *sf* der Entwurf, das Konzept.
mi.nu.to [min'utu] *sm* die Minute.
mi.o.lo [mi'olu] *sm* **1** der Kern. **2** die Krume. **3** *pl* der Grips.
mi.o.pi.a [miop'iə] *sf* die Kurzsichtigkeit.
mi.ra.gem [mir'aʒẽj] *sf* die Luftspiegelung, die Fata Morgana.

mi.ran.te [mir'ãti] *sm* der Aussichtspunkt.
mis.ce.lâ.nea [misel'ʌnjə] *sf* **1** das Vermischte. **2** das Sammelsurium.
mi.se.rá.vel [mizer'avew] *adj* elend, kümmerlich, armselig, erbärmlich, jämmerlich, bettelarm.
mi.sé.ria [miz'ɛrjə] *sf* das Elend, die Armut, die Armseligkeit.
mi.se.ri.cór.dia [mizerik'ɔrdjə] *sf* die Gnade, die Barmherzigkeit.
mis.sa [m'isə] *sf* die Messe.
mis.são [mis'ãw] *sf* **1** die Aufgabe. **2** der Einsatz, die Abordnung. **3** die Mission.
mís.sil [m'isiw] *sm* die Rakete.
mis.té.rio [mist'ɛrju] *sm* das Rätsel, das Geheimnis.
mis.te.ri.o.so [misteri'ozu] *adj* rätselhaft, geheimnisvoll, geheim, dunkel, mysteriös.
mis.ti.fi.car [mistifik'ar] *vtd* mystifizieren.
mis.to [m'istu] *adj* gemischt.
mis.tu.ra [mist'urə] *sf* die Mischung, das Gemisch.
mis.tu.rar [mistur'ar] *vtd* **1** mischen, vermischen, durcheinander bringen. **2** rühren, anrühren, panschen (Getränke).
mi.ti.gar [mitig'ar] *vtd* **1** mindern, mildern, lindern. **2** besänftigen, beschwichtigen.
mi.to [m'itu] *sm* die Sage, der Mythos.
mi.to.lo.gi.a [mitoloʒ'iə] *sf* die Mythologie.
mi.ú.do [mi'udu] *adj* winzig. • *sm* **1** der Winzling, der Knirps. **2** *pl* die Innereien.
mo.bi.le.te [mobil'ɛti] *sf* das Moped.
mo.bí.lia [mob'iljə] *sf* das Möbel, das Mobiliar, die Einrichtung, die Innenausstattung.
mo.bi.li.zar [mobiliz'ar] *vtd* mobilisieren, aktivieren.
mo.ça [m'osə] *sf* das Mädchen, die junge Frau.
mo.ção [mos'ãw] *sf* der Antrag.
mo.chi.la [moʃ'ilə] *sf* der Ranzen, der Tornister, der Rucksack.
mo.ci.da.de [mosid'adi] *sf* die Jugend.
mo.ço [m'osu] *sm* **1** der Junge, der junge Mann. **2** der Kerl.
mo.da [m'ɔdə] *sf* **1** die Mode, der Trend. **2** die Masche.
mo.de.lar [model'ar] *vtd* bilden, formen. • *adj* mustergültig, vorbildlich, beispielhaft.
mo.de.lo [mod'elu] *sm* **1** das Muster, das Musterexemplar, das Modell, die Vorlage, die Schablone. **2** das Vorbild, das Leitbild, das Beispiel, das Ideal. **3** die Machart, der Typ. *sm+f* **4** das Fotomodell, das Model.
mo.de.ra.ção [moderas'ãw] *sf* die Zurückhaltung, das Maß, die Mäßigung, die Sparsamkeit.
mo.de.ra.do [moder'adu] *adj* maßvoll, verhalten, mäßig, gemäßigt, sparsam.
mo.der.ni.zar [moderniz'ar] *vtd* modernisieren.
mo.der.no [mod'ɛrnu] *adj* modern, zeitgemäß, fortschrittlich.
mo.dés.tia [mod'ɛstjə] *sf* die Bescheidenheit.
mo.des.to [mod'ɛstu] *adj* **1** bescheiden, genügsam, anspruchslos, mäßig. **2** klein, ärmlich, minderbemittelt.
mo.di.fi.ca.ção [modifikas'ãw] *sf* die Änderung, die Veränderung, der Wechsel.
mo.di.fi.car [modifik'ar] *vtd* ändern, verändern, abändern, modifizieren.
mo.do [m'ɔdu] *sm* **1** die Art, die Weise, die Manier. **2** *pl* die Haltung, der Anstand, das Benehmen. **de modo algum** keineswegs.
mó.du.lo [m'odulu] *sm* **1** das Modul, der Baustein, die Einheit, das Element. **2** das Aggregat.
mo.e.da [mo'ɛdə] *sf* **1** die Münze, das Geldstück. **2** die Währung, die Währungseinheit.
mo.er [mo'er] *vtd* mahlen, schroten, durchdrehen.

mo.fo [m'ofu] *sm* der Moder, der Schimmel, der Muff.
mo.i.nho [mo'iñu] *sm* die Mühle.
moi.ta [m'ojtə] *sf* das Gebüsch.
mo.la [m'ɔlə] *sf* **1** die Feder. **2** *pl* die Federung.
mol.dar [mowd'ar] *vtd* prägen, formen, modellieren.
mol.de [m'ɔwdi] *sm* **1** die Form, die Gussform. **2** die Schablone, das Schnittmuster, die Matrize.
mol.du.ra [mowd'urə] *sf* der Rahmen, der Bilderrahmen, die Fassung, die Leiste.
mo.le [m'ɔli] *adj* **1** weich, formbar. **2** mollig. **3** mürbe. **4** schlapp, schlaff, lasch. **5** weichherzig. **6** *pop* leicht.
mo.le.que [mol'ɛki] *sm* der Bengel, der Lümmel, der Lausbub.
mo.les.tar [molest'ar] *vtd* belästigen, stören, behelligen, drangsalieren.
mo.lés.tia [mol'ɛstjə] *sf* die Erkrankung, das Leiden.
mo.le.za [mol'ezə] *sf* **1** die Schlappheit, die Faulheit. **2** die Lässigkeit. **3** *pop* die Mühelosigkeit, ohne weiteres.
mo.lha.do [moʎ'adu] *adj* feucht, nass.
mo.lhar [moʎ'ar] *vtd* nässen, anfeuchten, befeuchten, benetzen.
mo.lho [m'oʎu] *sm* **1** die Soße. **2** das Büschel. **3** der Bund.
mo.men.to [mom'ẽtu] *sm* **1** der Augenblick, die Sekunde, die Weile, der Moment. **2** der Zeitpunkt.
mo.ne.tá.rio [monet'arju] *adj* Währungs...
mon.ge [m'õʒi] *sm* der Mönch.
mo.ni.tor [monit'or] *sm* **1** der Monitor. **2** das Anzeigegerät, die Anzeigetafel. **3** der Bildschirm. **4** der Mentor, die Aufsichtsperson.
mo.ni.to.rar [monitor'ar] *vtd* überwachen, beaufsichtigen, kontrollieren.
mo.no.pó.lio [monop'ɔlju] *sm* das Monopol.
mo.no.to.ni.a [monoton'iə] *sf* **1** das Einerlei, der Alltag, die Öde, die Monotonie. **2** der Stumpfsinn.
mo.nó.to.no [mon'ɔtonu] *adj* einförmig, eintönig, langweilig, trostlos, monoton.
mons.tro [m'õstru] *sm* das Ungeheuer, das Scheusal, das Ungetüm, das Monster, die Bestie.
mons.tru.o.so [mõstru'ozu] *adj* ungeheuer, unförmig, scheußlich.
mon.ta.gem [mõt'aʒẽj] *sf* die Aufstellung, der Einbau, die Zusammensetzung, die Montage.
mon.ta.nha [mõt'Λñə] *sf* der Berg, das Gebirge.
mon.tão [mõt'ãw] *sm* der Haufen, der Stoß, der Stapel, der Berg von.
mon.tar [mõt'ar] *vint* **1** aufsitzen, reiten. *vtd* **2** aufbauen, aufschlagen (Zelt), einbauen, zusammenbauen, montieren. **3** basteln.
mon.te [m'õti] *sm* **1** der Berg, das Bergmassiv. **2** der Haufen, der Stapel.
mo.nu.men.to [monum'ẽtu] *sm* **1** das Monument, die Sehenswürdigkeit. **2** das Denkmal, das Mahnmal.
mo.ra.di.a [morad'iə] *sf* die Behausung, die Wohnung, das Logis.
mo.ra.dor [morad'or] *sm* der Bewohner, der Hausbewohner.
mo.ral [mor'aw] *adj* sittlich. • *sf* **1** die Moral, die Sittlichkeit. *sm* **2** die Stimmung.
mo.ran.go [mor'ãgu] *sm* die Erdbeere.
mo.rar [mor'ar] *vint* **1** wohnen, bewohnen. **2** hausen.
mor.ce.go [mors'egu] *sm* die Fledermaus.
mor.der [mord'er] *vtd* beißen.
mor.di.da [mord'idə] *sf* der Biss.
mor.do.mi.a [mordom'iə] *sf* die Vergünstigung, die Pfründe.
mo.re.no [mor'enu] *adj* brünett, braun, dunkelbraun.
mor.no [m'ornu] *adj* lau, lauwarm, überschlagen.
mo.ro.so [mor'ozu] *adj* säumig, lässig.
mor.rer [mor̄'er] *vint* **1** sterben. **2** eingehen, krepieren (Tiere).
mor.ro [m'or̄u] *sm* der Hügel, der Berg, der Buckel.

M

mor.ta.de.la [mortad'ɛlə] *sf* die Fleischwurst.
mor.tal [mort'aw] *adj* **1** sterblich. **2** todbringend, tödlich, mörderisch.
mor.te [m'ɔrti] *sf* der Tod, das Sterben.
mor.to [m'ortu] *adj* **1** tot. **2** ausgestorben. **3** *pop* erschlagen, kaputt. • *sm* der Tote, die Leiche, der Leichnam.
mo.sai.co [moz'ajku] *sm* das Mosaik.
mos.ca [m'oskə] *sf* die Fliege, die Mücke.
mos.qui.tei.ro [moskit'ejru] *sm* das Moskitonetz.
mos.qui.to [mosk'itu] *sm* der Moskito, die Schnake, die Mücke.
mos.tar.da [most'ardə] *sf* der Senf.
mos.tei.ro [most'ejru] *sm* das Kloster.
mos.tra [m'ɔstrə] *sf* die Ausstellung, die Messe.
mos.trar [mostr'ar] *vtd* zeigen, herzeigen, vorlegen, vorweisen, vorführen. **2** entfalten.
mo.tel [mot'ɛw] *sm* die Absteige, das Stundenhotel.
mo.ti.va.ção [motivas'ãw] sf die Motivation, der Antrieb, der Anreiz.
mo.ti.var [motiv'ar] *vtd* **1** herbeiführen, verursachen, begründen. **2** motivieren.
mo.ti.vo [mot'ivu] *sm* das Motiv, der Anlass, die Ursache, der Grund, der Anhalt.
mo.to [m'ɔtu] *sf abrev* **motocicleta**.
mo.to.ci.cle.ta [motosikl'ɛtə] *sf* das Motorrad.
mo.to.quei.ro [motok'ejru] *sm pop* der Motorradfahrer.
mo.tor [mot'or] *sm* der Motor, der Antrieb.
mo.to.ris.ta [motor'istə] *sm* der Fahrer, der Autofahrer, der Kraftfahrer.
mó.vel [m'ɔvew] *adj* beweglich, fließend. • *sm* **1** das Möbelstück. **2** *pl* das Mobiliar.
mo.ver [mov'er] *vtd* **1** bewegen, rücken, treiben, antreiben. *vpron* **2** sich regen, sich fortbewegen.
mo.vi.men.tar [movimẽt'ar] *vtd* bewegen.
mo.vi.men.to [movim'ẽtu] *sm* **1** die Bewegung, die Regung. **2** der Rummel, der Trubel, der Betrieb, das Treiben. **3** die Strömung, die Richtung (Kunst, Mode). **4** der Zug (Spiel). **5** *Mús* der Satz.
mu.çul.ma.no [musuwm'ʌnu] *sm* der Mohammedaner, der Moslem.
mu.da [m'udə] *sf* der Ableger, der Schössling, der Setzling, der Trieb.
mu.dan.ça [mud'ãsə] *sf* **1** der Auszug, der Umzug, der Einzug. **2** die Verlegung. **3** die Änderung, die Veränderung, die Wende, der Wechsel, der Wandel.
mu.dar [mud'ar] *vtd* **1** ändern, verändern, abändern, verwandeln. **2** wechseln. **3** drehen. **4** umräumen. **5** umschalten. *vpron* **6** ausziehen, umziehen, abwandern. **7** sich wandeln.
mu.do [m'udu] *adj* stumm, sprachlos.
mui.to [m'ũjtu] *adv* **1** sehr. **2** viel, vielmals. **3** wesentlich. **4** besonders, außerordentlich.
mu.la [m'ulə] *sf* der Maulesel.
mu.la.ta [mul'etə] *sf* die Mulattin.
mu.la.to [mul'atu] *sm* der Mulatte.
mu.le.ta [mul'etə] *sf* die Krücke.
mu.lher [muʎ'ɛr] *sf* **1** die Frau, die Dame. **2** *pop* das Weib, das Weibsbild.
mu.lhe.ren.go [muʎer'ẽgu] *sm* der Weiberheld, der Schürzenjäger.
mul.ta [m'uwtə] *sf* die Strafe, die Geldstrafe, das Bußgeld.
mul.tar [muwt'ar] *vtd* mit Geldstrafe belegen.
mul.ti.dão [muwtid'ãw] *sf* die Menge, die Masse, die Schar, der Haufen, die Meute.
mul.ti.pli.car [muwtiplik'ar] *vtd* **1** vervielfältigen, multiplizieren. **2** mehren, vermehren, vervielfachen. *vpron* **3** sich vermehren.
múl.ti.plo [m'uwtiplu] *adj* mehrfach, vielfach, Mehrlings...
mun.di.al [mũdi'aw] *adj* weltweit, Welt...

mun.do [m'ũdu] *sm* die Welt. **novo mundo** die Neue Welt. **terceiro mundo** die Dritte Welt.
mu.ni.ção [munis'ãw] *sf* die Munition.
mu.ni.ci.pal [munisip'aw] *adj* kommunal, städtisch, Kommunal..., Stadt...
mu.ni.cí.pio [munis'ipju] *sm* die Gemeinde, die Kommune, Stadt und Umland.
mur.char [murʃ'ar] *vint* welken, verwelken, verblühen, absterben, verkümmern, verdorren.
mur.mu.rar [murmur'ar] *vtd* **1** murmeln. **2** wispern. **3** murren, brummen. **4** plätschern (Wasser). **5** säuseln, rauschen (Bäume).
mu.ro [m'uru] *sm* **1** die Mauer, die Wand. **2** *pl* das Mauerwerk.
mur.ro [m'ur̄u] *sm* der Faustschlag.
mu.sa [m'uʒə] *sf* die Muse.
mús.cu.lo [m'uskulu] *sm* der Muskel.
mu.seu [muz'ew] *sm* das Museum.
mú.si.ca [m'uzikə] *sf* die Musik.
mú.si.co [m'uziku] *sm* **1** der Musiker. **2** der Musikant.
mu.ti.la.ção [mutilas'ãw] *sf* die Verstümmelung.
mu.ti.rão [mutir'ãw] *sm* die Selbsthilfeaktion.
mú.tuo [m'utwu] *adj* beiderseitig, gegenseitig, wechselseitig.

M

n

n, N [′eni] *sm* Buchstabe n, N.

na.ção [nas′ãw] *sf* die Nation. **Nações Unidas** die Vereinten Nationen.

na.ci.o.nal [nasjon′aw] *adj* **1** national, staatlich. **2** überregional. **3** einheimisch, landesweit.

na.ci.o.na.li.da.de [nasjonalid′adi] *sf* die Staatsangehörigkeit, die Nationalität.

na.da [n′adə] *adv* nichts. • *sm* das Nichts. **de nada** nichts zu danken.

na.da.dei.ra [nadad′ejrə] *sf* die Flosse, die Schwimmflosse.

na.da.dor [nadad′or] *sm* der Schwimmer.

na.dar [nad′ar] *vint* schwimmen, baden.

na.mo.ra.da [namor′adə] *sf* die Freundin, die Geliebte, die Verliebte.

na.mo.ra.do [namor′adu] *sm* der Freund, der Liebhaber, der Verliebte.

na.mo.rar [namor′ar] *vtd* eine Liebschaft haben, miteinander gehen, poussieren, verliebt sein in.

na.mo.ro [nam′oru] *sm* die Liebschaft, die Liebelei, das Verhältnis.

não [n′ãw] *adv* **1** nein. **2** nicht. **3** kein, keine.

nar.có.ti.co [nark′ɔtiku] *adj* betäubend. • *sm* das Rauschgift, das Betäubungsmittel.

nar.co.trá.fi.co [narkotr′afiku] *sm* der Rauschgifthandel.

na.ri.na [nar′inə] *sf* **1** der Nasenflügel. **2** die Nüster (Tier).

na.riz [nar′is] *sm* **1** die Nase. **2** *pop* der Riecher.

nar.ra.ção [nar̃as′ãw] *sf* die Erzählung.

nar.ra.dor [nar̃ad′or] *sm* der Erzähler, der Sprecher.

nar.rar [nar̃′ar] *vtd* erzählen.

nas.cen.te [nas′ẽti] *sf* die Quelle, der Brunnen.

nas.cer [nas′er] *vint* geboren werden, auf die Welt kommen. • *sm* der Aufgang.

nas.ci.men.to [nasim′ẽtu] *sm* die Geburt, die Herkunft.

na.ta [n′atə] *sf* **1** der Rahm, die Sahne. **2** die Auslese.

na.ta.ção [natas′ãw] *sf* das Schwimmen.

na.tal [nat′aw] *adj* heimatlich. • *sm* das Weihnachten, das Christfest.

na.ta.li.no [natal′inu] *adj* weihnachtlich.

na.ti.vo [nat′ivu] *adj* heimisch, einheimisch. • *sm* **1** der Eingeborene, der Ureinwohner, der Einheimische. **2** *pl* die Urbevölkerung.

na.to [n′atu] *adj* geboren, gebürtig.

na.tu.ral [natur′aw] *adj* **1** natürlich, naturrein. **2** beheimatet. **3** selbstverständlich, ungezwungen, unbefangen.

na.tu.ra.li.za.ção [naturalizas′ãw] *sf* die Einbürgerung, die Naturalisierung.

na.tu.ral.men.te [naturawm′ẽti] *adv* klar, natürlich.

na.tu.re.za [natur′ezə] *sf* **1** die Natur, die Beschaffenheit. **2** das Temperament, das Wesen, das Gemüt.

nau.fra.gar [nawfrag′ar] *vint* **1** untergehen, stranden. **2** scheitern.

nau.frá.gio [nawfr'aʒju] *sm* der Schiffbruch.
náu.sea [n'awzjə] *sf* der Ekel, der Brechreiz, die Übelkeit.
na.val [nav'aw] *adj* See..., Schiff...
na.va.lha [nav'aʎə] *sf* das Rasiermesser.
na.ve.ga.ção [navegas'ãw] *sf* die Schifffahrt, die Seefahrt.
na.ve.gar [naveg'ar] *vint* zur See fahren, segeln.
na.vi.o [nav'iu] *sm* das Schiff. **navio de carga** der Frachter.
na.zis.mo [naz'izmu] *sm* der Nationalsozialismus.
na.zis.ta [naz'istə] *adj+sm+f* der Nazi.
ne.bli.na [nebl'inə] *sf* der Nebel.
ne.bu.lo.si.da.de [nebulozid'adi] *sf* **1** die Bewölkung. **2** der Dunst.
ne.ces.sá.rio [neses'arju] *adj* notwendig, nötig, vonnöten, erforderlich.
ne.ces.si.da.de [nesesid'adi] *sf* **1** die Notwendigkeit, die Not, das Bedürfnis, der Bedarf, der Drang. **2** die Notdurft.
ne.ces.si.ta.do [nesesit'adu] *adj* bedürftig, hilfsbedürftig, bettelarm.
ne.ces.si.tar [nesesit'ar] *vti* brauchen, benötigen.
ne.cro.té.rio [nekrot'ɛrju] *sm* die Leichenhalle.
ne.gar [neg'ar] *vtd* **1** abschlagen, verweigern, versagen. **2** bestreiten, abstreiten, leugnen, verneinen. **3** verhehlen. *vpron* **4** sich weigern.
ne.ga.ti.vo [negat'ivu] *adj* **1** negativ, ablehnend. **2** nachteilig. **3** abfällig, abschätzig, abwertend.
ne.gli.gên.cia [negliʒ'ẽsjə] *sf* die Nachlässigkeit, die Fahrlässigkeit, der Leichtsinn.
ne.gli.gen.ci.ar [negliʒẽsi'ar] *vtd* vernachlässigen.
ne.gli.gen.te [negliʒ'ẽti] *adj* nachlässig, fahrlässig, leichtsinnig, liederlich.
ne.go.ci.a.ção [negosjas'ãw] *sf* **1** die Verhandlung. **2** die Vermittlung.
ne.go.ci.a.dor [negosiad'or] *sm* der Unterhändler, der Vermittler.
ne.go.ci.an.te [negosi'ãti] *sm+f* der Händler, der Geschäftsmann.
ne.go.ci.ar [negosi'ar] *vtdi* **1** handeln, Handel treiben. **2** verhandeln, aushandeln, vermitteln.
ne.gó.cio [neg'ɔsju] *sm* **1** das Geschäft, der Laden. **2** die Angelegenheit. **4** *pop* das Ding.
ne.gri.to [negr'itu] *adj* halbfett, fett.
ne.gro [n'egru] *adj* schwarz, dunkel. • *sm* der Schwarze, der Neger.
nem [n'ɛj] *conj* auch nicht, nicht einmal. **nem... nem** weder... noch.
ne.nê [nen'e] *sm* das Baby, das Wickelkind.
ne.nhum [neñ'ũ] *pron indef* niemand, keiner, keine.
ne.o.lo.gis.mo [neoloʒ'izmu] *sm* das Neuwort.
ner.vo [n'ervu] *sm* der Nerv, die Sehne.
ner.vo.sis.mo [nervoz'izmu] *sm* die Nervosität, die Aufregung, das Lampenfieber.
ner.vo.so [nerv'ozu] *adj* nervös, aufgeregt, unruhig.
ne.to [n'ɛtu] *sm* der Enkel, das Enkelkind.
neu.ró.ti.co [newr'ɔtiku] *adj* neurotisch. • *sm* der Neurotiker.
neu.tra.li.da.de [newtralid'adi] *sf* die Neutralität.
neu.tra.li.zar [newtraliz'ar] *vtd* aufheben, entgegenwirken, unschädlich machen, neutralisieren.
neu.tro [n'ewtru] *adj* neutral.
ne.var [nev'ar] *vint* schneien.
ne.ve [n'ɛvi] *sf* der Schnee.
né.voa [n'ɛvwə] *sf* der Nebel.
ne.vo.ei.ro [nevo'ejru] *sm* der Nebel.
ne.xo [n'ɛksu] *sm* der Zusammenhang, die Verknüpfung.
ni.cho [n'iʃu] *sm* die Nische.
ni.co.ti.na [nikot'inə] *sf* das Nikotin.
nin.guém [nĩg'ẽj] *pron indef* niemand, keiner, keine.

ni.nha.da [niñ'adə] *sf* der Wurf, die Brut.
ni.nha.ri.a [niñar'iə] *sf* die Kleinigkeit, die Bagatelle, der Tand, der Kram.
ni.nho [n'iñu] *sm* das Nest.
ní.quel [n'ikew] *sm* das Nickel.
ní.ti.do [n'itidu] *adj* **1** deutlich, klar, übersichtlich. **2** scharf (Foto).
ni.tro.gê.nio [nitroʒ'enju] *sm* der Stickstoff.
ní.vel [n'ivew] *sm* **1** die Ebene, die Stufe, das Niveau. **2** der Stand, der Spiegel, der Pegel.
ni.ve.la.do [nivel'adu] *adj* eben, eingeebnet, nivelliert.
ni.ve.lar [nivel'ar] *vtd* **1** ebnen, einebnen. **2** ausgleichen.
no [n'u] *prep* im, in der.
nó [n'ɔ] *sm* **1** der Knoten, die Schlaufe, die Schlinge. **2** der Knöchel (Finger).
no.bre [n'ɔbri] *adj* vornehm, edel, nobel, adlig. • *sm* der Adlige.
no.bre.za [nobr'ezə] *sf* der Adel, die Hoheit.
no.ção [nos'ãw] *sf* **1** die Idee, die Ahnung, der Begriff, die Vorstellung. **2** die Erkenntnis.
no.ci.vo [nos'ivu] *adj* schädlich, ungesund.
nó.doa [n'ɔdwə] *sf* der Fleck, der Flecken, der Klecks.
noi.te [n'ojti] *sf* **1** die Nacht. **2** der Abend. **à noite** abends. **boa noite!** guten Abend!, gute Nacht!
noi.va [n'ojvə] *sf* die Verlobte, die Braut.
noi.va.do [nojv'adu] *sm* **1** die Verlobung. **2** der Brautstand.
noi.vo [n'ojvu] *sm* **1** der Verlobte, der Bräutigam. **2** *pl* die Brautleute.
no.jen.to [noʒ'ẽtu] *adj* ekelhaft, widerlich, widerwärtig, dreckig.
no.jo [n'oʒu] *sm* der Ekel.
no.me [n'omi] *sm* **1** der Name, die Bezeichnung. **2** das Substantiv.
no.me.a.ção [nomeas'ãw] *sf* **1** die Berufung, die Ernennung. **2** die Besetzung.
no.me.ar [nome'ar] *vtdi* ernennen, berufen, bestimmen, bestellen, einsetzen, nominieren.
no.mi.nal [nomin'aw] *adj* **1** nominell. **2** das Soll.
no.ra [n'ɔrə] *sf* die Schwiegertochter.
nor.des.te [nord'ɛsti] *sm* der Nordosten.
nor.ma [n'ɔrmə] *sf* die Norm, die Richtlinie, die Regel, der Standard.
nor.mal [norm'aw] *adj* normal, regulär, üblich.
nor.mal.men.te [normawm'ẽti] *adv* normalerweise.
nor.te [n'ɔrti] *sm* der Norden.
nor.te-a.me.ri.ca.no [nɔrteamerik'ʌnu] *adj* nordamerikanisch, amerikanisch.
nós [n'ɔs] *pron* **1** wir. **2** uns.
nos.so [n'ɔsu] *pron poss* unser(e).
nos.tal.gi.a [nostawʒ'iə] *sf* die Nostalgie, das Heimweh, die Wehmut.
no.ta [n'ɔtə] *sf* **1** die Note, die Zensur, die Wertung. **2** der Vermerk, die Bemerkung, die Randbemerkung, die Notiz. **3** der Ton. **4** der Schein, der Geldschein, das Papiergeld, die Banknote.
no.tar [not'ar] *vtd* **1** wahrnehmen, merken, bemerken. **2** sehen, beobachten. **3** spüren.
no.tá.vel [not'avew] *adj* **1** merklich, bemerkbar, spürbar. **2** bemerkenswert, nennenswert, beachtlich.
no.tí.cia [not'isjə] *sf* **1** die Nachricht, die Meldung, die Mitteilung, die Botschaft. **2** die Ansage.
no.ti.ci.á.rio [notisi'arju] *sm* die Nachrichten, die Nachrichtensendung.
no.ti.fi.ca.ção [notifikas'ãw] *sf* der Bescheid, die Meldung, die Mitteilung, die Bekanntmachung.
no.ti.fi.car [notifik'ar] *vtd* mitteilen, eröffnen, verständigen, informieren.
no.tó.rio [not'ɔrju] *adj* **1** offenkundig, offenbar, bekannt, öffentlich. **2** berüchtigt.
no.tur.no [not'urnu] *adj* nächtlich.
no.va.to [nov'atu] *adj* **1** angehend. **2** unerfahren. • *sm* Neuling.
no.ve.la [nov'ɛlə] *sf* die Fernsehserie, die Seifenoper.

no.vem.bro [nov′ẽbru] *sm* der November.
no.vi.da.de [novid′adi] *sf* die Neuheit, die Neuigkeit, die Neuerung.
no.vo [n′ovu] *adj* **1** neu. **2** jung. **de novo** erneut.
noz [n′ɔs] *sf* die Nuss.
nu [n′u] *adj* **1** nackt, bloß. **2** blank, kahl.
nu.bla.do [nubl′adu] *adj* bewölkt, bedeckt, trübe, dunstig, diesig.
nu.ca [n′ukə] *sf* der Nacken, das Genick.
nu.cle.ar [nukle′ar] *adj* atomar, nuklear.
nú.cleo [n′uklju] *sm* der Kern.
nu.dez [nud′es] *sf* die Nacktheit, die Blöße.
nu.lo [n′ulu] *adj* nichtig, ungültig, unwirksam, hinfällig.
nu.me.ra.ção [numeras′ãw] *sf* die Zählung, die Bezifferung.
nu.me.ral [numer′aw] *sm* die Zahl, die Ziffer.
nú.me.ro [n′umeru] *sm* **1** die Nummer, die Zahl, die Anzahl. **2** *Mús* der Titel.
nu.me.ro.so [numer′ozu] *adj* zahlreich.
nun.ca [n′ũkə] *adv* nie, niemals, je.
núp.cias [n′upsjəs] *sf pl* die Heirat, die Hochzeit.
nu.tri.ção [nutris′ãw] *sf* die Ernährung.
nu.trir [nutr′ir] *vtd* nähren, ernähren.
nu.tri.ti.vo [nutrit′ivu] *adj* nahrhaft.
nu.vem [n′uvẽj] *sf* die Wolke. *pl* die Bewölkung.

N

O

o, O [ɔ] *sm* Buchstabe o, O. • *art* der (die, das). • *pron pess* ihn (sie, es).

o.be.de.cer [obedes'er] *vti* gehorchen, folgen, befolgen.

o.be.di.ên.cia [obedi'ẽsjə] *sf* der Gehorsam.

o.be.di.en.te [obedi'ẽti] *adj* gehorsam, folgsam, willig, artig.

o.be.si.da.de [obezid'adi] *sf* die Fettleibigkeit, die Fettsucht.

o.be.so [ob'ezu] *adj* beleibt, dick, fettleibig, korpulent.

ó.bi.to ['ɔbitu] *sm* der Tod, der Todesfall.

ob.je.ção [obʒes'ãw] *sf* der Einwand, der Einwurf, die Widerrede, das Bedenken.

ob.je.ti.vi.da.de [obʒetivid'adi] *sf* die Objektivität, die Sachlichkeit.

ob.je.ti.vo [obʒet'ivu] *adj* objektiv, sachlich, sachgemäß. • *sm* die Absicht, das Ziel, der Zweck, das Anliegen.

ob.je.to [obʒ'ɛtu] *sm* **1** der Gegenstand, das Ding, die Sache. **2** *Gram* die Ergänzung, das Objekt.

o.bra ['ɔbrə] *sf* **1** das Werk, die Arbeit, die Leistung. **2** der Bau. **obra de arte** das Kunstwerk.

o.bra-pri.ma [ɔbrapr'imə] *sf* das Meisterwerk, das Glanzstück.

o.bri.ga.ção [obrigas'ãw] *sf* **1** die Pflicht, die Verpflichtung, die Schuld. **2** der Zwang.

o.bri.ga.do [obrig'adu] *adj* verpflichtet. • *interj* danke!, vielen Dank!

o.bri.gar [obrig'ar] *vtdi* nötigen, verpflichten zu, zwingen.

o.bri.ga.tó.rio [obrigat'ɔrju] *adj* bindend, verbindlich, vorgeschrieben, obligatorisch.

obs.ce.no [obs'enu] *adj* schamlos, unanständig, obszön, schlüpfrig.

obs.cu.ro [obsk'uru] *adj* **1** dunkel, unklar. **2** unbekannt.

ob.ser.va.ção [observas'ãw] *sf* **1** die Beobachtung, die Betrachtung. **2** der Vermerk, die Feststellung, die Bemerkung, die Äußerung.

ob.ser.va.dor [observad'or] *sm* der Beobachter, der Betrachter.

ob.ser.var [observ'ar] *vtd* **1** beobachten, zuschauen, betrachten, ansehen. **2** beachten. **3** bemerken, vermerken. **4** einhalten, befolgen.

ob.ser.va.tó.rio [observat'ɔrju] *sm* die Sternwarte, das Observatorium.

ob.so.le.to [obsol'etu] *adj* veraltet, altmodisch, überholt, ungebräuchlich.

obs.tá.cu.lo [obst'akulu] *sm* die Hürde, das Hindernis, die Behinderung.

obs.ti.na.ção [obstinas'ãw] *sf* die Hartnäckigkeit, der Eigensinn, die Sturheit, der Starrsinn, der Trotz.

obs.ti.na.do [obstin'adu] *adj* hartnäckig, beharrlich, eigensinnig, eigenwillig, starrköpfig, dickköpfig, stur, trotzig.

obs.tru.ir [obstru'ir] *vtd* sperren, versperren, verstellen, verbauen.

ob.ter [obt'er] *vtd* **1** erwerben, besorgen, beschaffen, erhalten, bekommen, kriegen. **2** herhaben. **3** erzielen.

ob.tu.ra.ção [obturas'ãw] *sf* die Zahnfüllung.

ób.vio ['ɔbvju] *adj* **1** sichtlich, offenbar, offensichtlich. **2** ersichtlich. **3** nahe liegend.

o.ca.si.ão [okazi'ãw] *sf* der Anlass, die Gelegenheit.

o.ca.si.o.nal [okazjon'aw] *adj* gelegentlich. • *adv* zeitweise.

o.ce.a.no [ose'ʌnu] *sm* der Ozean, das Weltmeer.

o.ci.den.tal [osidẽt'aw] *adj* westlich, abendländisch.

o.ci.den.te [osid'ẽti] *sm* der Westen, das Abendland.

o.ci.o.so [osi'ozu] *adj* **1** müßig, untätig. **2** nutzlos.

o.co ['oku] *adj* hohl.

o.cor.rên.cia [okor̃'ẽsjə] *sf* **1** das Ereignis, das Vorkommnis, der Vorfall. **2** das Vorkommen. **3** der Störfall.

o.cor.rer [okor̃'er] *vint* geschehen, sich ereignen, eintreten, erfolgen, sich begeben.

o.cu.lis.ta [okul'istə] *sm+f* **1** der Augenarzt. **2** der Optiker.

ó.cu.los ['ɔkulus] *sm pl* die Brille. **óculos de sol** die Sonnenbrille.

o.cul.tar [okuwt'ar] *vtd* **1** verstecken, verhüllen, verbergen, verheimlichen, verschweigen. **2** kaschieren.

o.cul.to [ok'uwtu] *adj* verborgen, versteckt, heimlich.

o.cu.pa.ção [okupas'ãw] *sf* **1** die Beschäftigung, der Erwerb. **2** *Mil* die Besetzung, die Einnahme, der Einmarsch.

o.cu.pa.ci.o.nal [okupasion'aw] *adj* beruflich, Berufs...

o.cu.pa.do [okup'adu] *adj* **1** besetzt, belegt, beschäftigt. **2** bewohnt.

o.cu.par [okup'ar] *vtd* **1** besetzen, belegen. **2** beschäftigen, absorbieren. **3** einnehmen, innehaben, bewohnen. *vpron* **4** sich betätigen, sich beschäftigen, sich befassen mit.

o.di.ar [odi'ar] *vtd* hassen, verabscheuen.

ó.dio ['ɔdju] *sm* der Hass.

o.dô.me.tro [od'ometru] *sm* der Kilometerzähler.

o.don.to.lo.gi.a [odõtoloʒ'iə] *sf* die Zahnmedizin, die Zahnheilkunde.

o.dor [od'or] *sm* der Geruch.

o.es.te [o'ɛsti] *sm* der Westen.

o.fen.der [ofẽd'er] *vtd* beleidigen, kränken, verletzen, beschimpfen.

o.fen.sa [of'ẽsə] *sf* die Beleidigung, die Beschimpfung, die Verletzung, die Kränkung.

o.fen.si.vo [ofẽs'ivu] *adj* **1** anstößig, verletzend. **2** offensiv.

o.fe.re.cer [oferes'er] *vtdi* **1** bieten, anbieten, antragen, präsentieren, vorsetzen. **2** opfern.

o.fer.ta [of'ɛrtə] *sf* das Angebot, die Offerte, die Gabe.

office-boy [ɔfiseb'ɔj] *sm* der Bote, der Bürobote.

o.fi.ci.al [ofisi'aw] *adj* offiziell, amtlich, behördlich, dienstlich, förmlich. • *sm* **1** der Offizier. **2** der Geselle.

o.fi.ci.a.li.zar [ofisjaliz'ar] *vtd* amtlich bestätigen.

o.fi.ci.na [ofis'inə] *sf* die Werkstatt.

o.fí.cio [of'isju] *sm* **1** der Beruf, das Fach, das Handwerk. **2** das Schreiben, der Brief.

of.tal.mo.lo.gi.a [oftawmoloʒ'iə] *sf* die Augenheilkunde.

o.fus.car [ofusk'ar] *vtd* blenden.

oi! ['oj] *interj* hallo!, servus!

o.lá! [ol'a] *interj* hallo!

ó.leo ['ɔlju] *sm* das Öl.

o.le.o.du.to [oleod'utu] *sm* die Erdölleitung, die Pipeline.

ol.fa.to [owf'atu] *sm* der Geruchsinn, die Witterung.

o.lha.da [oʎ'adə] *sf* der Blick, der Einblick. **dar uma olhada** einen Blick werfen auf/in.

o.lhar [oʎ'ar] *vti* **1** sehen, schauen, blicken, betrachten, ansehen, anschauen. **2** *vtd* besichtigen, zuschauen. **3** aufpassen auf. **4** *pop* gucken. • *sm* der Blick.

o.lho ['oʎu] *sm* das Auge.

o.lim.pí.a.da [olĩp'iadə] *sf* die Olympiade.

om.bro ['õbru] *sm* die Schulter.

o.me.le.te [omel'ɛti] *sf* der Eierkuchen, das Omelett.

o.mi.tir [omit'ir] *vtd* auslassen, übergehen, überspringen, verhehlen.

on.ça ['õsə] *sf* **1** die Wildkatze, die Raubkatze. **2** die Unze.

on.da ['õdə] *sf* die Welle, die Woge. **ondas curtas** die Kurzwellen.

on.de ['õdi] *adv* wo.

on.du.lar [õdul'ar] *vtd* **1** ringeln, ondulieren. **2** flattern, wehen. *vint* **3** sich wellen.

ô.ni.bus ['onibus] *sm sing+pl* der Bus, der Omnibus.

o.ni.po.ten.te [onipot'ẽti] *adj* allmächtig.

o.no.ma.to.pei.a [onomatop'ɛjə] *sf* die Lautmalerei.

on.tem ['õtẽj] *adv* gestern.

ONU ['onu] *sf abrev* die UNO (die Vereinten Nationen).

o.pa.co [op'aku] *adj* matt, undurchsichtig, trübe.

op.ção [ops'ãw] *sf* die Option, die Entscheidung, die Alternative, die Wahl, die Vorliebe.

op.ci.o.nal [opsjon'aw] *adj* fakultativ, beliebig.

ó.pe.ra ['ɔperə] *sf* die Oper.

o.pe.ra.ção [operas'ãw] *sf* **1** die Aktion. **2** der Betrieb, die Betätigung, die Bedienung (Maschine). **3** die Operation, das Unternehmen.

o.pe.ra.ci.o.nal [operasjon'aw] *adj* funktionell, Betriebs...

o.pe.ra.dor [operad'or] *sm* **1** der Maschinist, der Betreiber. **2** der Vorführer (Kino).

o.pe.rar [oper'ar] *vtd* **1** bedienen, betreiben, betätigen. **2** handeln, wirken. operieren.

o.pe.rá.rio [oper'arju] *sm* der Arbeiter, der Fabrikarbeiter, der Handwerker.

o.pi.nar [opin'ar] *vti* meinen, seine Meinung äußern.

o.pi.ni.ão [opini'ãw] *sf* die Meinung, die Auffassung, die Beurteilung, die Stimme, das Urteil, die Ansicht. **opinião pública** die Öffentlichkeit.

o.por [op'or] *vtdi* **1** entgegensetzen. *vpron* **2** entgegentreten, opponieren, sich widersetzen.

o.por.tu.ni.da.de [oportunid'adi] *sf* der Anlass, die Gelegenheit, die Möglichkeit, die Chance.

o.por.tu.nis.ta [oportun'istə] *sm+f* der Mitläufer, der Opportunist.

o.por.tu.no [oport'unu] *adj* rechtzeitig, günstig, angebracht. • *adv* gelegentlich.

o.po.si.ção [opozis'ãw] *sf* **1** der Widerspruch. **2** der Widerstand, die Opposition.

o.pos.to [op'ostu] *adj* **1** gegensätzlich, entgegengesetzt, umgekehrt. **2** gegnerisch. **3** gegenüber.

o.pres.são [opres'ãw] *sf* **1** der Druck, die Bedrückung, die Unterdrückung, die Tyrannei. **2** die Beklemmung.

o.pri.mi.do [oprim'idu] *sm* der Unterdrückte.

o.pri.mir [oprim'ir] *vtd* bedrücken, unterdrücken.

op.tar [opt'ar] *vti* wählen zwischen, sich entscheiden für.

óp.ti.ca ['ɔptikə] *sf* die Optik.

o.ra ['ɔrə] *adv* nun. • *conj* indessen. **ora ... ora** bald... bald. **por ora** vorerst.

o.ra.ção [oras'ãw] *sf* **1** das Gebet, die Andacht. **2** die Rede. **3** *Gram* der Satz.

o.ra.dor [orad'or] *sm* der Redner, der Sprecher.

o.ral [or'aw] *adj* mündlich.

o.rar [or'ar] *vti* beten.

ór.bi.ta ['ɔrbitə] *sf* **1** die (Flug-)Bahn, die Umlaufbahn. **2** die Augenhöhle.

or.ça.men.to [orsam'ẽtu] *sm* **1** der Haushaltsplan, das Budget, der Etat. **2** der Kostenanschlag.

or.dei.ro [ord'ejru] *adj* ordentlich, ordnungsliebend.
or.dem ['ɔrdẽj] *sf* **1** die Ordnung, die Reihenfolge. **2** der Befehl, die Anweisung, die Weisung, der Auftrag. **3** die Größenordnung. **4** der Orden. **dar ordens** Anweisungen geben, Befehle erteilen.
or.de.na.do [orden'adu] *sm* der Verdienst, der Lohn, das Einkommen, das Gehalt.
or.de.nar [orden'ar] *vtd* **1** heißen, anweisen, gebieten, verordnen, bestimmen, kommandieren. **2** ordnen.
or.di.nal [ordin'aw] *adj* Ordnungs...
or.di.ná.rio [ordin'arju] *adj* **1** üblich, gewöhnlich, alltäglich. **2** ordinär, gemein.
o.re.lha [or'eλə] *sf* das Ohr.
o.re.lhão [oreλ'ãw] *sm* der Münzapparat, der Münzfernsprecher.
or.fa.na.to [orfan'atu] *sm* das Waisenhaus.
ór.fão ['ɔrfãw] *sm* der Waise, das Waisenkind.
or.ga.nis.mo [organ'izmu] *sm* der Organismus.
or.ga.ni.za.ção [organizas'ãw] *sf* **1** die Organisation, die Gliederung. **2** die Abwicklung, die Einteilung. **3** die Aufstellung, die Ordnung. **4** die Vereinigung.
or.ga.ni.zar [organiz'ar] *vtd* **1** organisieren, einteilen, zusammenstellen, gliedern. **2** vorbereiten. **3** veranstalten, aufziehen, abhalten.
or.ga.no.gra.ma [organogr'ʌmə] *sm* der Organisationsplan, das Organigramm.
ór.gão ['ɔrgãw] *sm* **1** das Organ. **2** das Gremium. **3** *Mús* die Orgel. **órgão público** die Behörde.
or.gas.mo [org'azmu] *sm* der Orgasmus.
or.gi.a [orʒ'iə] *sf* die Ausschweifung, die Orgie.
or.gu.lho [org'uλu] *sm* der Stolz, der Hochmut.
or.gu.lho.so [orguλ'ozu] *adj* stolz, hochmütig.
o.ri.en.ta.ção [orjẽtas'ãw] *sf* **1** die Orientierung, die Richtung. **2** die Beratung, die Anleitung. **3** der Leitfaden.
o.ri.en.ta.dor [oriẽtad'or] *sm* **1** der Leiter, der Berater. **2** der Doktorvater.
o.ri.en.tal [orjẽt'aw] *adj* östlich, orientalisch. • *sm* der Asiat.
o.ri.en.tar [oriẽt'ar] *vtd* orientieren, anleiten, einweisen, beraten.
o.ri.en.te [ori'ẽti] *sm* der Osten, der Orient, das Morgenland.
o.ri.fí.cio [orif'isju] *sm* das Loch, die Öffnung.
o.ri.gem [or'iʒẽj] *sf* **1** die Herkunft, die Abstammung, der Ursprung. **2** die Entstehung.
o.ri.gi.nal [oriʒin'aw] *adj* ursprünglich, echt, original. • *sm* **1** das Original, der Urtext. **2** *pl* das Manuskript.
or.la ['ɔrlə] *sf* **1** der Rand, der Saum. **2** das Ufer.
or.na.men.tar [ornamẽt'ar] *vtd* schmükken, verzieren.
or.na.men.to [ornam'ẽtu] *sm* der Schmuck, die Zierde.
or.nar [orn'ar] *vtd* schmücken, verzieren, ausschmücken.
or.ques.tra [ork'ɛstrə] *sf* das Orchester, die Kapelle.
or.quí.dea [ork'idjə] *sf* die Orchidee.
or.to.do.xo [ortod'ɔksu] *adj* orthodox, rechtgläubig.
or.to.gra.fi.a [ortograf'iə] *sf* die Rechtschreibung, die Orthographie.
or.to.pé.di.co [ortop'ɛdiku] *adj* orthopädisch.
or.va.lho [orv'aλu] *sm* der Tau.
os.ci.la.ção [osilas'ãw] *sf* **1** die Schwankung, die Schwingung. **2** der Ausschlag (Zeiger).
os.ci.lar [osil'ar] *vint* **1** oszillieren, schwanken, wanken, wackeln. **2** ausschlagen (Zeiger). **3** pendeln.
os.so ['osu] *sm* der Knochen.
os.su.do [os'udu] *adj* knochig.
os.ten.si.vo [ostẽs'ivu] *adj* betont, herausfordernd, ostentativ.

os.ten.ta.ção [ostẽtas'ãw] *sf* der Prunk, die Prahlerei.

os.ten.tar [ostẽt'ar] *vtd* zur Schau stellen.

o.tá.rio [ot'arju] *sm* der Einfaltspinsel, der Simpel, der Einfältige, der Tor.

ó.ti.ca ['ɔtikə] *sf* das optische Geschäft.

o.ti.mis.mo [otim'izmu] *sm* die Zuversicht, der Optimismus.

o.ti.mis.ta [otim'istə] *adj* zuversichtlich, hoffnungsvoll. • *sm* der Optimist.

ó.ti.mo ['ɔtimu] *adj* **1** vorzüglich, ausgezeichnet, trefflich. **2** optimal. **3** *pop* prima, fein, klasse, toll.

ou ['ow] *conj* oder. **ou ... ou** entweder... oder. **ou seja** beziehungsweise.

ou.ro ['owru] *sm* **1** das Gold. **2** *pl* das Karo (Spielkarte).

ou.sa.di.a [owzad'iə] *sf* **1** der Wagemut. **2** die Dreistigkeit.

ou.sa.do [owz'adu] *adj* dreist, kühn, vermessen, verwegen, draufgängerisch, waghalsig.

ou.sar [owz'ar] *vtd* wagen, sich trauen.

outdoor [awtid'ɔr] *sm* das Plakat, das Werbeplakat.

ou.to.no [owt'onu] *sm* der Herbst.

ou.tro ['owtru] *pron* ander, zweit, noch ein. **outra vez** noch einmal.

ou.tro.ra [owtr'ɔrə] *adv* einst, früher.

ou.tu.bro [owt'ubru] *sm* der Oktober.

ou.vi.do [owv'idu] *sm* das Gehör, das Ohr.

ou.vin.te [owv'ĩti] *sm+f* **1** der Hörer, der Zuhörer. **2** der Gasthörer.

ou.vir [owv'ir] *vtd* **1** hören, zuhören, anhören. **2** mitbekommen, auffangen (zufällig).

o.vá.rio [ov'arju] *sm* der Eierstock.

o.ve.lha [ov'eλə] *sf* das Schaf.

OVNI ['ɔvni] *sm abrev* das UFO.

o.vo ['ovu] *sm* das Ei.

ó.vu.lo ['ɔvulu] *sm* die Eizelle.

ó.xi.do ['ɔksidu] *sm* das Oxyd.

o.xi.gê.nio [oksiʒ'enju] *sm* der Sauerstoff.

o.zô.nio [oz'onju] *sm* das Ozon.

p

p, P [p'e] *sm* Buchstabe p, P.
pá [p'a] *sf* die Schaufel, die Schippe, der Spaten.
pa.ci.ên.cia [pasi'ẽsjə] *sf* die Geduld.
pa.ci.en.te [pasi'ẽti] *adj* geduldig, duldsam, nachsichtig. • *sm+f* der Patient.
pa.cí.fi.co [pas'ifiku] *adj* friedlich, verträglich, sanft.
pa.ci.fis.ta [pasif'istə] *s m+f* der Pazifist.
pa.co.te [pak'ɔti] *sm* der Packen, die Packung, das Paket, das Bündel.
pac.to [p'aktu] *sm* der Pakt, das Abkommen, die Abmachung, das Bündnis.
pa.da.ri.a [padar'iə] *sf* die Bäckerei.
pa.de.cer [pades'er] *vtd* leiden, dulden.
pa.dei.ro [pad'ejru] *sm* der Bäcker.
pa.drão [padr'ãw] *sm* der Standard, die Norm, der Maßstab, das Muster.
pa.dras.to [padr'astu] *sm* der Stiefvater, der Ziehvater.
pa.dre [p'adri] *sm* der Geistliche, der Pfarrer, der Pastor, der Pater.
pa.dri.nho [padr'iñu] *sm* der Pate, der Patenonkel.
pa.dro.ei.ro [padro'ejru] *sm* der Patron, der Schutzpatron.
pa.dro.ni.zar [padroniz'ar] *vtd* normen, vereinheitlichen.
pa.ga.men.to [pagam'ẽtu] *sm* **1** die Zahlung, die Bezahlung, die Vergütung. **2** das Entgelt.
pa.gar [pag'ar] *vtd* **1** zahlen, bezahlen, einzahlen, entgelten, heimzahlen. **2** büßen, abbüßen.
pá.gi.na [p'aʒinə] *sf* die Seite, das Blatt.
pa.go [p'agu] *adj* bezahlt.
pai [p'aj] *sm* **1** der Vater, der Erzeuger. **2** *pl* die Eltern, die Väter.
pai.nel [pajn'ɛw] *sm* das Armaturenbrett, das Anzeigegerät, die Schalttafel.
pai.rar [pajr'ar] *vti* schweben.
pa.ís [pa'is] *sm* das Land, der Staat.
pai.sa.gem [pajz'aʒẽj] *sf* die Landschaft.
pai.xão [pajʃ'ãw] *sf* **1** die Leidenschaft, der Schwarm, die Inbrunst. **2** die Passion.
pa.la.ce.te [palas'eti] *sm* die Villa.
pa.lá.cio [pal'asju] *sm* der Palast, das Schloss.
pa.la.dar [palad'ar] *sm* **1** der Gaumen. **2** der Geschmack.
pa.la.vra [pal'avrə] *sf* **1** das Wort. **2** die Vokabel. **palavras cruzadas** das Kreuzworträtsel.
pa.la.vrão [palavr'ãw] *sm* das Schimpfwort.
pal.co [p'awku] *sm* die Bühne, die Szene.
pa.ler.ma [pal'ɛrmə] *sm* **1** der Tropf, der Dummkopf, der Tölpel. **2** *pop* die Flasche.
pa.les.ti.no [palest'inu] *adj* palästinisch, palästinensisch.
pa.les.tra [pal'ɛstrə] *sf* **1** der Vortrag, das Referat. **2** das Gespräch.
pa.le.tó [palet'ɔ] *sm* die Jacke, das Jackett.

pa.lha [p'aλə] *sf* die Spreu, das Stroh.
pa.lha.ça.da [paλas'adə] *sf* **1** das dumme Zeug, das Affentheater. **2** *pl* die Faxen.
pa.lha.ço [paλ'asu] *sm* der Clown, der Narr, der Hanswurst, der Hampelmann.
pá.li.do [p'alidu] *adj* blass, bleich, fahl, käsig.
pa.li.to [pal'itu] *sm* **1** das Stäbchen. **2** das Streichholz. **3** der Zahnstocher.
pal.ma [p'awmə] *sf* **1** der Handteller. **2** das Palmblatt. **bater palmas** klatschen.
pal.mei.ra [pawm'ejrə] *sf* die Palme.
pal.mi.to [pawm'itu] *sm* die Palmherzen.
pal.mo [p'awmu] *sm* die Handspanne.
pal.pá.vel [pawp'avew] *adj* greifbar, deutlich.
pál.pe.bra [p'awpebrə] *sf* **1** das Lid, das Augenlid. **2** *pop* der Augendeckel.
pal.pi.tar [pawpit'ar] *vint* **1** klopfen, zucken. **2** Tips geben.
pal.pi.te [pawp'iti] *sm* der Tipp, der Wink, der Hinweis.
pa.mo.nha [pam'oñə] *sf* der Maiskuchen. *sm pop* der Trottel.
pan.ça [p'ãsə] *sf* der Bauch, der Wanst.
pan.ca.da [pãk'adə] *sf* **1** der Schlag, der Hieb, der Stoß. **2** die Delle. **3** *pop* die Macke.
pan.ca.da.ri.a [pãkadar'iə] *sf* die Keilerei, die Schlägerei.
pân.cre.as [p'ãkreas] *sm* die Bauchspeicheldrüse.
pan.dei.ro [pãd'ejru] *sm* das Tamburin.
pa.ne [p'Λni] *sf* die Störung, die Betriebsstörung, die Panne.
pa.ne.la [pan'ɛlə] *sf* **1** der Topf, der Kochtopf. **2** der Tiegel. **panela de pressão** der Schnellkochtopf.
pan.fle.to [pãfl'etu] *sm* das Flugblatt, die Flugschrift, die Druckschrift.
pâ.ni.co [p'Λniku] *sm* die Panik.
pa.ni.fi.ca.do.ra [panifikad'orə] *sf* die Brotbäckerei.
pa.no [p'Λnu] *sm* **1** der Stoff, das Tuch. **2** der Lappen.
pa.no.ra.ma [panor'Λmə] *sm* die Aussicht, der Ausblick, die Fernsicht, der Rundblick.
pan.que.ca [pãk'ɛkə] *sf* der Fladen, der Pfannkuchen.
pão [p'ãw] *sm* das Brot, der Laib. **pão integral** das Vollkornbrot. **pão francês** das Brötchen. **pão-duro** der Geizhals.
pão.zi.nho [pãwz'iñu] *sm* das Brötchen, der Weck, die Semmel.
pa.pa [p'apə] *sm* der Papst. *sf* **1** der Brei, das Mus. **2** der Matsch.
pa.pa.gai.o [papag'aju] *sm* **1** der Papagei. **2** der Drachen (Spielzeug).
pa.pai [pap'aj] *sm pop* der Vati, der Papa, der Paps.
pa.pa.ri.car [paparik'ar] *vtd* hätscheln, verwöhnen, umsorgen.
pa.pel [pap'ɛw] *sm* **1** das Papier. **2** das Dokument, die Unterlage. **3** die Rolle (Film, Theater). **papel de parede** die Tapete. **papel higiênico** das Toilettenpapier. **papel principal** die Hauptrolle.
pa.pe.la.da [papel'adə] *sf* der Papierkram.
pa.pe.la.ri.a [papelar'iə] *sf* die Papierwarenhandlung, das Schreibwarengeschäft.
pa.po [p'apu] *sm* **1** der Kropf. **2** *pop* die Plauderei, das Gespräch.
pa.que.ra [pak'ɛrə] *sf* der Flirt, die Anmache.
pa.que.rar [pakɛr'ar] *vtd* flirten mit, anmachen.
par [p'ar] *adj* gerade (Zahl). • *sm* das Paar.
pa.ra [p'arə] *prep* **1** für, zu, um zu. **2** nach. **para que** damit.
pa.ra.béns [parab'ẽjs] *sm pl* der Glückwunsch, die Gratulation.
pa.ra-bri.sa [parabr'izə] *sm* die Windschutzscheibe.
pa.ra-cho.que [paraʃ'ɔki] *sm* **1** die Stoßstange. **2** der Puffer.

pa.ra.da [par'adə] *sf* **1** die Haltestelle, die Station. **2** der Aufenthalt, der Zwischenaufenthalt. **3** der Stillstand, der Stopp, die Flaute. **4** die Parade
pa.ra.fu.so [paraf'uzu] *sm* die Schraube.
pa.rá.gra.fo [par'agrafu] *sm* **1** der Absatz, der Abschnitt. **2** der Paragraph (Recht).
pa.ra.í.so [para'izu] *sm* das Paradies.
pa.ra-la.ma [paral'ʌmə] *sm* der Kotflügel.
pa.ra.le.la [paral'ɛlə] *sf* die Parallele.
pa.ra.le.le.pí.pe.do [paralelep'ipedu] *sm* der Pflasterstein.
pa.ra.le.lo [paral'ɛlu] *adj* parallel.
pa.ra.li.sar [paraliz'ar] *vtd* lahm legen, lähmen, hemmen.
pa.ra.li.si.a [paraliz'iə] *sf* die Lähmung. **paralisia infantil** die Kinderlähmung.
pa.ra.lí.ti.co [paral'itiku] *adj* lahm, gelähmt.
pa.râ.me.tro [par'ʌmetru] *sm* der Maßstab, der Anhaltspunkt.
pa.ra.nin.fo [paran'ĩfu] *sm* der Pate.
pa.ra.nor.mal [paranorm'aw] *adj* übersinnlich.
pa.ra.pei.to [parap'ejtu] *sm* die Brüstung, das Fensterbrett.
pa.ra.plé.gi.co [parapl'ɛʒiku] *adj* querschnittsgelähmt.
pa.ra.psi.co.lo.gi.a [parapsikoloʒ'iə] *sf* die Parapsychologie.
pa.ra.que.das [parak'ɛdəs] *sm sing+pl* der Fallschirm.
pa.rar [par'ar] *vint* **1** stocken, stoppen, aufhören, halten, anhalten, halt machen, stillstehen. **2** aufgeben. **3** hingeraten. *vtd* **4** unterbrechen, anhalten, einstellen.
pa.ra-rai.os [parar̃'ajus] *sm sing+pl* der Blitzableiter.
pa.ra.si.ta [paraz'itə] *sm* der Parasit, der Schmarotzer.
par.cei.ro [pars'ejru] *sm* **1** der Partner, der Teilhaber. **2** der Mitspieler.
par.ce.la [pars'ɛlə] *sf* **1** die Quote, der Teil, die Rate. **2** der Abschnitt. **3** die Parzelle.
par.ce.ri.a [parser'iə] *sf* die Partnerschaft.
par.ci.al [parsi'aw] *adj* parteiisch, voreingenommen, befangen. • *adv* teilweise.
par.do [p'ardu] *adj* braun, dunkel.
pa.re! [p'ari] *interj* halt!, stopp!
pa.re.cer [pares'er] *vpron* **1** ähneln. *vint* **2** aussehen, scheinen, erscheinen. • *sm* das Gutachten, die Expertise, die Beurteilung, das Ermessen.
pa.re.ci.do [pares'idu] *adj* ähnlich, derartig.
pa.re.de [par'edi] *sf* die Wand, die Mauer.
pa.ren.te [par'ẽti] *sm+f* der/die Verwandte.
pa.ren.tes.co [parẽt'esku] *sm* die Verwandtschaft.
pa.rên.te.se [par'ẽtezi] *sm* die Klammer. **entre parênteses** in Klammern.
par.la.men.tar [parlamẽt'ar] *adj* parlamentarisch. • *sm+f* der Parlamentarier.
par.la.men.to [parlam'ẽtu] *sm* **1** das Parlament. **2** das Bundeshaus.
pa.ró.dia [par'ɔdjə] *sf* die Parodie.
pa.ró.quia [par'ɔkjə] *sf* die Pfarrei, die Gemeinde.
par.que [p'arki] *sm* der Park, die Parkanlage, die Grünanlage. **parque de diversões** der Rummelplatz. **parque infantil** der Kinderspielplatz. **parque nacional** der Naturschutzpark.
par.rei.ra [par̃'ejrə] *sf* die Weinrebe.
par.te [p'arti] *sf* **1** der Teil, der Anteil. **2** die Folge. **3** der Partner. **4** die Partei (Prozess). **à parte** gesondert. **em toda parte** überall. **fazer parte de** gehören zu.
par.ti.ci.pa.ção [partisipas'ãw] *sf* **1** die Mitwirkung, die Mitarbeit, die Teilnahme, die Beteiligung. **2** die Mitbestimmung. **3** die Anteilnahme.
par.ti.ci.pan.te [partisip'ãti] *sm+f* der Mitwirkende, der Teilnehmer.
par.ti.ci.par [partisip'ar] *vti* teilnehmen, mitarbeiten, mitmachen, mitwirken, sich beteiligen.

P

par.tí.cu.la [part'ikulə] *sf* die Partikel, das Teilchen.
par.ti.cu.lar [partikul'ar] *adj* **1** besonder, eigen, privat, separat. **2** sonderlich.
par.ti.cu.la.ri.da.de [partikularid'adi] *sf* die Besonderheit, die Eigentümlichkeit, die Eigenschaft.
par.ti.da [part'idə] *sf* **1** der Start, die Abfahrt, die Abreise. **2** die Ausreise. **3** das Spiel.
par.ti.do [part'idu] *sm* die Partei.
par.tir [part'ir] *vint* **1** fahren, abreisen. *vtd* **2** brechen, abbrechen, zerbrechen. **4** trennen, spalten, teilen. *vpron* **5** zerbrechen. **a partir de** ab.
par.to [p'artu] *sm* die Entbindung, die Niederkunft, die Geburt.
pás.coa [p'askwə] *sf* das Ostern.
pas.mar [pazm'ar] *vint* sich wundern, staunen.
pas.sa [p'asə] *sf* die Rosine.
pas.sa.do [pas'adu] *adj* vergangen, letzt, vorig. • *adv* vorüber, vorbei. • *sm* die Vergangenheit.
pas.sa.gei.ro [pasaʒ'ejru] *adj* vergänglich, flüchtig, vorübergehend, kurz. • *sm* der Passagier, der Reisende, der Insasse, der Fahrgast.
pas.sa.gem [pas'aʒẽj] *sf* **1** die Fahrkarte, der Fahrausweis, der Fahrschein, das Ticket. **2** die Stelle, der Abschnitt (Text). **3** der Gang, die Passage, der Weg, die Durchfahrt. **4** die Durchreise. **5** der Übergang.
pas.sa.por.te [pasap'ɔrti] *sm* der Pass, der Reisepass.
pas.sar [pas'ar] *vint* **1** passieren, vorbeigehen, durchgehen. **2** zerrinnen, vorübergehen, vergehen. **3** zubringen, verbringen (Urlaub). **4** auftragen (Farbe, Brotbelag). **5** laufen, ablaufen (Film). **6** durchtreten, durchdringen. **7** bestehen (Examen). *vtd* **8** abgeben an. **9** durchgeben (Nachricht), weitergeben. **10** bügeln. **passar de ano** versetzt werden.
pas.sa.re.la [pasar'ɛlə] *sf* **1** der Laufsteg. **2** die Flanierstraße.
pas.sa.ri.nho [pasar'iñu] *sm* der Vogel, der Singvogel.
pás.sa.ro [p'asaru] *sm* der Vogel.
pas.sa.tem.po [pasat'ẽpu] *sm* der Zeitvertreib, die Liebhaberei, das Steckenpferd, das Hobby.
pas.se [p'asi] *sm* der Passierschein.
pas.se.ar [pase'ar] *vint* spazieren, wandern, bummeln, schlendern.
pas.se.a.ta [pase'atə] *sf* die Demonstration, die Kundgebung.
pas.sei.o [pas'eju] *sm* **1** der Spaziergang, die Spazierfahrt, der Ausflug. **2** der Bummel. **3** der Bürgersteig.
pas.si.vo [pas'ivu] *adj* tatenlos, passiv
pas.so [p'asu] *sm* **1** der Schritt, der Tritt. **2** die Gangart.
pas.ta [p'astə] *sf* **1** die Mappe, die Aktenmappe, der Hefter, der Ordner. **2** die Masse, der Brei.
pas.tel [past'ɛw] *sm* die Pastete.
pas.to [p'astu] *sm* die Weide.
pas.tor [past'or] *sm* **1** der Schäfer, der Hirt, der Hüter. **2** der Pfarrer, der Pastor, der Geistliche. **pastor alemão** der deutsche Schäferhund.
pa.ta [p'atə] *sf* die Pfote, die Tatze, die Pranke.
pa.ter.nal [patern'aw] *adj* väterlich.
pa.ter.no [pat'ɛrnu] *adj* väterlich.
pa.te.ta [pat'ɛtə] *adj* dumm. • *sm* der Tölpel, der Tollpatsch, der Schafskopf.
pa.té.ti.co [pat'ɛtiku] *adj* **1** pathetisch, theatralisch. **2** kläglich, jämmerlich, erbärmlich.
pa.ti.fe [pat'ifi] *sm* **1** der Schelm. **2** der Schuft, der Lump, das Biest.
pa.tim [pat'ĩ] *sm* **1** der Schlittschuh, der Rollschuh. **2** die Kufe.
pa.ti.na.ção [patinas'ãw] *sf* **1** der Eislauf, der Schlittschuhlauf. **2** der Rollschuhlauf.
pá.tio [p'atju] *sm* der Hof.
pa.to [p'atu] *sm* **1** die Ente. **2** *pop* der Tölpel.
pa.to.ló.gi.co [patol'ɔʒiku] *adj* krankhaft, pathologisch.

pa.trão [patr'ãw] *sm* **1** der Arbeitgeber, der Dienstherr, der Chef. **2** *pop* der Boss.
pá.tria [p'atrjə] *sf* die Heimat, das Vaterland.
pa.tri.mô.nio [patrim'onju] *sm* das Vermögen.
pa.tri.o.tis.mo [patrjot'izmu] *sm* der Patriotismus.
pa.tro.ci.na.dor [patrosinad'or] *sm* der Sponsor, der Geldgeber, der Gönner, der Mäzen.
pa.tro.ci.nar [patrosin'ar] *vtd* sponsern, fördern, unterstützen.
pa.tro.cí.nio [patros'inju] *sm* **1** das Sponsoring, die Förderung, die Subventionierung. **2** die Schirmherrschaft.
pa.tru.lha [patr'uλə] *sf* die Streife, die Patrouille.
pau [p'aw] *sm* **1** das Holz. **2** der Knüppel, der Prügel. **3** die Stange. **4** *pl* das Kreuz (Kartenspiel). **5** *pop* die Kröte (Geld).
pau-bra.sil [p'awbraz'iu] *sm* das Brasilholz, das Brasilienholz.
pau.sa [p'awzə] *sf* der Stillstand, die Pause, der Absatz.
pau.ta [p'awtə] *sf* **1** die Linie. **2** die Liste, das Programm.
pa.vi.lhão [paviλ'ãw] *sm* die Halle, die Festhalle, die Ausstellungshalle, der Pavillon.
pa.vor [pav'or] *sm* der Schauder, das Entsetzen.
paz [p'as] *sf* **1** der Friede. **2** die Ruhe, die Stille. **fazer as pazes** Frieden schließen.
pé [p'ɛ] *sm* **1** der Fuß. **2** das Bein (Möbel). **ao pé da letra** wörtlich. **de pé** stehend.
pe.ão [pe'ãw] *sm* **1** der Hilfsarbeiter, der Handlanger. **2** der Landarbeiter. **3** der Bauer (Schach).
pe.ça [p'ɛsə] *sf* **1** das Teil, der Bestandteil, das Stück. **2** der Ballen (Tuch). **3** das Theaterstück, das Schauspiel.
pe.ca.do [pek'adu] *sm* die Sünde.
pe.car [pek'ar] *vti* sündigen.
pe.chin.cha [peʃ'ĩʃə] *sf* der Gelegenheitskauf.
pe.chin.char [peʃĩʃ'ar] *vint* feilschen, handeln, aushandeln, herunterhandeln.
pe.cu.á.ria [peku'arjə] *sf* die Viehwirtschaft.
pe.cu.li.ar [pekuli'ar] *adj* merkwürdig, besonder, eigenartig, eigentümlich, seltsam.
pe.da.ço [ped'asu] *sm* **1** das Stück, der Teil, der Klumpen, der Brocken. **2** der Happen, der Bissen.
pe.dá.gio [ped'aʒju] *sm* die Maut, die Autobahngebühr.
pe.da.go.gi.a [pedagoʒ'iə] *sf* die Pädagogik, die Erziehungswissenschaft.
pe.da.lar [pedal'ar] *vint* radeln, treten.
pe.da.li.nho [pedal'iñu] *sm* das Tretboot.
pe.dan.te [ped'ãti] *adj* pedantisch, pingelig, kleinlich, kleinkariert.
pe.des.tre [ped'ɛstri] *sm+f* der Fußgänger, der Passant.
pe.di.a.tra [pedi'atrə] *sm* der Kinderarzt.
pe.di.cu.re [pedik'uri] *sf* die Pediküre, die Fußpflegerin.
pe.di.do [ped'idu] *sm* **1** die Bitte, das Ersuchen, das Anliegen. **2** die Bestellung, der Auftrag.
pe.dir [ped'ir] *vtd* **1** bitten, erbitten, betteln. **2** beantragen, bestellen, verlangen. **3** *pop* schnorren.
pe.dra [p'ɛdrə] *sf* der Stein. **pedra preciosa** der Edelstein.
pe.dre.gu.lho [pedreg'uλu] *sm* der Kies.
pe.drei.ra [pedr'ejrə] *sf* der Steinbruch.
pe.drei.ro [pedr'ejru] *sm* der Maurer.
pe.ga.jo.so [pegaʒ'ozu] *adj* **1** schmierig, klebrig, zähflüssig. **2** lästig.
pe.gar [peg'ar] *vtd* **1** nehmen, annehmen. **2** anfassen, packen. **3** erbeuten. **4** fassen, fangen, ergreifen. **5** mitbekommen. **6** ertappen, stellen. **7** erkranken an. *vint* **8** anspringen (Motor).

pei.a [peja] *sf* Fußfessel.
pei.dar [pejd'ar] *vint pop* furzen.
pei.to [p'ejtu] *sm* die Brust, der Busen.
pei.xe [p'ejʃi] *sm* **1** der Fisch. **2** *pl* **Peixes** *Astrol* Fisch.
pe.jo.ra.ti.vo [peʒorat'ivu] *adj* abwertend, abfällig.
pe.la.do [pel'adu] *adj* nackt, bloß, kahl.
pe.le [p'ɛli] *sf* **1** die Haut. **2** der Pelz. **3** die Schale.
pe.lí.cu.la [pel'ikulə] *sf* **1** der Film, die Folie. **2** der Überzug, die Schicht, der Belag.
pe.lo [p'elu] *sm* das Körperhaar, das Tierhaar.
pe.lú.cia [pel'usjə] *sf* der Plüsch. **bichinho de pelúcia** das Kuscheltierchen.
pe.na [p'enə] *sf* **1** die Feder, die Daune. **2** die Strafe. **3** das Leid, der Schmerz, das Mitleid, das Erbarmen, das Bedauern. **ter pena** Leid tun. **valer a pena** sich lohnen.
pe.na.li.da.de [penalid'adi] *sf* die Strafe, die Bestrafung, die Buße.
pê.nal.ti [p'enawti] *sm* der Elfmeter.
pen.du.rar [pẽdur'ar] *vtdi* hängen, anhängen, aufhängen.
pe.nei.ra [pen'ejrə] *sf* das Sieb.
pe.ne.tra.ção [penetras'ãw] *sf* das Eindringen, die Durchdringung.
pe.ne.tran.te [penetr'ãti] *adj* penetrant, scharf, durchdringend, eindringlich, aufdringlich.
pe.ne.trar [penetr'ar] *vti* **1** eindringen. **2** einsickern.
pe.nhor [peñ'or] *sm* das Pfand, das Unterpfand.
pe.nho.rar [peñor'ar] *vtd* pfänden, verpfänden.
pe.ni.co [pen'iku] *sm* der Nachttopf.
pe.nín.su.la [pen'ĩsulə] *sf* die Halbinsel, die Landzunge.
pê.nis [p'enis] *sm* der Penis.
pe.ni.ten.ci.á.ria [penitẽsi'arjə] *sf* das Gefängnis, die Strafanstalt, das Zuchthaus.
pen.sa.men.to [pẽsam'ẽtu] *sm* das Denken, die Überlegung, der Gedanke.
pen.são [pẽs'ãw] *sf* **1** die Pension, das Logis, die Verpflegung. **2** die Rente, die Hinterbliebenenrente.
pen.sar [pẽs'ar] *vtd* **1** denken, überlegen. **2** meinen, glauben.
pen.sa.ti.vo [pẽsat'ivu] *adj* bedächtig, nachdenklich, besinnlich.
pen.si.o.nis.ta [pẽsjon'istə] *sm+f* **1** der Pensionär, der Rentner, der Ruheständler. **2** Hinterbliebene.
pen.te [p'ẽti] *sm* der Kamm.
pen.te.ar [pẽte'ar] *vtd* kämmen, durchkämmen, frisieren.
pen.te.lho [pẽt'eλu] *sm* **1** das Schamhaar. **2** *pop* der lästige Bursche.
pe.nu.gem [pen'uʒẽj] *sf* **1** der Flaum. **2** die Daunen. **3** die Flocke.
pe.núl.ti.mo [pen'uwtimu] *adj* vorletzt.
pe.num.bra [pen'ũbrə] *sf* der Halbschatten, das Zwielicht.
pe.pi.no [pep'inu] *sm* die Gurke.
pe.que.no [pek'enu] *adj* **1** klein, niedrig. **2** gering, unbedeutend.
pe.ra [p'erə] *sf* die Birne.
pe.ran.te [per'ãti] *prep* vor, angesichts, gegenüber.
per.ce.ber [perseb'er] *vtd* **1** merken, bemerken, wahrnehmen. **2** sehen, fühlen, spüren.
per.cep.ção [perseps'ãw] *sf* **1** die Empfindung, die Wahrnehmung. **2** das Bewusstsein.
per.cur.so [perk'ursu] *sm* **1** die Strecke, die Wegstrecke. **2** die Bahn.
per.cus.são [perkus'ãw] *sf* die Schlaginstrumente, die Percussion.
per.da [p'erdə] *sf* der Verlust, der Schwund, der Ausfall, die Einbuße.
per.dão [perd'ãw] *sm* **1** die Verzeihung. **2** die Begnadigung, der Erlass, der Nachlass.
per.de.dor [perded'or] *sm* der Verlierer, der Unterlegene, der Besiegte.
per.der [perd'er] *vtd* **1** verlieren, einbüßen. **2** abgeben (Punkte). **3** durchfallen (Prüfung). **4** verpassen, verfehlen,

versäumen. **5** verspielen. *vpron* **6** sich verirren.
per.do.ar [perdo'ar] *vtd* **1** vergeben, verzeihen, entschuldigen. **2** erlassen, nachlassen, begnadigen.
pe.re.cí.vel [peres'iveu] *adj* verderblich.
pe.re.gri.na.ção [peregrinas'ãw] *sf* die Wallfahrt, die Pilgerfahrt.
pe.re.gri.no [peregr'inu] *sm* der Pilger.
pe.re.ne [per'eni] *adj* **1** ewig. **2** *Bot* immergrün.
per.fei.ção [perfejs'ãw] *sf* die Vollkommenheit, die Perfektion.
per.fei.to [perf'ejtu] *adj* **1** perfekt, einwandfrei, tadellos, fehlerfrei, vollkommen. **2** gelungen. • *adv* wohl, durchaus.
per.fil [perf'iw] *sm* das Profil, die Kontur.
per.fu.me [perf'umi] *sm* **1** das Parfüm. **2** der Duft.
per.fu.rar [perfur'ar] *vtd* **1** bohren. **2** lochen, durchlöchern.
per.gun.ta [perg'ũtə] *sf* die Frage.
per.gun.tar [pergũt'ar] *vtdi* fragen, befragen, abfragen, ausfragen.
pe.rí.cia [per'isjə] *sf* **1** das Gutachten, die Begutachtung, die Expertise. **2** die Fertigkeit.
pe.ri.fe.ri.a [perifer'iə] *sf* **1** die Außenbezirke, das Randgebiet. **2** der Stadtrand.
pe.ri.go [per'igu] *sm* die Gefahr, die Bedrohung, die Tücke, die Not.
pe.ri.go.so [perig'ozu] *adj* **1** gefährlich, bedrohlich, riskant. **2** brenzlig.
pe.ri.ó.di.co [peri'ɔdiku] *adj* periodisch, regelmäßig. • *sm* die Zeitung, die Zeitschrift.
pe.rí.o.do [per'iodu] *sm* die Periode, die Zeit, der Zeitabschnitt, die Laufzeit.
pe.ri.qui.to [perik'itu] *sm* der Sittich.
pe.ri.to [per'itu] *adj* erfahren, bewandert. • *sm* **1** der Sachverständige, der Gutachter, der Könner. **2** der Berater.
per.ma.ne.cer [permanes'er] *vint+vti* **1** bleiben, sich aufhalten. **2** verharren.
per.ma.nên.cia [perman'ẽsjə] *sf* der Aufenthalt, der Verbleib, die Verweilzeit.
per.ma.nen.te [perman'ẽti] *adj* ständig, stetig, bleibend, dauernd, fest.
per.me.á.vel [perme'avew] *adj* durchlässig, undicht.
per.mis.são [permis'ãw] *sf* die Erlaubnis, die Zustimmung, die Genehmigung.
per.mi.ti.do [permit'idu] *adj* zulässig, erlaubt.
per.mi.tir [permit'ir] *vtd* erlauben, zulassen, genehmigen, dulden.
per.mu.ta [perm'utə] *sf* der Tausch, der Austausch.
per.na [p'ɛrnə] *sf* das Bein.
per.ni.lon.go [pernil'õgu] *sm* die Schnake.
per.noi.tar [pernojt'ar] *vint* übernachten.
pé.ro.la [p'ɛrolə] *sf* die Perle.
per.pen.di.cu.lar [perpẽdikul'ar] *adj* lotrecht, senkrecht.
per.ple.xo [perpl'ɛksu] *adj* perplex, verdutzt, verblüfft, fassungslos.
per.se.gui.ção [persegis'ãw] *sf* **1** die Verfolgung, die Nachstellung, die Jagd. **2** die Schikane.
per.se.guir [perseg'ir] *vtd* verfolgen, nachstellen, jagen.
per.se.ve.ran.te [persever'ãti] *adj* ausdauernd, beharrlich.
per.si.a.na [persi'ʌnə] *sf* die Jalousie, der Rollladen.
per.sis.ten.te [persist'ẽti] *adj* ausdauernd, beharrlich, hartnäckig, zäh.
per.so.na.gem [person'aʒẽj] *sm+f* **1** die Person. **2** die Figur, die Gestalt.
per.so.na.li.da.de [personalid'adi] *sf* die Persönlichkeit, der Charakter.
pers.pec.ti.va [perspekt'ivə] *sf* die Aussicht, der Ausblick, die Perspektive.
pers.pi.caz [perspik'as] *adj* scharfsinnig.
per.su.a.dir [perswad'ir] *vtd* überzeugen, überreden, einreden.
per.su.a.si.vo [perswaz'ivu] *adj* überzeugend.

per.ten.cer [pertẽs′er] *vti* **1** gehören. **2** dazugehören, hingehören.

per.to [p′ɛrtu] *adv* bei, nahe, nahebei, dabei.

per.tur.bar [perturb′ar] *vtd* stören, verwirren, aufregen.

pe.ru [per′u] *sm* der Puter, der Truthahn.

pe.ru.a [per′uə] *sf* **1** die Pute, die Truthenne. **2** der Lieferwagen, der Kombiwagen, der Kleintransporter.

pe.ru.ca [per′ukə] *sf* die Perücke, das Toupet.

per.ver.so [perv′ɛrsu] *adj* **1** pervers, abartig, lasterhaft. **2** boshaft.

pe.sa.de.lo [pezad′elu] *sm* der Alptraum, der Alpdruck, das Schreckgespenst.

pe.sa.do [pez′adu] *adj* **1** schwer, schwerfällig, wuchtig. **2** schwül (Luft). **3** bleiern.

pê.sa.me [p′ezami] *sm* das Beileid, das Bedauern.

pe.sar [pez′ar] *vtd* **1** wiegen, abwiegen. *vint* **2** lasten, wiegen. • *sm* das Bedauern, die Anteilnahme.

pes.ca [p′ɛskə] *sf* **1** die Fischerei. **2** der Fang, der Fischfang.

pes.ca.dor [peskad′or] *sm* der Fischer, der Angler.

pes.car [pesk′ar] *vtd* fischen, angeln, fangen

pes.ca.ri.a [peskar′iə] *sf* die Fischerei, der Fischfang.

pes.co.ço [pesk′osu] *sm* der Hals.

pe.so [p′ezu] *sm* **1** das Gewicht. **2** die Last, der Ballast, die Bürde.

pes.qui.sa [pesk′izə] *sf* die Forschung, die Erforschung, die Erhebung. **pesquisa de opinião** die Meinungsumfrage.

pes.qui.sa.dor [peskizad′or] *sm* der Forscher.

pes.qui.sar [peskiz′ar] *vi+vtd* forschen, erforschen, nachforschen.

pês.se.go [p′esegu] *sm* der Pfirsich.

pes.si.mis.ta [pesim′istə] *adj+sm+f* der Miesmacher, der Pessimist.

pés.si.mo [p′ɛsimu] *adj* sehr schlecht.

pes.so.a [pes′oə] *sf* **1** die Person. **2** die Persönlichkeit. **3** *pl* die Leute. **pessoa física** natürliche Person. **pessoa jurídica** juristische Person.

pes.so.al [peso′aw] *adj* **1** persönlich, höchstpersönlich, eigenhändig. **2** privat. • *sm* das Personal, die Leute.

pes.ta.ne.jar [pestaneʒ′ar] *vint* blinzeln.

pes.te [p′ɛsti] *sf* **1** die Pest. **2** der Schädling.

pe.tis.co [pet′isku] *sm* der Leckerbissen, die Delikatesse.

pe.tró.leo [petr′ɔlju] *sm* das Erdöl, das Mineralöl, das Petroleum.

pi.a [p′iə] *sf* das Becken, das Waschbecken, das Spülbecken.

pi.a.da [pi′adə] *sf* der Witz.

pi.a.nis.ta [pjʌn′istə] *sm+f* der Klavierspieler, der Pianist.

pi.a.no [pi′ʌnu] *sm* das Klavier. **piano de cauda** der Flügel.

pi.can.te [pik′ãti] *adj* **1** pikant, prickelnd, scharf, würzig. **2** anzüglich.

pi.ca-pau [pikap′aw] *sm* der Specht.

pi.car [pik′ar] *vtd* **1** piken, stechen, beißen. **2** zerstückeln, zerkleinern, durchdrehen. **3** lochen.

pi.cha.ção [piʃas′ãw] *sf* das Graffito, die Wandschmiererei.

pi.char [piʃ′ar] *vtd* beschmieren, bekritzeln.

pi.co [p′iku] *sm* **1** der Gipfel, die Spitze. **2** der Höchststand.

pi.co.lé [pikol′ɛ] *sm* das Eis am Stiel.

pi.e.da.de [pjed′adi] *sf* **1** das Mitleid, die Barmherzigkeit. **2** die Frömmigkeit.

pi.ja.ma [piʒ′ʌmə] *sm* der Pyjama, der Schlafanzug.

pi.lão [pil′ãw] *sm* der Mörser, der Stampfer, der Stößel.

pi.lar [pil′ar] *sm* der Pfeiler, die Säule.

pi.le.que [pil′ɛki] *sm* der Schwips.

pi.lha [p′iʎə] *sf* **1** die Batterie. **2** der Stoß, der Stapel, der Meiler.

pi.lo.tar [pilot′ar] *vtd* lenken, steuern, lotsen.

pi.lo.to [pil'otu] *sm* **1** der Pilot. **2** der Rennfahrer. **3** der Steuermann, der Lotse.
pí.lu.la [p'ilulə] *sf* die Pille.
pi.men.ta [pim'ẽtə] *sf* der Pfeffer.
pin.ça [p'ĩsə] *sf* **1** die Pinzette. **2** die Zange, die Klemme.
pin.cel [pĩs'ɛw] *sm* der Pinsel.
pin.ga [p'ĩgə] *sf* der Schnaps.
pin.gar [pĩg'ar] *vint* tröpfeln, tropfen, rieseln.
pin.go [p'ĩgu] *sm* der Tropfen.
pi.nhei.ro [piñ'ejru] *sm* die Pinie, die Kiefer, die Fichte, die Tanne, der Nadelbaum.
pi.no [p'inu] *sm* der Stift, der Zapfen, der Bolzen.
pin.tar [pĩt'ar] *vtd* malen, bemalen, streichen, anstreichen, tünchen, lackieren. **2** pinseln.
pin.to [p'ĩtu] *sm* das Küken.
pin.tor [pĩt'or] *sm* **1** der Maler, der Malermeister. **2** der Anstreicher.
pin.tu.ra [pĩt'urə] *sf* **1** das Bild. **2** die Malerei, das Gemälde. **3** der Anstrich, die Lackierung. **4** die Schminke.
pi.o.lho [pi'oλu] *sm* die Laus.
pi.o.nei.ro [pion'ejru] *adj* bahnbrechend. • *sm* der Pionier, der Schrittmacher.
pi.or [pi'ɔr] *adj* **1** schlechter, schlechtest, schlimmer, schlimmst. **2** letzt.
pi.o.rar [pjor'ar] *vint* **1** sich verschlechtern. *vtd* **2** verschlimmern.
pi.po.ca [pip'ɔkə] *sf* das Popcorn, der Puffmais.
pi.que.ni.que [pikin'iki] *sm* das Picknick.
pi.ra.do [pir'adu] *adj* übergeschnappt.
pi.râ.mi.de [pir'Λmidi] *sf* die Pyramide.
pi.ra.nha [pir'Λñə] *sf* **1** der Piranha, der Piraya. **2** *pop* das Flittchen, die Dirne.
pi.rar [pir'ar] *vint pop* durchdrehen, überschnappen, ausflippen.
pi.ra.ta [pir'atə] *sm* der Pirat, der Seeräuber.
pi.ru.li.to [pirul'itu] *sm* der Lutscher.
pi.sar [piz'ar] *vti* **1** treten, betreten. **2** stampfen.
pis.ca-pis.ca [piskap'iskə] *sm* der Blinker.
pis.car [pisk'ar] *vint* **1** blinken. **2** blinzeln.
pis.ci.na [pis'inə] *sf* das Schwimmbad, das Schwimmbecken.
pi.so [p'izu] *sm* **1** der Boden, der Fußboden, der Fußbodenbelag. **2** der Stock, das Stockwerk, die Etage.
pi.so.te.ar [pizote'ar] *vtd* treten, zertreten.
pis.ta [p'istə] *sf* **1** die Bahn, die Fahrbahn, die Piste, die Spur. **2** die Fährte. **3** der Anhaltspunkt.
pis.to.la [pist'ɔlə] *sf* die Pistole.
pis.to.lão [pistol'ãw] *sm* der einflussreiche Freund.
pi.ta.da [pit'adə] *sf* **1** der Schuss, die kleine Menge, die Prise. **2** das Bisschen.
pi.ve.te [piv'ɛti] *sm* der kleine Dieb, der Spitzbub.
pla.ca [pl'akə] *sf* **1** die Platte, das Schild, das Türschild. **2** die Autonummer, das Nummernschild.
pla.car [plak'ar] *sm* die Anzeigetafel.
pla.gi.ar [plaʒi'ar] *vtd* abschreiben, nachmachen.
pla.nal.to [plan'awtu] *sm* das Hochland, die Hochebene.
pla.ne.ja.men.to [planeʒam'ẽtu] *sm* die Planung, die Disposition.
pla.ne.jar [planeʒ'ar] *vtd* planen, vorsehen, ausdenken, disponieren.
pla.ne.ta [plan'etə] *sm* der Planet.
pla.ní.cie [plan'isji] *sf* die Ebene, das Flachland.
pla.no [pl'Λnu] *adj* eben, flach, platt. • *sm* der Plan, das Vorhaben.
plan.ta [pl'ãtə] *sf* **1** die Pflanze. **2** der Grundriss. **3** der Stadtplan.
plan.ta.ção [plãtas'ãw] *sf* das Feld, die Pflanzung, die Plantage, die Kultur.
plan.tão [plãt'ãw] *sm* der Bereitschaftsdienst.
plan.tar [plãt'ar] *vtd* pflanzen, anbauen.
plás.ti.ca [pl'astikə] *sf pop* die Schönheitsoperation.
plás.ti.co [pl'astiku] *adj* anschaulich, plastisch. • *sm* der Kunststoff.

pla.ta.for.ma [plataf'ɔrmə] *sf* **1** der Bahnsteig, das Gleis. **2** die Plattform, die Bohrinsel. **3** die Rampe.

pla.tei.a [plat'ɛjə] *sf* **1** der Zuschauer, das Publikum. **2** das Parkett, das Parterre.

ple.bis.ci.to [plebis'itu] *sm* die Volksabstimmung.

ple.no [pl'enu] *adj* voll, ganz.

plu.gue [pl'ugi] *sm* der Stecker.

plu.ral [plur'aw] *sm* die Mehrzahl, der Plural.

pneu [pn'ew] *sm* **1** der Reifen. **2** *pl* die Bereifung.

pneu.mo.ni.a [pnewmon'iə] *sf* die Lungenentzündung.

pó [p'ɔ] *sm* **1** der Staub. **2** das Pulver, der Puder. **3** *pop* der Schnee (Kokain).

po.bre [p'ɔbri] *adj* arm, ärmlich, armselig, karg, dürftig. • *sm* der Arme.

po.bre.za [pobr'ezə] *sf* die Armut.

po.ça [p'osə] *sf* die Pfütze, der Tümpel, die Lache, die Patsche.

po.ço [p'osu] *sm* **1** der Brunnen. **2** der Schacht.

po.der [pod'er] *v aux* **1** können, vermögen. **2** dürfen. • *sm* **1** die Macht, die Kraft, die Gewalt. **2** die Herrschaft.

po.de.ro.so [poder'ozu] *adj* mächtig.

po.dre [p'odri] *adj* faul, morsch, moderig.

po.dri.dão [podrid'ãw] *sf* **1** die Fäulnis, der Moder. **2** die Verdorbenheit.

po.ei.ra [po'ejrə] *sf* der Staub.

po.e.ma [po'emə] *sm* das Gedicht, das Epos.

po.e.si.a [poez'iə] *sf* **1** das Gedicht. **2** die Lyrik.

po.e.ta [po'ɛtə] *sm* der Dichter, der Lyriker.

po.é.ti.co [po'ɛtiku] *adj* lyrisch.

pois ['pois] *conj* also, denn.

po.le.ga.da [poleg'adə] *sf* das Zoll.

po.le.gar [poleg'ar] *sm* der Daumen.

po.lê.mi.co [pol'emiku] *adj* umstritten, polemisch.

po.lí.cia [pol'isjə] *sf* die Polizei.

po.li.ci.al [polisi'aw] *sm+f* der Polizist, der Wachtmeister.

po.li.glo.ta [poligl'ɔtə] *adj* mehrsprachig.

po.lir [pol'ir] *vtd* **1** polieren, putzen, reiben, scheuern. **2** bohnern.

po.li.téc.ni.ca [polit'ɛknikə] *sf* die technische Fachhochschule.

po.lí.ti.ca [pol'itikə] *sf* die Politik.

po.lí.ti.co [pol'itiku] *adj* politisch. • *sm* der Politiker.

po.lo [p'ɔlu] *sm* **1** der Pol. **2** der Angelpunkt.

Po.lô.nia [pol'oniə] *sf* Polen *n*.

pol.tro.na [powtr'onə] *sf* der Sessel.

po.lu.en.te [polu'ẽti] *sm* der Schadstoff.

po.lu.i.ção [polwis'ãw] *sf* **1** die Verschmutzung, die Verunreinigung, die Emission. **2** die Umweltbelastung.

po.lu.í.do [polu'idu] *adj* schmutzig, verschmutzt, unrein.

po.lu.ir [polu'ir] *vtd* verschmutzen, verunreinigen, verpesten, verseuchen.

pól.vo.ra [p'ɔwvorə] *sf* das Pulver, das Schießpulver.

po.ma.da [pom'adə] *sf* die Creme, die Salbe.

po.mar [pom'ar] *sm* der Obstgarten.

pom.bo [p'õbu] *sm* die Taube.

pom.po.so [põp'ozu] *adj* schwülstig, hochtrabend, pomphaft.

pon.de.ra.do [põder'adu] *adj* besonnen, bedächtig, umsichtig, behutsam.

pon.de.rar [põder'ar] *vtd* abwägen, erwägen, überdenken, überlegen.

pon.ta [p'õtə] *sf* **1** die Spitze, die Zacke. **2** das Ende, der Zipfel. **3** der Stummel.

pon.ta.pé [põtap'ɛ] *sm* der Tritt, der Fußtritt.

pon.te [p'õti] *sf* **1** die Brücke. **2** der Brückentag (zwischen zwei Feiertagen).

pon.tei.ro [põt'ejru] *sm* der Zeiger, der Uhrzeiger.

pon.to [p'õtu] *sm* **1** der Punkt, der Tupfen. **2** die Stelle. **3** der Stich (Nähen). **4** das Auge (Würfel, Karte). **em ponto** genau (Uhr). **ponto de vista** der Gesichtspunkt.

pon.tu.a.ção [põtuas'ãw] *sf* die Zeichensetzung.

pon.tu.al [põtu'aw] *adj* pünktlich.

pon.tu.a.li.da.de [põtwalid'adi] *sf* die Pünktlichkeit.

po.pa [p'opə] *sf* das Heck.

po.pu.la.ção [populas'ãw] *sf* das Volk, die Bevölkerung.

po.pu.lar [popul'ar] *adj* **1** beliebt, populär. **2** volkstümlich, allgemein verständlich, gängig. **3** gut bürgerlich.

po.pu.la.ri.da.de [popularid'adi] *sf* die Beliebtheit, die Bekanntheit.

por [p'or] *prep* **1** wegen. **2** mittels. **3** gegen, für. **4** durch. **5** pro.

pôr [p'or] *vtdi* **1** stellen, setzen, legen. **2** auflegen. **3** hinstellen, aufstellen, hintun. *vpron* **4** untergehen (Sonne, Mond).

po.rão [por'ãw] *sm* **1** der Lagerraum. **2** der Keller.

por.ção [pors'ãw] *sf* **1** der Teil, der Anteil, die Portion, das Stück. **2** der Abschnitt.

por.ca.ri.a [porkar'iə] *sf* der Dreck, der Schmutz, die Schweinerei, die Sauerei, der Schund.

por.ce.la.na [porsel'ʌnə] *sf* das Porzellan.

por.cen.ta.gem [porsẽt'aʒẽj] *sf* der Prozentsatz.

por.co [p'orku] *sm* das Schwein.

pôr do sol [pordos'ɔw] *sm* der Sonnenuntergang.

po.rém [por'ẽ] *conj* jedoch, aber.

por.me.nor [pormen'ɔr] *sm* die Einzelheit.

por.nô [porn'o] *adj* pornographisch. • *sm* der Porno.

por.no.gra.fi.a [pornograf'iə] *sf* die Pornographie.

po.ro.so [por'ozu] *adj* porös, durchlässig.

por.que [pork'e] *conj* weil.

por.quê [pork'e] *sm* das Warum.

por.ra.da [por̃'adə] *sf* **1** die Hiebe, der Knüppel. **2** *pop* der Haufen.

por.re [p'ɔr̃i] *sm* der Rausch, der Schwips.

por.ta [p'ɔrtə] *sf* die Tür, der Eingang, der Einstieg.

por.ta.dor [portad'or] *sm* der Überbringer, der Inhaber, der Träger.

por.tal [port'aw] *sm* das Tor.

por.ta-lu.vas [pɔrtal'uvəs] *sm sing+pl* das Handschuhfach.

por.ta-ma.las [pɔrtam'aləs] *sm sing+pl* der Kofferraum.

por.tan.to [port'ãtu] *conj* also, folglich.

por.tão [port'ãw] *sm* das Tor, das Hoftor, die Einfahrt, die Pforte.

por.ta.ri.a [portar'iə] *sf* **1** das Pförtnerhaus, die Pforte. **2** die Verfügung (Ministerium).

por.tá.til [port'atiw] *adj* **1** tragbar. **2** Reise...

por.ta-voz [pɔrtav'ɔs] *sm+f* der Sprecher, der Pressesprecher.

por.te [p'ɔrti] *sm* **1** die Haltung. **2** der Wuchs, die Statur, die Größe. **3** das Porto.

por.tei.ro [port'ejru] *sm* der Pförtner, der Portier.

por.to [p'ortu] *sm* der Hafen.

Por.tu.gal [portug'aw] *sm* Portugal *n.*

por.tu.guês [portug'es] *adj* portugiesisch. • *sm* der Portugiese.

por.ven.tu.ra [porvẽt'urə] *adv* möglicherweise, vielleicht.

po.sar [poz'ar] *vint* Modell stehen/sitzen.

pós-gra.du.a.ção [pɔsgraduas'ãw] *sf* das Aufbaustudium, das Zusatzstudium, das Postgraduiertenstudium.

po.si.ção [pozis'ãw] *sf* die Position, der Standort, die Stellung, die Plazierung, der Rang.

po.si.ci.o.nar [pozisjon'ar] *vtd* **1** aufstellen. *vpron* **2** in Stellung gehen.

po.si.ti.vo [pozit'ivu] *adj* positiv. • *interj* **positivo!** jawohl!

P

pos.se [p'ɔsi] *sf* **1** der Besitz. **2** die Amtsübernahme.

pos.ses.si.vo [poses'ivu] *adj* besitzanzeigend, possessiv.

pos.ses.so [pos'ɛsu] *adj* besessen.

pos.si.bi.li.da.de [posibilid'adi] *sf* die Möglichkeit.

pos.si.bi.li.tar [posibilit'ar] *vtdi* ermöglichen, befähigen.

pos.sí.vel [pos'ivew] *adj* **1** möglich. **2** etwaig, eventuell. • *adv* möglicherweise, womöglich.

pos.su.ir [posu'ir] *vtd* besitzen, haben, innehaben.

pos.te [pɔsti] *sm* der Pfosten, der Mast.

pos.te.ri.or [posteri'or] *adj* nachfolgend, nachträglich. • *adv* hinterher, später.

pos.to [p'ostu] *sm* **1** der Posten, der Dienstgrad, die Stellung, die Charge. **2** die Stelle, die Außenstelle. **posto de gasolina** die Tankstelle.

po.tá.vel [pot'avew] *adj* trinkbar.

po.te [p'ɔti] *sm* der Topf, der Tiegel.

po.tên.cia [pot'ẽsjə] *sf* die Macht, die Kraft, die Durchschlagskraft, die Stärke, die Potenz, die Leistung.

po.ten.ci.al [potẽsi'aw] *adj* potentiell. • *sm* das Potential, die Fähigkeit(en), die Leistungsfähigkeit.

pou.co [p'owku] *adj* wenig, gering. • *adv* wenig.

pou.pan.ça [powp'ãsə] *sf* das Sparguthaben, die Ersparnis.

pou.par [powp'ar] *vtd* **1** sparen, zurücklegen. **2** schonen, verschonen.

pou.sa.da [powz'adə] *sf* die Raststätte, das Wirtshaus, die Herberge, das Quartier.

pou.sar [powz'ar] *vtd* **1** legen, hinlegen, hinsetzen, hinstellen. *vint* **2** niedergehen, landen. **3** absteigen, bleiben.

po.vo [p'ovu] *sm* das Volk, die Bevölkerung.

po.vo.a.ção [povoas'ãw] *sf* **1** die Bevölkerung. **2** die Ortschaft.

po.vo.a.do [povo'adu] *sm* das Dorf, der Flecken, die Ortschaft, die Siedlung.

pra.ça [pr'asə] *sf* **1** der Platz. *sm* **2** der Soldat.

pra.ga [pr'agə] *sf* **1** der Fluch. **2** der Schädling, die Plage, die Pest.

prai.a [pr'ajə] *sf* der Strand, das Gestade.

pran.cha [pr'ãʃə] *sf* **1** die Bohle, die Planke, das Brett. **2** das Surfbrett.

pran.to [pr'ãtu] *sm* die Klage, die Trauer.

pra.ta [pr'atə] *sf* das Silber.

pra.te.lei.ra [pratel'ejrə] *sf* das Regal, das Bord.

prá.ti.ca [pr'atikə] *sf* **1** die Fertigkeit, die Erfahrung. **2** die Übung, die Praxis.

pra.ti.car [pratik'ar] *vtd* üben, ausüben, trainieren.

prá.ti.co [pr'atiku] *adj* **1** praktisch, handlich, griffig. **2** zweckmäßig, sachlich. • *sm* **1** der Lotse. **2** der Gehilfe.

pra.to [pr'atu] *sm* **1** der Teller, die Schale. **2** die Speise, der Gang.

pra.xe [pr'aʃi] *sf* der Brauch.

pra.zer [praz'er] *sm* das Vergnügen, das Behagen, der Genuss, die Lust.

pra.zo [pr'azu] *sm* der Termin, die Frist, die Dauer.

pre.cá.rio [prek'arju] *adj* unzulänglich, ungewiss, unsicher, notdürftig, prekär.

pre.cau.ção [prekaws'ãw] *sf* **1** die Umsicht, die Vorsicht, die Vorsorge. *pl* **2** die Vorkehrungen.

pre.ca.vi.do [prekav'idu] *adj* umsichtig, behutsam, achtsam.

pre.ce [pr'ɛsi] *sf* die Bitte, das Gebet.

pre.ce.dên.cia [presed'ẽsjə] *sf* der Vortritt, der Vorrang.

pre.cei.to [pres'ejtu] *sm* das Gebot, die Vorschrift.

pre.ci.o.si.da.de [presiozid'adi] *sf* die Kostbarkeit.

pre.ci.o.so [presi'ozu] *adj* kostbar, edel, wertvoll, teuer.

pre.ci.pí.cio [presip'isju] *sm* der Abgrund.

pre.ci.pi.ta.ção [presipitas'ãw] *sf* **1** die Hast, die Übereilung. **2** der Niederschlag.

pre.ci.pi.ta.do [presipit'adu] *adj* voreilig, überstürzt, übereilt, hastig.
pre.ci.sa.men.te [presizam'ẽti] *adv* genau, gerade, ausgerechnet.
pre.ci.são [presiz'ãw] *sf* die Genauigkeit, die Präzision.
pre.ci.sar [presiz'ar] *vti* brauchen, benötigen.
pre.ci.so [pres'izu] *adj* **1** genau, treffend, akkurat, exakt, präzise. **2** nötig.
pre.ço [pr'esu] *sm* der Preis, der Wert, der Tarif.
pre.co.ce [prek'ɔsi] *adj* **1** vorzeitig. **2** frühreif. **3** altklug.
pre.con.cei.to [prekõs'ejtu] *sm* das Vorurteil.
pre.de.ces.sor [predeses'or] *sm* der Vorgänger.
pre.di.le.to [predil'ɛtu] *adj* bevorzugt.
pré.dio [pr'ɛdju] *sm* der Bau, das Gebäude, das Haus, das Etagenhaus.
pre.dis.po.si.ção [predispozis'ãw] *sf* die Anlage, die Neigung, die Empfänglichkeit.
pre.dis.pos.to [predisp'ostu] *adj* anfällig, empfindlich, empfänglich.
pre.di.zer [prediz'er] *vtd* voraussagen, wahrsagen.
pre.do.mi.nar [predomin'ar] *vint* **1** überwiegen, vorwiegen, vorherrschen, dominieren. **2** überragen.
pre.en.cher [preẽʃ'er] *vtd* **1** ausfüllen. **2** besetzen.
pré-es.co.la [prɛesk'ɔlə] *sf* die Vorschule.
pre.fá.cio [pref'asiu] *sm* das Vorwort.
pre.fei.to [pref'ejtu] *sm* der Bürgermeister.
pre.fei.tu.ra [prefejt'urə] *sf* das Rathaus, die Stadtverwaltung.
pre.fe.rên.cia [prefer'ẽsjə] *sf* **1** die Vorliebe, der Vorzug, die Bevorzugung. **2** der Vorrang, die Vorfahrt (Verkehr).
pre.fe.ri.do [prefer'idu] *adj* bevorzugt. • *sm* der Schützling.
pre.fe.rir [prefer'ir] *vtdi* vorziehen, bevorzugen.
pre.fi.xo [pref'iksu] *sm* **1** die Vorsilbe. **2** die Erkennungsmelodie (Radio). **3** die Kennzahl. **4** die Vorwahlnummer.
pre.ga.dor [pregad'or] *sm* **1** die Klammer (Wäsche). **2** der Prediger.
pre.gar [preg'ar] *vtdi* **1** nageln, festnageln, anheften. **2** predigen, verkündigen.
pre.go [pr'ɛgu] *sm* **1** der Nagel, der Stift. **2** das Leihhaus.
pre.gui.ça [preg'isə] *sf* die Faulheit, die Trägheit.
pre.gui.ço.so [pregis'ozu] *adj* faul, träge, arbeitsscheu, müßig. • *sm* der Drückeberger, der Faulenzer.
pré-his.tó.ria [prɛist'ɔriə] *sf* die Vorzeit, die Vorgeschichte, die Urgeschichte, die Prähistorie.
pre.ju.di.ca.do [preʒudik'adu] *adj* **1** benachteiligt. **2** unzutreffend. • *sm* der Leidtragende.
pre.ju.di.car [preʒudik'ar] *vtd* **1** schaden, schädigen. **2** benachteiligen. **3** beeinträchtigen, mindern.
pre.ju.di.ci.al [preʒudisi'aw] *adj* schädlich.
pre.ju.í.zo [preʒu'izu] *sm* der Verlust, der Nachteil, der Schaden.
pre.ma.tu.ro [premat'uru] *adj* frühreif, vorzeitig, verfrüht.
pre.mi.a.ção [premias'ãw] *sf* die Preisverleihung, die Prämierung.
pre.mi.ar [premi'ar] *vtd* **1** belohnen. **2** auszeichnen.
prê.mio [pr'emju] *sm* **1** die Prämie, der Preis, die Belohnung. **2** die Auszahlungsquote (Lotterie).
pren.der [prẽd'er] *vtd* **1** fangen, fassen, packen, festhalten, fesseln. **2** stellen, festnehmen, verhaften, einsperren, inhaftieren. **3** auffangen. **4** befestigen, binden, anknüpfen.
pren.sar [prẽs'ar] *vtd* pressen.
pre.o.cu.pa.ção [preokupas'ãw] *sf* die Sorge, der Kummer, das Kopfzerbrechen.
pre.o.cu.pa.do [preokup'adu] *adj* besorgt, sorgenvoll, bekümmert, ahnungsvoll.

pre.o.cu.par [preokup'ar] *vtd* **1** beunruhigen, Besorgnis erregen, Sorgen machen. *vpron* **2** befürchten, besorgt sein.
pre.pa.ra.ção [preparas'ãw] *sf.* Vorbereitung.
pre.pa.ra.do [prepar'adu] *adj* bereit, vorbereitet, fertig, parat.
pre.pa.rar [prepar'ar] *vtd* **1** vorbereiten, fertig machen. **2** bereiten, bereitstellen, disponieren. **3** anbahnen, einleiten. **4** hinweisen auf. **5** ausfertigen (Papiere). **6** anrichten, zubereiten.
pre.pa.ra.ti.vo [preparat'ivu] *sm* die Vorbereitung, die Vorkehrung.
pre.po.si.ção [prepozis'ãw] *sf* die Präposition.
pre.po.ten.te [prepot'ẽti] *adj* anmaßend.
pre.sa [pr'ezə] *sf* **1** die Kralle, der Fang. **2** die Beute.
pres.cin.dí.vel [presĩd'ivew] *adj* entbehrlich.
pres.cre.ver [preskrev'er] *vtd* verordnen, verschreiben, vorschreiben.
pres.cri.ção [preskris'ãw] *sf* **1** die Verschreibung, das Rezept. **2** die Vorschrift. **3** *Jur* die Verjährung.
pre.sen.ça [prez'ẽsə] *sf* die Anwesenheit, das Beisein, die Gegenwart.
pre.sen.ci.ar [prezẽsi'ar] *vtd* zuschauen, beiwohnen.
pre.sen.te [prez'ẽti] *adj* **1** anwesend, gegenwärtig. **2** jetzig, momentan, derzeitig. • *sm* **1** die Gegenwart, die Aktualität. **2** das Geschenk, das Mitbringsel.
pre.sen.te.ar [prezẽte'ar] *vtdi* schenken, beschenken.
pre.sé.pio [prez'ɛpju] *sm* die Krippe, die Weihnachtskrippe.
pre.ser.var [prezerv'ar] *vtd* wahren, bewahren, erhalten, konservieren, schonen, schützen.
pre.ser.va.ti.vo [prezervat'ivu] *sm* das Kondom, das Präservativ, das Verhütungsmittel.
pre.si.dên.cia [prezid'ẽsjə] *sf* die Präsidentschaft, der Vorsitz.
pre.si.den.te [prezid'ẽti] *sm* der Präsident, der Vorsitzende.
pre.si.di.á.rio [prezidi'arju] *sm* der Häftling, der Sträfling.
pre.sí.dio [prez'idju] *sm* das Gefängnis.
pre.so [pr'ezu] *adj* gefangen. • *sm* der Häftling, der Sträfling.
pres.sa [pr'ɛsə] *sf* die Eile, die Hast, die Hetze.
pres.são [pres'ãw] *sf* der Druck, die Belastung.
pres.sen.ti.men.to [presẽtim'ẽtu] *sm* die Ahnung, die Vorahnung, das Vorgefühl.
pres.sen.tir [presẽt'ir] *vtd* ahnen, wittern.
pres.si.o.nar [presion'ar] *vtd* **1** drängen, bedrängen, zusetzen. **2** unter Druck setzen.
pres.su.por [presup'or] *vtd* voraussetzen.
pres.ta.ção [prestas'ãw] *sf* die Rate, die Teilzahlung, die Abschlagszahlung.
pres.tar [prest'ar] *vint* **1** nutzen. **2** taugen. *vtd* **3** erweisen, leisten (Dienst, Gefallen). **4** ablegen (Prüfung). *vpron* **5** sich eignen.
pres.tí.gio [prest'iʒju] *sm* das Prestige, das Ansehen, die Geltung.
pre.su.mir [prezum'ir] *vtd* annehmen, unterstellen, voraussetzen, vermuten.
pre.sun.ço.so [prezũs'ozu] *adj* überheblich, eingebildet, selbstgefällig. • *sm* Besserwisser.
pre.sun.to [prez'ũtu] *sm* der Schinken.
pre.ten.den.te [pretẽd'ẽti] *adj+sm+f* der Bewerber, der Kandidat.
pre.ten.der [pretẽd'er] *vtd* **1** beabsichtigen, wollen, bezwecken. **2** meinen. **3** vorgeben.
pre.ten.são [pretẽs'ãw] *sf* **1** das Gehabe, die Einbildung. **2** der Anspruch, die Forderung.
pre.ten.si.o.so [pretẽsi'ozu] *adj* anspruchsvoll, großspurig, bombastisch.
pre.ten.so [pret'ẽsu] *adj* angeblich, vermeintlich.

pre.té.ri.to [pret'ɛritu] *sm* **1** die Vergangenheit. **2** das Imperfekt.
pre.tex.to [pret'estu] *sm* der Vorwand, die Ausrede, das Alibi, die Entschuldigung.
pre.to [pr'etu] *adj* schwarz, dunkel. • *sm* der Schwarze, der Neger.
pre.va.le.cer [prevales'er] *vint* überwiegen, Vorrang haben.
pre.ven.ção [prevẽs'ãw] *sf* die Vorsorge, die Vorbeugung, die Verhütung.
pre.ve.ni.do [preven'idu] *adj* **1** voreingenommen. **2** vorsichtig, gewarnt.
pre.ve.nir [preven'ir] *vtdi* **1** ermahnen, warnen. **2** verhindern, verhüten. *vpron* **3** sich absichern, sich vorsehen.
pre.ven.ti.vo [prevẽt'ivu] *adj* vorbeugend.
pre.ver [prev'er] *vtd* voraussehen, vorhersehen, ahnen, erahnen, absehen.
pre.vi.dên.cia [previd'ẽsjə] *sf* **1** die Vorsehung. **2** die Sozialfürsorge.
pré.vio [pr'ɛvju] *adj* **1** vorherig. **2** im Voraus.
pre.vi.são [previz'ãw] *sf* die Voraussicht, die Vorhersage, die Vorschau, die Prognose.
pre.vi.sí.vel [previz'ivew] *adj* voraussehbar, absehbar, übersehbar.
pre.vis.to [prev'istu] *adj* vorgesehen, voraussichtlich, bestimmt.
pre.za.do [prez'adu] *adj* geschätzt. **prezado senhor** sehr geehrter Herr X.
pri.ma [pr'imə] *sf* die Cousine, die Kusine.
pri.má.rio [prim'arju] *adj* grundlegend, erst, primär. • *sm* die Grundschule.
pri.ma.ve.ra [primav'ɛrə] *sf* der Frühling, der Lenz.
pri.mei.ro [prim'ejru] *adj* vorderst, erst, erstmalig.
pri.mi.ti.vo [primit'ivu] *adj* primitiv, ursprünglich.
pri.mo [pr'imu] *sm* der Vetter, der Cousin.
pri.mo.ro.so [primor'ozu] *adj* ausgezeichnet, vorzüglich, erlesen.
prin.ce.sa [prĩs'ezə] *sf* die Prinzessin.
prin.ci.pal [prĩsip'aw] *adj* hauptsächlich, Haupt... , Kern... • *sm* die Hauptsache.
prin.ci.pal.men.te [prĩsipawm'ẽti] *adj* vor allem.
prín.ci.pe [pr'ĩsipi] *sm* der Prinz.
prin.ci.pi.an.te [prĩsipi'ãti] *adj* **1** angehend. **2** unerfahren. • *sm+f* der Anfänger, der Neuling.
prin.cí.pio [prĩs'ipju] *sm* **1** das Prinzip. **2** der Anfang, der Beginn.
pri.o.ri.da.de [prjorid'adi] *sf* **1** der Vorrang, der Vorzug, die Priorität. **2** der Schwerpunkt.
pri.o.ri.tá.rio [priorit'arju] *adj* vorrangig, vordringlich.
pri.são [priz'ãw] *sf* **1** das Gefängnis, der Kerker. **2** die Festnahme, die Haft, der Arrest.
pri.si.o.nei.ro [prizjon'ejru] *sm* der Häftling, der Gefangene.
pri.va.da [priv'adə] *sf* das Klosett, der Lokus.
pri.va.do [priv'adu] *adj* privat, vertraulich.
pri.var [priv'ar] *vtdi* berauben, vorenthalten.
pri.vi.lé.gio [privil'ɛʒju] *sm* die Bevorzugung, das Vorrecht, die Vergünstigung.
pro.ba.bi.li.da.de [probabilid'adi] *sf* die Wahrscheinlichkeit.
pro.ble.ma [probl'emə] *sm* **1** die Schwierigkeit, das Problem. **2** die Aufgabe.
pro.ble.má.ti.co [problem'atiku] *adj* fragwürdig, problematisch.
pro.ce.dên.cia [prosed'ẽsjə] *sf* die Herkunft.
pro.ce.der [prosed'er] *vint* vorgehen, handeln, verfahren.
pro.ce.di.men.to [prosedim'ẽtu] *sm* das Vorgehen, die Vorgehensweise, das Verfahren, das Handeln, die Aktion.
pro.ces.sa.men.to [prosesam'ẽtu] *sm* die Bearbeitung. **processamento de dados** die Datenverarbeitung.

P

pro.ces.sar [proses'ar] *vtd* **1** prozessieren. **2** bearbeiten, aufbereiten, verarbeiten.

pro.ces.so [pros'ɛsu] *sm* **1** der Prozess, das Verfahren, das Gerichtsverfahren. **2** der Vorgang, der Arbeitsvorgang, die Akte.

pro.cla.mar [proklam'ar] *vtd* ausrufen, verkünden, bekanntmachen.

pro.cri.ar [prokri'ar] *vtd* **1** zeugen, erzeugen. **2** sich fortpflanzen.

pro.cu.ra [prok'urə] *sf* **1** die Suche, die Fahndung. **2** die Nachfrage, der Bedarf.

pro.cu.ra.ção [prokuras'ãw] *sf* die Vollmacht.

pro.cu.ra.dor [prokurad'or] *sm* **1** der Staatsanwalt. **2** der Prokurist.

pro.cu.rar [prokur'ar] *vtd* suchen, durchsuchen, fahnden, sich umsehen nach.

pro.dí.gio [prod'iʒju] *sm* das Wunder.

pro.du.ção [produs'ãw] *sf* die Produktion, die Herstellung, die Fertigung.

pro.du.ti.vi.da.de [produtivid'adi] *sf* die Leistung, die Leistungsfähigkeit, die Arbeitsleistung, die Produktivität.

pro.du.to [prod'utu] *sm* das Produkt, das Erzeugnis.

pro.du.tor [produt'or] *sm* der Hersteller, der Erzeuger, der Fabrikant, der Produzent.

pro.du.zir [produz'ir] *vtd* **1** herstellen, erzeugen, produzieren, fertigen, anfertigen. **2** leisten, hervorbringen, verursachen.

pro.fe.ci.a [profes'iə] *sf* die Prophezeiung, die Weissagung.

pro.fes.sor [profes'or] *sm* **1** der Lehrer. **2** der Professor.

pro.fi.lá.ti.co [profil'atiku] *adj* vorbeugend.

pro.fis.são [profis'ãw] *sf* **1** der Beruf, die Tätigkeit. **2** das Handwerk, das Fach.

pro.fis.si.o.nal [profisjon'aw] *adj* beruflich, fachlich, professionell. • *sm+f* **1** der Fachmann. **2** der Profi.

pro.fun.de.za [profũd'ezə] *sf* **1** die Tiefe. **2** der Tiefsinn.

pro.fun.do [prof'ũdu] *adj* tief, tiefgründig.

pro.gra.ma [progr'ʌmə] *sm* das Programm, das Konzept, der Plan.

pro.gra.ma.ção [programas'ãw] *sf* das Programm, das Verzeichnis, der Spielplan.

pro.gra.ma.dor [programad'or] *sm* der Programmierer.

pro.gra.mar [program'ar] *vtd* programmieren.

pro.gre.dir [progred'ir] *vint* **1** fortkommen, weiterkommen. **2** vorrücken, sich vorarbeiten.

pro.gres.so [progr'ɛsu] *sm* der Fortschritt, der Aufstieg.

pro.i.bi.ção [projbis'ãw] *sf* das Verbot.

pro.i.bi.do [proib'idu] *adj* verboten, unerlaubt.

pro.i.bir [projb'ir] *vtdi* verbieten, untersagen.

pro.je.tar [proʒet'ar] *vtd* **1** entwerfen, planen, konstruieren. **2** vorsehen. **3** projizieren.

pro.je.to [proʒ'ɛtu] *sm* das Projekt, der Entwurf, die Zeichnung, das Konzept, das Vorhaben, die Vorlage.

pro.je.tor [proʒet'or] *sm* **1** der Projektor. **2** der Scheinwerfer. **3** der Bildwerfer, das Vorführgerät (Film).

pro.li.fe.rar [prolifer'ar] *vint* wuchern, sich vermehren, sich ausbreiten.

pró.lo.go [pr'ɔlogu] *sm* **1** der Prolog, das Vorwort. **2** das Vorspiel.

pro.lon.gar [prolõg'ar] *vtd* ausdehnen, verlängern.

pro.mes.sa [prom'ɛsə] *sf* das Versprechen, die Zusicherung, die Zusage.

pro.me.ter [promet'er] *vtd* versprechen, zusagen, sich verpflichten.

pro.mis.sor [promis'or] *adj* vielversprechend, erfolgversprechend, aussichtsreich.

pro.mo.ção [promos'ãw] *sf* **1** die Förderung. **2** die Beförderung, die Versetzung. **3** die Verkaufsförderung. **4** die Promotion. **5** das Sonderangebot.

pro.mo.tor [promot'or] *sm* **1** der Anwalt. **2** der Veranstalter.

pro.mo.ver [promov'er] *vtd* **1** promovieren. **2** fördern. **3** befördern, versetzen. **4** veranstalten.

pro.no.me [pron'omi] *sm* das Fürwort.

pron.ti.dão [prõtid'ãw] *sm* die Bereitschaft, die Alarmbereitschaft.

pron.to [pr'õtu] *adj* **1** fertig, erledigt. **2** bereit, parat. • *adv* bereitwillig.

pron.to-so.cor.ro [prõtusok'or̃u] *sm* die Notfallstation, die Notaufnahme.

pro.nún.cia [pron'ũsjə] *sf* die Aussprache.

pro.nun.ci.ar [pronũsi'ar] *vtd* **1** aussprechen, halten (Rede). *vpron* **2** sich äußern.

pro.pa.ga.ção [propagas'ãw] *sf* die Verbreitung, die Ausbreitung, die Ausstrahlung, die Fortpflanzung.

pro.pa.gan.da [propag'ãdə] *sf* die Werbung, die Propaganda, die Reklame.

pro.pa.gar [propag'ar] *vtd* **1** verbreiten, ausbreiten. *vpron* **2** sich fortpflanzen.

pro.pi.na [prop'inə] *sf* das Schmiergeld.

pro.por [prop'or] *vtdi* **1** vorschlagen. **2** beantragen.

pro.por.ção [propors'ãw] *sf* **1** das Verhältnis, das Größenverhältnis, die Proportion. **2** der Anteil, das Ausmaß.

pro.por.ci.o.nal [proporsjon'aw] *adj* proportional, verhältnismäßig, entsprechend.

pro.por.ci.o.nar [proporsjon'ar] *vtd* spenden, geben, verschaffen, gewähren.

pro.po.si.tal [propozit'au] *adj* vorsätzlich, absichtlich, bewusst, gezielt.

pro.pó.si.to [prop'ɔzitu] *sm* das Vorhaben, die Absicht, der Zweck.

pro.pos.ta [prop'ɔstə] *sf* das Angebot, die Offerte, der Antrag, der Vorschlag.

pro.pri.a.men.te [proprjam'ẽti] *adv* eigentlich.

pro.pri.e.da.de [proprjed'adi] *sf* **1** der Besitz, das Eigentum. **2** das Anwesen. **3** die Eigenschaft.

pro.pri.e.tá.rio [proprjet'arju] *sm* der Besitzer, der Eigentümer, der Hausbesitzer.

pró.prio [pr'ɔprju] *adj* **1** eigen. **2** passend, geeignet. **3** selbst.

pror.ro.gar [pror̃og'ar] *vtd* **1** verlängern. **2** vertagen, aufschieben.

pro.sa [pr'ɔzə] *sf* **1** die Prosa. **2** das Geplauder.

pros.pec.to [prosp'ɛktu] *sm* der Prospekt.

pros.pe.ri.da.de [prosperid'adi] *sf* der Wohlstand, das Gedeihen, der Segen, das Heil.

prós.pe.ro [pr'ɔsperu] *adj* wohlhabend, blühend.

pros.se.guir [proseg'ir] *vtd* fortsetzen.

prós.ta.ta [pr'ɔstatə] *sf* die Vorsteherdrüse.

pros.ti.tu.i.ção [prostitwis'ãw] *sf* die Prostitution, die Unzucht.

pros.ti.tu.ta [prostit'utə] *sf* Prostituierte, die Dirne, die Hure.

pro.ta.go.nis.ta [protagon'istə] *sm* der Held, der Hauptdarsteller.

pro.te.ção [protes'ãw] *sf* **1** der Schutz, das Schutzmittel, der Schirm. **2** die Obhut, die Deckung. **3** die Begünstigung.

pro.te.ger [proteʒ'er] *vtd* decken, schützen, beschützen, behüten.

pro.te.gi.do [proteʒ'idu] *adj* geschützt, geborgen. • *sm* der Schützling, der Günstling.

pro.te.lar [protel'ar] *vtd* **1** hinausschieben, hinausziehen. **2** vertrösten.

pro.te.í.na [prote'inə] *sf* das Protein, das Eiweiß.

pro.tes.tan.te [protest'ãti] *adj* protestantisch, evangelisch. • *sm+f* der Protestant.

pro.tes.tar [protest'ar] *vti* protestieren, demonstrieren, widersprechen.

pro.tes.to [prot'ɛstu] *sm* **1** der Protest. **3** der Tumult.

pro.va [pr'ɔvə] *sf* **1** der Beweis, der Beleg, der Nachweis, die Bestätigung. **2** die Prüfung, das Examen. **3** der Abzug, der Andruck (Druckerei). **4** die Probe.

pro.var [prov'ar] *vtd* **1** beweisen, zeigen, demonstrieren, nachweisen, dokumentieren. **2** proben. **3** *Culin* probieren, kosten.

pro.vá.vel [prov'avew] *adj* mutmaßlich, vermutlich, wahrscheinlich. • *adv* wohl.

pro.vei.to [prov'ejtu] *sm* der Nutzen, der Profit, der Vorteil. **bom proveito!** wohl bekomm's!

pro.vér.bio [prov'ɛrbju] *sm* der Spruch, das Sprichwort.

pro.ve.ta [prov'etə] *sf* das Reagenzglas, die Retorte.

pro.vi.dên.cia [provid'ẽsjə] *sf* **1** die Vorsorge. **2** die Vorkehrung, die Maßnahme, die Abhilfe.

pro.vi.den.ci.ar [providẽsi'ar] *vtd* verschaffen, besorgen.

pro.vín.cia [prov'ĩsjə] *sf* die Provinz.

pro.vi.são [proviz'ãw] *sf* **1** die Ausstattung, der Vorrat. **2** *pl* die Rückstellungen. **3** der Proviant.

pro.vi.só.rio [proviz'ɔrju] *adj* provisorisch, vorläufig, vorübergehend, Übergangs...

pro.vo.ca.ção [provokas'ãw] *sf* **1** die Provokation, die Herausforderung. **2** die Erregung.

pro.vo.can.te [provok'ãti] *adj* provokatorisch, aufreizend, kokett, neckisch.

pro.vo.car [provok'ar] *vtd* **1** bewirken, erregen, hervorrufen, verursachen, provozieren, induzieren. **2** reizen, hetzen, ärgern, herausfordern.

pro.xi.mi.da.de [prosimid'adi] *sf* die Nähe.

pró.xi.mo [pr'ɔsimu] *adj* nahe, nächst, folgend.

pru.dên.cia [prud'ẽsjə] *sf* die Besonnenheit, die Klugheit, die Umsicht.

pru.den.te [prud'ẽti] *adj* **1** klug, besonnen, weise, umsichtig, vorsichtig, bedächtig. **2** ratsam.

psi.ca.ná.li.se [psikan'alizi] *sf* die Psychoanalyse.

psi.ca.na.lis.ta [psikanal'istə] *sm+f* der Psychoanalytiker.

psi.co.lo.gi.a [psikoloʒ'iə] *sf* die Psychologie.

psi.co.ló.gi.co [psikol'ɔʒiku] *adj* psychologisch.

psi.co.te.ra.pi.a [psikoterap'iə] *sf* die Psychotherapie.

psi.qui.a.tra [psiki'atrə] *sm+f* der Psychiater.

psi.qui.a.tri.a [psikjatr'iə] *sf* die Psychiatrie.

psí.qui.co [ps'ikiku] *adj* **1** psychisch. **2** seelisch.

pu.ber.da.de [puberd'adi] *sf* die Pubertät, die Reifezeit.

pu.bli.ca.ção [publikas'ãw] *sf* **1** die Schrift, die Publikation. **2** die Herausgabe, die Veröffentlichung. **3** die Bekanntmachung, die Bekanntgabe.

pu.bli.car [publik'ar] *vtd* **1** publizieren, herausgeben, herausbringen, veröffentlichen, verlegen. **2** bekannt machen, bekannt geben, verkünden.

pu.bli.ci.da.de [publisid'adi] *sf* die Propaganda, die Reklame, die Werbung.

pu.bli.ci.tá.rio [publisit'arju] *sm* der Werbefachmann.

pú.bli.co [p'ubliku] *adj* öffentlich, staatlich. • *sm* **1** die Öffentlichkeit, die Allgemeinheit. **2** das Publikum, der Besucher.

pu.dim [pud'ĩ] *sm* der Pudding.

pu.dor [pud'or] *sm* die Scham, die Schamhaftigkeit.

pu.e.ril [pwer'iw] *adj* **1** kindlich. **2** kindisch, albern.

pu.lar [pul'ar] *vint* **1** hüpfen, springen. *vtd* **2** überspringen.

pul.ga [p'uwgə] *sf* der Floh.

pul.mão [puwm'ãw] *sm* die Lunge.

pu.lo [p'ulu] *sm* **1** der Sprung, der Satz, der Hopser. **2** der Abstecher.

pu.lô.ver [pul′over] *sm* der Pullover, der Pulli.
pul.sei.ra [puws′ejrə] *sf* das Armband.
pul.so [p′uwsu] *sm* das Handgelenk, der Puls.
pu.nha.do [puñ′adu] *sm* die Handvoll, das Büschel.
pu.nhal [puñ′aw] *sm* der Dolch.
pu.nho [p′uñu] *sm* **1** die Manschette. **2** das Heft, der Knebel, der Griff. **3** die Faust.
pu.ni.ção [punis′ãw] *sf* die Strafe, die Bestrafung, die Maßregelung.
pu.nir [pun′ir] *vtd* strafen, bestrafen.
pu.re.za [pur′ezə] *sf* **1** die Reinheit. **2** die Echtheit.
pu.ri.fi.car [purifik′ar] *vtd* reinigen, klären.
pu.ro [p′uru] *adj* **1** rein, naturrein, pur, sauber. **2** echt, gediegen.
pus [p′us] *sm* der Eiter.
pu.ta [p′utə] *sf pop* die Nutte, die Hure, die Dirne.
pu.xa! [p′uʃə] *interj* Donnerwetter!
pu.xar [puʃ′ar] *vtd* **1** ziehen, zücken. **2** anziehen (Bremse).
pu.xa-sa.co [puʃas′aku] *sm pop* der Radfahrer (*fig*), der Schmeichler.

P

q

q, Q [k'e] *sm* Buchstabe q, Q.

qua.dra [k'wadrə] *sf* **1** das Quadrat, der Platz. **2** der Häuserblock. **3** *Esp* das Feld, das Spielfeld.

qua.dra.do [kwadr'adu] *adj* **1** quadratisch. **2** kleinkariert, spießig. • *sm* das Quadrat, das Feld, das Kästchen. **ao quadrado** im Quadrat.

qua.dri.cu.la.do [kwadrikul'adu] *adj* kariert.

qua.dril [kwadr'iw] *sm* die Hüfte, die Lende.

qua.dri.lha [kwadr'iλə] *sf* die Bande.

qua.dro [k'wadru] *sm* **1** das Bild, das Gemälde, die Malerei. **2** die Tafel. **3** der Rahmen.

qual [k'waw] *pron* welch.

qua.li.da.de [kwalid'adi] *sf* **1** die Qualität, die Güte, der Vorzug. **2** die Beschaffenheit, die Eigenschaft.

qua.li.fi.ca.ção [kwalifikas'ãw] *sf* **1** die Qualifikation, die Eignung, die Befähigung. **2** die Bezeichnung, die Bestimmung.

qua.li.fi.ca.do [kwalifik'adu] *adj* befähigt, geeignet, qualifiziert, gelernt.

qua.li.fi.car [kwalifik'ar] *vtd* **1** befähigen. **2** qualifizieren, kennzeichnen. *vti* **3** bezeichnen, abstempeln als, erklären für.

qual.quer [kwawk'ɛr] *pron+adj* irgendein, beliebig, x-beliebig.

quan.do [k'wãdu] *conj* wenn, als, indem. • *adv* wann.

quan.ti.a [kwãt'iə] *sf* **1** die Menge. **2** der Betrag, die Summe.

quan.ti.da.de [kwãtid'adi] *sf* die Menge, die Anzahl, die Größe, die Quantität.

quan.to [k'wãtu] *pron+adj+adv* **1** wie viel. **2** soviel. **3** sowohl.

quar.ta-fei.ra [kwartaf'ejrə] *sf* der Mittwoch. **quarta-feira de cinzas** der Aschermittwoch.

quar.tei.rão [kwartejr'ãw] *sm* der Häuserblock.

quar.tel [kwart'ɛw] *sm* die Kaserne.

quar.te.to [kwart'etu] *sm* das Quartett.

quar.to [k'wartu] *adj* vierte. • *sm* **1** das Viertel. **2** das Zimmer, der Raum. **3** die Kammer, das Schlafzimmer.

qua.se [k'wazi] *adv* fast, beinah(e), nahezu, quasi.

que [k'e] *pron* **1** der, die, das. **2** welcher, was für ein. • *conj* dass.

que.bra.do [kebr'adu] *adj* **1** gebrochen, zerbrochen, kaputt. **2** bankrott.

que.bra-que.bra [kɛbrak'ebra] *sm* die Demolierung, die Schlägerei, die Prügelei.

que.brar [kebr'ar] *vtd* **1** brechen, zerbrechen, zerschlagen, einschlagen, einwerfen. **2** demolieren. **3** überbieten (Rekord). *vint* **8** brechen, zerbrechen, springen. **9** scheitern, bankrott werden.

que.da [k'ɛdə] *sf* **1** der Fall, der Sturz. **2** das Gefälle. **3** der Niedergang, der Einbruch, der Rückgang. **4** die Senkung (Preise). **5** der Hang, die Neigung.

quei.jo [k'ejʒu] *sm* der Käse.
quei.ma [k'ejmə] *sm* **1** die Verbrennung. **2** der Schlussverkauf.
quei.ma.du.ra [kejmad'urə] *sf* die Verbrennung, die Brandwunde.
quei.mar [kejm'ar] *vint* **1** brennen, verbrennen. *vtd* **2** verbrennen, sengen. **3** verschleudern, verpulvern, vergeuden (Geld, Vermögen). **4** verramschen (Waren).
quei.xa [k'ejʃə] *sf* **1** die Klage, die Beschwerde, die Beanstandung, die Reklamation. **2** die Anklage.
quei.xar-se [kejʃ'arsi] *vpron* klagen, sich beklagen, sich beschweren, reklamieren.
quei.xo [k'ejʃu] *sm* das Kinn.
quem [k'ẽj] *pron* wer, welcher.
quen.te [k'ẽti] *adj* heiß, warm.
que.rer [ker'er] *vtd* wollen, mögen, wünschen.
que.ri.do [ker'idu] *adj* **1** beliebt. **2** lieb, herzig. • *sm* der Liebling.
que.ro.se.ne [keroz'eni] *sm* das Petroleum, das Kerosin, das Leuchtöl.
ques.tão [kest'ãw] *sf* **1** die Frage, das Problem, die Sache, die Angelegenheit. **2** die Affäre. **fazer questão** Wert legen auf.
ques.ti.o.nar [kestjon'ar] *vtd* **1** erörtern, diskutieren. **2** in Frage stellen.
ques.ti.o.ná.rio [kestjon'arju] *sm* der Fragebogen.
qui.e.to [k'iɛtu] *adj* ruhig, still, verschwiegen.
qui.lo [k'ilu] *sm* das Kilo.
qui.lo.gra.ma [kilogr'ʌmə] *sm* das Kilogramm.
qui.lo.me.tra.gem [kilometr'aʒẽj] *sf* die Kilometerzahl.
qui.lô.me.tro [kil'ometru] *sm* der Kilometer.
quí.mi.ca [k'imikə] *sf* die Chemie.
quí.mi.co [k'imiku] *adj* chemisch. • *sm* der Chemiker.
qui.mi.o.te.ra.pi.a [kimjoterap'iə] *sf* die Chemotherapie.
qui.na [k'inə] *sf* die Ecke, der Rand.
quin.ta [k'ĩta] *sf* das Landgut.
quin.ta-fei.ra [kĩtaf'ejrə] *sf* der Donnerstag.
quin.tal [kĩt'aw] *sm* **1** der Hof, der Hinterhof. **2** der Garten.
quin.to [k'ĩtu] *adj* fünfte.
quin.ze.na [kĩz'enə] *sf* Zeitraum von vierzehn Tagen.
qui.os.que [ki'ɔski] *sm* der Kiosk, die Bude, der Stand.
qui.tar [kit'ar] *vtd* bezahlen, begleichen.
quo.ci.en.te [kwosi'ẽti] *sm* der Quotient.
quo.ta [k'wɔtə] *sf* **1** der Anteil, die Quote, das Kontingent. **2** das Soll.

r

r, R [ˈɛr̄i] *sm* Buchstabe r, R.
rã [r̄ˈã] *sf* der Frosch.
ra.bis.car [r̄abiskˈar] *vtd* kritzeln, schmieren, beschmieren.
ra.bo [r̄ˈabu] *sm* der Schwanz.
ra.bu.gen.to [r̄abuʒˈẽtu] *adj* griesgrämig, sauer, verdrießlich.
ra.ça [r̄ˈasə] *sf* die Rasse.
ra.ção [r̄asˈãw] *sf* das Futter.
ra.cha.do [r̄aʃˈadu] *adj* rissig.
ra.cha.du.ra [r̄aʃadˈurə] *sf* der Riss, der Knacks, die Spalte.
ra.char [r̄aʃˈar] *vint+vpron* **1** bersten, springen, zerspringen. *vtd* **2** spalten, reißen, hacken, hauen (Holz). **3** sich teilen (Rechnung, Kosten).
ra.ci.al [r̄asiˈaw] *adj* rassisch, Rassen...
ra.ci.o.ci.nar [r̄asjosinˈar] *vint* denken, überlegen.
ra.ci.o.cí.nio [r̄asjosˈinju] *sm* die Überlegung, das Denken.
ra.ci.o.nal [r̄asjonˈaw] *adj* rational, vernünftig, rationell.
ra.ci.o.na.li.zar [r̄asjonalizˈar] *vtd* rationalisieren, straffen.
ra.ci.o.nar [r̄asjonˈar] *vtd* rationieren, zuteilen, beschränken.
ra.cis.mo [r̄asˈizmu] *sm* die Rassenhetze, der Rassenhass, der Rassismus.
ra.cis.ta [r̄asˈistə] *sm* der Rassist.
ra.di.a.ção [r̄adjasˈãw] *sf* die Strahlung, die Bestrahlung.
ra.di.a.ti.vo [r̄adiatˈivu] *adj* radioaktiv.
ra.di.cal [r̄adikˈaw] *adj* **1** radikal, gründlich. **2** rücksichtslos, einschneidend. • *sm Gram* die Wurzel, der Stamm, der Wortstamm.
rá.dio [r̄ˈadju] *sm* **1** das Radio, das Rundfunkgerät, das Empfangsgerät. **2** der Funk, der Rundfunk, der Hörfunk.
rádio portátil das Kofferradio.
ra.di.o.a.ma.dor [r̄adjoamadˈor] *sm* der Radioamateur.
ra.di.o.gra.fi.a [r̄adjografˈiə] *sf* die Röntgenaufnahme, das Röntgenbild.
ra.di.or.re.ló.gio [r̄adjor̄elˈɔʒju] *sm* das Uhrenradio.
ra.di.o.te.ra.pi.a [r̄adjoterapˈiə] *sf* die Bestrahlung, die Strahlenbehandlung.
ra.i.nha [r̄aˈiñə] *sf* **1** die Königin. **2** die Dame (Schach).
rai.o [r̄ˈaju] *sm* **1** der Strahl. **2** der Blitz. **3** die Speiche (Rad). **4** der Halbmesser, der Radius. **5** der Umkreis.
rai.va [r̄ˈajvə] *sf* **1** die Wut, der Zorn, der Jähzorn. **2** die Tollwut.
ra.iz [r̄aˈis] *sf* die Wurzel.
ra.ja.da [r̄aʒˈadə] *sf* die Bö/Böe, der Windstoß.
ra.lar [r̄alˈar] *vtd* reiben, raspeln.
ra.lé [r̄alˈɛ] *sf* der Abschaum, der Pöbel, das Gesindel.
ra.lhar [r̄aʎˈar] *vti* schimpfen.
ra.lo [r̄ˈalu] *adj* **1** dünn, dünnflüssig. **2** spärlich, licht, schütter (Haar). • *sm* **1** der Ausguss, der Ausfluss. **2** die Reibe.

ra.mal [r̄am'aw] *sm* **1** die Abzweigung, die Nebenlinie, die Zuleitung. **2** der Apparat (Telefon).
ra.ma.lhe.te [r̄amaλ'eti] *sm* der Blumenstrauß, das Gebinde.
ra.mo [r̄'Λmu] *sm* **1** der Zweig. **2** die Branche, der Bereich, die Sparte.
ram.pa [r̄'ãpə] *sf* **1** die Rampe, die Auffahrt, die Steigung. **2** die Böschung.
ran.ço [r̄ãs'o] *sm* **1** der ranzige Geruch. **2** *fig* der Mief, der Muff.
ran.cor [r̄ãk'or] *sm* der Groll. **guardar rancor** nachtragend sein.
ran.ço.so [r̄ãs'ozu] *adj* ranzig.
ra.pa.du.ra [r̄apad'ura] *sf* das Rohzuckerstück.
ra.paz [r̄ap'as] *sm* **1** der Junge, der Bub(e). **2** der Bengel, der Spund.
ra.pi.dez [r̄apid'es] *sf* die Schnelligkeit.
rá.pi.do [r̄'apidu] *adj* **1** schnell, rasch, geschwind, zügig, eilig, flink, hurtig. **2** bald.
ra.po.sa [r̄ap'ozə] *sf* der Fuchs.
rap.tar [r̄apt'ar] *vtd* entführen, verschleppen.
rap.to [r̄'aptu] *sm* die Entführung.
ra.que.te [r̄ak'ɛti] *sf* der Schläger.
ra.ra.men.te [r̄aram'ẽti] *adv* selten.
ra.ri.da.de [r̄arid'adi] *sf* die Rarität, die Seltenheit, die Sehenswürdigkeit.
ra.ro [r̄'aru] *adj* **1** selten, vereinzelt, rar. **2** ungewöhnlich.
ras.cu.nho [r̄ask'uñu] *sm* das Arbeitspapier, die Skizze, der Entwurf.
ras.gar [r̄azg'ar] *vtd* reißen, einreißen, zerreißen, zerfetzen.
ra.so [r̄'azu] *adj* flach, seicht.
ras.par [r̄asp'ar] *vtd* **1** kratzen, abkratzen, schaben, abschaben. **2** streifen.
ras.tei.ro [r̄ast'ejru] *adj* niedrig, kriechend.
ras.te.jar [r̄asteʒ'ar] *vint* **1** kriechen. **2** nachspüren.
ras.tre.a.men.to [r̄astream'ẽtu] *sm* die Ortung.
ras.tro [r̄'astru] *sm* die Spur, die Fährte.
ra.su.rar [r̄azur'ar] *vtd* abschaben, abkratzen, radieren.
ra.ta.za.na [r̄ataz'Λnə] *sf* die Ratte.
ra.te.ar [r̄ate'ar] *vtd* aufteilen, aufschlüsseln, umlegen.
ra.ti.fi.car [r̄atifik'ar] *vtd* ratifizieren, bestätigen, verabschieden, billigen.
ra.to [r̄'atu] *sm* die Maus.
ra.to.ei.ra [r̄ato'ejrə] *sf* die Mausefalle.
ra.zão [r̄a'zãw] *sf* **1** der Grund. **2** die Vernunft.
ra.zo.á.vel [r̄azo'avew] *adj* **1** sinnvoll, vernünftig. **2** zumutbar, erschwinglich. • *adv* ziemlich.
ré [r̄'ɛ] *sm* **1** *Mús* D. *sf* **2** die Angeklagte. **3** der Rückwärtsgang.
re.a.bas.te.cer [r̄eabastes'er] *vtd* nachfüllen, auffüllen.
re.a.bi.li.ta.ção [r̄eabilitas'ãw] *sf* **1** die Rehabilitation. **2** die Ehrenrettung.
re.a.ção [r̄eas'ãw] *adj* **1** die Reaktion, die Resonanz. **2** die Antwort.
re.a.gir [r̄eaʒ'ir] *vti* **1** reagieren, antworten. **2** begegnen, sich verhalten. **3** sich aufraffen.
re.a.jus.tar [r̄eaʒust'ar] *vtd* **1** angleichen, anpassen. **2** nachstellen (Uhr).
re.al [r̄e'aw] *adj* **1** real, faktisch, objektiv. **2** tatsächlich, reell, wirklich, echt. **3** königlich.
re.al.çar [r̄eaws'ar] *vtd* betonen, hervorheben, untermalen.
re.a.li.da.de [r̄ealid'adi] *sf* die Realität, die Wirklichkeit, die Tatsache, der Sachverhalt.
re.a.lis.mo [r̄eal'izmu] *sm* der Realismus, der Wirklichkeitssinn, die Sachlichkeit, die Nüchternheit.
re.a.lis.ta [r̄eal'istə] *adj* realistisch, sachlich, nüchtern, lebensnah. • *sm* **1** der Realist. **2** *pop* der Realo.
re.a.li.za.ção [r̄ealizas'ãw] *sf* **1** die Verwirklichung, die Ausführung, die Durchsetzung, die Abwicklung. **2** die Veranstaltung. **3** die Errungenschaft, die Leistung.
re.a.li.zar [r̄ealiz'ar] *vtd* **1** realisieren,

verwirklichen, ausführen, durchführen, veranstalten, betreiben, absolvieren, leisten. **2** aufziehen (Fest, Party). *vpron* **3** sich erfüllen, in Erfüllung gehen.

re.a.li.zá.vel [r̄ealiz'avew] *adj* ausführbar, durchführbar.

re.al.men.te [r̄eawm'ẽti] *adv* wirklich, eigentlich, tatsächlich.

re.a.pa.re.cer [r̄eapares'er] *vint* wieder erscheinen/auftauchen.

re.a.pro.vei.ta.men.to [r̄eaprovejtam'ẽtu] *sm* die Wiederverwertung, die Wiederaufbereitung.

re.a.ti.var [r̄eativ'ar] *vtd* wieder aufnehmen, wieder in Schwung bringen.

re.a.tor [r̄eat'or] *sm* der Reaktor, der Brüter.

re.a.ver [r̄eav'er] *vtd* wiedergewinnen, zurückbekommen.

re.bai.xar [r̄ebajʃ'ar] *vtd* **1** abwerten. **2** senken, erniedrigen. **3** versenken. *vpron* **4** sich erniedrigen.

re.ba.nho [r̄eb'Λñu] *sm* die Herde.

re.be.lar [r̄ebel'ar] *vpron* sich empören, rebellieren.

re.bel.de [r̄eb'ɛwdi] *adj* rebellisch, aufrührerisch, widerspenstig. • *sm* der Rebell, der Aufrührer.

re.be.li.ão [r̄ebeli'ãw] *sf* die Rebellion, die Revolte, der Aufruhr, der Aufstand, die Empörung.

re.ben.tar [r̄ebẽt'ar] *vint* platzen, reißen, zerreißen, brechen.

re.bo.ca.dor [r̄ebokad'or] *sm* der Abschleppwagen, der Schlepper.

re.bo.car [r̄ebok'ar] *vtd* **1** schleppen, abschleppen. **2** verputzen.

re.bo.co [r̄eb'oku] *sm* der Putz, der Verputz, der Gips.

re.bo.lar [r̄ebol'ar] *vint* sich wiegen, sich biegen, schlenkern.

re.bo.que [r̄eb'ɔki] *sm* **1** der Anhänger. **2** der Abschleppwagen.

re.bus.ca.do [r̄ebusk'adu] *adj* kunstvoll, ausgesucht.

re.ca.do [r̄ek'adu] *sm* die Nachricht, der Bescheid, die Botschaft.

re.ca.í.da [r̄eka'idə] *sf* der Rückfall.

re.cal.car [r̄ekawk'ar] *vtd* verdrängen.

re.ca.pi.tu.lar [r̄ekapitul'ar] *vtd* **1** wiederholen. **2** zusammenfassen, festhalten.

re.ca.ta.do [r̄ekat'adu] *adj* zurückhaltend, sittsam, schamhaft.

re.ce.ar [r̄ese'ar] *vtd* scheuen, fürchten, befürchten.

re.ce.ber [r̄eseb'er] *vtd* **1** empfangen, bekommen, erhalten, kriegen, kassieren. **2** aufnehmen.

re.ce.bi.men.to [r̄esebim'ẽtu] *sm* der Empfang, der Erhalt, die Entgegennahme, der Eingang.

re.cei.o [r̄es'eju] *sm* die Scheu, die Furcht, die Befürchtung, das Bedenken.

re.cei.ta [r̄es'ejtə] *sf* **1** die Einnahme(n), die Einkünfte. **2** der Ertrag. **3** das Rezept.

re.cei.tar [r̄esejt'ar] *vtd* verschreiben, verordnen.

re.cém-che.ga.do [r̄es'ẽjʃeg'adu] *sm* der Ankömmling, der Neuling.

re.cém-nas.ci.do [r̄es'ẽjnas'idu] *sm* der Neugeborene.

re.cen.te [r̄ẽs'ẽti] *adj* neu, neulich, kürzlich. • *adv* neuerdings, letztlich.

re.ce.o.so [r̄ese'ozu] *adj* ängstlich, zaghaft, sorgenvoll.

re.cep.ção [r̄eseps'ãw] *sf* **1** die Begrüßung, die Aufnahme. **2** die Bewirtung. **3** die Empfangshalle.

re.cep.ci.o.nis.ta [r̄esepsjon'istə] *sf* **1** die Empfangsdame. **2** die Sprechstundenhilfe.

re.cep.ta.dor [r̄eseptad'or] *sm* der Hehler.

re.ces.são [r̄eses'ãw] *sf* die Rezession, der Konjunkturrückgang.

re.ces.so [r̄es'ɛsu] *sm* die Ferien, die Sommerpause, die Winterpause.

re.chei.o [r̄eʃ'eju] *sm* die Füllung.

re.ci.bo [r̄es'ibu] *sm* die Quittung, die Bescheinigung, die Bestätigung, die Empfangsbestätigung, der Kassenzettel.

re.ci.clar [r̄esikl'ar] *vtd* wieder aufbereiten.

re.ci.fe [r̄es'ifi] *sm* das Riff, die Klippe.

re.cin.to [r̄es'ĩtu] *sm* **1** der Raum. **2** das Gelände.
re.ci.pi.en.te [r̄esipi'ẽti] *sm* der Behälter, das Gefäß.
re.cí.pro.co [r̄es'iproku] *adj* gegenseitig, beiderseitig, wechselseitig.
re.ci.tal [r̄esit'aw] *sm* der Vortrag, das Solistenkonzert.
re.cla.ma.ção [r̄eklamas'ãw] *sf* **1** die Reklamation, die Beschwerde, die Beanstandung. **2** der Anspruch, die Forderung.
re.cla.mar [r̄eklam'ar] *vtd* **1** fordern, anmahnen. *vint+vti* **2** reklamieren, murren, sich beschweren. **3** *pop* meckern, maulen.
re.co.lher [r̄ekoλ'er] *vtd* **1** sammeln, einsammeln, auflesen. **2** einbringen, bergen, einholen. **3** einkassieren, eintreiben. **4** abführen (Steuern). **5** zurückziehen, zurückrufen (Waren).
re.co.me.çar [r̄ekomes'ar] *vtd* wieder beginnen, wieder aufnehmen.
re.co.men.da.ção [r̄ekomẽdas'ãw] *sf* die Empfehlung.
re.co.men.dar [r̄ekomẽd'ar] *vtdi* nahelegen, anraten, empfehlen.
re.co.men.dá.vel [r̄ekomẽd'avew] *adj* empfehlenswert, ratsam.
re.com.pen.sa [r̄ekõp'ẽsə] *sf* **1** der Lohn, die Belohnung, die Prämie. **2** der Finderlohn.
re.con.ci.li.ar [r̄ekõsili'ar] *vtd* aussöhnen, versöhnen.
re.co.nhe.cer [r̄ekoñes'er] *vtd* **1** anerkennen, beglaubigen, bestätigen. **2** erkennen, einsehen. **3** zugeben, eingestehen.
re.co.nhe.ci.men.to [r̄ekoñesim'ẽtu] *sm* **1** die Anerkennung, die Würdigung, die Geltung. **2** die Bestätigung. **3** die Dankbarkeit.
re.con.quis.tar [r̄ekõkist'ar] *vtd* zurückerobern.
re.con.si.de.rar [r̄ekõsider'ar] *vtd* überdenken.
re.cons.ti.tu.ir [r̄ekõstitu'ir] *vtd* wiederherstellen, nachvollziehen.
re.cons.tru.ir [r̄ekõstru'ir] *vtd* **1** wieder aufbauen. **2** rekonstruieren.
re.con.tar [r̄ekõt'ar] *vtd* **1** nacherzählen. **2** nachzählen.
re.cor.da.ção [r̄ekordas'ãw] *sf* die Erinnerung, das Andenken.
re.cor.dar [r̄ekord'ar] *vtd* **1** erinnern. *vpron* **2** sich entsinnen.
re.cor.de [r̄ek'ɔrdi] *sm* die Bestleistung, die Höchstleistung, der Rekord.
re.cor.rer [r̄ekor̄'er] *vti* **1** Berufung einlegen, appellieren. **2** sich bedienen.
re.cor.te [r̄ek'ɔrti] *sm* der Ausschnitt.
re.crei.o [r̄ekr'eju] *sm* die Pause, die Erholung.
re.cru.ta [r̄ekr'utə] *sm* der Rekrut.
re.cru.ta.men.to [r̄ekrutam'ẽtu] *sm* **1** die Einberufung, die Einziehung. **2** die Personalbeschaffung, die Anwerbung. **3** die Einstellung.
re.cru.tar [r̄ekrut'ar] *vtd* **1** einberufen, einziehen. **2** einstellen. **3** anheuern, anwerben.
re.cu.ar [r̄eku'ar] *vint* **1** zurückschrecken, zurückweichen. **2** einrücken (Zeile).
re.cu.pe.ra.ção [r̄ekuperas'ãw] *sf* **1** die Bergung. **2** die Erholung, die Besserung. **3** die Sanierung.
re.cu.pe.rar [r̄ekuper'ar] *vtd* **1** bergen, einholen. **2** aufholen, nachholen. **3** zurückgewinnen, sanieren. **4** wiedergewinnen. *vpron* **5** sich erholen.
re.cur.so [r̄ek'ursu] *sm* **1** das Mittel, das Hilfsmittel. **2** der Rückhalt. **3** die Berufung, der Einspruch. **4** der Ausweg. **5** *pl* das Material. **6** das Vermögen. **recursos humanos** die Personalabteilung.
re.cu.sar [r̄ekuz'ar] *vtd* **1** ablehnen, abschlagen, verweigern, abweisen, zurückweisen. **2** absagen, abschreiben. **3** aufkündigen. **4** beanstanden (Ware). *vpron* **5** sich weigern.
re.da.ção [r̄edas'ãw] *sf* **1** die Formulierung, die Abfassung. **2** der Aufsatz. **3** die Redaktion.

re.da.tor [r̄edat'or] *sm* der Redakteur, der Herausgeber.
re.de [r̄'edi] *sf* **1** das Netz. **2** die Hängematte.
re.den.tor [r̄edẽt'or] *sm* der Retter, der Erlöser.
re.di.gir [r̄ediʒ'ir] *vtd* aufsetzen, abfassen, redigieren.
re.don.de.za [r̄edõd'ezə] *sf* der Umkreis.
re.don.do [r̄ed'õdu] *adj* rund. • *adv* rundweg.
re.du.ção [r̄edus'ãw] *sf* **1** die Senkung, die Herabsetzung, die Kürzung, der Abbau, die Verringerung. **2** die Ermäßigung.
re.dun.dan.te [r̄edũd'ãti] *adj* überflüssig, redundant.
re.du.zir [r̄eduz'ir] *vtd* **1** reduzieren, verkleinern, kürzen, senken, mindern, abbauen. **2** bremsen, verlangsamen.
re.e.lei.ção [r̄eelejs'ãw] *sf* die Wiederwahl.
re.em.bol.sar [r̄eẽbows'ar] *vtd* **1** ersetzen, erstatten, zurückzahlen. **2** vergüten.
re.em.bol.so [r̄eẽb'owsu] *sm* **1** die Nachnahme. **2** die Erstattung, die Rückvergütung.
re.en.car.na.ção [r̄eẽkarnas'ãw] *sf* die Reinkarnation, die Seelenwanderung, die Wiedergeburt.
re.en.con.tro [r̄eẽk'õtru] *sm* das Wiedersehen.
re.es.tru.tu.ra.ção [r̄eestruturas'ãw] *sf* die Umstrukturierung.
re.e.xa.mi.nar [r̄eezamin'ar] *vtd* überprüfen.
re.fei.ção [r̄efejs'ãw] *sf* das Essen, die Mahlzeit, der Imbiss.
re.fei.tó.rio [r̄efejt'ɔrju] *sm* der Speisesaal.
re.fém [r̄ef'ẽj] *sm* die Geisel.
re.fe.rên.cia [r̄efer'ẽsjə] *sf* **1** die Referenz, der Verweis, die Erwähnung, der Betreff, der Bezug. **2** der Hinweis, der Anhaltspunkt.
re.fe.rir [r̄efer'ir] *vtd* **1** berichten, erzählen. *vpron* **2** anbelangen, sich beziehen.
re.fle.tir [r̄eflet'ir] *vti* **1** reflektieren, spiegeln, widergeben, zurückwerfen. **2** überlegen, überdenken, brüten.
re.fle.tor [r̄eflet'or] *sm* **1** der Scheinwerfer. **2** der Rückstrahler.
re.fle.xão [r̄efleks'ãw] *sf* die Reflexion, die Überlegung, die Betrachtung, das Bedenken.
re.fle.xi.vo [r̄efleks'ivu] *adj* **1** besinnlich. **2** reflexiv.
re.fle.xo [r̄efl'ɛksu] *sm* der Reflex, der Widerschein.
re.fo.gar [r̄efog'ar] *vtd* schmoren, dünsten.
re.for.çar [r̄efors'ar] *vtd* **1** verstärken, bekräftigen. **2** unterstützen.
re.for.ço [r̄ef'orsu] *sm* **1** der Nachschub, die Verstärkung. **2** die Nachhilfe.
re.for.ma [r̄ef'ɔrmə] *sf* **1** die Reform, die Erneuerung, die Renovierung, die Instandsetzung, der Umbau. **2** die Reformation.
re.for.mar [r̄eform'ar] *vtd* **1** reformieren, erneuern, renovieren, sanieren. **2** umbauen.
re.fres.can.te [r̄efresk'ãti] *adj* erfrischend.
re.fres.car [r̄efresk'ar] *vtd* kühlen, abkühlen, erfrischen.
re.fres.co [r̄efr'esku] *sm* **1** die Erfrischung. **2** das Erfrischungsgetränk.
re.fri.ge.ra.ção [r̄efriʒeras'ãw] *sf* **1** die Kühlung. **2** die Kältetechnik.
re.fri.ge.ran.te [r̄efriʒer'ãti] *adj* kühlend. • *sm* das Erfrischungsgetränk, die Limonade, die Limo.
re.fu.gi.a.do [r̄efuʒi'adu] *sm* der Flüchtling, der Vertriebene, der Heimatvertriebene, der Exilant.
re.fú.gio [r̄ef'uʒju] *sm* die Zuflucht, der Unterschlupf, der Schutz.
re.fu.tar [r̄efut'ar] *vtd* widerlegen, entkräften.
re.ga.dor [r̄egad'or] *sm* die Gießkanne.
re.ga.li.a [r̄egal'iə] *sf* die Vergünstigung, das Privileg.
re.gar [r̄eg'ar] *vtd* gießen, spritzen, sprengen, wässern.

re.gên.cia [r̄eʒ'ẽsjə] *sf Gram* die Rektion.
re.ge.ne.rar [r̄eʒener'ar] *vtd* erneuern, regenerieren.
re.gen.te [r̄eʒ'ẽti] *sm* der Dirigent, der Leiter.
re.gi.ão [r̄eʒi'ãw] *sf* die Region, die Gegend, das Umland, das Gebiet.
re.gi.me [r̄eʒ'imi] *sm* **1** das Regime, die Regierungsform. **2** die Diät, die Schlankheitskur, die Abmagerungskur.
re.gi.o.nal [r̄eʒjon'aw] *adj* regional, landschaftlich.
re.gis.tra.do [r̄eʒistr'adu] *adj* eingeschrieben, registriert.
re.gis.trar [r̄eʒistr'ar] *vtd* **1** registrieren, buchen, verbuchen, eintragen, erfassen, vermerken, verzeichnen, aufschreiben. **2** protokollieren, einschreiben.
re.gis.tro [r̄eʒ'istru] *sm* **1** die Eintragung, der Vermerk, die Aufzeichnung. **2** die Einschreibung, die Zulassung. **3** das Register, das Verzeichnis. **4** die Klappe, der Schieber. **registro civil** das Standesamt.
re.gra [r̄'ɛgrə] *sf* **1** die Regel, die Norm. **2** *pl* die Monatsblutung, die Menstruation.
re.gres.sar [r̄egres'ar] *vti* umkehren, zurückkehren.
re.gres.so [r̄egr'ɛsu] *sm* die Rückkehr, die Rückfahrt, der Rückweg, die Heimreise.
ré.gua [r̄'ɛgwə] *sf* **1** das Lineal. **2** die Leiste.
re.gu.la.men.tar [r̄egulamẽt'ar] *vtd* regeln. • *adj* ordnungsgemäß.
re.gu.la.men.to [r̄egulam'ẽtu] *sm* die Vorschrift, die Dienstordnung, die Satzung.
re.gu.lar [r̄egul'ar] *vtd* regulieren, steuern, abstimmen, einstellen. • *adj* **1** regulär, ordnungsgemäß, ordentlich. **2** mittelmäßig. **3** periodisch, regelmäßig, laufend, ständig. **4** gleichmäßig, gleichbleibend, gleichförmig.
re.gu.la.ri.da.de [r̄egularid'adi] *sf* **1** die Gleichmäßigkeit, das Gleichmaß. **2** die Ordnungsmäßigkeit.
re.gu.la.ri.zar [r̄egulariz'ar] *vtd* regeln.
rei [r̄'ej] *sm* der König.
re.im.pri.mir [r̄eĩprim'ir] *vtd* nachdrucken.
rei.nar [r̄ejn'ar] *vti* herrschen, regieren.
re.in.ci.dên.cia [r̄eĩsid'ẽsjə] *sf* der Rückfall.
rei.ni.ci.ar [r̄ejnisi'ar] *vtd* wieder beginnen, wieder aufnehmen.
rei.ní.cio [r̄ejn'isju] *sm* der Wiederbeginn, die Wiederaufnahme.
rei.no [r̄'ejnu] *sm* das Reich, das Königreich.
re.in.te.gra.ção [r̄eĩtegras'ãw] *sf* die Wiedereingliederung.
rei.tor [r̄ejt'or] *sm* der Rektor.
rei.to.ri.a [r̄ejtor'rjə] *sf* das Rektorat.
rei.vin.di.ca.ção [r̄ejvĩdikas'ãw] *sf* der Anspruch, die Forderung.
re.jei.ção [r̄eʒejs'ãw] *sf* **1** die Abstoßung. **2** die Ablehnung, die Abwehr. **3** die Abfuhr.
re.jei.tar [r̄eʒejt'ar] *vtd* **1** ablehnen, abweisen, verwerfen, zurückweisen. **2** abwehren, abstoßen.
re.ju.ve.nes.ci.men.to [r̄eʒuvenesim'ẽtu] *sm* die Verjüngung.
re.la.ção [r̄elas'ãw] *sf* **1** die Aufstellung, die Liste, das Verzeichnis, die Tabelle. **2** das Verhältnis, der Bezug, die Beziehung.
re.la.ci.o.na.men.to [r̄elasjonam'ẽtu] *sm* die Beziehung.
re.lâm.pa.go [r̄el'ãpagu] *sm* der Blitz.
re.la.tar [r̄elat'ar] *vtd* wiedergeben, berichten, Bericht erstatten.
re.la.ti.vo [r̄elat'ivu] *adj* **1** relativ. **2** betreffend, bezüglich. • *adv* verhältnismäßig.
re.la.to [r̄el'atu] *sm* die Wiedergabe, der Bericht, die Darstellung, die Erzählung.
re.la.tó.rio [r̄elat'ɔrju] *sm* **1** der Bericht, der Rechenschaftsbericht. **2** die Meldung.
re.la.xa.do [r̄elaʃ'adu] *adj* **1** locker,

R

gelöst, gelassen, lässig. **2** schlampig, unsauber, liederlich, nachlässig.

re.la.xar [r̄elaʃ'ar] *vtd* **1** entspannen, entkrampfen, lockern. *vint* **2** entspannen, sich lockern. **3** sich erholen.

re.lem.brar [r̄elẽbr'ar] *vtd* in Erinnerung rufen.

re.le.van.te [r̄elev'ãti] *adj* **1** relevant, bedeutend. **2** aktuell.

re.le.vo [r̄el'evu] *sm* **1** das Relief. **2** die Erdoberfläche, die Geländebeschaffenheit. **3** die Bedeutung, die Relevanz.

re.li.gi.ão [r̄eliʒi'ãw] *sf* die Religion, die Konfession, das Bekenntnis.

re.li.gi.o.so [r̄eliʒi'ozu] *adj* religiös, kirchlich, geistlich. • *sm* der Mönch, das Ordensmitglied.

re.lí.quia [r̄el'ikjə] *sf* **1** die Reliquie. **2** das teure Andenken. **3** das Überbleibsel.

re.ló.gio [r̄el'ɔʒju] *sm* die Uhr, das Anzeigegerät, der Anzeiger. **relógio de pulso** die Armbanduhr.

re.lo.jo.ei.ro [r̄eloʒo'ejru] *sm* der Uhrmacher.

re.ma.ne.jar [r̄emaneʒ'ar] *vtd* verlagern, versetzen, umsetzen.

re.mar [r̄em'ar] *vint* rudern.

re.me.di.ar [r̄emedi'ar] *vtd* abstellen, abhelfen, beheben.

re.mé.dio [r̄em'ɛdju] *sm* die Arznei, das Arzneimittel, das Heilmittel, die Medizin, das Medikament.

re.men.dar [r̄emẽd'ar] *vtd* flicken, ausbessern.

re.mes.sa [r̄em'ɛsə] *sf* **1** die Lieferung, die Sendung, der Versand. **2** die Überweisung.

re.me.ten.te [r̄emet'ẽti] *sm* der Absender, der Einsender.

re.me.ter [r̄emet'er] *vtdi* **1** schicken, abschicken, verschicken, senden, übersenden. **2** überweisen, anweisen.

re.mo.ção [r̄emos'ãw] *sf* die Absetzung, die Entfernung, die Wegschaffung, die Entsorgung.

re.mo.de.lar [r̄emodel'ar] *vtd* umformen, ändern.

re.mor.so [r̄em'ɔrsu] *sm* die Reue, die Gewissensbisse.

re.mo.to [r̄em'ɔtu] *adj* fern, entfernt, entlegen.

re.mo.ver [r̄emov'er] *vtd* **1** entfernen, ablösen, abstreifen, beseitigen, entziehen. **2** räumen, wegräumen, abtransportieren.

re.mu.ne.ra.ção [r̄emuneras'ãw] *sf* **1** die Bezahlung, das Entgelt, die Vergütung, die Entlohnung. **2** die Gage.

re.mu.ne.rar [r̄emuner'ar] *vtd* bezahlen, entlohnen, entgelten, vergüten, belohnen.

re.nal [r̄en'aw] *adj* Nieren...

re.nas.cen.ça [r̄enas'ẽsə] *sf* die Renaissance.

re.nas.cer [r̄enas'er] *vint* wieder geboren werden, zu neuem Leben erwachen.

re.nas.ci.men.to [r̄enasim'ẽtu] *sm* **1** die Wiedergeburt. **2** die Renaissance.

ren.da [r̄'ẽdə] *sf* **1** das Einkommen, der Ertrag, der Verdienst. **2** die Spitze (geknüpft, gehäkelt, geklöppelt).

ren.der [r̄ẽd'er] *vtd* **1** einbringen, eintragen, ergeben, leisten. **2** erweisen. **3** ablösen. *vpron* **4** kapitulieren, sich ergeben.

ren.di.men.to [r̄ẽdim'ẽtu] *sm* **1** die Einnahme, das Einkommen, der Verdienst. **2** der Ertrag, die Ausbeute. **3** die Leistung. **4** *pl* die Einkünfte.

re.nhi.do [r̄eñ'idu] *adj* erbittert.

re.no.me [r̄en'omi] *sm* **1** das Ansehen, der Ruhm. **2** der Ruf.

re.no.va.ção [r̄enovas'ãw] *sf* die Erneuerung, die Renovierung.

re.no.var [r̄enov'ar] *vtd* **1** erneuern, renovieren. **2** verlängern.

re.no.vá.vel [r̄enov'avew] *adj* erneuerbar, nachwachsend (Energie).

ren.ta.bi.li.da.de [r̄ẽtabilid'adi] *sf* **1** die Rentabilität, die Ertragskraft, die Ertragsfähigkeit. **2** die Wirtschaftlichkeit.

ren.tá.vel [r̄ẽt'avew] *adj* **1** ertragreich. **2** lohnend, wirtschaftlich.

ren.te [r̄'ẽti] *adj* dicht, ganz nah.

re.nún.cia [r̄en'ũsjə] *sf* der Rücktritt, die Abdankung, der Verzicht, die Amtsniederlegung.

re.nun.ci.ar [r̄enũsi'ar] *vti* **1** verzichten, abdanken, zurücktreten. **2** resignieren, aufgeben.

re.or.ga.ni.zar [r̄eorganiz'ar] *vtd* neuordnen, neugestalten, umstellen.

re.pa.rar [r̄epar'ar] *vtd* **1** abbüßen, sühnen, wieder gutmachen. **2** reparieren, ausbessern. *vti* **3** bemerken, beachten.

re.par.ti.ção [r̄epartis'ãw] *sf* **1** das Amt, die Behörde, die Dienststelle. **2** das Dezernat, die Abteilung.

re.par.tir [r̄epart'ir] *vtd* teilen, zuteilen, einteilen, aufteilen, verteilen.

re.pe.len.te [r̄epel'ẽti] *adj* abstoßend, widerwärtig, scheußlich, ekelhaft. • *sm* das Abwehrmittel, das Repellent (gegen Mücken).

re.per.cus.são [r̄eperkus'ãw] *sf* **1** der Widerhall. **2** die Nachwirkung, das Nachspiel.

re.per.cu.tir [r̄eperkut'ir] *vti* **1** Echo finden. **2** sich auswirken auf.

re.per.tó.rio [r̄epert'ɔrju] *sm* **1** das Repertoire. **2** der Spielplan.

re.pe.ti.ção [r̄epetis'ãw] *sf* die Wiederholung.

re.pe.tir [r̄epet'ir] *vtd* wiederholen, nachsagen, wiedergeben.

re.ple.to [r̄epl'ɛtu] *adj* voll, überfüllt, dichtgedrängt.

re.po.lho [r̄ep'oλu] *sm* der Kohl, der Weißkohl, das Weißkraut.

re.por [r̄ep'or] *vtd* ersetzen, erneuern.

re.por.ta.gem [r̄eport'aʒẽj] *sf* die Reportage, der Bericht, die Berichterstattung.

re.pór.ter [r̄ep'ɔrter] *sm* der Reporter, der Berichterstatter.

re.pou.sar [r̄epowz'ar] *vint* ruhen, ausruhen.

re.pou.so [r̄ep'owzu] *sm* die Ruhe, die Rast, die Entspannung, die Erholung, die Schonung.

re.pre.en.der [r̄epreẽd'er] *vtd* **1** tadeln, rügen, verweisen, zurechtweisen. **2** anfahren, ausschimpfen.

re.pre.sa [r̄epr'ezə] *sf* **1** die Talsperre, der Staudamm. **2** der Stausee.

re.pre.sá.lia [r̄eprez'aljə] *sf* die Repressalie, die Vergeltungsmaßnahme, das Druckmittel.

re.pre.sen.ta.ção [r̄eprezẽtas'ãw] *sf* **1** die Vorstellung, die Aufführung. **2** die Darstellung, das Abbild. **3** die Vertretung.

re.pre.sen.tan.te [r̄eprezẽt'ãti] *sm* **1** der Repräsentant, der Vertreter, der Stellvertreter, der Statthalter. **2** der Abgeordnete. **3** der Beauftragte.

re.pre.sen.tar [r̄eprezẽt'ar] *vtd* **1** aufführen, verkörpern, spielen (Theater). **2** darstellen, abbilden. **3** vertreten. **4** bedeuten, stehen für.

re.pre.sen.ta.ti.vo [r̄eprezẽtat'ivu] *adj* kennzeichnend, markant, repräsentativ.

re.pri.mir [r̄eprim'ir] *vtd* **1** zügeln. **2** ersticken, unterdrücken, eindämmen. **3** verdrängen.

re.pro.du.ção [r̄eprodus'ãw] *sf* **1** die Nachbildung, die Wiedergabe, die Vervielfältigung. **2** die Fortpflanzung.

re.pro.du.zir [r̄eproduz'ir] *vtd* **1** darstellen, abbilden. **2** nachmachen, reproduzieren, wiedergeben. **3** vervielfältigen. *vpron* **4** sich fortpflanzen, sich vermehren.

re.pro.var [r̄eprov'ar] *vtd* **1** durchfallen lassen (Prüfung). **2** tadeln.

re.pú.bli.ca [r̄ep'ublikə] *sf* die Republik.

re.pu.di.ar [r̄epudi'ar] *vtd* **1** zurückweisen, ablehnen. **2** verstoßen, verwerfen.

re.pug.nân.cia [r̄epugn'ãsjə] *sf* der Ekel, die Abneigung, der Widerwille, der Überdruss.

re.pug.nan.te [r̄epugn'ãti] *adj* ekelhaft, ek(e)lig, widerlich, widerwärtig, abstoßend.

re.pul.sa [r̄ep'uwsə] *sf* die Abscheu, der Ekel, der Widerwille, die Aversion.

re.pu.ta.ção [r̄eputas'ãw] *sf* **1** das Ansehen, die Ehre. **2** der Ruf.

re.quei.jão [r̄ekeiʒ'ãw] *sm* der Streichkäse.

re.quen.tar [r̄ekẽt'ar] *vtd* aufwärmen.

re.que.ri.men.to [r̄ekerim'ẽtu] *sm* **1** der Antrag, das Ersuchen. **2** die Aufforderung.

re.quin.ta.do [r̄ekĩt'adu] *adj* auserlesen, raffiniert, fein.

re.qui.si.tar [r̄ekizit'ar] *vtd* **1** anfordern, verlangen. **2** beschlagnahmen. **3** abrufen.

re.qui.si.to [r̄ekiz'itu] *sm* **1** die Forderung, die Erfordernis, die Anforderung, die Voraussetzung. **2** die Bestimmung.

res.cin.dir [r̄esĩd'ir] *vtd* aufheben, kündigen, lösen.

res.ci.são [r̄esiz'ãw] *sf* die Aufhebung, die Kündigung, die Lösung.

re.se.nha [r̄ez'eñə] *sf* die Besprechung, die Rezension, die Kritik.

re.ser.va [r̄ez'ɛrvə] *sf* **1** die Reserve. **2** die Vorbestellung, die Reservierung. **3** die Einschränkung, der Vorbehalt. **4** die Diskretion, die Zurückhaltung. **5** das Vorkommen (Bodenschätze). **6** das Reservat, die Reservation. **7** *Mil* die Reserve. **8** Esp der Auswechselspieler. **9** *pl* die Rücklagen, die Rückstellungen, der Vorrat.

re.ser.va.do [r̄ezerv'adu] *adj* **1** besetzt, belegt, reserviert, bestellt. **2** verhalten, zurückhaltend.

re.ser.var [r̄ezerv'ar] *vtd* **1** reservieren, besetzen, belegen, buchen, vorbestellen. **2** zurückstellen, zurückbehalten. **3** vorbehalten.

re.ser.va.tó.rio [r̄ezervat'ɔrju] *sm* der Behälter, der Speicher, das Reservoir.

res.fri.a.do [r̄esfri'adu] *sm* die Erkältung, der Schnupfen, die Grippe.

res.fri.ar [r̄esfri'ar] *vtd* **1** kühlen, abkühlen. *vpron* **2** sich erkälten.

res.ga.tar [r̄ezgat'ar] *vtd* bergen, retten, erlösen.

res.ga.te [r̄ezg'ati] *sm* **1** das Lösegeld. **2** die Einlösung, der Rückkauf. **3** die Bergung, die Rettung.

re.si.dên.cia [r̄ezid'ẽsjə] *sf* **1** die Residenz, der Sitz, der Wohnsitz, das Domizil, das Haus. **2** die Famulatur (Krankenhauspraktikum).

re.si.den.te [r̄ezid'ẽti] *adj* ansässig, wohnhaft, beheimatet. • *sm* **1** der Anwohner, der Anlieger. **2** der Famulus, der Famulant.

re.si.dir [r̄ezid'ir] *vti* wohnen, ansässig sein, residieren.

re.sí.duo [r̄ez'idwu] *sm* der Rückstand, der Rest, der Überrest, der Abfall.

re.sig.na.ção [r̄ezignas'ãw] *sf* **1** die Ergebenheit, die Resignation. **2** der Verzicht.

re.sig.nar [r̄ezign'ar] *vti* **1** abdanken, verzichten auf. *vpron* **2** sich abfinden, resignieren.

re.sis.tên.cia [r̄ezist'ẽsjə] *sf* **1** der Widerstand, die Widerstandskraft, die Ausdauer. **2** die Gegenwehr, die Abwehr.

re.sis.ten.te [r̄ezist'ẽti] *adj* **1** haltbar, dauerhaft, unverwüstlich, beständig. **2** widerstandsfähig, zäh, ausdauernd.

re.sis.tir [r̄ezist'ir] *vti* aushalten, überstehen, sich behaupten, trotzen, sich sträuben, durchstehen.

res.mun.gar [r̄ezmũg'ar] *vtd* **1** murmeln. **2** murren, brummen, knurren. **3** *pop* maulen, meckern.

re.so.lu.ção [r̄ezolus'ãw] *sf* **1** die Resolution, der Beschluss, der Entschluss, die Entschließung. **2** die Entschlossenheit.

re.sol.ver [r̄ezowv'er] *vtd* **1** lösen, meistern. **2** *pop* managen. **3** entschließen, beschließen. **4** klären, bereinigen, beilegen. **5** herauskriegen. *vpron* **6** sich entschließen.

res.pec.ti.va.men.te [r̄espektivam'ẽti] *adv* jeweils, beziehungsweise.

res.pec.ti.vo [r̄espekt'ivu] *adj* betreffend, entsprechend, einschlägig, jeweilig.

res.pei.ta.do [r̄espejt'adu] *adj* geachtet, angesehen.
res.pei.tar [r̄espejt'ar] *vtd* **1** respektieren, achten, ehren, verehren. **2** einhalten.
res.pei.to [r̄esp'ejtu] *sm* **1** der Respekt, die Achtung, die Anerkennung. **2** die Verehrung, die Ehrfurcht, die Rücksicht. **3** die Hinsicht.
res.pei.to.so [r̄espejt'ozu] *adj* ehrfürchtig, respektvoll.
res.pi.ra.ção [r̄espiras'ãw] *sf* die Atmung, der Atem.
res.pi.rar [r̄espir'ar] *vint* atmen, einatmen.
res.pon.der [r̄espõd'er] *vti* antworten, erwidern, entgegnen.
res.pon.sa.bi.li.da.de [r̄espõsabilid'adi] *sf* die Verantwortlichkeit, die Verantwortung, die Haftung.
res.pon.sa.bi.li.zar [r̄espõsabiliz'ar] *vtd* **1** verantwortlich machen. *vpron* **2** bürgen, verantworten.
res.pon.sá.vel [r̄espõs'avew] *adj* **1** verantwortlich, haftbar, zuständig, kompetent. **2** mündig, zurechnungsfähig. • *sm+f* der Betreuer, der Sachbearbeiter.
res.pos.ta [r̄esp'ɔstə] *sf* die Antwort, die Entgegnung, die Erwiderung.
res.sa.ca [r̄es'akə] *sf* **1** die Brandung (Meer). **2** der Kater, der Katzenjammer.
res.sal.tar [r̄esawt'ar] *vtd* herausstellen, betonen.
res.sar.cir [r̄esars'ir] *vtd* entschädigen, ersetzen, abfinden.
res.sen.ti.men.to [r̄esẽtim'ẽtu] *sm* **1** der Groll, die Abneigung. **2** das Rachegefühl, die Missgunst.
res.so.ar [r̄eso'ar] *vint* **1** hallen, widerhallen. **2** rauschen, dröhnen. **3** brausen (Beifall).
res.sur.rei.ção [r̄esur̄ejs'ãw] *sf* die Auferstehung.
res.ta.be.le.cer [r̄estabeles'er] *vtd* **1** wiederherstellen, wieder aufnehmen. **2** heilen. *vpron* **3** sich erholen, genesen.
res.tan.te [r̄est'ãti] *adj* restlich, übrig. • *sm* der Rest, das Restliche.
res.tar [r̄est'ar] *vtd* übrig bleiben.
res.tau.ran.te [r̄estawr'ãti] *sm* die Gaststätte, das Speiselokal, das Lokal, das Restaurant.
res.tau.rar [r̄estawr'ar] *vtd* ausbessern, reparieren, wiederherstellen, restaurieren (Kunstwerke), sanieren.
res.ti.tu.i.ção [r̄estitujs'ãw] *sf* die Rückgabe, die Erstattung, die Rückerstattung, die Rückzahlung.
res.ti.tu.ir [r̄estitu'ir] *vtdi* erstatten, ersetzen, wiedergeben, zurückgeben.
res.to [r̄'ɛstu] *sm* **1** der Rest, der Überrest, der Rückstand. **2** *pl* der Abfall, der Ramsch.
res.tri.ção [r̄estris'ãw] *sf* **1** die Einschränkung, der Vorbehalt, die Beschränkung. **2** das Bedenken.
res.trin.gir [r̄estrĩʒ'ir] *vtd* beschränken, einschränken, begrenzen, beeinträchtigen.
res.tri.to [r̄estr'itu] *adj* beschränkt, eng.
re.sul.ta.do [r̄ezuwt'adu] *sm* **1** das Resultat, das Fazit. **2** das Ergebnis, der Ausgang, die Wirkung, die Folge. **3** die Ausbeute, der Ertrag. **4** *Med* der Befund.
re.sul.tar [r̄ezuwt'ar] *vti* folgen, sich ergeben, sich herausstellen.
re.su.mir [r̄ezum'ir] *vtd* zusammenfassen, umreißen.
re.su.mo [r̄ez'umu] *sm* die Zusammenfassung, der Abriss, die Inhaltsangabe, der Überblick, die Übersicht.
re.tan.gu.lar [r̄etãgul'ar] *adj* rechteckig.
re.tar.da.do [r̄etard'adu] *adj* **1** verspätet. **2** zurückgeblieben. **3** *pop* bekloppt.
re.ter [r̄et'er] *vtd* zurückhalten, zurückbehalten, einbehalten, festhalten, aufhalten.
re.ti.cên.cia [r̄etis'ẽsjə] *sf* **1** die absichtliche Auslassung. **2** *pl* die Auslassungspunkte, die Pünktchen
re.ti.fi.ca.ção [r̄etifikas'ãw] *sf* **1** die Berichtigung, die Richtigstellung. **2** die Begradigung.

re.ti.fi.car [r̄etifik'ar] *vtd* **1** begradigen. **2** berichtigen, verbessern.
re.ti.ra.da [r̄etir'adə] *sf* **1** der Abgang. **2** der Abzug, der Rückzug, die Räumung. **3** der Entzug, die Entziehung. **4** die Entnahme, die Leerung.
re.ti.rar [r̄etir'ar] *vtd* **1** wegnehmen, entfernen, entziehen, abziehen, zurückziehen, räumen, evakuieren. **2** entnehmen, leeren. **3** abholen. *vpron* **4** gehen, weggehen, sich zurückziehen.
re.to [r̄'ɛtu] *adj* **1** recht, gerade. **2** redlich, rechtschaffen. • *sm* der Mastdarm.
re.to.car [r̄etok'ar] *vtd* **1** überarbeiten, ausbessern. **2** beschönigen, retuschieren.
re.tor.nar [r̄etorn'ar] *vti* wenden, zurückkehren.
re.tor.no [r̄et'ornu] *sm* die Rückkehr, der Rückweg, die Rückreise, die Rückfahrt.
re.tra.tar [r̄etrat'ar] *vtd* **1** darstellen, abbilden, abmalen, wiedergeben. **2** berichtigen. *vpron* **3** zurücknehmen, widerrufen.
re.tra.to [r̄etr'atu] *sm* das Bild, das Bildnis, die Abbildung, die Darstellung.
re.tri.bu.i.ção [r̄etribwis'ãw] *sf* die Erwiderung, die Vergeltung.
re.tri.bu.ir [r̄etribu'ir] *vtd* **1** erwidern, beantworten. **2** vergelten, lohnen.
re.tro.a.ti.vo [r̄etroat'ivu] *adj* rückwirkend.
re.tro.ce.der [r̄etrosed'er] *vint* zurückweichen.
re.tro.ces.so [r̄etros'ɛsu] *sm* der Rückschritt, der Rückschlag.
re.tros.pec.ti.va [r̄etrospekt'ivə] *sf* die Rückschau, die Rückblende.
re.tro.vi.sor [r̄etroviz'or] *sm* der Rückspiegel.
réu [r̄'ɛw] *sm* der Beklagte, der Angeklagte.
reu.ma.tis.mo [r̄ewmat'izmu] *sm* der Rheumatismus.
reu.ni.ão [r̄ewni'ãw] *sf* **1** die Versammlung. **2** die Besprechung, die Beratung, die Unterredung, die Sitzung, die Konferenz, die Tagung.
re.u.nir [r̄ewn'ir] *vtd* **1** sammeln, versammeln, vereinigen. **2** zusammenstellen.
re.van.che [r̄ev'ãʃi] *sf* die Revanche, die Vergeltung.
re.ve.la.ção [r̄evelas'ãw] *sf* **1** die Enthüllung, die Aufdeckung, die Eröffnung, die Offenbarung. **2** die Entwicklung (Foto).
re.ve.lar [r̄evel'ar] *vtd* **1** aufdecken, enthüllen, entschleiern, lüften, offenbaren. **2** eröffnen, aussagen, ausplaudern, hinterbringen, verraten. **3** bekunden, zeigen. **4** entwickeln (Fotos). *vpron* **5** sich entpuppen.
re.ven.de.dor [r̄evẽded'or] *sm* der Verkäufer, der Wiederverkäufer.
re.ver [r̄ev'er] *vtd* **1** durchsehen, revidieren. **2** wiedersehen.
re.ve.rên.cia [r̄ever'ẽsiə] *sf* die Ehrfurcht, der Respekt, die Ehrerbietung.
re.ve.ren.do [r̄ever'ẽdu] *adj* ehrwürdig. • *sm* der Pastor, der Pfarrer.
re.ve.ren.te [r̄ever'ẽti] *adj* ehrfürchtig, andächtig, respektvoll.
re.vés [r̄ev'ɛs] *sm* der Rückschlag, das Missgeschick.
re.ves.ti.men.to [r̄evestim'ẽtu] *sm* der Belag, die Beschichtung, die Schutzhülle.
re.ves.tir [r̄evest'ir] *vtdi* überziehen, beziehen, belegen, beschichten, auslegen, verkleiden.
re.ve.zar [r̄evez'ar] *vtd+vpron* sich ablösen.
re.vi.rar [r̄evir'ar] *vtd* **1** umdrehen, umkippen. **2** verdrehen (Augen). **3** wühlen, durchwühlen.
re.vi.ra.vol.ta [r̄evirav'ɔwtə] *sf* die Wende, der Umbruch, die Umwälzung.
re.vi.são [r̄eviz'ãw] *sf* **1** die Bearbeitung, die Korrektur, die Überarbeitung, die Revision. **2** die Neuregelung. **3** die Prüfung, die Überprüfung. **4** *Tecn* die Inspektion, die Wartung.

re.vis.ta [r̄ev'istə] *sf* **1** die Illustrierte, die Zeitschrift, das Magazin. **2** die Durchsuchung.

re.vis.tar [r̄evist'ar] *vtd* **1** kramen, durchsuchen, nachsehen. **2** *pop* filzen.

re.vo.gar [r̄evog'ar] *vtd* **1** aufheben, aberkennen, zurücknehmen. **2** kündigen. **3** widerrufen.

re.vol.ta [r̄ev'ɔwtə] *sf* die Revolte, die Rebellion, die Meuterei, die Empörung, der Aufruhr, der Aufstand, die Erhebung.

re.vo.lu.ção [r̄evolus'ãw] *sf* die Revolution, der Umsturz, die Umwälzung, der Umbruch.

re.vo.lu.ci.o.ná.rio [r̄evolusjon'arju] *adj* revolutionär. • *sm* der Revolutionär.

re.vól.ver [r̄ev'ɔwver] *sm* der Revolver.

re.zar [r̄ez'ar] *vtd+vti* beten.

ri.a.cho [r̄i'aʃu] *sm* der Bach.

ri.co [r̄'iku] *adj* reich, wohlhabend, betucht.

ri.co.ta [r̄ik'ɔtə] *sf* der Quark.

ri.di.cu.la.ri.zar [r̄idikulariz'ar] *vtd* **1** lächerlich machen, blamieren. **2** verhöhnen.

ri.dí.cu.lo [r̄id'ikulu] *adj* lächerlich, unsinnig, albern.

ri.gi.dez [r̄iʒid'es] *sf* **1** die Steifheit, die Starre, die Starrheit, die Härte. **2** die Strenge.

rí.gi.do [r̄'iʒidu] *adj* **1** starr, steif, straff. **2** streng, unerbittlich.

ri.gor [r̄ig'or] *sm* die Schärfe, die Strenge.

ri.go.ro.so [r̄igor'ozu] *adj* streng, strikt, hart, unerbittlich, scharf, rigoros.

rim [r̄'ĩ] *sm* die Niere.

ri.ma [r̄'imə] *sf* der Reim, der Vers.

ri.mar [r̄im'ar] *vti* reimen.

ri.o [r̄'iu] *sm* der Fluss, der Strom.

ri.que.za [r̄ik'ezə] *sf* der Reichtum.

rir [r̄'ir] *vint* **1** lachen. *vpron* **2** über etwas lachen, sich lustig machen.

ri.sa.da [r̄iz'adə] *sf* das Lachen, das Gelächter.

ris.car [r̄isk'ar] *vtd* **1** Striche ziehen, streichen, durchstreichen, austreichen. **2** ritzen, kratzen.

ris.co [r̄'isku] *sm* **1** das Risiko, die Gefahr, die Gefährdung. **2** das Wagnis, das Abenteuer. **3** der Strich. **4** der Kratzer.

ri.so [r̄'izu] *sm* das Lachen.

rit.mo [r̄'itmu] *sm* der Rhythmus, der Takt, das Tempo.

ri.val [r̄iv'aw] *sm* der Rivale, der Nebenbuhler, der Konkurrent, der Mitbewerber, der Gegenkandidat.

ri.va.li.da.de [r̄ivalid'adi] *sf* die Rivalität, die Feindschaft.

ro.bô [r̄ob'o] *sm* der Roboter.

ro.bus.to [r̄ob'ustu] *adj* **1** stämmig, kräftig, widerstandsfähig, abgehärtet. **2** handfest, stabil, solide.

ro.cha [r̄'ɔʃə] *sf* der Stein, der Fels.

ro.che.do [r̄oʃ'edu] *sm* der Felsen.

ro.da [r̄'ɔdə] *sf* **1** das Rad. **2** die Runde.

ro.da.da [r̄od'adə] *sf* **1** die Runde, die Partie. **2** der Durchgang.

ro.da.pé [r̄ɔdap'ɛ] *sm* **1** die Fußleiste. **2** die Fußnote.

ro.dar [r̄od'ar] *vti* **1** sich drehen. *vtd* **2** rollen, zurücklegen. **4** drehen (Film). **5** drucken.

ro.de.ar [r̄ode'ar] *vtd* umringen, umgeben, einkreisen.

ro.de.la [r̄od'ɛlə] *sf* die Scheibe.

ro.dí.zio [r̄od'izju] *sm* **1** der Wechsel, der Platzwechsel. **2** die Rotation.

ro.do.vi.a [r̄odov'iə] *sf* die Fernstraße, die Autobahn.

ro.lar [r̄ol'ar] *vint* **1** rollen. **2** purzeln, sich wälzen.

ro.lha [r̄'oλə] *sf* der Korken, der Stöpsel, der Propfen.

ro.li.ço [r̄ol'isu] *adj* fleischig, mollig, rundlich.

ro.lo [r̄'olu] *sm* die Rolle, die Walze.

ro.man.ce [r̄om'ãsi] *sm* **1** der Roman. **2** das Abenteuer.

ro.ma.no [r̄om'ʌnu] *adj* römisch. • *sm* der Römer.

ro.mân.ti.co [r̄om'ãtiku] *adj* romantisch.

ro.man.tis.mo [r̄omãt'izmu] *sm* die Romantik.

ro.ma.ri.a [r̄omar'iə] *sf* die Wallfahrt, die Pilgerfahrt.

rom.bo [r̄'õbu] *sm* **1** das Loch, das Leck. **2** die Raute, der Rhombus.

rom.per [r̄õp'er] *vtd* **1** brechen, durchbrechen, zerreißen. *vti* **2** aufkündigen. *vpron* **3** brechen.

rom.pi.men.to [r̄õpim'ẽtu] *sm* der Sprung, der Bruch.

ron.car [r̄õk'ar] *vint* **1** schnarchen. **2** schnurren. **4** knurren (Magen).

ron.da [r̄'õdə] *sf* der Rundgang, der Kontrollgang, die Streife, die Patrouille.

ron.dar [r̄õd'ar] *vtd* umkreisen, durchstreifen.

ro.quei.ro [r̄ɔk'eiru] *sm* der Rocker.

ro.sa [r̄'ɔzə] *adj* rosa(farben). • *sf* die Rose.

ros.ca [r̄'oskə] *sf* **1** die Windung, das Gewinde. **2** die Schnecke (Gebäck).

ros.nar [r̄osn'ar] *vint* knurren, brummen.

ros.to [r̄'ostu] *sm* **1** das Gesicht, das Angesicht. **2** die Miene.

ro.ta [r̄'ɔtə] *sf* der Kurs, der Weg.

ro.ta.ção [r̄otas'ãw] *sf* die Drehung, die Umdrehung, die Tour, die Drehbewegung, der Umlauf.

ro.ta.ti.vo [r̄otat'ivu] *adj* kreisend, abwechselnd.

ro.tei.ro [r̄ot'ejru] *sm* **1** die Prozedur, die Vorgehensweise. **2** der Fahrplan. **3** der Leitfaden. **4** das Manuskript, das Drehbuch (Film, TV).

ro.ti.na [r̄ot'inə] *sf* die Routine, der Trott, der Alltag.

ro.to [r̄'otu] *adj* **1** schäbig, ärmlich, abgerissen, zerlumpt. **2** billig.

ro.tu.lar [r̄otul'ar] *vtd* **1** beschriften, etikettieren, kennzeichnen. *vti* **2** abstempeln als.

ró.tu.lo [r̄'ɔtulu] *sm* das Etikett, die Beschriftung, die Aufschrift.

rou.bar [r̄owb'ar] *vtd* **1** rauben, berauben, stehlen, bestehlen, plündern, entwenden. **2** *pop* klauen.

rou.bo [r̄'owbu] *sm* der Raub, der Diebstahl.

rou.co [r̄'owku] *adj* heiser, rauh, belegt (Stimme).

rou.pa [r̄'owpə] *sf* **1** die Kleidung. **2** *pop* die Klamotten. **roupa de cama** die Bettwäsche.

rou.pão [r̄owp'ãw] *sm* der Morgenrock, der Morgenmantel, der Schlafrock.

rou.xi.nol [r̄owʃin'ɔw] *sm* die Nachtigall.

ro.xo [r̄'oʃu] *adj* violett.

ru.a [r̄'uə] *sf* die Straße, die Gasse.

ru.bo.ri.zar [r̄uboriz'ar] *vtd+vpron* erröten, rot werden.

ru.bri.ca [r̄ubr'ikə] *sf* die Rubrik, das Namenszeichen, die Signatur.

ru.de [r̄'udi] *adj* schroff, rau, grob, barsch, wüst, roh, derb.

ru.de.za [r̄ud'ezə] *sf* die Grobheit, die Roheit.

ru.di.men.tar [r̄udimẽt'ar] *adj* roh, elementar.

ru.e.la [r̄u'ɛlə] *sf* die Gasse.

ru.ga [r̄'ugə] *sf* die Runzel, die Falte.

ru.gir [r̄uʒ'ir] *vint* **1** brüllen. **2** tosen, brausen.

ru.go.so [r̄ug'ozu] *adj* runzelig.

ru.í.do [r̄u'idu] *sm* **1** der Lärm. **2** das Geräusch, das Nebengeräusch.

ru.i.do.so [r̄ujd'ozu] *adj* laut, lärmend, geräuschvoll.

ru.im [r̄u'ĩ] *adj* schlecht, übel, böse, gemein, schlimm.

ru.í.na [r̄u'inə] *sf* **1** die Ruine. **2** der Sturz, der Zusammenbruch. **3** der Untergang, das Verderben, der Zerfall. **4** *pl* die Trümmer.

ru.in.da.de [r̄uĩd'adi] *sf* die Schlechtigkeit, die Gemeinheit.

ru.ir [r̄u'ir] *vint* einstürzen, zusammenstürzen.

rui.vo [r̄'ujvu] *adj* rot, rothaarig.

ru.mo [r̄'umu] *sm* die Richtung, der Kurs, der Weg.

ru.mor [r̄um'or] *sm* **1** das Gerücht. **2** das Stimmengewirr.

rup.tu.ra [r̄upt'urə] *sf* der Bruch, der Abbruch.

ru.ral [r̄ur'aw] *adj* ländlich, dörflich.

Rús.sia [r̄'usjə] *sf* Russland *n*.

rus.so [r̄'usu] *adj* russisch. • *sm* der Russe.

rús.ti.co [r̄'ustiku] *adj* rustikal, grob, ländlich, dörflich.

R

S

s, S ['ɛsi] *sm* Buchstabe s, S.

sá.ba.do [s'abadu] *sm* der Samstag, der Sonnabend.

sa.bão [sab'ãw] *sm* die Seife, die Kernseife.

sa.be.do.ri.a [sabedor'iə] *sf* die Weisheit.

sa.ber [sab'er] *vtd* **1** wissen. **2** können. • *sm* das Wissen, die Kenntnisse.

sá.bio [s'abju] *adj* weise. • *sm* der Weise, der Gelehrte.

sa.bo.ne.te [sabon'eti] *sm* die Seife, die Toilettenseife.

sa.bor [sab'or] *sm* der Geschmack, der Beigeschmack.

sa.bo.re.ar [sabore'ar] *vtd* genießen, kosten.

sa.bo.ro.so [sabor'ozu] *adj* schmackhaft, köstlich, lecker.

sa.ca.na.gem [sakan'aʒẽj] *sf* **1** *pop* die Gaunerei, die Gemeinheit. **2** die Unanständigkeit.

sa.car [sak'ar] *vtd* **1** ziehen, zücken, herausnehmen. **2** *Esp* anschlagen, angeben.

sa.ca-ro.lhas [sakar̄'oλəs] *sm sing+pl* der Korkenzieher.

sa.cer.do.te [saserd'ɔti] *sm* der Priester, der Geistliche.

sa.ci.ar [sasi'ar] *vtd* sättigen, stillen, befriedigen.

sa.co [s'aku] *sm* der Sack. **saco de dormir** der Schlafsack.

sa.co.la [sak'ɔlə] *sf* der Beutel, die Tragetasche, die Tragetüte.

sa.cri.fi.car [sakrifik'ar] *vtdi* **1** opfern, verzichten auf. *vpron* **2** sich aufopfern.

sa.cri.fí.cio [sakrif'isju] *sm* das Opfer, die Überwindung, die Entbehrung.

sa.cri.lé.gio [sakril'ɛʒju] *sm* der Frevel, die Entweihung.

sa.cu.dir [sakud'ir] *vtd* **1** rütteln, schütteln. **2** erschüttern.

sá.di.co [s'adiku] *adj* sadistisch. • *sm* der Sadist.

sa.di.o [sad'iu] *adj* gesund, kerngesund.

sa.fa.de.za [safad'ezə] *sf* die Unverschämtheit, die Unanständigkeit.

sa.fa.do [saf'adu] *adj* unverschämt, gemein, unanständig. • *sm* der Lümmel.

sa.far [saf'ar] *vtd+vpron* **1** sich drücken. **2** entkommen.

sa.fra [s'afrə] *sf* die Ernte.

sa.gra.do [sagr'adu] *adj* heilig.

sa.guão [sag'wãw] *sm* **1** der Eingang. **2** die Eingangshalle.

sai.a [s'ajə] *sf* der Rock.

sai.bro [s'ajbru] *sm* der Kies.

sa.í.da [sa'idə] *sf* **1** der Ausgang, die Ausfahrt. **2** die Abfahrt, die Abreise. **3** der Ausweg. **saída de emergência** der Notausgang.

sa.ir [sa'ir] *vint+vti* weggehen, fortgehen, austreten.

sal [s'aw] *sm* das Salz.

sa.la [s'alə] *sf* **1** der Saal, der Raum. **2** das Zimmer, das Wohnzimmer. **sala de espera** der Wartesaal.

sa.la.da [sal'adə] *sf* der Salat.
sa.la.me [sal'ʌmi] *sm* die Dauerwurst, die Salami.
sa.lão [sal'ãw] *sm* **1** der Saal, der Salon, die Gaststube. **2** die Halle, die Festhalle.
sa.lá.rio [sal'arju] *sm* **1** der Lohn, das Gehalt, der Verdienst. **2** *pl* die Bezüge.
sa.lá.rio-fa.mí.lia [salarjufam'iljə] *sm* das Kindergeld.
sal.do [s'awdu] *sm* **1** das Guthaben, der Saldo. **2** *pl* der Ramsch.
sal.ga.do [sawg'adu] *adj* salzig, gesalzen.
sal.gar [sawg'ar] *vtd* salzen.
sa.li.en.tar [saljẽt'ar] *vtd* hervorheben, betonen.
sa.li.va [sal'ivə] *sf* der Speichel, die Spucke.
sal.mão [sawm'ãw] *sm* der Lachs.
sal.pi.car [sawpik'ar] *vtd* **1** bestreuen. **2** bespritzen, besprengen.
sal.sa [s'awsə] *sf* die Petersilie.
sal.si.cha [saws'iʃə] *sf* das Würstchen, die Wurst.
sal.tar [sawt'ar] *vint+vti* **1** springen, hüpfen. **2** abspringen, überspringen. **3** aussteigen.
sal.to [s'awtu] *sm* **1** der Sprung, der Satz. **2** *pop* der Hopser.
sa.lu.tar [salut'ar] *adj* heilsam, zuträglich, gesund.
sal.va.ção [sawvas'ãw] *sf* die Rettung, die Erlösung.
sal.va.dor [sawvad'or] *sm* der Retter, der Erlöser, der Heiland.
sal.va.men.to [sawvam'ẽtu] *sm* die Rettung, die Bergung.
sal.var [sawv'ar] *vtd* **1** retten, erlösen. **2** bergen.
sal.va-vi.das [sawvav'idəs] *sm+f sing+pl* **1** der Rettungsschwimmer. **2** die Schwimmweste.
sal.vo [s'awvu] *adv* ausgenommen, außer.
sal.vo-con.du.to [sawvukõd'utu] *sm* der Passierschein, der Schutzbrief.
sa.mam.bai.a [samãb'ajə] *sf* der Farn.
san.ção [sãs'ãw] *sf* die Strafe, die Sanktion.
san.dá.lia [sãd'aljə] *sf* die Sandale.
san.du.í.che [sãdu'iʃi] *sm* die belegte Schnitte, das belegtes Brot, das Sandwich.
sa.ne.a.men.to [saneam'ẽtu] *sm* die Sanierung.
sa.ne.ar [sane'ar] *vtd* sanieren.
san.grar [sãgr'ar] *vtd* **1** anzapfen, schröpfen. *vint* **2** bluten.
san.gren.to [sãgr'ẽtu] *adj* blutig, mörderisch.
san.gue [s'ãgi] *sm* das Blut.
san.ti.da.de [sãtid'adi] *sf* die Heiligkeit.
san.to [s'ãtu] *adj* heilig. • *sm* der Heilige.
san.tu.á.rio [sãtu'arju] *sm* das Heiligtum.
são [s'ãw] *adj* **1** gesund, heil. **2** heilig.
sa.pa.ta.ri.a [sapatar'iə] *sf* die Schuhmacherei, die Schusterei.
sa.pa.tei.ro [sapat'ejru] *sm* der Schuhmacher, der Schuster.
sa.pa.to [sap'atu] *sm* der Schuh, der Halbschuh.
sa.po [s'apu] *sm* die Kröte.
sa.que [s'aki] *sm* **1** die Plünderung. **2** die Ziehung. **3** *Esp* die Angabe, der Anschlag.
sa.que.ar [sake'ar] *vtd* plündern, ausplündern, rauben.
sa.rar [sar'ar] *vint* heilen, verheilen.
sar.cas.mo [sark'azmu] *sm* der Hohn, der Spott, der Sarkasmus.
sar.cás.ti.co [sark'astiku] *adj* hämisch, spöttisch, höhnisch, sarkastisch.
sar.da [sard'ə] *sf* die Sommersprosse.
sar.di.nha [sard'iñə] *sf* die Sardine.
sar.gen.to [sarʒ'ẽtu] *sm* der Unteroffizier, der Feldwebel, der Spieß.
sar.je.ta [sarʒ'etə] *sf* die Gosse.
sa.té.li.te [sat'ɛliti] *sm* der Satellit.
sá.ti.ra [s'atirə] *sf* die Satire.
sa.tis.fa.ção [satisfas'ãw] *sf* **1** die Zufriedenheit, die Befriedigung, die Genugtuung. **2** die Erfüllung.
sa.tis.fa.tó.rio [satisfat'ɔrju] *adj* zufrieden stellend, befriedigend, genügend.

sa.tis.fa.zer [satisfaz'er] *vtd* zufrieden stellen, befriedigen, erfüllen.
sa.tis.fei.to [satisf'ejtu] *adj* **1** zufrieden. **2** satt.
sau.da.ção [sawdas'ãw] *sf* der Gruß, die Begrüßung.
sau.da.de [sawd'adi] *sf* **1** das Heimweh. **2** das Verlangen, die Sehnsucht.
sau.dar [sawd'ar] *vtd* grüßen, begrüßen.
sau.dá.vel [sawd'avew] *adj* bekömmlich, heilsam, gesund.
sa.ú.de [sa'udi] *sf* die Gesundheit. **saúde!** zum Wohl!, prost!, prosit!
se [si] *conj* **1** wenn, falls. **2** ob.
sé [s'ɛ] *sf* der Dom, die Kathedrale, der Bischofssitz.
se.bo [s'ebu] *sm* **1** der Talg. **2** die Altbuchhandlung, das Antiquariat.
se.ca [s'ekə] *sf* die Dürre, die Trockenheit.
se.ca.dor [sekad'or] *sm* der Haartrockner, der Föhn.
se.ção [ses'ãw] *sf* **1** die Abteilung. **2** die Rubrik, die Sparte.
se.car [sek'ar] *vtd* **1** trocknen, abtrocknen. **2** abbinden. *vint* **3** verdorren, dörren, austrocknen.
se.co [s'eku] *adj* **1** trocken, dürr, ausgetrocknet. **2** spröde.
se.cre.ta.ri.a [sekretar'iə] *sf* **1** das Sekretariat. **2** das Amt, das Ministerium.
se.cre.tá.ria [sekret'arjə] *sf* die Sekretärin. **secretária eletrônica** der Anrufbeantworter.
se.cre.ta.ri.a.do [sekretari'adu] *sm* das Sekretariat.
se.cre.to [sekr'ɛtu] *adj* **1** geheim, verborgen. **2** heimlich, still.
se.cu.lar [sekul'ar] *adj* **1** hundertjährig. **2** weltlich.
sé.cu.lo [s'ɛkulu] *sm* das Jahrhundert.
se.cun.dá.rio [sekũd'arju] *adj* zweitrangig, nebensächlich, untergeordnet, unwesentlich.
se.da [s'edə] *sf* die Seide.
se.de [s'edɪ] *sf* **1** der Durst. **2** die Gier. [s'ɛdi] **3** der Sitz, der Hauptsitz.
se.den.to [sed'ẽtu] *adj* durstig.
se.du.ção [sedus'ãw] *sf* die Verführung.
se.du.tor [sedut'or] *adj* verführerisch, reizvoll. • *sm* der Verführer.
se.du.zir [seduz'ir] *vtd* verführen, verleiten, verlocken.
seg.men.to [segm'ẽtu] *sm* das Segment, der Teilbereich.
se.gre.do [segr'edu] *sm* das Geheimnis.
se.gui.do [seg'idu] *adj* dauernd, fortlaufend, ununterbrochen.
se.gui.dor [segid'or] *sm* **1** der Anhänger, der Jünger. **2** *pl* die Gemeinde.
se.guin.te [seg'ĩti] *adj* folgend, darauffolgend, nächst.
se.guir [seg'ir] *vtd* **1** folgen, sich anschließen. **2** weitergehen, weiterfahren. **3** befolgen, gehorchen.
se.gun.da-fei.ra [segũdaf'ejrə] *sf* der Montag.
se.gu.ra.do [segur'adu] *sm* der Versicherte, der Versicherungsnehmer.
se.gu.ra.do.ra [segurad'orə] *sf* die Versicherung, der Versicherungsträger.
se.gu.ran.ça [segur'ãsə] *sf* **1** die Sicherheit, der Halt. **2** die Zuverlässigkeit. **3** die Bestimmtheit. **4** die Sicherung. *sm* **5** der Ordner, die Ordnungskraft, der Wächter, der Posten.
se.gu.rar [segur'ar] *vtd* **1** halten, festhalten. **2** anhalten, aufhalten, zurückhalten.
se.gu.ro [seg'uru] *adj* sicher, geborgen, fest, solide, verlässlich, stabil. • *sm* die Versicherung. **seguro-saúde** die Krankenversicherung.
sei.o [s'eju] *sm* **1** die Brust, der Busen. **2** der Schoß.
sei.ta [s'ejtə] *sf* die Sekte.
sei.va [s'ejvə] *sf* der Saft.
se.la [s'ɛlə] *sf* der Sattel.
se.lar [sel'ar] *vtd* **1** frankieren, freimachen (Post). **2** versiegeln, besiegeln. **3** satteln.
se.le.ção [seles'ãw] *sf* die Auswahl, die Auslese. **seleção nacional** die Nationalmannschaft.

se.le.ci.o.nar [selesjon'ar] *vtd* wählen, auswählen, auslesen, aussondern, sortieren.
se.le.to [sel'ɛtu] *adj* erlesen, auserwählt.
se.lo [s'elu] *sm* **1** die Marke, die Briefmarke. **2** das Siegel, der Stempel.
sel.va [s'ɛwvə] *sf* der Dschungel, der Urwald.
sel.va.gem [sewv'aʒẽj] *adj* wild, barbarisch. • *sm* der Wilde.
sem [s'ẽj] *adv* ohne.
se.má.fo.ro [sem'aforu] *sm* die Ampel, die Verkehrsampel.
se.ma.na [sem'ʌnə] *sf* die Woche. **semana santa** die Karwoche.
se.ma.nal [seman'aw] *adj* wöchentlich.
se.me.ar [seme'ar] *vtd* säen, streuen.
se.me.lhan.ça [semeλ'ãsə] *sf* die Ähnlichkeit.
se.me.lhan.te [semeλ'ãti] *adj* ähnlich, solch, dergleichen. • *sm* der Mitmensch, der Nächste.
sê.men [s'emẽj] *sm* der Samen.
se.men.te [sem'ẽti] *sf* **1** der Samen, der Kern (Obst). **2** *pl* die Saat.
se.mes.tral [semɛstr'aw] *adj* halbjährlich.
se.mes.tre [sem'ɛstri] *sm* **1** das Halbjahr, die Jahreshälfte. **2** das Semester (Studienhalbjahr).
se.mi.ná.rio [semin'arju] *sm* das Seminar.
se.mi.nu [semin'u] *adj* halbnackt, barbusig, busenfrei.
sem.pre [s'ẽpri] *adv* immer, immerzu, stets, jederzeit.
sem-ver.go.nha [sẽverg'oñə] *sm+f* der unverschämte Kerl.
se.na.do [sen'adu] *sm* der Senat.
se.não [sen'ãw] *adv* sonst, ander(e)nfalls.
se.nha [s'eñə] *sf* **1** die Devise, die Losung, die Parole. **2 die** Platznummer. **3** *Inform* das Kennwort, das Passwort, der Kode.
se.nhor [señ'or] *sm* der Herr.
se.nho.ra [señ'ɔrə] *sf* die Frau, die Dame. **Nossa Senhora** die Mutter Gottes.
se.nho.ri.o [señor'iu] *sm* der Wirt, der Hauswirt, der Vermieter.
sen.sa.ção [sẽsas'ãw] *sf* **1** die Empfindung. **2** das Aufsehen, die Sensation.
sen.sa.ci.o.nal [sẽsasjon'aw] *adj* sensationell, aufsehenerregend, verblüffend.
sen.sa.to [sẽs'atu] *adj* **1** sinnvoll. **2** vernünftig, besonnen, verständig.
sen.si.bi.li.da.de [sẽsibilid'adi] *sf* **1** die Empfindsamkeit. **2** das Feingefühl, das Fingerspitzengefühl.
sen.sí.vel [sẽs'ivew] *adj* **1** empfindsam, einfühlsam, gefühlvoll. **2** empfindlich, verletzlich, zimperlich. **3** spürbar, merklich, bemerkbar.
sen.so [s'ẽsu] *sm* der Sinn, der Verstand. **senso comum** der gesunde Menschenverstand.
sen.su.al [sẽsu'aw] *adj* sinnlich.
sen.su.a.li.da.de [sẽswalid'adi] *sf* die Sinnlichkeit.
sen.tar [sẽt'ar] *vtd* **1** setzen. *vpron* **2** sich setzen, sich hinsetzen.
sen.ten.ça [sẽt'ẽsə] *sf* die Entscheidung, das Urteil, der Urteilsspruch.
sen.ti.do [sẽt'idu] *sm* **1** der Sinn, die Bedeutung. **2** die Hinsicht. **3** die Richtung, die Fahrtrichtung.
sen.ti.men.tal [sẽtimẽt'aw] *adj* **1** gefühlvoll, gemütvoll, empfindsam. **2** schmalzig, rührselig, sentimental.
sen.ti.men.ta.lis.mo [sẽtimẽtal'izmu] *sm* die Empfindsamkeit, die Sentimentalität.
sen.ti.men.to [sẽtim'ẽtu] *sm* die Empfindung, die Regung, das Gefühl.
sen.tir [sẽt'ir] *vtd* **1** fühlen, empfinden, spüren. *vpron* **2** sich fühlen.
se.pa.ra.ção [separas'ãw] *sf* die Trennung, die Spaltung, die Scheidung.
se.pa.ra.do [separ'adu] *adj* **1** getrennt, einzeln, separat. **2** allein stehend, freistehend.
se.pa.rar [separ'ar] *vtd* trennen, abtrennen, absondern, sortieren.
se.pul.tar [sepuwt'ar] *vtd* beerdigen, bestatten, begraben.

se.pul.tu.ra [sepuwt'urə] *sf* das Grab.

se.quên.cia [sek'wẽsjə] *sf* **1** die Folge, der Ablauf, die Reihe, die Reihenfolge, die Serie. **2** die Passage.

se.ques.tra.dor [sekwestrad'or] *sm* der Entführer, der Geiselnehmer, der Kidnapper.

se.ques.trar [sekwestr'ar] *vtd* **1** entführen, kidnappen. **2** pfänden, beschlagnahmen (Eigentum).

se.ques.tro [sek'wɛstru] *sm* **1** die Entführung, die Geiselnahme. **2** die Pfändung, die Beschlagnahme.

ser [s'er] *vint* sein. • *sm* **1** das Sein. **2** das Wesen.

se.rão [ser'ãw] *sm* die Nachtwache, die Nachtarbeit.

se.rei.a [ser'ejə] *sf* die Nixe, die Meerjungfrau, die Seejungfrau, die Sirene.

se.re.na.ta [seren'atə] *sf* das Ständchen, die Serenade.

se.re.ni.da.de [serenid'adi] *sf* die Gelassenheit, die Seelenruhe, die Fassung.

se.re.no [ser'enu] *adj* **1** gelassen, ruhig, seelenruhig. **2** heiter, abgeklärt.

sé.rie [s'ɛrji] *sf* die Serie, die Reihe, die Folge.

se.ri.e.da.de [serjed'adi] *sf* der Ernst, die Ernsthaftigkeit.

se.rin.ga [ser'ĩgə] *sf* die Spritze, die Injektionsspritze.

se.rin.guei.ra [serĩg'eirə] *sf* der Gummibaum.

sé.rio [s'ɛrju] *adj* **1** ernst, ernsthaft, ernstlich, seriös. **2** besorgniserregend, schwerwiegend, schlimm.

ser.mão [serm'ãw] *sm* die Predigt.

ser.pen.te [serp'ẽti] *sf* die Schlange.

ser.pen.ti.na [serpẽt'inə] *sf* die Luftschlange, die Papierschlange.

ser.ra [s'ɛr̄ə] *sf* **1** die Säge. **2** die Bergkette, das Gebirge.

ser.rar [ser̄'ar] *vtd* sägen, absägen.

ser.ra.ri.a [ser̄ar'iə] *sf* das Sägewerk.

ser.tão [sert'ãw] *sm* das Hinterland, das Landesinnere.

ser.ven.te [serv'ẽti] *sm+f* der Handlanger.

ser.vi.ço [serv'isu] *sm* **1** der Dienst, Dienstleistung, die Arbeit. **2** die Bedienung. **3** *Esp* die Angabe, der Aufschlag. **fora de serviço** außer Betrieb. **serviço militar** der Wehrdienst. **serviço público** der Öffentlicher Dienst.

ser.vil [serv'iw] *adj* unterwürfig.

ser.vir [serv'ir] *vtd* **1** dienen, bedienen. **2** servieren, vorsetzen, eingießen (Getränk), anrichten, auftragen (Essen). **3** Esp angeben, passen. *vti* **4** nutzen, taugen. *vpron* **5** sich bedienen, zugreifen.

ses.são [ses'ãw] *sf* **1** die Sitzung. **2** die Vorstellung (Kino).

se.ta [s'ɛtə] *sf* **1** der Pfeil. **2** der Blinker.

se.tem.bro [set'ẽbru] *sm* der September.

se.ten.tri.o.nal [setẽtrjon'aw] *adj* nordisch, nördlich.

se.tor [set'or] *sm* **1** die Abteilung, der Bereich, der Bezirk, der Sektor. **2** der Abschnitt, der Kreis.

seu ['seu] *pron poss* **1** sein, seine. **2** ihr. **3** eure, euer.

se.ve.ro [sev'ɛru] *adj* streng, hart.

se.xo [s'ɛksu] *sm* **1** das Geschlecht. **2** der Sex.

sex.ta-fei.ra [sestaf'ejrə] *sf* der Freitag. **sexta-feira santa** der Karfreitag.

se.xu.al [seksu'aw] *adj* geschlechtlich, sexuell.

shopping [ʃ'ɔpĩ] *sm* das Einkaufszentrum.

show [ʃ'ow] *sm* die Schau, die Show.

si [s'i] *pron* sich. • *sm Mús* das B.

si.de.rúr.gi.ca [sider'urʒikə] *sf* die Eisenhütte, das Stahlwerk.

si.gi.lo [siʒ'ilu] *sm* das Geheimnis, die Verschwiegenheit.

si.gi.lo.so [siʒil'osu] *adj* geheim, verschwiegen.

si.gla [s'iglə] *sf* die Abkürzung, das Kurzzeichen, das Kennzeichen.

sig.ni.fi.ca.ção [signifikas'ãw] *sf* die Bedeutung, der Belang.

sig.ni.fi.ca.do [signifik'adu] *sm* die Bedeutung, der Sinn.

sig.ni.fi.car [signifik'ar] *vtd* **1** bedeuten. **2** bezeichnen.
sig.ni.fi.ca.ti.vo [signifikat'ivu] *adj* **1** bedeutsam, bezeichnend, vielsagend. **2** deutlich.
sig.no [s'ignu] *sm* das Zeichen, das Sinnbild.
sí.la.ba [s'ilabə] *sf* die Silbe.
si.len.ci.ar [silẽsi'ar] *vint* **1** schweigen. *vtd* **2** verschweigen.
si.lên.cio [sil'ẽsju] *sm* das Schweigen, die Ruhe, die Stille.
si.len.ci.o.so [silẽsi'ozu] *adj* leise, lautlos, ruhig, still.
sim [s'ĩj] *adv* **1** ja, jawohl. **2** doch.
sim.bó.li.co [sĩb'ɔliku] *adj* symbolisch, sinnbildlich.
sim.bo.li.zar [sĩboliz'ar] *vtd* versinnbildlichen, symbolisieren.
sím.bo.lo [s'ĩbolu] *sm* das Symbol, das Zeichen, das Wahrzeichen, das Abzeichen, das Kennzeichen, das Sinnbild.
si.mé.tri.co [sim'ɛtriku] *adj* symmetrisch.
si.mi.lar [simil'ar] *adj* ähnlich, verwandt, gleichartig.
sim.pa.ti.a [sĩpat'iə] *sf* **1** die Sympathie, die Neigung, die Zuneigung, das Wohlwollen. **2** das Mitgefühl, die Anteilnahme.
sim.pá.ti.co [sĩp'atiku] *adj* nett, lieb, ansprechend, einnehmend, sympathisch, charmant.
sim.pa.ti.zan.te [sĩpatiz'ãti] *sm* der Sympathisant, der Gesinnungsgenosse.
sim.pa.ti.zar [sĩpatiz'ar] *vti* sympathisieren, liebäugeln.
sim.ples [s'ĩplis] *adj sing+pl* **1** einfach, leicht. **2** schlicht, bieder, anspruchslos. **3** einfältig, naiv. • *adv* schlechthin.
sim.pli.ci.da.de [sĩplisid'adi] *sf* **1** die Einfachheit, die Natürlichkeit. **2** die Einfalt, die Einfältigkeit.
sim.pli.fi.car [sĩplifik'ar] *vtd* vereinfachen.
sim.pló.rio [sĩpl'ɔrju] *adj* einfältig, albern.
sim.pó.sio [sĩp'ɔzju] *sm* das Symposium, die Tagung.
si.mu.la.ção [simulas'ãw] *sf* **1** die Verstellung, die Vortäuschung. **2** *Tecn* die Simulation.
si.mu.lar [simul'ar] *vtd* **1** vortäuschen, fingieren. **2** durchspielen, simulieren.
si.mul.tâ.neo [simuwt'ʌnju] *adj* gleichzeitig, zeitgleich, simultan.
si.nal [sin'aw] *sm* **1** das Zeichen, das Kennzeichen, das Erkennungszeichen, das Signal, das Mal, das Merkmal. **2** der Wink. **3** das Zeugnis, der Ausdruck. **4** die Anzahlung, die Abschlagszahlung, das Handgeld. **5** die Verkehrsampel. **sinal de trânsito** das Verkehrszeichen.
si.na.li.zar [sinaliz'ar] *vtd* **1** kennzeichnen, markieren, absichern. **2** hinweisen auf.
sin.ce.ri.da.de [sĩserid'adi] *sf* die Ehrlichkeit, der Freimut, die Aufrichtigkeit, die Offenheit.
sin.ce.ro [sĩs'ɛru] *adj* ehrlich, aufrichtig, offenherzig, treuherzig.
sin.di.ca.lis.ta [sĩdikal'istə] *sm+f* der Gewerkschafter.
sin.di.ca.to [sĩdik'atu] *sm* die Gewerkschaft.
sín.di.co [s'ĩdiku] *sm* der Hausverwalter.
sin.fo.ni.a [sĩfon'iə] *sf* die Sinfonie/ Symphonie.
sin.ge.lo [sĩʒ'ɛlu] *adj* schlicht, arglos, bieder.
sin.gu.lar [sĩgul'ar] *adj* **1** einzeln. **2** einzigartig. **3** ungewöhnlich, merkwürdig. • *sm* der Singular, die Einzahl.
si.nis.tro [sin'istru] *adj* finster, unheilvoll. • *sm* der Unglücksfall, der Schadensfall.
si.no [s'inu] *sm* die Glocke.
si.nô.ni.mo [sin'onimu] *adj* gleichbedeutend, sinnverwandt. • *sm* das Synonym.
si.nop.se [sin'ɔpsi] *sf* der Abriss, die Übersicht, der Überblick, die Synopse.

sín.te.se [s'ĩtezi] *sf* **1** die Synthese, die Zusammenfassung, der Überblick. **2** der Inbegriff.

sin.té.ti.co [sĩt'ɛtiku] *adj* künstlich, synthetisch.

sin.te.ti.zar [sĩtetiz'ar] *vtd* zusammenfassen.

sin.to.ma [sĩt'omə] *sm* das Zeichen, das Anzeichen, die Erscheinung, das Symptom.

sin.to.ni.zar [sĩtoniz'ar] *vtd* einstellen, einschalten.

si.nu.ca [sin'ukə] *sf* das Billard.

si.re.ne [sir'eni] *sf* die Sirene.

sis.te.ma [sist'emə] *sm* **1** das System, das Verfahren. **2** der Apparat. **3** die Ordnung.

sis.te.má.ti.co [sistem'atiku] *adj* systematisch, planmäßig, konsequent.

si.su.do [siz'udu] *adj* ernst, bedächtig.

sí.tio [s'itju] *sm* **1** das Landgut. **2** die Belagerung.

si.tu.a.ção [sitwas'ãw] *sf* die Lage, der Stand, der Zustand, die Situation, der Status.

slide [sl'ajdi] *sm* das Dia, das Diapositiv.

slogan [zl'ogã] *sm* das Schlagwort, das Motto, der Spruch, der Werbespruch.

só [s'ɔ] *adj* allein, einsam. • *adv* erst, nur.

so.ar [so'ar] *vint* klingen, tönen, schwingen.

sob ['sobi] *adv* unter.

so.ber.bo [sob'erbu] *adj* **1** hochmütig, stolz. **2** üppig.

so.bra [s'ɔbrə] *sf* der Rest, der Überrest, das Überbleibsel.

so.bran.ce.lha [sobrãs'eʎə] *sf* die Braue, die Augenbraue.

so.brar [sobr'ar] *vtd* übrig bleiben, zurückbleiben.

so.bre ['sobre] *adv* auf.

so.bre.car.re.gar [sobrekar̃eg'ar] *vtd* **1** überanstrengen, überlasten, überladen.

so.bre.lo.ja [sobrel'ɔʒə] *sf* das Zwischengeschoss.

so.bre.me.sa [sobrem'ezə] *sf* die Nachspeise, der Nachtisch, das Dessert.

so.bre.na.tu.ral [sobrenatur'aw] *adj* übernatürlich, überirdisch.

so.bre.no.me [sobren'omi] *sm* der Nachname, der Familienname.

so.bres.sal.to [sobres'awtu] *sm* die Bestürzung, der Schrecken.

so.bre.ta.xa [sobret'aʃə] *sf* der Aufschlag, die Sondergebühr.

so.bre.tu.do [sobret'udu] *adv* besonders, vor allem.

so.bre.vi.vên.cia [sobreviv'ẽsjə] *sf* das Überleben.

so.bre.vi.ver [sobreviv'er] *vti* überleben, überstehen, durchkommen.

so.bre.vo.ar [sobrevu'ar] *vtd* überfliegen.

so.bri.e.da.de [sobrjed'adi] *sf* die Genügsamkeit, die Nüchternheit.

so.bri.nha [sobr'iñə] *sf* die Nichte.

so.bri.nho [sobr'iñu] *sm* der Neffe.

só.brio [s'ɔbrju] *adj* **1** nüchtern. **2** enthaltsam, genügsam, abstinent.

so.ci.al [sosi'aw] *adj* **1** sozial. **2** gesellschaftlich.

so.ci.a.lis.ta [sosjal'istə] *adj* sozialistisch. • *sm+f* der Sozialist.

so.ci.e.da.de [sosjed'adi] *sf* **1** die Gesellschaft. **2** die Vereinigung

só.cio [s'ɔsju] *sm* **1** der Partner, der Gesellschafter, der Teilhaber, der Mitinhaber. **2** das Mitglied.

so.ci.o.lo.gi.a [sosjoloʒ'iə] *sf* die Soziologie.

so.cor.rer [sokor̃'er] *vtd* **1** helfen, beistehen. **2** bergen.

so.cor.ro [sok'or̃u] *sm* die Hilfe, die Aushilfe, der Beistand. **socorro!** Hilfe! **primeiros socorros** erste Hilfe.

so.fá [sof'a] *sm* das Sofa, die Couch.

so.fá-ca.ma [sofak'amə] *sm* die Bettcouch, das Bettsofa.

so.fis.ti.ca.do [sofistik'adu] *adj* **1** anspruchsvoll, raffiniert. **2** ausgeklügelt, ausgetüftelt. **3** spitzfindig.

so.frer [sofr'er] *vtd* **1** leiden, dulden, durchmachen. **2** erfahren.

so.fri.men.to [sofrim'ẽtu] *sm* das Leid, das Leiden, die Qual, die Drangsal.

so.frí.vel [sofr′ivew] *adj* leidlich.
so.gra [s′ogrə] *sf* die Schwiegermutter.
so.gro [s′ogru] *sm* **1** der Schwiegervater. **2** *pl* die Schwiegereltern.
so.ja [s′ɔʒe] *sf* die Sojabohne(n).
sol [s′ɔw] *sm* **1** die Sonne. **2** *Mús* das G.
so.la [s′ɔlə] *sf* die Sohle.
sol.da.do [sowd′adu] *sm* der Soldat.
sol.dar [sowd′ar] *vtd* löten, schweißen.
so.le.ne [sol′eni] *adj* **1** feierlich, festlich, erhaben. **2** erhebend.
so.le.ni.da.de [solenid′adi] *sf* die Feierlichkeit, das Fest, die Festlichkeit, der Festakt, die Weihe.
so.le.trar [soletr′ar] *vtd* buchstabieren.
so.li.ci.ta.ção [solisitas′ãw] *sf* **1** das Ersuchen, der Antrag. **2** die Belastung, die Anforderung. **3** die Bewerbung.
so.li.ci.tar [solisit′ar] *vtdi* **1** bitten, erbitten. **2** beantragen, anfordern. **3** abrufen.
so.lí.ci.to [sol′isitu] *adj* zuvorkommend, hilfsbereit, beflissen.
so.li.dão [solid′ãw] *sf* **1** die Einsamkeit, das Alleinsein. **2** die Öde, die Einöde.
so.li.da.ri.e.da.de [solidarjed′adi] *sf* die Solidarität, der Zusammenhalt, die Kameradschaft.
so.li.dá.rio [solid′arju] *adj* solidarisch, gemeinsam.
só.li.do [s′ɔlidu] *adj* solide, fest, massiv, stabil.
so.lis.ta [sol′istə] *sm+f* der Solist.
so.li.tá.rio [solit′arju] *adj* einsam, zurückgezogen.
so.lo [s′ɔlu] *sm* der Boden, die Erde, die Scholle.
sol.tar [sowt′ar] *vtd* **1** lösen, entkrampfen, lockern. **2** ablösen, befreien. **3** loslassen, laufen lassen. *vpron* **4** sich lösen. **5** abspringen.
sol.tei.ro [sowt′ejru] *adj* ledig, unverheiratet, alleinstehend. • *sm* Junggeselle.
sol.to [s′owtu] *adj* locker, wackelig, lose.
so.lu.ção [solus′ãw] *sf* die Lösung.
so.lu.çar [solus′ar] *vint* schluchzen.
so.lu.ci.o.nar [solusjon′ar] *vtd* lösen, erledigen.
so.lu.ço [sol′usu] *sm* **1** das Schluchzen. **2** der Schluckauf.
so.lú.vel [sol′uvew] *adj* löslich, lösbar.
som [s′õw] *sm* der Klang, der Laut.
so.ma [s′omə] *sf* **1** die Summe. **2** die Addition. **2** das Fazit.
so.mar [som′ar] *vtd* zusammenrechnen, zusammenzählen, addieren.
som.bra [s′õbrə] *sf* **1** der Schatten. **2** die Andeutung.
som.bri.nha [sõbr′iñə] *sf* **1** der Sonnenschirm. **2** der Regenschirm.
som.bri.o [sõbr′iu] *adj* düster, trübe, dunkel, finster.
so.men.te [səm′ẽnti] *adv* nur, bloß, lediglich.
son.da [s′õdə] *sf* die Sonde, die Kanüle, das Katheter.
son.dar [sõd′ar] *vtd* sondieren, forschen, nachforschen.
so.ne.ca [son′ɛkə] *sf* das Nickerchen, das Schläfchen.
so.ne.ga.ção [sonegas′ãw] *sf* die Unterschlagung.
so.nha.dor [soñad′or] *sm* der Träumer, der Schwärmer.
so.nhar [soñ′ar] *vint+vti* träumen, phantasieren.
so.nho [s′oñu] *sm* der Traum.
so.no [s′onu] *sm* der Schlaf, die Nachtruhe.
so.no.lên.cia [sonol′ẽsjə] *sf* die Schläfrigkeit.
so.no.len.to [sonol′ẽtu] *adj* schläfrig, verschlafen, dösig.
so.no.ri.da.de [sonorid′adi] *sf* der Klang, die Klangfülle, der Wohlklang.
so.no.ro [son′ɔru] *adj* klangvoll, stimmhaft.
so.pa [s′opə] *sf* die Suppe.
so.prar [sopr′ar] *vint+vtd* **1** hauchen, blasen, pusten. **2** wehen, brausen (Wind).
so.pro [s′opru] *sm* der Hauch.
so.que.te [sok′eti] *sm* die Fassung, die Buchse/Büchse.

so.ro [s'oru] *sm* **1** das Serum. **2** der Tropf.
sor.rir [sor̄'ir] *vint+vti* lächeln.
sor.ri.so [sor̄'izu] *sm* das Lächeln.
sor.te [s'ɔrti] *sf* **1** das Glück. **2** das Gelingen. **3** das Schicksal, das Los.
sor.te.ar [sorte'ar] *vtd* losen, verlosen.
sor.tei.o [sort'eju] *sm* die Verlosung, die Auslosung, die Ziehung, der Losentscheid.
sor.ve.te [sorv'eti] *sm* das Speiseeis.
sor.ve.te.ri.a [sorveter'iə] *sf* die Eisdiele.
só.sia [s'ɔzjə] *sm+f* der Doppelgänger.
sos.se.ga.do [soseg'adu] *adj* ruhig, ungestört, gelassen.
sos.se.gar [soseg'ar] *vtd* **1** beruhigen, stillen. *vint* **2** ruhen.
sos.se.go [sos'egu] *sm* die Ruhe, die Muße, die Stille.
só.tão [s'ɔtãw] *sm* der Dachboden, die Bodenkammer, der Speicher.
so.ta.que [sot'aki] *sm* die Aussprache, der Akzent.
so.ter.rar [soter̄'ar] *vtd* begraben, verschütten, vergraben.
so.va.co [sov'aku] *sm* die Achsel, die Achselhöhle.
so.zi.nho [sɔz'iñu] *adj* allein, alleinig.
su.a ['suə] *pron poss* **1** ihr, ihre. **3** eure, euer.
su.ar [su'ar] *vint* schwitzen.
su.a.ve [su'avi] *adj* **1** mild(e), sanft, zart, weich. **2** sacht. **3** lieblich.
su.a.vi.zar [swaviz'ar] *vtd* lindern, mildern, abschwächen.
sub.cons.ci.en.te [subkõsi'ẽti] *sm* das Unterbewusstsein.
sub.de.sen.vol.vi.do [subdezẽvowv'idu] *adj* unterentwickelt.
sub.di.vi.dir [subdivid'ir] *vtd* untergliedern, aufgliedern, unterteilen.
su.bes.ti.mar [subestim'ar] *vtd* unterschätzen, verkennen.
su.bi.da [sub'idə] *sf* die Auffahrt, der Aufgang, der Aufstieg, die Steigung.
su.bir [sub'ir] *vint+vti* **1** steigen, besteigen, klettern. **2** aufrücken. **3** ansteigen, anschwellen.
sú.bi.to [s'ubitu] *adj* abrupt, jäh, plötzlich.
sub.je.ti.vo [subʒet'ivu] *adj* subjektiv.
su.bli.me [subl'imi] *adj* erhaben, himmlisch, überirdisch.
sub.li.nhar [subliñ'ar] *vtd* unterstreichen.
sub.ma.ri.no [submar'inu] *sm* das U-Boot, das Unterseeboot.
sub.mer.gir [submerʒ'ir] *vint+vtd* **1** tauchen, untertauchen. **2** untergehen.
sub.me.ter [submet'er] *vtd* **1** vorlegen, unterbreiten. *vpron* **2** sich unterwerfen, sich fügen.
sub.mis.são [submis'ãw] *sf* die Unterwerfung.
sub.mis.so [subm'isu] *adj* **1** unterwürfig, gefügig. **2** kleinlaut.
sub.nu.tri.ção [subnutris'ãw] *sf* die Unterernährung.
su.bor.di.na.do [subordin'du] *adj* untergeordnet, abhängig. • *sm* der Untergebene.
su.bor.di.nar [subordin'ar] *vtdi* unterstellen, unterordnen.
su.bor.nar [suborn'ar] *vtdi* **1** bestechen. **2** *pop* schmieren.
su.bor.no [sub'ornu] *sm* die Bestechung, das Schmiergeld.
sub.se.quen.te [subsekw'ẽti] *adj* folgend, nachfolgend, anschließend.
sub.ser.vi.en.te [subservi'ẽti] *adj* unterwürfig.
sub.si.di.ar [subsidi'ar] *vtd* unterstützen, bezuschussen.
sub.si.di.á.ria [subsidi'arjə] *sf* die Niederlassung, die Tochterfirma.
sub.sí.dio [subs'idju] *sm* **1** das Hilfsmittel. **2** die Zuwendung, die Unterstützung, die Beihilfe. **3** der Zuschuss.
sub.so.lo [subs'ɔlu] *sm* **1** der Untergrund. **2** der Keller, das Untergeschoss.
subs.tân.cia [subst'ãsjə] *sf* **1** die Substanz, der Stoff. **2** der Gehalt.
subs.tan.ci.al [substãsj'aw] *adj* wesentlich, bedeutend.
subs.tan.ti.vo [substãt'ivu] *sm* das Substantiv, das Hauptwort.

subs.ti.tu.i.ção [substituis'ãw] *sf* **1** der Ersatz, die Ablösung, die Vertretung, der Wechsel, der Austausch. **2** die Erneuerung.
subs.ti.tu.ir [substitu'ir] *vtd* **1** ersetzen, vertreten, wechseln, auswechseln, ablösen, austauschen. **2** erneuern.
subs.ti.tu.to [substit'utu] *sm* **1** der Ersatz, die Ablösung. **2** der Vertreter, der Stellvertreter.
subs.tra.to [substr'atu] *sm* die Grundlage.
sub.ter.fú.gio [subterf'uʒju] *sm* der Vorwand, die Ausflucht.
sub.tra.ir [subtra'ir] *vtd* **1** abziehen, abrechnen, subtrahieren. **2** entwenden.
su.búr.bio [sub'urbju] *sm* der Vorort, die Vorstadt.
sub.ven.ção [subvẽs'ãw] *sf* der Zuschuss, die Beihilfe, die Unterstützung, die Geldspritze, die Subvention.
sub.ven.ci.o.nar [subvẽsjon'ar] *vtd* bezuschussen, unterstützen, subventionieren.
sub.ver.si.vo [subvers'ivu] *adj* umstürzlerisch, subversiv.
su.ca.ta [suk'atə] *sf* der Schrott, das Alteisen.
su.ce.der [sused'er] *vtd* **1** folgen, nachfolgen. *vint* **2** erfolgen, sich abspielen, geschehen, passieren. *vpron* **3** aufeinander folgen.
su.ces.são [suses'ãw] *sf* **1** die Nachfolge, die Abfolge. **2** die Erbfolge.
su.ces.si.vo [suses'ivu] *adj* fortlaufend, folgend. • *adv* aufeinander, nach und nach.
su.ces.so [sus'ɛsu] *sm* **1** der Erfolg, der Triumph, das Gelingen. **2** der Hit.
su.ces.sor [suses'or] *sm* **1** der Nachfolger. **2** das Erbe.
su.co [s'uku] *sm* der Fruchtsaft.
su.cu.len.to [sukul'ẽtu] *adj* saftig.
su.cur.sal [sukurs'aw] *sf* die Außenstelle, die Nebenstelle, die Zweigstelle, die Filiale, die Niederlassung.
su.fi.ci.en.te [sufisi'ẽti] *adj* **1** reichlich, ausreichend, hinreichend, genügend, genug.
su.fi.xo [suf'iksu] *sm* die Nachsilbe, das Suffix.
su.fo.can.te [sufok'ãti] *adj* stickig, schwül, erstickend.
su.fo.car [sufok'ar] *vtd* **1** würgen, abwürgen, ersticken, erdrücken. *vpron* **2** ersticken.
su.fo.co [suf'oku] *sm* die Schwierigkeit, die Bedrängnis.
su.gar [sug'ar] *vtd* saugen, ansaugen.
su.ge.rir [suʒer'ir] *vtd* **1** vorschlagen, nahelegen. **2** anregen. **3** andeuten.
su.ges.tão [suʒest'ãw] *sf* **1** die Anregung. **2** die Suggestion.
su.ges.ti.vo [suʒest'ivu] *adj* anregend, eindrucksvoll.
Su.í.ça [su'isə] *sf* die Schweiz.
su.i.ci.da [suis'idə] *sm+f* der Selbstmörder.
su.i.ci.dar-se [suisid'arsi] *vpron* sich umbringen, Selbstmord begehen.
su.i.cí.dio [suis'idju] *sm* der Selbstmord.
su.í.ço [su'isu] *adj* schweizerisch. • *sm* der Schweizer.
su.jar [suʒ'ar] *vtd* beschmutzen, verunreinigen, beflecken, verschmieren.
su.jei.ra [suʒ'ejrə] *sf* der Dreck, der Schmutz.
su.jei.tar [suʒeit'ar] *vtd* unterwerfen.
su.jei.to [suʒ'ejtu] *sm* **1** das Subjekt. **2** *pop* der Typ, der Kerl, der Bursche.
su.jo [s'uʒu] *adj* dreckig, schmutzig, unrein, unsauber.
sul [s'uw] *sm* der Süden.
sul-a.me.ri.ca.no [sulamerik'ʌnu] *adj* südamerikanisch. • *sm* der Südamerikaner.
su.má.rio [sum'arju] *sm* die Zusammenfassung, die Übersicht, die Inhaltsangabe, das Inhaltsverzeichnis, der Abriss.
su.mi.ço [sum'isu] *sm* das Verschwinden.
su.mir [sum'ir] *vint* entwischen, verschwinden, sich fortmachen, entweichen.

S

su.mo [s'umu] *adj* höchst, größt. • *sm* der Saft.
sun.tu.o.so [sũtu'ozu] *adj* verschwenderisch, prunkvoll.
su.or [su'ɔr] *sm* der Schweiß.
su.pe.rar [super'ar] *vtd* überwinden, übertreffen, besiegen, überholen.
su.pe.rá.vit [super'avit] *sm* der Überschuss, das Plus.
su.per.fi.ci.al [superfisj'aw] *adj* **1** oberflächlich, äußerlich, seicht. **2** flüchtig.
su.per.fí.cie [superf'isji] *sf* die Fläche, die Oberfläche.
su.pér.fluo [sup'ɛrflwu] *adj* überflüssig, unnötig.
su.pe.ri.or [superi'or] *adj* **1** besser, überlegen. **2** übergeordnet, gehoben. **3** souverän. • *sm+f* der Vorgesetzte, der Chef.
su.pe.ri.o.ri.da.de [superjorid'adi] *sf* die Überlegenheit, die Übermacht, die Überzahl.
su.per.lo.ta.do [superlot'adu] *adj* überfüllt.
su.per.mer.ca.do [supermerk'adu] *sm* der Supermarkt.
su.pers.ti.ção [superstis'ãw] *sf* der Aberglaube.
su.pers.ti.ci.o.so [superstisi'ozu] *adj* abergläubisch.
su.per.vi.são [superviz'ãw] *sf* **1** die Aufsicht, die Kontrolle. **2** die Anleitung.
su.per.vi.sor [superviz'or] *sm* **1** der Inspektor. **2** der Betreuer.
su.ple.men.tar [suplemẽt'ar] *adj* zusätzlich, nachträglich.
su.ple.men.to [suplem'ẽtu] *sm* **1** die Beilage, die Beigabe. **2** der Zusatz
su.pli.car [suplik'ar] *vtd+vti* flehen, anflehen, beschwören.
su.por [sup'or] *vtd* **1** vermuten, annehmen. **2** voraussetzen.
su.por.tar [suport'ar] *vtd* verkraften, ertragen, erdulden, ausstehen, aushalten.
su.por.tá.vel [suport'avew] *adj* erträglich. *Pl: suportáveis.*
su.por.te [sup'ɔrti] *sm* **1** die Stütze, der Träger. **2** die Lagerung, die Auflage, die Unterlage.
su.pos.to [sup'ostu] *adj* vermutlich, angeblich, mutmaßlich.
su.pre.mo [supr'emu] *adj* höchst, allerhöchst.
su.pres.são [supres'ãw] *sf* die Unterdrückung, die Streichung, die Aufhebung.
su.pri.men.tos [suprim'ẽtus] *sm pl* die Versorgung, der Einkauf, die Beschaffung.
su.pri.mir [suprim'ir] *vtd* unterdrükken, unterschlagen, beseitigen, abschaffen.
su.prir [supr'ir] *vtd* versorgen, ausfüllen.
sur.do [s'urdu] *adj* **1** taub, gehörlos. **2** schwerhörig. **3** dumpf, stumpf. • *sm* der Taube.
sur.do-mu.do [surdum'udu] *adj* taubstumm.
sur.fe [s'urfi] *sm* das Wellenreiten, das Surfing.
sur.fis.ta [surf'istə] *sm* der Surfer.
sur.gi.men.to [surʒim'ẽtu] *sm* **1** das Auftreten, die Entstehung. **2** der Ausbruch.
sur.gir [surʒ'ir] *vint+vti* **1** auftauchen, auftreten, aufsteigen. **2** ausbrechen.
sur.pre.en.den.te [surpreẽd'ẽti] *adj* überraschend, erstaunlich.
sur.pre.en.der [surpreẽd'er] *vtd* **1** überraschen, ertappen, erwischen. **2** aufschrecken.
sur.pre.sa [surpr'ezə] *sf* die Überraschung, das Erstaunen, das Befremden.
sur.pre.so [surpr'ezu] *adj* überrascht, erstaunt.
sur.ra [s'ur̄ə] *sf* die Dresche, die Prügel.
sur.rar [sur̄'ar] *vtd* verhauen, dreschen, verprügeln.
sus.ci.tar [susit'ar] *vtd* hervorrufen.
sus.pei.ta [susp'ejtə] *sf* der Verdacht, der Argwohn, die Vermutung, die Ahnung.

sus.pei.tar [suspejt'ar] *vti* argwöhnen, Verdacht schöpfen, vermuten, ahnen.
sus.pei.to [susp'ejtu] *adj* **1** verdächtig, bedenklich, suspekt. **2** befangen • *sm* der Verdächtige, der Tatverdächtige.
sus.pen.der [suspẽd'er] *vtd* **1** unterbrechen, abbrechen, einstellen, aufheben, stoppen. **2** sperren (Spieler).
sus.pen.são [suspẽs'ãw] *sf* **1** die Unterbrechung, der Abbruch, der Stillstand. **2** der Entzug. **3** der Ausfall. **4** die Aufhängung (Rad), die Federung.
sus.pen.se [susp'ẽsi] *sm* die Spannung.
sus.pen.só.rios [suspẽs'ɔrjus] *sm pl* der Hosenträger.
sus.pi.rar [suspir'ar] *vint* seufzen.
sus.pi.ro [susp'iru] *sm* der Seufzer.
sus.sur.rar [susur̄'ar] *vint+vtd* **1** wispern, lispeln, murmeln. **2** säuseln, rauschen.
sus.ten.tar [sustẽt'ar] *vtd* **1** stützen, unterstützen, aushalten, beköstigen, ernähren, versorgen, den Unterhalt bestreiten, durchbringen. **2** fördern. **3** verfechten.
sus.ten.to [sust'ẽtu] *sm* der Unterhalt, der Lebensunterhalt, die Versorgung.
sus.to [s'ustu] *sm* der Schreck, der Schrecken.
su.ti.ã [suti'ã] *sm* der Büstenhalter.
su.til [sut'iw] *adj* **1** raffiniert, fein, delikat. **2** feinsinnig, subtil. **3** spitzfindig.

t

t, T [t'e] *sm* Buchstabe t, T.

ta.ba.co [tab'aku] *sm* der Tabak.

ta.be.la [tab'ɛlə] *sf* **1** die Tabelle, die Rangliste. **2** der Tarif.

ta.be.li.ão [tabeli'ãw] *sm* der Notar.

ta.ble.te [tabl'ɛti] *sm* das Täfelchen, der Riegel (Schokolade).

ta.bu [tab'u] *adj* tabu, unantastbar, verpönt. • *sm* das Tabu.

tá.bua [t'abwə] *sf* das Brett. **tábua de passar** das Bügelbrett.

ta.bu.lei.ro [tabul'ejru] *sm* das Blech, das Backblech, das Kuchenblech.

ta.bu.le.ta [tabul'etə] *sf* die Tafel, das Schild, das Aushängeschild, das Türschild.

ta.ça [t'asə] *sf* **1** der Becher. **2** das Weinglas, der Pokal.

tá.ci.to [t'asitu] *adj* stillschweigend.

ta.ci.tur.no [tasit'urnu] *adj* verschlossen, schweigsam, einsilbig, schwermütig.

ta.co [t'aku] *sm* der Stock, der Schläger.

tal [t'aw] *adj* derartig, solch.

ta.la [t'alə] *sf* die Schiene, die Bandage.

ta.lão [tal'ãw] *sm* der Block, das Heft. **talão de cheque** das Scheckheft.

tal.co [t'awku] *sm* der/das Puder, das Pulver, der Talk.

ta.len.to [tal'ətu] *sm* das Talent, die Begabung, die Fähigkeit.

ta.len.to.so [talət'osu] *adj* **1** talentiert, begabt, fähig. **2** gekonnt.

ta.lhe.res [taλ'ɛris] *sm pl* das Besteck, das Essbesteck.

ta.lo [t'alu] *sm* der Stengel, der Halm, der Stiel.

tal.vez [tawv'es] *adv* vielleicht.

ta.man.co [tam'ãku] *sm* der Holzschuh.

ta.ma.nho [tam'ʌñu] *sm* **1** das Format, die Größe, die Statur. **2** die Ausdehnung, das Ausmaß.

tam.bém [tãb'ẽj] *adv* auch, ebenfalls.

tam.bor [tãb'or] *sm* **1** die Trommel, die Pauke. **2** das Fass, die Tonne.

tam.bo.rim [tãbor'ĩ] *sm* die Handtrommel.

tam.pa [t'ãpə] *sf* **1** der Deckel, der Verschluss, die Kappe. **2** die Klappe.

tam.pão [tãp'ãw] *sm* **1** der Stöpsel, der Pfropf. **2** der Tampon. **3** der Puffer.

tam.par [tãp'ar] *vtd* verschließen.

tam.pou.co [tãp'owku] *conj* auch nicht, ebenso wenig.

tan.ga [t'ãgə] *sf* der Lendenschurz.

tan.ge.ri.na [tãʒer'inə] *sf* die Mandarine.

tan.que [t'ãki] *sm* **1** der Tank, das Becken. **2** der Teich, der Weiher, der Tümpel. **3** der Panzer.

tan.to [t'ãtu] *adv* so, derart. • *pron* soviel. • *conj* desto, sowohl. **tanto faz** das ist egal.

tão [t'ãw] *adv* so, derart, derartig.

ta.pa [t'apə] *sm* der Klaps, die Ohrfeige.

ta.pa-bu.ra.co [tapabur'aku] *sm+f* der Lückenbüßer.

ta.pa.do [tap'adu] *adj* dösig, beschränkt, borniert.
ta.par [tap'ar] *vtd* **1** bedecken, abdecken, zudecken, verdecken, verhüllen. **2** stopfen, dichten, flicken. **3** beschönigen.
ta.pe.ar [tape'ar] *vtd* betrügen, täuschen.
ta.pe.te [tap'eti] *sm* der Teppich, der Vorleger.
ta.pi.nha [tap'iñə] *sm* der Klaps.
ta.ra.do [tar'adu] *sm* der Triebverbrecher.
tar.dar [tard'ar] *vint* sich verzögern, lange ausbleiben.
tar.de [t'ardi] *adv* spät. • *sf* der Nachmittag, der frühe Abend. **boa tarde** guten Tag, guten Abend.
tar.di.nha [tard'iñə] *sf* der Abend.
tar.di.o [tard'iu] *adj* spät, überfällig.
ta.re.fa [tar'ɛfə] *sf* **1** die Aufgabe, das Pensum, die Arbeit. **2** die Akkordarbeit.
ta.ri.fa [tar'ifə] *sf* **1** die Gebühr, der Tarif, der Satz. **2** der Fahrpreis.
tar.ta.ru.ga [tartar'ugə] *sf* die Schildkröte.
ta.te.ar [tate'ar] *vint* **1** tasten, fühlen. *vtd* **2** betasten, befühlen.
tá.ti.ca [t'atikə] *sf* die Taktik.
tá.ti.co [t'atiku] *adj* taktisch.
ta.to [t'atu] *sm* **1** der Takt, das Gefühl, das Fingerspitzengefühl. **2** der Tastsinn.
ta.tu.a.gem [tatu'aʒəj] *sf* die Tätowierung.
ta.xa [t'aʃə] *sf* **1** die Gebühr, die Abgabe, die Steuer. **2** das Entgelt. **3** die Rate (Statistik). **taxa de câmbio** der Wechselkurs. **taxa de juros** der Zinssatz.
ta.xar [taʃ'ar] *vtd* **1** besteuern. **2** werten, bemessen, abschätzen, veranlagen, taxieren. *vti* **3** stempeln, abstempeln.
tá.xi [t'aksi] *sm* das Taxi.
ta.xí.me.tro [taks'imetru] *sm* der Fahrpreisanzeiger.
ta.xis.ta [taks'istə] *sm* der Taxifahrer.
tchau! [tʃ'au] *interj* tschüs!, servus!
te [ti] *pron pess* dich, dir.
te.a.tro [te'atru] *sm* das Theater, die Bühne, der Schauplatz.
te.ce.la.gem [tesel'aʒəj] *sf* die Weberei.
te.cer [tes'er] *vtd* weben.
te.ci.do [tes'idu] *sm* der Stoff, das Gewebe.
te.cla [t'ɛklə] *sf* die Taste.
te.cla.do [tekl'adu] *sm* **1** die Tastatur. **2** die Klaviatur.
téc.ni.ca [t'ɛknikə] *sf* die Technik.
téc.ni.co [t'ɛkniku] *adj* technisch, fachlich. • *sm* **1** der Techniker, der Fachmann. **2** *Esp* der Trainer.
tec.no.lo.gi.a [teknoloʒ'iə] *sf* die Technik, die Technologie.
té.dio [t'ɛdju] *sm* die Langeweile, der Überdruss, der Stumpfsinn.
tei.a [t'ejə] *sf* das Netz, das Gewebe. **teia de aranha** das Spinngewebe.
tei.mar [tejm'ar] *vti* bestehen auf, beharren, trotzen.
tei.mo.si.a [tejmoz'iə] *sf* der Trotz, der Eigensinn, die Sturheit, der Starrsinn.
tei.mo.so [tejm'ozu] *adj* stur, trotzig, eigensinnig, hartnäckig, störrisch, starrköpfig, dickköpfig.
te.la [t'ɛlə] *sf* **1** die Leinwand. **2** das Bild. **3** der Bildschirm.
te.le.co.mu.ni.ca.ção [telekomunikas'ãw] *sf* **1** das Fernmeldewesen. **2** *pl* die Fernmeldetechnik.
te.le.fo.nar [telefon'ar] *vti* anrufen, telefonieren.
te.le.fo.ne [telef'oni] *sm* der Fernsprecher, das Telefon, der Anschluss, der Telefonapparat. **telefone celular** das Mobiltelefon.
te.le.fo.ne.ma [telefon'emə] *sm* der Anruf, das Telefongespräch.
te.le.fo.nis.ta [telefon'istə] *sm+f* die Telefonistin, die Vermittlung.
te.le.gra.ma [telegr'ʌmə] *sm* das Telegramm.
te.le.jor.nal [tɛleʒorn'aw] *sm* die Fernsehnachrichten, die Tagesschau.

te.les.có.pio [telesk'ɔpju] *sm* das Teleskop, das Fernrohr.
te.les.pec.ta.dor [telespektad'or] *sm* der Fernsehzuschauer, der Fernseher.
te.le.vi.são [televiz'ãw] *sf* **1** das Fernsehen. **2** *pop* das Fernsehgerät.
te.le.vi.sor [televiz'or] *sm* der Fernsehapparat, der Fernseher.
te.lha [t'eʎə] *sf* die Ziegel, die Dachziegel.
te.lha.do [teʎ'adu] *sm* das Dach.
te.ma [t'emə] *sm* das Thema, die Thematik, der Stoff. **tema central** der Schwerpunkt.
te.má.ti.co [tem'atiku] *adj* thematisch.
te.mer [tem'er] *vtd* fürchten, befürchten, scheuen.
te.me.rá.rio [temer'arju] *adj* verwegen, gewagt, waghalsig.
te.me.ro.so [temer'ozu] *adj* ängstlich, verschüchtert.
te.mi.do [tem'idu] *adj* gefürchtet.
te.mor [tem'or] *sm* die Furcht, die Befürchtung, die Scheu.
tem.pe.ra.do [tẽper'adu] *adj* **1** gemäßigt, lau, milde. **2** gehärtet. **3** *Culin* gewürzt.
tem.pe.ra.men.tal [tẽperamẽt'aw] *adj* **1** temperamentvoll. **2** launisch.
tem.pe.ra.men.to [tẽperam'ẽtu] *sm* das Temperament, das Naturell, die Natur.
tem.pe.rar [tẽper'ar] *vtd* **1** würzen, abschmecken. **2** mildern, abstimmen.
tem.pe.ra.tu.ra [tẽperat'urə] *sf* die Temperatur.
tem.pe.ro [tẽp'eru] *sm* die Würze, das Gewürz.
tem.pes.ta.de [tẽpest'adi] *sf* der Sturm, das Unwetter.
tem.plo [t'ẽplu] *sm* der Tempel.
tem.po [t'ẽpu] *sm* **1** die Zeit. **2** *Meteor* das Wetter. **2** der Takt (Motor). **ao mesmo tempo** gleichzeitig. **a tempo** rechtzeitig.
tem.po.ra.da [tẽpor'adə] *sf* **1** die Saison. **2** die Spielzeit.
tem.po.ral [tẽpor'aw] *adj* zeitlich. • *sm* das Unwetter, der Sturm.
tem.po.rá.rio [tẽpor'arju] *adj* **1** befristet, zeitweilig, vorübergehend. **2** vorläufig, behelfsmäßig, provisorisch. **3** *sm* die Aushilfe, die Zeitkraft.
ten.dên.cia [tẽd'əsjə] *sf* **1** die Tendenz, der Trend, die Neigung, der Hang. **2** die Strömung, die Richtung.
ten.den.ci.o.so [tẽdẽsi'ozu] *adj* tendenziös.
ten.der [tẽd'er] *vti* neigen zu.
te.nen.te [ten'ẽti] *sm* der Leutnant.
tê.nis [t'enis] *sm sing+pl* **1** das Tennis, das Tennisspiel. **2** der Turnschuh.
te.nis.ta [tenist'a] *sm+f* der Tennisspieler.
ten.ro [t'ẽru] *adj* mürbe, zart, weich.
ten.são [tẽs'ãw] *sf* die Spannung.
ten.so [t'ẽsu] *adj* gespannt, angespannt.
ten.ta.ção [tẽtas'ãw] *sf* die Verführung, die Versuchung, die Lockung.
ten.ta.dor [tẽtad'or] *adj* verführerisch, verlockend, reizvoll.
ten.tar [tẽt'ar] *vtd* **1** versuchen, probieren, riskieren. **2** verlocken, reizen, verführen.
ten.ta.ti.va [tẽtat'ivə] *sf* der Versuch, die Bestrebung, der Anlauf, das Experiment.
te.o.lo.gi.a [teoloʒ'iə] *sf* die Theologie.
te.or [te'or] *sm* **1** der Gehalt. **2** der Wortlaut, der Inhalt.
te.o.ri.a [teor'iə] *sf* **1** die Theorie. **2** die Lehre.
te.ó.ri.co [te'ɔriku] *adj* theoretisch. • *sm* der Theoretiker.
ter [t'er] *vtd* **1** haben, besitzen. **2** tragen.
te.ra.peu.ta [terap'ewtə] *sm+f* der Therapeut, der Heilkundige.
te.ra.pi.a [terap'iə] *sf* die Therapie, die Behandlung, die Heilung, die Kur.
ter.ça-fei.ra [tersaf'ejrə] *sf* der Dienstag.
ter.ço [t'ersu] *sm* **1** das Drittel. **2** der Rosenkranz.
ter.mi.na.ção [terminas'ãw] *sf* die Endung.

ter.mi.na.do [termin'adu] *adj* fertig. • *adv* aus, vorbei, alle.
ter.mi.nal [termin'aw] *sm* die Endstation, der Abstellbahnhof, das Depot.
ter.mi.nar [termin'ar] *vint* **1** enden, ablaufen, auslaufen. *vtd* **2** beenden, fertig machen, vollenden, abschließen.
tér.mi.no [t'ɛrminu] *sm* **1** das Ende, der Schluss. **2** die Erledigung, der Abschluss.
ter.mi.no.lo.gi.a [terminoloʒ'iə] *sf* die Terminologie.
ter.mo [t'ermu] *sm* **1** der Begriff, der Ausdruck, das Wort. **2** die Bedingung, die Kondition. **3** das Ziel, der Termin, der Stichtag. **termo técnico** der Fachausdruck.
ter.mô.me.tro [term'ometru] *sm* das Thermometer.
ter.no [t'ɛrnu] *adj* zärtlich, liebevoll. • *sm* der Anzug.
ter.nu.ra [tern'urə] *sf* die Zärtlichkeit.
ter.ra [t'ɛr̄ə] *sf* **1** die Erde, das Land, der Grund und Boden. **2** die Welt. **3** *pl* die Ländereien.
ter.ra.ço [ter̄'asu] *sm* die Terrasse.
ter.re.mo.to [ter̄em'ɔtu] *sm* das Erdbeben.
ter.re.no [ter̄'enu] *sm* **1** das Land, der Grund, die Scholle. **2** das Gelände, das Areal, das Gebiet. **3** das Grundstück.
tér.reo [t'ɛr̄ju] *adj* ebenerdig. **andar térreo** das Erdgeschoss, das Parterre.
ter.res.tre [ter̄'ɛstri] *adj* irdisch.
ter.ri.tó.rio [ter̄it'ɔrju] *sm* das Territorium, das Gebiet, die Zone, das Revier.
ter.rí.vel [ter̄'ivew] *adj* **1** schrecklich, furchtbar, gräßlich, entsetzlich, grauenhaft. **2** wüst, elend, erbärmlich.
ter.ror [ter̄'or] *sm* der Schrecken, das Entsetzen, der Terror.
ter.ro.ris.mo [ter̄or'izmu] *sm* der Terrorismus, der Terror.
ter.ro.ris.ta [ter̄or'istə] *sm+f* der Terrorist.
te.se [t'ɛzi] *sf* **1** die These. **2** die Doktorarbeit, die Dissertation.
te.sou.ra [tez'owrə] *sf* die Schere.
te.sou.ra.ri.a [tezowrar'iə] *sf* **1** die Kasse. **2** das Schatzamt.
te.sou.rei.ro [tezowr'ejru] *sm* **1** der Kassierer. **2** der Schatzmeister.
te.sou.ro [tez'owru] *sm* der Schatz, die Kostbarkeit.
tes.ta [t'ɛstə] *sf* die Stirn.
tes.ta.do [test'adu] *adj* bewährt.
tes.ta.men.to [testam'ẽtu] *sm* das Testament. **Antigo Testamento** das Alte Testament. **Novo Testamento** das Neue Testament.
tes.tar [test'ar] *vtd* **1** testen, proben, erproben. **2** prüfen, abfragen.
tes.te [t'ɛsti] *sm* **1** die Prüfung. **2** der Versuch, die Probe, der Test.
tes.te.mu.nha [testem'uñə] *sf* der Zeuge.
tes.te.mu.nhar [testemuñ'ar] *vti+vtd* zeugen, bezeugen, aussagen.
tes.te.mu.nho [testem'uñu] *sm* das Zeugnis, die Zeugenaussage.
tes.tí.cu.lo [testi'kulu] *sm* der Hoden.
te.ta [t'etə] *sf* die Zitze, der Euter.
te.to [t'ɛtu] *sm* **1** die Decke, die Zimmerdecke. **2** das Dach. **teto solar** das Schiebedach.
teu.to-bra.si.lei.ro [teutobrazil'ejru] *adj* deutschbrasilianisch. • *sm* der Deutschbrasilianer.
têx.til [t'estiw] *adj* Textil.
tex.to [t'estu] *sm* der Text, der Wortlaut.
ti.a [t'iə] *sf* die Tante.
ti.ge.la [tiʒ'ɛlə] *sf* die Schale, die Schüssel, der Napf.
ti.gre [t'igri] *sm* der Tiger.
ti.jo.lo [tiʒ'olu] *sm* der Stein, der Backstein, der Ziegel, der Ziegelstein.
til [t'iw] *sm* die Tilde.
ti.lin.tar [tilĩt'ar] *vtd* klimpern, klirren.
ti.mão [tim'ãw] *sm* das Ruder, das Steuer, das Steuerrad.
tim.bre [t'ĩbri] *sm* **1** der Ton, die Klangfarbe. **2** die Stempelmarke.

ti.me [t'imi] *sm* die Mannschaft, die Truppe, das Team.
ti.mi.dez [timid'es] *sf* die Schüchternheit, die Scheu.
tí.mi.do [t'imidu] *adj* schüchtern, zaghaft, ängstlich, scheu, geniert.
tin.gir [tĩʒ'ir] *vtd* färben (lassen).
ti.nir [tin'ir] *vint* klingen, klirren.
ti.no [t'inu] *sm* der Takt, das Feingefühl.
tin.ta [t'ĩtə] *sf* **1** die Farbe. **2** die Tusche, die Tinte (für ein Schreibgerät).
tin.tu.ra.ri.a [tĩturar'iə] *sf* **1** die Reinigung. **2** die Färberei.
ti.o [t'iu] *sm* der Onkel.
tí.pi.co [t'ipiku] *adj* typisch, bezeichnend, kennzeichnend.
ti.po [t'ipu] *sm* **1** der Typ, die Art, die Machart, die Natur. **2** das Modell. **3** die Schrift, die Schriftzeichen, die Druckschrift. **4** *pop* die Type, der Kerl.
ti.po.gra.fi.a [tipograf'iə] *sf* **1** die Druckerei. **2** die Typografie, der Buchdruck.
ti.ra [t'irə] *sm* **1** der Streifen, die Leiste. **2** die Stripzeichnung. **3** *pop* die Polente.
ti.ra.gem [tir'aʒəj] *sf* die Auflage.
ti.ra.no [tir'ʌnu] *sm* der Tyrann.
ti.rar [tir'ar] *vtd* **1** entfernen, abmachen, abräumen. **2** herausholen, entnehmen. **3** ausräumen. **4** absetzen. **5** wegnehmen, entziehen. **6** schöpfen (Flüssigkeit). **7** ablegen, ausziehen (Kleidung).
ti.ro [t'iru] *sm* der Schuss.
ti.ro.tei.o [tirot'eju] *sm* die Schießerei, der Schusswechsel.
ti.tu.be.ar [titube'ar] *vint* wanken, schwanken, unschlüssig sein.
ti.tu.lar [titul'ar] *sm* **1** der Träger, der Inhaber. **2** *Esp* der Stammspieler.
tí.tu.lo [t'itulu] *sm* **1** der Titel, die Überschrift. **2** das Papier, das Wertpapier, die Aktie.
to.a.lha [to'aλə] *sf* **1** das Tischtuch, die Decke. **2** das Badetuch, das Handtuch.
to.ca [t'ɔkə] *sf* **1** der Bau (von Tieren), die Höhle. **2** die Bude.
to.cai.a [tok'ajə] *sf* der Hinterhalt.
to.car [tok'ar] *vtd+vti* **1** berühren, anfassen, streifen. **2** spielen, aufspielen, blasen. **3** abspielen (Platte, Band). **4** läuten, klingeln (Glocke, Klingel). **5** vertreiben, verjagen.
to.cha [t'ɔʃə] *sf* die Fackel.
to.co [t'oku] *sm* der Stummel, der Stumpf.
to.da.vi.a [todav'iə] *adv* gleichwohl, dennoch.
to.do [t'odu] *pron* all, jeder. • *adj* ganz. • *sm* das Ganze.
to.le.rân.cia [toler'ãsjə] *sf* **1** die Toleranz, die Nachsicht, die Duldsamkeit. **2** die Verträglichkeit.
to.le.ran.te [toler'ãti] *adj* tolerant, duldsam, nachsichtig, entgegenkommend.
to.le.rar [toler'ar] *vtd* zulassen, dulden, leiden, vertragen, tolerieren.
to.le.rá.vel [toler'avew] *adj* erträglich, verträglich.
to.li.ce [tol'isi] *sf* **1** die Dummheit, der Unsinn. **2** *pop* das Mätzchen.
to.lo [t'olu] *adj* **1** dumm, albern, töricht, läppisch. **2** geistlos, abgeschmackt. • *sm* der Narr, der Tor.
tom [t'õw] *sm* **1** der Ton, der Laut. **2** die Tonart.
to.ma.da [tom'adə] *sf* **1** die Steckdose, der Anschluss. **2** die Aufnahme (Foto, Film).
to.mar [tom'ar] *vtd* **1** nehmen, fassen, ergreifen. **2** einschlagen (Richtung). **3** bezwingen. **4** einnehmen, trinken.
to.ma.ra [tom'arə] *interj* hoffentlich.
to.ma.te [tom'ati] *sm* die Tomate.
tom.bar [tõb'ar] *vint* **1** umfallen. *vtd* **2** umwerfen, umkippen. **3** unter Denkmalschutz stellen.
to.na.li.da.de [tonalid'adi] *sf* **1** die Schattierung, die Tönung. **2** die Klangfarbe.
to.ne.la.da [tonel'adə] *sf* die Tonne (Gewicht).
ton.to [t'õtu] *adj* **1** benommen, benebelt. **2** dumm, töricht, albern.

ton.tu.ra [tõt'urə] *sf* der Schwindel, der Taumel, die Benommenheit.
to.par [top'ar] *vti* **1** stoßen auf, begegnen. **2** einverstanden sein.
tó.pi.co [t'ɔpiku] *sm* der Betreff, die Angelegenheit, das Thema.
to.po [t'opu] *sm* die Spitze, der Gipfel.
to.que [t'ɔki] *sm* **1** die Berührung, der Anschlag. **2** die Art, der Einschlag. **3** das Signal.
tó.rax [t'ɔraks] *sm sing+pl* der Brustkorb.
tor.ção [tors'ãw] *sf* die Zerrung, die Verstauchung.
tor.ce.dor [torsed'or] *sm* der Anhänger, der Fan, der Schlachtenbummler.
tor.cer [tors'er] *vtd* **1** drehen, verdrehen, verrenken, verstauchen. **2** abdrehen. **3** beugen. *vti* **4** anfeuern, den Daumen drücken.
tor.ci.co.lo [torsik'ɔlu] *sm* der steife Hals, der Schiefhals.
tor.ci.da [tors'idə] *sf* die Anhängerschaft, der Fan-Club.
tor.nar [torn'ar] *vpron* **1** werden, sich verwandeln. *vti* **2** wieder tun.
tor.nei.o [torn'eju] *sm* das Turnier, der Wettkampf, die Begegnung.
tor.nei.ra [torn'ejrə] *sf* der Wasserhahn.
tor.no.ze.lo [tornoz'elu] *sm* der Fußknöchel, die Fessel.
tor.quês [tork'es] *sf* die Zange, die Beißzange, die Kneifzange.
tor.ra.da [tor̃'adə] *sf* der Zwieback, der Toast, das geröstete Weißbrot.
tor.rar [tor̃'ar] *vtd* **1** rösten, dörren. **2** *pop* vergeuden.
tor.re [t'or̃i] *sf* der Turm.
tor.ren.ci.al [tor̃ẽsi'aw] *adj* strömend.
tor.ta [t'ɔrtə] *sf* **1** die Torte. **2** die Pastete.
tor.to [t'ortu] *adj* krumm, schief.
tor.tu.o.so [tortu'ozu] *adj* krumm, gewunden.
tor.tu.ra [tort'urə] *sf* die Folter, die Folterung, die Qual, die Quälerei.
tor.tu.rar [tortur'ar] *vtd* foltern, quälen.
tos.co [t'osku] *adj* roh, grob, plump, ungehobelt.
tos.se [t'ɔsi] *sf* der Husten.
tos.sir [tos'ir] *vint* husten.
tos.tão [tost'ãw] *sm* der Groschen.
tos.tar [tost'ar] *vtd* bräunen, rösten.
to.tal [tot'aw] *adj* **1** total, ganz, völlig, restlos. **2** pauschal. • *adv* **1** vollauf, durchaus. **2** insgesamt. • *sm* die Gesamtsumme, das Fazit.
to.ta.li.da.de [totalid'adi] *sf* die Gesamtheit.
to.ta.li.zar [totaliz'ar] *vtd* **1** zusammenrechnen. **2** betragen.
tou.ca [t'owkə] *sf* die Haube.
tou.ci.nho [tows'iñu] *sm* der Speck.
tou.ro [t'owru] *sm* der Stier.
tó.xi.co [t'ɔksiku] *adj* giftig. • *sm* das Gift, das Rauschgift.
to.xi.na [toks'inə] *sf* der Giftstoff.
tra.ba.lha.dor [trabaλad'or] *adj* **1** fleißig, tüchtig. **2** werktätig. • *sm* der Arbeiter.
tra.ba.lhar [trabaλ'ar] *vint* **1** arbeiten, schaffen. **2** laufen (Maschine).
tra.ba.lho [trab'aλu] *sm* die Arbeit, das Werk, die Mühe.
tra.ba.lho.so [trabaλ'ozu] *adj* mühevoll, mühsam, beschwerlich.
tra.ça.do [tras'adu] *sm* der Verlauf, die Trasse.
tra.ção [tras'ãw] *sf* **1** der Zug, das Ziehen. **2** der Antrieb. **3** die Zugkraft.
tra.ço [tr'asu] *sm* **1** der Strich, der Zug. **2** die Spur, der Anflug.
tra.di.ção [tradis'ãw] *sf* **1** die Tradition, die Überlieferung, die Sitte. **2** *pl* das Brauchtum.
tra.di.ci.o.nal [tradisjon'aw] *adj* herkömmlich, überkommen, traditionell.
tra.du.ção [tradus'ãw] *sf* die Übersetzung, die Übertragung.
tra.du.tor [tradut'or] *sm* der Übersetzer. **tradutor juramentado** der vereidigte Übersetzer.
tra.du.zir [traduz'ir] *vtd* übersetzen, übertragen.

tra.fe.gar [trafeg'ar] *vti* fahren, verkehren.

trá.fe.go [tr'afegu] *sm* der Verkehr.

tra.fi.can.te [trafik'ãti] *sm+f* **1** der Rauschgifthändler, der Dealer. **2** der Schieber, der Schwarzhändler.

trá.fi.co [tr'afiku] *sm* der Rauschgifthandel, der Schwarzhandel.

tra.gé.dia [traʒ'ɛdjə] *sf* die Tragödie, das Trauerspiel.

trá.gi.co [tr'aʒiku] *adj* tragisch.

tra.go [tr'agu] *sm* **1** der Schluck. **2** der Zug (Rauchen).

trai.ção [trajs'ãw] *sf* der Verrat, die Tücke.

trai.ço.ei.ro [trajso'ejru] *adj* **1** verräterisch, tückisch, heimtückisch, verschlagen, hinterlistig. **2** treulos. • *adv* hinterrücks.

trai.dor [trajd'or] *sm* der Verräter, der Überläufer.

trailer [tr'ejler] *sm* **1** der Wohnwagen. **2** die Vorschau (Film).

tra.ir [tra'ir] *vtd* verraten.

tra.jar [traʒ'ar] *vtd* anziehen, tragen (Kleidung).

tra.je [tr'aʒi] *sm* **1** die Kleidung. **2** das Kostüm, die Tracht.

tra.je.to [traʒ'ɛtu] *sm* die Strecke, der Weg, die Fahrt, die Anfahrt.

tra.mar [tram'ar] *vtd* **1** flechten, spinnen. **2** anzetteln, aushecken.

tran.ça [tr'ãsə] *sf* **1** die Flechte, der Zopf. **2** der Kranz.

tran.ca.do [trãk'adu] *adj* abgeschlossen, verriegelt.

tran.car [trãk'ar] *vtd* **1** abschließen, absperren, zuriegeln. **2** einsperren.

tran.qui.li.da.de [trãkwilid'adi] *sf* die Beruhigung, die Ruhe, die Stille.

tran.qui.li.zan.te [trãkwiliz'ãti] *sm* das Beruhigungsmittel.

tran.qui.li.zar [trãkwiliz'ar] *vtd* beruhigen.

tran.qui.lo [trãk'wilu] *adj* **1** ruhig, gefaßt, gelassen, unbesorgt. **2** still, beschaulich, ungestört.

tran.sar [trãz'ar] *vint+vti* **1** *pop* bumsen, vögeln. **2** koitieren.

trans.bor.da.men.to [trãzbordam'ətu] *sm* **1** das Überlaufen. **2** die Überschwemmung.

trans.bor.dar [trãzbord'ar] *vint* überfließen, übertreten.

trans.cor.rer [trãskor̃'er] *vint* verstreichen, vergehen.

trans.cri.ção [trãskris'ãw] *sf* die Abschrift, die Umschreibung.

tran.se.un.te [trãze'ũti] *sm+f* der Passant, der Fußgänger.

trans.fe.rên.cia [trãsfer'əsjə] *sf* **1** die Versetzung, der Transfer, die Verlegung, die Überführung, die Umsiedlung. **2** *Fin* die Überweisung.

trans.fe.rir [trãsfer'ir] *vtdi* **1** aufschieben, vertagen, verlegen. **2** überweisen, übereignen. **3** umlegen, verbinden (Telefongespräch). **4** umschlagen, verlagern. **5** umschreiben, umbuchen. **6** versetzen.

trans.for.ma.ção [trãsformas'ãw] *sf* der Wandel, die Wandlung, die Verwandlung, die Umwandlung.

trans.for.mar [trãsform'ar] *vtd* **1** wandeln, verwandeln, umwandeln, umformen. **2** verarbeiten. **3** verzaubern.

trans.fu.são [trãsfuz'ãw] *sf* die Transfusion, die Übertragung.

trans.gre.dir [trãzgred'ir] *vtd* übertreten, zuwiderhandeln.

trans.gres.são [trãzgres'ãw] *sf* die Übertretung, die Verfehlung, die Sünde.

tran.si.ção [trãzis'ãw] *sf* der Übergang.

tran.si.gen.te [trãziʒ'əti] *adj* nachgiebig, entgegenkommend.

trân.si.to [tr'ãzitu] *sm* der Verkehr.

tran.si.tó.rio [trãzit'ɔrju] *adj* **1** vorläufig, vorübergehend. **2** vergänglich.

trans.mis.são [trãzmis'ãw] *sf* **1** die Sendung, die Übertragung, die Ausstrahlung. **2** die Fortpflanzung, die Ansteckung (Krankheit), das Getriebe (Mechanik). **3** die Übergabe.

trans.mi.tir [trãzmit'ir] *vtd* **1** senden, übertragen, ausstrahlen. **2** weiterleiten, durchgeben, übermitteln. **3** überbringen.
trans.pa.rên.cia [trãspar'əsjə] *sf* **1** die Folie, das Transparent. **2** die Transparenz.
trans.pa.ren.te [trãspar'əti] *adj* durchsichtig.
trans.pi.rar [trãspir'ar] *vint* schwitzen.
trans.plan.te [trãspl'ãti] *sm* die Verpflanzung, die Transplantation.
trans.por [trãsp'or] *vtd* übersteigen, überwinden.
trans.por.ta.dor [trãsportad'or] *sm* der Spediteur.
trans.por.tar [trãsport'ar] *vtd* **1** befördern, fahren, tragen, transportieren. **2** verlagern.
trans.por.te [trãsp'ɔrti] *sm* die Beförderung, der Transport, der Verkehr.
trans.tor.no [trãst'ornu] *sm* **1** die Störung, die Verwirrung. **2** die Unannehmlichkeit.
trans.ver.sal [trãzvers'aw] *adj* **1** quer. **2** seitlich.
tra.pa.ça [trap'asə] *sf* der Betrug, die Mogelei, der Streich.
tra.pa.cei.ro [trapas'ejru] *sm* der Betrüger, der Gauner.
tra.pa.lha.da [trapaλ'adə] *sf* das Durcheinander, die Konfusion.
tra.po [tr'apu] *sm* **1** der Fetzen, der Lumpen. **2** die Klamotte.
tra.sei.ro [traz'ejru] *sm* **1** der Hintern, die Kehrseite. **2** *pop* der Po. • *adj* Rück...
tra.ta.do [trat'adu] *sm* **1** der Pakt, das Abkommen, der Vertrag. **2** die Abhandlung.
tra.ta.men.to [tratam'ətu] *sm* **1** die Anrede, der Titel. **2** die Bearbeitung. **3** die Pflege, die Behandlung, die Therapie, die Kur.
tra.tar [trat'ar] *vtd* **1** behandeln, begegnen. **2** verarbeiten. **tratar de** handeln von.
tra.to [tr'atu] *sm* **1** der Umgang, der Verkehr. **2** die Abmachung.
tra.tor [trat'or] *sm* der Traktor, der Schlepper.
trau.ma.tis.mo [trawmat'izmu] *sm* **1** das Trauma. **2** die Wunde, die Verletzung.
tra.var [trav'ar] *vtd* **1** verriegeln, sperren. **2** bremsen, blockieren.
tra.ve [tr'avi] *sf* **1** der Balken, der Träger. **2** *Esp* die Latte (Tor).
tra.ves.sa [trav'ɛsə] *sf* **1** die Platte, die Schüssel. **2** die Querstraße.
tra.ves.são [traves'ãw] *sm* **1** der Strich. **2** die Haarspange, der Kamm.
tra.ves.sei.ro [traves'ejru] *sm* das Kissen, das Kopfkissen.
tra.ves.so [trav'esu] *adj* ungezogen, unartig, ausgelassen.
tra.ves.su.ra [traves'urə] *sf* der Unfug, der Spaß, der Streich.
tra.ves.ti [travest'i] *sm* der Transvestit.
tra.zer [traz'er] *vtd* bringen, mitbringen, überbringen, herbeischaffen.
tre.cho [tr'eʃu] *sm* der Abschnitt, der Ausschnitt, die Stelle.
tré.gua [tr'ɛgwə] *sf* die Pause, die Waffenruhe.
trei.na.dor [trejnad'or] *sm* der Trainer, der Ausbilder.
trei.na.men.to [trejnam'ətu] *sm* die Ausbildung, die Schulung.
trei.nar [trejn'ar] *vtd* **1** ausbilden, schulen, einarbeiten, anlernen. **2** üben, trainieren, drillen.
trei.no [tr'ejnu] *sm* das Training, die Übung.
trem [tr'əj] *sm* der Zug, die Eisenbahn.
tre.men.do [trem'ədu] *adj* **1** schrecklich, fürchterlich, horrend, enorm. **2** *pop* riesig.
tre.mer [trem'er] *vint+vtd+vti* **1** zittern, schlottern, schaudern, beben. **2** wackeln (Foto). **3** vibrieren.
tre.mor [trem'or] *sm* **1** die Erschütterung, das Beben. **2** der Schauder, das Zittern.

T

tre.mu.lar [tremul'ar] *vint* **1** flimmern. **2** flattern. **3** flackern, blaken.
trê.mu.lo [tr'emulu] *adj* zittrig.
tre.par [trep'ar] *vint+vti* **1** klettern, besteigen. **2** *pop* bumsen, vögeln.
tre.va [tr'ɛvə] *sf* das Dunkel, die Dunkelheit.
tre.vo [tr'evu] *sm* **1** der Klee, das Kleeblatt. **2** das Kreuz (Autobahn).
tri.ân.gu.lo [tri'ãgulu] *sm* **1** das Dreieck. **2** *Mús* der Triangel.
tri.bo [tr'ibu] *sf* der Stamm.
tri.bu.nal [tribun'aw] *sm* das Gericht, die Kammer.
tri.bu.to [trib'utu] *sm* die Abgabe, die Steuer, der Tribut.
tri.co.tar [trikot'ar] *vtd* stricken.
tri.go [tr'igu] *sm* der Weizen.
tri.lha [tr'iλə] *sf* der Pfad, der Fußweg, die Spur, die Bahn.
tri.lhão [tr'iλãw] *sm* die Billion.
tri.lho [tr'iλu] *sm* die Schiene, das Gleis.
tri.mes.tre [trim'ɛstri] *sm* das Quartal, das Vierteljahr.
trin.co [tr'ĩku] *sm* der Riegel, die Sperrklinke.
tri.pa [tr'ipə] *sf* **1** der Darm. **2** *pl* die Eingeweide, die Innereien.
tri.pli.car [triplik'ar] *vtd* verdreifachen.
tri.plo [tr'iplu] *adj* dreifach. • *sm* das Dreifache.
tri.pu.la.ção [tripulas'ãw] *sf* **1** die Besatzung, die Mannschaft. **2** das Bordpersonal.
tris.te [tr'isti] *adj* **1** traurig, betrübt, trübselig, bekümmert. **2** kläglich, finster.
tris.te.za [trist'ezə] *sf* die Trauer, die Traurigkeit, die Wehmut, das Leid.
tris.to.nho [trist'oñu] *adj* betrübt, trübsinnig, niedergeschlagen.
tri.un.far [trjũf'ar] *vti* triumphieren, siegen.
tri.un.fo [tri'ũfu] *sm* der Triumph, der Sieg.
tri.vi.al [trivi'aw] *adj* **1** abgeschmackt, alltäglich, abgedroschen. **2** trivial, banal, vulgär, platt, belanglos, anspruchslos.
tro.ca [tr'ɔkə] *sf* **1** die Ablösung. **2** der Tausch, der Umtausch, der Austausch.
tro.ca.di.lho [trokad'iλu] *sm* das Wortspiel, der Kalauer.
tro.car [trok'ar] *vtdi* **1** tauschen, wechseln, austauschen, umtauschen, auswechseln. **2** vertauschen, verwechseln.
tro.çar [tros'ar] *vti* spotten, verspotten, aufziehen.
tro.co [tr'oku] *sm* **1** das Wechselgeld, das Kleingeld. **2** der Gegenschlag.
tro.ço [tr'ɔsu] *sm* das Ding.
tro.féu [trof'ɛw] *sm* die Trophäe.
trom.ba.da [trõb'adə] *sf* **1** der Zusammenstoß. **2** *pop* die Karambolage.
trom.ba.di.nha [trõbad'iñə] *sm* der Straßendieb, der Taschendieb.
trom.bo.ne [trõb'oni] *sm* die Posaune.
trom.bo.se [trõb'ɔzi] *sf* das Blutgerinnsel, die Thrombose.
tron.co [tr'õku] *sm* **1** der Rumpf. **2** der Baumstamm, der Klotz.
tro.no [tr'onu] *sm* der Thron.
tro.pa [tr'ɔpə] *sf* der Trupp, die Truppe, der Haufen.
tro.pe.çar [tropes'ar] *vti* stolpern, straucheln.
tro.pi.cal [tropik'aw] *adj* tropisch.
tró.pi.co [tr'ɔpiku] *sm* **1** der Wendekreis. **2** *pl* die Tropen.
trou.xa [tr'owʃə] *sf* das Bündel, der Pack, der Ballen.
tro.vão [trov'ãw] *sm* der Donner, der Knall.
tro.ve.jar [troveʒ'ar] *vint* **1** donnern, wettern. **2** tosen.
tro.vo.a.da [trovo'adə] *sf* das Gewitter, das Donnerwetter.
trun.fo [tr'ũfu] *sm* der Trumpf.
tru.que [tr'uki] *sm* der Trick, der Kniff, die Finte, die Masche.
tru.ta [tr'utə] *sf* die Forelle.
tu [t'u] *pron pess* du.

tu.ba.rão [tubar'ãw] *sm* der Hai, der Haifisch.
tu.ber.cu.lo.se [tuberkul'ɔzi] *sf* die Tuberkulose, die Tbc.
tu.bo [t'ubu] *sm* **1** das Rohr, die Röhre, die Leitung. **2** die Tube, das Glas.
tu.bu.la.ção [tubulas'ãw] *sf* die Leitung, die Rohrleitung.
tu.do [t'udu] *pron indef* alles.
tu.mor [tum'or] *sm* die Geschwulst, der Tumor.
tú.mu.lo [t'umulu] *sm* die Grabstätte.
tu.mul.to [tum'uwtu] *sm* **1** der Trubel, das Getümmel. **2** der Tumult, die Unruhe, der Aufruhr, der Krawall, die Wirren, die Ausschreitung.
tu.mul.tu.ar [tumuwtu'ar] *vtd* durcheinander bringen, stören, Krawall machen, Verwirrung stiften.
tú.nel [t'unew] *sm* die Unterführung, der Tunnel.
tur.bi.lhão [turbiʎ'ãw] *sm* **1** der Strudel. **2** die Windhose.
tur.bi.na [turb'inə] *sf* die Turbine.
tur.bu.lên.cia [turbul'əsjə] *sf* **1** die Turbulenz. **2** die Aufregung, die Verwirrung.
tur.co [t'urku] *adj* türkisch. • *sm* der Türke.
tu.ris.mo [tur'izmu] *sm* der Fremdenverkehr, der Tourismus.
tu.ris.ta [tur'istə] *sm* der Reisende, der Tourist.
tur.ma [t'urmə] *sf* **1** die Klasse, die Schulklasse. **2** die Schar, das Aufgebot.
tur.no [t'urnu] *sm* **1** die Schicht. **2** der Durchgang (Wahl).
tur.vo [t'urvu] *adj* trübe.

u

u, U [ˈu] *sm* Buchstabe u, U.

ui.var [ujvˈar] *vint* heulen, schreien, johlen.

úl.ce.ra [ˈuwserə] *sf* das Geschwür.

ul.te.ri.or [uwteriˈor] *adj* **1** nachträglich, später. **2** weiter, jenseitig.

ul.ti.ma.men.te [uwtimamˈẽti] *adv* letztlich, neuerdings.

ul.ti.ma.to [uwtimˈatu] *sm* das Ultimatum.

úl.ti.mo [ˈuwtimu] *adj* letzt, äußerst. **por último** zuletzt.

ul.tra.jan.te [uwtraʒˈãti] *adj* beleidigend, schmählich, empörend.

ul.tra.je [uwtrˈaʒi] *sm* die Beleidigung, der Schimpf, die Schmach.

ul.tra.mar [uwtramˈar] *sm* die Übersee.

ul.tra.pas.sa.do [uwtrapasˈadu] *adj* überholt.

ul.tra.pas.sar [uwtrapasˈar] *vtd* **1** überholen, passieren, überflügeln. **2** überschreiten, sprengen, überziehen.

ul.trar.rá.pi.do [uwtrar̄ˈapidu] *adj* blitzschnell, rasant.

ul.tras.som [uwtrasˈõw] *sm* der Ultraschall.

ul.tra.vi.o.le.ta [uwtravjolˈetə] *adj* ultraviolett.

um [ˈũ] *art indef* **1** ein, eine, welche. **2** *num* eins.

um.bi.go [ũbˈigu] *sm* der Nabel.

u.mi.da.de [umidˈadi] *sf* die Feuchtigkeit, die Nässe. **umidade do ar** Luftfeuchtigkeit.

ú.mi.do [ˈumidu] *adj* **1** nass, feucht. **2** dunstig.

u.na.ni.mi.da.de [unanimidˈadi] *sf* die Einmütigkeit, die Einstimmigkeit.

un.guen.to [ũgˈwətu] *sm* die Salbe.

u.nha [ˈuñə] *sf* **1** der Nagel. **2** die Kralle, die Klaue.

u.ni.ão [uniˈãw] *sf* die Union, die Vereinigung, die Eintracht, die Einheit, die Einigkeit, der Zusammenhalt.

u.ni.ca.men.te [unikamˈəti] *adv* nur.

ú.ni.co [ˈuniku] *adj* einmalig, einzig, einzigartig, alleinig, originell.

u.ni.da.de [unidˈadi] *sf* **1** die Einigkeit, die Einheit. **2** die Truppe. **3** das Stück. **4** *Mat* der Einer.

u.ni.do [unˈidu] *adj* **1** einig, vereinigt. **2** einheitlich.

u.ni.fi.ca.ção [unifikasˈãw] *sf* **1** die Einigung, die Vereinigung, der Zusammenschluss. **2** die Vereinheitlichung.

u.ni.fi.car [unifikˈar] *vtd* **1** einigen, vereinigen, vereinen. **2** vereinheitlichen.

u.ni.for.me [unifˈɔrmi] *adj* einförmig, einheitlich, gleichförmig. • *sm* **1** die Uniform. **2** die Tracht.

u.ni.la.te.ral [unilaterˈaw] *adj* einseitig.

u.nir [unˈir] *vtd* **1** einigen, vereinigen, zusammenführen. **2** verbinden, koppeln. *vpron* **3** sich verbünden.

u.ni.ver.sal [universˈaw] *adj* universell, umfassend, allseitig, weltweit.

u.ni.ver.si.da.de [universid'adi] *sf* die Universität, die Hochschule.
u.ni.ver.si.tá.rio [universit'arju] *adj* akademisch, Universitäts... • *sm* der Student, der Akademiker.
u.ni.ver.so [univ'ɛrsu] *sm* das Universum, das All, das Weltall, die Welt, der Kosmos.
u.râ.nio [ur'ʌnju] *sm* das Uran.
ur.ba.nis.mo [urban'izmu] *sm* **1** das Stadtwesen. **2** die Städteplanung, die Urbanistik.
ur.ba.ni.za.ção [urbanizas'ãw] *sf* die Verstädterung, die Urbanisierung, die Bebauung.
ur.ba.no [urb'ʌnu] *adj* städtisch, Stadt...
ur.gên.cia [urʒ'ẽsjə] *sf* die Dringlichkeit, die Eile.
ur.gen.te [urʒ'ẽti] *adj* dringend, dringlich, eilig, akut.
u.ri.na [ur'inə] *sf* der Harn, der Urin.
u.ri.nar [urin'ar] *vint* **1** urinieren, harnen. **2** *pop* pinkeln, pissen.
ur.na ['urnə] *sf* die Urne.
ur.so ['ursu] *sm* der Bär.
u.ru.bu [urub'u] *sm* der Aasgeier.
u.sa.do [uz'adu] *adj* gebraucht, abgenutzt, alt.
u.sar [uz'ar] *vtd* **1** benützen, gebrauchen, anwenden. **2** verbrauchen. **3** tragen, anhaben (Kleidung).
u.si.na [uz'inə] *sf* die Fabrik, das Werk, das Kraftwerk.
u.so ['uzu] *sm* **1** der Gebrauch, der Einsatz, die Benutzung, die Anwendung, die Verwendung. **2** die Gewohnheit, die Sitte, der Brauch.
u.su.al [uzu'aw] *adj* **1** gebräuchlich, üblich, herkömmlich. **2** gängig.
u.su.á.rio [uzu'arju] *sm* der Benutzer, der Anwender.
u.su.fru.ir [uzufru'ir] *vtd+vti* nutzen, benutzen, ausnutzen.
u.sur.par [uzurp'ar] *vtd* usurpieren, sich anmaßen, an sich reißen.
u.ten.sí.lio [utəs'ilju] *sm* das Werkzeug, das Gerät.
ú.te.ro ['uteru] *sm* die Gebärmutter.
UTI [ute'i] *sf* die IPS (Intensivpflegestation).
ú.til ['utiw] *adj* nützlich, brauchbar, zweckmäßig, dienlich. **dia útil** der Arbeitstag.
u.ti.li.da.de [utilid'adi] *sf* der Nutzen, der Vorteil.
u.ti.li.tá.rio [utilit'arju] *sm* **1** das Nutzfahrzeug. **2** die Programmierhilfe.
u.ti.li.za.ção [utilizas'ãw] *sf* die Nutzung, die Benutzung, die Verwendung, die Anwendung, der Einsatz, die Inanspruchnahme.
u.ti.li.zar [utiliz'ar] *vtd* **1** nutzen, benutzen, anwenden, verwenden, gebrauchen. **2** verwerten, verarbeiten.
u.to.pi.a [utop'iə] *sf* die Utopie.
u.tó.pi.co [ut'ɔpiku] *adj* utopisch.
u.va ['uvə] *sf* die Traube, die Weintraube, die Weinbeere.

V

v, V [v′e] *sm* Buchstabe v, V.
va.ca [v′akə] *sf* die Kuh.
va.ci.lar [vasil′ar] *vint* **1** zaudern, zögern. **2** wanken, schwanken.
va.ci.na [vas′inə] *sf* der Impfstoff.
va.ci.na.ção [vasinas′ãw] *sf* die Impfung.
va.ci.nar [vasin′ar] *vtd* impfen.
vá.cuo [v′akwu] *sm* **1** das Vakuum, der Unterdruck. **2** die Leere.
va.di.ar [vadi′ar] *vint* faulenzen, streunen, bummeln, gammeln.
va.ga [v′agə] *sf* **1** die (freie) Stelle, die Arbeitsstelle, der Arbeitsplatz. **2** die Welle, die Woge.
va.ga.bun.do [vagab′ũdu] *sm* **1** der Vagabund, der Gammler. **2** der Penner.
va.ga-lu.me [vagal′umi] *sm* der Leuchtkäfer, das Glühwürmchen.
va.gão [vag′ãw] *sm* der Waggon, der Eisenbahnwagen.
va.ga.ro.so [vagar′ozu] *adj* langsam, bedächtig, gemächlich.
va.gi.na [vaʒ′inə] *sf* die Scheide, die Vagina.
va.go [v′agu] *adj* **1** vage, unbestimmt, unklar, ungenau, undeutlich. **2** offen. **3** frei.
vai.ar [vaj′ar] *vtd* auspfeifen.
vai.da.de [vajd′adi] *sf* die Eitelkeit, der Dünkel.
vai.do.so [vajd′ozu] *adj* eitel, eingebildet, selbstgefällig, großspurig.
va.le [v′ali] *sm* **1** das Tal, die Niederung, der Kessel. **2** der Coupon, der Gutschein, der Bon. **vale-refeição** die Essensmarke.
va.len.te [val′ẽti] *adj* beherzt, mutig, tapfer, unerschrocken.
va.ler [val′er] *vtd* **1** taugen, wert sein. *vpron* **2** sich bedienen, benutzen, zurückgreifen auf.
va.le.ta [val′etə] *sf* der Graben, die Rinne.
va.li.da.de [valid′adi] *sf* **1** die Gültigkeit, die Geltung. **2** die Haltbarkeit.
vá.li.do [v′alidu] *adj* **1** gültig, rechtsgültig, rechtskräftig. **2** vollwertig, wirksam.
va.li.o.so [vali′ozu] *adj* wertvoll, kostbar.
va.li.se [val′izi] *sf* der Handkoffer.
va.lor [val′or] *sm* **1** der Wert, die Geltung, die Bedeutung. **2** die Kostbarkeit. **3** der Betrag.
val.sa [v′awsə] *sf* der Walzer.
vál.vu.la [v′awvulə] *sf* **1** das Ventil, die Klappe. **2** die Röhre.
vam.pi.ro [vãp′iru] *sm* der Vampir, der Blutsauger.
van.da.lis.mo [vãdal′izmu] *sm* die Zerstörungswut, der Wandalismus, die Randale.
van.ta.gem [vãt′aʒẽj] *sf* **1** der Vorteil, der Vorzug. **2** der Profit, der Nutzen. **3** die Vergünstigung. **4** die Überlegenheit, der Vorsprung.
van.ta.jo.so [vãtaʒ′ozu] *adj* vorteilhaft.
vão [v′ãw] *adj* nichtig, leer, grundlos. • *sm* der Zwischenraum, die Lücke. **em vão** umsonst, vergebens.

va.por [vap′or] *sm* der Dampf, der Dunst.
va.quei.ro [vak′ejru] *sm* der Rinderhirt, der Viehtreiber.
va.qui.nha [vak′iñə] *sf pop* die Sammlung.
va.ra [v′arə] *sf* **1** die Rute, die Gerte. **2** der Stab, die Stange.
va.ral [var′aw] *sm* die Wäscheleine.
va.ran.da [var′ãdə] *sm+f* **1** der Vorbau. **2** der Balkon.
va.re.jis.ta [vareʒ′istə] *sm+f* der Kleinhändler.
va.re.jo [var′eʒu] *sm* der Einzelhandel, der Kleinhandel.
va.re.ta [var′etə] *sf* **1** das Stäbchen. **2** die Gerte, die Stange.
va.ri.a.ção [varjas′ãw] *sf* **1** die Abwechslung, der Wechsel. **2** die Schwankung, die Abweichung. **3** die Abart.
va.ri.a.do [vari′adu] *adj* vielfältig, verschieden, vielseitig.
va.ri.an.te [vari′ãti] *sf* die Variante, die Abweichung, die Abart.
va.ri.ar [vari′ar] *vtd* **1** ändern, wechseln, variieren, abwandeln. *vint* **2** verschieden sein.
va.ri.á.vel [vari′avew] *adj* **1** veränderlich, unbeständig, unstet. **2** veränderbar.
va.ri.e.da.de [varjed′adi] *sf* **1** die Abwechslung. **2** die Vielfalt, die Mannigfaltigkeit, die Auswahl. **3** die Abart, die Sorte.
va.ri.nha [var′iñə] *sf* **1** die Rute, die Gerte. **2** das Stäbchen.
vá.rio [v′arju] *adj* **1** etlich, manch. **2** verschieden.
va.riz [var′is] *sf* die Krampfader.
var.re.dor [var̃ed′or] *sm* der Straßenkehrer.
var.rer [var̃′er] *vtd* fegen, kehren.
vas.cu.lhar [vaskuλ′ar] *vtd* durchsuchen, durchstöbern.
va.si.lha [vaz′iλə] *sf* das Gefäß.
va.si.lha.me [vaziλ′Λmi] *sm* das Leergut, die Verpackung.
va.so [v′azu] *sm* die Vase, der Topf, das Gefäß, der Behälter.
vas.sou.ra [vas′owrə] *sf* der Besen.
vas.sou.ri.nha [vasowr′iñə] *sf* der Handbesen, der Handfeger.
vas.to [v′astu] *adj* **1** weit, ausgedehnt. **2** umfassend, weitgehend.
va.za.men.to [vazam′ətu] *sm* das Leck, die Leckstelle.
va.zar [vaz′ar] *vint* **1** lecken. **2** ausströmen, durchtreten. **3** durchsickern, bekannt werden.
va.zi.o [vaz′iu] *adj* leer, hohl. • *sm* die Leere.
ve.a.do [ve′adu] *sm* **1** das Reh, der Rehbock. **2** *pop* der Homo, der Schwule.
ve.da.ção [vedas′ãw] *sf* die Dichtung, die Abdichtung, die Abschottung.
ve.dar [ved′ar] *vtd* **1** dichten, abdichten, abschotten. **2** verbieten, untersagen.
ve.de.te [ved′ɛti] *sf* die Vedette, der Star.
ve.e.mên.cia [veem′əsjə] *sf* das Ungestüm, die Heftigkeit.
ve.ge.ta.ção [veʒetas′ãw] *sf* die Vegetation, der Pflanzenwuchs.
ve.ge.ta.ri.a.no [veʒetari′Λnu] *sm* der Vegetarier.
ve.ge.ta.ti.vo [veʒetat′ivu] *adj* vegetativ, pflanzlich.
vei.a [v′ejə] *sf* die Ader, die Vene.
ve.í.cu.lo [ve′ikulu] *sm* das Fahrzeug.
ve.la [v′ɛlə] *sf* **1** die Kerze. **2** das Segel.
ve.la.do [vel′adu] *adj* **1** versteckt, verborgen. **2** gedämpft.
ve.lar [vel′ar] *vtd* **1** zudecken. **2** hüten. *vti* **3** wachen.
ve.lei.ro [vel′ejru] *sm* das Segelschiff.
ve.le.jar [veleʒ′ar] *vint* segeln.
ve.lha.co [veλ′aku] *sm* der Schurke, der Schelm, der Spitzbube.
ve.lha.ri.a [veλar′iə] *sf* die Klamotte, der Trödel.
ve.lhi.ce [veλ′isi] *sf* das Alter.
ve.lho [v′ɛλu] *adj* alt. • *sm* der Alte, der Greis.
ve.lo.ci.da.de [velosid′adi] *sf* die Geschwindigkeit, die Schnelligkeit, das Tempo.

V

ve.lo.cí.me.tro [velos'imetru] *sm* Geschwindigkeitsmesser, der Tacho.
ve.ló.rio [vel'ɔrju] *sm* **1** die Leichenhalle. **2** die Totenwache.
ve.loz [vel'ɔs] *adj* schnell, rasch.
ve.lu.do [vel'udu] *sm* der Samt.
ven.ce.dor [vẽsed'or] *adj* siegreich. • *sm* der Sieger.
ven.cer [vẽs'er] *vtd* **1** siegen, besiegen, überwinden, schlagen. **2** meistern, bewältigen. *vint* **3** verfallen, ablaufen (Frist), fällig werden.
ven.ci.do [vẽs'idu] *adj* **1** besiegt, unterlegen. **2** fällig, überfällig. • *sm* der Besiegte, der Verlierer, der Unterlegene.
ven.ci.men.to [vẽsim'ẽtu] *sm* **1** die Fälligkeit, der Termin. **2** der Verfall, der Ablauf. **3** *pl* die Bezüge.
ven.da [v'ẽdə] *sf* **1** der Verkauf. **2** die Binde. **3** *pl* der Absatz, der Vertrieb.
ven.da.val [vẽdav'aw] *sm* Sturm, der Orkan.
ven.de.dor [vẽded'or] *sm* der Verkäufer.
ven.der [vẽd'er] *vtd* verkaufen, veräußern, absetzen, vertreiben. **vende-se** zu verkaufen.
ve.ne.no [ven'enu] *sm* das Gift.
ve.ne.no.so [venen'ozu] *adj* giftig.
ve.ne.rar [vener'ar] *vtd* verehren, anbeten.
ve.né.reo [ven'ɛrju] *adj* venerisch.
ve.ne.zi.a.na [venezi'ʌnə] *sf* der Laden, der Fensterladen, die Jalousie.
ven.ti.la.ção [vẽtilas'ãw] *sf* die Lüftung, die Belüftung, die Ventilation.
ven.ti.la.dor [vẽtilad'or] *sm* der Ventilator, das Gebläse.
ven.ti.lar [vẽtil'ar] *vtd* **1** lüften, entlüften. **2** erörtern, anschneiden (Thema).
ven.to [v'ẽtu] *sm* der Wind.
ven.tre [v'ẽtri] *sm* der Leib, der Bauch.
ver [v'er] *vtd* **1** sehen, erblicken, ansehen. **2** besuchen, besichtigen.
ve.rão [ar̄c 'ãw] *sm* der Sommer.
ver.ba [v'ɛrbə] *sf* der Betrag, die Geldmittel, der Zuschuss.
ver.bal [verb'aw] *adj* mündlich.
ver.be.te [verb'eti] *sm* das Stichwort.
ver.bo [v'ɛrbu] *sm* das Verb, das Zeitwort, das Tätigkeitswort.
ver.da.de [verd'adi] *sf* die Wahrheit. **é verdade** das stimmt.
ver.da.dei.ro [verdad'ejru] *adj* **1** wahr, wahrhaft, eigentlich, wirklich, tatsächlich. **2** recht, regelrecht, förmlich.
ver.de [v'erdi] *adj* grün. • *sm* das Grün.
ver.du.ra [verd'urə] *sf* das Grünzeug, das Gemüse.
ve.re.a.dor [veread'or] *sm* der Rat, der Stadtrat, der Gemeinderat, der Stadtverordnete.
ver.go.nha [verg'oñə] *sf* die Scham, die Schande, die Blamage.
ver.go.nho.so [vergoñ'ozu] *adj* schändlich, beschämend, schmählich.
ve.ri.fi.car [verifik'ar] *vtd* **1** feststellen, ermitteln, untersuchen, nachlesen, nachschauen, überprüfen, nachprüfen. *vpron* **2** sich herausstellen.
ver.me [v'ɛrmi] *sm* der Wurm.
ver.me.lho [verm'eλu] *adj* rot.
ver.ná.cu.lo [vern'akulu] *sm* **1** die Landessprache. **2** der Dialekt.
ver.niz [vern'is] *sm* der Lack, die Glasur.
ver.ru.ga [ar̄c 'ugə] *sf* die Warze.
ver.são [vers'ãw] *sf* **1** die Fassung, die Ausführung, die Version. **2** die Ausgabe. **3** die Übersetzung.
ver.sá.til [vers'atiw] *adj* vielseitig, bewandert.
ver.so [v'ɛrsu] *sm* **1** der Vers. **2** die Rückseite.
ver.ter [vert'er] *vtd* **1** schütten, ausgießen, vergießen. **2** übersetzen, übertragen.
ver.ti.cal [vertik'aw] *adj* vertikal, senkrecht, lotrecht, steil.
ver.ti.gem [vert'iʒẽj] *sf* der Schwindel, der Taumel, der Rausch.
ver.ti.gi.no.so [vertiʒin'ozu] *adj* Schwindel erregend, schwindelig, atemberaubend.
ves.go [v'ezgu] *adj* scheel, schielend.
vés.pe.ra [v'ɛsperə] *sf* der Vorabend.

ves.per.ti.no [vespert'inu] *adj* abendlich, Abend...
ves.ti.á.rio [vesti'arju] *sm* die Garderobe, die Kabine, die Umkleidekabine.
ves.ti.bu.lar [vestibul'ar] *sm* der Hochschulaufnahmewettbewerb, die Zulassungsprüfung.
ves.tí.bu.lo [vest'ibulu] *sm* **1** der Flur, der Hausflur, die Diele. **2** die Vorhalle, das Foyer.
ves.ti.do [vest'idu] *sm* das Kleid.
ves.tí.gio [vest'iʒju] *sm* **1** die Spur. **2** der Überrest.
ves.tir [vest'ir] *vtdi* **1** kleiden, ankleiden, anziehen, anlegen. **2** *vtd* anhaben, tragen. *vpron* **3** sich kleiden, sich anziehen.
ve.tar [vet'ar] *vtd* verbieten, untersagen.
ve.te.ra.no [veter'ʌnu] *sm* der Veteran.
ve.te.ri.ná.rio [veterin'arju] *sm* der Veterinär, der Tierarzt.
véu [v'ɛw] *sm* der Schleier.
ve.xa.me [veʃ'ʌmi] *sf* **1** die Schande. **2** die Peinlichkeit.
vez [v'es] *adv* mal. • *sm* das Mal. **de vez** ein für alle Mal.
via [v'ia] *sf* der Weg, die Straße. *prep* über.
vi.a.du.to [vjad'utu] *sm* die Überführung, das Viadukt.
vi.a.gem [vi'aʒẽj] *sf* **1** die Fahrt, die Reise, die Tour. **2** die Wanderschaft.
vi.a.jan.te [vjaʒ'ãti] *sm+f* der Reisende, der Passagier, der Fahrgast.
vi.a.jar [vjaʒ'ar] *vint* **1** fahren, reisen, abreisen, verreisen. **2** *pop* ausflippen.
vi.á.vel [vi'avew] *adj* **1** machbar. **2** gangbar, tragbar. **3** möglich.
vi.bra.ção [vibras'ãw] *sf* **1** die Schwingung. **2** die Begeisterung.
vi.brar [vibr'ar] *vint* **1** vibrieren, schwingen, summen. **2** begeistert sein. *vtd* **3** rütteln, schütteln.
vi.ce-pre.si.den.te [visiprezid'ẽti] *sm* der Vizepräsident, der stellvertretende Vorsitzende.
vi.ce-ver.sa [visiv'ɛrsə] *adv* umgekehrt.
vi.ci.a.do [visi'adu] *adj* **1** süchtig, abhängig, hörig. • *sm* der Süchtige, der Drogenabhängige, der Fixer.
ví.cio [v'isju] *sm* die Sucht, die Abhängigkeit, das Laster, die schlechte Angewohnheit.
vi.ci.o.so [visi'ozu] *adj* **1** fehlerhaft. **2** lasterhaft.
vi.da [v'idə] *sf* das Leben, die Lebensweise, die Lebensdauer.
vi.den.te [vid'ẽti] *sm+f* der/die Seher(in), der/die Hellseher(in).
ví.deo [v'idju] *sm* der Bildschirm, der Videorecorder.
vi.de.o.cas.se.te [vidjukas'ɛti] *sm* die Videokassette, der Videorecorder.
vi.dra.ça [vidr'asə] *sf* die Scheibe, die Fensterscheibe.
vi.dro [v'idru] *sm* das Glas.
vi.ga [v'igə] *sf* der Balken, der Träger.
vi.gá.rio [vig'arju] *sm* der Pfarrer, der Pastor.
vi.ga.ris.ta [vigar'istə] *sm+f* der Schwindler, der Betrüger, der Ganove.
vi.gên.cia [viʒ'ẽsjə] *sf* die Gültigkeit, die Laufzeit, die Dauer.
vi.gen.te [viʒ'əti] *adj* geltend, gültig, derzeitig.
vi.gi.a [viʒ'iə] *sm+f* der Wächter, der Aufpasser, der Aufseher, der Bewacher.
vi.gi.ar [viʒi'ar] *vtd* **1** wachen, bewachen, hüten, überwachen. **2** beobachten, beschatten.
vi.gi.lân.cia [viʒil'ãsjə] *sf* **1** die Wachsamkeit. **2** die Aufsicht, die Bewachung.
vi.gi.lan.te [viʒil'ãti] *adj* wachsam, alarmbereit. • *sm* der Wächter.
vi.gor [vig'or] *sm* **1** der Schwung, die Kraft, die Tatkraft, die Energie. **2** die Robustheit. **entrar em vigor** in Kraft treten.
vi.go.ro.so [vigor'ozu] *adj* **1** kräftig, rüstig, stark, energisch, schwungvoll. **2** eindringlich.
vi.la [v'ilə] *sf* das Dorf, die Ortschaft.

vi.lão [vil'ãw] *sm* der Buhmann, der Schurke.
vi.la.re.jo [vilar'eʒu] *sm* die kleine Ortschaft, das Dörflein, das Nest.
vi.na.gre [vin'agri] *sm* der Essig.
vin.co [v'ĩku] *sm* die Falte, die Bügelfalte, der Falz, der Knick.
vín.cu.lo [v'ĩkulu] *sm* die Verbindung, das Band. **vínculo empregatício** das Anstellungsverhältnis.
vin.da [v'ĩdə] *sf* die Ankunft, die Anreise, die Herfahrt, das Kommen.
vin.di.ma [vĩd'imə] *sf* die Traubenlese, die Weinlese.
vin.dou.ro [vĩd'owru] *adj* kommend, künftig, zukünftig.
vin.gan.ça [vĩg'ãsə] *sf* die Rache.
vin.gar [vĩg'ar] *vtd* **1** rächen. **2** gedeihen.
vin.ga.ti.vo [vĩgat'ivu] *adj* rachsüchtig, nachtragend.
vi.nho [v'iñu] *sm* der Wein. **vinho branco** der Weißwein. **vinho tinto** der Rotwein.
vi.o.lão [viol'ãw] *sm* die Gitarre.
vi.o.lar [vjol'ar] *vtd* **1** übertreten, verletzen, brechen, antasten. **2** vergewaltigen, schänden.
vi.o.lên.cia [vjol'ẽsjə] *sf* **1** die Gewalt, die Gewalttätigkeit, die Brutalität. **2** die Heftigkeit, die Wucht.
vi.o.len.tar [vjolẽt'ar] *vtd* sich vergehen an, vergewaltigen.
vi.o.len.to [vjol'ẽtu] *adj* gewalttätig, heftig, brutal, unbeherrscht, wild.
vi.o.le.ta [vjol'etə] *sf* das Veilchen.
vi.o.li.nis.ta [vjolin'istə] *sm* der Geiger.
vi.o.li.no [vjol'inu] *sm* die Violine, die Geige, die Fiedel.
vir [v'ir] *vint* kommen, sich einfinden.
vi.ra.da [vir'adə] *sf* die Wende.
vi.ra-la.ta [viral'atə] *sm+f* der Köter, die Promenadenmischung.
vi.rar [vir'ar] *vtd* **1** wenden, umwenden, drehen, umdrehen. **2** kippen, stürzen, umstürzen. **3** wälzen. **4** schalten. *vint* **5** umfallen, umkippen. **6** werden. *vpron* **7** sich abkehren. **8** zurechtkommen, sich durchschlagen.
vir.gem [v'irʒẽj] *adj* **1** jungfräulich, unberührt. **2** neu, ungebraucht. **3** unerforscht. • *sf* die Jungfrau.
vir.gin.da.de [virʒĩd'adi] *sf* die Jungfräulichkeit.
vír.gu.la [v'irgulə] *sf* das Komma, der Beistrich.
vi.ril [vir'iw] *adj* männlich, mannhaft.
vi.ri.lha [vir'iλə] *sf Anat* die Leiste.
vir.tu.al [virtu'aw] *adj* **1** virtuell. **2** scheinbar, möglich.
vir.tu.de [virt'udi] *sf* die Tugend.
ví.rus [v'irus] *sm sing+pl* der/das Virus.
vi.são [viz'ãw] *sf* **1** das Sehen, die Sehkraft. **2** die Erscheinung, die Vision. **3** der Einblick, der Durchblick. **4** die Sicht, die Auffassung, die Anschauung.
vi.sar [viz'ar] *vtd* beabsichtigen, bezwecken, zielen auf.
vi.sei.ra [viz'ejrə] *sf* die Blende, der Mützenschirm.
vi.si.bi.li.da.de [vizibilid'adi] *sf* die Sicht, die Sichtweite, die Fernsicht.
vi.si.ta [viz'itə] *sf* **1** der Besuch. **2** die Besichtigung. **3** der Besucher.
vi.si.tar [vizit'ar] *vtd* **1** besuchen, aufsuchen. **2** besichtigen.
vi.sí.vel [viz'ivew] *adj* **1** sichtbar, augenscheinlich, sichtlich, ersichtlich. **2** offenkundig.
vis.ta [v'istə] *sf* **1** das Sehen, die Augen, das Sehvermögen. **2** die Sicht, die Aussicht, die Fernsicht. **3** der Blick, der Anblick, die Ansicht. **a vista** in bar.
vis.to [v'istu] *sm* **1** der Sichtvermerk, das Visum. **2** das Namenszeichen, die Signatur.
vis.to.ri.a [vistor'iə] *sf* **1** die Inspektion, die Abnahme, die visuelle Prüfung. **2** die Abfertigung.
vis.to.ri.ar [vistori'ar] *vtd* inspizieren, besichtigen.
vi.su.al [vizu'aw] *adj* optisch. • *sm* das Aussehen, der Anblick.

vi.tal [vit'aw] *adj* lebenswichtig, lebensnotwendig.
vi.ta.lí.cio [vital'isju] *adj* lebenslänglich.
vi.ta.li.da.de [vitalid'adi] *sf* die Lebenskraft, die Vitalität.
vi.ta.mi.na [vitam'inə] *sf* **1** das Vitamin. **2** das Fruchtsaftgetränk.
ví.ti.ma [v'itimə] *sf* **1** das Opfer, der Geschädigte, der Leidtragende. **2** der Verletzte, der Verwundete.
vi.tó.ria [vit'ɔrjə] *sf* der Sieg.
vi.to.ri.o.so [vitori'ozu] *adj* siegreich.
vi.tri.na [vitr'inə] *sf* das Schaufenster.
vi.ú.va [vi'uvə] *sf* die Witwe.
vi.ú.vo [vi'uvu] *sm* der Witwer.
vi.va.ci.da.de [vivasid'adi] *sf* die Lebhaftigkeit, die Lebendigkeit, das Temperament.
vi.vên.cia [viv'ẽsjə] *sf* das Erlebnis.
vi.ver [viv'er] *vint* **1** leben. **2** wohnen, hausen.
vi.vo [v'ivu] *adj* **1** lebendig, anschaulich. **2** lebhaft, aufgeweckt, flink, fix. **3** beschwingt, angeregt. **4** hell, leuchtend (Farbe).
vi.zi.nhan.ça [viziñ'ãsə] *sf* **1** die Nachbarschaft, die Umgebung, der Umkreis. **2** die Nähe.
vi.zi.nho [viz'iñu] *adj* benachbart. • *sm* der Nachbar, der Anlieger.
vo.ar [vo'ar] *vint* **1** fliegen. **2** schwirren.
vo.ca.bu.lá.rio [vokabul'arju] *sm* das Vokabular, das Wörterverzeichnis, der Wortschatz.
vo.cá.bu.lo [vok'abulu] *sm* die Vokabel, das Wort.
vo.ca.ção [vokas'ãw] *sf* **1** die Begabung. **2** die Berufung.
vo.ca.lis.ta [vokal'istə] *sm+f* der/die Sänger(in).
vo.cê [vos'e] *pron* du, Sie.
vo.gal [vog'aw] *sf* der Vokal.
vo.lan.te [vol'ãti] *adj* fliegend. • *sm* **1** die Flugschrift. **2** das Steuer, der Lenker, das Lenkrad.
vô.lei [v'olej] *sm* das Volleyball.
vol.ta [v'ɔwtə] *sf* **1** die Rückkehr, die Rückreise, die Rückfahrt, der Rückflug. **2** die Runde, die Rundfahrt, die Rundreise, der Rundgang. **3** der Umweg. **4** die Wendung, die Drehung.
vol.ta.gem [vowt'aʒẽj] *sf* die Spannung.
vol.tar [vowt'ar] *vti* **1** kehren, zurückkehren, umkehren. **2** wenden.
vo.lu.me [vol'umi] *sm* **1** die Menge, der Umfang. **2** die Masse. **3** die Lautstärke. **4** der Band (Buch).
vo.lun.tá.rio [volũt'arju] *adj* **1** freiwillig, willentlich, gutwillig. **2** ehrenamtlich.
vo.lú.vel [vol'uvew] *adj* unbeständig, unberechenbar.
vol.ver [vowv'er] *vtd* wenden, umwenden, drehen.
vo.mi.tar [vomit'ar] *vint+vtd* **1** brechen, erbrechen, sich übergeben. **2** *pop* kotzen.
von.ta.de [võt'adi] *sf* der Wille, das Belieben.
vo.o [v'ou] *sm* der Flug.
vós ['vɔs] *pron pess* ihr.
vos.so ['vɔsu] *pron poss* eure, euer.
vo.ta.ção [votas'ãw] *sf* die Abstimmung, die Wahl.
vo.tar [vot'ar] *vint+vti* **1** wählen. **2** abstimmen.
vo.to [v'ɔtu] *sm* die Stimme (bei Wahlen).
vo.vó [vov'ɔ] *sf* die Oma.
vo.vô [vov'o] *sm* der Opa.
voz [v'ɔs] *sf* die Stimme.
vul.cão [vuwk'ãw] *sm* der Vulkan.
vul.gar [vuwg'ar] *adj* **1** vulgär, gemein, ordinär. **2** deftig, grob.
vul.ne.rá.vel [vuwner'avew] *adj* verletzlich, verwundbar.

W

w, W [d′abliw] *sm* Buchstabe w, W.

X

x, X [ʃ′is] *sm* Buchstabe x, X.
xa.drez [ʃadr′es] *adj* kariert. • *sm* **1** das Schachspiel. **2** *pop* das Gefängnis, der Bunker.
xa.le [ʃ′ali] *sm* der Schal.
xam.pu [ʃãp′u] *sm* das Shampoo, das Haarwaschmittel.
xa.rá [ʃar′a] *sm+f* der Namensvetter.
xa.ro.pe [ʃar′ɔpi] *sm* **1** der Saft, der Hustensaft. **2** der Sirup.
xe.no.fo.bi.a [ʃenofob′iə] *sf* die Ausländerfeindlichkeit, der Fremdenhass.
xe.que [ʃ′ɛki] *sm* **1** das Schach(spiel). **2** der Scheich.
xí.ca.ra [ʃ′ikarə] *sf* die Tasse.
xi.lo.gra.vu.ra [ʃilograv′urə] *sm* der Holzschnitt.
xin.gar [ʃĩg′ar] *vtd* **1** beschimpfen. **2** anschnauzen. *vint* **3** schimpfen, wettern, fluchen.
xis.to [ʃ′istu] *sm* das Schiefergestein.
xi.xi [ʃiʃ′i] *sm pop* der Pipi.
xo.dó [ʃod′ɔ] *sm* der Liebling.

Y

y, Y ['ipsilow] *sm* Buchstabe y, Y.

Z

z, Z [z'e] *sm* Buchstabe z, Z.

zan.ga.do [zãg'adu] *adj* wütend, aufgebracht, böse, gereizt.

zan.gar [zãg'ar] *vti+vpron* böse/wütend werden, sich ärgern, sich erzürnen.

ze.bra [z'ebrə] *sf* **1** das Zebra. **2** *pop* der Überraschungssieger.

ze.la.dor [zelad'or] *sm* der Hausmeister.

ze.lar [zel'ar] *vti* wachen über, sorgen für, sich einsetzen für.

ze.lo [z'elu] *sm* der Eifer, der Fleiß, die Sorgfalt.

ze.lo.so [zel'ozu] *adj* eifrig, emsig, sorgfältig.

ze.ro [z'ɛru] *num* null. • *sm* die Null.

zin.co [z'ĩku] *sm* das Zink.

zí.per [z'iper] *sm* der Reißverschluss.

zo.ei.ra [zo'ejrə] *sf* der Radau, das Durcheinander.

zom.bar [zõb'ar] *vti* **1** spotten, verhöhnen. **2** auslachen, foppen.

zom.ba.ri.a [zõbar'iə] *sf* der Spott, der Hohn, der Spaß.

zo.na [z'onə] *sf* die Zone, der Bereich. **zona franca** der Freihafen.

zo.o.ló.gi.co [zool'ɔʒiku] *adj* zoologisch. • *sm* der Zoo, der Tierpark.

zum.bi.do [zũb'idu] *sm* das Summen, das Surren, das Sausen.

zu.ni.do [zun'idu] *sm* das Brausen, das Rauschen, das Tosen.

APÊNDICE

Verbos fortes e irregulares em alemão

A listagem obedece a ordem alfabética dos infinitivos não compostos. Eventuais irregularidades do presente são indicadas entre parênteses.

	Pretérito simples	Particípio do passado
backen (bäckst)	backte	gebacken
befehlen (befiehlst)	befahl	befohlen
beginnen	begann	begonnen
beißen	biss	gebissen
bergen (birgst)	barg	geborgen
bersten (birst)	barst	geborsten
bewegen	bewog	bewogen
biegen	bog	gebogen
bieten	bot	geboten
binden	band	gebunden
bitten	bat	gebeten
blasen (bläst)	blies	geblasen
bleiben	blieb	geblieben
bleichen	blich	geblichen
braten (brätst)	briet	gebraten
brechen (brichst)	brach	gebrochen
brennen	brannte	gebrannt
bringen	brachte	gebracht
denken	dachte	gedacht
dreschen (drischst)	drosch	gedroschen
dringen	drang	gedrungen
dürfen (darf, darfst)	durfte	gedurft
empfehlen (empfiehlst)	empfahl	empfohlen
erlöschen (erlischst)	erlosch	erloschen
erschallen	erscholl	erschollen
erschrecken (erschrickst)	erschrak	erschrocken
essen (isst)	aß	gegessen
fahren (fährst)	fuhr	gefahren
fallen (fällst)	fiel	gefallen
fangen (fängst)	fing	gefangen
fechten (fichst)	focht	gefochten
finden	fand	gefunden
flechten (flichtst)	flocht	geflochten

fliegen	flog	geflogen
fliehen	floh	geflohen
fließen	floß	geflossen
fressen (frisst)	fraß	gefressen
frieren	fror	gefroren
gären	gor	gegoren
gebären	gebar	geboren
geben (gibst)	gab	gegeben
gedeihen	gedieh	gediehen
gehen	ging	gegangen
gelingen	gelang	gelungen
gelten (giltst)	galt	gegolten
genesen	genas	genesen
genießen	genoss	genossen
geschehen (geschieht)	geschah	geschehen
gewinnen	gewann	gewonnen
gießen	goss	gegossen
gleichen	glich	geglichen
gleiten	glitt	geglitten
glimmen	glomm	geglommen
graben (gräbst)	grub	gegraben
greifen	griff	gegriffen
haben (hast)	hatte	gehabt
halten (hältst)	hielt	gehalten
hängen	hing	gehangen
hauen	hieb	gehauen
heben	hob	gehoben
heißen	hieß	geheißen
helfen (hilfst)	half	geholfen
kennen	kannte	gekannt
klimmen	klomm	geklommen
klingen	klang	geklungen
kneifen	kniff	gekniffen
kommen	kam	gekommen
können (kann, kannst)	konnte	gekonnt
kreischen	krisch	gekrischen
kriechen	kroch	gekrochen
laden (lädst)	lud	geladen
lassen (lässt)	ließ	gelassen
laufen (läufst)	lief	gelaufen
leiden	litt	gelitten
leihen	lieh	geliehen
lesen (liest)	las	gelesen

liegen	lag	gelegen
lügen	log	gelogen
mahlen	mahlte	gemahlen
meiden	mied	gemieden
melken (milkst)	molk	gemolken
messen (misst)	maß	gemessen
misslingen	misslang	misslungen
mögen (mag, magst)	mochte	gemocht
müssen (muss, musst)	musste	gemusst
nehmen (nimmst)	nahm	genommen
nennen	nannte	genannt
pfeifen	pfiff	gepfiffen
pflegen	pflog	gepflogen
preisen	pries	gepriesen
quellen (quillst)	quoll	gequollen
raten (rätst)	riet	geraten
reiben	rieb	gerieben
reißen	riss	gerissen
reiten	ritt	geritten
rennen	rannte	gerannt
riechen	roch	gerochen
ringen	rang	gerungen
rinnen	rann	geronnen
rufen	rief	gerufen
salzen	salzte	gesalzen
saufen (säufst)	soff	gesoffen
saugen	sog	gesogen
schaffen	schuf	geschaffen
scheiden	schied	geschieden
scheinen	schien	geschienen
scheißen	schiss	geschissen
schelten (schiltst)	schalt	gescholten
scheren	schor	geschoren
schieben	schob	geschoben
schießen	schoss	geschossen
schinden	schindete	geschunden
schlafen (schläfst)	schlief	geschlafen
schlagen (schlägst)	schlug	geschlagen
schleichen	schlich	geschlichen
schleifen	schliff	geschliffen
schließen	schloss	geschlossen
schlingen	schlang	geschlungen
schmeißen	schmiss	geschmissen

schmelzen (schmilzt)	schmolz	geschmolzen
schnauben	schnob	geschnoben
schneiden	schnitt	geschnitten
schrecken (schrickst)	schrak	geschreckt
schreiben	schrieb	geschrieben
schreien	schrie	geschrien
schreiten	schritt	geschritten
schweigen	schwieg	geschwiegen
schwellen (schwillst)	schwoll	geschwollen
schwimmen	schwamm	geschwommen
schwinden	schwand	geschwunden
schwingen	schwang	geschwungen
schwören	schwor	geschworen
sehen (siehst)	sah	gesehen
sein (bin, bist, ist, sind, seid, sind)	war	gewesen
senden,	sandte (sendete)	gesandt
sieden	sott	gesotten
singen	sang	gesungen
sinken	sank	gesunken
sinnen	sann	gesonnen
sitzen	saß	gesessen
sollen (soll, sollst)	sollte	gesollt
spalten	spaltete	gespalten
speien	spie	gespien
spinnen	spann	gesponnen
sprechen (sprichst)	sprach	gesprochen
sprießen	spross	gesprossen
springen	sprang	gesprungen
stechen (stichst)	stach	gestochen
stecken	stak	gesteckt
stehen	stand	gestanden
stehlen (stiehlst)	stahl	gestohlen
steigen	stieg	gestiegen
sterben (stirbst)	starb	gestorben
stieben	stob	gestoben
stoßen (stößt)	stieß	gestoßen
streichen	strich	gestrichen
streiten	stritt	gestritten
tragen (trägst)	trug	getragen
treffen (triffst)	traf	getroffen
treiben	trieb	getrieben
treten (trittst)	trat	getreten
triefen	troff	getroffen

trinken	trank	getrunken
trügen	trog	getrogen
tun	tat	getan
verderben (verdirbst)	verdarb	verdorben
verdrießen	verdross	verdrossen
vergessen (vergißt)	vergaß	vergessen
verlieren	verlor	verloren
verlöschen (verlischst)	verlosch	verloschen
verschleißen	verschliss	verschlissen
wachsen (wächst)	wuchs	gewachsen
wägen	wog	gewogen
waschen (wäschst)	wusch	gewaschen
weben	wob	gewoben
weichen	wich	gewichen
weisen	wies	gewiesen
wenden	wandte (wendete)	gewandt
werben (wirbst)	warb	geworben
werden (wirst, wird)	wurde	geworden
werfen (wirfst)	warf	geworfen
wiegen	wog	gewogen
winden	wand	gewunden
wissen (weiß, weißt)	wusste	gewusst
wollen (will, willst)	wollte	gewollt
wringen	wrang	gewrungen
zeihen	zieh	geziehen
ziehen	zog	gezogen
zwingen	zwang	gezwungen

Conjugação dos verbos auxiliares e regulares em português

Verbos auxiliares: ser, estar, ter e haver

SER
Infinitivo ser
Gerúndio sendo
Particípio sido
Indicativo
Presente
eu sou
tu és
ele é
nós somos
vós sois
eles são

Pretérito imperfeito
eu era
tu eras
ele era
nós éramos
vós éreis
eles eram

Pretérito perfeito
eu fui
tu foste
ele foi
nós fomos
vós fostes
eles foram

Pret. mais-que-perfeito
eu fora
tu foras
ele fora
nós fôramos
vós fôreis
eles foram

Futuro do presente
eu serei
tu serás
ele será
nós seremos
vós sereis
eles serão

Futuro do pretérito
eu seria
tu serias
ele seria
nós seríamos
vós seríeis
eles seriam

Subjuntivo
Presente
eu seja
tu sejas
ele seja
nós sejamos
vós sejais
eles sejam

Pretérito imperfeito
eu fosse
tu fosses
ele fosse
nós fôssemos
vós fôsseis
eles fossem

Futuro
eu for
tu fores
ele for
nós formos
vós fordes
eles forem

Imperativo
Afirmativo
sê tu
seja você
sejamos nós
sede vós
sejam vocês

Negativo
não sejas tu
não seja você
não sejamos nós
não sejais vós
não sejam vocês

ESTAR
Infinitivo estar
Gerúndio estando
Particípio estado
Indicativo
Presente
eu estou
tu estás
ele está
nós estamos
vós estais
eles estão

Pretérito imperfeito
eu estava
tu estavas

ele estava
nós estávamos
vós estáveis
eles estavam

Pretérito perfeito
eu estive
tu estiveste
ele esteve
nós estivemos
vós estivestes
eles estiveram

Pret. mais-que-perfeito
eu estivera
tu estiveras
ele estivera
nós estivéramos
vós estivéreis
eles estiveram

Futuro do presente
eu estarei
tu estarás
ele estará
nós estaremos
vós estareis
eles estarão

Futuro do pretérito
eu estaria
tu estarias
ele estaria
nós estaríamos
vós estaríeis
eles estariam

Subjuntivo
Presente
eu esteja
tu estejas
ele esteja
nós estejamos
vós estejais
eles estejam

Pretérito imperfeito
eu estivesse
tu estivesses
ele estivesse
nós estivéssemos
vós estivésseis
eles estivessem

Futuro
eu estiver
tu estiveres
ele estiver
nós estivermos
vós estiverdes
eles estiverem

Imperativo
Afirmativo
está tu
esteja você
estejamos nós
estai vós
estejam vocês

Negativo
não estejas tu
não esteja você
não estejamos nós
não estejais vós
não estejam vocês

TER
Infinitivo ter
Gerúndio tendo
Particípio tido
Indicativo
Presente
eu tenho
tu tens
ele tem
nós temos
vós tendes
eles têm

Pretérito imperfeito
eu tinha
tu tinhas
ele tinha
nós tínhamos
vós tínheis
eles tinham

Pretérito perfeito
eu tive
tu tiveste
ele teve
nós tivemos
vós tivestes
eles tiveram

Pret. mais-que-perfeito
eu tivera
tu tiveras
ele tivera
nós tivéramos
vós tivéreis
eles tiveram

Futuro do presente
eu terei
tu terás
ele terá
nós teremos
vós tereis
eles terão

Futuro do pretérito
eu teria
tu terias
ele teria
nós teríamos
vós teríeis
eles teriam

Subjuntivo
Presente
eu tenha
tu tenhas
ele tenha
nós tenhamos
vós tenhais
eles tenham

Pretérito imperfeito
eu tivesse
tu tivesses
ele tivesse
nós tivéssemos
vós tivésseis
eles tivessem

Futuro
eu tiver
tu tiveres
ele tiver
nós tivermos
vós tiverdes
eles tiverem

Imperativo
Afirmativo
tem tu
tenha você
tenhamos nós
tende vós
tenham vocês

Negativo
não tenhas tu
não tenha você
não tenhamos nós
não tenhais vós
não tenham vocês

HAVER
Infinitivo haver
Gerúndio havendo
Particípio havido
Indicativo
Presente
eu hei
tu hás
ele há
nós havemos
vós haveis
eles hão

Pretérito imperfeito
eu havia
tu havias
ele havia
nós havíamos
vós havíeis
eles haviam

Pretérito perfeito
eu houve
tu houveste
ele houve
nós houvemos
vós houvestes
eles houveram

Pret. mais-que-perfeito
eu houvera
tu houveras
ele houvera
nós houvéramos
vós houvéreis
eles houveram

Futuro do presente
eu haverei
tu haverás
ele haverá
nós haveremos
vós havereis
eles haverão

Futuro do pretérito
eu haveria
tu haverias
ele haveria
nós haveríamos
vós haveríeis
eles haveriam

Subjuntivo
Presente
eu haja
tu hajas
ele haja
nós hajamos
vós hajais
eles hajam

Pretérito imperfeito
eu houvesse
tu houvesses
ele houvesse
nós houvéssemos
vós houvésseis
eles houvessem

Futuro
eu houver
tu houveres
ele houver
nós houvermos
vós houverdes
eles houverem

Imperativo
Afirmativo
há tu
haja você
hajamos nós
havei vós
hajam vocês

Negativo
não hajas tu
não haja você
não hajamos nós
não hajais vós
não hajam vocês

Modelos de verbos regulares: cantar, vender e partir

CANTAR
(1.ª conjugação)
Infinitivo cantar
Gerúndio cant**ando**
Particípio cant**ado**
Indicativo
Presente
eu cant**o**
tu cant**as**
ele cant**a**
nós cant**amos**
vós cant**ais**
eles cant**am**

Pretérito imperfeito
eu cant**ava**
tu cant**avas**
ele cant**ava**
nós cant**ávamos**
vós cant**áveis**
eles cant**avam**

Pretérito perfeito
eu cant**ei**
tu cant**aste**
ele cant**ou**
nós cant**amos**
vós cant**astes**
eles cant**aram**

Pret. mais-que-perfeito
eu cant**ara**
tu cant**aras**
ele cant**ara**
nós cant**áramos**
vós cant**áreis**
eles cant**aram**

Futuro do presente
eu cant**arei**
tu cant**arás**
ele cant**ará**
nós cant**aremos**
vós cant**areis**
eles cant**arão**

Futuro do pretérito
eu cant**aria**
tu cant**arias**
ele cant**aria**
nós cant**aríamos**
vós cant**aríeis**
eles cant**ariam**

Subjuntivo
Presente
eu cant**e**
tu cant**es**
ele cant**e**
nós cant**emos**
vós cant**eis**
eles cant**em**

Pretérito imperfeito
eu cant**asse**
tu cant**asses**
ele cant**asse**
nós cant**ássemos**
vós cant**ásseis**
eles cant**assem**

Futuro
eu cant**ar**
tu cant**ares**
ele cant**ar**
nós cant**armos**
vós cant**ardes**
eles cant**arem**

Imperativo
Afirmativo
cant**a** tu
cant**e** você
cant**emos** nós
cant**ai** vós
cant**em** vocês

Negativo
não cant**es** tu
não cant**e** você
não cant**emos** nós
não cant**eis** vós
não cant**em** vocês

VENDER
(2.ª conjugação)
Infinitivo vend**er**
Gerúndio vend**endo**
Particípio vend**ido**
Indicativo
Presente
eu vend**o**
tu vend**es**
ele vend**e**
nós vend**emos**
vós vend**eis**
eles vend**em**

Pretérito imperfeito
eu vend**ia**
tu vend**ias**
ele vend**ia**

nós vend**íamos**
vós vend**íeis**
eles vend**iam**

Pretérito perfeito
eu vend**i**
tu vend**este**
ele vend**eu**
nós vend**emos**
vós vend**estes**
eles vend**eram**

Pret. mais-que-perfeito
eu vend**era**
tu vend**eras**
ele vend**era**
nós vend**êramos**
vós vend**êreis**
eles vend**eram**

Futuro do presente
eu vend**erei**
tu vend**erás**
ele vend**erá**
nós vend**eremos**
vós vend**ereis**
eles vend**erão**

Futuro do pretérito
eu vend**eria**
tu vend**erias**
ele vend**eria**
nós vend**eríamos**
vós vend**eríeis**
eles vend**eriam**

Subjuntivo
Presente
eu vend**a**
tu vend**as**
ele vend**a**
nós vend**amos**
vós vend**ais**
eles vend**am**

Pretérito imperfeito
eu vend**esse**
tu vend**esses**
ele vend**esse**
nós vend**êssemos**
vós vend**êsseis**
eles vend**essem**

Futuro
eu vend**er**
tu vend**eres**
ele vend**er**
nós vend**ermos**
vós vend**erdes**
eles vend**erem**

Imperativo
Afirmativo
vend**e** tu
vend**a** você
vend**amos** nós
vend**ei** vós
vend**am** vocês

Negativo
não vend**as** tu
não vend**a** você
não vend**amos** nós
não vend**ais** vós
não vend**am** vocês

PARTIR
(3.ª conjugação)
Infinitivo partir
Gerúndio partindo
Particípio partido

Indicativo
Presente
eu part**o**
tu part**es**
ele part**e**
nós part**imos**
vós part**is**
eles part**em**

Pretérito imperfeito
eu part**ia**
tu part**ias**
ele part**ia**
nós part**íamos**
vós part**íeis**
eles part**iam**

Pretérito perfeito
eu part**i**
tu part**iste**
ele part**iu**
nós part**imos**
vós part**istes**
eles part**iram**

Pret. mais-que-perfeito
eu part**ira**
tu part**iras**
ele part**ira**
nós part**íramos**
vós part**íreis**
eles part**iram**

Futuro do presente
eu part**irei**
tu part**irás**
ele part**irá**
nós part**iremos**
vós part**ireis**
eles part**irão**

Futuro do pretérito
eu part**iria**
tu part**irias**
ele part**iria**
nós part**iríamos**
vós part**iríeis**
eles part**iriam**

Subjuntivo
Presente
eu part**a**
tu part**as**
ele part**a**

nós part**amos**
vós part**ais**
eles part**am**

Pretérito imperfeito
eu part**isse**
tu part**isses**
ele part**isse**
nós part**íssemos**
vós part**ísseis**
eles part**issem**

Futuro
eu part**ir**
tu part**ires**
ele part**ir**
nós part**irmos**
vós part**irdes**
eles part**irem**

Imperativo
Afirmativo
part**e** tu
part**a** você
part**amos** nós
part**i** vós
part**am** vocês

Negativo
não part**as** tu
não part**a** você
não part**amos** nós
não part**ais** vós
não part**am** vocês

Relação dos verbos irregulares, defectivos ou difíceis em português

O símbolo ⇒ significa conjugar como

A

abastecer ⇒ *tecer.*
abençoar ⇒ *soar.*
abolir *Indicativo: presente* (não existe a 1.ª pessoa do singular) aboles, abole, abolimos, abolis, abolem. *Imperativo:* abole; aboli. *Subjuntivo: presente* não existe.
aborrecer ⇒ *tecer.*
abranger *Indicativo: presente* abranjo, abranges, abrange, abrangemos, abrangeis, abrangem. *Imperativo:* abrange, abranja, abranjamos, abrangei, abranjam. *Subjuntivo: presente* abranja, abranjas etc.
acentuar ⇒ *suar.*
aconchegar ⇒ *ligar.*
acrescer ⇒ *tecer.*
acudir ⇒ *subir.*
adelgaçar ⇒ *laçar.*
adequar *Indicativo: presente* adequamos, adequais. *Pretérito perfeito* adequei, adequaste etc. *Imperativo:* adequai. *Subjuntivo: presente* não existe.
aderir ⇒ *ferir.*
adoçar ⇒ *laçar.*
adoecer ⇒ *tecer.*
adormecer ⇒ *tecer.*
aduzir ⇒ *reduzir.*
advir ⇒ *vir.*
advogar ⇒ *ligar.*
afagar ⇒ *ligar.*
afeiçoar ⇒ *soar.*
afligir ⇒ *dirigir.*
afogar ⇒ *ligar.*
agir ⇒ *dirigir.*
agradecer ⇒ *tecer.*
agredir ⇒ *prevenir.*
alargar ⇒ *ligar.*
alcançar ⇒ *laçar.*
alegar ⇒ *ligar.*
almoçar ⇒ *laçar.*
alongar ⇒ *ligar.*
alugar ⇒ *ligar.*
amaldiçoar ⇒ *soar.*
amargar ⇒ *ligar.*
ameaçar ⇒ *laçar.*
amolecer ⇒ *tecer.*
amontoar ⇒ *soar.*
amplificar ⇒ *ficar.*
ansiar ⇒ *odiar.*
antepor ⇒ *pôr.*
antever ⇒ *ver.*
aparecer ⇒ *tecer.*
apegar ⇒ *ligar.*
aperfeiçoar ⇒ *soar.*
aplicar ⇒ *ficar.*
apodrecer ⇒ *tecer.*
aquecer ⇒ *tecer.*
arcar ⇒ *ficar.*
arrancar ⇒ *ficar.*
assoar ⇒ *soar.*
atacar ⇒ *ficar.*
atear ⇒ *recear.*
atenuar ⇒ *suar.*
atingir ⇒ *dirigir.*
atordoar ⇒ *soar.*
atrair *Indicativo: presente* atraio, atrais, atrai, atraímos, atraís, atraem. *Pretérito imperfeito* atraía, atraías etc. *Pretérito perfeito* atraí, atraíste, atraiu, atraímos, atraístes, atraíram. *Pretérito mais-que-perfeito* atraíra, atraíras etc. *Imperativo:* atrai, atraia, atraiamos, atraí, atraiam. *Subjuntivo: presente* atraia, atraias etc. *Pretérito imperfeito* atraísse, atraísses etc.

Futuro atrair, atraíres, atrair, atrairmos, atrairdes, atraírem.
atribuir ⇒ *possuir.*
atuar ⇒ *suar.*
autenticar ⇒ *ficar.*
avançar ⇒ *laçar.*

B

balançar ⇒ *laçar.*
balear ⇒ *recear.*
barbear ⇒ *recear.*
bendizer ⇒ *dizer.*
bloquear ⇒ *recear.*
bobear ⇒ *recear.*
bombardear ⇒ *recear.*
brecar ⇒ *ficar.*
brigar ⇒ *ligar.*
brincar ⇒ *ficar.*
bronzear ⇒ *recear.*
buscar ⇒ *ficar.*

C

caber *Indicativo: presente* caibo, cabes, cabe, cabemos, cabeis, cabem. *Pretérito perfeito* coube, coubeste, coube, coubemos, coubestes, couberam. *Pretérito mais-que-perfeito* coubera, couberas etc. *Imperativo:* não existe. *Subjuntivo: presente* caiba, caibas etc. *Pretérito imperfeito* coubesse, coubesses etc. *Futuro* couber, couberes etc.
caçar ⇒ *laçar.*
cair ⇒ *atrair.*
carecer ⇒ *tecer.*
carregar ⇒ *ligar.*
castigar ⇒ *ligar.*
cear ⇒ *recear.*
certificar ⇒ *ficar.*
chatear ⇒ *recear.*
chegar ⇒ *ligar.*
classificar ⇒ *ficar.*
coagir ⇒ *dirigir.*
cobrir ⇒ *dormir.*
coçar ⇒ *laçar.*
comparecer ⇒ *tecer.*
competir ⇒ *ferir.*
compor ⇒ *pôr.*
comunicar ⇒ *ficar.*
condizer ⇒ *dizer.*
conduzir ⇒ *reduzir.*
conferir ⇒ *ferir.*
conhecer ⇒ *tecer.*
conjugar ⇒ *ligar.*
conseguir ⇒ *seguir.*
constituir ⇒ *possuir.*
construir *Indicativo: presente* construo, constróis, constrói, construímos, construís, constroem. *Pretérito imperfeito* construía, construías etc. *Pretérito perfeito* construí, construíste etc. *Pretérito mais-que-perfeito* construíra, construíras etc. *Imperativo:* constrói, construa, construamos, construí, construam. *Subjuntivo: presente* construa, construas etc. *Pretérito imperfeito* construísse, construísses etc. *Futuro* construir, construíres, construir, construirmos, construirdes, construírem.
consumir ⇒ *subir.*
continuar ⇒ *suar.*
contradizer ⇒ *dizer.*
contrapor ⇒ *pôr.*
contribuir ⇒ *possuir.*
convir ⇒ *vir.*
corrigir ⇒ *dirigir.*
crescer ⇒ *tecer.*
crer *Indicativo: presente* creio, crês, crê, cremos, credes, creem. *Imperativo:* crê, creia, creiamos, crede, creiam. *Subjuntivo: presente* creia, creias etc.

D

dar *Indicativo: presente* dou, dás, dá, damos, dais, dão. *Pretérito imperfeito* dava, davas etc. *Pretérito perfeito* dei, deste, deu, demos, destes, deram. *Pretérito mais-que-perfeito* dera, deras, dera etc. *Futuro* darei, darás etc. *Imperativo:* dá, dê, demos, dai, deem. *Subjuntivo: presente* dê, dês, dê, demos, deis, deem. *Pretérito imperfeito* desse, desses etc. *Futuro* der, deres etc.
decair ⇒ *atrair.*
decompor ⇒ *pôr.*
deduzir ⇒ *reduzir.*
deferir ⇒ *ferir.*
delinquir ⇒ *abolir.*
demolir ⇒ *abolir.*
depor ⇒ *pôr.*

descobrir ⇒ *cobrir*.
desaparecer ⇒ *tecer*.
desconhecer ⇒ *tecer*.
descrer ⇒ *crer*.
desdizer ⇒ *dizer*.
desembaraçar ⇒ *laçar*.
desencadear ⇒ *recear*.
desfalecer ⇒ *tecer*.
desfazer ⇒ *fazer*.
desimpedir ⇒ *pedir*.
desligar ⇒ *ligar*.
desmentir ⇒ *ferir*.
despedir ⇒ *pedir*.
despentear ⇒ *recear*.
despir ⇒ *ferir*.
desprevenir ⇒ *prevenir*.
destacar ⇒ *ficar*.
diferir ⇒ *ferir*.
digerir ⇒ *ferir*.
diluir ⇒ *possuir*.
dirigir *Indicativo: presente* dirijo, diriges, dirige, dirigimos, dirigis, dirigem. *Imperativo:* dirige, dirija, dirijamos, dirigi, dirijam. *Subjuntivo: presente* dirija, dirijas etc.
disfarçar ⇒ *laçar*.
dispor ⇒ *pôr*.
distinguir *Indicativo: presente* distingo, distingues etc. *Imperativo:* distingue, distinga, distingamos, distingui, distingam. *Subjuntivo: presente* distinga, distingas etc.
distrair ⇒ *atrair*.
distribuir ⇒ *possuir*.
divertir ⇒ *ferir*.
dizer *Indicativo: presente* digo, dizes, diz, dizemos, dizei, dizem. *Pretérito perfeito* disse, disseste, disse, dissemos, dissestes, disseram. *Pretérito mais-que--perfeito* dissera, disseras etc. *Futuro* direi, dirás, dirá, diremos, direis, dirão. *Futuro do pretérito* diria, dirias etc. *Imperativo:* diz, diga, digamos, dizei, digam. *Subjuntivo: presente* diga, digas etc. *Pretérito imperfeito* dissesse, dissesses etc. *Futuro* disser, disseres etc.
dormir *Indicativo: presente* durmo, dormes, dorme, dormimos, dormis, dormem. *Imperativo:* dorme, durma, durmamos, dormi, durmam. *Subjuntivo: presente* durma, durmas etc.

E

efetuar ⇒ *suar*.
empregar ⇒ *ligar*.
encadear ⇒ *recear*.
encobrir ⇒ *dormir*.
enfraquecer ⇒ *tecer*.
engolir ⇒ *dormir*.
enjoar ⇒ *soar*.
enriquecer ⇒ *tecer*.
ensaboar ⇒ *soar*.
entrelaçar ⇒ *laçar*.
entreouvir ⇒ *ouvir*.
entrever ⇒ *ver*.
envelhecer ⇒ *tecer*.
equivaler ⇒ *valer*.
erguer *Indicativo: presente* ergo, ergues, ergue, erguemos, ergueis, erguem. *Imperativo:* ergue, erga, ergamos, erguei, ergam. *Subjuntivo: presente* erga, ergas etc.
escassear ⇒ *recear*.
esclarecer ⇒ *tecer*.
escorregar ⇒ *ligar*.
esquecer ⇒ *tecer*.
estar Veja verbo conjugado (página 621).
estragar ⇒ *ligar*.
estremecer ⇒ *tecer*.
excluir ⇒ *possuir*.
exercer ⇒ *tecer*.
exigir ⇒ *dirigir*.
expedir ⇒ *pedir*.
explodir ⇒ *abolir*.
expor ⇒ *pôr*.
extrair ⇒ *atrair*.

F

falecer ⇒ *tecer*.
fatigar ⇒ *ligar*.
favorecer ⇒ *tecer*.
fazer *Indicativo: presente* faço, fazes, faz, fazemos, fazeis, fazem. *Pretérito perfeito* fiz, fizeste, fez, fizemos, fizestes, fizeram. *Pretérito mais-que--perfeito* fizera, fizeras etc. *Futuro* farei, farás etc. *Futuro do pretérito* faria, farias

etc. *Imperativo:* faz, faça, façamos, fazei, façam. *Subjuntivo: presente* faça, faças etc. *Pretérito imperfeito* fizesse, fizesses etc. *Futuro* fizer, fizeres etc.
ferir *Indicativo: presente* firo, feres, fere, ferimos, feris, ferem. *Imperativo:* fere, fira, firamos, feri, firam. *Subjuntivo: presente* fira, firas etc.
ficar *Indicativo: presente* fico, ficas, fica, ficamos, ficais, ficam. *Pretérito perfeito* fiquei, ficaste etc. *Imperativo:* fica, fique, fiquemos, ficai, fiquem. *Subjuntivo: presente* fique, fiques etc.
fingir ⇒ *dirigir.*
fluir ⇒ *possuir.*
flutuar ⇒ *suar.*
folhear ⇒ *recear.*
frear ⇒ *recear.*
fugir *Indicativo: presente* fujo, foges, foge, fugimos, fugis, fogem. *Imperativo:* foge, fuja, fujamos, fugi, fujam. *Subjuntivo: presente* fuja, fujas etc.

G

golpear ⇒ *recear.*
graduar ⇒ *suar.*
grampear ⇒ *recear.*

H

habituar ⇒ *suar.*
haver Veja verbo conjugado (página 444).
hipotecar ⇒ *ficar.*
homenagear ⇒ *recear.*

I

impedir ⇒ *pedir.*
impelir ⇒ *ferir.*
impor ⇒ *pôr.*
incendiar ⇒ *odiar.*
incluir ⇒ *possuir.*
indispor ⇒ *pôr.*
induzir ⇒ *reduzir.*
ingerir ⇒ *ferir.*
inserir ⇒ *ferir.*
insinuar ⇒ *suar.*
instituir ⇒ *possuir.*
instruir ⇒ *possuir.*
interferir ⇒ *ferir.*
interpor ⇒ *pôr.*
interrogar ⇒ *ligar.*
intervir ⇒ *vir.*
introduzir ⇒ *reduzir.*
investir ⇒ *ferir.*
ir *Indicativo: presente* vou, vais, vai, vamos, ides, vão. *Pretérito imperfeito* ia, ias, ia, íamos, íeis, iam. *Pretérito perfeito* fui, foste, foi, fomos, fostes, foram. *Pretérito mais-que-perfeito* fora, foras etc. *Imperativo:* vai, vá, vamos, ide, vão. *Subjuntivo: presente* vá, vás etc. *Pretérito imperfeito* fosse, fosses etc. *Futuro* for, fores etc.

J

jejuar ⇒ *suar.*
julgar ⇒ *ligar.*
justapor ⇒ *pôr.*

L

largar ⇒ *ligar.*
ler ⇒ *crer.*
ligar *Pretérito perfeito* liguei, ligaste, ligou, ligamos, ligastes, ligaram. *Imperativo:* liga, ligue, liguemos, ligai, liguem. *Subjuntivo: presente* ligue, ligues etc.
lotear ⇒ *recear.*

M

magoar ⇒ *soar.*
maldizer ⇒ *dizer.*
manter ⇒ *ter.*
medir ⇒ *pedir.*
mentir ⇒ *ferir.*
merecer ⇒ *tecer.*
moer *Indicativo: presente* moo, móis, mói, moemos, moeis, moem. *Pretérito imperfeito* moía, moías etc. *Pretérito perfeito* moí, moeste, moeu etc. *Imperativo:* mói, moa, moamos, moei, moam. *Subjuntivo: presente* moa, moas etc.

N

nascer ⇒ *tecer.*
nortear ⇒ *recear.*

O

obedecer ⇒ *tecer*.
obrigar ⇒ *ligar*.
obter ⇒ *ter*.
odiar *Indicativo: presente* odeio, odeias, odeia, odiamos, odiais, odeiam. *Imperativo:* odeia, odeie, odiemos, odiai, odeiem. *Subjuntivo: presente* odeie, odeies, odeie, odiemos, odieis, odeiem.
oferecer ⇒ *tecer*.
opor ⇒ *pôr*.
ouvir *Indicativo: presente* ouço, ouves, ouve, ouvimos, ouvis, ouvem. *Imperativo:* ouve, ouça, ouçamos, ouvi, ouçam. *Subjuntivo: presente* ouça, ouças etc.

P

padecer ⇒ *tecer*.
parecer ⇒ *tecer*.
passear ⇒ *recear*.
pedir *Indicativo: presente* peço, pedes, pede, pedimos, pedis, pedem. *Imperativo:* pede, peça, peçamos, pedi, peçam. *Subjuntivo: presente* peça, peças etc.
pegar ⇒ *ligar*.
pentear ⇒ *recear*.
perder *Indicativo: presente* perco, perdes, perde, perdemos, perdeis, perdem. *Imperativo:* perde, perca, percamos, perdei, percam. *Subjuntivo: presente* perca, percas etc.
permanecer ⇒ *tecer*.
perseguir ⇒ *seguir*.
pertencer ⇒ *tecer*.
poder *Indicativo: presente* posso, podes, pode, podemos, podeis, podem. *Pretérito perfeito* pude, pudeste, pôde, pudemos, pudestes, puderam. *Pretérito mais-que-perfeito* pudera, puderas etc. *Imperativo:* não existe. *Subjuntivo: presente* possa, possas etc. *Pretérito imperfeito* pudesse, pudesses etc. *Futuro* puder, puderes etc.
poluir ⇒ *possuir*.
pôr *Indicativo: presente* ponho, pões, põe, pomos, pondes, põem. *Pretérito imperfeito* punha, punhas etc. *Pretérito perfeito* pus, puseste, pôs, pusemos, pusestes, puseram. *Pretérito mais-que-perfeito* pusera, puseras etc. *Imperativo:* põe, ponha, ponhamos, ponde, ponham. *Subjuntivo: presente* ponha, ponhas etc. *Pretérito imperfeito* pusesse, pusesses etc. *Futuro* puser, puseres etc.
possuir *Indicativo: presente* possuo, possuis, possui, possuímos, possuís, possuem. *Pretérito imperfeito* possuía, possuías etc. *Pretérito perfeito* possuí, possuíste, possuiu, possuímos, possuístes, possuíram. *Pretérito mais-que-perfeito* possuíra, possuíras etc. *Imperativo:* possui, possua, possuamos, possuí, possuam. *Subjuntivo: presente* possua, possuas etc. *Pretérito imperfeito* possuísse, possuísses etc. *Futuro* possuir, possuíres, possuir etc.
precaver *Indicativo: presente* precavemos, precaveis. *Imperativo:* precavei. *Subjuntivo: presente* não existe.
predispor ⇒ *pôr*.
predizer ⇒ *dizer*.
preferir ⇒ *ferir*.
pressentir ⇒ *ferir*.
pressupor ⇒ *pôr*.
prevenir *Indicativo: presente* previno, prevines, previne, prevenimos, prevenis, previnem. *Imperativo:*

previne, previna, previnamos, preveni, previnam. *Subjuntivo: presente* previna, previnas etc.
prever ⇒ *ver.*
produzir ⇒ *reduzir.*
progredir ⇒ *prevenir.*
propor ⇒ *pôr.*
prosseguir ⇒ *seguir.*
proteger ⇒ *abranger.*
provir ⇒ *vir.*

Q

querer *Indicativo: presente* quero, queres, quer, queremos, quereis, querem. *Pretérito perfeito* quis, quiseste etc. *Pretérito mais-que-perfeito* quisera, quiseras etc. *Imperativo:* quer, queira, queiramos, querei, queiram. *Subjuntivo: presente* queira, queiras etc. *Pretérito imperfeito* quisesse, quisesses etc. *Futuro* quiser, quiseres etc.

R

rasgar ⇒ *ligar.*
reagir ⇒ *dirigir.*
reaver *Indicativo: presente* (apenas a 1.ª e a 2.ª pessoas do plural) reavemos, reaveis. *Pretérito perfeito* reouve, reouveste etc. *Pretérito mais-que-perfeito* reouvera, reouveras etc. *Imperativo:* reavei. *Subjuntivo: presente* não existe. *Pretérito imperfeito* reouvesse, reouvesses etc. *Futuro* reouver, reouveres etc.
recair ⇒ *atrair.*
recear *Indicativo: presente* receio, receias, receia, receamos, receais, receiam. *Imperativo:* receia, receie, receemos, receai, receiem. *Subjuntivo: presente* receie, receies etc.
rechear ⇒ *recear.*
recobrir ⇒ *dormir.*
recompor ⇒ *pôr.*
reconhecer ⇒ *tecer.*
recuar ⇒ *suar.*
redigir ⇒ *dirigir.*
reduzir *Indicativo: presente* reduzo, reduzes, reduz, reduzimos, reduzis, reduzem. *Imperativo:* reduz *ou* reduze, reduza, reduzamos, reduzi, reduzam.
refletir ⇒ *ferir.*
reforçar ⇒ *laçar.*
regredir ⇒ *prevenir.*
reler ⇒ *crer.*
repor ⇒ *pôr.*
reproduzir ⇒ *reduzir.*
requerer *Indicativo: presente* requeiro, requeres, requer, requeremos, requereis, requerem. *Pretérito perfeito* requeri, requereste etc. *Imperativo:* requer, requeira, requeiramos, requerei, requeiram. *Subjuntivo: presente* requeira, requeiras etc.
restituir ⇒ *possuir.*
reter ⇒ *ter.*
retribuir ⇒ *possuir.*
rever ⇒ *ver.*
rir *Indicativo: presente* rio, ris, ri, rimos, rides, riem. *Imperativo:* ri, ria, riamos, ride, riam. *Subjuntivo: presente* ria, rias etc.
roer ⇒ *moer.*

S

saber *Indicativo: presente* sei, sabes, sabe, sabemos, sabeis, sabem. *Pretérito perfeito* soube, soubeste etc. *Pretérito mais-que-perfeito* soubera, souberas etc. *Imperativo:* sabe, saiba, saibamos, sabei, saibam. *Subjuntivo: presente* saiba, saibas etc. *Pretérito imperfeito* soubesse, soubesses etc. *Futuro* souber, souberes etc.
sacudir ⇒ *subir.*
sair ⇒ *atrair.*
satisfazer ⇒ *fazer.*
seduzir ⇒ *reduzir.*

seguir *Indicativo: presente* sigo, segues, segue, seguimos, seguis, seguem. *Imperativo:* segue, siga, sigamos, segui, sigam. *Subjuntivo: presente* siga, sigas etc.
sentir ⇒ *ferir*.
ser Veja verbo conjugado (página 442).
servir ⇒ *ferir*.
simplificar ⇒ *ficar*.
situar ⇒ *suar*.
soar *Indicativo: presente* soo, soas, soa, soamos, soais, soam. *Imperativo:* soa, soe, soemos, soai, soem.
sobrepor ⇒ *pôr*.
sobressair ⇒ *atrair*.
sobrevir ⇒ *vir*.
sorrir ⇒ *rir*.
suar *Indicativo: presente* suo, suas, sua, suamos, suais, suam. *Pretérito perfeito* suei, suaste etc. *Imperativo:* sua, sue, suemos, suai, suem. *Subjuntivo: presente* sue, sues etc. *Pretérito imperfeito* suasse, suasses etc. *Futuro* suar, suares etc.
subir *Indicativo: presente* subo, sobes, sobe, subimos, subis, sobem. *Imperativo:* sobe, suba, subamos, subi, subam.
substituir ⇒ *possuir*.
subtrair ⇒ *atrair*.
sugerir ⇒ *ferir*.
sumir ⇒ *subir*.
supor ⇒ *pôr*.
surgir ⇒ *dirigir*.

T

tapear ⇒ *recear*.
tecer *Indicativo: presente* teço, teces, tece, tecemos, teceis, tecem. *Imperativo:* tece, teça, teçamos, tecei, teçam. *Subjuntivo: presente* teça, teças etc.
ter Veja verbo conjugado (página 443).
tossir ⇒ *dormir*.
traçar ⇒ *laçar*.
trair ⇒ *atrair*.
transgredir ⇒ *prevenir*.
transpor ⇒ *pôr*.
trazer *Indicativo: presente* trago, trazes, traz, trazemos, trazeis, trazem. *Pretérito perfeito* trouxe, trouxeste, trouxe, trouxemos, trouxestes, trouxeram. *Pretérito mais-que-perfeito* trouxera, trouxeras, trouxera, trouxéramos, trouxéreis, trouxeram. *Futuro* trarei, trarás, trará, traremos, trareis, trarão. *Futuro do pretérito* traria, trarias, traria, traríamos, traríeis, trariam. *Imperativo:* traz, traga, tragamos, trazei, tragam. *Subjuntivo: presente* traga, tragas etc. *Pretérito imperfeito* trouxesse, trouxesses etc. *Futuro* trouxer, trouxeres etc.

U

usufruir ⇒ *possuir*.

V

valer *Indicativo: presente* valho, vales, vale, valemos, valeis, valem. *Imperativo:* vale, valha, valhamos, valei, valham. *Subjuntivo: presente* valha, valhas etc.
ver *Indicativo: presente* vejo, vês, vê, vemos, vedes, veem. *Pretérito imperfeito* via, vias etc. *Pretérito perfeito* vi, viste, viu, vimos, vistes, viram. *Pretérito mais-que-perfeito* vira, viras etc. *Imperativo:* vê, veja, vejamos, vede, vejam. *Subjuntivo: presente* veja, vejas etc. *Pretérito imperfeito* visse, visses etc. *Futuro* vir, vires etc.
vestir ⇒ *ferir*.
vir *Indicativo: presente* venho, vens, vem, vimos, vindes, vêm. *Pretérito imperfeito* vinha, vinhas etc. *Pretérito perfeito* vim,

vieste, veio, viemos, viestes, vieram. *Pretérito mais-que-perfeito* viera, vieras etc. *Imperativo:* vem, venha, venhamos, vinde, venham. *Subjuntivo: presente* venha, venhas etc. *Pretérito imperfeito* viesse, viesses etc. *Futuro* vier, vieres etc.

voar ⇒ *soar*.

Numerais

Números	Cardinais	Ordinais
0	null	-
1	eins	erste
2	zwei	zweite
3	drei	dritte
4	vier	vierte
5	fünf	fünfte
6	sechs	sechste
7	sieben	siebte
8	acht	achte
9	neun	neunte
10	zehn	zehnte
11	elf	elfte
12	zwölf	zwölfte
13	dreizehn	dreizehnte
14	vierzehn	vierzehnte
15	fünfzehn	fünfzehnte
16	sechzehn	sechzehnte
17	siebzehn	siebzehnte
18	achtzehn	achtzehnte
19	neunzehn	neunzehnte
20	zwanzig	zwanzigste
21	einundzwanzig	einundzwanzigste
22	zweiundzwanzig	zweiundzwanzigste
23	dreiundzwanzig	dreiundzwanzigste
24	vierundzwanzig	vierundzwanzigste
25	fünfundzwanzig	fünfundzwanzigste
30	dreißig	dreißigste
31	einunddreißig	einunddreißigste
40	vierzig	vierzigste
41	einundvierzig	einundvierzigste
50	fünfzig	fünfzigste
60	sechzig	sechzigste
70	siebzig	siebzigste
80	achtzig	achtzigste

90	neunzig	neunzigste
100	hundert	hundertste
101	hunderteins	hundertunderste
200	zweihundert	zweihundertste
247	zweihundertsiebe- nundvierzig	zweihundertsiebe- nundvierzigste
300	dreihundert	dreihundertste
400	vierhundert	vierhundertste
500	fünfhundert	fünfhundertste
600	sechshundert	sechshundertste
700	siebenhundert	siebenhundertste
800	achthundert	achthundertste
900	neunhundert	neunhundertste
1.000	tausend	tausendste
2.000	zweitausend	zweitausendste
3.000	dreitausend	dreitausendste
1.000.000	eine Million	millionste
2.000.000	zwei Millionen	zweimillionste
1.000.000.000	eine Milliarde	milliardste